# Table des matières

W0289244

France
Espagne
Portugal
Italie

CampingCard ACSI 2022 .......... 2
Validité de la CampingCard ACSI .......... 3
A propos d'ACSI .......... 6
La carte de réduction pour la basse saison .......... 10
Comment trouver un camping? .......... 12
Avis de campings .......... 13
Mode d'emploi .......... 14
Réservation en ligne .......... 22
Tarif par nuitée .......... 24
Non compris dans le tarif de nuitée .......... 25
Appli CampingCard ACSI .......... 26
Comparaison des applis ACSI .......... 28
ACSI Club ID .......... 30
Registre nom de l'endroit .......... 674
Campings naturistes .......... 683
Colophon .......... 684

**France** .......... 33
Nord-Pas-de-Calais .......... 38
Picardie .......... 41
Haute-Normandie .......... 50
Basse-Normandie .......... 59
Bretagne .......... 71
Pays de la Loire .......... 111
Poitou-Charentes .......... 145
Aquitane .......... 170
Ile-de-France .......... 212
Champagne-Ardenne .......... 215
Lorraine .......... 220
Alsace .......... 229
Centre-Val de Loire .......... 235
Bourgogne .......... 250
Franche-Comté .......... 265
Limousin .......... 272
Auvergne .......... 280
Rhône-Alpes .......... 291
Midi-Pyrénées .......... 347
Languedoc-Roussillon .......... 377
Provence-Alpes-Côte d'Azur .......... 420
Rivièra-Côte d'Azur .......... 462
Corse .......... 466

**Espagne** .......... 473
Cataluña .......... 478
Comunidad Valenciana .......... 507
Aragón .......... 526
La Rioja .......... 530
Navarra .......... 531
Pais Vasco .......... 533
Cantabria .......... 535
Galicia .......... 538
Asturias .......... 541
Castilla y Leon .......... 543
Madrid .......... 545
Extremadura .......... 546
Andalucía .......... 547
Murcia .......... 556

**Portugal** .......... 559

**Italie** .......... 573
Valle d'Aosta .......... 579
Piemonte .......... 580
Liguria .......... 587
Lombardia .......... 592
Trentino-Alto Adige .......... 596
Lago di Garda .......... 600
Veneto .......... 608
Friuli-Venezia Giulia .......... 615
Emilia Romagna .......... 617
Toscana .......... 624
Umbria .......... 639
Marche .......... 642
Lazio .......... 645
Abruzzo .......... 648
Campania .......... 650
Puglia .......... 653
Calabria .......... 658
Sardegna .......... 659
Sicilia .......... 665

# CampingCard ACSI 2022

***Vous profitez cette année d'importantes réductions en basse saison à plus de 3 000 campings dans 21 pays.***

**Egalement intéressant**
Informations relatives aux campings accessibles à tout moment et partout, même sans connexion Internet, grâce à l'appli CampingCard ACSI. Voir page 26.

Réservez facilement votre emplacement via ACSI, que vous soyez chez vous ou en déplacement. Voir page 22.

Postez un avis et tentez de gagner un beau prix ! Voir page 13.

Vous trouvez la carte de réduction dans ce volume.

Avant votre départ, consultez www.CampingCard.com/modifications pour obtenir les informations les plus actuelles.

## Campings par pays

| | |
|---|---|
| Norvège | 10 |
| Suède | 27 |
| Danemark | 57 |
| Pays Bas | 309 |
| Belgique | 43 |
| Luxembourg | 20 |
| Allemagne | 216 |
| Suisse | 20 |
| Autriche | 72 |
| Pologne | 8 |
| Rep. Tchèque | 9 |
| Hongrie | 6 |
| Slovénie | 15 |
| Croatie | 76 |
| Grèce | 40 |
| Royaume-Uni | 9 |
| Irlande | 8 |
| France | 1.303 |
| Espagne | 243 |
| Portugal | 30 |
| Italie | 284 |

# Validité de la CampingCard ACSI

***La carte de réduction CampingCard ACSI reste valable pour une année civile et elle est strictement personnelle. C'est pourquoi nous vous demandons de remplir complètement le verso de la carte et d'y apposer votre signature. Le camping peut vous réclamer une pièce d'identité.***

Les informations de ce guide sont uniquement valables pour l'année 2022. De nouveaux campings peuvent s'inscrire tous les ans, un camping peut modifier la période pendant laquelle la carte de réduction est acceptée ou changer ses tarifs par nuitée. Aussi les données de ce guide sont-elles actualisées tous les ans. Consultez www.CampingCard.com/modifications pour obtenir les informations les plus actuelles. Utilisez-vous l'appli CampingCard ? Dans cette appli, les informations sur les campings sont réactualisées plusieurs fois par an.

**Attention :** seuls les campings de ce guide portent le logo bleu de la CC et avec la CampingCard ACSI, vous pouvez recevoir une réduction sur votre séjour uniquement sur ces campings. Cf aussi 'Uniquement des campings avec le logo CC' à la page 11.

Les cartes de réduction périmées ne sont pas acceptées par les campings.

Consultez
**www.CampingCard.com**

LES MAGAZINES DE VOS PASSIONS
2 ANS soit 8 numéros
Pour vous 42 € seulement
VAN LIFE
l'évasion en fourgon aménagé magazine
SPÉCIAL 2021
N°14
Quel van choisir
GUIDE D'ACHAT
TOUTES LES NOUVEAUTÉS
PAYS BASQUE
TOUTE L'ACTU DU VAN • LES SURPRISES DE LA RENTRÉE
Suivez-nous en ligne....
Site web : vanlifemag.fr
Facebook : vanlifemagofficiel
Le Monde du Camping-Car
CONSEILS
ÉQUIPEMENT
SPÉCIAL NOUVEAUTÉS
TOUS LES MODÈLES 2021
LA RÉVOLUTION DES PROFILÉS
VAN & FOURGON : LE GRAND BOOM
Charente-Maritime, Drôme
DES INTÉGRAUX INÉDITS
1 AN soit 12 numéros
dont 2 hors-série "Accessoires" & "Tourisme"......... 63,60 €
+ la carte de France des Aires 2021 et son livret........ 5,90 €
Pour vous 59 € seulement
au lieu de 69,50 €
Telechargez l'application pour lire un numéro gratuit
DISPONIBLE SUR Google play
Disponible sur App Store
POUR VOUS ABONNER
Par téléphone au : 03 44 62 43 79 (numéro non surtaxé)
ou sur notre site : boutiquelariviere.fr

# A propos d'ACSI

***Comment cela a commencé***

C'est l'été 1964. L'enseignant Ed van Reine part en voiture avec sa caravane pliante du Betuwe et va en passant par la Belgique et la France vers le soleil espagnol. Enfin les vacances ! Enfin, on campe à nouveau, à la recherche d'un bon endroit pour la toute famille. On se réjouit à l'avance : voici des moments sans soucis et quelques semaines au grand air en perspective. Mais pourtant, une belle déception les attend à l'arrivée : 'Completo'. La plupart des campings sont déjà complets !

Cela doit pouvoir se passer autrement, pense Ed. Il philosophe sur un système européen de réservations. Et sur place, il invente déjà un truc pour éviter les barrières fermées. Avec des collègues de l'Enseignement, il constitue son premier guide de camping avec les données les plus importantes sur les campings les plus populaires en Europe, comme un numéro de téléphone. C'est l'ancêtre du guide complet que vous avez devant vous. C'est la naissance d'ACSI, Auto Camper Service International.

Seulement, Ed ne pouvait pas savoir à l'époque que son livret sous forme de stencil deviendrait la base d'une maison d'édition et agence de voyage internationales dans le domaine du camping.

## La qualité, l'aspect le plus important

Rassembler des informations est à la portée de tout le monde. C'est pourquoi nous le faisons de façon différente. Tous les campings qui veulent être mentionnés dans notre guide sur nos sites Internet et dans nos applis, sont visités tous les ans par nos inspecteurs. C'était déjà le cas en 1964 et c'est encore comme ça. Ces employés – pour la plupart des campeurs critiques – reçoivent une formation interne solide et font en sorte que seuls les meilleurs campings aient le droit d'utiliser notre logo entre temps célèbre.

Et les campings le souhaitent vraiment. ACSI est une marque de qualité et notre logo en est devenu une garantie. De plus, les inspecteurs ont à coeur de garantir la fiabilité des informations : nous avons vu les campings de nos propres yeux.

Nous composons nos produits avec le plus grand soin possible. L'information est très complète et cela aide le campeur à trouver une place qui lui convienne parfaitement, à lui et à sa famille. Et faisons de cela notre 'mission' : nous voulons amener le campeur vers le bon camping et offrir au camping un client satisfait. C'est en cela que nous sommes bons. Déjà depuis 57 ans.

## Maintenant et à l'avenir

Cette mission n'a bien sûr pas de fin. Mais de nouvelles missions s'ajoutent constamment à celle-ci. Comme en 1993. Ramon reprend alors la direction de l'entreprise de son père. Il s'attèle à la professionnalisation et digitalisation des données et il franchit les frontières. ACSI devient international avec des produits en plusieurs langues.

Puis un nouveau défi se présente. Est-ce qu'ACSI va réussir à fournir des clients aux campings en dehors de la saison haute ? Un système de réduction s'accompagnant d'une carte de réduction facile à utiliser par le campeur et le camping a été mis en place. En 10 ans, la CampingCard ACSI se développe et devient le plus grand succès de l'offre d'ACSI. Plus de 700 000 campeurs voyagent à travers l'Europe avec cette carte de réduction en poche.

L'idée du père de Ramon – un système de réservation- prend également forme. De plus en plus de campings peuvent être réservés directement à partir de nos sites Internet et applis. C'est en effet l'une de nos prochaines missions. Nous voulons créer un endroit en ligne où le campeur puisse chercher et réserver et où l'on puisse trouver de l'information et de l'inspiration, une seule adresse pour tout savoir sur le camping, la région et les activités que l'on peut y faire : une base pour tous ceux qui aiment camper.

## Pour chaque campeur

Bien sûr, personne n'est identique. Il y a autant de souhaits que de personnes. Tous les gens ne veulent pas un grand camping avec de nombreux équipements et tous les gens ne veulent pas un petit camping tranquille. Nous ne le savons que trop bien. C'est pour cela que nous avons des produits pour tous les campeurs.

**Guides de camping**

De très nombreux campeurs trouvent agréable d'avoir un guide de camping en main ou de l'ouvrir sur une table afin de le feuilleter pour trouver un camping. Nous proposons un guide

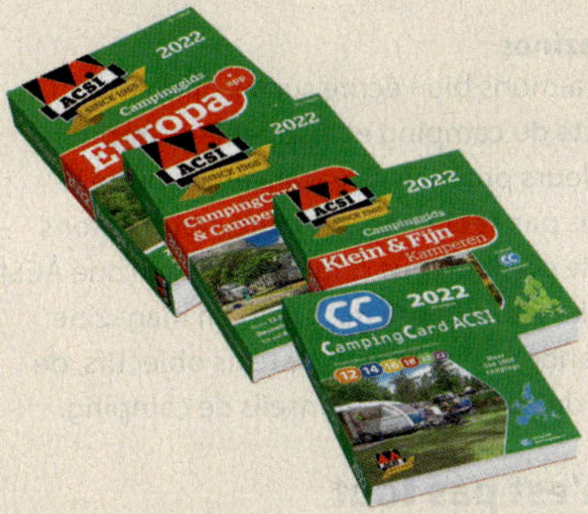


de camping spécial pour les campeurs qui voyagent principalement en basse saison, ainsi qu'un guide spécialement dédié aux camping-caristes reprenant les campings et les aires de camping-cars. Ces guides contiennent toutes les possibilités d'hébergement dans presque tous les pays d'Europe.

**Sites Internet**

Avec les filtres pratiques sur notre site Internet, vous trouvez rapidement un camping qui corresponde à vos aspirations. Et pour de plus en plus de campings, vous pouvez maintenant réserver rapidement et avec fiabilité un emplacement avec le site Internet ou l'application. Mais il y a plus encore. Nous décrivons en effet sur Internet de belles destinations, nous informons sur les nouveaux trends et donnons des conseils pour camper. Jetez un œil sur le site www.Eurocampings.fr/blog.

**Apps**

Pour un confort supplémentaire en cours de route : nos applis sont utilisables sans liaison Internet et très pratiques à utiliser grâce aux possibilités de filtrer. Le vacancier en camping-car peut élargir les informations sur les campings avec des informations sur 9 000 aires de camping-cars en Europe ! Grâce à la localisation (GPS), vous trouvez toujours un endroit pour passer la nuit dans les environs.

**Magazines**

Nous aimons bien écrire sur les différents aspects du camping et inspirer les campeurs pour leurs prochaines vacances. Nous ne le faisons pas seulement en ligne, nous aimons aussi le papier. Nous publions le magazine ACSI FreeLife 8 fois par an. Il s'agit d'un magazine néerlandophone rempli de tests objectifs, de récits de voyage et de conseils de camping.

## Ce n'est pas tout

Vous gardez votre passeport en sécurité sur vous avec l'ACSI Club ID. C'est une pièce d'identité qui vous légitime et qui est acceptée sur près de 8 400 campings en Europe. Mais cette carte d'adhésion offre encore plus d'avantages : une assurance tous risques et aussi une réduction sur presque tous les produits de notre boutique en ligne.

Nous organisons depuis déjà plus de 30 ans des voyages en camping en groupe. Avec ACSI Voyages Camping, nous emmenons les gens avec camping-car ou caravane en voyage de rêve en Europe et aussi en dehors de l'Europe. Grâce à notre longue expérience, nous savons trouver les endroits uniques. Nous proposons ces voyages pour les campeurs néerlandophones et germanophones.

Suncamp holidays est notre agence de voyage en ligne pour des vacances en camping. L'offre est composée de campings supérieurs avec de nombreux équipements dans des endroits populaires. Sur un certain nombre de ces campings, vous pouvez réserver nos SunLodges. Nous avons développé nous-même ces hébergements confortables et luxueux.

Regardez sur www.ACSI.eu pour en savoir plus sur notre entreprise et nos produits.

## Tous les campings inspectés annuellement

Des informations fiables et objectives, cela ne se trouve pas comme ça. C'est pourquoi nous inspectons chaque année tous les campings mentionnés dans notre guide, sur nos sites Internet et dans nos applis. Au cours de l'année écoulée, et malgré la pandémie de coronavirus, nous avons pu visiter pratiquement tous les campings. Ces visites sont importantes. Saviez-vous que chaque année nous devons apporter des modifications pour environ 95 % des campings ?

Nos 262 inspecteurs reçoivent un entrainement sérieux avant de partir. Ils contrôlent les campings sur plus de 220 équipements, mais naturellement aussi sur la qualité. Ils éprouvent l'ambiance et parlent avec les campeurs ainsi qu'avec le propriétaire.

# La carte de réduction
## pour la basse saison

***Avec votre carte de réduction, vous pouvez partir en vacances pendant la basse saison à prix réduit et profiter de campings d'excellente qualité partout en Europe. Vous avez le choix entre six tarifs fixes avantageux : 12, 14, 16, 18, 20 ou 22 euros par nuit. Rien de plus facile !***

### Les tarifs

Ces tarifs fixes de 12, 14, 16, 18, 20 et 22 euros sont plus bas que le montant le plus bas pratiqué par les campings participants en période hors saison. Vous pouvez compter sur une réduction importante sur le prix du séjour jusqu'à 60% du prix normal ! De plus, de nombreux campings accordent une remise supplémentaire pour un séjour plus long.

Ainsi, les campings sont tout aussi attrayants en basse saison qu'en haute saison ; les propriétaires garantissent le même accueil et le même service de qualité et les principaux équipements sont ouverts aussi en période hors saison. Vous payez moins cher, c'est tout. Vous pouvez donc anticiper la cohue et aussi profiter de réductions importantes en basse saison !

### Que faut-il faire pour profiter de votre réduction ?

C'est simple : emporter votre CampingCard ACSI, la montrer à la réception d'un des campings participants au moment de votre arrivée et bénéficier du tarif de séjour le plus avantageux ! Si vous présentez de nouveau votre carte de réduction lors du paiement, vous payez le tarif avantageux de la CampingCard ACSI. Dans le chapitre 'Tarif par nuitée' à la page 24, vous pouvez lire ce qui est compris dans le tarif CampingCard ACSI et dans le chapitre 'Non compris dans le tarif de nuitée' à la page 25, vous pouvez voir quels frais supplémentaires vous pouvez avoir.

### Le mode de paiement

CampingCard ACSI ressemble peut-être à une carte de garantie ou une carte de crédit, mais il s'agit bien d'une carte de réduction. Vous montrez votre CampingCard et vous campez à un tarif intéressant sur des campings exceptionnels. Vous n'êtes pas obligé de payer à l'avance pour un nombre fixe de nuits; vous ne payez qu'au moment de partir. Cependant, le moyen de paiement est déterminé finalement par le règlement du camping, donc aussi le moment où vous devez payer ou verser un accompte. Si vous annoncez que vous restez une nuit seulement, ou si vous voulez réserver, le camping peut vous demander de payer directement ou de verser une caution. A la réception du camping, vous serez informé sur le règlement du camping à ce sujet.

### Réservation avec la CCA

Dans certains campings, vous pouvez réserver à l'avance avec la CampingCard. Ces campings ont mentionné l'équipement 6A 'Possibilité de réserver avec CampingCard ACSI' dans leurs données. Une réservation avec la carte CampingCard ACSI est considérée en principe comme une réservation normale, mais le tarif CampingCard de la nuitée est plus avantageux. Dans certains cas, il faut payer pour pouvoir effectuer une réservation et l'on peut vous demander un acompte. Une réservation faite longtemps à l'avance par un détenteur de la CampingCard peut être considérée comme un inconvénient par un camping. Un camping peut ne pas accepter les réservations à l'avance avec la CampingCard. Il y a d'ailleurs aussi des campings où il est impossible de réserver. Lors de la réservation, vous avez intérêt à signaler que vous utilisez la carte de réduction d'ACSI. Si vous ne le faites pas, vous risquez de devoir payer quand même le tarif normal.

## Uniquement des campings avec le logo CC

Les campings participants que vous trouvez dans ce guide sont tous inspectés et agréés par ACSI.

**Attention :** ACSI inspecte chaque année près de 10 000 camping en Europe. Sur ces campings, plus de 3 000 participent au programme de réduction CampingCard ACSI en 2022. Le guide CampingCard ACSI rassemble plus de 2 800 campings participants. Les 200 campings restants sont des campings Klein & Fijn Kamperen (petits campings sympathiques), qui participent au programme, mais ne sont pas mentionnés dans le guide CampingCard ACSI. Sur www.CampingCard.com et dans l'appli CampingCard ACSI, vous trouverez plus de 3 000 Campings participants.
Vous avez seulement droit à une réduction avec votre carte si un camping est mentionné dans ce guide ou sur www.CampingCard.com. Vérifiez aussi si votre carte de réduction est bien acceptée dans la période où vous voulez séjourner sur le camping de votre choix. Les campings CampingCard ACSI arborent le logo CC bleu sur des drapeaux ou sur des autocollants à la réception des campings.
**Donc seuls les campings avec un logo CC bleu participent à la CampingCard et vous n'avez droit à la réduction que sur ces campings !**

## 262 inspecteurs

Chaque année, des inspecteurs prennent la route afin de visiter les campings à travers toute l'Europe pour les fameux guides de camping ACSI. Ainsi, ACSI enregistre depuis 57 ans déjà les informations les plus fiables sur les campings. En 2021 262inspecteurs ont visité les campings. Ils les évaluent en se basant sur une liste de plus de 220 équipements et font aussi attention à plusieurs qualités moins 'mesurables' d'un camping comme l'ambiance, la tranquillité, l'accueil etc.

L'avis du campeur lui-même est évidemment très important : c'est pourquoi nos inspecteurs s'informent toujours auprès de quelques hôtes du camping pour avoir leur opinion sur le camping. Après un séjour sur un camping CampingCard ACSI, vous pouvez vous aussi donner votre opinion sur ce camping. Voyez à la page 13 pour de plus amples informations.

## Probablement l'avantage principal du camping en basse saison...

La CampingCard ACSI est avant tout une carte de réduction pour la période hors saison. La carte de réduction vous permet d'économiser sur les coûts des nuitées. Un autre avantage du camping hors saison, et pour certains le plus important, c'est la tranquillité. Vous éviterez les embouteillages sur les routes, les campings sont plus calmes, plus reposants, vous y trouverez souvent un bel emplacement même sans avoir réservé et le personnel du camping peut vous consacrer plus de temps et d'attention. De plus, il y a moins d'affluence dans les sites et curiosités touristiques des environs de votre camping. Bref : vous aurez tous les ingrédients pour de bonnes vacances vraiment reposantes et nous espérons que vous en profiterez tout à votre aise !

# Comment trouver un camping?

***Ce guide CampingCard ACSI est composé de deux volumes. Les campings CampingCard ACSI participants sont décrits un par un dans un encart rédactionnel avec une description des tarifs, les périodes d'acceptation et les équipements.***

Dans ce guide, les campings sont classés dans un pays par ordre alphabétique du nom de la localité. Un exemple : vous trouvez Zaton Holiday Resort à Zaton/Nin (Zadar) en Croatie au Z de Zaton/Nin (Zadar).

Certains pays forment une exception : les Pays-Bas, l'Allemagne, la France, l'Espagne et l'Italie. Ces pays sont divisés en régions. A l'intérieur d'une région, vous trouvez les campings dans l'ordre alphabétique de localité. Dans le sommaire au début du guide et dans le mini-atlas inclus dans le guide, vous voyez aussi que les Pays-Bas, l'Allemagne, la France, l'Espagne et l'Italie sont divisés en régions. Avec les cartes qui précèdent les informations sur les pays, vous trouverez facilement un camping dans votre région préférée !

## Comment trouver un camping participant ?

Il y a plusieurs possibilités :

**Dans ce guide de camping :**

- La recherche d'un camping par nom de localité. À cette fin, utilisez l'index situé à la fin du guide ou le mini-atlas.
- Chercher dans le pays ou la région où vous souhaitez faire du camping. Utilisez pour cela le sommaire au début du guide. Ou bien cherchez avec le mini-atlas. Les campings de la CampingCard ACSI y sont indiqués avec un logo bleu pourvu d'un numéro. Les numéros dans le guide se suivent, donc vous trouverez facilement le bloc rédactionnel et les informations sur le camping que vous cherchez.
- Un équipement peut aussi être un critère de recherche. Avec le volet de la couverture du guide, vous pouvez voir si un camping dispose des équipements qui sont importants pour vous.

**Sur le site :**

Website www.CampingCard.com.

Vous pouvez y sélectionner différentes entrées de recherche. Vous pouvez ainsi faire une recherche sur la période de vacances, sur la présence sur place de prestations spécifiques ou par rapport à des thèmes tels que l'adéquation aux personnes à mobilité réduite, aux naturistes ou aux amateurs de sports d'hiver.

**Sur l'appli :**

L'appli speciale CampingCard ACSI. Regardez aussi à la page 26.

**Sur le mini-atlas :**

Vous trouvez dans ce guide un mini-atlas reprenant tous les campings CampingCard ACSI européens. Dans ce mini-atlas, vous voyez des petits logos bleus avec un numéro. Ils correspondent aux logos bleus avec un numéro dans les annonces rédactionnelles des campings.

L'index du mini-atlas est agencé de la manière suivante : numéro du camping, nom du camping, localité du camping par ordre alphabétique, numéro de page et partie de la page.

Aux Pays-Bas, en Allemagne, France, Espagne et en Italie, par ordre alphabétique de localité par région.

# Ajoutez votre avis et risquez de gagner un iPad !

Nombreux sont les campeurs qui aiment partir en voyage en ayant tout bien préparé. Vous pouvez les aider en laissant un avis sur notre site. La surprise peut en effet être agréable comme, parfois, désagréable.

**Votre camping**
Comment donner l'avis sur un camping ? Rendez-vous sur la page www.CampingCard.com/ipad et recherchez le camping où vous avez séjourné via le champ de recherche.

**Votre avis**
Sur la page du camping, vous trouverez l'onglet « Avis ». Ouvrez l'onglet et cliquez sur le lien « Ajouter un avis ». Faites-nous savoir ce que vous avez pensé du camping!

**Votre code**
Saisissez dans le champ « Code promotionnel » au bas du formulaire d'avis le code suivant : **IPAD-2022-CCA**
Vous tenterez ainsi automatiquement de gagner un iPad !

**Livre de cuisine de camping d'ACSI gratuit**
Nous attachons énormément d'importance à votre opinion. C'est la raison pour laquelle vous recevrez gratuitement le livre de cuisine de camping d'ACSI (PDF) après avoir posté votre avis. Le lien vers le livre de cuisine se trouve dans l'e-mail de confirmation.

# Mode d'emploi

1. Localité - Code postal - Région

4. Nom du camping et nombre d'étoiles

5. Adresse

6. Téléphone

7. Période d'ouverture

8. Adresse mail

9. Equipements (voir volet dépliant)

Equipements utilisables pendant toute la période d'ouverture du camping

**Le Bourg-d'Oisans,** F-38520 / Rhône-Alpes (Isère)

Camping Sites & Pays. à la Rencontre du Soleil*****
route de l'Alpe d'Huez
+33 4 76 79 12 22
30/4 - 30/9
contact@rencontresoleil.fr

1,5ha 48**T**(80-120m²) 10A CEE

1 ACDFIJKLMPQ
2 CJNSTUWYZ
3 CHIJKOPSU
4 (C+D 1/5-20/9)(Q 20/5-31/8) (T+U+V+X 15/5-15/9) (Y 20/5-3/9)(Z 15/5-15/9)
5 **AB**DEFGIJKLMNPUVWY
6 AEGK(N 0,8km)OV

Terrain bien entretenu à 1,3 km de Bo… Les nombreux parterres de fleurs et la vue su… montagneux des alentours en font un bon en… vacances.

D1091 Grenoble-Briançon. En quittant le pé… Bourg-d'Oisans, au rond-point di L'Alpe-d'Huez.

CC € 18 ***30/4-28/5 4/6-30/6 20/8-30/9***

10. Surface du camping en hectares (1 ha = 10 000 m²)
11. Le nombre d'emplacements tourisme (entre parenthèses, la taille des emplacements tourisme)
12. Ampérage maximal disponible du raccordement électrique
13. Une prise de terre européenne est nécessaire (CEE)
14. Tarif et réduction supplémentaire (éventuelle)
15. Période d'acceptation
16. Itinéraire
17. Descriptif

2. Trois enfants de moins de 6 ans compris dans le prix

NOUVEAU Nouveau camping CampingCard ACSI en 2022

Chiens non autorisés

Camping entièrement adapté pour les naturistes

Camping en partie adapté pour les naturistes

Camping pour les sports d'hiver

Equipements pour personnes à mobilité réduite

Zone wifi au camping

Wifi sur au moins 80% du camping

Reconnu par les organisations écologistes des pays concernés

iD ACSI Club ID acceptée comme pièce d'identité

3. 1770 Numéro du camping

18. Carte détaillée avec la situation précise du camping

19. Coordonnées GPS

## 1. Nom de localité, code postal et région

La localité, le code postal du camping et la région dans laquelle se trouve le camping.

## 2. Trois enfants de moins de 6 ans compris (éventuellement) dans le prix

Dans ce guide, vous trouvez 380 campings où (maximum) trois enfants de moins de 6 ans sont compris dans le tarif CampingCard ACSI. Dans l'annonce rédactionnelle, il y a le symbole . Attention : lorsqu'un camping est pourvu de ce symbole, il peut demander la taxe de séjour pour les enfants, parce que le camping doit directement payer les taxes de séjour aux autorités locales. De plus certaines choses, comme les jetons pour les douches, ne sont pas comprises pour les enfants.

## Chiens non autorisés

Dans le tarif CampingCard ACSI, le séjour d'un chien est compris à condition que les chiens soient autorisés sur le camping. Si vous avez plusieurs chiens, il se peut que l'on vous demande de payer pour cela. Sur certains campings, le nombre de chiens par

campeur est limité et/ou certaines races ne sont pas autorisées. Vous trouvez le nombre de chiens autorisés à l'endroit où le camping est mentionné dans www.CampingCard.com. Si vous avez des doutes à ce sujet, prenez contact avec le camping.
Aux campings avec le symbole mentionné ici, les chiens ne sont pas du tout autorisés.

## Zone wifi et/ou couverture wifi 80-100%

S'il y a une zone wifi au camping, il y a un endroit au camping où vous pouvez surfer sans fil sur Internet. Dans l'annonce rédactionnelle, il y a le symbole :
Si la couverture wifi est à 80-100%, vous pouvez utiliser le wifi dans la plus grande partie du camping. Dans l'annonce rédactionnelle, il y a le symbole :

## ACSI Club ID

Sur un grand nombre de campings, vous pouvez utiliser la carte ACSI Club ID. C'est un justificatif d'identité. Si un camping accepte la carte ACSI Club ID, cela est indiqué par le symbole : iD. Vous trouverez de plus amples informations concernant ce Carnet de Camping à la page 30 de ce guide.

## 3. Numéro du camping 1770

Le numéro figurant dans le logo CC bleu renvoie au numéro dans le mini atlas, ce qui vous permet de localiser le camping, voyez aussi : 'Sur le mini-atlas' à la page 12.

## 4. Nom du camping et étoiles

Vous trouvez ici le nom du camping et éventuellement le nombre d'étoiles. ACSI lui-même n'attribue aucune étoile ou autres classifications aux campings. Les étoiles ou autres classifications mentionnées ont été attribuées aux campings par des instances locales ou nationales et sont mentionnées derrière le nom du camping. Les étoiles ne donnent pas toujours une idée de la qualité mais du niveau de confort proposé par le camping. Plus il y a d'étoiles, plus les équipements sont nombreux. Vous devez décider par vous-même si un camping est agréable ou non et si pour vous, il vaut deux ou quatre étoiles.

## 5. Adresse

Le nom de la rue du camping. Vous voyez la localité et le code postal sur la bande en haut de l'annonce rédactionnelle. Parfois vous constatez, par exemple en France ou en Italie, que le nom de rue n'est pas mentionné. Vous verrez cependant que vous trouvez généralement le camping facilement lorsque vous êtes arrivé dans la localité. Pour faciliter votre arrivée au camping, nous avons mis dans l'annonce une description de l'itinéraire et les coordonnées GPS.

## 6. Téléphone

Les numéros de téléphone dans ce guide sont précédés du signe + suivi d'un nombre de deux ou trois chiffres. Le + remplace le numéro que vous devez composer pour les appels internationaux. En France c'est le 00. Les chiffres après le + donnent accès au pays où est situé le camping. Par exemple : le numéro de téléphone d'un camping allemand est mentionné dans le guide comme + 49 suivi de l'indicatif de zone avec le 0 entre parenthèses et le numéro de l'abonné. Dans la plupart des pays européens, le 0 de l'indicatif de zone ne figure plus après le préfixe d'accès à l'international et l'indicatif du pays. Pour l'Allemagne, vous choisissez donc 0049 puis le numéro de réseau, sans le zéro, puis le numéro d'abonné.
En Italie, vous devez en général faire le zéro.

## 7. Période d'ouverture

Période mentionnée par la direction du camping, pendant laquelle le camping est

ouvert en 2022. ATTENTION : les campings ne proposent pas la réduction CampingCard ACSI pendant toute la période d'ouverture. Pour connaître les périodes pendant lesquelles les réductions CampingCard ACSI s'appliquent, consultez les périodes d'acceptation dans la bande en bas de l'annonce rédactionnelle du camping.
Reportez-vous aussi à la rubrique 'Période d'acceptation' à la page 20.

Le plus grand soin a été apporté à la saisie des dates d'ouverture et d'acceptation. Il est cependant possible que ces dates subissent des modifications après la publication de ce guide. Consultez avant votre départ le site www.CampingCard.com/modifications pour savoir si le camping de votre choix a procédé à des ajustements.

## 8. Adresse mail @

L'adresse mail du camping. Surtout pratique pendant les périodes calmes de l'année, quand il n'y a pas toujours de permanence à la réception, pour faire des réservations ou demander des renseignements.

## 9. Equipements

La CampingCard ACSI est une carte de réduction pour la basse saison. Les campings participants veillent à ce que les principaux équipements soient également disponibles et en état de fonctionnement pendant la période d'acceptation de la carte de réduction.
Sur le volet dépliant à l'avant de ce guide, vous trouverez la liste complète de tous les équipements qui figurent dans ce guide. En maintenant ce volet déplié, vous pourrez voir exactement les équipements disponibles

dans chaque camping. Après les chiffres 1 à 6, vous trouverez six rubriques concernant les équipements :

1 Règlement
2 Situation, terrain et végétation
3 Sports et loisirs
4 Récréation aquatique / Achats et restauration
5 Appareils ménagers / Sanitaires
6 Divers

Les lettres après les chiffres correspondent aux équipements des différentes rubriques. Après la lettre, pour certains équipements, une période entre parenthèses peut être indiquée, avec la date du jour et du mois. C'est la période pendant laquelle cette prestation est disponible.
Si la petite clé 🔑 est mentionnée, cet équipement est accessible pendant toute la période d'ouverture du camping.

**Attention :**

- Il s'agit ici des équipements disponibles au camping. Cela ne signifie pas que tous ces équipements soient disponibles pour les emplacements standard et puissent être utilisés par les utilisateurs de la CampingCard ACSI. Ainsi, la mention de l'équipement 6S signifie que le camping a des emplacements avec prise radio-tv. Dans la plupart des cas, il s'agira d'emplacements confort non destinés aux utilisateurs de la CampingCard ACSI.
- Lorsqu'une piscine ou un autre équipement est situé juste à côté du camping et que ces équipements peuvent être utilisés par les campeurs, les lettres de ces équipements sont aussi mentionnées.
- A certains équipements sur le volet dépliant, vous voyez une *.
  Les équipements avec une * en gras dans les

données du camping ne sont pas compris dans le prix du séjour. Pour les clients CampingCard ACSI, il y a deux exceptions : dans le tarif CampingCard ACSI sont compris 1 chien (si les chiens sont autorisés sur le camping) et 1 douche chaude par personne par nuitée, même quand l'équipement est imprimé en gras et donc fait partie des équipements payants du camping concerné. Les équipements sans * ne sont jamais imprimés en gras, mais cela ne veut pas dire qu'ils sont gratuits.

## 10. Surface du camping

La surface du camping est indiquée en hectares. 1 ha = 10 000 m$^2$.

## 11. Le nombre d'emplacements tourisme

Pour vous en tant que campeur, il est intéressant de savoir combien il y a de places tourisme dans un camping. La dimension des emplacements tourisme est indiquée en m$^2$. Si vous voyez > 100 m$^2$, les emplacements sont plus grands que 100 m$^2$. < 100 m$^2$ signifie plus petits que 100 m$^2$. Chaque camping met une partie de ses emplacements de passage à la disposition des campeurs détenteurs de la CampingCard ACSI. Un emplacement standard est inclus dans le tarif CampingCard ACSI. Reportez-vous à la page 24 pour de plus amples informations.

## 12. Ampérage maximum disponible du raccordement électrique

Avec votre CampingCard ACSI, un raccordement d'au maximum 6A ou une consommation électrique allant jusqu'à 4 kWh par jour, y compris les frais de raccordement, sont compris dans le prix de la nuitée. Si vous consommez plus, par exemple 5 kWh, il est probable que vous paierez un supplément.
Dans la case des équipements, vous trouvez les ampérages minimum et maximum disponibles pour le raccordement électrique d'un camping. Lorsqu'il y a 6-10A dans le bloc rédactionnel, cela signifie que à ce camping, il y a des emplacements avec au minimum 6A et au maximum 10A. Cela ne veut pas dire que 10A est compris dans le tarif CampingCard ACSI.
Si vous souhaitez un ampérage plus élevé que celui de 6A inclus, veuillez le signaler dès votre arrivée, mais sachez que le camping peut vous compter un supplément. C'est seulement quand il n'y a pas d'ampérage plus bas que 10A que vous ne devez pas payer de supplément. Attention : sur un raccordement de maximum 6A, vous ne pouvez pas brancher des appareils électriques de plus de 1380 Watt en même temps.

## 13. CEE

Cette indication signifie que vous devez avoir une prise européenne à 3 fiches.

## 14. Tarif et réduction supplémentaire (éventuelle)

A chaque camping, le tarif de 12, 14, 16, 18, 20 ou 22 euros est indiqué. Les tarifs appliqués avec la CampingCard ACSI sont déjà avantageux, mais il y a moyen de trouver encore plus économique. Certains campings donnent une réduction supplémentaire lorsque vous prolongez votre séjour. Un exemple : si vous trouvez la mention '7=6' à côté d'un camping, cela signifie que pour un séjour de 7 nuits, vous ne payerez que 6 fois le tarif par nuitée de la CampingCard ACSI. Veuillez cependant indiquer le nombre de nuits que comptera votre séjour lors de l'enrégistrement ou de la réservation. Le camping fera alors une réservation préalable en appliquant la réduction. La réduction ne s'appliquera pas nécessairement si vous décidez de prolonger votre séjour pendant vos vacances pour arriver ainsi au nombre de jours requis. Attention ! Au cas où un camping offre plusieurs réductions de ce type, vous n'aurez droit qu'à l'une des offres. Prenons l'exemple d'un camping qui propose les formules 4=3, 7=6 et 14=12. Si vous restez 13 nuits dans ce camping, vous n'aurez droit qu'à une seule réduction 7=6, et non plusieurs fois à l'offre 4=3 ni à une combinaison des deux formules 4=3 et 7=6.

## 15. Période d'acceptation

Chaque camping a déterminé sa propre période d'acceptation, et détermine ainsi sa propre période hors saison. Pour connaître les périodes pendant lesquelles les réductions CampingCard ACSI sont proposées, consultez les périodes d'acceptation sur la bande bleue en bas de l'annonce rédactionnelle du camping. La dernière date est toujours le jour où la réduction n'est plus valable. Une période d'acceptation de 1/1 – 30/6 signifie que la première nuit où vous avez droit à une réduction est celle du 1ier au 2 janvier et la dernière nuit celle du 29 juin au 30 juin. Pour la nuit du 30 juin au 1ier juillet, vous devez payer le tarif normal.

Le plus grand soin a été apporté à la saisie des dates d'ouverture et d'acceptation.
Pour une raison ou une autre, il est néanmoins possible que ces dates subissent des modifications après la publication de ce guide. Il est donc conseillé de consulter le site www.CampingCard.com/modifications pour savoir si le camping de votre choix a procédé à des ajustements.

## 16. Descriptif

Dans ce petit paragraphe, vous trouverez en résumé quelques informations concernant le site du camping, l'ambiance et l'aménagement. Par exemple : situé au bord de la mer, à proximité d'un lac, camping familial tranquille, équipements de luxe, belle vue, emplacements ombragés, à l'abri des regards, séparés par la végétation, sol rocheux, gazon, terrasses, etc.

## 17. Itinéraire

Le texte de l'itinéraire vous donne des indications pour arriver jusqu'à l'entrée du camping à partir de quelques kilomètres avant : la sortie d'autoroute à prendre et les panneaux à suivre ensuite. C'est aussi un complément pratique lorsque vous avez des problèmes avec votre système de navigation.

## 18. Carte détaillée

Sur la carte de détaillee, vous voyez les environs proches du camping. La situation précise est indiquée par le petit logo bleu CampingCard ACSI.

## 19. Coordonnées GPS

Si vous utilisez un système de navigation, les coordonnées GPS des campings sont pratiquement indispensables. C'est pourquoi ACSI les a mentionnées dans ce guide.
Nos inspecteurs ont saisi les coordonnées aux barrières d'entrée des campings, donc il ne peut guère y avoir d'erreurs. Attention ! Les systèmes de navigation ne sont pas tous adaptés à une combinaison auto-caravane. Lisez donc toujours la description de la route indiquée pour le camping et n'oubliez pas de faire attention aux panneaux. Car la route la plus courte n'est pas toujours la plus facile. Les coordonnées GPS sont données en degrés, minutes et secondes. Lorsque vous saisissez les coordonnées GPS dans votre système de navigation, contrôlez que ce dernier est bien réglé sur degrés, minutes et secondes. Devant le premier nombre il y a un N. Devant le second nombre il y a un E ou un W (à droite ou à gauche du méridien de Greenwich).

# Réservation en ligne

## Réservez votre emplacement de camping via ACSI

Rien n'est plus ennuyeux que de chercher un camping et de découvrir à l'arrivée qu'il affiche complet. En période hors saison, cela n'arrive heureusement pas souvent, mais des fêtes locales ou des événements peuvent avoir pour conséquence qu'un camping soit quand même complet de façon inattendue. Ceux qui préfèrent la sécurité ont la possibilité de réserver en ligne sur un nombre croissant de campings.

De chez vous ou en chemin, vous pouvez facilement réserver un emplacement de camping via le site Web www.CampingCard.com ou l'appli CampingCard ACSI. Les campings disponibles à la réservation sont reconnaissables au bouton orange « Réserver » ou « Disponibilité et prix ». Via ce bouton, vous réserverez directement auprès du camping et vous payerez immédiatement en ligne. Vous êtes ainsi assuré de disposer d'un emplacement.

## Réserver un camping

Après avoir trouvé un camping qui vous plaît, cliquez sur le bouton orange « Réserver » ou « Disponibilité et prix » pour voir les emplacements.

Une fois sur la page du camping, vous pourrez indiquer la période souhaitée et le nombre de personnes. Les résultats s'affichent avec un prix

*Exemple*

indicatif pour les dates exactes que vous avez indiquées, mais également pour une période un peu avant et un peu après, selon la disponibilité.

En cliquant sur le bouton « Réserver » ou « Disponibilité et prix », vous commencerez la réservation. Modifiez éventuellement le nombre de personne, indiquez l'âge de chacun et choisissez les options souhaitées. Le prix exact s'affiche. Il en va de même si la période que vous avez indiquée est en partie dans la période d'acceptation de la CampingCard ACSI et en partie en dehors. À l'étape suivante, vous devez indiquer votre nom et vos coordonnées. Choisissez ensuite votre moyen de paiement. Votre réservation n'est cependant confirmée qu'après avoir indiqué votre moyen de paiement lors de la dernière étape du processus de réservation.

Votre réservation est directement enregistrée au camping. Les conditions de réservation et d'annulation du camping choisi s'appliquent. Ces conditions s'affichent avant que vous ne terminiez la réservation.

Attention : vous devrez montrer une carte de réduction CampingCard ACSI dûment remplie à l'arrivée au camping afin de bénéficier du tarif spécial CampingCard ACSI !

Les avantages de la réservation en ligne

- Vous êtes certain d'avoir un emplacement de camping.
- Même à la dernière minute. Vous pouvez facilement réserver sur votre téléphone.
- Tous les coûts* sont clairement indiqués.
- Paiement sécurisé.

## De plus en plus de campings réservables via ACSI

Le nombre de campings pouvant être réservés via ACSI augmente en permanence. Pour plus d'informations et pour avoir un aperçu des campings CampingCard ACSI disponibles à la réservation, rendez-vous sur www.CampingCard.com/reserverenligne ou consultez l'appli CampingCard ACSI.

** Vous ne payerez que le tarif CampingCard ACSI économique, majoré des frais de réservation.*

# Tarif par nuitée

Il y a six tarifs CampingCard ACSI :

€12 €14 €16 €18 €20 €22

Aux terrains de camping dans les pays ayant une autre devise que l'euro, vous payez généralement en monnaie locale. Le tarif CampingCard ACSI est converti dans cette monnaie au taux de change du moment. Veuillez noter que le taux de change peut parfois varier considérablement.

## Inclusif

Pour le tarif CampingCard ACSI, les campings participants vous offrent :

- Un emplacement.*
- Séjour pour deux adultes.
- Auto & caravane & auvent ou voiture & caravane pliante ou voiture & tente ou camping-car avec auvent.
- Electricité. Dans le tarif CampingCard ACSI, le prix du séjour comprend le raccordement de 6A ou une consommation de courant allant jusqu'à 4 kWh par jour. Si le camping n'a des emplacements qu'avec un ampérage inférieur, c'est cet ampérage qui s'applique. Si vous voulez un raccordement avec un ampérage supérieur, ou vous consommez plus de 4 kWh, il est probable que vous deviez payer un supplément. Voyez aussi 'Ampérage maximum disponible du raccordement électrique' à la page 19.
- Douches chaudes. Si le camping utilise des jetons pour les douches, le détenteur de la carte CampingCard ACSI a droit à un jeton par nuitée par adulte.**
- Le séjour d'un seul chien si les chiens sont acceptés sur le camping. Il se peut donc que vous deviez payer un supplément pour un deuxième chien (ou plus).
- TVA.

* Certains campings font la distinction entre les emplacements standard et les emplacements confort ou de luxe. Ces derniers sont généralement plus grands et équipés d'un branchement et d'un écoulement d'eau. Avec la CampingCard ACSI, vous avez droit à un emplacement standard, mais il se peut qu'on vous laisse utiliser des emplacements plus chers pour le tarif Camping Card ACSI. C'est le camping qui vous attribue une place; vous ne pouvez EN AUCUN CAS exiger un emplacement confort ou de luxe. Faites attention au fait que certains campings ont un règlement différent pour les caravanes à double essieux et des camping-cars si grands qu'ils ne rentrent pas dans un emplacement standard.

** Conformément aux conditions de la CampingCard ACSI, le camping doit donner la possibilité au détenteur de la CampingCard ACSI de prendre au moins gratuitement une douche par nuitée. À cette fin, chaque détenteur de la CampingCard ACSI a droit à un jeton de douche par personne et par nuitée. Si un camping pratique un autre « système de douche », notamment avec des pièces de monnaie, une clé ou une Sepkey, le camping devra indemniser le détenteur de la CampingCard des coûts y afférents. L'eau chaude aux éviers à vaisselle n'est pas comprise. Les jetons de douche que vous n'utilisez pas ne peuvent être échangés contre de l'argent.

# Non compris dans le tarif de nuitée

En général, le tarif de la CampingCard ACSI sera suffisant pour le paiement du séjour. Cependant le camping peut vous ajouter des frais supplémentaires :

- La taxe de séjour, l'éco-taxe, les taxes sur l'élimination des déchets et autres taxes (sauf TVA) ne sont pas incluses dans le tarif CampingCard ACSI. Ces taxes peuvent varier considérablement selon le pays et la région. Vous devez tenir compte de frais supplémentaires élevés pour diverses taxes, surtout en Suisse et en Autriche, mais aussi aux Pays-Bas.
- Les frais de réservation et d'administration ne sont pas compris dans le tarif CampingCard ACSI. Vous trouvez des informations sur la réservation avec la CampingCard ACSI à la page 10.
- Pour un emplacement confort ou de luxe, le camping peut vous compter un supplément (sauf s'il n'y a que des emplacements confort au camping).
- Les campings mettent des emplacements à disposition à deux adultes. Le camping doit décider lui-même si sur ces emplacements, en plus des deux adultes compris dans le tarif CampingCard ACSI, d'autres campeurs (par exemple, les enfants des campeurs ou d'autres adultes) peuvent aussi séjourner en payant le prix normal par personne. Si ce n'est pas possible, l'ensemble des campeurs doit s'installer aux endroits qui ne sont pas destinés aux utilisateurs de la CampingCard ACSI et où les tarifs normaux de la basse saison sont valables.
Cependant, aux campings avec le symbole 👫, trois enfants (maximum) de moins de 6 ans sont inclus dans le tarif CampingCard ACSI. Les jetons de douche ainsi que les taxes éventuellement dues pour ces enfants ne sont pas compris dans le tarif.
- Des équipements supplémentaires tels que ceux que le camping loue ou fournit contre paiement, par exemple un court de tennis, peuvent être facturés au tarif de basse saison normalement en vigueur.
- L'électricité est facturée lorsque la consommation dépasse ce qui est indiqué à la page 24. Voir aussi à la page 19 : 'Ampérage maximum disponible du raccordement électrique'.

# Appli CampingCard ACSI

***Tous les campings CampingCard ACSI dans une seule appli pratique***

L'appli CampingCard ACSI vous permet de toujours avoir les informations relatives aux campings à portée de main. L'appli, qui peut également être utilisée sans connexion Internet, reprend tous les campings CampingCard ACSI et offre des fonctions et possibilités de recherche pratiques. Les informations contenues dans l'appli CampingCard ACSI sont mises à jour plusieurs fois par an. L'application est adaptée pour smartphone et tablettes (Android 5 et plus, iOS 10 et plus).

Si vous partez en vacances avec votre camping-car, il vous est possible d'acheter des informations sur 9 000 aires de camping-cars contrôlées en Europe !

- **Recherche par nom**

Vous pouvez effectuer une recherche par pays, région, localité, numéro de camping ou nom de camping. Saisissez un terme de recherche et consultez les options de nuitée sur la carte. La base de données parmi laquelle vous pouvez effectuer votre recherche est très vaste et comporte plus de 500 000 mots-clés.

Nos clients donnent une note de 8,3 à l'appli CampingCard ACSI.

- **Recherche à proximité**

Activez la localisation sur votre appareil. Afin que l'appli détecte automatiquement votre position et de vous propose les campings CampingCard ACSI (et les éventuelles aires de camping-cars) aux alentours. Préférez-vous effectuer une recherche à partir d'un endroit spécifique sur la carte ? Vous pouvez également effectuer une recherche à partir d'un endroit spécifique sur la carte. Trouvez ainsi et où que vous soyez un camping que vous convient.

- **Filtres de recherche**

L'appli contient des filtres de recherche pratiques. Vous pouvez filtrer les résultats sur plus de 150 équipements, les tarifs CampingCard ACSI, la période du séjour et les campings de passage.

- **Découvrir un camping**

Pour chaque camping, vous trouverez des informations détaillées concernant le terrain et les équipements. Consultez les photos, cartes et évaluations relatives au camping laissées par d'autres campeurs afin de voir si le camping vous conviendra.

- **Favoris**

Si vous avez trouvé un endroit qui correspond à vos souhaits, vous pouvez l'ajouter à vos favoris afin de le retrouver rapidement. Vos favoris sont également reconnaissables sur la carte.

- **Réserver un camping**

Dans l'application, vous pouvez voir sur nombre croissant de campings s'il y a des emplacements puis placer directement votre réservation.

- **Utilisation sur plusieurs appareils**

Vous pouvez utiliser l'application sur trois appareils en même temps. Pour cela, connectez-vous avec votre compte ACSI et l'accès sera déverrouillé.

**Attention :**

Pour pouvoir bénéficier des tarifs fixes les plus bas, vous devez toujours présenter la carte de réduction physique en cours de validité à la réception. La présentation de la seule app ou du guide ne suffit pas.

Consultez le site www.CampingCard.com/appli pour de plus amples informations et des explications sur la procédure d'achat pour accéder à l'appli.

## Tous les campings CampingCard ACSI dans une seule appli pratique

- Mises à jour, modifications et nouveaux avis sur les campings gratuits
- Combinable avec 9 000 aires de camping-cars contrôlées
- Disponible sans connexion internet
- Réservation simple et rapide, même en chemin

**A partir de 3,59 €***

** Modifications de prix sous réserve*

## Votre code d'achat unique

Pour accéder à l'appli CampingCard ACSI, vous avez besoin d'un code d'achat unique. Ce code nous permet de vérifier que vous détenez également une CampingCard ACSI en cours de validité. Vous trouverez le code au dos de votre carte de réduction. Voir l'illustration ci-dessous :

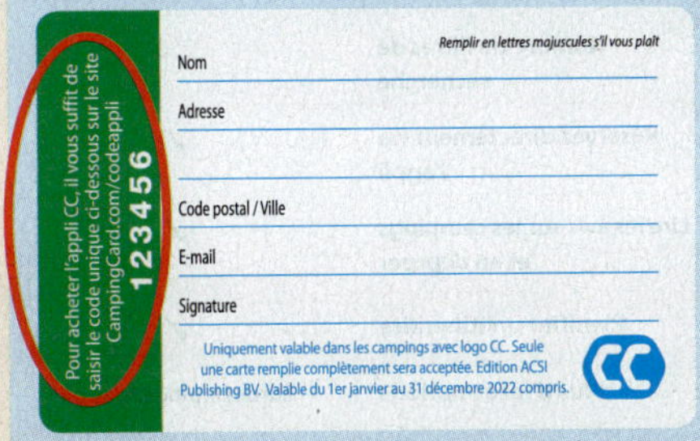
Pour acheter l'appli CC, il vous suffit de saisir le code unique ci-dessous sur le site CampingCard.com/codeappli
**123456**

*Remplir en lettres majuscules s'il vous plaît*

Nom

Adresse

Code postal / Ville

E-mail

Signature

Uniquement valable dans les campings avec logo CC. Seule une carte remplie complètement sera acceptée. Edition ACSI Publishing BV. Valable du 1er janvier au 31 décembre 2022 compris.

# Comparaison des applis ACSI

| | Appli ACSI Campings Europe | Appli CampingCard ACSI | Appli ACSI Great Little Campsites |
|---|---|---|---|
| **Prix** | Pack contenant des informations relatives aux campings à partir de 0,99 €* | Appli incluant des informations de camping : 3,59 €* | Appli incluant des informations de camping : 2,99 €* |
| **Nombre de campings** | 9 500 | Plus de 3 000 | 1 900 |
| **Types de campings** | Tous les campings du guide ACSI Campinggids Europa et guide ACSI Klein & Fijn Kamperen | Tous les campings qui acceptent la CampingCard ACSI | Tous les petits campings comptant max. 50 emplacements |
| **Infos sur 9 000 aires camping-cars** | À acheter par groupes de pays individuels, et seulement en combinaison avec les informations de camping | À acheter en combinaison avec les informations de camping | À acheter en combinaison avec les informations de camping |
| **Compatibilité** | Smartphone et tablette | Smartphone et tablette | Smartphone et tablette |
| **Utilisable sur 3 appareils à la fois** | ✓ | ✓ | ✓ |
| **Mises à jour gratuites** | ✓ | ✓ | ✓ |
| **Utilisable hors ligne** | ✓ | ✓ | ✓ |
| **Recherche en fonction du pays, de la région, de la localité ou du nom du camping** | ✓ | ✓ | ✓ |
| **Recherche sur la carte/GPS** | ✓ | ✓ | ✓ |
| **Recherche en fonction du tarif CC et de la période d'acceptation CC** | | ✓ | |
| **Nombre de filtres de recherche** | 250 | 150 | 250 |
| **Réservez directement via l'appli** | ✓ | ✓ | ✓ |
| **Lire les avis sur les campings et en déposer** | ✓ | ✓ | ✓ |
| **Planifier un itinéraire** | ✓ | ✓ | ✓ |
| **Plus d'informations** | **Eurocampings.fr/appli** | **CampingCard.com/appli** | **Campingsdecharme.fr/appli** |

** Modifications de prix sous réserve*

# Tous les campings CampingCard ACSI dans une seule appli pratique

A partir de
**3,59 €**

## Appli CampingCard ACSI

- À compléter avec 9 000 emplacements de camping-car
- Disponible sans connexion internet
- Mises à jour, modifications et nouveaux avis sur les campings gratuits
- Réservation simple et rapide, même en chemin

Pour plus d'informations visitez :
**www.CampingCard.com/appli**

ACSI SINCE 1965

# ACSI Club ID

***L'ACSI Club ID, LE Pass Camping pour l'Europe, est indispensable à tout campeur. Vous profitez de nombreux avantages aussi bien pendant vos vacances en camping que chez vous !***

✔ **Remplace la pièce d'identité**

Près de 8 400 campings à travers toute l'Europe acceptent l'ACSI Club ID en tant que justificatif d'identité. Vous pourrez ainsi garder votre passeport ou carte d'identité sur vous pendant toutes vos vacances.

✔ **Assurance responsabilité civile**

Grâce à l'ACSI Club ID vous passerez des vacances sans souci. Elle vous permet en effet de bénéficier d'une assurance en responsabilité civile, valable pour vous et vos compagnons de voyage (jusqu'à 11 personnes), lors de vos vacances au camping, ainsi que lors d'un séjour dans une location ou à l'hôtel !

✔ **Diverses offres**

En tant que membre d' ACSI Club ID, vous payez toujours le prix le plus bas dans la boutique en ligne d'ACSI.

Demandez vite votre ACSI Club ID. Elle ne coûte que 4,95 € par an ! Pour toute question ou demande, rendez-vous sur : www.ACSI.euACSIClubID

## Différences avec la CampingCard ACSI

Tout comme la CampingCard ACSI, l'ACSI Club ID est une carte émise par ACSI. Afin d'éviter toute confusion, nous vous proposons ci-dessous un aperçu des différences entre les deux cartes.

| |  **ACSI Club ID** |  **CampingCard ACSI** |
|---|---|---|
| Quoi ? | Passe Camping : justificatif d'identité accepté par le camping | Carte de réduction pour le camping en basse saison |
| Acceptation | Acceptée en tant que justificatif d'identité dans près de 8 400 campings à travers 29 pays | Nuitée dans plus de 3 000 campings à travers 21 pays facturée à l'un des six tarifs bas fixes |
| Suppléments | Assurance responsabilité civile et réduction sur des produits ACSI dans la boutique en ligne | Fournie avec un guide contenant toutes les informations relatives aux campings CampingCard ACSI |
| Achat | Adhésion, à conclure via la boutique en ligne ACSI | Produit « seul » dans les magasins de camping et via la boutique en ligne ACSI.<br>Abonnement, à conclure via la boutique en ligne ACSI |
| Validité | 1 an, jusqu'à la date d'expiration (prolongation automatique) | 1 année calendrier |
| Coût | 4,95 € par an | A partir de 12,95 € par an |
| Plus d'infos | www.ACSI.eu/ACSIClubID | www.CampingCard.com |

Gardez votre passeport
sur vous
Seulement
4,95 €
par an
ACSI
SINCE 1965
Club iD
CAMPING CARNET
Caupain, Francois Gaspard
8, Rue Chambiges
75008 Paris
DATE / PLACE OF BIRTH
20-07-1965 Paris
DATE / PLACE OF ISSUE PASSPORT
01-12-2017 Paris
1234567
12 / 2022
NATIONALITY
FRA
NUL12BLC7
01-12-2028
discount with this iD pass
Campez avec l'ACSI Club ID
Sert de pièce d'identité
Acceptée dans presque 8 400 campings en Europe
Comprend une assurance responsabilité civile
Réductions boutique en ligne ACSI
Commandez facilement sur :
www.ACSI.eu/ACSIClubID
ACSI
SINCE 1965

# France

## Général

Dénomination officielle : République française.
La France est membre de l'Union Européenne.
Le français est la langue officielle. Dans les régions touristiques vous pouvez vous débrouiller en anglais. Décalage horaire : En France, l'heure est la même qu'à Amsterdam, Berlin et Rome.

### Monnaie / transactions financières

Devise : euro
Vous pouvez payer presque partout avec une carte de banque ou une carte de crédit. Vous trouverez de nombreux distributeurs de billets.

## Formalités à la frontière

De nombreuses formalités et accords relatifs entre autres aux documents de voyage et de véhicule requis, aux exigences liées à votre moyen de locomotion ou d'hébergement, aux frais médicaux et aux voyages en compagnie de vos animaux dépendent non seulement de votre pays de destination, mais également de votre point de départ et de votre nationalité. La durée de votre séjour est également déterminante. Dans le cadre de ce guide il n'est pas possible de garantir que les informations relatives à ce sujet sont correctes et à jour pour tous les utilisateurs. Nous vous conseillons de vous renseigner suffisamment en avance pour savoir :

- de quels documents de voyage vous devez disposer, pour vos accompagnateurs et pour vous-même ;
- de quels documents vous devez disposer en ce qui concerne votre véhicule et votre remorque ;
- quels produits et médicaments vous pouvez importer et exporter librement ;
- comment, en cas d'accident ou de maladie, sont réglés le traitement médical et le paiement de ce traitement.

### Animaux de compagnie

Vérifiez que les animaux de compagnie sont admis dans le pays où vous allez séjournez. Prenez rendez-vous avec votre vétérinaire suffisamment à l'avance. Ce dernier pourra vous informer au sujet des vaccinations requises, des certificats correspondants et des obligations au moment du retour.
De plus, il serait également utile de vous renseigner pour savoir s'il existe des réglementations spéciales en matière d'animaux dans le pays où vous souhaitez vous rendre. Dans certains pays par exemple, les chiens doivent toujours porter une muselière ou être transportés en cage.

## Circulation routière

La France compte de nombreuses autoroutes, généralement payantes. Le réseau routier se compose en outre de routes nationales (routes N) et de routes départementales (routes D).

### Routes de montagne

Vérifiez avant votre départ si certains cols sont fermés ou non. Pour plus d'informations : ***alpenpaesse.de*** (en allemand).

### Trafic

En été, les samedis à circulation très intense sont appelés « samedis noirs ». Ce sont tous les ans ceux de la dernière semaine de juillet et de la première semaine d'août. Ces jours-là, les routes sont très encombrées, surtout aux péages en direction du sud.

### Ferrys

Pour plus d'informations sur les temps de trajet, les heures de départ et les tarifs, consultez les sites des compagnies maritimes, par exemple ***blunavytraghetti.com***, ***corsicaferries.com***, ***corsicalinea.com***, ***lameridionale.fr*** en ***mobylines.com***.
Renseignez-vous après des compagnies maritimes pour savoir si vous avez le droit de transporter des bouteilles de gaz sur le bateau.

## Faire le plein

L'essence (SP95-E5, SP95-E10 et SP98) est facile à trouver (si vous voulez mettre de l'E10, contrôlez sur l'ouverture du réservoir, dans le manuel d'instructions ou auprès de votre garage si votre voiture supporte ce carburant, sinon prenez du SP98). Le diesel et le GPL (GPL / Autogaz) sont également faciles à trouver. Pour le plein de GPL, c'est un raccord italien (coupelle) qui est généralement utilisé.
Sur les autoroutes, la plupart des stations-service sont ouvertes 24 heures sur 24. Sur les routes nationales, les stations-service sont

**Limitations de vitesse**

| | En dehors des agglomérations | Si les voies sont séparées* | Autoroute |
|---|---|---|---|
| Voiture/remorque < 3,5 tonnes | 80 | 110 (100**) | 130 (110**) |
| Combinaison >3,5 tonnes | 80 | 90 | 90 |
| Camping-car <3,5 tonnes | 80 | 110 (100**) | 130 (110**) |
| Camping-car >3,5 tonnes | 80 | 100 | 110 |

**Une route (gratuite) avec voies séparées et 4 bandes.*
***En cas de pluie et pour les conducteurs qui ont leur permis depuis moins de 3 ans.*

En agglomération, la vitesse est limitée à 50 km/h.

souvent ouvertes jour et nuit, et sinon, de 7h à 19h. Tenez compte du fait que les stations-service le long des routes secondaires sont souvent fermées le midi et le dimanche.

## Code de la route

Les feux de croisement sont obligatoires par temps sombre, en cas de visibilité réduite et dans les tunnels.
Aux intersections, vous devez céder la priorité aux véhicules venant de droite. Les trams ont toujours la priorité. Les véhicules engagés sur un rond-point ont la priorité si cela est indiqué par des panneaux, sinon la priorité est aux véhicules venant de droite. En montagne, la circulation montante a la priorité sur la circulation descendante. Toutefois, sur les routes étroites, le véhicule le moins imposant doit céder la priorité.
L'alcoolémie est fixée à 0,5 g/l, et à 0,2 g/l pour les conducteurs ayant leur permis depuis moins de 3 ans.
Tenir son téléphone en main au volant est interdit, même si vous êtes à l'arrêt (vous pouvez passer des appels avec un kit main libre). Le conducteur ne peut pas non plus porter d'oreillette ou d'écouteurs (même pas s'il s'agit d'un carkit).
**Attention !** Les enfants de moins de 10 ans ne peuvent pas être assis à l'avant, ils doivent s'asseoir dans un siège enfant à l'arrière (un bébé en maxi-cosy dos à la route peut être installé à l'avant).
Les appareils signalant les radars sont interdits, paramétrez (si nécessaire) vos appareils de navigation.
Les pneus neige ne sont pas obligatoires.

**Règles particulières**

Il est interdit de fumer en voiture si vous transportez un enfant de moins de 18 ans.
Aucun appareil à écran ne doit se trouver dans le champ de vision du conducteur (excepté les systèmes de navigation).
Vous devez obligatoirement utiliser vos feux de détresse pour prévenir les autres conducteurs en cas de freinage d'urgence ou si vous êtes le dernier véhicule dans un embouteillage.
Lorsque vous dépassez un cycliste, vous êtes obligé de respecter une distance de sécurité d'au moins 1,50 m. Il est interdit de franchir une ligne blanche continue, ni même de rouler dessus. Il est interdit de stationner le long d'une ligne jaune.

#### Équipements obligatoires
Un triangle de présignalisation et un gilet réfléchissant doivent obligatoirement se trouver dans votre voiture. Vous avez l'obligation d'avoir un éthylotest dans la voiture, mais vous ne risquez pas d'amende si vous n'en avez pas. Vous pouvez vous en procurer un dans les stations-service, les supermarchés et sur le site ***webshop.acsi.eu***.

#### Caravane et camping-car
Les camping-cars ou voitures avec caravane ne peuvent pas dépasser 2,55 m de large et 18,75 m de long (la caravane elle-même ne doit pas dépasser 12 m de long). La hauteur n'est pas limitée.
Avec un camping-car ou une combinaison voiture-caravane de plus de 7 m et/ou de plus de 3,5 tonnes, vous devez garder une distance de sécurité d'au moins 50 m avec les autres camping-cars, combinaisons ou poids lourds.
Avec un camping-car ou une combinaison voiture-caravane de plus de 7 m, sur les autoroutes de trois voies ou plus, vous ne pouvez emprunter que les deux voies les plus à droites, sauf si vous devez vous diriger vers la gauche.

#### Vélo
Le port du casque est obligatoire pour les enfants jusqu'à 12 ans, même s'ils sont à l'arrière.
Par temps sombre (ou en cas de visibilité réduite), le gilet réfléchissant est obligatoire hors agglomération. Téléphoner ou utiliser son téléphone à vélo est interdit, de même que les écouteurs ou les casques. Il est interdit de transporter un passager de plus de 14 ans, les enfants jusqu'à 5 ans doivent être installés dans un siège enfant avec ceinture de sécurité.
Rouler côte à côte est autorisé à condition de ne pas gêner la circulation et pas en soirée.

## Péage et zones environnementales

#### Péage
La plupart des autoroutes sont à péage.
Les routes payantes sont indiquées par des panneaux bleus « péage ». Si vous ne voulez pas payer, vous pouvez suivre les panneaux verts qui indiquent des routes alternatives, principalement des routes nationales. Vous pouvez payer avec votre carte de crédit, ou en espèces. Tenez compte du fait que votre ticket de péage n'est valable que 24 h. Pour plus d'informations : ***autoroutes.fr***.
Si vous circulez beaucoup en France, il peut être pratique d'acheter un badge électronique de télépéage. Vous pourrez alors emprunter les voies réservées (« Liber-t ») aux péages. Pour plus d'informations : ***bipandgo.com***.

#### Zones environnementales
De plus en plus de départements ont introduit des zones écologiques afin de lutter contre la pollution de l'air urbain. Dans ces zones, seuls les véhicules portant une vignette environnementale (appelée certificat qualité de l'air ou vignette Crit'Air) valide peuvent circuler. Les règles varient selon l'endroit, et seront durcies dans les années à venir. Souvent, les zones environnementales sont applicables seulement en semaine, de 8h à 20h.
Vous pouvez commander la vignette en ligne via le site officiel ***certificat-air.gouv.fr***. Il existe six vignettes différentes en fonction de votre véhicule. Si vous la commandez à temps, vous devrez payer moins de 5 euros. Si vous pénétrez dans une zone écologique sans avoir apposé la vignette sur votre pare-brise, vous risquez une amende de plusieurs dizaines d'euros.

## Pannes et accidents
Il est conseillé placer votre triangle de signalisation au moins 30 m à l'arrière de votre véhicule. **Attention !** Il est interdit de placer

un triangle de signalisation sur l'autoroute. Le conducteur doit porter un gilet réfléchissant. En cas de panne ou près des autoroutes, vous ne pouvez pas appeler vous-même l'assistance routière, vous devez appeler la police routière au 112 ou utiliser les bornes téléphoniques oranges, ou encore utiliser l'appli SOS Autoroute (voir ***sosautoroute.fr***). Un dépanneur vous remorquera jusqu'à un garage. En cas de panne sur les autres routes, vous pouvez appeler vous-même l'assistance routière via votre assurance. Le remorquage ou le fait de réparer vous-même le véhicule sur l'autoroute est interdit.

**Numéros d'urgence**

112 : numéro d'urgence national pour la police, les pompiers et les ambulances.
17 : police.
18 : pompiers.
15 : ambulances.

## Camper

Avec plus de 11 000 campings, la France est le pays européen où l'on campe le plus. Réservez à temps si vous allez en Ardèche, en Dordogne ou dans les grandes stations balnéaires. Les emplacements à l'intérieur du pays sont souvent plus spacieux, mieux équipés et moins chers que sur la côte.
Le camping sauvage est autorisé avec l'accord du propriétaire du terrain, mais est interdit sur les plages et dans les zones protégées. Renseignez-vous auprès de la mairie ou de la gendarmerie.

**Particularités**

Tenez compte du fait qu'un nombre d'équipements comme les piscines, restaurants, snack-bars, pizzeria etc., sont en règle générale seulement ouverts en juillet et août.
Souvent, le port du maillot est obligatoire, les boxers, bermudas et autres sont interdits pour des raisons d'hygiène. Pour les dames, le bonnet est souvent obligatoire.
La France compte un grand nombre de campings ouverts également en hiver.

**Caravane et camping-car**

Passer la nuit en caravane ou camping-car en agglomération est autorisé sur tous les parkings accessibles aux voitures ou aux bus, pour 7 jours au maximum, sauf interdiction locale. Il est interdit de passer la nuit sur les aires d'autoroute, sauf aux endroits dédiés et pour une durée maximale de 24 heures.
Les caravanes à double essieu ne sont généralement pas acceptées dans les campings municipaux.

**Chercher un camping**

Pour chercher et choisir un camping, le plus simple est d'utiliser le site ***Eurocampings.eu***.

**Corse**

La plupart des campings en Corse sont au bord de la mer et bien indiqués. Les routes sont, surtout à l'ouest, étroites et sinueuses. Le français est la langue officielle, mais on parle aussi un dialecte ressemblant à l'italien. À l'intérieur de la Corse, il y a peu de stations-service !

## Infos pratiques

Les prises électriques ont deux trous ronds et souvent une prise de terre (type C ou E) Sur le site ***iec.ch/world-plugs***, vous pouvez vérifier si vous avez besoin d'un adaptateur (prise universelle).
Protégez vous contre les tiques, elles peuvent transmettre des maladies.
Vous pouvez boire l'eau du robinet sans problème. Ne buvez pas l'eau des robinets où il est écrit « eau non potable ».

## **Autingues**, F-62610 / Nord-Pas-de-Calais (Pas-de-Calais)

946

Camping St. Louis***
223 rue de Leulène
+33 3 21 35 46 83
27/3 - 17/10
campingsaintlouis62610@gmail.com

2ha 34**T**(80-110m²) 10A CEE

1 ACDGIJKLMOPQ
2 ISUWY
3 AHIKSU
4 (Q 1/5-13/9)(R )(T+U+X+Z 1/5-13/9)
5 **A**FGIJKLMNPUZ
6 EGJ(N 2km)TV

Camping à seulement 30 minutes de Calais, dans le triangle Calais-Boulogne-St. Omer. Environnement tranquille. Emplacements délimités spacieux. Camping avec de beaux sanitaires nouveaux et un bar-brasserie agréable.

A26 Calais-St. Omer. De préférence sortie Ardres/Nordausque. A Ardres, RN43 vers Calais. Camping indiqué par des panneaux.

CC € 16 *27/3-4/7 29/8-17/10*

N 50°50'18'' E 01°58'36''

## **Éperlecques**, F-62910 / Nord-Pas-de-Calais (Pas-de-Calais)

947

Château du Gandspette****
133 rue du Gandspette
+33 3 21 93 43 93
1/4 - 30/9
contact@chateau-gandspette.com

11ha 110**T**(80-120m²) 6-10A CEE

1 ACD**G**IJKLMOPRS
2 BSUVWXY
3 AC**G**HOPSU
4 (C+Q 15/5-15/9)(T+U+X+Z 25/4-19/9)
5 **AB**EFGIJKLMNOPUW
6 CDEG**K**(N 1km)ORTV

Camping au château dans un superbe parc (11 ha). Deux piscines d'extérieur, courts de tennis, espace fitness en plein air, bon restaurant plein d'ambiance à prix raisonnables. Bons sanitaires modernes. Visitez 'Das Blockhaus' de la 2e guerre mondiale, Saint Omer et le marais Audomarois.

De St Omer, la N943. Au panneau Blockhaus à droite. Camping est indiqué (environ 6 km). De Calais D943, St. Omer. A Nordausques à gauche, Éperlecques D221. Puis D207. Suivre les panneaux.

CC € 22 *1/4-8/7 1/9-30/9*

N 50°49'09'' E 02°10'43''

## **Equihen-Plage**, F-62224 / Nord-Pas-de-Calais (Pas-de-Calais)

948

Camping Mun. La Falaise***
rue Charles Cazin
+33 3 21 31 22 61
18/3 - 3/11
camping.equihen.plage@orange.fr

8ha 95**T**(100-120m²) 10-16A CEE

1 ACD**G**IJKLMPQ
2 AGILSTWY
3 CHPSUY
4 (**C**+**F**+**H** 1/5-30/9)J (Q 1/7-31/8)
5 **AB**FIJKLN**P**UW
6 CEGJ(N 1km)OT

Un grand camping municipal avec des emplacements délimités à seulement 150m de la plage. Il y a assez d'ombre. Un bon point de départ pour visiter Boulogne-sur-Mer avec le nouveau Nausicaá, le plus grand aquarium d'Europe, et Le Touquet-Paris-Plage. Grande nouvelle piscine en partie couverte. Boulangerie à 200m du camping.

N1 Boulogne-Abbeville, sortie Le Portel/Hardelot ou A16 Boulogne-Paris, sortie Neuchâtel. Puis le camping est indiqué par des panneaux.

CC € 22 *18/3-7/7 24/8-3/11*

N 50°40'15'' E 01°34'18''

## **Escalles**, F-62179 / Nord-Pas-de-Calais (Pas-de-Calais) — 949

Camping Les Erables
23 rue du Château d'Eau
+33 3 21 85 25 36
25/3 - 11/11
contact@camping-les-erables.fr

1ha 27T(80-140m²) 6-10A CEE

1 AGIJKLMOPQ
2 IMNSUWXY
3 IK
4 (Q 🔑)
5 **AB**DGIJKLMN**P**UW
6 EGK(N 5km)

Camping en terrasses avec emplacements délimités à 1,5 km de la plage avec vue imprenable sur la réserve naturelle du Cap Blanc Nez et la côte anglaise. Belles possibilités de promenades à pied et à vélo.

A16, à la sortie 40 vers Escalles, D243. Puis suivre la corniche D940 vers Escalles et Le Cap Blanc Nez. Le camping est indiqué.

CC € 18 *25/3-30/6 29/8-11/11*

N 50°54'44'' E 01°43'14''

## **Guines**, F-62340 / Nord-Pas-de-Calais (Pas-de-Calais) — 950

Camping La Bien Assise*****
D231, avenue de la Libération
+33 3 21 35 20 77
3/4 - 30/9
castels@bien-assise.com

15ha 149T(100-300m²) 10-16A CEE

1 ACD**G**IJKLMOPQ
2 ISWY
3 ACHI**O**P**R**SU
4 (E+H 28/4-15/9)J(Q 🔑)(S+T+U+X 28/4-15/9)(Y 🔑)(Z 28/4-15/9)
5 **AB**DEFGIJKLMNOPUVWXYZ
6 ADEGJ**K**(N 1km)RTV

Beau camping au château, bien entretenu. Environnement varié, à seulement 8 km de la côte. Le camping est équipé de sanitaires modernes, d'un restaurant avec un bon menu, d'une piscine couverte et d'emplacements spacieux.

De Calais A16, sortie 43, Guines D305. A Guines panneaux de camping. Cp au rond-point. De Boulogne sortie 36, Guines. De St. Omer, Ardres par D943, puis D231, Guines. Cp indiqué par des panneaux.

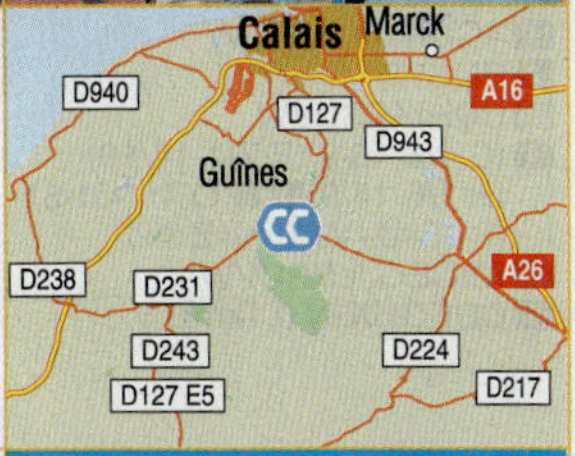


CC € 20 *3/4-30/6 1/9-30/9 7=6, 14=12, 21=18*

N 50°51'59'' E 01°51'30''

## **Hervelinghen**, F-62179 / Nord-Pas-de-Calais (Pas-de-Calais) — 951

Les Voiles des 2 Caps***
901 rue Principale
+33 6 19 45 34 30
1/4 - 31/10
contact@lesvoilesdes2caps.fr

2,5ha 30T(90-100m²) 6A CEE

1 AGIJKLPRS
2 ILSWY
3 ACHIJKLNPSU
4 (Q+R 🔑)(T+U 1/7-31/8)(Z 🔑)
5 **AB**GIJKLMNO**P**UWZ
6 ABEGK(N 2km)OV

Camping magnifiquement situé avec de très grands emplacements délimités par des haies. Le camping est situé dans un paysage vallonné, à seulement 4 km de la mer.

A16 de Boulogne, sortie 37. Depuis Calais, sortie 38. Direction Wissant. Le camping se trouve sur la D244 entre St. Inglevert et Wissant.

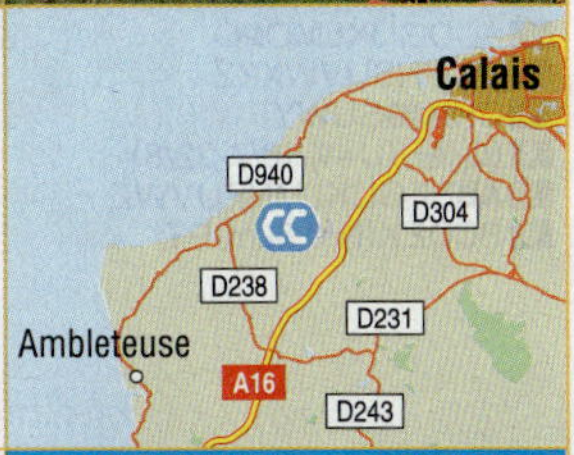


CC € 18 *1/4-8/7 26/8-31/10*

N 50°52'59'' E 01°42'33''

## Licques, F-62850 / Nord-Pas-de-Calais (Pas-de-Calais)

iD **952**

Camping Pommiers des Trois Pays****
273 rue du Breuil
+33 3 21 35 02 02
16/3 - 31/10
contact@pommiers-3pays.com

2,5ha 36T(100-150m²) 16A CEE

1 ACDGIJKLMOPQ
2 SVWXY
3 ACHIKSU
4 (A 1/7-31/8)(E+H 1/4-20/9) (Q+T+U+V+X+Z 1/4-15/10)
5 **AB**DEFGIJKLMNOPUXYZ
6 CDEGK(N 2km)TUV

Le camping est situé dans un ancien verger de pommiers avec des emplacements confort spacieux et délimités dans le Parc Naturel Régional des Caps et Marais d'Opale. A 25 km de la mer. Bon restaurant ouvert presque toute la saison. 2 chiens gratuits. Zone pour sortir les chiens. Wifi gratuit. Arrivée jusqu'à 22h.

De Lille, direction Saint-Omer par la A26/E15. Sortie 2 vers Licques. Le camping est indiqué par des panneaux. De Calais di Guines. Puis D215 di Licques.

CC € 18 *16/3-1/7 29/8-31/10 7=6, 14=12*

N 50°46'47'' E 01°56'52''

## Rang-du-Fliers, F-62180 / Nord-Pas-de-Calais (Pas-de-Calais)

iD **953**

Camping l'Orée du Bois****
chemin Blanc
+33 3 21 84 28 51
5/4 - 31/10
oree.du.bois@wanadoo.fr

18ha 50T(80-110m²) 6A CEE

1 ACD**G**IJKLMPQW
2 BIJSWY
3 C**G**HIKPSUVW
4 (C 1/6-15/9)(E 7/4-14/10) (H 1/6-15/9)**KLN**(Q 1/7-31/8) (S+T+U+V+X+Y+Z)
5 **AB**CEGJLNPUVW
6 CDEGH**K**(N 0,1km)TV

Ce camping avec un paradis aquatique et des emplacements délimités est situé à 4 km de la mer, dans un environnement boisé. Bar, restaurant (fermé le mercredi), piscines et sanitaires chauffés, jacuzzi et sauna. Quelques appareils de gymnastique en plein air. Il y a un supermarché à côté du camping.

A16 sortie 25. Puis D303, Rang-du-Fliers. A la sortie de Rang-du-Fliers à droite. A la fin, ne suivez le GPS mais les panneaux.

CC € 18 *5/4-30/6 1/9-31/10*

N 50°25'01'' E 01°36'42''

## Sangatte, F-62231 / Nord-Pas-de-Calais (Pas-de-Calais)

iD **954**

Camping des Noires Mottes***
rue Pierre Dupuy
+33 3 21 82 04 75
1/4 - 31/10
campingdesnoiresmottes@orange.fr

3,5ha 94T(80-200m²) 10A CEE

1 ACDGIJKLMO**P**Q
2 AGIJNSUVWXYZ
3 CHIM**Q**SUWY
4 (Q )(U+V 10/7-22/8)
5 **AB**EFGIJKLMNPUVWZ
6 BCDEK(N 0,5km)RT

Camping tranquille, beau terrain propre. Vue sur les collines. A 100m de la plage de sable entre le Cap Blanc-Nez et le Cap Gris-Nez. A 5 km du grand centre commercial Cité Europe. Wifi gratuit, à 5 km du tunnel sous la Manche et à 8 km du ferry Dover-Calais.

A16 de Calais vers Boulogne-sur-Mer. Au sud de Calais sortie 41 Coquelles, vers Sangatte.

CC € 18 *1/4-3/7 20/8-31/10*

N 50°56'45'' E 01°45'30''

## Wacquinghen, F-62250 / Nord-Pas-de-Calais (Pas-de-Calais) 955

Camping l'Escale***
15 Rue Nationale
+33 3 21 32 00 69
27/3 - 15/10
camp-escale@wanadoo.fr

11ha 40T(60-100m²) 10A CEE

1 ACD**G**IJKLMOPQ
2 IJSVXY
3 CHIJOPRSUW
4 (Q+R+T+U+V+Y+Z)
5 **AB**DFGIJLMNOPUWXZ
6 CEG**K**(N 3km)OTV

Ce parc de 11 ha vous invite à faire des randonnées de détente sur les falaises de Cap Gris-Nez et Cap Blanc-Nez. A 5 km seulement des plages de sables de la Côte d'Opale. Bonne liaison avec le tunnel sous la Manche et le ferry vers le Royaume Uni. Bon restaurant sur place, avec des prix raisonnables.

A16 entre Calais et Boulogne-sur-Mer sortie 34 vers Wacquinghen. De Boulogne, sortie 33 vers Wacquinghen. Suivre les panneaux de camping.

CC € 18 *27/3-30/6 29/8-15/10*

N 50°47'02'' E 01°40'09''

## Wimereux, F-62930 / Nord-Pas-de-Calais (Pas-de-Calais) 956

Camping Mun. L'Olympic***
49 rue de la Libération
+33 3 21 32 45 63
21/3 - 16/10
camping.wimereux@orange.fr

3,8ha 91T(63-90m²) 6-10A CEE

1 ACD**G**HIJKLMPQ
2 GIJSWXY
3 AC**G**HIP**Q**SUY
4 (Q)
5 **AB**DEFGIJKLMNOPUXYZ
6 CEG**J**(N 0,8km)TV

Camping sobre, délimité par de petites haies, près du petit village pittoresque Wimereux. Situé entre Cap Gris-Nez, la côte d'opale et Boulogne-sur-Mer. A 5 km de Nausicaa, le Centre National de la mer mondialement célèbre à Boulogne-sur-Mer. Facile d'accès par le bus.

A16, sortie Wimereux-Sud. Direction Wimereux. Le camping est indiqué par des panneaux et se trouve en bordure de la petite ville.

CC € 20 *21/3-10/7 29/8-16/10*

N 50°45'40'' E 01°36'28''

## Albert, F-80300 / Picardie (Somme) 957

Camping Le Vélodrome**
avenue Henry Dunant
+33 6 42 58 71 64
1/4 - 15/10
campingalbert@laposte.net

1,6ha 75T(72-120m²) 6-10A CEE

1 ACDFIJKLMOPQ
2 CEJSUWXY
3 AIKS
4 (Q)
5 GIJKLMNOPUWXYZ
6 ACDEG**K**(N 0,6km)T

Le camping est situé au bord de l'Ancre et de quelques lacs poissonneux. A côté du camping, il y a un terrain d'entraînement gratuit pour un golf avec 5 holes. La région autour d'Albert formait la ligne de front pendant la bataille de la Somme en 1916. De nombreux cimetières et monuments en sont les témoins silencieux. Visitez aussi le centre historique agréable d'Albert.

Par la D929, direction Albert. A partir de là, suivre les panneaux.

CC € 16 *1/4-27/6 23/8-30/9* 7=6

N 50°00'41'' E 02°39'20''

## Amiens, F-80080 / Picardie (Somme)

958

Camping des Cygnes****
111 avenue des Cygnes
+33 3 22 43 29 28
1/4 - 31/10
contact@amiens-campingdescygnes.com

NOUVEAU

3ha 136**T**(80-180$m^2$) 10A CEE

1 ACD**G**HIJKLMOPQ
2 CIJSVWXYZ
3 AIKMNSUW
4 (Q+R )(T+U 1/7-31/8) (Z 10/5-8/9)
5 **AB**DEFGIJKLMNOPUWXYZ
6 CEGJ(N 1,5km)RT

Ce nouveau camping est bien amenagé. Nombreuses possibilités pour une visite à l'intéressante ville d'Amiens.

N25, après Poulainville prendre Rocade à droite, direction Paris-Calais jusqu'à la sortie 40. Puis Amiens-Longpré D412, et ensuite, suivre les panneaux de camping.

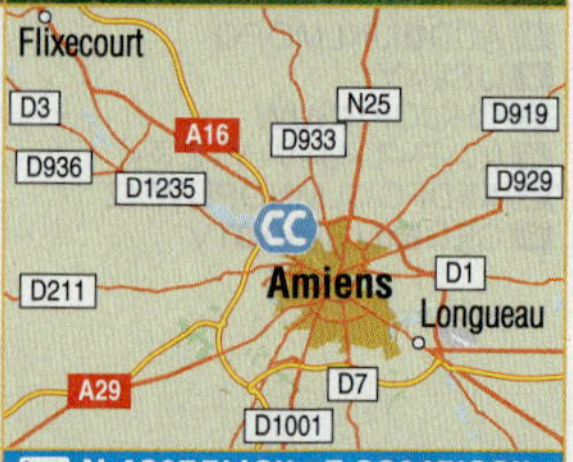


CC € 18 *1/4-1/7 3/9-31/10*

N 49°55'16'' E 02°15'36''

## Berny-Rivière, F-02290 / Picardie (Aisne)

959

Camping La Croix du Vieux Pont*****
8 rue de la Fabrique
+33 3 23 55 50 02
9/4 - 30/10
lacroixduvieuxpont@homair.com

34ha 200**T**(100-450$m^2$) 6A CEE

1 ACD**G**IJKLMOPRS
2 ACESWYZ
3 ACDHIKM**OPQ**RS**T**U**VW**Z
4 (C+E+H 1/4-31/10)IJKM**N**O**P** (Q+S+T+U+V+W+X+Y+ Z 1/4-31/10)
5 **AB**DEFGIJKLMNOPRUWXYZ
6 BEG**K**(N 0km)ORTV

Très grand camping bien équipé au bord de l'Aisne. Toutes sortes d'emplacements. Camping familial surtout adapté aux grands enfants avec entre autre des piscines chauffées et de nombreuses autres possibilités pour les sports. Liaison privée par bus vers Paris et Disneyland.

A Vic-sur-Aisne suivre la D91 direction Soissons. Le camping est à 1 km, à Berny-Rivière, sur la droite.

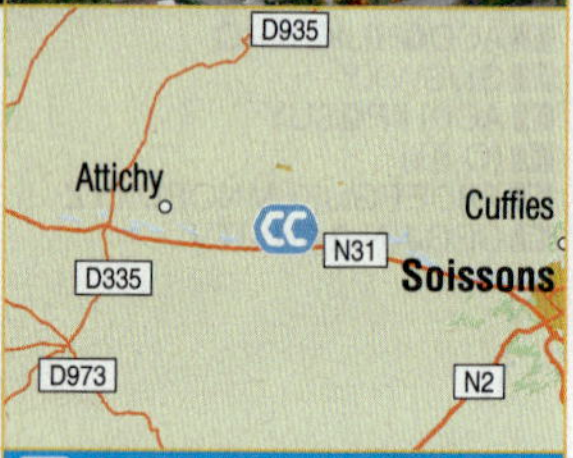


CC € 20 *9/4-9/7 27/8-30/10*

N 49°24'19'' E 03°07'44''

## Bresles, F-60510 / Picardie (Oise)

960

Camping de la Trye
32 rue de Trye
+33 3 44 07 80 95
1/1 - 31/12
camping.bresles@gmail.com

3ha 70**T**(100-250$m^2$) 6-10A CEE

1 ACDGIJKLM**PQ**
2 IJSWXYZ
3 ABHIKM**OQSW**
4 (A 1/7-31/8)(E 1/5-1/9) (Q 1/7-31/8)(T+U ) (Z 1/7-31/8)
5 **AB**GHIJMNOPUWZ
6 ABCEGHJ(N 1km)O

Camping à l'ombre de Beauvais dans un cadre verdoyant. Nombreuses pistes balisées pour vélo ou randonnées pédestres. Non loin du camping se trouvent les parcs d'attraction Saint Paul et Parc Astérix. Propriétaires parlent néerlandais. Beaucoup d'activités pour les enfants.

N31 de Compiègne à Beauvais, sortie Bresles. Suivez les panneaux 'Stade' ou de camping.

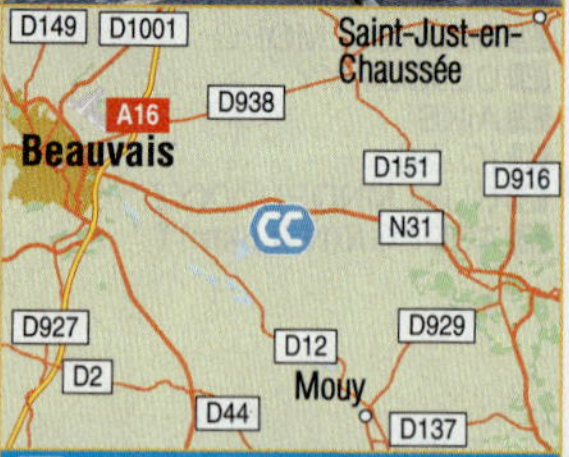


CC € 18 *1/1-10/7 1/9-31/12* *7=6, 14=12*

N 49°24'19'' E 02°15'29''

## Brighton-les-Pins, F-80410 / Picardie (Somme)

iD 961

Camping Le Bois de Pins***
rue Guillaume le Conquérant
+33 3 22 26 71 04
1/4 - 1/11
@ info@campingleboisdepins.com

4ha 34T(82-200m²) 10A CEE

**1** ABCD**G**IJKLM**P**Q
**2** BGPSTWXYZ
**3** AHIKMNSU
**4** (Q+R )
**5** **AB**DEFGJLNPU
**6** ACEGH**K**(N 3km)

Un camping sobre pour jouir du calme et de la tranquillité. La plage (galets) se trouve à environ 500 mètres du camping. Cayeux-sur-Mer est à environ 1 km, pour une baignade en mer. Emplacements spacieux.

A Abbeville, de la A28 vers la D40 et D940. Après St. Valéry-sur-Somme, D3. A La Mollière à droite, D102. Le camping est indiqué avant Brighton.

€ 18 *1/4-2/7 27/8-1/11*

N 50°11'51'' E 01°31'00''

## Feuillères, F-80200 / Picardie (Somme)

iD 962

Camping Château de l'Oseraie***
10, rue du Château
+33 3 22 83 17 59
15/3 - 31/10
@ info@camping-chateau-oserai.fr

3ha 30T(80-120m²) 6-10A CEE

**1** ACD**G**IJKLM**P**Q
**2** CISUWXYZ
**3** CHK**O**PS
**4** (C+H+Q 1/5-30/9)(R )
(T 1/5-30/9)(Z 1/4-31/10)
**5** **AB**DGJLNPUXZ
**6** ABCDEGK(N 8km)OTV

Un terrain de camping agréable avec de nombreuses possibilités pour pratiquer les sports et une grand piscine chauffée dans un petit village. Les environs de la Somme invitent à faire de belles excursions. Pêche possible dans les environs. Près de la grande ville Péronne. A la réception on parle le français, l'anglais et le néerlandais.

Quitter la A1 à 13.1, Feuillères ; 2 km plus loin, la route à droite à côté de l'église va vers le camping. Le camping est à 2,5 km de la A1.

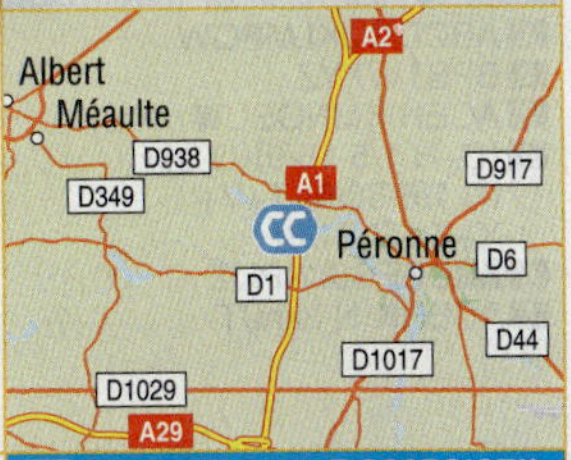


€ 16 *15/3-3/7 29/8-31/10 7=6*

N 49°56'54'' E 02°50'27''

## Forest-Montiers, F-80120 / Picardie (Somme)

iD 963

Camping de la Mottelette**
Ferme de la Mottelette
+33 3 22 28 32 33
1/4 - 31/10
@ fermedelamottelettemanier@wanadoo.fr

1,5ha 20T(100-150m²) 6-10A CEE

**1** ACD**G**IJKLMO**P**RS
**2** EIOSXY
**3** AHSW
**4** (Q+R 1/7-31/8)(Z 12/7-20/8)
**5** **A**GJLNPUXZ
**6** CDEGJ(N 4km)OTV

NOUVEAU

Petit camping de ferme simple et tranquille avec des sanitaires propres et agréables près de la Baie de Somme. Vous serez accueilli dans un environnement convivial pour passer d'agréables vacances.

A16, sortie 24 direction Rue. Au rond-point, suivre les panneaux. Vous avez l'accès au camping via D32.

€ 14 *1/4-13/7 30/8-31/10*

N 50°15'10'' E 01°42'45''

## Guignicourt, F-02190 / Picardie (Aisne)

**964**

Camping au Bord de l'Aisne****
14bis rue des Godins
+33 3 23 79 74 58
1/4 - 31/10
campingguignicourt@orange.fr

2,5ha 100T(100-130m²) 10A CEE

**1** ACD**G**IJKLMOPQ
**2** CIJSWXY
**3** A**G**HIKS
**4** (E+H 1/4-31/10)**KNP** (T+U 1/5-30/9)(V 1/7-31/8) (Z 1/5-30/9)
**5** **AB**DEFGIJKLMNOPUZ
**6** AEGH**K**(N 0,3km)TV

Camping chaleureux et accueillant avec de nombreux emplacements pour tentes et caravanes. Espace complètement équipé pour camping-cars et emplacements fixes. Piscine couverte chauffée, aire de jeux et appareils fitness. Nombreuses attractions touristiques dans la région. Wellness : sauna, spa et massages.

De Guignicourt, suivre la D925 et les panneaux vers le camping.

CC € 22 *1/4-30/6 1/9-31/10*

N 49°25'55'' E 03°58'14''

## La Mollière-d'Aval, F-80410 / Picardie (Somme)

**965**

Camping Les Galets de la Mollière***
rue Faidherbe
+33 3 22 26 61 85
1/4 - 1/11
info@campinglesgaletsdelamolliere.com

6ha 32T(80-120m²) 10A CEE

**1** ABCD**G**IJKLMPQW
**2** BPSTWXYZ
**3** ACEHIKMNOSU**W**
**4** (C+H 1/5-15/9)(Q ) (R 1/6-30/9)(T+V+ X+Z 1/7-31/8)
**5** **AB**DEFGJLNPUZ
**6** ACEH**K**(N 3km)T

Ce camping est situé à proximité d'une belle plage de sable et de galets (on ne peut pas nager), près des dunes et des bois de pins. Le camping a une piscine chauffée. Quand le vent est bon, on peut faire du kitesurf dans la baie. Cayeux-sur-Mer vaut la peine, il y a une belle plage.

Suivez l'autoroute A16 vers la A28, puis direction Cayeux-sur-Mer. A partir de cette direction, au premier village La Mollière à droite. Panneau sur le côté droit de la route.

CC € 18 *1/4-2/7 27/8-1/11*

N 50°12'10'' E 01°31'34''

## Laon, F-02000 / Picardie (Aisne)

**966**

Camping La Chênaie***
alleé de la Chênaie
+33 3 23 23 38 63
1/4 - 30/9
contact.camping.laon@gmail.com

2ha 55T(100-120m²) 10A CEE

**1** ACD**G**IJKLMO**P**SWT
**2** BEIJLSTUWXYZ
**3** AHS**W**
**4** (E+H+Q+R )
**5** **AB**GIJKLMNPUZ
**6** CEGH**K**(N 3km)T

Camping tranquille et spacieux avec de nombreux arbres au pied de Laon. Point de départ idéal pour faire des randonnées et tours à vélo ou pour visiter la ville.

A partir de la D1044, prendre la sortie Laon et suivre les panneaux de camping.

CC € 18 *1/4-30/6 1/9-30/9*

N 49°33'44'' E 03°35'44''

## Le Crotoy, F-80550 / Picardie (Somme)

**967**

Camping Les Trois Sablières****
1850 rue de la Maye
+33 3 22 27 01 33
1/4 - 1/11
contact@
camping-les-trois-sablieres.com

2ha 30T(100-120m²) 6-10A CEE

**1** ACD**G**IJKLMO**P**QW
**2** AGISWY
**3** CHIKSUV
**4** (C+H 1/5-15/9)K**N**(Q+R)
(T 1/7-30/8)(U+Z)
**5** **AB**CEFGIJKLMNOPRUWXZ
**6** AEGK(N 4km)ORTV

Camping dans une des plus belles baies du monde. Sabine et Jean-Michel vous reçoivent pour de bonnes vacances. A ± 300m d'une plage de sable (on ne peut pas nager). Seuls les campeurs peuvent entrer dans les sanitaires (clés) et se doucher (gratuitement).

A partir de la A16 sortie 24, vers Rue. Suivez la route du Crotoy. Au Crotoy suivez la D4 Crotoy/St. Firmin de C. Au panneau St. Firmin à gauche. Le camping est indiqué.

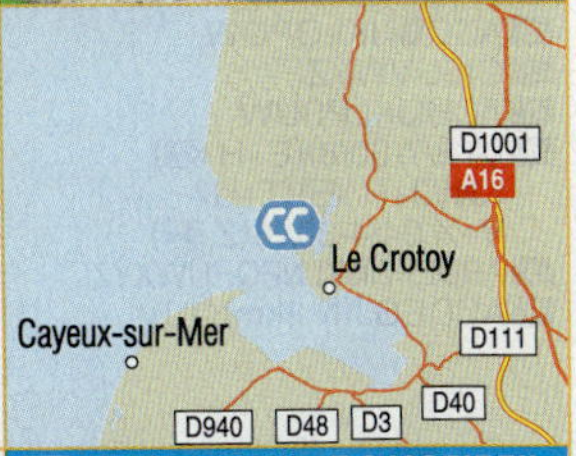


CC € 18 *1/4-4/6 28/8-31/10*

N 50°14'54'' E 01°35'55''

## Le Crotoy, F-80550 / Picardie (Somme)

**968**

Flower Camping Les Aubépines****
rue de la Maye - St. Firmin
+33 3 22 27 01 34
1/4 - 9/10, 21/10 - 12/11
contact@
camping-lesaubepines.com

4ha 74T(90-180m²) 3-16A

**1** ACD**G**IJKLMO**P**QW
**2** AIJSWY
**3** ACE**G**HIKMNOSU
**4** (A 6/7-28/8)
(C 19/6-13/9)(F+H)M
(Q+S+T+U+V+Y+Z)
**5** **AB**CDEFGHIJKLNP**T**UWXYZ
**6** ABCEGH**K**(N 3km)ORTV

Les Aubépines, un camping familial avec une belle piscine couverte se trouve dans la région de la baie de Somme, au coeur de la nature, à 1 km de la plage. Un paradis pour randonneurs et cyclistes. Vous pouvez y amener votre cheval. Demi-pension possible.

A partir de la A16 sortie 23, suivre Le Crotoy. Au Crotoy suivre la D4 Le Crotoy/St. Firmin de C. Puis au panneau de St. Firmin, à gauche. Le camping est indiqué. A la fin, ne pas suivre votre GPS.

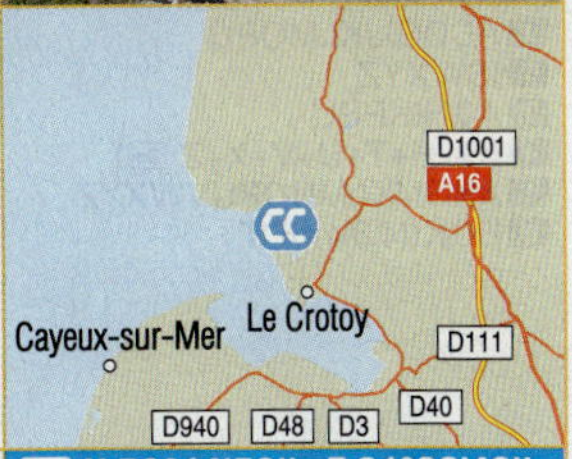


CC € 18 *1/4-24/5 30/5-2/6 7/6-1/7 28/8-9/10 21/10-12/11*

N 50°14'59'' E 01°36'43''

## Mers-les-Bains, F-80350 / Picardie (Somme)

**969**

Flower Camping Le Rompval***
Lieu dit Blengues
+33 2 35 84 43 21
1/4 - 1/11
campinglerompval@gmail.com

3ha 79T(90-100m²) 6-13A CEE

**1** ACD**G**IJKLMO**P**QW
**2** SWXYZ
**3** AHIKMPS
**4** (E+H+Q+R+T+U+V+X+Z)
**5** **AB**DFGHIJKLMNPQ**T**UWXYZ
**6** ACEG**K**(N 2km)ORTV

Flowercamping dans un environnement calme pour ceux qui aiment la nature. Situé à côté d'un bois protégé à moins d'un kilomètre des falaises. Mers-les-Bains et Tréport valent une visite. Vous pouvez commander un bon petit-déjeuner.

A28, sortie 2 dir. Le Tréport. D940 Route d'Eu, vers St. Valéry-sur-Somme. A gauche à 3 km. Camping indiqué. Ne passez pas par Mers-les-Bains avec la caravane. Pour le GPS, nom de rue suffisant : Blengues.

CC € 18 *1/4-9/7 27/8-1/11 7=6*

N 50°04'39'' E 01°24'52''

## Moyenneville, F-80870 / Picardie (Somme)

**970**

Camping Le Val de Trie****
rue des Sources
+33 3 22 31 48 88
1/4 - 2/10
raphael@camping-levaldetrie.fr

3ha 65T(100m²) 10A CEE

1 ACD**G**IJKLOPQW
2 CISUVWYZ
3 ACHIJKLPSUW
4 (A 8/7-30/8)(E+H )
KN(Q+R )(T+U+
V+X 24/4-30/8)(Z )
5 ABDEFGIJKLNPQRUWXYZ
6 ACDEGJ(N 8km)OUV

Camping familial dans la vallée verdoyante de la Trie, avec des emplacements délimités verdoyants.

A partir d'Abbeville D925 direction Eu et Le Tréport. Ne pas aller á Moyenneville, mais à Eu et Le Tréport. En quittant Miannay, à gauche D86 direction Toeufles. Le camping est indiqué sur la gauche.

CC € 18 *1/4-7/7 24/8-2/10*

N 50°05'10'' E 01°42'56''

## Orvillers/Sorel, F-60490 / Picardie (Oise)

**971**

Camping de Sorel***
24 rue St. Claude
+33 3 44 85 02 74
1/1 - 31/12
info@camping-sorel.com

7ha 124T(110-170m²) 10A CEE

1 ACDGIJKLMOPQ
2 ISWXYZ
3 A**G**HIKPSU
4 (Q+R+T+U+V+X+Z )
5 **AB**GIJKLMNOPUVWXYZ
6 EG**K**(N 3km)OT

Vous êtes reçus tous les jours de la semaine de 9 h à 23 h dans un environnement tranquille et verdoyant. A 60 minutes de Paris et 90 minutes de Lille. Barrière automatique, départs posssibles jour et nuit (entrée jusqu'à 23 h). Le restaurant du camping est ouvert toute l'année.

En venant du nord, prendre la N17 après Roye. Le camping est sur la gauche après Orvillers. A 5 km de la A1.

CC € 18 *1/4-30/6 1/9-31/10*

N 49°34'02'' E 02°42'29''

## Pendé, F-80230 / Picardie (Somme)

**972**

Camping De La Baie**
10 rue de la Baie
+33 3 22 60 72 72
1/4 - 1/11
contact@campingdelabaie.eu

2ha 26T(80-110m²) 10A

1 ACD**G**IJKLM**P**Q
2 STWXY
3 AHIKMNRSU
4 (Q+R+Z )
5 **AB**DGIJKLMNPU
6 CEGKOT

Ce camping de Vincent et Maud plaira aux amateurs de campings sobres. Il est adapté comme camping d'étape ou pour un plus long séjour, par exemple si vous aimez faire du vélo ou des randonnées.

Du N, sur la D940 au rond-point à St. Valéry sur Somme, vers Cap Hornu, Eu / Le Tréport, choisir la direction Eu / Le Tréport. 1e route à gauche, Routhiauville. Camping indiqué.

CC € 18 *1/4-1/7 28/8-1/11 7=6*

N 50°10'35'' E 01°35'23''

## Péronne, F-80200 / Picardie (Somme)

973

Camping du Port de Plaisance***
route de Paris
+33 3 22 84 19 31
1/3 - 31/10
contact@camping-plaisance.com

2ha 82T(80-150m²) 6-16A CEE

**1** ACD**G**IJKLMPQ
**2** CIJSWXYZ
**3** ABCHKMSU**W**
**4** (C+H 1/6-31/8)(Q+R )
(T+U 1/6-31/8)(Z )
**5** **AB**DEFGIJKLMNPUWZ
**6** ACDEGHK(N 1km)V

A quelques dizaines de kilomètres de la A1, ce camping est situé près d'un petit port de plaisance. Le terrain est plat avec le choix entre des emplacements ombragées ou non. Nombreux sites historiques concernant la première guerre mondiale dans le coin.

Le camping est situé au sud de Péronne, sur la N17.

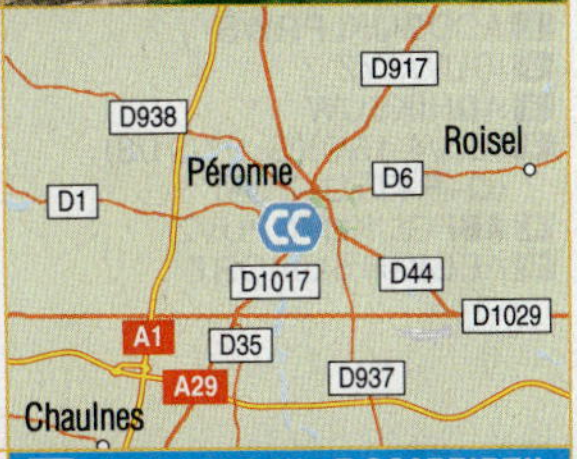


N 49°55'04'' E 02°55'57''

CC € 18 *1/3-5/7 23/8-31/10*

## Poix-de-Picardie, F-80290 / Picardie (Somme)

974

Camping Le Bois des Pêcheurs***
rue de Verdun
+33 3 22 90 11 71
1/4 - 30/9
camping@ville-poix-de-picardie.fr

2,4ha 88T(80m²) 10A

**1** A**G**IJKLMPRS
**2** CISUWXYZ
**3** ASU
**5** **AB**FGIJKLMNPUWZ
**6** ACDEGK(N 0,4km)V

Camping municipal très bien entretenu avec emplacements délimités. Dans un environnement tranquille, d'où on peut aller à pied au village pour les courses. Wifi gratuite. Pour un séjour de 3 nuits, vous en payez 2. Reservez de préférence par mail.

D1029. A partir d'Amiens à droite à Poix-de-Picardie, centre-ville. A partir de Rouen, à Eplessier, direction Poix-de-Picardie, centre-ville. Suivre les panneaux de camping. A partir de Rouen A29/E44 sortie 13.

N 49°46'34'' E 01°58'28''

CC € 18 *1/4-7/7 28/8-29/9*

## Port-le-Grand/Abbeville, F-80132 / Picardie (Somme)

975

Camping Château des Tilleuls***
rte de la Baie, Lieu dit Les Tilleuls
+33 3 22 24 07 75
1/3 - 30/10
contact@chateaudestilleuls.com

11ha 50T(120-150m²) 10A CEE

**1** ACD**G**IJKLMOPQW
**2** ILMSWYZ
**3** AC**G**HKMOP**R**SUV
**4** (C+H 1/6-5/9)N(Q+S )
(T+U+V+X+Z 4/7-28/8)
**5** **AB**DFGIJKLMNOP**T**UWXYZ
**6** ACEGHK(N 6km)OTV

Un camping dans un parc avec des arbres plus que centenaires. Une oasis de calme dans un environnement naturel. Grands emplacements pour une nuit ou un long séjour. Les propriétaires enthousiastes rendent le camping de plus en plus beau.

Situé le long de la D40. D'Abbeville, à ± 6 km direction St. Valéry/Le Crotoy, avant le village Port-le-Grand. Petite montée après la barrière.

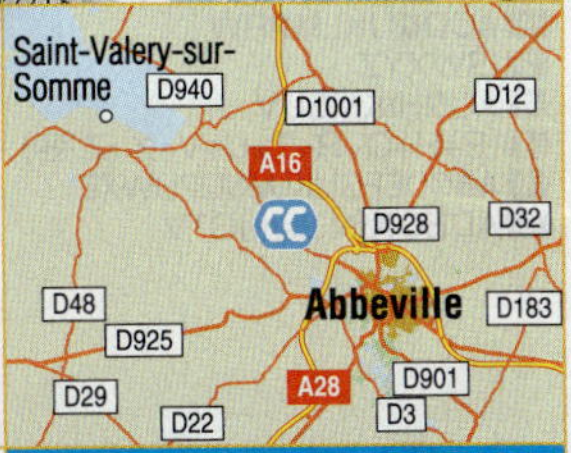


N 50°08'29'' E 01°45'48''

CC € 18 *1/3-1/7 1/9-30/10*

## Quend, F-80120 / Picardie (Somme) — 976

Camping Des Deux Plages***
15 rue des Maisonnettes
+33 3 22 23 48 96
1/4 - 31/10
camping@camping2plages.com

2ha 30T(100-120m²) 4-6A CEE

1 ACDGIJKLPRWS
2 ISUWXYZ
3 AGHIKSUW
4 (E 1/4-15/9)(G 1/7-31/8) (Q+R+T+U+Z)
5 ABFGIJKLMNPUVZ
6 AEGK(N 5km)ORT

Petit camping familial tranquille avec une piscine couverte. A 5 km de Fort-Mahon-Plage avec sa belle plage de sable et ses bons restaurants de poissons. Indiqué pour des séjours courts ou longs, aussi avec des enfants. A 5 km du parc du Marquenterre. Bonne région pour le cyclisme.

A16 sortie Quend. A Quend D32 direction Fort-Mahon-Plage. 200m après Quend, sortie inattendue à droite à un parking avec tables de picknick. Puis à droite. Camping indiqué par des petits panneaux.

CC € 18 1/4-15/7 1/9-31/10

N 50°19'25'' E 01°37'28''

## Quend, F-80120 / Picardie (Somme) — 977

Camping Le Clos des Genêts**
21 rue des Pommiers
+33 3 22 27 48 40
1/4 - 31/10
contact@
camping-leclosdesgenets.com

2ha 33T(70-100m²) 6-10A CEE

1 ACDGIJKLOPRS
2 SWXY
3 CGHIKMS
4 (Q+V+Z 1/7-31/8)
5 ABEFGIJKMNPU
6 CEGJ(N 0,2km)T

Profitez de la tranquillité et de l'hospitalité de Sabine et Olivier sur ce petit camping. Situé en bordure de la piste cyclable Quend Plage-Fort Mahon Plage. Le camping est situé à 4 km de Quend Plage et à 8 km du Parc de Marquenterre.

A16, sortie D32 Quend, puis vers Fort Mahon Plage. Au rond-point en dehors de Quend, avec le petit Carrefour Contact, 3/4 de tour vers Routhiauville. Camping indiqué.

CC € 18 1/4-2/7 28/8-31/10

N 50°19'45'' E 01°35'28''

## Quend-Plage-les-Pins, F-80120 / Picardie (Somme) — 978

Camping Les Vertes Feuilles****
25 route de la Plage-Monchaux
+33 3 22 23 55 12
1/4 - 6/11
contact@lesvertesfeuilles.com

3,5ha 45T(70-100m²) 6-10A

1 ACDGIJKLMPRW
2 ISWXYZ
3 ACGHIKMSUV
4 (E+H+Q+R+T+U+V+X+Z)
5 ABCDEFGIJKLMNOPUWXZ
6 ADEGK(N 2km)OTV

Un petit camping familial avec des emplacements délimités dans les bois et les arbres. Piscine couverte, quelques appareils de fitness en plein air, pistes cyclables et parc ornithologique.

Partant de Calais A16. Sortie Quend direction Quend/Plages Les Pins. Camping indiqué.

CC € 18 1/4-1/7 28/8-6/11 7=6

N 50°19'09'' E 01°36'24''

## Rue, F-80120 / Picardie (Somme) — 979

Camping de la Maye**
32 rue du Moulin
+33 3 22 25 09 55
1/4 - 30/10
campingdelamaye@orange.fr

2,5ha 25**T**(80-100m²) 6-10A CEE

**1** ACD**G**IJKLMO**P**QW
**2** CEISWY
**3** AHKMSW
**4** (F+H 1/4-30/9)
**5** **AB**DEFGJKLMNPRUVWZ
**6** CDEG**K**(N 0,04km)OT

Ce camping rénové est situé dans la petite ville historique Rue, près de la baie de Somme et de la réserve naturelle du Marquenterre. Camping d'étape, mais aussi adapté pour un séjour plus long.

D940 de Berck vers Rue. Au rond-point suivez Rue Centre (D175). Entrée du camping en face de l'entrée du supermarché Carrefour.

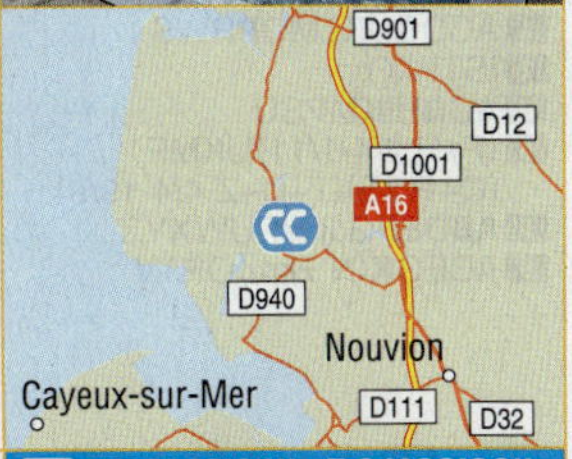


CC € 16 *1/4-30/6 1/9-30/10*

N 50°16'31'' E 01°39'39''

## Sailly-le-Sec, F-80800 / Picardie (Somme) — 980

Camping Les Puits Tournants****
6 rue du Marais
+33 3 22 76 65 56
1/4 - 31/10
camping.puitstournants@
wanadoo.fr

4,5ha 32**T**(100-300m²) 6A

**1** ACDFIJKLMO**P**Q
**2** EISVXY
**3** CIKPRW
**4** (F+H 1/5-30/9)**KN**(R )
(T+U+X+Y+Z 1/7-31/8)
**5** **A**DGJKNPWXYZ
**6** ACDEG**K**(N 6km)OT

Camping dans un petit village tout près de la Somme, rivière magnifique. En 2018, nouvelle piscine d'intérieur avec jacuzzi, sauna et massage. En 2020, nouveau : restaurant, (snack)bar et terrasse. Le camping a de nombreux endroits au bord de l'eau (idéal pour les pêcheurs). Près des villes Péronne et Amiens avec de nombreuses curiosités touristiques.

D'Amiens vers Peronne D1. Après Corbie à Sailly-le-Sec, directement après l'église à droite vers le camping.

CC € 18 *1/4-3/7 24/8-30/10*

N 49°55'10'' E 02°34'48''

## Seraucourt-le-Grand, F-02790 / Picardie (Aisne) — 981

Camping du Vivier aux Carpes***
4 rue Charles Voyeux
+33 3 23 60 50 10
20/3 - 19/10
contact@camping-picardie.com

1,8ha 67**T**(100m²) 10A CEE

**1** ACD**G**IJKLMPQ
**2** EIJNSUVWY
**3** CDEHIKSU**W**
**4** (**A**+E 15/4-30/9)(Q )(U+V+
X+Z 15/4-30/9)
**5** **AB**DFGIJKLMNPQUWZ
**6** CDEG**K**(N 0,1km)RTV

Camping en bordure du village. Un camping idéal pour les pêcheurs de carpes, randonneurs et cyclistes. A partir de quelques emplacements, vous pouvez pêcher dans un petit étang poissonneux. Un terrain très bien entretenu avec de beaux emplacements délimités. A partir de mai 2021, restaurant et piscine couverte.

A26 sortie 11 St. Quentin-Sud, direction Gauchy. Vers Seraucourt-le-Grand par la D321. Indiqué par des panneaux.

CC € 20 *20/3-2/6 1/9-19/10* 7=6

N 49°46'55'' E 03°12'51''

## St. Quentin-en-Tourmont, F-80120 / Picardie (Somme)

**982**

Camping Le Champ Neuf****
8 rue du Champ Neuf
+33 3 22 25 07 94
1/4 - 1/11
campinglechampneuf@orange.fr

4,3ha 90**T**(100-140m²) 6-10A CEE

**1** ACD**G**IJKLMO**P**RWS
**2** ISTWXY
**3** AC**G**HIKMPSU
**4** (F+H 2/4-1/11)IJKMP
(Q+R )(T+U+Z 4/4-19/9)
**5** **AB**DEFGJLNPUWXYZ
**6** ACEG**K**(N 7km)ORTV

Ce beau camping est situé au coeur du Marquenterre près du parc ornithologique. Emplacements délimités dans un environnement verdoyant. Vous pouvez jouir du paradis aquatique couvert et de la terrasse ensoleillée qui le jouxte. Bon restaurant à 2 km.

Le camping est situé à Le Bout des Crocs, et il est accessible par la D204, en suivant les panneaux 'Parc Ornithologique'. Pour la fin, ne pas suivre votre GPS mais les panneaux de camping.

CC € 22 *1/4-25/5 29/5-3/6 6/6-8/7 25/8-1/11*

N 50°16'13'' E 01°36'04''

## Suzy, F-02320 / Picardie (Aisne)

**983**

Camping Les Etangs du Moulin***
Le Champ Fercot
+33 3 23 80 92 86
1/4 - 30/10
contact@etangsdumoulin.fr

7ha 30**T**(80-200m²) 10A

**1** ACD**G**IJKLMPQW
**2** BFLSUVXYZ
**3** CHIJKSUW
**4** (F+H )**K**(Q+R+U+X+Z )
**5** **AB**FGJLNPQUWZ
**6** CDEG**K**(N 6km)V

Ce camping bien entretenu, où des étangs de pêche, des équipements de jeux et une piscine couverte assurent l'amusement pendant la journée, vous donnera l'impression de vivre à la Conquête de l'Ouest. Le soir, vous pourrez déguster des ailes de poulet et d'autres délicieuses friandises.

De Laon, D7 direction St-Gobain. Suivre les panneaux pour Suzy, puis suivre les panneaux de camping.

CC € 18 *1/4-3/7 26/8-30/10 7=6*

N 49°32'52'' E 03°28'14''

## Blangy-sur-Bresle, F-76340 / Haute-Normandie (Seine-Maritime)

**984**

Camping Aux Cygnes d'Opale***
Zône de Loisirs
+33 2 35 94 55 65
1/4 - 31/10
contact@auxcygnesdopale.fr

1ha 41**T**(80-120m²) 10A CEE

**1** ACD**G**IJKLM**P**
**2** CEISUXY
**3** HIKORSU**W**
**4** (E+H+Q+R+T+U+V+X+Z )
**5** **AB**CDGHJKLMNPUZ
**6** ACDEGHK(N 1,5km)TV

Petit camping familial dans un environnement tranquille au bord d'un lac avec possibilité de pêche. Petite piscine couverte avec cloisons coulissantes. Itinéraires de randonnées pédestres et cyclables balisés. Wifi gratuit. Bar/restaurant sympathique avec grande terrasse et menu du jour ou carte.

De la A28 sortie 5, puis D49 à droite et suivre les panneaux de camping (500m).

CC € 14 *1/4-30/6 1/9-31/10*

N 49°55'29'' E 01°39'27''

## Breteuil-sur-Iton, F-27160 / Haute-Normandie (Eure)

985

Camping Les Berges de l'Iton***
53 rue du Fourneau
+33 2 32 62 70 35
1/4 - 2/10
campinglesberges-de-liton@orange.fr

1ha 25**T**(70-110m²) 6A CEE

1 ACG**G**IJKLMPQ
2 CEJSUVWXYZ
3 ACHKUW
4 (D 1/5-15/9)(Q+R 1/5-2/10)(T+U+Z)
5 **AB**DGIJKLMNOPUWZ
6 ACDEGK(N 0,3km)ORTV

Situé près d'une rivière et d'un bassin, avec des équipements spéciaux pour personnes à mobilité réduite et piscine couverte. Evreux à 30 km, Verneuil-sur-Avre à 11 km. Vous pouvez faire de belles promenades en forêt dans la région, il y a des musées et d'autres excursions possibles.

A partir d'Evreux, D830 jusqu'à Conches-en-Ouche. Puis la D840 jusqu'à Breteuil, suivre les panneaux. A partir de Verneuil-sur-Avre, la D840 jusqu'à Breteuil puis suivre les panneaux.

CC € 16 *1/4-30/6 27/8-2/10*

N 48°49'54" E 00°54'45"

## Fécamp, F-76400 / Haute-Normandie (Seine-Maritime)

986

Camping Bel Air Village Reneville***
chemin de Nesmond
+33 2 35 28 20 97
10/4 - 7/11
reneville@aliceadsl.fr

5,5ha 106**T**(70-110m²) 10A CEE

1 ACDFIJKLMPQ
2 GJLMNPRSUXY
3 AHSWY
4 (Q 1/6-30/9)(R)
5 **AB**EFGIJKLMNPRUW
6 CEGJ(N 1km)

Grand camping en terrasses avec une vue magnifique sur la mer. Camping situé à 100m de la mer, à 500m du centre ville et près du casino et des commerces de Fécamp.

Depuis le centre de Fécamp, suivre les panneaux du camping.

CC € 16 *10/4-2/7 27/8-7/11*

N 49°45'25" E 00°21'38"

## Forges-les-Eaux, F-76440 / Haute-Normandie (Seine-Maritime)

987

Camping la Minière**
boulevard Nicolas Thiessé
+33 2 35 90 53 91
26/3 - 29/10
campingforges@gmail.com

3ha 89**T**(100-150m²) 6-10A CEE

1 ACD**G**IJKLM**P**RS
2 LSUWXYZ
3 AHIKMNSU
4 (Q+R)(T+U 1/6-15/9)
5 **A**CDFGHIJKLMNPUWXYZ
6 ACDEGJ(N 1km)TU

Camping situé à 5 minutes à pied du centre ville de Forges-les-Eaux, ville touristique. Proposant la verdure et le calme avec de spacieux emplacements. Situé au bord de la piste cyclable Avenue Verte.

A28 sortie 10 vers Forges-les-Eaux (D1314). A Forges-les-Eaux, prendre la D921 et juste en dehors du centre, suivre les panneaux de camping.

CC € 14 *26/3-3/7 29/8-28/10* 14=12

N 49°36'22" E 01°32'34"

## Hautot-sur-Mer, F-76550 / Haute-Normandie (Seine-Maritime)

988

Camping La Source***
63 rue des Tisserands
+33 2 35 84 27 04
2/4 - 25/9
info@camping-la-source.fr

2,5ha 70T(80-130m²) 10A CEE

1 ACD**G**IJKLM**P**Q
2 CSVWXY
3 CDHIKMPSU**W**
4 (C 15/5-15/9)(Q 1/6-15/9)
(T+U 15/6-15/9)(Z )
5 **AB**DFGIJKLMNPUZ
6 CDEGJ(N 3km)TV

Ce camping verdoyant et très tranquille est situé au bord d'une petite rivière dans laquelle on peut pêcher. Piscine chauffée. Situation idéale, à 3 km de la plage et des falaises de craie. Il y a une large piste cyclable allant du camping à la mer.

Suivre la D925 entre Dieppe et Valéry-en-Caux. Dans le centre de Petit Appevilleaux aux feux à gauche. Le camping est bien indiqué.

CC € 18 *2/4-8/7 27/8-25/9*

N 49°53'55" E 01°03'25"

## Honfleur/Fiquefleur, F-27210 / Haute-Normandie (Eure)

989

Camping Sites & Paysages
Domaine Catinière****
910 route de la Morelle
+33 2 32 57 63 51
1/4 - 31/10
info@camping-catiniere.com

5,5ha 82T(80-100m²) 8-13A CEE

1 ACD**G**IJKLMPQ
2 CISWXYZ
3 ACEHIJPSUW
4 (C 15/5-30/9)(F )
(H 15/5-30/9)J
(Q+R+T+U+X+Z )
5 **AB**FGIJLMNP**T**UVWXZ
6 ACEGJ**K**(N 3km)RUV

Un camping 4 étoiles au coeur de la verdure. Point de départ idéale pour visiter la Normandie et la ville pittoresque de Honfleur (5 km) avec ses nombreuses galeries.

A partir de A13 sortie 28 Beuzeville, puis D22 direction Honfleur. Ou a partir du Pont de Normandie 3,5 km à gauche.

CC € 18 *1/4-4/7 27/8-31/10*

N 49°24'03" E 00°18'24"

## Jumieges, F-76480 / Haute-Normandie (Seine-Maritime)

990

Camping de la Forêt****
582 rue Mainberte
+33 2 35 37 93 43
1/4 - 31/10
info@campinglaforet.com

2,5ha 75**T**(80-150m²) 10A CEE

1 ACDGHIJKLMPRS
2 BSWXYZ
3 A**G**HIKMNOSU
4 (E 1/5-30/9)(H 1/7-31/8)
(Q+R )(T+U 1/7-31/8)
(Z )
5 **AB**DFGIJKLMNPUWXYZ
6 ACEGH**K**L(N 0,6km)TV

Camping dans un environnement boisé au bord de l'un des magnifiques méandres de la Seine. A 600m de la célèbre abbaye de Jumièges. A 25 km de la ville médiévale de Rouen. Réception fermée de 12 h 30 à 13 h 30.

Sur la A29, sortie 9, direction Yvetot, puis D131e et D131 direction Pont-de-Brotonne. Avant le pont direction Rouen par la D982, puis D143 vers Jumièges. Le camping est indiqué par des panneaux.

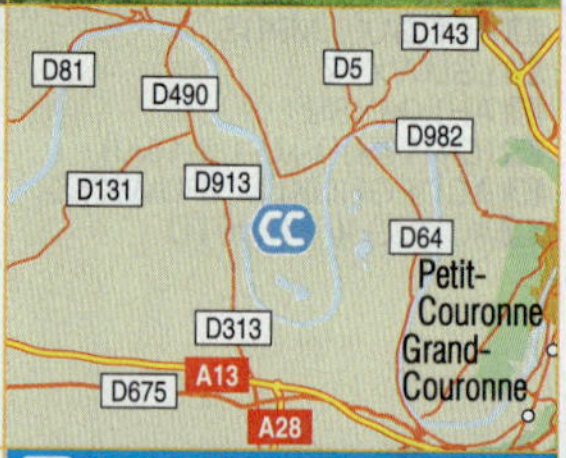


CC € 18 *1/4-9/7 27/8-31/10* *7=6*

N 49°26'05" E 00°49'40"

## Le Bec-Hellouin, F-27800 / Haute-Normandie (Eure) 991

Camping Le Clos Saint Nicolas****
15 rue St. Nicolas
+33 2 32 44 83 55
1/4 - 9/10
campingstnicolas@orange.fr

2,8ha 67T(90-110m²) 10A CEE

1 ACDGIJKLMOPQ
2 BISWXY
3 CHIKMNOPSU
4 (E 1/4-30/9) (Q+R+T+U+V+X+Y+Z)
5 ABDEFGIJKLMNPUWXZ
6 ACEGK(N 2km)ORTV

Dans un cadre idyllique, entouré de bois, ce camping 4 étoiles vous accueille pour un séjour calme et tranquille dans la nature. Un endroit pour vous détendre. Golf 18 trous à 13 km. Piscine couverte au camping. Séjours en caravane, camping-car et tente.

A partir de la A28 sortie 13, direction Brionne, prendre la D581 à droite direction Malleville-sur-le-Bec. Là, le camping est indiqué.

CC € 18 1/4-9/7 26/8-9/10 7=6, 14=12

N 49°14'05'' E 00°43'30''

## Le Bourg-Dun, F-76740 / Haute-Normandie (Seine-Maritime) 992

Camping Les Garennes de la Mer***
12 route de Luneray
+33 2 35 83 10 44
1/4 - 2/10
info@lesgarennes.fr

1,8ha 35T(80-140m²) 16A CEE

1 ACGIJLPQ
2 SWXY
3 ACHIOPS
4 (Q 15/7-31/8)(R)
5 ABGIJKLMNOPUWZ
6 EK(N 0,8km)

Camping situé en Haute-Normandie entre Dieppe et Saint Valéry-en-Caux dans un cadre calme et verdoyant. Ambiance familiale. Belles promenades.

Depuis Dieppe, prendre la D925 en direction de St. Valéry-en-Caux jusqu'au village. Suivre les panneaux. En venant de St. Valéry-en-Caux prendre la D925 en direction de Dieppe jusqu'au village. Suivre les panneaux.

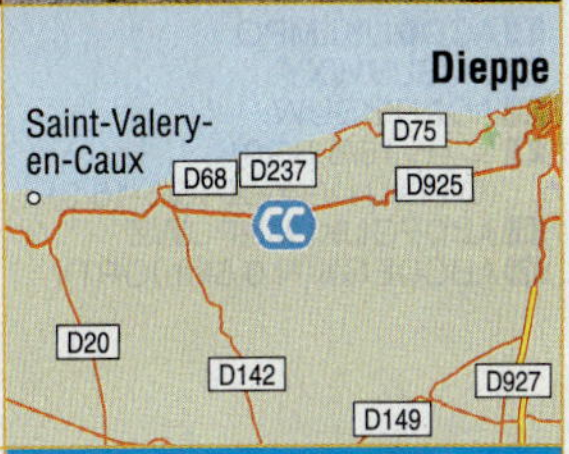


CC € 16 1/4-30/6 1/9-2/10

N 49°51'44'' E 00°53'21''

## Le Mesnil-sous-Jumièges, F-76480 / Haute-Normandie (Seine-Maritime) 993

Camping du Lac***
4 route du Manoir
+33 2 32 13 30 05
8/4 - 31/10
contact@campinglacjumieges.fr

1,3ha 100T 6-10A CEE

1 ABCDGIJKLMOPQ
2 AFJOSUVWXYZ
3 ACFGHIKLOPRSUWZ
4 (Q+R)(T 1/7-31/8)(U)
5 ABCDGHIJKLMNPSUWXZ
6 ACEGHK(N 4km)OT

NOUVEAU

Camping du Lac se trouve dans le coeur de parc régional Boucles de Seine avec des activités pour tous les âges: nager dans le lac avec plage, golf, mini-golf, équipements de jeux d'eau gonflables, accrobranche, pédalos, paddle, canoë, pêcher, tirer à l'arc, aire de jeux etc.

A29 die Yvetot. Via D131 et D131e dir Duclair (bd Serge Bidot); à droite (rte J.Coddeville) dir Duclair. A droite D5 (rue de Duclair); à droite D143 (rue de Verdun); suivre D65 jusqu'à rue du Manoir

CC € 16 8/4-2/7 27/8-31/10

N 49°24'42'' E 00°50'46''

## Le Tilleul, F-76790 / Haute-Normandie (Seine-Maritime) — 994

Camping Abijune
2 Impasse Dom Fillastre
+33 6 49 00 41 48
1/4 - 25/9
contact@camping-abijune.com

1,5ha 74T(41-130m²) 16A CEE

1 ACDGIJKLMOPQ
2 JSUWXYZ
3 ACGHIKNSU
4 (A 1/7-31/8)
(C+F+H 1/4-25/9)
(Q+T+U+V+Z)
5 ADEFGIJKLMNOPUXYZ
6 ACDEGJ(N 0,5km)OTV

Les emplacements du camping sont tous équipés d'un système pour l'eau et l'évacuation des eaux usées. Il y a une piscine intérieure et extérieure chauffée, un terrain de jeux avec des jeux en bois et un snack-bar confortable.

Suivre la D940 d'Étretat au Havre. Au Tilleul, suivez 'Rue du Président René Coty' puis les panneaux de camping.

CC € 18 1/4-2/7 26/8-25/9 7=6

N 49°40'59'' E 00°12'49''

## Les Andelys, F-27700 / Haute-Normandie (Eure) — 995

Flower Camping de l'Île des Trois Rois***
1 rue Gilles Nicolle
+33 2 32 54 23 79
15/3 - 15/11
campingtroisrois@aol.com

10ha 150T(100-250m²) 6-10A CEE

1 ACDGIJKLMPQ
2 CIJSUVWXY
3 ACGHIKSUW
4 (C+H 15/5-30/9)
(Q+T+U+V+X+Z 15/5-15/9)
5 ABDFGIJKLMNPUWZ
6 ABCDEGK(N 0,5km)ORTV

Camping situé au calme au bord de la Seine. Emplacements délimités. Magnifique piscine chauffée. Sanitaires chauffés. Le camping se trouve à 500m du centre ville. Wifi 100% (payant). A 20 km de Giverny, avec les célèbres jardins de Monet. Paris est à 1 heure de route et Rouen à une demi-heure de route.

Aux Andelys direction Évreux (vers A13). Le camping est au pont sur la Seine. Bien indiqué.

CC € 20 15/3-7/7 26/8-14/11

N 49°14'08'' E 01°24'01''

## Les Loges, F-76790 / Haute-Normandie (Seine-Maritime) — 996

Camping L'Aiguille Creuse****
24 residence de L'Aiguille Creuse
+33 2 35 29 52 10
1/4 - 17/9
camping@aiguillecreuse.com

3ha 88T(80-150m²) 10A CEE

1 ACDGIJLMPQ
2 JSWXY
3 ACGHIMNOS
4 (E+H)M(Q+R)
(T+U 1/7-31/8)(Z)
5 ABDEFGIJKLMNPQRUWZ
6 ACDEGJK(N 0,4km)RV

Beau camping avec emplacements délimités ; bar, terrain de jeux, terrain de football, grand court de tennis, piscine couverte avec toit ouvrant et aire de jeux aquatiques.

La petite localité Les Loges se trouve sur la D940 Fécamp-Yport-Etretat-Le Havre. Dans le village, le camping est bien indiqué.

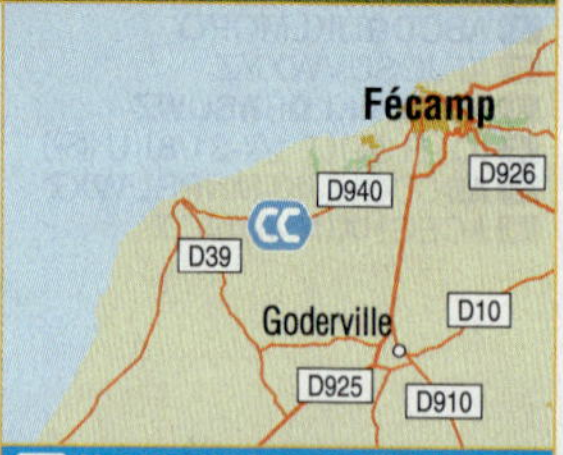


CC € 20 1/4-4/7 29/8-17/9

N 49°41'56'' E 00°16'33''

## Louviers, F-27400 / Haute-Normandie (Eure)

iD **997**

Les Escales
240 route de la Haye-Malherbe
+33 6 50 88 57 56
15/3 - 31/10
contact@campinglesescales.fr

2,5ha 50T(100-400m²) 6A CEE

1 ACD**G**IJKLMP
2 BIJSUWXYZ
3 A**G**HIKMNSU
4 (C 1/6-30/8)(Q)
(T+Z 1/6-30/8)
5 **AB**DGIJKLMNPUYZ
6 DEGJ(N 2,5km)OTV

Venez vous détendre en pleine nature. Emplacements spacieux.

Sur l'A13 (Paris - côte) sortie 19 Louviers. Prenez la D81 en direction de St.Lubin/La Haye-Malerbe. Après environ 3 km sur cette route sur la droite.

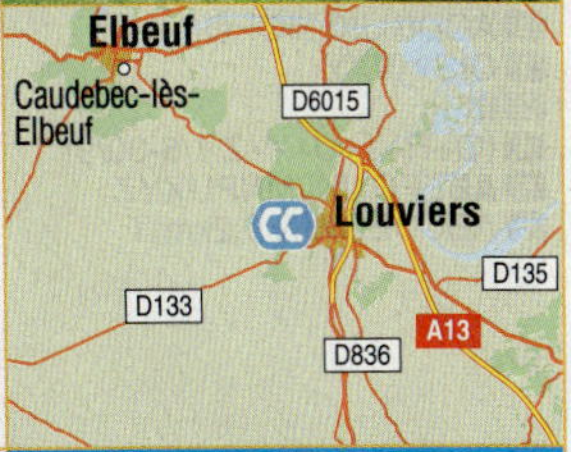


CC € 18 *15/3-8/7 31/8-31/10*

N 49°12'54" E 01°07'56"

## Lyons-la-Forêt, F-27480 / Haute-Normandie (Eure)

iD **998**

Camping Saint-Paul***
2 route St. Paul
+33 2 32 49 42 02
27/3 - 8/11
campingsaintpaul.llf@gmail.com

3ha 60T(80-120m²) 6A

1 ACD**G**IJKLM**P**RS
2 CJSUWXY
3 ACHIK**O**P**R**SU**W**
4 (**E** 1/7-31/8)(Q+R)
(T+U+Z 28/3-8/11)
5 **AB**DGIJKLMNPUWXYZ
6 ACDEGHJ**K**(N 0,6km)RTV

Camping calme au bord d'une petite rivière. Piscine municipale à côté du camping, gratuite pour les campeurs. Belle ville avec une belle place du marché et des restaurants à distance de marche. Mairie du 18ème siècle.

A l'entrée du village, le camping est bien indiqué.

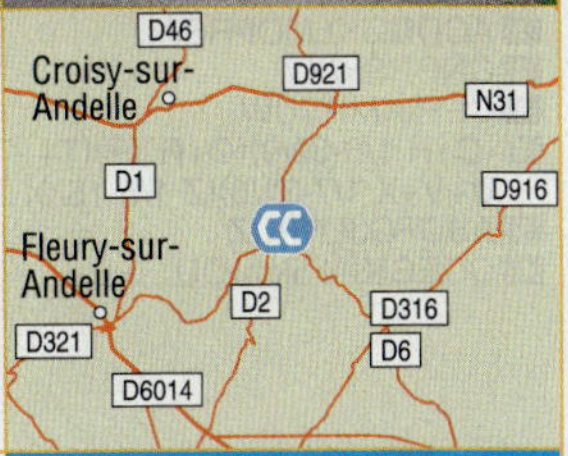


CC € 18 *28/3-30/6 1/9-7/11*

N 49°24'12" E 01°28'47"

## Martigny, F-76880 / Haute-Normandie (Seine-Maritime)

iD **999**

Camping Les Deux Rivières***
D154
+33 2 35 85 60 82
28/3 - 6/10
martigny.76@orange.fr

7ha 75T(80-100m²) 10A CEE

1 ACD**G**IJKLMPQ
2 CENSUWXY
3 CHIKNSU**W**
4 (Q 1/5-30/9)(R+Z)
5 **AB**FGIJKLMNPUZ
6 ACEGHJ(N 2km)RT

Camping dans un environnement très tranquille au bord d'un lac de 3 ha dans lequel on peut pêcher. Situé en bordure de l'Avenue Verte, une piste cyclable et de randonnée de 60 km et limitrophe à un parc aquatique. Plusieurs curiosités et à 10 minutes en voiture de Dieppe (mer et plage).

De Dieppe, à 8 km sur la D154. Très bien indiqué.

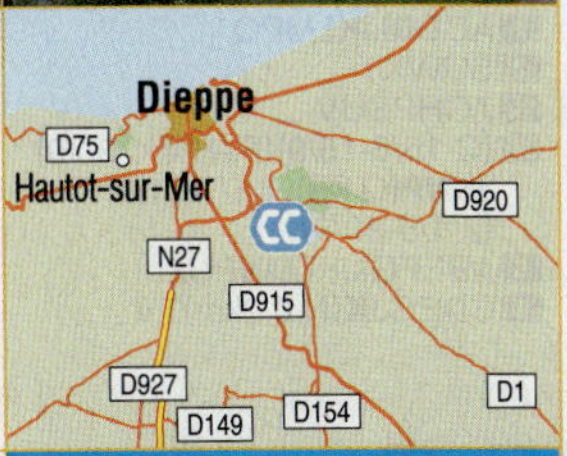


CC € 16 *28/3-8/7 26/8-6/10* 7=6, 14=12

N 49°52'14" E 01°08'39"

## Neufchâtel-en-Bray, F-76270 / Haute-Normandie (Seine-Maritime)

iD 1000

Camping Sainte Claire***
19 rue Grande Flandre
+33 2 35 93 03 93
1/4 - 15/10
fancelot@wanadoo.fr

2,5ha 91T(60-180m²) 6-10A CEE

1 ACD**G**IJKLMOPQ
2 CISVWXY
3 IK
4 (Q+R+T+U+X+Z 1/5-30/9)
5 **AB**EFGIJKLMNPUXYZ
6 ABCDEG**K**(N 0,2km)T

Le camping est situé sur le terrain d'une ancienne ferme pittoresque, à l'ombre de pommiers et à deux pas de l''Avenue Verte'. Un rêve pour cyclistes et randonneurs. Les campeurs sont bienvenus après 13 h. Réservation uniquement par mail!

A partir de Neufchâtel-en-Bray, c'est très bien indiqué, à 1 km environ. Venant d'Amiens sortie 7 et venant de Rouen sortie 9, autoroute A28/E402.

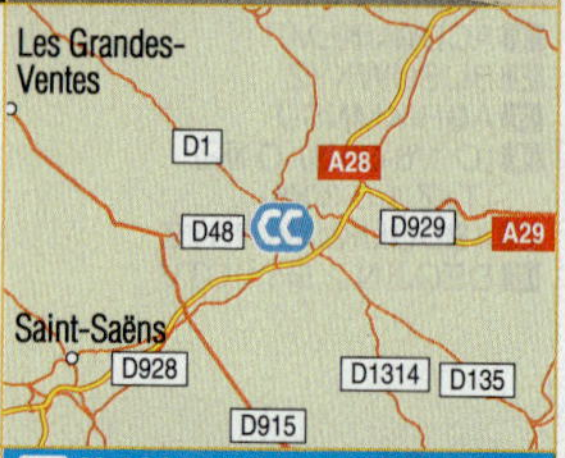


CC € 16 1/4-30/6 1/9-15/10

N 49°44'16'' E 01°25'41''

## Pourville-sur-Mer, F-76550 / Haute-Normandie (Seine-Maritime)

iD 1001

Camping Le Marqueval****
1210 rue de la Mer
+33 2 35 82 66 46
13/3 - 16/10
contact@campinglemarqueval.com

8,5ha 85T(80-120m²) 6A CEE

1 ACD**G**IJKLMO**P**RS
2 CNPRSWXY
3 CEHIKMPSUW
4 (C+H 1/6-30/9)(Q+R )(T+U+V+X 1/7-31/8)(Z 1/5-15/9)
5 **AB**DFGJLNPUZ
6 CDEG**K**(N 5km)OU

Le camping est situé le long d'une rivière et il y a trois étangs de pêche. De beaux endroits surplombant les étangs et les collines verdoyantes environnantes. Piscine chauffée. Falaises et plage à 1,5 km. Il y a aussi une piste cyclable et un chemin allant du camping à la côte.

Venant de Dieppe, bien indiqué sur la D925 puis suivre les panneaux de camping. Venant de Veules-les-Roses, c'est bien indiqué sur la D925.

CC € 18 13/3-2/7 27/8-15/10

N 49°54'32'' E 01°02'26''

## St. Aubin-sur-Scie, F-76550 / Haute-Normandie (Seine-Maritime)

iD 1002

Camping Dieppe Vitamín****
865 chemin des Vertus
+33 2 35 82 11 11
1/4 - 30/9
camping.vitamin@wanadoo.fr

5ha 69T(80-120m²) 10A CEE

1 ACD**G**IJKLMPQ
2 SUWXY
3 ACHPSUV
4 (C 15/6-15/9)(F+H 4/4-30/9) JK**NP**(Q )(T 1/7-31/8) (Z 1/5-30/9)
5 **AB**EFGIJKLMNPUZ
6 CDEGJ**K**(N 0,2km)TV

Très beau camping bien entretenu à 3 km du centre de Dieppe. La piscine couverte est aussi agréable quand le temps est moins beau. Près du camping, il y a différents magasins.

Venant de la D925, direction Dieppe/château d'eau. Venant de Rouen, N27. Direction le château d'eau de Dieppe. Indiqué par des panneaux.

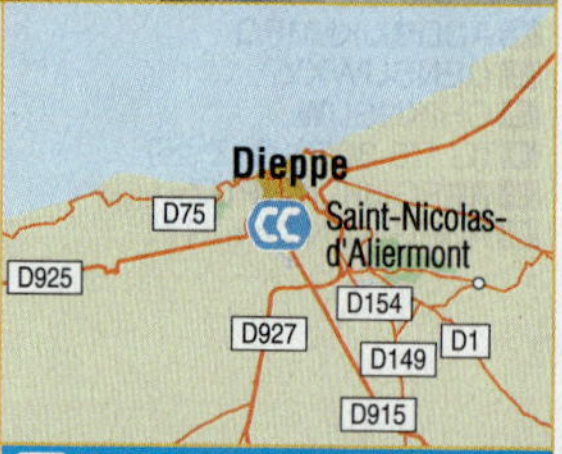


CC € 18 1/4-1/7 27/8-30/9

N 49°54'01'' E 01°04'28''

## St. Léonard, F-76400 / Haute-Normandie (Seine-Maritime)

iD 1003

Camping Les Pommiers**
190 rue des Pommiers
+33 2 35 27 69 96
2/4 - 15/10
lespommiers@outlook.fr

2,9ha 30**T**(80-110m²) 10A CEE

**1** ABCD**F**IJKL**P**Q
**2** SUWXY
**3** ACHIKS
**4** (Q 1/7-31/8)(T+U+X+Z 1/7-30/8)
**5** **AB**GIJKLMNO**P**UZ
**6** CDEJ(N 3km)O

Joli petit camping familial en Normandie entre Etretat et Fécamp à 2,5 km de la plage d'Yport dans un cadre nature et verdoyant. Sandrine et Sylvain vous accueilleront chaleureusement et vous indiqueront les bonnes adresses pour découvrir la région.

Le camping est bien indiqué à partir de la D940.

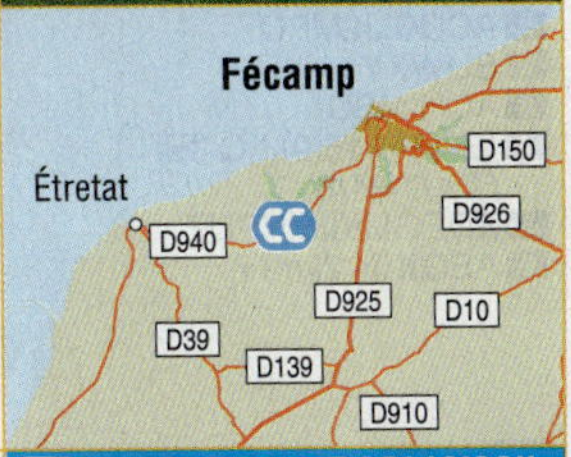


CC € 14 *2/4-8/7 28/8-15/10* *7=6*

N 49°42'34'' E 00°18'32''

## St. Martin-en-Campagne, F-76370 / Haute-Normandie (Seine-Maritime)

iD 1004

Camping Les Goélands****
11 rue des Grèbes
+33 2 35 83 82 90
1/4 - 31/10
contact@camping-les-goelands.fr

4,5ha 60**T**(80-100m²) 16A CEE

**1** ACD**G**HIJKLMPQ
**2** AGJLMNPRSUVWXY
**3** CDHIKOPSUWY
**4** (A 1/7-31/8)(Q 15/6-15/9)(R )(T+U 15/4-15/9)(Y )(Z 15/4-15/9)
**5** **AB**DEFGJKLMNOPUWXYZ
**6** ACDEGHK(N 2km)TV

Très beau camping en terrasses à proximité d'une grande plage de sable avec des falaises de craie. Snack et restaurant.

Suivre la D925 Dieppe-Le Tréport. Sortir direction St Martin-en-Campagne (D113). Le camping est clairement indiqué.

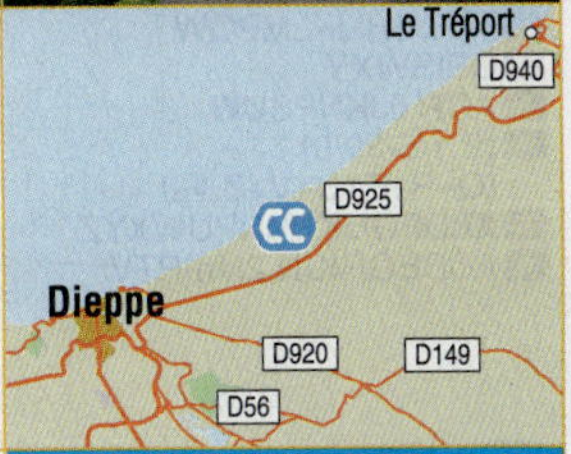


CC € 16 *1/4-8/7 26/8-30/10*

N 49°57'59'' E 01°12'15''

## St. Pierre-en-Port, F-76540 / Haute-Normandie (Seine-Maritime)

iD 1005

Camping Huttopia Les Falaises - Normandie**
130 rue du Camping
+33 2 35 29 51 58
7/4 - 6/11
info@campinglesfalaises.com

4,2ha 73**T**(40-140m²) 10A CEE

**1** ACD**F**IJKLM**PS**
**2** GJNPRSWXY
**3** CHIJKLNSUY
**4** (A 1/7-31/8)(C+E+H+H+Q+R )(T+U+V+X 1/7-31/8)(Z )
**5** **AB**CDDEEFGHHJLNPRRUW
**6** ABCEGHJ(N 0,5km)OQV

Camping très bien situé en haut des grandes falaises et à 300 mètres de la mer. La plage est facilement accessible par Le Rédillon. Avec tous les équipements nécessaires.

D79 entre Fécamp et St. valéry. A St. Pierre-en-Port le camping est indiqué.

CC € 18 *7/4-1/7 28/8-6/11*

N 49°48'35'' E 00°29'38''

## St. Valéry-en-Caux, F-76460 / Haute-Normandie (Seine-Maritime)

1006

Camping Seasonova Etennemare***
21 Hameau d'Etennemare
+33 2 35 97 15 79
1/4 - 30/9
contact@camping-etennemare.com

4ha 70**T**(100m²) 10A

**1** ACD**G**IJLMPQ
**2** SUWXY
**3** ACHIMSU
**4** (E 15/4-15/9)J(Q ⊶)
(T 1/7-31/8)
**5** **A**DEGIJKLMNPUZ
**6** AEG**K**(N 2km)V

Beau camping tranquille avec des emplacements délimités et des sanitaires modernes. Le centre se trouve à 15 minutes à pied.

Venant de Cany-Barville (Fécamp), D925. Le camping est bien indiqué. Ou de Dieppe, suivre 'centre ville'. Puis le camping est bien indiqué.

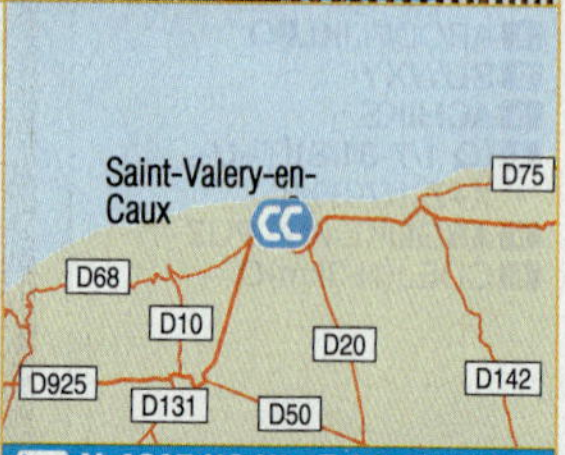


CC € 16 *1/4-3/7 29/8-30/9*

N 49°51'31'' E 00°42'16''

## Toutainville/Pont Audemer, F-27500 / Haute-Normandie (Eure)

1007

Camping Risle Seine***
19 route des Etangs
+33 2 32 42 46 65
1/4 - 31/10
camping.etangs@wanadoo.fr

3,5ha 49**T**(85-150m²) 10A CEE

**1** ACD**G**HIJKLM**P**QW
**2** CEISWXY
**3** AC**F**HIJKNPSU**W**
**4** (E 1/5-30/9)
(Q+R+T+U+V+Z ⊶)
**5** **AB**DFGIJKLMNPUWXYZ
**6** ACDEGHK(N 2km)RTV

Cp dans un environnement tranquille près de superbes petits lacs. Emplacements séparés par des haies de hêtres. A seulement 2 km de la petite ville pittoresque Pont-Audemer avec tout équipement. Près de Honfleur (20 km) et Rouen (46 km). Eldorado pour les pêcheurs. Terrain de golf (9 holes) à côté du camping. Wifi gratuit. Réception fermée de 12 h à 13 h 30.

Autoroute Rouen/Caen, sortie 26 direction Pont-Audemer. Puis suivre les panneaux Toutainville. Le camping est indiqué.

CC € 18 *1/4-1/7 20/8-31/10* *7=6, 14=11*

N 49°22'01'' E 00°29'15''

## Veules-les-Roses, F-76980 / Haute-Normandie (Seine-Maritime)

1008

Camping Seasonova Les Mouettes***
avenue Jean Moulin
+33 2 35 97 61 98
2/4 - 9/10
contact@camping-lesmouettes-normandie.com

3,6ha 122**T**(80-150m²) 6A CEE

**1** ACD**G**IJKLMPRS
**2** GJSUWXY
**3** ACHIMPSUV**W**Y
**4** (E+H 15/4-30/9)**KN**(Q+R ⊶)
(T+Z 11/7-26/8)
**5** **AB**DFGIJKLMNOPUZ
**6** ACEG**K**(N 1km)V

Beau camping avec des emplacements délimités, à 300 mètres de la plage. Le camping est situé au calme, à la sortie du village.

A partir du centre, le camping est bien indiqué.

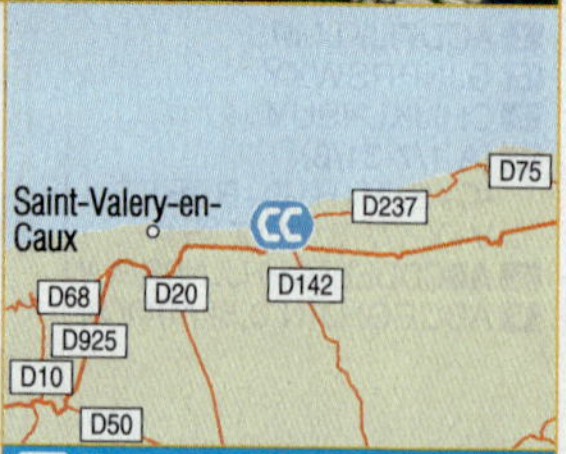


CC € 18 *2/4-8/7 26/8-9/10*

N 49°52'33'' E 00°48'11''

## Yport, F-76111 / Haute-Normandie (Seine-Maritime) — 1009

Flower Camping La Chênaie***
rue H. Simon / D104
+33 2 35 27 33 56
1/4 - 2/10
camping.yport@flowercampings.com

2,7ha 42**T**(80-120m²) 6A CEE

1 ACD**G**IJKLMO**P**RWS
2 BLMPSWXYZ
3 AHIKSU
4 (E+H+Q+R+U+V+X+Z)
5 **AB**EFGHIJKLMNOPQUW
6 ACEGHK(N 0,5km)V

Camping verdoyant, au coeur de la côte d'Albâtre, à 800 mètres de la plage. Le camping est caché dans une région boisée et a une agréable piscine couverte. Situation centrale pour l'océan Atlantique, l'arrière-pays et les villes comme Etretat et Fécamp.

Sur la D940 Fécamp-Le Havre, sortie Yport (D211). Le camping se trouve à gauche juste avant le village.

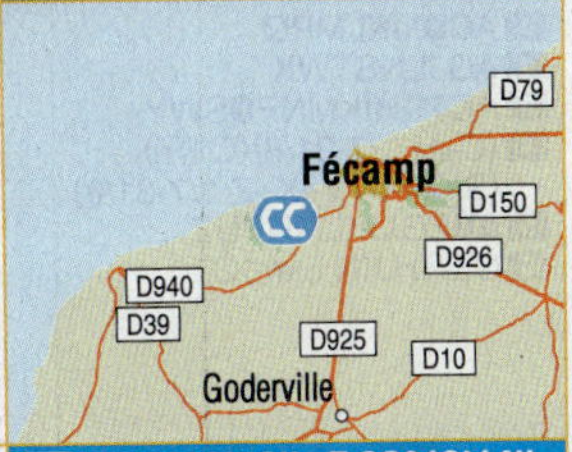


N 49°43'58" E 00°19'14"

CC € 16 1/4-9/7 27/8-2/10

## Bayeux, F-14400 / Basse-Normandie (Calvados) — 1010

Camping des Bords de l'Aure***
boulevard Eindhoven
+33 2 31 92 08 43
2/4 - 6/11
campingmunicipal@mairie-bayeux.fr

2,5ha 140**T**(80-100m²) 6A CEE

1 ACD**G**HIJKLMPRS
2 CIJSVWXYZ
3 C**G**HIKMNPSU
4 (C+F+H)**JKLN**(Q)
(U 1/7-31/8)
5 **AB**DFGIJKLMNPQRUWZ
6 ACDEGHK(N 0,5km)RTV

Beau camping avec une grande variété de plantes et des emplacements bien entretenus. A quelques pas du centre historique de Bayeux. Nouvelles installations sanitaires 2018. Piscine municipale intérieure et extérieure à côté du camping (entrée gratuite pour les campeurs). Plages du débarquement de la Seconde Guerre mondiale à 10 km. Arrivée au camping de 14h à 19h.

A13 sortie Bayeux, puis périphérique vers Arromanches et Port-en-Bessin. Camping bien indiqué.

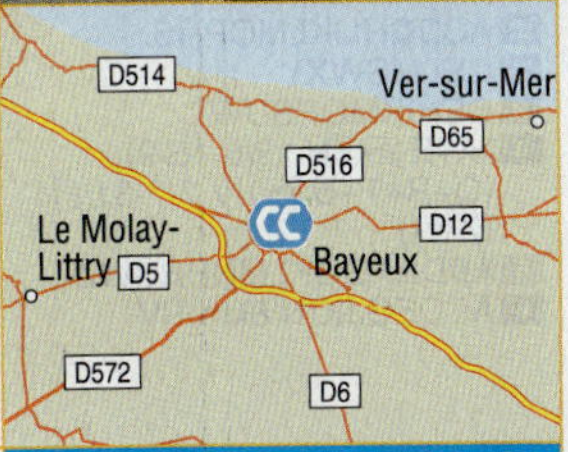


N 49°17'03" W 00°41'52"

CC € 18 2/4-4/7 26/8-6/11

## Beauvoir, F-50170 / Basse-Normandie (Manche) — 1011

Camping Aux Pommiers - Tohapi****
28 route du Mont-St-Michel
+33 2 33 60 11 36
9/4 - 6/11
accauxpommiers@vacanceselect.com

1,8ha 72**T**(95-105m²) 10A CEE

1 ACD**F**IJKLMPRWS
2 CIJSUW
3 ACHIKMPSU**W**
4 (F+H)J(Q+R+S+V+Z)
5 **AB**FGIJKLMNOP**T**UWXYZ
6 ABCEG**K**(N 0km)TV

Camping familial, avec piscine chauffée et couverte à 4 km seulement du Mont Saint-Michel, qui est facilement accessible à vélo. Arrivée au camping à partir de 14 heures.

Par la N175 d'Avranches direction Pontorson, puis par la D976 direction Mont-St-Michel. Suivre les flèches.

N 48°35'48" W 01°30'41"

CC € 20 9/4-2/7 27/8-6/11

## Bréhal, F-50290 / Basse-Normandie (Manche)

**1012**

Camping La Vanlée***
rue des Gabions
+33 2 33 61 63 80
29/3 - 17/10
contact@camping-vanlee.fr

11ha 460T(80-100m²) 10A CEE

**1** AC**G**IJKLMPQ
**2** AGJLNSTWX
**3** AC**FG**HIKMNP**Q**SWY
**4** (C+H 1/7-31/8)(Q )
(S+T+U+V+X+Z 1/7-31/8)
**5** **AB**FGIJKLMNPUZ
**6** CEGHJ(N 5km)OT

Camping familial dans un cadre verdoyant dans les dunes en bord de mer, donnant directement sur la plage. Dans la baie du Mont Saint Michel. Camping idéal pour les enfants et tous ceux qui aiment la mer. Point de départ idéal pour visiter la région.

A partir de Granville, D971 vers Bréhal, à Bréhal au rond-point à gauche (3/4 de tour). Aux feux, tout droit. D592 jusqu'à St. Martin/Bréhal. Camping et terrain de golf sont indiqués.

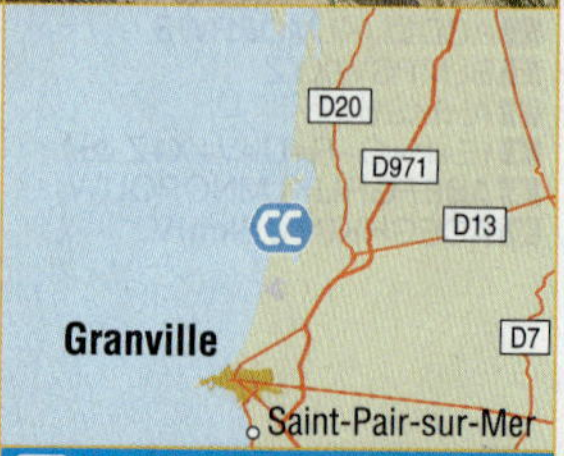


CC € 14 *29/3-3/7 29/8-17/10*

N 48°54'31'' W 01°33'53''

## Cahagnolles, F-14490 / Basse-Normandie (Calvados)

**1013**

Camping L'Escapade****
+33 2 31 21 63 59
1/4 - 27/9
info@campinglescapade.net

7ha 40T(100-200m²) 10A CEE

**1** ACD**G**HIJKLMOPRS
**2** CELMSWXY
**3** CEHIKMOPSUW
**4** (A+E )(H 15/6-15/9)J
(Q+R+T+U )(V 7/7-31/8)
(Z )
**5** **AB**DEFGIJKLMNPRUWZ
**6** ACDEGJ**K**(N 8km)RV

Terrain aux allures de parc, avec grands emplacements, dans un environnement vallonné verdoyant, à 25 km des plages de débarquement et à 15 km de Bayeux. Juste au bord d'un lac avec pêche gratuite. Sanitaires chauffés modernes. Piscine couverte chauffée. Invite à rester plus longtemps. Tennis gratuit.

N13, sortie 37 Bayeux, di St. Lo. A Subles, D99 St. Paul-du-Vernay. Là, D99 Cahagnolles. Le camping est indiqué par des panneaux.

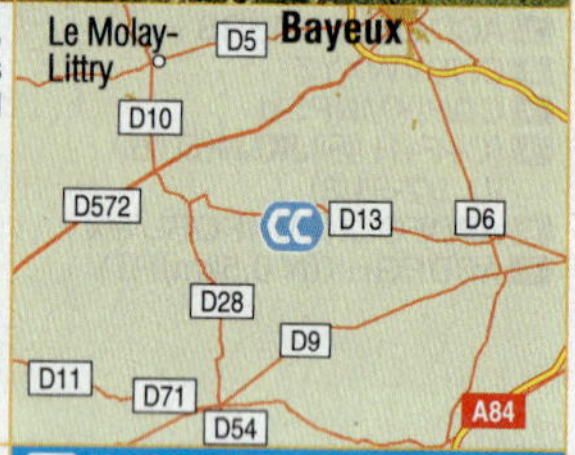


CC € 18 *1/4-1/7 29/8-27/9*

N 49°09'26'' W 00°45'37''

## Colleville/Surrain, F-14710 / Basse-Normandie (Calvados)

**1014**

Camping La Roseraie d'Omaha****
Le Bourg
+33 2 31 21 17 71
1/4 - 30/9
camping-laroseraie@orange.fr

2,3ha 49T(85-120m²) 10A CEE

**1** ACD**G**IJKLM**P**RS
**2** ISWXYZ
**3** C**G**HIKPSU
**4** (E )(H 15/6-31/8)J
(Q+S )(T 4/4-22/8)(U )
(X 1/5-15/9)(Z )
**5** **AB**DEFGIJKLMNPUWZ
**6** ACEGJ**K**(N 4km)OTV

Camping tranquille, avec une grande variété de plantations dans une région verdoyante. A 4 km de la mer et près des plages du débarquement américain de la 2ième guerre mondiale. Magnifique terrain avec d'excellents sanitaires. Bayeux, ville médiévale est à 12 km. En basse saison, la réception est fermée de 12 h 30 à 14 h.

N13 Bayeux direction Cherbourg, sortie 38. Suivez Tour-en-Bessin/Mosles, puis Surrain. Le camping se trouve dans Surrain, indiqué par des panneaux.

CC € 18 *1/4-1/6 9/6-3/7 28/8-30/9 14=12*

N 49°19'33'' W 00°51'53''

## Colleville-sur-Mer, F-14710 / Basse-Normandie (Calvados)

1015

Camping Le Robinson****
24 route d'Omaha Beach
+33 2 31 22 45 19
1/4 - 30/9
campinglerobinson14710@gmail.com

2ha 32T(80-120m²) 6A CEE

**1** ACD**G**IJKLMPRS
**2** AIJSWXY
**3** A**G**HIPSU
**4** (E+H 1/4-30/9)J(Q+R)
(T+U+V+Z 1/5-31/8)
**5** **AB**EFGIJLNPRUZ
**6** ACEG**K**(N 5km)V

Petit camping familial bien entretenu à proximité (± 1 km) de la plage Omaha Beach. Près des plages du débarquement de la deuxième guerre mondiale et du grand cimetière américain. Une piscine couverte et chauffée vous garantit un séjour agréable.

A partir de la A13 Caen-Cherbourg sortie Vaucelles, direction Mosles, puis D97 di Ste Honorine-des-Pertes. Là, D514 di Colleville-sur-Mer.

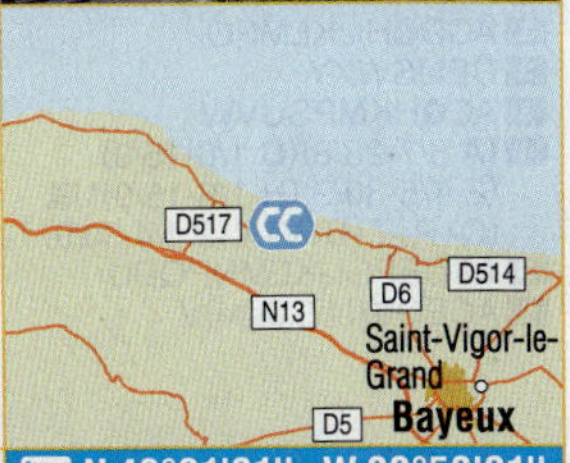


€ 18 *1/4-3/7 27/8-30/9 7=6*

N 49°21'01'' W 00°50'01''

## Courtils, F-50220 / Basse-Normandie (Manche)

1016

Camping Seasonova Saint Michel***
35 route du Mont-Saint-Michel
+33 2 33 70 96 90
1/4 - 2/10
infos@campingsaintmichel.com

5,2ha 100T(90-100m²) 6-10A CEE

**1** ACD**G**IJKLM**P**RS
**2** INSVWY
**3** ACEHPSU
**4** (C 1/5-30/9)(Q+S+Z)
**5** **AB**DFGIJKLMNOPUWZ
**6** CDEGK(N 0,5km)ORTV

Camping familial très fleuri avec piscine chauffée. Près du Mont St. Michel, St. Malo et Dinard.

D'Avranches par D43 direction le Mont St. Michel. Le camping se trouve alors juste après Courtils à gauche.

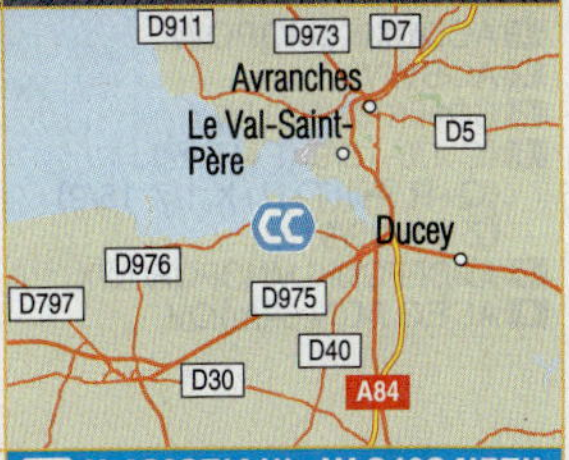


€ 18 *1/4-9/7 27/8-2/10 7=6, 14=11*

N 48°37'41'' W 01°24'57''

## Creully, F-14480 / Basse-Normandie (Calvados)

1017

Camping Les Trois Rivières***
rue de Tierceville
+33 2 31 80 90 17
3/4 - 15/10
contact@camping-les-3-rivieres.com

1,5ha 30T(80-100m²) 10A CEE

**1** ACD**G**IJKLMO**P**RS
**2** CJLSWXYZ
**3** AHISU
**4** (Q)(R 1/5-30/9)
(V+Z 1/7-31/8)
**5** **AB**FGIJKLMNOPUZ
**6** AEGJ**K**(N 0,3km)ORV

Camping tranquille à 500m de la vieille ville de Creully, avec son château dans lequel il y a régulièrement des expositions. Idéal pour visiter les plages du débarquement de la 2e guerre mondiale. Bayeux est à 12 km, Caen à 16 km, la mer à 7 km. Wifi gratuit pendant 1 heure sur tout le terrain.

A13, à Caen sur le Périphérique Nord sortie 6. Par la D22 vers Creully. De Bayeux, D12 vers Creully. Là, le camping est indiqué.

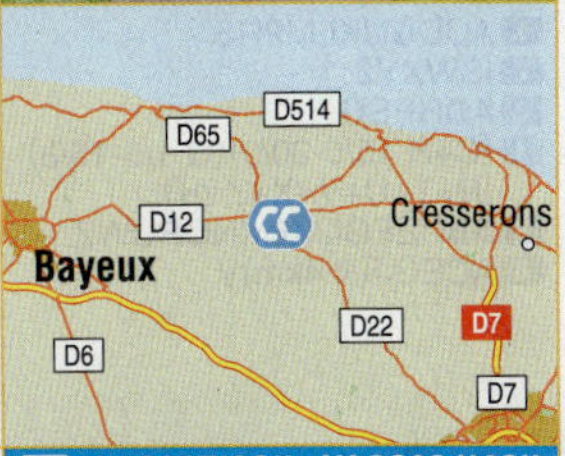


€ 18 *3/4-4/7 30/8-15/10 7=6, 14=12*

N 49°17'23'' W 00°31'46''

## Deauville/St. Arnoult, F-14800 / Basse-Normandie (Calvados) 1018

Camping La Vallée de Deauville*****
rue des Genêts
+33 2 31 88 58 17
1/4 - 31/10
contact@camping-deauville.com

19ha 105T(80-120m²) 10A CEE

1 ACDGHIJKLMPQ
2 CEIJSWXY
3 ACGHKMPSUVW
4 (A 6/7-28/8)(C 1/6-15/9) (E 1/5-30/9)(H 1/6-15/9)IJK (Q+R+T+U+V+X+Z 1/4-30/9)
5 **AB**DEFGIJKLMNPQRU
6 ACEG**K**(N 0,8km)V

Grand terrain avec des emplacements spacieux dans un environnement verdoyant. Le camping se trouve près des fameuses stations balnéaires de Deauville et Trouville. Nouveau paradis aquatique, également une piscine couverte avec jacuzzi. Piste cyclable directe du camping à Deauville. Réception fermée de 12 h à 14 h.

A partir de la A13 sortie Deauville. Aux ronds-points direction Caen. Le camping est indiqué au 3ième rond-point.

CC € 18 *1/4-15/4 18/4-26/5 29/5-3/6 6/6-9/7 26/8-31/10*

N 49°19'44'' E 00°05'11''

## Denneville-Plage/Portbail, F-50580 / Basse-Normandie (Manche) 1019

L'Espérance****
36 rue de la Gamburie
+33 2 33 07 12 71
1/4 - 15/10
contact@camping-esperance.fr

3ha 35T(85-90m²) 10A CEE

1 ACDGIJKLMOPQW
2 AGSWY
3 CGHIKMNRSUWY
4 (C 1/6-15/9)(F+H)J (Q+R)(T+U+X 1/7-15/9) (Z 1/5-30/9)
5 **AB**DEFGIJKLMNOPQRUWX
6 ACEGJ**K**(N 5km)OV

Camping agréable et tranquille à 400m d'une grande plage de sable avec vue sur les îles de la Manche. Le bâtiment sanitaire de luxe est chauffé. Il y a une piscine extérieure (chauffée de juin à septembre) et une piscine intérieure chauffée avec des vestiaires. Nouveau point de service pour les camping-cars. Les commerces sont à 5 minutes en voiture. Il y a beaucoup de nature intacte dans la région.

D650 Lessay-Portbail, sortie Denneville-Plage; suivre les panneaux.

CC € 20 *1/4-2/7 21/8-15/10*

N 49°18'12'' W 01°41'18''

## Etreham/Bayeux, F-14400 / Basse-Normandie (Calvados) 1020

Camping Reine Mathilde***
Le Marais
+33 2 31 21 76 55
26/3 - 30/9
campingreinemathilde@gmail.com

6ha 80T(150m²) 6A CEE

1 ACDGIJKLMPRS
2 ISWXYZ
3 AGHPSU
4 (C+H 15/6-30/9)(Q 1/5-15/9) (R+T+U+V+X+Z)
5 **AB**DEFGIJKLMNOPUWZ
6 ACEGJ(N 4km)V

Camping familial, calme et avec aspect de parc, géré par des propriétaires sympathiques et serviables. Emplacements très spacieux (150 m²). A seulement 4 km des célèbres plages du débarquement d'Omaha Beach. Excellent point de départ pour une visite des monuments de la Seconde Guerre mondiale. Bayeux à 9 km.

A partir de la N13 sortie 38. Au rond point N2013 direction Tour-en-Bessin aller ensuite à droite D206. Par la suite, le camping est indiqué avec des panneaux.

CC € 18 *26/3-4/7 22/8-30/9 7=6*

N 49°19'53'' W 00°48'09''

## Falaise, F-14700 / Basse-Normandie (Calvados) 1021

Camping du Château**
1 rue du Val d'Ante
+33 2 31 90 16 55
9/4 - 2/10
camping@falaise.fr

1,5ha 88T(80-100m²) 10A CEE

1 ACD**F**IJKLMPQ
2 CJLMSWY
3 ACSU**W**
4 (R )
5 **AB**DEFGIJKLMNPQUWZ
6 CEGHK(N 0,5km)TV

Camping fleuri tranquille, avec des emplacements séparés par des haies, une vue superbe sur le château du 11e siècle et à 500m du centre-ville médiéval.

De Caen N158 vers Falaise, au rond-point à gauche, 'centre ville', au 2e rond-point à droite vers 'Voie Panoramique', cf les panneaux de camping.

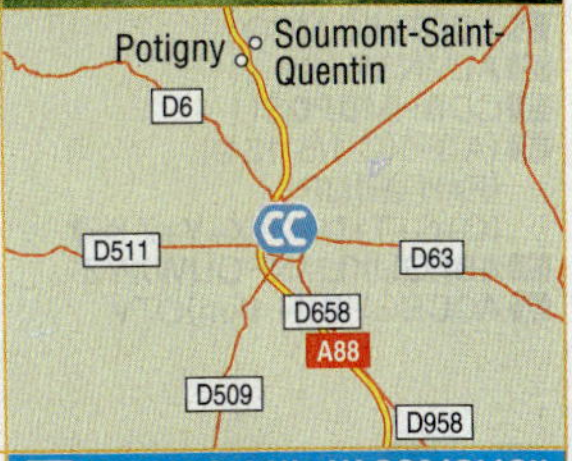


CC € 16 *9/4-2/7 24/8-2/10*

N 48°53'44'' W 00°12'18''

## Fermanville, F-50840 / Basse-Normandie (Manche) 1022

Camping de la Plage***
2 Village de Fréval
+33 2 33 54 38 84
1/4 - 15/10
campingdelaplage.fermanville@wanadoo.fr

2ha 16T(80-100m²) 10-16A CEE

1 ACDFIJKLPRS
2 AGRSWXY
3 CHIRSUWY
4 (Q )(R+T 1/7-31/8) (U+Z )
5 **AB**DFGIJKLMNOPUWZ
6 ACDEG**K**(N 4,5km)OV

Joli camping familial, au calme, à 400 m de l'une des plus belles plages de Normandie, dans un environnement authentique qui regorge de sentiers cyclables ou pédestres. Un accueil très chaleureux de propriétaires passionnés par leur région.

Suivez la D116 en direction de Fermanville. Le camping est situé au même niveau que le village.

CC € 14 *1/4-8/7 26/8-15/10* *15=14*

N 49°41'29'' W 01°26'16''

## Honfleur/Équemauville, F-14600 / Basse-Normandie (Calvados) 1023

Camping La Briquerie*****
D62
+33 2 31 89 28 32
26/3 - 2/10
info@campinglabriquerie.com

11ha 200T(100m²) 6-10A

1 A**G**IJKLMPQ
2 IJSWXYZ
3 C**G**HIKOPRSU**V**
4 (C 15/6-10/9)(F+H 1/4-30/9) **JKN**(Q+R+T+U+X+Y+Z )
5 **AB**DEFGIJKLMNPQRUWXYZ
6 ACDEGHKLM(N 0,1km) RTVW

Dans un environnement boisé avec grands emplacements délimités. Facile d'accès. À 3 km de la mer et de Honfleur, petite ville très pittoresque. À 1 km d'un grand bois où vous pouvez faire des randonnées. Supermarché à 100m. Sanitaires luxueux. Excellent restaurant.

De la A29, 1ière sortie. Direction Pont-l'Évêque. A 2 km à droite D579 vers Honfleur. Au rond-point à l'Intermarché 3ième sortie vers la D62. Le camping est à 150m sur la droite.

CC € 18 *26/3-9/7 27/8-2/10* *7=6, 14=11*

N 49°23'53'' E 00°12'31''

## Houlgate, F-14510 / Basse-Normandie (Calvados)

**1024**

Camping La Vallée*****
88 rue de la Vallée
+33 2 31 24 40 69
9/4 - 30/10
info@campinglavallee.com

14ha 51T(100-130m²) 6-10A CEE

**1** ACD**F**IJKLMPQ
**2** ALMNSWXY
**3** CD**G**HM**O**P**Q**SU
**4** (A)(C 1/5-15/9) (F+H)IJP (Q+S+T+U+V+X+Y+Z)
**5** **AB**FGIJKLMNPQUWXYZ
**6** ACDEGH**K**(N 1km)OTV

Camping aménagé spacieusement et très verdoyant à 15 minutes à pied de la petite ville et des plages. Belle vue sur les collines environnantes. Le terrain est équipé de tous conforts et il est bien entretenu. Il y a un animateur aussi au printemps. Réception fermée entre 12 h et 14 h.

A13 sortie Dozulé, ensuite D400 direction Dives-sur-Mer/ Houlgate, puis suivre les panneaux.

CC € 18 *9/4-2/7 27/8-30/10*

N 49°17'37'' W 00°04'06''

## Isigny-sur-Mer, F-14230 / Basse-Normandie (Calvados)

**1025**

Camping Le Fanal****
rue du Fanal
+33 2 31 21 33 20
1/4 - 30/9
info@camping-lefanal.com

8,4ha 93T(80-110m²) 16A CEE

**1** ACD**G**IJKLMPRWS
**2** FISWXYZ
**3** CHIKMNOPSUVW
**4** (C 15/6-31/8)(E) (H 15/6-31/8)J (Q+T+U+V+X+Z)
**5** **AB**DEFGIJKMNPUWZ
**6** ACEG**K**(N 1km)V

Propre et tranquille, au bord d'un plan d'eau récréatif. Pêche autorisée. Piscine couverte avec toit ouvrant et grande piscine en plein air avec toboggan et de chaises longues. Bons sanitaires. Visitez les plages du débarquement, la Pointe du Hoc et les cimetières américains et allemands.

Sortie Isigny-centre puis c'est indiqué par des panneaux.

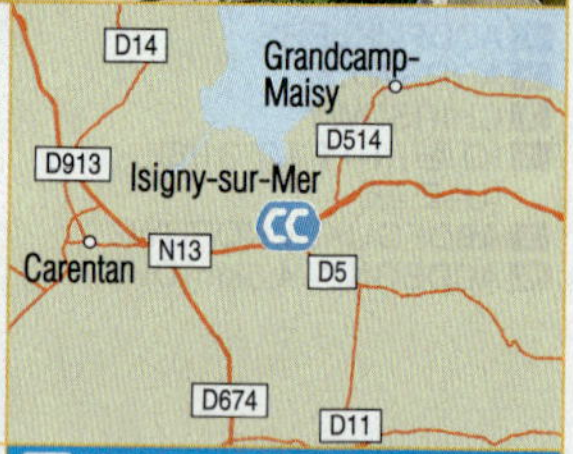


CC € 18 *1/4-30/6 28/8-30/9*

N 49°19'08'' W 01°06'32''

## La Haye, F-50250 / Basse-Normandie (Manche)

**1026**

Camping L'Etang des Haizes****
43 rue Cauticotte, St. Symph.-le-Valois
+33 2 33 46 01 16
15/4 - 30/9
info@campingetangdeshaizes.com

4,5ha 94T(90-120m²) 10A CEE

**1** ACD**G**IJKLMOPQ
**2** ESWXYZ
**3** CHIKMSUW
**4** (C+H 1/6-31/8)JK(Q+R+ T+Z 1/7-31/8)
**5** **A**BEFGIJKLMNOPQRUWZ
**6** CDEG**K**(N 0,8km)RV

Profitez d'un séjour au calme dans ce magnifique camping situé au bord d'un lac et proposant une magnifique piscine d'extérieur chauffée. Sur le lac, vous pourrez pêcher et faire du pédalo. Les environs se prêtent idéalement à la balade, au vélo ou aux excursions. Les plages sont à seulement 10 km.

A partir de La Haye-du-Puits par la D900 direction Valognes. Juste après La Haye à gauche. Le camping est indiqué.

CC € 18 *15/4-3/7 29/8-30/9 7=6*

N 49°17'59'' W 01°32'36''

## Le Rozel, F-50340 / Basse-Normandie (Manche)

**1027**

Le Ranch*****
La Mielle
+33 2 33 10 07 10
1/4 - 30/9
contact@camping-leranch.com

4ha 56T(100-130m²) 10A CEE

1 ACD**G**IJKLM**P**QW
2 AHMNSTWX
3 CHIKPRSUWY
4 (C 15/5-15/9)(E)
(H 15/5-15/9)JK**N**
(Q+S+T+U+V+Y+Z)
5 **AB**CDEFGIJKLMNOPUWXY
6 ACEGJ**K**(N 5km)ORTV

Le camping 'Le Ranch' est situé sur la côte ouest du Cotentin (la Manche) au coeur d'un magnifique paysage de dunes et directement au bord d'une large plage de sable. Les environs et les équipements sur le camping sont la garantie d'une atmosphère unique. Le camping dispose d'un bon restaurant avec un menu varié.

Aux Pieux, suivre la D904 direction Barneville-Carteret. A 2,5 km à droite. Puis c'est bien indiqué.

CC € 22 *1/4-1/7 27/8-30/9 14=12*

N 49°28'49'' W 01°50'32''

## Le Vey/Clécy, F-14570 / Basse-Normandie (Calvados)

**1028**

Camping Les Rochers des Parcs***
La Cour, 8 rte du Viaduc
+33 2 31 69 70 36
1/4 - 30/9
camping.normandie@gmail.com

1,5ha 60T(80-140m²) 10A CEE

1 AC**G**IJKLMOPQ
2 DMSUVWY
3 ACHIKLS**WX**
4 (Q+R)(T+U+X 1/5-30/9)
(Z)
5 **AB**DEFGIJKLMNOPUZ
6 ABCDEJ(N 0,8km)TV

Une oasis de tranquillité verdoyante. Camping en terrasses au bord de la rivière. A proximité d'un joli petit village avec des magasins et des restaurants.

Direction Clécy, puis D133A Le Vey, et suivre les flèches. Après le pont sur l'Orne à droite.

CC € 16 *1/4-7/7 29/8-29/9 7=6, 14=11*

N 48°54'50'' W 00°28'25''

## Les Pieux, F-50340 / Basse-Normandie (Manche)

**1029**

Le Grand Large*****
route du Grand Large
+33 2 33 52 40 75
9/4 - 18/9
info@legrandlarge.com

4ha 123T(100m²) 10A CEE

1 ACDFIJKLMOPQ
2 AHNSTWXY
3 CHIK**O**PSUWY
4 (C+E+H)K(Q+R)
(T+U 3/7-26/8)(Z)
5 **AB**CDEFGHIJKLMNOPUWXY
6 ABCEGH**K**(N 3km)ORV

Camping familial dans les dunes normandes, sur la côte ouest du Cotentin en face des îles de la Manche. Le camping est situé juste au bord de la mer avec une large plage de sable et a des emplacements délimités par des haies. Belle piscine couverte avec toit ouvrant, jacuzzi et piscine en plein air chauffée.

De Valognes, prendre la D902 vers Bricquebec et là, vers Les Pieux. A partir des Pieux le camping est bien indiqué.

CC € 22 *9/4-2/7 21/8-18/9 7=6, 14=11*

N 49°29'40'' W 01°50'32''

## Maupertus-sur-Mer, F-50330 / Basse-Normandie (Manche)

**1030**

L'Anse du Brick*****
18 Anse du Brick
+33 2 33 54 33 57
8/4 - 11/9
welcome@anse-du-brick.com

10ha 142T(90-150m²) 6-16A CEE

**1** ACD**G**IJKLMOPRW
**2** ACGMNPQRSUWXY
**3** C**G**HIMN**O**PSUVWY
**4** (C 1/6-11/9)(F+H )JK (Q+S+T+U+V+X+Y+Z )
**5** **AB**CDEFGHIJKLMNOPQ**T**UWXYZ
**6** ACEGK(N 5km)ORV

Magnifique camping avec tous les conforts près de Cherbourg au bord de la mer. Grands emplacements en terrasse, sanitaires chauffés et 2 piscines, 1 couverte. Accès direct à la plage. Wifi gratuit mais supplément pour vidéo- et audiostreaming. Réception gsm qu'à l'entrée.

De Cherbourg, vers Bretteville-Barfleur par la D116. A ± 4 km, le camping est indiqué par des panneaux. Attention: en venant de Cherbourg, prenez la D116 en raison de la pente raide de l'entrée du camping.

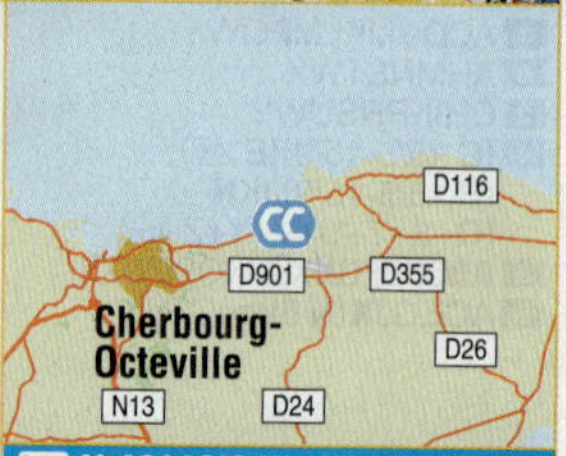


CC € 22 *8/4-30/6 29/8-11/9*

N 49°40'04'' W 01°29'19''

## Merville-Franceville-Plage, F-14810 / Basse-Normandie (Calvados)

**1031**

Camping Les Peupliers****
allée des Pins
+33 2 31 24 05 07
1/4 - 30/9
contact@camping-peupliers.com

3,6ha 98T(80-200m²) 10A CEE

**1** ACD**G**HIJKLMPST
**2** ACGISWXY
**3** C**G**HIKMPSU**W**Y
**4** (C 1/6-30/8)(E+H )KP (Q+R+T+U+Z )
**5** **AB**DEFGIJLMNPQRUWXYZ
**6** ACEG**K**(N 2km)RTV

Camping familial dans un environnement tranquille avec de grands emplacements. Terrain très fleuri, près de Cabourg pour tous vos achats. Deux piscines chauffées, dont une couverte. Sanitaires chauffés. A 300 mètres de la plage de sable fin. Randonnées pédestres et cyclables au départ du camping. Réception fermée de 12h00 à 14h00.

A partir de Cabourg, direction Merville par la D514. Le camping est à gauche de cette route, il est indiqué par des panneaux.

CC € 20 *1/4-3/7 22/8-30/9*

N 49°16'59'' W 00°10'12''

## Merville-Franceville-Plage, F-14810 / Basse-Normandie (Calvados)

**1032**

Camping Seasonova Le Point du Jour****
75 route de Cabourg
+33 2 31 24 23 34
1/4 - 30/10
contact@camping-lepointdujour.com

2,7ha 88T 10A CEE

**1** ACD**G**HIJKLPQ
**2** AGIJMNSTWXY
**3** A**G**HIJKMNSUVWY
**4** (A 3/4-31/8)(F+H )**KN**P (Q+R )(T+U 1/7-29/10) (X 1/7-31/8)(Y ) (Z 1/7-29/10)
**5** **AB**DEFGJLMNPRUWXY
**6** ABCEG**K**(N 1,5km)RV

Juste au bord de la mer, avec piscine couverte. Près de Caen et Cabourg avec tous les magasins. Piste cyclable jusqu'à Cabourg à partir du camping. Vous pouvez aller à pied à Merville-centre par la plage (400m). Réception fermée de 13 h à 14 h.

A13 sortie 29B Dozulé, direction Cabourg. Ensuite, direction Ouistreham par la D514. Le camping est balisé. A partir de l'ouest : A13, sortie 29 Doluzé, di Cabourg. Puis D514 direction Ouistreham.

CC € 20 *1/4-9/7 28/8-30/10*

N 49°17'00'' W 00°11'29''

## Moyaux, F-14590 / Basse-Normandie (Calvados)

iD **1033**

Camping Huttopia Calvados - Normandie****
chemin du Val Sery
+33 2 31 63 63 08
14/4 - 25/9
calvados@huttopia.com

4,5ha 89T(90-140m²) 10-14A CEE

1 ACDGIJKLMOPST
2 BSXYZ
3 CIJKLMNPSU
4 (C 1/6-15/9)(E+Q+R)(T+U+V+Z 1/7-31/8)
5 ABDEFGIJKLMNOPQUWZ
6 CEGHJ(N 3km)V

Ce camping dans le style traditionnel est situé au coeur d'un superbe domaine autour d'un château. Il y a tous les équipements et la nature est très belle dans les environs.

A13 sortie Pont-L'Evêque, Lisieux par D579 et Blangy-le-Château par D51, ensuite vers Moyaux. Puis c'est indiqué par des panneaux.

CC € 18 *14/4-1/7 28/8-25/9*

N 49°12'35'' E 00°23'24''

## Ouistreham, F-14150 / Basse-Normandie (Calvados)

iD **1034**

Camping Seasonova Riva Bella****
1 rue de la Haie Breton
+33 2 31 97 12 66
1/4 - 30/10
camping-rivabella@vacances-seasonova.com

5ha 240T(80-100m²) 10A CEE

1 ACDGHIJKLMPRS
2 CESVWXYZ
3 CEGHIKMSUW
4 (E 20/4-15/10)(H 15/4-15/10)(Q+R)(T+U+V+Z 1/5-15/9)
5 ABDEFGIJKLMNPQRUWXYZ
6 ABCDEGK(N 0,8km)TV

Grand terrain avec diverses plantations, situé juste au bord du canal Caen - Ouistreham. Les nouveaux sanitaires, la piscine couverte ainsi que la proximité de la mer et des plages du Débarquement font en sorte que vous passez de bonnes vacances sur ce camping quatre étoiles. Réception fermée entre 12 h et 13 h 30.

A13 sortie Ouistreham. Avant Ouistreham en face des supermarchés au rond-point, 1re sortie à droite. Camping à 150m.

CC € 18 *1/4-6/7 1/9-30/10*

N 49°16'09'' W 00°15'19''

## Pontaubault, F-50220 / Basse-Normandie (Manche)

iD **1035**

Camping Vallée de la Sélune**
7 rue Maréchal Leclerc
+33 2 33 60 39 00
1/4 - 15/10
campselune@wanadoo.fr

1,6ha 70T(100-110m²) 10A CEE

1 ACDGIJKLMPQ
2 IJUWY
3 ACHO
4 (R+Z)
5 ABGIJKLMNPUZ
6 EGJ(N 0,2km)O

Petit camping tranquille dans un joli petit village avec des magasins et un restaurant. Le camping est à seulement 15 km du Mont Saint-Michel.

A partir de la N175 direction Mont-St-Michel (D43). Sortie Pontaubault; passer sur le pont, à droite, puis 2ème rue à gauche.

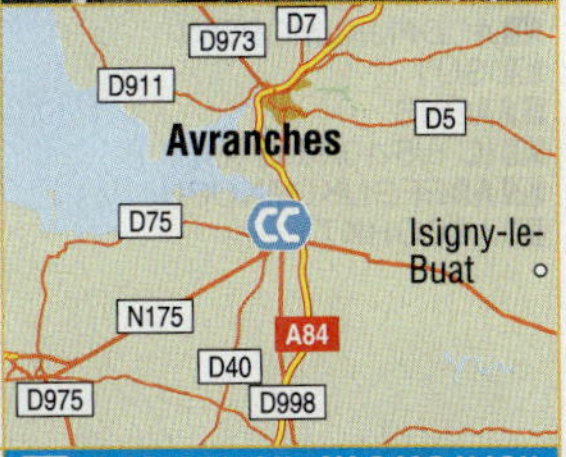


CC € 18 *1/4-9/7 26/8-15/10*

N 48°37'49'' W 01°21'10''

## Pontorson, F-50170 / Basse-Normandie (Manche)

1036

Camping Seasonova Haliotis***
boulevard Patton
+33 2 33 68 11 59
1/4 - 2/10
camping@camping-haliotis.fr

8ha 150T(90-200m²) 16A CEE

**1** ACD**G**IJKLM**PQ**
**2** CISUWY
**3** ACEHIKMPSUW
**4** (C+H 1/5-30/9)KN (Q+R+Z)
**5** **AB**DFGIJKLMNPUWZ
**6** CEGK(N 0,5km)RTV

Beau camping fleuri et tranquille à proximité du centre (marché le mercredi); on peut aller à vélo au Mont Saint-Michel.

N175 Avranches direction Pontorson, sortie Pontorson. Dans la ville, suivre les flèches.

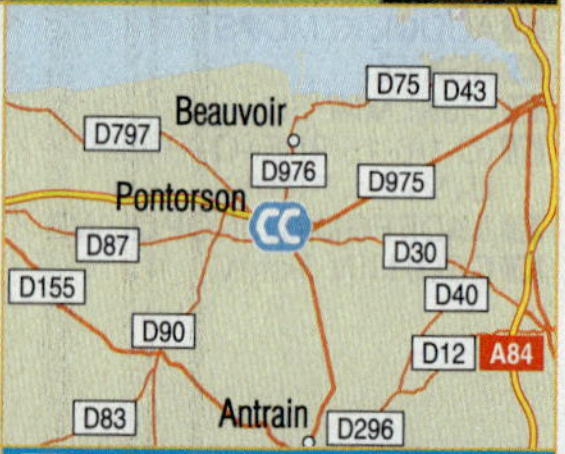


€ 18 1/4-9/7 27/8-2/10 7=6, 14=11

N 48°33'29'' W 01°30'52''

## Ravenoville-Plage, F-50480 / Basse-Normandie (Manche)

1037

Camping Le Cormoran*****
Ravenoville-Plage
+33 2 33 41 33 94
2/4 - 30/9
contact@camping-lecormoran.fr

8ha 133**T**(100-150m²) 6-10A CEE

**1** ACD**F**IJKLMOPRS
**2** AGIQSVWXY
**3** ACE**G**HIKMOP**QR**SUVWY
**4** (C 1/7-31/8)(F+H)**KN** (Q+S)(T+U 1/7-31/8) (V+Z)
**5** **AB**DEFGIJKLMNOP**T**UWXYZ
**6** ACDEGH**K**(N 9km) ORTUVW

Camping moderne avec tous conforts et luxe. Directement au bord de l'Utah-Beach et de la mer. Emplacements délimités spacieux avec beaucoup de verdure et de fleurs. Point de départ idéal pour les curiosités touristiques (2ième guerre mondiale). Possibilité d'avoir des sanitaires privés.

DN13 Caen-Cherbourg sortie St. Mère-Église. Là, suivre la D15 vers Ravenoville puis vers la plage. Camping indiqué.

€ 20 2/4-2/7 19/8-30/9 7=6, 14=11

N 49°27'59'' W 01°14'08''

## Servon, F-50170 / Basse-Normandie (Manche)

1038

Camping Saint Grégoire***
47 rue Saint Grégoire
+33 2 33 60 26 03
1/4 - 25/9
saintgregoire@vacances-andretrigano.com

1ha 42**T**(80-100m²) 6A CEE

**1** ACD**F**IJKLMO**P**QW
**2** ISUY
**3** ACHS
**4** (C 8/5-10/9)(Q)
**5** **AB**EFGIJKLMNOPU
**6** ACEGH**KT**

Camping tranquille et verdoyant situé entre Avranches, Pontorson et Le Mont St. Michel.

A partir d'Avranches N175 direction Pontorson. Sortie Servon (D107). A 200 mètres sur la droite.

€ 16 1/4-9/7 27/8-25/9

N 48°35'48'' W 01°24'45''

## St. Aubin-des-Préaux, F-50380 / Basse-Normandie (Manche)

1039

Camping Château Lez-Eaux*****
240 avenue de Lez-Eaux
+33 2 33 51 66 09
15/4 - 10/9
bonjour@lez-eaux.com

11ha 134T(100-150m²) 10-16A CEE

1 ACGIJKLMOPQ
2 ESWY
3 ACHM**O**PSW
4 (C 15/5-10/9)(F+H)IJ
(Q+S+U+V+Z)
5 **AB**DEFGIJKLMNOPUWXYZ
6 CDEGH**K**(N 2km)RTV

Pour des vacances inoubliables: camping familial tranquille et fleuri dans un parc de château, avec un paradis aquatique couvert et chauffé de 1200 m², près de Granville.

A partir de Caen direction Granville par A84 et D924. Avant Granville par D971 et D973 direction Avranches. Le camping est bien indiqué à droite. Ne pas prendre la direction St. Pair-sur-Mer ou la direction St. Aubin-des-Préaux.

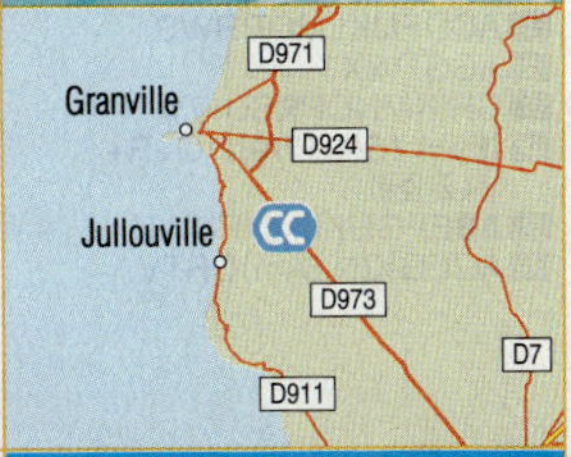


CC € 20 *15/4-3/7 29/8-10/9*

N 48°47'52'' W 01°31'30''

## St. Aubin-sur-Mer, F-14750 / Basse-Normandie (Calvados)

1040

Camping Sandaya Côte de Nacre*****
17 rue du Général Moulton
+33 2 31 97 14 45
8/4 - 25/9
cotedenacre@sandaya.fr

10ha 142T(80-120m²) 10A

1 ACD**G**IJKLMPRS
2 JSWXYZ
3 C**G**HPSU
4 (C 15/6-31/8)(E+H)IJ**LNP**
(Q+S+T+U+V+Y+Z)
5 **AB**DEFGIJKLMNOPUWXYZ
6 ABCEGHJ**K**(N 0,5km)TV

Magnifique camping aux allures de parc avec un paradis aquatique (plein air, couvert et chauffé) ; sauna, hamam, jacuzzi, restaurant, magasin. Près de St. Aubin et à 650m de la plage. Tous les équipements sont fonctionnels en saison basse. Réception fermée de 13 h à 14 h.

A partir de Caen, sur le périphérique, sortie Côte de Nacre. Suivre la D7 vers Langrune-sur-Mer, puis St. Aubin-sur-Mer. Le camping se trouve le long de la D7 et il est indiqué par des panneaux.

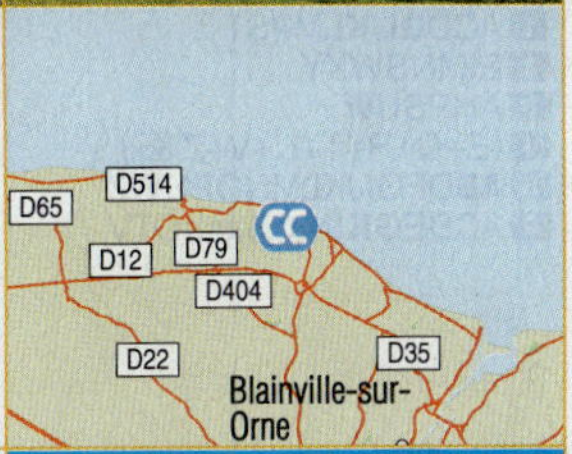


CC € 16 *8/4-8/7 3/9-25/9*

N 49°19'33'' W 00°23'26''

## St. Vaast-la-Hougue, F-50550 / Basse-Normandie (Manche)

1041

La Gallouette****
10b rue de la Gallouette
+33 2 33 54 20 57
1/4 - 30/9
contact@camping-lagallouette.fr

3,5ha 98T(85-105m²) 10A CEE

1 ACD**G**IJKLMPRS
2 AGNRSWXYZ
3 CHIKPSUWY
4 (C+H 15/5-15/9)(Q+R)
(T+U+V+X+Z 1/7-31/8)
5 **AB**EFGJLMNOPUWZ
6 ACDEG**K**(N 0,3km)OTVW

Camping calme, emplacements spacieux. Piscine extérieure chauffée, terrain de pétanque, aire de jeux, wifi. A 5 minutes à pied de la mer, du port et des commerces. Excursions: e.a. le Château Vauban sur l'île Tatihou et Barfleur. Nombreux tours à pied et à vélo. Camping d'étape idéal: à 30 km de Cherbourg (ferry).

N13 Caen-Cherbourg. À Valognes D902 dir. Quettehou et St. Vaast-la-Hougue. Au feu à droite ; à 300m à droite - Rue de la Galouette.

CC € 20 *1/4-1/7 29/8-30/9* *7=6*

N 49°35'04'' W 01°16'08''

## Ste Marie-du-Mont, F-50480 / Basse-Normandie (Manche)

1042

Camping Paradis Utah Beach***
La Madeleine
+33 2 33 71 53 69
1/4 - 17/9
contact@camping-utahbeach.com

5ha 49T(80-100m²) 6-10A CEE

1 ACDFIJKLMOPRWS
2 AGSTWXY
3 CHIKMNOP**R**SUWY
4 (F+H 15/4-17/9)J(Q+R+V+Z)
5 **AB**EFGIJKLMNPUWZ
6 ACEGK(N 6km)ORTV

Camping familial avec bar sympathique à 100m des plages du débarquement Utah Beach. La région est riche en histoire et en architecture. Les clients du camping bénéficient d'une réduction au musée du débarquement d'Utah Beach et au musée de la victoire en Normandie à Catz. Char à voile. Parking payant pour les camping-cars à côté du camping, ouvert toute l'année.

De Carentan, D913 vers Ste Marie-du-Mont (Utah Beach). Au monument Utah Beach, à gauche et suivre les panneaux.

CC € 18 1/4-29/5 10/6-3/7 28/8-16/9

N 49°25'10'' W 01°10'55''

## Torigni-les-Villes, F-50160 / Basse-Normandie (Manche)

1043

Camping Le Lac des Charmilles***
route de Vire
+33 2 33 75 85 05
1/4 - 1/11
campingdulacdescharmilles@orange.fr

2,4ha 59T(100-150m²) 12A CEE

1 ACD**G**IJKLM**P**ST
2 EIMNSWXY
3 AHPSU**W**
4 (E+Q+R+T+U+V+Z)
5 **AB**DFGIJKLMNOPUWZ
6 ACDEG**K**(N 0,5km)OTV

Camping magnifiquement situé, avec une végétation variée. Un camping bien entretenu au bord d'un lac et à quelques pas de la ville Torigni-sur-Vire. Le camping dispose d'une piscine couverte chauffée. Sanitaires chauffés. A une heure en voiture du Mont Saint-Michel et des plages du débarquement. Beau sentier de promenade autour du lac poissonneux à partir du camping.

De la A84 Caen-Rennes sortie 40. Puis D974 vers Torigni-sur-Vire. Le camping est sur la droite avant la ville.

CC € 18 1/4-2/7 27/8-1/11

N 49°01'43'' W 00°58'20''

## Trévières, F-14710 / Basse-Normandie (Calvados)

1044

Camping Sous les Pommiers**
rue du Pont-de-Barre 387
+33 2 31 92 89 24
1/4 - 31/10
campingsouslespommiers@gmail.com

1,5ha 73T 6A CEE

1 ACD**G**HIJKLM**P**ST
2 CISWXY
3 ACILMN**Q**S
5 **A**EFGIJKLMNOPUZ
6 EHKM(N 0,5km)TV

NOUVEAU

Situé dans l'arrière-pays de la Normandie, région emblématique du débarquement, le camping Sous-les-Pommiers propose de nombreuses options, qui vous garantissent un séjour réussi. Sentiers cyclistes, excursions culturelles et historiques, plages du débarquement, musées et nombreux sites touristiques vous attendent.

N13, sortie 39 (Trévières). Suivre la D30 jusqu'à l'entrée du camping (à côté de la station service).

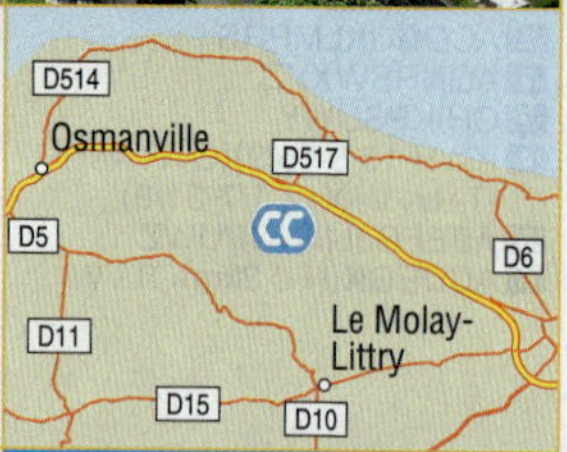


CC € 16 1/4-1/7 29/8-31/10

N 49°18'47'' W 00°54'21''

## Vierville-sur-Mer, F-14710 / Basse-Normandie (Calvados)

iD **1045**

Flower Camping Omaha Beach***
rue de la Hérode
+33 2 31 22 41 73
12/4 - 1/11
contact@camping-omaha-beach.fr

6ha 207T(70-90m²) 6-10A CEE

**1** ACD**G**IJKLMOPRS
**2** AGIJLMNPSWX
**3** AHMNSUWY
**4** (**A** 1/7-31/8)(E 1/5-30/9) (Q+R+T)(U 1/7-31/8) (X+Z)
**5** **AB**FGIJKLMNOPUZ
**6** ACEG**K**(N 0,5km)V

Grand camping en bord de mer (200 m) sur le site du débarquement des troupes américaines le 6 juin 1944. Emplacements avec électricité mais sans ombre. Piscine intérieure ouverte 1/5-30/9. D'autres installations sont également ouvertes en basse saison. En avril, septembre et octobre, la réception est fermée de 12h30 à 16h00.

De la N13 à Formigny, prendre la D517 vers St. Laurent. Là, à gauche D514 jusqu'après Vierville. Cp sur la droite.

CC € 20 *12/4-1/7 31/8-1/11*

N 49°22'44'' W 00°54'37''

## Villedieu-les-Poêles, F-50800 / Basse-Normandie (Manche)

iD **1046**

Camping Les Chevaliers de Malte***
Les Costils
+33 2 33 59 49 04
1/4 - 30/10
campinglescchevaliersdemalte@gmail.com

1,5ha 80T(90-100m²) 8-16A CEE

**1** ACD**G**IJKLM**P**Q
**2** CISUWXY
**3** AHPSU**W**
**4** (C 1/5-15/9) (Q+R+T+U+V+X+Z)
**5** **AB**DEFGIJKLMNOP**T**UWZ
**6** CEGJ(N 0,3km)OV

NOUVEAU

Petit camping dans la nature avec des emplacements délimités situé dans une oasis de confort au milieu de la ville historique de Villedieu-les-Poêless. Cette ville est connue pour ses fonderies de cloches et ses forges de cuivre. Installations sanitaires de qualité, piscine chauffée, WIFI gratuit au bar, snack-bar, aire de jeux.

A partir de Caen A84 direction Mont-St-Michel. A Villedieu sortie 38 en direction du centre. Le camping est bien indiqué.

CC € 18 *1/4-2/7 27/8-29/10*

N 48°50'12'' W 01°13'01''

## Ambon, F-56190 / Bretagne (Morbihan)

iD **1047**

Camping de Cromenac'h**
Lieu dit Cromenac'h
+33 2 97 41 67 47
1/1 - 31/12
villagedecromenach@orange.fr

1,5ha 94T(80-120m²) 6-10A CEE

**1** ACD**G**IJKLMOPQ
**2** AHINQRSVWXYZ
**3** AHIKSUWY
**4** (Q)(U 3/7-28/8)
**5** **AB**GIJKLNOPUVXYZ
**6** ACE**J**(N 4km)TV

Camping tranquille et simple juste au bord d'une petite plage de sable. Sanitaires modernes et quelques emplacements avec vue sur la mer. Belle chapelle ancienne juste à côté des emplacements, région en terrain presque plat avec des sentiers de randonnées et pistes cyclables. Réception fermée entre 12 h et 14 h.

E60 Vannes-Nantes, sortie Muzillac di Sarzeau. Au rond-point du centre commercial, vers Damgan. Au 1er rond-point, direction Cromenac'h.

CC € 12 *1/1-7/7 24/8-31/12*

N 47°31'33'' W 02°31'29''

## Arradon, F-56610 / Bretagne (Morbihan) — 1048

Camping de l'Allée***
L'Allée
+33 2 97 44 01 98
9/4 - 30/9
contact@camping-allee.com

3ha 116T(80-140m²) 10-15A CEE

1 ACD**G**IJKLMOPQW
2 GILQRSWXYZ
3 C**G**HISUW
4 (C 15/6-15/9)(F+H )
(Q+R+T+U+Z 9/7-28/8)
5 **AB**DEFGIJKLMNPQUVWZ
6 ACE**K**(N 2km)OTV

Dans la verdure entre petite ville et mer, côte sauvage avec nombreuses criques et petites îles. Grands emplacements plats entre arbres et haies ou à ciel ouvert et très ensoleillés. Piscine couverte et sanitaires chauffés. En saison basse, réception : 10h-12h / 15h-19h. Remorques : avec supplément.

N165/E60 Nantes-Lorient, sortie Vannes Ouest/Arradon. Suivre Arradon par la D101 et la D127, passer le centre commercial. Au rond-point, suivre les panneaux du camping.

CC € 16 *9/4-8/7 27/8-29/9*

N 47°37'17'' W 02°50'25''

## Arradon, F-56610 / Bretagne (Morbihan) — 1049

Camping Sites & Paysages De Penboch****
9 chemin de Penboch
+33 2 97 44 71 29
9/4 - 24/9
camping.penboch@orange.fr

3,5ha 117T(85-110m²) 10A CEE

1 ACD**G**IJKLMOPQW
2 AGINQRSWXYZ
3 CD**G**HIKMPSUWY
4 (C 26/5-10/9)(F+H )IJK
(Q+R )(T+U+Z 26/5-10/9)
5 **AB**CDEFGHIJKLMNOPQR
**S**UWXYZ
6 ACEGH**K**(N 2km)RTV

Camping parfaitement équipé à 300 mètres de la côte avec plage de sable et du GR 34. Petites croisières dans le Golfe. Vannes, à 8 km à vélo, vaut la visite. Sanitaires excellents, piscine couverte et piscines en plein air chauffées avec toboggans. En saison basse, horaires de la réception: 9h-13h et 14h-19h30.

N165/E60 Vannes-Lorient, sortie Vannes-Ouest/Arradon. Via la D101 direction Arradon, puis suivre les panneaux du camping ou de la 'Pointe de Penboch'.

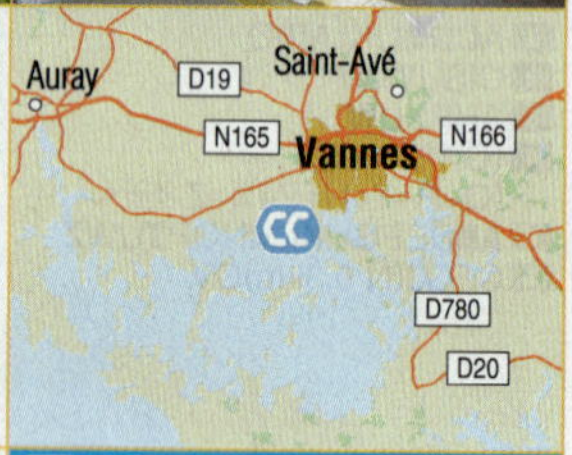


CC € 18 *9/4-1/7 27/8-23/9*

N 47°37'19'' W 02°48'04''

## Arzano, F-29310 / Bretagne (Finistère) — 1050

Camping Le Ty Nadan - Tohapi*****
route d'Arzano
+33 2 98 71 75 47
1/5 - 11/9

21ha 178T(90-200m²) 10A CEE

1 ABCD**G**IJKLMOPQ
2 ABCNSWXYZ
3 CDHIKM**O**P**Q**SU**W**X
4 (A+C+F+H )IJKMP
(Q+S+T+U+V+Y+Z )
5 **AB**CDEFGHJLMNPQUWXYZ
6 CEGH**K**(N 3km)ORTV

Camping familial dans la nature. Les piscines sont toujours chauffées à au moins 28° C. Dans les arbres, parcours d'obstacles et d'agilité. A quelques kilomètres des rochers du Diable, qui valent une excursion.

Au nord de Lorient, dir. Quimperlé par la N165/E60, sortie Quimperlé-Est. Avant Qimperlé-centre, dir. Arzano par la D22. Juste avant Arzano-centre, dir. Locunolé ou suivre les panneaux.

CC € 20 *1/5-2/7 27/8-11/9*

N 47°54'17'' W 03°28'30''

## Baden, F-56870 / Bretagne (Morbihan) — 1051

Camping Penn Mar***
21 route de Port Blanc
+33 2 97 57 49 90
1/4 - 25/9
pennmar@vacances-andretrigano.com

6ha 72T(100-150m²) 10A CEE

1 ACDGIJKLMOPST
2 AGJQRSWXYZ
3 AGHIKOPSUW
4 (E+H )IM(Q 1/7-31/8) (R )(T+U+V+Z 15/6-15/9)
5 ABCDFGHJLMNPQRUWZ
6 ACEGHK(N 6km)RTV

Camping familial avec des sanitaires datés, près du Golfe du Morbihan avec ses centaines de petites îles, dont surtout L'île aux Moines vaut une visite. Belle nouvelle piscine couverte avec jeux aquatique amusant en plein air. Horaires de réception en basse saison : 9.00h-12.00h et 15.00h-18.00h.

N165/E60 Vannes-Lorient, sortie Vannes-Ouest/Arradon. Par D101 vers Baden/Île-aux-Moines. Puis Île-aux-Moines par D316, camping sur la gauche.

CC € 16 1/4-9/7 28/8-25/9

N 47°36'25'' W 02°52'32''

## Belz, F-56550 / Bretagne (Morbihan) — 1052

Le Moulin des Oies***
21 rue de la Côte
+33 2 97 55 53 26
27/3 - 30/9
camping@lemoulindesoies.bzh

2ha 69T(70-125m²) 6-10A CEE

1 ACDGIJKLMPRS
2 ACEOSWXYZ
3 AGIPSUWZ
4 (A 8/7-31/8)(B 1/5-26/9) (Q+R 1/5-25/9)(T+V+Z )
5 ABFGHIJKLMNOPUVXYZ
6 CEGJ(N 1km)TV

Petit camping avec un bassin naturel d'eau de mer pour nager (40x50m). Petite plage de sable au bord du bassin. A proximité de St. Cado, ville célèbre. Idéal pour ceux qui veulent du calme et surtout profiter du bel environnement.

N165 sortie Carnac/Quiberon. D768 vers Carnac. Au rond-point D22 vers Belz. Après le centre de Belz, le camping est indiqué.

CC € 16 1/4-8/7 26/8-30/9

N 47°40'49'' W 03°10'34''

## Bénodet, F-29950 / Bretagne (Finistère) — 1053

Camping du Poulquer****
23 rue du Poulquer
+33 2 98 57 04 19
13/5 - 15/9
contact@campingdupoulquer.com

3ha 148T(80-100m²) 6-10A CEE

1 ACDGIJKLMOPQW
2 AGSWXYZ
3 CGHIKLSUWY
4 (C 15/6-5/9)(E+H )IJKLNP (Q+R+T+U+Z 1/7-31/8)
5 ABEFGIJKLMNOPUZ
6 ACEGJ(N 1km)TV

Camping familial près de l'esplanade de Bénodet. Près de la plage. Sanitaires modernes bien entretenus. Plusieurs piscines chauffées, piscine en plein air avec jacuzzi et toboggans, piscine couverte avec toit ouvrant. Hammam et sauna gratuits, espace bien-être avec balnéo. Wifi gratuit et vidange de l'eau pour pour les campeurs.

A partir de Quimper la D34 direction Bénodet. Garder la direction Bénodet-plage. Au bout à gauche. Suivre les panneaux.

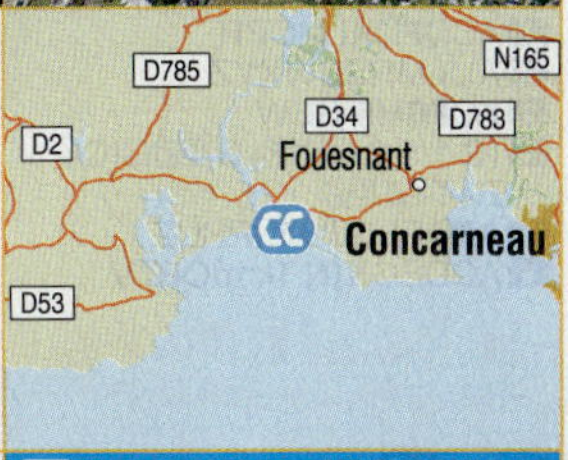


CC € 20 13/5-10/7 27/8-15/9

N 47°52'05'' W 04°05'54''

## Bénodet, F-29950 / Bretagne (Finistère)

**1054**

Camping L'Escale Saint-Gilles*****
Corniche de la Mer
+33 2 98 57 05 37
8/4 - 25/9
sunelia@stgilles.fr

11ha 60**T**(80-100m²) 10A CEE

**1** ACD**G**IJLMOPRW
**2** AHNRSWY
**3** C**G**HIKLMOPSUVWY
**4** (B 15/6-8/9)(E+H)
IJ**KLN**(Q+S+T+U+V)
(Y 1/6-31/8)(Z)
**5** **AB**DEFGIJKLMNOPUWZ
**6** BCEGH**K**(N 2km)RTV

Le camping est situé au bord de la mer dans 'La' petite ville touristique Bénodet. Magnifique parc aquatique avec piscine extérieure et intérieure (même l'air est chauffé et on ouvre par beau temps). Magnifique salle d'animations et espace Wellness avec bain, spa, hammam, sauna, jacuzzi et Beauty-center.

A partir de Quimper suivre la D34 direction Bénodet. Garder la direction Bénodet-plage. Au bout, à gauche et continuer à suivre le boulevard (suivre les panneaux).

CC € 18 *8/4-8/7 3/9-25/9*

N 47°51'46'' W 04°05'44''

## Beuzec-Cap-Sizun, F-29790 / Bretagne (Finistère)

**1055**

Camping Pors Peron**
+33 2 98 70 40 24
1/4 - 1/10
campingporsperon@hotmail.com

3ha 98**T**(60-120m²) 10A CEE

**1** ACD**G**IJKLMPQ
**2** AGMRSY
**3** CHIKMSWY
**4** (E+H+Q+S)
**5** **AB**FGIJKLMNPUXZ
**6** AEK(N 5km)O

Situé dans un endroit tranquille et rustique sur la belle presqu'île Cap Sizun dans la Bretagne de l'ouest. 98 emplacements délimités. A 250m d'une baie sableuse, accessible par un sentier côtier. Vacances détendues. Piscine chauffée couverte. Wifi gratuit. Magasin.

A partir de Châteaulin, la D7 direction Douarnenez et puis suivre Beuzec-Cap-Sizun. A environ 5 km avant Beuzec-Cap-Sizun à droite, direction Pors Peron, puis suivre les panneaux de camping.

CC € 16 *1/4-30/6 29/8-1/10*

N 48°05'03'' W 04°28'56''

## Binic, F-22520 / Bretagne (Côtes-d'Armor)

**1056**

Camping Le Panoramic***
rue Gasselin
+33 2 96 73 60 43
1/4 - 30/9
lepanoramic22@gmail.com

5,8ha 66**T**(80-130m²) 10A CEE

**1** ACD**F**IJKLMOPR
**2** AIJLMRSUWXYZ
**3** AC**FG**HIPSUW
**4** (C 1/5-31/8)(F+G)IJ(Q+
R+T+Z)
**5** **AB**DEFGJLMNPRUZ
**6** ACDEG**K**(N 1km)ORTV

Camping spacieux, près de la chouette petite ville portuaire Binic. La piscine chauffée couverte et paradis aquatique d'extérieur, la terrasse, le café, le bar et les arbres nécessaires créent une ambiance agréable. Sanitaires chauffés. Emplacements séparés par des haies basses.

Par la N12 après St. Brieuc garder la dir. Paimpol-par-la-Côte (D786). Juste avant Binic, le cp est indiqué sur la droite. Tourner directement à droite.

CC € 18 *1/4-30/6 1/9-30/9*

N 48°35'30'' W 02°49'29''

## Brignogan-Plages, F-29890 / Bretagne (Finistère) 1057

Camping De la Côte des Légendes***
rue Douar ar Pont
+33 2 98 83 41 65
1/1 - 4/1, 6/2 - 7/3, 1/4 - 12/11
campingcdl29@gmail.com

3ha 102**T**(80-120m²) 5-10A CEE

1 ACD**F**IJKLMOPQ
2 AHRSWXY
3 ACHIKMNPSUWY
4 (A 1/7-31/8)(Q )
5 **AB**EFGIJKLMNOPUZ
6 ACDEGHK(N 0,7km)

Camping situé juste au bord de la mer, avec une belle plage de sable fin. Un bon point de départ pour découvrir l'histoire liée aux fables de la Côte des Légendes. A 800m à pied des commerces. Un accueil chaleureux en français, anglais ou allemand. Une grande attention est portée à la nature et à l'environnement.

Direction Brignogan-Plages par la D770. Dans le centre, suivre les panneaux verts 'campings', puis à droite vers le camping de la Côte des Légendes.

€ 16 *1/1-4/1 6/2-7/3 1/4-3/7 29/8-12/11*

N 48°40'22'' W 04°19'45''

## Carnac, F-56340 / Bretagne (Morbihan) 1058

Camping de Kérabus***
13 allée des Alouettes
+33 2 97 52 24 90
2/4 - 24/9
contact@camping-kerabus.com

2ha 50**T**(80-110m²) 6-10A CEE

1 ACD**F**IJKL**P**RS
2 ISWXYZ
3 AC**G**HIKPSU
4 (C+H 1/5-15/9)(Q+R )
(U 7/7-25/8)
5 **AB**FGIJKMNPQUVZ
6 CEG**K**(N 1,5km)ORV

Camping très bien situé pour visiter l'un des alignements. Le camping lui-même est aménagé avec de nombreux petits arbres et plantes. Vous avez l'impression de camper dans votre jardin. Grand espace de jeux pour les enfants et belle petite piscine à l'entrée.

N165 depuis Vannes. Sortie 33 puis D768 et D119 vers Carnac. Juste avant les alignements à droite. Suivre les panneaux de camping.

€ 18 *2/4-8/7 26/8-24/9*

N 47°35'49'' W 03°04'36''

## Carnac, F-56340 / Bretagne (Morbihan) 1059

Camping Les Druides***
55 chemin de Beaumer
+33 2 97 52 08 18
2/5 - 2/9
contact@camping-les-druides.com

2,5ha 90**T**(80-130m²) 10A CEE

1 ACD**G**IJKLOPQ
2 GJSWXYZ
3 C**G**HIKPSUY
4 (C+H 4/6-2/9)
5 **AB**CEFGHIJKLMNOPQRUVWXYZ
6 ACEGH**J**(N 0,5km)TV

Camping calme près de Carnac. Sanitaires bien entretenus. Emplacements entre des haies. Plage de sable et supermarché à 500m. Idéal pour randonnées et vélo vers la côte ou les Mégalites. Ouverture de l'accueil : 09.30-12.00 et 14.00-18.00.

N165/E60 Nantes-Quimper sortie Carnac/Quiberon, vers Carnac Plage jusqu'au rond-point sur la place du marché dans Carnac. Là, di La Trinité jusqu'au rond-point avec restaurant, puis à droite, camping à ± 1 km sur la droite.

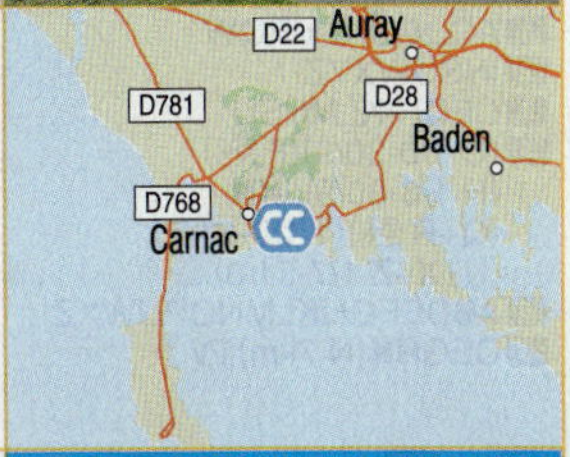


€ 20 *2/5-8/7 25/8-2/9*

N 47°34'48'' W 03°03'25''

## Carnac/Plouharnel, F-56340 / Bretagne (Morbihan) — 1060

Camping Les Bruyères de Carnac***
Kerogile
+33 2 97 52 30 57
9/4 - 17/9
contact@camping-lesbruyeres.com

4,5ha 63T(80-120m²) 10A CEE

**1** ACD**G**IJKLMQ
**2** IJRSWXYZ
**3** ACE**G**HIKM**Q**ST**U**
**4** (E+H)**KN**(Q+R)
(T+U+V 9/4-17/9)
(X 11/7-30/8)(Z)
**5** **AB**CDEFGHIJKLMNOPUWZ
**6** ACEGH**K**(N 2km)TV

Camping calme, emplacements séparés par des haies. Sanitaires bien entretenues. Départ pour visiter les mégalithes et les plages de Carnac. Piscine int. chauffée ouverte toute la saison. Nouvelle terrasse couverte. Sauna privé et jacuzzi.

Situé au sud d'Auray, di Quiberon-Carnac par la D768. Après la sortie Carnac, suivre la route vers Quiberon jusqu'au rond-point avec un bâtiment blanc et bleu. Puis à gauche vers Kérogile (C4). Le camping est à 300 mètres.

CC € 18 *9/4-1/7 1/9-17/9*

N 47°36'28'' W 03°05'26''

## Carnac-Plage, F-56340 / Bretagne (Morbihan) — 1061

Camping Le Dolmen***
chemin de Beaumer
+33 2 97 52 12 35
1/4 - 23/9
camping.ledolmen@gmail.com

2,5ha 45T(80-120m²) 10A CEE

**1** ACD**G**IJKLMPQ
**2** SWXYZ
**3** A**G**HIKPU
**4** (E+H+Q)(T+U+Z 2/6-2/9)
**5** **AB**EFGIJKLMNPQUXZ
**6** BCEGK(N 0,9km)TV

Beau camping familial situé à 600m de la plage du 'Men Du' et à 3 km des mégalithes de Carnac. Vous y trouverez une belle piscine couverte chauffée ouverte pendant toute la saison. Les sanitaires sont récents, avec des équipements PMR. Pour les enfants, le terrain city-Park et une salle de jeux sont à disposition.

N165, sortie 34, D768 vers Carnac. A Carnac D781 vers La Trinité-sur-Mer. A 1 km au rond-point à gauche et camping à ± 1 km à gauche.

CC € 20 *1/4-8/7 25/8-23/9*

N 47°34'52'' W 03°03'27''

## Caro, F-56140 / Bretagne (Morbihan) — 1062

Domaine de Kervallon Maeva respire****
Le Val Saving
+33 6 76 68 83 67
1/4 - 31/10
contact@domaine-de-kervallon.com

10ha 18T(80-200m²) 10A CEE

**1** ACD**G**IJKLMPQW
**2** INSUWXYZ
**3** CE**G**HIKLMNSU
**4** (C 1/6-30/9)(F)
(H 1/6-30/9)J**KN**
(Q+R)(T 1/7-31/7)
(U+X+Z 1/7-31/8)
**5** **AB**DEFGIJKLMNOPUWXZ
**6** CEGH**K**(N 7km)TV

Camping familial bien équipé dans un environnement très calme. Nombreuses possibilités de randonnées pédestres et cyclistes dans une région légèrement vallonnée. Grande prairie pour animaux avec chevaux, alpagas et moutons. Beaucoup d'espace libre.

N24 Rennes-Quimper, sortie Ploërmel/Dinan/St. Malo. Via D8 direction Caro. Après 5 km, tournez à gauche au carrefour avec un restaurant. Le camping se trouve à 3,5 km plus loin. Voir les panneaux de camping.

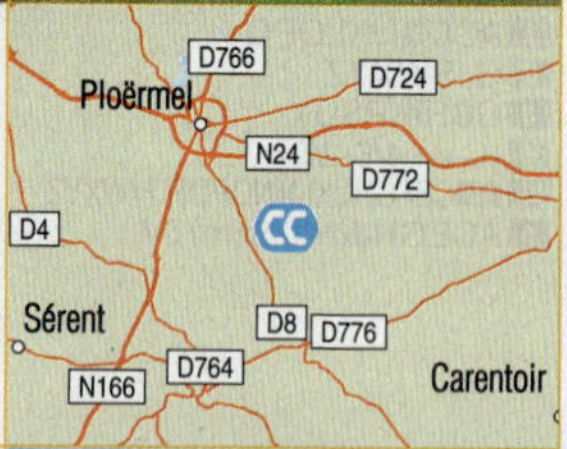


CC € 18 *1/4-30/6 1/9-30/9*

N 47°53'21'' W 02°20'01''

## Clohars-Carnoët/Le Pouldu, F-29360 / Bretagne (Finistère) — 1063

Camping Les Embruns*****
2 rue de Philosophe Alain
+33 2 98 39 91 07
1/4 - 17/9
contact@camping-les-embruns.com

6ha 76**T**(100-150m²) 16A CEE

**1** ACD**G**IJKLMOPQ
**2** AGIJRSWXYZ
**3** CEHIKM**OPQ**RSU**V**WY
**4** (E )(H 7/7-31/8)J**LN** (Q+S+T+U+V+Y+Z )
**5** **AB**CDEFGHIJKLMNOPQRUWXY
**6** ACDEGHJ**K**(N 0km)ORSTU VW

Superbe camping familial à 250m de la plage, dans le centre du village. Belle piscine couverte. Nominé plus beau camping fleuri de toute la France. Superette ouverte comme le camping. Restaurant. Excellents sanitaires. Sauna, hammam et institut de beauté.

E60 Lorient dir. Quimperlé. Sortie Kervidanou ou sortie Kergostiou/Quimperlé-centre. Par la D16 vers Clohars-Carnoët, traverser le centre, prendre la D24 vers Le Pouldu. Le camping est dans l'agglomération.

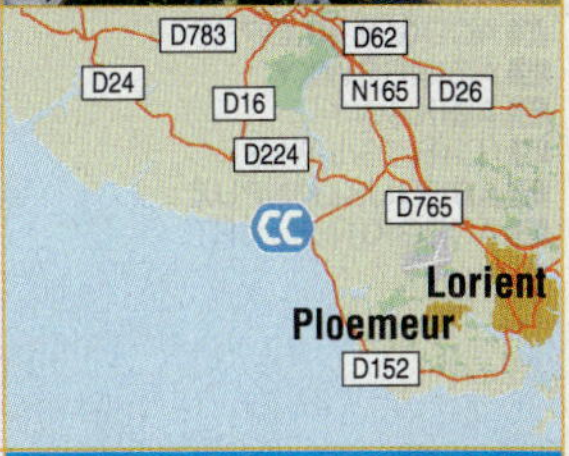


CC € 16 *1/4-10/7 27/8-17/9* *14=12, 21=19*

N 47°46'07'' W 03°32'42''

## Clohars-Carnoët/Le Pouldu, F-29360 / Bretagne (Finistère) — 1064

Camping Sandaya Le Kérou****
15 rue des Ajoncs
+33 2 98 39 92 57
8/4 - 18/9
kerou@sandaya.fr

5ha 81**T**(100m²) 10A CEE

**1** ACD**G**IJKLOPRS
**2** AGJNRSWXY
**3** AHIKPSUWY
**4** (**A** 4/7-31/8)(E+H ) J**KLN**(Q )(R 4/7-31/8) (T+U+V+Y+Z )
**5** **AB**CEFGHIJKLMNOPQRUWXY
**6** EGHJ**K**(N 1,5km)RTV

Destination magnifique au bord de l'océan avec un accès direct aux plages de Clohars-Carnoët. Piscine couverte chauffée avec toboggans aquatiques. Emplacements spacieux et boisés. Excellent point de départ pour des excursions à Quimper, Lorient et Concarneau.

De la N165, sortie Guidel, puis via Guidel centre D162/D224 direction Clohars-Carnoët. Prendre la D49 direction Le Pouldu et à droite à Croas an Ter direction Kersaliou/Kervéo. Suivez les panneaux Camping Du Kerou.

CC € 16 *8/4-8/7 3/9-18/9*

N 47°46'12'' W 03°33'31''

## Combrit/Sainte-Marine, F-29120 / Bretagne (Finistère) — 1065

Camping Le Helles***
55 rue du Petit Bourg
+33 2 98 56 31 46
1/4 - 30/9
contact@le-helles.com

2,7ha 71**T**(90-120m²) 10A CEE

**1** ACD**G**IJKLMPQW
**2** AGJLSWXYZ
**3** C**G**HIKLMSWY
**4** (C+E+H )J(Q+R )(T+U+V+Z 1/7-31/8)
**5** **AB**EFGHIJKLMNOPQUZ
**6** AEGHK(N 0,5km)T

Camping tranquille et ambiance familière, avec piscine d'intérieur et d'extérieur chauffée. A 300m d'une plage naturelle de sable fin avec des dunes. Accès direct par un petit chemin dans les bois. Wifi gratuit. Les randonneurs sont immédiatement sur le GR34. A 600m du port de Ste Marine.

De Quimper à Bénodet. Puis direction Pont-l'Abbé par la D44. Traverser le pont et au rond-point, 1e rue à gauche vers Ste Marine. Là, 2e rue à droite et suivre les panneaux.

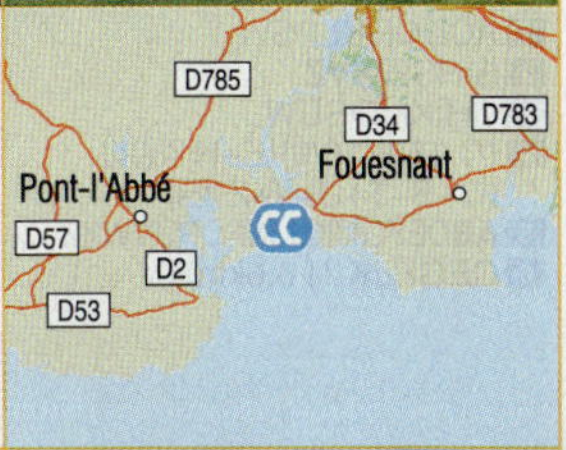


CC € 18 *1/4-8/7 27/8-29/9*

N 47°52'10'' W 04°07'42''

## Concarneau, F-29900 / Bretagne (Finistère)

1066

Camping Les Prés Verts aux 4 Sardines***
chemin de Kernous
+33 2 98 97 09 74
1/5 - 29/9
info@presverts.com

3ha 131**T**(100-120m²) 10A CEE

**1** ACD**G**HIJKLOPRS
**2** AGINRSWXY
**3** A**G**IKSWY
**4** (C+H 25/5-31/8)
**5** **AB**EGIJKLMNPUZ
**6** ACEGK(N 2km)RT

Camping tranquille bien équipé avec grands emplacements et sanitaires spacieux bien entretenus. Piscine chauffée. A 100m d'une plage abritée avec accès direct à la mer. Concarneau, célèbre ville médiévale fortifiée à 3,9 km, accessible par un chemin le long de la corniche. Centre commercial à ± 2 km.

N165/E60, sortie Concarneau par D70 et juste avant le centre de Concarneau vers Les Sables Blancs jusqu'à la mer, di Fouesnant, 4ième rue à gauche panneau de camping.

N 47°53'25'' W 03°56'19''

CC € 14 1/5-7/7 24/8-29/9

## Concarneau, F-29900 / Bretagne (Finistère)

1067

Camping Les Sables Blancs****
avenue du Dorlett
+33 2 98 97 16 44
1/4 - 31/10
contact@camping-lessablesblancs.com

2,9ha 99**T**(80-200m²) 10-16A CEE

**1** ACD**G**IJKLMOPQ
**2** AGIJMNRSWXYZ
**3** C**G**HIKMPSVWY
**4** (C+H 14/4-16/9)KP (Q+R+T+U+V+Y+Z)
**5** **AB**CDEFGHIJKLMNOPQRUWXYZ
**6** ACEGHK(N 1,5km)RTV

Petit camping tranquille avec piscine et restaurant, dans la verdure. À 250m d'une plage de sable et 15 min. à pied de Concarneau. Marché 2 fois par semaine dans le centre. Sanitaires modernes chauffés. De certaines places, belle vue sur la mer.

A partir de la N165 direction Concarneau-centre par la D70, jusqu'au rond-point avec supermarché, direction Concarneau, 3ème à droite vers Les Sables Blancs, vers la mer en passant 2 ronds-points, jusqu'à la fourche, là à droite.

N 47°52'55'' W 03°55'43''

CC € 18 1/4-10/7 29/8-31/10

## Crac'h, F-56950 / Bretagne (Morbihan)

1068

Le Fort Espagnol****
rte du Fort Espagnol
+33 2 97 55 14 88
1/4 - 2/10
camping.fortespagnol@gmail.com

5,5ha 63**T**(75-140m²) 10A

**1** ACD**G**IJKLPSW
**2** BIRSWXYZ
**3** CHIKMOSUW
**4** (C 15/5-10/9)(E+H )IJ (Q+S+T+U+V+Z )
**5** **AB**DEFGIJKLMNPQRUVWXZ
**6** CEGHJ**K**(N 0,6km)TV

Camping de taille moyenne avec ambiance familiale ; à l'arrière, grands emplacements dans un bois de pins. Sanitaires modernes. Situé dans une région très animée et connue. Le camping est tranquille, mais toutes les curiosités touristiques sont à moins de 20 km. Réception: 8h30-12h30 et 14h30-18h.

N165/E60 Nantes-Vannes-Lorient, sortie Crac'h. D28 jusqu'au rond-point dans le centre. Là, à gauche, Fort Espagnol. Entrée à droite à 600m.

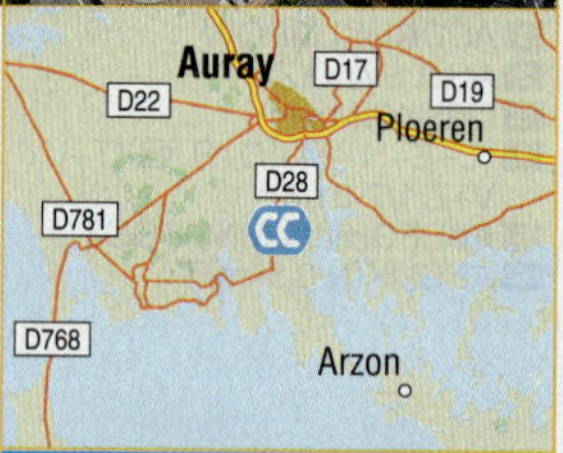


N 47°36'56'' W 02°59'24''

CC € 14 1/4-6/7 28/8-2/10

## Crozon, F-29160 / Bretagne (Finistère)

iD **1069**

Camping L'Aber***
Tal-ar-Groas, 50 rte de l'Aber
+33 2 98 27 02 96
2/4 - 29/10
@ camping.aber@gmail.com

2ha 85T(100m²) 10A CEE

1 ACD**G**IJKLMPQ
2 ACMNSUWXYZ
3 AHIKSUW
4 (C+H+Q 15/6-15/9)(R+T+U+V 10/4-1/10)(Z)
5 **A**EJ**L**MNPUV
6 EG(N 5km)V

Camping en terrasses panoramique à ± 1,5 km de la mer. Le camping a une piscine chauffée et un bar sympathique. Sanitaires neufs et sanitaires renovés. A partir de chaque emplacement, vue fantastique sur la mer, la côte qui est magnifique et la rivière l'Aber.

Suivre la D887 de Chateaulin à Crozon. A Tal-ar-Groas suivre les panneaux de camping vers la plage de L'Aber.

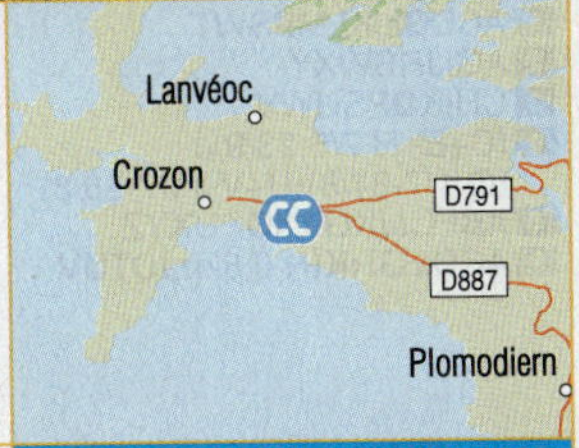


CC € 16 *2/4-7/7 26/8-29/10 7=6*

N 48°14'32'' W 04°25'46''

## Crozon, F-29160 / Bretagne (Finistère)

iD **1070**

Camping Les Pieds Dans L'Eau***
'Pratmeur' Saint-Fiacre
+33 6 29 17 13 65
1/3 - 31/10
@ info@campingcrozon.com

2,7ha 70T(100-120m²) 10A

1 A**F**IJKLMPRS
2 HMNQSUWYZ
3 CIKLRSWY
4 (Q 1/7-31/8)(R)(T+U+Z 1/7-31/8)
5 **A**GIJKLMNOPUV
6 AEGJ(N 1,2km)

Camping bien entretenu juste au bord de la mer (pas de plage de sable) avec beaucoup de végétation. Camping idéal pour les chercheurs de calme avec de nombreuses curiosités touristiques dans les environs proches.

A partir de Crozon prendre la direction Roscanvel. Juste avant le rond-point, quitter la D355 à droite et suivre la D55 direction 'Ile Longue'. 1ère route à gauche à 200 mètres.

CC € 12 *1/3-2/7 27/8-31/10 7=6*

N 48°17'05'' W 04°31'43''

## Crozon/Anse de Camaret-sur-Mer, F-29160 / Bretagne (Finistère)

iD **1071**

Camping Plage de Trez Rouz***
route de Camaret à Roscanvel
+33 2 98 27 93 96
15/3 - 15/10
@ trezrouz@laposte.net

1,8ha 80T(85-100m²) 16A CEE

1 ACD**G**IJKLMPQ
2 AGNSWXY
3 CHIRSWY
4 (F 1/4-30/9)(Q+R)(T+U+V+Z 1/5-30/9)
5 **AB**DFGIJKLMNOPUVWZ
6 CEG**J**(N 3km)V

Accueil chaleureux par Isabelle et Yannick Trouplin, camping à la plage avec vue sur Camaret. Petites plages de sable, beaucoup de verdure et villages sympathiques dans les environs. Les points de vue à partir de Crozon sont uniques. Plusieurs croisières possibles. Belle piscine couverte chauffée.

A partir de Crozon la D8 vers Camaret. Dans Camaret à droite sur la rotonde, direction Pointe des Espagnols. Suivre cette route (D355) sur 2,8 km.

CC € 18 *15/3-6/7 29/8-15/10 15=14*

N 48°17'17'' W 04°33'55''

## Damgan, F-56750 / Bretagne (Morbihan)

**1072**

Camping Grand Air Cadu***
rue de Cadu
+33 2 97 41 17 30
1/4 - 31/10
info@campingcadu.com

7,8ha 93T(100-200m²) 16A CEE

1 ACDGIJKLMPSWT
2 AGIJRSWXY
3 CHIKOPSUWY
4 (C+E+H 7/5-23/9)J
(Q 1/7-31/8)(U+V 11/7-26/8)
5 ABFGIJKLMNOPUXYZ
6 ACDEGHK(N 0,8km)OTUV

A 300 mètres de la plage avec emplacements séparés par des arbustes et des haies et par-ci, par-là un arbre. Sanitaires modernes et bien entretenus. Plages à proximité. Petite ville typique de la côte! Microclimat dû à la proximité de l'océan et du Golf du Morbihan. Hors-saison pas d'arrivée après 12h le dimanche. Le port du bracelet est obligatoire.

N165/E60 Vannes-Nantes. Sortie Damgan ou Muzillac, puis vers Damgan et suivre les panneaux de camping.

CC € 18 1/4-2/7 29/8-30/10

N 47°31'19'' W 02°35'31''

## Damgan, F-56750 / Bretagne (Morbihan)

**1073**

Camping L'Oasis xx
rue du Port Lestre - Kervoyal
+33 2 97 41 10 52
1/4 - 22/10
camping-loasis@wanadoo.fr

3,7ha 80T(80-110m²) 6-10A CEE

1 ACGIJKLMOPQ
2 AGINQRSUWXYZ
3 AHIKLSWY
4 (Q 1/6-30/9)
5 ABFGIKLMNOPUVZ
6 ACEJ(N 0,3km)OT

NOUVEAU

Camping calme et familial. Situé près d'une plage de sable. Point de départ idéal pour des randonnées à pied et à vélo.

N165 direction Vannes, sortie 21 direction Damgan/ Kervoyal. A Kervoyal, suivre les panneaux indiquant le camping.

CC € 14 1/4-7/7 24/8-21/10

N 47°31'06'' W 02°32'59''

## Dinard/St.Lunaire, F-35800 / Bretagne (Ille-et-Vilaine)

**1074**

Camping La Touesse***
171 rue de la ville Gehan
+33 2 99 46 61 13
3/4 - 1/10
camping.la.touesse@wanadoo.fr

3ha 80T(90-120m²) 5-10A CEE

1 ACDGIJLMPQ
2 AGJRSWXYZ
3 ABCGHIKMSUWY
4 (C 1/6-30/9)(F)
(H 1/6-30/9)IJKMNP
(Q+R+T+U+V+X+Z)
5 ABDEFGHIJKLMNPUXYZ
6 ABCEGK(N 1km)ORTV

Camping intime abrité avec paradis aquatique et piscine couverte. Restaurant agréable avec terrasse. A 300m de la mer avec une belle plage de sable fin. Petites parcelles de 2 ou 4 places délimitées par des haies. Accès facile. Près de Dinard.

St. Malo, N137 et franchir le barrage. Au 1er rond-point avec viaducs vers Dinard. Sur la 4 voies, à 500m, 2me sortie à gauche, St. Énogat. A 300m au 1er feu à gauche, St. Lunaire. D786, suivre les panneaux de cp.

CC € 18 3/4-4/7 27/8-1/10

N 48°37'51'' W 02°05'03''

## Dol-de-Bretagne, F-35120 / Bretagne (Ille-et-Vilaine) — 1075

Camping Huttopia Baie du Mont St-Michel****
D576, Baguer-Pican
+33 2 99 48 09 55
7/4 - 25/9
mont-saint-michel@huttopia.com

12ha 121T(100-115m²) 10A CEE

**1** ACD**F**IJKLMOPSWT
**2** EILSWY
**3** ACHIKNOPSUW
**4** (C 🔑)(H 20/5-15/9) IJ(Q+R 🔑) (T+U+V+X+Z 4/7-31/8)
**5** **AB**DEFGIJKLMNPRUWXYZ
**6** ACDEGJ(N 3km)TV

Camping familial accueillant et très agréable dans la nature avec une variété de vieux arbres, avec un beau parc aquatique pour les enfants, situé entre St. Malo et le Mont-St-Michel.

A partir de Pontorson la N176 direction Dol-de-Bretagne. Sortie Dol-de-Bretagne-Est. D576 direction Baguer-Pican. A 1 km après le village à droite. Puis c'est bien indiqué.

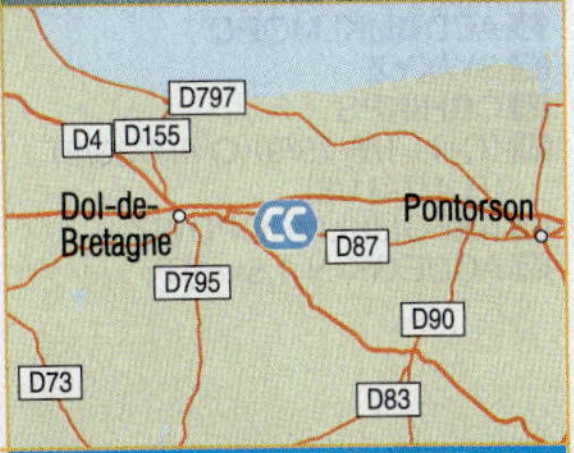


CC € 18 *7/4-1/7 28/8-25/9*

N 48°32'58'' W 01°41'02''

## Douarnenez, F-29100 / Bretagne (Finistère) — 1076

Camping Trézulien****
14 route de Trézulien
+33 2 98 74 12 30
11/4 - 30/9
contact@camping-trezulien.com

5ha 179T(80-140m²) 10A

**1** ACDFIJKLMOPQ
**2** BLMNSWXYZ
**3** ACHSW
**4** (C 15/6-15/9)J(Q 1/7-31/8) (R 🔑)
**5** **AB**FGHIJKLMNOPQRUVWXYZ
**6** ABDEGJRT

Amoureux de la nature et de la mer, le camping de Trézulien vous séduira. Sa situation exceptionnelle, sa piscine chauffée à 27°C, sa balnéo et pataugeoire, son ambiance familiale, ses emplacements en terrasse, vous offriront à la fois calme et détente.

A Douarnenez, D7 vers Tréboul-Plages. Après quelques rond-points, au Leclerc, suivre les panneaux Tréboul et campings. Au rond-point vers Trézulien.

CC € 16 *11/4-4/7 21/8-30/9 7=6*

N 48°05'34'' W 04°21'08''

## Erdeven, F-56410 / Bretagne (Morbihan) — 1077

Camping De Kerzerho****
route de Plouharnel
+33 2 97 55 63 17
9/4 - 25/9
info@camping-kerzerho.com

6,5ha 51T(150-200m²) 6-10A

**1** AC**G**IJLMPRW
**2** BIJSUVWXYZ
**3** BCE**G**HIKLMP**R**SUV
**4** (A+C 🔑)(E 9/4-25/9)(H 🔑) JK**LN**(Q+S+T+U+V+X+Z 🔑)
**5** **AB**DEFGIJKLMNPUWXYZ
**6** ABCEGH**K**L(N 1km)OTUV

NOUVEAU

Base excellente pour de nombreuses excursions dans les environs. Au camping les enfants peuvent s'amuser au parc aquatique.

Depuis Avray suivez D768 dir Quiberon. A Plouharnel au feu rouge dir Erdeven et Lorient via D781. Après 3 km camping à gauche.

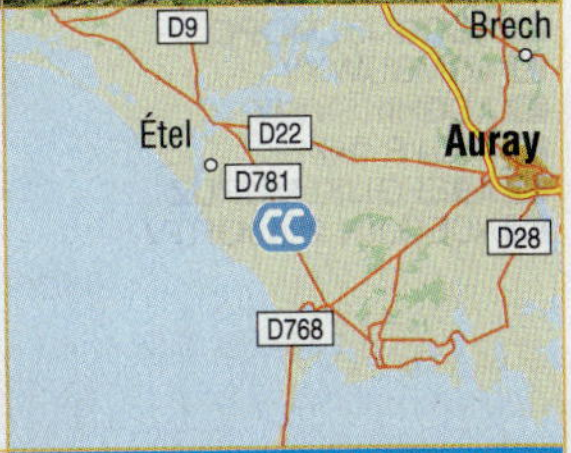


CC € 18 *9/4-6/5 13/5-15/5 20/5-22/5 30/5-2/6 6/6-8/7 1/9-25/9*

N 47°37'58'' W 03°08'51''

## Erdeven, F-56410 / Bretagne (Morbihan)

1078

Camping Des Mégalithes***
Kerfelicite, chemin des Saules
+33 2 97 55 68 76
1/5 - 29/9
campingdesmegalithes@orange.fr

5ha 88T(90-160m²) 10A CEE

1 ACD**G**IJKLMOPQ
2 SWXYZ
3 C**G**HIKPS
4 (C+H 1/6-15/9)(Q 4/7-30/8) (R 4/7-31/8)
5 **AB**FGIJKLMNOPUWZ
6 ACDEGK(N 1,5km)T

Camping tranquille bien équipé avec des emplacements touriste très spacieux sur terrain plat entre des haies et séparés des mobile homes. A 500m d'un beau parc de mégalithes. Entre le camping et la mer, vous pouvez faire du vélo, il y a une piste cyclable vers Quiberon.

N165/E60 Vannes-Lorient, uitrit Quiberon/Carnac, D768 direction Quiberon. Au croisement à Plouharnel, à droite, aller à Erdeven par la D781. A gauche à environ 3,5 km.

CC € 18 *1/5-10/7 28/8-29/9*

N 47°37'43'' W 03°08'46''

## Erquy, F-22430 / Bretagne (Côtes-d'Armor)

1079

Camping Des Hautes Grées***
123 rue St. Michel les Hôpitaux
+33 2 96 72 34 78
4/4 - 1/10
hautesgrees@wanadoo.fr

3,5ha 177T(80-98m²) 10A CEE

1 ACD**G**IJKLMOPQW
2 AGJPRSUVWY
3 ACHIKP**Q**SUVWY
4 (A 1/7-31/8)(E+H ) LN(Q+R )(T+U+ V+X 1/7-31/8)
5 **AB**DEFGHIJKLMNPRUVWZ
6 ACEG**K**(N 2,5km)ORTV

Camping familial tranquille et bien entretenu. Aménagement spacieux, emplacements royaux, très fleuris. Piscine couverte chauffée à 400m de la plage. Près du port de pêche, bonne base pour les pêcheurs. Idéal pour les jeunes familles mais aussi pour les chercheurs de calme en dehors de la saison haute.

Le camping est à l'est d'Erquy. Au rond-point au S-E d'Erquy, où la D781 continue en D34, di 'Les Hôpitaux'. Puis suivre les panneaux.

CC € 18 *4/4-7/7 24/8-1/10*

N 48°38'31'' W 02°25'27''

## Erquy, F-22430 / Bretagne (Côtes-d'Armor)

1080

Camping La Vallée***
St. Pabu
+33 2 96 72 06 22
1/4 - 30/9
campinglavalleeerquy@wanadoo.fr

1,5ha 30T(90-110m²) 10A CEE

1 ACD**G**IJKLMOPQ
2 AGMSUWXY
3 AC**G**HIKS**V**WY
4 **N**(Q+R )
5 **AB**EFGIJKLMNPUZ
6 ACEGJ(N 2km)ORTV

Camping situé à l'abri dans la belle nature reposante d'une vallée. À 700 m de la mer et de la plage de sable. Camping en terrasses avec sanitaires modernes. Emplacements protégés par de petites haies. Espace détente unique dans une ambiance orientale avec sauna, jacuzzi etc.

Entre Val-André et Erquy, suivre la D786. Quand la 4 voies devient une 2 voies, prendre rapidement à gauche direction St. Pabu. Le camping est indiqué par des panneaux.

CC € 16 *1/4-2/7 28/8-30/9*

N 48°36'16'' W 02°29'19''

## Erquy, F-22430 / Bretagne (Côtes-d'Armor) — 1081

Camping Les Roches***
rue Pierre Vergos
+33 2 96 72 32 90
1/4 - 30/9
jessica.lesroches@gmail.com

3ha 175T(80-120m²) 6-10A CEE

1 ACD**G**IJKLMOPQ
2 AJNRSUVWXYZ
3 ACD**G**HIKNPRSU
4 (Q+R )(U+V 1/7-30/8)
5 **AB**DEFGIJKLMNPUZ
6 ACEGK(N 2,5km)ORTV

Camping dans un environnement tranquille au milieu des champs, à 900m de la mer. Le terrain est entouré de haies élevées. Grande protection contre le vent. Beaux emplacements avec une vue panoramique sur la mer. Equipé de sanitaires modernes. Wifi gratuit.

Camping situé entre Erquy et Pléneuf-Val-André, D786. Suivre les panneaux, bien indiqué.

CC € 14 1/4-9/7 27/8-30/9

N 48°36'37'' W 02°28'33''

## Erquy, F-22430 / Bretagne (Côtes-d'Armor) — 1082

Camping Paradis Bellevue Erquy.****
route de la Libération
+33 2 96 72 33 04
8/4 - 26/9
info@campingbellevue.fr

3ha 106T(110-130m²) 10A CEE

1 ACD**G**IJKLMOPQ
2 NSUWYZ
3 C**G**HIKNOPSU
4 (E+H )**P**
(Q+R+T+U+V+Z )
5 **AB**DEFGHIJKLMNOPQRUWXYZ
6 ACDEGK(N 5km)ORTV

Magnifique terrain avec beaucoup de verdure, équipé d'une belle piscine couverte, pataugeoire, sanitaires modernes, terrain de jeux et petit café. Les emplacements spacieux offrent beaucoup d'intimité grâce aux haies. Wifi gratuit.

Entre Erquy et Val André le long de D786 à côté du petit village La Couture.

CC € 18 8/4-8/7 27/8-18/9

N 48°35'39'' W 02°29'04''

## Férel, F-56130 / Bretagne (Morbihan) — 1083

Camping Les Rives de Vilaine**
Kercado 8
+33 2 99 90 02 06
9/4 - 25/9
contact@campinglesrivesdevilaine.com

1,5ha 47T(120-180m²) 10-16A CEE

1 ACD**G**HIJKLM**P**Q
2 ILNRSWXYZ
3 CEHIJKL**Q**SUW
4 (Q 1/7-31/8)(R )
5 **AB**FGIJKLMNOPUWXZ
6 ACEG**K**(N 3km)TV

Petit camping tranquille et verdoyant près de la Vilaine, entre la côte et la campagne. Equipements sanitaires bien entretenus avec eau chaude partout. On peut faire des randonnées et du vélo partout, mais c'est surtout le calme qui est important.

N165/E60 Nantes-Vannes, sortie Barrage d'Arzal ou Pénestin-sur-Mer. Au barrage d'Arzal, le GPS ne fonctionne pas bien. Aller vers Férel et suivre les panneaux. Cp entre la D34 et la Vilaine, entre Camoël et Férel.

CC € 14 9/4-1/7 28/8-24/9

N 47°29'26'' W 02°22'27''

## **Fouesnant**, F-29170 / Bretagne (Finistère) — 1084

Camping de Kersentic***
Hent Kersentic
+33 2 98 56 08 66
16/4 - 16/9
contact@camping-kersentic.com

2ha 28T(100-130m²) 10A CEE

**1** ACD**F**IJKLMNOPQW
**2** ABGNRSWXYZ
**3** C**G**IKPSUWY
**4** (E+H )
(Q+R+T+U+V+Z 1/7-31/8)
**5** **AB**FGJLNPUZ
**6** CDEG**J**(N 1km)TV

Sur ce camping situé en pleine campagne et à 500m de la plage du Cap Coz, Corinne et Marc vous accueillent dans une ambiance chaleureuse et familiale. Le camping a une piscine couverte avec toit ouvrant.

A Fouesnant, suivre la direction Les Balnéides à tous les ronds-points. Passez les Balnéides, prenez la 2ème à droite et suivez la route étroite sur 800m jusqu'au camping. Difficile pour les véhicules de plus de 8 m de long.

CC € 16 *16/4-8/7 27/8-16/9*

N 47°53'06'' W 03°59'57''

## **Fouesnant**, F-29170 / Bretagne (Finistère) — 1085

Camping de la Piscine****
51 Hent Kerleya-Beg Meil, BP 12
+33 2 98 56 56 06
2/5 - 3/9
contact@campingdelapiscine.com

5ha 115T(85-110m²) 10A CEE

**1** ACD**G**IJKLMOPQW
**2** ASWXYZ
**3** CE**G**HIKLMOPSUW
**4** (C 12/6-29/8)(F+H )
IJ**KLN**(Q )(S 1/7-4/9)
(T+U+Z 6/7-30/8)
**5** **AB**DEFGHIJKLMNOPQUWXYZ
**6** ACEGJ(N 3km)OTV

Beau camping avec emplacements spacieux et tranquilles, et avec tous équipements. Paradis aquatique avec toboggans, piscine couverte et jacuzzi. Équipements Wellness : sauna, hamam et jacuzzi. Les sanitaires sont constamment améliorés. Plage de sable blanc magnifique invitant à une petite promenade qui vaut la peine.

A partir de Fouesnant, la D145 direction Mousterlin. Puis suivre les panneaux de camping.

CC € 18 *2/5-6/7 27/8-3/9 7=6*

N 47°52'01'' W 04°00'53''

## **Fouesnant/Beg-Meil**, F-29170 / Bretagne (Finistère) — 1086

Camping Le Kervastard***
56 Hent Kervastard
+33 2 98 94 91 52
1/4 - 30/10

2,5ha 50T(90-100m²) 10A CEE

**1** ACD**G**IJKLMOPQW
**2** AGJRSWXY
**3** C**G**HIKLMNSUWY
**4** (C+H 15/6-15/9)
**5** **AB**DFGIJKLMNOPUWXZ
**6** ACDEGK(N 0,15km)OTV

Camping agréable et bien entretenu dans le centre de Beg-Meil, accessible avec tous types de transports. A 150m des commerces et 300m de la plage. Piscine privée. Très silencieux et tranquille malgré le centre. "Donnez des vacances à votre voiture."

A partir de Fouesnant vers Beg-Meil. Dans le centre, à droite. Suivez les panneaux de camping.

CC € 18 *1/4-1/7 27/8-30/10*

N 47°51'37'' W 03°59'17''

## Guidel, F-56520 / Bretagne (Morbihan)

**1087**

Camping Pen er Malo**
Route Côtière
+33 2 97 05 99 86
1/4 - 21/10
contact@camping-penermalo.fr

3ha 103T(75-110m²) 6A

1 ACDGIJKLMPRS
2 AGJLNRSTWX
3 CGHIKSUWY
4 (E 1/5-30/9)(H 7/7-31/8) (Q+R )(T 1/5-30/9)(U ) (W 4/7-31/8)(Z 1/5-30/9)
5 **AB**DFGIJKNPUVWZ
6 ACEF**J**(N 7km)T

Camping au bord de la mer et dans les dunes. Les équipements sobres et beaucoup de liberté pour le campeur rappellent des souvenirs d'autrefois. Magnifiques tableaux sur et dans tous les bâtiments.

N165 sortie Guidel, puis vers Guidel-Plages. A Guidel-Plages suivre direction Fort-Bloqué. Le long de la corniche, le camping est sur la gauche.

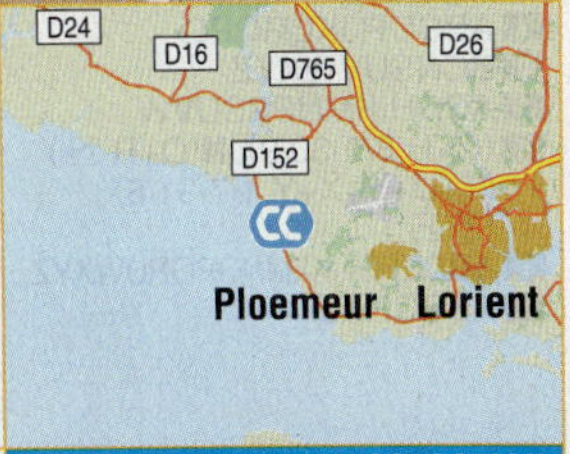


CC € 12 *1/4-7/7 25/8-21/10*

N 47°44'46" W 03°30'13"

## Guidel, F-56520 / Bretagne (Morbihan)

**1088**

Flower Camping Les Jardins de Kergal****
route des Plages, Kergal Uhel
+33 2 97 05 98 18
16/4 - 22/10
jardins.kergal@wanadoo.fr

5ha 57T(90-150m²) 16A CEE

1 ACD**F**IJKLPRS
2 AIRSWXYZ
3 C**G**HIKMOPRSU
4 (C 26/5-4/9)(E+H )J (Q 4/7-29/8)(R )(T+U+V+Z 4/7-29/8)
5 **AB**EFGIJKLMNPRUWZ
6 ACEG**K**(N 2km)TUV

Beau camping tranquille entre Guidel et la côte. Belle piscine couverte chauffée, sanitaires bien entretenus, emplacements entre arbres et haies. Supermarché et petite ville à 2 km avec magasins, marché le dimanche. Belles randonnées le long de la côte ou de la Laïta.

N165 Quimper-Lorient, sortie Guidel. Vers Guidel-centre, autour de l'église vers Guidel-plages par la D306. A ± 1,8 km au rond-point à gauche, au carrefour suivant à gauche, le cp est à 500m à droite.

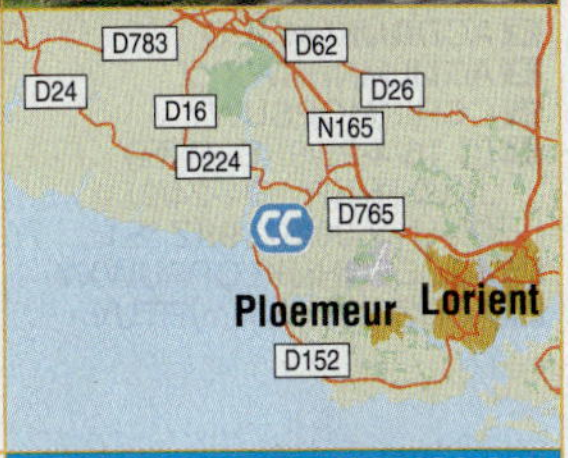


CC € 16 *16/4-1/7 1/9-4/9*

N 47°46'29" W 03°30'23"

## Jugon-les-Lacs, F-22270 / Bretagne (Côtes-d'Armor)

**1089**

Camping Au Bocage du Lac****
rue du Bocage
+33 2 96 31 60 16
17/4 - 18/9
contact@campinglacbretagne.com

7ha 183T(100-180m²) 10A CEE

1 AC**G**IJKLPRS
2 EIOSWXYZ
3 ACEHIKM**O**PSU**W**
4 (C+F )(H 1/7-31/8) IJM(Q+S 1/7-31/8) (T+U+V+X+Z )
5 **AB**EFGIJKLMNOP**S**UWZ
6 CEGH**J**(N 0,8km)RTV

Camping nature dans un village de caractère, avec accès sécurisé direct à un lac superbe de 70 ha. Les amateurs de pêche sont au paradis. Pour les amateurs de farniente, le complexe aquatique chauffé couvert et découvert sont à votre disposition.

N176, sortie Jugon-les-Lacs. Le camping est clairement indiqué par des panneaux et se trouve sur la route de Jugon-les-Lacs à Mégrit (D52).

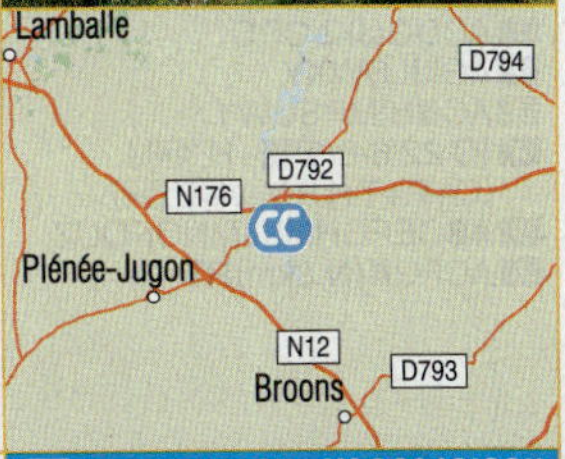


CC € 18 *17/4-30/6 1/9-18/9*

N 48°24'06" W 02°19'00"

## La Chapelle-aux-Filtzméens, F-35190 / Bretagne (Ille-et-Vilaine)

1090

Camping Domaine du Logis*****
+33 2 99 45 25 45
1/4 - 30/9
domainedulogis@wanadoo.fr

8ha 92**T**(80-125m²) 16A CEE

**1** ABCD**F**IJKLMOPQ
**2** BCNSUVWXYZ
**3** ACDHIKMNP**R**SU**V**W
**4** (C+H 8/5-30/9)J**N**(Q+R )
(T+U+V+X+Y 1/7-31/8)
(Z )
**5** **AB**DEFGIJKLMNOPQRUWXYZ
**6** ABEGHKLTV

Ce camping tranquille est situé sur le terrain d'un château du XVe siècle. Dans les écuries aménagées, vous trouvez un restaurant, bar, petit magasin avec chaque matin croissants et pain. Dans la journée, vous pouvez vous détendre à la piscine chauffée, et le soir dans la salle de jeux et au club avec billard. Il y a aussi une piste BMX pour les jeunes.

A 4 km à l'est de la N137 Rennes-St.-Malo. Sur la D13 entre St.-Domineuc et Combourg.

CC € 22 *1/4-11/7 28/8-30/9 7=6, 14=12*

N 48°22'55'' W 01°50'05''

## La Forêt-Fouesnant, F-29940 / Bretagne (Finistère)

1091

Camping De Kérantérec****
1 route de Saint Laurent
+33 2 98 56 98 11
16/4 - 25/9
info@camping-keranterec.com

6,5ha 110**T**(90-150m²) 10-15A

**1** ACD**G**IJKLMOPQ
**2** AGIJLMNRSWXYZ
**3** C**G**HIKMOPSUWY
**4** (C 16/4-25/9)(D+H )
JK(Q )(R 16/4-24/9)
(T+U+V 30/6-2/9)(Z )
**5** **AB**CEFGHIJKLOPRUWXY
**6** ACEGHJ**K**(N 3km)RTUV

Camping familial dans la verdure. Juste au bord de la mer avec accès direct à la plage de sable. Bonne base pour visiter Quimper, Concarneau et les environs. Camping écologique et tranquille avec des sanitaires rénovés (2016) sur une côte maritime intéressante et diversifiée.

Entre Lorient et Quimper par N165-E60 sortie Fouesnant/Concarneau, par D44 direction Fouesnant jusqu'aux panneaux vers la Plage de Kerleven ou Port la Forêt. Bien indiqué par des panneaux.

CC € 14 *16/4-10/7 27/8-25/9*

N 47°53'55'' W 03°57'22''

## La Forêt-Fouesnant, F-29940 / Bretagne (Finistère)

1092

Camping Kerleven****
4 route de Port-la-Forêt
+33 2 98 56 98 83
17/4 - 19/9
contact@campingdekerleven.com

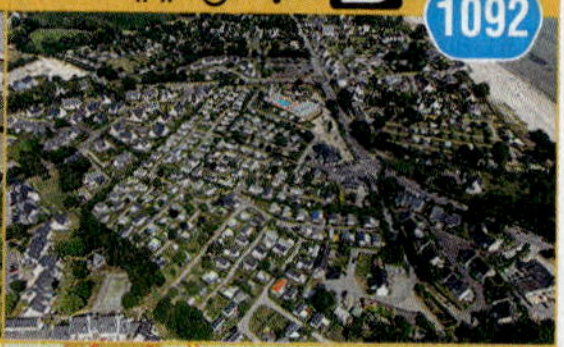

4,5ha 79**T**(80-110m²) 10A CEE

**1** ACDGIJKLOPQ
**2** AGIJLSWXY
**3** AC**G**HIMPSUWY
**4** (C 22/6-8/9)(E+H )J
(Q+R+T+U+V+X+Z )
**5** **AB**CEFGHIJKLMNOPQUZ
**6** ACFG**K**(N 3km)RT

Camping familial avec des emplacements sur terrain plat près de la piscine et ou des terrasses. Piscine couverte et piscine d'extérieur avec toboggan. A proximité de la plage et du port de plaisance.

N165 sortie 51, direction La Fôret-Fouesnant. Au 1er rond-point direction Plage Kerleven. Suivez les panneaux.

CC € 16 *17/4-3/7 28/8-19/9*

N 47°53'55'' W 03°58'05''

## La Trinité-sur-Mer, F-56470 / Bretagne (Morbihan)

**1093**

Camping de la Baie****
Plage de Kervillen
+33 2 97 55 73 42
29/4 - 18/9
contact@campingdelabaie.com

2,2ha 99**T**(50-100m²) 6-10A CEE

**1** ACDGIJKLPST
**2** AGSWXY
**3** C**G**HIKM**O**P**R**SUWY
**4** (C+H)J
(Q+S+T+U+Y+Z)
**5** **AB**DEFGIJLNOPQUWXYZ
**6** ABEGH**K**(N 1,5km)ORTV

Camping au bord de la plage avec piscine, restaurant et petit supermarché ouvert toute la saison. Beaux emplacements sous de petits arbres et séparés par des petites haies.

N165 Nantes-Lorient, sortie 33 vers Carnac. Puis D768 et D186 vers La Trinité-sur-Mer. A La Trinité, panneaux camping/plages.

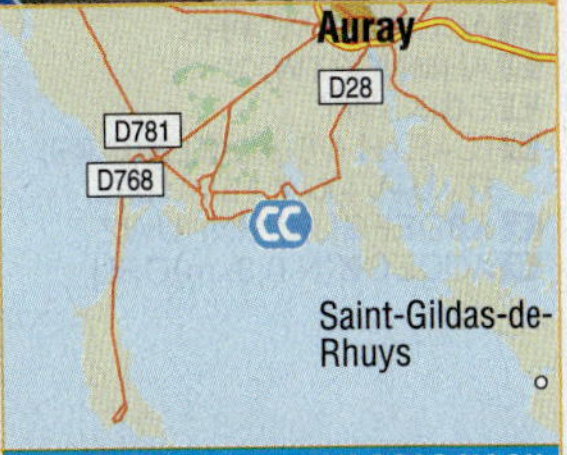


CC € 18 *29/4-3/7 28/8-18/9*

N 47°34'25'' W 03°01'39''

## Lancieux, F-22770 / Bretagne (Côtes-d'Armor)

**1094**

Camping Le Villeu***
5 rue des Bénédictins
+33 2 96 86 21 67
2/4 - 25/9
camping.levilleu@orange.fr

5ha 140**T**(90-110m²) 10A CEE

**1** ACD**G**IJKLMPRS
**2** ARSWXY
**3** ABC**G**HIKMOPSUW
**4** (H)IK
(Q+R+T+U+Z 1/7-31/8)
**5** **AB**EFGIJKLMNOPQUWZ
**6** EGK(N 1,5km)ORTV

Camping familial spacieux avec de nombreux arbres et haies. Piscine tropicale couverte avec jacuzzi. Emplacements spacieux, aussi pour camping-cars. Près d'une région naturelle protégée. Excellent point de départ pour une promenade à pied ou à vélo.

A partir du barrage, près de Dinard D168 puis D603. A St. Briac passer sur le pont. Puis D786, traverser Lancieux jusqu'à un moulin. Bifurquer à droite, descendre et traverser le carrefour tout droit. Le camping est sur la gauche.

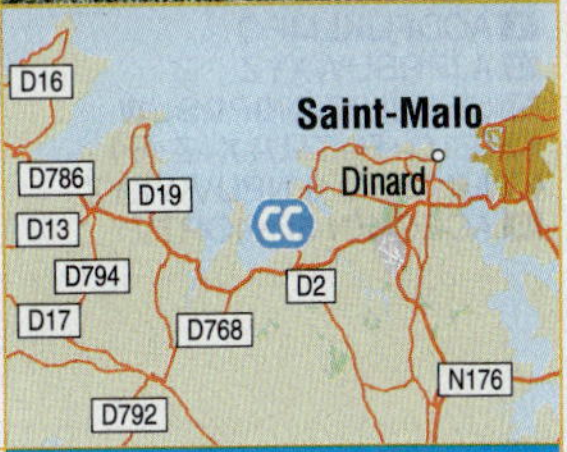


CC € 16 *2/4-10/7 29/8-25/9*

N 48°35'54'' W 02°09'25''

## Landéda, F-29870 / Bretagne (Finistère)

**1095**

Camping Des Abers****
Plage de St. Marguerite
+33 2 98 04 93 35
1/5 - 30/9
camping-des-abers@wanadoo.fr

5,5ha 153**T**(90-120m²) 10A

**1** ACD**G**IJKLMPQ
**2** AHJMNSTUWXY
**3** CHIKLMPSUWY
**4** (A 1/7-31/8)(Q)
(S 15/5-15/9)(U 1/7-31/8)
(V+Z)
**5** **AB**FGIJKLMNO**P**UW
**6** ACEG**K**(N 2,5km)ORTW

Hubert et son équipe vous souhaitent la bienvenue en plusieurs langues sur leur camping magnifiquement situé directement au bord de la plage de sable. Vue panoramique sur l'océan et les innombrables petites îles qui sont accessibles à marée basse. Un camping très agréable pour un séjour plus long.

A partir de Lannilis par Landéda, suivre les panneaux verts 'campings'. A 1,7 km après Landéda, suivre les panneaux de camping.

CC € 18 *1/5-8/7 25/8-29/9* *14=12*

N 48°35'36'' W 04°36'09''

## **Landrellec/Pleumeur-Bodou**, F-22560 / Bretagne (Côtes-d'Armor) — 1096

Camping Du Port****
3 chemin des Douaniers
+33 2 96 23 87 79
9/4 - 9/10
renseignements@camping-du-port-22.com

3,8ha 103T(100-140m²) 5-15A CEE

1 ACD**G**IJKLMO**P**RS
2 AHMNQSTWXY
3 C**G**IKSWY
4 (C+E+H 4/6-9/9)**K**L**N**(Q ) (T+U+V+X+Z 15/4-15/9)
5 **AB**DEFGIJKLMNPUWZ
6 ACDEG**K**(N 0,3km)ORU

Au sud de Trégastel-Plage sur la presqu'île de Landrellec. Emplacements sur pelouse, séparés en partie par des buissons et des arbres. De certaines places, vue superbe sur la mer. Vous ne pouvez pas recevoir la carte d'entrée entre 12h30 et 15 h. Au restaurant, nous recommandons le plateau de fruits de mer.

A partir de Trégastel route de la côte vers suivre Trébeurden D788. A côté de Landrellec tourner à droite. Indiqué clairement par des panneaux.

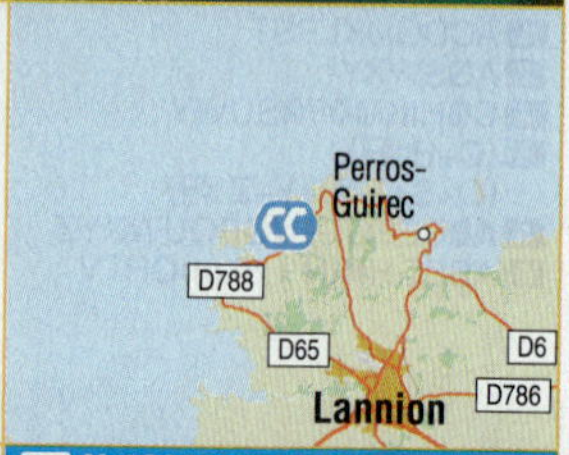


CC € 18 9/4-2/7 30/8-8/10 15=14

N 48°48'35'' W 03°32'27''

## **Lanloup/Paimpol**, F-22580 / Bretagne (Côtes-d'Armor) — 1097

Camping Le Neptune****
3 Kerguistin
+33 2 96 22 33 35
2/4 - 2/10
contact@leneptune.com

1,6ha 57T(80-120m²) 10A CEE

1 ACD**F**IJKLMPQ
2 AJPRSUWXYZ
3 CE**G**HIJKMN**O**P**Q**SU**W**
4 (E+Q+R+T+U+X+Z )
5 **AB**DFGIJKLNPUVWXYZ
6 ACEGK(N 5km)ORTV

Camping accueillant et verdoyant avec une piscine couverte chauffée. Le fait qu'il soit petit le rend agréable. Emplacements à l'abri des regards. Wifi gratuit 1 heure par jour.

A partir de Plouha direction Lanloup. Suivre les panneaux de camping.

CC € 16 2/4-2/7 27/8-2/10

N 48°42'49'' W 02°58'01''

## **Larmor-Baden**, F-56870 / Bretagne (Morbihan) — 1098

Camping Le Diben***
Le Diben
+33 2 97 57 29 12
30/4 - 10/9
contact@campinglediben.com

2,5ha 73T(100-120m²) 10A CEE

1 ACD**G**IJKLMOPQW
2 AQRSWXYZ
3 C**G**HIKMSUW
4 (C )(Q 1/7-31/8)(R ) (T+U+V 1/7-31/8)(Z )
5 ABFGIJKLMNOPUVZ
6 CDEGK(N 1km)TUV

Camping très bien entretenu situé à 0,4 km de la plage et de la mer et de la ville de Larmor-Baden avec son port, ses commerces et restaurants. Il y a un sentier pédestre tout le long de la côte.

N165 Vannes/Lorient, sortie Vannes/Est/Arradon. Via D101 direction Baden, au rond-point D316 direction Larmor-Baden, au bout de la route à droite, le camping se trouve 500m plus loin sur la droite.

CC € 16 30/4-2/7 31/8-10/9

N 47°35'37'' W 02°54'19''

## Le Roc-St-André, F-56460 / Bretagne (Morbihan)

**1099**

Camping Domaine du Roc***
rue Beaurivage
+33 2 97 74 91 07
31/3 - 1/11
domaine-du-roc@orange.fr

2,5ha 31T(90-150m²) 6-10A CEE

1 ACD**G**IJKLMOPQ
2 BCISWXYZ
3 CHIKMN**Q**SU**W**
4 (E+H)(T+U 1/7-31/8) (Z)
5 **AB**FGIJKLMNOPQRUWXYZ
6 ACEGJ(N 0,3km)T

Camping tranquille sur la rive de l'Oust, au croisement de 2 pistes cyclables en terrain presque plat entre quelques villes historiques. Ces pistes passent le long d'une rivière et sur un ancien chemin de fer. Petit supermarché, boulanger et bar/restaurant à 300m.

N24 Rennes-Quimper, à Ploërmel vers Vannes par N166. Sortie La Chapelle-Caro/Le Roc-St-André, puis D4, passer le pont et après l'église suivre les panneaux de camping.

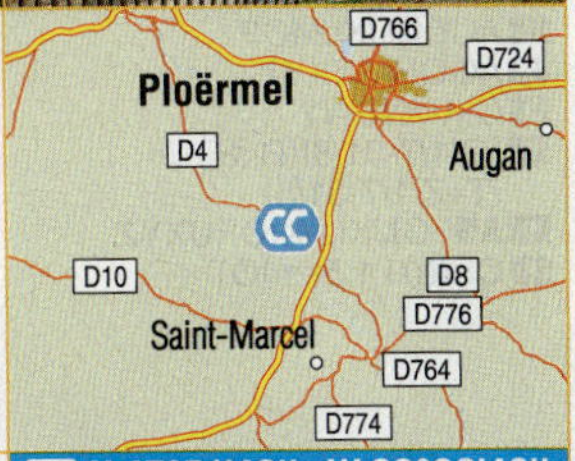


CC € 16 31/3-1/7 31/8-31/10 7=6

N 47°51'49'' W 02°26'46''

## Lesconil, F-29740 / Bretagne (Finistère)

**1100**

Camping des Dunes***
67 rue Paul Langevin
+33 2 98 87 81 78
1/4 - 30/9
campingdesdunes@gmail.com

2,8ha 153T(80-100m²) 10-16A CEE

1 ACD**G**IJKLMOPQ
2 AGJNRSWXY
3 CHIKLMPSUWY
4 (Q 1/6-15/9)
5 **AB**EFGIJKLMNOPUWXYZ
6 ACEG**K**(N 0,8km)RV

Camping bien entretenu derrière les dunes. De belles plantes séparent les grands emplacements. Le charme de la campagne au bord de la mer. Sanitaires nouveaux et anciens, tous très bien entretenus. Accès privé direct à la mer avec une belle plage de sable délimitée par des rochers.

A Pont-l'Abbé, garder la direction Lesconil (D102). A droite après le stade (panneau de camping). A ± 100m, rester à gauche à la bifurcation.

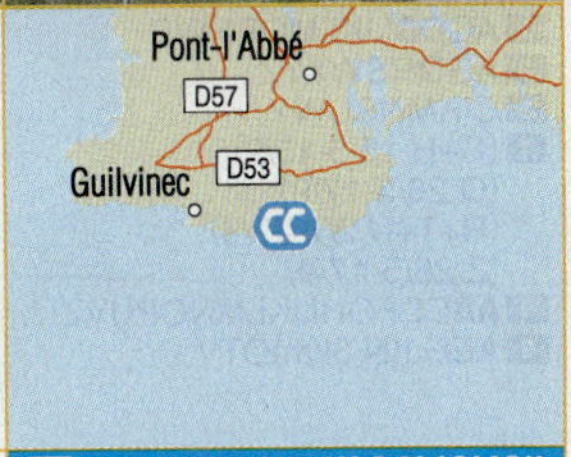


CC € 18 1/4-2/7 27/8-29/9 7=6

N 47°47'50'' W 04°13'43''

## Lesconil, F-29740 / Bretagne (Finistère)

**1101**

Flower Camping de la Grande Plage***
71 rue Paul Langevin
+33 2 98 87 88 27
9/4 - 15/9
campinggrandeplage@hotmail.com

2,5ha 130T(80-120m²) 10A CEE

1 ACD**G**IJKLMOPQW
2 AHJNSUWYZ
3 CHIKLMSUWY
4 (C+H 1/5-15/9)IJ (Q+T+U+X+Z 15/6-14/9)
5 **AB**EFGIJKLMNOPUWXZ
6 ACEGJ**K**(N 1km)TVX

Camping avec accès direct à la grande plage de sable et rochers de granit. Sanitaires modernes très bien entretenus. Parc aquatique avec toboggans et spa, et snackbar avec plats à emporter. Il y a aussi un restaurant au camping.

De Pont-l'Abbé, D102 vers Lesconil. Après le stade de football et parc de skate, à droite (panneau de camping). A 200m, rester sur la gauche et le cp est à 1 km.

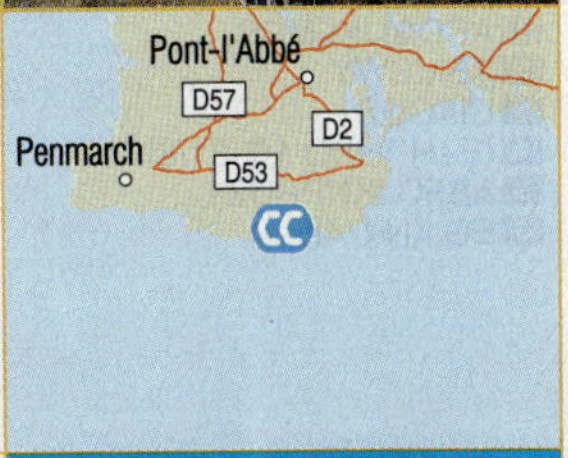


CC € 18 9/4-1/7 27/8-14/9 7=6

N 47°47'52'' W 04°13'44''

## Locmariaquer, F-56740 / Bretagne (Morbihan)

1102

Camping de la Tour**
2 route de Kerinis
+33 2 97 57 40 62
1/4 - 8/10
cpdelatour@gmail.com

2ha 45T(100-110m²) 10A CEE

1 ACD**G**IJKLMOP
2 AGQRUWXYZ
3 CIKMNSWY
4 (Q 1/7-31/8)(R 🔑)
(T+Z 1/7-31/8)
5 **AB**FGIJKLMNOPUXYZ
6 CE**K**(N 1,5km)OT

NOUVEAU

Camping avec des emplacements spacieux et des installations sanitaires bien entretenues, situé à 300m d'une plage de sable. Très adapté à la marche et au cyclisme. Collecte d'huîtres à marée basse pour les amateurs.

N165 Nantes/Quimper, sortie Crach, via D28 direction Locmariaquer, après environ 2 km, suivre les panneaux du camping sur la droite.

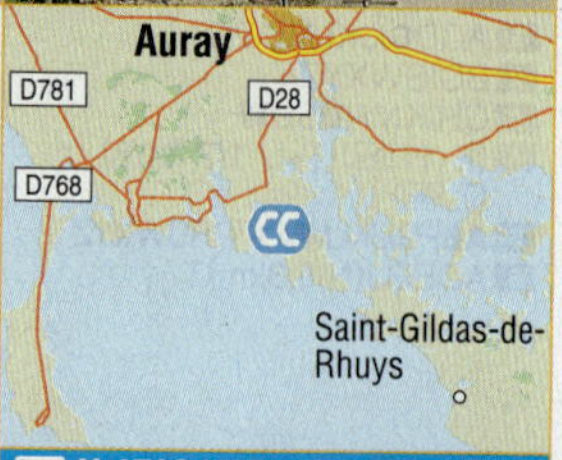


CC € 16 *1/4-1/7 27/8-7/10*

N 47°34'45'' W 02°58'45''

## Locmariaquer, F-56740 / Bretagne (Morbihan)

1103

Camping Lann Brick***
18 Lieu Dit Lann Brick
+33 2 97 57 32 79
17/3 - 16/10
info@campinglannbrick.com

1,5ha 40T(70-90m²) 10A CEE

1 ACD**G**IJKLMOPRWS
2 AGQRSWXYZ
3 CIKMNSUWY
4 (C+H 15/5-15/9)
(Q 26/5-17/9)
(R+T+U 2/7-27/8)
(Z 26/5-17/9)
5 **AB**CEFGHIJKLMNOPUVZ
6 AEGJ(N 3km)OTV

Petit camping familial tranquille sur la presqu'île entre océan et golfe, à 300m de la plage. Faites de la randonnée ou du vélo sur un chemin qui longe toute la presqu'île et vous mène aux sites préhistoriques. Toutes les installations ne sont pas utilisées en basse saison.

N165/E60 Nantes/Quimper, sortie Crach, direction Locmariaquer par la D28. Après le rond-point, direction La Trinité/Carnac. Par la D781 direction Locmariaquer, à ± 2 km à droite.

CC € 16 *17/3-8/7 28/8-15/10*

N 47°34'43'' W 02°58'28''

## Locronan, F-29180 / Bretagne (Finistère)

1104

Camping Locronan***
rue de la Troménie
+33 2 98 91 87 76
8/4 - 25/9
contact@camping-locronan.fr

2ha 69T(90-130m²) 10A CEE

1 ACD**G**IJKLMRS
2 ABMSWY
3 CIKO**Q**S
4 (E+H 🔑)(Q 1/7-31/8)
5 **AB**FGJKNPRUZ
6 EGJ(N 0,4km)

Camping tranquille en bordure de Locronan, l'un des plus beaux villages historiques de France. Idéal pour visiter la Pointe de Bretagne. Piscine couverte chauffée. Fantastique pour la randonnée : GR38, nombreux PR et le bois du Névet. Vue superbe sur la baie de Douarnenez. Wifi gratuit.

Prendre la sortie Locronan sur la N165 Quimper/Brest, puis à 15 km à l'entrée de Locronan, suivre les panneaux de camping.

CC € 18 *8/4-30/6 1/9-25/9 7=6*

N 48°05'48'' W 04°11'55''

## Loctudy, F-29750 / Bretagne (Finistère)

1105

Camping Les Hortensias***
38 rue des Tulipes
+33 2 98 87 46 64
15/3 - 15/10
hortensias@camping-loctudy.com

2ha 44T(80-110m²) 6-10A CEE

1 ACD**G**IJKLMOPQW
2 AGJRSWYZ
3 CHIKLMNPSWY
4 (F+H )K(Q 15/6-15/9) (R+T+U+V+Z )
5 **AB**EFGIJKLMNOPQUZ
6 ACEGHK(N 3km)OTV

Camping calme et familial à 300m de la mer dans le sud du Finistère. Le camping accueille les familles dans un vaste espace où la nature est préservée. Il y a une piscine chauffée couverte avec toit ouvrant. Loctudy est un port de pêche connu et non loin de Pont-l'Abbe sur le périphérique de la ville. Grand centre commercial.

De Pont-L'Abbé vers Loctudy. Ici, à droite avant la chapelle, aux feux tout droit. A 1 km sur la gauche.

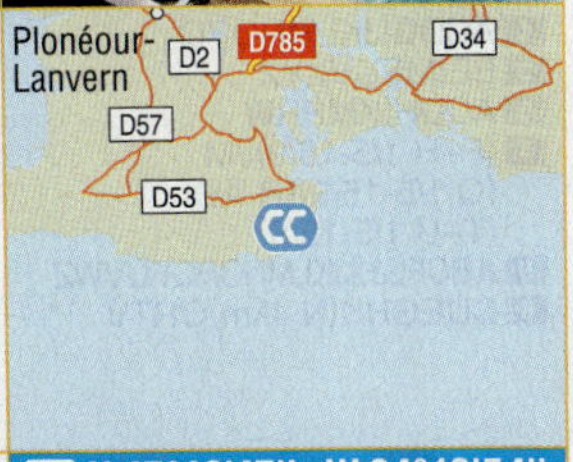


CC € 18 *15/3-2/7 21/8-14/10*

N 47°48'47'' W 04°10'54''

## Loudéac, F-22600 / Bretagne (Côtes-d'Armor)

1106

Camping Seasonova Aquarev***
Les Ponts es Bigots
+33 2 96 26 21 92
1/4 - 30/9
contact@camping-aquarev.com

3,2ha 66T(80-150m²) 10A CEE

1 ACD**G**IJKLMPS
2 EINSVWX
3 CHIJKOPU**W**
4 (C 1/7-31/8)(Q ) (T 1/5-30/9)
5 **AB**CGIJKLMNOPUZ
6 ACDEGH**K**(N 2km)TV

Nouveau camping familial depuis 2012. Le camping a des emplacements spacieux. Vous pouvez jouer au tennis et au football sur le camping. Vous pouvez aussi y pêcher. Ou vous vous amusez avec les jeux aquatiques.

Sortie Loudéac centre, direction Loudéac au rond-point à gauche vers Aquarev.

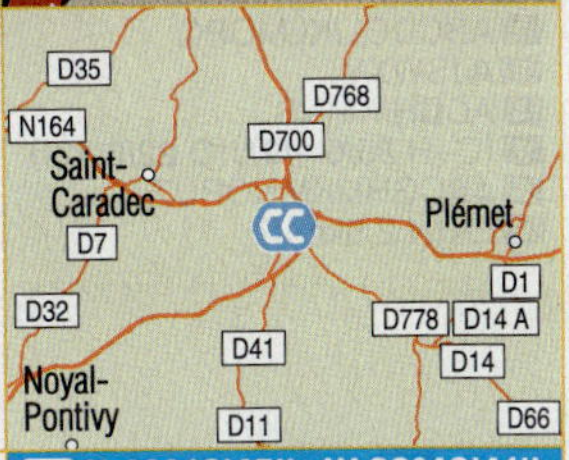


CC € 16 *1/4-1/7 29/8-30/9*

N 48°10'45'' W 02°43'41''

## Matignon, F-22550 / Bretagne (Côtes-d'Armor)

1107

Camping Le Vallon aux Merlettes***
43 rue Jobert
+33 2 96 80 37 99
5/4 - 26/9
contact@campingdematignon.com

3,5ha 71T(100-130m²) 10A CEE

1 ACDGIJKLMPRS
2 CJSWXYZ
3 AC**G**HIKLOPSUW
4 (**A** 10/7-15/8) (E+H+Q+R+T+Z )
5 **AB**DEFGIJKLMNPQUWZ
6 ACEGHK(N 0,5km)ORTV

Dans un environnement vert et calme, à 400m des magasins, 4 km des plages et nombreux sentiers de randonnée. Gratuit : piscine couverte chauffée, wifi. Sanitaires avec tous équipements, pain, viennoiseries, glace, épicier, self-service congélateur, laverie automatique.

A partir de Dinard, suivre la D168. Puis la sortie D786 direction Matignon. Suivez les panneaux de cp. A partir de Rennes, N12 jusqu'à Lamballe. Suivez la D768, puis la D13. Suivez les panneaux du cp.

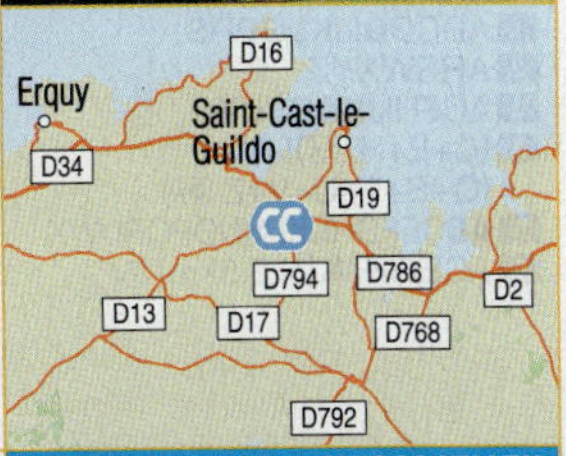


CC € 14 *5/4-30/6 22/8-25/9*

N 48°35'28'' W 02°17'45''

## Milizac, F-29290 / Bretagne (Finistère)

1108

Camping de la Récré****
Le Lac des 3 Curés
+33 2 98 07 92 17
1/1 - 31/12
campingdelarecre@orange.fr

5,5ha 102T 10A CEE

1 ACD**G**IJKLMNOPQ
2 BEIMSUVXYZ
3 ACDHIKMPR**W**
4 (F+H 1/5-15/9)JM
(Q 1/5-15/9)(R)
(T+U 1/5-15/9)
5 **AB**CFGHIJKLMNOPQRUVWZ
6 CDEGHK(N 4km)ORTV

Très beau camping dans un environnement tranquille. Idéal pour les familles car le camping fait partie d'un magnifique parc de loisirs. Bien situé pour visiter Brest et les environs.

De Brest Nord sur la D26 direction 'Les Trois Curés'.

CC € 18 *1/1-3/7 28/8-31/12*

N 48°28'32'' W 04°31'37''

## Névez, F-29920 / Bretagne (Finistère)

1109

Camping du Vieux Verger**
20 Keroren Raguenez
+33 2 98 06 86 08
16/4 - 17/9
contact@
campingduvieuxverger.com

2,5ha 99**T**(70-120m²) 4-10A

1 ABCDGIJKLMOPQ
2 AJSWXY
3 AC**G**HIKMNS
4 (C+H 25/6-4/9)J(Q 22/6-1/9)
5 **AB**CGHIJKMNOPUZ
6 EK(N 2,5km)R

Petit camping sobre sous les arbres fruitiers. Le camping est composé de deux parties : la partie principale a une belle piscine avec toboggans. La partie située à côté est très tranquille et à ciel ouvert.

N165 Laurent-Quimper, sortie Kerampaou, et à Névez par D24 et D77, puis vers Raguénès-Plage. Indiqué par des panneaux.

CC € 14 *16/4-9/7 26/8-17/9*

N 47°47'48'' W 03°47'54''

## Névez, F-29920 / Bretagne (Finistère)

1110

Camping Sandaya Les Deux Fontaines****
Feunteun Vihan
+33 2 98 06 81 91
8/4 - 25/9
deuxfontaines@sandaya.fr

9ha 78**T**(80-140m²) 10A CEE

1 ABCD**G**IJKLOPRS
2 ARSWXYZ
3 AC**F**HIJK**O**PSUW
4 (C+E+H)IJM
(Q+S+T+U+V+Z)
5 **AB**CEFGHIJKLMNOPQRUWX
6 ACEGHJ**K**(N 3,5km)TV

Bon camping familial. Beaux grands emplacements dans un cadre naturel verdoyant. Beau sentier pédestre le long de la côte, petits chemins en pente dans les environs mais parfaits pour les tours à vélo. A 900m de la côte.

N165/E60 Lorient-Quimper, sortie Kerampaou, vers centre Névez par D24 et D77, église au rond-point. Vers Raguénez, à 3 km à gauche. Bien indiqué par des panneaux.

CC € 16 *8/4-8/7 3/9-25/9*

N 47°47'58'' W 03°47'25''

## Pénestin, F-56760 / Bretagne (Morbihan)

**1111**

Camping Le Domaine d'Inly*****
BP 24, rte de Couarne
+33 2 99 90 35 09
9/4 - 25/9
reception@camping-inly.com

16ha 27T(90-110m²) 6A CEE

1 ACD**G**IJKLMOPRWS
2 AFJRSWXYZ
3 CEHIKLM**O**P**Q**SUW
4 (C 25/5-15/9)(E+F+H)IJM (Q+S+T+U+V+Y+Z)
5 **AB**DEFGIJKLMNOPQRUWXYZ
6 ACEGHJ**K**(N 1km)TV

Camping avec des champs circulaires, ambiance familiale. Tous les équipements sont disponibles pendant toute la période d'ouverture. 1500m² de piscine couverte et d'extérieur. Village avec marché le dimanche. Supermarché à 1 km. Mer et plage à 2 km. Bon restaurant. Réception fermée de 12h30 à 14h. Arrivée après 14h.

N165/E60 Nantes-Vannes, sortie Pénestin ou sortie Barrage d'Arzal direction Pénestin par D34 ou D139. Avant le centre suivre les panneaux direction du camping.

N 47°28'17'' W 02°28'02''

CC € 22 7/5-25/5 7/6-27/6 1/9-24/9

## Pénestin, F-56760 / Bretagne (Morbihan)

**1112**

Camping Le Kerfalher***
34 allée du Bihen
+33 2 99 90 33 45
15/3 - 15/10
acccf-kerfalher@acccf.com

4ha 60T(80-120m²) 10A CEE

1 ACD**G**IJKLMOPQW
2 AGJRSWXYZ
3 CIKMNPSUWY
4 (C 1/5-15/9)(Q 1/7-31/8) (R)(U+V 6/7-30/8)
5 **AB**FGIJKLMNPQUWZ
6 ACEGHK(N 2,5km)TV

Situé au sud de l'embouchure de la Vilaine, à quelques centaines de mètres de la mer. Belle région, presque à plat pour la marche et le vélo. Pénestin dispose d'une plage de gros sable et particulière par érosion et en sécurité au bas d'une falaise d'environ 8 mètres de haut.

N165/E60 Nantes Vannes, sortie Pénestin ou Barrage D'Arzal et via D34 ou D139 vers Pénestin. Au rond-point près de Pénestin direction Asserac, puis suivre les indications pour le camping.

N 47°27'52'' W 02°29'10''

CC € 18 15/3-2/7 21/8-14/10

## Pénestin, F-56760 / Bretagne (Morbihan)

**1113**

Camping Les Îles*****
119 routes des 3 Îles
+33 2 99 90 30 24
8/4 - 7/11
info@chadotel.com

4,5ha 78T(95-110m²) 10A CEE

1 ACD**F**IJKLMOPST
2 AHNQRSWXYZ
3 CHIJKLMOP**Q**SUVWY
4 (C+H 1/5-20/9)J**KN** (Q+R+T+U+V+X+Y+Z)
5 **AB**DEFGIJKLMNOPQUWXZ
6 ABCEGH**K**(N 5km)TV

Beau camping cinq étoiles avec d'excellents sanitaires bien entretenus, juste au bord de la mer. Un certain nombre d'emplacements ont la vue sur la mer (supplément de 5 euros). Bonne plage à 800 mètres, avec possibilité de nager à marée haute et basse.

N165/E60 Nantes-Vannes. Sortie Pénestin ou Barrage d'Arzal et via D34 ou D139 vers Pénestin. Au rond-point près du village de Pénestin, suivre Asserac jusqu'au panneau indiquant le camping.

N 47°26'44'' W 02°29'02''

CC € 18 8/4-25/6 5/9-16/10

## **Penmarc'h**, F-29760 / Bretagne (Finistère) 1114

Flower Cap Finistère****
20 rue Gouesnac'h Nevez
+33 2 98 58 66 93
1/4 - 2/10
campinglesgenets29@orange.fr

3,5ha 76**T**(100m²) 10A CEE

1 ACD**G**IJKLMOPQW
2 AJSWXYZ
3 CHIKLMPSU
4 (C 15/6-5/9)(E 9/4-30/9) (H 15/6-5/9)IJK (Q+T+U+V+X+Z)
5 **AB**DEFGIJKLMNOPUWXYZ
6 ABCEGK(N 1km)RT

Nous vous accueillons dans notre camping avec une ambiance calme et familiale au bord de la plus belle plage du pays Bigouden. Camping charmant et très fleuri entre 3 grands ports de pêche. Superbes nouveaux sanitaires en partie chauffés. Piscine avec toit ouvrant, toboggans et pataugeoire amusante.

A partir de Pont-L'Abbé direction Plomeur et Penmarc'h. Au rond-point, 1 km avant le centre à gauche; direction Plobannalec. Le camping est à 500 mètres sur la gauche.

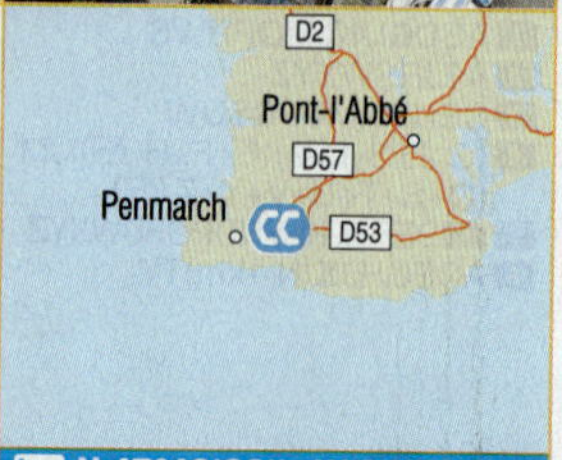


CC € 16 *1/4-9/7 27/8-2/10*

N 47°49'06'' W 04°18'34''

## **Penvénan**, F-22710 / Bretagne (Côtes-d'Armor) 1115

Camping Les Hauts de Port Blanc***
12 bis rue Keranscouc'h
+33 2 96 92 86 72
1/4 - 30/9
contact@portblanc.com

3ha 39**T**(80-200m²) 10A CEE

1 ACD**G**IJKLMOPRWT
2 ANPRSWXY
3 CDHIKMNPRSU
4 (C+E+H)**KN**(Q) (U 1/7-31/8)(Z)
5 **AB**FGIJKLMNPUWXZ
6 ACEG**K**(N 0,6km)UV

Camping familial sur terrain plat en face des 7 îles. A 2 km des plages. Piscine en partie couverte et welness. Emplacements délimités spacieux. Sports nautiques et excursions sur la magnifique côte sauvage. Pistes cyclables 'Voies Vertes de Bretagne' près du camping. Aller en bateau à la colonie d'oiseaux de mer sur Les Sept Iles est recommandé.

A partir de Tréguier, aller à Plouguil et Penvénan dans la direction nord-ouest. A Penvénan, suivre les panneaux.

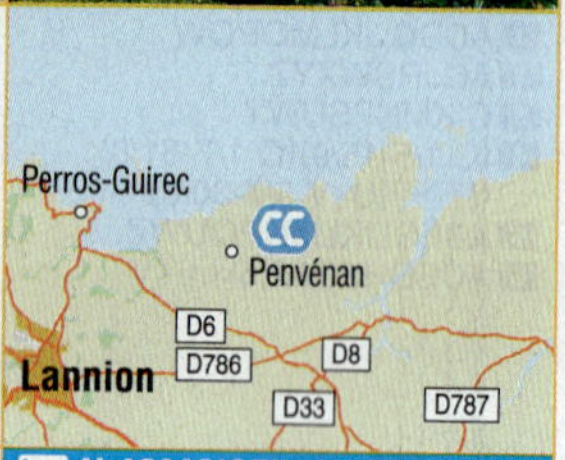


CC € 16 *1/4-2/7 27/8-29/9*

N 48°49'05'' W 03°18'07''

## **Perros-Guirec**, F-22700 / Bretagne (Côtes-d'Armor) 1116

Camping Sandaya Le Ranolien*****
boulevard du Semaphore
+33 2 96 91 65 65
8/4 - 25/9
ranolien@sandaya.fr

15ha 110**T**(80-100m²) 3-10A CEE

1 ACD**G**IJKLQW
2 AHSWXYZ
3 CHIKMNPSUVY
4 (A 4/7-31/8)(C+F+H) JKL**N**(Q+S+T+U+V+Y+Z)
5 **AB**DEFGIJKLMNO**P**UWXZ
6 ABCEGH**K**(N 5km)RT

Le Ranolien est un grand camping familial avec de nombreux équipements de haut niveau, à proximité de la station balnéaire de Perros-Guirec. Le camping est situé au bord de la mer. Point de départ idéal pour de belles excursions dans les environs immédiats. Pour une bonne réception de télé emporter une installation de parabole.

Venant de Lannion, traverser Perros-Guirec direction Ploumanach. Suivre les panneaux.

CC € 16 *8/4-8/7 3/9-25/9*

N 48°49'40'' W 03°28'26''

## Pléboulle, F-22550 / Bretagne (Côtes-d'Armor) — 1117

Camping Le Frèche à l'Âne***
Le Bourg, 6 rue du Champ St. Paul
+33 2 96 41 08 72
1/4 - 31/10
info@camping-frechealane.com

2ha 73T(100-200m²) 10A CEE

1 ACD**G**IJKLMOPRS
2 JMNSWXYZ
3 ACD**G**HIKSU
4 (Q+R )(T 1/5-30/9) (U 1/7-31/8)
5 **AB**FGHIJKLNPQUZ
6 ACEGHJ(N 3km)T

Camping sympathique et accueillant, situé dans la campagne bretonne verdoyante. Près de magnifiques plages et attractions touristiques comme Cap Fréhel, Fort de Latte, Dinan. Marchand de frites sur le terrain.

Venant de Matignon, D786 direction Fréhel, prendre à gauche la D16. Suivre les panneaux.

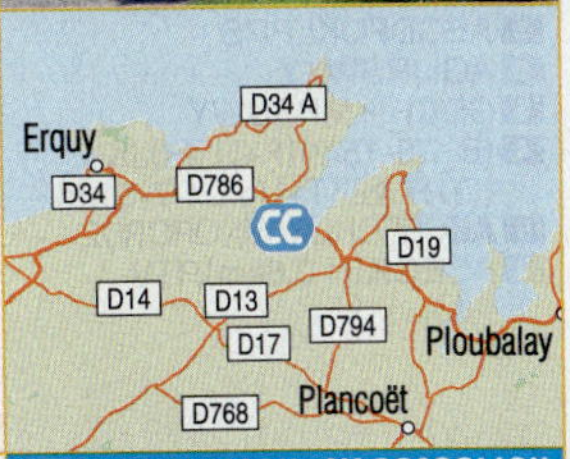


CC € 12 *1/4-3/7 21/8-31/10*

N 48°36'32'' W 02°20'13''

## Pléneuf-Val-André, F-22370 / Bretagne (Côtes-d'Armor) — 1118

Camping Les Monts Colleux***
26 rue Jean Lebrun
+33 2 96 72 95 10
1/4 - 25/9
montscolleux@vacances-andretrigano.com

3,7ha 114T(80-143m²) 10A CEE

1 AC**G**IJKLMO**P**ST
2 AGJMNRSUWXY
3 AC**G**HISUY
4 (A 1/7-31/8)(Q 1/6-15/9) (R )(T+U+V+Z 1/7-31/8)
5 **AB**EFGIJKLMNOPQRUZ
6 AEGH**J**(N 0,3km)T

Camping familial situé sur une colline qui domine la baie de Saint Brieuc. Les commerces et la plage sont à 300m du camping.

À Rennes, N12/E50 di Saint-Brieuc/Brest. Après Lamballe, N12/E50, sortie Pléneuf-Val-André et prendre la D786 di Erquy-Cap Fréhel. À St. Alban D58 jusqu'à Pléneuf-Val-André. Suivre les panneaux.

CC € 16 *1/4-9/7 27/8-25/9*

N 48°35'23'' W 02°33'03''

## Ploemel, F-56400 / Bretagne (Morbihan) — 1119

Camping Le St. Laurent***
Kergonvo, D186
+33 2 97 56 85 90
9/4 - 25/9
contact@camping-saint-laurent.fr

3,5ha 40T(80-130m²) 10A CEE

1 ACD**G**IJKLPST
2 BISWXYZ
3 A**G**HIKMSU
4 (E+H+Q )(R+T+U+Z 6/7-31/8)
5 **AB**DFGIJKLMNPUWZ
6 ACEGJ(N 5km)T

Beau camping avec sanitaires modernes chauffés, dans les bois près de Carnac et à 800m d'un beau terrain de golf. Ici, le calme est assuré, on entend seulement les oiseaux. Des excursions à vélo, en voiture ou à pied sont parfaitement possibles.

N165/E60 Vannes/Lorient, sortie Quiberon/Carnac. Par la D22 direction Belz/Etel. A ± 7 km à gauche (rond-point), le camping est à 100m sur la gauche.

CC € 14 *9/4-7/7 24/8-5/9 7=6*

N 47°39'48'' W 03°05'59''

## Ploemeur, F-56270 / Bretagne (Morbihan)

**1120**

Camping Pen Palud***
rue Pen Palud
+33 2 97 82 94 56
1/4 - 2/10
info@camping-pen-palud.com

2,5ha 40**T**(65-100m²) 8-13A CEE

**1** ABCD**F**IJKLPRS
**2** AGIJRSWXY
**3** CD**G**HIKMPSUWY
**4** (B 1/5-15/9)(F+H)JK (Q+R)(T+U+Z 1/7-31/8)
**5** **AB**CEFGHIJKLMNOPQRUZ
**6** ACEG**K**(N 0,6km)RTV

Près d'une plage de sable fin et d'un charmant petit village de pêcheurs, nombreuses possibilités pour faire des excursions le long de la côte. Camping ombragé avec une piscine chauffée aménagée ludiquement (toboggans, pataugeoire), et possibilité de faire des sports en salle.

N165 Nantes-Lorient-Quimper, sortie Lorient/Larmor-Plage. Vers Larmor-Plage, puis jusqu'à Lomener. A l'entrée de Lomener, à gauche vers Kerpape, à gauche à 600m.

CC € 16 *1/4-1/7 29/8-2/10*

N 47°42'28'' W 03°25'28''

## Ploemeur, F-56270 / Bretagne (Morbihan)

**1121**

Flower Camping de La Pointe du Talud***
chemin de Kerroch
+33 2 97 82 91 90
9/4 - 30/9
info@campingpointedutalud.com

3ha 54**T**(80-90m²) 10A CEE

**1** ABCD**F**IJKLMPRS
**2** AGJNPRSWYZ
**3** AC**G**HIJKPSUW
**4** (F+H)(Q+R 6/7-23/8) (T 6/7-27/8)
**5** **AB**FGIJKLMNOPQWXZ
**6** ACEGJ**K**(N 2km)TV

Camping familial amical dans un environnement naturel, on campe sous les arbres. Le camping est situé au bord de l'océan juste en face de l'Ile de Groix, célèbre pour ses belles plages et minéraux. Piscine couverte et chauffée.

De la N165, sortie 44 vers Ploemeur. Suivez les panneaux Kerroch puis les panneaux vers le camping.

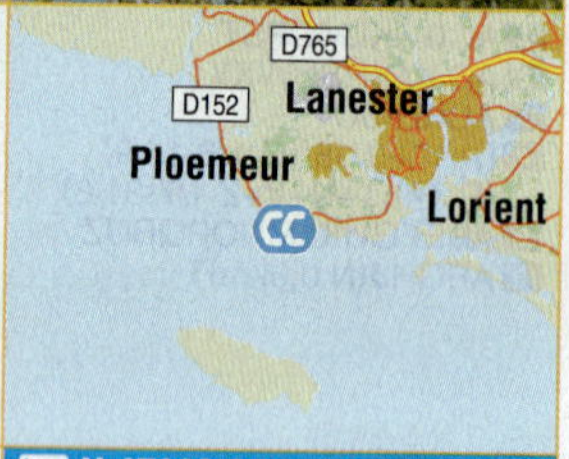


CC € 16 *9/4-3/7 22/8-30/9 7=6*

N 47°42'05'' W 03°27'08''

## Ploërmel/Taupont, F-56800 / Bretagne (Morbihan)

**1122**

Camping du Lac au duc**
Les Belles Rives
+33 2 97 74 01 22
1/4 - 30/9
contact@camping-lac-au-duc.fr

2,5ha 92**T**(100-120m²) 6-10A

**1** ACD**G**IJKLMPRS
**2** AEINSWXYZ
**3** CE**F**HIKLOS**W**Z
**4** (**A**)(Q 28/5-3/9) (T+U+Z)
**5** **AB**FGJKLNP**T**UXYZ
**6** ACE**K**(N 1,3km)TV

Camping familial juste au bord du Lac au Duc. Emplacements avec vue sur le lac. A 600m d'un jardin d'hortensias unique et à 1,3 km d'un centre commercial par un sentier/piste cyclable. Circuit à vélo de 15 km autour du lac. Réception fermée de 12h30 à 14h.

N24 Rennes-Quimper, sortie Ploërmel/Dinan/St. Malo, périphérique vers le Lac au Duc. Le camping est entre la route et le lac, indiqué par des panneaux.

CC € 16 *1/4-1/7 20/8-29/9*

N 47°56'56'' W 02°25'16''

## Ploërmel/Taupont, F-56800 / Bretagne (Morbihan)

1123

Camping La Vallée du Ninian***
Le Rocher Ville Bonne
+33 2 97 93 53 01
1/4 - 30/9
infos@camping-ninian.fr

2,7ha 83T(100-160m²) 3-10A CEE

1 ACDGIJKLMOPRS
2 CISWXYZ
3 CEGHIKMQSUW
4 (E 🔑)(H 1/7-31/8)(Q+R 🔑)(T+U+X+Z 9/7-26/8)
5 ABFGIJKLMNPQUWXYZ
6 ACEGK(N 7km)RTV

Beau camping avec à l'avant de grands emplacements 'grand confort' sous les pommiers. Belle région pour la randonnée et le vélo. Légendes et petites villes intéressantes. Sanitaires modernes bien entretenus.

N24 Rennes-Quimper, sortie Ploërmel/Dinan/St malo, suivre le périphérique vers le Lac au Duc, puis direction Taupont. Là, D8 vers le nord. Après le village, suivre la route à gauche au panneau de camping. Le camping est à gauche à 2,5 km au nord-ouest de Taupont.

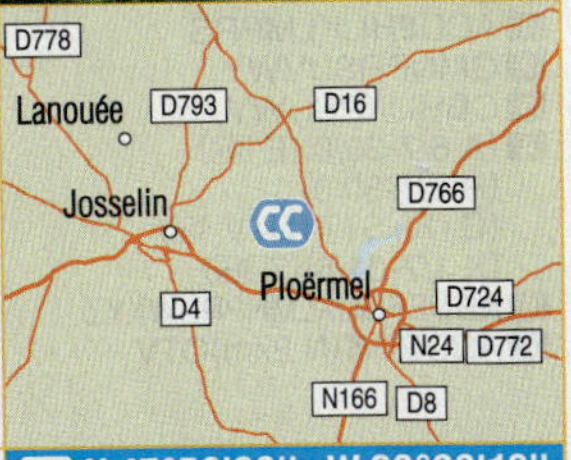


CC € 16 1/4-8/7 27/8-29/9

N 47°58'09'' W 02°28'12''

## Plonévez-Porzay, F-29550 / Bretagne (Finistère)

1124

Camping La Plage de Tréguer
plage de Ste Anne-la-Palud
+33 2 98 92 53 52
1/5 - 25/9
camping-treguer-plage@wanadoo.fr

6ha 222T(90-130m²) 10A CEE

1 ACDFIJKLMPRS
2 AGRSTWXY
3 CDHIPSUWY
4 (A 7/7-30/8)(C 15/6-15/9)(F 🔑)(H 15/6-15/9)JKP(Q+R 🔑)(T+U+V 7/7-30/8)(Y 🔑)(Z 7/7-30/8)
5 ABCDEFGHIJKLMNPQRUWYZ
6 ACDEGJ(N 4km)OTUV

Cp familial au bord de la mer, dans les dunes. Plage de sable en pente douce. Adapté aux enfants. Nombreuses activités organisées. Sanitaires très bien entretenus. Endroit idéal pour visiter Douarnenez, Quimper, la Pointe du Raz. Le GR34 passe ici dans les dunes. De par sa situation, un climat très agréable! Des emplacements 'standard'.

A partir de Châteaulin la D7 direction Douarnenez, puis prendre la D107 et la D61 vers Ste Anne-la-Palud. Puis suivre les panneaux de camping.

CC € 18 1/5-3/7 22/8-25/9

N 48°08'40'' W 04°16'08''

## Plonévez-Porzay, F-29550 / Bretagne (Finistère)

1125

Camping Trezmalaouen***
20 route de la Baie
+33 2 98 92 54 24
22/4 - 18/9
trezmalaouen@vacances-andretrigano.com

4ha 33T(80-100m²) 10A

1 ACDFIJKLNPQ
2 AGLMNRSWXY
3 CHIOSUWY
4 (Q 🔑)(T+U+Z 1/7-31/8)
5 ABFIJKLMNOPWZ
6 CEGHJ(N 5km)QRTV

Abrité du vent, avec vue sur la baie de Douarnenez et le célèbre port des Sardines. Accès direct à la plage à partir du camping.

De Quimper, vers Locronan. Après Plonévez-Porzay, suivre les panneaux.

CC € 16 22/4-9/7 27/8-18/9

N 48°06'40'' W 04°16'37''

## Plouézec/Paimpol, F-22470 / Bretagne (Côtes-d'Armor)

1126

Camping Le Cap de Bréhat****
route de Port Lazo
+33 2 96 20 64 28
8/4 - 25/9
capdebrehat@edenvillages.fr

5ha 95T(80-110m²) 16A CEE

1 ACD**F**HIJKLMPRS
2 GMNPRSUVWY
3 C**G**HIJKPSUWY
4 (A 6/7-30/8)(E)
(H 1/7-30/8)
(Q+R+S+T+U+V)
(X 1/7-31/8)(Z)
5 **AB**DEFGIJKLMNPRUWXYZ
6 ACDEG**K**(N 2km)OTV

Camping en terrasses dans un environnement unique avec une vue inoubliable sur la mer et l'Ile de Bréhat. Parcs à huîtres à marée basse. Accès direct à la mer et au GR34. Les emplacements sont bien protégés et à l'abri des regards. Piscine couverte chauffée.

Le camping est à Port-Lazo, à 2,5 km de la D786. Bien suivre les panneaux de camping; prendre la route à sens unique accessible aux riverains et au camping. (Donc ignorer le sens interdit!)

CC € 18 *8/4-8/7 28/8-25/9 7=6*

N 48°45'35'' W 02°57'44''

## Plouézoc'h, F-29252 / Bretagne (Finistère)

1127

Camping De la Baie de Térénez***
Moulin de Caneret
+33 2 98 67 26 80
9/4 - 1/10
campingbaiedeterenez@wanadoo.fr

2,3ha 65T(100-140m²) 10A CEE

1 ACD**G**IJKLPQ
2 AHJSWXYZ
3 AIK**R**SUWY
4 (C+G 20/5-12/9)
(Q 15/6-15/9)(R+U+V+Z 1/7-31/8)
5 **A**BFGIJKLMNPUWZ
6 ACDEGJ(N 6km)V

Situé dans une baie, près de l'ancienne ville portuaire de Morlaix et très conseillé pour découvrir les magnifiques petites plages, les villages bretons typiques et les petits ports. Bien situé entre Perros-Guirrec et Carantec. Le tumulus de Barnénez est le plus grand d'Europe et se trouve tout près du camping. Emplacements spacieux sur pelouse.

Vers Plouézoc'h-centre. Suivre les panneaux du camping. Le camping est à 2,5 km sur la droite.

CC € 16 *9/4-9/7 29/8-1/10*

N 48°39'35'' W 03°50'53''

## Plouguerneau, F-29880 / Bretagne (Finistère)

1128

Camping De la Grève Blanche**
400 La Grève Blanche-St. Michel
+33 2 98 04 70 35
18/3 - 10/10
lroudaut@free.fr

3ha 90T(80-120m²) 10A CEE

1 A**G**IJLO**P**Q
2 AHJMNRSUWX
3 ACHIKLPSUWY
4 (Q+R)(T+U 1/7-31/8)
(Z)
5 CGIJKLMNO**P**UZ
6 CEGJ(N 3km)OR

Camping avec ambiance cordiale, un personnel très amical et son accès direct à la plage. Emplacements spacieux sur un terrain en terrasses avec superbe vue sur la mer et sur le plus haut phare d'Europe. Belle plage de sable, bar sympathique et pain quotidien. Nature et écologie sont importantes sur ce camping. Nouvelle laverie. Le GR34 passe le long du camping.

Dans le centre de Plouguerneau, suivre les panneaux de camping. 4km au nord de ce village.

CC € 16 *18/3-2/7 25/8-10/10*

N 48°37'49'' W 04°31'26''

## **Plouguerneau**, F-29880 / Bretagne (Finistère)

**1129**

Camping Du Vougot***
1037 rte de Prat Ledan,
+33 7 63 52 55 44
30/4 - 25/9
contact@campingduvougot.com

2,5ha 38T(100-300m²) 10A CEE

1 ACDGIJKLMPRWS
2 AGSTWXYZ
3 ACIKLMSUW
4 (F+H )(Q 1/5-1/9)
(R+T+U )(X 15/5-15/9)
(Z )
5 **AB**FGIJKLMN**P**UWZ
6 ACEGK(N 5km)Q

Accueil chaleureux sur ce petit camping tranquille, très bien entretenu et abrité du vent. Belle piscine couverte et chauffée, pataugeoire et balnéo. Beaucoup de verdure et de fleurs, des emplacements spacieux à 250m de la magnifique plage de sable de Vougot. Bon point de départ pour visiter Brest avec Océanopolis, les Abers uniques, Meneham.

A Lesneven direction Plouguerneau. Puis direction St.-Pol-de-Léon. Ensuite, suivre les panneaux. Le camping est sur la corniche.

N 48°37'53'' W 04°26'58''

CC € 18 30/4-8/7 26/8-25/9 7=6, 14=12

## **Plozévet**, F-29710 / Bretagne (Finistère)

**1130**

Flower Camping La Corniche***
chemin de la Corniche
+33 2 98 91 33 94
1/3 - 2/11
campinglacorniche@
flowercampings.com

2ha 73T(80-120m²) 10A CEE

1 ACD**G**IJKLMOPRWS
2 JNSUWXYZ
3 CHIKLMNPSU
4 (C+H 15/5-15/9)(Q 1/6-30/9)
(S 1/4-30/9)(T 1/6-30/9)
(U 1/3-2/11)(V+Z 1/4-30/9)
5 **AB**EFGIJKLMNPUWXYZ
6 ACDEGK(N 0,5km)ORT

Ce camping est un joyau, à 500 mètres du centre du village et à 1,5 km de la mer. Location de vélos au camping. Au coeur de la Baie d'Audienne à la route de la Pointe du Raz. Piscine extérieure chauffée du 15/5 au 15/9. Terrains et installations sanitaires très bien entretenus. Snack-bar du 1/6 au 30/9.

A Plozévet suivre les panneaux 'Camping de la Corniche'. A 400 mètres sur la droite en dehors du village.

N 47°58'50'' W 04°25'50''

CC € 18 1/3-6/7 23/8-1/11 7=6

## **Pont-Croix**, F-29790 / Bretagne (Finistère)

**1131**

Entre Pierres et Mer***
route de Lochrist
+33 7 85 90 91 08
2/4 - 15/10
campingentrepierresetmer@
orange.fr

4ha 59T(90-150m²) 10-20A CEE

1 ACDFIJKLMOP
2 SUVWXY
3 ACHIKMRSUW
4 (E+H )J(Q+R )
(T+U 9/7-31/8)(Z )
5 **AB**CFGHIJKLMNOPUXYZ
6 ACDEGK(N 1km)ORV

Camping dans les collines à Pont-Croix, petite ville médiévale pleine de caractère. Emplacements de 90 à 150m² dans un environnement tranquille. Wifi gratuit, piscine couverte chauffée (9/4 – 30/9), service de pain, grands emplacements pour camping-cars, égouts à l'extérieur du camping. A 600m de tous les magasins et 10 minutes des plages (voiture).

N164 (E60) sortie Quimper, direction Douarnenez, sortie D43. Puis D765 vers Pont-Croix.

N 48°02'58'' W 04°28'56''

CC € 14 2/4-8/7 27/8-15/10

## **Pordic**, F-22590 / Bretagne (Côtes-d'Armor)

**1132**

Camping Les Madières***
Le Vau-Madec
+33 2 96 79 02 48
1/4 - 31/10
campinglesmadieres@wanadoo.fr

2ha 75T(90-300m²) 10A CEE

1 ACD**G**IJKLMPQ
2 AIJNPRSWXYZ
3 ACIKLP**Q**SUW
4 (C 15/6-15/9)(Q 1/6-30/9) (R+T+U)(X+Z 1/6-30/9)
5 **AB**CDFGIJKLMNPUZ
6 ABCDEGK(N 1,8km)ORTV

Bien entretenu, magnifiquement aménagé, avec sanitaires propres. Ambiance reposante, environnement aux allures de parc. Piscine de style espagnol. Petit restaurant agréable avec produits locaux. Aménagement naturel et pas d'emplacements à l'année. Très indiqué pour les randonneurs. A 10 minutes de la mer. Wifi gratuit.

N12, après Plérin sortie Les Rampes di Pordic. D786 di Pordic. A Pordic, suivre centre puis les panneaux 'campings'. Le camping bien indiqué.

CC € 16 *1/4-30/6 1/9-31/10*

N 48°34'58'' W 02°48'17''

## **Priziac**, F-56320 / Bretagne (Morbihan)

**1133**

Camping Le Lac ô Fées***
Lac du Bel-air
+33 6 78 33 24 96
1/1 - 31/12
contact@campinglelacofees.fr

1,5ha 56T(100-200m²) 16A CEE

1 ACD**G**HIJKLMOP
2 AENOSWYZ
3 CHIPSU**W**Z
4 (Q+R)(T+U+Z 1/4-30/9)
5 **AB**DGIJKLMNOPUZ
6 ACDEGJ(N 0,5km)RV

Camping tranquille, emplacements spacieux sous les arbres avec la vue sur le lac. Snackbar à partir d'avril jusqu'à septembre. Idéal pour les épicuriens.

N165 sortie 42, Morlaix (D769). Après Le Faouët, D132 jusqu'à Priziac. Suivre les panneaux camping/Lac du Bel-air.

CC € 16 *1/1-1/7 1/9-31/12 7=6*

N 48°03'40'' W 03°24'51''

## **Quiberon**, F-56170 / Bretagne (Morbihan)

**1134**

Camping Les Joncs du Roch***
rue de l'Aérodrome
+33 2 97 50 24 37
9/4 - 24/9
camping@lesjoncsduroch.com

2,3ha 105T(80-120m²) 10A CEE

1 ACD**G**IJKLMOPRS
2 AGJRSWXY
3 C**G**HIKM**O**P**Q**SUWY
4 (E+H+Q)
5 **A**EFGIJKLMNOPQUVXZ
6 ACEG**K**(N 1km)TV

Près d'une belle plage et de la ville. Supermarché à 800m. Grands emplacements plats et sanitaires rénovés (2016). Au petit aéroport proche (ouvert de 8h à 20h), vous pouvez regarder décoller les petits avions. Piscine couverte, toujours chauffée à 30°C.

N165/E60 Nantes-Quimper, sortie 34 Carnac/Quiberon. D768 vers Quiberon. Après St. Pierre-Quiberon juste avant la voie ferrée à gauche. Suivre les panneaux Aérodrome et Port Haliguen. Au bout, panneaux de cp.

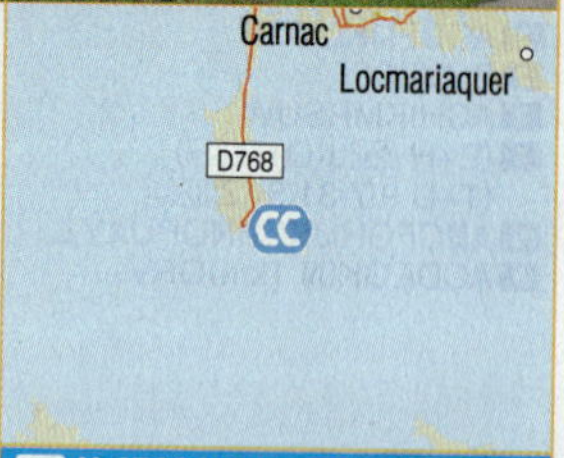


CC € 18 *9/4-9/7 26/8-24/9*

N 47°28'45'' W 03°06'02''

## Quiberon, F-56170 / Bretagne (Morbihan)

1135

Camping Sauvage***
8 rue de la Vierge
+33 2 97 50 22 52
23/4 - 25/9
contact@sauvage-quiberon.com

5ha 190T(80-110m²) 10A CEE

1 ACDGIJKLMOPQ
2 AGJNPRSUWXY
3 CGHIKMNPSUWY
4 (A 1/7-31/8)
(Q+S+T+U+V+X+Z)
5 ABCEFGHIJKLMNOPQRUWXYZ
6 ACDEGHJK(N 0,1km)ORTV

Camping au bord d'une plage de sable, des haies vertes procurent ombre et intimité. Sanitaires bien entretenus. Bar/restaurant et magasin (fruits, légumes frais et rayon boucherie). Tout près, des chemins pour vélo et randonnées en terrain légèrement vallonné. Le code ACSI-DoMi = une surprise.

N165/E60 Nantes-Quimper sortie Carnac/Quiberon, direction Quiberon par la D768. Après St. Pierre/Quiberon à gauche. Bien indiqué par des panneaux.

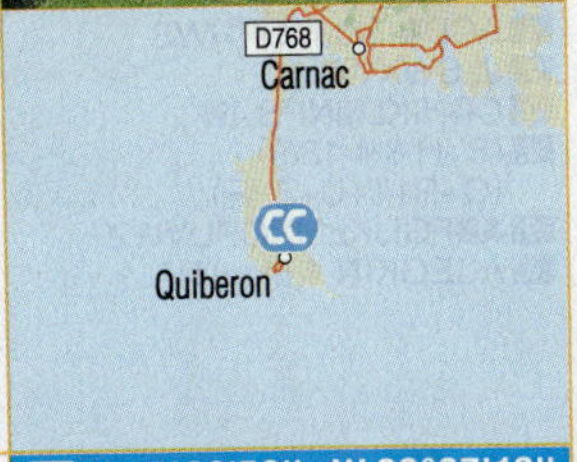


N 47°29'59'' W 03°07'13''

CC € 18 23/4-9/7 27/8-25/9

## Quiberon, F-56170 / Bretagne (Morbihan)

1136

Flower Camping Le Bois d'Amour****
rue St. Clément
+33 2 97 50 13 52
1/4 - 2/10
camping.boisdamour@flowercampings.com

5,5ha 79T(80-100m²) 6-16A CEE

1 ABCDFIJKLMPRS
2 AGJRSTWXY
3 CGHIKMNSUVWY
4 (E+H+Q+R+T+U+V+Y+Z)
5 ABEFGIJKLMNOPUWZ
6 ACEGHK(N 1,5km)RTV

Bon camping avec de nombreux équipements, à 150m d'une plage de sable en terrain plat. Près de l'entrée, il y a du passage mais à l'arrière du camping, c'est plus tranquille. A cause de sa situation dans une zone de dunes, il y a beaucoup de sable et il faut donc des piquets longs. Piscine couverte.

Au sud d'Auray, Quiberon par la D768. A Quiberon-ville direction Thalassothérapie ou suivre les panneaux de camping.

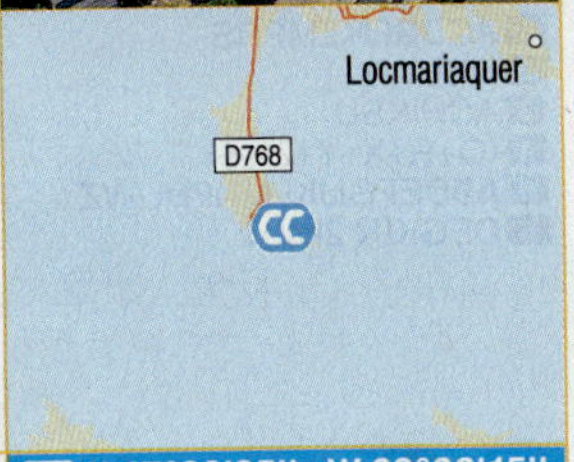


N 47°28'35'' W 03°06'15''

CC € 18 1/4-9/7 27/8-2/10

## Raguénès/Névez, F-29920 / Bretagne (Finistère)

1137

Airotel Le Raguenès Plage****
19 rue des Îles
+33 2 98 06 80 69
17/4 - 30/9
leraguenesplage@orange.fr

7ha 218T(90-140m²) 6-15A CEE

1 ACDGIJKLMOPQ
2 AGNRSWXYZ
3 ACHIKMPSUVWY
4 (C 21/5-30/9)(E+H)IJN
(Q+S+T+U+V+Y+Z 21/5-30/9)
5 ABCDEFGHIJKLMNOPRUWXY
6 ACEGK(N 3km)OTV

Camping luxueux près de la mer. Emplacements peu ou très ombragés au choix. Belles randonnées, tours à vélo dans les environs. 3 plages de sable à 300m. Piscine couverte chauffée toute la période, bassin d'extérieur chauffé dès fin mai. Sur ± 15 emplacements, vue panoramique sur la mer. Réaménagement du bar, magasin et restaurant en 2020.

N165 Lorient-Quimper, sortie Kerampaou et vers Névez par la D24/D77. Puis direction Raguénès-Plage. Bien indiqué après 3 km.

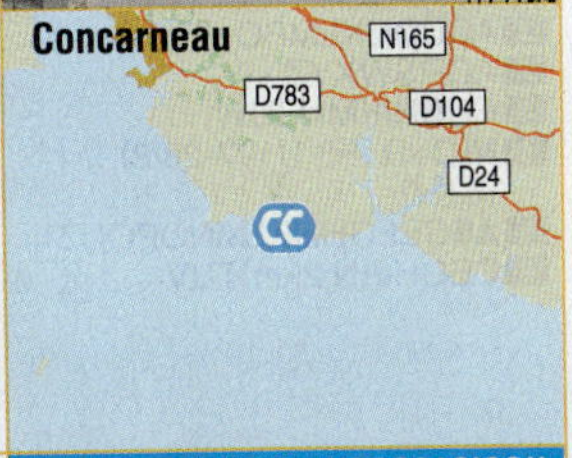


N 47°47'36'' W 03°48'03''

CC € 18 17/4-8/7 27/8-30/9

## Rochefort-en-Terre, F-56220 / Bretagne (Morbihan)

**1138**

Camping Sites & Paysages Au Gré Des Vents***
2 chemin de Bogeais
+33 2 97 43 37 52
8/4 - 25/9
camping@gredesvents.fr

2,5ha 70T(85-150m²) 6-10A CEE

**1** ACD**G**IJKLMOPRWS
**2** JLSWXYZ
**3** C**G**HIKLMNPSU**W**
**4** (E+H 8/4-18/9)
(Q+R+T+U+Z)
**5** **AB**FGIJKLMNOPUVWZ
**6** ACEGK(N 1,5km)TV

A 800m de l'un des plus beaux villages de France, petit village caractéristique et artisanal. Camping planté de verdure, grands emplacements séparés par haies et arbustes. Sentiers pour la randonnée, le vélo et le VTT. Ouverture de la réception en basse saison : 9h-12h30 et 16h-19h30.

N116 Ploërmel/Vannes sortie D775 vers Redon, D777 vers Rochefort-en-Terre puis vers Limerzel, D774 et à 800m à droite. Cf panneaux de camping. Ne pas traverser le centre de Rochefort-en-Terre.

N 47°41'43'' W 02°20'57''

CC € 16 *8/4-8/7 25/8-24/9*

## Roz-sur-Couesnon, F-35610 / Bretagne (Ille-et-Vilaine)

**1139**

Camping Les Couesnons***
8 l'Hopital
+33 2 99 80 26 86
2/4 - 30/10
courrier@lescouesnons.com

0,9ha 41T(80-110m²) 6-10A CEE

**1** ACD**G**IJKLMPRS
**2** IJSUWY
**3** ACHIKSU
**4** (Q+R+X+Y+Z)
**5** **AB**DEFGIJKLMNPRUWZ
**6** CEGK(N 2km)T

Situé à 10 min. du Mont Saint-Michel, 20 min. de Cancale, 30 min. de Saint Malo. Emplacements tranquilles, confortables et délimités. Magnifique restaurant typiquement breton, fermé en période hors saison, le mardi et le mercredi toute la journée. Wifi gratuit partout.

N175 Avranches direction Dol-de-Bretagne, sortie Roz-sur-Couesnon, D797 direction St. Malo, route côtière. A 7 km le camping est indiqué sur la droite.

N 48°35'40'' W 01°35'55''

CC € 18 *2/4-2/7 24/8-30/10* *8=7*

## Sarzeau, F-56370 / Bretagne (Morbihan)

**1140**

Camping La Ferme de Lann Hoëdic***
rue Jean de la Fontaine
+33 2 97 48 01 73
1/4 - 31/10
contact@camping-lannhoedic.fr

3,6ha 106T(100-160m²) 10A CEE

**1** ACD**G**IJKLMPQ
**2** AQRSWXYZ
**3** CE**G**HIKMNSUW
**4** **N**(Q+R)(U 4/7-28/8)
(Z)
**5** **AB**CEFGHIJKLMNOPQUZ
**6** CEGH**J**(N 2km)TUV

Camping verdoyant près de la mer, confort 3 étoiles avec le charme de la campagne. Plage à 900m, supermarché à 2 km, Sarzeau à 2,5 km. Plages de sable et rochers. Wifi gratuit 15min/jour. Réception ouverte 9h-12h / 15h-18h.

N165 Vannes-Nantes, sortie Sarzeau par la D20 ou D780 (ne pas entrer dans Sarzeau). Suivre la D20 direction Port navalo jusqu'au rond-point avec le supermarché Super U. Au rond-point à gauche direction Le Roaliguen. Suivre le panneau de camping.

N 47°30'26'' W 02°45'39''

CC € 16 *1/4-7/7 24/8-30/10*

**Sarzeau,** F-56370 / Bretagne (Morbihan) **1141**

Camping Les Genêts***
30 rue du Sens
+33 2 97 41 87 22
1/4 - 30/9
contact@camping-les-genets.com

3ha 29T(80-150m²) 10A CEE

**1** ACD**G**IJKLOPQW
**2** AJLRSWXY
**3** C**G**HIKMNSUW
**4** (C+H 16/5-15/9)
(Q 15/6-15/9)(T+U 1/7-31/8)
**5** **AB**FGIJKLMNPUWZ
**6** ACEG**K**(N 0,8km)OTV

Camping calme à 800 mètres de la plage de St. Jacques. Emplacements situés entre les haies, avec plusieurs arbres pour l'ombre, bloc sanitaire central. Piscine chauffée en plein air et pistes cyclables pour cyclistes à proximité.

N165/E60 Vannes/Nantes par D20 ou D780 vers Port Navalo. Près de Sarzeau au rond-point du Super U, tout droit, puis au r-p suivant vers St. Jacques. A 2,5 km, suivre les panneaux de cp.

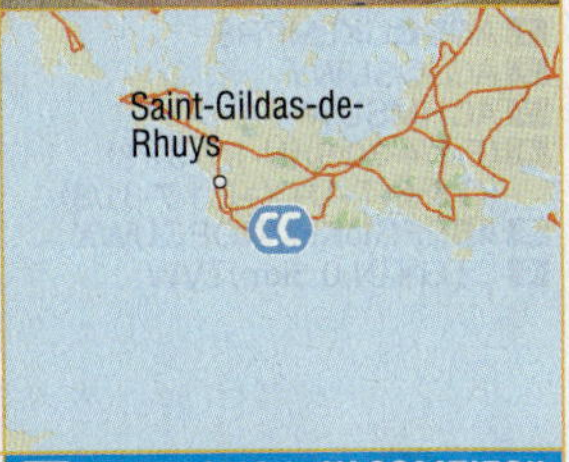


CC € 16 1/4-8/7 25/8-30/9 14=13

N 47°29'42'' W 02°47'59''

**Sarzeau,** F-56370 / Bretagne (Morbihan) **1142**

Camping Manoir de Ker An Poul****
1 route de la Grée, Penvins
+33 2 97 67 33 30
8/4 - 25/9
keranpoul@edenvillages.fr

6ha 97T(80-130m²) 10-16A CEE

**1** ACD**F**IJKLMOPSWT
**2** AQRSWXYZ
**3** CHIKMPSUW
**4** (**A** 1/7-31/8)(C 1/5-20/9)
(E+H )J(Q 1/7-31/8)
(T+U+V+X+Z )
**5** **AB**EFGIJKLMNPQRUWXYZ
**6** ACEGH**K**(N 0,2km)TV

Camping grand mais tranquille près de la mer. Nombreuses caravanes à l'année sur le terrain, les emplacements touriste sont regroupés au centre entre deux bâtiments sanitaires. Nombreuses plantations. Agréable, surtout pour les familles avec enfants. En dehors de la saison haute, il y a toujours des places.

N165/E60 Vannes-Nantes. Direction Sarzeau par la D780 puis D199 direction Penvins, jusqu'à ce que vous voyiez le camping devant vous dans le centre de Penvins.

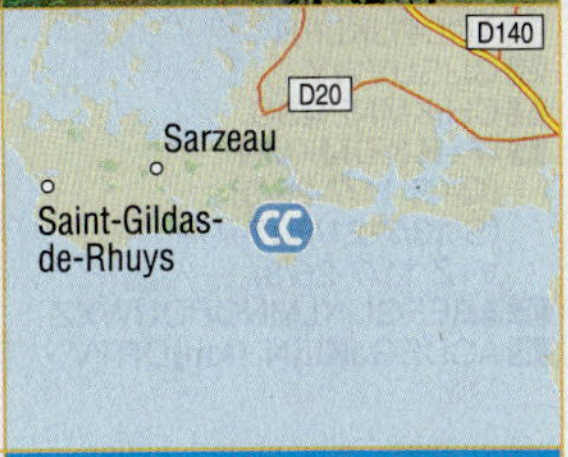


CC € 18 8/4-8/7 28/8-25/9 7=6

N 47°30'19'' W 02°40'59''

**Sibiril,** F-29250 / Bretagne (Finistère) **1143**

Camping Ar Roc'h
367 route de Kersauzon
+33 6 79 47 80 37
1/4 - 6/11
contact@camping-arroch.com

1ha 53T 10-16A CEE

**1** ACD**G**IJKLMOPST
**2** AHLNQRSUVWY
**3** IJKMUWY
**4** (C+H 1/5-15/9)(Q+T+U )
(V+Z 10/7-28/8)
**5** **AB**CFGHIJKLMNOPQRUXZ
**6** ABCEG(N 4km)VW

Camping situé directement au bord de la mer avec un plage de sable fine blanc, idéale pour un séjour tranquille et agréable. Bien construit avec des panoramas en direction de nord et sud. Nouveau bâtiment des toilettes, piscine en plein air chauffée et petit snack-bar.

D10 St. Pol-de-Léon à Lesneven. Entre Cleder et Sibiril indiqué avec des panneaux.

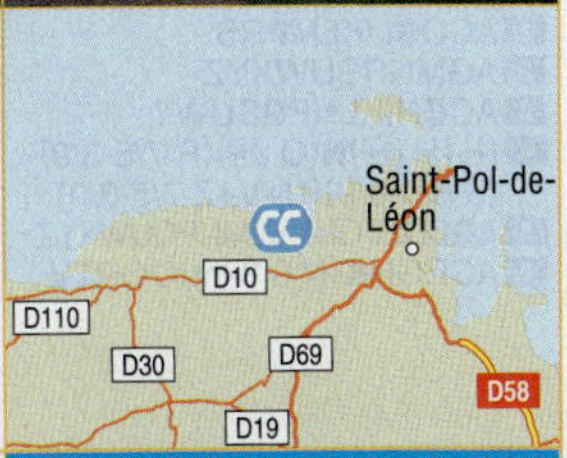


CC € 14 1/4-30/6 1/9-5/11

N 48°41'10'' W 04°04'36''

## St. Benoît-des-Ondes, F-35114 / Bretagne (Ille-et-Vilaine) 1144

Camping de l'Ile Verte****
42 rue de l'Ile Verte
+33 2 99 58 62 55
1/4 - 1/11
bienvenue@campingdelileverte.com

1,8ha 40T(100-120m²) 10A CEE

1 ACD**G**IJKLMPRS
2 AGJOSUWY
3 ACHMSUW
4 (F 1/4-30/9)(H 1/7-31/8) (Q )(T+U+X+Z 1/7-31/8)
5 **AB**EFGIJKLMNOPQUWX
6 CEG**K**(N 0,5km)TVW

Charmant camping familial tranquille à 400m de la mer (pêche autorisée) et des magasins. Le camping est près de Cancale, entre St Malo et le Mont St Michel. Emplacements spacieux délimités et abrités du vent.

A Dol-de-Bretagne sortie Cancale, prendre la D155-D4. A La Fresnais, aller à Vildé-la-Marinepar la D207 et D7, puis à St. Benoît. A la station-service dans le village à gauche.

CC € 18 *1/4-2/7 27/8-29/10*

N 48°36'58'' W 01°51'07''

## St. Brieuc, F-22000 / Bretagne (Côtes-d'Armor) 1145

Flower Camping Les Vallées***
boulevard Paul Doumer
+33 2 96 94 05 05
2/4 - 30/9
campingdesvallees@wanadoo.fr

3,2ha 35T(80-120m²) 10A CEE

1 ACD**F**IJKLPR
2 CIJSUVWY
3 CHIKMNP**Q**SU
4 (**F+H** )**IJ**KMN (Q+R 11/7-26/8) (S 13/7-21/8)(T+U+V+Z 11/7-26/8)
5 **AB**EFGIJKLMNOPQUWXZ
6 ACDEGJ**K**L(N 1km)ORTV

Camping dans la verdure près du centre de St. Brieuc. Beaux emplacements le long d'un ruisseau. A proximité directe d'un paradis aquatique couvert et d'extérieur. Wifi gratuit.

Par la N12 sortie St. Brieux. Camping bien indiqué partout dans la ville. Suivre la direction du quartier Brézillet.

CC € 16 *2/4-1/7 29/8-30/9*

N 48°30'02'' W 02°45'31''

## St. Cast-le-Guildo, F-22380 / Bretagne (Côtes-d'Armor) 1146

Camping Le Chatelet*****
rue des Nouettes
+33 2 96 41 96 33
9/4 - 17/9
lechateletcamping@gmail.com

9ha 105T(80-120m²) 8A CEE

1 ACD**G**IJKLM**P**RS
2 AGMNRSUWXYZ
3 AC**G**HIKLNP**Q**SUWY
4 (E+H )**N**(Q )(R 7/5-3/9) (S 6/5-8/9)(U+V+Z 7/5-3/9)
5 **AB**CDEFGHIJKLMNPQUWXYZ
6 ACEGH**K**(N 0,8km)OQRTV

Situation unique, verdoyant (arbres, haies) avec magnifique vue sur la mer. Plage de sable fin à 150m. Grande piscine avec toit ouvrant entourée de terrasses. Bassin de pêche, espace récréatif agréable avec bar. Nombreuses activités.

A partir de la D786 aller d'abord à Matignon. Là, prendre la D13 vers St. Cast-le-Guildo. Après le supermarché et le garage, à gauche direction 'le Port'. Camping bien indiqué. Eviter de passer par le centre de St. Cast-le-Guildo.

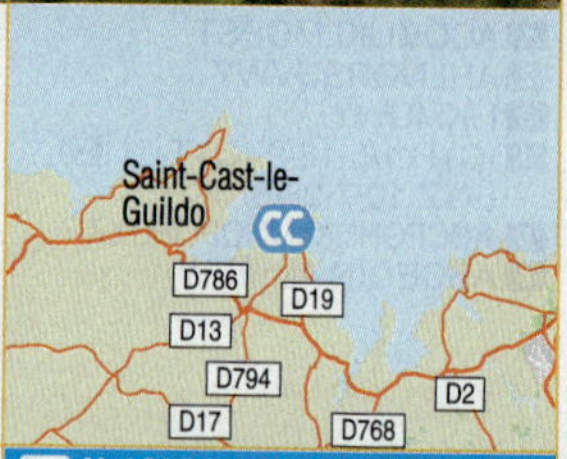


CC € 20 *9/4-2/7 22/8-17/9*

N 48°38'14'' W 02°16'10''

## St. Coulomb/La Guimorais, F-35350 / Bretagne (Ille-et-Vilaine)

1147

Camping Des Chevrets***
+33 2 99 89 01 90
8/4 - 17/10
contact@campingdeschevrets.fr

13ha 253T(80-100m²) 6-10A CEE

1 ACD**G**IJKLMPRS
2 AGMSTWY
3 ACHIPRSUWY
4 (Q+R+S 🔑)(T 1/5-30/9)
(U 🔑)(V+X 1/5-30/9)(Y 🔑)
(Z 1/5-30/9)
5 **AB**EFGIJKLMNPUYZ
6 ACEG**K**(N 3km)OTV

Camping fleuri tranquille avec des emplacements séparés par des plantes. Ce camping a une situation unique : sur des dunes hautes avec accès direct à la plage et une vue magnifique sur la baie. Pour les gourmets, il y a un bon restaurant.

De Cancale direction St. Malo par la D201. A la Guimorais, bifurquer à droite. Le camping est à droite de la D201, et il est bien indiqué.

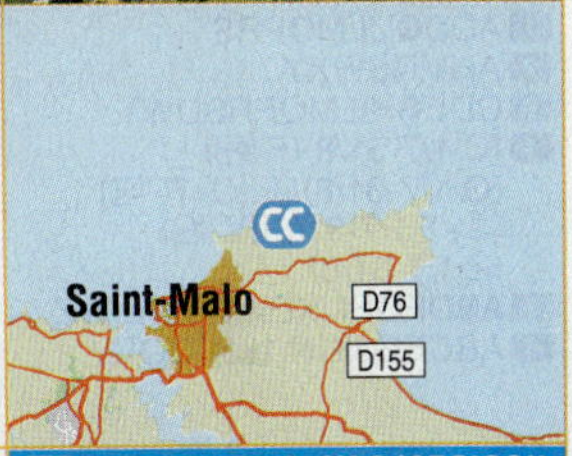


CC € 18 *8/4-2/7 29/8-17/10*

N 48°41'24'' W 01°56'30''

## St. Gildas-de-Rhuys, F-56730 / Bretagne (Morbihan)

1148

Camping du Menhir****
19 route du clos er bé
+33 2 97 45 22 88
1/5 - 11/9
campingmenhir@aol.com

3ha 121T(90-130m²) 6A

1 ACD**G**IJKLPRWS
2 AJRSWXYZ
3 C**G**HIK**OR**SU
4 (C+H 🔑)J(Q+R 🔑)
(T+U+V 1/7-31/8)(X 1/7-8/9)
(Z 1/7-31/8)
5 **AB**EFGIJKLMNPUWXYZ
6 ACEGJ(N 3km)TV

Surtout en basse saison, camping 4 étoiles très calme et confortable. Chemin de 1 km du camping à la plage. Libre choix d'emplacement en basse saison. Itinéraires cyclables à proximité. En basse saison, il n'est pas possible de payer par carte bancaire. Réception fermée de 12h à 14h.

N165/E60 Vannes-Nantes, sortie Sarzeau, puis par D20 ou D780 vers Port Crouesty jusqu'au panneaux de camping indiquant à gauche sur un rond-point.

CC € 16 *1/5-30/6 29/8-10/9*

N 47°31'44'' W 02°50'51''

## St. Malo, F-35400 / Bretagne (Ille-et-Vilaine)

1149

Camping Domaine de La Ville Huchet****
rte de la Passagère
+33 2 99 81 11 83
8/4 - 18/9
info@lavillehuchet.com

6,4ha 102T(100-120m²) 10-16A CEE

1 ACD**G**IJKLPRS
2 IJSUY
3 ACHMNP**R**SU
4 (C 1/6-17/9)(F+H 🔑)
IJK(Q+R+T+U+V 🔑)
(X 1/6-31/8)(Z 🔑)
5 **AB**EFGIJKLMNP**T**UWZ
6 ACEG**K**(N 2km)OV

A partir de ce camping familial agréable avec piscine couverte (28°C), vous pouvez découvrir la région, la vieille ville intra muros, St Malo. Vous y trouvez une richesse naturelle, culinaire et historique inoubliable.

N137 de Rennes à St. Malo, d'abord direction 'Centre Ville'. Au rond-point prendre La Ville Huchet Quelmer, au rond-point suivant tout droit, puis passer sous le pont, le camping est à 100 mètres à droite.

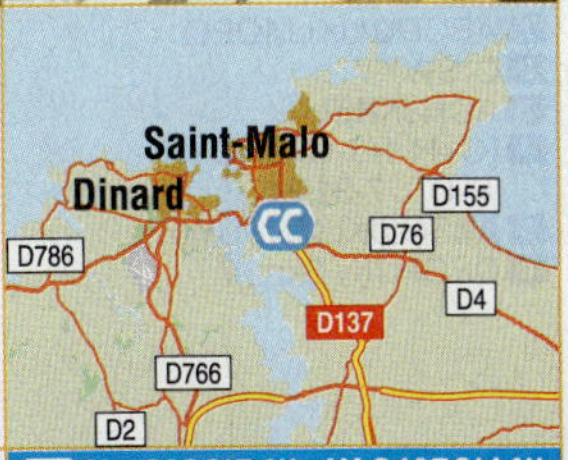


CC € 18 *8/4-1/7 27/8-18/9*

N 48°36'54'' W 01°59'14''

## St. Pol-de-Léon, F-29250 / Bretagne (Finistère)

**1150**

Camping Ar Kleguer****
avenue de la Mer
+33 2 98 69 18 81
2/4 - 25/9
info@camping-ar-kleguer.com

5,5ha 132T(90-120m²) 10A CEE

1 ACDGIJLMOPRS
2 AHMNSWXY
3 CDEGHILMOPRSUWY
4 (C 1/7-31/8)(F)
(G 1/7-31/8)IJL(Q+R)
(S+T 1/7-31/8)(Y)
(Z 1/7-31/8)
5 **AB**DFGHIJKLMNPQRUWZ
6 ABCEGJ**K**(N 1km)OQRV

Luxueux camping 4 étoiles dans un environnement unique, avec une vue magnifique sur la baie de Morlaix et les petites îles. Sanitaires modernes très spacieux et magnifique piscine couverte chauffée. Les plantes subtropicales du camping vous surprendront. La ville Roscoff est à 5 km. Wifi gratuit 30 min. par jour.

D58 sortie St. Pol-de-Léon, suivre les panneaux 'camping' et 'plage'. De Roscoff ou Landivisian, n'utilisez pas le GPS.

€ 18 *2/4-2/7 27/8-24/9*

N 48°41'26'' W 03°58'03''

## St. Pol-de-Léon, F-29250 / Bretagne (Finistère)

**1151**

Camping De Trologot***
Grève du Man
+33 2 98 69 06 26
8/4 - 3/10
camping-trologot@wanadoo.fr

2,5ha 85T(80-100m²) 10A CEE

1 ACD**F**IJKLO**P**RS
2 AHPRSWY
3 CHISUWY
4 (C+H 10/6-10/9)(Q)
(R 1/7-31/8)(T+U+Z)
5 **AB**EFGIJKLMNPUZ
6 EGJ**K**(N 2km)V

Camping tranquille bien entretenu, excellents équipements pour un agréable séjour. Près, St. Pol-de-Léon avec sa cathédrale, l'île de Batz avec le jardin exotique et Roscoff avec ses ferrys. Emplacements spéciaux en dehors du camping.

En arrivant de la D10 ou de la D788, prendre la direction de la D58. Sur la D58, prendre la deuxième sortie pour St Pol-de-Leon en direction du Littoral. Depuis Morlaix d'abord, éteindre le GPS. Suivez les indications pour Littoral.

€ 18 *8/4-3/7 29/8-3/10*

N 48°41'36'' W 03°58'10''

## St. Samson-sur-Rance, F-22100 / Bretagne (Côtes-d'Armor)

**1152**

Camping de Beauséjour***
La Hisse
+33 2 96 39 53 27
1/5 - 30/9
beausejour.stsamson@orange.fr

2ha 67T 10A CEE

1 ABCD**G**IJKLMOPQ
2 CISWXY
3 ACHJK**R**SU
4 (C+H 1/6-15/9)(Q+R+
T+U 1/7-31/8)
5 **AB**FGIJKLMNPUWZ
6 CEGHJ(N 3km)V

NOUVEAU

Camping calme au bord du fleuve côtier la Rance. Beaucoup de possibilités pour les randonnées à pied où à vélo, ainsi que des excursions.

Sur la RN176, sortie St. Samson-sur-Rance, gare SNCF de St. Samson-La Hisse.

€ 14 *1/5-8/7 27/8-30/9* 7=6

N 48°29'18'' W 02°00'29''

## Taden, F-22100 / Bretagne (Côtes-d'Armor) — 1153

Camping de La Hallerais****
4 rue de la Robardais
+33 2 96 39 15 93
12/3 - 12/11
contact@camping-lahallerais.com

7ha 93T(84-145m²) 10A CEE

1 ACGIJLPQ
2 CIMSVWYZ
3 CHIKMNOPQRSUVW
4 (C+H 1/6-15/9)
(Q+R+T+U+X+Z)
5 **AB**DGIJKLMNOPRUXYZ
6 CDEGHJ(N 0,5km)OTV

Camping bien entretenu, aménagé en différents petits champs sous forme de terrasses. Le camping surplombe les rives de la Rance. On peut pêcher. Emplacements avec haies ou arbustes et arbres.

N176 Dol-de-Bretagne - Dinan, sortie D12 Taden. Indiqué par des panneaux à partir de la sortie. Camping au sud de Taden.

CC € 14 12/3-14/6 27/8-12/11 7=6

N 48°28'19'' W 02°01'24''

## Telgruc-sur-Mer, F-29560 / Bretagne (Finistère) — 1154

Camping Armorique****
112 rue de la Plage
+33 2 98 27 77 33
1/4 - 30/9
contact@campingarmorique.com

3ha 100T(80-120m²) 10A CEE

1 ACD**G**IJKLPQ
2 AMNRSWXYZ
3 CHIKSU
4 (C 15/5-15/9)(H 15/6-30/9)
J(Q 15/6-30/9)(R)
(T+U 1/7-31/8)(Z)
5 **AB**FGIJKLMNOPUWZ
6 CEGJ(N 0,7km)OTV

Camping en terrasses très tranquille. Piscine chauffée (27°C), pataugeoire et toboggan aquatique (12m). Vue unique sur la baie de Douarnenez. Plages de sable à 700m. Tenu par un couple enthousiaste qui trouve l'hygiène importante (sanitaires nettoyés 3x par jour). Entrée aux allures de parc. Au coeur d'une nature sauvage. Les emplacements sont facilement accessibles.

A partir de Châteaulin la D887 direction Crozon. Dans Telgruc indiqué clairement.

CC € 16 1/4-7/7 24/8-30/9 7=6, 14=11

N 48°13'32'' W 04°22'17''

## Telgruc-sur-Mer, F-29560 / Bretagne (Finistère) — 1155

Camping Sites & Paysages Le Panoramic****
130 route de la Plage le Penker
+33 2 98 27 78 41
28/4 - 18/9
info@camping-panoramic.com

4ha 127T(100-160m²) 10A CEE

1 ACD**G**IJKLMPQ
2 MNSUWY
3 CHIKM**O**SU
4 (C+H 1/6-15/9)K(Q 1/7-30/8)
(R+T 1/7-31/8)(U+V+
X+Y)(Z 1/7-31/8)
5 **AB**FGJLNOPUVWXYZ
6 ACDEGJ(N 1,5km)ORV

Camping familial tranquille avec beaucoup de privacy. Vue sur la baie de Douarnenez, au coeur du parc régional de l'Armorique. A 500 mètres d'une très belle plage de sable. Nombreuses randonnées possibles. La piscine chauffée est ouverte à partir du 1er juin.

A partir de Châteaulin la D887 direction Crozon. A Telgruc tout droit. Le camping est indiqué par des panneaux.

CC € 16 28/4-5/7 26/8-18/9

N 48°13'25'' W 04°22'21''

## Tinténiac, F-35190 / Bretagne (Ille-et-Vilaine) — 1156

Camping Domaine Les Peupliers***
21, La Besnelais
+33 2 99 45 49 75
1/4 - 1/10
contact@domainelespeupliers.fr

5ha 30T(100-130m²) 10A CEE

**1** ACGIJLPQ
**2** CISWXY
**3** CHKOPQSUW
**4** (C 15/6-15/9)(Q 15/4-10/9) (R+S)(U 15/5-15/9) (X+Y 20/4-10/9)(Z)
**5** ABGIJKLMNOPU
**6** CDEGHK(N 2km)TUV

Camping familial dans un cadre verdoyant et privilégié sur 5 ha, autour d'un manoir du 16e siècle, proche de Rennes, Saint-Malo, du Mont Saint-Michel. Idéal pour la famille et les seniors, la randonnée (canal d'Ille et Rance), la pèche, le vélo, et les visites. Étang, piscine, tennis et jeux. Grands emplacements délimités par des haies.

N137 Rennes-Dinard/St. Malo, sortie Hédé/Tinténiac. Le camping est au sud de Tinténiac.

CC € 18 1/4-8/7 27/8-1/10 7=6

N 48°18'35'' W 01°49'18''

## Trédrez, F-22300 / Bretagne (Côtes-d'Armor) — 1157

Camping Paradis Les Capucines****
Ancienne Voie Romaine Kervourdon
+33 2 96 35 72 28
2/4 - 25/9
les.capucines@wanadoo.fr

4ha 89T(90-130m²) 10A CEE

**1** ACDFIJKLMOPRWS
**2** ALMNRSWXYZ
**3** CDEGHIKLNOPRSU
**4** (E+H 15/4-15/9)J (Q 15/4-15/9)(R) (U+V+Z 15/4-15/9)
**5** ABDEFGHIJKLMNOPUWXY
**6** ACGJK(N 5km)ORV

Camping de qualité avec de nouveaux propriétaires, dans un environnement tranquille à 1 km de St. Michel-en-Grève avec ses plages de sable. Locquémeau, village de pêcheurs, vaut une visite. Emplacements spacieux (emplacements Confort sans supplément) sur un terrain aux allures de parc avec belle vue. GR34. Belle piscine chauffée avec toit ouvrant.

A partir de Lannion di Morlaix D786. Au croisement Trédrez-Locquémeau à droite, puis 3 fois à gauche. Suivre les panneaux.

CC € 18 2/4-1/7 29/8-24/9

N 48°41'34'' W 03°33'26''

## Treffiagat, F-29730 / Bretagne (Finistère) — 1158

Camping Les Vergers de Squividan***
8 Lieu dit Squividan
+33 2 98 58 09 12
1/4 - 10/10
contact@lesvergersdesquividan.fr

2ha 52T(100m²) 10A CEE

**1** ACDGIJKLMOPQW
**2** AGNSWXYZ
**3** AEHIKLSUVWY
**4** (E)(G 15/4-30/9)LN (Q+R+V 1/7-31/8)
**5** AFGIJKLMNPUXYZ
**6** ACEGHJ(N 2km)

Camping avec des emplacements spacieux dans la nature et vue sur la mer, situé à 400m de la plage de sable blanc et fin. Près du célèbre port de pêche du Guilvinec. Le camping dispose d'un chalet en bois pour les personnes handicapées, d'un espace de détente et d'un sauna. Piscine couverte chauffée avec toit ouvrant.

A Pont-l'Abbé vers Guilvinec. Puis Treffiagat vers Lesconil, camping indiqué par des panneaux.

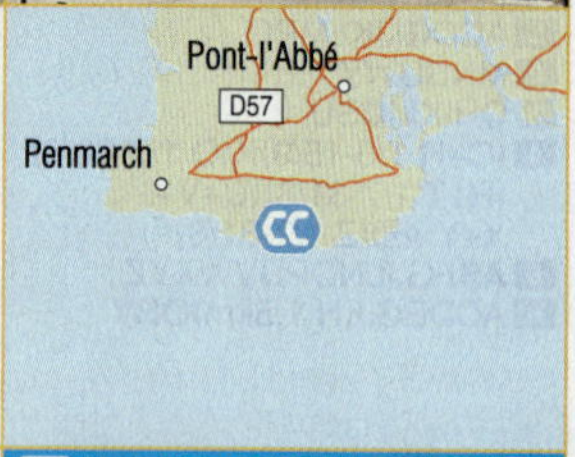


CC € 14 1/4-9/7 26/8-9/10

N 47°47'58'' W 04°14'57''

## Trégastel, F-22730 / Bretagne (Côtes-d'Armor) — 1159

Tourony Camping***
105 rue de Poul Palud
+33 2 96 23 86 61
9/4 - 24/9
contact@camping-tourony.com

2ha 81T(80-100m²) 10A CEE

1 ACD**F**IJKLMPQ
2 AHJRSUWXY
3 C**DG**HIKSUWY
4 (Q 1/7-10/9)(U 1/7-31/8)
(V 🔑)(Z 1/7-15/9)
5 **AB**EFGIJKLMNPUVWZ
6 CDEHJ(N 0,4km)V

Le Camping Tourony est idéalement situé pour une randonnée le long de la Côte de Granit Rose, une visite à Trégastel, Ploumanac'h ou l'île de Renote. Une excursion en bateau aux 7 Îles est fortement recommandée. De nombreuses informations sont disponibles à la réception. Grand supermarché à 400 m.

Le camping est du côté sud de la D788, entre Trégastel (environ 1,5 km) et Ploumanach (environ 800 mètres).

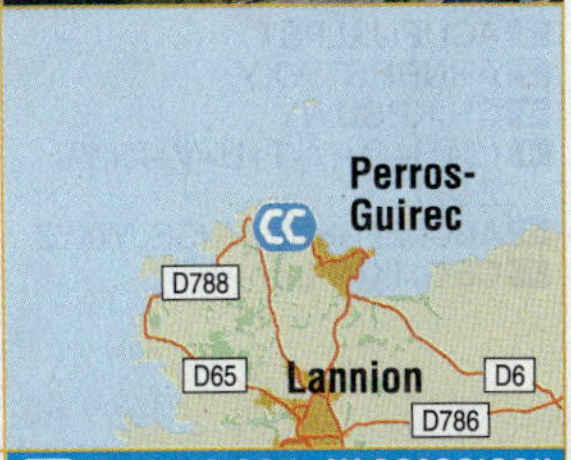


CC € 18 *9/4-2/7 1/9-23/9*

N 48°49'32'' W 03°29'29''

## Trégunc, F-29910 / Bretagne (Finistère) — 1160

Camping La Pommeraie de l'Océan - Tohapi****
3 Stang Sant Laorans-Pointe de Trév
+33 4 30 05 15 14
9/4 - 18/9
accpommeraie@vacanceselect.com

7,5ha 65T(80-200m²) 16A CEE

1 ACD**G**IJKLMOPQ
2 AIJQRSWXY
3 CHIKMOPSUVW
4 (A 1/7-31/8)(C+F+H 🔑)
IJKM(Q+R 🔑)(T+U+
V+Z 1/7-31/8)
5 **AB**CEFGHIJKLMNOPUWX
6 CEGHJ**K**(N 3km)RTV

Camping luxueux à 900m de la plage, beaucoup d'animation et des équipements sportifs pour petits et grands. Emplacements entre les arbres fruitiers, séparés par de petites haies. Sanitaires modernes bien entretenus. Bonne région pour le vélo et la randonnée, près de Concarneau. Piscines couverte et de plein air, avec whirlpool séparé et toboggans.

N165/E60 Lorient-Quimper, sortie Kérampaou vers Trégunc. D1 vers Trévignon, camping bien indiqué.

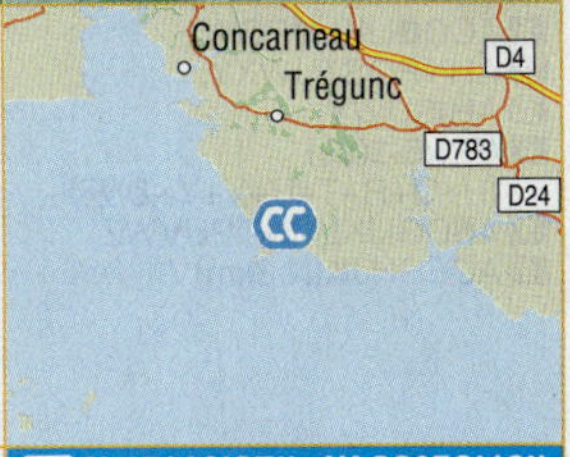


CC € 16 *9/4-2/7 27/8-18/9*

N 47°48'27'' W 03°50'18''

## Trégunc, F-29910 / Bretagne (Finistère) — 1161

Flower Camping Domaine de Pendruc 4
Hameau de Penanguer
+33 2 98 97 66 28
9/4 - 24/9
info@domainedependruc.com

6,5ha 38T

1 AC**G**IJKLMOPQW
2 WXY
3 ACHMPS
4 (C+F+H 🔑)J(Q 🔑)
(R+T 1/7-31/8)(U 🔑)
(X+Z 1/7-31/8)
5 **AB**FGIJKLMNOP**T**UWZ
6 CEH**K**(N 3km)T

NOUVEAU

Véritable camping familial, aire de jeux, belle piscine, restaurant/bar. Dans le cadre magnifique de la côte bretonne. Nombreuses possibilités d'excursions.

N165-E60 sortie Kerampaou dir Trégunc. Au centre-ville dir Concarneau jusqu'au rond-point. Là, dir Lambell. Camping bien indiqué avec des panneaux.

CC € 16 *9/4-30/6 1/9-24/9*

N 47°50'24'' W 03°52'43''

## Trélévern, F-22660 / Bretagne (Côtes-d'Armor) — 1162

Camping RCN Port l'Épine***
10 Venelle de Pors Garo
+31 8 50 40 07 00
22/4 - 25/9
reserveringen@rcn.nl

3ha 115T(80-150m²) 16A CEE

1 ACD**F**IJKL**P**ST
2 AHNPRSTWXY
3 CHIKPSUWY
4 (C+H+Q+R+T+U+V+X+Y+Z)
5 **AB**CDEFGHIJKLMNOPUWXYZ
6 CEGHK(N 2km)V

Beau petit camping situé sur un cap. Côté sud, belle vue sur la mer jusqu'à la station balnéaire Perros-Guirec. Côté nord, plage avec vue sur sept petites îles. Emplacements plats sur pelouse, séparés par de la verdure. Wifi sur tout le camping gratuit pour un appareil. Sanitaires modernes.

D6 vers Trélévern (± 5 km), puis suivre les panneaux 'camping' et Port l'Epine. Au parking à la mer, à gauche, la voie sans issue qui mène au camping ; il est au bout.

CC € 18 *22/4-9/7 26/8-25/9*

N 48°48'47'' W 03°23'09''

## Trélévern, F-22660 / Bretagne (Côtes-d'Armor) — 1163

Camping Seasonova les 7 îles***
Port L'Epine
+33 2 96 91 73 11
1/4 - 30/9
contact@camping-trelevern.com

2,8ha 118T(80-140m²) 10A CEE

1 ACD**G**IJKLMPQW
2 AHNPQSTUWXY
3 AHISUWY
4 (F 1/5-30/9) (H+Q+R+T+U+V+Y+Z)
5 **AB**DGIJKLMNOPUVWZ
6 ACEGHJ**K**(N 3km)V

Ce camping tout en longueur est situé juste au bord de la mer et a une magnifique vue sur 'les 7 îles'. La Côte de Granit Rose et Perros-Guirec sont tout près. Le camping a son propre restaurant avec des spécialités de la mer et est ouvert toute la semaine.

De Lannion vers Trélévern par la D38. A Trélévern, suivre les panneaux Port L'Epine jusqu'à la plage.

CC € 16 *1/4-3/7 23/8-29/9*

N 48°48'54'' W 03°22'59''

## Trévou-Tréguignec, F-22660 / Bretagne (Côtes-d'Armor) — 1164

Flower Camping Le Mât***
38 rue de Trestel
+33 2 96 23 71 52
14/4 - 30/9
lemat@campinglemat.com

1,8ha 37T(60-100m²) 16A CEE

1 ACD**G**HIJKLMOPQW
2 AHRSWXY
3 ACHIJOSUWY
4 (E+Q+R) (T+V+Z 1/7-31/8)
5 **AB**DFGIJLMNOPUWZ
6 CEG**K**ORV

Camping situé au bord de la superbe plage de sable de la baie de Trestel avec vue sur les Sept Iles. Il y a une piscine chauffée couverte, de nouveaux sanitaires chauffés et les emplacements sont très bien entretenus. Le GR34 passe le long du camping.

N12 St Brieuc, Guincamp, Lannion, huis D788 vers Perros Guirec, à droite avant le port D6, 1.5 km après Louannec la D38 vers Trévou-Tréguignec/plage de Trestel. Le camping est en face de la plage de Trestel.

CC € 18 *14/4-2/7 21/8-30/9*

N 48°49'11'' W 03°21'15''

## Vannes, F-56000 / Bretagne (Morbihan) — 1165

Flower Camping Le Conleau****
188 avenue Maréchal Juin
+33 2 97 63 13 88
1/4 - 2/10
camping.conleau@flowercampings.com

5ha 110T(80-150m²) 6A CEE

1 ACDGIJKLMOPRWS
2 AGIJLNRSVWXYZ
3 CGHIKMNSUW
4 (E+H+Q+R+T+U+V+X+Z)
5 ABCDEFGHIJKLMNOPQUWXYZ
6 ACDEGHK(N 1km)TV

Camping au bord de la plage avec des sanitaires bien équipés. Choix d' emplacements ensoleillés ou ombragés. Centre historique à 4 km. A 500 mètres d'une petite plage. Itinéraires pour randonnée et vélo juste à l'entrée. Réception 9.00h-12.00h et 14.30h-18.30h (basse saison).

N165/E60 Nantes-Lorient sortie Vannes Ouest/Arradon. Puis Vannes Centre et suivre les panneaux 'camping', à chaque rond-point il y a un panneau 'Le Conleau'.

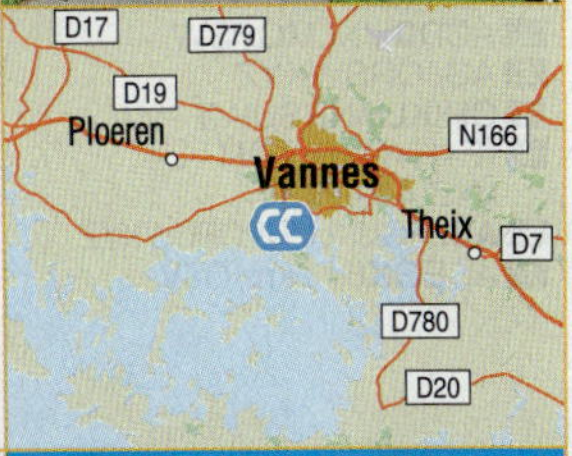


CC € 18 1/4-9/7 27/8-2/10

N 47°38'00'' W 02°46'48''

## Ambrières-les-Vallées, F-53300 / Pays de la Loire (Mayenne) — 1166

Camping Le Parc de Vaux***
35 rue des Colverts
+33 2 43 04 90 25
8/4 - 30/10
contact@parcdevaux.com

3,5ha 76T(80-110m²) 10A

1 ACDGJLMOPRS
2 CEJLMSWXYZ
3 ACHIKOPQRSUW
4 (A 1/7-31/8)(C+H 15/6-31/8) J(Q 1/7-31/8)(R) (T+U+V+X+Z 1/7-31/8)
5 ABEFGIJKLMNOPQUXYZ
6 ACEGJ(N 0,5km)ORV

Petit camping tranquille avec des emplacements délimités par des haies au bord d'une rivière. Le camping fait partie d'un parc récréatif. On peut faire différents sports, comme du kayak, du pédalo, du tennis, du VTT et nager.

Le camping est à 2 km au S d'Ambrières-les-Vallées sur la D23 de Domfront à Mayenne.

CC € 16 8/4-7/7 28/8-30/10 7=6, 14=11

N 48°23'31'' W 00°37'01''

## Ancenis, F-44150 / Pays de la Loire (Loire-Atlantique) — 1167

Camping De L'Île Mouchet***
impasse de L'Ile Mouchet
+33 2 40 83 08 43
1/1 - 31/12
camping-ile-mouchet@orange.fr

4,5ha 109T(70-100m²) 16A CEE

1 ABCDFIJKLMPQ
2 CISTXY
3 CJKMPS
4 (C+G 1/6-30/9)J (Q 1/4-31/10)(S) (T+U+Z 1/4-31/10)
5 ABDFIJLMNPY
6 CJKNOV

Camping Ile Mouchet est un camping familial agréable et sympathique. Situation idéale au bord de la Loire entre Nantes et Angers. La belle piscine et les toboggans vous garantissent beaucoup de plaisir aquatique. Ceux qui préfèrent rester tranquilles peuvent profiter de la quiétude sur l'un des emplacements bien ombragés.

Ancenis est situé entre Nantes et Angers.

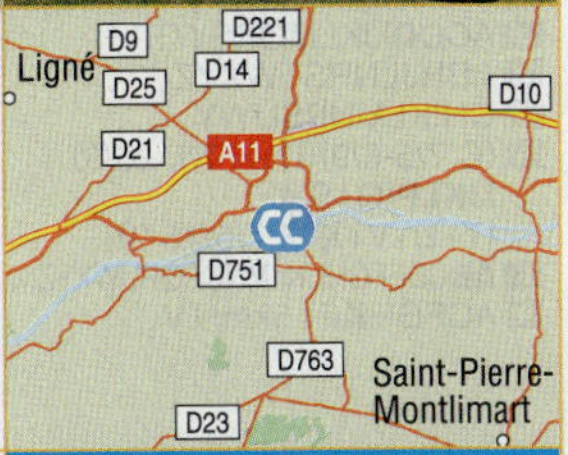


CC € 18 1/1-9/7 29/8-31/12 7=6, 14=11

N 47°21'44'' W 01°11'13''

## Assérac, F-44410 / Pays de la Loire (Loire-Atlantique) — 1168

Camping De la Baie****
Keravelo Pen Bé
+33 2 40 01 71 16
8/4 - 25/9
contact@camping-delabaie.com

3ha 28T(80-100m²) 10A CEE

1 ACD**G**IJKLMOPSW
2 AGJQRSWXYZ
3 CHIKLMNPSUWY
4 (F+H+Q+R ⊶)(T+U+V+Z 4/7-30/8)
5 **AB**EFGIJKLMNPQRUWXYZ
6 ACEG**K**(N 7km)OTV

Camping verdoyant et tranquille près de la mer, avec ambiance familiale. Beau sentier le long de la baie qui est sèche à marée basse. Nouveaux sanitaires 2019.

E60/N165 Vannes-Nantes sortie 15 et par la D774 à Herbignac, au rond-point au supermaché, D33 vers Assérac. Au rond-point de l'église, Suivre la direction Pen Bé D82, suivre Pen Bé et les indications pour le camping.

CC € 16 *8/4-8/7 26/8-24/9*

N 47°25'24'' W 02°26'46''

## Assérac, F-44410 / Pays de la Loire (Loire-Atlantique) — 1169

Camping Du Domaine De Pont Mahé***
13 rue Pont-Mahé
+33 2 40 01 74 98
8/4 - 30/9
contact@pont-mahe.com

1,5ha 36T(90-120m²) 10-16A CEE

1 ACD**G**IJKLMOPRWS
2 ABGJRSWXY
3 CHIKLSUWY
4 (E+H+Q+R ⊶) (T+U+V 1/7-30/8) (X 1/7-31/8)(Z ⊶)
5 **AB**FGIJLMNPUZ
6 ACEG**J**KTV

Petit camping familial près du bord de mer, avec emplacements séparés par des haies et sanitaires bien entretenus. Choix d'emplacement au soleil ou sous les hauts pins. Côte caractéristique avec à marée basse une baie dans laquelle on peut marcher. Réception fermée entre 13h et 14h. Wifi gratuit 2h/jour.

N165 Nantes-Lorient sortie La Roche Bernard, vers Guérande jusqu'à Assérac. Dans le centre, vers Pont-Mahé. Camping sur la droite dans le centre de ce village.

CC € 16 *8/4-1/7 22/8-30/9*

N 47°26'50'' W 02°27'00''

## Assérac, F-44410 / Pays de la Loire (Loire-Atlantique) — 1170

Camping Sandaya Le Moulin de l'Eclis****
5 bis rue de la Plage, Pont Mahé
+33 2 40 01 76 69
8/4 - 25/9
moulindeleclis@sandaya.fr

3,8ha 45T(90-140m²) 16A CEE

1 ACD**G**IJKLMOPSWT
2 ABHJLNRSTWXYZ
3 CHIKLMNPSUWY
4 (C 7/5-6/9)(D+H 7/5-25/9) IJ**KLP**(Q+S ⊶) (T+U+V+X+Z 7/5-15/9)
5 **AB**CDEFGHIJKLMNOPQRUWXYZ
6 ACFGH**K**(N 5km)TV

Situé à Assérac en Loire-Atlantique, le camping Sandaya Le Moulin de l'Eclis offre un accès direct à la mer. Emplacements ombragés ou demi-ombragés. Sur place, un parc aquatique, un spa, un terrain multisports ou encore une aire de jeux est à disposition des clients.

N165/E60 Nantes-Vannes, à La Roche-Bernard dir. Guérande/La Baule jusqu'à Herbignac, puis vers Assérac. Dans le centre au rond-point, dir. Pont-Mahé et suivre les panneaux de cp.

CC € 20 *8/4-8/7 3/9-25/9*

N 47°26'41'' W 02°27'02''

## Aubigny, F-85430 / Pays de la Loire (Vendée)

iD **1171**

Camping Campilô***
chemin de Camping
+33 2 51 31 68 45
2/4 - 30/10
@ accueil@campilo.com

16ha 42**T**(100-200m²) 16A CEE

**1** ACD**G**IJKLMNOPSWT
**2** EIOSWYZ
**3** ABHIKMP**R**SW
**4** (E+H )M (Q+R+T+U+V 1/7-31/8) (Z )
**5** **AB**CGIJKLMNOPUX
**6** ACDEGK(N 3km)ORT

Un magnifique camping dans la verdure situé au bord de deux petits lacs au coeur de la Vendée. Grand lac dans lequel on peut pêcher (carpes/ brochets/ fretin). Un camping avec de grands emplacements!

A partir de La Roche-sur-Yon, la A87 direction Les Sable d'Olonne; sortie 32. A Aubigny, suivre les panneaux.

CC € 18 *2/4-8/7 27/8-30/10*

N 46°37'22'' W 01°27'18''

## Barbâtre, F-85630 / Pays de la Loire (Vendée)

iD **1172**

Camping Sandaya Domaine Le Midi*****
rue du Camping
+33 2 51 39 63 74
8/4 - 25/9
@ domainelemidi@sandaya.fr

13ha 204**T**(80-200m²) 16A CEE

**1** ACD**G**IJKLMOPST
**2** ABGLTWXYZ
**3** ACHIKMNOPSUWY
**4** (C+F+H+Q )(R 1/7-31/8) (S+T+U+V+Z )
**5** **AB**EFGIJKLMNOPUWZ
**6** ACEGH**K**(N 0,5km)TV

Cet agréable camping cinq étoiles dans les dunes a un accès direct à la plage et une piscine couverte et en plein air, un court de tennis et un terrain multi-sport. De nombreuses belles plages de sable et pistes cyclables dans les environs. Divers sites historiques à visiter. La CampingCard ACSI est uniquement valable pour les emplacements standard dans la forêt.

Direction Noirmoutiers. Au 3e rond-point à gauche après le pont. Suivre les panneaux de camping 'Du Midi'.

CC € 16 *8/4-8/7 3/9-25/9*

N 46°56'43'' W 02°11'07''

## Batz-sur-Mer, F-44740 / Pays de la Loire (Loire-Atlantique)

iD **1173**

Flower Camping Les Paludiers****
rue Nicolas Appert
+33 2 40 60 17 28
1/4 - 2/10
@ paludiers@flowercampings.com

8ha 122**T**(80-120m²) 10A CEE

**1** ACD**G**IJKLMO**P**RWS
**2** AGJRSTWXYZ
**3** C**G**HIKLMN**O**P**R**SUWY
**4** (A 4/7-29/8)(C 1/7-30/8) (E+G+Q )(R 1/7-31/8) (T+U+V+X+Z )
**5** **AB**DEFGIJKLMNOPQRUWZ
**6** ACEGHK(N 1,5km)ORTUV

Situé sur une langue de terre de ± 500 mètres de largeur sur une presqu'île, près de la Baule. Emplacements séparés par des haies, à 100m d'une belle plage de sable. Randonnées à vélo à La Baule, St Nazaire, Guérande, ou aux marais salants par des routes avec peu de circulation.

Nantes-Lorient N165, direction St Nazaire par la N171. Puis suivre Guérande, et avant Guérande, au rond-point, direction Le Croisic et Batz sur Mer par la D774, traverser Batz, et directement à gauche.

CC € 18 *1/4-9/7 27/8-2/10*

N 47°16'42'' W 02°29'31''

## Brain-sur-l'Authion, F-49800 / Pays de la Loire (Maine-et-Loire)

1174

Flower Camping Du Port Caroline***
rue du Pont Caroline
+33 2 41 80 42 18
1/4 - 30/9
info@campingduportcaroline.fr

3,2ha 92**T**(110-200m²) 10A CEE

1 ACD**G**IJKLMPSWT
2 DIJSWXYZ
3 CEIKMNSU**W**
4 (E+H )K(Q 1/7-31/8)
(R )(T+U+V+Z 1/7-31/8)
5 **AB**DEFGIJKLMNOPQUVWXYZ
6 ACEGJ**K**(N 2km)ORTV

Camping tranquille, à 3 km de la Loire. Il y a une superbe piscine chauffée couverte avec panneaux coulissants. Situé entre Angers et Saumur, villes culturelles. Nombreux sentiers pour la randonnée et le vélo. Situation idéale pour découvrir les villages pittoresques des bords de Loire.

D'Angers, A87 sortie 17, puis suivre les panneaux.

CC € 16 *1/4-3/7 21/8-30/9*

N 47°26'36'' W 00°24'31''

## Brem-sur-Mer, F-85470 / Pays de la Loire (Vendée)

1175

Camping L'Océan*****
17 rue du Brandais
+33 2 51 90 59 16
9/4 - 6/11
locean@cybelevacances.com

7ha 65**T**(90-120m²) 16A

1 AC**F**IJKLMPSWT
2 ASTWY
3 BCHIKMNPSU**V**W
4 (C+F+H )IJM**NP**
(Q+S+T+U+V+X+Y+Z )
5 **AB**EFGIJKLMNOPUVWXZ
6 AEGH**K**TV

Un grand camping familial agréable près de la mer. Sur le camping, il y a un parc aquatique de 1000 m² avec toboggans, wellness et une pataugeoire. Nombreuses activités dans les environs, par exemple des marchés régionaux et un parc d'escalade.

Par la D38, de Brétignolles-sur-Mer, suivre vers Les Sables d'Olonne. A Brem-sur-Mer, suivre les panneaux.

CC € 18 *9/4-2/7 27/8-6/11*

N 46°36'04'' W 01°50'39''

## Brétignolles-sur-Mer, F-85470 / Pays de la Loire (Vendée)

1176

Camping La Trévillière****
rue de Bellevue
+33 2 51 90 09 65
2/4 - 26/9
info@chadotel.com

3,2ha 69**T**(100-130m²) 10A CEE

1 ACD**F**IJKLMOPRWS
2 SUWYZ
3 CHIKMP**R**SU
4 (C+E+G 1/5-15/9)J
(Q 15/5-15/9)(R 1/6-15/9)
(T+U+V+X+Y 17/5-15/9)
(Z )
5 **AB**EFGIJKLMNOPQRUWYZ
6 ACEG**K**(N 1km)ORTV

Camping de taille moyenne avec des emplacements ombragés en bordure du village. On peut nager et il y a des animations agréables pour tous les âges.

A partir de St. Gilles-Croix-de-Vie D38 direction Brétignolles. Virage à 8 km, panneau de camping en haut, indiqué à gauche.

CC € 16 *8/4-9/7 30/8-25/9*

N 46°38'10'' W 01°51'30''

## Brétignolles-sur-Mer, F-85470 / Pays de la Loire (Vendée)

**1177**

Flower Camping Le Cabestan***
24, route de Saint-Gilles
+33 2 51 90 15 92
16/4 - 25/9
campingcabestan@gmail.com

3ha 40T(110-140m²) 6-10A

**1** ACD**G**IJKLMOPST
**2** AJSWXY
**3** AHIKMNOSU**W**
**4** (E+H )K
(Q+R+T+U+V 1/7-31/8)
(Z )
**5** **AB**EFGIJKLMNOPRUZ
**6** CDEGH**J**(N 2km)TV

Le camping Le Cabestan est un nouveau camping avec d'excellentes installations. Proche de la plage de sable fin. Piscine neuve chauffée. Bonnes installations sanitaires. Proche du centre de Brétignolles-sur-Mer. Possibilités de randonnées à vélo ou à pied dans un environnement magnifique.

Depuis La Roche-Sur-Yon suivre la direction St Gilles-Crois-de Vie, puis Bretignolles-sur-Mer. Le long de la D36.

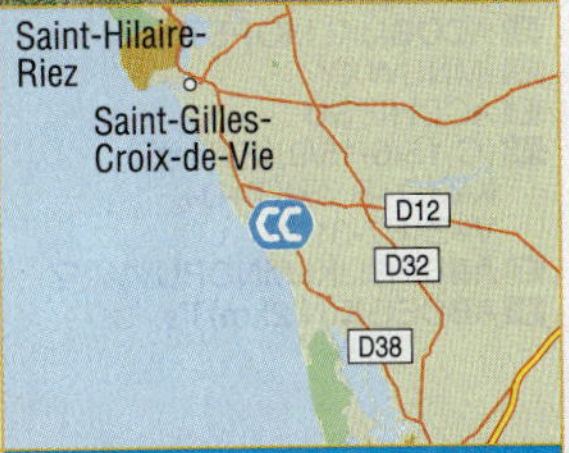


N 46°38'10'' W 01°51'59''

CC € 16 *16/4-8/7 27/8-24/9*

## Brissac-Quincé, F-49320 / Pays de la Loire (Maine-et-Loire)

**1178**

Camping Sites & Paysages de l'Etang****
603 Imp. Du Domaine de l'Etang
+33 2 41 91 70 61
9/4 - 11/9
info@campingetang.com

8ha 110T(120-150m²) 16A CEE

**1** ACD**G**IJKLMO**P**RWS
**2** CEISUWXYZ
**3** ACE**G**HIKMNPSUW
**4** (A 1/7-31/8)
(C+F+H+Q+R+S )
(T 1/7-31/8)(U 1/6-31/8)
(X 1/7-31/8)(Z 1/6-31/8)
**5** **AB**DEFGIJKLMNOPUWXYZ
**6** AEGK(N 1km)RTV

Camping à taille humaine avec des larges emplacements pour vous reposer. Le camping accueille les campeurs à la recherche d'un coin de verdure disposant du confort nécessaire pour un séjour inoubliable dans le Val de Loire De nombreux services sont à votre disposition : Dégustation de vins, étang de pêche gratuit, piscine couverte et chauffée, lingerie, service de pain.

Via la D761, à Brissac-Quincé D55 direction St. Mathurin. Suivre les panneaux 'Parc de loisirs'.

N 47°21'34'' W 00°26'04''

CC € 18 *9/4-2/7 27/8-11/9*

## Chaillé-les-Marais, F-85450 / Pays de la Loire (Vendée)

**1179**

Camping L'Île Cariot***
rue du 8 mai
+33 2 51 56 75 27
1/4 - 30/9
camping.ilecariot@gmail.com

4,5ha 37T(70-120m²) 16A CEE

**1** ACD**F**IJKLMPQ
**2** CSWYZ
**3** ACHIKOPSU**W**
**4** (C+H 15/6-15/9)(Q+R+T+Z )
**5** **AB**DGIJKLMNOPUWZ
**6** ACEGJ(N 0,2km)TV

Camping sympathique avec des emplacements spacieux dans un cadre de verdure au coeur du Marais Poitevin. A partir du camping, faites un tour découverte en canot (gratuit). Tous équipements. Piscine chauffée à partir du 15 juin. Zone wifi gratuit.

A partir de la D25, indiqué par des panneaux dans le village Chaillé-les-Marais.

N 46°23'31'' W 01°01'10''

CC € 14 *1/4-8/7 25/8-30/9* *7=6, 14=12, 21=18*

## Chambretaud, F-85500 / Pays de la Loire (Vendée)

1180

Camping Au Bois du Cé****
route du Puy du Fou
+33 2 51 91 54 32
9/4 - 1/11
contact@camping-auboisduce.com

4,8ha 58T(100-110m²) 16A CEE

1 ACD**G**IJKLMOPST
2 IMNSWXY
3 ACDHIPSU
4 (C 15/6-15/9)(F+H)
KM(Q+R)(T+U+
V+Z 1/7-31/8)
5 **AB**DFGIJKLMNOPUVWYZ
6 ABCEG**K**(N 2km)TV

Camping avec emplacements spacieux, piscine privée (chauffée), bonnes installations sanitaires. Camping très bien entretenu. Situé sur la route du Puy du Fou. Ancienne gare pleine d'ambiance sur le site. Piscine couverte avec jacuzzi. Parc aquatique couvert avec jeux pour enfants.

A87 sortie 28 ; camping à 7,5 km. De Chambretaud, suivre Le Puy du Fou. Le camping est bien indiqué.

CC € 20 *9/4-7/7 29/8-1/11 7=6, 14=12*

N 46°54'52'' W 00°56'58''

## Clisson, F-44190 / Pays de la Loire (Loire-Atlantique)

1181

Onlycamp du Moulin***
route de Nantes
+33 2 40 54 44 48
7/1 - 18/12
campingdumoulin@onlycamp.fr

1,8ha 48T(85-110m²) 10A CEE

1 ABCD**G**IJKLPST
2 CLSUVWXYZ
3 ACHIS
4 (Q 1/7-31/8)(R)
5 **AB**DFIJKLMNOPW
6 BDEK(N 0,2km)TV

Le camping vous accueille au coeur des vignes du Muscadet, à 20 minutes de Nantes et près du centre historique de Clisson.

A Clisson, direction Clisson centre Zone d'activités.

CC € 16 *7/1-26/5 29/5-4/6 6/6-2/7 28/8-18/12*

N 47°05'45'' W 01°17'02''

## Coëx, F-85220 / Pays de la Loire (Vendée)

1182

Camping RCN La Ferme du Latois****
D40
+31 8 50 40 07 00
22/4 - 25/9
reserveringen@rcn.nl

21ha 164T(110-250m²) 6-16A CEE

1 AC**F**IJKLMOPQ
2 ESWXYZ
3 ABC**G**HIKLMPSUW
4 (A 1/6-31/8)(C+H)J
(Q+S+T+U+V+X+Y+Z)
5 **AB**EFGIJKLMNOPRUWZ
6 ACDEGHK(N 1,5km)OTUV

Magnifique camping avec des plantations très diverses et un étang. Grands emplacements et beaux champs avec assez d'intimité. D'excellentes installations.

A87 vers Aizenay. Là, suivre les panneaux Coëx. D40 vers Brétignolles-sur-Mer. Indiqué par des panneaux.

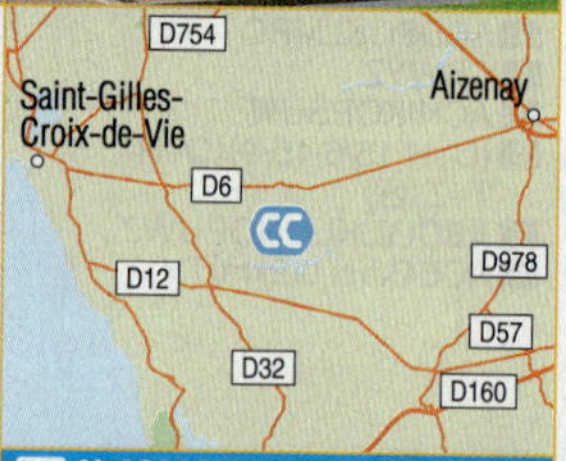


CC € 16 *22/4-9/7 26/8-25/9*

N 46°40'36'' W 01°46'08''

## Damvix, F-85420 / Pays de la Loire (Vendée) 1183

Camping des Conches***
route du Grand Port
+33 2 51 87 17 06
1/4 - 9/10
campingdesconches@orange.fr

2,1ha 72**T**(80-120m²) 10A CEE

**1** ACD**G**IJKLMPQ
**2** CSWYZ
**3** CHIJKMOS**W**
**4** (E 15/4-30/9)(Q 1/7-31/8) (T+U+Z)
**5** **AB**FGHIJKLMNOPUVZ
**6** ACEG**K**(N 0,3km)TV

Camping familial situé dans les environs tranquilles du Marais Poitevin, dans le village paisible de Damvix. Idéal pour faire du vélo et des excursions dans les environs.

De Fontenay-le-Comte direction Niort. Ensuite Maillezais puis Damvix. Le camping est indiqué à Damvix.

N 46°18'46'' W 00°43'57''

CC € 16 *1/4-30/6 1/9-9/10*

## Durtal, F-49430 / Pays de la Loire (Maine-et-Loire) 1184

Camping Les Portes de l'Anjou***
9 rue du Camping
+33 2 41 76 31 80
8/4 - 31/10
contact-camping@lesportesdelanjou.com

3ha 80**T**(80-120m²) 10A CEE

**1** AC**F**IJLPRS
**2** CIJSUWXYZ
**3** CHIKMPSU**W**
**4** (C+H 6/7-28/8) (Q+R 1/7-31/8)(T+U+V+Z 1/6-8/9)
**5** **AB**FGIJKLMNPUWZ
**6** ACEG**K**(N 0,5km)

Très joli camping verdoyant de taille moyenne, convivial, en pleine nature au bord du Loir, avec de grands emplacements délimités par de jolies haies champêtres. Arboré, très bien entretenu. Le paradis des pêcheurs. A 5 minutes à pied du centre-ville et de tous commerces. Petit village pittoresque avec son imposant château des Comtes d'Anjou.

En sortant de l'A11, sortie 11 Durtal, continuer sur la RD 859, au dernier rond-point prendre à droite direction Durtal.

N 47°40'16'' W 00°14'09''

CC € 14 *8/4-3/7 29/8-31/10 7=6*

## Évron, F-53600 / Pays de la Loire (Mayenne) 1185

Camping des Loisirs***
bd du Maréchal Juin
+33 7 83 67 24 87
1/4 - 1/10
campingevron@gmail.com

5,4ha 87**T**(80-100m²) 10A CEE

**1** ABC**F**IJLPQ
**2** SVWY
**3** ACHIK**O**PRU**W**
**5** **AB**DEFGIJKLMNPUWXYZ
**6** EGJ(N 0,5km)T

Le camping a des emplacements spacieux et des sanitaires renovés modernes. Dans les environs il y a de nombreuses pistes cyclables et pédestres, des terrains multisports et un parc aquatique avec réduction pour clients du camping. Il y a quelque chose à faire toute l'année. Evron est un bon point de départ pour des excursions culturelles et historiques.

Camping se trouve à l'ouest d' Évron sur le boulevard circulaire autour d'Évron. En entrant dans Évron, suivre les panneaux.

N 48°09'03'' W 00°24'46''

CC € 14 *1/4-1/7 1/9-1/10*

## Fresnay-sur-Sarthe, F-72130 / Pays de la Loire (Sarthe)

**1186**

Camping Mun. du Sans Souci***
allée André Chevalier
+33 2 43 97 32 87
1/4 - 31/10
camping-fresnay@wanadoo.fr

2ha 73**T**(80-120m²) 6-10A CEE

1 ACD**G**IJKLMOPQ
2 DISUWXYZ
3 ACHIKLNOP**R**SU**W**
4 (A 1/7-31/8)(C+H 1/6-31/8) **KN**(Q 1/4-15/9)(R 🔑)
5 **AB**EFGIJKLMNPUWXYZ
6 CEGHK(N 1km)OTV

Camping municipal dans un environnement tranquille sur la rive verdoyante de la Sarthe ici bien large. Le village pittoresque est facilement accessible par la passerelle.

Du nord D338 jusqu'à La Hutte, puis à droite D310, Fresnay-sur-Sarthe. Du sud D338 et D39 vers Fresnay-sur-Sarthe. Dans le village D310, Sillé-la-Guillaume. Puis suivre les panneaux.

CC € 12 *1/4-30/6 2/9-31/10*

N 48°17'03'' E 00°00'52''

## Gennes, F-49350 / Pays de la Loire (Maine-et-Loire)

**1187**

Camping Au Bord de Loire***
1 Place du 19 Mars
+33 2 41 38 04 67
16/4 - 30/9
contact@camping-auborddeloire.com

2,5ha 113**T**(80-120m²) 10A

1 ACDGIJKLMOPQ
2 DJNSTWXYZ
3 CHIKLPSU**W**
4 (Q 1/7-31/8)(R 🔑) (T 1/7-31/8)(U+Z 🔑)
5 **AB**EFGIJKLMNOPQUXZ
6 CEGJ(N 0,15km)T

Un camping familial spacieux situé au coeur du village de Gennes, aux bords de la Loire. Piste cyclable 'La Loire à vélo' au départ du camping. Boulangerie, restaurants et supermarché pas loin de camping. Situé idéalement pour une visite à Angers et Saumur.

Camping situé sur la rive sud de la Loire. Dans le centre de Gennes, passer par la place du Marché pour arriver au camping. Bien indiqué.

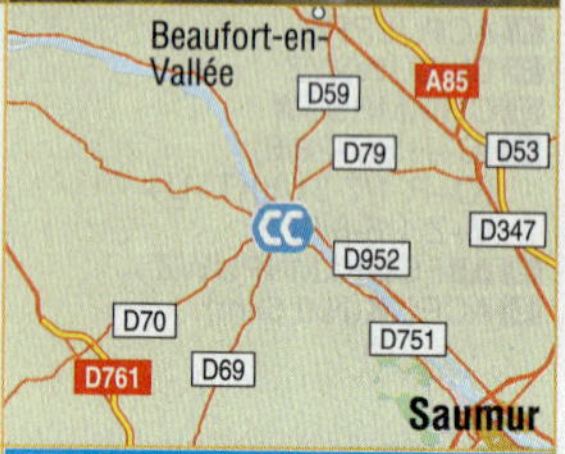


CC € 16 *16/4-2/7 27/8-30/9*

N 47°20'31'' W 00°13'47''

## Givrand/St.Gilles-Croix-de-Vie, F-85800 / Pays de la Loire (Vendée)

**1188**

Camping Le Domaine de Beaulieu****
rue du Parc - Givrand
+33 2 51 55 59 46
2/4 - 26/9
info@chadotel.com

8ha 127**T**(100-125m²) 6A CEE

1 AC**G**IJKLMOPRWS
2 JSUWXY
3 BC**G**HIKM**O**P**R**SU**W**
4 (C 10/5-20/9)(E 13/4-20/9) (H 10/5-20/9)J(Q 15/6-31/8) (S+T+U+V+X+Y 1/6-10/9) (Z 🔑)
5 **AB**EFGIJKLMNOPUZ
6 AEG**K**(N 3km)ORTV

Bon camping sur un terrain plat, verdoyant et bien entretenu. La piscine et le restaurant ont une situation centrale sur ce camping tranquille. Il est bien apprécié des néerlandais.

A partir de St. Gilles-Croix-de-Vie: D38 direction Les Sables-d'Olonne. A 3 km sur la gauche.

CC € 16 *8/4-9/7 30/8-25/9*

N 46°40'16'' W 01°54'13''

## Guémené-Penfao, F-44290 / Pays de la Loire (Loire-Atlantique) — 1189

Camping et Gîte de l'Hermitage***
46 avenue du Paradis
+33 2 40 79 23 48
27/3 - 31/10
camping.hermitage@orange.fr

2,8ha 55T(60-80m²) 6A CEE

1 A**G**IJKLPST
2 BCJSUWYZ
3 AHIK**O**PSU**W**
4 (A+C+H 1/7-31/8)J(Q)
(R+T+U+V 1/7-31/8)(Z)
5 **AB**FGHIJKLMNPUWZ
6 CEGJ(N 0,8km)OV

Camping familial très agréable dans un cadre naturel au cœur de la vallée du Don et ses légendes.

Redon-Châteaubriant. Sortie Guémené-Penfao. Le camping est indiqué.

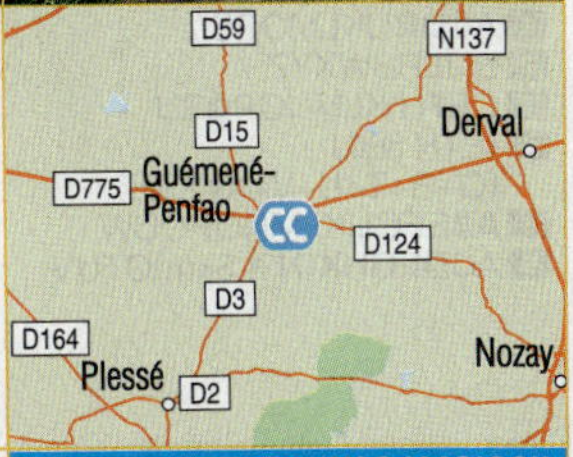


CC € 16 27/3-9/7 28/8-31/10 7=6

N 47°37'33'' W 01°49'08''

## Guérande, F-44350 / Pays de la Loire (Loire-Atlantique) — 1190

Camping Domaine de Léveno****
Lieu dit Léveno
+33 2 40 24 79 30
1/5 - 25/9
info@camping-leveno.com

16ha 76T(80-110m²) 6A

1 ACD**G**IJKLMPRW
2 BILRSWXYZ
3 CDE**G**HIKLMN**O**P**R**SUV
4 (C 15/5-15/9)(E+H)IJLM
(Q+S+T+U+V+Y+Z)
5 **AB**DEFGIJKLMNOPQRUWXYZ
6 ACEGHJ**K**(N 1,8km)OTV

Grand camping avec des emplacements autour du bloc sanitaire hypermoderne. Séparés des mobile-homes par arbres et arbustes. Bien situé pour visiter la Guérande médiéval et les marais salants. Excellent restaurant. Réception fermée 12h30-14h.

N165 Nantes-Lorient. Sortie La Roche-Bernard. Direction Guérande/La Baule par la D774. Au rond-point (près de Guérande) avec le Super Leclerc, suivre les panneaux du camping. Le camping est à 1 km derrière le supermarché.

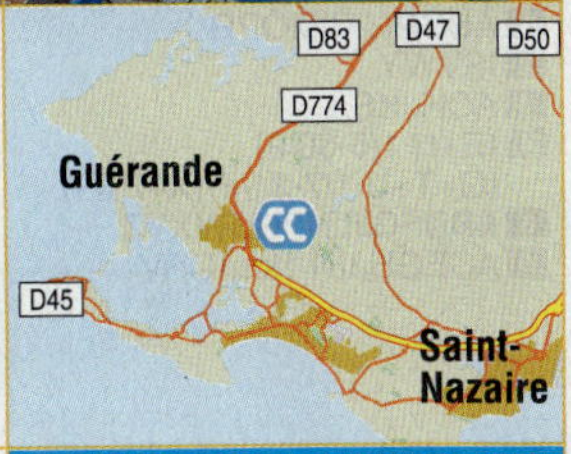


CC € 22 7/5-25/5 7/6-27/6 1/9-24/9

N 47°20'00'' W 02°23'26''

## Guérande, F-44350 / Pays de la Loire (Loire-Atlantique) — 1191

Camping La Fontaine***
rte de Saint Molf -D233- Kersavary
+33 2 40 24 96 19
1/4 - 17/10
lafontaine.guerande@orange.fr

2,5ha 57T(100-150m²) 10-16A CEE

1 ACD**G**IJKLMOPQW
2 IJRSWXYZ
3 CHIKLPS
4 (C+H 15/6-15/9)(Q+T+
U+Z 1/7-31/8)
5 **AB**EFGIJKLMNOPQRUWXYZ
6 ACEK(N 2km)OTU

Bon camping avec des installations sanitaires modernes bien entretenues et une piscine chauffée. Bien situé pour explorer la région, notamment La Baule, Le Croisic, St Nazaire et les marais salants de Guérande. Choix entre des emplacements délimités entre des haies ou entre des arbres. La réception fermée 12h-15h.

Nantes E60 et N171 direction St. Nazaire, N171 direction Guérande. Puis quelques ronds-points, di Vannes, ensuite D233 direction St. Molf, panneau de camping à 500m.

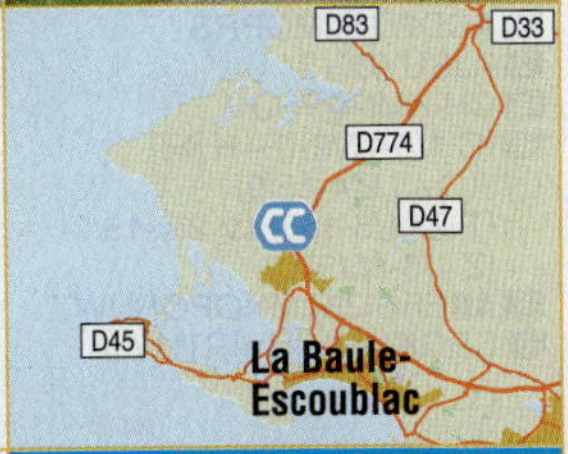


CC € 14 14/4-8/7 25/8-16/10

N 47°20'57'' W 02°26'03''

## Guérande, F-44350 / Pays de la Loire (Loire-Atlantique)

1192

Camping Le Domaine de Bréhadour****
route de Bréhadour
+33 2 40 17 65 15
8/4 - 25/9
brehadour@edenvillages.fr

8ha 92T(100-150m²) 10-16A CEE

**1** ACD**G**IJKLMOPS
**2** BIJLRSWXYZ
**3** CE**F**HIKLMNOP**Q**SU
**4** (E+H)J
(Q+R+T+U+V+X+Z)
**5** **AB**EFGIJKLMNOPQUW
**6** ACDEGH**K**(N 1,5km)OTUV

Bon camping confortable avec quelques emplacements abrités entre les arbres et les haies, et d'autres emplacements en terrain plus ouvert avec plus de soleil, près de la petite ville médiévale Guérande. A ± 10 minutes en voiture de La Turballe ou de La Baule, ville animée. Réception fermée entre 12h30 et 15h.

Nantes-Vannes par la N165/E60 sortie Guérande/La Baule, au rond-point près de Guérande, suivre les panneaux Bréhadour.

N 47°20'32'' W 02°25'04''

CC € 16 *8/4-8/7 28/8-25/9* 7=6

## Héric, F-44810 / Pays de la Loire (Loire-Atlantique)

1193

La Pindière***
102 La Denais
+33 2 40 57 65 41
1/1 - 31/12
contact@camping-la-pindiere.com

3ha 43T 6-10A CEE

**1** ABC**G**IJKLMOPR
**2** ISVWY
**3** ACHJKS
**4** (E+H 1/5-30/9)
(Q+T+U 1/7-31/8)(X+Z)
**5** **AB**DFGJLNPRUWXYZ
**6** ACEGHJ(N 1km)ORV

Camping familial et convivial pour des vacances relaxantes au coeur d'un jardin de 3 hectares doté d'une piscine chauffée et couverte. Spacieux emplacements délimités. Idéalement situé entre Rennes et Nantes, proche du canal de Nantes à Brest pour découvrir les charmes de la Loire Atlantique. Non loin des belles plages de sable fin. Ouvert à l'année.

De la 4 voies Nantes/Rennes rentrer dans Héric tout droit direction Fay de Bretagne et 500m après le Super U à gauche.

N 47°24'48'' W 01°40'14''

CC € 18 *1/1-1/7 1/9-31/12*

## Jard-sur-Mer, F-85520 / Pays de la Loire (Vendée)

1194

Camping L'Océano d'Or*****
84 rue Georges Clémenceau
+33 2 51 33 65 08
8/4 - 25/9
info@chadotel.com

8ha 200T(100m²) 10A

**1** ACD**F**IJKLMOPRS
**2** AJSUWXYZ
**3** CHIKMN**O**PSUV
**4** (C 1/5-15/9)(E+H)
J(Q+S 2/4-15/9)
(T+U 1/5-15/9)(V 2/4-15/9)
(Z 1/5-15/9)
**5** **AB**EFGIJKLMNOPQRUWZ
**6** CEG**K**(N 0,4km)RTUV

Camping familial en bordure du village avec des emplacements spacieux séparés par des haies et une piscine magnifique.

En quittant Jard-sur-Mer, sur la droite en direction de La Tranche, sur la D21.

N 46°25'15'' W 01°34'10''

CC € 18 *8/4-9/7 30/8-25/9*

## La Barre-de-Monts, F-85550 / Pays de la Loire (Vendée)

iD **1195**

Camping La Grande Côte***
route de la Grande Côte
+33 2 51 68 51 89
20/5 - 25/9
grande-cote@campeole.com

17ha 464**T**(80-120m²) 10A CEE

**1** ACD**G**IJKLMO**P**ST
**2** ABGLMTXYZ
**3** ACHIKMPSUWY
**4** (C+H 1/6-11/9)(Q )(T+U+V+Z 1/7-31/8)
**5** **AB**EFGIJLMNOPUZ
**6** ACEGHJ**K**(N 1km)ORTV

Un camping typique dans les dunes, au cœur de la verdure, avec accès direct à la plage. Emplacements sur terrain relativement plat. Le petit village Fromentine est à proximité. D'excellentes installations.

A partir de Nantes suivre la direction Noirmoutier jusqu'à La Barre-de-Monts. Puis prenez la Route de la Grande Côte. Suivre les panneaux de camping.

CC € 16 *20/5-8/7 3/9-25/9*

N 46°53'08'' W 02°08'51''

## La Barre-de-Monts, F-85550 / Pays de la Loire (Vendée)

iD **1196**

Camping Le Grand Corseau***
route de la Grande Côte
+33 2 51 68 52 87
2/4 - 2/10
contact@corseau.com

8ha 294**T**(80-120m²) 10A CEE

**1** ACD**G**IJKLMOPST
**2** ABGSTWXYZ
**3** AHIKMPSUWY
**4** (C+H 1/5-15/9)(Q )(R+T+U+V+Z 1/7-31/8)
**5** **AB**CEFGJKLMNPUVZ
**6** ACEGHJ**K**(N 1,5km)RTV

Beau camping dans les dunes et les bois à seulement 400 mètres de la plage, près du pont de Noirmoutier, en face de l'Ile d'Yeu. Situation idéale pour randonneurs, cyclistes et ceux qui aiment la plage. Grands emplacements!

De La Barre-de-Monts, D38 vers Noirmoutier. A 150m avant le pont sortie le Grand Corseau. Suivre les panneaux.

CC € 14 *2/4-3/7 20/8-2/10*

N 46°52'59'' W 02°08'50''

## La Baule, F-44500 / Pays de la Loire (Loire-Atlantique)

iD **1197**

Camping Airotel La Roseraie****
20 avenue Jean Sohier
+33 2 40 60 46 66
16/4 - 18/9
camping@laroseraie.com

5ha 100**T**(90-120m²) 6-10A CEE

**1** ACD**F**IJKLMOPRWS
**2** IJRSWXY
**3** C**G**HIKL**O**P**QR**SUV
**4** (B+D+H )IJK (Q+S+T+U+V+Y+Z )
**5** **AB**EFGIJKLMNOPQRUWXYZ
**6** ACEG**K**M(N 0,3km)OTV

Camping familial luxueux près de La Baule. Terrains de golf à 2 km. Promenade à vélo au bord de la plus belle baie d'Europe occidentale sur des pistes cyclables ou des routes à faible circulation. Avec CampingCard ACSI vous n'êtes admis que sur les pelouses avec des emplacements standards.

N171 jusqu'à sortie La Baule/Escoublac, suivre Escoublac. Au rond-point, aller au village jusqu'à l'église, puis Golf de La Baule, directement à droite après le pont. Cf panneaux de camping.

CC € 16 *16/4-7/7 29/8-17/9* *14=12*

N 47°17'54'' W 02°21'27''

## La Bernerie-en-Retz, F-44760 / Pays de la Loire (Loire-Atlantique) — 1198

Camping Les Écureuils****
24 ave Gilbert Burlot
+33 2 40 82 76 95
8/4 - 25/9
info@chadotel.com

5,5ha 140T(80-110m²) 10A

1 ACD**F**IJKLMOPRWS
2 AGIJLRSWXYZ
3 C**G**HIKMOPSWY
4 (C 15/5-3/9)(E+H)IJM (Q+T+U+V+Z 1/7-31/8)
5 **AB**EFGIJKLMNOPUWZ
6 CEGHJ**K**(N 0,45km)RTV

A 400m de la mer et du centre. Belle plage de sable et pistes cyclables. Nouveaux sanitaires. Nouveau terrain de jeux. Animaux domestiques <15 kg autorisés sur les emplacements. Ville agréable. Réception fermée 12.30/14.00h.

A partir du périphérique Nantes-ouest, sortie Noirmoutier/Pornic. A partir de Pornic dir. Noirmoutier par la D13. Sortie dir. La Bernerie-en-Retz dir. centre. A 400 mètres (50 mètres avant la voie ferrée) à droite puis directement à gauche.

CC € 18 *8/4-6/7 30/8-25/9*

N 47°05'03'' W 02°02'14''

## La Faute-sur-Mer, F-85460 / Pays de la Loire (Vendée) — 1199

Camping Paradis Le Grand R****
132, route de la Tranche-sur-Mer
+33 2 51 56 42 87
1/4 - 30/9
grand-r@wanadoo.fr

2,5ha 65T 10A CEE

1 ACD**F**IJKLMOPST
2 CGJSWXY
3 C**G**HIKPSU**WY**
4 (A 1/7-31/8) (C+E+Q+R+T+U+V+X+Z)
5 **AB**FGIJKLNPUVXY
6 ACEG**K**(N 0,8km)TV

Camping entre mer et rivière, avec piscine couverte et chauffée. A 500m d'une belle plage de sable. Emplacements spacieux délimités. Circuits à vélo à partir du camping. Magasins à 800m.

De La Tranche-sur-Mer vers La Faute-sur-Mer, premier camping sur la gauche.

CC € 18 *1/4-2/7 27/8-30/9* *7=6, 14=12, 21=18*

N 46°20'25'' W 01°20'19''

## La Flèche, F-72200 / Pays de la Loire (Sarthe) — 1200

Camping Municipal de la Route d'Or****
allée du Camping
+33 2 43 94 55 90
19/3 - 7/11
info@camping-laroutedor.com

4ha 182T(80-100m²) 10A CEE

1 ACD**G**IJKLMPQ
2 CSVWYZ
3 CHKMN**O**PS**W**
4 (C 25/5-11/9)**N**(Q 1/7-31/8) (R)
5 **AB**DFGIJKLMNOPUWYZ
6 CDEGHK(N 0,5km)V

Idéalement situé au cœur de la ville, le long du Loir. Emplacements spacieux ; sur place, tout est prévu pour vous garantir un séjour de rêve! Circuits de pistes cyclables, canoé/kayak, base de loisirs, tir à l'arc…

Le camping est bien indiqué dans le village. Il est au bord de la rivière.

CC € 14 *19/3-30/6 27/8-7/11* *7=6*

N 47°41'42'' W 00°04'47''

## La Guyonnière, F-85600 / Pays de la Loire (Vendée) **1201**

Flower Camping du Lac de la Chausselière***
route des Herbiers
+33 2 51 41 98 40
8/4 - 1/10
camping@chausseliere.fr

2,4ha 80T(120-180m²) 16A CEE

1 ACGIJKLMPRWS
2 ESWYZ
3 ABCHIKMPSU**W**
4 (C+E)M
(Q+R+T+U+V+Z 1/7-31/8)
5 **A**EFIJKLMNOPQUWX
6 CEG**K**(N 1km)ORTV

Camping fleuri au bord d'un grand lac avec de magnifiques grands emplacements dans un environnement tranquille. Maintenant il y a une piscine couverte! Près de la ville historique de Montaigu.

Du centre de Montaigu, di Cholet jusqu'au rond-point, là à droite, La Rochelle. Au 2e rond-point à gauche (D23) vers La Boissière; panneaux bruns.

N 46°57'25'' W 01°14'44''

CC € 16 *8/4-1/7 27/8-1/10*

## La Plaine-sur-Mer, F-44770 / Pays de la Loire (Loire-Atlantique) **1202**

Flower Camping La Guichardière***
2 rue de Mouton
+33 2 40 21 55 09
23/4 - 18/9
contact@camping-laguichardiere.net

5ha 46T(90-120m²) 10A CEE

1 ACD**G**IJKLMOPQW
2 AGIRSWXYZ
3 C**G**HIKLMOPRSWY
4 (C+H)M
(Q+R+T+U+V+Z)
5 **AB**EFGIJKLMNOPQUWXYZ
6 ACEGJ(N 1,5km)OTV

Camping familial au bord de la mer, fleuri et avec assez de verdure pour avoir de l'ombre. Plage à 400 mètres. Réception fermée entre 12h et 14h.

D213 St. Nazaire-Pornic jusqu'à la sortie La Plaine-sur-Mer. Puis par la D96 jusqu'après Tharon Plage, puis par D96 jusqu'au Port de Gravette. Suivre les panneaux.

N 47°09'08'' W 02°12'30''

CC € 16 *23/4-2/7 22/8-17/9 7=6, 14=12*

## La Plaine-sur-Mer, F-44770 / Pays de la Loire (Loire-Atlantique) **1203**

Les Vallons de l'Océan****
2 rte d.l. Tabardière
+33 2 40 21 58 83
9/4 - 18/9
camping@lesvallonsdelocean.com

6ha 103T(100-120m²) 6-10A CEE

1 ACD**F**IJKLMOPQW
2 ILMRSWXYZ
3 C**G**HIKLOP**Q**RSU
4 (C+E+H)J
(Q)(S 1/6-30/8)
(T+U+V+Y+Z 2/7-27/8)
5 **AB**EFGIJKLMNOPQUWXYZ
6 ACEGJ**K**(N 3km)OTUV

Bon camping tranquille avec des équipements sanitaires bien entretenus. Il y a le choix entre des emplacements sur les terrasses en terrain plat, ou sur de grands emplacements à ciel ouvert en haut du camping. Piscine toujours chauffée à 28°C. Réception fermée 12h30-14h.

D213 St. Nazaire-Pornic, sortie La Plaine-sur-Mer/Pornic-Ouest. Puis par D13 direction La Plaine-sur-Mer jusqu'à ce que vous voyez les panneaux du camping.

N 47°08'27'' W 02°09'12''

CC € 18 *9/4-1/7 27/8-17/9*

## La Tranche-sur-Mer, F-85360 / Pays de la Loire (Vendée) 1204

Camping La Grande Vallée**
145 blvd de Lattre de Tassigny
+33 2 51 30 12 82
1/4 - 30/9
c.lagrandevallee@orange.fr

1ha 52**T**(80-140m²) 10A CEE

1 ACDFIJKLM**P**Q
2 JSXYZ
3 CHIKMS
4 (Q )(T+V+Z 1/5-15/9)
5 **AB**FGIJKLMNOPUZ
6 ACEGJ**K**(N 0,03km)RTV

Vous êtes accueillis très cordialement dans ce petit camping sympathique et fleuri. A distance de marche de la mer avec une belle plage de sable. Bonnes possibilités pour faire du vélo (Vélodyssée). Sanitaires modernes. Point wifi gratuit au bar. Bon point de départ pour visiter Les Sables d'Olonne et La Rochelle.

De La Roche-sur-Yon, D747 vers La Tranche. Suivre les panneaux La Grière-Plage puis c'est indiqué.

CC € 14 *2/4-8/7 25/8-30/9* *7=6, 14=12, 21=18*

N 46°20'52'' W 01°22'59''

## La Tranche-sur-Mer, F-85360 / Pays de la Loire (Vendée) 1205

Camping Le Cottage Fleuri****
4 impasse du cottage
+33 2 51 30 34 57
9/4 - 30/9
lecottagefleuri@wanadoo.fr

8,5ha 99**T**(80-130m²) 10A CEE

1 ACD**G**IJKLO**P**S
2 AGJSWYZ
3 C**G**HIKMP**R**SUVWY
4 (C 16/5-20/9)(F )
(H 16/5-20/9)JN
(Q+T+U+V+Z 1/7-31/8)
5 **AB**EFGIJKLMNOPUXZ
6 CEG**K**(N 0,05km)RTUV

Grand camping avec des emplacements spacieux séparés à 500 mètres d'une plage de sable fin. Magasins et boulangerie à proximité. Piscine couverte chauffée et renovée pour 2020. Point de départ idéal pour faire des randonnées et du vélo.

D105 Longeville vers La Tranche. Là, au rond-point à gauche, encore 1 km. Dans le centre de La Grière à gauche.

CC € 18 *9/4-3/7 27/8-30/9*

N 46°20'59'' W 01°24'25''

## La Tranche-sur-Mer, F-85360 / Pays de la Loire (Vendée) 1206

Camping Les Almadies - Tohapi***
route de la Roche sur Yon
+33 2 51 30 36 94
9/4 - 4/9
accamaldies@tohapi.fr

13ha 131**T** 10A CEE

1 ABCDFIJKL**P**W
2 CIJSUVWXY
3 ACHKMNSU
4 (B 1/6-5/9)(F 7/4-29/9)
(G 1/6-5/9)K(Q )
(R 1/6-31/8)(T )
(U+V+X 1/7-31/8)(Z )
5 **AB**DEFGJKLNPUWXZ
6 DEGH**K**(N 2km)TV

Pour profiter pleinement de vos vacances dans notre camping en Vendée, de nombreuses activités et animations vous sont proposées : tournois sportifs, clubs pour enfants et adolescents, soirées à thème... Venez au Camping Les Almadies pour vos prochaines vacances et profitez des plaisirs nautiques de la côte atlantique!

A87, sortie 32, suivre la D747 en direction de Moutiers jusqu'au camping, bien indiqué.

CC € 16 *9/4-2/7 27/8-4/9*

N 46°22'21'' W 01°24'55''

## La Turballe, F-44420 / Pays de la Loire (Loire-Atlantique) — 1207

Camping La Falaise****
1 boulevard de Belmont
+33 2 40 23 32 53
1/4 - 29/10
info@camping-de-la-falaise.com

3ha 65T(100-130m²) 10A CEE

**1** ACD**G**IJKLMOPQW
**2** AHIJNRSTWX
**3** A**G**HIKLMN**O**WY
**4** (E+H+Q+T+U+V+Z)
**5** **AB**CDEFGHIJKLMNOPQRUWX
**6** ABCEGHKM(N 0,4km)OTW

Au bord de la plage. Beaux sanitaires luxueux. Piscine couverte. Emplacements séparés par des haies. En bordure de la Turballe, supermarché à 400m. 10 emplacements avec vue sur la mer. Réserver en mai, juin et septembre. Réception fermée 12h 30 / 13 h 30.

N165/E60 Vannes-Nantes, sortie Guérande/La Baule. Par la D774 jusqu'à Guérande, par la D99 à La Turballe, en entrant dans la ville, suivre les panneaux de camping ou Super U sur la D99.

CC € 20 1/4-3/7 27/8-28/10

N 47°21'13'' W 02°31'04''

## La Turballe, F-44420 / Pays de la Loire (Loire-Atlantique) — 1208

Camping Les Chardons Bleus - Tohapi***
bd de la Grande Falaise
+33 2 40 62 80 60
9/4 - 11/9
accleschardonsbleus@vacanceselect.com

10ha 170T(80-100m²) 10A CEE

**1** ACD**G**IJKLMPS
**2** AHSTWXY
**3** C**G**HIKLMN**R**SUWY
**4** (A 4/7-30/8)(C+H 15/6-12/9) (Q+S 4/7-30/8) (T+U+V+X+Z)
**5** **AB**FGJLNPQUZ
**6** ADEGHK(N 2km)TV

Camping tranquille en saison basse, avec accès direct à la plage. Après la pyramide sur la plage commence une plage naturiste d'environ 3 km de long. Belle plage de sable s'étendant jusqu'au port.

N165/E60 Vannes-Nantes, sortie Guérande/La Baule. D774, et juste avant Guérande, la D99 vers La Turballe. Puis suivre Pen Bron, ou 'Les Chardons Bleus'.

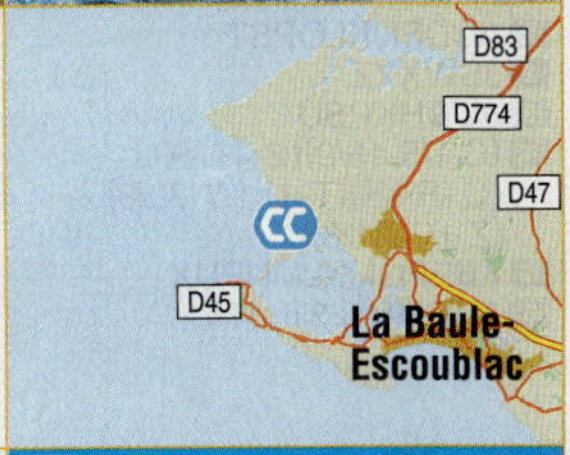


CC € 16 9/4-2/7 27/8-11/9

N 47°19'43'' W 02°29'57''

## L'Aiguillon-sur-Mer, F-85460 / Pays de la Loire (Vendée) — 1209

Flower Camping Le Pré des Sables***
rue Jean Racine
+33 2 51 27 13 88
9/4 - 25/9
campinglepredessables@orange.fr

3ha 68T 16A CEE

**1** ACD**G**IJKLMPSWT
**2** ASWXYZ
**3** CHMSU
**4** (E+H+Q) (T+U+V 1/7-31/8) (X 31/7-31/8)(Z 1/7-31/8)
**5** **AB**FGIJKLNPQRUWX
**6** ABCEG**K**TV

Grand camping avec des emplacements spacieux délimités à 2 km de la plage et on peut aller à pied au lac et au village. Piscine couverte chauffée. Point de départ idéal pour des tours à vélo et à pied.

A partir de D747 et D1046 jusqu'à L'Aiguillon-sur-Mer. Le camping est bien indiqué.

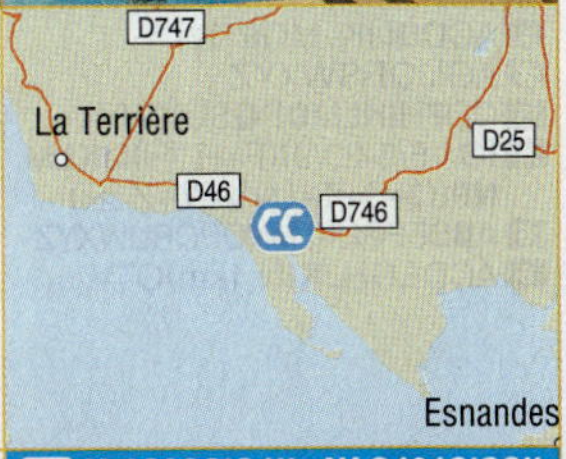


CC € 14 9/4-3/7 29/8-25/9

N 46°20'21'' W 01°18'30''

## Le Château-d'Olonne, F-85180 / Pays de la Loire (Vendée)

**1210**

Camping Le Puits Rochais****
25 rue de Bourdigal
+33 2 51 21 09 69
1/4 - 30/9
info@puitsrochais.com

3,5ha 60**T**(100m²) 10A CEE

1 ACD**F**IJKLPS
2 AJSUWY
3 C**G**HIKM**O**PSU
4 (C+H 1/5-29/9)J (Q+S+T+U+V+X+Z 🔑)
5 **AB**DEFGIJKLMNOPUWX
6 ACEGJ**K**(N 0,6km)RTV

Bon camping en bordure du village. Belle piscine et emplacements clairement délimités et bien ombragés. Nouveaux sanitaires chauffés. Les Sables-d'Olonne valent la peine d'être visiter. Aussi dans la région: la grande collection du musée automobile, le parc du Puy du Fou. La Rochelle est à environ une heure de route.

D949 de Talmont-St-Hilaire direction Les Sables. Après le premier feu rouge du Château-d'Olonne à gauche.

CC € 16 *1/4-3/7 22/8-30/9 7=6, 14=12, 21=18*

N 46°28'52" W 01°43'53"

## Le Château-d'Olonne, F-85180 / Pays de la Loire (Vendée)

**1211**

Flower Camping Le Petit Paris****
41 rue du Petit Versailles
+33 2 51 22 04 44
8/4 - 30/9
contact@campingpetitparis.com

3ha 77**T**(80-130m²) 10A CEE

1 ACDFIJKLOPST
2 JSWXYZ
3 AC**G**HKPSU
4 (C 1/5-15/9)(E+H 🔑)J (Q+R 🔑)(T+U 1/7-30/8) (Z 1/7-31/8)
5 **AB**EFGIJKLMNPUX
6 AEGJ**K**(N 3km)TV

Un camping familial sympathique adapté aux enfants, entre l'océan et l'arrière-pays. A 5 minutes des plages de sable fin des Sables d'Olonne. Emplacements délimités spacieux. Piscine chauffée couverte et bassin dans lequel on peut nager avec une plage en forme de lagune. Bons équipements de base.

Des Sables-d'Olonne, D949 vers Talmont-St. Hilaire. Aux feux tout droit. Suivre les panneaux de camping.

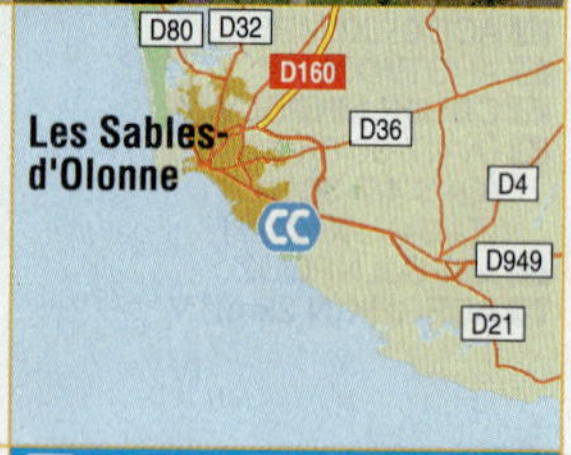


CC € 16 *8/4-7/7 25/8-30/9 7=6, 14=12, 21=18*

N 46°28'25" W 01°43'16"

## Le Croisic, F-44490 / Pays de la Loire (Loire-Atlantique)

**1212**

Camping de l'Océan Village et Spa*****
route de la Maison Rouge
+33 2 40 23 07 69
16/4 - 25/9
info@camping-ocean.com

7,5ha 62**T**(80-110m²) 6A

1 ACD**G**IJKLMOPQW
2 AGIJQRSWXYZ
3 CD**F**HIKLM**OPQ**SUVWY
4 (C 15/5-20/9)(F+H 🔑)IJ**KLM** **NP**(Q+S+T+U+V+Y+Z 🔑)
5 **AB**DEFGIJKLMNOPQRUWXYZ
6 ACDEGHJ**K**(N 1km)OTV

Paradis aquatique de plein air et piscine couverte très luxueuse avec centre wellness. Vraiment à conseiller! La petite ville du Croisic avec son port agréable est toute proche. Marais salants entre la presqu'île et Guérande. Supermarché à 4 km. Réception fermée 12h30-14h. Arrivée après 14h.

Nantes par N165-E60 et N171 vers Guérande. A côté du rond-point avant Guérande direction Le Croisic pars D774. Juste avant le centre de Le Croisic le camping est indiqué par des panneaux.

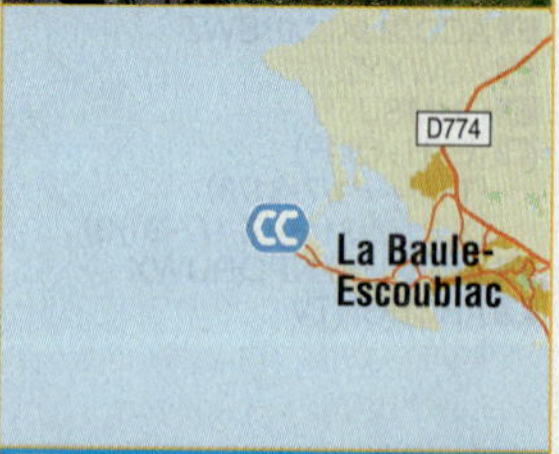


CC € 22 *7/5-25/5 7/6-27/6 1/9-24/9*

N 47°17'51" W 02°32'07"

## Le Croisic, F-44490 / Pays de la Loire (Loire-Atlantique) 1213

Camping La Pierre Longue****
27 rue Henri Dunant
+33 2 40 23 13 44
1/4 - 30/10
lapierrelongue@orange.fr

3,2ha 53T(100-150m²) 10A CEE

1 ACD**G**IJKLMOPQW
2 AGIJQRSWY
3 C**F**HIKLMP**Q**SUWY
4 (F+H)(Q 5/7-30/8) (R+T+U+V+Y+Z)
5 **AB**DEFGIJKLMNOPQUWZ
6 ABCEGHJ**K**(N 1,9km)TUV

Beau cp calme, animé pendant les longs week-ends. Petit port de pêche et nombreux restaurants à 2 km. Supermarché à 2 km. Le jeudi, jour de marché dans le centre. Sous l'influence de la mer et des marais salants, il y a un microclimat dans la péninsule.

Nantes par la N165 et la N171 jusqu'à Guérande, au rond-point de Guérande dir. Le Croisic (D774), au rond-point du Croisic non pas vers le port mais vers le centre. Attention: de nombreux ralentisseurs. Suivre les panneaux.

CC € 18 1/4-24/5 29/5-2/6 6/6-8/7 28/8-29/10

N 47°17'33'' W 02°31'45''

## Le Givre, F-85540 / Pays de la Loire (Vendée) 1214

Camping La Grisse***
+33 2 51 30 83 03
1/1 - 31/12
lagrisse@wanadoo.fr

2,4ha 25T(120-350m²) 16A CEE

1 ACD**G**IJKLMOPQ
2 SUVWYZ
3 ACHIKMSU
4 (Q 1/7-31/8)
5 **AB**FGJLMNOPUWXYZ
6 ADEGK(N 6km)

Camping de charme, ouvert à l'année, à 10 minutes des plages de la Tranche/Mer. Magnifique cadre naturel avec des grands emplacements ombragés. Wifi gratuit sur tout le terrain. Nombreux chemins de randonnées au départ du camping. Bien situé pour visiter la Vendée. Le Camping la Grisse est à conseiller pour le calme, l'espace et le confort.

Aller de Moutiers à La Tranche par la D747. A gauche à environ 1 km après le croisement avec la D949. Le camping est bien indiqué.

CC € 16 1/1-10/7 27/8-31/12 7=6, 14=12, 21=18

N 46°26'41'' W 01°23'53''

## Le Perrier, F-85300 / Pays de la Loire (Vendée) 1215

Camping Municipal La Maison Blanche**
22 rue de la Maison Blanche
+33 2 51 49 39 23
15/5 - 15/9
campingleperrier@outlook.fr

NOUVEAU

18ha 85T(80-120m²) 10A

1 ABC**G**IJKLM**P**Q
2 ACNSY
3 AHJK**O**S
4 (C 15/6-15/9)(R)
5 **AB**FGJLNPUZ
6 ADEHK(N 5km)RTV

Près de tout et loin du tumulte, un lieu idéal pour passer un séjour en famille qui vous permettra d'explorer les environs à pied ou à vélo grâce à de nombreuses pistes cyclables et sentiers de randonnée.

Depuis St. Jean-de-Monts, suivre la D753 (route de Challans). Au Perrier, prendre la 4e sortie du rond-point en direction de 'Centre Ville'. Tournez ensuite à gauche sur la Place de l'Eglise et continuez tout droit.

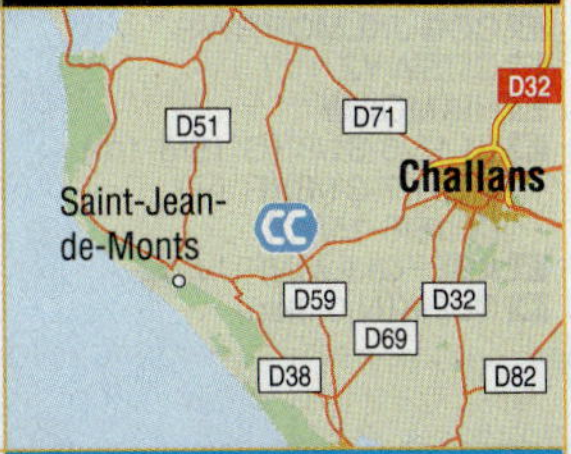


CC € 16 15/5-7/7 25/8-15/9 7=6

N 46°49'10'' W 01°59'51''

## L'Épine, F-85740 / Pays de la Loire (Vendée) — 1216

Camping de la Bosse**
rue du Port
+33 2 53 46 97 47
8/4 - 25/9
dir.domainelemidi@sandaya.fr

10,5ha 274T(60-150m²) 4-8A CEE

1 ACD**G**IJKLOPST
2 ABGMNSTUXY
3 AHIKMSWY
4 (Q )
5 **AB**GJLNPUVZ
6 EG**J**(N 2km)

Ce camping sobre est situé dans un bel environnement pour des vacances dans la nature entre marais, bois, mer et plage. Emplacements au soleil ou à l'ombre.

Sur la presqu'île de Noirmoutier, vers 'L'Épine'. Puis suivre la route jusqu'au stop au port (Port du Morin). Puis à gauche. Camping sur la droite à 1 km.

CC € 16 *8/4-8/7 3/9-25/9*

N 46°59'07'' W 02°17'00''

## Les Moutiers-en-Retz, F-44760 / Pays de la Loire (Loire-Atlantique) — 1217

Camping L'Hermitage des Dunes***
Rue du Bois Millet
+33 2 40 64 64 00
2/4 - 1/10
hermitagedesdunes@gmail.com

1,8ha 44T(80-100m²) 10A CEE

1 ACD**G**IJKLMOPRWS
2 ADHINSTWXYZ
3 AIKMN**Q**SWY
4 (F+G )(Q 1/7-31/8)(Z )
5 **AB**FGJLNPUZ
6 ABCE**J**(N 1km)UV

Camping agréable tranquille avec panorama à la mer. Promenade et cyclisme possible à partir de camping. Près de beaucoup d'attractions touristiques. Peche à pied', huîtres, coquillages à marée basse, nage à marée haute. Sanitaires modernes récemment rénovées.

D213 St. Nazaire-Pornic (Route Bleue) suivez jusqu'à sortie Les Moutiers-en-Retz. Continuez via centre dir La Bernerie-en-Retz jusqu'à passage à niveau. Après directement tournez à gauche. Suivez les panneaux.

CC € 16 *2/4-2/7 27/8-30/9*

N 47°04'00'' W 02°00'49''

## Les Ponts-de-Cé, F-49130 / Pays de la Loire (Maine-et-Loire) — 1218

Slow Village Loire Vallée
avenue de la Boire Salée
+33 2 85 35 97 47
3/4 - 31/10
contact.loirevallee@slow-village.fr

2,5ha 63T(105-400m²) 10A CEE

1 CD**G**IJKLMOPRWS
2 CIJSWYZ
3 HIKMOU**W**
4 (B 15/6-31/8)(G 15/6-1/9) J(Q 1/7-31/8)(R ) (X 15/6-15/10)
5 **AB**EFGIJLMNPUVWZ
6 CEGK(N 0,3km)

Camping spacieux dans la verdure, situé sur une île, mais encore dans le village. Commerces à proximité. Convient pour visiter la ville d'Angers et plusieurs châteaux de la Loire dans la région. Idéal comme étape lors des vacances à vélo sur la Loire.

Depuis Angers, prendre la direction Les Ponts-de-Cé. Le camping y est clairement indiqué.

CC € 16 *3/4-7/7 24/8-31/10*

N 47°25'29'' W 00°31'45''

## Les Sables-d'Olonne, F-85180 / Pays de la Loire (Vendée) — 1219

Camping Les Fosses Rouges****
8 rue des Fosses Rouges
+33 2 51 95 17 95
2/4 - 2/10
info@
camping-lesfossesrouges.com

3,5ha 162T(75-120m²) 10A

1 ACD**G**IJKLMOPQ
2 JSWYZ
3 ACHKM**O**R**S**
4 (E+H+Q+R+S)
(U+Z 1/7-31/8)
5 **AB**FGIJKLMNPUW
6 ACEGJ**K**(N 1km)OTV

Camping familial amical, près des plages de sable fin des Sables-d'Olonne. Piscine couverte, bar et salle d'animation. Idéal comme point de départ pour des randonnées et tours à vélo. Zone wifi gratuit au bar.

A partir de Talmont-St-Hilaire, la D949 direction Les Sables. A 7 km, au premier feu, à gauche, suivre les panneaux de camping.

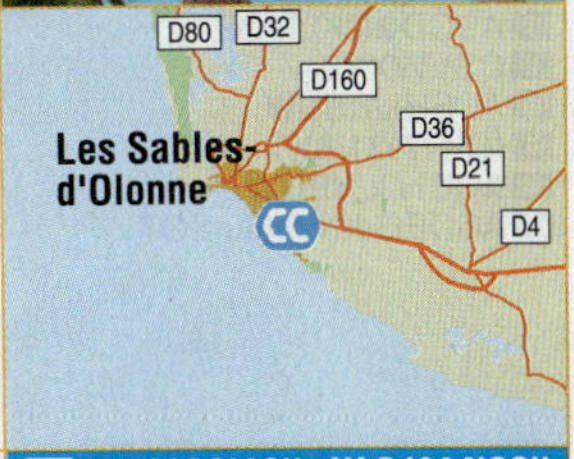


CC € 16 *2/4-4/7 21/8-2/10*

N 46°28'46'' W 01°44'28''

## Longeville-sur-Mer, F-85560 / Pays de la Loire (Vendée) — 1220

Camping Les Brunelles*****
Le Bouil
+33 2 51 33 98 21
8/4 - 11/9
reservation@ms-vacances.com

13ha 47T(80-100m²) 10A CEE

1 AD**F**IJKLPSW
2 ASUWY
3 BCHIJKLMN**O**PRSUV**W**
4 (A)(C 1/5-11/9)
(F+H)IJ**KLMNP**
(Q+R+S+T+U+V+X+Z)
5 **AB**DEFGIJLMNPQSUWXYZ
6 ABCEGHKLMNORTV

Au camping Les Brunelles, les mots clés de vos vacances sont détente, bien-être et loisirs. Ce camping 5 étoiles à Longeville-sur-Mer se trouve à 800 mètres de la plage et est le point de départ idéal pour explorer le sud de la Vendée.

A partir de Longeville, direction St. Vincent par la D21, puis à gauche direction Le Bouil. Puis c'est indiqué.

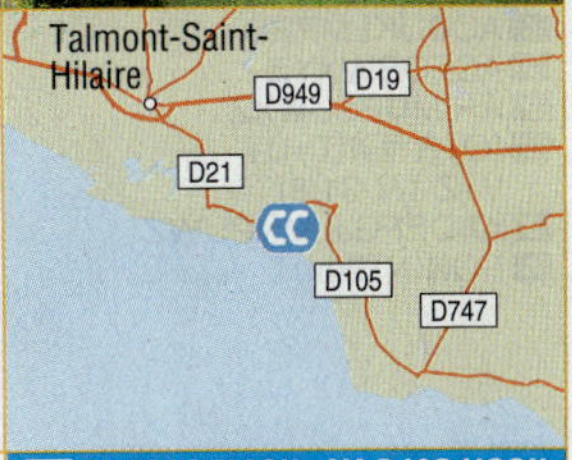


CC € 14 *8/4-25/6 1/9-11/9*

N 46°24'48'' W 01°31'20''

## Maché, F-85190 / Pays de la Loire (Vendée) — 1221

Flower Camping Val de Vie***
5 rue du Stade
+33 2 51 93 19 69
4/4 - 30/9
contact@campingvaldevie.fr

2,2ha 61T(100-150m²) 10A CEE

1 ACD**G**IJKLMOPSVT
2 ESUWXY
3 ABC**G**HIKLM**O**PSU**W**
4 (C+E+H)(Q 1/7-31/8)
(R)(T 1/5-31/8)(U)
(V+X 1/7-31/8)(Z)
5 **AB**EFGIJKLMNOPUXYZ
6 CDEGH**K**M(N 0km)OTV

Beau camping avec un propriétaire très sympathique. Un peu plus loin de la côte, mais magnifiquement situé dans la vallée de la Vie. Le camping a une piscine couverte chauffée, au bord d'une rivière où on peut pêcher, à 4 km d'un lac de baignade avec une base de loisirs.

D948 Aizenay/Challans. A Maché, c'est indiqué par des panneaux. Ensuite la D40 direction Brem-sur-Mer.

CC € 16 *4/4-2/7 28/8-30/9*

N 46°45'11'' W 01°41'09''

## Machecoul, F-44270 / Pays de la Loire (Loire-Atlantique)

1222

Camping La Rabine
allée de la Rabine
+33 2 40 02 30 48
1/4 - 30/9
camprabine@wanadoo.fr

3ha 131T(80-120m²) 4-13A CEE

1 ABCD**G**IJKLMOP
2 CSVWXYZ
3 ACEHIJKSU**W**
4 (Q 1/7-31/8)(T+V+Z)
5 **A**CGHJLNPUWZ
6 ACDEGJ(N 0,5km)OT

Camping spacieux et verdoyant, adapté aux familles avec de jeunes enfants et aux personnes âgées. Situé au bord de la rivière et à 500m du centre ville. Ambiance chaleureuse.

D117 en D13 Machecoul. Suivre les panneaux 'Parc de la Rabine'.

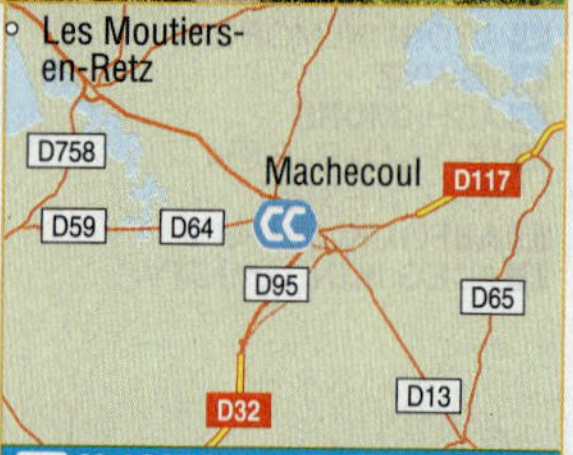


CC € 14 *1/4-5/7 23/8-30/9*

N 46°59'23'' W 01°48'57''

## Marçon, F-72340 / Pays de la Loire (Sarthe)

1223

Camping Le Lac des Varennes***
6 Saint Lezin
+33 2 43 44 13 72
1/4 - 31/10
contact@lacdesvarennes.camp

7ha 170T(100-300m²) 10A CEE

1 AC**G**IJKLMPRS
2 ACFOSWXYZ
3 AHIM**O**PSU**W**XZ
4 (Q+R)(T+U+V+Z 1/7-31/8)
5 **AB**DEFGJLMNPUWZ
6 EG**K**(N 6km)T

Ce camping calme et spacieux jouxte aussi bien un grand étang que le Loir. Il y a beaucoup de nature autour, avec des sentiers de randonnée et la possibilité de pêcher sur le camping.

Aller à Marçon par la D305. Dans le centre, on passe les PTT/la mairie du côté gauche. Puis suivre la route. Le camping est indiqué.

CC € 16 *1/4-30/6 23/8-31/10*

N 47°42'45'' E 00°29'58''

## Montjean-sur-Loire/Mauges, F-49570 / Pays de la Loire (Maine-et-Loire)

1224

Flower Camping La Promenade***
quai des Mariniers
+33 2 41 39 02 68
8/4 - 30/9
contact@campinglapromenade.com

3ha 104T(85-125m²) 10A

1 ACD**G**IJKLMOPQ
2 ACJSWXYZ
3 CHIKMNSU**W**
4 (B 1/7-31/8)(F+H 8/4-30/9) K(Q 1/5-30/9) (R+T+U+V+Z)
5 **AB**FGIJKLMNOPQRUWXYZ
6 ACEGK(N 1km)TV

Dans un petit village en Anjou au bord de la Loire. Dans la région entre Angers et Nantes, la particulière Corniche Angevine. Nombreuses possibilités pour la randonnée et le vélo. Domaines vinicoles, Puy du Fou et belles villes invitent à la visite. Emplacements spacieux délimités, piscine couverte avec jacuzzi, sanitaires modernes, snackbar et propriétaires accueillants.

Venant d'Angers prendre la D751. La suivre jusqu'à Montjean-sur-Loire. Le camping est bien indiqué.

CC € 16 *8/4-6/7 27/8-30/9* *7=6, 14=12*

N 47°23'31'' W 00°52'13''

## Montreuil-Bellay, F-49260 / Pays de la Loire (Maine-et-Loire) 1225

Flower Camping Les Nobis d'Anjou****
rue Georges Girouy
+33 2 41 52 33 66
2/4 - 25/9
contact@campinglesnobis.com

3ha 69T(80-145m²) 10A CEE

1 ACD**G**IJKLMOPQ
2 DSUWXYZ
3 CHIJKMSUV**W**
4 (E+Q+R+T+U+Y+Z)
5 **AB**EFGIJKLMNOPUWX
6 ACEGHK(N 0,5km)RTV

Le camping, au pied du château, est situé dans la cité médiévale sur les rives du Thouet. Equipements modernes : grands emplacements, piscine couverte chauffée, restaurant, bar agréable et animations. Nombreuses randonnées et pistes cyclables, mais aussi tout l'héritage de la région de la Loire. Tout est là pour vous assurer un bon séjour.

Par la N147 en venant de Saumur ou de Thouars. Suivre les panneaux vers le camping à partir du rond-point.

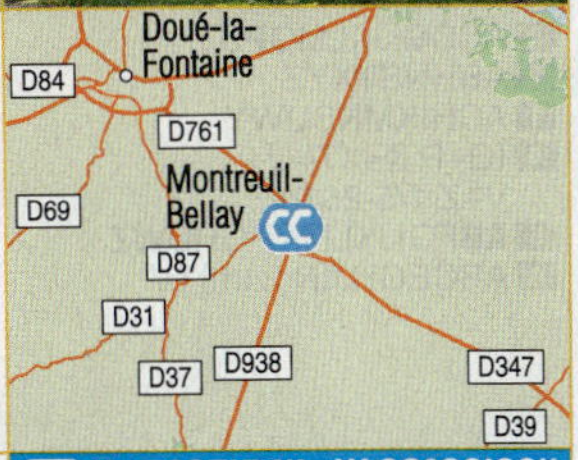


CC € 16 *2/4-7/7 26/8-25/9*

N 47°07'54'' W 00°09'33''

## Montsoreau, F-49730 / Pays de la Loire (Maine-et-Loire) 1226

Camping L'Isle Verte****
av. de la Loire
+33 2 41 51 76 60
1/4 - 10/10
isleverte49@orange.fr

2,3ha 114T(100-120m²) 16A CEE

1 ACD**G**IJKLMOPRS
2 CIJSWYZ
3 C**G**HIKMNOSU**WX**
4 (A )(C+G 1/5-30/9)(Q ) (T+U+V+X+Z 1/5-30/9)
5 **AB**FGIJKLMNPQTU
6 ACEGH**K**M(N 0,5km)TV

Au coeur d'un décor de tuffeau, vignes et verdure sur les rives de la Loire. Bon point de départ pour faire des tours dans un environnement très diversifié.

Accessible par la D947 Saumur-Chinon.

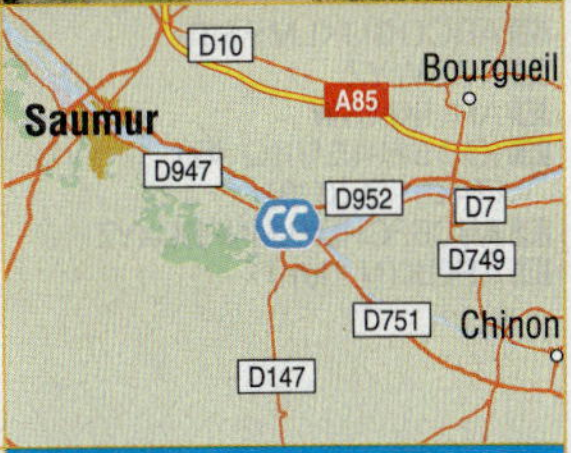


CC € 18 *1/4-9/7 27/8-10/10 7=6, 14=12*

N 47°13'05'' E 00°03'10''

## Nantes, F-44300 / Pays de la Loire (Loire-Atlantique) 1227

Nantes Camping*****
21 boulevard du Petit Port
+33 2 40 74 47 94
1/1 - 31/12
nantes-camping@nge-nantes.fr

8,5ha 55T(100-200m²) 16A CEE

1 ACD**G**IJKLMOPQ
2 BCIJSUVWYZ
3 AC**G**HIKMRSU**W**
4 JM(Q+R+T+U 1/4-31/8) (V 1/4-30/9)(X+Y 1/4-31/8) (Z 1/4-30/9)
5 BDEFGJLNPUWXYZ
6 ABCEGHK(N 0,2km)TV

Le camping est situé sur un terrain de 8,5 ha. C'est un camping naturel à quelques minutes du centre de Nantes.

Du périphérique Nord à Nantes prendre la N39, sortie Porte de la Chapelle. Puis di Nantes Centre. Le camping est indiqué et se trouve au rond-point.

CC € 22 *1/1-10/7 29/8-31/12*

N 47°14'36'' W 01°33'24''

## Noirmoutier-en-l'Île, F-85330 / Pays de la Loire (Vendée) — 1228

Camping Huttopia Noirmoutier***
23, allée des Sableaux
+33 2 51 39 06 24
7/4 - 25/9
noirmoutier@huttopia.com

12ha 386T(80-100m²) 10A CEE

1 ACDGIJKLMOPST
2 ABHNSTXYZ
3 ACHIKMNSUWY
4 (Q+R [key])(T+U+V+Z 1/5-26/9)
5 ABFGIJKLMNPQRUWZ
6 ABCEGHJ(N 2km)TV

Camping en bord de mer, dans une pinède, le long de la plage des Sableaux. Un emplacement unique sur l'île de Noirmoutier. Nombreux accès directs à la plage. Equipements et services de qualité. La CampingCard ACSI est valable uniquement sur les emplacements normaux.

De Nantes, direction Noirmoutier. Accéder à l'île par le pont jusqu'à Noirmoutier-en-l'Ile. Puis à partir du centre, suivre Plage des Sableaux.

CC € 18 7/4-18/6 28/8-25/9

N 46°59'49'' W 02°13'14''

## Nort-sur-Erdre, F-44390 / Pays de la Loire (Loire-Atlantique) — 1229

Camping Port Mulon***
rue des Mares Noires
+33 2 40 72 23 57
1/4 - 31/10
contact@camping-portmulon.com

2ha 73T(80-100m²) 10A CEE

1 ABCDGIJKLMPST
2 BCSWYZ
3 AHIJKMSW
4 (C 15/6-15/9)(Q [key])(T+Z 1/7-31/8)
5 ABCEFGHIJKLMNPRUXYZ
6 AEGK(N 1km)T

Agréable camping rénové avec de nombreuses possibilités pour les amoureux de l'eau. Sanitaires modernes. Situé au bord d'une rivière et port de plaisance dans les environs.

Direction Sucé-sur-Erdre. A gauche, suivre 'Camping'.

CC € 16 1/4-23/6 2/9-31/10

N 47°25'42'' W 01°29'51''

## Notre-Dame-de-Riez, F-85270 / Pays de la Loire (Vendée) — 1230

Camping Domaine des Renardières***
13 chemin du chêne vert
+33 2 51 55 14 17
2/4 - 25/9
campinglesrenardieres@orange.fr

3,5ha 82T(90-130m²) 10A

1 AGIJKLMOPSWT
2 BSTWYZ
3 ACGHIKMPSUW
4 (C+F+H [key])(Q 1/7-31/8)(R 5/4-2/9)(T+U+V 1/7-25/8)(Z [key])
5 ABEFGIJKLNOPUVXZ
6 ACDEGHK(N 1km)OTV

Un superbe camping pour toute la saison. Piscine à l'eau salée couverte (27°C), excellents sanitaires, grands emplacements. Beaux emplacements pour les camping-cars dans un environnement aux allures de parc. Vaut vraiment votre visite. Location de vélos. Propriétaire parlant très bien anglais, français et allemand.

Challans direction Les Sables-d'Olonne (8 km), 1ier carrefour après le passage à niveau (à droite). A Notre-Dame-de-Riez complètement à droite. C'est indiqué.

CC € 18 2/4-9/7 28/8-24/9

N 46°45'18'' W 01°53'53''

## Piriac-sur-Mer, F-44420 / Pays de la Loire (Loire-Atlantique)

**1231**

Camping Mon Calme***
rue de Norvoret
+33 2 40 23 60 77
9/4 - 2/10
apparthotel@campingmoncalme.com

1,2ha 33**T**(80-110m²) 10A CEE

**1** ACD**G**IJKLMOPQ
**2** AGJRSWXY
**3** AHIKLMSUWY
**4** (C+H 1/6-15/9)
(Q+T+U+V+Y+Z 4/7-30/8)
**5** **AB**EFGIJKLNOPQUWZ
**6** ACDEGK(N 0,5km)TV

Depuis 1968, mais avec des installations modernes. Emplacements séparés des emplacements permanents et des locations. Emplacements spéciaux pour camping-cars avec eau et drainage. Accueil agréable, ambiance familiale et conviviale. Bien situé, plage et centre-ville (avec marina) à 5 min à pied. Grand marché local (2x/semaine).

N165/E60 Nantes-Vannes, sortie Guérande/La Baule. Par la D774 vers Guérande et par la D52 vers Piriac sur Mer. Dans le centre, indiqué par des panneaux.

CC € 18 *9/4-15/4 18/4-25/5 29/5-3/6 6/6-7/7 28/8-1/10*

N 47°22'20'' W 02°32'56''

## Pornic, F-44210 / Pays de la Loire (Loire-Atlantique)

**1232**

Camping La Boutinardière****
23 rue de la Plage de la Boutinard.
+33 2 40 82 05 68
9/4 - 25/9
info@laboutinardiere.com

8ha 90**T**(80-110m²) 6A CEE

**1** ACD**G**IJKLMOPRWS
**2** AGIJLRSWXYZ
**3** CD**G**HIKLMP**R**SUVWY
**4** (C 15/5-15/9)
(F+H )IJ**K**LM**N**
(Q+S+T+U+V+Y+Z )
**5** **AB**DEFGHIJKLMNOPQRUWXYZ
**6** ACEGHJ**K**(N 2km)ORTV

Camping familial avec sanitaires bien entretenus. Emplacements séparés par des haies. A 200m de la mer avec une plage de sable abritée entre deux rochers. Piscine de plein air 400 m², piscine couverte 300 m² avec sauna, bain turc et centre de beauté ; bon restaurant. Réception fermée 12h30-14h. Arrivées après 14h.

A l'ouest de Nantes par D13 entre Pornic et Bourgeneuf et Retz sortie La Boutinardière/La Rogère. Puis suivre les panneaux vers le camping.

CC € 22 *7/5-25/5 7/6-27/6 1/9-24/9*

N 47°05'52'' W 02°03'07''

## Pornichet, F-44380 / Pays de la Loire (Loire-Atlantique)

**1233**

Camping Du Bugeau***
33 avenue de Loriettes
+33 2 40 61 02 02
9/4 - 2/10
campingdubugeau@gmail.com

2ha 46**T**(70-95m²) 10A

**1** ACDGIJKLMPRWS
**2** AGIJSWXYZ
**3** C**G**HIKSUW
**4** (E )(G 1/7-1/9)
(Q+T+U+V+Z )
**5** **AB**EFGIJKLMNOPUWZ
**6** ACEGJ(N 0,5km)TV

Camping calme près de la plage de Pornichet. Le camping est divisé en champs de 10 emplacements séparés par des haies et ombragés par arbres. La plage de La Baule, en forme de croissant, se trouve à environ 2 km. Sanitaire rénové. Le Wifi fonctionne plus ou moins.

A partir de St. Nazaire direction La Baule et Pornichet par la D92; au rond-point du supermarché Carrefour, direction St. Sébastien. Avant l'église à gauche et l'entrée du camping est à 400 mètres sur la gauche.

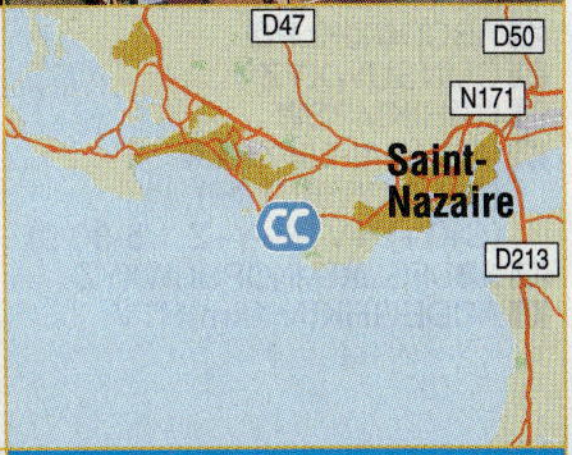


CC € 18 *9/4-2/7 27/8-1/10*

N 47°15'10'' W 02°19'10''

## **Préfailles**, F-44770 / Pays de la Loire (Loire-Atlantique)

iD

1234

Camping Eléovic****
route de la pointe Saint-Gildas
+33 2 40 21 61 60
1/4 - 2/10
contact@camping-eleovic.com

3ha 55T(80-130m²) 10A CEE

1 ACD**F**IJKLMOPSWT
2 AHILMNPRSWXYZ
3 C**G**HIKLMNPSUWY
4 (E+H+Q+R+T+U+V+Y+Z)
5 **AB**EFGIJKLMNPUWXZ
6 ABCEGHJ**K**(N 1km)OTV

Camping avec des emplacements. Vue sur et accès direct à la mer. A 900 mètres des magasins et à pistes cyclables et sentiers de randonnée. Profitez de la piscine couverte chauffée et ses bancs pour hydromassage. Arrivée à partir de 14h. Réservation recommandée avec la CampingCard ACSI. Pour le tarif CCA, les emplacements standard Coté Terre.

D213 St. Nazaire-Pornic, sortie La Plaine-sur-Mer/Préfailles. Suivre Préfailles par la D96 jusqu'aux panneaux de camping.

CC € 18 *1/4-24/5 29/5-2/6 6/6-7/7 31/8-1/10*

N 47°07'58'' W 02°13'53''

## **Sablé-sur-Sarthe**, F-72300 / Pays de la Loire (Sarthe)

iD

1235

Camping Hippodrome La Prairie du Château***
allée du Quebec
+33 2 43 95 42 61
9/4 - 25/9
camping@sablesursarthe.fr

3ha 65T(80-120m²) 16A CEE

1 AC**G**IJKLMPQ
2 DISWXYZ
3 CHKM**O**SU**W**
4 (**A** 1/7-31/8)(B+G 12/6-12/9) (Q+R 1/5-25/9)
5 **AB**FGIJKLMNOPUWZ
6 CEGK(N 0,9km)ORV

Camping calme et bien entretenu avec des emplacements délimités par des haies et des arbustes, au bord d'une rivière et à 900 mètres du centre.

A11 Le Mans-Angers, sortie 10 direction Sablé ou A81 Le Mans-Laval, sortie 1 direction Sablé. En entrant Sablé suivez les panneaux 'camping/hippodrome'.

CC € 12 *9/4-2/7 27/8-25/9*

N 47°49'53'' W 00°19'55''

## **Saumur**, F-49400 / Pays de la Loire (Maine-et-Loire)

iD

1236

Flower Camping L'Ile d'Offard****
rue de Verden
+33 2 41 40 30 00
18/3 - 16/10
iledoffard@flowercampings.com

4,5ha 166T(100-120m²) 10A CEE

1 ABCD**G**IJKLPQ
2 CIJNSUWXYZ
3 C**G**HIKMPS**W**
4 (C+H 1/5-25/9)**KLN** (Q 1/5-30/9)(R ) (S+T+U+V+X+Y+Z 1/5-30/9)
5 **AB**DFGIJKLMNOPQUWXYZ
6 ACDEGHK(N 1km)RTV

Le camping est dans un parc couvert de végétation de 4,5 ha, entre les deux rives de la Loire. À 15 minutes de marche du centre de Saumur, où des événements sont organisés toute l'année. Situation extraordinaire. Vignobles, culture et traditions. CampingCard ACSI est valable pour les emplacements confort, pas pour les emplacements privilège.

Le camping est sur une île dans la Loire en face du château de Saumur. Bien accessible à partir de la N152, la D947 et la N147.

CC € 16 *18/3-9/7 27/8-16/10*

N 47°15'46'' W 00°04'06''

## Savenay, F-44260 / Pays de la Loire (Loire-Atlantique) — 1237

Camping du Lac de Savenay**
route du Lac
+33 2 40 58 31 76
1/3 - 31/10
contact@camping-lac-savenay.fr

2,4ha 63T(90-100m²) 13-16A CEE

1 ABGIJKLPQ
2 BEIMSUWXYZ
3 AGHIJKLORSW
4 (Q 4/7-31/8)
5 ACDGHIJKLMNOPQRUWZ
6 ACEGHK(N 3km)T

Calme, tranquillité, possibilité de faire du vélo et de la marche dans un environnement boisé. Nombreuses installations sportives. Vous pouvez faire des excursions culturelles à partir de ce camping.

Blain - Savenay N137 et N 171, le camping est à côté de la piscine.

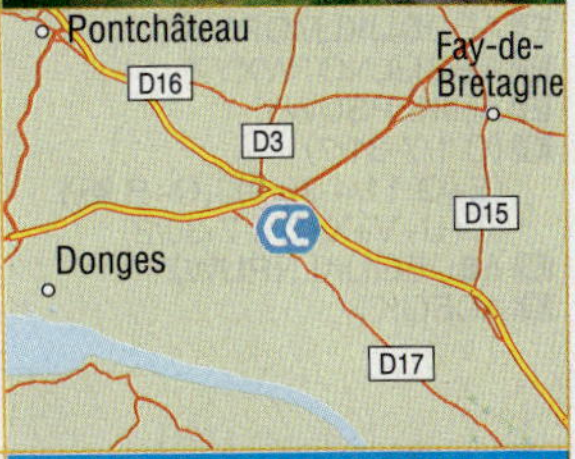


CC € 16 1/3-3/7 28/8-31/10

N 47°21'20" W 01°55'14"

## Sillé-le-Guillaume, F-72140 / Pays de la Loire (Sarthe) — 1238

Camping Huttopia Lac de Sillé***
Sillé-Plage
+33 2 43 20 16 12
14/4 - 25/9
lac-sillé@huttopia.com

9ha 109T(100-150m²) 6-13A CEE

1 ACDFIJKLMPS
2 BESXYZ
3 ACHIKLMNSUWZ
4 (C+Q+R ⊶)
(T+U+V 1/7-31/8)(Z ⊶)
5 ABFGIJKLMNPUW
6 CEHJ(N 1,5km)

Camping au bord du lac de Sillé, au coeur de la forêt domaniale. Possibilité de faire des randonnées et des activités nautiques. Services sur place : piscine chauffée, équipements de loisirs. La CampingCard ACSI est valable uniquement sur les emplacements 'normaux'.

De Sillé-le-Guillaume direction Le Lac et La Forêt. Suivre les panneaux jusqu'à La Crêperie du Lac. Juste avant La Crêperie du Lac, à droite. Voir les panneaux de camping.

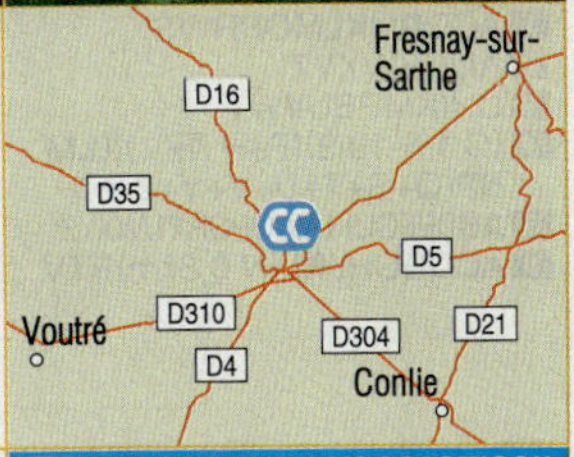


CC € 14 14/4-7/7 28/8-25/9

N 48°12'13" W 00°07'39"

## Sillé-le-Guillaume, F-72140 / Pays de la Loire (Sarthe) — 1239

Camping Seasonova de La Forêt***
Sillé-Plage
+33 2 43 20 11 04
1/4 - 30/10
camping-laforet@vacances-seasonova.com

4ha 143T(100-150m²) 10A CEE

1 ACGIJLPT
2 ABESWXYZ
3 ACEHIJKLMOPRSUWZ
4 (A 1/7-30/8)(Q+R ⊶)
5 ABEFGIJKLMNPUWZ
6 CDEGJ(N 3km)OTV

Un camping sur terrain plat à la lisière d'un bois de feuillus et un lac avec la possibilité de pratiquer des activités récréatives nautiques. Le camping a des emplacements ombragés et ensoleillés. Possibilité de faire des randonnées dans la nature à partir du camping dans 3500 ha de forêt.

A partir de Sillé-le-Guillaume, direction Le lac et La forêt. Suivre les panneaux.

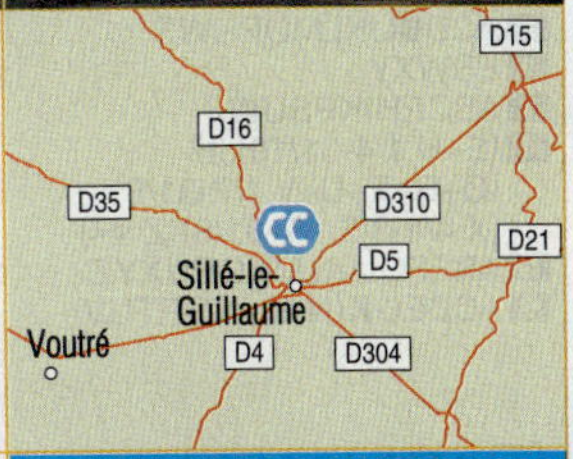


CC € 14 1/4-2/7 1/9-30/10

N 48°12'33" W 00°08'05"

## St. Brévin-les-Pins, F-44250 / Pays de la Loire (Loire-Atlantique) — 1240

Camping La Dune de Jade****
110, avenue Marechal Foch
+33 2 40 27 22 91
1/1 - 31/12
contact@ladunedejade.fr

4ha 46T(80-120m²) 10A

1 ACD**G**IJKLMOPSWT
2 ABGIJLNOTWXYZ
3 AHIKLPSUWY
4 (C 1/7-31/7)
(E+G 11/4-30/9)J(Q+R)
(T+U+V+X+Z 4/7-30/8)
5 **AB**DEGIJKLNPUWZ
6 ACEGKT

Cp juste au bord de la mer, entre deux centres de village. Emplacements dans un bois de pins avec de nombreux arbres, beaucoup d'ombre et bien abrité mais problèmes pour recevoir la tv satellite. Supermarché à moins d'1 km. Restaurant bon marché de l'autre côté de la rue. Cp ouvert toute l'année.

D213 St. Nazaire/Pornic, sortie St. Brévin L' Océan, suivre les panneaux L' Océan et Casino jusqu'au rond-point à l'ouest de la D213. Suivre les panneaux de camping.

CC € 18 *1/1-30/6 1/9-31/12*

N 47°14'17'' W 02°10'14''

## St. Brévin-les-Pins, F-44250 / Pays de la Loire (Loire-Atlantique) — 1241

Camping Sunêlia Le Fief*****
57 chemin du Fief
+33 2 40 27 23 86
9/4 - 25/9
camping@lefief.com

7ha 78T(80-130m²) 8-10A CEE

1 ACD**G**IJKLMOPRWS
2 AIJRSWXYZ
3 CHIKMPSU**V**WY
4 (C 1/5-19/9)(F+H)IJ**KL**M
**NP**(Q+S+T+U+V+Y+Z)
5 **AB**DEFGIJKLMNOPQR**T**UWXYZ
6 ACDEGHJ**K**L(N 0,8km)RTV

Camping familial à 800m de la plage, situé entre les deux noyeaux de St. Brévin-les-Pins, avec marché 3 fois par semaine. Restaurant au camping avec des prix très raisonnables. Superbe complexe de piscines. Grands camping-cars acceptés.

Au sud de St. Nazaire par la D213, sortie D5 puis vers St. Brévin-l'Océan et suivre les panneaux de camping.

CC € 22 *9/4-24/5 29/5-2/6 6/6-1/7 27/8-24/9*

N 47°14'07'' W 02°10'03''

## St. Christophe-du-Ligneron, F-85670 / Pays de la Loire (Vendée) — 1242

Camping Paradis Domaine de Bellevue***
Bellevue du Ligneron
+33 2 51 93 30 66
1/3 - 1/11
campingdebellevue85@orange.fr

13ha 60T(120-200m²) 16A CEE

1 ACD**G**IJKLMOPRWS
2 ESWXY
3 ABCEHIKPSUW
4 (E+H 1/4-31/10)JM
(Q+R+T+U+V 1/7-31/8)
(X 4/4-3/5,1/7-31/8)(Z)
5 **AB**EFGIJKLMNOPUXYZ
6 ACDEG**K**(N 2km)ORTUV

Un beau camping aménagé spacieusement avec de bons équipements dont un étang de pêche excellent, une belle piscine couverte et un paradis aquatique couvert pour les enfants. Sur ce camping, vous trouverez la paix et la tranquillité à proximité de la belle ville de Challans.

De La Roche-sur-Yon, D948 vers Challans. Dans le village St. Christophe-du-Ligneron, suivre les panneaux.

CC € 12 *1/3-10/7 28/8-31/10*

N 46°48'54'' W 01°46'30''

## St. Hilaire-de-Riez, F-85270 / Pays de la Loire (Vendée)

iD **1243**

Camping Domaine des Salins****
43 chemin du Quart du Matelot
+33 2 51 59 36 28
1/4 - 30/9
contact@domainedessalins.com

3ha 32T(80-100m²) 10A

1 ACD**G**IJKLMOPST
2 AJSWXY
3 C**G**HIKSUVW
4 (C 6/5-21/9)(F+H 6/4-29/9) JK(Q+R+T+U+V+Z 1/7-31/8)
5 **AB**CEFGHIJKLMNPQUWZ
6 ACEGH**K**L(N 0,4km)RV

Camping agréable et tranquille avec des piscines chauffées (bassin d'extérieur et piscine couverte avec sanitaires luxueux). Les emplacements sont séparés des mobile-homes. Bien situé à 800m de la mer, entre St.-Hilaire-de-Riez et St.-Jean-de-Monts. En saison basse, pain frais tous les weekends au camping.

St. Jean-de-Monts, RD38 vers St. Hilaire, à Orouet vers Les Mouettes, puis Les Becs, puis suivre les panneaux de camping.

CC € 18 *9/4-3/7* *28/8-30/9* *11=10*

N 46°45'46" W 02°01'32"

## St. Hilaire-de-Riez, F-85270 / Pays de la Loire (Vendée)

iD **1244**

Camping La Ningle****
66 chemin des Roselières
+33 2 51 54 07 11
30/4 - 11/9
campingdelaningle@wanadoo.fr

3ha 45T(100-140m²) 10A CEE

1 ACFIJKLPQ
2 SWY
3 AHKMNOPSUVW
4 (A 1/7-31/8)(C+D+H )J (Q+V+Z 1/7-31/8)
5 **AB**EFGIJKLMNOPUY
6 AEGJ(N 1km)ORTV

Un beau camping moderne avec de bons équipements, des sanitaires très corrects et une très belle piscine couverte et en plein air. Bonnes animations. Location de vélos. Tout près de l'océan! C'est l'endroit idéal, aussi en début et en fin de saison.

D38 autour de St Hilaire, direction La Pège. Panneau de camping sur la route à droite (à ± 4 km).

CC € 18 *30/4-9/7* *28/8-10/9*

N 46°44'40" W 02°00'16"

## St. Hilaire-de-Riez, F-85270 / Pays de la Loire (Vendée)

iD **1245**

Camping La Plage****
106 av. de la Pège
+33 2 51 54 33 93
1/4 - 30/9
campinglaplage@campingscollinet.com

5,5ha 46T(100-120m²) 10A

1 AC**G**IJKLMPSWT
2 AGSTWY
3 AC**G**HK**O**PS**T**UWY
4 (C 12/5-15/9) (F+H 10/4-30/9)JKM (Q+R+T+U+V 8/4-15/9) (X 15/6-31/8)(Z )
5 **AB**EFGIJKLMNOPUVZ
6 ACEGJ(N 1km)OQRTV

Grand camping avec de nombreux équipements situé sur la route côtière. Avec des feuillus et des pins en alternance avec des arbustes, des allées calmes et des parties plus animées à l'entrée du camping. Pistes cyclables dans les environs et belle piscine (aussi nouvellement couverte). Jeux aquatiques pour les jeunes enfants.

La D38 autour de St. Hilaire jusqu'au rond-point (station-service Fina). Puis D123 direction 'La Pège'. Panneau 'camping' à 4,5 km.

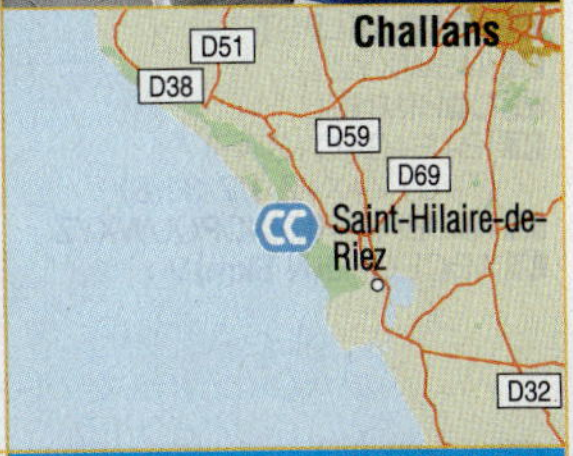


CC € 20 *1/4-1/7* *27/8-29/9*

N 46°44'43" W 02°00'36"

## St. Hilaire-de-Riez, F-85270 / Pays de la Loire (Vendée)

**1246**

Camping Les Chouans*****
108, avenue de la Faye
+33 2 51 54 34 90
29/4 - 28/8
info@camping-leschouans.com

6ha 81**T**(120-140m²) 10A

**1** ACD**F**IJKLO**P**SW
**2** JSTWXY
**3** C**G**HIKLMPSUVW
**4** (C+H )IJK(Q+R+T+U ) (V 1/7-31/8)(X+Z )
**5** **AB**EFGIJKLMNOPUWZ
**6** EGHJ**K**(N 2,5km)TV

Camping Les Chouans est un excellent camping 5 étoiles avec des équipements luxueux. Superbes possibilités pour nager, bon restaurant, beaux emplacements, bref : un camping à recommander.

A l'entrée dans St. Hilaire-de-Riez, au rond-point, suivre les panneaux.

CC € 18 *29/4-2/7 21/8-28/8*

N 46°44'03'' W 01°58'23''

## St. Hilaire-la-Forêt, F-85440 / Pays de la Loire (Vendée)

**1247**

Camping Paradis La Grand' Métairie****
8 rue de la Vineuse en Plaine
+33 2 51 33 32 38
9/4 - 25/9
info@camping-grandmetairie.com

3,8ha 35**T**(80-100m²) 10A

**1** ACD**F**IJKLMO**P**RS
**2** SUWYZ
**3** CEHIKMPSU
**4** (C 12/5-5/9)(F+H+Q+R+T+ U+V+X+Y+Z )
**5** **AB**EFGIJKLMNOPUWXYZ
**6** CEGJ**K**(N 0,1km)ORTV

Beau camping familial avec ferme pour enfants et de nombreux équipements à proximité du village. La piscine couverte chauffée, le bar et le restaurant sont ouverts pendant toute la saison. Wifi gratuit sur tout le camping pour les hôtes CCA ! Situation idéale entre Les Sables d'Olonne et La Tranche-sur-Mer.

A La Roche-sur-Yon, D747 jusqu'aux Moutiers; D19 via Avrillé vers St. Hilaire-la-Forêt. Là, le camping est indiqué par des panneaux.

CC € 16 *9/4-9/7 28/8-25/9* *7=6, 14=12, 21=18*

N 46°26'55'' W 01°31'35''

## St. Hilaire-St-Florent, F-49400 / Pays de la Loire (Maine-et-Loire)

**1248**

Camping Huttopia Saumur****
1, chemin Chantepie
+33 2 41 67 95 34
14/4 - 25/9
saumur@huttopia.com

12ha 86**T**(100-140m²) 10A CEE

**1** ACD**F**IJKL**P**ST
**2** INSWXYZ
**3** C**G**HIMNSU
**4** (B+E+G+Q+S ) (T+U+V+X+Z 1/7-31/8)
**5** **AB**DEFGIJKLMNOPQUWXYZ
**6** ABCEGHJ(N 5km)V

Situation particulière entre les vignes, avec vue sur la Loire. 10 ha de nature, grands emplacement, deux piscines (dont une chauffée), épicerie, bar, plats à emporter, pizzeria. Camping de qualité à 6 km de Saumur. Vacances détendantes. CCA non valable pour les emplacements au bord de la rivière.

A partir de Saumur direction Cholet. Après le rond-point direction St. Hilaire, au bout de la route à droite. Suivre 'Gennes touristiques' (D751). Suivre les panneaux.

CC € 16 *14/4-7/7 28/8-25/9*

N 47°17'38'' W 00°08'33''

## St. Jean-de-Monts, F-85160 / Pays de la Loire (Vendée) — 1249

Camping Campéole Plage des Tonnelles****
18 route de la Tonnelle
+33 2 51 58 81 16
20/5 - 18/9
plage-tonnelles@campeole.com

25ha 167**T**(70-110m²) 10A CEE

**1** ACD**G**IJKLMOPST
**2** ABGJLTXYZ
**3** AC**G**HIKMPRSUVWY
**4** (C+H 20/5-11/9)**KN** (Q+S 5/5-5/9)(T+U+V+Z 1/7-31/8)
**5** **AB**EFGIJKLMNOPQRUZ
**6** ACEGH**K**(N 0,2km)R

Grand camping**** dans les dunes avec de nombreux services et une piscine en plein air dans un site naturel protégé. Accès à la plage par un portillon et à travers les dunes. Espace fitness et sauna avec jacuzzi.

En venant de Nantes, dir. Noirmoutier/Challans/St. Jean-de-Monts au 1ier rond-point de St. Jean-de-Monts, suivre la D38 dir. Notre Dame-de-Monts/Noirmoutier. Au rond-point à 6 km prendre la dir. 'Tonnelles' à gauche et suivre les panneaux de camping.

CC € 18 *20/5-1/7 1/9-18/9*

N 46°48'37'' W 02°07'12''

## St. Jean-de-Monts, F-85160 / Pays de la Loire (Vendée) — 1250

Camping La Prairie****
146 rue du Moulin Cassé
+33 2 51 58 16 04
1/4 - 2/10
contact@campingprairie.com

2ha 39**T**(85-100m²) 6A

**1** ACD**G**IJKLMOPST
**2** AJSWXY
**3** AC**G**HIKMNPSUV
**4** (C 8/5-20/9)(F 4/4-30/9) (H 8/5-20/9)JK(Q 15/6-15/9) (R 🔑)(T 15/6-15/9) (U+V 15/6-20/9)(Z 1/5-29/9)
**5** **AB**EFGIJKLMNPUVXZ
**6** ACEGH**K**(N 2km)ORV

Cp familial et calme près des dunes et de la forêt, avec accès direct à de belles plages de sable fin. Des sentiers pédestres et pistes cyclables passent au camping. Situé à 2,5 km du centre-ville. Avec piscine chauffée d'extérieur et agréable piscine chauffée d'intérieur avec spa. Emplacements mi-ombragés spacieux délimités.

De St. Jean-de-Monts, D38 vers Notre-Dame-de-Monts. Le camping est à ± 1,5 km au nord de St. Jean-de-Monts, suivez les panneaux de camping.

CC € 18 *1/4-5/7 27/8-2/10 11=10*

N 46°48'15'' W 02°05'36''

## St. Jean-de-Monts, F-85160 / Pays de la Loire (Vendée) — 1251

Camping La Yole****
chemin des Bosses
+33 2 51 58 67 17
9/4 - 17/9
contact@la-yole.com

9ha 172**T**(90-150m²) 10A CEE

**1** ACD**F**IJKLMOPSW
**2** STWYZ
**3** ABC**G**HIJKLMN**O**PSUVW
**4** (C+F+H 🔑)IJKM**P** (Q 1/5-15/9)(S 18/5-7/9) (T+U+V+X+Y 9/4-17/9) (Z 🔑)
**5** **AB**DEFGIJKLMNOPQRUWYZ
**6** ABCEGH**K**(N 3km)OTV

Un camping bien organisé juste en retrait de la côte, avec diverses plantations et terrains de jeux. Parc aquatique aménagée de façon ludique avec des piscines en plein air et couvertes. Superbes nouveaux sanitaires avec partie séparée pour les enfants. Terrain de jeux magnifiquement aménagé.

A partir de St. Hilaire la D38B N-O jusqu'au Pissot. Puis D38, le camping est indiqué à gauche à 4 km. Ou à partir de St. Jean-de-Monts direction St. Hilaire, à droite à 6 km.

CC € 18 *9/4-10/7 28/8-17/9*

N 46°45'24'' W 02°00'27''

## St. Jean-de-Monts, F-85160 / Pays de la Loire (Vendée) — 1252

Camping Le Bois Joly****
46 route de Notre Dame
+33 2 51 59 11 63
1/4 - 18/9
info@camping-leboisjoly.com

7,5ha 171T(80-110m²) 10A CEE

1 ACDFIJKLMOPS
2 AJSVWXYZ
3 AC**G**HIKMPSUW
4 (C+F+H )IJKM
(Q+T+U+V+X+Z 1/7-31/8)
5 **AB**DEFGIJKLMNOPQUVXYZ
6 ACEGHJ**K**(N 0,9km)OTV

Camping agréable avec des emplacements spacieux. Sanitaires chauffés. Piscine couverte et d'extérieur (agrandissement en 2017), nouveau bar-restaurant. Point wifi gratuit. Tout près de St-Jean-de-Monts. Belle plage toute proche. Nombreuses possibilités pour faire de la randonnée et du vélo.

A partir de St. Jean-de-Monts D38 direction Notre-Dame-de-Monts. Le camping est à la sortie du village, au bord de la D38. Indiqué par des panneaux.

CC € 18 *1/4-8/7 26/8-18/9*

N 46°47'59'' W 02°04'28''

## St. Jean-de-Monts, F-85160 / Pays de la Loire (Vendée) — 1253

Camping l'Océan****
67 rue de Notre Dame de Monts
+33 2 51 58 03 88
9/4 - 18/9
info@campinglocean.com

4,2ha 105T(80-120m²) 10A

1 ACD**G**IJKLMOPRS
2 AJSTWXYZ
3 AC**G**HIKMNPSUW
4 (C 15/5-15/9)
(F )(H 15/5-15/9)
(Q+T+U+V+Z 1/7-31/8)
5 **AB**EFGIJKLMNPUZ
6 AEGJ(N 1km)TV

Vous êtes accueillis cordialement dans ce camping agréable avec piscine couverte chauffée. Beaux sanitaires. Emplacement spacieux. A la lisière de la forêt. Pistes cyclables aménagées. A 1 km de la plage et du centre-ville.

De St. Jean-de-Monts direction Notre-Dame-de-Monts par la D38. À la sortie de la ville, le camping est le 1e sur votre gauche sur la D38. Bien indiqué.

CC € 18 *9/4-10/7 28/8-18/9 7=6*

N 46°48'01'' W 02°04'42''

## St. Jean-de-Monts, F-85160 / Pays de la Loire (Vendée) — 1254

Camping Plein Sud****
246 route Notre Dame de Monts
+33 2 51 59 10 40
9/4 - 18/9
info@campingpleinsud.com

2ha 45T(90-100m²) 10A CEE

1 ACD**F**IJKLMOPST
2 AJSWXY
3 AC**G**HIKMNPSUW
4 (C 25/5-18/9)(F )
(H 25/5-18/9)M(Q 1/7-31/8)
(R 6/7-28/8)(U 6/7-30/8)
(Z 6/7-28/8)
5 **AB**FGIJKLMNOPRUWXYZ
6 AEGK(N 0,4km)V

Situé entre St. Jean-de-Monts et Notre-Dame-de-Monts. Un camping familial tranquille, mais surtout propre et bien entretenu avec de beaux sanitaires. Magnifique piscine et jeux aquatiques. Terrain multi-sports. En basse saison utilisation de la piscine intérieure, du sauna et du hamam du camping aux Coeurs Vendées en face. Wifi gratuit.

Au nord de St. Jean-de-Monts sur D38 direction Notre-Dame-de-Monts, indiqué avec des panneaux.

CC € 14 *16/4-2/7 27/8-18/9 7=6, 14=12, 21=18*

N 46°48'35'' W 02°06'33''

## St. Jean-de-Monts, F-85160 / Pays de la Loire (Vendée) 1255

Camping-Caravaning La Forêt****
190 chemin de la Rive
+33 2 51 58 84 63
24/4 - 25/9
camping-la-foret@orange.fr

1ha 45**T**(88-120m²) 10A CEE

**1** ACD**G**IJKLMOPST
**2** AGJSTWYZ
**3** AC**G**HIKMNSUWY
**4** (**C+H** 1/5-25/9)IK (Q+R 29/5-14/9) (T+U+V 1/6-31/8)
**5** **AB**CFGHIJKLMNOPQUWXYZ
**6** CEGH**K**(N 1km)RTVW

Petit camping familial tranquille orienté vers le client. Haute qualité. Piscine chauffée avec jacuzzi, parc aquatique. Belles sanitaires. A la lisière de la forêt. Plage à 400 mètres. En face du camping: diverses possibilités pour la randonnée et le vélo. Wifi sur tout le camping. Commerces de Notre-Dame-de-Monts à 1 km.

A St. Jean-de-Monts, la D38 vers Notre-Dame-de-Monts. Au panneau de localité Notre-Dame-de-Monts à gauche, Chemin de la Rive. Camping à 300m à gauche.

CC € 18 *24/4-9/7 26/8-25/9*

N 46°49'06'' W 02°07'48''

## St. Julien-des-Landes, F-85150 / Pays de la Loire (Vendée) 1256

Camping Paradis La Bretonnière****
6, La Bretonnière
+33 2 51 46 62 44
9/4 - 30/9
info@la-bretonniere.com

5,5ha 119**T**(140-200m²) 12A CEE

**1** ACD**G**IJKLMOPQVW
**2** AESXYZ
**3** ABGHIKLM**O**PSUW
**4** (**A** 15/6-31/8)(C 10/5-20/9) (E+H 10/5-30/9)IM (Q+R 🔑)(T 15/6-30/9) (U+V 15/6-31/8)(X+Z 🔑)
**5** **AB**EFGIJKLMNPUVWZ
**6** ACEGJ**K**(N 2km)OTV

Camping magnifiquement situé dans la nature autour d'une ancienne ferme avec son propre étang de pêche et de très grands emplacements. A 15 minutes de l'océan. D'excellentes installations.

A partir d'Angers la A87 direction Cholet, Roche-sur-Yonne. Là, garder la direction Les Sables-d'Olonne. A la sortie La Mothe-Achard/St. Julien, direction St. Gilles.

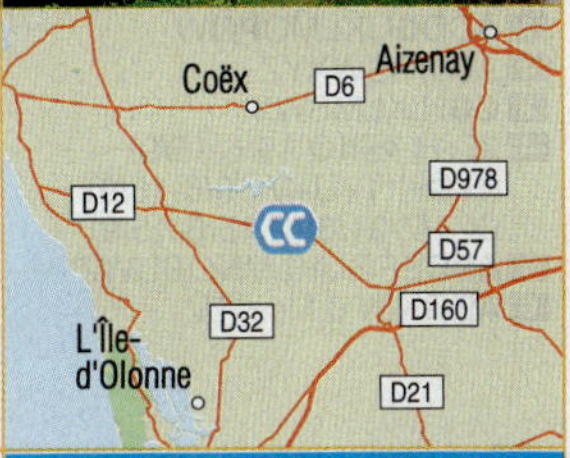


CC € 16 *9/4-1/7 26/8-30/9*

N 46°38'39'' W 01°43'57''

## St. Laurent-sur-Sèvre, F-85290 / Pays de la Loire (Vendée) 1257

Camping Le Rouge Gorge****
route de la Verrie
+33 2 51 67 86 39
8/4 - 6/11
campinglerougegorge@wanadoo.fr

2ha 38**T**(100-180m²) 8-13A CEE

**1** ACD**G**IJKLMPST
**2** ISWXYZ
**3** ACHIKPSUV
**4** (F+H 🔑)K(Q 1/7-31/8) (R 🔑)(T+U 1/7-31/8)(V 🔑) (X 1/7-31/8)(Z 🔑)
**5** **AB**DEFGIJKLMNPUWZ
**6** AEJ(N 0,8km)OTV

Camping agréable, dans la verdure à la lisière de la forêt de Barbinière. Piscine chauffée, snack, point wifi gratuit, beaux sanitaires et des propriétaires amicaux qui vous accueillent chaleureusement. La région (Puy de Fou à 10 minutes, Cholet, la région de la Loire) est particulière.

A St. Laurent-sur-Sèvre, le camping est clairement indiqué.

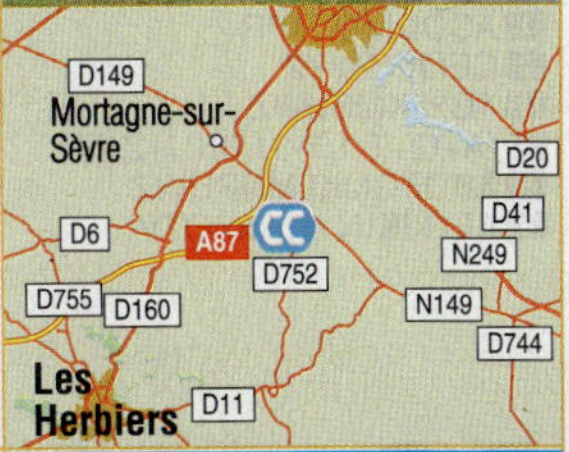


CC € 18 *8/4-24/5 30/5-2/6 7/6-7/7 1/9-6/11*

N 46°57'30'' W 00°54'14''

## St. Martin-Lars-en-Ste-Hermine, F-85210 / Pays de la Loire (Vendée)

iD **1258**

Camping Le Colombier****
+33 2 51 27 83 84
1/4 - 30/9
@ contact@lecolombier.fr

50ha 95T(120-200m²) 6-16A CEE

1 ACD**G**IJKLMOPST
2 BCELSWXYZ
3 ACEHIKPSUW
4 (C+H )**KLN**P (Q+R+T+U+X+Z )
5 **AB**EFGIJKLMNOPUW
6 ACDEGH**K**(N 1,5km)RTUV

Camping naturiste bien entretenu avec d'excellents équipements sanitaires. Grande piscine, emplacements spacieux et ambiance agréable au bar et dans le restaurant.

A partir de Niort, N148 jusqu'à Ste Hermine, D8 par Thiré. A Thiré, à gauche D10 vers St. Martin-Lars. Puis c'est indiqué.

CC € 20 *1/4-2/7 29/8-30/9*

N 46°35'52" W 00°58'09"

## St. Michel-Chef-Chef, F-44730 / Pays de la Loire (Loire-Atlantique)

iD **1259**

Camping du Vieux Château***
54 avenue d'Anjou, Tharon-Plage
+33 2 40 27 83 47
26/3 - 30/10
@ campingduvieuxchateau@gmail.com

1,1ha 25T(80-120m²) 10A CEE

1 ACD**G**IJKLMO**P**QW
2 AGIJRSWXYZ
3 C**G**HIKLMSWY
4 (E+H )(Q 15/6-15/9) (R )(T+U+V 15/6-15/9) (X 1/7-31/8)(Z 15/6-15/9)
5 **AB**DEFGIJKLMNOPUWZ
6 AEGK(N 0,5km)TV

Camping familial tranquille à 500 mètres de la plage de sable plate. Sanitaires modernes et en quantité suffisante bien entretenus. Centre pour la 'pêche à pied'. Situé dans le petit village typique Tharon Plage. Environnement presque à plat, supermarché à 2 km. Wifi gratuit sur emplacements.

D213, Route Bleue St. Nazaire-Pornic, sortie La Plaine sur Mer, D96 jusqu'au grand rond-point. Là, vers Tharon-Plage. Puis à gauche et suivre les panneaux de camping. Attention avec GPS.

CC € 16 *26/3-1/7 27/8-29/10 7=6, 14=12, 21=18*

N 47°09'36" W 02°09'47"

## St. Philbert-de-Grand-Lieu, F-44310 / Pays de la Loire (Loire-Atlantique)

iD **1260**

Village Les Rives de Grand Lieu***
1 avenue de Nantes
+33 2 40 78 88 79
1/4 - 31/10
@ accueil@lesrivesdegrandlieu.com

4,5ha 100T(100-200m²) 10A CEE

1 ACD**G**IJKLM**P**R
2 CEIJOSWYZ
3 ACHIKMSU**W**Z
4 (A+Q+T 1/7-31/8)(U+Z )
5 **AB**DFGIJKLMNPUWZ
6 AEGJ**K**(N 0,5km)OTV

Le camping Les Rives de Grand Lieu, est un village de pleine nature, de charme, dans un parc très ombragé. Il propose des emplacements délimités majoritairement par de la végétation. Vous pourrez vous baigner dans le plan d'eau directement accessible par une plage de sable surveillée par un maître-nageur sauveteur.

De Nantes direction Bordeaux, puis vers St. Philbert-de-Grand-Lieu. Le camping se trouve entre le Super U et le centre-ville.

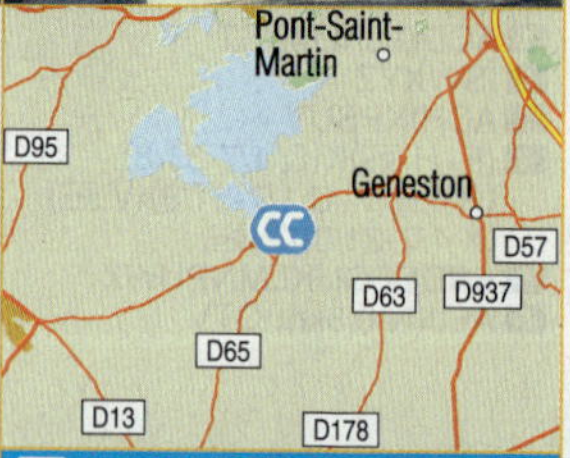


CC € 14 *1/4-10/7 29/8-31/10*

N 47°02'31" W 01°38'29"

## St. Vincent-sur-Jard, F-85520 / Pays de la Loire (Vendée) — 1261

Camping La Bolée d'Air****
route du Bouil
+33 2 51 90 36 05
8/4 - 25/9
info@chadotel.com

6ha 100**T**(80-100m²) 10A CEE

**1** ACD**F**IJKLMOPRS
**2** ASWXY
**3** AC**G**HIKM**O**P**R**SU
**4** (C 1/5-24/9)(F)
(H 1/5-24/9)JK**N**
(Q+R+T+U+V 1/7-31/8)
(Z)
**5** **AB**EFGIJKMNPUZ
**6** FGJ**K**(N 2km)RTV

Grand camping avec des emplacements délimités à côté de la D21. Camping à 1000m de la plage non surveillée de Bouil et à 1500m du village. Magnifique piscine d'intérieur et d'extérieur et nombreuses animations pour tous les âges.

Les Sables d'Olonne direction La Tranche-sur-Mer ; à 1,5 km après St. Vincent-sur-Jard (D21) sur la droite.

CC € 16 *8/4-9/7 30/8-25/9*

N 46°25'05'' W 01°31'38''

## St. Vincent-sur-Jard, F-85520 / Pays de la Loire (Vendée) — 1262

Camping Le Pied Girard**
9 rue de la Forêt
+33 2 51 20 61 73
1/5 - 30/9
campingpiedgirard@outlook.fr

2,2ha 105**T**(70-100m²) 10A CEE

**1** ACD**G**IJKLMOPST
**2** BJLSTUWYZ
**3** AHIKS
**4** (Q 1/7-31/8)
**5** **A**FGIJKLMNOPUZ
**6** ACEGK(N 0,5km)

Camping tranquille avec beaucoup d'attention pour la nature, à 800m de la plage et 600m du village. Bonnes possibilités pour la randonnée et le vélo. Equipements spéciaux pour camping-cars. Wifi gratuit sur tout le camping.

A87 La Roche-sur-Yon. Là, D747 et à 2 km vers Aubigny. Puis D36, Nieul-le-Dolent et là, D4 Talmont-Saint-Hilaire. Puis D21, St. Vincent-sur-Jard. A l'ouest, suivez les panneaux.

CC € 16 *1/5-10/7 27/8-30/9* *7=6*

N 46°24'52'' W 01°33'04''

## Ste Reine-de-Bretag./Pontchât., F-44160 / Pays de la Loire (Loire-Atlantique) — 1263

Camping Le Deffay****
D33
+33 2 40 88 00 57
1/5 - 30/9
campingledeffay@gmail.com

13ha 171**T**(100-150m²) 10-16A CEE

**1** ACD**F**IJKLMOPRWS
**2** FILMSWXYZ
**3** C**G**HIKLOSUW
**4** (E+H 15/6-15/9)
(Q+R+T+U+V+X+Z)
**5** **AB**EFGIJKLMNPUWXYZ
**6** ACEGHJ**K**(N 5km)OV

Deffay, un superbe domaine familial du 18e siècle. Emplacements entourés d'arbuste florissants et de verdure, quelques-uns avec vue sur les bassins. Confort quatre étoiles et calme. Sanitaires rénovés en 2017.

N165/E60 Nantes/Vannes, sortie 13 Pontchâteau direction Ste. Reine-de-Bretagne ou Calvaire par la D33. Le camping est bien indiqué.

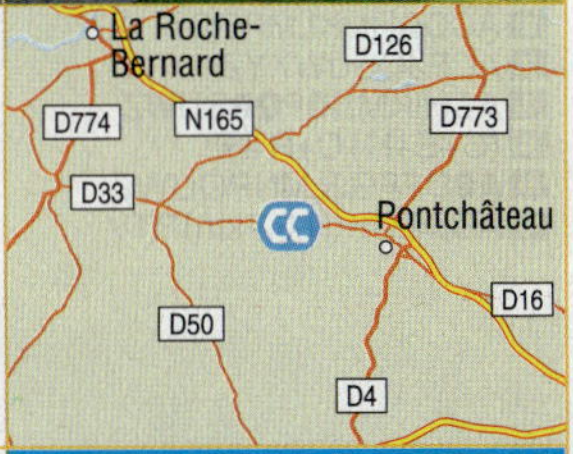


CC € 16 *1/5-3/7 27/8-29/9* *7=6, 14=12*

N 47°26'28'' W 02°09'35''

**Talmont-St-Hilaire**, F-85440 / Pays de la Loire (Vendée) **1264**

Camping Le Paradis****
rue de la Source
+33 5 64 10 20 20
1/4 - 31/10
direction.leparadis@seagreen.fr

5ha 69T(70-100m²) 10A CEE

1 ACD**F**IJKLMOPTW
2 BCIJMOSWXYZ
3 ACHIJKLMPSU
4 (A 1/7-31/8)
(E+H )IM(Q+R )
(S+T+U+V+Y+Z 1/7-31/8)
5 **AB**FGIJKLMNPUVWXZ
6 EGH**K**(N 3km)OTV

Un camping en terrasses amical dans un environnement tranquille entre les arbres, avec piscine couverte chauffée. Emplacements spacieux délimités par des haies. Point de départ parfait pour de beaux circuits à vélo. WiFi gratuite pour les détenteurs de la CCA.

A partir de Talmont-St-Hilaire D949 direction Les Sables-d'Olonne. Puis D4a à gauche direction Bourgenay. Le camping est sur la droite à 1 km; indiqué.

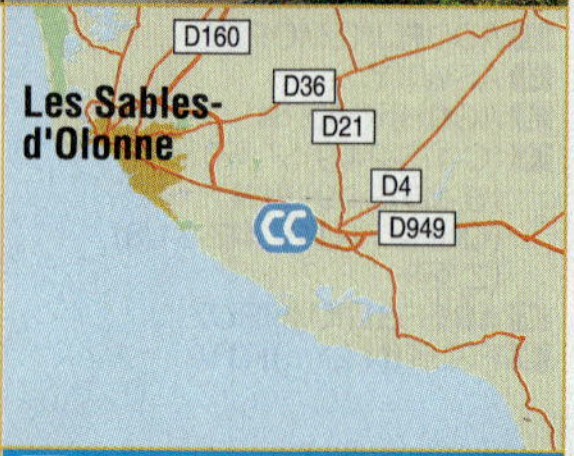


CC € 20 *1/4-2/7 20/8-31/10 7=6*

N 46°27'53'' W 01°39'18''

**Talmont-St-Hilaire**, F-85440 / Pays de la Loire (Vendée) **1265**

Camping Sandaya Le Littoral*****
Le Porteau
+33 2 51 22 04 64
8/4 - 25/9
lelittoral@sandaya.fr

9ha 60T(80-100m²) 10A CEE

1 ACD**G**IJKLMOPST
2 BGJPRSTWXYZ
3 ACD**G**HIKMPSU**W**
4 (C+E+H )IJKM
(Q+R+S+T+U+V+X+Y+Z )
5 **AB**DEFGIJKLMNOPUVWXYZ
6 DEGH**K**(N 3km)ORTV

Très beau camping familial avec beaucoup de confort et tous les équipements, près de l'océan. Splendide piscine couverte et paradis aquatique chauffé. Bar, restaurant et superette ouverts toute la saison. Circuits pour la randonnée et le vélo à partir du camping. A 5 minutes des Sables-d'Olonne.

D949 de Talmont-St-Hilaire aux Sables-d'Olonne, juste après le hippodrome à gauche. Puis c'est indiqué.

CC € 18 *8/4-8/7 3/9-25/9*

N 46°27'07'' W 01°42'06''

**Tuffé**, F-72160 / Pays de la Loire (Sarthe) **1266**

Camping du Lac****
route de Prévelles
+33 2 43 93 88 34
16/4 - 16/10
campingdulac.tuffe@orange.fr

4ha 115T(85-200m²) 6A CEE

1 ACD**G**HIJKLMPRS
2 ACEJOSUWXYZ
3 ACHIKMN**O**P**QR**SUWZ
4 (C+E+H+Q+R )
5 **AB**DEFGJLMNPQUWZ
6 ACDEGK(N 0,7km)RTV

Ce magnifique terrain municipal avec piscine couverte chauffée, eau poissonneuse et nombreuses possibilités récréatives, est situé dans un bel environnement tranquille et verdoyant, près d'un village authentique. Vaut une visite ! Reception fermée entre 12 h et 14 h.

Suivre la D323 jusqu'à Connerré, puis direction Tuffé par la D33, et suivre les panneaux 'Base de Loisirs'. Le camping du Lac se trouve juste à côté.

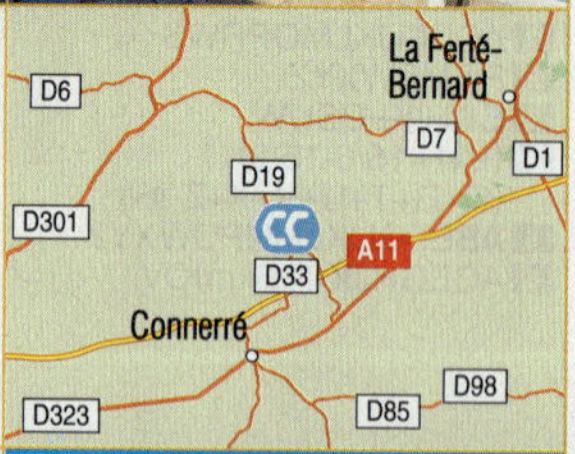


CC € 16 *16/4-8/7 28/8-16/10 7=6, 14=12*

N 48°07'06'' E 00°30'36''

## Vendrennes, F-85250 / Pays de la Loire (Vendée)

1267

Camping Sites & Paysages de la Motte****
La Motte
+33 2 51 63 59 67
1/4 - 7/11
contact@camping-vendee-lamotte.com

3ha 45T(100-140m²) 16A CEE

1 ACDGIJKLMOPQW
2 IJSWYZ
3 AEHIKPUW
4 (C 1/5-15/9)(E)
(H 1/6-15/9)JK
(Q+R 1/6-30/9)
(T+U+V 1/6-15/9)(Z)
5 **AB**DGIJKLMNOPUZ
6 AEGJ(N 0,5km)ORTV

Ce camping agréable à l'intérieur des terres de la Vendée avec de grands emplacements vous garantit calme et espace. A seulement 17 km du Puy de Fou! Proche des autoroutes A83 et A87.

De la A83 ou A87, sortie Les Essarts puis prendre la D160 vers Cholet. A Vendrennes, le camping est indiqué.

€ 18 *1/4-9/7 27/8-6/11*

N 46°49'38'' W 01°07'02''

## Yvré-l'Evêque, F-72530 / Pays de la Loire (Sarthe)

1268

Onlycamp Le Pont Romain****
1 chemin de Réveillon (la chataigneraie)
+33 2 43 82 25 39
18/3 - 13/11
campinglepontromain@onlycamp.fr

2,5ha 70T(80-150m²) 10A CEE

1 ACDGIJKLPQ
2 IJSUVWXYZ
3 CHIKSU
4 (C 15/6-15/9)(H 15/6-30/8)
(Q 1/5-30/9)(R)
(T 1/7-31/8)
5 **AB**DEFGIJKLMNPUWXYZ
6 ACDEGJ(N 0,5km)TV

A quelques kilomètres du centre-ville du Mans, ville d'art et d'histoire, ce camping est situé dans un véritable écrin de verdure. Sa situation vous permettra de rayonner facilement à la découverte des sites touristiques. Pour rendre votre séjour agréable, le camping dispose d'une piscine, d'une pataugeoire et d'une salle d'activités.

De la E50/A11, sortie 6, bifurquer vers le sud, vers la A28. Sur la A28, sortie 23 Le Mans-Centre.

€ 18 *18/3-26/5 29/5-4/6 6/6-2/7 28/8-13/11*

N 48°01'08'' E 00°16'46''

## Airvault, F-79600 / Poitou-Charentes (Deux-Sèvres)

1269

Camping de Courte Vallée***
rue Courte Vallée
+33 5 49 64 70 65
1/3 - 31/10
camping@caravanningfrance.com

3,5ha 65T(110-130m²) 13-16A CEE

1 ACDGIJKLMOPQ
2 SUVWXYZ
3 AHIKMNSU**W**
4 (C+Q 1/5-30/9)(R)
(T+U+X 1/5-30/9)(Z)
5 **AB**GIJKLMNPUWZ
6 ABDEGK(N 1,5km)TV

Situé dans la vallée du Thouet près de la ville médiévale Airvault et de la vallée de la Loire. Haut niveau d'entretien. Superbes emplacements avec électricité, excellents sanitaires, magnifique piscine et nombreux autres équipements. Wifi et belle terrasse. La famille est très accueillante. Garage mort pour votre caravane.

A partir de Thouars la D938. Puis suivre la D725-bis vers Airvault. Dans le village suivre les panneaux du camping 'La Courte Vallée'.

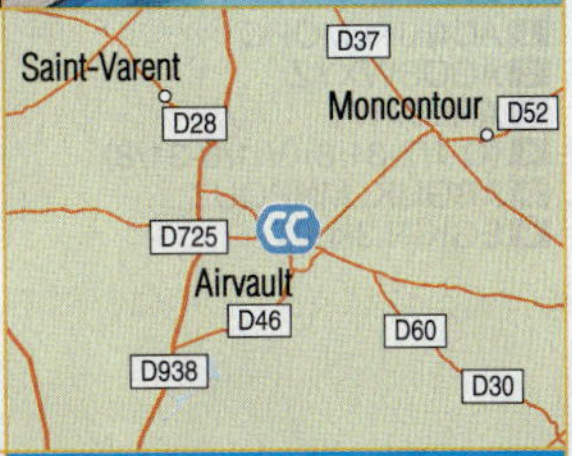


€ 22 *1/3-14/7 1/9-31/10*

N 46°49'59'' W 00°08'53''

## Avanton, F-86170 / Poitou-Charentes (Vienne)

iD **1270**

Camping Du Futur***
9 rue des Bois
+33 5 49 54 09 67
1/4 - 6/11
contact@camping-du-futur.com

3ha 51**T**(100-120m²) 6-10A CEE

**1** AC**G**IJKLMOPRWS
**2** ISWXY
**3** AC**G**HRSU
**4** (C 1/6-15/9)(Q+R)
(T 1/7-30/8)(U+Z)
**5** **AB**EFGIJKLMNOPQUWZ
**6** ACDEG**K**(N 3,5km)RV

Camping spacieux et bien organisé à quelques kilomètres au nord de Poitiers, et près du parc du Futuroscope. Situation idéale pour y faire étape. Enregistrement jusqu'à 23 heures. Wifi gratuit.

N10 sortie Avanton. Suivre les flèches le long de la D757 (route vers Poitiers). Ou par l'autoroute, sortie 28 ou 29.

CC € 18 *1/4-3/7 28/8-5/11*

N 46°39'22'' E 00°18'07''

## Aytré/La Rochelle, F-17440 / Poitou-Charentes (Charente-Maritime)

iD **1271**

Camping Les Sables****
chemin du Pontreau
+33 5 46 45 40 30
1/4 - 15/10
camping_les_sables@yahoo.fr

5,5ha 298**T**(100-140m²) 10A CEE

**1** ACD**F**IJLOPQ
**2** AGSTUWXY
**3** ACHKMOP**Q**SUWY
**4** (C 1/5-15/9)(F 1/5-30/9)
(H 1/5-15/9)IJ**LMNO**
(Q+R 1/7-31/8)
(T+U+V+X+Z)
**5** **AB**EFGIJKLMNPRUVZ
**6** ACFGHK(N 2km)RTV

Magnifique camping familial avec tous les équipements. Emplacements spacieux séparés par des haies. Plage de sable à proximité. Piscine couverte chauffée. Wifi gratuit partout. Près de La Rochelle et Ile-de-Ré.

N137 La Rochelle-Rochefort. Sortie Aytré (D939). Au rond-point à droite. Au rond-point suivant 3/4 à gauche la D937. Au 2ième feu rouge à droite. Suivre 'La Plage'.

CC € 22 *1/4-2/7 1/9-15/10*

N 46°06'59'' W 01°07'10''

## Bourcefranc-le-Chapus, F-17560 / Poitou-Charentes (Charente-Maritime)

iD **1272**

Camping La Giroflée**
route Touristique
+33 5 46 85 06 43
1/4 - 31/10
campinglagiroflee@outlook.fr

3,3ha 122**T**(82-182m²) 10-16A CEE

**1** AC**G**IJKLMOPQ
**2** AGQSWXYZ
**3** AHIKMWY
**4** (Q 1/7-31/8)(V 1/6-31/8)
**5** **AB**GIJKLMNPQUZ
**6** EGK(N 3km)T

Camping situé au calme avec de beaux emplacements.

Prendre la direction de l'île d'Oléron. Au rond-point avec le château tourner à gauche (attention : pas le rond-point avec le moulin), direction Route Touristique. Suivre cette route sur plus de 1 km.

CC € 14 *1/4-7/7 25/8-31/10* 7=6

N 45°49'53'' W 01°09'03''

## Boyardville, F-17190 / Poitou-Charentes (Charente-Maritime)

1273

Camping Les Saumonards**
route des Saumonards
+33 5 46 47 23 20
1/4 - 15/10
campinglessaumonards@outlook.fr

5ha 267**T**(60-120m²) 5A CEE

**1** ABCD**G**HIJKLMOPST
**2** ABGTXYZ
**3** A**G**HIKSWY
**4** (Q+T+U+V+Z 15/6-15/9)
**5** **AB**CDFGHIJKLMNOPUZ
**6** ACDEGHK(N 1,2km)TV

Camping tranquille dans un bois de pins avec accès à la plage.

Du viaduc, direction Dolus puis Boyardville. A Boyardville, passer le pont. Cp indiqué 'Camping Municipal'.

N 45°58'42'' W 01°14'28''

CC € 16 *1/4-9/7 26/8-15/10 7=6*

## Boyardville, F-17190 / Poitou-Charentes (Charente-Maritime)

1274

Camping Signol*****
121 avenue des Albatros
+33 2 51 20 41 94
9/4 - 18/9
contact@olela.fr

8ha 35**T**(60-100m²) 16A CEE

**1** ABCD**F**HIJKLMOPST
**2** ABLTWY
**3** C**G**HIKMNPSUV**W**
**4** (C 12/5-19/9)
(F+H )**J**KLMN
(Q+S+T+U+V+X+Z )
**5** **AB**DEFGIJKMNOPUWZ
**6** CEGHJ**K**L(N 6km)TV

Camping rénové sur terrain sableux. Grande aire de jeux et piscine outdoor/indoor avec toboggan. Près du centre de Boyardville, réputé pour son port et ses festivités.

A partir du pont vers Dolus, au rond-point 1e rue à droite vers Boyardville.

N 45°58'05'' W 01°14'40''

CC € 18 *9/4-6/7 30/8-18/9*

## Chalandray, F-86190 / Poitou-Charentes (Vienne)

1275

Camping Du Bois de St. Hilaire***
route de la Gare
+33 5 49 60 20 84
8/4 - 30/9
info@camping-st-hilaire.eu

8ha 33**T**(100-198m²) 10A CEE

**1** ACD**G**IJKLMOPQ
**2** BSWXYZ
**3** AHIMPRSU
**4** (C 21/6-31/8)(Q+V 1/7-31/8)
(Z )
**5** **AB**GIJKLMNOPUW
**6** AEK(N 0,7km)TV

Camping amical géré par une famille et situé dans un superbe bois de chênes. Ambiance détendue. Emplacements spacieux, nombreuses possibilités récréatives, piscine et bar. Wifi gratuit sur tout le terrain. Environnement très adapté pour le vélo et la randonnée. Garage pour caravanes.

A partir de Poitiers la N149 direction Partenay. A Chalandray la D24 direction Vauzailles. Le camping est à 750m sur la droite.

N 46°40'04'' W 00°00'11''

CC € 18 *8/4-1/7 29/8-30/9*

## Chaniers, F-17610 / Poitou-Charentes (Charente-Maritime)

**1276**

Camping Belle Rivière**
65 rue Aliénord d'Aquitaine
+33 5 46 91 02 20
1/4 - 15/10
info@campingbelleriviere.fr

2ha 75T(130-250m²) 13A CEE

1 ABCDFIJKLMP
2 ACIJOSWXYZ
3 CGHIKLSWX
4 (Q+U+Y+Z)
5 ABEGIJKLMNOPUVZ
6 CEGK(N 0,5km)T

Camping au calme sur les rives de la Charente, avec possibilité de pêcher, de nager, de randonner et de faire du vélo. Le camping est à deux pas du village de Chaniers.

À Saintes, prendre la direction de Chaniers. À Chaniers, le camping est indiqué.

CC € 14 *1/4-30/6 1/9-15/10*

N 45°42'56'' W 00°33'33''

## Châtelaillon-Plage, F-17340 / Poitou-Charentes (Charente-Maritime)

**1277**

Camping Au Port-Punay****
allée Bernard Moreau,Les Boucholeur
+33 5 17 81 00 00
13/5 - 18/9
contact@camping-port-punay.com

3ha 116T(100m²) 10A CEE

1 ACDFIJKLMPQ
2 AGJSTUWXYZ
3 ACHIKMNSUWY
4 (C+F+H)KLN(Q+R+S) (T+U+V+X+Z 13/6-13/9)
5 ABEFGJLMNOPQRUVWXYZ
6 ACEGHK(N 2km)OTV

Camping agréable à 200 mètres d'une plage de sable fin. Magnifique nouveau centre de bien-être. Bons sanitaires, emplacements spacieux. Point de départ pour visiter les îles de Ré et d'Aix. Situé entre les villes historiques La Rochelle et Rochefort. Châtelaillon et environs à découvrir à vélo. Wifi. Écolabel.

N137 La Rochelle-Rochefort, sortie D109 Châtelaillon-Plage. Au 2ième rond-point, prenez la première route à gauche. Suivre les panneaux 'Les Boucholeurs' puis 'camping'.

CC € 22 *13/5-9/7 27/8-18/9*

N 46°03'18'' W 01°05'00''

## Châtelaillon-Plage, F-17340 / Poitou-Charentes (Charente-Maritime)

**1278**

Camping Le Village Corsaire des 2 Plages****
av. d'Angoulins
+33 5 46 56 27 53
11/4 - 27/9
reception@2plages.com

4,5ha 97T(80-150m²) 10A CEE

1 ACDFIJKLOPST
2 AGJSTUWYZ
3 ACGHIKMNOPSUVWY
4 (C+F+H 1/5-15/9)J(Q+R+S+T+U+V+X+Y+Z 1/5-15/9)
5 ABEFGIJKLMNOPUVWZ
6 ACGHK(N 1km)ORTV

Camping magnifiquement situé avec une piscine couverte chauffée splendide. A proximité de l'océan. Emplacements spacieux relativement séparés sous de hauts feuillus. Bon point de départ pour faire des randonnées et du vélo. Près de la ville.

N137 La Rochelle vers le sud, sortie Angoulins. Puis D202 Châtelaillon-Plage. Vous trouvez le camping en entrant dans Châtelaillon.

CC € 20 *11/4-3/7 29/8-25/9* *7=6, 14=11*

N 46°05'03'' W 01°05'36''

## Châtelaillon-Plage, F-17340 / Poitou-Charentes (Charente-Maritime) — 1279

Camping L'Océan***
2 bis, Square des Terriers
+33 5 46 56 87 97
15/5 - 15/9
reception@oceancamping.fr

1,9ha 176T(85-120m²) 10A CEE

1 ACD**F**IJKLOPST
2 AJSWXYZ
3 CHIKMNSUWZ
4 (B 1/6-15/9)(Q )
(U 1/7-31/8)
5 **AB**EFGIJKLMNOPUVZ
6 ACEGH**K**(N 1km)RTV

Plaisir de camper intégral à proximité (600m) de la mer. Ambiance familiale et bons sanitaires. Magnifique bassin pour nager. Paradis pour la randonnée et le vélo. Bon point de départ pour découvrir La Rochelle, Fort Boyard, les îles de Ré, d'Oléron et d'Aix et le Marais Poitevin.

N137 La Rochelle vers le sud, sortie Angoulins. Puis D202 Châtelaillon-Plage. Le camping est indiqué par des panneaux à l'entrée de Châtelaillon.

CC € 20 *15/5-4/7 29/8-15/9 7=6, 14=11*

N 46°05'12'' W 01°05'39''

## Chef-Boutonne, F-79110 / Poitou-Charentes (Deux-Sèvres) — 1280

Camping Le Moulin***
Treneuillet, 1 route de Niort
+33 5 49 29 73 46
1/1 - 31/12
info@campingchef.com

1,2ha 37T(40-150m²) 10-16A

1 ACD**G**IJKLM**P**RWS
2 CJSVWXYZ
3 AHIKS
4 (C 1/5-30/9)(Q 1/7-31/8)
(U 1/1-1/12)(Y 1/6-30/9)
(Z 1/7-31/8)
5 **A**DGHIJKLMNPUWXZ
6 ABCDEGJ**K**(N 2km)TV

Camping familial tranquille près d'un vieux moulin à eau. Terrain plat, piscine et restaurant. Terrain de jeux pour enfants. Dans les environs, il y a une mine d'argent en activité, le château de Javarzay avec la possibilité de pêcher et des visites guidées.

A Chef-Boutonne suivre la D740 direction Brioux. Le camping est indiqué par des panneaux.

CC € 18 *1/1-10/7 28/8-31/12*

N 46°06'28'' W 00°05'38''

## Cognac, F-16100 / Poitou-Charentes (Charente) — 1281

Camping de Cognac***
boulevard de Châtenay
+33 5 45 32 13 32
1/5 - 30/9
campingdecognac@outlook.fr

3ha 150T(56-102m²) 6A CEE

1 ACD**G**IJKLPRWS
2 CSUWXYZ
3 **A**GHIKLSU**W**
4 (B 15/6-15/9)(T+U+
X+Z 15/6-10/9)
5 **A**FGIJKLMNPUVZ
6 EGHK(N 2km)TV

Terrain magnifique, sanitaires modernes et situés au bord d'une petite rivière et à proximité du centre de cette célèbre ville. Piscine au camping.

Sur la N141 sortie Cognac, suivre la D945 jusque dans le centre. Suivre les panneaux vers le camping.

CC € 16 *1/5-7/7 27/8-30/9 7=6*

N 45°42'33'' W 00°18'46''

## Confolens, F-16500 / Poitou-Charentes (Charente)

**1282**

Camping des Ribières***
21 ave de St. Germain-de-Confolens
+33 5 45 85 35 27
1/4 - 30/9
camping-les-ribieres@orange.fr

2,3ha 119T(80-250m²) 16A CEE

1 ACD**G**IJKLMPQ
2 DNSVWXYZ
3 ACIKS**W**X
4 (Q )(T 1/6-30/9)
5 **AB**CFGIJKLMNPUV
6 CDEGK(N 0,6km)ORT

Camping tranquille au bord de la Vienne (et de la D95) à 5 minutes à pied du centre de Confolens. Bon point de départ pour faire des randonnées et des tours à vélo en Charente, une région tranquille et riche en gastronomie.

A Confolens vers St. Germain. Le camping est sur la gauche à 500m.

CC € 14 *1/4-15/7 1/9-29/9*

N 46°01'09'' E 00°40'30''

## Coulon, F-79510 / Poitou-Charentes (Deux-Sèvres)

**1283**

Flower Camping La Venise Verte****
178 route des Bords de Sèvre
+33 5 49 35 90 36
1/4 - 2/10
accueil@camping-laveniseverte.fr

2,2ha 97**T**(80-187m²) 10A CEE

1 ACD**G**IJKLM**P**Q
2 BCISUWXYZ
3 ACHIKMNPSU**W**
4 (C+G 15/6-30/9)(Q+R )
(T+U+X 1/5-30/9)(Z )
5 **AB**EFGIJKLMNOPUWXYZ
6 ACEGHJ(N 2km)STV

Camping à 2 km de Coulon, au cœur du Marais Poitevin. Magnifiques circuits pour la randonnée et le vélo. 97 emplacements, grande piscine, restaurant et nombreuses possibilités récréatives. Particularité: le camping a reçu le label européen Eco, à cause du tourisme écologique que l'on cherche à pratiquer. Un magnifique camping pour un séjour détendu.

A partir de Niort, D9 dir. Coulon, puis de Coulon D123 dir. Irleau. Le camping est sur cette route.

CC € 18 *1/4-30/6 3/9-2/10 7=6, 14=12, 21=18*

N 46°18'54'' W 00°36'33''

## Cozes, F-17120 / Poitou-Charentes (Charente-Maritime)

**1284**

Camping Le Sorlut**
20 rue des Chênes
+33 5 46 90 75 99
15/3 - 15/10
contact@camping-charente-maritime-cozes.com

1,7ha 108**T** 6-10A CEE

1 ABCD**G**IJKLMPSWT
2 JSXYZ
3 ACHIK**OR**S
4 (A 15/7-15/8)(C+H 1/6-31/8)
J(Q 1/7-31/8)(R )
(T 15/7-15/8)
5 **AB**GIJKLMNOPUWZ
6 AEG**K**(N 0,5km)T

Camping situé en bordure de la vieille ville Cozes (à 500m). Circuits pour la randonnée et le vélo. Vous êtes accueillis par des propriétaires amicaux.

A10 sortie Pons. Là, D732 jusqu'au centre de Cozes. Camping bien indiqué.

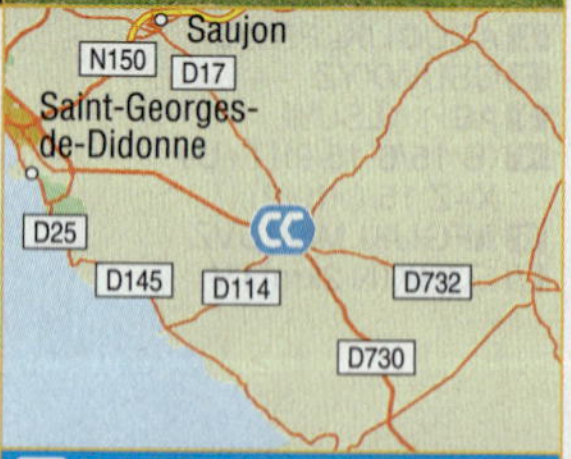


CC € 14 *15/3-8/7 25/8-15/10*

N 45°35'12'' W 00°50'08''

## Dolus-d'Oléron, F-17550 / Poitou-Charentes (Charente-Maritime) — 1285

Camping Ostrea****
route des Huitres
+33 5 46 47 62 36
1/4 - 30/9
camping.ostrea@wanadoo.fr

2ha 60T(75-120m²) 6A CEE

1 ACDGIJKLMPRWS
2 AGNSTUWXY
3 CGHKMNSUWY
4 (E+H)K(Q+R)
(U+V 1/7-31/8)(Z)
5 ABCEFGIJKMNOPUVWZ
6 CEGK(N 3,5km)OUVX

Petit camping tranquille en bord de mer. Piscine couverte chauffée avec jacuzzi. Ponton pour les bateaux. Sanitaires très bien entretenus. Jean-Michel et Marie sont heureux de vous accueillir!

A partir du pont à droite direction Le Château, traverser le village, à droite de la route côtière. Le camping est situé à 3 km.

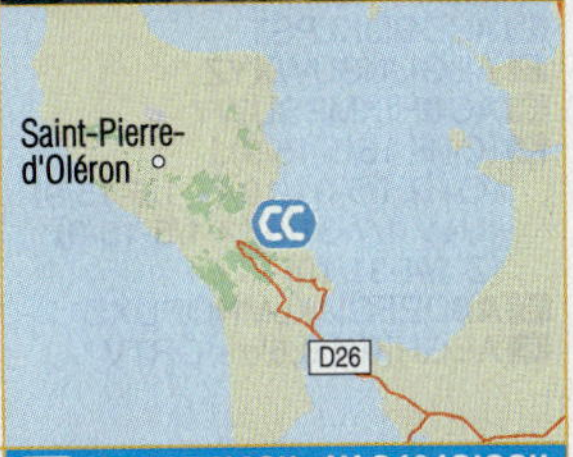


CC € 20 1/4-3/7 27/8-30/9

N 45°54'46'' W 01°13'26''

## Dolus-d'Oléron, F-17550 / Poitou-Charentes (Charente-Maritime) — 1286

Camping Paradis La Cailletière***
route de Boyardville
+33 5 46 75 36 33
8/4 - 25/9
camping.la.cailletiere@wanadoo.fr

3ha 42T(80-120m²) 10A

1 ACDGHIJKLMPSWT
2 ABRSVWYZ
3 AGHIKMPS
4 (E+G+Q)(T+U+
V+Z 1/7-31/8)
5 ABEFGIJKLMNOPUWZ
6 EK(N 0,8km)OV

Camping tranquille dans les bois, au coeur de l'île, près de magasins et pistes cyclables. Piscine couverte chauffée. Grands emplacements délimités.

Du viaduc, direction St. Pierre. Au rond-point à Dolus (à l'Intermarché) vers Boyardville. Puis c'est indiqué.

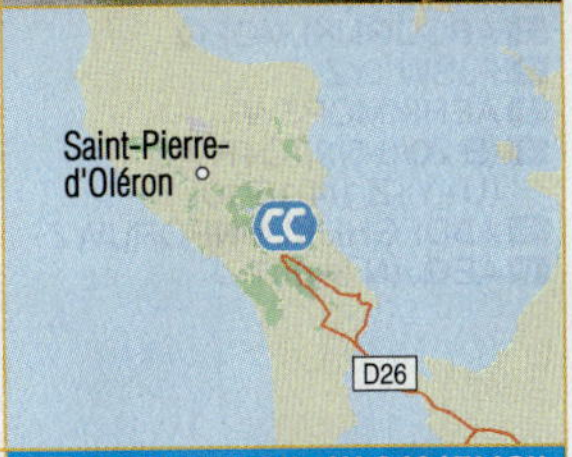


CC € 16 8/4-3/7 29/8-25/9

N 45°54'59'' W 01°15'10''

## Exideuil-sur-Vienne, F-16150 / Poitou-Charentes (Charente) — 1287

Camping de la Rivière***
La Rive
+33 6 07 98 73 79
1/1 - 31/12
christophe.derveaux@gmail.com

2ha 29T(100-120m²) 16A CEE

1 AGIJKLMOPQ
2 CIMNOSUVWXYZ
3 AHIKPRSUWX
4 (B 1/4-1/11)(Q 1/7-31/8)
(R+T+U+Y+Z 15/6-15/9)
5 ABGIJKLMNOPQUWXYZ
6 CDEGK(N 1km)TV

Camping situé au bord de la Vienne, à quelques pas d'Exideuil. 25 emplacements spacieux et une vingtaine spécialement aménagés pour les campeurs. Il y a une piscine et un terrain de sport. Propreté des installations sanitaires. Snack-bar confortable avec terrasse.

Continuer RN141 Limoges-Angoulême jusqu'au rond-point, à Exideuil-sur-Vienne, traverser la Vienne sur le pont étroit.

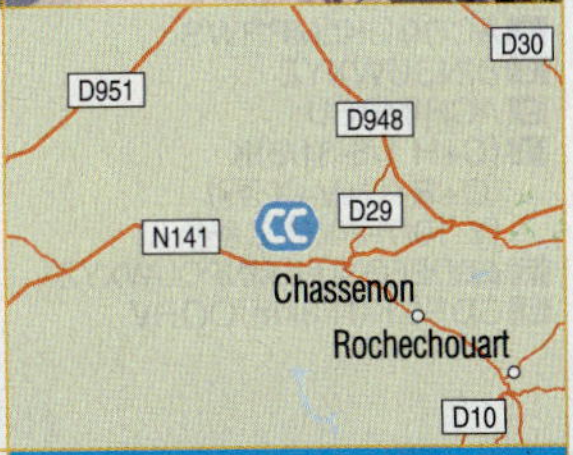


CC € 12 1/1-10/7 1/9-31/12

N 45°53'21'' E 00°40'36''

## Fouras, F-17450 / Poitou-Charentes (Charente-Maritime)

1288

Camping Le Cadoret***
boulevard de Chaterny
+33 5 46 82 19 19
1/1 - 31/12
campinglecadoret@
fouras-les-bains.fr

7,6ha 300**T**(80-130m²) 10A

1 ACD**G**IJKLPST
2 ABGIJNSUWXYZ
3 AC**G**HIKMPSUWY
4 (C+H 15/5-15/9)J
(Q+R 1/5-31/10)(T 1/5-15/9)
(U+V 1/7-31/8)(X 1/5-15/9)
(Z 1/4-31/10)
5 **AB**DEFGIJKLMNOPUXZ
6 AEGHK(N 0,6km)ORTV

Le camping du Cadoret vous accueille dans un environnement calme et familial, situé en bord de mer dans un parc boisé, à 500 m du centre-ville. De nombreux emplacements semi-ombragés ou ensoleillés face à la mer sont délimités et engazonnés pour un confort maximum.

De La Rochelle vers Rochefort. Sortie Fouras (D937). A 2 km à droite. A la première fourche rester sur la droite. Est indiqué.

CC € 16 *1/1-24/6 25/8-31/12*

N 45°59'35'' W 01°05'14''

## Genac-Bignac, F-16170 / Poitou-Charentes (Charente)

1289

Camping du Lac de Bignac***
2 chemin de la Résistance
+33 5 45 21 78 41
1/3 - 31/10
info@marcodebignac.com

8ha 84**T**(100m²) 6A

1 ABCDGIJKLMOPQ
2 FJSWXYZ
3 AEHIKMOPSW
4 (B 20/6-5/9)(Q+R 🔑)
(U+Y+Z 1/4-15/10)
5 **AB**DFGHIJKLMNPQRUWZ
6 AEGJ(N 3km)T

Un camping idyllique et relaxant situé au bord d'un beau lac poissonneux. Emplacements touriste au soleil et à l'ombre. Sanitaires chauffés rénovés. Divers équipements sportifs et récréatifs. Restaurant (demander les horaires d'ouverture) avec terrasse au bord du lac.

Quitter la RN10 aux panneaux La Touche D'Anais. Suivre les panneaux 'Vars', 'Bignac' et suivre ensuite les panneaux 'Camping Marco de Bignac'.

CC € 18 *1/3-1/7 28/8-31/10*

N 45°47'51'' E 00°03'49''

## Ingrandes, F-86220 / Poitou-Charentes (Vienne)

1290

Camping Le Petit Trianon de Saint Ustre****
1 rue du Moulin St. Ustre
+33 5 49 02 61 47
15/4 - 31/8
contact@
domaine-petit-trianon.com

7ha 116**T**(120-150m²) 10A

1 ACD**G**IJKLMPRWS
2 BINSUWXYZ
3 ACHIM**R**SU
4 (C+H 1/5-31/8)K
(Q+R+U+V+X 🔑)
(Y 10/7-20/8)(Z 🔑)
5 **AB**DEFGHIJKLMNPQUWXYZ
6 CDEGK(N 3km)OQRV

NOUVEAU

Ce camping familial autour d'un château dans un environnement campagnard et riche en oiseaux, a des emplacements spacieux et une piscine chauffée. Bon point de départ pour visiter les églises romanes, les châteaux, Futuroscope et les rivières du Poitou et de Touraine.

N10 Tours-Poitiers, à gauche avant Ingrandes, puis suivre les panneaux.

CC € 18 *15/4-3/7 22/8-31/8*

N 46°53'16'' E 00°35'13''

## Jarnac, F-16200 / Poitou-Charentes (Charente) 1291

Camping l'Ile Madame***
1 quai Île Madame
+33 6 26 91 40 92
1/5 - 30/9
campingjarnac@outlook.fr

3,2ha 80T(100-150m²) 10A CEE

1 ABCD**G**IJKLMPQW
2 CSUWXYZ
3 AIKLPS**W**
4 (B 15/6-15/9)
5 **AB**CFGHIJKLMNOPU
6 CDEGHKT

Camping familial agréable. Une visite à Jarnac vaut vraiment la peine, de même qu'une visite de la distillerie de cognac Courvoisier. Jarnac est le lieu de naissance de l'ancien président; François Mitterrand. À Jarnac, vous pouvez visiter sa maison natale et un musée qui lui est consacré.

A partir de Jarnac, N141 direction Cognac. Juste après le pont sur la Charente à gauche en face de l'usine Courvoisier. Suivez les panneaux.

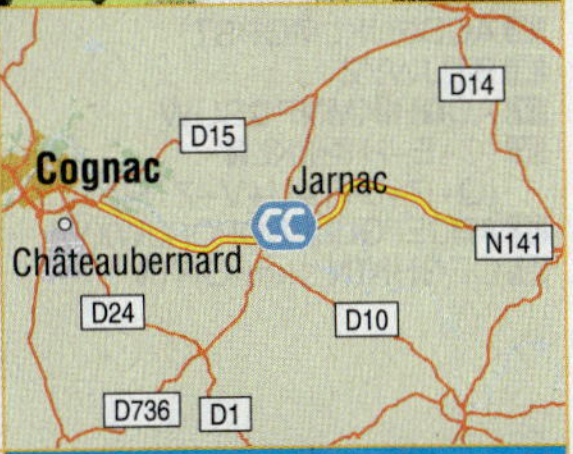


CC € 18 *1/5-7/7 27/8-30/9*

N 45°40'35'' W 00°10'24''

## La Couarde-sur-Mer, F-17670 / Poitou-Charentes (Charente-Maritime) 1292

Camping l'Océan et Spa*****
50 route d'Ars
+33 5 46 29 87 70
8/4 - 25/9
ocean@edenvillages.fr

9ha 167**T**(80-100m²) 10A CEE

1 ACD**G**IJKLMOPST
2 AEGJSTUWXYZ
3 C**G**HIKMN**O**PRSUVWY
4 (A+C+H )**KLMNP** (Q+S+T+U+V+Y+Z )
5 **AB**DEFGIJKLMNOPRUWXYZ
6 ACEGH**K**L(N 5km)OTV

Beau camping 4 étoiles avec toutes les commodités imaginables. Emplacements spacieux séparés par des haies. Belle plage de sable fin à 100m et un étang de pêche. Jet ski possible sur le lac. Beaucoup de sport et de divertissement, restaurant/bar, grande piscine et nouveau complexe Spa. Belle et nouvelle réception.

Après le péage suivre 'itinéraire nord' (D735) direction St. Martin et Ars-en-Ré. Situé sur la D735 entre La Couarde et Ars. Bien indiqué par des panneaux.

CC € 20 *8/4-8/7 28/8-25/9* *7=6*

N 46°12'16'' W 01°28'03''

## La Couarde-sur-Mer, F-17670 / Poitou-Charentes (Charente-Maritime) 1293

Camping La Tour des Prises****
route d'Ars
+33 5 46 29 84 82
2/4 - 23/9
camping@lesprises.com

2,5ha 85T(85-120m²) 16A CEE

1 ACD**F**IJKLMOPST
2 GJSTWXYZ
3 CHIKMNPSUWY
4 (C+F+H+Q )(R+S+T+U 1/7-31/8)(V 15/5-20/9)(X+Z 1/7-31/8)
5 **AB**CDEFGIJKLMNOPRUWXYZ
6 ACEGHK(N 1,5km)RTV

Camping familial tranquille au centre de l'Ile de Ré, à 600 mètres d'une plage de sable fin et de la mer. Piscine couverte chauffée. Un paradis pour faire des randonnées et du vélo. Wifi gratuit sur tout le camping. Sanitaires chauffées. Plage rénovée. Proche des pistes cyclables. Deux restaurants à 400 mètres.

Après le pont, D735 vers La Flotte, puis St. Martin-de-Ré et après La Couarde, Ars-en-Ré. A partir du rond-point à Couardes à droite, et indiqué par des panneaux.

CC € 20 *2/4-10/7 28/8-23/9*

N 46°12'16'' W 01°26'47''

## La Flotte-en-Ré, F-17630 / Poitou-Charentes (Charente-Maritime)

iD **1294**

Camping La Grainetière*****
route de St. Martin
+33 5 46 09 68 86
1/4 - 30/9
la-grainetiere@orange.fr

2,6ha 50T(80-120m²) 10A CEE

**1** ACD**F**IJKLMO**P**ST
**2** BTUWYZ
**3** AC**G**HIKMNP**Q**SUW
**4** (C+E+H )KL**N**
(Q+R+S+T+U+V+Z )
**5** **AB**DEFGIJLMNOPQRUWXYZ
**6** CEGHK(N 1km)ORTV

***** Camping familial agréable près de La Flotte idyllique, au cœur d'un environnement boisé avec des emplacements spacieux. Piscine chauffée couverte et en plein air avec jacuzzi gratuit, bar, magasin, snack-bar et location de vélos. Excellents sanitaires chauffés. Wifi gratuit sur tout le camping. Les chiens sont autorisés jusqu'à 8 kg inclus.

Après le péage la D735 vers La Flotte. Juste après La Flotte direction St. Martin. Bien indiqué.

CC € 22 *1/4-1/7 7/9-30/9*

N 46°11'15'' W 01°20'37''

## La Flotte-en-Ré, F-17630 / Poitou-Charentes (Charente-Maritime)

iD **1295**

Flower Camping Le Bel Air***
5 route de la Noue
+33 5 46 09 63 10
1/4 - 2/10
camping.bel-air@flowercampings.com

4,5ha 110T(80-100m²) 10A CEE

**1** ACD**G**IJKLMPST
**2** BJSTWXYZ
**3** CHIKMN**O**SUW
**4** (C+H 1/5-2/10)
(Q+R+T+U+V )
(X 1/7-31/8)(Z )
**5** **AB**EFGIJKLMNOPRUVWZ
**6** CEGHK(N 0,5km)RTV

Un joli camping naturel agréable près de la Flotte et à 900m d'une belle plage.

Du péage, suivre les panneaux 'itinéraire nord' vers St. Martin. A ± 7 km, au rond-point à droite ; à 200m à droite.

CC € 16 *1/4-9/7 27/8-2/10*

N 46°10'55'' W 01°19'52''

## La Palmyre/Les Mathes, F-17570 / Poitou-Charentes (Charente-Maritime)

**1296**

Camping Club La Côte Sauvage*****
avenue de la Coubre
+33 2 53 81 70 00
8/4 - 11/9
contact@parc-cote-sauvage.com

14ha 200T(80-150m²) 10-16A CEE

**1** BD**G**IJKLMOPSW
**2** ABHNSTVWXYZ
**3** C**G**HIKLMNOPQRSUVY
**4** (C+E+H )IJKMO
(Q+S+T+U+V+Y+Z )
**5** **AB**DEFGIJKLMNOPQRUW
**6** EGH**K**ORTV

Magnifique camping au bord de la plage de Bonne Anse et de l'océan Atlantique. Beaucoup d'intimité dans cette zone de dunes boisées.

Sortie 35 direction Royan. A Royan, supermarché Leclerc. A 300 mètres, sortie 'Zoo de La Palmyre'. Suivre La Palmyre. Sur le grand rond-point à La Palmyre le camping est indiqué. Après la sortie, à environ 3 km, à droite au phare.

CC € 14 *8/4-25/6 1/9-11/9*

N 45°41'50'' W 01°13'46''

## Le Bois-Plage-en-Ré, F-17580 / Poitou-Charentes (Charente-Maritime)

1297

Camping Les Amis de la Plage***
68 avenue du Pas des Boeufs
+33 5 46 09 24 01
8/4 - 25/9
les-amis-de-la-plage@campeole.com

5ha 147T(80-110m²) 10A CEE

1 ABCDGIJKLOPST
2 AGMTWXYZ
3 CHKMSUWY
4 (Q 1/7-31/8)
5 ABEFGIJKLMNOPQUVWZ
6 ACEGHK(N 1km)RT

Camping familial avec accès direct à la plage. Piscine (payante) et magasins à l'entrée du camping. Très indiqué pour aller à la plage, pêcher sur la plage, faire des sports nautiques et des tours à vélo entre marais salants, parcs à huîtres et réserves ornithologiques.

Suivre La Rochelle, puis prendre le pont (péage) vers l'Ile de Ré.

CC € 16 8/4-8/7 3/9-25/9

N 46°10'39'' W 01°23'12''

## Le Bois-Plage-en-Ré, F-17580 / Poitou-Charentes (Charente-Maritime)

1298

Camping Les Varennes****
Raise Maritaise
+33 5 46 09 15 43
9/4 - 25/9
info@les-varennes.com

2,5ha 53T(80-100m²) 10A CEE

1 ACDFIJKLPST
2 AGSTWXY
3 ACGHKMOSUY
4 (C 15/6-15/9)(F+H )K(Q+R+S+Z )
5 ABDEFGJLNOPUWZ
6 ACEGHK(N 0,8km)RTV

Petit camping familial agréable sous de hauts pins, avec de bons équipements. Les emplacements sont peu séparés. Belle plage de sable à 300 mètres.(distance de marche). Piscine couverte chauffée avec jacuzzi gratuit. Wifi gratuit sur tout le terrain. Nouveau bloc sanitair!

A partir du péage prendre la D201 par le rond-point. Au Le Bois-Plage suivre les panneaux 'Les Varennes'.

CC € 22 9/4-8/7 29/8-25/9

N 46°10'43'' W 01°22'59''

## Le Château-d'Oléron, F-17480 / Poitou-Charentes (Charente-Maritime)

1299

Camping Airotel Oléron****
19 rue de la Libération
+33 5 46 47 61 82
1/4 - 15/10
info@camping-airotel-oleron.com

7,4ha 133T(80-150m²) 10A CEE

1 ACDGHIJKLMPQW
2 ESUWXYZ
3 CGHIKMOPQSUW
4 (C+H+Q )(R 1/7-31/8)(T 1/4-15/9)(U+V 1/5-15/9)(X+Y+Z 1/4-15/9)
5 ABDEFGIJKLMNOPQUVWZ
6 ACEGHJK(N 1km)ORTUV

Camping à côté du centre de Château-d'Oléron. Idéal pour les amateurs d'équitation. Piscine et autres aménagements sportifs.

Après le pont direction Le Château; à gauche direction centre. Au 'Crédit Agricole' suivre les panneaux.

CC € 18 1/4-8/7 25/8-15/10

N 45°52'57'' W 01°12'24''

## Le Château-d'Oléron, F-17480 / Poitou-Charentes (Charente-Maritime)

**1300**

Camping La Brande*****
route des Huîtres
+33 5 46 47 62 37
4/4 - 1/11
@ info@camping-labrande.com

5,5ha 109**T**(100-200m²) 10A

**1** ACD**F**HIJKLMPST
**2** AGSTUWXYZ
**3** C**G**HIKMN**O**P**R**S**T**UWY
**4** (A 1/7-30/8)(E+H 🔑)JK**LN** (Q+R 🔑)(T+U+V 1/7-31/8) (X 1/6-15/9)(Y+Z 1/7-31/8)
**5** **AB**CDEFGIJKLMNOPRUVWXY
**6** CEGJ(N 3km)ORV

Camping familial à la campagne, à 300m de la mer. Piscine couverte chauffée avec toboggan. Hotspot wifi gratuit.

A partir du Château, suivre la route côtière 'Route des Huîtres'. Vous trouvez le camping à environ 3 km sur la gauche.

CC € 18 *4/4-2/7 28/8-1/11*

GPS N 45°54'15'' W 01°12'55''

## Le Fouilloux, F-17270 / Poitou-Charentes (Charente-Maritime)

**1301**

Camping La Motte*
D270, Lieu-dit La Motte
+33 5 46 04 26 91
1/1 - 31/12
@ camping-la-motte17@orange.fr

3,5ha 45**T**(125-200m²) 10-16A CEE

**1** ACDGIJKLMO**P**ST
**2** ENOSUVWXYZ
**3** AHIK**Q**W
**4** (T 15/7-15/8)
**5** DGHIJKLPUWZ
**6** CEGK(N 3,6km)T

Idéal pour les randonneurs et cyclistes. Les pêcheurs s'en donnent à coeur-joie au petit lac sur le camping. On peut nager dans un lac dans les environs. Camping pour faire étape en toute quiétude.

N10 sortie Montguyon. A Montguyon, di St. Aigulin (D730). Au rond-point à l'Intermarché suivre St. Aigulin (D730). Après le viaduc, 2e route à gauche (D270). Camping à 1,8 km. 12 km depuis la sortie N10.

CC € 16 *1/1-30/6 1/9-31/12*

GPS N 45°12'45'' W 00°08'16''

## Le Tallud, F-79200 / Poitou-Charentes (Deux-Sèvres)

**1302**

Camping Le Bois Vert****
14 rue de Boisseau
+33 5 49 64 78 43
1/4 - 15/10
@ campingleboisvert@outlook.fr

3ha 77**T**(70-130m²) 16A CEE

**1** ACD**G**IJKLMPST
**2** CSUVWXYZ
**3** ACHIKOSU**W**
**4** (C+G 15/6-15/9)(Q+R 🔑) (T+U+V+X+Z 1/6-15/9)
**5** **AB**CDEFGHIJKLMNOPQRUWXYZ
**6** EG**K**(N 2km)ORTUV

Camping de taille moyenne au bord d'un lac et d'une rivière avec la possibilité de pêcher. Près de la ville médiévale Parthenay. Chemins de randonnée et pistes cyclables bien balisés.

A partir de Niort, la D743 jusqu'à la périphérie sud-ouest de Parthenay, puis à gauche, la D949bis, traverser le pont et directement à droite.

CC € 18 *1/4-7/7 28/8-15/10* 7=6

GPS N 46°38'30'' W 00°16'03''

## Les Mathes, F-17570 / Poitou-Charentes (Charente-Maritime) 1303

Camping La Palombière***
1551 route de la Fouasse
+33 5 46 22 69 25
1/4 - 15/10
camping.lapalombiere@wanadoo.fr

9,5ha 218T(100-200m²) 6-10A CEE

1 A**G**IJKLMOPS
2 BJSVXYZ
3 A**G**HIKMNPSW
4 (C+H 1/6-30/9)
(Q+R 15/6-15/9)
(T+U+V+X+Z 1/7-31/8)
5 **AB**DFGIJKLMNOPQRUZ
6 ACDEGH**K**(N 1,5km)TX

Situation idyllique dans les bois pour ce camping avec des sanitaires très luxueux à 3 km des plages de sable de la Côte Sauvage. Un point de départ idéal pour diverses excursions agréables. Restaurant et wifi fibre optique (payant).

Sur la A10, prendre la sortie 35, à Saintes prendre la direction de Royan N150. Puis suivre les panneaux La Palmyre. Là, au grand rond-point, direction Les Mathes. Le camping est indiqué au rond-point suivant.

CC € 18 *1/4-3/7 25/8-15/10*

N 45°43'24'' W 01°10'27''

## Les Mathes, F-17570 / Poitou-Charentes (Charente-Maritime) 1304

Camping Le Petit Dauphin***
1696 route de la Fouasse
+33 5 46 06 38 23
29/4 - 30/9
lepetitdauphin2@wanadoo.fr

1,7ha 99T 10A CEE

1 ACD**G**IJKLMOPST
2 AJSTWXYZ
3 HKMNRSU
4 (E+H+Q+T+U+V+X+Z)
5 **A**DEFGIJKLMNOPQUW
6 AGJ**K**(N 3km)TV

Camping naturiste situé près de la côte atlantique. Piscine couverte chauffée. Environnement verdoyant et fleuri.

A10, à Saintes, sortie 35 vers Royan, N150. A Royan direction La Palmyre, D141. A la Palmyre direction Les Mathes. Là, c'est indiqué.

CC € 22 *29/4-8/7 27/8-30/9*

N 45°43'27'' W 01°10'28''

## Les Mathes/La Palmyre, F-17570 / Poitou-Charentes (Charente-Maritime) 1305

Camping Sandaya L'Orée du Bois*****
225 route de la Bouverie
+33 5 46 22 42 43
8/4 - 25/9
oreedubois@sandaya.fr

6ha 111T(90-150m²) 8-9A CEE

1 AC**G**IJKLMOPS
2 ABJSTWXYZ
3 AC**G**HKMNPSUW
4 (C+H )**IJKLN**
(Q+S+T+U+V+Y+Z )
5 **AB**EFGIJKLMNOP**T**UWXZ
6 CEGH**K**(N 4km)RTUV

Hébergement familial **** de luxe et moderne à 4 km des larges plages de la Charente Maritime. 40 emplacements avec sanitaires privés, 3 piscines avec un toboggan.

De La Palmyre vers Les Mathes. Au rond-point à gauche. Le camping est bien indiqué.

CC € 16 *8/4-8/7 3/9-25/9*

N 45°43'47'' W 01°10'45''

## Les Portes-en-Ré, F-17880 / Poitou-Charentes (Charente-Maritime) — 1306

Camping Seasonova Ile de Ré***
rte de la Pointe à Chabot
+33 5 46 29 51 04
1/4 - 31/10
@ contact@vacances-seasonova.com

3ha 109T(80-120m²) 10A CEE

1 ACD**G**IJKLMP
2 AGJSUWXYZ
3 CHIKMNPSUWY
4 (A+Q+R)
(T+U+V 1/7-31/8)(Z)
5 **AB**EFGIJKLMNOPQUWZ
6 ACEGH**K**(N 0,2km)T

Situé près du village le plus authentique de l'Ile-de-Ré, le camping est axé sur la nature et le bien-être. Situé à 200 mètres de la plage et de la réserve naturelle 'Lillau des Niges'. Location de vélos, massage et yoga. Près du célèbre Phare des Baleines. Magnifique région pour les promenades à pied et à vélo.

Du pont à péage, suivre la D735. Après Les Baleines, D107 jusqu'aux Portes-en-Ré. Puis suivre les panneaux de camping.

CC € 20 1/4-8/7 26/8-30/10

N 46°14'54'' W 01°29'34''

## Loix (Île de Ré), F-17111 / Poitou-Charentes (Charente-Maritime) — 1307

Flower Camping Les Ilates****
route du Grouin
+33 5 46 29 05 43
1/4 - 2/10
@ camping.les.ilates@flowercampings.com

4,5ha 69T(90-115m²) 10A CEE

1 ACD**G**IJKLMO**P**Q
2 AJSUWXYZ
3 CHIKMNOSUVWY
4 (C+H 24/4-2/10)JK
(Q)(R 15/6-15/9)
(T+U+V+X+Y+Z)
5 **AB**EFGIJKLMNOPUWXYZ
6 ACEGHK(N 2km)RTV

Grand camping avec des emplacements séparés. Belle piscine et nombreuses possibilités pour faire du sport. Tous les équipements sont présents et le camping est proche de la plage.

Suivre la D102 jusque juste avant Loix. Puis c'est bien indiqué par des panneaux.

CC € 18 1/4-9/7 27/8-2/10

N 46°13'34'' W 01°25'34''

## Magné, F-79460 / Poitou-Charentes (Deux-Sèvres) — 1308

Camping Le Martin-Pêcheur***
155 avenue du Marais Poitevin
+33 5 49 35 71 81
9/4 - 25/9
@ campingmartinpecheur@gmail.com

2,5ha 47T(100-200m²) 10A CEE

1 ACD**G**IJKLMPQ
2 JSWXYZ
3 AC**G**HIKSU**W**
4 (C+H 15/6-30/8)(R)
5 **AB**DEFGIJKLMNOPQUW
6 AEGK(N 1km)T

Camping soigné avec de bons équipements. Situé à 8 km de Niort et 6 km de Coulon. Au coeur du Marais Poitevin. Idéal comme point de départ pour des randonnées et tours à vélo. Des tours en bateau sont aussi possibles. Belle grande piscine gratuite.

De Niort, D9 vers Coulon. Avant Coulon direction Magné. Magné et Coulon sont à ± 3 km l'un de l'autre. Le camping est au bord de la D9.

CC € 18 9/4-1/7 28/8-25/9

N 46°18'49'' W 00°32'06''

## Marans, F-17230 / Poitou-Charentes (Charente-Maritime) — 1309

Camping du Bois Dinot***
route de Nantes
+33 5 46 01 10 29
1/4 - 31/10
camping@ville-marans.fr

6ha 142T(80-100m²) 10A CEE

1 ACDFIJKLPST
2 BCSVWXYZ
3 ACHIKOPSUW
4 (C+H 3/7-31/8)(Q 1/7-31/8)
5 ABFGIJKLMNOPUZ
6 DEGJ(N 0,3km)RTV

Le camping est le point de départ idéal, entre mer et marais pour découvrir le Marais Poitevin, profitez des paysages maritimes époustouflants, des balades à pied, à vélo ou à cheval entre la Charente-Maritime et la Vendée.

Direction Le Raquehaud par la N11, puis la N137 direction Marans. Traverser le village et le camping est à droite à 1,5 km.

N 46°19'01" W 00°59'26"

CC € 14 1/4-3/7 28/8-31/10

## Marennes, F-17320 / Poitou-Charentes (Charente-Maritime) — 1310

Camping Au Bon Air***
9 avenue Pierre Voyer
+33 5 46 85 02 40
1/4 - 30/9
contact@aubonair.com

2,3ha 40T(80-120m²) 16A CEE

1 ACDFIJKLMPST
2 AGSTUWXYZ
3 AHIKMSWY
4 (C+H 1/5-30/9)(Q ⚿)
(R 1/5-30/9)(U 1/7-31/8)
(V ⚿)(Z 1/5-30/9)
5 ABFGIJKLMNOPUVZ
6 ABEGK(N 3km)ORT

Petit camping familial tranquille et ombragé à 150 mètres de la plage, ouvert du 1er avril à fin septembre. Situé près de l'île d'Oléron et de la côte sauvage. Piscine chauffée et pataugeoire ouvertes de mai à la fin de la saison.

De Saintes vers Ile d'Oléron jusqu'à Marennes, puis Marennes (Plages) où le camping est indiqué.

N 45°49'08" W 01°08'04"

CC € 18 1/4-5/7 1/9-30/9

## Meschers, F-17132 / Poitou-Charentes (Charente-Maritime) — 1311

Camping Le Soleil Levant****
33 allée de la Longée
+33 5 46 02 76 62
15/4 - 30/9
info@camping-soleillevant.com

3ha 132T(76-100m²) 10A CEE

1 ACDFIJKLMPQW
2 AJRSUWXYZ
3 CHIMPSW
4 (C+H 20/6-15/9)J(Q+R+S+
T+U+V+X+Z 1/7-31/8)
5 ABFGIJKLMNPRUWZ
6 CEGHK(N 1km)OTV

Camping dans un environnement tranquille avec piscine et toboggan, près d'un petit port sympathique et à 1 km de la mer.

A Meschers suivre la direction du port. A gauche juste avant le port. Le camping est bien indiqué.

N 45°33'25" W 00°56'47"

CC € 20 15/4-30/6 1/9-30/9

## Port-des-Barques, F-17730 / Poitou-Charentes (Charente-Maritime) — 1312

Camping La Garenne***
47 av. de l'Ile Madame
+33 5 46 84 80 66
1/4 - 31/10
camping@ville-portdesbarques.fr

7ha 242T(83-130m²) 10A CEE

1 ABCD**G**IJKLMOPST
2 AGJSTWXYZ
3 CHM**O**SWY
4 (B+G 15/6-15/9)(Q)
(T 15/6-15/9)(Z 15/5-15/9)
5 **AB**FGIJKLMNPUVZ
6 AEGHK(N 1km)T

Ce camping vous accueille dans un cadre magnifique face à l'Ile Madame. Pêche, sports nautiques, visites de sites remarquable et bien d'autres activités. Idéalement situé au bord de la mer entre La Rochelle et Royan. Aire de jeux, piscine. Une aire de service pour camping cars.

N137 La Rochelle jusqu'au sud de Rochefort (devient D733). Après le pont sur la Charente, à droite la D238 et la D125. A 12 km juste après la localité à gauche.

CC € 16 *1/4-11/7 29/8-31/10 7=6*

N 45°56'53'' W 01°05'45''

## Puilboreau/La Rochelle, F-17138 / Poitou-Charentes (Charente-Maritime) — 1313

Camping Le Beaulieu****
3 rue du Treuil Gras
+33 5 46 68 04 38
26/3 - 30/10
contact@camping-la-rochelle.com

5ha 35T(85-120m²) 10A CEE

1 ACD**F**IJKLPST
2 SVWXYZ
3 CHIKOPSU
4 (C 15/5-15/9)(E 2/4-30/10)
(H)IJKM**N**(Q)
(R 1/7-31/8)(T+U)
(V 1/7-31/8)(X+Z)
5 **AB**DEFGIJKLMNPUWZ
6 ADEGH**K**(N 0,1km)TV

Beau camping de ville avec des emplacements nouveaux délimités. On peu aller à vélo à La Rochelle, piste cyclable à partir du camping et à l'Île de Ré. Piscine couverte chauffée, sanitaires chauffés, sauna, jacuzzi. Zone wifi gratuite. Bon point de départ pour visiter La Rochelle et le Marais Poitevin.

De Niort, 2 km avant La Rochelle, sortie 'Centre Commercial Beaulieu'. Au 1er rond-point suivre les panneaux 'camping'.

CC € 20 *26/3-30/6 27/8-30/10*

N 46°10'40'' W 01°06'55''

## Royan, F-17200 / Poitou-Charentes (Charente-Maritime) — 1314

Campéole Clairefontaine****
16 rue du Colonel Lachaud
+33 5 46 39 08 11
8/4 - 25/9
clairefontaine@campeole.com

5ha 124T(60-100m²) 10A CEE

1 ACD**G**IJKLMOPSWT
2 AGJKSUXY
3 A**G**HKOPSUWY
4 (C+H+Q)(T+U+
V+Z 15/6-15/9)
5 **AB**EFGIJKLMNOPQRUVW
6 ACFGH**K**(N 0,3km)TV

Un magnifique terrain de camping dans un environnement naturel mais quand même près de magasins, de restaurants, de la plage et équipé de tout ce dont vous avez besoin pour passer des vacances agréables.

A10, Saintes, sortie 35 direction Royan N150. A Royan suivre la direction Pontaillac (à l'ouest de Royan). Puis le camping est bien indiqué.

CC € 20 *8/4-25/6 1/9-25/9*

N 45°37'52'' W 01°03'00''

## Sansais, F-79270 / Poitou-Charentes (Deux-Sèvres) 1315

Camping L'îlot du Chail**
rue des Gravées
+33 5 49 35 00 33
1/4 - 15/10
@ contactt@camping-ilotduchail.fr

2ha 84T(96-120m²) 10A CEE

**1** BCDFIJKLMPRVWS
**2** DJOSWXYZ
**3** BCGHIJKLMNPSUWX
**4** (A 15/6-15/9)(B 1/7-31/8)(Q+T+X+Z )
**5** AFGJKLNPUYZ
**6** ABCEGKT

Camping au bord de l'eau, au milieu de 'Venise Verte", à un terrain spacieux dans la nature. Il y a beaucoup de possibilités à se détendre dans les environs directs. Se promener, faire du vélo, se baigner, le choix est à vous!

A partir de Niort D611 après par D3 les indications du camping suivent.

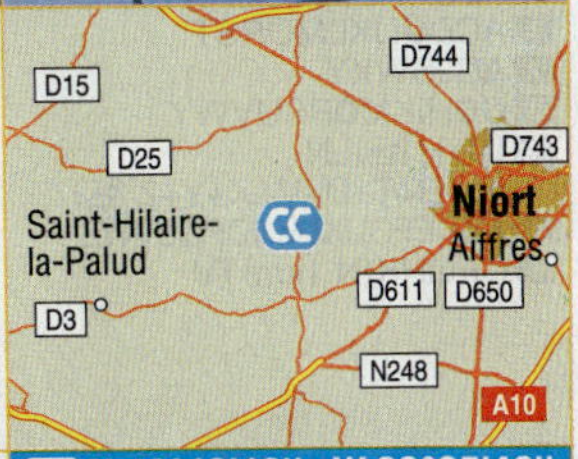


CC € 12 1/4-30/6 1/9-15/10 7=6, 14=12, 21=18

N 46°18'18'' W 00°35'46''

## St. Augustin-sur-Mer, F-17570 / Poitou-Charentes (Charente-Maritime) 1316

Camping Le Logis du Breuil****
36 rue du Centre
+33 5 46 23 23 45
7/5 - 29/9
@ info@logis-du-breuil.com

9ha 294T(150-200m²) 6-10A CEE

**1** ACDGIJKLMOPST
**2** BJMSWXYZ
**3** CGHMOPSU
**4** (C+E+H 8/5-15/9)IJKM(Q )(S+T+U+V+X+Y+Z 15/5-15/9)
**5** ABEFGIJKLMNPQRUVWXYZ
**6** ACEGK(N 0,2km)RTV

Au coeur de la presqu'île d'Arvert, ce camping vous invite à passer des vacances dans la nature. Sur un emplacement spacieux, vous pouvez jouir de l'atmosphère sympathique de notre terrain dans un environnement boisé. Avec l'océan tout près, vous pouvez aussi profiter de la plage et de la mer. Des vacances pour se détendre.

Sur la A10 à Saintes, prendre la sortie 35, direction Royan, N150. A Royan, direction St. Palais jusqu'à la sortie St. Augustin. Là, c'est balisé.

CC € 20 7/5-15/6 1/9-29/9

N 45°40'32'' W 01°05'42''

## St. Clément-des-Baleines, F-17590 / Poitou-Charentes (Charente-Maritime) 1317

Camping La Côte Sauvage - Tohapi**
336 rue de la Forêt
+33 5 46 29 46 63
16/4 - 18/9
@ acccotesauvage@tohapi.fr

7,4ha 291T(80-100m²) 16A CEE

**1** ACDGIJKLMOPST
**2** ABHJSTWXYZ
**3** CGHIKMNSUWY
**4** (Q 1/7-31/8)(T+U+V+Z )
**5** ABFGIJKLMNOPQUVWZ
**6** CEGHK(N 0,5km)T

Grand camping de plage tranquille, avec accès direct à l'océan. Toutes les installations sont disponibles. Accès direct au vaste réseau cyclable de l'Ile-de-Ré.

Depuis le pont, prendre la direction du 'Phare des Baleines' jusqu'à St. Clément-des-Baleines. Suivez ensuite les panneaux.

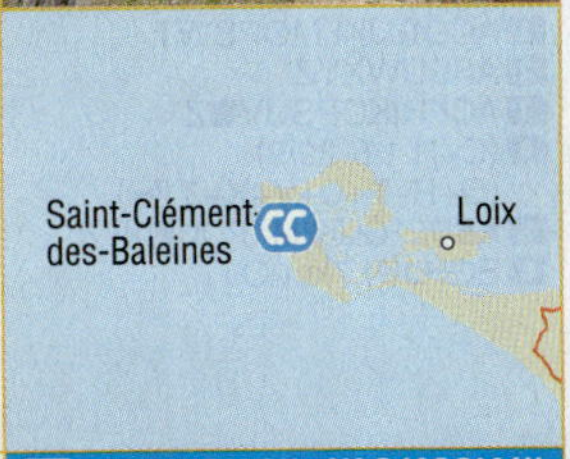


CC € 16 16/4-2/7 27/8-18/9

N 46°13'32'' W 01°32'41''

## St. Clément-des-Baleines, F-17590 / Poitou-Charentes (Charente-Maritime)

**1318**

Camping La Plage****
408 rue du Chaume
+33 5 46 29 42 62
1/4 - 2/10
reception@la-plage.com

3ha 30T 10A CEE

**1** ACD**G**IJKLMOPST
**2** AGJSWXY
**3** C**G**HIKM**O**PSUVWY
**4** (C+H )LN
(Q+R+T+U+V+X+Y+Z )
**5** **AB**DEFGIJKLMNOPQUVWZ
**6** CEGHK(N 1km)TV

Camping ensoleillé derrière les dunes avec une plage magnifique. Belle piscine chauffée et nombreux équipements. Welness avec sauna et hamam. Wifi gratuit sur tout le camping.

Sur l'île de Ré suivre la D735 jusqu'après Ars-en-Ré. Suivre 'Phare des B'. Camping bien indiqué après St. Clément-des-Baleines.

CC € 22 *1/4-6/7 28/8-2/10*

N 46°14'28'' W 01°33'12''

## St. Clément-des-Baleines, F-17590 / Poitou-Charentes (Charente-Maritime)

**1319**

Camping Les Baleines***
Le Gillieux
+33 5 46 29 40 76
14/5 - 17/9
contact.lesbaleines@gmail.com

4,6ha 157T(80-140m²) 10A CEE

**1** ACD**F**IJKLMOPST
**2** AGJMQRSTWXYZ
**3** ACGHIKMNSUWY
**4** (Q+R+S )
(T+U+Z 5/7-31/8)
**5** **AB**EFGIJKLMNOPUWZ
**6** ACEGHJL(N 1km)TVW

Campez dans une réserve naturelle avec des emplacements spacieux et accès direct à la plage (50m). Tous les équipements ont des sanitaires excellents. Vue sur la baie et le phare des Baleines. Ecolabel européen. Voiture électrique à louer. Zone wifi gratuite.

Depuis le pont en direction du Phare des Baleines (± 30 km). Au rond-point, tournez à gauche vers la rue du Phare. Tournez ensuite à droite vers le chemin de la Salle. Le camping se trouve sur la droite.

CC € 20 *14/5-8/7 25/8-17/9*

N 46°14'23'' W 01°33'35''

## St. Cyr, F-86130 / Poitou-Charentes (Vienne)

**1320**

Camping du Lac de Saint-Cyr****
+33 5 49 62 57 22
1/4 - 30/9
contact@
campinglacdesaintcyr.com

5ha 153T(90-120m²) 10A CEE

**1** ACD**G**IJKLMOPSWT
**2** AFSUWXYZ
**3** AC**F**HIKOPSUV**W**Z
**4** (C+H 1/6-29/9)
(Q+R+T+U+V+X+Z )
**5** **AB**DEFGIJKLMNPQUWXYZ
**6** EGHJ(N 7km)OV

Camping situé à 10 min. du Futuroscope dans une oasis de verdure au bord d'un lac avec des emplacements spacieux et arborés. Piscine chauffée à 28°C, réserve ornithologique, possibilité de pêche et d'activités nautiques, de promenade et de golf.

A Beaumont-La Tricherie (à 15 km) à gauche, suivre les panneaux. Ou venant de Poitiers, la N10 vers Châtellerault. A Baumont-La Tricherie à droite, suivre les panneaux.

CC € 16 *1/4-9/7 28/8-29/9* *7=6, 14=11*

N 46°43'19'' E 00°27'23''

## St. Georges-de-Didonne, F-17110 / Poitou-Charentes (Charente-Maritime) — 1321

Camping Bois Soleil*****
2 av. de Suzac
+33 5 46 05 05 94
8/4 - 2/10
info@bois-soleil.com

8,5ha 140**T**(85-165m²) 10A CEE

**1** F**I**JLM**P**SWT
**2** ABHNRVWXYZ
**3** BC**F**HJKLMNOPSUVWY
**4** (A 1/7-31/8)(C 15/5-15/9) (G 1/7-31/8)**KL**(Q+S+T+U+ V+X)(Y 1/5-20/9)(Z)
**5** **AB**CDEFGHIJKLMNOPQR **ST**UVWXY
**6** ABCEGH**K**(N 2km)RTV

Bois-Soleil est un camping familial où vous pouvez profiter du soleil, de la mer et de la plage. Vous êtes ici dans le village de Saint-Georges-de-Didonne, situé dans la région touristique de la Charente-Maritime. Le camping se trouve à seulement 50 mètres de la plage de sable et à sept kilomètres de la station balnéaire populaire de Royan.

Sur la route de St. Georges-de-Didonne vers Meschers (D25). Premier camping à travers St.Georges à droite au bord de la mer.

CC € 20 *8/4-30/6 3/9-2/10*

N 45°35'01'' W 00°59'12''

## St. Georges-de-Didonne, F-17110 / Poitou-Charentes (Charente-Maritime) — 1322

Ideal Camping***
16 avenue de Suzac
+33 5 46 05 29 04
5/5 - 10/9
info@ideal-camping.com

8ha 400**T**(90-100m²) 6-10A

**1** ACDEIJLPSWT
**2** ABGJSTVWXYZ
**3** CHIKLPSUY
**4** (C+H 1/6-5/9)IJK (Q+S 15/6-31/8) (T+U+V+X+Y+Z 1/6-31/8)
**5** **AB**GIJKLMNOPUVZ
**6** CEG**K**(N 2km)OTV

Camping très bien entretenu près de la mer (300m). Avec un magnifique paradis aquatique chauffé. A 2 km de St Georges de Didonne. Camping tranquille avec de nombreux sports et jeux pour les enfants.

Sur la D25 de Royan à St. Georges-de-Didonne. Le camping est indiqué avant le centre de St. Georges-de-Didonne.

CC € 18 *5/5-30/6 25/8-10/9*

N 45°35'06'' W 00°59'07''

## St. Georges-d'Oléron, F-17190 / Poitou-Charentes (Charente-Maritime) — 1323

Camping La Campière****
route des Huttes - Chaucre
+33 5 46 76 72 25
9/4 - 1/10
contact@la-campiere.com

1,6ha 48**T**(80-120m²) 10A CEE

**1** ACD**G**HIJKLMOPST
**2** ABGSTWXYZ
**3** C**G**HIKMSU
**4** (C 15/5-25/9) (Q+R+T+U+V+Z 15/5-1/10)
**5** **AB**CEFGIJKLMNPQUVWXYZ
**6** CEG**K**(N 3km)RSV

Petit camping familial, bien situé à la lisière des bois. Avec piscine. Près des dunes.

Du viaduc, direction St. Pierre-d'Oléron, puis St. Denis-d'Oléron, sortie Cheray. 2e rue à gauche, après le terrain de football. A Chaucre à droite.

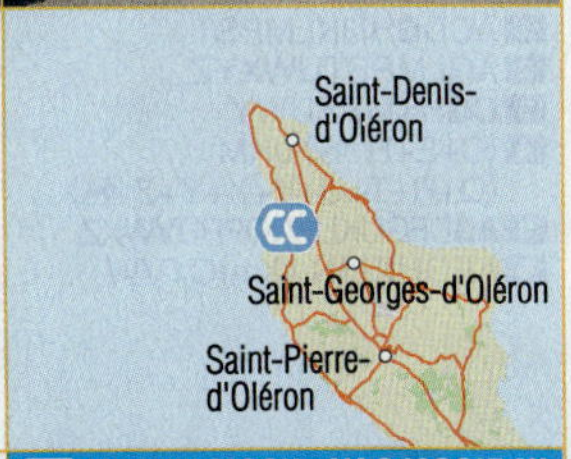


CC € 18 *9/4-30/6 1/9-1/10*

N 45°59'28'' W 01°22'54''

## St. Georges-d'Oléron, F-17190 / Poitou-Charentes (Charente-Maritime) — 1324

Camping La Maurie***
route de La Jousselinière
+33 5 46 76 61 69
15/4 - 15/10
camping.lamaurie@wanadoo.fr

3ha 35T(80-110m²) 10A

1 ACD**F**HIJKL**P**QW
2 ABSUWXYZ
3 CE**G**HKMRSU
4 (A 1/7-31/8)(C+H 1/6-15/9) (Q 1/7-31/8)(R)(T+U+V+Z 1/6-15/9)
5 **AB**EFGIJKLMNOPUZ
6 EG**K**(N 2,5km)OTU

Sophie et Etienne vous accueillent dans ce camping familial situé dans un environnement boisé. À la mini-ferme, les enfants peuvent nourrir les animaux.

Du pont de l'Ile d'Oléron, vers Dolus et Phare de Chassiron. A St. Pierre, suivre la rue principale. A St.-Gilles à droite, La Jousselinière. Toujours tout droit. Aux feux tout droit, puis à gauche.

CC € 14 *15/4-1/7 28/8-15/10*

N 45°58'01'' W 01°19'04''

## St. Georges-d'Oléron, F-17190 / Poitou-Charentes (Charente-Maritime) — 1325

Camping Le Domaine d'Oléron****
La Jousselinière
+33 5 46 76 54 97
8/4 - 25/9
info@chadotel.com

3,5ha 70T(80-120m²) 10A CEE

1 ABCD**F**HIJKLMOPS
2 SUWXYZ
3 C**G**HKMNPSU
4 (C+H 1/5-15/9)J (Q+R+T+U+V+X+Z 1/5-15/9)
5 **AB**CEFGIJKLMNOPQUZ
6 CEGJ**K**(N 1,5km)TV

Camping dans un environnement tranquille. Piscine avec toboggans. Idéal pour les familles.

A partir du viaduc, di St. Pierre. A droite au supermarché Leclerc. Au rond-point suivant, à gauche di Bois Fleuri. Après l'aéroport, à droite, puis directement à gauche.

CC € 16 *8/4-9/7 30/8-25/9*

N 45°58'04'' W 01°19'07''

## St. Georges-d'Oléron, F-17190 / Poitou-Charentes (Charente-Maritime) — 1326

Camping Le Suroit****
1720 rue Ponthézières
+33 5 46 47 07 25
2/4 - 2/10
info@camping-lesuroit.com

5ha 216T(80-130m²) 10A CEE

1 ACD**G**HIJKLMPST
2 AGLMPSTUWXYZ
3 C**G**HKMPSUWY
4 (C+E+H)IJKM (Q+R+T+U+V+X+Y+Z)
5 **AB**DFGIJKLMNOPRUVWXZ
6 AEGH**K**L(N 4km)OTVW

Camping 4 étoiles agréable, restaurant avec ambiance chaleureuse et piscine couverte avec trois toboggans aquatiques. Près de la mer. Wifi.

A partir du pont N734 jusqu'à St. Gilles. Le camping se trouve à 3 km plus loin à gauche.

CC € 18 *2/4-7/7 28/8-2/10*

N 45°56'53'' W 01°22'22''

## St. Georges-d'Oléron, F-17190 / Poitou-Charentes (Charente-Maritime)

iD 1327

Camping Les Gros Joncs*****
850 route de Ponthezière, BP 17
+33 5 46 76 52 29
2/4 - 7/11
agence@campinglesgrosjoncs.com

5,1ha 50T(94-240m²) 16A CEE

1 AC**G**HIJKLMPST
2 AGLPSTUWXYZ
3 C**G**HKMPSU**V**WY
4 (A 1/7-31/8)(C 1/5-30/9)(**F** 🔑)
(H 1/5-30/9)IJK**LP**(Q 4/4-30/9)
(R 🔑)(S 4/4-30/9)
(T+U+V+Y+Z 1/5-15/9)
5 **AB**EFGIJKLMNPUVWXYZ
6 BCDEGH**K**M(N 1,5km)
RTVW

Camping familial près des bois et de la mer. Piscine de plein air chauffée et wifi. Le camping a un Wellness avec un centre de beauté, massages et bains.

A partir du pont, vers St. Pierre. Puis à Chéray à gauche, direction Sables-Vigniers, à gauche vers La Cotinière.

CC € 20 *1/5-2/7 31/8-6/11*

N 45°57'02'' W 01°22'48''

## St. Georges-d'Oléron, F-17190 / Poitou-Charentes (Charente-Maritime)

iD 1328

Camping Les Sables Vignier Plage***
453 rue de la Chardonnière
+33 5 46 76 52 31
15/4 - 15/10
accueil@camping-sablesvignierplage.com

5ha 50T(80-150m²) 10A CEE

1 ABCD**G**HIJKLMPST
2 AGQSTWXYZ
3 CHIKPSUWY
4 (E+H 1/5-30/9)
(Q+S+U+V+Y+Z 🔑)
5 **AB**FHIJKLMNOPXZ
6 CDEG**K**(N 1km)TU

Camping agréable avec de nombreux équipements et une belle piscine couverte. Il y a un excellent restaurant. Le camping est situé à proximité de la plage de sable.

A partir du pont vers l'île, D734 tjusqu'à Cheray, puis aux feux à droite et suivre les panneaux de camping.

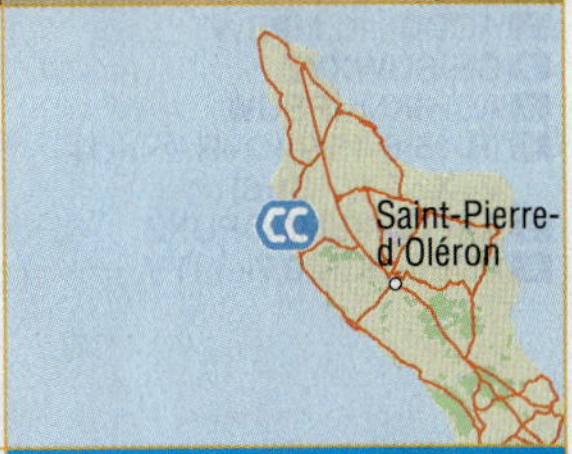


CC € 20 *15/4-30/6 1/9-15/10*

N 45°57'35'' W 01°22'57''

## St. Georges-lès-Baillargeaux, F-86130 / Poitou-Charentes (Vienne)

iD 1329

Camping Le Futuriste****
+33 5 49 52 47 52
1/1 - 31/12
camping-le-futuriste@wanadoo.fr

2ha 113T(100-120m²) 6-10A

1 AC**G**IJKLMOPQW
2 IJNSUWXY
3 C**G**HP**Q**SUW
4 (C 1/7-30/8)(E+H 1/4-31/10)
J(Q 🔑)(R 1/5-30/9)
(T+U+V+X+Z 1/7-30/8)
5 **AB**DGIJKLMNOPUWXYZ
6 CE**K**(N 0,5km)R

Camping familial tranquille avec vue sur Poitiers et le Futuroscope. Le camping est ouvert toute l'année, la piscine d'extérieur durant les mois de juillet et août (avec une pause l'après-midi) et la piscine couverte du 1er avril au 31 octobre.

N10, sortie Futuroscope/Chasseneuil/St. Georges. Ensuite suivre les panneaux de camping.

CC € 22 *1/1-10/7 27/8-31/12* 7=6

N 46°39'52'' E 00°23'41''

## St. Hilaire-la-Palud, F-79210 / Poitou-Charentes (Deux-Sèvres) — 1330

Camping Le Lidon***
Lieu-dit Lidon
+33 5 49 35 33 64
8/4 - 25/9
camping-le-lidon@orange.fr

4ha 115T(90-120m²) 10A

1 ACD**F**IJLMPQ
2 CSUVWXYZ
3 ACDHIKMNSU**W**
4 (A+C+H+Q 1/7-31/8) (R+T+U+V+X+Z)
5 **AB**DFGIJKLMNOPUWZ
6 ACDEG**J**(N 3km)V

Camping tranquille plein d'ambiance dans la région rurale du Marais de Poitevin. Piscine et pataugeoire. Beau bâtiment sanitaire. Nombreuses possibilités pour pêcher, idéal pour faire du vélo. Location de bateaux et canots.

A partir de Niort, suivre la N11 direction Rochefort, à droite la D3, et juste après St. Hilaire-la-Palud, à droite sortie Lidon. Puis c'est indiqué.

CC € 18 8/4-30/6 1/9-25/9

N 46°17'03'' W 00°44'36''

## St. Jean-d'Angely, F-17400 / Poitou-Charentes (Charente-Maritime) — 1331

Camping Val de Boutonne***
56 quai Bernouët
+33 5 46 32 26 16
8/4 - 25/9
campingvaldeboutonne@gmail.com

1,9ha 99T(95-120m²) 10A CEE

1 ACD**G**IJKLM**P**SWT
2 CEISUWXYZ
3 ACHIKMNPSU**W**
4 (B 15/6-15/9)(Q+R)(U+V+X+Z 1/7-31/8)
5 **AB**FGIJKLMNOPUXZ
6 ACEGJ**K**(N 0,7km)TV

Camping ombragé bien entretenu près de la rivière et d'un grand lac dans un environnement tranquille. Sanitaires totalement rénovés. Très bon camping de passage, situé à seulement 3 km de l'autoroute A10.

A10 sortie 34 vers St. Jean-d'Angely (Ouest). Le camping est très bien indiqué par des panneaux.

CC € 16 8/4-2/7 29/8-25/9 7=6, 14=11

N 45°56'56'' W 00°32'12''

## St. Just-Luzac, F-17320 / Poitou-Charentes (Charente-Maritime) — 1332

Camping Sandaya Séquoia Parc*****
La Josephtrie
+33 5 46 85 55 55
15/4 - 18/9
sequoiaparc@sandaya.fr

45ha 226T(120-140m²) 10A CEE

1 ACD**F**IJKLOPS
2 SWXYZ
3 CEHKMN**O**P**Q**SUV
4 (C+**F**+H)IJ**KLN** (Q+S+T+U+V+Y+Z)
5 **AB**DEFGIJKLMNOPUWXYZ
6 CEG**K**M(N 1,5km)ORTV

Découvrez ce superbe camping 5 étoiles, construit sur le domaine du château de la Josephtrie en Charente-Maritime. Profitant d'une situation privilégiée, il permet d'accéder facilement à la plage de Marennes, tandis que l'île d'Oléron n'est qu'à 20 minutes en voiture.

A10, sortie Saintes. La D728 direction Île d'Oléron. Suivez cette direction jusqu'à la sortie vers le camping à droite après St. Just-Luzac.

CC € 16 15/4-8/7 3/9-18/9

N 45°48'39'' W 01°03'41''

## St. Nazaire-sur-Charente, F-17780 / Poitou-Charentes (Charente-Maritime)

iD **1333**

Flower Camping L'Abri-Cotier***
26 La Bernardière
+33 5 46 84 81 65
9/4 - 25/9
@ abri-cotier@wanadoo.fr

1,8ha 45T(90-145m²) 6-16A

**1** A**G**IJKLOPST
**2** SUWXYZ
**3** CHIKMNSUW
**4** (F)(H 1/7-31/8)(Q)
(R+T+U+V+Z 1/7-31/8)
**5** **AB**EFGIJKLMNPUWZ
**6** ACEG**K**RTV

Ce camping avec des emplacements très spacieux est situé en bordure d'une réserve naturelle, à 3 km de la plage. Très indiqué pour y observer les oiseaux. Piscine couverte chauffée.

Autoroute A10, ensuite A837. Sortie 31 vers Rochefort-centre/Royan/Marennes. Puis c'est indiqué.

CC € 16 *9/4-10/7 27/8-25/9*

N 45°56'01'' W 01°03'37''

## St. Palais-sur-Mer, F-17420 / Poitou-Charentes (Charente-Maritime)

iD **1334**

Camping Domaine de Bernezac***
2 avenue de Bernezac
+33 5 46 39 00 71
15/3 - 15/10
@ acccf-bernezac@acccf.com

2,5ha 59**T**(80-145m²) 6-10A CEE

**1** ACD**G**IJKLMOPQ
**2** AHJLMNSWXYZ
**3** C**G**HSWY
**4** (Q+R)
**5** **AB**EFGJLMNOPUVW
**6** ABEGK(N 1km)TV

Ce camping vous offre le charme de l'Océan Atlantique. Vous pouvez profiter à la fois de tous les avantages d'une ville à 800m et de la quiétude au camping. La plage est à 50m.

De Paris, A10, sortie 35 Saintes. Ensuite vers Royan puis St. Palais. Là c'est bien indiqué par des panneaux bleus.

CC € 20 *15/3-2/7 22/8-15/10*

N 45°38'34'' W 01°04'37''

## St. Palais-sur-Mer, F-17420 / Poitou-Charentes (Charente-Maritime)

iD **1335**

Camping Le Puits de l'Auture****
151 av. de la Grande Côte
+33 5 46 23 20 31
23/4 - 2/10
@ contact@
camping-puitsdelauture.com

4ha 170**T**(100-200m²) 10A

**1** ACD**G**IJKLOPST
**2** AGJNRSUWXYZ
**3** C**G**HIKSUVWY
**4** (Q 10/5-2/10)(R 20/5-15/9)
**5** **AB**CDEFGIJKLMNOPUWXYZ
**6** ACEG**K**(N 2km)RTUV

Camping quatre étoiles traditionnel et familial bien situé face à l'océan. La piste cyclable passe devant le camping, vous êtes à 250m de la plage de la Grande Côte, des restaurants, bars, glaciers et magasins. Très calme, sans animations. Emplacements spacieux sur pelouse en terrain plat, aussi bien au soleil qu'à l'ombre. Sanitaires rénovés.

A partir de la A10 sortie 35 dir. Royan. À Royan, dir. St. Palais-sur-Mer, puis La Grande Côte sur le front de mer.

CC € 20 *23/4-3/7 24/8-2/10*

N 45°38'59'' W 01°07'03''

## St. Pierre-d'Oléron, F-17310 / Poitou-Charentes (Charente-Maritime) — 1336

Camping et Spa La Perroche Plage***
18 rue du Renclos (la Perroche)
+33 5 46 75 37 33
2/4 - 1/10
laperroche@oleron-camping.eu

1,8ha 70T(80-100m²) 6-10A CEE

1 ACD**G**HIJKLMPST
2 AGQSTWXYZ
3 C**G**HKMPSWY
4 **KN**(Q 1/7-31/8)(R 1/6-1/10)
5 **AB**FGHIJKLMNOPUVZ
6 ACEGJ(N 2,5km)O

Petit camping familial tranquille avec accès direct aux dunes et à la mer. Possibilité de pratiquer toutes sortes de sports nautiques. A 2 minutes de La Cotinière. Profitez du wellness (jacuzzi, sauna).

Après le pont direction Grand Village Plage ; là à droite, suivre la route côtière. A 8 km sur la gauche, 3 km avant La Cotinière.

CC € 16 *2/4-1/7 27/8-1/10*

N 45°54'06'' W 01°18'09''

## St. Pierre-d'Oléron, F-17310 / Poitou-Charentes (Charente-Maritime) — 1337

Camping Le Sous Bois***
avenue des Pins, La Cotinière
+33 5 46 47 22 46
1/4 - 6/11
campinglesousbois17@gmail.com

2,5ha 137T(80-130m²) 6-10A CEE

1 ABCD**G**HIJKLMPST
2 ABGPQSWXYZ
3 AHKMPSUWY
4 (**A** 10/7-31/8)**KN**(U 1/7-31/8)
5 **AB**FGIJKLMNOPUWZ
6 ACEG**K**(N 1km)RTV

Petit camping familial dans la verdure. Situé près de la petite ville de pêcheurs La Cotinière. C'est surtout l'ambiance tranquille qui est attirante ! Pour un séjour de 7 nuitées : jacuzzi gratuit pour deux personnes !

Du pont, direction St. Pierre. A St. Pierre di La Cotinière. A La Cotinière vers L'Ileau. Puis c'est indiqué.

CC € 18 *1/4-10/7 5/9-6/11*

N 45°55'23'' W 01°20'28''

## St. Yrieix-sur-Charente, F-16710 / Poitou-Charentes (Charente) — 1338

Camping du Plan d'eau****
1 rue du Camping
+33 5 45 92 14 64
1/4 - 16/10
camping@grandangouleme.fr

6ha 120T(100-120m²) 10A CEE

1 ACGIJKLMPQ
2 CEIJSWXY
3 CHIKLNPS**W**XZ
4 (C 15/5-15/9)**I**(Q+R)(T+U+X+Z 1/5-30/9)
5 **AB**DEFGIJKLMNOPUWXZ
6 CDEGK(N 3km)ORTV

Camping avec des emplacements spacieux. Très tranquille et adapté pour les enfants. Sanitaires propres. Bon point de départ pour visiter les environs (Angoulême). Paradis aquatique dans les environs proches, les campeurs y ont une réduction.

N10 (Poitiers-Bordeaux) au nord-est d'Angoulême. Sortie St. Jean d'Angely/St. Yrieix. Vers Plan d'eau/Nautilis. Camping indiqué.

CC € 14 *1/4-30/6 1/9-15/10*

N 45°41'29'' E 00°08'43''

## Ste Marie-de-Ré, F-17740 / Poitou-Charentes (Charente-Maritime)

iD **1339**

Camping Huttopia Chardons Bleus - Ile de Ré***
route de La Flotte
+33 5 46 30 23 75
7/4 - 6/11
chardons-bleu@huttopia.com

4,8ha 175T(80-110m²) 10-16A CEE

**1** ACD**F**IJKLPST
**2** BTWYZ
**3** AC**G**HKMN**Q**SU
**4** (C+H 28/4-20/9)(Q+R )
(T+U+V+X+Z 1/6-21/9)
**5** **AB**FGIJKLMNOPQUWZ
**6** ACEGHJ(N 2km)TV

Camping calme avec ambiance cordiale à l'orée du bois. La piste cyclable reliant Ste Marie et la Flotte longe le camping. Grands emplacements ombragés et délimités. Camping entièrement remis à neuf. Magnifiques sanitaires!

En descendant du pont, prendre l'itinéraire vers Ste Marie de Ré et suivre les panneaux Huttopia Île de Ré. Le camping se trouve à coté de la zone artisanale les Clémorinants.

CC € 18 *7/4-1/7 4/9-6/11*

N 46°09'56'' W 01°20'06''

## Vaux-sur-Mer, F-17640 / Poitou-Charentes (Charente-Maritime)

iD **1340**

Camping Le Nauzan-Plage****
39 ave de Nauzan Plage
+33 5 46 38 29 13
2/4 - 1/10
contact@campinglenauzanplage.com

4,5ha 110T(90-160m²) 10A CEE

**1** ACD**G**IJKLMPSWT
**2** AGJSUWXYZ
**3** AC**G**H**O**PSUWY
**4** (C+F+H )J
(Q+S+T+U+V+X+Y+Z )
**5** **AB**DEFGIJKLMNOPUWYZ
**6** ACEG**K**(N 0,7km)RTV

A 450 mètres de la plage, ce camping offre tout confort pour un séjour agréable. Tous les équipements sont sur le terrain ou dans les environs proches: faire du cheval, de la voile, jouer au golf, nager, pêcher, se promener et faire du vélo.

A partir de l'autoroute A10, à Saintes prendre la sortie 35 direction Royan, N150. A Royan, direction Vaux-sur-Mer. A Vaux, c'est bien indiqué.

CC € 20 *2/4-15/7 1/9-1/10 7=6*

N 45°38'34'' W 01°04'20''

## Vaux-sur-Mer, F-17640 / Poitou-Charentes (Charente-Maritime)

iD **1341**

Camping Val Vert***
108 avenue Frédéric Garnier
+33 5 46 38 25 51
28/4 - 27/9
camping-val-vert@wanadoo.fr

3,2ha 181T(90-110m²) 10A CEE

**1** AC**G**IJKLMOPSWT
**2** AEJSWXYZ
**3** A**G**HKMSW
**4** (C+H 1/6-13/9)
(Q+R 1/7-31/8)(T+U+V+Z 1/6-27/9)
**5** **AB**FGIJKLMNOPQUZ
**6** ACFG**K**(N 0,2km)TV

Un camping situé au bord d'un beau parc, à proximité d'un marché où les produits du terroir sont proposés quotidiennement. De beaux emplacements dans un environnement verdoyant.

Dans le centre de Vaux s/Mer, suivre les panneaux. Bien indiqué.

CC € 16 *28/4-9/7 27/8-27/9*

N 45°38'39'' W 01°03'48''

## Agen/St. Hilaire-de-Lusignan, F-47450 / Aquitaine (Lot-et-Garonne)

iD 1342

Camping Le Moulin de Mellet***
D107
+33 5 53 87 50 89
1/4 - 10/10
moulin.mellet@orange.fr

4ha 47**T**(130-200m²) 10-16A CEE

1 ACD**F**IJKLMPQ
2 BCEJSWXYZ
3 CEHIM**O**PSUW
4 (B 15/5-15/9)(G 15/6-1/9)
(Q+R+T+U+V+X+Z)
5 **A**FGJKLMNOPQUZ
6 ACDEGJ(N 3km)ORTV

Petit camping familial, calme et verdoyant, recommandé pour les familles avec enfants. En saison basse, bon point de départ pour découvrir les environs. Possibilité de pêcher. Piscines très spacieuses. Beaux sanitaires modernes et propres. Grands emplacements et emplacements sur sol dur pour camping-cars.

N113. A 7 km à l'ouest d'Agen, prendre la D107 à Colayrac-St-Cirq direction Prayssas. Là, le camping est indiqué par des panneaux.

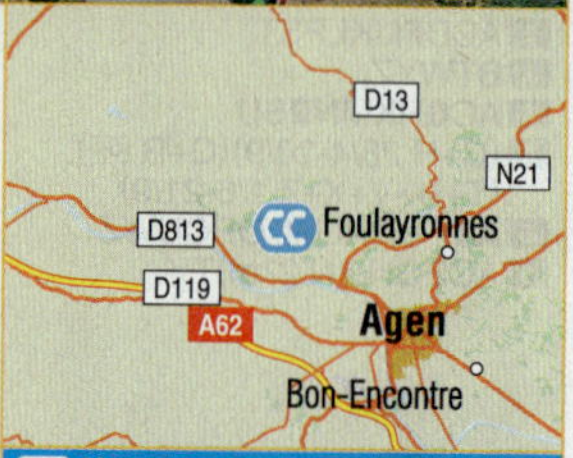


CC € 16 *1/4-9/7 28/8-10/10 7=6, 14=12*

N 44°14'38'' E 00°32'33''

## Andernos-les-Bains, F-33510 / Aquitaine (Gironde)

iD 1343

Camping Fontaine Vieille***
4 bd du Colonel Wurtz
+33 5 56 82 01 67
1/4 - 31/10
contact@fontaine-vieille.com

13ha 420**T**(100-150m²) 10A CEE

1 AC**G**IJKL**P**S
2 ABENSTWXYZ
3 A**G**HKPSU
4 (B 1/7-31/8)(F)
(G+Q+T+U+V+X 1/7-31/8)
(Z)
5 **AB**EFGJKLMNPUV
6 CEGH**K**(N 1km)ORTV

Grand camping tranquille et ombragé avec des emplacements spacieux et un magnifique panorama dans le bassin d'Arcachon. La piscine, le bassin et l'océan (à 10 km) vous assurent un agréable divertissement aquatique près de la sympathique station balnéaire Andernos.

Le camping est situé juste après le centre d'Andernos direction Audenge (D3). Le camping est indiqué sur la D3.

CC € 18 *1/4-30/6 1/9-31/10*

N 44°43'34'' W 01°04'51''

## Arès, F-33740 / Aquitaine (Gironde)

iD 1344

Camping La Cigale****
53 rue du Général de Gaulle
+33 5 24 18 17 42
30/4 - 30/9
contact@
camping-lacigale-ares.com

3ha 52**T**(90-120m²) 6-15A

1 AC**G**IJKLMOPST
2 JSWXYZ
3 AHIKMS
4 (C+G 15/5-15/9)
(Q+T+U+V+X+Z 15/6-15/9)
5 **AB**EFGIJKLMNOPUWXY
6 CEGJ(N 0,6km)OTV

Camping parfaitement entretenu, sanitaires idéals, piscine, emplacements ombragés, à 8 km de l'océan. Gérance accueillante et correcte. Idéal pour des excursion: Arcachon, Bordeaux, Cap Ferret et Dune du Pilat.

Depuis Arès prendre la direction Lège, 500 m avant le centre-ville d'Arès à gauche.

CC € 18 *30/4-17/6 5/9-30/9*

N 44°46'22'' W 01°08'31''

## Arès, F-33740 / Aquitaine (Gironde) — 1345

Camping Les Goélands***
64 Avenue de la Libération
+33 5 56 82 55 64
1/3 - 31/10
contact@campinglesgoelands.fr

10ha 204T(60-140m²) 6A CEE

1 ACD**G**IJKLMNOPST
2 ABEJLNSTWXYZ
3 A**F**HIKMNSUZ
4 (A 1/7-31/8)(B 1/5-15/9)
(Q )(R 1/7-31/8)
(T 1/5-30/9)(U+V 1/7-31/8)
(Y 1/5-30/9)(Z 1/7-31/8)
5 **AB**FGIJKLMNOPU
6 EGK(N 1km)TV

Grand camping ombragé avec des emplacements spacieux. Accès direct au lac d'Arcachon, près de la sympathique station balnéaire Andernos. La piscine d'une forme originale garantit beaucoup de plaisir.

Le camping est le long de la D3 Arès-Andernos, un peu au sud d'Arès.

N 44°45'28'' W 01°07'12''

€18 1/4-30/6 1/9-30/10

## Arès, F-33740 / Aquitaine (Gironde) — 1346

Flower Camping La Canadienne****
82 rue du Général de Gaulle
+33 5 56 60 24 91
15/4 - 15/10
info@lacanadienne.com

2ha 40T(80-120m²) 15A

1 AC**G**IJLOPST
2 BISWYZ
3 AHKMS
4 (C+H+Q+R+T+U+V+X+Z 1/6-15/9)
5 **AB**DEFGIJKLMNOP**T**UWXZ
6 EGJ**K**(N 2km)TV

Camping ombragé avec une grande piscine chauffée (1/6-15/9) et location de vélos, à 7 km de l'océan. Idéal pour des excursions vers Bordeaux, Arcachon, la dune de Pilat et Cap Ferret, ou pour des vacances de paresseux.

La Canadienne est à 1 km du centre d'Arès direction Lège-Cap Ferret sur la droite.

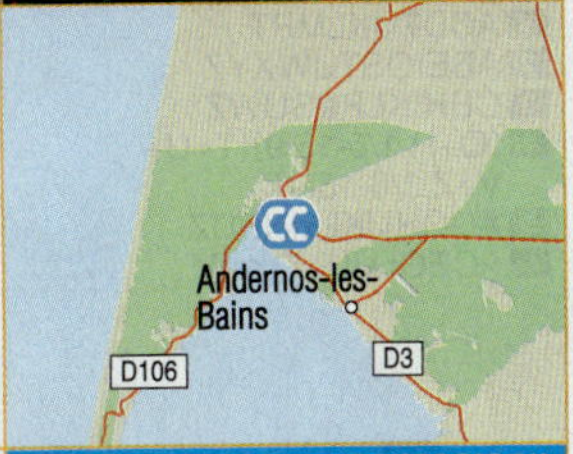


N 44°46'43'' W 01°08'35''

€20 15/4-3/7 29/8-15/10

## Atur, F-24750 / Aquitaine (Dordogne) — 1347

Camping Sandaya Le Grand Dague*****
route du Grand Dague
+33 5 53 04 21 01
20/5 - 18/9
granddague@sandaya.fr

22ha 55T(100-120m²) 16A CEE

1 AC**G**IJKLRS
2 IKLNSWXY
3 CD**G**HIKMN**O**P**Q**SU
4 (C+G )IJK
(Q+S+T+U+V+Y+Z )
5 **AB**DEFGIJKLMNOPQUWZ
6 ABCFGH**J**(N 1km)TV

Découvrez notre village de vacances au cœur de la campagne avec une vue fantastique sur la vallée de l'Isle. Profitez d'un parc aquatique XXL, de terrains de sport en plein air et d'un riche programme d'animations proposées tout au long de la saison. Ce camping 5 étoiles est niché dans le joli village d'Atur, à 10 minutes de route de la ville de Périgueux.

A89, sortie 16 vers Atur. Puis suivre les panneaux de camping. N'utilisez pas le GPS.

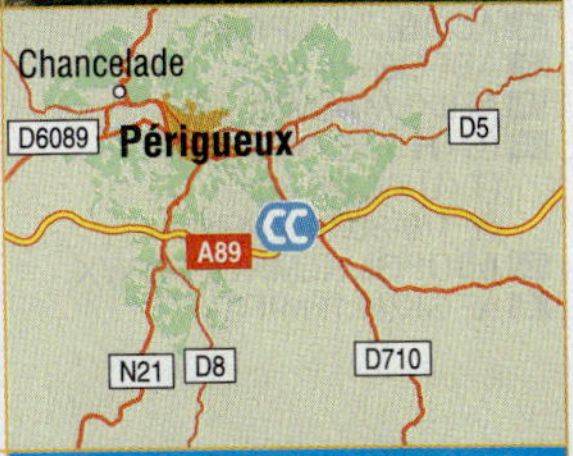


N 45°08'52'' E 00°46'40''

€16 20/5-8/7 3/9-18/9

## **Audenge**, F-33980 / Aquitaine (Gironde)

1348

Camping Municipal Le Braou***
26 route de Bordeaux
+33 5 56 26 90 03
8/4 - 25/9
campingmunicipal@mairie-audenge.fr

3ha 70**T**(66-180m²) 6A CEE

**1** BCD**G**IJL**P**T
**2** IJSTWXYZ
**3** A**G**HIKPSU
**4** (C 🔑)(G 15/6-15/9)
(Q 1/7-31/8)(R 🔑)
(T+U 1/7-31/8)(Z 🔑)
**5** **AB**FGIJKLMNOPUVXZ
**6** CDEG**K**(N 1km)O

Camping tranquille avec de très grands emplacements et une belle piscine. Idéal pour des randonnées, des tours à vélo ou des excursions à Arcachon, Bordeaux, l'océan ou la dune de Pilat.

D3 Biganos-Andernos. A Audenge au 2ième rond-point à droite. Le camping est à 700m à droite.

CC € 18 *8/4-9/7 27/8-25/9*

N 44°41'03'' W 01°00'15''

## **Bayas/St. Émilion**, F-33230 / Aquitaine (Gironde)

1349

Camping Le Chêne du Lac***
3 Lieu-dit Châteauneuf
+33 5 57 69 13 78
1/4 - 31/10
lechenedulac@orange.fr

4,6ha 30**T**(96-180m²) 10A CEE

**1** ACD**F**IJKLMPT
**2** ABEIOSTUWXYZ
**3** CEHIKLP**Q**SUWZ
**4** (Q+R 1/5-15/9)(T+U+V+Z 1/6-15/9)
**5** **A**CGHIJKLMNPUZ
**6** ACEGHJ(N 7km)V

Camping verdoyant près de Guitres, ville médiévale. Après une visite à l'abbaye bénédictine, montez dans un train à vapeur, louez un canoë/kayak ou pêchez dans un des nombreux ruisseaux. Au bord d'un lac, avec plage de sable. Emplacements ensoleillés ou ombragés. Possibilité de jouer au football, basket et tennis de table. Terrasse couverte. Chiens interdits au bord du lac.

N10 Bordeaux-Angoulême, sortie Laruscade/Guitres. Bayas est sur la D247 en venant de Guitres.

CC € 18 *1/4-8/7 25/8-31/10* *7=6*

N 45°04'45'' W 00°12'24''

## **Beauville**, F-47470 / Aquitaine (Lot-et-Garonne)

1350

Camping Les 2 Lacs***
D122
+33 5 53 95 45 41
1/4 - 31/10
campingles2lacs@gmail.com

22ha 50**T**(100-120m²) 10A CEE

**1** ACD**G**IJKLMPRS
**2** ABFOSWXYZ
**3** AHIKLMSUWZ
**4** (C+H 15/6-30/9)(Q 🔑)
(T+U+V 1/5-30/9)
(Y 1/6-30/9)(Z 🔑)
**5** **AB**DFGIJKLMNOPRUWX
**6** AEGK(N 1km)RTV

Cp spacieux avec ses propres bois et circuits de randonnées. Environnement superbe (vallonné, mais bien faisable avec des vélos électriques). Piscine chauffée, pataugeoire. Lac poissonneux (3 ha) avec carpes, brochets et sandres, pêche sans permis. Lac de baignade (0,8 ha). Belle nature. Nourriture délicieuse, réservation recommandée en basse saison.

A partir de Cahors, suivre la D656 direction Agen. Puis rond-point avec sortie Beauville. Dans le village, suivre les panneaux.

CC € 16 *1/4-9/7 1/9-31/10*

N 44°16'20'' E 00°53'17''

## Bergerac, F-24100 / Aquitaine (Dordogne)

iD **1351**

Camping La Pelouse***
8b rue J.J. Rousseau
+33 5 53 57 06 67
1/4 - 31/10
@ campinglapelouse24@orange.fr

2,5ha 60T(100-140m²) 10A CEE

1 ACD**G**IJL**P**Q
2 COYZ
3 AHIKUX
4 (Q)
5 **AB**DGIJKLMNOPUZ
6 ACDEGK(N 1km)RTV

Camping au bord de la Dordogne un peu à l'ouest du centre. A 10 minutes à pied du centre-ville historique. Souvent choisi comme camping d'étape et très apprécié aussi des amateurs de vin (Bergerac-Monbazillac). Nombreuses activités nautiques sur la Dordogne. Calme et nature. Ouverture du bureau : 11-12 et 14.30-18.30.

Camping sur la rive sud de la Dordogne. Autour de Bergerac, suivre Bergerac centre, puis le camping est indiqué.

CC € 16 *1/4-7/7 25/8-31/10 7=6*

N 44°50'57'' E 00°28'35''

## Beynac-et-Cazenac, F-24220 / Aquitaine (Dordogne)

iD **1352**

Camping Le Capeyrou***
+33 5 53 29 54 95
1/4 - 2/10
@ contact@campinglecapeyrou.com

NOUVEAU

5ha 120T(110-180m²) 10A

1 ACD**F**IJKLPQ
2 CNPSWYZ
3 ACHIKMN**O**PSUWX
4 (C+G+Q+S)
(U+V 1/7-31/8)(Z)
5 **AB**FGIJKLMNPUVWZ
6 CEGHJ(N 0,05km)ORV

Camping merveilleusement situé au pied d'un mystérieux château médiéval et bordé par le fleuve rafraîchissant la Dordogne: avec une vue imprenable et avec des loisirs aquatiques sous toutes leurs formes. La belle piscine offre un répit entre toutes ces activités organisées, adaptées au goût de chacun.

Sur la D703 dans le centre de Beynac-et-Cazenac, en face du château.

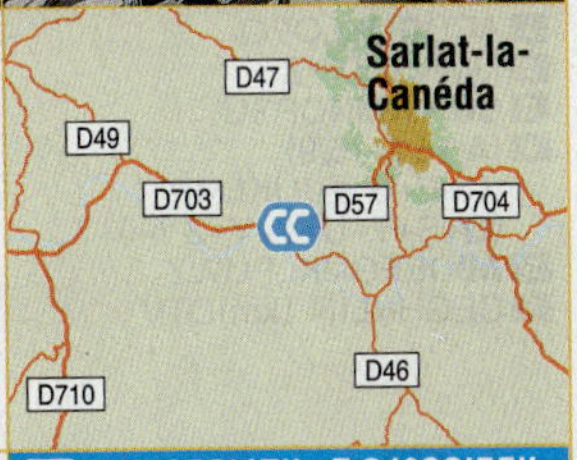


CC € 16 *1/4-6/7 28/8-2/10*

N 44°50'17'' E 01°08'55''

## Biarritz, F-64200 / Aquitaine (Pyrénées-Atlantiques)

**1353**

Camping Biarritz****
28 rue Harcet
+33 5 59 23 00 12
1/4 - 31/10
@ biarritz.camping@gmail.com

NOUVEAU

2,5ha 82T(100-120m²) 10A CEE

1 BCDEIJKLPQ
2 AIJMSUVWXYZ
3 A**G**HIKMNS
4 (E+H)K**L**
(Q+R+S+T+U+V+Y+Z)
5 **AB**EFGIJKLMNOPUWX
6 CFGK(N 2,5km)QRTV

Camping à proximité du centre ville de Biarritz. Il y a une connexion vers centre par bus toutes les 15 minutes. Il y a une piscine en pleine aire et couverte. Magasin et restaurant ouverte pendant toute la période d'ouverture.

A63 Bayonne-St. Sebastián, sortie 4 Biarritz. Puis prendre la D810 direction St. Jean-de-Luz. A 2 ou 3 km à droite de l' intermarché, sortie vers la côte. Puis tout droit sur la D911 jusqu'avant Biarritz. Le camping est indiqué à l'entrée de Biarritz.

CC € 20 *1/4-30/6 1/9-31/10*

N 43°27'43'' W 01°34'01''

## Bias, F-40170 / Aquitaine (Landes)

1354

Camping Municipal Le Tatiou***
1791 route de Lespecier
+33 5 58 09 04 76
9/4 - 25/9
campingletatiou@bias40.fr

10ha 175T(100m²) 10A CEE

1 ACDGIJKLMOPST
2 BSTWXYZ
3 CGHIKMNOPRSU
4 (C+H+Q+S+T 15/6-15/9) (U 1/7-31/8)(V+X+ Y+Z 15/6-15/9)
5 ABEFGIJKLMNOPUZ
6 EHJ(N 7km)OQV

Ce camping municipal est situé dans une superbe zone boisée avec d'excellentes possibilités pour la randonnée et à quelques kilomètres de l'océan. Bons équipements, magasin et piscine. On peut aussi louer des vélos.

A10 jusqu'à Labouheyre, puis la D626 direction Mimizan, et à partir de là, vers Bias où le camping est indiqué.

CC € 14 *9/4-2/7 27/8-25/9*

N 44°08'40'' W 01°14'24''

## Bidart, F-64210 / Aquitaine (Pyrénées-Atlantiques)

1355

Camping Sunêlia Berrua****
rue Berrua
+33 5 59 54 96 66
2/4 - 2/10
contact@berrua.com

5ha 70T(80-100m²) 10A CEE

1 ACDGIJKLOPQ
2 IJMNSWXYZ
3 CGHIKMNOPSU
4 (A 15/6-15/9) (C+E+G)IJKLMP (Q+S+T+U+V+Y+Z)
5 ABDEFGIJKLPUWZ
6 CEGHKL(N 1km)OTV

Camping en terrasses avec beaucoup d'ombre et de bons équipements. A ± 1 km d'une plage de sable et du village pittoresque. Grand complexe aquatique avec piscine d'intérieur et piscine d'extérieur chauffée.

A63 Bayonne-St. Sebastián, sortie 4 Biarritz. D810 direction St. Jean-de-Luz. A ± 2,5 km à droite de l'intermarché et aussi dans le centre de Bidart, le camping est indiqué à gauche de la route. Il est à ± 800 mètres de la D810.

CC € 18 *1/5-17/6 29/8-1/10*

N 43°26'18'' W 01°34'55''

## Bidart, F-64210 / Aquitaine (Pyrénées-Atlantiques)

1356

Camping Ur-Onea***
489 rue de la Chapelle
+33 5 59 26 53 61
23/4 - 17/9
contact@uronea.com

5ha 122T(80-140m²) 10A

1 ACDGHIJKLMPQW
2 GIJMSWYZ
3 BCGHKMNPSU
4 (C 1/6-17/9)(E+H)IKMP (Q+S+T+U+V+X+Z)
5 ABEFGIJKLNPQUWZ
6 ABCDEGHJK(N 0,5km) ORTUV

Ur-Onea est un terrain bien entretenu avec allées asphaltées et assez d'ombre pour tente ou caravane. Piscine couverte et d'extérieur chauffée. Près de l'océan et du centre du village avec ses maisons blanches accolées à la colline.

A63 Bayonne-St. Sebastián, sortie 4 Biarritz. Puis prendre la D810 (ancienne RN10) direction St. Jean-de-Luz. Le camping est indiqué sur la gauche un peu après le centre de Bidart et il se trouve à 400 mètres à peu près de la D810.

CC € 20 *23/4-2/7 25/8-17/9* *7=6, 14=12, 21=18*

N 43°26'01'' W 01°35'25''

## Biscarrosse, F-40600 / Aquitaine (Landes)

**1357**

Campéole Navarrosse****
712 chemin de Navarrosse
+33 5 58 09 84 32
8/4 - 25/9
navarrosse@campeole.com

11ha 100**T**(80-110m²) 10A CEE

**1** ACD**G**IJKLMO**P**ST
**2** ABCEOSTXYZ
**3** C**G**HIKMNOSU**W**Z
**4** (Q+T+V+Z 1/7-31/8)
**5** **AB**EFGIJKLMNPQUWZ
**6** ACEGH**K**(N 3km)RV

Un bon camping pour les amateurs de sports nautiques grâce à sa situation exceptionnelle au bord du lac de Biscarosse. L'eau est peu profonde, donc ce n'est pas dangereux pour les enfants. Nouveaux sanitaires et emplacements spacieux sur un terrain boisé.

A partir de Biscarrosse direction Biscarrosse-Plage, Sanguinet et Navarrosse.

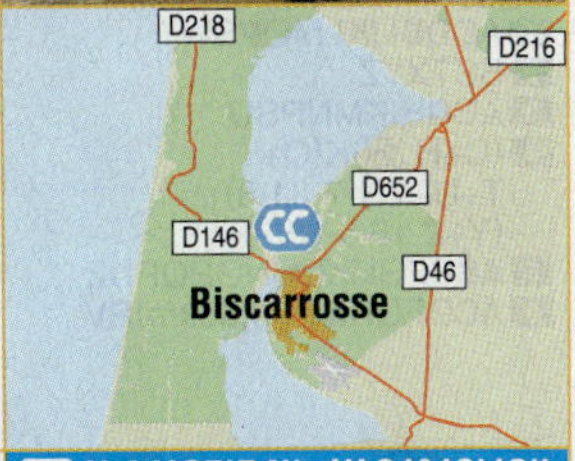


CC € 20 *8/4-25/6 1/9-25/9*

N 44°25'54'' W 01°10'10''

## Biscarrosse, F-40600 / Aquitaine (Landes)

**1358**

La Rive - Ciela Village*****
route de Bordeaux
+33 5 58 78 12 33
8/4 - 5/9
larive@cielavillage.com

15ha 200**T**(85-120m²) 10A CEE

**1** ACD**G**IJKLMOPS
**2** ABESTWXYZ
**3** CHIKMN**O**PSU**VW**Z
**4** (C 1/5-1/9)(F+H )IJ**KL**M **NP**(Q+S+T+U+V+X+Y+Z )
**5** **AB**DEFGIJKLMNOPRUWX
**6** CEGH**K**M(N 5km)RTV

Superbe camping 5 étoiles avec sa propre plage de sable au bord du lac. Belles piscines avec jeux aquatiques, aquapark, sauna, jacuzzi, hammam, hydromassage et beautycenter. Nombreux équipements pour des animations destinées aux enfants et jeunes. Emplacements spacieux sur un terrain boisé. Nombreuses excursions possibles. Beau restaurant avec salle de théâtre.

Le camping est sur la route Sanguinet-Biscarrosse et est bien indiqué.

CC € 20 *8/4-7/7 24/8-5/9*

N 44°27'39'' W 01°07'51''

## Biscarrosse-Plage, F-40600 / Aquitaine (Landes)

**1359**

Campéole Le Vivier****
681 rue du Tit
+33 5 58 78 25 76
20/5 - 18/9
vivier@campeole.com

25ha 328**T**(100-250m²) 11A CEE

**1** ACD**G**IJKLO**P**
**2** ABSTWYZ
**3** C**G**HIKMN**O**PSU
**4** (C+G 15/5-11/9)
(Q 12/6-11/9)(R )
(U+V 1/7-31/8)(Y )
(Z 12/6-11/9)
**5** **AB**DEFGIJKLMNOPQUZ
**6** ACEGH**K**(N 0,8km)RT

Grand camping équipé de tous les conforts dans un bois et à 800 mètres de la mer. Bon point de départ pour de belles excursions, pour faire du vélo et de la randonnée.

A partir de Biscarosse direction Biscarosse-Plage. Suivre les panneaux de camping.

CC € 18 *20/5-1/7 1/9-18/9*

N 44°27'31'' W 01°14'25''

## Biscarrosse-Plage, F-40600 / Aquitaine (Landes)

1360

Campéole Plage Sud***
230 rue des Bécasses
+33 5 58 78 21 24
8/4 - 25/9
plagesud@campeole.com

35ha 406T(70-110m²) 6A CEE

**1** ACD**G**IJKLMO**P**SWT
**2** BSTXYZ
**3** AC**G**HIKMNPSU
**4** (C+H)K(Q+ T+U+V 1/7-31/8) (Y+Z 15/6-15/9)
**5** **AB**EFGIJKLMNOPQRUZ
**6** ACDFGH**K**(N 0,05km)RV

Grand camping dans un bois ombragé. A 800m de la mer et de la petite station balnéaire Biscarrosse-Plage. Belle piscine chauffée et toboggan aquatique. Camping complètement rénové. Nombreuses possibilités pour la randonnée et le vélo dans les environs.

A partir de Biscarrosse direction Biscarrosse-Plage. Suivre les panneaux de camping 'Plage-Sud'.

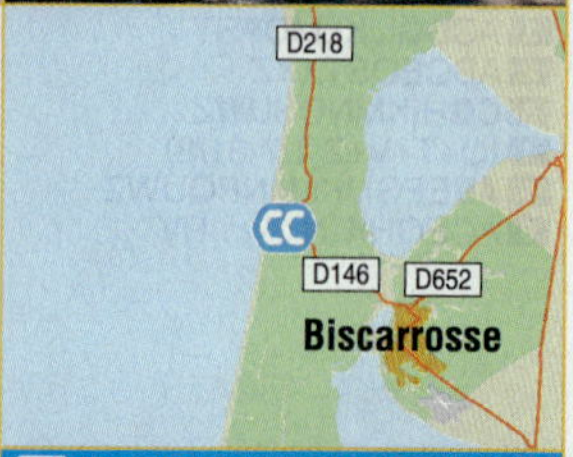


CC € 18 *8/4-25/6 1/9-25/9*

N 44°26'29'' W 01°14'44''

## Bouzic, F-24250 / Aquitaine (Dordogne)

1361

Camping Le Douzou***
D52
+33 5 53 28 41 60
9/4 - 24/9
contact@campingledouzou.fr

2,5ha 39T(100-200m²) 10-16A CEE

**1** ACD**G**IJKLMOPQ
**2** BCMOSWXYZ
**3** CGHIKMNP**Q**SU**W**X
**4** (C+G 7/5-24/9)(Q+R) (T+U+V 1/7-31/8)(Z)
**5** **AB**DEFGIJKLMNPQRUZ
**6** ABCDEGHKL(N 5km)ORTV

Un camping en terrasses intime et accueillant, de petite taille mais avec tous les équipements. Profitez d'une ambiance relaxante loin de toute agitation. Belle piscine au bord d'une petite rivière impétueuse. Nature, calme, espace et plaisir. La douce France !

D673 Gourdon-Fumel. Puis D46 di Domme; à 3 km la D52 di Daglan. Le camping est à gauche à 2 km avant Bouzic. De Daglan D60 vers Domme. A ± 2 km à droite di Bouzic, la D52. Cp à droite, à 2 km de Bouzic.

CC € 14 *9/4-2/7 29/8-24/9* *7=6, 14=11*

N 44°43'51'' E 01°14'18''

## Brantôme-en-Périgord, F-24310 / Aquitaine (Dordogne)

1362

Camping Brantôme Peyrelevade****
46 avenue André Maurois
+33 5 53 05 75 24
29/4 - 30/9
info@camping-dordogne.net

4ha 127T(100-200m²) 10A CEE

**1** ACD**G**IJKLMPRS
**2** ACOSWXYZ
**3** CHIKMN**OPQ**SWX
**4** (C+H+Q+R+T+U+V+Z)
**5** **AB**DEFGHIJKLMNOPQUWXYZ
**6** ABCDEGK(N 1km)TV

Camping tranquille aux allures de parc sur les rives de la Dronne. Emplacements spacieux à proximité de Brantôme. Nombreuses possibilités pour la randonnée et le vélo, piscine et bons sanitaires. Wifi gratuit sur tout le camping, seul l'Internet plus rapide est payant.

De Périgueux, traverser Brantôme puis direction Thiviers. D'Angoulême direction centre puis vers Thiviers. A ± 1 km du centre. Suivre les panneaux de camping.

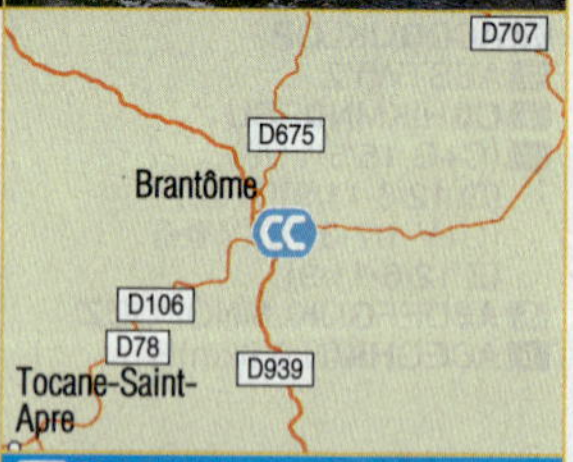


CC € 16 *29/4-2/7 1/9-30/9* *7=6, 14=12, 21=18*

N 45°21'39'' E 00°39'38''

## Brantôme-en-Périgord, F-24310 / Aquitaine (Dordogne)

**1363**

Camping Du Bas-Meygnaud**
D939, Valeuil
+33 5 53 05 58 44
1/4 - 30/9
camping-du-bas-meygnaud@wanadoo.fr

1,7ha 50T(100-120m²) 6A CEE

1 A**G**IJKL**P**Q
2 BLSXYZ
3 CHIKMPSU
4 (B+G 15/5-30/9)(Q 1/7-31/8)
(R 1/6-30/9)(T 1/7-30/9)
(U+V)(X+Z 1/7-30/9)
5 **A**FGJLMNPUZ
6 AEGJ(N 4km)T

Petit camping familial ombragé dans la vallée de la Dronne. Adapté aux enfants, parfait pour les amoureux de la nature. Près de la ville touristique de Brantôme. Beaux circuits pour randonnée et vélo. Sanitaires rénovés dans un bâtiment ancien.

À Brantôme D939 vers Périgueux, après ± 4 km à droite. Prendre la 2me sortie Lasserre. Suivre les panneaux. Attention : c'est mieux de ne pas passer par Valeuil. De Périgueux, tourner à gauche 4 km avant Brantôme.

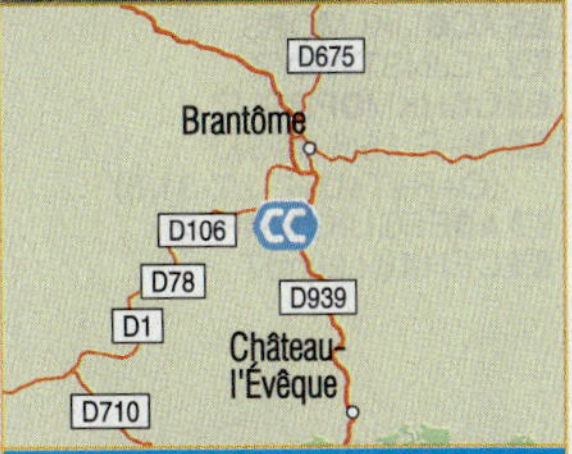


N 45°19'48'' E 00°38'16''

CC € 14 *1/4-5/7 1/9-30/9*

## Campagne, F-24260 / Aquitaine (Dordogne)

**1364**

Camping Le Val de la Marquise****
Le Petit Moulin - 544 Route de St. Cyprien
+33 5 53 54 74 10
29/4 - 2/10
contact@levaldelamarquise.com

4ha 62T(100-180m²) 16A CEE

1 ACD**G**IJKLMO**P**Q
2 BCESUWXYZ
3 C**G**HIKLMPSUW
4 (**A** 10/7-27/8)(C+G+Q+R)
(T+U+V+X+Z 1/7-31/8)
5 **AB**DEFGIJKLMNOPQUWXY
6 CEGK(N 3,5km)QRTV

Camping 4 étoiles magnifiquement situé dans les belles forêts de Dordogne. De splendides sanitaires et une belle piscine sont à disposition des campeurs. Calme et qualité. Bonne base pour visiter le Périgord Noir.

D703-D706 (du Bugue aux Eyzies). A Campagne la D35 direction St. Cyprien. Camping indiqué par des panneaux.

N 44°54'23'' E 00°58'27''

CC € 14 *29/4-1/7 29/8-2/10*

## Capbreton, F-40130 / Aquitaine (Landes)

**1365**

Camping La Civelle***
avenue des Biches
+33 5 58 72 15 11
1/2 - 31/12
campinglacivelle@capbreton.fr

11ha 276T(80-100m²) 10A CEE

1 BC**G**IJKLM**P**
2 CISTXYZ
3 A**G**HIKMNPS
4 (C+G 1/4-31/10)
(Q+R 1/4-30/9)(U+V+X+Z 1/6-31/10)
5 **AB**IJKLMNOPU
6 CDEGHKTV

Camping grand mais agréable avec des activités pour tout le monde : faire du vélo, nager, paresser, faire des excursions, prendre un verre...

A63 Bordeaux - Biarritz, sortie 8 vers Capbreton. Là, suivre 'La Civelle'.

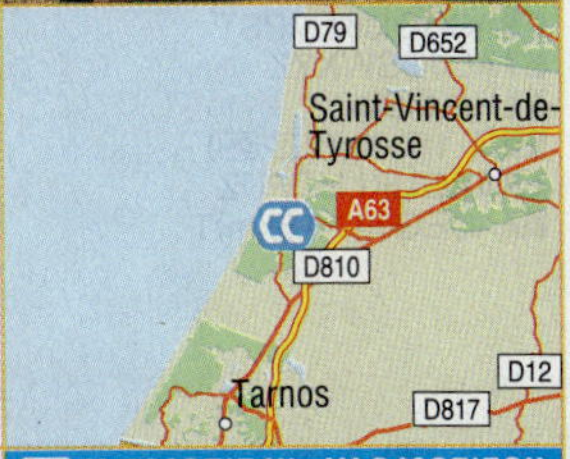


N 43°37'51'' W 01°25'59''

CC € 16 *1/4-30/6 1/9-31/10* 7=6

## Cassy-Lanton, F-33138 / Aquitaine (Gironde)

**1366**

Camping Le Coq Hardi***
3 av. de la République
+33 5 56 82 01 80
1/5 - 7/11
reservation.coqhardi@gmail.com

8ha 430**T**(100-120m²) 6-10A

1 AC**G**IJKLMO**P**S
2 AEJNSTWXYZ
3 C**G**HKM**O**PRSUZ
4 (B+G 15/6-30/9)J
(Q+R+T+U+Z 1/7-31/8)
5 **AB**EFGIJKLMNPUZ
6 CEH**K**(N 2km)T

Camping familial calme avec très grand terrain de jeux, juste au bord du lac d'Arcachon et à 10 km de l'océan. Grande piscine bien entretenue (ouverture le 15 juin) avec toboggans. Emplacements spacieux. Vous pouvez aller à vélo ou en voiture à Bordeaux, Cap Ferret ou Pilat.

Le camping est au bord de la D3 un peu au sud d'Andernos à Cassy.

CC € 18 *1/5-4/7 30/8-7/11*

N 44°42'50'' W 01°03'39''

## Castelnaud-la-Chapelle, F-24250 / Aquitaine (Dordogne)

**1367**

Camping Maisonneuve****
+33 5 53 29 51 29
1/4 - 31/10
contact@
campingmaisonneuve.com

6ha 140**T**(90-120m²) 6-10A CEE

1 ACD**G**IJKLMOPQ
2 COSWXYZ
3 AC**G**HIKMN**O**P**R**SUV**W**X
4 (C+H+Q)
(R+T+U+V+Y 1/7-30/8)
(Z)
5 **AB**DEFGIJKLMNOPQUWZ
6 ACEGHJ(N 1km)ORTV

Emplacements au bord de la petite rivière le Céou. La pelouse et le calme rendent le camping très agréable. Sanitaires chauffés. Idéal pour le kayak. Au coeur des beaux paysages de la Dordogne. Castelnaud est touristique. Nature, espace et calme !

A partir de la D703 par la D57 direction Daglan. Le camping est indiqué après Castelnaud. A partir de Daglan, la D57 direction St. Cybranet et Castelnaud. Le camping est indiqué sur la droite avant Castelnaud.

CC € 18 *1/4-5/7 25/8-31/10*

N 44°48'18'' E 01°09'30''

## Castillon-la-Bataille, F-33350 / Aquitaine (Gironde)

**1368**

Camping Les Batailleurs
2 promenade du Bourdieu
+33 5 57 40 42 83
30/4 - 15/10
centredesbatailleurs@gmail.com

1,5ha 35**T**(80-100m²) 16A

1 ACDGIJKLMPST
2 ACJOSWXYZ
3 HIKMS**W**
4 (T 1/7-31/8)(Z)
5 **AB**GIJKLNOPUZ
6 ACEGJ(N 0,5km)T

Dans ce camping très calme en bordure de la Dordogne, sous les platanes, vous avez un sentiment d'espace. Il est très agréable de faire du vélo le long de la rivière. Sanitaires entièrement rénovés. A côté du camping, un boulodrome typiquement français. Proche des villes viticoles de Libourne et Saint-Émilion.

A Castillon juste avant le pont à gauche, le long de la Dordogne. Le camping est juste après le boulodrome et le station service camping-car.

CC € 14 *30/4-10/7 27/8-15/10*

N 44°51'12'' W 00°02'08''

## Cazoulès, F-24370 / Aquitaine (Dordogne)

**1369**

Camping Paradis Les Belles Rives**
624 route de La Rivière
+33 5 53 28 27 18
10/4 - 7/11
campinglesbellesrives@belairvillage.com

3ha 100T

**1** AFIJLP
**6** J

Ce camping est idéalement situé à Cazoulès au coeur du Périgord Noir. Véritable point de départ pour découvrir les richesses touristiques, culturelles et culinaires, de deux régions authentiques, la région Occitane et la région Nouvelle-Aquitaine.

A20, sortie Souillac direction Sarlat, suivre les panneaux.

CC € 16 *10/4-2/7 27/8-7/11*

N 44°52'24'' E 01°26'01''

## Cénac-et-Saint-Julien, F-24250 / Aquitaine (Dordogne)

**1370**

Camping Le Pech de Caumont***
+33 5 53 28 21 63
16/4 - 30/9
info@pech-de-caumont.com

10ha 100T(80-120m²) 16A

**1** ACDGIJKLMPQ
**2** BMNSUWYZ
**3** C**G**HIKMNSU**W**
**4** (B+G 1/5-30/9)(Q+R )
(T+U+V+X+Z 1/7-30/8)
**5** **AB**EFGIJKLMNPUVWXZ
**6** ACEGJ(N 1,5km)RTV

Grand camping en terrasses aménagé spacieusement et magnifiquement situé avec une vue superbe. Le camping est à environ 1 km en dehors de Domme. Calme, espace et panorama sont les mots-clés pour caractériser ce camping. Belle piscine. Grands emplacements. Bon restaurant.

A partir de la A20, sortie 55 Souillac direction Carsac D703. Puis Vitrac, D703. Ensuite, direction Cénac sur la D46. Le camping est à 1,5 km au sud de la Dordogne. Bien indiqué par des panneaux.

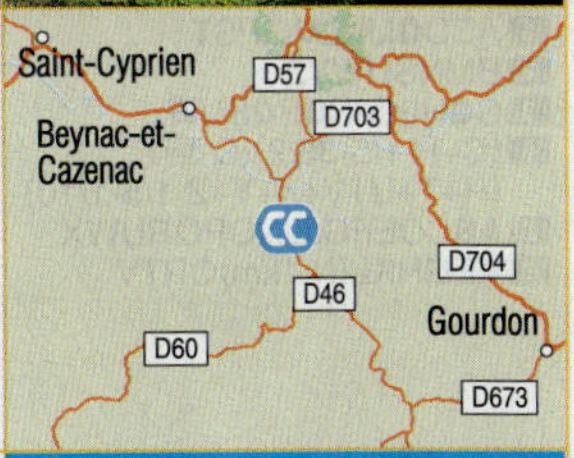


CC € 14 *16/4-9/7 27/8-30/9*

N 44°47'12'' E 01°12'33''

## Champs-Romain, F-24470 / Aquitaine (Dordogne)

**1371**

Camping Château Le Verdoyer****
Le Verdoyer
+33 5 53 56 94 64
23/4 - 30/9
chateau@verdoyer.fr

25ha 109T(100-150m²) 10A CEE

**1** ACD**G**IJKLMOPRS
**2** AELMOSWXYZ
**3** C**G**HIKM**O**SUWZ
**4** (C+E+H )J
(Q+S+T+U+Y+Z )
**5** **AB**CDEFGIJKLMNPQUWXY
**6** CEGHJ**K**L(N 3km)OQRTV

Camping au château dans le Parc Naturel Régional Périgord Limousin. Camping bien entretenu offrant de nombreuses possibilités pour se détendre, aussi bien au camping que dans les environs immédiats. Piscine d'intérieur et d'extérieur. Idéal pour des vacances sportives.

N21 Limoges-Chalus, là à droite D6bis et D85 vers Nontron. A 20 km à gauche au panneau Château Le Verdoyer. Bien indiqué.

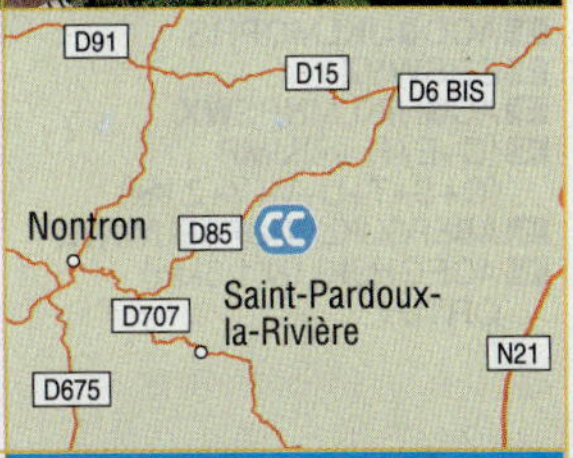


CC € 18 *23/4-9/7 27/8-30/9*

N 45°33'02'' E 00°47'43''

## Créon, F-33670 / Aquitaine (Gironde) — 1372

Camping Bel-Air***
150 Route Départementale 671
+33 5 56 23 01 90
1/2 - 30/11
info@camping-bel-air.com

3,5ha 62T(80-90m²) 5-10A CEE

1 ACD**G**IJKLMPQW
2 IJSWXYZ
3 CHIK**Q**RSU
4 (C+G 1/6-30/9)J(Q 1/6-30/9) (T+U+V+Z 15/6-15/9)
5 **AB**DFGJKLNPQUZ
6 ACDEG**K**(N 1,8km)RTV

Camping familial bien entretenu et tranquille près de Bordeaux, il y a un bus vers le centre à partir du camping. Piscine chauffée avec 3 grands toboggans., sanitaires chauffés, bar et petit restaurant. Réception ouverte 9 h-12 h et 14 h-18 h.

Le camping est sur la D671 entre Bordeaux et Créon, 2 km avant Créon.

CC € 18 *1/2-15/7 1/9-30/11*

N 44°47'02'' W 00°22'16''

## Daglan, F-24250 / Aquitaine (Dordogne) — 1373

Camping La Peyrugue***
D57
+33 7 67 39 59 35
1/5 - 1/10
campinglapeyrugue@gmail.com

5ha 65T(95-160m²) 6-10A CEE

1 ACD**G**IJKLMOPST
2 BMNSUWYZ
3 C**G**HIKMN**O**P**Q**SU**W**
4 (C+H 1/5-30/9)(Q ⊶) (R+T+U+V+X+Y+Z 1/5-1/10)
5 **AB**CDEFGJLNOPQRUWX
6 AEGHKL(N 1km)ORTV

Les propriétaires ont fait de ce camping l'un des plus beaux et agréables campings familiaux des environs. Emplacements bien entretenus et spacieux. Aux alentours : circuits pour randonnées et vélo, tourisme et canoë. Au cœur de la nature en Dordogne.

A20 vers Limoges-Toulouse, sortie 55 Souillac, D820 Gourdon, puis D673 Gourdon, à droite la D801 Gourdon. Traverser Gourdon et reprendre la D673 Fumel. D6, D46, D60 et D57. Traverser Daglan direction St Cybranet.

CC € 14 *1/5-6/7 23/8-1/10*

N 44°45'09'' E 01°11'15''

## Daglan, F-24250 / Aquitaine (Dordogne) — 1374

Camping Le Moulin de Paulhiac****
D57
+33 5 53 28 20 88
14/5 - 17/9
info@moulin-de-paulhiac.com

6ha 176T(100-120m²) 10A CEE

1 ACD**G**IJKLMOPRS
2 CPSWYZ
3 AC**G**HIKLMNPS**WX**
4 (C+E+H ⊶)IJMP (Q+S+T+U+V+Y+Z ⊶)
5 **AB**EFGIJKLMNOPQRUWXYZ
6 ACEGHJ**KL**(N 1,5km) ORTUV

Superbe camping quatre étoiles, avec des possibilités variées pour nager. Emplacements spacieux bien délimités. Le Céou, qui longe le camping sur un côté, permet une descente sans risque en bateau. Restaurant avec des prix intéressants. Superbes nouveaux sanitaires.

A partir de Souillac, direction Sarlat, Vézac, Castelnaud (D57). Après St. Cybranet le camping est indiqué. Ou à partir de Daglan la D57 direction St. Cybranet. Le camping est à ± 4 km sur la droite.

CC € 18 *14/5-2/7 27/8-17/9*

N 44°46'05'' E 01°10'36''

## Domme, F-24250 / Aquitaine (Dordogne)

**1375**

Camping Le Perpetuum****
D50 Griffoul
+33 5 53 28 35 18
25/5 - 8/10
leperpetuum.domme@orange.fr

4,5ha 120T(80-120m²) 10-16A

**1** A**G**IJKLMOPQ
**2** CPSUYZ
**3** AC**G**HIKMNPSU**WX**
**4** (C )(G 1/6-30/9)(Q+R )
(T+U+V+X 1/6-30/9)(Z )
**5** **AB**DEFGIJKLMNOPUZ
**6** ACDEGJ(N 2,5km)V

Beau camping au bord de la Dordogne. Canoë et kayac à partir du camping. Près de Domme et de la belle nature du Lot et de la Dordogne. Randonnées et tours à vélo à partir du camping. Superbes piscines (une chauffée). Wifi gratuit. Nouveau restaurant.

En venant de Sarlat, Souillac, Gourdon ou Bergerac, prendre la direction Vitrac Port sur la D703. Franchir le pont de Vitrac et suivre les indications (au croisement, bifurquer à droite vers la D50). Ne pas aller à Domme.

CC € 16 *25/5-5/7 23/8-8/10*

N 44°48'56" E 01°13'14"

## Douville, F-24140 / Aquitaine (Dordogne)

**1376**

Camping Lestaubière***
Pont-St-Mamet
+33 5 53 82 98 15
15/4 - 30/9
lestaubiere@gmail.com

20ha 104T(160-250m²) 6-10A

**1** ACD**G**IJKLMOPQ
**2** ABELNOSUWXYZ
**3** CHIK**O**PSUWZ
**4** (B+G 1/5-15/9)(Q )
(R 4/7-21/8)(T+U+V )
(X 1/5-15/9)(Z )
**5** **AB**FGIJKLMNOPQUWX
**6** ACEGJ(N 1km)OTV

Camping dans un environnement superbe près des villes historiques Bergerac et Périgueux. Le camping a des sanitaires modernes et des emplacements très spacieux (>160 m²). A partir de la terrasse sous les platanes (avec wifi gratuite), vous avez une vue à couper le souffle sur le camping et les environs. Profitez du calme, de l'espace et de la nature.

A 19 km au nord de Bergerac. Sur la N21, prendre la sortie Pont-St-Mamet. Le camping se trouve à 2 km, il est bien indiqué.

CC € 18 *15/4-10/7 27/8-30/9* *7=6, 14=12, 21=18*

N 44°59'33" E 00°35'50"

## Espelette, F-64250 / Aquitaine (Pyrénées-Atlantiques)

**1377**

Camping Biper Gorri****
chemin de Lapitxague
+33 5 59 93 96 88
10/4 - 1/11
info@camping-biper-gorri.com

2,5ha 54T(100-120m²) 6-10A CEE

**1** AC**G**IJKLM**P**QW
**2** DSWXYZ
**3** C**G**HINPS**VW**
**4** (A 1/7-31/8)(C 15/6-15/9)
(E+F+H )IK**LN**P
(Q )(R 15/6-15/9)
(T+U+V+Y+Z )
**5** **AB**DEFGJLNPUWXY
**6** CDEGHK(N 1,5km)TV

Camping à 1,5 km d'Espelette dans un environnement boisé. Le camping a un caractère typiquement basque. Biper Gorri signifie 'piment rouge', l'épice qui fait la réputation d'Espelette. Piscine avec partie couverte chauffée au printemps.

A63 sortie 5 Bayonne-Sud. Puis D932 vers Ustaritz et par Cambo-les-Bains à Espelette. Camping bien indiqué au rond-point à l'entrée d'Espelette.

CC € 18 *10/4-1/7 3/9-31/10*

N 43°21'12" W 01°26'59"

## Fumel, F-47500 / Aquitaine (Lot-et-Garonne)

**1378**

Camping Les Catalpas***
La Tour
+33 5 53 71 11 99
15/4 - 14/10
contact@les-catalpas.com

2ha 47**T**(70-100m²) 10A CEE

1 ACD**G**IJKLMPQW
2 DNSUVWXYZ
3 C**G**HIKMSU**W**X
4 (B+Q+T+U+V+Z 15/6-15/9)
5 **AB**DFGIJKLMNOPQUZ
6 CDEFG**K**(N 1,5km)RTV

Camping bien situé juste au bord du Lot. Une partie au bord du Lot, l'autre partie plus haut sous 79 superbes vieux catalpas. Bon point de départ pour faire des randonnées et du vélo, pêcher, découvrir les environs ou simplement se reposer. Situation idéale le long de la piste cyclable de la vallée du Lot (160 km de piste sur terrain plat). Près de Fumel.

A Fumel, suivre Puy- l'Évêque ; camping à 3 km de Fumel, bien indiqué par des panneaux à partir de Fumel.

CC € 16 *15/4-3/7 31/8-14/10*

N 44°29'18'' E 00°59'48''

## Hendaye, F-64700 / Aquitaine (Pyrénées-Atlantiques)

**1379**

Camping Abaya**
14 chemin Ascoubé-Fagady
+33 5 59 20 03 77
1/4 - 25/9
abaya@
vacances-andretrigano.com

4ha 44**T**(100-120m²) 16A CEE

1 BD**G**IJKLM**P**Q
2 AIJQRSUVWXYZ
3 A**G**HSU
4 (A+Q+T+U 1/7-31/8)
5 **AB**GIJKLMNOPUWZ
6 DEGHJ(N 8km)QV

En entrant dans le camping, on remarque les installations de location. Les emplacements délimités se trouvent à l'arrière du site et sont quelque peu dispersés.

Suivre l'A63 jusqu'à la sortie St. Jean de Luz. Là, prenez la direction Hendaye/Socoa. Au rond-point, prendre la direction d'Hendaye. Au rond-point suivant, prenez la 2e sortie. Après environ 1 km, vous trouverez le camping sur la gauche.

CC € 18 *1/4-9/7 27/8-25/9*

N 43°22'24'' W 01°44'36''

## Hourtin-Plage, F-33990 / Aquitaine (Gironde)

**1380**

Airotel Cp. Carav. de la Côte d'Argent*****
+33 5 56 09 10 25
12/5 - 13/9
info@cca33.com

20ha 870**T**(80-120m²) 10A CEE

1 ACD**G**IJKLMPSWT
2 AEGJLMSTWXYZ
3 CHKLM**O**PSU**V**Y
4 (C 1/6-13/9)(E+G)IJK
(Q+S+T+U+V+X+Y+Z)
5 **AB**DEFGIJKLMNOPUZ
6 CDEGH**K**M(N 0,2km)
OQRTV

Camping complet avec parc aquatique à 300m de la plage.

Sur la D101 sortie Hourtin-Plage, à 3 km au nord d'Hourtin. Continuer jusqu'à l'océan. Le camping est à 400m avant la plage à droite.

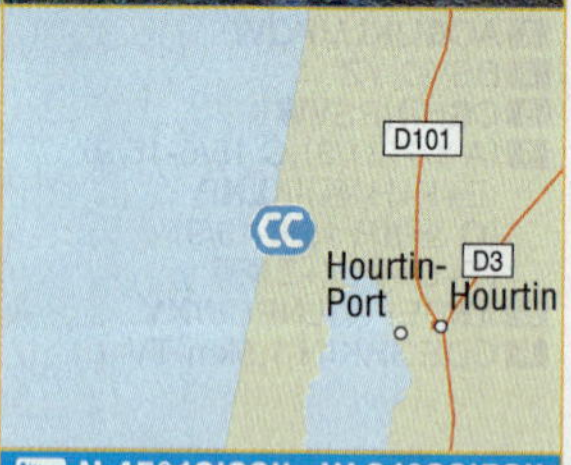


CC € 22 *12/5-30/6 1/9-13/9*

N 45°13'23'' W 01°09'53''

## 1381 Hourtin-Port, F-33990 / Aquitaine (Gironde)

Camping Les Ourmes****
90 avenue du Lac
+33 5 56 09 12 76
22/4 - 17/9
info@lesourmes.com

7ha 300T(80-120m²) 10A CEE

1 ACD**F**IJKLMPSWT
2 AEJSTWXYZ
3 CHK**O**P**Q**SUV**WZ**
4 (C+H )M
(Q+R+T+U+V+X+Z )
5 **AB**EFGHIJKMNOPUVWZ
6 ACDEGH**K**(N 1km)ORTV

Le lac avec plage et sports nautiques à juste 400 mètres, les plages de l'océan à 10 km, des pistes cyclables à partir du camping, les caves prestigieuses du Médoc, des marchés agréables et le calme: ce sont quelques agréments de ce camping propre et bien équipé.

A partir du centre d' Hourtin, direction Hourtin-Port, à 1 km environ en dehors d'Hourtin, dans un angle. C'est bien indiqué.

CC € 16 *22/4-9/7 27/8-17/9*

N 45°10'55'' W 01°04'32''

## 1382 Itxassou, F-64250 / Aquitaine (Pyrénées-Atlantiques)

Camping Hiriberria***
D918
+33 5 59 29 98 09
20/2 - 30/11
hiriberria@wanadoo.fr

2ha 164T(100-150m²) 10-16A

1 AC**G**IJKLMPQ
2 MNSVWYZ
3 BCHIMNSU
4 (**A** 1/7-31/8)(E 1/4-31/10)
5 **AB**CDEFGIJKLMNPUVWXYZ
6 CDEGHK(N 0,3km)TWX

Camping familial tranquille au pied des montagnes basques dans un environnement fleuri. Les emplacements sont spacieux, plats et délimités. Proche de l'océan et à la frontière avec l'Espagne. Piscine et sanitaires chauffés.

A63, sortie 5 Bayonne-Sud. Puis D932 par Ustaritz et Cambo-les-Bains di St. Jean-Pied-de-Port. Cp à 3 km au sud de Cambo. Continuer jusqu'au rond-point et revenir à l'entrée du camping.

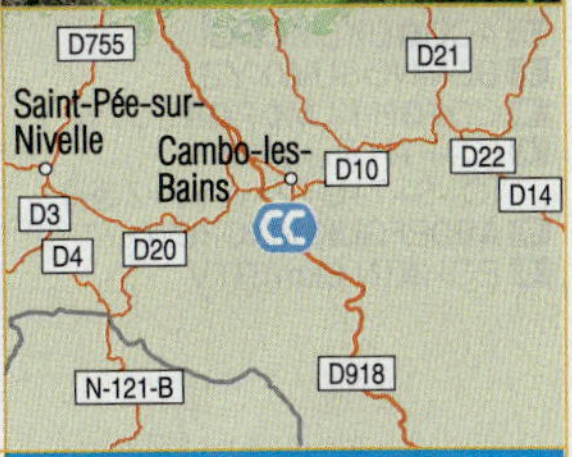


CC € 18 *20/2-10/7 28/8-30/11*

N 43°20'19'' W 01°24'03''

## 1383 Jumilhac-le-Grand, F-24630 / Aquitaine (Dordogne)

Camping La Chatonnière***
Lieu-dit La Chatonnière
+33 5 53 52 57 36
1/4 - 26/9
camping@chatonniere.com

7ha 42T(100-160m²) 10A CEE

1 ABCD**G**IJKLMPQ
2 ACMSWXYZ
3 CEHIKMSU**WX**
4 (Q+R+T+U+V+Z )
5 **AB**CDEFGHJLNPQRUWZ
6 AAAEG**K**(N 0,5km)OTV

Beau petit camping verdoyant au bord d'une petite rivière, au nord de la Dordogne. Les emplacements spacieux et ombragés offrent une belle vue sur la rivière l'Isle. A partir du camping, il y a divers circuits de randonnée, entre autres vers le petit village Jumilhac-le-Grand où un grand château est à visiter.

N21 Limoges-Périgueux. Aux feux dans La Coquille, sortie à gauche direction Jumilhac (11 km). Suivre les panneaux.

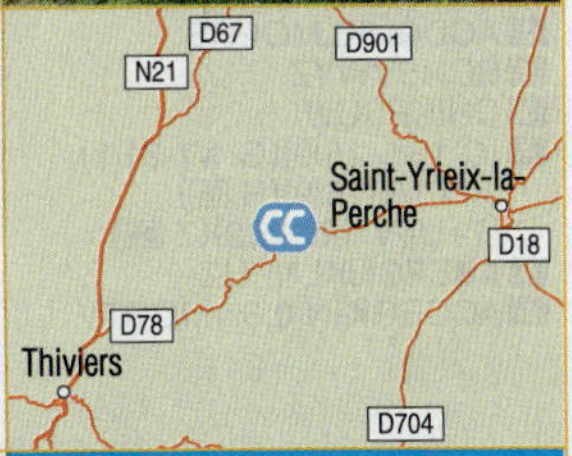


CC € 14 *1/4-8/7 27/8-26/9*

N 45°30'04'' E 01°03'43''

## Le Bugue, F-24260 / Aquitaine (Dordogne) — 1384

Camping du Bournat***
725 allée Paul-Jean-Souriau
+33 5 53 07 24 60
2/4 - 29/10
accueil@campingdubournat.fr

4ha 115T(110-170m²) 16A CEE

1 ACD**G**IJKLMPRS
2 BCSWXYZ
3 C**G**HIKPSU**WX**
4 (A 3/7-27/8)(C+F+G )
(Q 1/7-30/8)(T+U )
(Y 15/4-30/9)(Z )
5 **AB**DEFGIJKLMNOPRUVXY
6 ACEGK(N 0,9km)TV

Ce camping vous offre un emplacement ombragé tout confort. Il y a trois piscines dont l'une est couverte. Agréable point de départ pour découvrir la vallée de la Vézère. A 900m de la petite ville animée du Bugue avec ses magasins et restaurants. Bon restaurant au camping. Camping au bord de la Vézère.

Indiqué par des panneaux à droite de la D703 allant du Bugue aux Eysies.

CC € 14 2/4-30/6 1/9-29/10

N 44°54'33'' E 00°55'55''

## Le Bugue, F-24260 / Aquitaine (Dordogne) — 1385

Camping Marvilla Parks / Saint Avit Loisirs*****
Sabernat
+33 5 53 02 64 00
9/4 - 18/9
contact@saint-avit-loisirs.com

53ha 27T(100m²) 10A CEE

1 ACD**G**IJKLMOPQ
2 BEMNOSUWXYZ
3 CD**FG**HIKLM**O**P**QR**SUVW
4 (C+F+H )IJKM
(Q+S+T+U+V+W+Y+Z )
5 **AB**DEFGIJKLMNOPUWXYZ
6 EGH**K**(N 6km)RTV

Camping cinq étoiles luxueux de 53 ha, entouré de prairies dans un environnement très tranquille. Offre tous les conforts possibles : piscines, jacuzzi, bains thermaux, hydromassage. Magnifiques restaurants et magasins.

A partir du Bugue D710 direction Périgueux. Direction St.-Avit-de-Vialard, à partir de là-bas le camping est indiqué par des panneaux.

CC € 16 9/4-2/7 27/8-18/9

N 44°57'07'' E 00°51'01''

## Le Bugue, F-24260 / Aquitaine (Dordogne) — 1386

Camping Rocher de la Granelle***
La Borie
+33 5 53 07 24 32
15/4 - 19/9
info@lagranelle.com

7,5ha 102T(80-150m²) 10A CEE

1 ACD**G**IJKLMOPRS
2 BCNSVWYZ
3 CHIKPSU**W**
4 (C 15/5-15/9)(G 1/7-31/8)
J(Q 1/5-16/9)(R )
(T+U+V 1/5-15/9)(Z )
5 **AB**EFGIJKLNPUZ
6 ACDEG**K**(N 0,5km)ORTV

Camping calme et familial avec une atmosphère conviviale bien française. Vous pouvez nager dans la Vézère ou dans la piscine avec toboggan. La région du Périgord-Noir est réputée pour sa gastronomie, ses grottes et ses châteaux. Equipements sportifs spacieux, beaux emplacements. Aires de stationnement sur sol dur pour les camping-cars.

Camping se trouvant au sud de Le Bugue le long de la D31E direction Le Buisson, bien indiqué par des panneaux.

CC € 14 15/4-3/7 27/8-19/9 7=6, 18=14

N 44°54'42'' E 00°55'00''

## Le Buisson-de-Cadouin, F-24480 / Aquitaine (Dordogne)

**1387**

Camping Du Pont de Vicq En Périgord***
avenue de La Dordogne
+33 5 53 22 01 73
1/4 - 30/10
le.pont.de.vicq@wanadoo.fr

5,5ha 130T(100-110m²) 10A CEE

1 ACDGIJKLMOPRS
2 CSWXYZ
3 CGHIKSWX
4 (C+H 1/6-30/9)(Q )
(T+U+V 1/7-31/8)
(Z 15/6-15/9)
5 ABDEFGIJKLMNOPUZ
6 CDEGJ(N 1km)RV

Le camping est situé à environ 500 m du fleuve la Dordogne. Le camping dispose d'une piscine chauffée et d'emplacements délimités, dont certains bordent le fleuve Dordogne. Bonnes installations sanitaires. Près du beau village du Buisson-de-Cadouin.

Du Buisson-de-Cadouin direction Le Bugue. Le camping est sur la droite juste avant le pont sur la Dordogne.

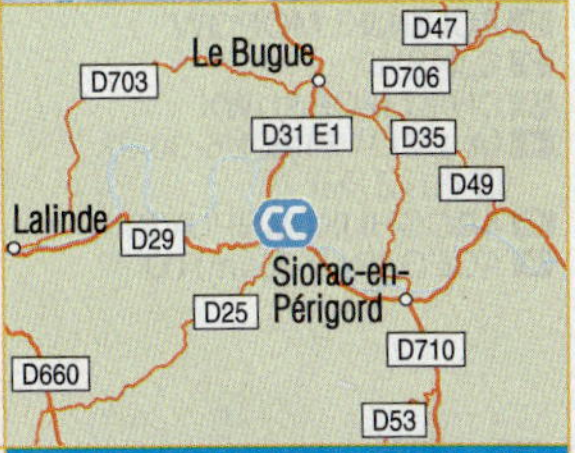


€ 16 *1/4-7/7 27/8-30/10 7=6*

N 44°51'13'' E 00°54'38''

## Lège-Cap-Ferret, F-33950 / Aquitaine (Gironde)

**1388**

Camping Brémontier**
Le Grand Crohot
+33 5 56 60 03 99
13/5 - 19/9
contact@campingbremontier.fr

2ha 125T(60-110m²) 6A

1 ACGIJKLPST
2 ABGJSTYZ
3 IKMY
4 (Q+R )(T+U+V 15/6-15/9)
(Z )
5 ABGIJKLMOPU
6 HJ(N 7km)OT

Camping tranquille ombragé juste au bord de l'océan. Il n'y a pas d'animation forcée mais vous profitez de la nature. Nombreuses possibilités pour faire du vélo.

A partir de Lège direction 'Le Grand Crohot'. Camping à gauche au bout de la route.

€ 16 *14/5-1/7 5/9-18/9*

N 44°47'52'' W 01°13'33''

## Les Eyzies-de-Tayac, F-24620 / Aquitaine (Dordogne)

**1389**

Camping La Rivière****
+33 5 53 06 97 14
16/4 - 30/9
la-riviere@wanadoo.fr

7ha 109T 6-10A

1 ACDGIJKLPRS
2 CNSUWXYZ
3 AHIKMOSUW
4 (C+G+Q+R+S+T+U+V+Z )
5 ABCDEFGIJKLMNPUWXY
6 EGK(N 0,5km)ORUV

Un hôtel particulier du 16e siècle dans le style du Périgord a été transformé en beau camping-hôtel-restaurant. Près des nombreuses curiosités touristiques de la région.

Aux Eyzies, direction Périgueux, passer le pont (sur la Vézère), directement à gauche, camping à 200m.

€ 16 *16/4-12/7 29/8-30/9*

N 44°56'12'' E 01°00'22''

## Lestelle-Bétharram, F-64800 / Aquitaine (Pyrénées-Atlantiques) 1390

Camping Le Saillet***
rue Soum de Castet
+33 5 59 71 98 65
1/5 - 30/9
le-saillet@orange.fr

4ha 70T(100m²) 10A CEE

1 ACD**G**IJKLMOPQW
2 CJNSWY
3 CHIKLMOPSU**W**X
4 (A 1/7-31/8)(B 1/6-30/9) (T+U+Z)
5 **AB**CGHIJKLMNPUVZ
6 ACEGJ(N 0,05km)TU

Détendez-vous dans cet endroit reposant où l'on entend couler la rivière. Emplacements spacieux, ombre ou soleil, avec vue sur la rivière et les Pré-Pyrénées. Accès facile à la rivière. À 5 minutes à pied du village avec commerces et restaurants. Belles balades à pied ou à vélo au départ du camping (voie verte Pau-Lourdes). Bus vers Pau et Lourdes, arrêt à 5 min à pied. Wifi gratuit.

Situé entre Pau et Lourdes (D937). Le camping est indiqué dans le village.

CC € 14 *1/5-9/7 26/8-30/9* *7=6, 14=13, 21=19*

N 43°07'46'' W 00°12'24''

## Limeuil/Alles-sur-Dordogne, F-24480 / Aquitaine (Dordogne) 1391

Camping Le Port de Limeuil****
D31
+33 5 53 63 29 76
30/4 - 24/9
leportdelimeuil@orange.fr

7ha 90T(100-200m²) 6-10A CEE

1 ACD**G**IJKLMPRS
2 CPSTWXYZ
3 CEHIKMOP**Q**SU**W**X
4 (C+G)K (Q+S+T+U+V+X+Z)
5 **AB**DEFGIJKLMNOPRUWXZ
6 ACDEGJ**K**L(N 0,5km) ORTVW

Camping situé au confluent de la Dordogne et de la Vézère. De l'autre côté, vous avez Limeuil, l'un des plus beaux villages de France. Le camping a une plage de 400m, vous pouvez y nager, pêcher et louer des canots. Magasin, bar et snackbar au camping. Wifi et tennis gratuits. Belle piscine et un jacuzzi chauffé. Emplacements camping-cars sur sol dur.

A partir du Bugue D31 suivre la direction Limeuil. Le camping est indiqué à temps par des panneaux.

CC € 16 *30/4-8/7 25/8-24/9*

N 44°52'47'' E 00°53'09''

## Lisle, F-24350 / Aquitaine (Dordogne) 1392

Camping Le Pont**
8, rue de Pont
+33 6 30 53 38 27
1/4 - 31/10
campingdelisle.24@gmail.com

2,5ha 47T(80-110m²) 16A CEE

1 AGIJKLMPQ
2 ACOSWXYZ
3 CHIKL**OQ**S**W**X
4 (T+U+Z)
5 **AB**FGHIJKLMNOPUZ
6 CEGK(N 0,8km)T

Camping convivial et tranquille au bord de la Dronne à proximité de Lisle. Sanitaires corrects. En face du camping, il y a un restaurant gastronomique dans un cadre magnifique sur la rive de la rivière.

D939 Angoulême-Périgueux. Au sud de Brantôme D78 vers Bourdeilles puis Lisle. Juste avant le village à droite. Juste avant le pont sur la droite.

CC € 12 *1/4-30/6 1/9-31/10*

N 45°16'52'' E 00°32'25''

## Louvie-Juzon, F-64260 / Aquitaine (Pyrénées-Atlantiques) 1393

Camping Le Rey***
route de Lourdes
+33 5 59 05 78 52
1/1 - 21/10
contact@camping-le-rey.eu

2,5ha 36T(80-120m²) 10A CEE

1 ACDEIJKLM**PQ**
2 LMSWYZ
3 AHIKLMNP**Q**SU**W**
4 (**A**+C+H 1/7-31/8)
(Q+R+T+U+V+Z)
5 **AB**DGIJKLMNOPUWZ
6 ABCDEGJ(N 0,9km)

Petit camping (3 ha) bien entretenu juste en dehors de Louvie-Juzon, avec un caractère naturel grâce à la nombreuse végétation autour des emplacements. Bon environnement pour randonnées et vélo. Situation centrale pour les curiosités touristiques des Pyrénées sur la route de l'Espagne (par le Col du Pourtalet). Pour une arrivée après 18:00 en hiver, merci de téléphoner au préalable.

A Louvie-Juzon, vers Lourdes (D35). A ± 400m après le village, suivre les panneaux.

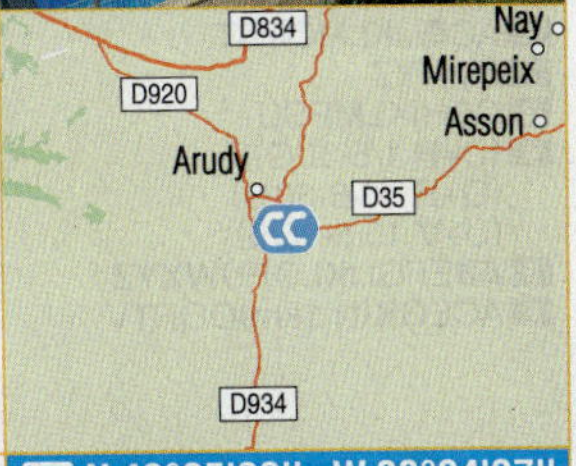


N 43°05'22'' W 00°24'37''

CC € 16 *1/1-30/6* *1/9-21/10* *7=6*

## Messanges, F-40660 / Aquitaine (Landes) 1394

Camp. Village Resort & Spa Le Vieux Port*****
850 route de la Plage Sud
+33 5 58 48 22 00
18/4 - 16/10
levieuxport@resasol.com

30ha 400T(75-120m²) 6A CEE

1 ACGIJKLM**P**
2 ABGJTWYZ
3 C**DG**HIKMN**OPQR**SU**VW**Y
4 (C+F+H)IJ**KLMNP**
(Q+S+T+U+V+Y+Z)
5 **AB**DEFGIJKLOPUWXYZ
6 CDFGH**K**(N 0,1km)OQRTV

Camping aménagé très spacieusement mais très tranquille du fait que de nombreux équipements se trouvent près de la réception. Vous vous trouvez dans un bois de pins divisé en zones de couleurs avec un bloc sanitaire par zone. Grand paradis aquatique avec piscine chauffée et toboggans.

D652 Léon - Vieux-Boucau, 1 km au nord de Vieux-Boucau. Bien indiqué.

N 43°47'52'' W 01°24'04''

CC € 22 *18/4-18/6* *3/9-16/10*

## Messanges, F-40660 / Aquitaine (Landes) 1395

Camping Albret-Plage***
100 chemin du Junca
+33 5 58 48 03 67
26/5 - 30/9
albretplage@wanadoo.fr

6ha 117T(80-100m²) 6-10A CEE

1 AC**G**IJLMOPST
2 ABGJLNSTUVWXYZ
3 A**G**HIKPSU**W**Y
4 (Q+R+T+U+V+Y+Z 15/6-15/9)
5 **AB**EFGIJKLMNOPUVZ
6 ACDEGHJ**K**(N 1km)OQTV

Camping à 1 km du centre du Vieux Boucau. Le camping est sur terrain plat mais il y a une partie légèrement en pente dans un bois de pins. Accès direct du camping à l'océan Atlantique (300 mètres). La zone de baignade est surveillée en haute saison.

D652 Léon-Vieux-Boucau, à 1 km au nord de Vieux-Boucau. Le camping se trouve à côté du Vieux Port et a sa propre entrée sur la D652.

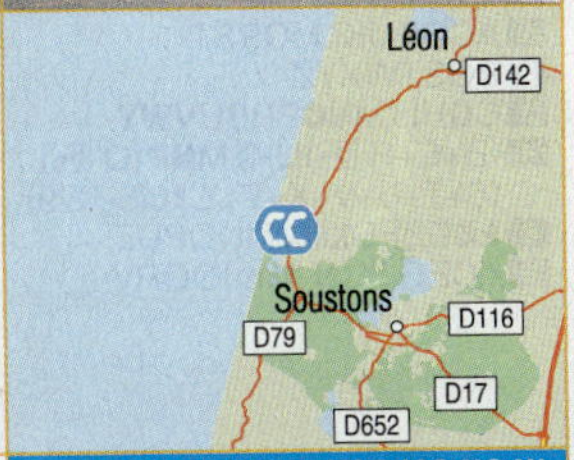


N 43°47'46'' W 01°24'04''

CC € 14 *26/5-1/7* *5/9-30/9*

## **Messanges**, F-40660 / Aquitaine (Landes) — 1396

Camping La Côte****
361 chemin de la Côte
+33 5 58 48 94 94
16/4 - 30/9
info@campinglacote.com

3,5ha 113T(100-130m²) 6-10A CEE

1 AC**G**IJKLMOPST
2 STWYZ
3 C**G**HIKLMPSU
4 (C+H 1/5-30/9)K
(Q+R 15/6-30/9)
(U+V 15/6-15/9)
5 **AB**EFGIJKLOPUWXYZ
6 ACEG**K**(N 1km)OQRTV

Sur terrain plat avec des emplacements spacieux ombragés. Belle piscine avec pataugeoire et jacuzzi, ouverte dès le 1er mai. À 1 km des plages de la Côte Atlantique. Pas d'animations, pas de café mais un calme complet dans la nature.

A Bordeaux, suivre la dir. Bayonne A63 et D810 jusqu'à la sortie 11 Magescq. Dans le centre de Magescq dir. Azur et Messanges. Là, dir. Vieux-Boucau. 2 km après le centre de Messanges à droite.

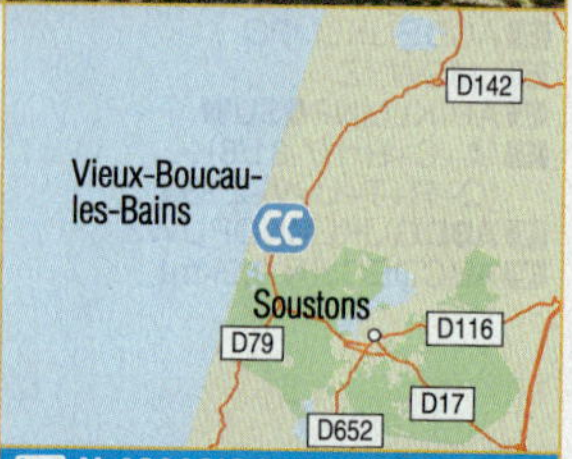


CC € 16 16/4-4/7 26/8-30/9

N 43°48'01'' W 01°23'30''

## **Messanges**, F-40660 / Aquitaine (Landes) — 1397

Camping Les Acacias***
101 chemin du Houdin
+33 5 58 48 01 78
1/4 - 30/9
lesacacias@lesacacias.com

3,4ha 72T(80-120m²) 6-10A CEE

1 ACD**G**IJKLMPST
2 STVWXYZ
3 C**G**HIKLMPSU
4 (Q )(R 1/6-15/9)
(U+V 25/6-31/8)
5 **AB**EFGIJKLMNPUWXYZ
6 ACDEGHK(N 1,5km)OQRT

Camping familial calme à environ 2 km de la Côte Atlantique. Nouveaux sanitaires. Emplacements spacieux et ombragés. Accueil amical.

A63 et N10 Bordeaux-Bayonne, sortie 11 Magescq. Puis vers Azur et Messanges. Là, vers Vieux-Boucau. A 2 km après le centre de Messanges, au rond-point à gauche (Quartier Caliot). Cp à 1 km à gauche.

CC € 14 1/4-8/7 25/8-30/9

N 43°47'54'' W 01°22'33''

## **Mimizan-Plage-Sud**, F-40200 / Aquitaine (Landes) — 1398

Airotel Club Marina-Landes****
8 rue Marina
+33 5 58 09 12 66
14/5 - 25/9
contact@clubmarina.com

9ha 309T(80-110m²) 10A CEE

1 ACD**G**IJKLMOPST
2 BGSTWXYZ
3 C**G**HIKMN**O**PRSUV**WY**
4 (B+E+H )IJK**LMN**P(Q )
(S+T+U+V+X+Y+Z 16/5-13/9)
5 **AB**DEFGIJKLMNOPUZ
6 ACEGJ**K**(N 1km)OQRV

Un bon camping avec tous les équipements pour assurer un séjour agréable. Vous profiterez d'une piscine couverte chauffée et par beau temps d'une grande piscine de plein air. La mer et les dunes sont à 500 mètres. Au camping un bon restaurant, des jeux de boules, un mini golf ou l'accès direct au réseau de pistes cyclables des Landes vous attendent.

A Mimizan prendre la direction Mimizan-Plage (6 km). Indiqué sur cette route.

CC € 18 14/5-6/7 24/8-25/9

N 44°12'17'' W 01°17'27''

## Moliets-Plage, F-40660 / Aquitaine (Landes)

**1399**

Camping Le Saint Martin****
2655 avenue de l'Océan
+33 5 58 48 52 30
13/4 - 16/10
contact@camping-saint-martin.fr

18ha 450T(80-150m²) 15A CEE

1 ACGIJKLOPST
2 AGMNSTWXYZ
3 CGHIKMPSUWY
4 (B 15/6-15/9)(F+H)
KN(Q)(S+T 8/4-5/9)
(V 25/5-20/9)(Y)
(Z 8/4-30/9)
5 ABDEFGIJKLOPUXYZ
6 ACDEGHK(N 2km)OQRTV

Camping avec accès direct à l'océan. En période hors saison vous pouvez profiter gratuitement des piscines extérieurs, de la piscine couverte chauffée, du sauna et du jacuzzi. Zone à wifi gratuit!

A partir de Bordeaux A63. Prendre la sortie Castets et puis direction Léon. Juste avant le centre de Léon à gauche vers Messanges. Dans Moliets prendre la route de la plage de Moliets. Le camping est le dernier camping avant l'océan.

CC € 18 *13/4-1/7 30/8-16/10*

N 43°51'09'' W 01°23'13''

## Montalivet, F-33930 / Aquitaine (Gironde)

**1400**

Centre Helio-Marin (CHM)
Montalivet****
46 av. de l'Europe
+33 5 33 09 20 92
26/3 - 17/10
reservations@tohapi-naturiste.fr

200ha 477T(100m²) 16A CEE

1 ACDGIJKLMPSWT
2 AGJTWXYZ
3 CHIKLMNOPRSUVY
4 (E+H)IJ
(Q+S+T+U+V+X+Y+Z)
5 ABDEFGIJKLMNOPUVWZ
6 ACDEGHIKM(N 1km)ORTV

Ce camping naturiste s'étend sur 200 ha de pinède. Accès à une plage de sable fin de 2 km. Complexe thermal, parc aquatique et un choix d'activités sportives. Des pistes cyclables et pédestres partent du camping. Les vignobles du Médoc et la pointe du Verdon valent la visite.

A10 jusqu'à Saintes, N105, Royan, bateau vers Verdon, D1215 di Lesparre, D102, à droite, Vendays-Montalivet. A la caserne des pompiers à gauche, Ave de l'Europe, numéro 46. Cp à droite.

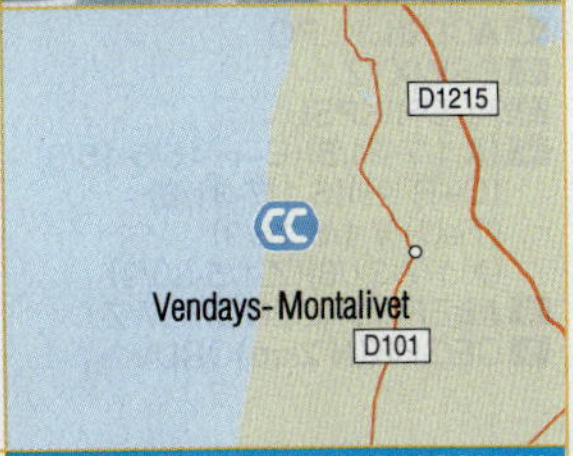


CC € 18 *26/3-24/6 3/9-17/10*

N 45°21'48'' W 01°08'44''

## Montalivet-les-Bains, F-33930 / Aquitaine (Gironde)

**1401**

Camping Campéole Médoc Plage
(Montalivet)****
33, av. de l'Europe
+33 5 56 09 33 45
20/5 - 18/9
medoc-plage@campeole.com

30ha 296T(100-120m²) 10-16A CEE

1 ACDGIJKLMOPW
2 JSTWXYZ
3 CHKLMOPSU
4 (C+H)IJ
(Q+R+T+U+V+Z 1/7-31/8)
5 ABEFGIJKLMNOPUVZ
6 CEGHKL(N 0,5km)RTUV

Grand camping bien équipé avec de nombreuses possibilités pour faire du sport à 700m de la plage.

D101 à Vendays, vers Montalivet (D102). Juste avant l'agglomération à gauche à la station-service. Camping sur la gauche à 800m, bien indiqué.

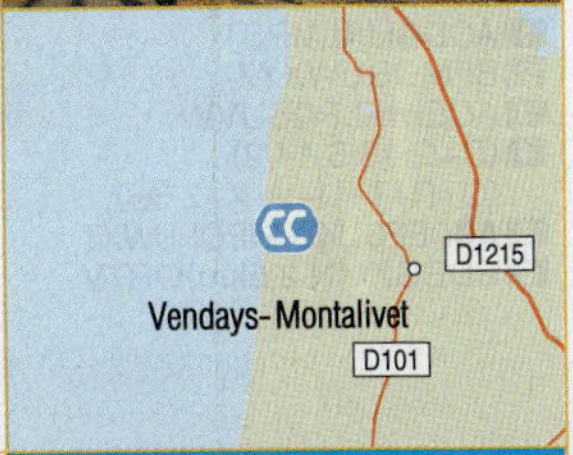


CC € 18 *20/5-1/7 1/9-18/9*

N 45°22'12'' W 01°08'41''

## Montignac, F-24290 / Aquitaine (Dordogne)

**1402**

Camping Le Moulin du Bleufond-Lascaux***
avenue Aristide Briand
+33 5 53 51 83 95
1/4 - 6/10
info@bleufond.com

1,3ha 89**T**(70-120m²) 10A CEE

**1** ACD**G**IJKLMOPST
**2** CSUWXYZ
**3** CHIJK**O**P**R**SU**W**
**4** (A 1/7-31/8)(C+H)**KN**
(Q+R+T+U+V+X+Z)
**5** **AB**CDFGJLNPUXYZ
**6** ACEGJL(N 0,5km)RTVW

Vous êtes cordialement accueillis sur ce camping confortable et tranquille à 2 minutes de Lascaux. Sanitaires très propres et chauffés. La piscine est également chauffée. Le camping est tout près du village où vous pouvez faire toutes vos courses. Nombreuses curiosités dans les environs proches. Situation idéale pour visiter les grottes de Lascaux.

Sur la A89 sortie Thenon, direction Montignac/Lascaux. Dans Montignac direction Valojoux Sergeac. Suivre les panneaux.

CC € 18 *1/4-9/7 29/8-6/10*

N 45°03'36'' E 01°09'31''

## Montignac/Lascaux, F-24290 / Aquitaine (Dordogne)

**1403**

Camping La Fage****
La Chapelle-Aubareil
+33 5 53 50 76 50
16/4 - 2/10
contact@camping-lafage.com

2,5ha 57**T**(80-150m²) 10A

**1** ACD**G**IJKLPQ
**2** BSWXYZ
**3** ACDHIKPSU
**4** (**A** 1/7-31/8)(E+H 15/5-15/9)
(Q+R)(S 1/7-31/8)
(T+U+V 1/6-15/9)
(X 1/7-31/8)(Z 1/5-30/9)
**5** **AB**EFGIJKLMNOPUWZ
**6** CEGHK(N 2km)ORUV

Camping situé entre Montignac et Sarlat, près des grottes de Lascaux, des Eyzies et des nombreux superbes châteaux au bord de la Dordogne. Mérite vraiment une visite.

Sur la D704 à 8 km entre Montignac et Sarlat, au sud des grottes de Lascaux. Puis suivre les panneaux de camping.

CC € 14 *16/4-9/7 26/8-2/10*

N 45°01'04'' E 01°11'17''

## Montignac/Thonac, F-24290 / Aquitaine (Dordogne)

**1404**

Camping La Castillonderie***
1462, route de Salvetou
+33 5 53 50 76 79
15/5 - 15/9
contact@dordogne-castillonderie.fr

5ha 41**T**(80-300m²) 10A CEE

**1** ACD**G**IJKLMPST
**2** BFMOSUWXYZ
**3** ACEHIKLP**Q**SUVW
**4** (C+G 15/5-14/9)
(Q+R+T+U+V+X+Z)
**5** **AB**DEFGIJKLMNPQRUWXZ
**6** CDEGKL(N 2,5km)ORTV

NOUVEAU

Camping tranquille dans un environnement boisé, dans la Dordogne. Il y a une ambiance familière au camping. Emplacements et douches spacieux . Piscine et pataugeoire chauffée, superbe étang de pêche. Bon point de départ pour des promenades et des visites des grottes.

N'utilisez pas le GPS. D706 Montignac-Les Eyzies. A Thonac, à droite au rond-point vers Fanlac. A 1 km à droite. Suivre les panneaux.

CC € 16 *15/5-2/7 30/8-15/9*

N 45°01'22'' E 01°07'03''

## 1405 Montpon-Ménestérol, F-24700 / Aquitaine (Dordogne)

Camping La Cigaline***
1 rue de la Paix
+33 5 53 80 22 16
10/4 - 15/10
contact@lacigaline.fr

3,5ha 85T(80-120m²) 10A

1 ACD**G**IJKLMRS
2 CIKSUVWXYZ
3 CHIKS**W**
4 (C+H 20/5-15/9)(Q 7/7-25/8) (T)(X+Z 15/6-15/9)
5 **AB**FGIJKLMNOPUWX
6 CEGJ**K**(N 0,5km)QTV

Camping bien entretenu au bord de la rivière. A proximité du village. Sanitaires propres et belle piscine. Idéal pour ceux qui recherchent le calme.

Venant de Ribérac D708, juste après le pont de l'Isle à droite. De la A89, traverser le centre vers Ribérac, et à gauche juste avant le pont.

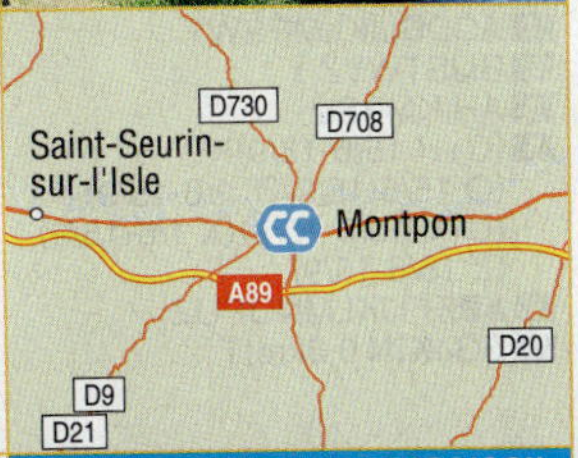


N 45°00'44'' E 00°09'29''

CC € 14 10/4-1/7 27/8-15/10

## 1406 Neuvic-sur-L'Isle, F-24190 / Aquitaine (Dordogne)

Camping Le Plein Air Neuvicois***
avenue de Planèze
+33 5 53 81 50 77
1/4 - 31/10
pleinairneuvic@gmail.com

2ha 54T(100-120m²) 10A CEE

1 ACD**G**IJKLMPQ
2 CIJOSWXYZ
3 CHIKM**O**SU**WX**
4 (C+H 1/6-31/8) J(Q 24/6-31/8) (R+T+U 1/7-31/8)
5 **AB**EFGIJKLMNOPUZ
6 CEGJ(N 0,8km)T

Camping familial bien entretenu. Situé dans une zone récréative avec de nombreuses possibilités pour le sport. Belle piscine gratuite pour les campeurs. Neuvic est à proximité.

De Périgueux, N89 vers Bordeaux. A 25 km, sortie Neuvic vers le centre. Camping dans le quartier de Planèze. Panneaux de camping. Ou A89, sortie Neuvic. Cp près du pont en face du centre récréatif.

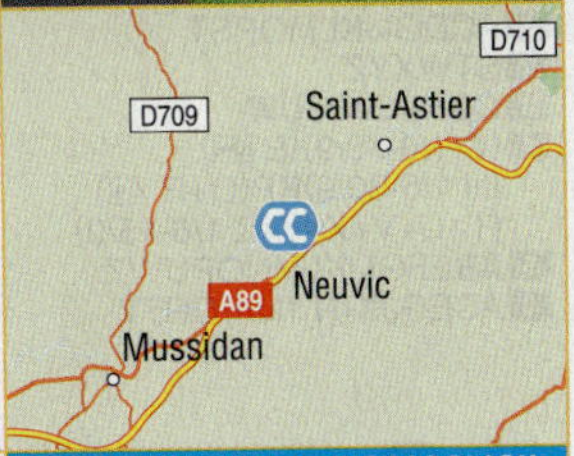


N 45°06'26'' E 00°28'12''

CC € 16 1/4-30/6 1/9-31/10

## 1407 Oloron-Ste-Marie, F-64400 / Aquitaine (Pyrénées-Atlantiques)

Camping Pyrénées Nature***
chemin de Lagravette
+33 5 59 39 11 26
1/1 - 31/12
camping.pyrenees.nature@gmail.com

3,5ha 110T(80-130m²) 10A CEE

1 ACD**G**HIJKLMPST
2 CJNSWXZ
3 CHIKLPSW
4 (Q 1/4-31/10)(R) (T+U+Z 1/7-31/8)
5 **AB**CDFGHIJKLMNPUWX
6 ACEGJ(N 0,3km)OT

Situé juste en bordure d'Oloron mais offrant cependant tout le calme nécessaire. Grands emplacements ombragés, délimités par de petites haies verdoyantes. Navette (bus) du camping au centre (1 km). Supermarché (300m). Point wifi gratuit. Bonne base pour randonnées et excursions. Pourtalet, petit train de Artouste et plus.

A Oloron sur la rocade, suivre les panneaux 'poids lourds' direction Zaragoza ou Col du Somport. Suivre les panneaux de camping. Eviter le centre.

N 43°10'43'' W 00°37'26''

CC € 18 1/1-1/7 3/9-31/12 7=6, 14=12, 21=18

## Ondres, F-40440 / Aquitaine (Landes)

iD 1408

Camping Lou Pignada****
741 avenue de la Plage
+33 5 59 45 30 65
15/4 - 30/9
info@camping-loupignada.com

6,5ha 115T(80-120m²) 10-12A

**1** ACD**G**IJKLMPSWT
**2** BIJSTWYZ
**3** AHIKMPSU
**4** (C+H 15/6-15/9)K
(Q 15/6-15/9)(T 1/6-15/9)
(U+V 15/6-15/9)(X 1/6-15/9)
(Z 15/6-15/9)
**5** **AB**EFIJKLMNOPUZ
**6** EGJ**K**(N 0,3km)T

Camping familial à 1,5 km de la plage d'Ondres-Plage. Piscine chauffée. Emplacements spacieux et ombragés. Hossegor, Bayonne et Biarritz ne sont pas loin. Navette gratuite à la plage en haute saison. Près d'Hossegor, Bayonne et Biarritz. Bar agréable. Label écologique garantit un choix responsable.

A63 Bordeaux-Bayonne, sortie 7. Puis D810 jusqu'à ± 1 km avant le centre d'Ondres. Là, à gauche vers Ondres-Plage. Camping à gauche à ± 1 km.

CC € 16 *15/4-6/7 26/8-30/9*

N 43°34'10'' W 01°27'39''

## Parentis-en-Born, F-40160 / Aquitaine (Landes)

iD 1409

Camping L'Arbre d'Or****
1037 route du Lac
+33 5 58 78 41 56
1/4 - 30/10
contact@arbre-dor.com

5,5ha 109T(90-120m²) 10A CEE

**1** ACDGIJKLMOPST
**2** STWXYZ
**3** C**G**HIKMPSU**W**
**4** (C 1/6-30/9)(E )
(H 1/6-30/9)**K**P(Q+R )
(T+U+V+X+Y+Z 1/6-15/9)
**5** **AB**EFGIJKLMNOPUWZ
**6** ACEGJ**K**(N 1km)ORTV

Un excellent camping pour découvrir les Landes à pied, à vélo ou en voiture en période hors saison. A 500 mètres du lac de Biscarosse. Piscine couverte chauffée avec jacuzzi et emplacements spacieux. Direction amicale et accueillante.

A partir de Bordeaux, suivre la A63/N10 jusqu'à Liposthey. Puis la D43 vers Parentis. A Parentis, le camping est bien indiqué.

CC € 14 *1/4-8/7 1/9-29/10*

N 44°20'46'' W 01°05'35''

## Paulhiac, F-47150 / Aquitaine (Lot-et-Garonne)

iD 1410

Camping Domaine Laborde****
310 Chemin de Laborde
+33 5 53 63 14 88
23/4 - 24/9
reception@domainelaborde.com

20ha 119T(120-160m²) 6-15A

**1** ACD**G**IJKLMNPST
**2** CESUWXYZ
**3** CEHIKPSUWZ
**4** (A )(C 15/5-30/9)(F+H )
JKLN(Q+S+T+U )
(V 15/6-15/9)(Y 1/5-30/9)
(Z )
**5** **AB**DEFGIJKLMNOPUWZ
**6** ABCDEGJ(N 9km)OTV

Camping naturiste quatre étoiles dans une région réputée pour son climat méridional, sa nature vallonnée et ses agréables petits villages, châteaux, ruisseaux, grottes. Piscine subtropicale couverte, sauna, hammam, piscine d'extérieur chauffée avec 2 toboggans, restaurant, magasin, bar et Internet. Camping fantastique.

D255 de Villeréal à Lacapelle-Biron. La route du camping est à gauche à 10 km à partir de Villeréal. Indiqué par des panneaux Domaine Laborde.

CC € 20 *23/4-3/7 27/8-24/9*

N 44°36'50'' E 00°50'08''

## Pays de Belvès, F-24170 / Aquitaine (Dordogne) — 1411

Camping RCN Le Moulin de la Pique*****
La Pique
+31 8 50 40 07 00
22/4 - 25/9
reserveringen@rcn.nl

18ha 147T(80-140m²) 10A CEE

1 ACD**F**IJKLMOPQ
2 CESWYZ
3 AC**G**HIK**O**P**QR**SUVW
4 (A+C+E+H)IJ (Q+R+T+U+V+Y+Z)
5 **AB**DEFGIJKLMNPR**T**UWXYZ
6 ACDEGHKL(N 2km)TV

Camping familial 5 étoiles très bien entretenu sur un domaine avec des bâtiments du XVIIIe siècle. Aquaparc La Pique avec piscines et 3 toboggans. Dans les environs, nombreuses excursions possibles dans le Périgord Noir avec ses châteaux et villes historiques. Tour en canoë hebdomadaire sur la Dordogne pour les hôtes. Emplacements sur sol dur pour camping-cars.

Le camping est sur la D710 Fumel-Belvès. A environ 2 km au sud de Belvès. Bien indiqué par des panneaux.

CC € 16 *22/4-9/7 26/8-25/9*

N 44°45'43'' E 01°00'51''

## Pezuls, F-24510 / Aquitaine (Dordogne) — 1412

Camping La Forêt***
Lieu-dit la Forêt Nord
+33 9 81 71 49 37
1/5 - 15/9
laforet.camping@gmail.com

8,5ha 35T(110-150m²) 10A CEE

1 AC**G**IJKLMPQ
2 BNSUWXYZ
3 C**G**HIKOPSU
4 (B+G 15/6-15/9)(Q+R+ T+Z 1/7-31/8)
5 **AB**EFGIJKLMNOPQUZ
6 EGJ(N 3km)OTV

Camping familial aménagé spacieusement, avec une ambiance très conviviale et une belle piscine dans un cadre magnifique. Superbes vues. Calme et espace sont les caractéristiques principales de ce camping.

Camping situé sur la D703 entre Lalinde et Le Bugue, il bien indiqué par des panneaux.

CC € 12 *1/5-30/6 1/9-15/9*

N 44°54'56'' E 00°49'16''

## Pineuilh/Ste Foy-la-Grande, F-33220 / Aquitaine (Gironde) — 1413

Camping de la Bastide***
allée de Camping
+33 5 57 46 13 84
1/4 - 17/10
contact@camping-bastide.com

1,2ha 28T(60-100m²) 10A

1 ACD**G**IJKLMPQ
2 CQSUWYZ
3 AHIKMNSU**W**X
4 (B 20/5-30/9)
5 **AB**GIJKLMNPUWXY
6 ABCDEG**K**(N 0,5km)RTV

A côté de Ste Foy-la-Grande et au bord de la Dordogne. Le marché très animé est réputé dans tous les environs. Cp agréable et douillet géré par une famille anglaise cordiale. Réserver par Internet possible. Tranquille et de petite taille ! Superbe environnement. Ne pas utiliser d'air conditionné.

A partir de Bordeaux D936 vers Bergerac dir Ste Foy. Continuer sur D936 jusqu'au rond-point du Super U. Puis 3me sortie vers l'hôpital. Indiqué par des panneaux à 500m.

CC € 18 *1/4-6/7 1/9-17/10*

N 44°50'39'' E 00°13'29''

## Plazac, F-24580 / Aquitaine (Dordogne)

1414

Camping Domaine Du Lac***
Lieu dit Le Lac
+33 5 53 50 75 86
20/5 - 20/9
contact@domainedulac-dordogne.com

8ha 75T(100-180m²) 10A

**1** ACDGIJKLPQ
**2** AEOSUWXYZ
**3** CHIOP**Q**RSUWZ
**4** (C+H 1/6-20/9) (Q 🔑)(S 20/5-15/9) (T+U+V+X+Z 🔑)
**5** **AB**CEFGJLNPUVXYZ
**6** ACDEGJ(N 1km)TV

Ce camping familial de haute qualité est situé depuis 40 ans au coeur de la Dordogne, avec sa nature magnifique, ses villages pittoresques, ses innombrables châteaux et ses grottes préhistoriques. Situé au bord d'un lac et avec la magnifique piscine chauffée (une pente d'accès pour les personnes handicapées), il garantit des heures de plaisir aquatique sous le soleil français.

A20, puis A89, sortie 17, direction Montignac, Thonac, Plazac. Le camping est indiqué.

CC € 16 *20/5-9/7 26/8-20/9*

N 45°01'52'' E 01°02'53''

## Pyla-sur-Mer, F-33115 / Aquitaine (Gironde)

1415

Camping La Forêt du Pilat - Tohapi***
route de Biscarosse
+33 5 56 22 73 28
9/4 - 13/11
accforet@tohapi.fr

12ha 200T(40-100m²) 10A CEE

**1** BCD**F**IJL**P**SW
**2** BKLMNSTWXYZ
**3** A**G**HIKMNORSU
**4** (C+H+Q+S+T+U+V+Y+Z 🔑)
**5** **AB**EFGIJKLMNOPUW
**6** DEGHJ**K**OTUV

Camping familial tranquille au pied de la dune de Pilat et dans le Bassin d'Arcachon. Avec piscine, tennis, tennis de table, terrain de sport.

A660, N250 Bordeaux-Arcachon. Sortie Dune de Pyla. Suivre 'Campings'. Premier camping à droite.

CC € 18 *9/4-2/7 27/8-13/11*

N 44°35'07'' W 01°12'32''

## Rauzan, F-33420 / Aquitaine (Gironde)

1416

Camping du Vieux Château***
6 Blabot-Bas
+33 5 57 84 15 38
1/4 - 14/10
contact@vieuxchateau.fr

2,5ha 48T(110-130m²) 6-10A

**1** ACD**G**IJKLMPSWT
**2** BSWXYZ
**3** ACHIKPSUV
**4** (C+G 15/5-15/9)N (Q 8/7-26/8)(R 🔑) (T+U+X 1/7-31/8)(Z 🔑)
**5** **A**BFGIJKLMNPUWZ
**6** ACDEG**K**(N 0,5km)RTV

Vivez la magie et le calme d'un parc de château avec des arbres centenaires et un château féodal. Visitez la grotte Célestine, sous le village, avec une rivière souterraine. Vous êtes aux magasins du village en quelques minutes. Profitez gratuitement du sauna et de la salle de fitness.

A Rauzan, vers 'gendarmerie', prenez la D123 en face et suivre les panneaux 'Camping du Vieux Château'. Camping à 300m. Sur GPS, Rue Peyruc et suivre les flèches du camping.

CC € 16 *1/4-8/7 27/8-14/10*

N 44°47'06'' W 00°07'32''

## Rouffignac-St-Cernin, F-24580 / Aquitaine (Dordogne) 1417

Camping Bleu Soleil***
Domaine Touvent
+33 5 53 05 48 30
15/4 - 30/9
infos@camping-bleusoleil.com

42ha 90T(80-120m²) 10A CEE

1 ACD**G**IJLPRS
2 LMNSUWXYZ
3 C**G**HIKOPSU
4 (C 15/5-15/9)(E 15/5-30/9)
(H 15/5-15/9)J
(Q 1/6-15/9)(R)
(T+U+V+Y+Z 1/6-15/9)
5 **AB**EFGIJKLMNPRUWZ
6 EGJ**K**(N 1,3km)OQRV

Charmant camping dans un domaine naturel au cœur de la Dordogne. Nombreux emplacements avec vue panoramique. Idéal pour visiter les curiosités touristiques. Camping facilement accessible. Nature et repos sont primordiaux. Court de tennis et piscine couverte et en plein air. Le centre du village est à 1 km. Supermarché tout près.

A89, sortie 17. Puis D6089 jusqu'à Thenon, et là vers Rouffignac. Avant Rouffignac à gauche, suivre les panneaux.

N 45°03'18'' E 00°59'14''

CC € 16 15/4-5/7 25/8-30/9

## Salies-de-Béarn, F-64270 / Aquitaine (Pyrénées-Atlantiques) 1418

Camping des Salines***
route de Bayonne
+33 5 59 38 12 94
1/4 - 16/10
contact@camping-bearn.com

1ha 47T(60-120m²) 10A

1 CD**G**IJKLM**P**SWT
2 IJSUWY
3 C**G**HIK**O**PSU
4 (**C**+H 15/6-15/9)
(Q 15/7-31/8)(V 1/7-31/8)
(Z)
5 **AB**CEGHIJKLMNOPUVXY
6 ACDEGHK(N 2km)TV

Camping calme et bien équipé près du centre et des thermes (en eau salée) de Salies-de-Béarn. Emplacements plats et délimités avec des haies verdoyantes. Situé à côté du complexe sportif municipal où se trouve aussi la piscine. Excellente situation pour faire des randonnées, du vélo et des excursions dans le Béarn, le pays Basque et en Espagne.

Dans le centre de Salies-de-Béarn, direction Bayonne. Là, suivre les panneaux 'Base de Plein Air'.

N 43°28'35'' W 00°56'17''

CC € 14 1/4-14/7 31/8-16/10

## Salies-de-Béarn, F-64270 / Aquitaine (Pyrénées-Atlantiques) 1419

Camping Domaine d'Esperbasque**
1 Chemin de Lagisquet D933
+33 5 59 38 21 04
1/4 - 31/10
info@esperbasque.com

3ha 100T(80-100m²) 6-10A CEE

1 A**G**IJKLPRS
2 ILMNSYZ
3 A**G**HIKLP**Q**SU
4 (B 25/4-1/10)(Q)
(U 1/7-31/8)(Z)
5 **AB**GJKLMNPUW
6 ADEJ(N 3km)VW

Domaine de 16 ha situé sur une colline avec vue superbe sur les prairies où paissent les chevaux. Belle nature et beaucoup d'espace. Pain fait maison, parfois un repas partagé, jardinage, chevaux et autres animaux, pétanque, tir à l'arc, visite chez le vigneron et à la ville du sel Salies-de-Béarn.

Camping sur la D933 côté Est entre Salies-de-Béarn et Sauveterre. Du nord, ne pas tourner à gauche, faire demi-tour à la sortie suivante. Indiqué par des panneaux.

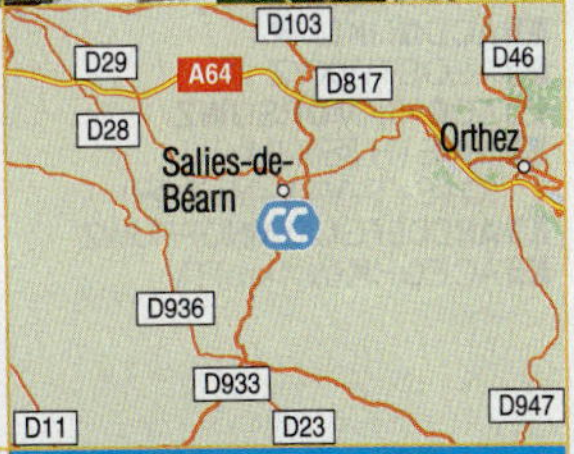


N 43°27'11'' W 00°55'15''

CC € 18 1/4-30/6 1/9-31/10

## Salles, F-33770 / Aquitaine (Gironde) 1420

Camping Parc du Val de l'Eyre****
8 route de Minoy
+33 5 56 88 47 03
31/3 - 31/10
levaldeleyre33@gmail.com

13ha 65T(100m²) 10A CEE

1 ABCDGIJKLMO**P**SWT
2 CIJLOSTWXYZ
3 ACHIKP**Q**RSU**W**
4 (A 5/7-26/8)(C+H 13/5-30/9) JKM(Q 1/6-31/10) (T+U+V+X+Z 11/4-31/10)
5 **AB**EFGJLNPUWZ
6 CEGJ(N 0,1km)RT

NOUVEAU

Camping situé au bord de l'Eyre dans un parc vert et arboré. A quelques minutes du Bassin d'Arcachon et de ses plages, de la dune du Pilat et de Biscarrosse et de plusieurs lacs.

A partir de la A63 sortie 21 direction Salles, puis la D108 direction Lugos. Le camping est à 500 mètres sur la gauche, en face du 'Carrefour'.

CC € 16 *31/3-1/7 1/9-31/10*

N 44°32'47'' W 00°52'25''

## Sanguinet, F-40460 / Aquitaine (Landes) 1421

Camping Le Lac de Sanguinet***
526 rue de Pinton
+33 5 58 82 70 80
8/4 - 25/9
lac-sanguinet@campeole.com

10,6ha 143T(80-150m²) 10A CEE

1 ACD**G**IJKLMO**P**
2 AEOSTWXYZ
3 BCHIKSU**WZ**
4 (C+H 9/4-26/9)P (Q 10/6-4/9)(R 1/7-31/8) (T+U+V+X+Z 10/6-4/9)
5 **AB**EFGJLNPQUZ
6 ACEGH**K**(N 1km)RTUV

Camping familial, situé dans le village animé de Sanguinet, au coeur de la forêt landaise. Le camping vous offre le calme sur les bords d'un des plus grands lacs d'Europe. Accès direct à la plage de sable.

A10, sortie Arcachon. Suivre la route d'Arcachon. Sortie Mios/Biscarosse, puis direction Sanguinet. A Sanguinet, le camping est au bord du lac. Indiqué par des panneaux.

CC € 16 *8/4-8/7 3/9-25/9*

N 44°28'53'' W 01°05'36''

## Sanguinet, F-40460 / Aquitaine (Landes) 1422

Camping Sandaya Sanguinet Plage - Les Grands Pins*****
1039 avenue de Losa
+33 5 58 78 61 74
8/4 - 25/9
sanguinetplage@sandaya.fr

8ha 65T(80-130m²) 10A CEE

1 ACD**G**IJKLM**P**
2 AEOSTWXYZ
3 AC**G**HIKM**O**PSU**WZ**
4 (B+E+H )IJM (Q+S+T+V+X+Y+Z )
5 **AB**CDEFGIJKLMNOPRUWZ
6 ACEGH**K**(N 1km)TV

Camping au bord de la plage de sable du lac de Sanguinet, pour des vacances réussies dans Les Landes. Piscine en plein air et piscine couverte chauffée. Diverses formes de loisirs nautiques. Réseau de pistes cyclables.

Le camping est à Sanguinet. Clairement indiqué et au bord du lac.

CC € 16 *8/4-8/7 3/9-25/9*

N 44°29'03'' W 01°05'24''

## Sarlat/Carsac, F-24200 / Aquitaine (Dordogne) 1423

Camping Le Plein Air des Bories***
Les Bories
+33 5 53 28 15 67
30/4 - 10/9
contact@camping-desbories.com

3ha 80T(100-120m²) 6-16A

**1** ACD**G**IJLPRS
**2** ACPSTWXYZ
**3** CHIKOPSUWX
**4** (B+E+G) (Q+R+T+U+V+X 1/7-31/8) (Z)
**5** **A**EFGJKLNPUVZ
**6** CEGH**J**(N 0,6km)V

Ce camping dans un environnement très tranquille s'adresse surtout aux familles. Niché dans la nature boisée et juste au bord de la Dordogne, c'est l'endroit idéal pour jouir du calme et des sports nautiques. La piscine peut être couverte.

Sur la A20 sortie Souillac, direction Sarlat par la D703. Après Calviac à gauche, 'Vallée de la Dordogne'. A Carsac passer sous le pont de la voie ferrée, 2ème rue à gauche. Suivre les panneaux.

N 44°49'59'' E 01°16'05''

CC € 14 30/4-15/7 1/9-10/9

## Sarlat/Marcillac, F-24200 / Aquitaine (Dordogne) 1424

Camping Les Tailladis***
Marcillac/St. Quentin
+33 5 53 59 10 95
15/4 - 31/10
tailladis@wanadoo.fr

4,5ha 78T(80-110m²) 6A

**1** ACD**F**IJLPRS
**2** CLMNSYZ
**3** ACHIKPSUW
**4** (C+G+Q+S+T+U+V+X+Y+Z)
**5** **AB**DFGIJKLMNOPUWZ
**6** EG**K**(N 8km)OQRV

Dans la vallée de la Beune entre Sarlat et Montignac au bord d'un ruisseau avec bain naturel et piscine chauffée. Sanitaires chauffés, excellente cuisine, accueil unique. Un excellent point de départ pour découvrir en toutes saisons les nombreuses curiosités de la région.

À Brive dir. Montignac. D704 dir. Sarlat. Après le panneau St. Genies (± 8 km) à droite D48 dir. Tamniès. A gauche au premier croisement direction Marcillac (± 6 km). Suivre les panneaux.

N 44°58'29'' E 01°11'16''

CC € 16 15/4-9/7 26/8-31/10

## Sarlat-la-Canéda, F-24200 / Aquitaine (Dordogne) 1425

Camping Huttopia Sarlat****
route de la Croix d'Allon
+33 5 53 59 05 84
7/4 - 6/11
welkom@huttopia.com

6ha 109T(100-115m²) 10A CEE

**1** ACDGIJKLPRS
**2** MSWYZ
**3** ACH**O**PSU
**4** (B+F+G)**N** (Q+R+T+U+V+Z)
**5** **AB**DFGIJKLMNOPUWXZ
**6** CEGHJ(N 0,8km)OTUV

À Sarlat, capitale du Périgord Noir, ce camping est le plus proche de Sarlat, à moins de 10 minutes à pied du centre historique. Magnifique site arboré organisé en terrasse. Piscines (aussi piscine couverte), tennis, activités conviviales. La CampingCard ACSI est valable uniquement sur les emplacements normaux.

Depuis Paris et Toulouse : A20, sortie Souillac. Depuis Bordeaux : A89, sortie Périgueux.

N 44°53'36'' E 01°13'41''

CC € 18 7/4-1/7 4/9-6/11

## Sarlat-la-Canéda, F-24200 / Aquitaine (Dordogne) — 1426

Camping Les Acacias***
rue Louis de Champagne
+33 5 53 31 08 50
30/4 - 2/10
camping-acacias@wanadoo.fr

4ha 102**T**(80-150m²) 10A

**1** ACD**F**IJKLPRS
**2** BJLMNSUWYZ
**3** CHIKMPSU
**4** (C+F+G)KP(Q+R)
(T+U+V 1/6-10/9)(Z)
**5** **AB**DEFGIJKLMNOPUZ
**6** ACEGJ(N 1,3km)UV

Petit camping dans le centre de La Canéda. Situé au cœur des plus belles curiosités touristiques. Pour ceux qui veulent laisser la voiture: Sarlat est facilement accessible à vélo. Même un randonneur inexpérimenté peut aller au centre à pied (2,5 km). Arrêt de bus à côté du camping. Sanitaires modernes. Point wifi gratuit. Piscine couverte chauffée avec jacuzzi.

A Sarlat direction Cahors, sortie La Canéda. Le camping est indiqué par des panneaux.

CC € 18 *30/4-11/7 28/8-2/10*

N 44°51'27'' E 01°14'15''

## Sauveterre-la-Lémance, F-47500 / Aquitaine (Lot-et-Garonne) — 1427

Camping Moulin du Périé****
+33 5 53 40 67 26
14/5 - 18/9
moulinduperie@wanadoo.fr

5ha 125**T**(80-120m²) 6-10A CEE

**1** ACD**G**IJKLMOPQ
**2** ACESWXYZ
**3** C**G**HIKMNPSU**W**Z
**4** (B+Q+R+T+U+V+Y+Z)
**5** **AB**EFGIJKLMNOPRUWXYZ
**6** ACDEGJ(N 3km)TV

Au sud du Périgord Noir, la famille Baudot vous auccueille dans le parc autour de son ancien moulin. Bons emplacements au soleil ou à l'ombre, un bassin d'eau de source avec sa petite plage, beaucoup de calme et de tranquillité, un camping idéal pour se relaxer et visiter les attractions touristiques de Dordogne et Lot.

Camping indiqué à Sauveterre-la-Lémance. Traverser la voie ferrée, suivre la route à gauche. Camping à ± 3 km en dehors du village direction Loubejac.

CC € 12 *14/5-7/7 24/8-16/9 7=6*

N 44°35'26'' E 01°02'52''

## Socoa/Urrugne, F-64122 / Aquitaine (Pyrénées-Atlantiques) — 1428

Camping Juantcho**
875 route de la Corniche
+33 5 59 47 11 97
29/4 - 30/10
juantcho64@gmail.com

6ha 215**T**(80-100m²) 5A

**1** AC**G**HIJKLMPRS
**2** HILMNRSVWXYZ
**3** A**G**HS
**4** (Q+T+U+V 1/7-31/8)
**5** **AB**FGIJKLNPUV
**6** CDE(N 0,5km)R

Juantcho se trouve le long de la 'Corniche Basque'. Cette route passe le long de la côte et peut être considérée comme l'une des plus belles de France. A partir de la Corniche vous avez une superbe vue sur l'océan et la baie de St. Jean-de-Luz.

A63 sortie 2 St. Jean-de-Luz Sud vers Socoa. 1er rond-point, 1e sortie - 2e rond-point 2e sortie tout droit, Hendaye - 3e rond-point, 1e sortie Socoa par D912. Camping à 1 km à droite.

CC € 18 *29/4-10/7 1/9-30/10 7=6, 14=12, 21=18*

N 43°23'38'' W 01°41'30''

## Soulac-sur-Mer, F-33780 / Aquitaine (Gironde) — 1429

Camping Paradis des Pins-Soulac****
213 Passe de Formose
+33 5 56 09 82 52
30/4 - 25/9
@ contact@campingdespins.fr

3,4ha 66T(70-100m²) 6A CEE

1 ACD**F**IJLMN**P**W
2 ABLMSTWXYZ
3 CHIKMPSUW
4 (**A**+C+H+Q+R+U+V)
(X 1/7-31/8)(Y+Z)
5 **AB**FIJKLMNOPUWXZ
6 ADEGJ(N 3km)TV

Camping situé dans un environnement naturel très tranquille, loin de toute agitation quotidienne. Terrain de 3,4 ha à 2 km de l'océan atlantique avec une large plage. Nouvelle piscine et sanitaires écologiques modernes. Camping écologique.

Sur la A10 sortie 25 Saintes di Royan. Là, pont sur la Gironde vers Le Verdon. A Soulac, prendre la route des lacs vers le sud. Après l'agglomération, 1e route à droite puis 2e à gauche.

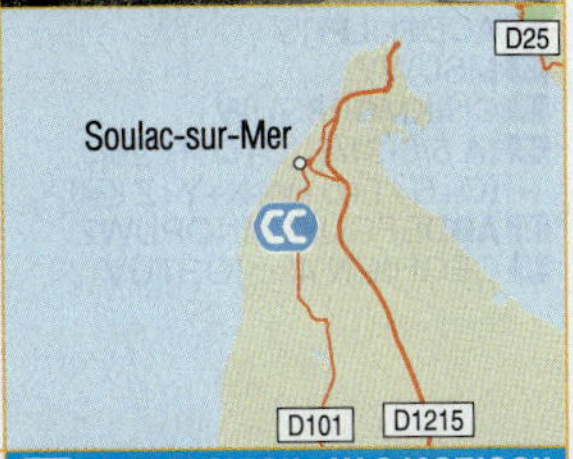


CC € 20 *30/4-30/6 1/9-25/9*

N 45°28'58'' W 01°07'38''

## Soulac-sur-Mer, F-33780 / Aquitaine (Gironde) — 1430

Camping Sandaya Soulac Plage****
Lieu-dit l'Amélie
+33 5 56 09 87 27
8/4 - 25/9
@ soulacplage@sandaya.fr

10ha 227T(75-240m²) 10A CEE

1 ACD**G**IJKLPST
2 ABLNTWXYZ
3 CHIKMPSUWY
4 (B+E+G)IJ
(Q+S+T+U+V+Y+Z)
5 **AB**EFGIJKLMNPUW
6 AEGH**K**(N 0,2km)ORTV

Camping en bordure de mer, avec paradis aquatique à votre disposition. Dans les environs, il est agréable de faire du vélo, des randonnées ou de l'équitation. De beaux emplacements spacieux.

A L'Amélie-Plage prendre directement la direction Plage. La nouvelle entrée est bien indiquée.

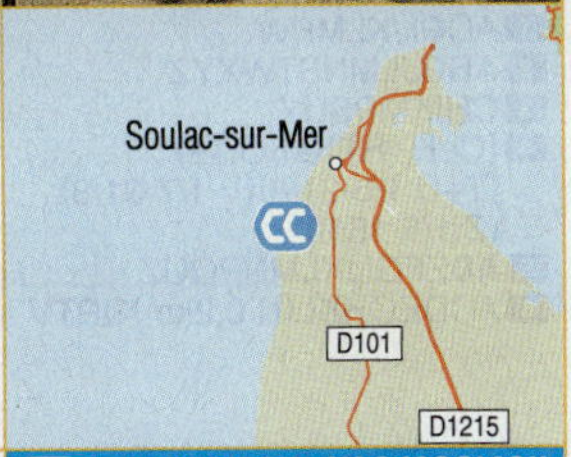


CC € 16 *8/4-8/7 3/9-25/9*

N 45°28'50'' W 01°08'43''

## St. Antoine-de-Breuilh, F-24230 / Aquitaine (Dordogne) — 1431

Camping Sites & Paysages La Rivière Fleurie***
180 rue T. Cart
+33 5 53 24 82 80
23/4 - 17/9
@ info@la-riviere-fleurie.com

2,4ha 42T(100-200m²) 10A CEE

1 ACD**G**IJKLO**P**ST
2 CSUWXYZ
3 CIKM**O**PRSU**W**
4 (C+H 25/5-12/9)(Q+R)
(T+U+V+Y 1/6-12/9)(Z)
5 **AB**FGIJKLMNOPQUZ
6 AEGJ(N 3km)RTV

Magnifique camping de qualité, tranquille, avec de beaux emplacements spacieux et une ambiance familiale. Camping non loin de la Dordogne. Adapté pour les enfants. Bonne piscine et restaurant. Bel environnement.

D936 de St. Foy à Bordeaux. Camping indiqué à la sortie de St. Antoine-de-Breuilh.

CC € 18 *23/4-6/7 23/8-17/9* 7=6, 14=11, 21=18

N 44°49'44'' E 00°07'21''

## St. Crépin-Carlucet/Sarlat, F-24590 / Aquitaine (Dordogne)

**1432**

Camping Sandaya Les Péneyrals*****
Le Poujol
+33 5 53 28 85 71
15/4 - 25/9
peneyrals@sandaya.fr

13ha 117**T**(100-120m²) 10A

**1** ACD**F**IJL**P**RS
**2** MSUWY
**3** CHIKM**O**P**R**SUW
**4** (A 5/6-31/8)(C+D+H 🔑)J (Q+S+T+U+V+X+Y+Z 🔑)
**5** **AB**DEFGIJKLMNOPUWZ
**6** CEGH**K**(N 4km)ORTUV

Camping bien intégré dans l'environnement, à 12 km au nord de la superbe petite ville médiévale de Sarlat. Piscines chauffées, dont une couverte, pataugeoire et sanitaires garantissant tout confort aussi en saison basse. Très bon restaurant et café avec bières belges. Accueil convivial et cadre reposant. Wifi gratuit en mai, juin, septembre.

A20 sortie Brive ou Souillac, direction Salignac/Sarlat. Le camping est indiqué. Il est situé à 12 km au nord de Sarlat.

€ 16 *15/4-8/7 3/9-25/9*

N 44°57'28'' E 01°16'20''

## St. Girons-Plage, F-40560 / Aquitaine (Landes)

**1433**

Campéole Les Tourterelles****
route de la Plage
+33 5 58 47 93 12
20/5 - 25/9
tourterelles@campeole.com

20ha 309**T**(80-150m²) 10-16A CEE

**1** AC**G**IJKLMPW
**2** ABGJLMNSTWXYZ
**3** CHIKMPSUY
**4** (C+H 🔑)IKM(Q 🔑) (T+U 1/6-31/8)(V 1/7-31/8) (Z 1/6-15/9)
**5** **AB**EFGIJKLMNPQUZ
**6** ACDEGH**K**L(N 0,2km)QRTV

Camping dans les Landes dans un bois de pin avec 2 accès directs à la plage. Piscine spacieuse chauffée. Grande pataugeoire. Grands emplacements avec de l'espace pour une tente d'appoint (contre supplément). Idéal pour les surfeurs.

A Bordeaux direction Bayonne par la A63 et la N10 jusqu'à la sortie 12 Castets. Dans le centre de Castets, garder la direction Linxe et St. Girons. Là, direction St. Girons Plage jusqu'à la plage. Le camping est situé sur la droite.

€ 18 *20/5-25/6 1/9-25/9*

N 43°57'16'' W 01°21'24''

## St. Girons-Plage, F-40560 / Aquitaine (Landes)

**1434**

Camping Eurosol****
4756 route de la Plage
+33 5 58 47 90 14
21/5 - 22/9
contact@camping-eurosol.com

18ha 312**T**(70-120m²) 10A CEE

**1** ACFIJKLM**P**ST
**2** ABGLNSTWYZ
**3** CHIKMN**O**P**R**SUY
**4** (B+E 🔑)(G 1/6-22/9) I(Q+S 🔑)(T+U+ V+Y 1/6-15/9)(Z 🔑)
**5** **AB**EFGIJLP**T**UWXYZ
**6** ACDEGH**K**(N 8km)OQRTV

Terrain vallonné avec direction franco-néerlandaise. A la réception il y a une petite place avec un bar-restaurant, un magasin et des piscines, dont une couverte. Vous campez sous des conifères à 500 mètres de l'océan.

A63 sortie 12, Castets. Dans Castets direction Linxe et St. Girons. Puis St. Girons Plage. Le camping est situé à 400m de la côte.

€ 20 *21/5-1/7 27/8-21/9* *14=12, 21=17*

N 43°57'06'' W 01°21'07''

## St. Jean-de-Luz, F-64500 / Aquitaine (Pyrénées-Atlantiques) — 1435

Camping Atlantica - Ciela Village****
15 ch. de Miquelenia-Quartier Acotz
+33 5 59 47 72 44
8/4 - 26/9
atlantica@cielavillage.com

3,5ha 51T(80-120m²) 6A

1 ACGIJKLPRS
2 ADGIJLMPRSWXYZ
3 CGHIKMPRSUV
4 (C+H )I (Q+T+U+V+X+Z )
5 ABDEFGIJKLNPUWXYZ
6 ACEGHJK(N 1km)RTV

A l'entrée, vous ne remarquez pas combien ce camping est agréable. Cachée derrière une haie et un petit mur se trouve une belle piscine chauffée. Dans un long bâtiment d'accueil, il y a entre autres une salle de jeux et un restaurant.

A63 Bayonne-St. Sebastián, sortie 3 St. Jean-de-Luz (Nord). D810 (ancienne N10) direction Bayonne et à 1 km, bifurquer vers 'Acotz-plages'.

CC € 16 8/4-7/7 28/8-26/9 7=6

N 43°24'56'' W 01°36'58''

## St. Jean-de-Luz, F-64500 / Aquitaine (Pyrénées-Atlantiques) — 1436

Camping Bord de Mer***
71, chemin d'Erromardie
+33 5 59 26 24 61
9/4 - 6/11
bord-de-mer64@orange.fr

1ha 62T(90-120m²) 10A

1 AGIJKLMPQ
2 AGIJMNPQRSUWXY
3 AKSWY
4 (Q+R+T 1/6-30/9)(U+V ) (Y+Z 1/6-30/9)
5 ABFGIJLMNPUZ
6 ABCEGK(N 1km)T

Camping avec accès direct à la plage d'Erromardie. Jouxte la plage sur une distance de 300m. Magnifique vue à partir du camping sur l'océan et les montagnes. À moins de 2 km du centre de St Jean-de-Luz. Emplacements au bord de mer supplément 4 Euro.

A63, sortie St. Jean-de-Luz (N) vers St. Jean-de-Luz par D810. A ± 2 km, à droite vers Plage Erromardie. Puis camping sur la gauche à ± 2 km.

CC € 18 9/4-8/7 27/8-6/11

N 43°24'24'' W 01°38'31''

## St. Jean-de-Luz, F-64500 / Aquitaine (Pyrénées-Atlantiques) — 1437

Camping International Erromardie****
235 allée de la Source / Erromardie
+33 5 59 26 07 74
8/4 - 16/10
info@chadotel.com

4ha 70T(80-120m²) 10A CEE

1 ACDFIJKLMOPRS
2 ADGIJNPQRSWXYZ
3 CGHIKMSUWY
4 (C+H 15/5-15/9)IM (Q+S+T+U+V+Y+Z 2/4-30/9)
5 ABEFGJLNPUWZ
6 ABCEGK(N 3km)TV

Camping à plus de 2 km du centre de St Jean-de-Luz. Grands emplacements sur terrain plat avec accès direct à l'océan. Entre les plantations il y a un ruisseau séparant le camping en 2. Tous les équipements que vous pouvez attendre d'un camping ****.

A63 sortie St. Jean-de-Luz (N) vers St. Jean-de-Luz. A ± 1 km à droite vers Plage Erromardie. Juste après le 1ier camping sur la droite, bifurquer à droite. Camping indiqué.

CC € 20 8/4-25/6 5/9-16/10

N 43°24'26'' W 01°38'19''

## St. Jean-de-Luz, F-64500 / Aquitaine (Pyrénées-Atlantiques) — 1438

Camping Itsas Mendi****
115 chemin de Duhartia-Acotz
+33 5 59 26 56 50
7/4 - 8/11
contact@itsas-mendi.com

9ha 187T(80-100m²) 10A CEE

1 ACD**F**IJKLMOPRWS
2 AGIJLMNSWYZ
3 B**G**HILOPSWY
4 (C+E+H)IJKM**N**P
(Q+S+T+U+V+Y+Z)
5 **AB**DEFGIJKLMNOPQUVWZ
6 ACEGHK(N 1km)QRTV

Venez profiter dans ce camping sur des emplacements spacieux, ombragés et semi-ombragés, délimités par des arbustes ou des arbres. A 500 mètres des plages de la côte basque. Espace aquatique avec pataugeoire, cascades, bains bouillonnants, toboggan, plages et une piscine couverte et chauffée avec jacuzzi au cœur du camping.

Autoroute, après Biarritz sortie 3 St. Jean-de-Luz Nord. Puis à droite, N10 vers Biarritz. A 3 km au nord de St. Jean-de-Luz sortie 'Acôtz-plages'.

CC € 18 7/4-5/7 26/8-7/11

N 43°24'50'' W 01°37'00''

## St. Jean-de-Luz, F-64500 / Aquitaine (Pyrénées-Atlantiques) — 1439

Camping Municipal Chibau Berria**
525 chemin de Chibau Berria
+33 5 59 26 11 94
14/5 - 25/9
camping.municipal@saintjeandeluz.fr

5ha 213T(70-110m²) 10-16A CEE

1 ACD**G**IJKLMPQ
2 AGILMNPQRSWY
3 AHIKLMSU
4 (Q 1/7-31/8)
5 **AB**FGIJKLOPUZ
6 CEHJ(N 0,8km)RTV

Camping sur une colline avec belle vue sur la plage d'Erromardie et l'océan Atlantique. Plage accessible à partir du camping. Beaux itinéraires pour randonnée et vélo à partir du camping. Certains emplacements sont délimités par des haies.

A63 Bayonne-St. Jean-de-Luz, sortie 3 St. Jean-de-Luz Nord vers Bayonne jusqu'aux Plages "Acotz". A l'entrée du quartier Acotz directement à gauche. Au 1er rond-point à gauche. Cp indiqué.

CC € 14 14/5-24/6 3/9-24/9

N 43°24'30'' W 01°38'11''

## St. Jean-de-Luz, F-64500 / Aquitaine (Pyrénées-Atlantiques) — 1440

Camping Paradis Ferme Erromardie****
40 chemin Erromardie
+33 5 59 26 34 26
26/3 - 29/10
contact@camping-erromardie.com

2ha 105T(70-120m²) 16A CEE

1 ABCDGHIJKLMPRWS
2 AHIJPQRSWXYZ
3 C**G**HKLMNSUWY
4 (E+H)MP
(Q+R+U+V+Y+Z)
5 **AB**DEFGIJKLOPUVWZ
6 ABCEGHK(N 2,5km)STV

Camping en 3 parties séparées sur la plage d'Erromardie. Il s'étend le long de la plage sur 300 m. À partir de certains emplacements, l'océan est à seulement de 20 à 50m. Le terrain est à environ 2 km du centre de St Jean-de-Luz. Piscine couverte et jeux aquatiques.

A63 Bordeaux-Bayonne-San Sébastian, sortie 3 St. Jean-de-Luz N. Puis di St. Jean-de-Luz centre et à ± 1 km à droite vers Plage Erromardie. Puis le camping est indiqué.

CC € 16 26/3-8/7 27/8-28/10 7=6, 14=12, 21=18

N 43°24'20'' W 01°38'30''

## St. Jean-de-Luz, F-64500 / Aquitaine (Pyrénées-Atlantiques)

iD 1441

Camping Tamaris Plage****
720 route des Plage - Acotz
+33 5 59 26 55 90
4/4 - 31/10
tamaris1@wanadoo.fr

1,5ha 31T(80-120m²) 7A

1 ACDGIJKLMPQ
2 AGIJNPQRSWYZ
3 AKSUWY
4 (E+H )KLN
(Q+S+T+U+V+Y+Z )
5 **AB**DEFGIJKLMNOPQUZ
6 ABCEG**K**(N 1,5km)QTV

Camping convivial et bien entretenu au bord de l'océan atlantique avec une large vue sur l'océan à partir de l'entrée. Piscine couverte par un toit ouvrant chauffée et d'excellentes installations sanitaires.

De Bordeaux di Bayonne, A63. Sortie 3 à St. Jean-de-Luz Nord. Puis D810 di Bayonne. A ± 2 km à gauche vers 'Acotz-plages'. Là, suivre le panneau de camping, encore 1,5 km.

CC € 18 4/4-2/7 3/9-31/10

N 43°25'03'' W 01°37'26''

## St. Jory-de-Chalais, F-24800 / Aquitaine (Dordogne)

iD 1442

Camping Maisonneuve**
1 chemin de Maisonneuve/D98
+33 5 53 55 10 63
15/4 - 13/10
camping.maisonneuve@wanadoo.fr

10,5ha 40T(100-150m²) 10A CEE

1 A**G**IJKLMPQ
2 CEISWXYZ
3 AHIKMNOPSUW
4 (B 1/5-30/9)(T+U+Y+Z )
5 **AB**FGIJKLMNPUVWYZ
6 CDEGJ(N 0,4km)V

Camping tranquille dans le Périgord à seulement 4 km de la N21 entre Limoges et Périgueux. Étape idéale sur la route vers l'Espagne ou le Portugal. Bons équipements avec un bloc sanitaire quatre étoiles, piscine, wifi gratuit, bassin poissonneux, bar et pizzeria (7 soirs par semaine).

N21 au sud de Limoges. A droite à Mavaleix vers D98, St. Jory-de-Chalais. Bien indiqué. Camping sur la gauche en entrant dans St. Jory-de-Chalais.

CC € 18 15/4-8/7 26/8-13/10

N 45°29'58'' E 00°54'21''

## St. Julien-de-Lampon, F-24370 / Aquitaine (Dordogne)

iD 1443

Camping Mun. Le Bourniou***
Impasse Le Bourniou
+33 5 53 29 83 39
25/5 - 25/9
contact@camping-bourniou.com

2ha 160T(80-100m²) 6A CEE

1 ACD**G**IJKLMPRS
2 CPSUWYZ
3 ACHIKPRS**WX**
4 (Q+T+U+X+Z )
5 **AB**GIJKLMNOPUZ
6 CEGK(N 0,5km)

Ce camping municipal est situé sur les rives de la Dordogne. Camping spacieux avec de grands emplacements. Une bonne base pour toutes sortes de visites touristiques au milieu de la belle nature de la Dordogne. Wifi gratuit.

A20, après Brive sortie 55 vers Souillac. Puis D804 vers Sarlat. A Rouffillac à gauche et franchir le pont. Le camping est à gauche après le pont.

CC € 14 25/5-9/7 27/8-25/9 15=14

N 44°51'51'' E 01°21'36''

## St. Léon-sur-Vézère, F-24290 / Aquitaine (Dordogne)

**1444**

Camping Le Paradis*****
La Rebeyrolle
+33 5 53 50 72 64
1/4 - 20/10
le-paradis@perigord.com

8ha 144**T**(80-200m²) 10-16A CEE

**1** ACD**G**IJKLMOPQ
**2** CSUWYZ
**3** CHIMNOPSU**WX**
**4** (**A** 🔑)(C 15/5-15/9)(E 🔑)
(H 15/5-15/9)KLMN
(Q+S+T+U+Y+Z 🔑)
**5** **AB**DEFGJLNPQUWXYZ
**6** ACEGHKLORTVW

Camping vraiment luxueux sur la rive de la Vézère. Emplacements spacieux entourés de plantations superbes. Nombreuses curiosités historiques dans les environs directs. Nombreuses possibilités pour le sport et animations. Sanitaires très propres et confortables.

Le camping est sur la D706 Montignac-Les Eyzies (ne pas tourner vers le village St. Léon). Suivre les panneaux.

CC € 20 *1/4-9/7 27/8-20/10*

N 45°00'06'' E 01°04'17''

## St. Martin-de-Seignanx, F-40390 / Aquitaine (Landes)

**1445**

Camping Sites & Paysages Lou P'tit Poun****
110 Quartier Neuf
+33 5 59 56 55 79
1/5 - 24/9
contact@louptitpoun.com

3,8ha 142**T**(90-120m²) 10A

**1** AC**G**IJKLMO**P**SWT
**2** ILMNSUWXYZ
**3** CHKOPSU
**4** (**A**+C+E+F+H 🔑)KMP
(Q 🔑)(R+T+U+X 5/7-31/8)
(Z 6/7-2/9)
**5** **AB**EFGIJKLMNP**T**UWXYZ
**6** ACEGK(N 3,5km)OTV

Des emplacements spacieux sur ce camping avec ses superbes fleurs et arbres. Vous pouvez camper sous les palmiers. Les propriétaires font tout leur possible pour que vous vous sentiez comme chez vous.

A63 Bordeaux-Bayonne, sortie 6 Bayonne-Nord; D817 direction Pau. Le camping est à environ 7 km sur la droite au N-E de Bayonne.

CC € 20 *1/5-9/7 27/8-24/9 7=6*

N 43°31'28'' W 01°24'42''

## St. Palais, F-33820 / Aquitaine (Gironde)

**1446**

Camping Chez Gendron***
2 chez Jandron
+33 5 57 32 96 47
1/3 - 31/10
info@chezgendron.com

3,5ha 50**T**(100-160m²) 6-10A CEE

**1** ACD**G**IJKLPSWT
**2** BILMSUVXYZ
**3** AEHIJKLMNPSU
**4** (A 10/7-28/8)(B+G 1/5-15/9)
(Q 🔑)(T+U+X+Y 1/5-30/9)
(Z 1/5-15/9)
**5** **AB**CFGHIJKLMNOPRUWXZ
**6** EG**K**L(N 3km)TV

Situé dans un paysage vallonné avec bois, vignes et champs de tournesols. Philippe et Bénédicte gérent ce camping écologique. Bloc sanitaire moderne avec chauffe-eau solaire, filtre bio-uv pour la piscine, produits biologiques au restaurant, larges horaires d'ouverture de la réception et contacts personnels.

Du nord: A10 sortie 37 puis N137, traverser Mirambeau, D151 St. Ciers, suivre les panneaux. Du sud: A10 sortie 38 St. Ciers, puis St. Palais, suivre les panneaux.

CC € 16 *1/3-8/7 27/8-31/10*

N 45°18'50'' W 00°36'12''

## St. Paul-en-Born, F-40200 / Aquitaine (Landes) — 1447

Flower Camping La Clairière****
1151 route de Talucat
+33 5 58 04 83 07
1/4 - 30/9
contact@camping-laclairiere.fr

3,4ha 60T(100-130m²) 10A CEE

1 ACD**G**IJKLMOPST
2 CSTWXYZ
3 C**G**HIKM**R**SU**W**
4 (C+H 15/5-30/9)(Q )
(R+T+U+V+X+Z 23/5-30/9)
5 **AB**EFGIJMNPQUWZ
6 ACEGHJ**K**(N 1km)RTV

Cp familial convivial et tranquille au bord d'une petite rivière. Nombreuses possibilités pour les familles aimant les 'vraies' vacances dans un cadre superbe sous des hauts chênes. Belle piscine chauffée. Liaison directe au réseau de pistes cyclables dans la région boisée des Landes.

A10 jusqu'à Labouheyre, puis D626 direction Mimizan jusqu'à St. Paul-en-Born. Dans le centre, 1e rue à droite (avant l'église qui est sur la gauche). Le camping est bien indiqué.

CC € 14 *1/4-1/7*

N 44°14'03'' W 01°09'05''

## St. Paul-lès-Dax, F-40990 / Aquitaine (Landes) — 1448

Camping Les Pins du Soleil****
route des Minières
+33 5 58 91 37 91
1/4 - 31/10
campinglespinsdusoleil@gmail.com

6ha 34T(80-120m²) 10A CEE

1 AC**G**IJKLMPSWT
2 ISTWXYZ
3 CHPSUV
4 (C 1/6-30/9)(G 1/6-15/9)
(Q+R+T+U+V+X )
(Z 1/5-30/9)
5 **AB**DEFGIJKLPUWXY
6 CEGJ**K**(N 2,5km)OSTUV

Camping au coeur des Landes, non loin de l'océan Atlantique et aux portes du pays Basque français, à un kilomètre seulement de la station thermale Dax. Sanitaires chauffés en dehors de la saison haute. Emplacements assez spacieux. Terrain en pente légère. Restaurant/bar ouvert de juin à septembre.

St. Paul est à l'ouest de Dax dans la direction de Bayonne. Sortir au rond-point juste en dehors de l'agglomération. Le camping est indiqué.

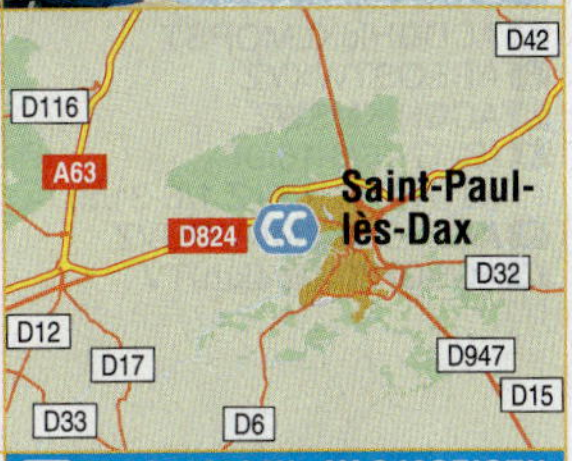


CC € 18 *1/4-30/6 1/9-31/10*

N 43°43'14'' W 01°05'37''

## St. Pée-sur-Nivelle, F-64310 / Aquitaine (Pyrénées-Atlantiques) — 1449

Camping d'Ibarron***
chemin de Lizardia
+33 5 59 54 10 43
23/4 - 30/9
camping.dibarron@wanadoo.fr

3ha 119T(80-130m²) 6-10A CEE

1 ACD**G**IJKLPRWS
2 DIJSUVWXYZ
3 BCDHIKLMPSU
4 (C 1/5-20/9)(G 15/6-15/9)
(Q+R 15/5-15/9)
(U+V 1/7-31/8)
5 **AB**DEFGIJKLMNOPUWZ
6 CDEG**K**(N 0,1km)TV

Grands emplacements plats et ombragés au pied des Pyrénées. A 8 km de la frontière espagnole et 10 km de la côte atlantique à St Jean-de-Luz. Superbe piscine chauffée. Beaux circuits de randonnée. Arrêt de bus au camping. Grand supermarché tout près.

A63 sortie 3 St. Jean-de-Luz Nord. D810, St. Jean-de-Luz. Juste avant le centre à gauche, Ascain et St. Pée-sur-Nivelle. Camping à 2 km avant St. Pée près du rond-point et de l'Intermarché.

CC € 16 *23/4-4/7 1/9-30/9*

N 43°21'28'' W 01°34'29''

## St. Sever, F-40500 / Aquitaine (Landes)

**1450**

Camping Paradis Les Rives de l'Adour***
avenue René Crabos
+33 5 58 76 04 60
10/4 - 7/11
campingparadisrivesdeladour@alphacamping.fr

1,3ha 143**T**(100-120m²) 13A CEE

1 ACD**G**IJKLMOPQW
2 CSWXYZ
3 CHJKO**R**SU**W**
4 (C+E+H 1/7-31/8) (Q+T+U+V+Z 6/7-31/8)
5 **AB**DFGIJKLMNPUWZ
6 CDEGHJ**K**(N 1km)T

NOUVEAU

Près de la ville agréable de St. Sever, située au bord d'une rivière avec des routes de sortie pour les cyclistes et les randonneurs. Toutes les installations sportives, telles que la piscine et les courts de tennis, sont gratuites pendant leur ouverture du 1er juillet au 31 août.

De St. Sever/Ville-Centre suivre les panneaux indiquant le camping.

CC € 16 *10/4-2/7 27/8-7/11*

N 43°45'59'' W 00°33'41''

## Ste Eulalie-en-Born, F-40200 / Aquitaine (Landes)

**1451**

Municipal Le Camping du Lac***
1590 route du Lac
+33 5 58 09 70 10
15/4 - 28/10
contact@lecampingdulac.com

6ha 127**T**(80-150m²) 10A CEE

1 ACD**G**HIJKLMOPST
2 ABEOSTWXYZ
3 AC**G**HIKMS**WZ**
4 (B+G 15/6-15/9) (Q+R+T+U+X+Z 1/6-31/8)
5 **AB**EFGIJKLMNOPUVZ
6 ACEGH**K**L(N 4km)TV

Camping tranquille situé au bord du lac. Port privé tout près, très indiqué pour tous les sports nautiques. Accès au réseau de pistes cyclables de Les Landes.

A Parentis-en-Born, prendre la D652 direction Mimizan. Le camping est bien indiqué entre Gastes et Ste Eulalie-en-Born.

CC € 14 *15/4-2/7 28/8-28/10*

N 44°18'28'' W 01°10'51''

## Ste Nathalène/Sarlat, F-24200 / Aquitaine (Dordogne)

**1452**

Camping Les Grottes de Roffy****
Lieu-dit Roffy
+33 5 53 59 15 61
1/4 - 2/10
contact@roffy.fr

5,5ha 140**T**(80-120m²) 10A CEE

1 ACD**F**IJKLPRS
2 NSUWXYZ
3 CIMNS
4 (C+H)IJK (Q+S+T+U+V+Y+Z)
5 **A**EFIJKLMNOPUWZ
6 EGHJ**K**(N 7km)OUV

NOUVEAU

Un camping de charme exceptionnellement situé entre histoire et préhistoire, à proximité de la ville médiévale de Sarlat et des Eyzies (Cro-Magnon) et des châteaux et jardins de la Dordogne.

A20 sortie Souillac. Direction Sarlat par la D704. A Rouffillac sortie Carlux par la D47. Le camping est 6 km sur la gauche.

CC € 16 *1/4-6/7 28/8-2/10*

N 44°54'15'' E 01°16'55''

## Tamniès (Dordogne), F-24620 / Aquitaine (Dordogne) — 1453

Camping Le Pont de Mazerat****
+33 5 53 29 14 95
14/5 - 17/9
@ le.pont.de.mazerat@wanadoo.fr

2ha 47T(80-110m²) 10A

1 ACDGIJKLMPRS
2 CSWXYZ
3 CHIKP**R**SUW
4 (C+H+Q+R )(T+U+V+X 15/6-15/9)(Z )
5 **AB**FGIJKLPUVWZ
6 CDEGH**K**(N 8km)ORUV

Camping dans un environnement très tranquille entre Martignac, très pittoresque, et Sarlat, ville médiévale. A 2 km du lac de Tamniés, dans lequel on peut nager. Tamniés est un petit village périgourdin avec un agréable restaurant. Emplacements spacieux bordés.

Le camping est sur la D48 des Eyzies vers St. Geniès au lac de Tamniès.

CC € 16 14/5-9/7 27/8-17/9

N 44°57'54'' E 01°09'54''

## Tardets/Abense-de-Haut, F-64470 / Aquitaine (Pyrénées-Atlantiques) — 1454

Camping du Pont d'Abense**
Abense-de-Haut
+33 6 78 73 53 59
1/1 - 31/12
@ camping.abense@wanadoo.fr

1,5ha 50T(90-100m²) 10A

1 A**G**IJKLMP
2 CJNPSXYZ
3 IKL**WX**
4 (A 1/7-30/8)(Q )
5 CGHIJKLMNOPUVWZ
6 ABCDEK(N 0,5km)O

Camping bon enfant au cœur du pays basque français sur lequel vous trouvez différentes sortes d'oiseaux et de fleurs et où vous pouvez pêcher la truite. Nombreuses excursions possibles dans un rayon de 15 km autour du camping. Les environs sont beaux, avec de nombreuses randonnées possibles. Sanitaires sobres. Wifi gratuit.

Suivre la D918 jusque dans Tardets. Pont d'Abense est indiqué un peu au sud du centre ville. Le camping est situé à droite après le pont.

CC € 18 8/4-10/7 27/8-31/10 7=6

N 43°06'42'' W 00°51'49''

## Thiviers, F-24800 / Aquitaine (Dordogne) — 1455

Camping Le Repaire***
Le Repaire
+33 5 53 52 69 75
1/1 - 31/12
@ contact@camping-le-repaire.fr

8ha 80T(100-150m²) 6A

1 ACD**G**IJKLMPQ
2 EOSWXYZ
3 CHIK**O**UW
4 (B+G 1/4-31/10)(Q+T )(U+V 1/7-31/8)(X+Z )
5 **AB**GHIJKLOPUWZ
6 ACEGK(N 0,8km)TV

Camping spacieux à proximité (1 km) de Thiviers. Belle piscine. Camping calme avec beaucoup de verdure. Des efforts continus sont faits pour rénover les installations (sanitaires, équipement électrique).

N21 Limoges-Périgueux, au 2ème feu (gros croisement) à Thiviers à gauche, la D707 direction Lanouaille. Suivre les panneaux.

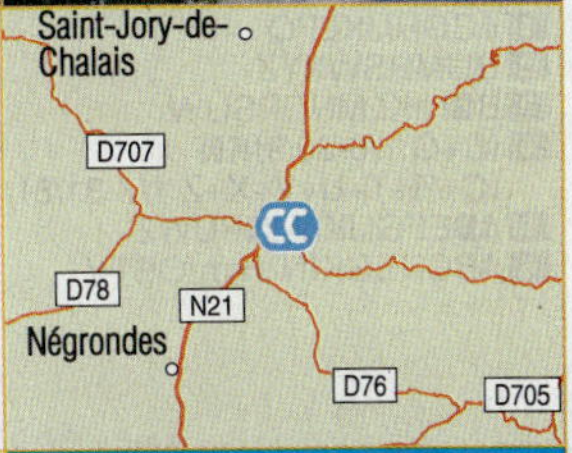


CC € 16 1/1-15/7 1/9-31/12 14=11

N 45°24'47'' E 00°55'56''

## **Trémolat**, F-24510 / Aquitaine (Dordogne) — 1456

Flower Camping Trémolat Les Berges de la Dordogne***
237 route des Berges
+33 5 53 22 81 18
15/4 - 1/10
camping.lesbergesdeladordogne@gmail.com

6,3ha 65**T**(80-100m²) 10A

1 ACD**G**IJKLM**P**
2 CNSUWYZ
3 CHIMNOSU**W**
4 (B 15/6-15/9)(Q+R)
(T+U+V+Y+Z 15/6-15/9)
5 **AB**FGIJKLMNOPUWX
6 CEGJTV

Situé au bord de la rivière de la Dordogne. La présence de cette rivière offre un aspect particulier au séjour au camping. De la terrasse du restaurant, vous avez une vue magnifique sur les environs. Trémolat est à distance de marche.

Utiliser la D29 comme point de référence. Du Buisson-de-Cadouin, à 3 km Alles-sur-Dordogne ou de Bergerac à 9,5 km Calès vers Trémolat. Camping indiqué en sortant de Trémolat.

CC € 12 *15/4-30/6 1/9-30/9*

N 44°52'45'' E 00°49'30''

## **Urrugne**, F-64122 / Aquitaine (Pyrénées-Atlantiques) — 1457

Camping Larrouleta***
210 route de Socoa
+33 5 59 47 37 84
1/1 - 31/12
info@larrouleta.com

10ha 327**T**(80-120m²) 5-10A

1 ACD**G**IJKLMOPQ
2 ADFIJNSUVWXYZ
3 C**G**HIKMNOSUWZ
4 (E)(G 15/6-30/9)
IM(Q)(S 15/6-15/9)
(T 15/2-30/11)(U 1/4-15/9)
(V+Y+Z 15/2-30/11)
5 **AB**DEFGIJKLMNPUWXYZ
6 CDEG**K**(N 0,5km)OQRTV

Il y a beaucoup d'emplacements à l'entrée. Plus loin sur le camping il y a aussi des emplacements situés au bord d'un petit lac. Vous pouvez y nager, bronzer et pêcher. 20 km de Biarritz et 3 km de St Jean de Luz.

Depuis Bordeaux A63 dir. Bayonne-St. Sébastien sortie 2 St. Jean-de-Luz Sud. Au rond-point prendre la 2ème sortie. Tournez ensuite à droite en direction d'Urrugne-Centrum. Immédiatement après les feux de signalisation, tournez à droite vers le camping.

CC € 18 *1/1-30/6 29/8-31/12*

N 43°22'13'' W 01°41'10''

## **Urrugne**, F-64122 / Aquitaine (Pyrénées-Atlantiques) — 1458

Camping Suhiberry****
1575 route de Socoa
+33 5 59 47 06 23
1/5 - 30/9
info@campingsuhiberry.com

4ha 119**T**(80-120m²) 6-10A

1 ACGHIJKLPQ
2 DIJMRSWXYZ
3 B**G**HIKLMNOPSUW
4 (C+G 1/6-30/9)**KN**
(Q+R+T+U+V+X+Z 1/7-31/8)
5 **AB**EFGIJKLMNPUWZ
6 ABCDEGK(N 1km)OSTV

Cp est situé entre les collines de la côte basquaise, sur une route d'Urrugne et Socoa. Cp tranquille et à quelques minutes dans un grand magasin ou dans le centre du port de pêche animé de St Jean-de-Luz. Il y a une piscine chauffée.

Depuis Bordeaux, prendre l'A63 dir. Bayonne-St. Sebastián, sortie 2 St. Jean-de-Luz Sud. Au rond-point, continuer tout droit en direction de Socoa-Hendaye puis prendre la première route à gauche. Tournez à droite au carrefour jusqu'au camping.

CC € 18 *1/5-8/7 25/8-30/9* *7=6, 14=12*

N 43°22'46'' W 01°41'28''

## Urrugne, F-64122 / Aquitaine (Pyrénées-Atlantiques) 1459

Flower Camping de la Corniche****
chemin Antziola
+33 5 59 20 06 87
1/4 - 30/9
contact@camping-corniche.com

6ha 60T(80-120m²) 10A

**1** ACDGIJKLMPQ
**2** ABIJLMPRSWXYZ
**3** CGHIKLPSUW
**4** (E+H )KMP
(Q+R+T+U+V+Y+Z 1/5-31/8)
**5** ABEFGIJKLMNOPQTUVW
**6** CDEGHJ(N 5km)OTV

Camping sur la Corniche Basque. Emplacements délimités dont un bon nombre sont ombragés. De la corniche, vous avez une magnifique vue sur le golfe de Biscaye et l'océan Atlantique. L'Espagne est à 6 km, San Sebastian à 25 km. La piscine peut être couverte.

A63 Bordeaux vers l'Espagne sortie 2, St. Jean-de-Luz Sud. Direction Socoa-Hendaye Plage. Au 3e rond-point vers Hendaye Plage par la Corniche Basque. Cp à ± 3 km à gauche dans une petite vallée.

N 43°22'37'' W 01°43'59''

CC € 20 1/4-3/7 29/8-30/9 7=6, 14=12

## Vézac, F-24220 / Aquitaine (Dordogne) 1460

Camping La Plage***
La Malartrie
+33 5 53 29 50 83
19/3 - 15/10
campinglaplage24@orange.fr

3,5ha 83T(80-120m²) 10A

**1** ACGIJKLMPQ
**2** CNPSXYZ
**3** ACHIJKMNSUWX
**4** (B+G 1/5-15/10)
(Q+R+T+U+V 15/6-15/9)
(Z )
**5** ABEFGJLMNPUZ
**6** EGHK(N 2km)OV

Situé au bord de la Dordogne, à proximité de La Roque-Gageac (1 km) et non loin à vélo de Domme (4 km). Camping facile d'accès, au coeur du Périgord Noir et au pied des jardins de Marqueyssac.

De Sarlat, direction Vézac, direction Roque-Gageac, camping est indiqué par des panneaux.

N 44°49'26'' E 01°10'16''

CC € 16 19/3-6/7 24/8-15/10

## Vézac, F-24220 / Aquitaine (Dordogne) 1461

Camping Les Deux Vallées***
168 Impasse du temps libre
+33 6 08 40 61 58
28/3 - 1/10
contact@campingles2vallees.com

6,3ha 94T(90-160m²) 10A CEE

**1** ACDGIJKLMPQ
**2** NSTWXYZ
**3** ABCGHIKMNSUW
**4** (C+G 3/4-1/10)
(Q+R 15/4-1/10)(U+X+
Y+Z 1/5-1/10)
**5** ABDEFGIJKLMNPQRUZ
**6** ACEGKL(N 0,5km)OV

Camping tranquille dans une nature superbe à l'ouest de Sarlat, avec vue sur le château de Beynac. Près de La Roque Gageac, Domme, Castelnaud et de la Dordogne; un bel endroit pour faire des balades de découvertes. La région est connue pour sa bonne cuisine et ses vins. Wifi gratuit. Sanitaires chauffés. Piscine chauffée.

Le camping se trouve le long de la D57, à droite juste après le panneau d'agglomération de Vézac. Il est balisé.

N 44°50'08'' E 01°09'30''

CC € 16 28/3-8/7 29/8-1/10

## Vielle-St-Girons, F-40560 / Aquitaine (Landes) — 1462

Camping Arnaoutchot (FKK)****
5006 route de Pichelèbe
+33 5 58 49 11 11
1/4 - 25/9
contact@arna.com

45ha 250**T**(40-120m²) 3-10A

**1** ACD**F**IJKLPST
**2** ABHLSTVWYZ
**3** C**G**HIKMN**O**PRSUV**W**Y
**4** (B+F+H )IJ**KL**MN**P**(Q )
(S 7/5-18/9)(T+U 1/7-31/8)
(V 20/6-31/8)(Y 1/5-20/9)
(Z 20/6-31/8)
**5** **AB**DEFGIJKLMNOPUVWZ
**6** CDEGHI**K**(N 8km)OQRTV

Ce beau camping pour les naturistes prend soin de vous dans tous les domaines : massage, spa, sauna, possibilité pour nager. Le label Bio garantit des choix responsables.

A63 et N10 Bordeaux-Bayonne. Sortie 12 Castets. Dans le centre de Castets direction Léon (14 km). A partir du centre de Léon, direction St. Girons jusqu'à Vielle. Au chateau d'eau à gauche direction Arnaoutchoc.

CC € 20 1/4-1/7 27/8-25/9 14=11

N 43°54'24'' W 01°21'42''

## Vielle-St-Girons, F-40560 / Aquitaine (Landes) — 1463

Camping Sandaya Le Col Vert****
1548 route de l'Etang
+33 5 58 42 94 06
8/4 - 25/9
colvert@sandaya.fr

30ha 265**T**(90-130m²) 6-10A CEE

**1** AC**F**IJKLM**PT**
**2** ABENSTWYZ
**3** CE**G**HIKMN**O**P**QR**SU**VW**Z
**4** (C+E+H )IJ**KLNP**
(Q+S+T+U+V+Y+Z )
**5** **AB**DEFGIJKLMNPUWXYZ
**6** ACDEGH**K**(N 3km)OQRTUV

Camping au bord du lac de Léon. Il y a une belle vue sur le lac. La plupart des équipements, ainsi que l'animation, sont à disposition pendant la saison basse. En basse saison, les campeurs ayant la CampingCard ACSI ont droit à un emplacement confort.

A63 et N10 Bordeaux-Bayonne. Sortie 12 Castets. Dans le centre de Castets direction Léon (14 km). A partir du centre de Léon direction St. Girons jusqu'à Vielle. Le camping est indiqué sur cette route.

CC € 16 8/4-8/7 3/9-25/9

N 43°54'10'' W 01°18'38''

## Villefranche-du-Périgord, F-24550 / Aquitaine (Dordogne) — 1464

Camping La Bastide***
route de Cahors
+33 5 53 28 94 57
2/4 - 6/11
contact@camping-la-bastide.com

2,5ha 41**T**(80-130m²) 6-10A CEE

**1** ACDFIJKLMO**P**RS
**2** MNSUVWXYZ
**3** ACHIKSU**W**
**4** (A 1/7-30/8)(C+G 15/5-15/9)
(Q+R 1/7-30/8)
(T+U+V+X+Z )
**5** **A**DEFGIJKLMNPQUWXYZ
**6** ACDEGKL(N 0,3km)TV

Camping en terrasses très bien situé avec un panorama sur les environs magnifiques. Le centre médiéval de Villefranche-du-Périgord se trouve à 250m. Nombreux magasins. Idéal pour ceux qui aiment le calme. Nombreuses excursions possibles. Wifi gratuit. Beau camping d'étape aussi.

Le camping est sur la D660. A 500 mètres de Villefranche-en-Périgord et 45 km de Cahors. Le camping est balisé.

CC € 14 2/4-9/7 27/8-6/11 7=6

N 44°37'40'' E 01°04'57''

## Villefranche-du-Queyran, F-47160 / Aquitaine (Lot-et-Garonne)

**1465**

Camping Moulin de Campech***
D11
+33 5 53 88 72 43
5/5 - 22/9
camping@moulindecampech.co.uk

5ha 46**T**(80-150m²) 6A CEE

**1** ACD**G**IJKLOPQ
**2** BDISVWXYZ
**3** A**G**HIKMNS**W**
**4** (C+Q 5/5-22/9)(R )
(T+U+X+Y+Z 5/5-22/9)
**5** **AB**GIJKLMNOPUWX
**6** ADEG**J**(N 9km)RTU

Une famille anglaise gère ce camping dans un environnement boisé près d'un vieux moulin à eau. Les équipements sanitaires sont bons. Beau terrain, avec des emplacements plats, certains très ombragés, d'autres moins. Piscine située en hauteur avec vue panoramique. Possibilité de pêcher la truite dans le lac.

Sur la A62 sortie 6. Puis direction Montmarsan. A environ 3 km direction Casteljaloux (D11). Le camping est à 5 km sur la droite.

CC € 18 *5/5-30/6 1/9-22/9*

N 44°16'18'' E 00°11'27''

## Vitrac, F-24200 / Aquitaine (Dordogne)

**1466**

Camping Domaine de Soleil Plage - Tohapi*****
Plage De Caudon
+33 5 53 28 33 33
9/4 - 6/11
accsoleilplage@vacanceselect.com

6ha 106**T**(80-120m²) 16A

**1** ABCD**G**IJLPQ
**2** ACNPQSTUWYZ
**3** CHIKM**O**P**R**SUWX
**4** (C+E+H )IJK(Q )
(R+S+T+U+V 4/5-16/9)
(X 4/5-18/9)(Y 4/5-17/9)
(Z )
**5** **AB**DEFGIJKLMNOPQRUWXY
**6** CDEGH**K**(N 5km)ORTUV

Superbe camping au bord de la Dordogne, séparé en deux parties. Avec le très beau paradis aquatique et des emplacements spacieux, ce camping respire l'espace. Réception centrale, bar et restaurant sont bien intégrés dans la vallée. Location de bateaux et terrain multisport au camping.

Le camping est sur la D703 et est indiqué à Vitrac et Montfort.

CC € 20 *9/4-2/7 27/8-6/11*

N 44°49'28'' E 01°15'11''

## Vitrac, F-24200 / Aquitaine (Dordogne)

**1467**

Camping La Bouysse de Caudon***
1583 route de la Plage de Caudon
+33 5 53 28 33 05
9/4 - 18/9
info@labouysse.com

5ha 142**T**(100m²) 10A CEE

**1** ACDGIJLPQ
**2** CNPQSWXYZ
**3** CHIKM**O**PSUWX
**4** (A 1/7-31/8)(B+G 15/5-15/9)
(Q+R+T+U 15/6-31/8)(Z )
**5** **AB**FGIJKLMNPUZ
**6** ACEGH**K**(N 4km)ORTUV

Situé sur les rives de la Dordogne, avec sa propre location de bateaux. Ce camping familial offre le calme nécessaire et la possibilité de jouir des équipements sportifs présents dans les environs et de découvrir les nombreuses curiosités touristiques. Wifi gratuit.

Situé au bord de la Dordogne. Indiqué sur la D703 à Vitrac et Montfort.

CC € 16 *9/4-4/7 25/8-18/9* 14=12, 21=18

N 44°49'26'' E 01°15'03''

## **Vitrac/Sarlat**, F-24200 / Aquitaine (Dordogne)

**1468**

Flower Camping La Sagne***
1084 route de Caudon
+33 5 53 28 18 36
2/4 - 1/10
info@camping-la-sagne.com

3,5ha 45**T**(100-120m²) 16A CEE

1 ACD**F**IJKLMPST
2 CSWXYZ
3 AHIKS**WX**
4 (E+H)K(Q+R+T+V+Z)
5 **AB**EFGIJKLMNOPUWXY
6 EH**K**(N 1km)UV

Camping en Dordogne et au bord de la Dordogne, près du village pittoresque Vitrac. Excellent point de départ pour découvrir les nombreuses curiosités touristiques.

Au bord de la Dordogne. Indiqué sur la D703 à Vitrac et Montfort.

CC € 16 *2/4-2/7 29/8-1/10 7=6*

N 44°49'31'' E 01°14'32''

## **Dourdan**, F-91410 / Ile-de-France (Essonne)

**1469**

Camping Les Petits Prés***
11 ave Mendes France
+33 1 64 59 64 83
1/4 - 2/10
camping@dourdan.fr

5,5ha 83**T**(80-110m²) 6A CEE

1 ACDFHIJKLMPQ
2 IJLSWXY
3 AHSU
5 FGIJKLMNOPUVZ
6 AEGHJ(N 0,5km)TV

Une oasis de tranquillité accueillante sur la route du sud. Magasin général et paradis aquatique tout près. Centre de Dourdan à 10 minutes à pied. Camper avec la CampingCard ACSI est également possible pendant les 2 derniers week-ends de mars et tous les weekends d'octobre.

A10 sortie Dourdan ; D116 Dourdan. Direction Étampes. Le camping est indiqué, il est sur le périphérique-est à Dourdan.

CC € 16 *1/4-30/6 1/9-1/10*

N 48°31'35'' E 02°01'41''

## **Jablines**, F-77450 / Ile-de-France (Seine-et-Marne)

**1470**

Camping International de Jablines***
Base de Loisirs
+33 1 60 26 09 37
2/4 - 30/10
welcome@camping-jablines.com

3,5ha 139**T**(90-100m²) 10A CEE

1 ACD**G**IJKLMPQ
2 AEIJOSVWXYZ
3 A**G**HIKM**O**P**QR**SU**W**Z
4 I(Q+R+S+U)
5 **AB**DEFGIJKLMNPUXY
6 CDEGHKL(N 3km)RTV

Beau camping familial dans une espace naturelle de 450 ha. Emplacements délimités, wifi gratuit. A côté du camping il y a plusieurs lacs pour les baignades et toutes formes de nautisme. Le camping est situé près de Paris en train, 9 km de Disneyland (vente de tickets et navette à partir di camping) et 30 km du Parc Astérix.

A104 sortie 8 ou N3 sortie D404 'Base de Plein Air et de Loisirs-Jablines'. Puis suivre ces panneaux. Le camping est sur la D45.

CC € 20 *2/4-2/7 27/8-30/10*

N 48°54'49'' E 02°44'04''

## La Rochette, F-77000 / Ile-de-France (Seine-et-Marne)

iD **1471**

Camping La Belle Etoile***
+33 1 64 39 48 12
26/3 - 1/10
info@campinglabelleetoile.com

3,5ha 156T(80-100m²) 6A CEE

**1** ACD**G**IJKLMPRWS
**2** CISWXYZ
**3** AC**G**HKPS**W**
**4** (E+H 15/4-15/9)(Q+R)
(T+U+V+X+Z 15/5-15/9)
**5** **AB**DFGIJKLMNPUWZ
**6** ACEGH**K**(N 1,5km)OT

Propriétaires franco-néerlandais. Idéalement situé pour des excursions d'une journée à Paris en train. Situé au cœur d'un patrimoine historique et culturel. Au bord de la Seine. Près des autoroutes nord-sud et est-ouest. Astuce: utilisez les coordonnées gps. Google Maps: sélectionnez le nom du camping.

Du sud, la RD606 de Fontainebleau à Melun. Du nord, RD606 vers Fontainebleau et à La Rochette, au 'Buffalo Grill', suivre les panneaux de camping jusqu'à la Seine.

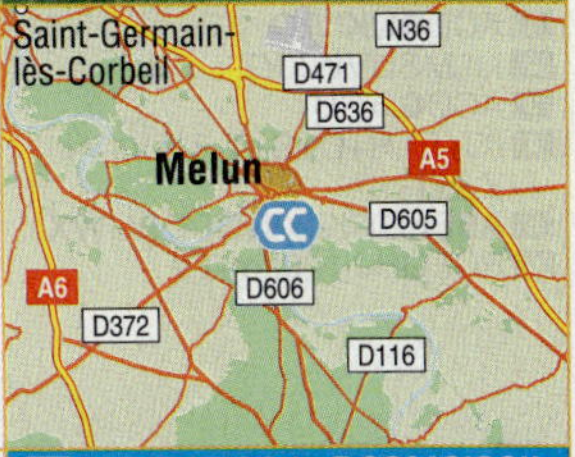


€ 18 26/3-9/7 27/8-30/9 7=6

N 48°31'32'' E 02°40'09''

## Maisons-Laffitte, F-78600 / Ile-de-France (Paris)

iD **1472**

Camping Sandaya Paris Maisons Laffitte****
1 rue Johnson
+33 1 39 12 21 91
8/4 - 1/11
parismaisonslaffitte@sandaya.fr

6,5ha 199T(80-110m²) 10-16A CEE

**1** ACD**G**IJKLM**P**SWT
**2** CISWXYZ
**3** CHMOPSU**W**
**4** (C)IK
(Q+S+T+U+V+X+Y+Z)
**5** **AB**DFGIJKLMNPRUW
**6** ABCEFGH**K**L(N 1,5km)RT

Idéal pour une visite à Paris ou Disneyland. Le camping est situé sur une île avec vue sur la Seine. A 12 minutes à pied du RER, et 20 minutes plus tard, vous êtes à Paris.

A partir du nord A1 et ensuite A86 jusqu'à Bezons, sortie 2 et à partir de là D308 direction Houilles vers Maisons-Laffitte. Suivre les panneaux de camping au lieu du GPS.

€ 16 8/4-8/7 3/9-1/11

N 48°56'23'' E 02°08'45''

## Nesles-la-Vallée, F-95690 / Ile-de-France (Val-d'Oise)

iD **1473**

Camping Le Grand Paris****
10 chemin des Belles Vues
+33 1 34 70 62 89
1/4 - 30/10
info@campinglegrandparis.com

7ha 80T 15A CEE

**1** ABCD**F**HIJKLMPT
**2** CESWY
**3** BCEHP**Q**SUV
**4** (C 1/4-15/9)(Q)
(R+T+U+V+Z 1/7-31/8)
**5** **AB**DFGIJNPUWZ
**6** CEGHKTV

Ce beau camping avec beaucoup de divertissements récréatifs se trouve à 35 km au nord de Paris. Paris est facile d'accès. Parc Astérix et Disneyland Paris sont également à proximité.

Beauvais-Pontoise par la D927. Sortir à Arronville (D151). A Nesles-la-Vallée, la D64 direction Parmain et l'Isle-Adam. A environ 1 ou 2 km à partir du centre, à gauche vers le camping.

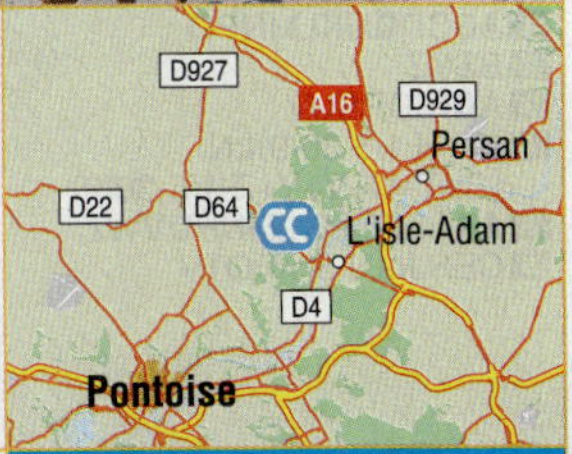


€ 18 1/4-1/7 31/8-30/10 7=6, 14=11, 24=18

N 49°07'41'' E 02°11'01''

## Pommeuse, F-77515 / Ile-de-France (Seine-et-Marne)

1474

Camping Le Chêne Gris - Tohapi****
24 place de la Gare
+33 1 64 04 21 80
1/5 - 11/9
info@lechenegris.com

7ha 45**T**(75-120m²) 16A CEE

**1** ACD**G**IJKLPQ
**2** IJLMSUVWXYZ
**3** ACD**G**IKSU
**4** (C+E+H+Q+S+T+U+V+Y+ Z)
**5** **AB**EFGIJKLMNOPQRUWX
**6** BCFGH**J**(N 2km)TV

Camping aménagé en terrasses avec des emplacements délimitiés et entourés de vieux arbres. Sanitaires modernes, restaurant, magasin et magnifiques piscines (couverte et en plein air). Très adapté pour les jeunes familles.

A4 sortie13 Serris. D231 vers Provins ; à 3 km après le rond-point avec obélisque à gauche, Faremoutiers. En face de la station Pommeuse/Faremoutiers.

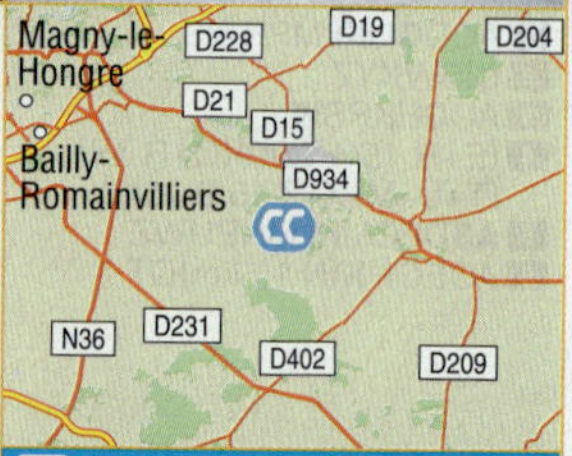


CC € 20 *1/5-2/7 27/8-11/9*

N 48°48'30'' E 02°59'36''

## Rambouillet, F-78120 / Ile-de-France (Paris)

1475

Camping Huttopia Rambouillet***
route du Château d'Eau
+33 1 30 41 07 34
7/4 - 6/11
rambouillet@huttopia.com

4,7ha 149**T**(100-200m²)

**1** ABCD**F**HIJKLNPST
**2** BESUVWYZ
**3** ACHIKMS**W**
**4** (A 1/7-31/8)(B 15/6-30/9)(Q+ S+T+U)(V+W 1/7-31/8) (Z)
**5** **AB**DEFGIJKLMNOPQRWXYZ
**6** ACDEG(N 3km)TV

Camping situé au coeur d'une forêt domaniale au bord de l'étang d'Or, avec de très bons équipements : café-restaurant, piscine naturelle, etc. Idéal pour un séjour en famille dans un cadre naturel à quelques kilomètres de Paris.

Venant du nord, suivre la N10 et prendre Rambouillet (Les Eveuses). Suivre le panneau 'Laboratoires Garnier'. Passer sous la N10 puis suivre les panneaux de camping.

CC € 18 *7/4-7/7 28/8-6/11*

N 48°37'35'' E 01°50'38''

## St. Chéron, F-91530 / Ile-de-France (Essonne)

1476

Camping Héliomonde***
La Petite Beauce
+33 1 64 56 61 37
2/4 - 2/10
reservations@heliomonde.fr

47ha 50**T**(80-100m²) 16A CEE

**1** ABCD**G**IJKLMNPQ
**2** BSYZ
**3** A**G**HIOPSUV
**4** (C+H 1/5-30/9)LN (Q+T+U+V+Y+Z 1/5-30/9)
**5** **AB**DEFGIJKLMNPUVWZ
**6** CEHJL(N 3km)OTV

Un beau camping naturiste avec des emplacements spacieux, situé dans une forêt de 47 ha. Ambiance agréable. Grande piscine chauffée de 400 m², sauna, hammam, salle de détente et wifi sont inclus dans le prix. Paris est à 40 km, mais Fontainebleau et Versailles sont aussi à proximité.

N20. A Arpajon, D116 vers Dourdan jusqu'à St. Chéron (centre ville). Puis le camping est indiqué par des panneaux. Ou A10, sortie Dourdan puis St. Chéron.

CC € 18 *2/4-1/7 26/8-30/9*

N 48°32'40'' E 02°08'18''

## Veneux-les-Sablons, F-77250 / Ile-de-France (Seine-et-Marne)

1477

Camping Les Courtilles du Lido***
chemin du Passeur
+33 1 60 70 46 05
15/3 - 30/9
camping@courtillesdulido.com

5ha 161T(100-300m²) 10A CEE

1 ACD**G**IJKLMPQ
2 CSUWYZ
3 C**G**HO**RSW**
4 (C 1/5-20/9)(Q+T+V+Z)
5 **AB**FGJKLNPUWZ
6 CDEGJ(N 1km)TV

Ici, vous trouvez le calme. Piscine chauffée, tennis, minigolf. Paris et Fontainebleau facilement accessibles en train ou voiture. Zone wifi gratuit. Possibilité de faire de l'escalade dans les environs.

De Fontainebleau, N6 vers Sens. Sortie Veneux-les-Sablons. Après le viaduc, aux premiers feux à gauche et suivre les panneaux du camping.

CC € 20 *15/3-30/6 1/9-30/9*

N 48°22'59'' E 02°48'07''

## Villiers-sur-Orge, F-91700 / Ile-de-France (Essonne)

1478

Camping Paris Beau Village***
1 voie des Prés
+33 1 60 16 17 86
1/1 - 31/12
contact@campingaparis.com

2,5ha 124T(100-120m²) 10-16A CEE

1 ACGIJKLM**P**Q
2 CISVWXYZ
3 CHIKSU**W**
4 (Q 15/6-10/9)(T 15/6-31/8)(Z)
5 **AB**DEFGI**J**KLMNOPUWZ
6 ACDEGK(N 0,5km)TV

Petit camping familial au bord d'une petite rivière tranquille, près d'un grand centre commercial (3km). Les emplacements sont bien délimités et les arbres offrent assez d'ombre. Métro vers le centre de Paris à 700m (30 min).

A6 sortie 6 Savigny, direction Montlhéry et Gare de Ste Geneviève-des-Bois (D25). N20, sortie Villiers-sur-Orge (D35). Le camping est indiqué.

CC € 20 *10/1-12/6 1/9-19/12*

N 48°39'19'' E 02°18'15''

## Andelot-Blancheville, F-52700 / Champagne-Ardennes (Haute-Marne)

1479

Camping Le Moulin***
5 rue du Moulin
+33 3 25 30 69 48
15/2 - 1/10
info@lemoulin-andelot.com

2,6ha 57T(80m²) 10A

1 ACDGIJKLMPQ
2 CSUWXYZ
3 AHIK**RSW**
4 (D 1/5-15/9)(Q+T+U+V+Y+Z)
5 **AB**CDFGJLNPUWZ
6 ACEGJ(N 1km)TV

Petit camping tranquille au bord d'une rivière, grands emplacements et services pour camping-cars. Piscine chauffée et toit ouvrant, minigolf 18 holes, wifi gratuit et bons repas au restaurant/pizzeria. Vous pouvez faire des randonnées, du vélo et pêcher dans les environs.

Andelot est sur la D674 Neufchâteau-Chaumont. Dans le centre d'Andelot, le camping est bien indiqué par des panneaux. A seulement 500m de la Route Nationale.

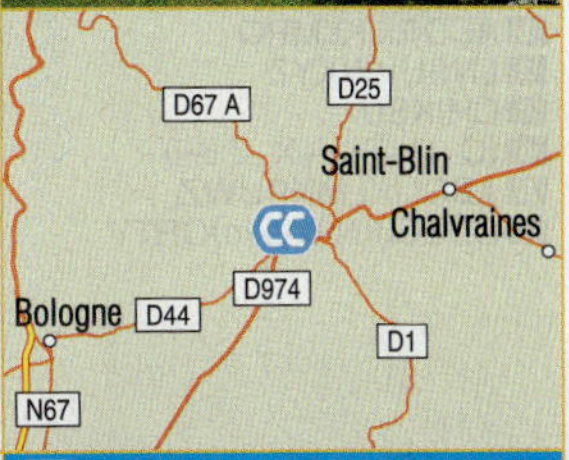


CC € 16 *15/2-10/7 1/9-30/9*

N 48°15'08'' E 05°17'56''

## Arrigny, F-51290 / Champagne-Ardennes (Marne) 1480

Camping De la Forêt
Presqu'île de Larzicourt
+33 3 26 72 63 17
1/4 - 30/9
laforet51@wanadoo.fr

4ha 100**T**(80-130m²) 6-16A CEE

1 ACD**G**IJKLMPQ
2 ABEMSUWXYZ
3 CHIKSU**W**Z
4 (C+H 1/5-15/9)(Q 1/5-30/9) (T+V+X+Z 1/7-31/8)
5 **AB**FGJKLMNOPUWXYZ
6 ACEKOUV

Camping dans les bois à 100m de la plage de sable du Lac du Der Chantecoq. Idéal pour familles avec enfants. Nature, nombreux sports nautiques et vélo possibles, paradis pour ornithologues. Piscine chauffée.

Châlons-en-Champagne N44 vers St. Dizier. Après Vitry-le-François, N4. Bifurquer à mi-chemin vers le sud : Orconte, Larzicourt, Arrigny. Côté NE du lac, ± 2 km au sud d'Arrigny. Suivre les panneaux.

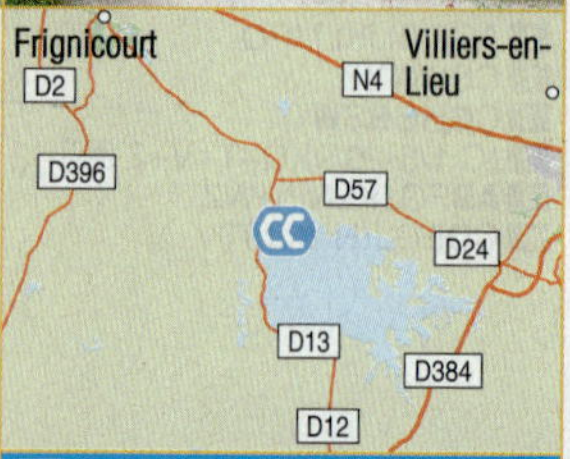


CC € 16 *1/4-3/7 20/8-30/9*

N 48°36'14'' E 04°42'55''

## Bannes, F-52360 / Champagne-Ardennes (Haute-Marne) 1481

Camping Hautoreille
6 rue Boutonnier
+33 3 25 84 83 40
8/1 - 5/2, 21/2 - 20/11
campinghautoreille@orange.fr

3,5ha 100**T**(100-150m²) 10A CEE

1 ACDGIJKLMPQ
2 ISUWXYZ
3 CHMS
4 (Q 1/3-1/11)(R+U ) (X+Z 1/5-13/10)
5 **AB**CDFGIJKLMNPUWZ
6 ACDEGK(N 6km)T

Camping calme, fleuri et ombragé à 7 km de Langres et proche des lacs (3 km). Sanitaires chauffés. Restaurant ouvert d'avril à mi octobre. Terrasse conviviale, plats à emporter. Parfait pour une étape ou pour plusieurs jours.

A partir du sud (A31: sortie 7) par N19 10 km direction Langres. Avant Langres au feu à gauche direction Neufchâteau par la D74 vers Bannes. A partir du nord (A31: sortie 8) par D74 direction Langres. 15 km. Indiqué par des panneaux.

CC € 16 *14/3-4/7 26/8-28/10*

N 47°53'42'' E 05°23'41''

## Bourbonne-les-Bains, F-52400 / Champagne-Ardennes (Haute-Marne) 1482

Camping Montmorency***
rue du Stade / BP 7
+33 3 25 90 08 64
20/3 - 23/10
camping.montmorency@sfr.fr

4ha 74**T**(85-150m²) 10A CEE

1 ACD**G**IJKLMPQ
2 LNSUVWXYZ
3 CHIKSU
4 (Q+R+T+V+X+Z )
5 **AB**GIJKLMNPUWZ
6 CDEGJ(N 0,8km)ORTV

Ambiance familiale, chaleureuse et conviviale, pour un séjour tranquille dans un site verdoyant où vous pourrez faire des randonnées et du vtt dans la forêt de Haut Marnaise. Situé à Bourbonne les Bains, ville thermale appelée la Petite Provence de l'Est. Le camping Montmorency *** vous offre un cadre bucolique au pied des premiers contreforts des Vosges.

Dans le centre de Bourbonne-les-Bains, suivre les panneaux Montmorency. Puis suivre les panneaux de camping.

CC € 16 *20/3-3/7 21/8-22/10*

N 47°57'26'' E 05°44'25''

## Buzancy, F-08240 / Champagne-Ardennes (Ardennes)

**1483**

Flower Camping La Samaritaine***
3 rue des Étangs
+33 3 24 30 08 88
15/4 - 25/9
contact@camping-lasamaritaine.fr

2,5ha 90T(80-150m²) 10A CEE

1 ACDG**I**JKLMO**PQ**
2 ACEOSUVWXYZ
3 AHIKLMNSUZ
4 (Q+R )(T 3/7-23/8)
5 **AB**FGIJKLMNOPQUWXYZ
6 ABCDEGK(N 1,5km)V

Un camping familial agréable et bien entretenu dans les Ardennes du sud. Profitez du calme et de la nature dan un camping tout confort. Wifi gratuit.

D947 vers Buzancy. Camping indiqué par des panneaux.

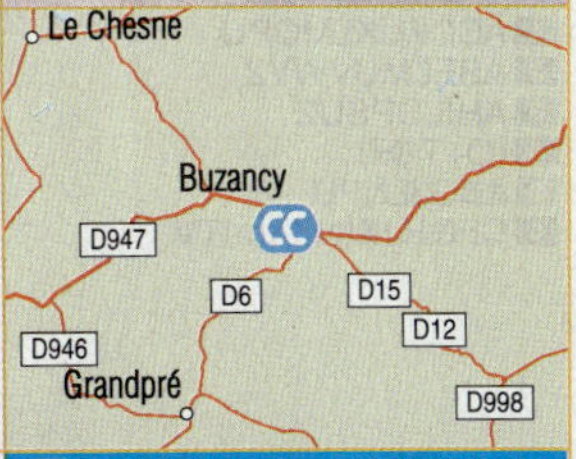


CC € 16 *15/4-8/7 25/8-25/9*

N 49°25'35'' E 04°56'24''

## Châlons-en-Champagne, F-51000 / Champagne-Ardennes (Marne)

**1484**

Camping de Châlons-en-Champagne****
rue de Plaisance
+33 3 26 68 38 00
14/3 - 30/10
camping.chalons@aquadis-loisirs.com

7,5ha 138T(100-120m²) 10A

1 ACDG**I**JKLM**P**Q
2 EIJSVWXYZ
3 CHKMOPRSUW
4 (Q )(T+U+X+Z 15/4-15/10)
5 **AB**DEFGIJKLMNOPUWXYZ
6 ACDEGJ**K**(N 0,2km)UV

Grand camping citadin tranquille sur terrain plat, emplacements délimités par des haies. Idéal pour visiter la ville et la Champagne. De nouvelles sanitaires. Les places de parking et de camping pour les personnes handicapées doivent être réservées.

A26, sortie 18. En entrant en ville, rester sur la droite. Le camping est indiqué. A partir de la A4 sortie 27 vers la N44. A Châlons, sur la rocade, sortie St. Memmie. Suivez les panneaux.

CC € 16 *14/3-9/7 27/8-30/10*

N 48°56'09'' E 04°22'59''

## Géraudot-Plage, F-10220 / Champagne-Ardennes (Aube)

**1485**

Camping Aux Rives du Lac/L'Epine aux Moines**
rue de Fort St. Georges, RD43
+33 3 25 41 24 36
1/1 - 31/12
camping.lepineauxmoines@orange.fr

3,5ha 156T(80-150m²) 10A CEE

1 ACDG**I**JKLMOPQ
2 AEOSUVWXYZ
3 C**G**HIJKLMNS**WZ**
4 (Q 1/1-31/12)(R )(T+U+V+X+Z 1/5-30/9)
5 **AB**CDEGIJKLMNOPUZ
6 ACDEGJ(N 7km)OU

Camping familial et agréable avec des emplacements plus ou moins séparés entre les arbres. Sanitaires propres. Partie séparée pour les jeunes. Près d'une belle plage de sable (surveillée) adaptée aussi aux petits enfants.

A partir de Troyes D960 direction Piney. Avant ou dans Piney tourner vers Geraudot. A partir de la D619 Troyes - Bar-sur-Aube direction nord, D1 à Lusigny ou D79/D43 à Vendeuvre vers Geraudot. Situé du côté nord du lac d'Orient.

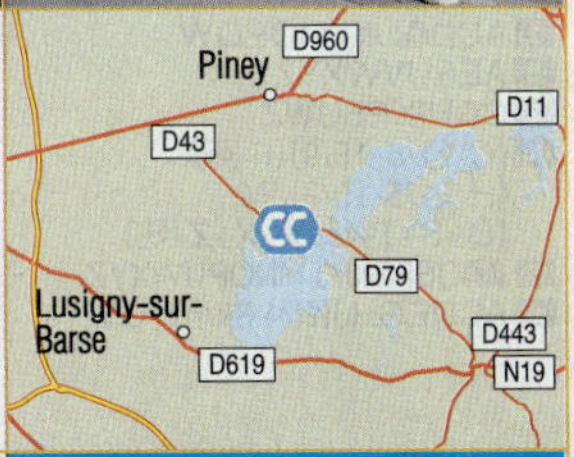


CC € 16 *1/1-30/6 1/9-31/12* 7=6

N 48°18'10'' E 04°20'16''

## Les Mazures, F-08500 / Champagne-Ardennes (Ardennes) — 1486

Camping Du Lac des Vieilles Forges***
+33 3 24 40 17 31
9/4 - 11/9
campinglesvieillesforges@homair.com

12ha 150T(80-100m²) 10A CEE

1 ACD**F**IJKLMOPQ
2 ABELMUVWYZ
3 AHILOPSUZ
4 (Q+T)
5 **AB**GJLNPU
6 CFGHJ**K**(N 7km)TV

Camping en terrasses dans un bois et au bord d'un lac de barrage dans lequel on peut nager, faire du surf, de la voile et pêcher. Emplacements spacieux délimités sur sol dur.

Le 'Lac des Vieilles Forges' est indiqué par des panneaux sur la D40 de Renwez aux Mazures-Revin.

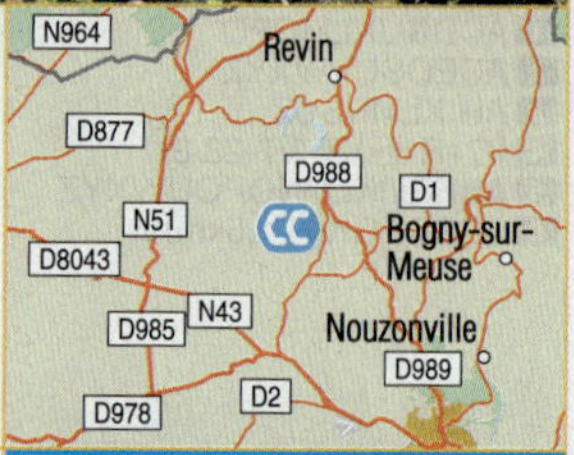


CC € 12 9/4-9/7 27/8-11/9 10=7, 14=10

N 49°52'21'' E 04°36'18''

## Matton-et-Clemency, F-08110 / Champagne-Ardennes (Ardennes) — 1487

Camping Résidence du Banel***
11 rte du Banel
+33 3 24 27 15 89
1/4 - 1/11
contact@dubanel.com

13ha 32T(180-200m²) 16A CEE

1 ACDGIJKLMPQ
2 ABCSUWXYZ
3 CEHIJKLNS
4 (T+U+Y+Z 15/6-15/9)
5 **AB**GIJKLMNOPTUXY
6 ABCEGK(N 5km)

Petit camping verdoyant à la lisière des bois, chiens bienvenus. Champ séparé avec grands emplacements et sanitaires privés. Bon restaurant (ouvert le week-end en période hors saison, tous les jours sauf le mardi du 15/6 au 15/9). Curiosités touristiques dans les environs. Nature idéale pour randonnées et vélo. Si la réception est fermée, cherchez une place vous-même.

A partir de Florentville direction Carignan et après Les-deux-Villes, suivre les panneaux de camping.

CC € 22 1/4-15/4 19/4-25/5 30/5-3/6 7/6-8/7 25/8-30/10

N 49°40'10'' E 05°13'11''

## Mesnil-St-Père, F-10140 / Champagne-Ardennes (Aube) — 1488

Camping Le Lac D'Orient****
17 rue du Lac
+33 3 25 40 61 85
8/4 - 25/9
info@camping-lacdorient.com

4ha 200T(80-160m²) 10A CEE

1 ACD**G**IJKLMOPQW
2 AESUVWXYZ
3 C**G**HIKPSU**W**Z
4 (C 11/5-15/9)(F)
(H 11/5-15/9)JM
(Q+S+T+U+V+X+Z)
5 **AB**DEFGIJKLMNOPUWXYZ
6 ACDEGHJ**K**(N 8km)TUV

Beau grand camping sur terrain plat avec des parties séparées par des haies et buissons. Avec restaurant et piscines couverte et d'extérieur. Près d'une belle plage et d'un petit port. Possibilités et équipements pour ceux qui aiment l'eau, les sports d'extérieur, la pêche et la nature.

A partir de la D619 Troyes - Bar-sur-Aube, D43 direction N (entre La Villeneuve-au-Chêne et Lusigny-sur-Barce) vers Mesnil-St-Père. Situé du côté sud du Lac d'orient sur la D43.

CC € 18 8/4-2/7 28/8-25/9 7=6

N 48°15'48'' E 04°20'48''

## Montigny-le-Roi, F-52140 / Champagne-Ardennes (Haute-Marne)

**1489**

Camping Du Chateau***
rue Hubert Collot
+33 3 25 87 38 93
15/4 - 30/9
camping@communevaldemeuse.fr

6ha 75T(90-110m²) 6-10A CEE

**1** ACDGIJKLMPQ
**2** ILMNSUVWXYZ
**3** CHIKOS
**4** (R+T 🔑)
**5** CGIJKLMNPUW
**6** CDEGK(N 0,1km)T

Ce beau camping bien entretenu est idéal comme étape en route vers le sud et invite à un plus long séjour. Près de l'autoroute et pourtant très calme. Les emplacements sont spacieux et délimités, quelques-uns avec un large panorama. Vous pouvez aller à pied à la petite ville. Wifi gratuit sur tout le camping.

A partir de la A31 sortie 8 Montigny-le-Roi, direction centre. A partir de là, le camping est bien indiqué par des panneaux.

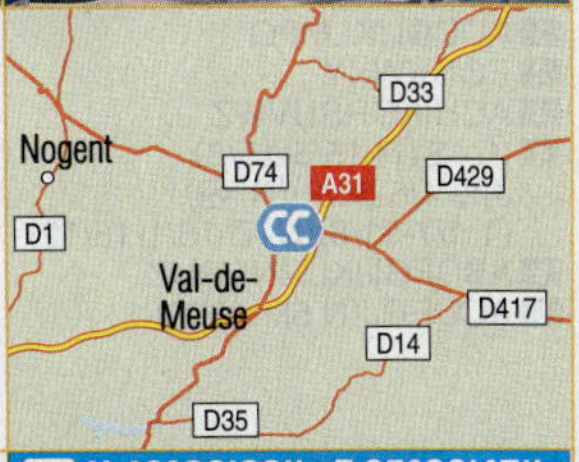


CC € 16 15/4-3/7 22/8-29/9

N 48°00'03'' E 05°29'47''

## Peigney, F-52200 / Champagne-Ardennes (Haute-Marne)

**1490**

Camping Le Lac de la Liez*****
rue des Voiliers
+33 3 25 90 27 79
2/5 - 25/9
contact@camping-liez.fr

6ha 157T(90-140m²) 10A CEE

**1** ACD**G**IJKLMPQW
**2** AELMNOSVWXYZ
**3** CHIKMNOP**Q**SU**W**Z
**4** (C 15/6-15/9)(F+G 🔑)
**IJKN**(Q+S 🔑)
(T+U+V+Y+Z 1/5-25/9)
**5** **AB**DEFGIJKLMNOP**T**UWXYZ
**6** ACDEGHJ**K**(N 4km)TV

Ce camping en terrasses a la vue sur un lac et a une situation idéale entre la Champagne et la Bourgogne. A partir du camping, accès direct à la plage de sable pour nager, faire de la voile ou du pédalo. Complexe couvert avec piscine, sauna, spa/wellness et toboggan. Bar, restaurant et court de tennis. Nouveau bloc sanitaire avec grande cabine confort.

A partir de Langres N19 direction Vesoul. Ou D74 direction Montigny.

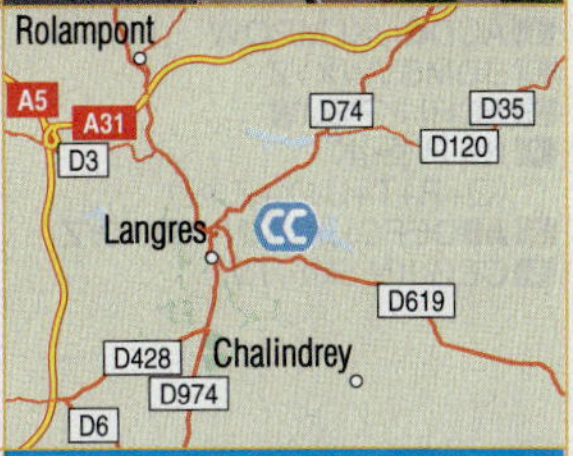


CC € 20 2/5-2/7 22/8-25/9 7=6

N 47°52'19'' E 05°22'50''

## Saints-Geosmes/Langres, F-52200 / Champagne-Ardennes (Haute-Marne)

**1491**

Camping La Croix d'Arles***
route de Dijon
+33 3 25 88 24 02
15/3 - 31/10
croix.arles@yahoo.fr

7ha 100T(85-100m²) 10A CEE

**1** ACDGIJKLMOPQ
**2** BISUVWXYZ
**3** CHIKRS
**4** (B+G 15/5-15/9)**N**(Q+R+T+U 🔑)(X 1/4-15/10)(Z 🔑)
**5** DFGIJKLMNOPU
**6** ACEGJ(N 3km)OTV

Camping d'étape idéal avec restaurant agréable et piscine. Langres, ville fortifiée, est à quelques km. Vous pouvez facilement aller à Langres à vélo par la Voie Verte (7 km). Pour un plus long séjour, choisissez des emplacements entre les arbres au fond du camping.

A partir de la A31 sortie 6 Langres-Sud. Di Langres par D428 puis di Dijon par D974. Le camping se trouve à 2 km sur la droite, bien indiqué par des panneaux.

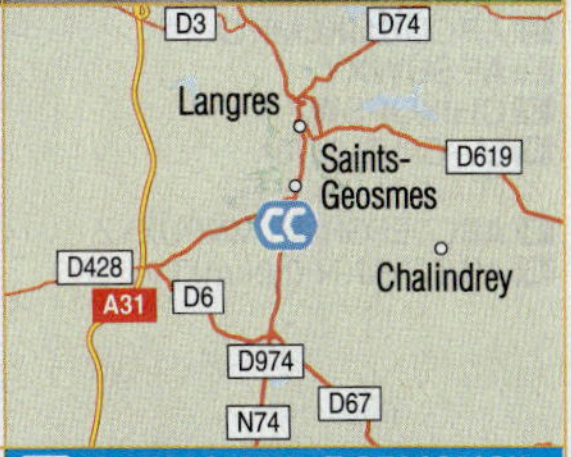


CC € 16 15/3-30/6 1/9-30/10 7=6

N 47°48'47'' E 05°19'16''

## St. Hilaire-sous-Romilly, F-10100 / Champagne-Ardennes (Aube)

1492

Camping La Noue des Rois****
+33 3 25 24 41 60
1/1 - 31/12
contact@lanouedesrois.com

30ha 70T(120-200m²) 16A

1 ACD**G**IJKLM**P**Q
2 EOSVWXY
3 ACHIKORSUV**W**Z
4 (C+E+H 15/5-15/9)
J(Q 1/5-30/9)(R 🔑)
(T 1/7-31/8)(U+Z 16/1-15/12)
5 **AB**DFGIJKLMNPRUZ
6 ACDEGJ(N 5km)RTV

Détente au bord d'un lac dans un environnement très verdoyant (30 ha). Piscine en plein air et couverte avec toboggan, chauffée par des panneaux solaires, minigolf: tout compris dans le prix.

D619, Troyes - Romilly-sur-Seine. Suivre St. Hilaire-sous-Romilly. Suivre les panneaux de camping. Ou Paris vers Provins. Puis Nogent-sur-Seine. Puis St. Hilaire-sous-Romilly et suivre les panneaux.

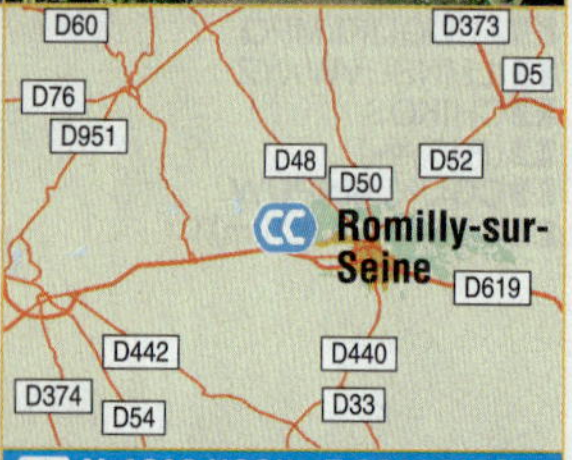


CC € 22 *1/1-15/6 1/9-31/12*

N 48°31'32'' E 03°39'53''

## Thonnance-les-Moulins, F-52230 / Champagne-Ardennes (Haute-Marne)

1493

Camping La Forge de Ste Marie*****
D427
+33 3 25 94 42 00
1/4 - 2/10
info@laforgedesaintemarie.com

11ha 144T(100-200m²) 6-10A CEE

1 ACD**G**IJKLMPQW
2 BDMSVWXYZ
3 ACHIJKPSU**W**
4 (F+H 🔑)K
(Q+R+T+U+X+Z 🔑)
5 **AB**DEFGIJKLMNPUWXYZ
6 CEGJ(N 5km)TV

Ce 5 étoiles camping de luxe se trouve au cœur de la région Champagne. Beau camping situé au calme. Profitez du nouveau bain à bulle et de la piscine int. chauffée avec terrasse ext. Tous les équipements sont mis à disposition pendant la période d'ouverture. Grands emplacements, truites, couverture wifi 100 %.

A partir Joinville direction Thonnance-les-Joinville par la D60 (2 km), puis direction Thonnance-les-Moulins par Poissons et Noncourt (10 km).

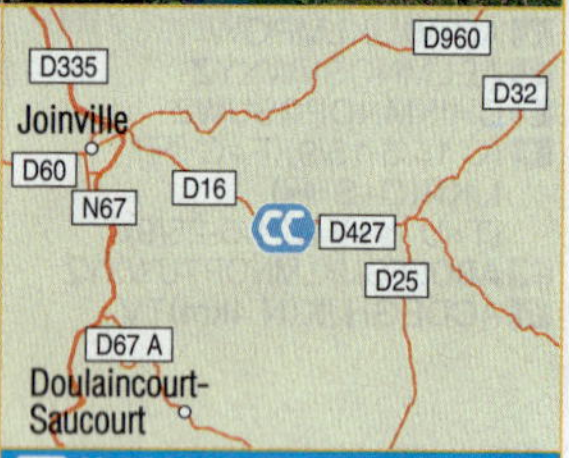


CC € 18 *1/4-6/7 28/8-2/10*

N 48°24'23'' E 05°16'16''

## Baerenthal, F-57230 / Lorraine (Moselle)

1494

Camping Ramstein Plage***
Rue de Ramstein
+33 3 87 06 50 73
1/4 - 30/9
camping.ramstein@baerenthal.eu

12ha 100T(100m²) 6-16A CEE

1 ABCD**G**IJKLMPQ
2 AESUWXY
3 CHIKOPS**W**Z
4 (A+C 1/7-31/8)
(T+U+V+X+Z 🔑)
5 **ABC**DEFGHIJKLMNPUXYZ
6 ACEGH**J**(N 0,8km)TV

Ce camping a une situation idyllique au bord d'un petit lac dans lequel on peut nager. Les environs sont très boisés et classés 'réserve mondiale de la biosphère' par l'UNESCO.

De Sarreguemines la D662 direction Haguenau. A Phillipsbourg à droite la D36 vers Baerenthal. Suivre les panneaux.

CC € 18 *1/4-1/7 1/9-30/9*

N 48°58'53'' E 07°30'53''

## Bulgnéville, F-88140 / Lorraine (Vosges)

iD 1495

Camping Porte des Vosges***
ZA la Grande Tranchée
+33 3 29 09 12 00
26/3 - 31/10
contact@
camping-portedesvosges.com

3,5ha 104T(85m²) 10A CEE

1 ACDGIJKLMPQ
2 ILUXYZ
3 CHILS
4 (C 15/5-15/9)(Q+T+U+Z)
5 **AB**DEFGIJKLMNPQUWZ
6 CEGK(N 0,8km)TV

Camping d'étape bien entretenu, situé près de la sortie d'autoroute. Restaurants et magasins accessibles à pied. Piscine chauffée. Snackbar ouvert aussi en période hors saison. Les célèbres stations thermales Contrexéville et Vittel sont à seulement quelques minutes en voiture.

A31 sortie 9, traverser Bulgnéville par D164 vers Contrexéville. Suivre les panneaux de camping.

CC € 16 *26/3-8/7 27/8-31/10 7=6*

N 48°11'57'' E 05°50'41''

## Burtoncourt, F-57220 / Lorraine (Moselle)

iD 1496

Camping La Croix du Bois Sacker**
D53a
+33 3 87 35 74 08
1/4 - 15/10
camping.croixsacker@wanadoo.fr

11ha 50T(80-120m²) 6A

1 ACD**G**IJKLM**P**RS
2 BFOSWXYZ
3 AHIKPSUWZ
4 (Q 1/5-15/9)(R+Z)
5 **A**GIJMNPUVXYZ
6 ABCEGJ(N 8km)ORV

Petit camping, entouré de bois et au bord d'un lac naturel dans lequel vous pouvez pêcher et nager. Possibilités pour le sport et les jeux, les randonnées et le vélo dans les environs. A seulement 25 minutes en voiture de Metz, facilement accessible. Arrivée avant 20 h.

A4 (Nord de Metz) direction Strasbourg, sortie 37. D38 Malroy-Chieulles-Vany. Puis la D3 direction Bouzonville. A ± 13 km direction Burtoncourt. Suivre les panneaux de camping.

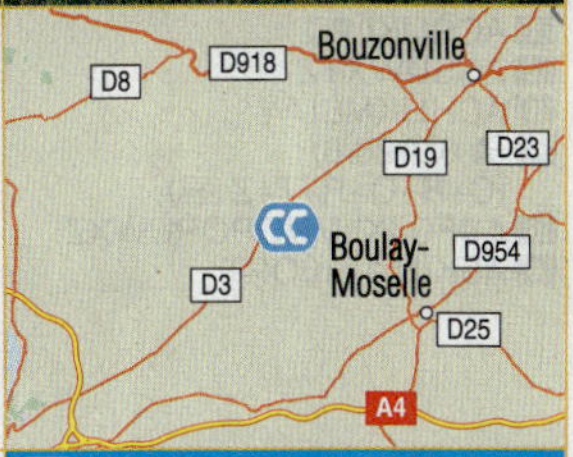


CC € 18 *1/4-30/6 18/8-30/9*

N 49°13'25'' E 06°23'59''

## Bussang, F-88540 / Lorraine (Vosges)

iD 1497

Camping Sunêlia Domaine de Champé*****
14 rue des Champs-Navets
+33 3 29 61 61 51
1/1 - 5/11, 5/12 - 31/12
info@domaine-de-champe.com

5,5ha 110T(90-110m²) 6-10A CEE

1 ACD**F**IJKLMOPQW
2 CJSWXYZ
3 ACEHIJKLNPSUV**W**
4 (A 1/7-31/8)(C 1/5-30/9)
(F)(H 1/5-30/9)J**KLNOP**
(Q+R+T 1/5-30/9)(U)
(V 1/5-30/9)(Y+Z)
5 **AB**DEFGIJKLOPR**T**UWXYZ
6 ACDEGHJ**K**(N 0,5km)OTV

Camping bien entretenu et sportif, en partie délimité par des haies. Le camping est traversé par la Moselle, une rivière de 3,5 km. Ambiance décontractée, idéale pour les enfants de tous âges. Le parapente peut être pratiqué à partir de la pente au-dessus du camping.

D'Epinal, N57 jusqu'à Remiremont. Puis N66 vers Le Thillot et Mulhouse. A Bussang, le camping est indiqué par des panneaux à partir de la RN66.

CC € 22 *1/4-15/7 1/9-5/11 7=6, 14=11*

N 47°53'20'' E 06°51'27''

## Celles-sur-Plaine, F-88110 / Lorraine (Vosges)

**1498**

Camping des Lacs***
6 Place de la Gare
+33 3 29 41 28 00
2/4 - 2/10
camping@paysdeslacs.com

3ha 125**T**(75-140m²) 10A

**1** ACD**G**IJKLMPRS
**2** ACESUWY
**3** ACHIKNOP**R**SU**W**XZ
**4** (B+H 1/6-15/9)
(Q+R 7/7-31/8)(T+U+
X+Z 1/6-31/8)
**5** **AB**DEFGIJKLNPQUX
**6** EGH**K**(N 5km)TV

Beau camping avec de nombreuses activités pour tout âge. Nouveaux sanitaires modernes chauffés, piscine en plein air chauffée. Wifi sur le camping (payant). Toutes les activités de sports aquatiques se trouvent à 10 minutes à pied du camping.

A partir de Nancy, d'abord la N4, puis la N59. A Raon-l'Étape suivre 'Lacs de Pierre Percée'. A Celles-sur-Plaine, le camping est bien indiqué.

CC € 18 *2/4-9/7 27/8-2/10 7=6*

N 48°27'18'' E 06°56'52''

## Corcieux, F-88430 / Lorraine (Vosges)

**1499**

Camping au Mica***
1006 rue d'Alsace
+33 7 69 93 30 56
1/5 - 15/9
info@campingaumica.com

2ha 46**T**(80-150m²) 6-10A CEE

**1** AC**G**IJKL**P**Q
**2** ACSUWXYZ
**3** ACHIJKMSUW
**4** (**A** 6/7-26/8)
(C+**H**+Q+R+T+Z)
**5** **AB**FGJKLMNOPQRUWXZ
**6** AEK(N 1km)ORT

Camping familial tranquille avec une belle piscine et une petite plage au bord d'un petit ruisseau clapotant peu profond.

A partir de St. Dié la N415 direction Gérardmer/Colmar. A Anould à droite, direction Gérardmer. 3 km plus loin, à droite direction Corcieux. Juste avant le village sur la gauche.

CC € 16 *1/5-2/7 28/8-10/9*

N 48°09'57'' E 06°53'38''

## Corcieux, F-88430 / Lorraine (Vosges)

**1500**

Camping Sites & Paysages Au
Clos de la Chaume***
671 rue d'Alsace
+33 3 29 50 76 76
19/4 - 30/9
info@
camping-closdelachaume.com

5ha 94**T**(80-150m²) 6-10A

**1** ACD**G**IJKLMPQ
**2** CJSUWYZ
**3** CHIKMNPSU**W**
**4** (**A** 1/7-31/8)(E 1/5-20/9)
(Q+R+U 1/7-31/8)
**5** **AB**EFGJLNPRUWXY
**6** ACDEGJ**K**(N 0,6km)OTW

Pascaline et Michael, un couple franco-anglais, vous accueillent dans leur camping familial avec de grands emplacements. Piscine couverte et chauffée. Zone zen avec hamacs et étang. Sentier pieds nus. Idéal pour visiter les Vosges, l'Alsace et la Lorraine.

A partir de St. Dié la N415 direction Gérardmer/Colmar. A Anould, à droite direction Gérardmer. A 3 km, à droite direction Corcieux. Sur la droite juste avant le village.

CC € 16 *23/4-9/7 26/8-30/9*

N 48°10'05'' E 06°53'24''

## Épinal, F-88000 / Lorraine (Vosges)

**1501**

Camping Parc du Château**
37 chemin du Petit Chaperon Rouge
+33 3 29 34 43 65
1/1 - 31/12
camping.parcduchateau@gmail.com

1,2ha 34T(60-200m²) 16A CEE

1 ACD**G**IJKLMOPQ
2 IJSVWXYZ
3 AHIK
4 (B+G 1/6-1/9)(Q 15/5-31/8) (T+U+Y 15/5-1/9) (Z 15/5-15/9)
5 **AB**DEFGIJKLMNOPUWZ
6 ACDEG**K**L(N 1km)T

Agréable petit camping tranquille. Sans animation. Situé dans le parc du château, avec piscine et accès wifi gratuit sur tous les emplacements pour les campeurs avec la CampingCard ACSI pendant les dates d'acceptation. Restaurant avec cuisine savoureuse et variée.

De Nancy ou Besançon vers Épinal, sortie 'Razimont' ou 'Parc des Expositions'. Suivre la direction Centre. Puis indiqué par des panneaux. Camping est à 500m de la sortie, 1re rue à droite.

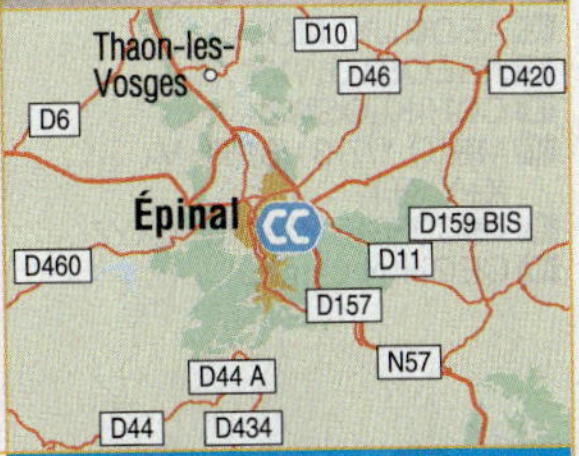


N 48°10'47'' E 06°28'05''

CC € 18 5/3-2/7 27/8-13/11 7=6, 14=12

## Gérardmer, F-88400 / Lorraine (Vosges)

**1502**

Camping Les Sapins**
18 chemin de Sapois
+33 3 29 63 15 01
1/4 - 15/10
les.sapins@camping-gerardmer.com

1,3ha 67**T**(80-120m²) 6-10A

1 A**G**IJKLMOPQ
2 EOSWXYZ
3 CIKPSU**WZ**
4 (Q+R+Z)
5 EFGIJKLMNPUY
6 EGJ(N 1,5km)TV

Beau camping tranquille à proximité de la petite ville touristique de Gérardmer. Grands emplacements avec vue sur les collines boisées. Le lac de Gérardmer se trouve à 200m du camping.

Le camping est situé au début de la partie sud du périphérique autour du lac de Gérardmer (chemin du Tour du Lac D69).

N 48°03'48'' E 06°51'21''

CC € 18 1/4-2/7 27/8-15/10

## Granges-sur-Vologne, F-88640 / Lorraine (Vosges)

**1503**

Flower Camping La Sténiole***
1 le Haut Rain
+33 3 29 51 43 75
1/4 - 30/9
steniole@wanadoo.fr

7ha 106T(80-200m²) 10A CEE

1 ACD**G**IJKL**P**Q
2 BCELMNSUWXYZ
3 ACHIKP**Q**SUWZ
4 (E+H 1/5-15/9)JM (Q+R+T+U+V+X+Z 1/7-31/8)
5 **AB**FGHIJKLMNPQRUWZ
6 ACEGJ**K**(N 4,5km)OTV

Camping familial convivial en pleine nature. Grands emplacements. Feux de camp autorisés sur les emplacements. Piscine chauffée à toit ouvrant. Toboggan aquatique, le plus long des Vosges. Wifi gratuit.

A partir de Gérardmer, prendre la D423 direction Granges-sur-Vologne. Juste avant Granges à gauche. Suivre les panneaux.

N 48°07'16'' E 06°49'43''

CC € 16 1/4-2/7 27/8-30/9

## **Haspelschiedt**, F-57230 / Lorraine (Moselle)

iD **1504**

Camping de Haspelschiedt
rue de l'Étang
+33 3 87 96 53 91
1/4 - 31/10
camping.haspelschiedt@tubeo.eu

1,5ha 54T(100-200m²) 6-10A CEE

**1** ABD**G**IJKLMOPQ
**2** ABEOSTUWXY
**3** C**G**HIKLOS**WZ**
**4** M**N**(Q 1/7-31/8)(R+V+X+Y)
**5** **AB**CDFGHIJKLMNOPUXYZ
**6** CEGH(N 6km)O

Camping au bord d'un lac au coeur d'une forêt appartenant au Patrimoine Mondial de l'UNESCO. Il y a des arbres vieux de 450 ans et 63m de hauteur. la région est nommée Citadelle de Bitche ou Petit Colorado. Il y a de superbes jardins de fleurs (Jardin pour la Paix) et le Musée du cristal St Louis.

A8, sortie 34 Contwig et à droite. Puis 1re sortie sur le rond-point, Allée de l'Europe (D35A). Suivre les panneaux vers Haspelschiedt. Suivre les panneaux de camping.

CC € 18 *1/4-30/6 1/9-31/10*

N 49°05'03'' E 07°29'28''

## **Herpelmont**, F-88600 / Lorraine (Vosges)

iD **1505**

Camping Domaine des Messires****
rue des Messires
+33 3 29 58 56 29
17/4 - 20/9
mail@domainedesmessires.com

12ha 101T(80-100m²) 10A CEE

**1** ACD**G**IJKLMPRS
**2** AEOSTUWYZ
**3** AHIKNSUWZ
**4** (Q+R)(T 1/7-31/8)
**5** **AB**EFGHIJKLPQRUWX
**6** AEGJ(N 1,5km)V

Un beau camping 4 étoiles au bord d'un petit lac avec baignade dans une nature vierge. Pêche gratuite. Gérant néerlandais. Sanitaires modernes. Possibilités pour la randonnée et le VTT à partir du camping. Point wifi gratuit.

N57, sortie N420 direction St. Dié. A 27 km, D423 direction Bruyères/Gérardmer. A 4 km à droite, direction Herpelmont/ Lac des Messires.

CC € 18 *17/4-8/7 5/9-20/9*

N 48°10'43'' E 06°44'34''

## **La Bresse**, F-88250 / Lorraine (Vosges)

iD **1506**

Camping Domaine du Haut des Bluches***
5 rte des Planches
+33 3 29 25 64 80
1/1 - 11/11, 9/12 - 31/12
hautdesbluches@labresse.fr

4,2ha 107T(100m²) 4-13A CEE

**1** ACD**G**IJKLMPQ
**2** CMNSWY
**3** ACIKP**Q**SU**W**
**4** (Q+R+U+Y+Z)
**5** **AB**DEFGIJKLMNPRU
**6** CDEGHJ(N 4km)TV

Camping dans un environnement montagneux. Un torrent passe à travers le camping. En hiver, il y a une navette de bus menant aux pistes de ski 5 km plus haut. Très bons sanitaires.

A La Bresse prendre la D34 direction La Schlucht. 4 km plus loin se trouve le camping sur la droite.

CC € 14 *28/3-1/7 22/8-11/11* **7=6, 14=12, 21=18**

N 47°59'56'' E 06°55'05''

## Le Tholy, F-88530 / Lorraine (Vosges)

**1507**

Camping JP Vacances - camping de Noirrupt****
15 chemin de l'Étang
+33 3 29 61 81 27
1/5 - 30/9
info@jpvacances.com

3ha 77**T**(90-200m²) 2-10A CEE

**1** ACD**G**IJKL**P**RS
**2** MNSUWYZ
**3** CHIKO**Q**STUV**W**
**4** (C 23/5-12/9)**N**(Q 8/7-30/8) (R+T+U+V+Z 8/7-23/8)
**5** **AB**CFGJKLNPUVWZ
**6** ACEG**K**(N 1km)ORTV

Beau camping situé dans un environnement tranquille et entouré de beaux grands arbres. A 5 minutes de Gérardmer. Vue panoramique. Piscine chauffée.

De Gérardmer, prendre la D417 direction Remiremont. Au Tholy, à droite, prendre la D11. Après Le Tholy à 0,5 km à gauche. Suivre les flèches.

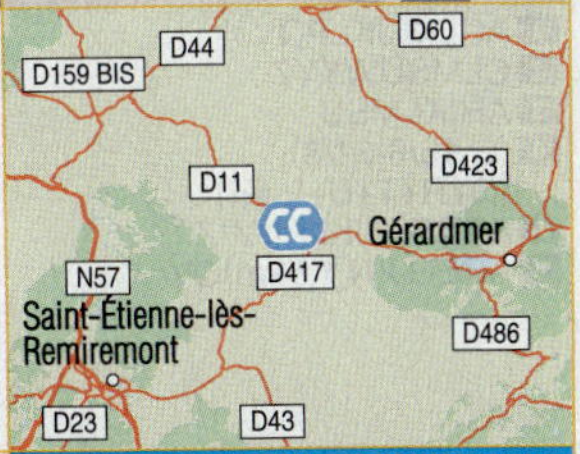


CC € 18 *1/5-3/7 22/8-30/9*

N 48°05'20'' E 06°43'44''

## Liverdun, F-54460 / Lorraine (Meurthe-et-Moselle)

**1508**

Camping de la Moselle**
7 avenue Eugène-Lerebourg
+33 3 83 24 43 78
29/4 - 3/10
info.campingmoselle@gmail.com

2,1ha 187**T**(70-100m²) 6-10A CEE

**1** ACD**G**IJKLMPSWT
**2** CIJOSUXY
**3** A**G**IJKMNPS**W**
**4** (C 1/6-15/9)(Q+R ) (U+X 1/5-30/9)(Z )
**5** **AB**DGIJKLMNOPQUWZ
**6** ABCFGJ(N 2,5km)

Camping avec piscine dans une région verdoyante entre Metz et Nancy, au pied de la ville médiévale Liverdun et au bord d'un méandre de la Moselle. Profitez de la nature à vélo, à pied ou en bateau. Metz en Nancy sont bien accessibles en transports publics. Assez de possibilités pour la pêche au camping.

Quitter la A31 par la sortie 22 vers Frouard (D657). Suivre Liverdun, via la D90 et D908, ensuite suivre les panneaux du camping.

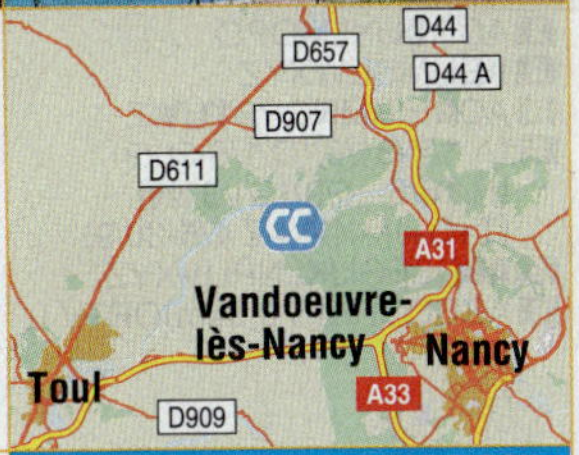


CC € 16 *29/4-7/7 24/8-3/10 7=6*

N 48°44'51'' E 06°03'28''

## Nancy/Villers-lès-Nancy, F-54600 / Lorraine (Meurthe-et-Moselle)

**1509**

Camping Bel Air Village Le Brabois***
2301 avenue Paul Muller
+33 3 83 27 18 28
10/4 - 7/11
campinglebrabois@belairvillage.com

4ha 177**T**(70-100m²) 6-16A CEE

**1** ACD**G**IJKLMPQW
**2** IJSUVWXYZ
**3** CHP**Q**SU
**4** (E+H 1/5-30/9)(Q+R ) (T+U+Z 15/4-15/9)
**5** **AB**DFGIJKLMNOPUW
**6** ACEGH**J**(N 2km)V

Accès de la A33 (sortie 2B). Terrain aux allures de parc avec des emplacements ombragés spacieux. Bonne liaison par bus vers Nancy. Endroit pique-nique couvert où on peut cuisiner, sanitaires modernes. Agréable snackbar (produits du jardin) avec terrasse. Divers endroits touristiques à prix réduit.

A33, sortie 2B (Brabois). Serrer à gauche et à gauche au rond-point. De Nancy, suivre 'Technopôle de Brabois'. Puis suivre les panneaux du camping.

CC € 16 *10/4-2/7 27/8-7/11*

N 48°39'26'' E 06°08'25''

## Plombières-les-Bains, F-88370 / Lorraine (Vosges)

**1510**

Camping de l'Hermitage***
54 rue du Boulot
+33 3 29 30 01 87
1/4 - 31/10
camping.lo@wanadoo.fr

1,4ha 47T(77-135m²) 10A CEE

**1** ACD**G**IJKL**P**Q
**2** CLMSUWXYZ
**3** AHIKLMSU
**4** (C 15/6-31/8)
(Q+R+T+U+V)
**5** **AB**DFGIJKLPUWZ
**6** ACEGJ(N 1,5km)OV

Situé dans le parc naturel du 'Ballon des Vosges'. A 1,5 km du centre thermal avec des bains romains, un centre de fitness et un casino. Le camping a plus de 40 emplacements délimités et ombragés et une piscine. Arrêtez-vous dans ce camping calme et familial en route vers le sud et profitez-en.

D'Épinal, N57 vers Plombières-les-Bains. Dans l'agglomération, suivre les panneaux dir. Xertigny/Ruaux. Le camping est juste encore à Plombières-Les-Bains, à droite de la D20.

CC € 14 1/4-9/7 27/8-31/10

N 47°58'02'' E 06°26'48''

## Sanchey, F-88390 / Lorraine (Vosges)

**1511**

Camping Club Lac de Bouzey****
19 rue du Lac
+33 3 29 82 49 41
1/2 - 31/12
resa@lacdebouzey.com

3,5ha 145T(58-100m²) 10-16A

**1** ACD**G**IJKLMOPQ
**2** AEIJMSUWXYZ
**3** AC**G**HIKMNOPS**T**U**W**Z
**4** (A 1/7-31/8)(C 1/5-30/9)
(H 15/6-15/9)(Q+S)
(T+U+V+X+Y+Z 1/5-30/9)
**5** **AB**DEFGIJKLNPUVXYZ
**6** ACDEGHK(N 0,5km)ORTV

Beau camping familial, au bord d'un lac, adapté pour un séjour plus long. Nombreuses activités récréatives : tennis, karting, segway, escalade, kayak, équitation, jorky-foot. Belle piscine aux formes ludiques. Le camping a un restaurant avec un large choix de plats.

A partir de Nancy, suivre la N57/E23 direction Épinal. Sortie Chavelot direction Uxegney. A Uxegney, la D41 direction Lac de Bouzey. Puis suivre les panneaux.

CC € 22 1/2-8/7 25/8-31/12

N 48°10'01'' E 06°21'35''

## Sturzelbronn, F-57230 / Lorraine (Moselle)

**1512**

Camping Muhlenbach****
10 route du Muhlenbach
+33 3 87 06 20 15
1/4 - 30/9
info@camping-muhlenbach.com

12,5ha 40T(100m²) 6A CEE

**1** ABCDFHIJLPRS
**2** AFMNSUWXY
**3** ACHIKPSU**W**Z
**4** **K**N(Q+S 1/7-31/8)
(T+V+Z 8/7-20/8)
**5** **AB**CFGIJKLMN**P**UWZ
**6** CEGJTV

Camping tranquille au bord d'un petit lac où l'on peut pêcher et nager ; au coeur d'une magnifique région naturelle. Point wifi gratuit.

A partir de Sarrequemines, N62 direction Hagenau. D35 vers Sturzelbronn par Bitche. Là, la Rue du Muhlenbach. Le camping est au bout de la rue.

CC € 20 1/4-15/7

N 49°03'56'' E 07°35'37''

## Verdun, F-55100 / Lorraine (Meuse)

1513

Camping Les Breuils***
allée des Breuils
+33 3 29 86 15 31
1/4 - 30/9
camping.lesbreuils@orange.fr

5,5ha 162**T**(80-100m²) 6A CEE

**1** ACD**G**IJKLMPQ
**2** CEIJSUWYZ
**3** CHPSUW
**4** (C+H 1/5-15/9)J(Q+R )
(T 1/4-15/9)(U )
(X 1/4-15/9)(Z )
**5** **AB**CFGIJKLMNPUYZ
**6** CEGJ(N 1km)RTU

Oasis de tranquillité autour d'un lac et tout près du centre de Verdun. Base idéale pour explorer les vestiges de la 1ère guerre mondiale. Il y a régulièrement des activités pour commémorer La Grande Guerre. Bons équipements pour personnes à mobilité réduite.

A4 sortie 31 Verdun, D964 direction Verdun, au rond-point à gauche suivre 'camping'. Clairement indiqué à ± 3 km.

CC € 18 *1/4-30/6 23/8-30/9*

N 49°09'14'' E 05°21'56''

## Villey-le-Sec, F-54840 / Lorraine (Meurthe-et-Moselle)

1514

Camping Villey-le-Sec***
34 rue de la Gare
+33 3 83 63 64 28
1/4 - 30/9
info@campingvilleylesec.com

2,5ha 90**T**(90-120m²) 6-10A CEE

**1** ACD**G**IJKLMPQ
**2** CISUWXY
**3** CHIKMN**RSW**
**4** (Q+S )(T+U+
Y+Z 15/4-30/9)
**5** **AB**DEFGIJKLMNOPUWYZ
**6** AFG**K**(N 5km)RV

Camping propre dans un environnement verdoyant juste au bord de la Moselle. Toul est à 8 km. Parfois, on entend des avions de chasse. Diverses possibilités pour la randonnée et le vélo. Bon café-restaurant. Camping idéal pour pêcher dans la Moselle.

A partir de Nancy: A31, sortie 15. Après 1 km, au rond-point du supermarché Leclerc, prendre la 2ième route, la D909 direction Villey-le-Sec. Après 4 km suivre dans le village les panneaux 'Camping/Base de Loisirs'.

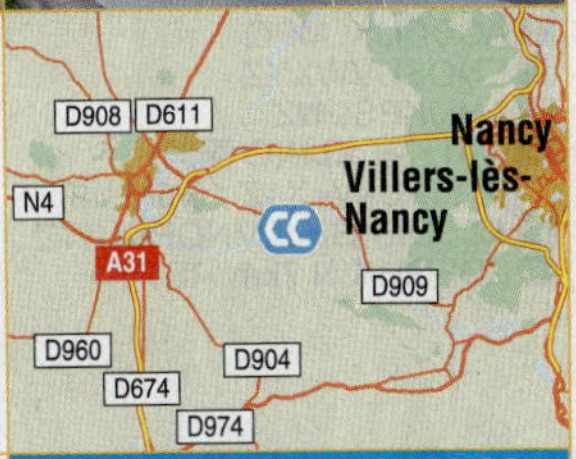


CC € 18 *1/4-30/6 22/8-30/9*

N 48°39'10'' E 05°59'33''

## Vilsberg, F-57370 / Lorraine (Moselle)

1515

Camping Les Bouleaux***
5 rue des Trois Journaux
+33 3 87 24 18 72
1/4 - 16/10
info@campinglesbouleaux.fr

7ha 85**T**(100-200m²) 6-10A

**1** ACD**G**IJKLMPRS
**2** ISUY
**3** AHINPRSU
**4** (C+G 1/6-15/9)(Q+T+
X+Z )
**5** **AB**FGIJKLMNPUZ
**6** EGK(N 2km)OTV

Camping familial tranquille, aussi pour un plus long séjour. Beaux emplacements spacieux avec beaucoup d'herbes. Vous êtes accueilli chaleureusement en néerlandais, allemand ou français par les propriétaires. Wifi gratuit.

Le camping est à 2 km en dehors de Phalsbourg sur la N61 vers Sarreguemines. Ne pas tourner au panneau 'Vilsberg' mais au panneau suivant: 'Camping'.

CC € 18 *1/4-8/7 26/8-15/10*

N 48°47'00'' E 07°14'58''

## **Vittel**, F-88800 / Lorraine (Vosges)

1516

Camping Seasonova de Vittel***
270 rue Claude Bassot
+33 2 36 81 00 01
1/4 - 31/10
contact@vacances-seasonova.com

2ha 125T(85-125m²) 10A CEE

**1** ACD**G**IJKLMPQ
**2** JSUVWXYZ
**3** C**G**HU
**4** (Q+R [clé])
**5** **AB**DEFGIJKLMNOPQRUZ
**6** CDEGJ(N 0,8km)V

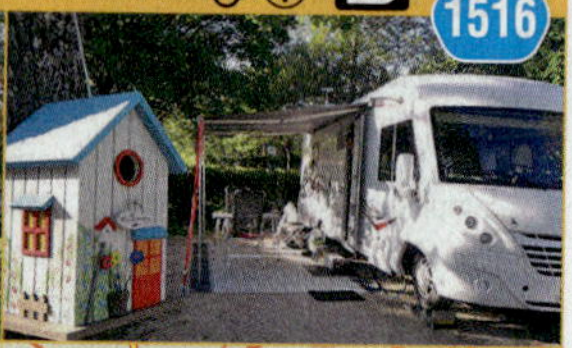

Camping pour faire étape et pour ceux qui séjournent et veulent visiter la station thermale chique de Vittel. Emplacements numérotés et entourés de belles haies.

A partir de la A31, sortie 9 direction Vittel par la D165 (nouvelle route) ou D164 (ancienne route). A Vittel, le camping est indiqué.

CC € 16 *1/4-7/7 25/8-31/10*

## **Xonrupt-Longemer**, F-88400 / Lorraine (Vosges)

1517

Camping Domaine de Longemer****
121 route de la Plage
+33 3 29 63 27 10
1/1 - 31/12
campingdudomaine@xonrupt.fr

4ha 172T(80-130m²) 16A CEE

**1** ACD**G**IJKLMPQ
**2** ENOSUVWXYZ
**3** AHIJKPSU**WZ**
**4** (F+H [clé])**KLN**(Q [clé])
(R+T+U+V+X+Z 15/5-31/8)
**5** **ABC**DEFGHJLMNOPQUWZ
**6** BDEGH**K**(N 7km)RSTV

Grand camping sur terrain plat situé en face du Lac de Longemer. Sanitaires modernes. Piscine intérieure.

De Gérardmer, D417 vers Xonrupt-Longemer. Un peu après Xonrupt à Hotel du Lac de Longemer. La D67 à droite jusqu'au camping.

CC € 14 *1/1-3/7 21/8-31/12* *7=6, 14=12, 21=18*

## **Xonrupt-Longemer**, F-88400 / Lorraine (Vosges)

1518

Camping La Vologne**
route Retournemer
+33 3 29 60 87 23
1/5 - 30/9
camping@lavologne.com

2,5ha 92T(95-150m²) 2-10A CEE

**1** ACD**G**IJLPQ
**2** CNSUWY
**3** CHIKPSUX
**4** (Q+R+Z [clé])
**5** **AB**FGIJKLMNPUV
**6** EGJ(N 5km)OTV

Camping familial au calme situé à quelques centaines de mètres du lac Longemer. Une petite rivière traverse le camping. Installations sanitaires bien entretenues.

A partir de Gérardmer, la D417 direction Colmar. Un peu après Xonrupt, à l'Hôtel du Lac de Longemer, prendre la D67 à droite et suivre jusqu'au camping.

CC € 12 *1/5-9/7 27/8-30/9*

## Xonrupt-Longemer, F-88400 / Lorraine (Vosges) 1519

Camping Les Jonquilles***
2552 route du Lac
+33 3 29 63 34 01
22/4 - 25/9
info@camping-jonquilles.com

4,5ha 228T(80-120m²) 6-10A

1 ACDGIJKLMPQ
2 ELNOSUWY
3 CHIKPSTUWZ
4 (Q+S)(T+U+V+X 2/7-21/8)(Z)
5 ABFGIJKLMNOPUVZ
6 ACDEGJ(N 7km)OTV

Joli camping agréable situé au bord du lac de Longemer. Approprié pour un séjour prolongé. Grands emplacements avec vue sur le lac et au bord du lac. A partir du camping, possibilités de promenades aussi en montagne.

De Gérardmer la D417 vers Xonrupt-Longemer. Dans ce village la D67a vers le camping, qui se trouve sur la gauche le long de la route à 2,5 km de l'église de Xonrupt-Longemer.

CC € 14 22/4-1/7 21/8-24/9 7=6, 14=12, 21=18

N 48°04'04'' E 06°56'53''

## Xonrupt-Longemer, F-88400 / Lorraine (Vosges) 1520

Flower Camping Verte Vallée***
4092 route du Lac
+33 3 29 63 21 77
1/1 - 31/10, 15/12 - 31/12
contact@campingvertevallee.com

3,5ha 93T(80-140m²) 6-10A CEE

1 ACDGIJKLMPQ
2 CNSUWXY
3 ACHIKMOPSUWXZ
4 (A 8/7-25/8)(C+E+H 1/5-30/9)(Q+R 1/6-15/9)(U 1/7-31/8)(Z 1/6-30/9)
5 ABCDEFGHJLMNOPQRUWZ
6 ACEGK(N 8km)TV

Beau camping avec une nouvelle piscine couverte chauffée à toit coulissant. Le camping est à 300 mètres du lac. Sanitaires renovés en 2019.

De Gérardmer, D417 vers Colmar. Un peu après Xonrupt, à l'Hôtel du Lac de Longemer, D67 à droite. Camping au bout du lac.

CC € 18 1/4-30/6 1/9-31/10 7=6

N 48°03'45'' E 06°57'53''

## Altkirch, F-68130 / Alsace (Haut-Rhin) 1521

Camping Les Acacias
rue de Hirtzbach
+33 3 89 40 69 40
1/4 - 15/10
contact@les-acacias-camping.fr

2ha 49T(80-160m²) 16A CEE

1 ACDGIJKLMPQW
2 NSXYZ
3 AHIKS
4 (Q+U+Y+Z)
5 ABCFGHIJKLMNPUW
6 ACFGJ(N 2km)T

Petit camping tranquille avec des emplacements spacieux sur pelouse sous les arbres. Bon camping d'étape avec un beau restaurant (fermé le mardi et le mecredi). Sanitaires bien entrentenus. Piscine et tennis dans les environs immédiats.

A Altkirch prendre la direction Centre-Ville. Puis suivre les panneaux 'Camping'. Bien indiqué. A droite après le collège !

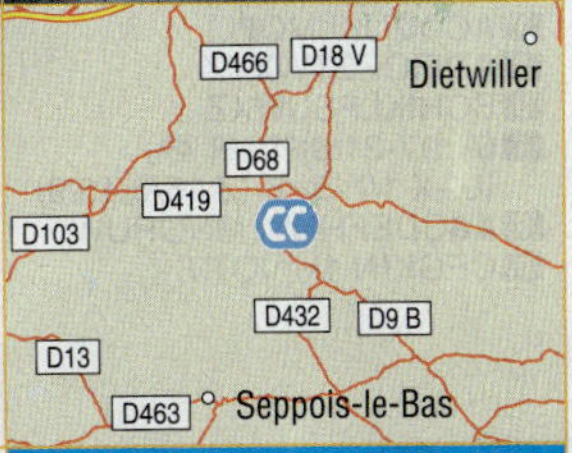


CC € 16 1/4-8/7 27/8-15/10 7=6, 14=11

N 47°36'48'' E 07°14'00''

## Bassemberg, F-67220 / Alsace (Bas-Rhin)

**1522**

Camping Paradis Le Giessan****
route de Ville
+33 3 88 58 98 14
10/4 - 7/11
campingparadisleguissan@alphacamping.fr

4ha 156T(80-110m²) 10A CEE

1 ACD**G**IJKLM**P**Q
2 DSVXYZ
3 CHIK**O**PSUV**W**
4 (C 1/7-31/8)(F )**JLN**
(Q+T+U+V+Z 1/7-31/8)
5 **AB**CEFGHI**J**K**L**MNOPQUZ
6 CDGH(N 1,1km)RT

Beau camping, avec des arbres et arbustes, situé au bord d'une petite rivière. Accès gratuit à la piscine (couverte et extérieure) toute proche.

A partir de Sélestat D424 vers l'ouest. A 12 km Villé, D39 vers Bassemberg. Suivez les panneaux 'Campéole'.

CC € 16 *10/4-2/7 27/8-7/11*

N 48°20'11'' E 07°17'20''

## Biesheim, F-68600 / Alsace (Haut-Rhin)

**1523**

Camping Île du Rhin - Tohapi**
Zone Touristique Ile du Rhin
+33 3 89 72 57 95
9/4 - 11/9
acciledurhin@tohapi.fr

3ha 165T(80-140m²) 10-16A CEE

1 ABCD**G**IJKLMPST
2 CJSUWXYZ
3 ABCIKLMPS**W**
4 (Q+R+T+U+X+Z )
5 **AB**GIJKLMNOPQUWZ
6 CEG**K**M(N 5km)OV

NOUVEAU

Camping situé au bord du Rhin avec des emplacements ombragés et d'excellentes installations sanitaires. La piscine (couverte) adjacente est gratuite pour les campeurs.

Quitter l'A35 à Colmar, sortie 25, en direction de Freiburg via la N415. Traverser le canal après environ 20 km, tourner à gauche au rond-point et suivre les panneaux du camping.

CC € 20 *9/4-2/7 27/8-11/9*

N 48°01'38'' E 07°34'20''

## Burnhaupt-le-Haut, F-68520 / Alsace (Haut-Rhin)

**1524**

Camping Les Castors***
4 route de Guewenheim
+33 3 89 48 78 58
15/3 - 15/10
camping-castors@outlook.com

4ha 123T(100-150m²) 10A CEE

1 ACD**G**IJKLMO**P**Q
2 ADFIOPSTWXYZ
3 BCHIKLPSU**W**XZ
4 (A 1/7-31/8)(Q+R )
(U+X 1/7-31/8)(Z 15/6-15/9)
5 **AB**CDEFHIJKLMNOPUW
6 CEGK(N 1km)OTV

Camping spacieux au bord de la rivière, avec un étang pour nager et pêcher. Le restaurant est ouvert pendant toute la saison. Nombreuses possibilités pour les jeunes familles, comme l'étang dans lequel on peut nager, avec une plage et un toboggan gonflable.

A36 sortie 15 'Burnhaupt-le-Haut' di Cernay. 1e sortie (D484). Puis au rond-point D466 vers Maseveaux.

CC € 18 *15/3-8/7 27/8-15/10* *7=6*

N 47°44'49'' E 07°07'28''

## **Cernay**, F-68700 / Alsace (Haut-Rhin)

1525

Camping Les Cigognes***
16, rue René Guibert
+33 3 89 75 56 97
1/4 - 30/9
campinglescigognes@orange.fr

4ha 146T(80-100m²) 10A CEE

1 ACD**G**HIJKLM**P**Q
2 SWXYZ
3 CIK**O**PSU
4 (C+**F**+H+Q+R)
5 **AB**DFGIJKLMNPU
6 CEGJ(N 0,5km)T

Grand camping spacieux et tranquille sur terrain plat dans un environnement verdoyant. Entouré de cigognes, de la Thur et près du centre ville de Cernay. Les cigognes viennent sur le camping pour réclamer à manger. Nouvelle piscine d'extérieur chauffée. Grand centre commercial à 0,5 km.

A5 direction Basel, puis la A36 direction Mulhouse, quitter la A36 à la sortie Than. Par la N66 direction Cernay et D483, et suivre les panneaux. A Cernay, à gauche avant le pont.

CC € 14 *1/4-2/7 20/8-30/9 7=6, 14=12*

N 47°48'16'' E 07°10'12''

## **Eguisheim**, F-68420 / Alsace (Haut-Rhin)

1526

Camping Les Trois Châteaux***
10 rue du Bassin
+33 3 89 23 19 39
1/4 - 2/11, 24/11 - 24/12
reception@camping-eguisheim.fr

1,8ha 133T(80-100m²) 10-16A CEE

1 ACD**G**IJLMPQ
2 IJSUWXYZ
3 A**G**HIKSU
4 (R)
5 **AB**GIJKLMNOPUWZ
6 ABCDEGK(N 0,3km)OTV

Camping tranquille au cœur de la région des vignes en bordure de la magnifique petite ville d'Eguisheim. A partir du camping, vous entrez dans cette perle de l'Alsace moyenâgeuse au restaurants. Randonnées et pistes cyclables balisées à partir du camping. Emplacements délimités, éventuellement avec ombre, aussi pour les camping-cars.

Quittez la N35 à la sortie 28. Puis la D1B direction Herrlisheim. A ± 7 km direction Eguisheim et là, suivre les panneaux de camping.

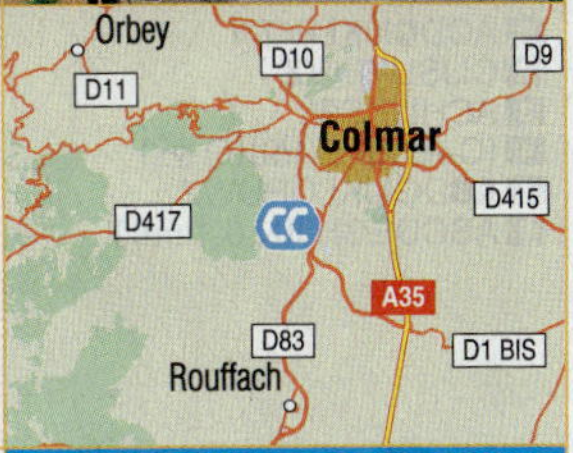


CC € 18 *1/4-25/5 7/6-23/6 1/9-2/11*

N 48°02'34'' E 07°17'58''

## **Labaroche**, F-68910 / Alsace (Haut-Rhin)

1527

Camping Labaroche**
542 Lieu dit Giragoutte
+33 3 89 78 37 82
29/4 - 30/9
contact@camping-labaroche.com

1,7ha 66T(60-100m²) 10A CEE

1 A**G**IJKLMPQ
2 JLMSUXYZ
3 A**G**IKLSU
4 (Q+T+Z)
5 **A**FGIJKMNPUZ
6 EJ(N 2km)

NOUVEAU

Camping très calme dans une zone de promenade boisée. 1 km à l'extérieur du village, à 750m d'altitude.

Via Col de Bonhomme direction Orbey, direction Labaroche ou via Colmar en direction de Turckheim, puis Trois Epis, Labaroche. Ensuite, suivre les panneaux du camping. Au 'camping 250m' à droite.

CC € 16 *29/4-30/6 1/9-30/9 11=10*

N 48°05'36'' E 07°11'51''

## Masevaux, F-68290 / Alsace (Haut-Rhin) — 1528

Camping de Masevaux***
14 rue du Stade
+33 3 89 39 83 94
1/4 - 15/10
info@masevaux-camping.com

3,5ha 115T(90-110m²) 6A CEE

1 ACD**G**IJKLMPQW
2 CJSVWXYZ
3 AHIKPSU**W**
4 (F+Q+R)(T 1/7-31/8)
(U 15/6-31/8)(Z)
5 **AB**CDEFGHIJKLMNOPUWZ
6 AEG**K**(N 0,2km)TV

Agréable camping fleuri au coeur de la nature, avec de bons sanitaires. Tout près du centre de Masevaux, c'est un point de départ idéal pour visiter la région du Doller à pied et à vélo.

A36 sortie 15 Masevaux. Sortie N466 Pont-d'Aspach et jusqu'à Masevaux par la N83. Dans la localité, suivre 'Centre-ville' puis le panneau 'Zone de Sport Loisirs'.

CC € 16 *1/4-30/6 26/8-15/10 7=6, 14=12*

N 47°46'42'' E 06°59'27''

## Molsheim, F-67120 / Alsace (Bas-Rhin) — 1529

Camping Municipal Molsheim**
6 rue des Sports
+33 3 88 49 82 45
26/3 - 31/10
camping@molsheim.fr

1,6ha 95T(80-100m²) 10A CEE

1 ACD**G**IJKLPQW
2 CIJSUWXYZ
3 ACHIJKS**W**
4 (C+G 28/5-4/9)(Q)
5 **AB**DGIJKLOPUWZ
6 ABCDEGHJ(N 0,1km)T

Ce camping est situé en bordure d'un agréable petite ville d'artisans typiquement alsacien. Le complexe de piscines municipales, avec un beau nouveau terrain de jeu, est à côté du camping et gratuit pour les campeurs. Tilleuls magnifiques. A proximité du Super-U (environ 700m). Wifi gratuit.

Sur la A4 sortie Saverne. N4 vers Wasselone. Vers Molsheim par la D422. Juste après le centre, à gauche avant le pont. Suivre les panneaux.

CC € 14 *26/3-4/7 30/8-31/10*

N 48°32'29'' E 07°29'58''

## Oberbronn, F-67110 / Alsace (Bas-Rhin) — 1530

Camping Seasonova Les Vosges du Nord***
3 rue du Frohret
+33 9 83 32 65 10
1/4 - 30/10
camping-lesvosgesdunord@vacances-seasonova.com

9ha 139T(100m²)

1 ABCD**G**IJKLOPQW
2 LNSUWXYZ
3 CHILO**QR**SU
4 (B+F)KLN
(Q+R+T+V+X+Z)
5 **AB**CDFGHIJNPUWZ
6 DE**J**NV

Camping familial tranquille dans nature vierge. A partir de la plupart d'emplacements, belle vue sur environs boisés. Il y a piscine couverte avec jacuzzi, sauna, bain turc, piscine en plein air avec pélouse. En dehors du camping, il est possible de faire l'équitation à 1 km et minigolf à 4 km.

A partir de Sarreguemines, la N62 par Bitche direction Haguenau. À Niederbronn prendre la D28 vers Oberbronn. Traverser le village, puis à 400 mètres à gauche. Indiqué par des panneaux.

CC € 18 *1/4-9/7 28/8-30/10*

N 48°55'46'' E 07°36'15''

## Obernai, F-67210 / Alsace (Bas-Rhin) 1531

Camping Mun. Le Vallon de l'Ehn***
1 rue de Berlin
+33 3 88 95 38 48
1/1 - 10/1, 19/3 - 31/12
camping@obernai.fr

3ha 145T(90-95m²) 16A CEE

1 ACD**G**HIJKLMPQ
2 IJSWXYZ
3 CHIJKMSU
4 (**A** 1/7-31/8)(Q 1/5-31/10)(R)
5 **AB**DFGIJKLMNOPUWYZ
6 CDEGHK(N 1km)QRT

Beau camping près d'une petite ville touristique. Emplacements sur terrain plat avec un peu d'ombre. Bons équipements modernes.

De Molsheim ou Strasbourg sortie Obernai. Pas Centre Ville, mais aux ronds-points, suivre Le Mont-Ste-Odile. A droite au bout du périphérique et directement à gauche. Cp à 100m à gauche.

N 48°27'53'' E 07°28'03''

CC € 18 *19/3-1/7* *15/9-31/12*

## Ranspach, F-68470 / Alsace (Haut-Rhin) 1532

Flower Camping Les Bouleaux****
8 rue des Bouleaux
+33 3 89 82 64 70
1/1 - 9/1, 24/1 - 6/11, 28/11 - 31/12
contact@alsace-camping.com

2,8ha 56T(80-100m²) 6-10A CEE

1 ACD**G**IJKLMOPQW
2 CJLNOSWYZ
3 CHIKNPSU**W**
4 (F+H)JK**LP**(Q 1/7-31/8)(U+V+X+Z)
5 **AB**CDEFGHIJKLMNOPUWZ
6 ABDEGK(N 1km)OTV

Ce camping tranquille se trouve sur la route des vins d'Alsace dans un environnement fleuri avec des emplacements délimités et en partie sous les arbres. Vue sur les collines boisées. Piscine couverte chauffée, spa-hammam, massage et menu du jour avec des produits du terroir à un prix avantageux.

De Nancy suivre la N57 vers Remiremont, puis la N66 sur environ 10 km. Après le Col de Bussang, Ranspach. A Ranspach suivre les panneaux.

N 47°52'48'' E 07°00'37''

CC € 18 *1/1-9/1* *24/1-30/6* *1/9-6/11* *28/11-31/12*

## Riquewihr, F-68340 / Alsace (Haut-Rhin) 1533

Camping de Riquewihr****
1 route du Vin
+33 3 89 47 90 08
1/4 - 2/11, 25/11 - 31/12
info@campingriquewihr.com

4ha 148T(80-150m²) 16A CEE

1 ACD**G**IJKLMPQ
2 IJSUWXYZ
3 C**G**HIKMNOPSU
4 (Q)(T+U 1/7-15/9)
5 **AB**DEFGIJKLMNOPQUWXYZ
6 ACDEGHK(N 1km)T

Sur la route des vins près de la petite ville médiévale pittoresque Riquewihr. Autres petites villes (Ribeauville, Kaysersberg) aux alentours. Emplacements spacieux délimités sur terrain plat, aussi avec ombre. Superbes sanitaires chauffés.

Quitter la N83 à partir de la dir. Strasburg à la sortie 21 (ou à partir de la direction Mulhouse/Colmar à la sortie 22) et prenez la directoin Ostheim/Riquewihr. Au grand rond-point avant Riquewihr, le camping est indiqué.

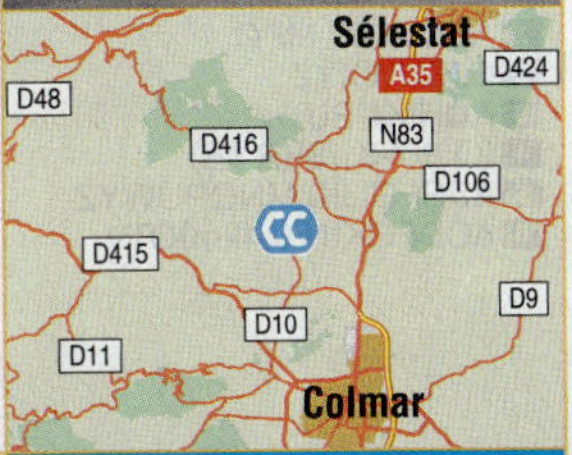


N 48°09'45'' E 07°19'01''

CC € 18 *1/4-24/5* *30/5-9/7* *18/9-1/11*

## Saverne, F-67700 / Alsace (Bas-Rhin)

**1534**

Camping Seasonova Les Portes d'Alsace***
40, rue du Père Liebermann
+33 3 88 91 35 65
1/4 - 31/10
contact@camping-lesportesdalsace.com

3ha 140T(80-120m²) 10A CEE

**1** ACD**G**IJKLMP**Q**
**2** ISUYZ
**3** ACEHIKMN**OQ**SU
**4** (E+H 1/5-30/9)(Q+T+U+V)
**5** **AB**DEFGIJKLMNPQUWX
**6** EGH**K**(N 1km)TV

Camping tranquille avec de beaux grands arbres à proximité de la petite ville de Saverne. Il y a une petite piscine chauffée, avec un toit ouvrant.

De la A4 sortie 45 vers Saverne. A partir du centre le camping est indiqué par des panneaux.

CC € 18 1/4-2/7 20/8-30/10 7=6, 14=11

N 48°43'52'' E 07°21'19''

## Ste Marie-aux-Mines, F-68160 / Alsace (Haut-Rhin)

**1535**

Camping Les Reflets du Val d'Argent***
20 route d'Untergrombach
+33 3 89 58 64 31
1/1 - 31/12
reflets@calixo.net

3ha 110T(90-110m²) 5-16A

**1** ACDGIJKLMPQ
**2** CJMSUVWXYZ
**3** ACHIKNO**Q**SU**W**
**4** (A 1/7-31/8)(C+H 1/5-30/9) **N**(Q 1/5-30/9)(R 15/4-31/12) (T+U+X)(Y 1/1-31/12) (Z)
**5** **A**DFGIJKLMNOPUVXZ
**6** ACDEGJ(N 1km)ORTVW

Au milieu de montagnes et des bois, position centrale en Alsace, situé dans une jolie vallée en bordure d'une ancienne ville aux mines d'argent. Ce camping familial offre de nombreux équipements pour un séjour agréable: restaurant, bar et piscine.

N59 Sélestat-St. Dié. Dans St-Marie-Aux-Mines suivre les panneaux du camping.

CC € 16 1/1-15/6 18/8-31/12

N 48°14'07'' E 07°10'14''

## Turckheim, F-68230 / Alsace (Haut-Rhin)

**1536**

Camping Le Médiéval
7 quai de la Fecht
+33 3 89 27 02 00
7/4 - 26/10, 25/11 - 31/12
reception@camping-turckheim.fr

2ha 123**T**(80-100m²) 16A CEE

**1** ACD**G**IJKLMPQ
**2** CJSUWXYZ
**3** A**G**HIK**O**SU
**4** (Q 8/7-31/8)(R)
**5** **AB**EFGIJKLMNOPUWYZ
**6** ACDFGK(N 0,4km)OTV

A 300m de l'agréable ville médiévale Turckheim entre les vignobles et près de la Route des Vins. A 10 minutes en train ou bus de Colmar. Venez goûter les vins d'Alsace et profiter des petits restaurants sympathiques. Ancien camping municipal rénové.

A Colmar, quitter la A35, sortie 24 vers Logelbach. Au rond-point, di Turckheim et juste après le passage à niveau, bifurquer à gauche vers le camping.

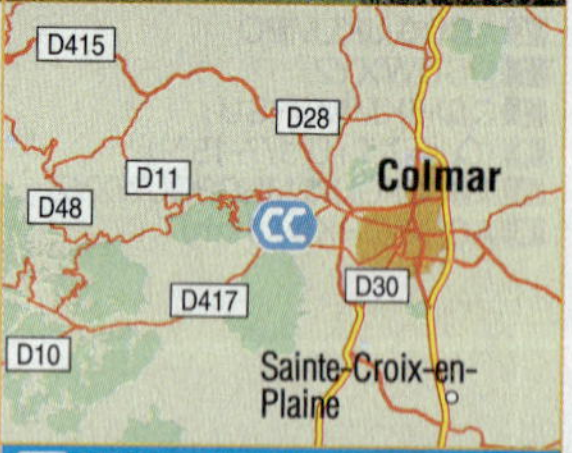


CC € 18 7/4-25/5 7/6-30/6 28/8-26/10

N 48°05'07'' E 07°16'21''

## Wattwiller/Cernay, F-68700 / Alsace (Haut-Rhin) — 1537

Camping Huttopia Wattwiller****
route des Crêtes
+33 3 89 75 44 94
7/4 - 6/11
wattwiller@huttopia.com

15ha 99T(80-100m²) 10A CEE

1 ACDGIJKLOPST
2 BMTUWXYZ
3 CGHINOPQRSU
4 (A+B 1/7-31/8)(F)
(G 1/7-31/8)(Q+R)
(T+U+V 1/7-31/8)(X)
(Z 1/7-31/8)
5 ABDFGIJKLMNPUW
6 CEGHJ(N 7km)OTV

Camping en terrasses dans les bois entre Mulhouse et Colmar. Il y a une piscine couverte et une piscine de plein air.

A partir de la N83, prendre la sortie Cernay-Nord/Wattwiller et vers Watwiller par Uffholtz. Puis suivre les panneaux du camping.

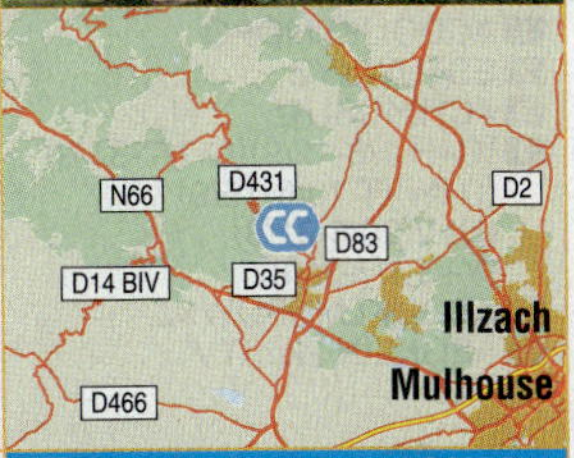


CC € 18 7/4-1/7 28/8-6/11

N 47°50'01'' E 07°09'56''

## Wihr-au-Val, F-68230 / Alsace (Haut-Rhin) — 1538

Camping La Route Verte**
13 rue de la Gare
+33 3 89 71 10 10
8/5 - 18/9
info@camping-routeverte.com

0,9ha 55T(80-105m²) 4-10A CEE

1 ACDGIJKLPQ
2 JSTWXYZ
3 AHIKMNSU
4 (A 1/7-31/8)(R+V+Z)
5 AFGIJKLMNPUWZ
6 ACEGK(N 0,1km)OT

Charmant camping fleuri, authentique et convivial. La nature au coeur du village c'est chez nous. Situé dans la vallée de Munster entre la Route des Vins et la Route du Fromage. Rando, fermes auberges, route des crêtes, pistes cyclables, lacs, châteaux, villages pittoresques. Tout cela c'est pour vous!

Quitter la D8 à l'ouest de Colmar et suivre la D417. A ± 10 km à droite vers Wihr-au-Val. Vous trouvez La Route Verte sur la gauche à ± 400m.

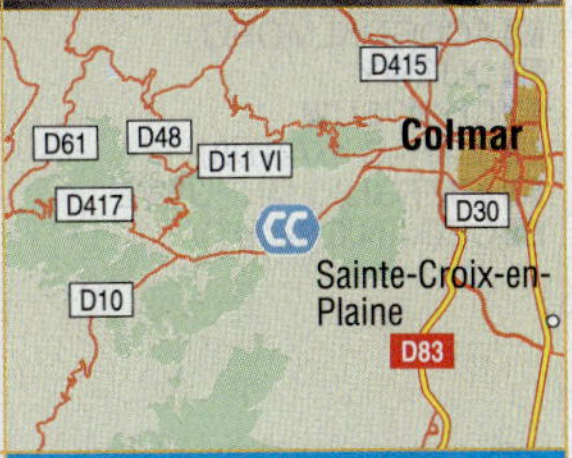


CC € 14 14/5-30/6 28/8-18/9

N 48°03'06'' E 07°12'18''

## Argenton-sur-Creuse, F-36200 / Centre-Val de Loire (Indre) — 1539

Camping Les Chambons***
37 rue des Chambons
+33 9 66 84 06 01
1/1 - 31/12
campingleschambons@gmail.com

1,3ha 54T(100m²) 10A CEE

1 ACDGIJKLMOPQ
2 CIJOSUWXYZ
3 IKMSUWX
4 (Z)
5 ABFGIJKLMNOPUZ
6 CEGK(N 1km)T

Camping convivial avec de grands arbres, situé au bord de la Creuse, dans la petite ville d'Argenton appelée aussi 'la Venise du Berry', avec quelques vestiges mediévaux et Romains (Museum Argentomagus). Près du centre (15 minutes à pied). La longue 'Voie Verte' est tout près.

Du nord, A20 Orléans-Limoges sortie 17 ; suivre les panneaux de camping. Pour le GPS : insérer Saint-Marcel.

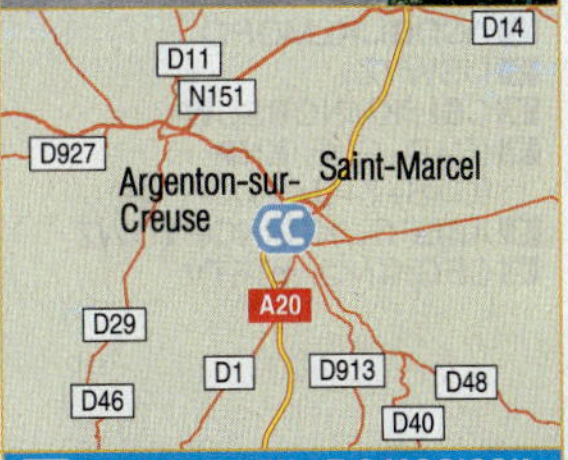


CC € 14 1/1-30/6 1/9-31/12 7=6, 14=12

N 46°35'47'' E 01°30'23''

## Aubigny-sur-Nère, F-18700 / Centre-Val de Loire (Cher)

**1540**

Camping Des Étangs****
avenue du Parc des Sports
+33 2 48 58 02 37
1/4 - 30/9
camping.aubigny@orange.fr

2ha 85**T**(80-200m²) 10A

1 ACDGIJKLMO**PQ**
2 ESTUWXYZ
3 ACHIKOSU**W**
4 (C+H 1/6-15/9)(Q 1/7-31/8)
(R 🔑)(T 15/6-15/9)
(U+V 20/6-31/8)
(Y+Z 1/7-31/8)
5 **AB**GIJKLMNPUWXZ
6 AEGKL(N 2km)TV

Camping bien entretenu avec des sanitaires impeccables situé près d'un étang poissonneux. Emplacements délimités spacieux et en grande partie ombragés. A côté du camping, il y a une piscine couverte de 25 mètres avec pataugeoire.

A Aubigny-sur-Nère, à l'est de la municipalité, à 200 mètres après le centre de sport. Bien indiqué.

CC € 16 *1/4-6/7 29/8-30/9*

N 47°29'05'' E 02°27'21''

## Azay-le-Rideau, F-37190 / Centre-Val de Loire (Indre-et-Loire)

**1541**

Onlycamp Le Sabot***
1 rue du Stade
+33 2 47 45 42 72
8/4 - 30/10
campinglesabot@onlycamp.fr

9ha 150**T**(80-100m²) 10A CEE

1 ACDGIJKLMOPQ
2 CIJSWY
3 CHIKPSU**W**
4 (C+H+Q 1/7-31/8)
5 **AB**EFGIJKLMNPUVYZ
6 CEGJ(N 0,3km)TV

Le Camping ONLYCAMP Le Sabot profite d'une situation agréable puisqu'il est situé au milieu du parc naturel régional Loire Anjou Touraine . À quelques mètres du camping , vous pourrez rejoindre le centre-ville d'Azay-le-Rideau, ses quelques boutiques et admirer son prestigieux Château. Situé en bord de rivière, les amoureux de la nature et du calme pourront y trouver leur bonheur.

D751 sortie Azay-le-Rideau. Près du château. Camping indiqué par des panneaux.

CC € 18 *8/4-26/5 29/5-4/6 6/6-2/7 28/8-30/10*

N 47°15'32'' E 00°28'11''

## Ballan-Miré, F-37510 / Centre-Val de Loire (Indre-et-Loire)

**1542**

Camping La Mignardière****
22 avenue des Aubépines
+33 2 47 73 31 00
2/4 - 14/9
info@mignardiere.com

3,5ha 118**T**(80-150m²) 6-10A CEE

1 ACD**G**IJKLMOPQ
2 IJSWYZ
3 C**G**HIKMNO**R**SU**W**
4 (C+D+G 🔑)**KNP**
(Q+S+T+U+V+X+Y 🔑)
5 **AB**EFGIJKLMNOP**T**UWZ
6 CEGK(N 2km)RTV

Beau camping familial avec de bons équipements sanitaires. Piscine chauffée (aussi couverte), tennis. Il y a un terrain de jeu en face. Dans les environs directs, un lac sur lequel on peut surfer. Bon point de départ pour faire des tours à vélo et/ou visiter les châteaux de la Loire.

Par A10 après Tours sortie 24 Joué-les-Tours, centre direction Ballan-Miré. Au 1ier feu à droite et suivez les panneaux de camping.

CC € 18 *2/4-2/7 27/8-14/9 7=6*

N 47°21'19'' E 00°38'02''

## Bannay/Cosne-sur-Loire, F-18300 / Centre-Val de Loire (Cher) 1543

Camping de l'Ile***
Ile de Cosne
+33 3 86 24 48 43
11/4 - 23/10
camping.cosne@aquadis-loisirs.com

6ha 180T(100m²) 10A CEE

1 ACD**G**IJKLMOPQ
2 ABCINOSTUWYZ
3 ACD**FG**HKMP**QR**SU**W**
4 (A+Q+R+Z)
5 **AB**FGIJKLMNOPUXZ
6 EGJ(N 1km)ORTV

Camping bien entretenu sur la rive de la Loire à proximité de Cosne-sur-Loire. Emplacements spacieux, la plupart ombragés. Circuits à vélos et canots pour profiter de la Loire et de la campagne.

A77 sortie Cosne-sur-Loire, puis direction Bourges.

CC € 16 *11/4-9/7 27/8-23/10*

N 47°24'30'' E 02°55'02''

## Bléré, F-37150 / Centre-Val de Loire (Indre-et-Loire) 1544

Onlycamp La Gâtine***
rue du Commandant Lemaître
+33 2 47 57 92 60
15/4 - 9/10
campinglagatine@onlycamp.fr

3,5ha 210T(100-120m²) 10A

1 ACD**G**IJKLMPQ
2 CSWYZ
3 CHIKM**O**PU**W**
4 (**B+G** 1/7-31/8)
5 **A**EFGIJKLMNPUVWZ
6 CEGJ(N 0,2km)

Terrain ombragé à côté d'un complexe sportif (voile, piscine, tennis, ski nautique, pêche), sur la rive du Cher.

A partir d'Amboise (D31) à gauche après le pont, suivre la route.

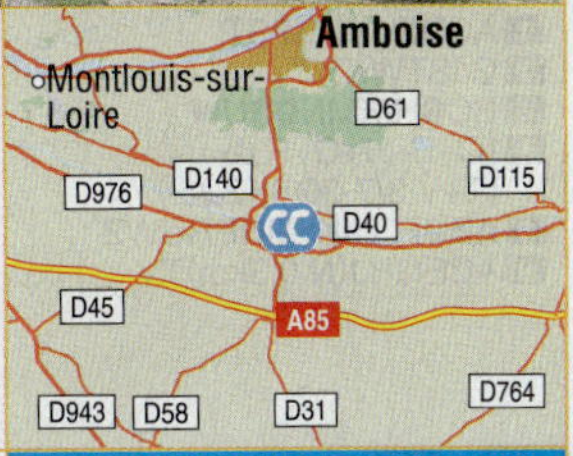


CC € 16 *15/4-26/5 29/5-4/6 6/6-2/7 28/8-9/10*

N 47°19'41'' E 00°59'49''

## Blois/Vineuil, F-41350 / Centre-Val de Loire (Loir-et-Cher) 1545

Camping Le Val de Blois***
RD951 Lac de Loire
+33 2 54 79 93 57
2/4 - 8/10
contact@camping-loisir-blois.com

5,5ha 120T(100-130m²) 16A CEE

1 ACD**G**IJKLMPQ
2 CINSTWXY
3 CHKM**W**
4 (B+G 26/6-31/8)(Q+R)
(T+U 13/6-11/9)
5 **AB**EFGIJKLMNOPQUX
6 CEJ(N 3km)OT

Pour vos vacances ou un weekend dans le Loir et Cher : découvrez les quiétude du camping Val de Loire sur les rives de la Loire (Vineuil). Bon point de départ pour vos excursions culturelles ou touristiques en voiture ou à vélo (piste cyclable 'La Loire à Vélo' à côté du camping).

A10 sortie Blois, puis di Vierzon, passer le pont puis à droite, di Orléans (D951). A 3 km à l'est de Blois.

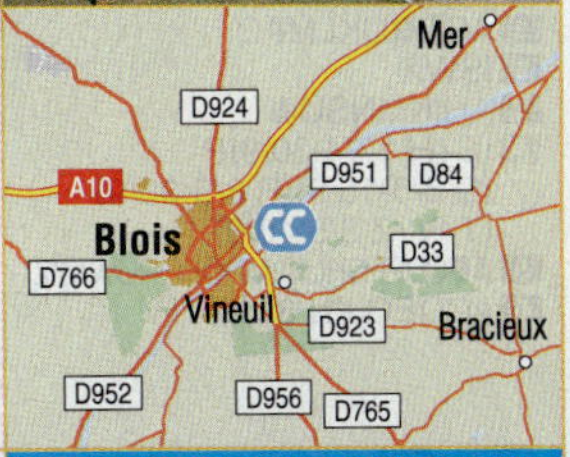


CC € 18 *2/4-8/7 29/8-8/10*

N 47°36'22'' E 01°22'35''

## Bourges, F-18000 / Centre-Val de Loire (Cher)

1546

Camping de Bourges***
26 bd de l'Industrie
+33 2 48 20 16 85
14/3 - 30/10
camping.bourges@aquadis-loisirs.com

2,2ha 107T(80-182m²) 10-16A CEE

1 ABC**G**IJKLMPST
2 CIJLSTVWXYZ
3 ACS**W**
4 (Q+R)
5 **AB**DFGIJKLMNOPUVWXYZ
6 CDEGJ(N 0,8km)RTV

Camping citadin et d'étape bien entretenu. Emplacements délimités par des haies et en partie ombragés. A 15 min. à pied du centre-ville et du Lac d'Huron, où vous pouvez faire du tennis, du surf, de l'équitation et pêcher. Terrain de golf 18 holes.

A partir de la A71 sortie Bourges-centre. Puis suivre les panneaux de camping. Attention : du sud, serrer à droite au 4e rond-point puis traverser pour l'entrée du camping.

CC € 18 *14/3-18/4 25/4-9/7 27/8-30/10*

N 47°04'21'' E 02°23'41''

## Bracieux, F-41250 / Centre-Val de Loire (Loir-et-Cher)

1547

Camping Huttopia Les Châteaux***
131 Impasse de Guernajolles
+33 2 54 46 41 84
31/3 - 6/11
welkom@huttopia.com

8ha 203T(100-120m²) 10A CEE

1 ACD**F**IJKLM**P**ST
2 CJSTWXYZ
3 BC**G**HIKMN**O**SU**W**
4 (C+E+H+Q+R)
(T+V 3/7-30/8)(Z)
5 **AB**DFGIJKLMNPRUWZ
6 ACEGHJ(N 0,3km)TV

Situé à seulement 8 km du Château de Chambord, ce camping entièrement rénové offre de nombreuses possibilités pour faire des balades à pied, à vélo... Equipements et services de qualité. Camping le plus proche de Chambord. La CampingCard ACSI est valable uniquement sur les emplacements normaux.

Depuis Paris A10, sortie 16 Mer. Depuis Tours A10, sortie 17 Blois, puis D923. A Bracieux accès en face de l'église.

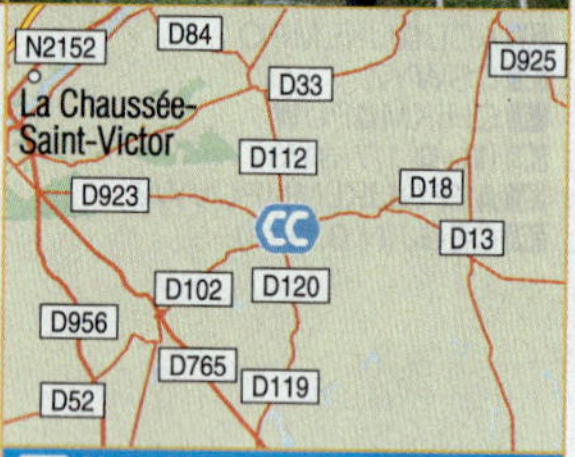


CC € 18 *31/3-1/7 28/8-6/11*

N 47°33'05'' E 01°32'21''

## Bréhémont, F-37130 / Centre-Val de Loire (Indre-et-Loire)

1548

Camping Loire et Châteaux****
Lieu-dit Le Stade
+33 7 72 23 41 24
17/4 - 28/10
camping@loireetchateaux.com

1,5ha 46T(100-150m²) 16A CEE

1 ACD**G**IJKLM**P**Q
2 ISWX
3 AHIKMNSU**W**
4 (C+H 17/4-30/9)P
(Q 8/5-15/9)(R 8/5-30/9)
(T+V+Z 8/5-15/9)
5 **AB**CDEFGHIJKLMNOPQRUWXYZ
6 ACDEGJ(N 8km)RTV

Ambiance familiale dans un environnement rural. Jouissez du confort, entre autres des sanitaires tout nouveaux. Situé au coeur d'une nature classée au Patrimoine Mondial de l'Unesco et dans la région des châteaux. Près de la piste cyclable 'Loire à Vélo'. Réfrigérateur disponible et gratuit pour les cyclistes.

Par la D16 direction Bréhémont. Dans le village, à gauche après l'église. Suivre les panneaux. Au croisement à droite.

CC € 18 *17/4-9/7 26/8-28/10*

N 47°17'27'' E 00°21'13''

## Briare-le-Canal, F-45250 / Centre-Val de Loire (Loiret)

**1549**

Camping Le Martinet***
Val du Martinet
+33 2 38 31 24 50
1/4 - 31/10
campinglemartinet@outlook.fr

4,2ha 160**T**(80-100m²) 10A CEE

**1** AC**G**IJKLMPQ
**2** CISTWXYZ
**3** CHKRS**W**
**4** (C 15/6-15/9)(Q 1/6-30/10)
**5** **A**DGHIJKLMNOPUVXZ
**6** CDEGHJ(N 1km)T

Camping tranquille le long de la Loire, près de Briare-le-Canal, réputé pour son aqueduc et son pont-canal au-dessus de la Loire. Idéal pour les cyclistes (piste cyclable Loire à vélo). Le camping a une partie avec des emplacements assez ombragés séparés par des haies.

A77 Paris-Nevers. A Montargis N7 vers le sud. Près de Briare sortie Briare. Dans la ville, di Nevers, au port de plaisance traverser le pont, à droite. Camping bien indiqué.

CC € 18 1/4-7/7 25/8-31/10 7=6

N 47°38'30'' E 02°43'33''

## Candé-sur-Beuvron, F-41120 / Centre-Val de Loire (Loir-et-Cher)

**1550**

Camping La Grande Tortue*****
route de Pontlevoy
+33 2 54 44 15 20
9/4 - 17/9
camping@grandetortue.com

6ha 90**T**(100-200m²) 10A CEE

**1** ACD**G**IJKLMO**P**Q
**2** BSTWYZ
**3** C**G**HIKMNPSU**W**
**4** (C+E+H)IJKM**N**
(Q+S+T+U+V+X+Y+Z)
**5** **AB**DFGIJKLMNPUVWXYZ
**6** ACEGH**K**(N 6km)ORTV

Camping 5 étoiles adapté aux enfants dans un vieux bois de chênes. Entouré de châteaux de la Loire. Un lieu qui inspirera les amoureux de nature et de culture. Piscine couverte et chauffée, paradis aquatique d'extérieur avec toboggan et pataugeoire. A 500m, piste cyclable 'La Loire à vélo'.

De Blois, di Vierzon. Par le sud de la Loire (D751) direction Montrichard, Pontlevoy. Suivre la Loire jusqu'à Candé. Tout droit dans le virage après le centre de Candé. Indiqué.

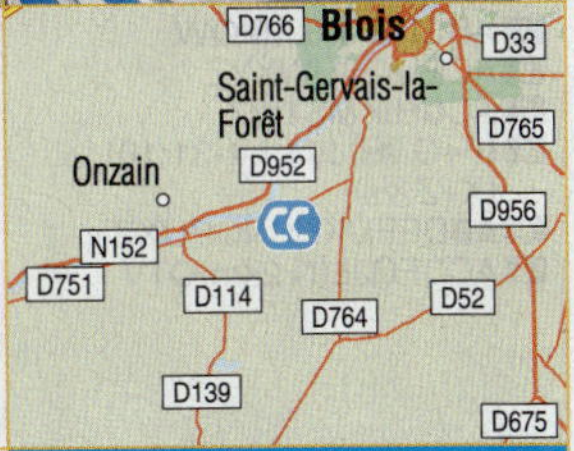


CC € 22 9/4-9/7 27/8-17/9

N 47°29'23'' E 01°15'31''

## Chartres, F-28000 / Centre-Val de Loire(Eure-et-Loir)

**1551**

Camping de Chartres - C'chartres Tourisme***
9 rue de Launay
+33 34 40 30 40
1/3 - 31/10
camping@chartres-tourisme.com

3,8ha 97**T**(100-150m²) 6A CEE

**1** AC**G**IJKLO**P**Q
**2** CISXY
**3** CHMPS**W**
**4** (R 1/7-31/8)
(S+T 1/4-30/9)(U 1/7-31/8)
(V+W+X 1/4-30/9)
**5** **AB**FGIJKLMNPUV
**6** CDEGJ(N 0,03km)ORTV

Situé dans la nature, à 5 minutes du centre ville avec une cathédrale connue. Location de vélos électriques. Le camping a des jeux de société intérieurs et extérieurs et du wifi. Vente de produits locaux et fréquemment des food trucks.

Le camping est au S-E de la ville. Aller par la N10 et la rocade N123 jusqu'au croisement avec la N154. Puis suivre 'Centre Douane' et ensuite les panneaux de camping.

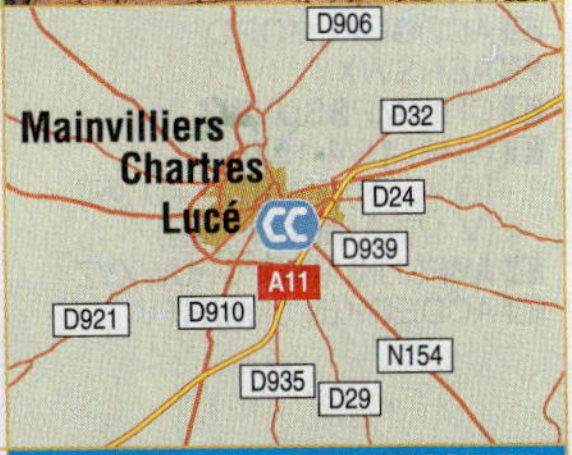


CC € 16 1/3-1/7 26/8-31/10

N 48°26'03'' E 01°29'57''

## Châteauneuf-sur-Loire, F-45110 / Centre-Val de Loire (Loiret)

iD **1552**

Camping La Maltournée***
route de Châteauneuf
+33 2 38 58 42 46
1/4 - 31/10
contact@camping-chateauneufsurloire.com

5ha 190**T**(80m²) 10A CEE

**1** ACGIJLQ
**2** ACILSTXY
**3** CHKSUWX
**4** (R+Z)
**5** ABFGIJKLMNPUWX
**6** CDEGJ(N 1km)TV

Camping très bien entretenu avec nouveaux sanitaires. Grande plage au bord de la Loire. Emplacements spacieux, en partie ombragés. Adapté pour les poussettes. Bon lieu de séjour pour les amateurs de culture.

A Châteauneuf-sur-Loire, vers Sigloy. Traverser le pont et directement à gauche (300m).

CC € 16 *1/4-6/7 25/8-31/10* *7=6*

N 47°51'24'' E 02°13'48''

## Châteauroux, F-36000 / Centre-Val de Loire (Indre)

iD **1553**

Camping Le Rochat Belle-Isle***
17 rue du Rochat
+33 2 54 08 96 29
1/1 - 31/12
campinglerochat@gmail.com

2,5ha 152**T**(80-130m²) 10A CEE

**1** ABCDGIJKLMPQW
**2** ACEIJOSUWXYZ
**3** ACGHIKMSTWZ
**4** (F+G)J(Q 1/4-31/10)(X+Z)
**5** ABDEFIJKLMNOPUXZ
**6** ACDFGJL(N 2km)OTV

Camping d'étape très chouette (aussi pour un séjour plus long) situé dans un environnement aux allures de parc près du centre-ville. Près d'un étang récréatif avec pelouse et jeux. Restaurant au bord du lac. Piscine gratuite à 100m. Pistes cyclable à partir du camping. Bus gratuit vers le centre.

A20 sortie 13, vers Châteauroux-centre. Au 2e feu à gauche. Continuer. Au rond-point, tout droit. Aux feux tout droit. A gauche après le hall vert. Cp à gauche.

CC € 16 *1/1-30/6 1/9-31/12* *7=6, 14=12*

N 46°49'26'' E 01°41'39''

## Chemillé-sur-Indrois, F-37460 / Centre-Val de Loire (Indre-et-Loire)

iD **1554**

Camping Les Coteaux du Lac****
+33 2 47 92 77 83
26/3 - 9/10
lescoteauxdulac@wanadoo.fr

3,5ha 60**T**(100-170m²) 16A CEE

**1** ACDGIJKLMOPQ
**2** AENSWXY
**3** CHIKMPRSUVWZ
**4** (C+H 15/4-15/9)J(Q 15/6-15/9)(R+T+U)(V 1/7-31/8)(X+Z)
**5** ABFGIJKLMNOPQRUWXYZ
**6** ACDEGK(N 3km)RTV

Situé au bord d'un lac. Idéal pour la découverte de la vallée de la Loire. Piscine chauffée, sanitaires pour enfants, magasin, salle de télévision. Aussi : pédalos, canoës, plage surveillée, pêche (carpes), bar/restaurant.

A partir de St. Aignan la D675 jusqu'à Nouans, puis D760 direction Montrésor et à Chemillé par la D10. Après le village passer le pont puis à droite. Suivre les panneaux.

CC € 18 *26/3-9/7 26/8-9/10* *7=6*

N 47°09'28'' E 01°09'35''

## 1555 Cheverny, F-41700 / Centre-Val de Loire (Loir-et-Cher)

Camping Sites & Paysages Les Saules****
Les Saules
+33 2 54 79 90 01
1/4 - 22/9
contact@camping-cheverny.com

8ha 164T(100-140m²) 10A CEE

1 ACD**G**IJL**P**ST
2 BSWY
3 BC**FG**HIKMNP**R**SU
4 (C+E+G+Q )(S+T+U+V 15/5-11/9)(X 1/6-31/8)(Z 15/5-11/9)
5 **AB**CEFGHIJKLMNOPQRUWXZ
6 ACEGHK(N 3km)TVW

Calme et espace dans des environs boisés. Le camping s'y intègre bien, avec des emplacements ombragés spacieux et des sanitaires bien entretenus. L'ambiance familiale fait le reste. Bonnes possibilités pour la randonnée et le vélo, l'itinéraire 'Loire à vélo' est accessible à partir du camping. Golf à 2 km.

A10, sortie 17 Blois direction Vierzon. A partir du centre de Cheverny, suivre la direction du Château. Le camping est sur la droite à 1,4 km après le château.

CC € 20 *1/4-9/7* *26/8-22/9* *7=6, 14=12*

N 47°28'40'' E 01°27'03''

## 1556 Chinon, F-37500 / Centre-Val de Loire (Indre-et-Loire)

Camping de l'Ile Auger***
quai Danton
+33 2 47 93 08 35
1/4 - 31/10
info@camping-chinon.com

4,5ha 200T(80-100m²) 12A CEE

1 ACD**G**IJKLMOPQ
2 CNSWY
3 CHIKMN**O**SW
4 (**B** 1/7-20/8)(**F** )
5 **AB**FGHIJKLMNOPQUZ
6 EGJ(N 0,3km)RT

En séjournant dans ce camping, situé en face de la forteresse royale de Chinon, laissez-vous séduire par le patrimoine de la vallée de la Loire, sa richesse de paysages et sa gastronomie.

A partir d'Azay-le-Rideau par la D751 à gauche avant la rivière, et la 1ère route à droite après le pont. A partir de Saumur (D751), à gauche avant le pont.

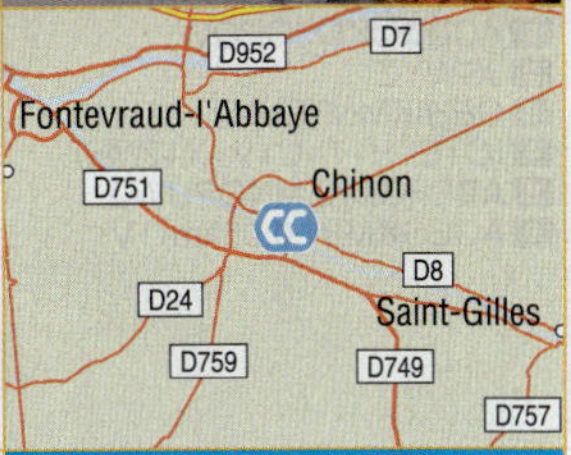


CC € 14 *1/4-30/6* *1/9-31/10*

N 47°09'50'' E 00°14'07''

## 1557 Cloyes-sur-le-Loir, F-28220 / Centre-Val de Loire(Eure-et-Loir)

Parc de Loisirs Le Val Fleuri****
route de Montigny
+33 2 37 98 50 53
15/3 - 15/11
info@val-fleuri.fr

5ha 196T(100-150m²) 6A CEE

1 AC**G**IJKLPR
2 CEJSUWXYZ
3 ACHKPRSU**W**
4 (C 1/5-30/9)(E )(H 1/5-30/9)IJ**K**(Q+S+T+U+V+X+Z )
5 **AB**EFGIJKLMNOPUWYZ
6 CEGH**K**(N 0,5km)OQRTV

Beau grand camping pour tous dans une région magnifique, près des châteaux de la Loire et non loin de Paris et de Versailles. Belle piscine chauffée avec toboggan, pataugeoire, piscine couverte et jacuzzi (gratuit). Minigolf, poney, bateau et château pneumatique.

A partir de Châteaudun par la N10 et la D35. A droite avant l'agglomération de Cloyes-sur-le-Loir. Bien indiqué par des panneaux.

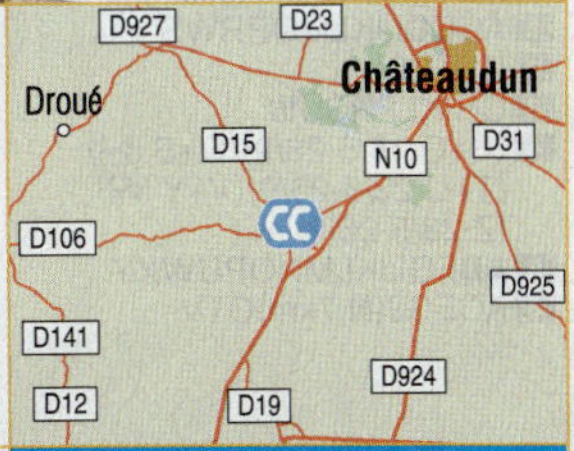


CC € 18 *15/3-30/6* *1/9-15/11*

N 48°00'08'' E 01°13'59''

## Combreux/Vitry-aux-Loges, F-45530 / Centre-Val de Loire (Loiret)

iD **1558**

Camping Seasonova L'Etang de la Vallée***
Route de la Vallée 180
+33 2 38 55 47 60
1/4 - 31/10
contact@campingetangdelavallee.com

1,7ha 108T(80-100m²) 16A CEE

1 ACD**G**IJKLMOPQ
2 ABEJNOSTWXYZ
3 ABCEHIJKP**R**SU**W**Z
4 (**A**+Q+R+T+U+X+Z 1/7-31/8)
5 **A**CEFGHJLNPQRUXYZ
6 CEGJ(N 4km)ORTV

Camping très agréable. Situé à proximité du lac. Grande plage de sable. Baignade surveillée et possibilités étendues de cyclisme. Emplacements spacieux avec raccordement électrique. Français et anglais parlés.

Depuis Orléans, sur la N60/E60. Après 24 km, tournez à gauche sur la D10. À Vitry-aux-Loges, tourner à droite, jusqu'au lac, puis à gauche. Le camping se trouve sur la gauche.

CC € 16 *1/4-9/7 28/8-31/10 7=6*

N 47°57'31'' E 02°16'54''

## Faverolles-sur-Cher, F-41400 / Centre-Val de Loire (Loir-et-Cher)

iD **1559**

Camping Couleurs du Monde****
1 Rond Point de Montparnasse
+33 2 54 32 06 08
2/4 - 26/9
contact@camping-couleurs-du-monde.com

4ha 70T(120m²) 6-10A CEE

1 ACD**G**IJKLMOPQW
2 JSWYZ
3 CEHIKMNPSUV
4 (C+E+H+T+U+V+X+Z)
5 **AB**EFGIJKLMNOPUWZ
6 ACEG**K**M(N 0,05km)TV

Entouré par les magnifiques châteaux et les vignes de la Loire. A deux pas de la ville historique Montrichard. Terrain aux allures de parc (4 ha). Ambiance familiale: 'La douce France'. Accueil, bons équipements, calme et espace. Sur le camping, piscine chauffée, restaurant, bar, location de vélos. Supermarché à proximité.

A partir de Blois D764 direction Montrichard/Loches. A partir de Montrichard direction Faverolles. Après le 2ième rond point, camping sur la gauche.

CC € 18 *8/4-10/7 27/8-25/9 7=6, 14=11*

N 47°20'02'' E 01°11'15''

## Francueil/Chenonceaux, F-37150 / Centre-Val de Loire (Indre-et-Loire)

iD **1560**

Camping Le Moulin Fort***
+33 2 47 23 86 22
14/4 - 2/10
lemoulinfort@wanadoo.fr

3ha 115T(80-150m²) 6A CEE

1 ACD**G**IJKLMOPRWS
2 CSTWY
3 CHIKLP**R**SU**W**
4 (B+G 15/5-26/9)(Q+S)
(T+U 23/5-26/9)(V+Y)
(Z 23/5-26/9)
5 **AB**FGIJKLMNOPUWXY
6 ACEGJ(N 7km)OTV

Camping bien entretenu dans les environs directs du château de Chenonceaux. Ce camping est situé sur les rives du Cher. Bons équipements et bonnes possibilités pour la détente sur et autour du terrain.

A partir de Bléré par la D976 après 6 km à gauche direction Chenonceaux. Avant le pont à droite. Bien indiqué.

CC € 18 *14/4-30/6 1/9-2/10*

N 47°19'35'' E 01°05'01''

## Jargeau, F-45150 / Centre-Val de Loire (Loiret)

1561

Camping L'Isle aux Moulins**
rue du 44ème R.i.
+33 2 38 59 70 04
1/4 - 31/10
campingjargeau@orange.fr

7ha 186T(110-200m²) 10A CEE

1 AC**G**IJKLM**P**Q
2 ACSTWXYZ
3 AH
4 (Q+R)
5 **AB**DEFGIJKLMNOPUVXYZ
6 EGJ(N 0,3km)TV

Camping familial tranquille au bord de la Loire, avec un accueil amical. Végétation et fleurs variées. Près d'Orléans et sur la route des châteaux de la Loire. 'La Loire à vélo', informations à la réception. Près d'une petite ville avec assez de possibilités pour le shopping. Idéal pour visiter les châteaux.

Venant d'Orléans, di Montargis. A mi-chemin, la D921 vers Jargeau. Directement à droite après le pont sur la Loire puis de nouveau directement à droite.

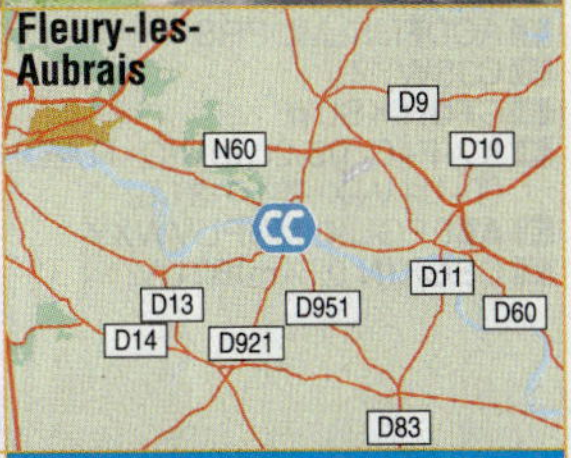


CC € 16 *1/4-6/7 24/8-31/10 7=6*

N 47°52'09'' E 02°06'55''

## La Ferté-St-Aubin, F-45240 / Centre-Val de Loire (Loiret)

1562

Camping du Cosson**
avenue Lowendal
+33 2 38 76 55 90
1/4 - 30/9
campingducosson45@outlook.fr

4ha 50T(80-120m²) 6A CEE

1 ACD**G**IJKLMPRS
2 BCJSTVWXYZ
3 A**G**HIKMOSU**W**
4 (**B+F+G**)**J**(Y+Z)
5 **AB**IJKLMNPUXZ
6 AEGJ(N 0,5km)TV

Situé dans un parc sur les rives du Cosson. A deux pas d'un château, du centre ville et d'un parc aquatique. Aire de service camping-car à côté du camping avec vidange pour les wc chimiques (payant).

Dans le centre, suivre la D2020 vers le château. Camping bien indiqué.

CC € 16 *1/4-7/7 25/8-30/9 7=6*

N 47°43'31'' E 01°56'01''

## La Ferté-Vidame, F-28340 / Centre-Val de Loire(Eure-et-Loir)

1563

Camping Les Abrias du Perche
route de la Lande
+33 2 37 37 64 00
15/2 - 30/11
info@campingperchenormandie.fr

2ha 48T(70-100m²) 10A CEE

1 A**G**IJKLMPST
2 BESUVWYZ
3 AHIK**O**SW
4 (E 15/4-30/9)(Q+T 1/4-30/9)
(W+X 1/4-1/10)(Z)
5 **AB**CDGIJKLMNOPUXYZ
6 ACDEGHK(N 0,8km)OTV

Camping très bien situé au milieu d'un bois et entouré de nombreux lacs. Emplacements bien délimités avec beaucoup d'ombre. Grand terrain de jeu et piscine chauffée. Sanitaires modernes et wifi sur tout le camping.

De Verneuil-sur-Avre vers Nogent-le-Rotrou jusqu'à La Ferté-Vidame puis suivre les panneaux de camping.

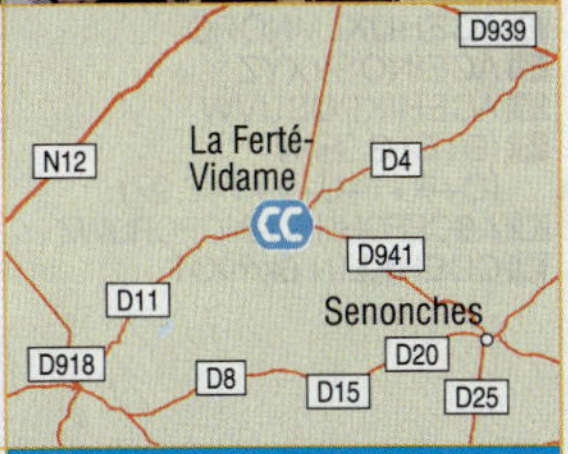


CC € 14 *1/4-9/7 26/8-31/10*

N 48°36'28'' E 00°53'23''

## Loches, F-37600 / Centre-Val de Loire (Indre-et-Loire)

**1564**

Camping La Citadelle****
Aristide Briand
+33 2 36 33 91 04
1/4 - 2/10
camping@lacitadelle.com

4ha 117**T**(50-240m²) 10-20A CEE

1 ACD**F**IJKLMOPRS
2 CJSWYZ
3 C**FG**HIKSU**W**
4 (C+F+G 1/5-20/9)IJ(Q+R )
(T+U+V+X+Z 1/7-31/8)
5 **AB**EFGIJKLMNPUVWXY
6 CEGK(N 0,5km)RTUV

Camping accueillant en bordure de Loches, ville historique avec un château intéressant. La ville et les environs offrent diverses possibilités pour la détente. Piscine chauffée, bar/snack/restaurant et bons sanitaires. Réduction dans différents magasins et restaurants de la ville sur présentation du bracelet du camping.

D943, D31 ou D764. Au rond-point, il est mieux de contourner Loches. Evitez la route via le centre. Camping est bien indiqué.

€ 20 *1/4-6/7 28/8-2/10*

N 47°07'22'' E 01°00'08''

## Luynes, F-37230 / Centre-Val de Loire (Indre-et-Loire)

**1565**

Flower Camping Les Granges***
avenue de l'Europe
+33 2 47 55 79 05
3/4 - 1/11
reception@campinglesgranges.fr

1,8ha 30**T**(100m²) 10A CEE

1 ACD**G**IJKLM**P**RS
2 IJSWXYZ
3 CHIKLMNPSU**W**
4 (C 1/5-15/9)(F 1/5-30/9)
(H 1/5-15/9)(Q+R )
(T 1/5-30/9)(U+V 1/6-30/9)
(Z 1/5-30/9)
5 **AB**DFGIJKLMNOPUWZ
6 ACEGHK(N 0,5km)TV

Camping dans un environnement tranquille près de la ville de Luynes. Bons équipements, piscine et magasin. Sanitaires bien entretenus. Bonnes possibilités pour le vélo et la randonnée dans les environs.

Facilement accessible par la D952, à 10 km à l'ouest de Tours direction Saumur. Le camping est indiqué.

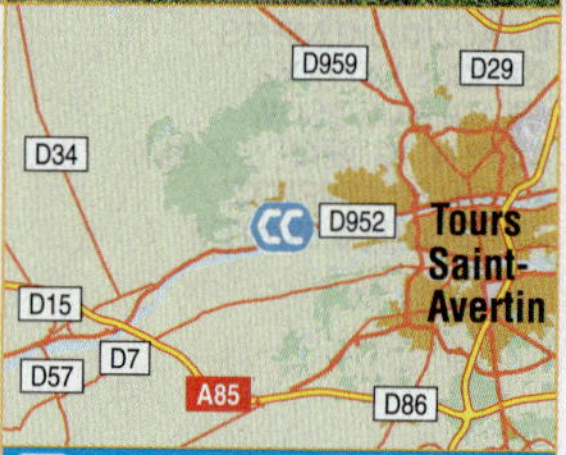


€ 16 *3/4-9/7 29/8-1/11 7=6*

N 47°22'52'' E 00°33'31''

## Luzeret, F-36800 / Centre-Val de Loire (Indre)

**1566**

Camping La Petite Brenne
La Grande Métairie
+33 2 54 25 05 78
23/4 - 1/10
info@lapetitebrenne.com

42ha 150**T**(200-300m²) 10A CEE

1 ACEHIJKLMNOPQ
2 ACEINOSVXYZ
3 ACEHIKPQSUVW
4 (B+E+G )**N**
(Q+R+T+U+V+Y+Z )
5 **AB**CEFGHIJKLMNOPQRUWZ
6 CDEH**K**L(N 6km)OT

Camping naturiste aménagé très spacieusement au bord d'un petit lac. Vous avez tout au camping pour y passer des vacances sans soucis et détendues au coeur de la nature.

A20 sortie 18, Prissac/Luzeret. Dans le centre, suivre les panneaux 'La Petite Brenne'.

€ 20 *23/4-4/6 29/8-1/10*

N 46°32'33'' E 01°24'11''

## Montlouis-sur-Loire, F-37270 / Centre-Val de Loire (Indre-et-Loire) iD 1567

Camping de Montlouis-sur-Loire***
D751
+33 2 47 50 81 90
11/4 - 23/10
camping.montlouis@aquadis-loisirs.com

4ha 72T(100-120m²) 10A CEE

1 ACD**G**IJKLMPQ
2 CSVWYZ
3 CHIKM**O**SU**W**
4 (C 3/7-31/8)(Q+R)
5 **AB**FGIJKLMNOPUWXYZ
6 EGJ(N 0,5km)TV

Ce camping a des emplacements ensoleillés et ombragés. Bons équipements.

De Tours par la D751 direction Amboise, bien indiqué.

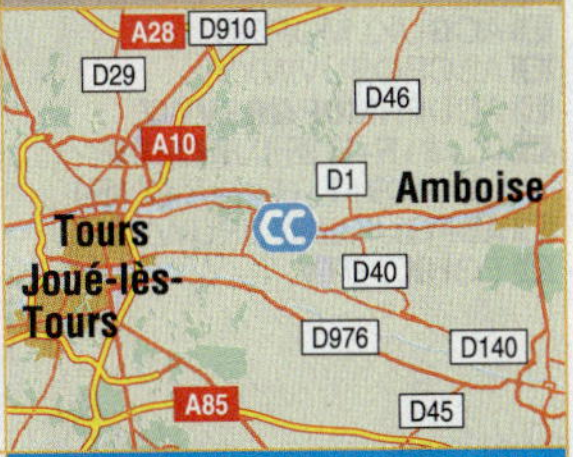


€16 *11/4-9/7 27/8-23/10*

N 47°23'40" E 00°48'42"

## Muides-sur-Loire, F-41500 / Centre-Val de Loire (Loir-et-Cher) iD 1568

Camping Sandaya Château des Marais*****
27 rue de Chambord
+33 2 54 87 05 42
15/4 - 25/9
chateaudesmarais@sandaya.fr

8ha 89T(100-120m²) 10A

1 ACD**G**IJKLMOPQW
2 BISVWY
3 CHIKMN**O**P**R**SUW
4 (C+E+G)IJ**KLN**
(Q+S+T+U+V+X+Y+Z)
5 ABDEFGIJKLMNOPRUWXY
6 ACEGH**K**L(N 0,2km)ORTV

Camping familial dans un cadre rustique avec de nombreuses possibilités pour tous les âges. Parc aquatique ! Situation idéale pour visiter les châteaux de la Loire. Le château de Chambord est à 500m du camping.

A10 (sortie Mer) vers Muides/Chambord. Le camping est indiqué par des panneaux. Aussi par D951 Blois-Orléans.

€16 *15/4-8/7 3/9-25/9*

N 47°39'58" E 01°31'45"

## Nouan-le-Fuzelier, F-41600 / Centre-Val de Loire (Loir-et-Cher) iD 1569

Camping La Grande Sologne***
rue Cauchoix
+33 2 54 88 70 22
1/4 - 16/10
info@campingrandesologne.com

9ha 150T(80-120m²) 10A

1 ACD**G**IJKLMPRS
2 BCEIJSWXYZ
3 CHIKM**O**P**Q**RSTUW
4 (C 1/6-15/9)(H 15/6-15/9)
J(Q 1/7-31/8)(R)
(T+U+X 1/7-23/8)
(Z 2/7-28/8)
5 **AB**EFGIJKLMNPUWZ
6 ACDEGKL(N 0,5km)OTV

Camping familial autour d'un lac, emplacements spacieux et ombragés, nombreux équipements sportifs avec tennis et piscine à côté du camping. Terrain de jeux, wifi gratuite. Près des magnifiques châteaux de la Loire (Chambord). Divers circuits pour la randonnée et le vélo.

D'Orléans, suivre la RD2020 di Vierzon jusqu'après la commune Nouans-le-Fuzelier. Du sud, A71 sortie 4 di Orléans.

€16 *1/4-5/7 22/8-16/10* *7=6, 14=12*

N 47°31'58" E 02°02'12"

## Pierrefitte-sur-Sauldre, F-41300 / Centre-Val de Loire (Loir-et-Cher) — 1570

Camping Sandaya Les Alicourts Resort*****
Dom. des Alicourts
+33 2 54 88 63 34
20/5 - 18/9
alicourts@sandaya.fr

60ha 133T(120-200m²) 10A CEE

**1** ACGIJKLMOPRS
**2** ABCEOSUVWXY
**3** ACDFHMOPQRSVWZ
**4** (C+E+F+H ⊶)IJKLMNP (Q+R+S+T+U+V+Y+Z ⊶)
**5** ABFGIJKLMNOPUWYZ
**6** EGHKORTV

Parc de vacances de luxe avec piscine et de nombreuses commodités, dont un terrain de golf de 9 trous dans un environnement tranquille. Emplacements en grande partie ombragés. Grand lac avec plage et téléski nautique.

En venant de Lamotte-Beuvron ou de Salbris, aller à Pierrefitte, puis direction Brinon par Le Coudray. A 5 km à droite, vers le camping. Indiqué comme Camping Resort.

CC € 18 *20/5-8/7 3/9-18/9*

N 47°32'39'' E 02°11'31''

## Poilly-lez-Gien/Gien, F-45500 / Centre-Val de Loire (Loiret) — 1571

Camping Les Bois du Bardelet*****
Le Petit Bardelet
+33 2 38 67 47 39
7/5 - 11/9
contact@bardelet.com

15ha 120T(100-300m²) 16A CEE

**1** ACDGIJKLMOPQ
**2** AESTUVWYZ
**3** CHIKMOPRSUVW
**4** (C 5/6-29/8)(F ⊶) (H 5/6-29/8)JKMNP (Q+R+U+V+W ⊶) (X 1/7-31/8)(Z ⊶)
**5** ABDEFGJLNPUWXYZ
**6** CDEGJK(N 6km)TV

Parc de vacances luxueux avec piscine d'intérieur et d'extérieur et une salle de jeux pour enfants jusqu'à 12 ans. Tous les équipements imaginables, aussi pour des groupes. Emplacements délimités spacieux, en partie ombragés. Bassin poissonneux d'1 ha. Piste cyclable (Loire à vélo). Wifi dans tout le domaine. Toboggan aquatique.

A Gien, D940 vers Bourges. Au hameau La Ruellée, à gauche. GPS : Le Petit Bardelet 45500 Poilly-lez-Gien. Le camping est bien indiqué.

CC € 18 *7/5-10/7 27/8-11/9*

N 47°38'29'' E 02°36'54''

## Poilly-lez-Gien/Gien, F-45500 / Centre-Val de Loire (Loiret) — 1572

Sites & Paysages Camping de Gien***
rue des Iris
+33 2 38 67 12 50
7/3 - 31/10
camping-gien@wanadoo.fr

6ha 200T(100-120m²) 10A CEE

**1** ACGIJKLMPQ
**2** ACINQSUWYZ
**3** AGHIJKMNPRSUW
**4** (A 1/7-31/8) (C+E+G 1/6-30/9) (Q+S+T 1/5-30/9) (U 15/5-30/9)(W ⊶) (Y+Z 1/5-30/9)
**5** ABDFGIJKLMNOPUWXYZ
**6** ACDEGJK(N 0,5km)OQTV

Camping ombragé, emplacements non délimités au bord de la Loire. Vue sur Gien, connue pour sa céramique. La piscine peut être couverte en fonction du temps. Vous pouvez faire des tours en canot à partir du camping. Belles randonnées et tours à vélo au bord de la Loire.

Camping au bord de la Loire à côté du vieux pont, en face du château. Au rond-point, première sortie Gien-centre. Puis suivre le panneau de camping 'Bord de Loire'.

CC € 18 *7/3-8/7 26/8-31/10 7=6, 14=12*

N 47°40'56'' E 02°37'23''

## Romorantin-Lanthenay, F-41200 / Centre-Val de Loire (Loir-et-Cher) 1573

Camping Le Tournefeuille***
32 rue des Lices
+33 2 54 76 16 60
1/4 - 31/10
romo2015@outlook.fr

1,9ha 81**T**(80-130m²) 10A CEE

1 ACD**G**IJKLMPQ
2 CISWXY
3 CHKMOSU
4 (C+E+H 15/6-15/9)(Q)
5 ABFGIJKLMNOPUXY
6 CDEGK(N 0,3km)RTV

Sur les rives de la Sauldre en bordure de la ville historique Romorantin, les possibilités sont nombreuses : pêcher, faire des randonnées, visiter des musées (Matra).

Dans le centre, par la D724/D765 ou la D922. Suivre 'Complexe Sportif'.

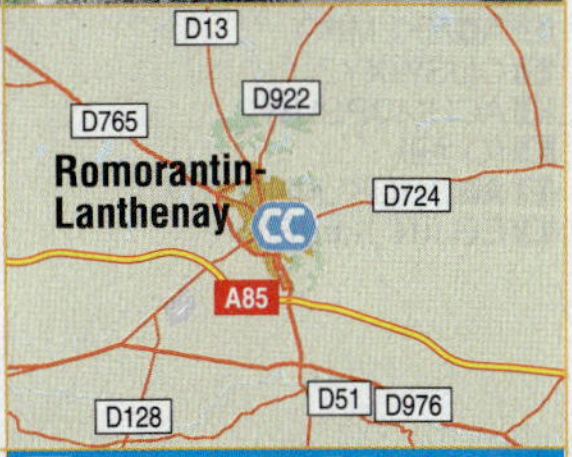


€ 16 *1/4-7/7 25/8-31/10 7=6*

N 47°21'18'' E 01°45'20''

## Savonnières, F-37510 / Centre-Val de Loire (Indre-et-Loire) 1574

Onlycamp La Confluence***
route du Bray
+33 2 47 50 00 25
29/4 - 2/10
campinglaconfluence@onlycamp.fr

5ha 80**T**(95-100m²) 10A CEE

1 ACD**G**IJKLMPQ
2 CIJOSWXYZ
3 CHIKOPS**W**
4 (Q 1/6-31/8)
5 **AB**EFGIJKLMNOPQRUXYZ
6 DEGJ(N 0,6km)T

La Confluence est situé sur les rives du Cher avec vue sur la petite ville. Emplacements spacieux. Les grottes et champignonnières dans les environs valent une visite. N'oubliez pas de visiter le château d'Ussé (château de la belle au bois dormant) et Villandry avec ses jardins magnifiques.

Par la A58, sortie Villandry. Direction Villandry/Savonnières. Après le centre à gauche. Par la D37 sortie Savonnières. A droite avant le centre. Bien indiqué par des panneaux.

€ 18 *29/4-26/5 29/5-4/6 6/6-2/7 28/8-2/10*

N 47°20'59'' E 00°33'00''

## Seillac, F-41150 / Centre-Val de Loire (Loir-et-Cher) 1575

Camping-Ferme de Prunay****
Ferme de Prunay
+33 6 98 99 09 86
1/4 - 13/11
reservation@prunay.com

6ha 69**T**(300-400m²) 12A CEE

1 ACD**G**IJKLMPQW
2 NSVWXYZ
3 BCE**G**HIKMPSUW
4 (A 1/7-31/8)(C 1/5-30/9)
(H 1/5-15/9)
(Q+S+T+U+V+X+Z)
5 **AB**EFGHIJKLMNOPQRUWXYZ
6 ACDEGJ(N 2km)RTV

'Le Prunay' est situé dans un environnement tranquille au coeur de la région de la Loire, près des châteaux et de la nature. Emplacements de 300 à 400 m². Piscine chauffée. Bar/restaurant. Le camping est un point de départ de circuits pour la randonnée et le vélo.

A10, sortie Blois dir. Angers/Château-Renault. D131 Molineuf - Chambon-sur-Cisse, à Molineuf suivre la dir. Seillac (D135 et D760). Le camping est indiqué.

€ 16 *1/4-4/7 21/8-13/11 14=12*

N 47°33'17'' E 01°10'50''

## St. Amand-Montrond, F-18200 / Centre-Val de Loire (Cher)

**1576**

Camping La Roche***
chemin de la Roche
+33 2 48 96 09 36
1/4 - 30/9
camping-la-roche@outlook.fr

4ha 120T(100-120m²) 10-16A CEE

1 AGIJKLMPQ
2 CIJSWXYZ
3 ACHMOPSUW
4 (Q)
5 ABDGIJKLMNOPUV
6 EGJ(N 1km)RTV

Camping bien entretenu au bord d'un canal et du Cher. Emplacements avec assez d'ombre délimités par des arbustes. Le centre est à proximité et il y a un arrêt de bus à côté du camping. Le bus vers le centre est gratuit (là-bas, il y a une piscine).

A71 sortie 8, traverser le centre direction Montluçon. Puis à droite juste avant le pont en quittant la ville, et longer la rivière.

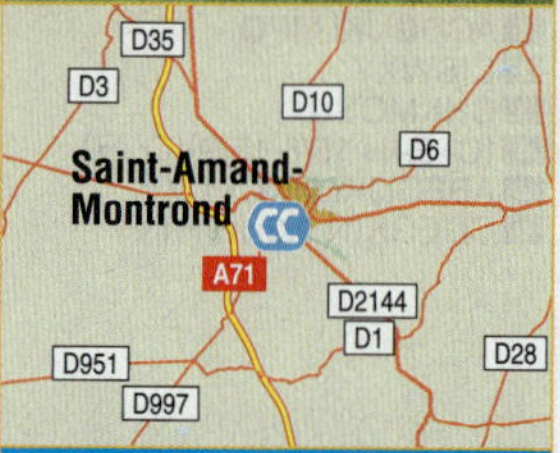


CC € 16 *1/4-7/7 25/8-30/9 7=6*

N 46°43'04'' E 02°29'26''

## St. Avertin, F-37550 / Centre-Val de Loire (Indre-et-Loire)

**1577**

Onlycamp Tours Val de Loire****
61 rue de Rochepinard
+33 2 47 27 87 47
4/2 - 18/12
campingtourvaldeloire@onlycamp.fr

2,6ha 90T(80-100m²) 10A CEE

1 ACDGIJKLMPQ
2 CEIJSVWY
3 AHKSUW
4 (Q+R 1/7-31/8)
5 ABDFGIJKLMNPUW
6 CEGK(N 0,2km)TV

A quelques pas du centre-ville de Tours, ville d'art et d'histoire ce camping est situé dans un cadre ombragé et entretenu en bordure du Cher. Sa situation vous permettra de rayonner facilement à la découverte des sites touristiques. Directement connecté sur les itinéraires cyclables de 'La Loire à Vélo'.

A10 sortie Tours-Sud/St. Avertin. Direction Bléré par la N76 direction Vierzon. Aussi A85 sortie Bléré (Est) et sortie St. Avertin (Ouest). Le camping est indiqué.

CC € 18 *4/2-26/5 29/5-4/6 6/6-2/7 28/8-18/12*

N 47°22'15'' E 00°43'25''

## St. Gaultier, F-36800 / Centre-Val de Loire (Indre)

**1578**

Camping Oasis du Berry****
3 rue de la Pierre Plate
+33 2 54 47 17 04
1/4 - 31/10
oasisduberry@gmail.com

2,5ha 32T(80-180m²) 20A CEE

1 ACDGIJKLOPQW
2 BJSWZ
3 ACHIJKQRSU
4 (C+G 1/6-15/9)(Q 7/7-25/8)
(T+U+V+X+Y+Z)
5 ABDFGIJMNOPUWZ
6 BEGK(N 1km)T

L'Oasis du Berry est situé sur les rives de la Creuse, près de la ville Saint Gaultier, dans l'oasis de verdure du Parc Naturel Régional de la Brenne. Profitez de l'environnement, du calme et de la tranquillité, détendez-vous au camping et au restaurant avec menu varié. Visitez aussi Argenton, le musée et site archéologiques d'Argentomagusou ou Châteauroux.

En venant du nord, A20 sortie 15, en venant du sud sortie 17 direction St. Gaultier. Puis suivre les panneaux de camping.

CC € 16 *1/4-15/6 1/9-31/10*

N 46°38'01'' E 01°24'34''

**Sully/St. Père-sur-Loire,** F-45600 / Centre-Val de Loire (Loiret) — 1579

Camping Le Jardin de Sully***
1 rue d'Orleans
+33 2 38 67 10 84
1/1 - 31/12
info-camping-lejardindesully@orange.fr

5ha 80**T**(90-120m²) 10A CEE

1 ACG**I**JKLMOQ
2 ACJOSTVWYZ
3 AC**G**HIKMORSU**W**
4 (C+H 1/7-1/9)M(Q)
(R+T+U+V+Z 1/5-30/9)
5 **AB**DFGIJKLMNPUWXYZ
6 ACEGK(N 1,5km)TV

Dans un environnement très tranquille, emplacements spacieux et beaucoup d'attention pour les plantations. Juste au bord de la Loire. Beau point de départ pour faire de la randonnée et du vélo en terrain plat. Divers châteaux, petites villes et villages avec des curiosités touristiques dans les environs. Sully a un centre agréable.

Venant de Lorris ou de Bellegarde aller à Sully, au rond-point avant le pont sur la Loire à droite. Le camping est balisé.

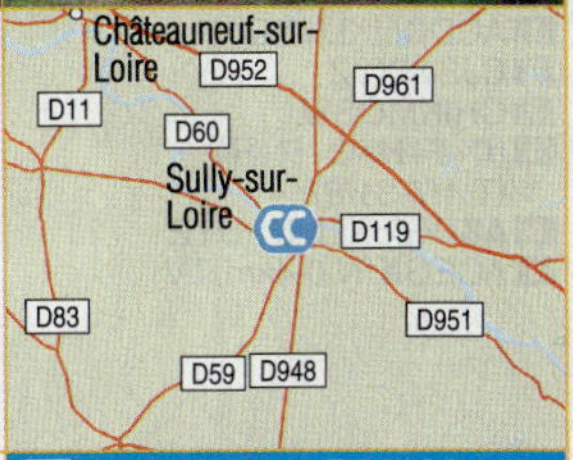


CC € 18 *1/1-6/7* *1/9-31/12* *7=6*

N 47°46'16'' E 02°21'44''

**Trogues,** F-37220 / Centre-Val de Loire (Indre-et-Loire) — 1580

Camping Château de la Rolandière****
+33 2 47 58 53 71
14/5 - 17/9
contact@larolandiere.com

4ha 50**T**(90-110m²) 10A CEE

1 ACD**G**IJKLM**P**QW
2 ISWYZ
3 CHIKP**R**SU**V**
4 (B+G+Q+R)
(T+U 15/7-15/8)(Z)
5 **AB**FGIJKLMNOPUWZ
6 AEG**K**(N 6km)RTV

Au château, vous trouvez des emplacements ombragés, un parc pour se promener, une piscine, un minigolf, un restaurant, un lieu de rencontres. Hospitalité et calme sont des valeurs très importantes. Bon point de départ pour des randonnées et des tours à vélo.

A10, sortie 25. Ou par la D910. D760, 6 km suivre la direction Chinon/l'Ile Bouchard. Apres Noyant-de-Touraine, au rond-point tout droit direction Chinon/l'Ile Bouchard. Le cp est à environ 3 km sur la gauche.

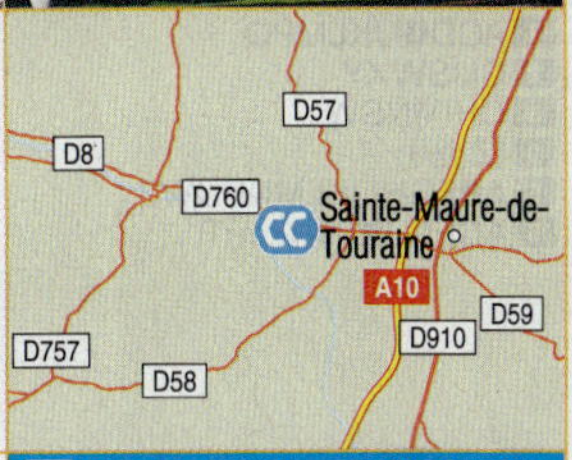


CC € 20 *14/5-9/7* *29/8-17/9*

N 47°06'42'' E 00°30'58''

**Veigné,** F-37250 / Centre-Val de Loire (Indre-et-Loire) — 1581

Camping La Nouvelle Plage***
1a rue Principale
+33 2 47 34 95 39
15/4 - 15/10
campinglanouvelleplage@gmail.com

2,5ha 95**T**(90-100m²) 10A CEE

1 ACD**G**IJKLMPQ
2 CIJSYZ
3 CHIK**R**SU**W**X
4 (C+T 1/7-31/8)(X+Z)
5 **A**GIJKLMNPUZ
6 EGJ(N 0,2km)T

Situé au bord de l'Indre, au sud de Tours. Bel endroit pour la pêche. Circuit d'eaux sauvages à proximité du camping. Restaurant avec des produits régionaux. Nouveaux propriétaires.

A partir de la N10 avant Montbazon suivre la D50. Le camping se trouve avant le pont.

CC € 16 *15/4-3/7* *28/8-15/10* *7=6, 14=12*

N 47°17'20'' E 00°44'02''

## **Vendôme**, F-41100 / Centre-Val de Loire (Loir-et-Cher)

**1582**

Camping Au Coeur de Vendôme***
rue Geoffroy Martel
+33 2 54 77 00 27
1/4 - 31/10
camping@aucoeurdevendome.net

3,5ha 140T(80-100m²) 10A CEE

1 ACD**G**IJKLM**P**Q
2 CJSWXYZ
3 CHIKMOS**W**
4 (**C**+**F**+**H**+Q+R )
(T 1/7-31/8)
5 **AB**DGIJKLMNPUYZ
6 ACEG**K**(N 0,4km)TV

Situé à 400m du centre de la ville historique et culturelle. A côté de la N10 sur les rives du Loir. Pour faire étape ou pour un séjour plus long. Au coeur de la Touraine et des châteaux de la Loire.

Par la N10 en venant du nord. A Vendôme, à droite au 3ième feu 'Quartier des grands Prés', puis 2x la première rue à gauche. Suivre les panneaux 'Piscine, centre de sport'.

CC € 16 1/4-7/7 25/8-31/10 7=6, 14=12

N 47°47'28'' E 01°04'19''

## **Vouvray**, F-37210 / Centre-Val de Loire (Indre-et-Loire)

**1583**

Camping Le Bec de Cisse**
3 chemin du Bec de Cisse
+33 2 47 76 07 22
1/4 - 1/10
camping.vouvray@gmail.com

1,7ha 40T(80-100m²) 16A CEE

1 ACD**G**IJKLMPQ
2 CIJSWXY
3 CHIMNSW
4 (Z )
5 **AB**FGHIJKLMNPUWZ
6 ACEGJ**K**(N 1km)T

Camping calme et chaleureux situé dans un cadre de verdure sur la rive de la Cisse dans la vallée de la Loire. A 200m du centre de Vouvray. Bons équipements sanitaires. Nouveau propriétaire enthousiaste. Piscine municipale à 500m.

A10 sortie 20 Tours. A Tours, N152 vers Vouvray/Blois. Aux feux dans le village à droite. A 200m du centre, au bord de la rivière.

CC € 14 1/4-1/7 22/8-1/10

N 47°24'32'' E 00°47'47''

## **Andryes**, F-89480 / Bourgogne (Yonne)

**1584**

Camping Sites & Paysages Au Bois Joli****
2 route de Villeprenoy
+33 3 86 81 70 48
1/4 - 1/10
info@campingauboisjoli.com

4,5ha 87T(100-250m²) 10A CEE

1 ACD**F**IJKLPRS
2 BLNSUYZ
3 ACHIJKMOPSU
4 (C+H 10/6-15/9)(Q+R+S )
(T 1/7-1/9)(V )(Y 1/7-1/9)
5 **AB**DEFGIJKLMNOPUWXYZ
6 ACDEGJ(N 5km)ORT

En bordure du parc naturel du Morvan, près de la piste cyclable le long du canal du Nivernais. Agréable camping naturel calme avec de magnifiques orchidées au printemps. Piscine chauffée et vue sur les collines. Près de Vézelay et de Guédelon. Nombreuses possibilités pour faire des excursions sportives et culturelles. Point de charge pour voitures à 500m.

D'Auxerre ou Clamecy, suivre la N151. A Coulanges-sur-Yonne, prendre la D39 di Andryes. Là, suivre les panneaux de camping.

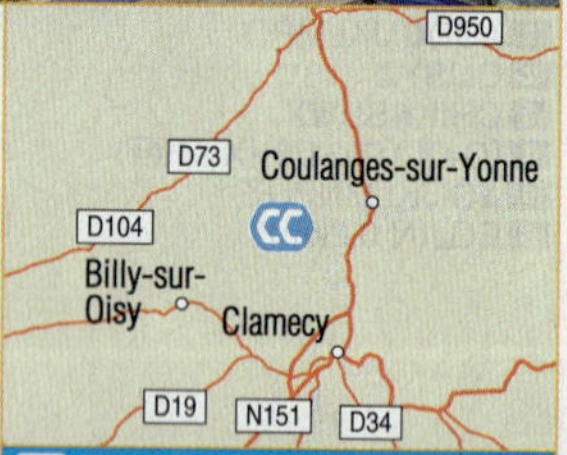


CC € 20 1/4-30/6 27/8-1/10

N 47°31'00'' E 03°28'48''

## **Arnay-le-Duc**, F-21230 / Bourgogne (Côte-d'Or)

**1585**

Camping Huttopia Étang de Fouché****
8, rue du 8 Mai 1945
+33 3 80 90 02 23
7/4 - 15/10
etang-fouche@huttopia.com

8ha 139**T**(80-140m²) 10A CEE

1 ACD**G**IJKLM**P**ST
2 AEOSWXYZ
3 ACHIKMN**O**PSU**W**Z
4 (C 11/4-30/9)(H 🔑) P(Q+R 🔑)(T+U+ V+X 4/7-30/8)(Z 🔑)
5 **AB**EFGIJKLMNOPQUW
6 ABCEGHJ(N 1km)V

Camping au bord d'un lac, avec de grands emplacements délimités offrant assez d'ombre. Sur le lac, il y a de nombreuses possibilités pour les sports nautiques.

A Arnay-le-Duc, suivre les panneaux du camping. Il est à 1,2 km à l'est de la N6.

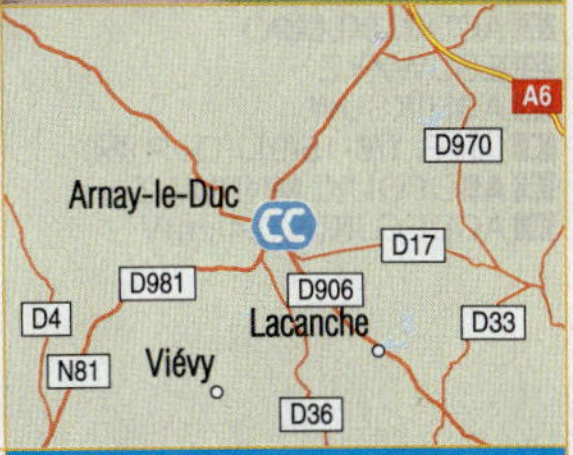


CC € 18 *7/4-7/7 28/8-15/10*

N 47°08'02'' E 04°29'54''

## **Autun**, F-71400 / Bourgogne (Saône-et-Loire)

**1586**

Camping d'Autun***
6 rue du traité d'Anvers
+33 3 85 52 10 82
11/4 - 23/10
camping.autun@aquadis-loisirs.com

2,5ha 77**T**(50-100m²) 16A CEE

1 ACD**G**IJKLM**P**Q
2 COSWXYZ
3 A**G**HIKSU**W**
4 (Q+R 🔑)
5 **AB**FGIJKLMNPUWZ
6 ACEGJ**K**(N 2km)V

Camping tranquille, bien situé pour visiter la ville historique d'Autun. Emplacements ombragés dont certains sont délimités par des haies hautes.

A6 sortie 24.1 Beaune-Centre. D973 vers Autun. Quitter Autun par la D980 direction Saulieu/St. Forgeot. Le panneau indique la route.

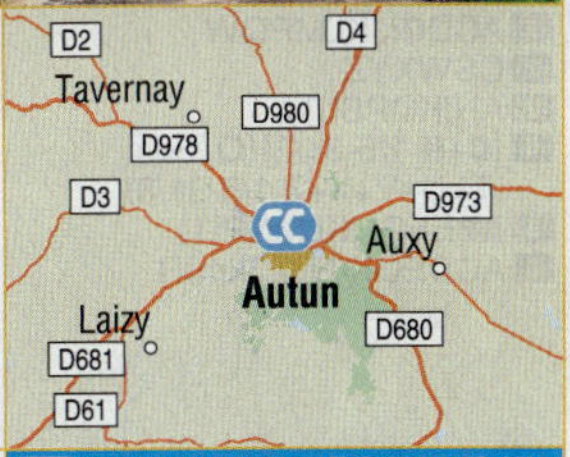


CC € 16 *11/4-9/7 27/8-23/10*

N 46°57'53'' E 04°17'34''

## **Auxerre**, F-89000 / Bourgogne (Yonne)

**1587**

Camping L'Arbre Sec**
8 route de Vaux
+33 3 86 52 11 15
1/4 - 31/10
campingauxerre@outlook.fr

3,5ha 164**T**(100m²) 6A CEE

1 ACDGIJLMPQ
2 IJSWXYZ
3 ACHOPS
4 (Q 🔑)
5 **AB**DFGIJKLMNOPUVZ
6 CEGJ(N 0,8km)TV

Le camping est situé à Auxerre près du stade de football. Il y a aussi à côté du camping un complexe sportif avec des courts de tennis et des piscines. Bonnes possibilités pour faire du vélo au bord de l'eau.

Le camping est au sud de la ville près du stade. Suivre les panneaux 'Camping' et/ou 'Stades'.

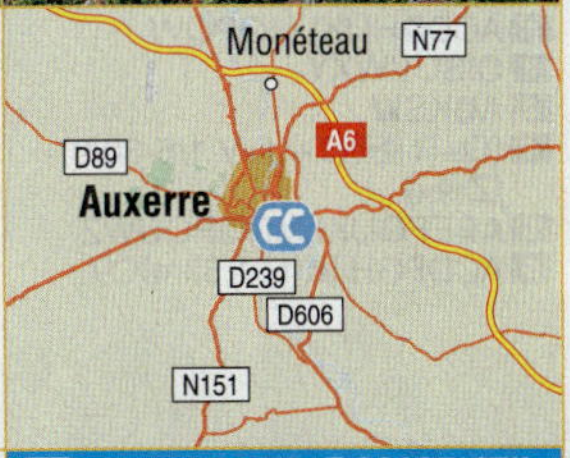


CC € 14 *1/4-7/7 25/8-31/10 7=6*

N 47°47'09'' E 03°35'17''

## Bourbon-Lancy, F-71140 / Bourgogne (Saône-et-Loire)

**1588**

Camping de Bourbon-Lancy***
11 rue des Eurimants
+33 3 85 89 20 98
9/3 - 13/11
camping.bourbonlancy@aquadis-loisirs.com

2ha 40**T**(80-105m²) 10A CEE

1 ACD**G**IJKLM**PQ**
2 ESUWXYZ
3 A**G**HIKSU**W**
4 (B+G 1/6-15/9)J(Q+R)
5 **AB**DFGIJKLMNPUWZ
6 ACDEGJ**K**(N 0,4km)V

Camping situé près du centre de Bourbon/Lancy. Emplacements séparés par des haies.

Le camping est en périphérie de Bourbon/Lancy. Suivre les panneaux Camping du Breuil.

CC € 18 *9/3-9/7 27/8-13/11*

N 46°37'09'' E 03°45'13''

## Chagny, F-71150 / Bourgogne (Saône-et-Loire)

**1589**

Camping Pâquier Fané***
20 rue du Pâquier Fané
+33 3 85 87 21 42
1/4 - 31/10
camping-chagny@orange.fr

1,8ha 89**T**(80-100m²) 16A CEE

1 ACD**G**IJKLMPQW
2 CSWXYZ
3 AHIKOPSU**W**
4 (**C+H** 1/5-31/8)(Q)
(T+U+V+X+Z 1/5-31/8)
5 **AB**EFGIJKLMNPU
6 ACDEGK(N 0,3km)R

Beaux emplacements (pelouse) avec un peu d'ombre donnée par quelques arbres hauts. Près du centre de Chagny. Beaux circuits à vélo. Wifi gratuit. Piscine municipale à côté du camping.

A6 sortie Beaune-Centre, D974 direction Châlon-sur-Saône. A 13 km, vers Chagny. A Chagny, suivre les panneaux 'complexe sportif'/'camping'.

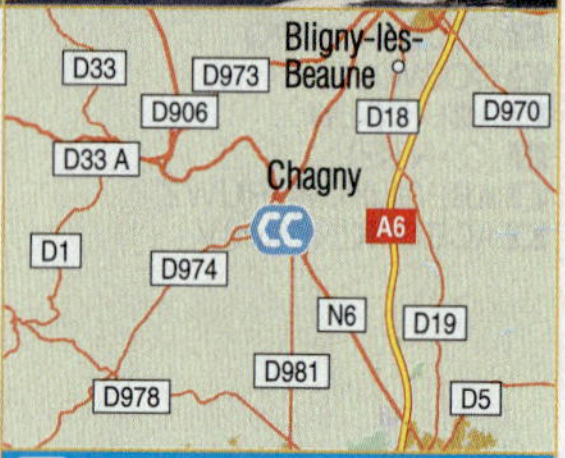


CC € 16 *1/4-2/7 25/8-31/10 7=6, 14=12*

N 46°54'43'' E 04°44'44''

## Chalon-sur-Saône/St. Marcel, F-71380 / Bourgogne (Saône-et-Loire)

**1590**

Camping Du Pont de Bourgogne***
12 rue Julien Leneveu
+33 3 85 48 26 86
1/4 - 30/9
campingchalon71@gmail.com

3ha 90**T**(50-100m²) 10A CEE

1 ACD**G**HIJKLMOPQW
2 CISUVWXY
3 A**G**KS**W**
4 (Q+R)(T+U+V 1/5-30/9)
(Z)
5 **AB**EFGIJKLMNOPQUWZ
6 ACDFGHJ**K**(N 1,5km)OV

Camping au bord de la Saône, emplacements ombragés. Près de la sortie 26 Chalon-sud de la A6. A proximité (15 minutes à pied) du centre de Chalon-sur-Saône. Point de départ pour la piste cyclable Voie Bleue et Voie Verte. Sanitaires modernes.

A Châlon-sur-Saône, suivre les panneaux de camping et 'Roseraie St. Nicolas'.

CC € 18 *1/4-4/7 22/8-30/9 7=6, 14=12*

N 46°47'03'' E 04°52'21''

## Châtillon-sur-Seine, F-21400 / Bourgogne (Côte-d'Or) — iD — 1591

Camping Louis Rigoly**
Esplan. St. Vorles
+33 3 80 91 03 05
1/4 - 30/9
camping-chatillon-sur-seine@orange.fr

0,8ha 44T(80-120m²) 4-6A CEE

1 ACDGIJKLMPQW
2 SVWXYZ
3 AHIKSU**W**
4 (**F**+H )**KN**(Q )
5 **AB**FGIJKLMNPUXYZ
6 CEGJ(N 0,5km)V

Situé en Côte d'Or aux portes de la Champagne, dans un environnement verdoyant près d'une grande forêt. Convivial et ombragé, près du centre-ville, à côté de la piscine (gratuite pour les longs séjours). Wifi, salle tv. Adapté pour des vacances sportives et culturelles.

De Paris A5 Troyes, sortie 21 Magnant. Puis D971, Bar-sur-Seine, puis Châtillon-sur-Seine. Suivre les panneaux. A6 Parijs-Lyon sortie 23 Bierre-lès-Semur. Puis D988, Montbard, et Châtillon-sur-Seine.

CC € 14 *1/4-1/7 27/8-30/9*

N 47°51'34'' E 04°34'47''

## Chauffailles, F-71170 / Bourgogne (Saône-et-Loire) — iD — 1592

Camping Mun. les Feuilles***
18 rue du Châtillon
+33 3 85 26 48 12
1/4 - 30/9
campinglesfeuilles@chauffailles.fr

4ha 60T(80-100m²) 10A

1 ACDGIJKLMPQW
2 DSTUVWXYZ
3 ACHIKNOPRSU**W**
4 (A 1/7-31/8)(C+H 1/6-31/8)
(Q 1/7-31/8)(R+Z )
5 **A**GIJKLMNPUVWXZ
6 CDEGJ(N 0,5km)V

NOUVEAU

Le camping est situé à la périphérie de Chauffailles. Ombragé par quelques grands arbres, en pente vers un petit ruisseau. À distance de marche de la ville. Possibilité de faire du vélo dans la région.

A Chauffailles, garder la direction Les Echarmeaux (D985), puis suivre les panneaux de camping.

CC € 12 *1/4-3/7 28/8-30/9 14=12*

N 46°11'59'' E 04°20'14''

## Crêches-sur-Saône, F-71680 / Bourgogne (Saône-et-Loire) — iD — 1593

Camping La Clé de Saône***
route du Port d'Arciat
+33 3 85 37 11 83
14/5 - 17/9
info@camping-macon.com

5ha 160T(80-120m²) 6A CEE

1 ACD**G**IJKLMO**P**ST
2 ADEIOSWXY
3 AHPSU**WZ**
4 J(Q+T+U+X+Z )
5 **AB**FGIJKLMNPRUWZ
6 AEGJ(N 1km)

Camping situé au bord de la Saône et d'un étang récréatif dans lequel on peut nager. Quelques emplacements sont situés au bord de la rivière sous de hauts arbres. Par sa situation à partir de la D906, très adapté comme camping d'étape.

A6 sortie 29 Mâcon-Sud. D906 vers Villefranche. A Crêches-sur-Sâone à gauche. Camping indiqué, à droite avant pont sur la Saône.

CC € 14 *14/5-9/7 26/8-17/9 7=6, 14=12, 21=16*

N 46°14'26'' E 04°48'22''

## Crux-la-Ville, F-58330 / Bourgogne (Nièvre)

iD **1594**

Camping de l'Etang du Merle***
Camping Etang Le Merle / D181
+33 3 86 58 38 42
15/4 - 4/10
etangdumerle@gmail.com

6ha 39**T**(80-100m²) 16A CEE

1 ACD**G**IJL**P**ST
2 ABESTXYZ
3 ACHIKPSU**W**Z
4 (B+G 15/5-15/9)(Q 1/7-31/8)
(R)(T+U+Z 1/5-30/9)
5 **AB**DFGIJKLMNPUZ
6 EGJ(N 5km)RTV

Camping familial ombragé au bord d'un petit lac avec de nombreuses possibilités pour les sports nautiques, comme le ski nautique, le surf et la pêche. Emplacements spacieux entre les arbres. Au coeur du Parc du Morvan ; un bon point de départ pour les cyclistes et randonneurs.

Situé sur la RD181, à 5 km de St Saulge, 6,8 km de St Révérien et 15 km de Premery.

CC € 16 *15/4-2/7 27/8-4/10*

N 47°08'13'' E 03°29'35''

## Decize, F-58300 / Bourgogne (Nièvre)

iD **1595**

Camping de Decize***
rue Marcel Merle
+33 3 86 25 14 05
11/4 - 23/10
camping.decize@
aquadis-loisirs.com

3,5ha 79**T**(80-100m²) 16A

1 ACD**G**IJKLM**P**Q
2 CSUWXYZ
3 AHM**O**P**R**S**W**
4 (**F** 1/7-31/8)J(Q)
(R 1/5-1/10)(Z 1/6-31/8)
5 **AB**FGIJKLMNPUW
6 ACDEGJ**K**(N 0,8km)OV

Camping situé complètement le long de la Loire, sports nautiques possibles. A proximité du centre de Decize. Les emplacements sont ombragés par des arbres hauts.

A Decize, suivre la direction Moulins. Après le pont sur la Loire, rester sur la droite; suivre les panneaux.

CC € 16 *11/4-9/7 27/8-23/10*

N 46°50'07'' E 03°27'21''

## Digoin, F-71160 / Bourgogne (Saône-et-Loire)

iD **1596**

Camping La Chevrette***
41 rue de la Chevrette
+33 3 58 36 51 09
15/4 - 15/10
campingdigoin@outlook.fr

1,6ha 74**T**(60-100m²) 10A CEE

1 ACD**G**IJKLMPST
2 CJSUWXYZ
3 CHIKRSU**W**
4 (C 4/6-3/9)(Q+R)
5 **AB**DFGJLMNPUX
6 CDEGK(N 0,5km)RV

Le camping est au bord de la Loire, avec la possibilité de faire des tours à vélo sur la Voie Verte et de faire du canoë. Le camping a Internet, wifi gratuit.

A Digoin, sur la D979 de Moulin à Paray-le-Monial, le camping est indiqué par des panneaux.

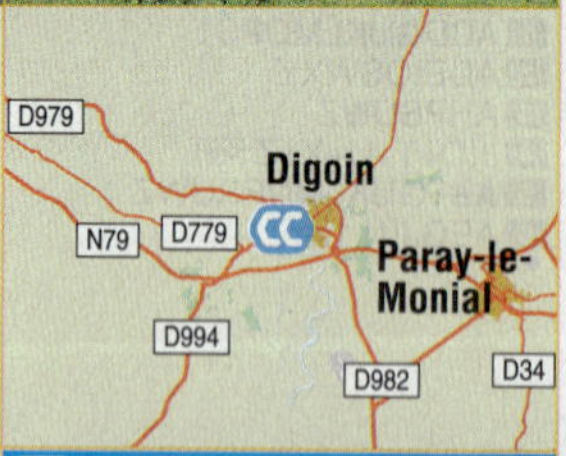


CC € 16 *15/4-10/7 27/8-15/10 7=6*

N 46°28'47'' E 03°58'03''

## Dompierre-les-Ormes, F-71520 / Bourgogne (Saône-et-Loire) 1597

Camping Le Village des Meuniers****
344 rue du Stade
+33 3 85 50 36 60
16/4 - 2/10
villagedesmeuniers@yahoo.fr

4ha 53**T**(90-300m²) 10-16A CEE

**1** ACDGIJKLMPRWS
**2** LMNOSWXYZ
**3** ACEHIKLMNOPRSUVW
**4** (C 1/5-30/9)(F)
(H 1/5-30/9)JN(Q+R)(T+U+V+Y 10/5-30/9)(Z)
**5** ABDEFGIJKLMNOPQRUWXYZ
**6** ACEJK(N 0,3km)OV

Camping agréable avec des emplacements spacieux et ensoleillés ou ombragés. Piscine couverte chauffée. Possibilité de faire de la randonnée et du vélo dans les environs. Restaurant avec un grand choix de plats.

A6 Mâcon-Sud, direction Charolles N79. Dompierre-les-Ormes est indiqué par la D41. A Dompierre, suivre les panneaux du camping.

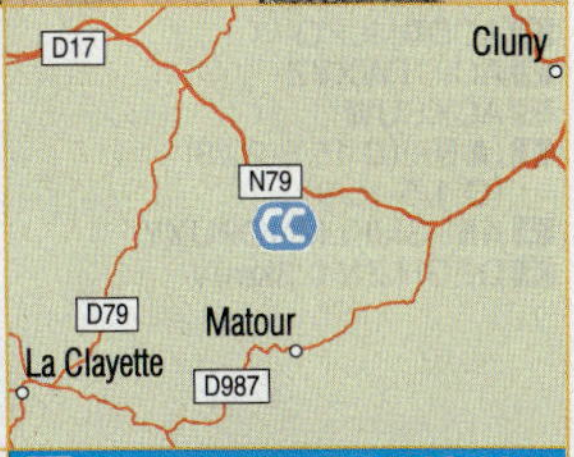


N 46°21'50'' E 04°28'29''

CC € 20 16/4-1/7 27/8-2/10 14=12

## Étang-sur-Arroux, F-71190 / Bourgogne (Saône-et-Loire) 1598

Camping Des 2 Rives***
26-28 rue de Toulon
+33 3 85 82 39 73
1/1 - 31/12
camping@des2rives.com

2,5ha 68**T**(85-150m²) 6-10A CEE

**1** ACDGIJKLMOPQ
**2** DJOSTWXYZ
**3** ABHIKLPSUWX
**4** (Q 1/7-31/8)(T 1/5-30/9)
(Z 1/1-31/12)
**5** ADFGIJKLNPUZ
**6** ADEGHK(N 0,3km)V

Le terrain de camping est au calme, situé dans un cadre ressemblant à un parc, au bord de deux rivières: le Mesvrin et l'Arroux. Les places sont délimitées par de grands arbres. Le bloc sanitaire est chauffé pendant la période hors saison. Wifi gratuit.

D'Autun à Étang-sur-Arroux par la D681 direction Moulins-Luzy. Par la D994 vers Étang. Dans le centre-ville, direction Toulon-sur-Arroux. Le camping se trouve en bordure d'Étang-sur-Arroux sur la D994.

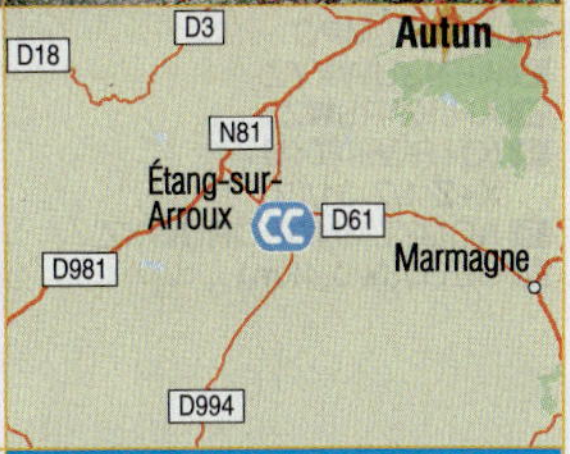


N 46°51'42'' E 04°11'31''

CC € 16 1/1-30/6 1/9-31/12

## La Celle-en-Morvan, F-71400 / Bourgogne (Saône-et-Loire) 1599

Camping Les Deux Rivières***
Impasse les Deux Rivières
+33 3 85 52 81 23
13/5 - 3/10
les2rivieres@camping-morvan.fr

1,8ha 48**T**(80-220m²) 10A CEE

**1** ACDGIJLMPQ
**2** DSWXYZ
**3** ABCGHIJKSUWX
**4** (C+H 13/5-15/9)(Q)
(T+U 1/6-31/8)
**5** ABFGIJKLMNPQRUWZ
**6** ABEGK(N 9km)

Camping au bord de deux petites rivières en bordure du parc naturel du Morvan. Point de départ pour randonneurs et cyclistes. Nombreuses villes historiques dans les environs; Autun, Vézelay, Bibracte et route des vins de Bourgogne, route des lacs du Morvan. Piscine chauffée.

A La Celle-en-Morvan sur la D978, Autun - Château-Chinon, suivre les panneaux de camping. Il est à 300m de la D978.

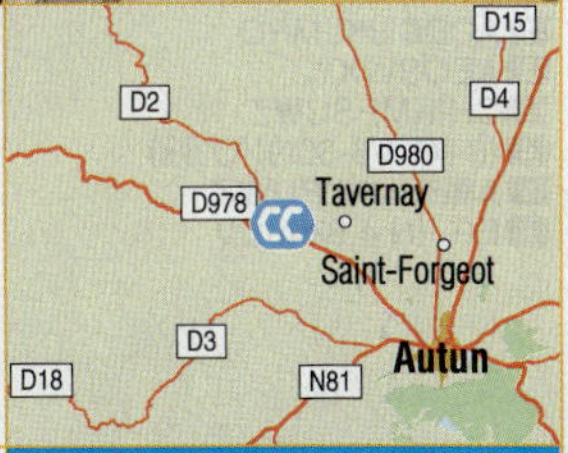


N 47°00'44'' E 04°11'30''

CC € 18 13/5-9/7 27/8-3/10

## La Charité-sur-Loire, F-58400 / Bourgogne (Nièvre)

**1600**

Camping Municipal de la Saulaie***
quai de la Saulaie
+33 3 86 70 00 83
1/4 - 30/9
campinglasaulaie@outlook.fr

1ha 82**T**(80-100m²) 10A CEE

1 ACD**G**IJLPQ
2 ACISTWXYZ
3 ACKSU**W**
4 (**A** )(**C** 15/6-20/8) (Q 1/5-15/9)
5 **AB**FGIJKLMNOPUXY
6 DEGHJ(N 0,3km)V

Camping bien entretenu sur les bords de Loire, près de la cité médiévale de La Charité, la ville du livre. Emplacements spacieux, en partie avec ombre.

En provenance du sud, N151 puis A71 via Bourges. Depuis Paris A6, puis A77 sortie 28 La Charité-sur-Loire.

CC € 16 *1/4-30/6 1/9-30/9 7=6*

N 47°10'37'' E 03°00'38''

## Lormes, F-58140 / Bourgogne (Nièvre)

**1601**

Camping de l'Etang du Goulot***
2, rue des Campeurs
+33 6 81 43 40 95
1/4 - 31/10
campingdugoulot@gmail.com

2,7ha 63**T**(75-100m²) 16-20A CEE

1 A**G**IJKLMPQ
2 AENSUWXYZ
3 AHIK**O**RS**W**Z
4 (Q+R )(T+U+ X+Z 1/7-31/8)
5 **A**GIJKLMNOPQRUWXZ
6 CEGJ(N 0,4km)

Au cœur du Morvan (région de grands lacs). Camping tranquille et ombragé avec une ambiance familiale agréable au bord de l'Etang du Goulot. 63 emplacements spacieux. Supermarché et magasins à proximité (400m). Le camping est situé à 30 km d'Avallon. 4 langues parlées à la réception.

D944 entre Avallon et Château-Chinon. Le camping est au sud de Lormes. Bien indiqué par des panneaux et à 30 km d'Avallon.

CC € 16 *1/4-30/6 1/9-31/10*

N 47°16'57'' E 03°49'21''

## Marcenay, F-21330 / Bourgogne (Côte-d'Or)

**1602**

Musique Camping Marcenay Lac***
5 rue du Lac
+33 3 80 81 61 72
1/1 - 31/12
info@campingmarcenaylac.com

3,6ha 90**T**(80-120m²) 10A

1 ACD**G**IJKLMPQ
2 AEOSWXYZ
3 CHIKMPSU**W**Z
4 (B+G 1/6-30/9)(Q )
5 **AB**EGIJKLPUWZ
6 EGJ(N 4,8km)UV

Point de rencontre pour musiciens. Camping avec de nombreux arbres avec douze emplacements en dur pour camping-cars. Evitez les péages, prenez les autres routes. Découvrez la Bourgogne : excursions, randonnée, vélo, bateau, pêche (barques gratuites). Possibilités pour jouer à l'intérieur et à l'extérieur, 3 piscines, wifi gratuit. Téléphonez à Dirk, le manager.

Entre Troyes et Dijon (D971) et près de Laignes. Près de la D965. Indiqué aussi par les panneaux 'Lac de Marcenay'.

CC € 16 *1/1-14/7 31/8-31/12*

N 47°52'12'' E 04°24'17''

## Matour, F-71520 / Bourgogne (Saône-et-Loire)

**1603**

Camping de Matour***
2 rue de la Piscine
+33 3 85 40 85 93
11/4 - 23/10
camping.matour@aquadis-loisirs.com

3ha 61**T**(80-120m²) 6-10A CEE

**1** ACD**G**IJKLMPRWS
**2** ESUWXYZ
**3** ACHIKOPSU**W**
**4** (C+H 10/6-1/9)JKN (Q 1/7-31/8)(T 15/6-1/9) (U 1/6-1/9)(Z 18/5-1/9)
**5** **AB**FGIJKLOPUWZ
**6** ACEH**K**(N 0,3km)V

Camping familial avec des emplacements ombragés et ensoleillés, à côté de la piscine municipale gratuite. Situé dans une région magnifique nommée 'la Petite Suisse'. Circuits de randonnées dans les environs. A proximité du centre avec tous ses magasins. Sauna gratuit.

Dans le village suivre les panneaux du camping.

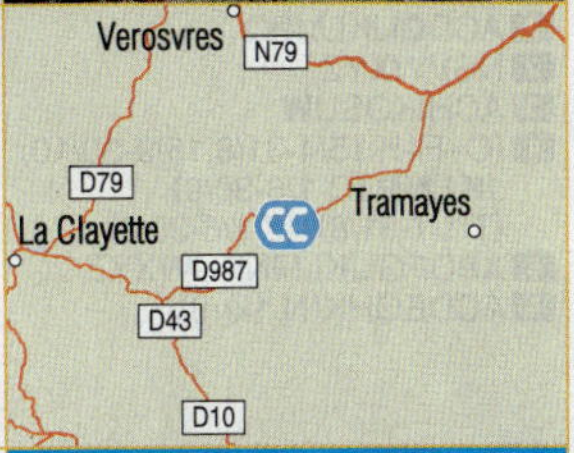


CC € 16 *11/4-9/7 27/8-23/10*

N 46°18'16'' E 04°28'43''

## Merry-sur-Yonne, F-89660 / Bourgogne (Yonne)

**1604**

Camping Merry-sur-Yonne****
5 Impasse des Sables
+33 3 86 34 59 55
1/1 - 31/12
campingmerrysuryonne@yahoo.com

2ha 60**T**(70-180m²) 16A CEE

**1** ACDGIJKLMOPQ
**2** CJSTVXYZ
**3** ACHIKMOS**W**
**4** (Q+S+T+U+V+Y+Z )
**5** **AB**GIJKLMNOPUWZ
**6** ACEKOR

Ce camping est un endroit particulier où on donne toute l'importance aux hôtes. Restaurant avec une carte internationale et régionale. Terrain plat. Excellentes possibilités pour faire du vélo le long de l'Yonne et du canal du Nivernais. Escalade au Rocher de Saussois.

Du N ou S, suivre la D100. De l'E ou O, suivre la D950. Eteignez le GPS. A Mailly-la-Ville, D100 vers Merry-sur-Yonne. Là, traverser deux ponts, à gauche à l'église. Éventuellement RN151, puis D21. Éviter D39 !

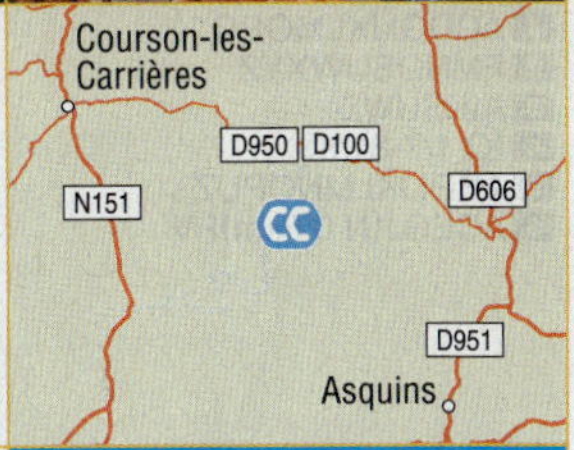


CC € 14 *1/1-10/7 28/8-31/12* *7=6, 14=11*

N 47°33'46'' E 03°38'46''

## Meursault, F-21190 / Bourgogne (Côte-d'Or)

**1605**

Camping Huttopia Meursault***
2 route de Volnay
+33 3 80 21 22 48
7/4 - 6/11
resa@camping-meursault.com

3,5ha 43**T**(80-100m²) 16A CEE

**1** ACD**F**IJKLM**P**SWT
**2** ILMNSWXYZ
**3** AC**G**HIKMN**O**S
**4** (C+G 1/5-30/9)(Q+R )(T+U+V+Z 1/7-31/8)
**5** **AB**DGIJKLMNOPUW
**6** ACDEGHJ(N 0,5km)V

Camping en terrasses dans un environnement tranquille, avec une vue superbe sur les vignobles de Meursault. Adapté aussi comme camping d'étape.

A6 sortie 24.1 Beaune-Centre. A Beaune N74 vers Châlon-sur-Saône. A Meursault, vers Volnay, suivre les panneaux de camping.

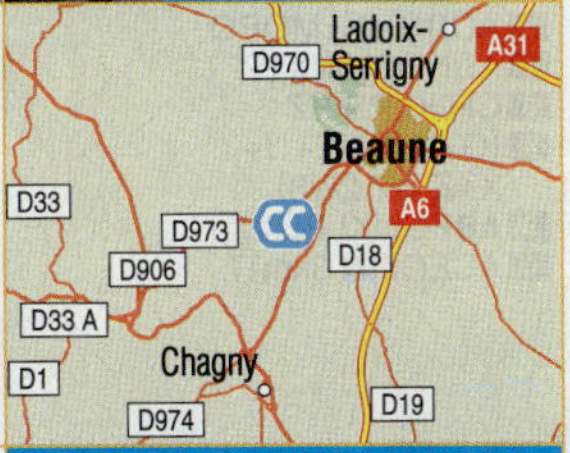


CC € 18 *7/4-1/7 4/9-6/11*

N 46°59'08'' E 04°46'06''

## Montbard, F-21500 / Bourgogne (Côte-d'Or) — 1606

Camping Municipal de Montbard 'Les Treilles'***
rue Michel Servet
+33 3 80 92 69 50
26/3 - 30/10
camping.lestreilles@montbard.fr

2,5ha 78T(100-150m²) 16A CEE

**1** ACD**G**IJKLM**P**Q
**2** NSVWXYZ
**3** ACHIKOSU**W**
**4** (C+F+H 15/4-31/8,15/9-30/10) **JKLNP** (Q 1/6-30/9) (T 1/7-31/8) (Z 1/6-30/9)
**5** **AB**DFGIJKLMNPUWXYZ
**6** ACDEGHK(N 1km)V

Grands emplacements ombragés dans une région riche en patrimoine et gastronomie. Près d'un centre aquatique (entrée gratuite pour les campeurs, peut être fermé jusqu'au 15/04 et du 01/09 au 15/09). Séjour idéal au bord du canal de Bourgogne. Dépôt de pain, bar, wifi, tennis, volley, billard.

Suivre la D980 autour de Montbard. Entre le canal de Bourgogne et la D5 vers Laignes, dans un virage serré, bifurquer du côté nord de la route. Indiqué par 'Camping/Piscine'.

CC € 18 *26/3-8/7 27/8-29/10*

N 47°37'52" E 04°19'56"

## Montsauche-les-Settons, F-58230 / Bourgogne (Nièvre) — 1607

Camping La Plage des Settons***
Rive Gauche Aval
+33 3 86 84 51 99
22/4 - 2/10
camping-plages-des-settons@wanadoo.fr

2,3ha 46T(80-120m²) 3-15A CEE

**1** ACDGIJKLMOPQ
**2** FMNOSUWXYZ
**3** AIKSU**WZ**
**4** (Q 1/7-31/8)
**5** **AB**GIJKLMNOPUZ
**6** ACEGJ(N 0,8km)RV

Camping calme, tout au bord du lac, proche du barrage. Grands emplacements stabilisés et délimités par des haies. Aire de service pour camping-cars, sanitaires propres, équipés d'une laverie. Commerce et restaurants accessible à pied. Activités autour : randonnée, cyclisme, pêche, toute activité nautique.

A Montsauche direction Lac des Settons. Puis Rive Gauche Aval et suivre les panneaux de camping jusqu'au barrage.

CC € 12 *22/4-2/7 28/8-1/10*

N 47°11'36" E 04°03'36"

## Montsauche-les-Settons, F-58230 / Bourgogne (Nièvre) — 1608

Camping Les Mésanges***
L'Huis-Gaumont, Lac des Settons, Ri
+33 6 59 09 27 78
29/4 - 23/9
info@campinglesmesanges.fr

5ha 102T(100-200m²) 10A CEE

**1** ACDGIJKLMOPQ
**2** AENOSUWXYZ
**3** CHIKLPSWZ
**4** (Q+R)(T+U+X+Z 2/7-28/8)
**5** **AB**FGIJKLPUVXYZ
**6** ACEGJ(N 3km)T

Situé au coeur du Morvan, à 200m du lac des Settons, avec de grands emplacements plats dans la verdure. Aire de jeux, bassin poissonneux et grands espaces de détente. Produits locaux et biologiques à vendre. Nombreuses activités nautiques sur le lac. Pistes cyclables et circuits de randonnée à partir du camping.

A partir de Saulieu la D977 bis jusqu'à Montsauche-les-Settons. A Montsauche suivre Lac des Settons puis Rive Gauche. Ensuite, suivre les panneaux de camping.

CC € 14 *29/4-1/7 28/8-23/9*

N 47°10'54" E 04°03'10"

## Montsauche-les-Settons, F-58230 / Bourgogne (Nièvre) — 1609

Chalets/Camping La Plage du Midi***
Rive Droite / Lac des Settons
+33 3 86 84 51 97
12/4 - 17/10
@ campplagedumidi@orange.fr

3ha 100T(100m²) 10A CEE

**1** ACD**G**IJKLMOPQW
**2** AELMNSUVWXYZ
**3** ACHIKMPSU**WZ**
**4** (E )**KLN**(Q )
(S+T+U 1/7-30/8)(Z )
**5** **AB**DEFGIJKLNPUZ
**6** ACEGJ(N 3km)OTV

Camping et location de chalets dans le Morvan sur les rives du lac des Settons avec plage aménagée et surveillée. Piscine intérieure chauffée. Vaste gamme d'aliments et de produits locaux. Point de départ pour les randonnées pédestres et cyclistes.

De Saulieu, suivre la D977bis jusqu'à Montsauche, vers le Lac des Settons.

N 47°11'10'' E 04°04'18''

CC € 18 *12/4-2/7 29/8-16/10*

## Nevers, F-58000 / Bourgogne (Nièvre) — 1610

Camping de Nevers***
rue de la Jonction
+33 3 86 36 40 75
1/3 - 30/10
@ camping.nevers@aquadis-loisirs.com

1,6ha 73T(85-110m²) 16A CEE

**1** ACD**G**IJKLPQ
**2** DIOSTUVWXYZ
**3** AHK**W**
**4** (Q )(T 1/7-31/8)(Z )
**5** **AB**DFGIJKLMNPUWXYZ
**6** ACEGJ(N 1km)V

Camping avec des emplacements spacieux assez ombragés sur les rives de la Loire en face du centre-ville. La ville est accessible à pied et adaptée pour cyclistes, pêcheurs et amateurs de canoë-kayak. Nombre limité d'emplacements avec électricité.

A77 sortie 37, direction Nevers. A Nevers, le camping est à droite avant le pont. Indiqué par des panneaux. A Nevers, suivre les panneaux Moulins.

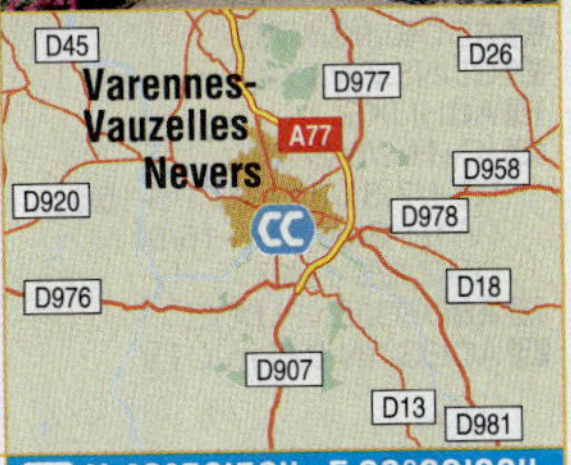


N 46°58'56'' E 03°09'39''

CC € 18 *1/3-9/7 27/8-30/10*

## Ouroux-en-Morvan, F-58230 / Bourgogne (Nièvre) — 1611

Les Genêts du Morvan***
route de Lormes
+33 3 86 78 22 88
29/4 - 1/10
@ camping.ouroux@orange.fr

1,7ha 42T(80-120m²) 10-16A CEE

**1** ACD**G**IJKLPQ
**2** BNSWXYZ
**3** AHIKS
**4** (B 15/5-15/9)(Q )
(T+U+Z 1/7-31/8)
**5** **AB**DEFGJLNPUWZ
**6** CEGK(N 0,6km)OR

Camping dans un cadre champêtre, dans le parc naturel du Morvan, avec de belles vues panoramiques. Bons emplacements spacieux séparés par des haies.

D978 Château-Chinon, D37, puis suivre la D17. De Lormes, D17 jusqu'à Ouroux. Là, le camping est indiqué par des panneaux. Situé sur la D232.

N 47°11'19'' E 03°56'21''

CC € 16 *29/4-2/7 21/8-1/10* *7=6, 14=12*

## Pontailler-sur-Saône, F-21270 / Bourgogne (Côte-d'Or)

**1612**

Camping La Chanoie***
46 rue de la Chanoie
+33 3 80 67 21 98
10/4 - 30/9
camping.municipal1@orange.fr

6ha 160T(80-120m²) 6-16A CEE

**1** ACD**G**IJKLMPQ
**2** COSWXYZ
**3** ACHIK**W**X
**4** (Q+T+U+V+X+Z)
**5** **A**BEFJLNPRUVYZ
**6** EGJ(N 1km)OT

Le camping est situé au bord de la Saône et a une grande pelouse et une petite plage d'herbe. De la terrasse du restaurant il y a une vue magnifique sur la rivière. Les environs sont très adaptés pour les sports nautiques, la pêche, la randonnée et le vélo.

De Dijon par D959, traverser Pontailler-sur-Saône et juste après le pont à gauche. Suivre les panneaux de camping.

N 47°18'31'' E 05°25'32''

CC € 14 *10/4-30/6 1/9-30/9*

## Pouilly-en-Auxois, F-21320 / Bourgogne (Côte-d'Or)

**1613**

Camping Vert Auxois***
15 rue du Vert Auxois
+33 3 80 90 71 89
26/3 - 2/10
contact@camping-vert-auxois.fr

1,5ha 61T(80-100m²) 16A CEE

**1** ACD**G**IJKLM**P**Q
**2** CIJNSVWXYZ
**3** A**G**HIJKS
**4** (C+H 1/5-2/10)
(Q 1/7-31/8)(T+U 1/5-15/9)
(V 1/5-30/6,21/8-15/9)
(Y+Z 1/5-15/9)
**5** **AB**DFGJLNPUXYZ
**6** ACEGJ(N 0,5km)OTV

Petit camping tranquille dans la verdure à côté d'un canal tout près de la ville. Les emplacements sont séparés par des hautes haies. Idéal pour faire du vélo le long du canal.

Le camping est indiqué par des panneaux à Pouilly-en-Auxois.

N 47°15'55'' E 04°32'56''

CC € 18 *26/3-30/6 1/9-1/10*

## Santenay, F-21590 / Bourgogne (Côte-d'Or)

**1614**

Camping de Santenay***
avenue des Sources
+33 3 80 20 66 55
1/4 - 30/10
camping.santenay@
aquadis-loisirs.com

3,1ha 151T(90-120m²) 6A CEE

**1** ACGIJKLMPRWS
**2** SUWXY
**3** CHIK**O**SU
**4** (**B**+**H** 3/7-31/8)
(Q+R 1/6-30/9)
**5** **AB**GIJKLMNPU
**6** ACE**K**(N 1,5km)V

Camping familial au cœur des vignobles de Côte de Beaune. A côté de la piscine municipale. Emplacements spacieux à l'ombre de quelques arbres.

A6 sortie 24.1 Beaune-centre. A Beaune D974 direction Châlon-sur-Saône vers Santenay. A Santenay, suivre les panneaux de camping.

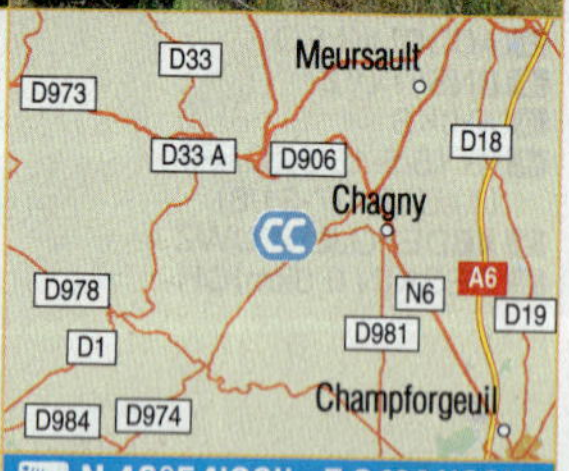


N 46°54'26'' E 04°41'08''

CC € 16 *1/4-9/7 27/8-30/10*

## Saulieu, F-21210 / Bourgogne (Côte-d'Or) — 1615

Camping de Saulieu***
route de Paris, Le Perron
+33 3 80 64 16 19
1/3 - 30/10
camping.saulieu@
aquadis-loisirs.com

6ha 70**T**(90-130m²) 10A CEE

**1** ACDGIJKLMPQ
**2** SUWXYZ
**3** CHIKMP**Q**RSU**W**
**4** (**A** 1/7-31/8)(B+G 1/6-15/9)
(Q+R)(T+V 1/7-31/8)
(Z)
**5** **AB**DFGIJKLMNPUWZ
**6** ACEGJ**K**(N 0,8km)RTV

Le camping est situé juste en dehors de Saulieu. Un sentier vous amène au centre. De beaux emplacements spacieux, ensoleillés ou ombragés. Nombreuses installations sportives. Nombreux routes cyclables et pédestres et grande piscine pour se rafraîchir. Saulieu est connue pour ses bons restaurants.

De l'A6, prendre la sortie 23 en direction de Saulieu puis continuer sur la ville par la N906 en direction d'Avallon. Le camping se trouve à 700m à droite de la route et est indiqué.

CC € 16 *1/3-9/7 27/8-30/10*

N 47°17'22'' E 04°13'26''

## Savigny-lès-Beaune, F-21420 / Bourgogne (Côte-d'Or) — 1616

Onlycamp Les Premiers Prés***
route Bouilland
+33 3 80 24 51 02
8/4 - 9/10
contact@
camping-savigny-les-beaune.com

1,5ha 89**T**(80-100m²) 10A CEE

**1** ACD**G**IJKLM**P**ST
**2** CISUWXYZ
**3** HIK
**4** (Q)(T+U+V 1/7-31/8)
**5** **AB**DGIJKLNPUW
**6** CEJ(N 1,2km)T

Camping très calme, situé près du village. Avec de grands emplacements ombragés délimités par des haies. Il est surtout utilisé comme camping d'étape mais il est aussi très adapté pour découvrir son environnement naturel superbe et les petites villes aux alentours. Surtout Beaune en vaut la peine.

Périphérique de Beaune : Dijon par N74. A 400m à gauche puis rester à droite. Suivez les panneaux de camping (± 5 km).

CC € 16 *8/4-1/7 28/8-9/10*

N 47°04'07'' E 04°48'11''

## Seurre/Pouilly-sur-Saône, F-21250 / Bourgogne (Côte-d'Or) — 1617

Camping de la Plage***
3 le Portail (RD973)
+33 3 80 20 49 22
22/4 - 2/10
camping.seurre@orange.fr

6ha 110**T**(98-100m²) 6-10A CEE

**1** A**G**IJKLMOPQ
**2** CISXYZ
**3** CHKMS**W**
**4** (Q 1/7-31/8)(T+U+X+Y)
(Z 29/4-26/9)
**5** **AB**GJLNPUVXYZ
**6** EGHJ(N 1km)T

Situé sur le tracé de l'Eurovélo 6, au carrefour des villes de Dijon, Beaune, Dole et Chalon (à 4 km de l'A36), le camping municipal de Seurre est installé sur les bords de Saône. Il offre une multitude d'activités liées à l'eau : location de canoës et de pédalos, aviron, ski nautique, pêche… Restauration sur place. Centre-ville de caractère et commerces à proximité.

Le camping est sur la D973 direction Beaune, à l'ouest de Seurre.

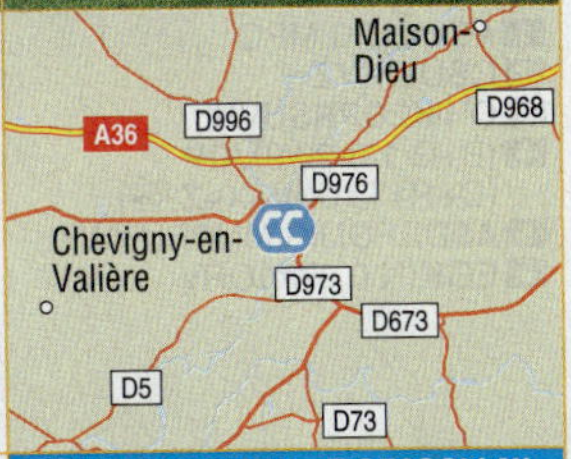


CC € 16 *22/4-17/6 21/8-2/10*

N 47°00'01'' E 05°08'14''

## St. Boil, F-71390 / Bourgogne (Saône-et-Loire)

iD **1618**

Camping Moulin de Collonge****
+33 3 85 44 00 32
1/4 - 30/9
camping@moulindecollonge.fr

1ha 50T(80-100m²) 6A CEE

1 ACD**G**IJKLMPRWS
2 AEOSWXY
3 AHIKMPSUWZ
4 (F+H 1/5-30/9)
(Q+R+U+V+X+Z)
5 **AB**DEFGIJKLNPUWZ
6 AEGJ(N 5km)OV

Petit camping familial fleuri avec piscine chauffée couverte, un lac dans lequel on peut nager, un petit bassin poissonneux et une pizzeria. Point de départ idéal pour les cyclistes (voie verte) et pour découvrir la Route des Vins de Beaune à Cluny.

Sur la D981, à l'extrémité sud de St. Boil, prendre la petite route V5 et suivre les panneaux de camping.

CC € 18 *1/4-10/7 27/8-30/9*

N 46°38'47'' E 04°41'41''

## St. Florentin, F-89600 / Bourgogne (Yonne)

iD **1619**

Camping de l'Armançon**
Route Nationale 77
+33 3 86 35 08 13
16/4 - 16/10
accueil@ville-saintflorentin.fr

2ha 79T 10A CEE

1 ACD**G**IJLPST
2 CSWXY
3 CHIK**RW**X
4 (Q+R+T+U+X+Z)
5 **A**GIJKLMNOPUVZ
6 CDEGHJ(N 2km)

Le camping est situé prés de l'Armançon, non accessible depuis le camping. Emplacement calme, à 15 minutes à pied de la ville. Bonnes installations sanitaires. Snackbar à côté du camping.

Situé au bord de la RN 77 (Troyes-Auxerre). Entrée au pont, c'est bien indiqué.

CC € 12 *16/4-19/6 22/8-16/9*

N 47°59'35'' E 03°44'06''

## St. Honoré-les-Bains, F-58360 / Bourgogne (Nièvre)

iD **1620**

Camping et gîtes des Bains***
15 ave Jean Mermoz
+33 3 86 30 73 44
1/4 - 20/10
campinglesbains@gmail.com

4,5ha 130T(80-100m²) 10A CEE

1 ACD**G**IJKLMPQ
2 CSUWXYZ
3 CHIKL**O**P**R**SUV**W**
4 (B+G 1/6-20/9)J**OP**
(Q+R+T+U+V+X+Z)
5 **AB**DEFGIJKLMNPRUVWZ
6 EG**K**(N 0,8km)ORV

NOUVEAU

Le camping est dans le village St Honoré. Il a des emplacements délimités par des arbres et des arbustes. Les environs offrent beaucoup de possibilités pour profiter de la nature: calme et espace.

A St. Honoré-les-Bains dir Vandenesse et suivre les panneaux Des Bains. Camping à 200 mètres à gauche après le parc.

CC € 16 *1/4-9/7 27/8-20/10*

N 46°54'23'' E 03°49'42''

## St. Jean-de-Losne, F-21170 / Bourgogne (Côte-d'Or) — 1621

Camping Les Herlequins***
7 chemin de la Plage
+33 3 80 39 22 26
1/1 - 31/12
camping.les.herlequins@gmail.com

1ha 65T(80-100m²) 16A

1 ACDGIJKLMPQ
2 COSUWXYZ
3 ACHMS**W**
4 (Q+T+U+X)
5 **AB**GIJKLMNOPUWZ
6 EGJ(N 0,8km)T

Petite ville agréable au bord de la Saône sur la route de St Jacques de Compostelle. On peut faire du vélo le long de la Saône ou naviguer avec un petit bateau électrique.

A36 sortie 1, Seurre. D976 vers St. Jean-de-Losne. Suivre les panneaux de camping. Bien visible du rond-point près du château d'eau. Ne pas suivre le GPS avec une grande caravane venant de la direction de Dole.

N 47°06'08'' E 05°16'30''

CC € 12 *1/1-30/6 1/9-31/12*

## St. Léger-sous-Beuvray, F-71990 / Bourgogne (Saône-et-Loire) — 1622

Camping De La Boutière
La Boutière
+33 6 80 40 81 28
15/4 - 15/10
camping@la-boutiere.com

2ha 36T(100-150m²) 10A CEE

1 A**G**IJKLM**P**Q
2 STWXYZ
3 HIKPS**W**
5 **A**DGIJKLMNOPUXYZ
6 ADEGK(N 0,6km)O

Sur ce petit camping rural, vous vivez la nostalgie du camping. A proximité du village, dans le parc régional du Morvan. Un Eldorado pour les randonneurs. De nombreux circuits balisés. Nombreuses possibilités pour la pêche dans les environs. Wifi gratuit.

D'Autun à St. Léger-sous-Beuvray par la D681 direction Moulins-Luzy. A 4 km à droite, garder la direction St. Léger (D3) jusqu'à ce que le camping soit balisé par des panneaux.

N 46°55'54'' E 04°06'04''

CC € 14 *15/4-2/7 22/8-15/10*

## Tournus, F-71700 / Bourgogne (Saône-et-Loire) — 1623

Camping de Tournus***
14 rue des Canes
+33 3 85 51 16 58
1/3 - 31/10
camping-tournus@orange.fr

2ha 94T(80-100m²) 10A CEE

1 ACD**G**IJKLMOPSWT
2 CISVWXYZ
3 AHKMNS**W**
4 (**C**+**H** 1/6-31/8)**J**
(Q+R+T+U+X+Z)
5 **AB**FGIJKLMNOPUVWZ
6 ACDEGK(N 1km)V

Camping avec emplacements spacieux, près du centre de la ville historique Tournus, réputée pour ses nombreux restaurants, son abbaye millénaire. Point de départ de la Voie Bleue, piste cyclable le long de la Saône. Le camping organise des sorties en bateau sur la Saône. Très indiqué comme camping de passage.

A6 sortie 27 Tournus. Suivre la D906 vers Tournus. Bifurquer en face de la gare. Le camping est indiqué par des panneaux.

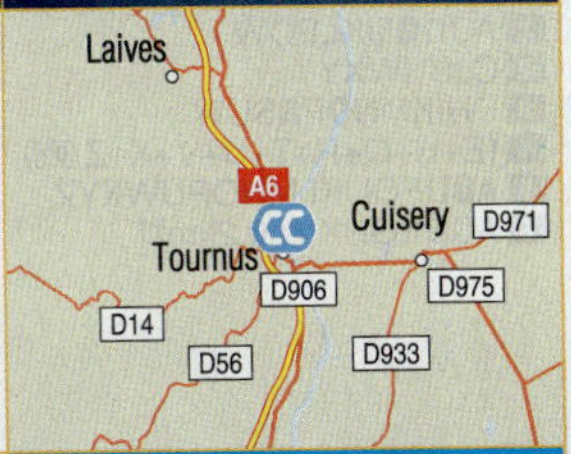


N 46°34'25'' E 04°54'34''

CC € 20 *1/3-30/6 1/9-31/10* 7=6, 14=12

## Uchizy, F-71700 / Bourgogne (Saône-et-Loire)

1624

Camping d'Uchizy**
Port d'Uchizy
+33 3 85 40 53 90
1/4 - 25/9
camping.uchizylen6@wanadoo.fr

6ha 95**T**(100m²) 6A CEE

1 A**G**IJKLMPQ
2 DSWXYZ
3 AHKSU**WX**
4 (B+G 15/6-15/9) (Q+S 15/4-15/9) (T+U 20/4-15/9)(V 1/7-31/8) (X 20/4-15/9)(Z)
5 **A**EFGIJKLMNPUVZ
6 AEJ(N 5km)V

Camping tranquille au bord de la Saône avec des emplacements ombragés, une piscine et un restaurant. Belle opportunité de pêche. Piste cyclable 'Voie Bleue' le long de la Saône.

Du nord, le camping est à gauche de la D906, à la hauteur de la commune d' Uchizy (sur la rive de la Saône). Suivre les panneaux de camping.

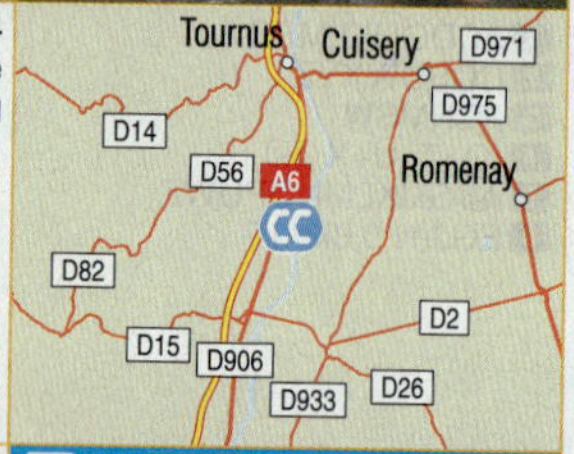


CC € 18 *1/4-30/6 1/9-25/9*

N 46°29'16'' E 04°54'45''

## Vermenton, F-89270 / Bourgogne (Yonne)

1625

Camping Les Coullemières***
route de Coullemières
+33 3 86 81 53 02
1/4 - 30/9
contact@camping-vermenton.com

1ha 47**T**(80-120m²) 6A CEE

1 ACD**G**IJKLPQ
2 ACJSUVWXYZ
3 CHIKOPSU**WX**
4 (Q+R)
5 **AB**DGIJKLMNOPUVWZ
6 ACDEGK(N 1km)TV

Emplacements délimités avec des arbustes et de nombreux arbres, et donc assez d'ombre. Le camping participe tous les ans au concours du plus beau camping fleuri. Gagnant en 2016. A proximité de la petite ville Vermenton, avec entre autres une église du XIIe siècle. Réception fermée entre 12 h et 14 h.

Sur la N6 Auxerre-Avalon, le camping est bien indiqué avant Vermenton. Attention au nom. Le camping est derrière la petite gare.

CC € 14 *1/4-30/6 1/9-30/9 7=6*

N 47°39'31'' E 03°43'51''

## Vincelles, F-89290 / Bourgogne (Yonne)

1626

Camping Les Cerisselles****
route de Vincelottes
+33 3 86 42 50 47
1/4 - 30/9
camping@spl-payscoulangeois.fr

2,5ha 76**T**(90-150m²) 10A CEE

1 ACD**G**IJKLPQW
2 CJSUWXY
3 CHIKMN**O**PRSU**W**
4 (E+H+Q+R+T+U+V+X+Z)
5 **AB**DFGIJKLMNOPUWXYZ
6 ACDEGHK(N 0,2km)T

Au cœur des vignobles de Bourgogne et des cerisiers, Les Cerisselles****, labels 'Camping Qualité' et 'Tourisme et Handicap', offre un site calme et fleuri. Le camping qui borde l'Yonne, le Canal du Nivernais et son chemin cyclable, est situé non loin d'un lac (4 ha), ainsi les pêcheurs disposent de toutes les possibilités. Vous pourrez visiter les sites du Sud de l'Yonne.

Au sud d'Auxerre, à 12 km de la D606. A Vincelles, le camping est indiqué par des panneaux.

CC € 16 *1/4-2/7 1/9-30/9*

N 47°42'25'' E 03°38'08''

## Bonlieu, F-39130 / Franche-Comté (Jura) — 1627

iD

Camping L'Abbaye***
2 route du Lac
+33 3 84 25 57 04
1/4 - 30/9

4ha 80T(100-120m²) 10A CEE

1 ACD**G**IJKLMOPQ
2 CMSVWXYZ
3 CHIKP**QSW**
4 (Q+R+T+U+V+X+Y+Z)
5 **AB**FGJKLNPUZ
6 ACDEGK(N 5km)V

Camping attrayant avec des emplacements spacieux délimités par des haies. Vues magnifiques sur les falaises rocheuses. Point de départ idéal pour les promenades et les tours à vélo. Le camping se trouve près de des cascades du Hérisson et à 700 mètres du magnifique lac de Bonlieu. Bar et snack-bar sur le camping.

A partir de Clairvaux-les-Lacs vers Genève par la N78, et traverser Bonlieu. A 1 km environ après l'agglomération, à droite vers le 'Lac de Bonlieu' et le camping.

CC € 18 *1/4-3/7 28/8-30/9 7=6*

N 46°35'48'' E 05°52'17''

## Chalezeule/Besançon, F-25220 / Franche-Comté (Doubs) — 1628

iD

Camping de Besançon Chalezeule***
12 route de Belfort
+33 3 81 88 04 26
15/3 - 31/10
contact@campingdebesancon.com

2,5ha 99T(75-120m²) 16A CEE

1 ACD**G**IJKLMOPQW
2 CIJSVXYZ
3 A**G**HIKNP**RSW**
4 (C+H 29/6-1/9)J(Q+T+U+X 20/6-30/8)
5 **AB**CDEFGHIJKLMNOPUVWZ
6 ACDFGHK(N 0,2km)OTV

Camping bien situé pour visiter Besançon (patrimoine mondial). Nombreuses possibilités pour faire du sport dans les environs et sur le camping. Liaison rapide vers le centre de Besançon avec la nouvelle ligne de tramway.

RD683, Belfort-Besançon. Le camping est indiqué sur cette route.

CC € 18 *15/3-30/6 1/9-31/10 7=6*

N 47°15'57'' E 06°04'18''

## Cromary, F-70190 / Franche-Comté (Haute-Saône) — 1629

iD

Camping l'Esplanade**
rue du Pont
+33 3 84 91 82 00
1/4 - 1/10
lesplanade@ymail.com

2,2ha 44T(100-180m²) 4-8A

1 A**G**IJKLM**P**Q
2 CNOPSWXYZ
3 CHPSX
4 (A 15/7-20/8)(Q+R+T+Z)
5 **AB**GJKMNPUZ
6 EGJ(N 8km)T

Camping familial sympathique au bord d'une petite rivière pour nager, faire du canoë et pêcher. Emplacements spacieux sur pelouse avec vue sur le massif du Jura. A 17 km de Besançon. Gérants néerlandais. Terrasse conviviale, ouverte tous les soirs!

N57 entre Vesoul et Besançon, à ± 9 km de Rioz, sortie à droite vers Voray et Cromary en dir. contraire sur la N57 (5 km). Puis D276 vers They et Cromary. A partir de la N57, le camping est indiqué. Près du centre de Cromary.

CC € 16 *1/4-30/6 1/9-1/10*

N 47°21'32'' E 06°04'43''

## Dole, F-39100 / Franche-Comté (Jura)

1630

Camping Du Pasquier***
18 ch. Victor et Georges Thévenot
+33 3 84 72 02 61
15/3 - 15/10
lola@camping-le-pasquier.com

2ha 120**T**(80-110m²) 10A

1 ACD**G**IJLMPQW
2 CIQSWXYZ
3 CHKMS**W**
4 (C 1/6-15/9)(Q+R)
(T+U+Z 1/7-31/8)
5 **AB**FGIJKLMNOPUW
6 CDEGK(N 1km)OT

Un beau camping sympathique à 15 minutes à pied du centre-ville. Dole est une ville historique bien conservée, la ville natale de Louis Pasteur.

A partir de la A36 sortie Dole. A Dole, suivre les panneaux 'Camping' ou 'Stade-Camping'.

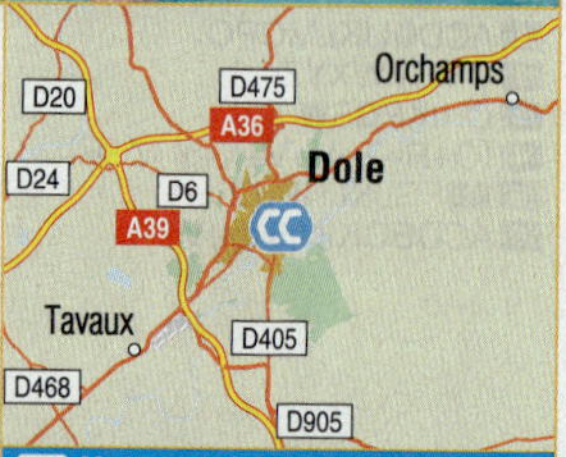


€ 16 *15/3-8/7 26/8-14/10*

N 47°05'22'' E 05°30'11''

## Doucier, F-39130 / Franche-Comté (Jura)

1631

Camping Domaine de Chalain****
+33 3 84 25 78 78
29/4 - 19/9
chalain@chalain.com

30ha 417**T**(90-120m²) 10A CEE

1 ACD**G**IJKLO**P**QW
2 AEMQSWXYZ
3 ACEFHIK**O**P**R**SU**WZ**
4 (B 1/6-18/9)(F+H)IJK**LNP**
(Q+S+T+U+V+Z)
5 **AB**DEFGJLNPU
6 ACDEGHKM(N 3km)OQRTV

Camping au bord du lac et entouré d'un paysage de collines richement boisées. Excellent point de départ pour la découverte des environs : rivières, panoramas, cascades. Parc aquatique avec 400 m² de piscines chauffées couvertes et à partir de début juin, 500 m² de piscines d'extérieur.

A partir de Champagnole direction Lons-le-Saunier par la D471. Direction Clairvaux-les-Lacs par la D27. Dans le village Doucier, suivre les panneaux du camping.

€ 20 *29/4-6/7 1/9-18/9*

N 46°39'51'' E 05°48'50''

## La Tour-du-Meix, F-39270 / Franche-Comté (Jura)

1632

Camping Domaine du Surchauffant***
Le Pont de la Pyle
+33 3 84 25 41 08
29/4 - 30/9
info@camping-surchauffant.fr

3ha 156**T**(80-110m²) 10A CEE

1 ACD**G**IJKLMOPQW
2 AEMSWXYZ
3 ACHIJKSU**W**Z
4 (C+G+Q+R+T+U+V+X+Y+Z)
5 **AB**EFGIJKLMNPUXZ
6 CEGH**K**(N 5km)QRTV

Un vaste camping, en pente vers le beau lac de Vouglans. Emplacements délimités, dont certains sont ombragés. Plage, sports nautiques sur le lac, piscine au camping. Sentiers de randonnée à partir du camping. Programme d'animation pour les jeunes et les moins jeunes tout au long de la saison.

De Lons-le-Saunier, N78 puis la D52. A Orgelet, D470 vers St. Claude. Suivre les panneaux de camping. Dans une zone récréative. Entrée la plus à l'arrière.

€ 14 *29/4-1/7 26/8-30/9*

N 46°31'24'' E 05°40'27''

## Labergement-Ste-Marie, F-25160 / Franche-Comté (Doubs)

**1633**

Camping du lac de Remoray
10 rue du Lac
+33 3 81 69 31 24
1/5 - 30/9
camping.lac.remoray@wanadoo.fr

1,8ha 79**T**(100m²) 6-10A CEE

**1** CGIJKLPRS
**2** BENOSWXYZ
**3** AIKMOPSUWZ
**4** (T+Z 1/7-31/8)
**5** **AB**FGIJKLMNOPX
**6** CEGHJ**K**(N 0,8km)TV

Camping sur pelouse avec des emplacements spacieux délimités. Camping se trouve près d'un petit lac dans lequel on peut nager dans une réserve naturelle. Terrains de sport à côté du camping. Wifi gratuit partout.

Après Pontarlier (sur la N57) à droite, suivre la D437. Après Malbuisson passer sous la voie ferrée. Continuer sur la D437, sortie vers cp à droite. Camping est indiqué avec de petits panneaux. Le camping est situé à côté d'un parc sportif.

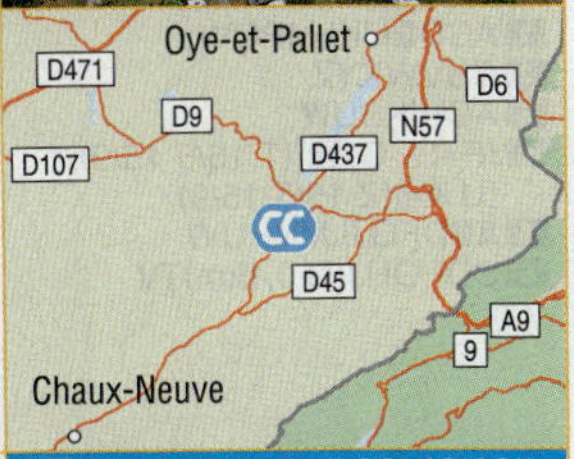


CC € 14 *1/5-8/7 27/8-30/9*

N 46°46'17'' E 06°16'30''

## Levier, F-25270 / Franche-Comté (Doubs)

**1634**

Camping de la Forêt***
route de Septfontaine
+33 3 81 89 53 46
15/4 - 18/9
contact@camping-dela-foret.com

2ha 67**T**(100-120m²) 6-10A CEE

**1** ACD**G**IJKLMO**P**RWS
**2** SWXYZ
**3** CHIKNPSU
**4** (A 9/7-31/8)(C+Q 1/6-31/8)
(R 1/7-31/8)(T+X+Z)
**5** **AB**EFGIJKLMNPUWZ
**6** EGK(N 0,5km)ORT

Camping familial accueillant à la lisière d'une forêt. Détente, calme, grands emplacements bien entretenus. Piscine chauffée. Chemins de randonnée et pistes cyclables à partir du camping. Supermarché à 800m, tous commerces à 2 km à Levier. Le bar "La cabane" vous surprise avec des produits faits maison.

Levier est sur la D72 entre Salins-les-Bains et Pontarlier. Camping au N-E à ± 1 km du centre, au bord de la D41 vers Septfontaine.

CC € 16 *15/4-8/7 27/8-18/9*

N 46°57'35'' E 06°07'58''

## Lons-le-Saunier, F-39000 / Franche-Comté (Jura)

**1635**

Camping La Marjorie****
640 boulevard de l'Europe
+33 3 84 24 26 94
1/4 - 15/10
info@camping-marjorie.com

7,5ha 192**T**(100-120m²) 6-10A CEE

**1** ACD**G**IJKLMOPQ
**2** CIJSVWXYZ
**3** AC**G**HIKNPSU
**4** (A 1/7-21/8)(B+Q+R)
(T 1/5-30/9)(U+Z)
**5** **AB**DEFGIJKLMNPUWXYZ
**6** CDEGJ**K**(N 0,5km)ORTV

Camping 4 étoiles avec emplacements délimités par des haies et de nombreux grands arbres. Proche de la ville de Lons-le-Saunier avec spa et casino. L'ambiance du camping est familiale. Une belle piscine, un bar agréable et un personnel sympa sont les atouts de ce camping.

A39, sortie 7 à partir du nord, à 23 km sur la quatre voies (N83). Sortie 8 à partir du sud, à 9 km de la N78. Suivre les panneaux de camping.

CC € 16 *1/4-3/7 28/8-15/10*

N 46°41'03'' E 05°34'07''

## Marnay, F-70150 / Franche-Comté (Haute-Saône)

iD **1636**

Camping Vert Lagon****
route de Besançon
+33 3 84 31 73 16
1/5 - 30/9
camping.marnay@woka.fr

3ha 77**T**(100-120m²) 10A CEE

**1** ACD**G**IJKLMPQW
**2** CSVWXYZ
**3** ACHIKSU**W**
**4** (F+G+Q)(T 15/5-15/9) (U)(Z 15/5-15/9)
**5** **AB**DFGJLMNPUW
**6** CDFGHJ(N 0,1km)TV

Situé à proximité de la vieille petite ville Marnay. Le camping est un endroit idéal pour les campeurs sportifs. Tous les sports nautiques sont possibles, y compris le stand-up paddle.

De la A36 sortie 3. Vers Graz par la D67. Puis D29 vers Marnay. Entrée sur la gauche, juste avant le centre.

CC € 16 *1/5-3/7 20/8-30/9*

N 47°17'20'' E 05°46'38''

## Mesnois/Clairvaux-les-Lacs, F-39130 / Franche-Comté (Jura)

iD **1637**

Camping Sites & Paysages Beauregard****
2 Grande rue Mesnois
+33 3 84 48 32 51
1/4 - 3/10
reception@juracampingbeauregard.com

6ha 195**T**(100-120m²) 6A

**1** ACDGIJKLMOPRS
**2** SWYZ
**3** CHIKOPRSU**W**
**4** (B 15/6-1/9)(F+H) IJKLNP(Q 1/6-31/8)(R) (U 1/5-30/9)(V 25/6-31/8) (X+Y 1/5-30/9)(Z 25/6-31/8)
**5** **AB**DEFGJLNPUVYZ
**6** ACDEG**K**(N 1km)T

Camping familial agréable bien entretenu dans un environnement tranquille, avec fitness, terrain de jeux et trampoline. Endroit idéal pour découvrir les environs étonnants. Bon restaurant! Nouvelle piscine couverte avec un toboggan aquatique.

De Lons-le-Saunier par la D52 direction Clairvaux-les-Lacs. Pour les caravanes, par la D678 (la D52 est interdite aux caravanes). Puis suivez les panneaux de camping.

CC € 18 *1/4-5/7 27/8-30/9*

N 46°35'59'' E 05°41'18''

## Monnet-la-Ville, F-39300 / Franche-Comté (Jura)

iD **1638**

Camping Sous Doriat***
34 rue Marcel Hugon
+33 6 23 10 62 95
1/5 - 30/9
camping.sousdoriat@orange.fr

2,2ha 110**T**(100-150m²) 6-10A CEE

**1** ACDGIJKLMPQW
**2** SWXYZ
**3** ACGHPSU
**4** (E)(Q 1/7-31/8) (T 1/7-30/8)(V 1/7-31/7) (Z 1/7-31/8)
**5** **AB**FGIJKLMNPUWZ
**6** CEGJ**K**(N 0,3km)QT

Situation centrale entre les villes de Champagnole et Lons-le-Saunier, à 5 km du lac de Chalain et à proximité de Clairvaux-les-Lacs. Le camping est situé à proximité du village de Monnet-la-Ville, des montagnes, des villages historiques (viticoles) et d'une grande beauté naturelle. Piscine avec toit coulissant.

A partir de Champagnole, D471 vers Lons-le-Sounier. Prendre à ± 10 km la D27e à gauche, vers Monnet-la-Ville. Le camping est sur la gauche.

CC € 14 *1/5-10/7 27/8-30/9*

N 46°43'20'' E 05°47'58''

## Montbarrey, F-39380 / Franche-Comté (Jura) — 1639

Flower Camping Les 3 Ours***
28 rue du Pont
+33 3 84 81 50 45
2/4 - 25/9
mmrb39@orange.fr

3,5ha 90T(100-140m²) 10A

1 ACDGIJKLMPQ
2 DQSTWXYZ
3 CHIKLSWX
4 (B+G 10/6-20/9)(Q+R 🔑)
(T+U+V 1/6-25/9)(Y+Z 🔑)
5 AEFGIJKLMNPUWZ
6 ACEGJ(N 3km)TV

Camping tranquille très agréable au bord de la Loue, idéal pour la pêche. Profitez pleinement de la faune et de la flore. Dans les environs, randonnées à vélo agréables et nombreux sentiers balisés. Bon restaurant ouvert tous les soirs. Pour les emplacements privilèges au bord de la rivière, supplément de 3 euros.

Au sud de Dole par la N5 ou la D405, traverser Parcey. Puis garder la direction Pontarlier-Lausanne par la D472. Suivre les panneaux du camping.

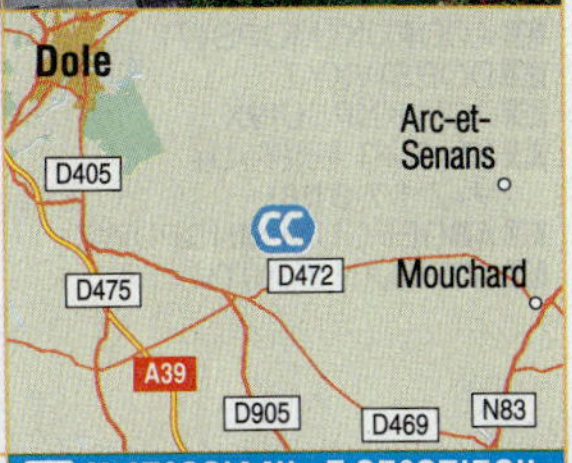


CC € 14 2/4-30/6 1/9-24/9

N 47°00'44'' E 05°37'50''

## Ornans, F-25290 / Franche-Comté (Doubs) — 1640

Camping Ecologique La Roche d'Ully****
5 allée de la Tour de Peilz
+33 3 81 57 17 79
2/4 - 6/10
contact@larochedully.com

3ha 75T(120-250m²) 16A CEE

1 ACDGIJKLMPQW
2 CNSTWXY
3 ACHIKPQSUWX
4 (A 1/7-31/8)(C 15/6-1/9)
(F+H 🔑)JKLN
(Q+R+T+U+Y+Z 🔑)
5 ABCDEFGIJKLMNPUWXYZ
6 CDEGJL(N 2km)TV

Camping familial luxueux ou la nature a une place centrale. Piscine couverte. En dehors du camping, il y a un centre pour grimper dans les arbres, faire du canot, du kayak et de la spéléologie. Il y a un lave-vaisselle (gratuit).

D67, traverser le centre d'Ornans. Direction Pontarlier. Après Ornans (après viaduc) directement à gauche. A 100m à gauche passer le même pont (feux).

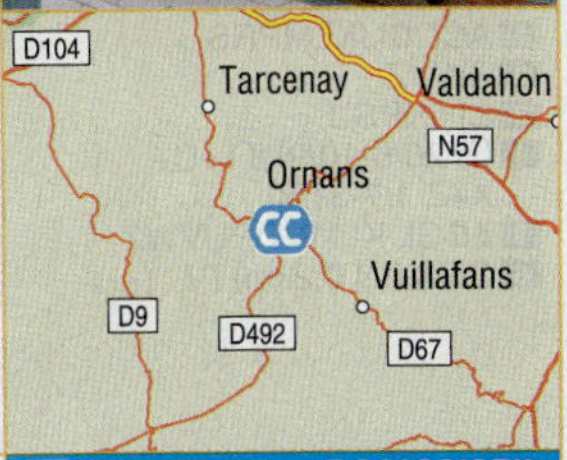


CC € 18 2/4-9/7 27/8-2/10 7=6

N 47°06'02'' E 06°09'37''

## Ornans, F-25290 / Franche-Comté (Doubs) — 1641

Camping Le Chanet***
9 chemin du Chanet
+33 3 81 62 23 44
15/4 - 2/10
campinglechanet@gmail.com

2,5ha 68T(80-120m²) 6-10A CEE

1 ACDGIJLPQW
2 LMNSVWXYZ
3 CHIKMSUVW
4 (B 21/5-30/9)(G 🔑)N
(Q+S 🔑)(T+U+Z 1/7-31/8)
5 ABDEFGIJKLMNPUWZ
6 ACDEGK(N 2km)OTV

Bon camping pour un séjour court ou prolongé, entre Besançon et Pontarlier. Idéal pour les pêcheurs, les randonneurs et les cyclistes. Piscine écologique. Dans les environs directs: gastronomie dans la petite ville historique et pittoresque d'Ornans.

Quitter la D67 à Ornans et suivre la D241 direction Chassangne-St-Denis. Après le pont à droite suivre les panneaux.

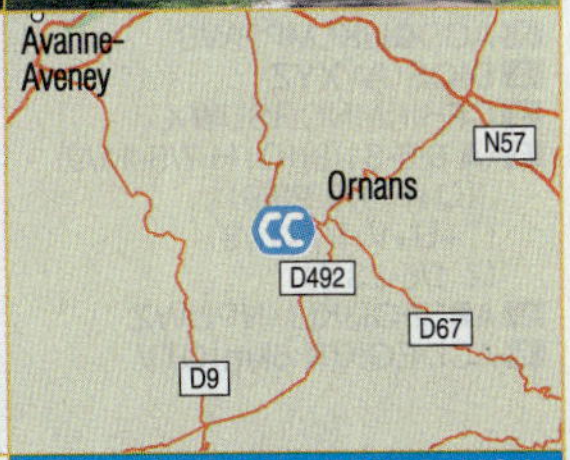


CC € 16 15/4-8/7 27/8-2/10 7=6, 14=12

N 47°06'01'' E 06°07'40''

## Ounans, F-39380 / Franche-Comté (Jura)

1642

Camping Huttopia La Plage Blanche***
2 rue de la Plage
+33 3 84 37 69 63
19/5 - 18/9
plageblanche@huttopia.com

17ha 158T(120-200m²) 6-10A CEE

1 ACD**F**IJKLMOPSWT
2 DOPSWXYZ
3 ACHIKNPSU**W**X
4 (B+Q+R )(T+U+V+Z 1/7-31/8)
5 **AB**DEFGIJKLMNOPUWZ
6 ACEGJ(N 1km)TV

Long camping sur pelouse, en partie ombragé et situé le long de la rivière. Nombreuses possibilités pour la randonnée et le vélo dans un environnement boisé. Le vrai Jura avec ses cascades et lacs n'est pas loin d'ici. Wifi gratuit. La CampingCard ACSI n'est pas valable pour les emplacements au bord de la rivière.

Suivre la N5 Dole-Poligny. A environ 18 km de Dole, à Mont-sous-Vaudrey, suivre la D472 direction Pontarlier. Puis suivre les panneaux du camping.

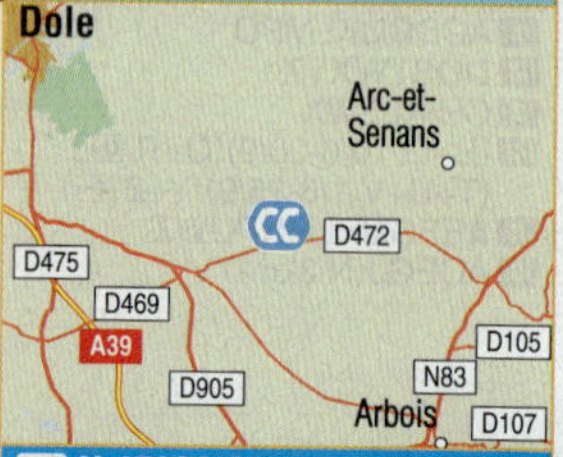


CC € 16 *19/5-7/7 28/8-18/9*

N 47°00'09'' E 05°39'49''

## Ounans, F-39380 / Franche-Comté (Jura)

1643

Camping Le Val d'Amour***
1 rue du Val d'Amour
+33 3 84 37 61 89
1/5 - 30/9
camping@levaldamour.com

3,5ha 97T(140m²) 6-10A CEE

1 ACD**G**IJKLMPRS
2 SWYZ
3 CHIKPSU
4 (B 20/6-10/9)J(T+U+X+Z 1/7-31/8)
5 **AB**GIJKLMNOPUVWZ
6 CEGJ(N 0,2km)TV

Camping familial dans des environs forestiers avec de bels emplacements dans le soleil ou l'ombre, partiellement avec des fruitiers. Beau sanitair et une piscine avec les toboggans. Beaucoup de possibilités pour faire les promenades ou les tours en vélo. Dijon, Dole, des villages caractéristiques comme Arbois et Ornans, aussi que le Jura a proximité.

N5 Dole-Poligny. A 18 km de Dole à Mont-sous-Vaudrey, D472 vers Pontarlier. A Ounans, suivre les panneaux de camping.

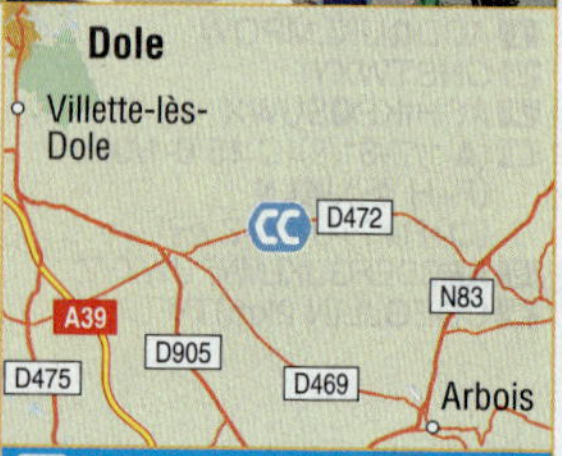


CC € 14 *1/5-10/7 27/8-30/9*

N 46°59'36'' E 05°40'15''

## Parcey, F-39100 / Franche-Comté (Jura)

1644

Camping Les Bords de Loue***
chemin du Camping
+33 3 84 71 03 82
2/4 - 24/9
contact@jura-camping.fr

17ha 240T(100m²) 16A

1 ACD**G**IJKLMPRWS
2 DIQSUWXYZ
3 C**F**HIKMNORSU**WX**
4 (**A** 6/6-31/8)(C+H 7/5-11/9) J(Q+R 1/5-23/9) (T+U+V 1/7-31/8) (Z 1/5-23/9)
5 **AB**EFGIJKLMNPUWZ
6 ACDEGK(N 5km)OTV

Camping bien situé au bord de la Loue, idéal pour pêcher la truite. Tir à l'arc et golf près du camping. Au village tout proche, il y a des magasins et de bons restaurants. Les environs invitent à faire des randonnées et du vélo. On peut aller à Dôle à vélo par une piste cyclable sécurisée.

Suivre la N5 au sud de Dole en direction de Genève jusqu'à Parcey. Le camping est indiqué clairement dans les deux directions.

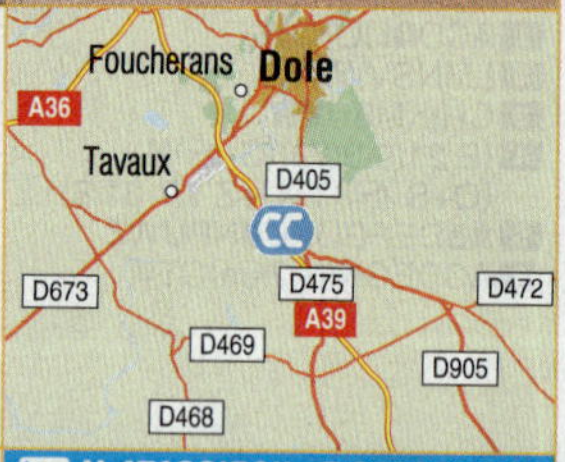


CC € 16 *2/4-9/7 26/8-23/9* *7=6, 14=10*

N 47°00'59'' E 05°28'53''

## Port-Lesney, F-39600 / Franche-Comté (Jura)

**1645**

Camping Les Radeliers***
1 rue Edgar Faure
+33 9 53 21 44 22
30/4 - 2/10
contact@camping-les-radeliers.com

3,5ha 86T(tot 80m²) 10A CEE

1 ACD**G**IJKLMO**P**ST
2 DPQSUWXYZ
3 CHIKLNOSU**W**X
4 (T+U+Z 15/6-31/8)
5 **AB**CEFGIJKLMNPRU
6 ACDEGK(N 3,5km)R

Camping propre, au bord de la Loue avec une plage de galets, et situé juste à côté de l'église dans le village. Possibilité de faire des courses et restaurants à côté du camping. Supplément de 3 euros pour un emplacement au bord de la rivière.

Camping sur la D48 à Port-Lesney entre l'église et la Loue.

N 47°00'12'' E 05°49'25''

CC € 14 30/4-30/6 1/9-1/10

## Quingey, F-25440 / Franche-Comté (Doubs)

**1646**

Camping Les Promenades***
1 rue des Promenades
+33 3 81 63 74 01
11/4 - 10/10
campinglespromenades@lesbordsdeloue.fr

2ha 65T(100m²) 10-16A CEE

1 ACD**G**IJKLMPQ
2 DNSUWXYZ
3 AHIKN**O**U**W**X
4 (R)
5 **AB**DGIJKLMNPUW
6 ACDEGK(N 0,5km)T

Beau camping avec de vieux platanes, situé au bord de la Loue et à proximité du centre. Point de départ idéal pour faire des randonnées, du vélo et du kayak.

A36 sortie Besançon puis N83 jusqu'à Quingey. Suivre les panneaux de camping. Le camping est au pont sur la Loue.

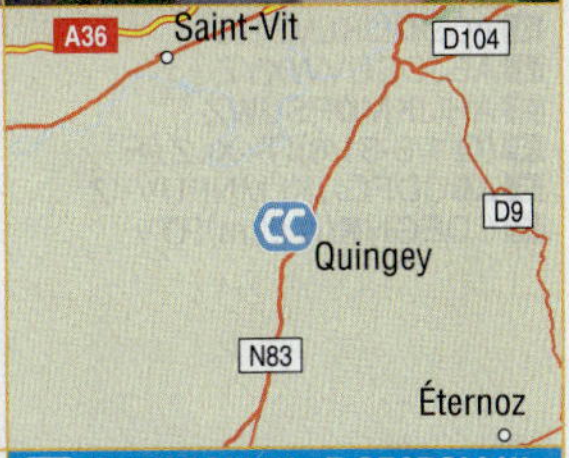


N 47°06'14'' E 05°53'11''

CC € 16 11/4-30/6 1/9-9/10

## Rioz, F-70190 / Franche-Comté (Haute-Saône)

**1647**

Camping du Lac***
1 place des loisirs
+33 3 84 91 91 59
1/4 - 25/9
camping@rioz.fr

3ha 44T(80-130m²) 16A CEE

1 ACD**G**IJKLM**P**QW
2 EJLMNSVWXYZ
3 MPSU**W**
4 (B+G 1/6-15/9)J(Q+Y)
5 ABDFGIJKLMNPUWXY
6 DEGK(N 0,4km)

Beau camping municipal aménagé spacieusement, avec des sanitaires accessibles. Piscine avec toboggan aquatique à côté du camping. Le camping est situé à côté d'un lac avec différentes possibilités pour le sport.

Quitter la N57 à Rioz, à Rioz D5 et D232 et á ce moment-lá direction Montbozon par la D15. Suivre les panneaux.

N 47°25'31'' E 06°04'29''

CC € 14 1/4-2/7 27/8-25/9

## St. Laurent-en-Grandvaux, F-39150 / Franche-Comté (Jura)

1648

Camping Mun. du Champs de Mars***
8 rue du Camping
+33 3 84 60 19 30
1/1 - 30/9, 15/12 - 31/12
champmars.camping@orange.fr

3ha 133T(80-100m²) 10A

1 ACDGIJKLMOPQ
2 SVWXY
3 AHIKSU
4 (Q 1/7-31/8,15/12-31/12) (V 1/7-31/8)
5 **AB**DGIJKLMNPUXYZ
6 CDEGHK(N 0,4km)TV

Situé sur un beau terrain, calme dans un cadre verdoyant en bordure du village. Le camping a des espaces commun agréables. Point de départ idéal pour faire des randonnées et du VTT. A proximité du centre avec magasins, restaurants et un supermarché. Emplacements spéciaux pour camping-cars.

En venant de Champagnole par la N5, traverser St. Laurent. Le camping est indiqué par des panneaux à 1 km environ. A 600 mètres sur la droite.

CC € 12 *1/4-30/6 1/9-30/9*

N 46°34'34'' E 05°57'47''

## Vesoul, F-70000 / Franche-Comté (Haute-Saône)

1649

Camping Seasonova Vesoul***
av. des rives du Lac
+33 3 84 76 22 86
1/4 - 31/10
contactvesoul@gmail.com

4ha 163T(120m²) 10A CEE

1 ACD**G**IJKLMPRS
2 AEJOSUVWXYZ
3 AHIJKM**O**PSU**W**Z
4 (Q 1/6-31/8)(T+X+Z)
5 **AB**CDFGIJKLMNPUVYZ
6 CDEGH**K**(N 2km)RTV

Camping familial agréable et bien entretenu avec une direction enthousiaste. Situé au bord d'un lac de loisirs avec un centre de sports nautiques à 600 m et piscine à côté du camping. Le camping a des emplacements spacieux séparés par des haies. Grande zone centrale de sport et de détente.

De Épinal suivre N57/E23 dir Vesoul et Besançon, puis suivre les panneaux de camping. De Belfort suivre N19/E54 dir Vesoul, puis N57/E23 dir Besançon. Puis, suivre les panneaux de camping.

CC € 18 *1/4-8/7 25/8-31/10 7=6*

N 47°37'49'' E 06°07'43''

## Aixe-sur-Vienne, F-87700 / Limousin (Haute-Vienne)

1650

Camping Les Grèves**
avenue J.Cl. Papon
+33 5 55 70 12 98
1/5 - 30/9
camping@mairie-aixesurvienne.fr

2,5ha 58T(100-200m²) 10A CEE

1 ACDGIJKLPQ
2 CJSUWYZ
3 CHISU**W**
4 (A 14/7-15/8)(Q 1/7-31/8) (Z)
5 **A**CGJKLNPUVZ
6 CEGK(N 0,5km)V

Camping confortable et bien entretenu. Les emplacements ne sont pas séparés par une végétation naturelle. Point de départ idéal pour d'agréables excursions dans les environs immédiats.

A Limoges, prendre la N21 vers Périgueux ; à l'arrivée à Aixe, traverser la rivière et à droite vers le camping.

CC € 14 *1/5-30/6 1/9-30/9*

N 45°47'56'' E 01°08'22''

## Ambazac, F-87240 / Limousin (Haute-Vienne)

iD **1651**

Camping L'Ecrin Nature***
Etang de Jonas
+33 6 52 92 71 65
1/4 - 2/10
contact@campinglecrinature.com

3,5ha 47T(80-100m²) 6A CEE

1 ABCD**G**HIJKLMPRS
2 BEIMNSVWXYZ
3 ACIJKS**W**
4 (**A** 1/7-31/8)(C 27/6-6/9)
(Q 1/7-31/8)(R+T )
5 **AB**FIJKLMNPQUVZ
6 DEG**K**(N 2km)R

Camping convivial au cœur des monts d'Ambazac dans un cadre verdoyant qui surplombe l'étang de Jonas. Refuge ornithologique. Point de départ pour de nombreuses randonnées pédestres et/ou VTT. En période estivale service boulangerie et piscine extérieure chauffée avec solarium.

Camping facile d'accès à environ 10 km de l'autoroute A20 (gratuite en Limousin) et à 20 km au Nord de Limoges. Du Nord : sortie 26, du Sud : sortie 27.

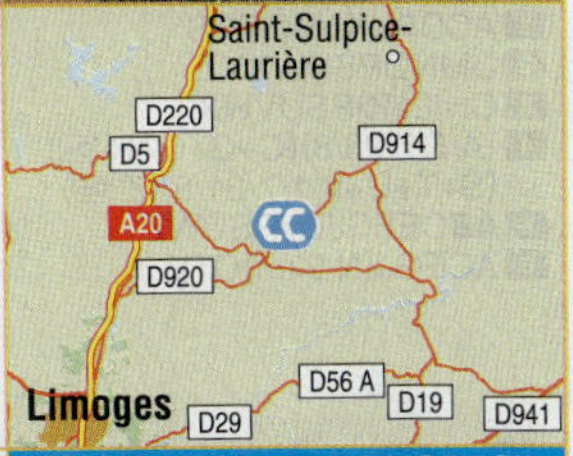


CC € 16 *2/4-1/7 22/8-2/10*

N 45°58'17'' E 01°24'48''

## Argentat, F-19400 / Limousin (Corrèze)

iD **1652**

Camping Au Soleil d'Oc****
Monceaux-sur-Dordogne
+33 5 55 28 84 84
30/4 - 15/11
info@campingsoleildoc.com

3,5ha 99T(120-140m²) 6-10A CEE

1 ACDFIJKLMPQVW
2 CJMPSUWXYZ
3 CHIKLP**QR**SU**WX**
4 (B 1/7-30/9)(F 1/5-30/10)
(G 1/7-30/9)K
(Q 1/5-15/9)(R 1/7-31/8)
(T+U+V+X+Z 15/6-30/9)
5 **AB**EFGJLMNOPRSTUVZ
6 ACEGH**K**(N 4,5km)RTV

Au bord de la Dordogne avec des emplacements au bord de l'eau. Il y a beaucoup à voir dans les environs en ce qui concerne la nature et la culture. Aussi très indiqué pour les amoureux de calme et d'espace en saison basse. A 4 km d'Argentat, ville pittoresque. Piscine couverte ouverte dès l'ouverture du camping.

A20 sortie 45. La D1120 Uzerche-Tulle-Argentat. A Argentat, D12 vers Beaulieu, à Laygues (à 3,5 km) à gauche, passer le pont puis directement à gauche.

CC € 18 *30/4-7/7 27/8-15/11*

N 45°04'31'' E 01°55'02''

## Argentat, F-19400 / Limousin (Corrèze)

iD **1653**

Camping Le Gibanel****
Le Gibanel
+33 5 64 10 20 20
26/5 - 30/9
reservation@seagreen.fr

8,5ha 180T(80-120m²) 10A CEE

1 ABCD**G**IJKLMOPQ
2 ENOSUXYZ
3 CHIMPSUV**W**Z
4 (C+G 3/4-30/9)(Q )
(S 1/7-31/8)(U 1/7-24/8)
(V 1/7-30/8)(Y 1/7-31/8)
(Z 1/7-30/8)
5 **AB**EFGJLNPRUVWZ
6 EGH(N 4km)ORTV

Camping au bord de la Dordogne dans un cadre historique superbe. Possibilité de nager dans le lac et à la piscine. Les emplacements ne sont pas séparés par la végétation naturelle. Point de départ idéal pour visiter les nombreux sites touristiques de la région.

A partir de Tulle, prendre la D18 direction Egletons avant l'entrée dans Argentat. Le camping est indiqué.

CC € 20 *26/5-2/7 20/8-30/9* 7=6

N 45°07'03'' E 01°57'41''

## Argentat, F-19400 / Limousin (Corrèze)

iD **1654**

Camping Le Vaurette****
Monceaux-sur-Dordogne
+33 5 55 28 09 67
10/5 - 21/9
info@vaurette.com

4ha 120T(90-140m²) 6A CEE

1 ACD**F**IJKLMOPRS
2 DMNOPSUWXYZ
3 CHILM**O**PSUV**W**X
4 (A 5/7-25/8)(C+G+Q+R )
(S+T+U+V 1/7-31/8)(Z )
5 **AB**CEFGJLNPSUWZ
6 ACEGJ(N 9km)OTV

Camping tranquille et convivial juste au bord de la Dordogne. Emplacements spacieux. Nombreux sentiers de randonnée et beaucoup à voir dans les environs. Pêche (à la mouche) sur place. Profitez de la belle piscine chauffée pendant toute la période. Pain frais quotidien. Court de tennis gratuit en saison basse.

A20 sortie 45 vers Tulle. Puis prendre la D1120 jusqu'à Argentat. Au rond-point, prendre la D12 vers Beaulieu. Puis suivre les panneaux et la rivière.

CC € 18 *10/5-5/7 25/8-21/9*

N 45°02'44'' E 01°53'02''

## Aubazine, F-19190 / Limousin (Corrèze)

iD **1655**

Camping Paradis Le Coiroux****
Parc Touristique du Coiroux
+33 5 55 27 21 96
10/4 - 7/11
campingparadislecoiroux@alphacamping.fr

7ha 62T(100-200m²) 10A CEE

1 ACD**G**IJKLPQ
2 ABEOSUWXYZ
3 CFHIKMOP**R**SU**W**Z
4 (A 1/7-31/8)
(C+H 1/5-24/9)(Q )
(S+T+U+V+X+Y+Z 1/7-31/8)
5 **AB**CEFGHJLNPQRUWZ
6 ACEGH**K**(N 5km)RTV

Camping confortable dans un endroit tranquille. Circuits de randonnée dans un environnement boisé. Possibilité de pêcher et de nager dans le lac. Piscine chauffée. Golf 27 holes. Excursions vers des curiosités historiques ou des villages pittoresques.

A89 sortie Tulle, di Beaulieu/Figeac. A 2 km après St. Fortunade, à droite di Centre touristique. Ou A20 sortie 49 di Tulle. A la Gare d'Aubazine, à droite. Suivre Centre Touristique de Coiroux.

CC € 16 *10/4-2/7 27/8-7/11*

N 45°11'10'' E 01°42'26''

## Beaulieu-sur-Dordogne, F-19120 / Limousin (Corrèze)

iD **1656**

Camping Huttopia Beaulieu sur Dordogne****
bd Rodolphe de Turenne
+33 5 55 91 02 65
14/4 - 25/9
welkom@huttopia.com

5ha 144T(80-120m²) 10A CEE

1 ACD**G**IJKLMPRS
2 CPSUWXYZ
3 ACHIMSU**WX**
4 (A 1/7-31/8)(C+H+Q+R )
(T+U+V+Z 1/7-31/8)
5 **AB**DFGIJKLMNPUWZ
6 ACEGK(N 0,2km)TV

Camping situé sur une île de la Dordogne à quelques pas du centre du pittoresque village médiéval de Beaulieu-sur-Dordogne. Possibilité de pêche et de faire du kayak dans la rivière. Belle piscine. Decouvrez les environs magnifiques.

Indiqué à Beaulieu dans le centre. Pour les camping-cars et caravanes de plus de 3 m, le camping est signalé sur les panneaux, bifurquer à gauche, continuer tout droit et suivre les panneaux 'livraison camping'.

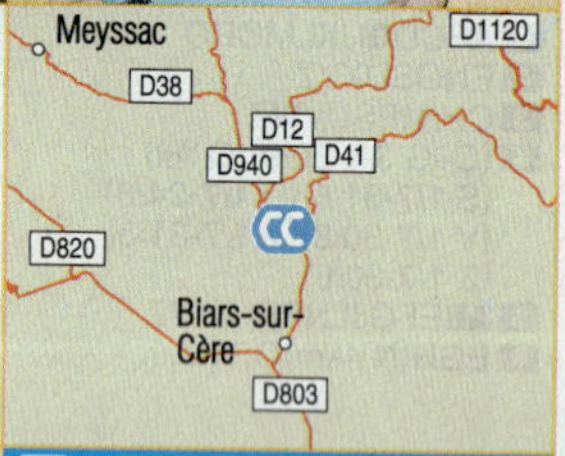


CC € 18 *14/4-1/7 28/8-25/9*

N 44°58'39'' E 01°50'31''

## Beynat, F-19190 / Limousin (Corrèze) — 1657

Camping du Lac de Miel****
Centre Touristique de Miel
+33 5 55 85 50 66
1/5 - 5/9
info@camping-miel.com

7ha 61T(150-300m²) 6-10A CEE

1 ACDFIJKLMPQVW
2 AEJLNOSUXYZ
3 CGHIKLOPRSUWZ
4 (E+H )JM(Q+R 1/7-31/8) (T+U+V+X+Z )
5 ABEFGJLNPUVZ
6 CEGHK(N 4km)V

Camping confortable adapté aux enfants, au bord d'un lac avec plage de sable. Emplacements spacieux avec vue sur le lac. On peut nager dans la piscine avec toit coulissant ou dans le lac (Pavillon Bleu) avec un toboggan aquatique.

N120 jusqu'à Tulle, puis N940 direction Beaulieu/Figeac vers Beynat. Le camping est indiqué. Ou A20 jusqu'à Brive, D921 direction Argentat.

CC € 18 1/5-7/7 27/8-5/9

N 45°07'54" E 01°45'47"

## Bonnac-la-Côte, F-87270 / Limousin (Haute-Vienne) — 1658

Camping Du Château de Leychoisier*****
route de Leychoisier
+33 5 55 39 93 43
1/4 - 30/9
contact@leychoisier.com

4ha 80T(80-200m²) 10A CEE

1 AGIJKLMPRS
2 EISUWXYZ
3 AHIOSUWZ
4 (B 15/5-20/9)(Q+R ) (U+X 22/4-20/9)(Z )
5 ABFGJLNPRUWXYZ
6 AEGJ(N 2,5km)RV

Ce camping au château est près de la sortie Bonnac-la-Côte. Un parc privé de 40 ha avec lac et avec un château du IXième siècle reclassé forment un environnement unique. On vous offre tous les conforts pour des vacances réussies: emplacements spacieux, environnement calme, sanitaires confortables, piscine, restaurant.

A20 Châteauroux-Limoges. Environ 10 km avant Limoges à droite (sortie 27) vers Bonnac-la-Côte. Bien indiqué. Cp à 2 km de l'autoroute.

CC € 22 1/4-1/7 1/9-30/9

N 45°56'00" E 01°17'23"

## Boussac, F-23600 / Limousin (Creuse) — 1659

Camping Creuse Nature Naturiste****
route de Bétête, D15
+33 5 55 65 18 01
1/4 - 15/10
info@creuse-nature.com

19ha 120T(80-160m²) 10A

1 ACDGHIJKLMNOPS
2 BESUVWYZ
3 AGHIKPSUW
4 (A 1/5-30/9)(B 1/6-15/9) (F )(G 1/6-15/9)KN (Q )(R 1/7-30/8) (T+U+V+X+Z )
5 ABGIJKLMNOPUWXYZ
6 ACDEGHK(N 2km)ORTUV

Beau camping naturiste dans un environnement boisé. Piscine couverte chauffée et sauna. Bons équipements et emplacements spacieux. Région idéale pour la randonnée et le vélo. Il y a un restaurant et du pain frais tous les matins. On parle français, anglais, allemand et néerlandais.

Boussac est dans le triangle La Châtre-Montluçon-Guéret. A Boussac, direction Bétête par la D15. Le camping est sur cette route, bien indiqué par des panneaux.

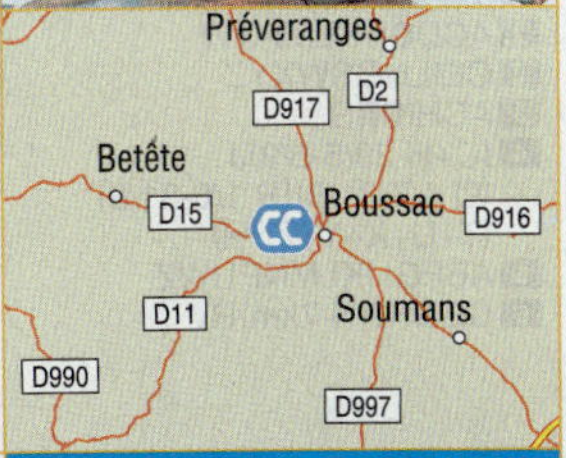


CC € 20 1/4-6/7 23/8-15/10

N 46°20'57" E 02°11'11"

## Bugeat, F-19170 / Limousin (Corrèze)

iD **1660**

Camping Aux Portes des Mille Sources***
16, rue des 3 Ponts
+33 5 55 94 32 12
15/3 - 30/9
auxportesdesmillesources@orange.fr

8,5ha 50T(100-300$m^2$) 10A CEE

1 ABDFIJKLMPR
2 BCJNSUVWXYZ
3 ADHIKORSUVW
4 (Q)(R 1/7-31/8)(T+U+V+Z 1/5-15/9)
5 ABDGJLNPUWZ
6 CDEK(N 0,7km)TV

Camping tranquille verdoyant très spacieux avec de grands emplacements. Grande salle de sport. Possibilités innombrables pour le vélo et la randonnée. Wifi gratuit sur tout le camping. Snackbar agréable. Sympathique petit village avec magasins à à peine 600m. Rivière avec la possibilité de pêcher.

De Paris, A20 vers Toulouse. Sortie Eymoutiers et suivre Bugeat. A Bugeat D97 et suivre les panneaux de camping.

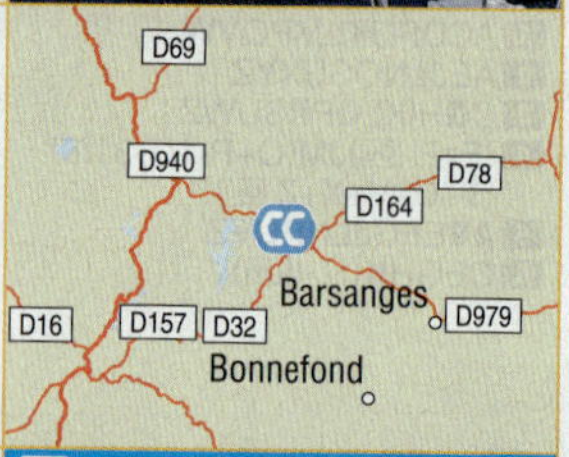


CC € 16 *15/3-1/7 27/8-30/9*

N 45°36'20" E 01°55'22"

## Cognac-la-Forêt, F-87310 / Limousin (Haute-Vienne)

iD **1661**

Camping des Alouettes***
1 les Alouettes
+33 5 55 03 26 93
1/4 - 30/9
info@camping-des-alouettes.com

4ha 58T(150$m^2$) 10A CEE

1 ACD**G**IJKLPS
2 INSUWXYZ
3 ACHIJKSU
4 (C+H 1/5-30/9)(Q+U+V+X+Z)
5 **A**FGIJKLMNOPQRUYZ
6 ACEG**K**(N 1km)TV

Dans le parc naturel Périgord-Limousin, emplacements spacieux et sanitaires modernes. Bien situé pour visiter Limoges et Oradour-sur-Glane, faire des randonnées et du vélo. Piscine chauffée. Wifi 1 Euro / jour. Chaque soir, sauf samedi, vous pouvez mangez au camping aussi à emporter.

A20, sortie 28, Périgueux (N520 devient D2000) jusqu'au rond-point avec sortie Cognac-la-Forêt (D10). Après Cognac-la-Forêt panneaux de camping, parking zone-P devant le camping.

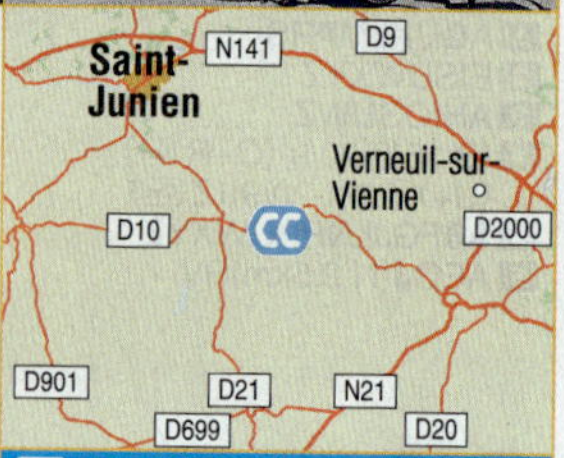


CC € 16 *1/4-9/7 27/8-30/9*

N 45°49'30" E 00°59'48"

## Cromac, F-87160 / Limousin (Haute-Vienne)

iD **1662**

Camping du lac de Mondon**
+33 5 55 76 93 34
1/4 - 5/9
campingmondon@gmail.com

2ha 60T(80-120$m^2$) 10A

1 ACD**G**IJKLM**P**QW
2 CEILNOSWXYZ
3 ACHI**OR**S
4 (C+H 29/5-5/9)J (Q 1/7-31/8)(R 1/6-31/8) (T+U+X+Y+Z)
5 ABFGIJKLMNPUWZ
6 CEGHJ(N 7km)RV

Un camping tranquille juste au bord du lac, en dehors du village Cromac et dans un environnement rural. Piscine avec toboggan, petit restaurant, court de tennis. Très indiqué aussi pour les familles avec jeunes enfants. Emplacements spacieux délimités.

A20 Orléans-Limoges, sortie 22 direction St. Sulpice-les-Feuilles, suivre les panneaux Mailhac-sur-Benaize puis les panneaux 'Lac de Mondon'.

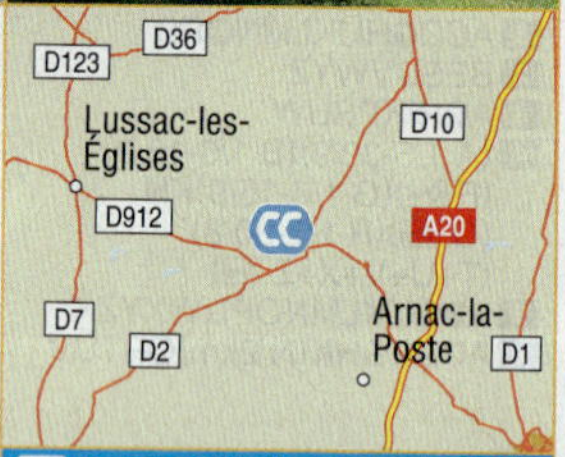


CC € 12 *1/4-2/7 1/9-5/9*

N 46°19'55" E 01°18'41"

## Dun-le-Palestel, F-23800 / Limousin (Creuse)

1663

Camping Dun-le-Palestel**
Promenade Maurice Rollinat 2
+33 6 52 71 89 39
1/3 - 1/10
info@campingdunlepalestel.fr

2ha 37T(130m²) 10-16A CEE

1 ACD**G**IJKLMPRS
2 INSWXYZ
3 AHIKLS
4 (B 15/6-15/9)(Q+T )
(U 1/6-1/10)(V )
(X 15/5-30/9)
5 **AB**CGHIJKLMNPUWZ
6 ACDEGJ**K**(N 0km)T

Petit camping convivial avec une large vue et des emplacements spacieux, géré par un jeune couple néerlandais accueillant. Village animé avec tous les équipements à proximité. A partir du camping, beaux circuits pour le vélo et la randonnée dans les environs vallonnés. Repas en commun réguliers et pizza's fraiches, aussi en saison basse. Service quotidien de pain et wifi gratuit.

De Dun-le-Palestel, direction Crozant. Au rond-point tout droit, et à droite à 1 km.

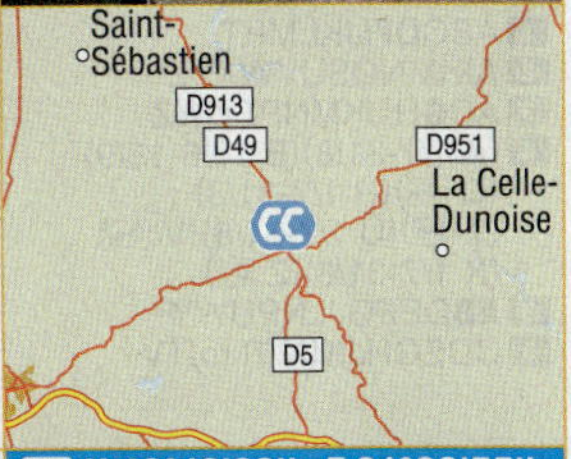


CC € 16 *1/3-9/7 27/8-1/10*

N 46°19'02'' E 01°39'55''

## Fourneaux, F-23200 / Limousin (Creuse)

1664

Camping La Perle***
Commune de St. Médard-la-Rochette
+33 5 55 83 01 25
1/1 - 31/12
camping-laperle@orange.fr

3ha 33T(50-120m²) 10A

1 A**G**IJKLMPST
2 LMNSVWXYZ
3 ACE**G**HIKPS**W**
4 (B+G 1/6-30/8)(Q+X+Y+Z )
5 **A**FGIJKLMNPQUWXZ
6 DEG**K**(N 0,5km)

Camping calme et confortable. Propriétaires néerlandais. Nature, convivialité, vues exceptionnelles, belles attractions touristiques et la Creuse à proximité. Nombreuses possibilités pour cyclisme, randonnées, golf et pêche. Restaurant/bar/terrasse, piscine, grands emplacements et sanitaires bien entretenus. Wifi et service de pain.

A20 sortie 23 dir Guéret, puis D942 dir Aubusson. Le camping est bien indiqué par des panneaux.

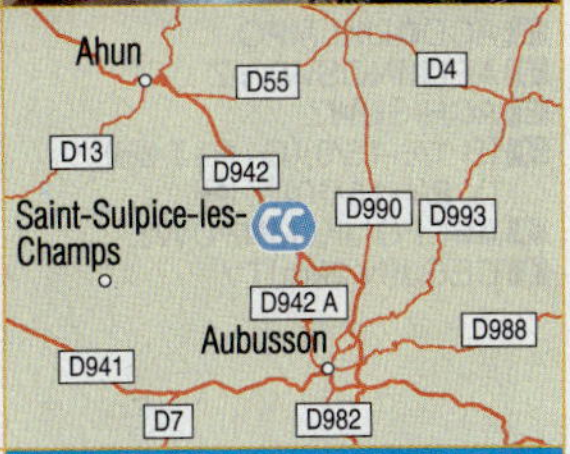


CC € 18 *1/1-1/7 1/9-31/12 7=6, 14=12*

N 46°01'18'' E 02°08'22''

## Guéret, F-23000 / Limousin (Creuse)

1665

Camping de Courtille***
rue Georges Aulong
+33 5 55 81 92 24
1/4 - 30/9
campingdecourtille@outlook.fr

2,7ha 57T(80-100m²) 10A CEE

1 ACD**F**IJLPR
2 AEINOSWXYZ
3 AHIKS**WZ**
5 **AB**GIJKLMNPUVZ
6 CEGK(N 3km)TV

Camping bien entretenu dans un environnement aux allures de parc, aménagé spacieusement à côté d'un petit lac avec des activités nautiques (20 ha). Emplacements délimités. Barrière fermée de 20h30 à 7h.

Prendre la A20 sortie 23 direction Guéret (N145). Prendre ensuite la sortie 49 et suivre les panneaux. Navigation envoie sur route difficile. Venant du sud il vaut mieux suivre les panneaux Aire de Courtille.

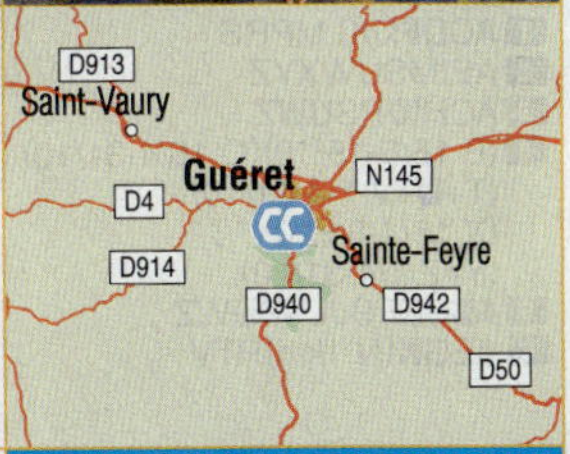


CC € 16 *1/4-30/6 1/9-30/9 7=6*

N 46°09'45'' E 01°51'31''

## Lissac-sur-Couze, F-19600 / Limousin (Corrèze)

**1666**

Flower Camping Le Lac du Causse***
Lieu-dit la Prairie
+33 5 55 85 37 97
1/4 - 1/10
camping.causse@brive-tourisme.com

4ha 82T(80-100m²) 16A CEE

1 ABCD**F**IJKLMPT
2 AEIMNOSUVWXYZ
3 AC**G**HIJKMNPSU**W**Z
4 (A 1/7-31/8)(B 10/6-15/9)(Q)(R 1/7-31/8)(T)(U 1/7-31/8)(V)(X 1/7-31/8)(Z)
5 **AB**DEFGJLNPUWY
6 CDEGHJ**K**(N 7km)TV

Camping sur une colline en pente douce au bord du Lac du Causse. Profitez de la plage de sable au bord du lac, des nombreuses possibilités pour les sports nautiques et de la magnifique nature. Avec des emplacements spacieux parfois sur sol dur et beaucoup d'emplacements ombragés.

A20 Limoges-Toulouse, sortie 51 Bordeaux/Périgueux. Puis vers Lissac-sur-Couze, suivre les panneaux 'Lac du Causse'.

CC € 16 *1/4-2/7 27/8-1/10*

N 45°05'59'' E 01°27'04''

## Marcillac-la-Croisille, F-19320 / Limousin (Corrèze)

**1667**

Camping du Lac***
28 route du Viaduc
+33 5 55 27 81 38
1/3 - 30/10
camping.marcillac@aquadis-loisirs.com

3,5ha 80**T**(80-120m²) 6A

1 ACD**G**IJKLM**P**Q
2 AELMNOSWXYZ
3 ACHISU**W**Z
4 (B 1/6-15/9)(Q+R+T)(X 8/4-15/10)(Z)
5 **AB**EFGIJKLMNPUWZ
6 CEGJ(N 2km)TV

Camping très bien situé et parking spacieux ; Beaux emplacements mais avec intimité limitée ; assez ombragé. Idéal pour les amateurs de sports nautiques. Camping à 2 km du centre du village.

D978 Tulle-Mauriac. Dans la bourgade, suivre les indications. Ou D18 Egleton-Argentat, dans la bourgade, suivre 'Complexe Touristique du Lac la Valette'.

CC € 14 *1/3-9/7 27/8-30/10*

N 45°16'09'' E 02°00'33''

## St. Germain-les-Belles, F-87380 / Limousin (Haute-Vienne)

**1668**

Camping de Montréal***
rue du Petit Moulin
+33 5 55 71 86 20
1/1 - 31/12
contact@campingdemontreal.com

2ha 47T(80-130m²) 10A CEE

1 ACD**F**IJKLMPRS
2 AEIMSUWXYZ
3 ACHI**O**PSU**W**Z
4 (B 15/5-15/10)(Q 15/4-31/10)(T+U+V 1/4-31/10)(X 15/4-31/10)(Y+Z 1/4-31/10)
5 **AB**DEFGJLNPUWZ
6 AEG**K**(N 1km)RTV

Camping dans un environnement tranquille au bord d'un lac avec plage de sable. Sanitaires propres et confortables. On peut aller à pied à la charmante petite ville. En décembre, janvier, février : 2 euros de plus pour chaque campeur pour 'service d'hiver'.

A20, sortie 42. Dir St. Germain-les-Belles. Puis suivre les panneaux (Plan d'eau de Montréal). Plus vite accessible par le nouveau périphérique. Camping très bien indiqué.

CC € 16 *1/1-2/7 27/8-31/12*

N 45°36'42'' E 01°30'05''

## St. Hilaire-les-Places, F-87800 / Limousin (Haute-Vienne) — 1669

Flower Camping L'Air du Lac***
Impasse du Lac Plaisance
+33 5 55 58 79 18
9/4 - 25/9
campinglairdulac@flowercampings.com

2ha 83T(80-150m²) 10A CEE

1 ABCD**G**IJKLMPQ
2 AEMOSUWYZ
3 ACHIKNORSUWZ
4 J(Q)(R+U 1/7-31/8)
5 **AB**EFGJLMNPUVWZ
6 CEG**J**K(N 0,8km)OTV

Camping familial situé au bord du lac avec plage de sable. De nombreux sports sont possibles. Point de départ idéal pour visiter cette région verdoyante.

A20, sortie 40 en provenance du sud, sortie 36 en provenance du nord. Passer Nexon en direction de St. Hilaire-les-Places. Suivre les panneaux "Lac Plaisance"

€ 12 9/4-2/7 1/9-25/9

N 45°38'05'' E 01°09'37''

## St. Pardoux, F-87250 / Limousin (Haute-Vienne) — 1670

Camping de Fréaudour****
Site de Freaudour
+33 5 55 76 57 22
1/4 - 24/10
camping.freaudour@aquadis-loisirs.com

4,5ha 103T(80-150m²) 10-16A CEE

1 ACD**G**IJKLM**P**Q
2 ABEIJLNOSWXYZ
3 AHIKMP**Q**SU**W**Z
4 (B 1/6-15/9)(Q)
(R 1/5-30/9)
(T+U+Z 1/5-31/8)
5 **AB**EFGIJKLMNPUWZ
6 ACEJ(N 7km)RTV

Au bord d'un lac (Lac de Saint-Pardoux), environnement boisé avec poste de secours et zone de baignade surveillée. Belle piscine de plein air sur le terrain.

A20 vers Limoges. Sortie 25, suivre Lac de St. Pardoux, puis 'Site de Fréaudour'.

€ 16 11/4-9/7 27/8-23/10

N 46°02'58'' E 01°16'44''

## Treignac-sur-Vézère, F-19260 / Limousin (Corrèze) — 1671

Flower Camping La Plage***
Lac des Bariousses 27, route de Guéret
+33 5 55 98 08 54
1/4 - 2/10
camping.laplage@flowercampings.com

3,7ha 83T(80-150m²) 6A

1 ACD**G**IJLM**P**RS
2 ABEMNSUWXYZ
3 ACHIKPRSUWZ
4 (**A** 1/7-31/8)(E+H)
(Q+R 1/7-31/8)
5 **AB**CEFGJLNPUVW
6 CEGK(N 3,5km)RTV

Camping confortable au bord d'un lac avec plage de sable. Dans un environnement tranquille et près d'une ville agréable. Emplacements spacieux délimités par des buissons.

Sur la A20, sortie 43 direction Treignac. A Treignac, vers Guéret par la D970.

€ 14 1/4-9/7 27/8-2/10

N 45°33'35'' E 01°48'48''

## Abrest/Vichy, F-03200 / Auvergne (Allier)

**1672**

Camping La Croix St-Martin***
allée du camping, 99 av. des Graviers
+33 4 70 32 67 74
2/4 - 2/10
camping-vichy@orange.fr

3ha 67**T**(100-200m²) 10A CEE

1 ACD**G**IJKLMPRWS
2 CIJSWXYZ
3 C**G**HIJKLPS**WX**
4 (F+Q+R )(T+U+V+Z 1/7-1/9)
5 **AB**FGIJKLMNPUWZ
6 CEGHK(N 1,5km)O

Camping calme à proximité de l'Allier et des Thermes de Vichy. Le camping se caractérise par sa verdure, ses nombreux arbres et ses emplacements spacieux. Le camping dispose d'une piscine couverte chauffée. Wifi haute puissance gratuit sur deux appareils à 80% des emplacements.

A Vichy, suivez la direction Thiers/Saint-Yorre. Le camping est indiqué, il est sur cette route. Il est situé entre le pont Bellerive à Vichy et le village Abrest.

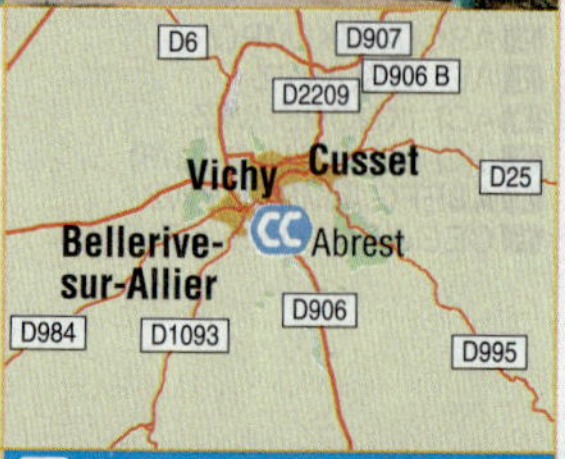


CC € 16 *2/4-9/7 26/8-2/10*

N 46°06'28'' E 03°26'12''

## Ambert, F-63600 / Auvergne (Puy-de-Dôme)

**1673**

Camping Les Trois Chênes***
449A route du Puy
+33 4 73 82 34 68
24/4 - 27/9
tourisme@ville-ambert.fr

5ha 92**T**(100-150m²) 10A CEE

1 CD**G**IJLPQ
2 CSWY
3 AHISU**W**
4 (F 24/4-27/9)(H 24/4-31/8)IJ (Q 1/7-31/8)(T 15/5-7/9)
5 **AB**FGIJKLMNPUVZ
6 CDEGHJ(N 2km)V

Camping spacieux dans le sud de l'Auvergne. Emplacements ombragés très spacieux séparés par des haies.

Prendre la D906 au sud d'Ambert. Le camping est à 3 km sur la gauche.

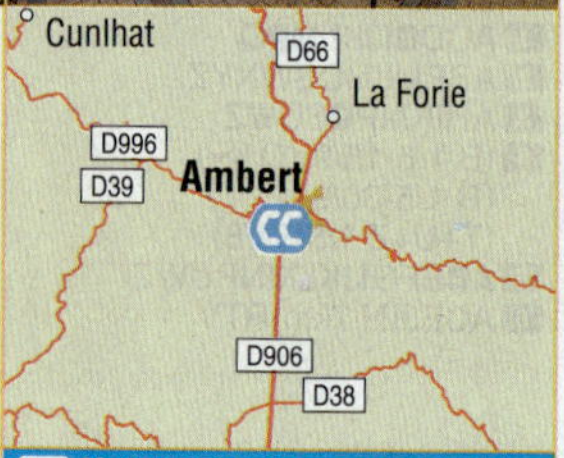


CC € 16 *24/4-30/6 1/9-27/9*

N 45°32'22'' E 03°43'43''

## Aydat, F-63970 / Auvergne (Puy-de-Dôme)

**1674**

Le Camping du Lac d'Aydat***
16 boulevard du Lac - Forêt du Lot
+33 4 73 79 38 09
1/5 - 30/9
info@camping-lac-aydat.com

8ha 80**T**(80-130m²) 16A CEE

1 ACD**G**HIJKLMPRS
2 ABEMSUWXYZ
3 ACIKLP**R**SU**WZ**
4 (C 1/5-30/9) (Q+T+U+V+X+Y+Z 1/7-2/9)
5 **AB**DEFGIJKLMNPUVWZ
6 EGJ**K**(N 1km)TV

Camping dans un environnement idéal à 20 km au sud-est de Clermont-Ferrand, au coeur du parc Régional des Volcans d'Auvergne. Au bord du lac d'Aydat, il y a un bois de pins ombragé. Magnifique environnement avec de nombreuses curiosités touristiques. Rénovation et extension des installations sanitaires en 2021.

A75, sortie 5. Sur la D213, suivre les panneaux Aydat.

CC € 16 *1/5-1/7 29/8-30/9*

N 45°40'07'' E 02°59'21''

## Bellerive-sur-Allier, F-03700 / Auvergne (Allier) — 1675

Camping Les Acacias au Bord du Lac****
rue Claude Decloître
+33 4 70 32 36 22
1/4 - 1/10
camping-acacias03@orange.fr

3ha 75T(100m²) 10A CEE

1 ACD**G**IJKLMOPRWS
2 DISWXYZ
3 C**G**HLPSUV**W**
4 (C 15/5-15/9)(H 15/6-15/9)J (Q+R+T+U+Z)
5 **AB**FGIJKLMNOPQRUVWZ
6 ACEGJ(N 0,5km)QRSV

Camping bien entretenu non loin de l'Allier à 1,5 km de Vichy. Le camping est caractéristique par son aspect fleuri, le calme et les emplacements spacieux. Depuis 2017, le camping a un grand café-terrasse. A côté, il y a une piscine chauffée et un circuit de fitness en plein air.

A Bellerive, suivre les panneaux 'Campings'. Suivre la rivière.

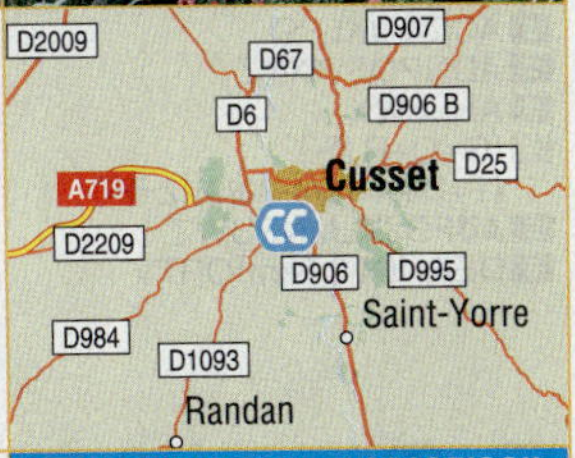


N 46°06'59" E 03°25'33"

€ 18 1/4-3/7 28/8-1/10

## Bellerive-sur-Allier/Vichy, F-03700 / Auvergne (Allier) — 1676

Camping Beau Rivage****
rue Claude Decloître 15-17
+33 4 70 32 26 85
1/4 - 8/10
camping-beaurivage@wanadoo.fr

2ha 37T(100m²) 10A CEE

1 ACD**G**IJKLMPRWS
2 DISVWXYZ
3 C**G**HLMPSUV**W**
4 (E+H 15/5-15/9)J (Q 1/5-15/9)(R)(T 1/6-1/9) (Z)
5 **AB**DFGIJKLMNOPQ**S**UVWXY
6 CEG**K**(N 1km)QUV

Camping confortable et bien entretenu avec emplacements spacieux et nombreux équipements près de Vichy. Situé juste au bord de l'Allier, il offre des possibilités pour pratiquer des sports (nautiques) mais vous pouvez aussi profiter tranquillement de la terrasse au bord de la rivière.

A Bellerive, direction Hauterive et suivre les panneaux verts 'Berges de l'Allier'. A l'Allier prendre la rue Claude Decloître. Au bout de la rue à gauche.

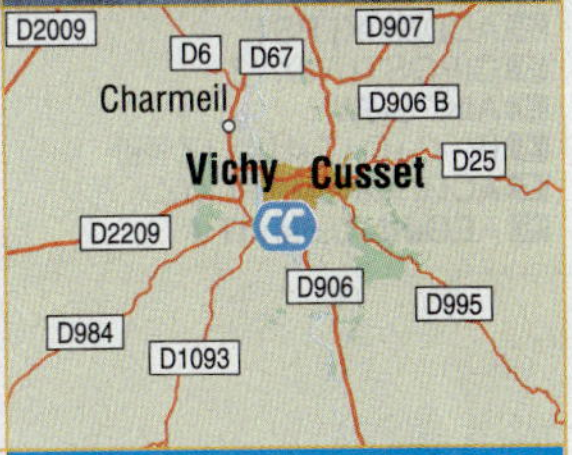


N 46°06'56" E 03°25'49"

€ 18 1/4-1/7 27/8-8/10

## Blot-L'Église, F-63440 / Auvergne (Puy-de-Dôme) — 1677

Camping La Coccinelle**
Le Bourg
+33 4 73 64 93 15
4/4 - 30/9
info@campingcoccinelle.com

1,6ha 30T(100-120m²) 6A CEE

1 ABCD**G**IJKLMPS
2 NSUWXYZ
3 ACHIKN**O**PS
4 (B 15/6-1/9)(X+Z)
5 **AB**CDFGJKMNPUW
6 ACDEG**K**(N 0,5km)

Beau camping agréable à proximité d'un petit village avec 30 emplacements spacieux et verdoyants. Equipé d'un restaurant (petit menu), sanitaires bien entretenus, aire de jeux, piscine, terrain de pétanque et terrain de sport. Idéal pour découvrir des villages authentiques, brocantes et volcans dans un environnement enchanteur. Wifi dans tout le camping.

A71 sortie 12.1, garder la direction St. Pardoux. De Montluçon, suivre la D2144.

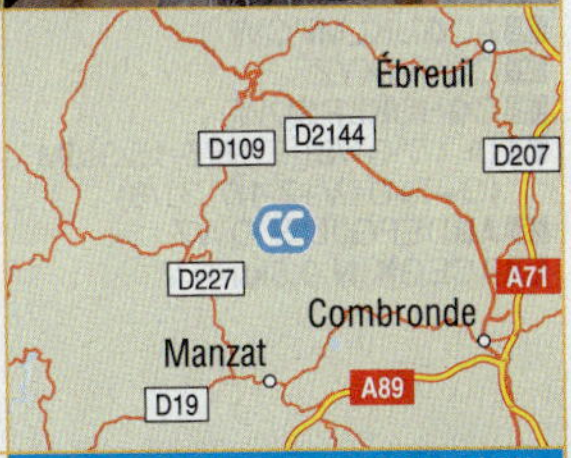


N 46°01'56" E 02°57'23"

€ 14 4/4-4/7 22/8-30/9

## Châtel-de-Neuvre, F-03500 / Auvergne (Allier) — 1678

Camping Deneuvre***
route de Moulins
+33 4 70 42 04 51
1/4 - 15/10
campingdeneuvre@wanadoo.fr

1,2ha 55T(90-115m²) 6A

1 ACD**G**IJKLPQ
2 ADNPQSWXYZ
3 AHLS**WX**
4 (G+Q+R )
(T+U+X 15/4-30/9)(Z )
5 **AB**FGJKLMNPUWZ
6 DEGK(N 0,8km)ORTV

Camping tranquille et propre dans la vallée de l'Allier. Emplacements juste au bord de la rivière. Il y a une petite plage où il fait bon paresser. Par ailleurs, c'est un camping adapté pour les pêcheurs et ornithologues.

Direction Clermont-Ferrand/St. Pourçain. Sur la RD2009 (RN9), à gauche avant Châtel-de-Neuvre. Le camping est indiqué par des panneaux.

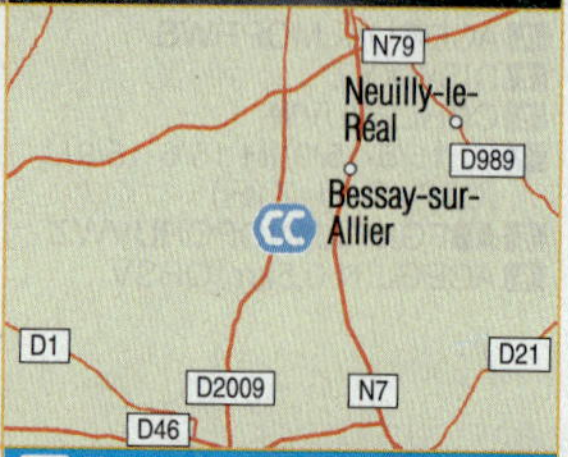


CC € 14 *1/4-3/7 27/8-15/10*

N 46°24'47'' E 03°19'08''

## Dallet, F-63111 / Auvergne (Puy-de-Dôme) — 1679

Les Ombrages***
rue de pont du Chateau
+33 4 73 83 10 97
15/5 - 15/9
lesombrages@hotmail.com

3ha 90T(120-250m²) 6A CEE

1 ACD**G**IJKLPST
2 CIPQSTUWXYZ
3 AIKPSU**WX**
4 (B+G+Q+T+U+X+Z )
5 **A**CGHIJKLMNPQUZ
6 AEG**J**(N 0,5km)TV

Détendez-vous dans un camping rustique dans un parc au bord de la rivière Allier. Le camping a d'emplacements spacieux, un restaurant, installations sanitaires modernes, une piscine et un service de pain. Vous pouvez faire du canoë, pêcher et nager. Situé à 5 min du village et 6 km de l'autoroute, possibilité de faire des randonnées à pied ou à vélo. Les propriétaires sont néerlandais.

De Pont-du-Château sur la D1 direction Cournon. Puis suivre les panneaux du camping.

CC € 14 *15/5-4/7 22/8-15/9*

N 45°46'31'' E 03°14'31''

## La Bourboule, F-63150 / Auvergne (Puy-de-Dôme) — 1680

Flower Camping Les Vernières****
170 ave Mar. de Lattre de Tassigny
+33 4 73 81 10 20
9/4 - 25/9
contact@camping-la-bourboule.fr

5,5ha 203T(100-150m²) 10A CEE

1 AC**G**IJKLMPQW
2 CIJSWXYZ
3 C**G**HIJKLPSUW
4 (**A** 1/7-31/8)(E 15/5-15/9)JM
(Q+T+U+V+Z 1/7-31/8)
5 **AB**DEFGJLNPQWZ
6 ACEG**K**(N 0,5km)TV

Le camping est situé sur les bords de la Dordogne, à la Bourboule en direction du Mont Dore. Dans un écrin de verdure avec des arbres centenaires et de grands emplacements. Le camping a une piscine couverte chauffée. Lidl à proximité.

A86 Gare de Laqueille. Entre La Bourboule et le Mont-Dore.

CC € 18 *9/4-1/7 20/8-25/9*

N 45°35'24'' E 02°45'09''

## La Bourboule/Murat-le-Quaire, F-63150 / Auvergne (Puy-de-Dôme) — 1681

Camping Le Panoramique****
Le Pessy
+33 4 73 81 18 79
9/4 - 20/10
info@campingpanoramique.fr

3ha 42**T**(70-100m²) 10A

**1** ACGIJKLMPQW
**2** IMNSUWY
**3** ACGHIKLPSU
**4** (C+H 1/6-15/9)(Q+R)
(T+U+V 15/6-27/8)
(X 15/6-31/8)(Z 15/6-27/8)
**5** **AB**DEFGIJKLNPQUWXZ
**6** CEGJ**K**(N 2km)O

Toutes les places ont une vue panoramique sur les montagnes d'Auvergne. Belles journées ensoleillées et nuits fraîches surtout au printemps et en automne. Idéal pour le promeneur, le cycliste ou l'amateur d'air de la montagne. Bons équipements sanitaires. Les fameuses stations de montagne La Bourboule et le Mont-Dore sont tout près.

A89, sortie 25. Puis D219 vers Murat-le-Quaire. Dir Mont-Dore et puis suivre les panneaux du camping.

CC € 18 *9/4-10/7 27/8-20/10* *14=13*

N 45°35'49'' E 02°45'03''

## Lanobre, F-15270 / Auvergne (Cantal) — 1682

Camping Huttopia Lac de la Siauve***
La Siauve
+33 4 71 40 31 85
14/4 - 25/9
lacdelasiauve@huttopia.com

17ha 150**T**(80-120m²) 6-16A CEE

**1** ACGIJKLMOPQ
**2** AELMNSTWXYZ
**3** ACHIKNPSU**WZ**
**4** (**A** 11/7-31/8)(E+H)
M(Q+R+S)(T+U+
V+Z 1/7-31/8)
**5** **AB**EFGIJKLMNOPUWYZ
**6** BCDEGHJ**K**(N 2,5km)OTV

Grand camping en terrasses sympathique dans un cadre très verdoyant avec une vue magnifique sur le lac (de Bort-les-Orgues). Il y un accès direct au lac avec plage et aussi un ponton/rampe pour les bateaux. Sanitaires luxueux.

De Clermont-Ferrand sortie Bordeaux, puis la N89 à Laqueraille. Puis vers Bort-les-Orgues par la D922. Le camping est indiqué après Lanobre.

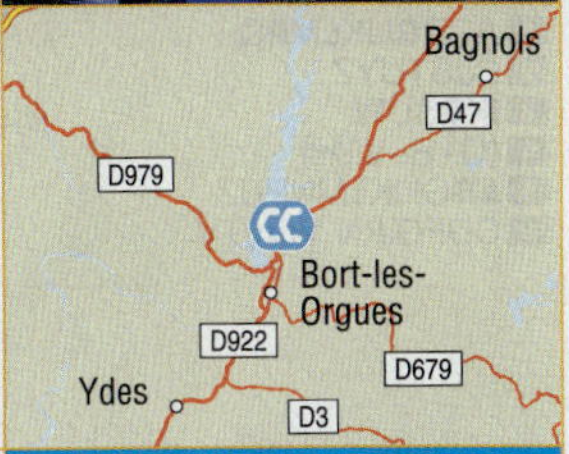


CC € 18 *14/4-1/7 28/8-25/9*

N 45°25'50'' E 02°30'14''

## Lapeyrouse, F-63700 / Auvergne (Puy-de-Dôme) — 1683

Camping Les Marins***
Lieu dit (La Loge)
+33 4 73 52 37 06
16/4 - 1/10
sejour@camping-lesmarins.fr

1,5ha 50**T**(90-100m²) 10A CEE

**1** ACD**G**HIJKLM**P**SWT
**2** AEOSWXY
**3** ACHIKLOPS**WZ**
**4** (**C** 1/6-31/8)
(Q+T+Z 1/6-15/9)
**5** ABEFGIJKLMNOPRUVZ
**6** EGHJ(N 2km)R

Camping bien entretenu au bord d'un petit lac avec une grande plage. Emplacements spacieux séparés par des haies.

A71 sortie 11 Montmarault, vers Lapeyrouse. Suivre les panneaux de camping.

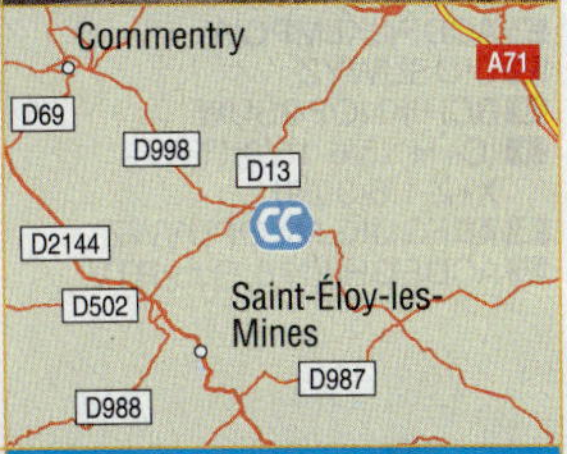


CC € 14 *16/4-1/7 20/8-1/10*

N 46°13'12'' E 02°53'04''

## Le Chambon-sur-Lignon, F-43400 / Auvergne (Haute-Loire)

**1684**

Camping Le Lignon***
7 route du Stade
+33 4 71 65 08 82
1/4 - 30/10
campinglelignon@gmail.com

2,3ha 76T(81-200m²) 10A CEE

1 ACDGIJKLMPQ
2 CSUXYZ
3 GHIJKUW
4 (B+Q+T+U+V+X+Z)
5 ABDEFGIJKLMNOPUVW
6 EGHK(N 0,3km)OTV

Camping familial bien entretenu à 300m du centre, sur la rive du Lignon. Emplacements sur terrain plat, salle récréative, bar/restaurant, plats à emporter, point Wifi et sanitaires chauffés.

De St. Étienne, N88 vers le sud jusqu'à la sortie Yssingeaux. Puis D103 vers Tence. Là, D185 vers Le Chambon. Puis suivre les panneaux de cp.

CC € 14 *1/4-9/7 26/8-30/10*

N 45°03'34'' E 04°17'49''

## Le Puy-en-Velay, F-43000 / Auvergne (Haute-Loire)

**1685**

Camping du Puy-en-Velay***
avenue de Bonneville
+33 4 71 09 55 09
11/4 - 23/10
camping.puyenvelay@aquadis-loisirs.com

1,5ha 72T(50-100m²) 10-16A CEE

1 ACDGIJKLMPQ
2 CJSTUYZ
3 IKOSUW
4 (Q+R+V)
5 ABGIJKLMNPUZ
6 CDFGJ(N 1km)TV

Agréable petit camping citadin ombragé, au pied de la célèbre chaîne de volcans du Puy. Point de départ tout indiqué pour visiter la ville.

Indiqué par des panneaux au Puy-en-Velay. Camping au pied du rocher avec une église au bord de la N88 (Avenue de Bonneville).

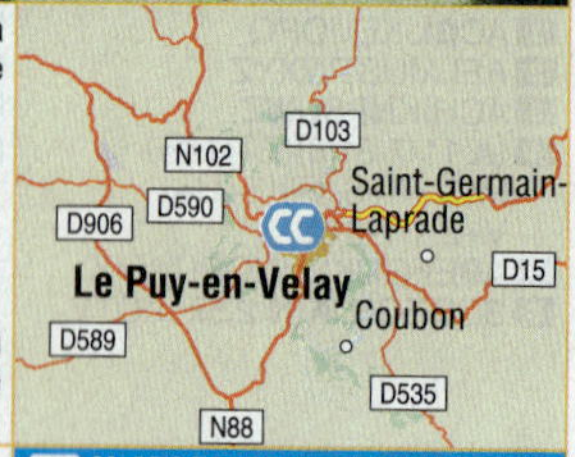


CC € 16 *11/4-9/7 27/8-23/10*

N 45°03'02'' E 03°52'51''

## Lempdes-sur-Allagnon, F-43410 / Auvergne (Haute-Loire)

**1686**

Camping Le Pont d'Allagnon***
rue René Filiol
+33 4 71 76 53 69
13/3 - 31/10
centre.auvergne.camping@orange.fr

1,7ha 60T(80-140m²) 16A CEE

1 ACDFIJKLMPQW
2 CIOSUWYZ
3 BCHIKNOPQSUW
4 (C+H 15/6-15/9)(T+U+X+Z 1/6-30/9)
5 ABFGIJKLMNOPUVWZ
6 ACDEGHJ(N 0,5km)RTV

Camping tranquille bien entretenu avec piscine chauffée et pataugeoire. Complexe sportif moderne. A ± 500m de la A75, indiqué comme camping d'étape ou pour un séjour plus long. Point de départ pour des randonnées dans les environs.

De Clermont-Ferrand, A75/E11. Sortie 19, dir Lempdes. Suivre les panneaux. De St Flour, A75 jusqu'à la sortie 20 vers le centre-ville. Puis suivre les panneaux de camping.

CC € 16 *13/3-30/6 1/9-31/10*

N 45°23'13'' E 03°15'57''

## **Murol**, F-63790 / Auvergne (Puy-de-Dôme) — 1687

Camping Sandaya La Ribeyre*****
Jassat
+33 4 73 88 64 29
20/5 - 25/9
ribeyre@sandaya.fr

13ha 203T(90-170m²) 10A

**1** AC**F**IJKLM**P**SWT
**2** ACEOSWY
**3** CHIKOPSUZ
**4** (**A**+C 1/7-31/8)(E)
(G 1/6-15/9)IJM(Q)
(R+T+U+V+X 15/6-31/8)
(Z)
**5** **AB**DEFGIJKLNPUWXYZ
**6** CEGHJ**K**L(N 1km)RTV

Ce camping confortable se trouve au cœur des montagnes et des volcans de l'Auvergne, et à proximité Murol. Le camping est promu plus beau camping fleuri de France. Nombreuses possibilités pour faire du sport et pratiquer des activités récréatives, nombreuses animations, une belle piscine, un petit lac privé. Les environs sont parfaits pour faire des excursions récréatives et aventureuses.

A partir de Murol direction Jassat. Le camping est bien indiqué par des panneaux verts.

N 45°33'46'' E 02°56'19''

CC € 16 *20/5-8/7 3/9-25/9*

## **Nonette**, F-63340 / Auvergne (Puy-de-Dôme) — 1688

Camping Les Loges***
+33 4 73 71 65 82
3/5 - 30/9
campingnonette@lesloges.com

3ha 143T(80-180m²) 6A CEE

**1** ACD**F**IJKLMPRS
**2** CIPQSTUWYZ
**3** CHPSU**WX**
**4** (C+H 15/6-10/9)J(Q)
(T+U+V+Y+Z 15/6-28/8)
**5** **AB**FGIJKLMNPUZ
**6** ACEG**K**(N 5km)TV

Camping calme situé au bord de l'Allier. Emplacements bien ombragés. Indiqué comme camping d'étape à quelques kms de la A75. Possibilités pour faire des randonnées ou du vélo. Avec piscine de juin à septembre.

A75, à partir de Clermont-Ferrand sortie 17 Nonette, puis suivre à gauche les panneaux du camping (± 5 km).

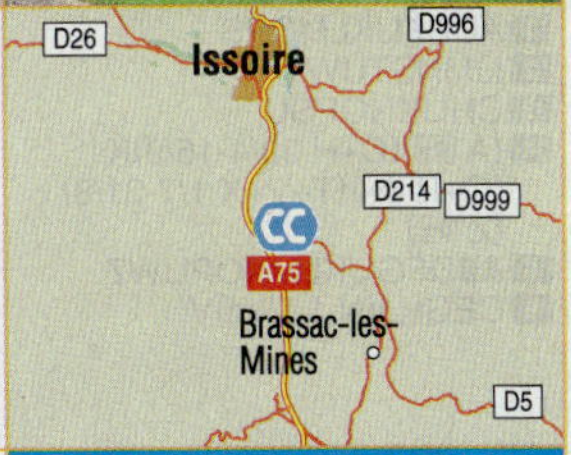


N 45°28'25'' E 03°16'19''

CC € 16 *3/5-6/7 29/8-30/9*

## **Orcet**, F-63670 / Auvergne (Puy-de-Dôme) — 1689

Camping Le Clos Auroy****
15, rue de la Narse
+33 4 73 84 26 97
1/1 - 1/12
orcet@wanadoo.fr

2,5ha 60T(100-120m²) 5-10A CEE

**1** ABCD**G**HIJKLPQ
**2** CIMSUWY
**3** ACHISU**W**
**4** (C+**G** 15/6-15/9)IJK(Q)
(T+U+Z 1/7-31/8)
**5** **AB**FGIJKLMNOPUVWZ
**6** CEG**K**(N 0,2km)OV

Camping ouvert presque toute l'année. Réception ouverte de 14 h à 19 h. En cas d'absence, l'entrée est équipée d'un appareil automatique. Wifi. Tranquillité. Piscines chauffées avec pataugeoire, jacuzzi et toboggans. Près de toutes sortes d'équipements et point de départ excellent pour des excursions dans l'environnement.

A 2,5 km de l'autoroute A75 Clermont-Ferrand/Issoire. Sortie 5 vers Orcet/Cournon. Puis suivre les panneaux du camping.

N 45°42'01'' E 03°10'09''

CC € 22 *1/4-8/7 25/8-31/10*

## Pers, F-15290 / Auvergne (Cantal)

**1690**

Camping Du Viaduc***
Ribeyrès
+33 4 71 64 70 08
9/4 - 5/11
campingduviaduc@wanadoo.fr

1,3ha 44**T**(80-110m²) 10A CEE

**1** ACD**G**IJLMPQW
**2** FMNOSUWXYZ
**3** C**G**HSU**W**Z
**4** (B 15/6-15/9)(Q 21/6-31/8)
(R )(T+U+V+Z 1/6-30/9)
**5** **AB**CDFGIJKLMNOPUWZ
**6** ACGJ(N 7km)

Le grand lac, sur lequel tous les sports nautiques sont autorisés, est accessible à partir de notre petit camping en terrasses très soigné. A partir de chaque emplacement, il y a une large vue sur ce lac. Les pêcheurs sont les bienvenus. On peut nager dans la piscine et dans le lac à une certaine distance. On vous prépare une pizza sur commande.

A partir d'Aurillac, la N122 Figeac. A droite après Sansac, la D61 Pers. A partir de là, le camping est indiqué.

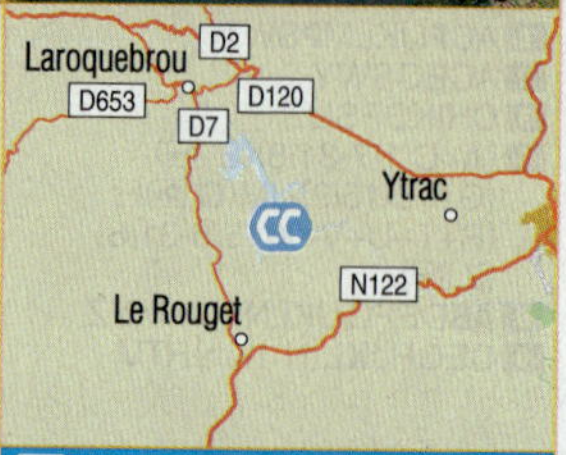


CC € 16 *9/4-3/7 27/8-5/11*

N 44°54'21'' E 02°15'14''

## Royat, F-63130 / Auvergne (Puy-de-Dôme)

**1691**

Camping Huttopia Royat****
route de Gravenoire
+33 4 73 35 97 05
31/3 - 6/11
royat@huttopia.com

8ha 119**T**(80-120m²) 10A CEE

**1** ACD**F**IJKLMOPS
**2** IJMNSTUWY
**3** CHIJKNOPSU
**4** (A )(C+H 30/4-15/9)K
(Q+R )(T+V+X 1/7-31/8)
(Z )
**5** **AB**DFGIJKLMNOPUWZ
**6** CEGHJ(N 1,5km)V

Dans la stations thermale de Royat, au pied du Puy de Dôme. ce camping est situé dans un très beau cadre naturel, organisé en terrasses. Nombreux équipement de qualité: piscine chauffée, courts de tennis, centre de vie, air de jeux por les entfants.

Sur la A71, continuer vers la A75. Juste après Clermont-Ferrand, sortie Le Mont Dore/La Bourboule. N89 jusqu'à Ceyrat. Prenez la sortie et vers Royat.

CC € 18 *31/3-1/7 28/8-6/11*

N 45°45'31'' E 03°03'16''

## Ruynes-en-Margeride, F-15320 / Auvergne (Cantal)

**1692**

Camping Le Petit Bois***
route de Cassouneyre
+33 4 71 23 93 86
7/5 - 30/9
campinglepetitbois15@gmail.com

7ha 81**T**(100-150m²) 10A CEE

**1** ACD**G**IJKLMPQW
**2** BILNSUWXYZ
**3** CHIKLSU
**4** (Q+R )
**5** **AB**EGIJKLMNPUXZ
**6** ACEGJ(N 0,3km)TV

Pelouse sur terrain légèrement en pente, à la lisière de la forêt et avec large vue sur les collines de l'Auvergne ; avec des emplacements délimités ou non. Il y a une piscine. Il y a aussi de nombreux emplacements dans le bois de pins.

Quitter la A75 par la sortie 30 après St Flour. Aller à Ruynes-en-Margeride par la D4, puis suivre les panneaux de camping.

CC € 12 *7/5-9/7 27/8-30/9* *7=6, 14=12*

N 44°59'56'' E 03°13'08''

## Sainte Sigolène, F-43600 / Auvergne (Haute-Loire) — 1693

Camping Sites & Paysages de Vaubarlet****
☎ +33 4 71 66 64 95
1/4 - 30/10
@ camping@vaubarlet.com

3,5ha 100**T**(80-120m²) 16A CEE

**1** ACD**G**IJKLMPQ
**2** CSUWXYZ
**3** AHIKNPSU**W**
**4** (A 1/7-31/8)(C+H 15/5-15/9) (Q+R)(T+U 1/6-31/8) (V+Y+Z)
**5** **AB**FGIJKLMNPUVW
**6** EGJ**K**(N 6km)OTVW

Camping familial plein d'ambiance avec piscine chauffée, bar et restaurant. Au sud de l'Auvergne. Quatorze hectares de nature pure dans une vallée entourée de collines. Au bord des rives de la Dunière.

Quitter la N88 à la sortie Monistrol-sur-Loire/Ste Sigolène. Suivre la direction Ste Sigolène (D44). Avant Sigolène, D43 vers Grazac. Suivre les panneaux de camping.

CC € 16 *1/4-2/7 20/8-30/10*

N 45°12'58" E 04°12'45"

## Singles, F-63690 / Auvergne (Puy-de-Dôme) — 1694

Hôtel de Plein Air Le Moulin de Serre***
D73, Vallée de La Burande
☎ +33 4 73 21 16 06
9/4 - 17/9
@ moulindeserre@orange.fr

7ha 59**T**(90-150m²) 10A

**1** ACD**G**IJKLM**P**QW
**2** CSWXYZ
**3** CHIN**O**PSU**W**
**4** (A 8/7-30/8)(C 13/5-10/9)**K** (Q+R+T+U)(X 13/7-15/9) (Z)
**5** **AB**DFGIJKLMNOPUWXZ
**6** CEGJ**K**(N 9km)TV

Camping agréable et bien entretenu, avec piscine chauffée, dans un magnifique environnement. Pêcher et faire du bateau sur le lac de Bort, pêcher la truite dans la Dordogne et la Burande, dans laquelle on peut même, étant accompagné, chercher de l'or. Près de nombreuses curiosités touristiques.

A89 sortie 25. D922 direction Bort-les-Orgues. A 1 km au sud de Tauves, sortie à droite (D29). Suivre les panneaux du camping.

CC € 16 *9/4-1/7 1/9-17/9 7=6*

N 45°32'35" E 02°32'34"

## St. Martin-Valmeroux, F-15140 / Auvergne (Cantal) — 1695

Camping Le Moulin du Teinturier***
9 rue Montjoly
☎ +33 4 71 69 43 12
1/1 - 31/12
@ campinglemoulinduteinturier@gmail.com

5,5ha 85**T**(100-110m²) 16A CEE

**1** ACDGIJKLMOPQ
**2** CJQSVWXYZ
**3** CHIKOP**Q**RSU**W**
**4** (A)(C+G 1/7-31/8)
**5** ABEFGHIJKLNPUWXYZ
**6** CDEGJ(N 0,2km)TV

Camping bien entretenu avec une ambiance conviviale. Point de départ idéal pour faire des excursions passionnantes dans les environs. Au bord de la Maronne. Emplacements confortables et spacieux, diverses possibilités pour le sport.

A partir de Mauriac vers St. Martin-Valmeroux par la D922 ou à partir d'Aurillac par la D922. Le camping est dans le centre près du pont sur la Maronne, au 2ème croisement à gauche direction Loupiac.

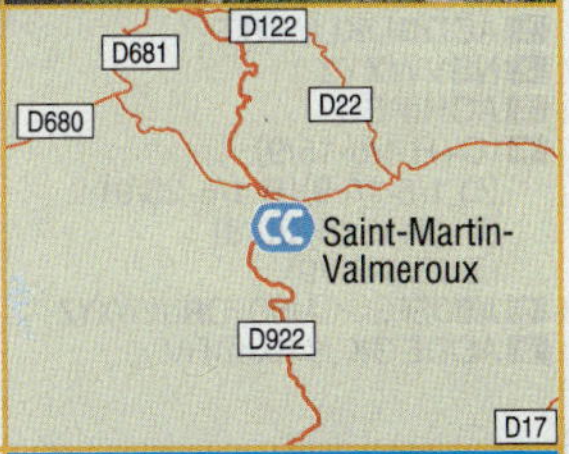


CC € 12 *1/1-14/7 1/9-31/12*

N 45°06'58" E 02°25'24"

## St. Maurice-de-Lignon, F-43200 / Auvergne (Haute-Loire)

**1696**

Camping du Sabot
813 route du Stade
+33 4 71 65 32 68
16/4 - 15/10
contact@campingdusabot.fr

3,5ha 29T(80-120m²) 6-10A

**1** AGIJKLMOPQ
**2** BMNSUVXYZ
**3** AHS
**4** (Q )
**5** **A**GIJKLMNPUV
**6** DEGJ(N 1,5km)T

Les amateurs de grands espaces, de nature et de détente peuvent séjourner dans un cadre d'exception. Situé entre les Gorges de la Loire et du Lignon à 30 min. du Puy-en-Velay. Possibilités de pêche et de randonnées dans le pays des anciens volcans. Les atouts : Village accessible à pied, terrain de boules, babyfoot, table de ping-pong, marché hebdomadaire.

RN88 St. Etienne - Le Puy-en-Velay, sortie St. Maurice-de-Lignon. A l'entrée du village à gauche et suivre les panneaux.

CC € 14 16/4-2/7 27/8-15/10 7=6

N 45°13'23'' E 04°09'06''

## St. Nectaire, F-63710 / Auvergne (Puy-de-Dôme)

**1697**

Camping La Clé des Champs****
route des Granges
+33 4 73 88 52 33
9/4 - 24/9
campingcledeschamps63@
orange.fr

2ha 50T(75-150m²) 6A

**1** ACFIJKLMOPQ
**2** CSWYZ
**3** CHIKSU**W**
**4** (**E**+G )**JKN**(Q+R+T )
(U+X 1/7-31/8)(Z )
**5** **AB**DFGIJKLMNOPUV
**6** CDEGJ(N 0,3km)OV

Camping à la station thermale St Nectaire avec nombreuses possibilités pour la détente. Vous pouvez faire de la randonnée, du vélo, visiter des endroits touristiques. Situé dans un environnement boisé et traversé par un petit ruisseau bruissant. Piscine couverte et chauffée.

A partir de Murol vers Issoire par la D996, vous trouvez le camping juste après St. Nectaire-Bas. Ou A75, sortie 6 di Champaix. A Champaix, di St Nectaire. Indiqué juste avant St Nectaire.

CC € 16 9/4-2/7 26/8-24/9 7=6, 14=12

N 45°34'31'' E 03°00'07''

## St. Nectaire, F-63710 / Auvergne (Puy-de-Dôme)

**1698**

Camping Le Viginet***
2 chemin du Manoir
+33 4 73 88 53 80
2/4 - 10/10
info@camping-viginet.com

3,5ha 63T(100-140m²) 10A CEE

**1** ACD**G**IJKLMPST
**2** NSVWXYZ
**3** ACHIPSU
**4** (C+H 1/6-15/9)
(Q 1/6-10/9)(R 1/6-23/9)
(T+U+V 1/7-30/8)
(Z 15/5-22/9)
**5** **AB**DEFGIJKLMNOPQ**R**UVWXYZ
**6** ACDEGK(N 2km)RV

Dans la superbe nature de l'Auvergne, un vrai paradis pour randonneurs et amoureux de la nature ; vous choisissez un grand emplacement délimité sur ce camping aux allures de parc magnifiquement entretenu. Snackbar, pizzeria, magasin, bibliothèque, wifi gratuit et pain frais. A 5 minutes à pied de St Nectaire avec différents restaurants et curiosités touristiques.

A75 sortie 6 vers St Nectaire. Dans le village, première route à droite.

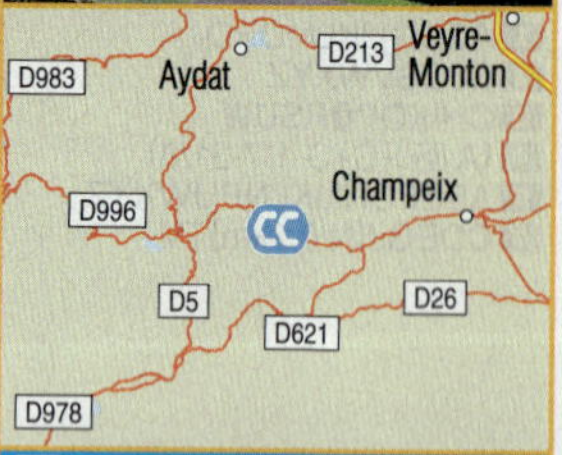


CC € 16 2/4-10/7 27/8-10/10 6=5, 10=8, 14=11

N 45°34'46'' E 03°00'10''

## St. Nectaire, F-63710 / Auvergne (Puy-de-Dôme) 1699

Flower Camping La Vallée Verte***
route des Granges
+33 4 73 88 52 68
15/4 - 24/9
contact@valleeverte.com

2,5ha 74T(80-100m²) 8A

1 ACDGIJKLMPST
2 CSWXYZ
3 CHIPSU**W**
4 (E+H+Q+R ⊶)
(T+U+Z 1/7-31/8)
5 **AB**DFGJLMNOPUWZ
6 CEGJ(N 0,5km)RV

Venez séjourner au coeur des volcans à Saint Nectaire. Le camping calme et bien entretenu vous offre des emplacements ombragés, délimités par des haies de végétation. Venez déguster le pain frais et les viennoiseries. Le snack et la piscine (couverte et chauffée) sont ouverts durant la période d'ouverture du camping.

De Murol, D996 vers Issoire. Ou A75 sortie 6, Champaix. Camping indiqué, 2de cp à gauche à 200m dans la rue des Granges.

CC € 16 15/4-2/7 27/8-24/9

N 45°34'31'' E 02°59'58''

## St. Paulien, F-43350 / Auvergne (Haute-Loire) 1700

Flower Camping La Rochelambert****
3 via Bolena
+33 4 82 29 04 63
16/4 - 26/9
infos@camping-rochelambert.com

4ha 80T(80-120m²) 16A CEE

1 ACD**G**IJKLMPQ
2 CMOSUWXY
3 CHIKLOPSUWX
4 (E+H ⊶)**N**(Q+R ⊶)
(U+V+X 1/6-31/8)(Z ⊶)
5 **AB**DEFGIJKLMNPUWXYZ
6 ACEGJ(N 3km)RTVW

Camping calme, bien entretenu, adapté aux enfants dans l'est, une partie encore non découvert, de l'Auvergne, à 15 km au nord du Puy. Point de départ pour randonnées. Au bord d'une petite rivière dans un environnement verdoyant, avec piscine couverte chauffée et pataugeoire, ouverts toute la saison. Court de tennis privé.

Du Puy-en-Velay, N102 vers Brioude. A ± 15 km, D906 vers St. Paulien. Là, le camping est indiqué.

CC € 18 16/4-30/6 1/9-26/9

N 45°07'13'' E 03°47'38''

## St. Rémy-sur-Durolle, F-63550 / Auvergne (Puy-de-Dôme) 1701

Camping Paradis Les Chanterelles****
710 route de la Chaponnière
+33 5 58 44 27 13
10/4 - 7/11
campingparadisleschanterelles@alphacamping.fr

4ha 70T(100-120m²) 10A CEE

1 ABCD**G**IJKLM**P**Q
2 BCEILMNSTUWYZ
3 ACHIJLNOPRSU**W**Z
4 (F 1/6-31/10)(Q 1/7-31/8)
(R ⊶)(T+U+Z 1/7-31/8)
5 **AB**EFGIJKLMNOPUWZ
6 CDEGJ**K**(N 2km)RV

Camping à proximité du lac récréatif de St. Rémy-sur-Durolle. Sur ce camping en terrasses, il y a de grands arbres qui offrent suffisamment d'ombre. Sanitaires et piscine chauffés, électricité 10A.

A89, sortie 30 Thiers-Est. A St. Rémy, le Parc de Loisirs et les campings sont bien indiqués.

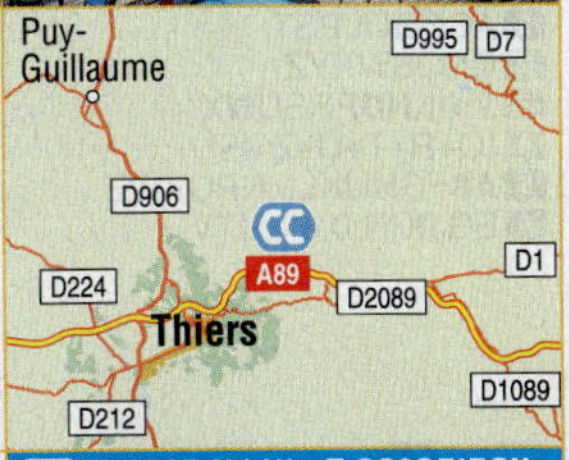


CC € 16 10/4-2/7 27/8-7/11

N 45°54'11'' E 03°35'56''

## Tauves, F-63690 / Auvergne (Puy-de-Dôme) 1702

Camping de Tauves***
+33 4 73 21 14 06
11/4 - 2/10
camping.tauves@aquadis-loisirs.com

2,5ha 75T(45-110m²) 10A CEE

1 AC**G**IJKLM**P**W
2 JSWXYZ
3 CHIJLPSU
4 (C+H 1/6-15/9)(Q+R 🔑)
5 **AB**DFGIJKLMNOPRUVWZ
6 CDEGJ**K**(N 0,2km)OTV

Un camping bien entretenu au pied du Massif du Sancy et près du Parc des Volcans. Terrain de football, basket et volley privé. Piscine chauffée. Près du village Tauves.

A71 vers A89. Sortie 25 sur la D922 vers Tauves. Suivez les panneaux de camping.

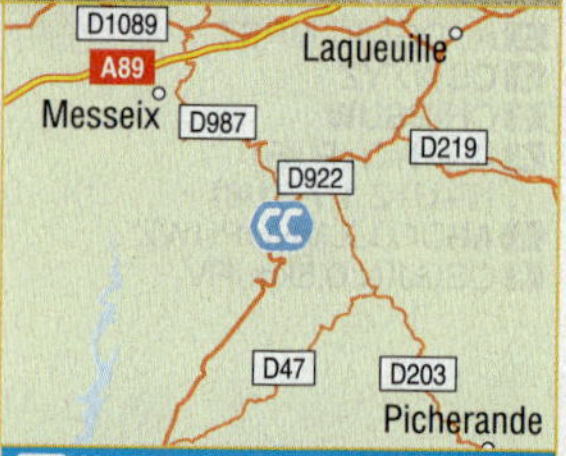


CC € 14 *11/4-9/7 27/8-2/10*

N 45°33'40'' E 02°37'29''

## Tence, F-43190 / Auvergne (Haute-Loire) 1703

Flower Camping Les Murmures du Lignon
709 route de la Levée des Frères
+33 4 71 59 83 10
30/4 - 25/9
camping.tence@orange.fr

4ha 87T(80-200m²) 10A CEE

1 BGIJKLMOPQ
2 BCLNOSYZ
3 A**G**IJKNSU**W**X
4 (C+H 15/6-15/9)
(Q+R 1/7-1/9)(T 1/7-25/8)
(U+V+Z 1/7-30/8)
5 **AB**DEFGIJKLNOPUW
6 EGK(N 2km)ORV

Camping naturel au bord d'une rivière. Situation calme, idéale pour se détendre. La région est idéale pour la randonnée, le vélo, la pêche et autres activités de plein air.

De Montfaucon-de-Velat, la D500 vers Tence. En entrant dans Tence à droite, franchir le pont et suivre les panneaux de camping.

CC € 16 *30/4-10/7 28/8-25/9* *7=6, 14=12*

N 45°06'41'' E 04°16'39''

## Thiézac, F-15800 / Auvergne (Cantal) 1704

Camping La Bédisse***
3, rue de la Bédisse
+33 4 71 47 00 41
1/4 - 31/10
campinglabedisse@gmail.com

1,9ha 84T(80-100m²) 6-10A CEE

1 ACDGIJLPST
2 CNQSWXYZ
3 AHIKN**O**PRSU**W**X
4 (Q+R+T+U+Z 🔑)
5 **AB**FGHIJKLMNPUVWZ
6 EGJ**K**(N 0,6km)TV

Camping situé dans le plus grand volcan d'Europe, idéal pour partir à la découverte de fabuleux sites naturels (GR400, chemin de st-Jacques-de-Compostelle). Détente, sport, nature, gastronomie, tout est réuni pour offrir à chacun un séjour idéal et pleins de découvertes.

A partir de Clermont-Ferrand (A75) sortie 23 Massiac. A partir de Montpellier (A75) sortie 29 St-Flour. A partir d'Aurillac RN122 direction Murat.

CC € 14 *1/4-3/7 28/8-31/10*

N 45°00'48'' E 02°40'14''

## Vic-sur-Cère, F-15800 / Auvergne (Cantal)

**1705**

Camping La Pommeraie****
+33 4 71 47 54 18
8/5 - 17/9
@ pommeraie@wanadoo.fr

4ha 40T(60-110m²) 10A

1 ACFIJLPRS
2 MNSUVWXYZ
3 CDHIKOPSU
4 (A 1/7-31/8)(C 1/6-31/8) (F )(H 1/6-31/8)IJP (Q+R+T+U+V+X+Y+Z )
5 ABDEFGHIJKLMNPQUWXY
6 AEGK(N 2km)OTV

La vue sur les sommets du Cantal, le calme des environs et la proximité d'une petite ville font de La Pommeraire un endroit idéal pour les vacances. Piscine couverte et chauffée luxueuse avec toboggan aquatique. Le propriétaire prévoit des animations étonnantes et le chef prépare d'excellents repas.

A Vic-sur-Cère, quitter la N122. Dans le village, suivre les panneaux, direction terrains de sports/piscine municipale. Suivre cette route sur 3 km. Suivre 'La Pommeraie'.

CC € 14 *8/5-9/7 27/8-17/9*

N 44°58'17'' E 02°37'59''

## Vieille-Brioude, F-43100 / Auvergne (Haute-Loire)

**1706**

Camping de la Bageasse***
La Chaud
+33 4 71 50 07 70
1/3 - 30/10
@ camping.brioude@aquadis-loisirs.com

2ha 51T(80-160m²) 10A CEE

1 ACDGIJKLPQ
2 CMOSUWXYZ
3 AHIKLSUWX
4 (B+G 1/6-15/9)(Q 1/5-30/9) (R )(T+U+X+Z 1/6-15/9)
5 ABGIJKLMNPUVWZ
6 CEGJ(N 3km)RTV

Camping au bord de l'Allier avec piscine et pataugeoire. Emplacements délimités ombragés.

A75 sortie 20 ou de Puy-en-Velay, N102 jusqu'à Brioude. Là, éteindre le GPS et suivre les panneaux de camping.

CC € 14 *1/3-9/7 27/8-30/10*

N 45°16'53'' E 03°24'16''

## Aigueblanche, F-73260 / Rhône-Alpes (Savoie)

**1707**

Camping Eliana***
176 rue des Pommiers
+33 6 73 57 17 76
1/5 - 30/9
@ contact@campingeliana.com

1ha 40T(120-250m²) 4-15A CEE

1 ACDGIJKLMOPQW
2 JNSVWYZ
3 CIKSUVW
4 (C+H 15/6-15/9)IJ (Q 15/6-15/9)
5 ABCDGHIJKLMNOPUV
6 CEGJ(N 0,8km)TV

Petit camping dans un environnement tranquille avec de très grands emplacements ,situé dans un jardin d'un hectare. Une navette gratuite vous emmène à la station thermale Léchère-les-Bains. Le centre d'Aigueblanche est à 800m.

N90 Albertville-Moutiers, sortie 38. Suivre les panneaux de camping. Cp dans une voie sans issue en face du parking de la piscine (Base de Loisirs du Morel).

CC € 14 *1/5-8/7 25/8-30/9*

N 45°30'25'' E 06°29'28''

## Aigueblanche, F-73260 / Rhône-Alpes (Savoie)

1708

Camping Marie-France***
453 avenue de Savoie
+33 6 09 47 32 30
19/3 - 31/10
sarlmariefrance@gmail.com

1ha 27T(100-150m²) 6-16A CEE

1 ACD**G**IJKLMPST
2 JMNSWXYZ
3 AIJKNU
4 (B 15/6-15/9)IJ(Q 1/7-31/8)
5 **AB**CDGIJKLMNPUZ
6 AEGJ(N 0,6km)V

Camping dans un environnement tranquille à 300m du centre d'Aigueblanche. Les emplacements délimités par des haies sont placés sur des terrasses spacieuses, avec des allées sur sol dur pour le confort. Magnifique nature en Savoie.

N90 Albertville-Moutiers, sortie 38. Suivre les panneaux de camping. Camping à 300m après le rond-point à la sortie du village.

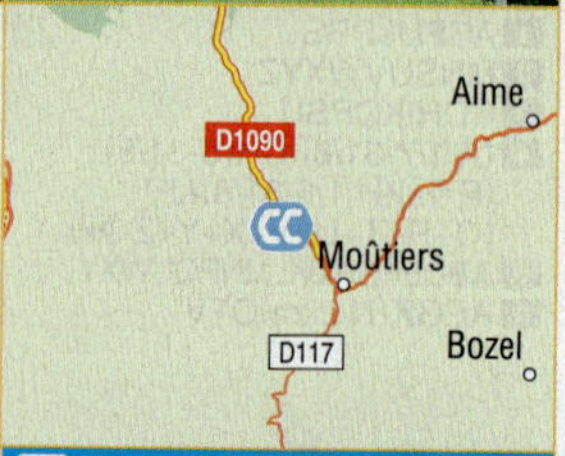


CC € 14 *19/3-30/6 1/9-31/10*

N 45°30'38'' E 06°29'18''

## Albertville, F-73200 / Rhône-Alpes (Savoie)

1709

Camping Les Adoubes
24 avenue du Camping
+33 4 79 32 06 62
1/1 - 17/10, 8/11 - 31/12
hello@camping-albertville.fr

3ha 70T(100-120m²) 6-20A CEE

1 ACDGIJKLMOPQ
2 CIJNSUWXYZ
3 AHKLPSV
4 (Q )(T 1/7-1/9)(Z 1/5-1/9)
5 **A**DFGJKLMNOPUWZ
6 ACFG**K**(N 0,2km)ORTV

Camping dans la verdure, le long d'une route principale et près du centre d'Albertville. Adapté pour y séjourner mais aussi comme camping d'étape et pour les sports d'hiver. Il est agréable d'aller à vélo jusqu'à Annecy (± 40 km) sur une piste cyclable sécurisée. Albertville et la partie médiévale de Conflans valent une visite.

Prenez après Ugine la N212 et puis prenez la sortie Albertville centre et suivez les panneaux 'Camping' ou Médiévale de Conflans.

CC € 16 *1/1-8/7 25/8-17/10 8/11-31/12*

N 45°40'41'' E 06°23'43''

## Allemont, F-38114 / Rhône-Alpes (Isère)

1710

Camping Le Grand Calme
+33 4 76 80 70 03
1/5 - 30/9
info@campinglegrandcalme.com

3ha 114T(100-110m²) 10A

1 ACD**G**IJKLMOPQ
2 DJNSWXYZ
3 AHIK

5 **A**EFGIJKLMNOPQRUWZ
6 BCEK(N 0km)O

Le Grand Calme est situé au centre d'Allemont, le dernier village avant les cols de Glandon et Croix de Fer. A partir des emplacements spacieux, vous avez la vue sur les montagnes environnantes. La réception est ouverte de 9h-12h et de 14h-18h.

D1091 vers Briançon. A Rochetaillée D526, Allemont/ Col du Glandon. Le camping est au centre du village sur la droite. Bien indiqué.

CC € 14 *1/5-28/5 5/6-25/6 21/8-29/9*

N 45°07'41'' E 06°02'18''

## Allevard-les-Bains, F-38580 / Rhône-Alpes (Isère)

1711

Camping Clair Matin***
20 rue de Pommiers
+33 4 76 97 55 19
16/4 - 16/10
contact@camping-clair-matin.com

5,5ha 195T(100-110m²) 2-10A

**1** ACD**G**IJKLMOPQ
**2** BJMNSWYZ
**3** CHIKPSU
**4** (**A** 1/7-31/8)(B+G 15/6-15/9) (Q 1/7-31/8)(T+U+Z)
**5** **AB**FGIJKLMNPRUVZ
**6** ABCDEG**K**(N 0,5km)OR

Clair Matin est à 500 mètres de la station thermale Allevard-les-Bains. Grâce à sa situation protégée dans le massif de Belledonne, les températures au printemps et en hiver y sont agréables. A conseiller aux campeurs sportifs et moins sportifs. Camping Qualité.

A41, sortie 23 Le Touvet. Puis vers Goncelin par la D29. Ensuite la D525 direction Allevard. Le camping est à gauche dans la rue, avant le rond-point.

€ 16 16/4-9/7 26/8-16/10

N 45°23'19'' E 06°03'53''

## Allevard-les-Bains, F-38580 / Rhône-Alpes (Isère)

1712

Idéal Camping***
67 avenue de Savoie
+33 4 76 97 50 23
23/4 - 9/10
camping.ideal@wanadoo.fr

1,8ha 62T(80-120m²) 4-10A CEE

**1** ACD**G**IJKLM**P**Q
**2** CJNSWXYZ
**3** AHIKPSU
**4** (C+H 15/5-25/9)(Q 1/7-31/8) (T+U+V)
**5** **AB**EFGIJKLMNOPUVZ
**6** CFG**K**OV

Camping Idéal Camping a un terrain en pente légère très ombragé. Le centre et les thermes sont à 700m. Propriétaires enthousiastes. Entrée bien accessible aux grands camping-cars et caravanes.

A41 sortie 23 Le Touvet. Par D29 à Concelin. Puis D525 vers Allevard. Cp en face de la piscine, 1e à droite au rond-point.

€ 16 23/4-3/7 22/8-9/10

N 45°24'03'' E 06°04'51''

## Anneyron, F-26140 / Rhône-Alpes (Drôme)

1713

Flower Camping La Châtaigneraie****
50 route de Font-Flacher
+33 4 75 31 43 33
15/4 - 25/9
contact@chataigneraie.com

2ha 29T(90-120m²) 10A

**1** ACD**G**IJKLPSW
**2** LMNSUWXYZ
**3** C**G**HIKOP**Q**SUW
**4** (C+H 1/5-25/9)**KN** (Q+S+T+U+V+Y+Z)
**5** **AB**EFGIJKLMNOPQUWYZ
**6** ACEGHK(N 3km)ORTV

Camping calme et bien situé sur les collines à Anneyron. Vue sur la vallée du Rhône et les monts de l'Ardèche. Vous pouvez aussi vous faire gâter en gastronomie. Demandez les horaires d'ouverture du restaurant en saison basse. Belle piscine.

A partir de la A7, sortie 12, Chanas. N7 Valence, puis avant Le Creux-de-la-Thine, D1 vers Anneyron. Là, suivre les panneaux vers le cp en haut.

€ 18 15/4-3/7 28/8-25/9 7=6

N 45°15'18'' E 04°54'12''

## Anse, F-69480 / Rhône-Alpes (Rhône)

1714

Camping Les Portes du Beaujolais****
495 avenue Jean Vacher
+33 4 74 67 12 87
1/3 - 31/10
contact@camping-beaujolais.com

10ha 198T(100m²) 16A CEE

**1** ACD**G**IJKLM**P**ST
**2** CISUWXYZ
**3** CHKMN**O**P**R**SU**W**
**4** (B 1/5-30/9)(E)
(G 1/5-30/9)J**LN**(Q+R)
(T+U+V+X+Z 1/7-31/8)
**5** **AB**DEFGIJKLOPUWXYZ
**6** ACFGHJ**K**(N 0,5km)TV

Camping très bien entretenu en bordure du village Anse. Un train touristique vous mène du camping au village. Vous profitez de la campagne.

Du nord A6 31.2 Anse puis la N6 vers Anse/Villefranche. A droite derrière le pont sur la Saône, suivre les panneaux. Du sud, sortie 33.1.

CC € 18 *1/3-4/7 23/8-31/10 7=6*

N 45°56'26'' E 04°43'36''

## Ars-sur-Formans, F-01480 / Rhône-Alpes (Ain)

1715

Camping Du Bois de la Dame***
590 chemin du Bois de la Dame
+33 4 74 00 77 23
1/4 - 28/10
camping.boisdeladame@orange.fr

2,9ha 82T(80m²) 10-16A CEE

**1** ACD**G**IJKLMPQ
**2** BIMSUVWXYZ
**3** ACHIKOSU**W**
**4** (Q+T+U+V+Z)
**5** **AB**CEFGHIJKLMNOPUZ
**6** CDEGJ(N 0,5km)RT

Camping fleuri, calme, entouré de verdure, avec des emplacements spacieux. Installations sanitaires modernisées en 2021. Situation idéale, bon rapport qualité/prix. Accessible aux personnes à mobilité réduite. Près du lac (poissonneux) et du village historique. Près de Dombes, avec son célèbre Parc des Oiseaux. L'imposante 'basilique Saint-Sixte' est à 800m.

A6, sortie Villefranche-sur-Saône. D904 Direction Bourg/Ars-sur-Formans. Le camping est indiqué par des panneaux.

CC € 14 *1/4-1/7 27/8-28/10*

N 45°59'27'' E 04°49'01''

## Artemare, F-01510 / Rhône-Alpes (Ain)

1716

Le Vaugrais***
2 chemin le Vaugrais
+33 4 79 87 37 34
21/3 - 17/10
contact@camping-le-vaugrais.fr

1,6ha 59T(80-120m²) 6-10A CEE

**1** AC**G**IJKLM**P**SWT
**2** CNSVWXY
**3** ABCHIKMNSU**W**
**4** (C 1/6-30/9)
(Q+T+U 1/6-31/8)
**5** **A**FGIJKLMNPUVWXYZ
**6** AG**K**(N 0,8km)T

Camping familial au pied du Colombier, non loin du lac du Bourget et d'Aix les Bains. Emplacements plats, délimités, (semi) ombragés le long de la rivière ou ensoleillés autour de la piscine. De magnifiques sentiers de randonnée pédestre et cyclable au départ du camping.

De Belley N504 di Ambérieu et Bugey, après Pugieu à droite D904 jusqu'à Artemare. D'Ambérieu et Bugey N504 di Belley, avant Pugieu à gauche D904 jusqu'à Artemare. Suivre les panneaux.

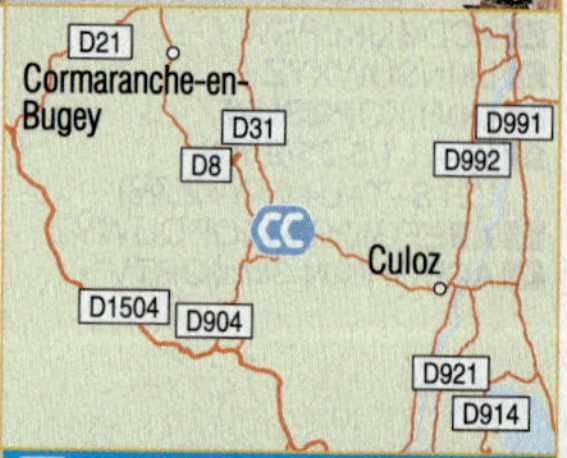


CC € 14 *21/3-30/6 1/9-17/10 14=12*

N 45°52'28'' E 05°41'02''

## **Auberives-sur-Varèze**, F-38550 / Rhône-Alpes (Isère) — 1717

Camping des Nations - Auberives sur Vareze***
RN7, 8 Bis Louze
+33 4 74 84 95 13
15/3 - 15/10
campingdesnations@gmail.com

1,5ha 60**T**(100m²) 8-10A

**1** ACD**G**IJKLOPST
**2** IJSVWXYZ
**3** CHSU
**4** (B+G 1/6-15/9)(Q 🔑)
(U+X+Z 15/4-15/9)
**5** ABDFGIJKLMNPUZ
**6** EGJ(N 2km)TV

Petit camping d'étape sur la RN7 entre Vienne et Chanas. Emplacements ombragés délimités. Indiqué pour des excursions à la journée en Ardèche et dans le Vercors. Réception amicale et serviable. Wifi gratuit.

A7 sortie Vienne, suivre la N7 jusqu'à Auberives-s-V. Camping sur la droite au sud du village. Conseil : A7, sortie Vienne venant du N, et sortie 12 du S.

CC € 18 *15/3-30/6 1/9-15/10*

N 45°24'46'' E 04°48'48''

## **Balbigny**, F-42510 / Rhône-Alpes (Loire) — 1718

Camping La Route Bleue***
410 chemin de la route Bleue
+33 4 77 27 24 97
1/4 - 20/10
camping.balbigny@wanadoo.fr

2ha 68**T**(100m²) 16A

**1** ACDGIJKLMPQ
**2** CILMNSUWXYZ
**3** HIKSU**W**
**4** (B+G 20/6-10/9)
(Q 15/5-15/9)(T+U+
V+Z 1/7-31/8)
**5** **AB**GIJKLMNPUVZ
**6** EGK(N 2km)OT

Camping très tranquille avec une ambiance sympathique. Accès direct au bord de la Loire. L'accès au camping est facile. Région touristique. Idéal pour des vacances en plein air. Vous pouvez pêcher et faire des randonnées. Au camping: bar, snackbar, plats à emporter. Piscine et pataugeoire.

Du côté nord de Balbigny. A partir de la N82, prendre la D56. Le camping est indiqué par des panneaux.

CC € 16 *1/4-2/7 20/8-20/10 7=6*

N 45°49'45'' E 04°09'39''

## **Barbières**, F-26300 / Rhône-Alpes (Drôme) — 1719

Camping Le Gallo Romain****
1090 route du Col
+33 4 75 05 90 12
23/4 - 17/9
info@legalloromain.com

3ha 61**T**(80-100m²) 6A CEE

**1** ACD**G**IJKLMOPSWT
**2** CIMNSUWYZ
**3** AC**G**HIJKLPSU
**4** (A 24/4-11/9)(B+G+Q+R+T+
U+V+X+Y+Z 🔑)
**5** **A**DEFGIJLMNOPRSUWXZ
**6** AEGJ(N 5km)RTV

Camping superbe, proclamé comme l'un des plus beaux campings de France. Situation superbe. Excellent point de départ pour explorer le Vercors. A partir du mois de mai jusqu'à mi-juin, c'est le temps des orchidées, plus de 20 sortes au camping.

A7 à partir de Lyon, sortie 14 Grenoble par la A49. Sur la A49, sortie 5 Alixan. A Alixan suivre la D101 Barbières. A partir d'Alixan, la D101 par Besayes, suivre les panneaux de camping. Vous trouvez le camping à droite après Barbières.

CC € 22 *23/4-9/7 27/8-17/9*

N 44°56'40'' E 05°09'04''

## Belmont-Tramonet, F-73330 / Rhône-Alpes (Savoie) — 1720

Camping Des Trois Lacs****
495 route de Saint-Genix
+33 4 76 37 04 03
9/4 - 18/9
info@les3lacs.com

5ha 64T(100-250m²) 10A

1 ACD**G**IJKLM**P**RS
2 CISWYZ
3 CHI**O**PSU**WX**
4 (C+G 🔑)I(Q+S 🔑) (T+U+V+Y+Z 10/6-30/8)
5 **AB**DEFGIJKLMNOPUWZ
6 AEGJ**K**(N 3km)OV

Camping calme, situé dans un parc au bord de 2 petites rivières (pêche à la truite et canot). Emplacements très spacieux, magasin. Randonnées. Belle piscine, toboggan et chouette pataugeoire. En basse saison, le restaurant est ouvert seulement le weekend.

A43 Lyon-Chambéry. Sortie 11 St. Genix/Belmont-Tramonet. Au bout de la sortie, à gauche dir. Belmont-Tramonet et Pont-de-Beauvoisin. Le camping est juste après le petit pont, à droite de la D916a.

CC € 16 *9/4-1/7 27/8-18/9*

N 45°33'33'' E 05°40'33''

## Bourg-St-Maurice, F-73700 / Rhône-Alpes (Savoie) — 1721

Camping Huttopia Bourg-St-Maurice****
route des Arcs
+33 4 79 07 03 45
19/5 - 25/9
bourgsaintmaurice@huttopia.com

5ha 127T(50-100m²) 10A CEE

1 ACD**F**IJKLMO**P**ST
2 BCJNSVWXYZ
3 CHIKLN**O**PSU**W**
4 (**A** 2/7-27/8)(C+G 29/5-17/9) (Q+R 🔑)(T+U+ V+Z 1/7-31/8)
5 **AB**DEFGIJKLMNPQUWZ
6 CDEGHJ(N 0,3km)TV

A quelques pas du centre et d'un supermarché. Terrain plat avec de l'ombre des quelques arbres et en partie dans le bois. Camping bien équipé pour l'été comme pour l'hiver, avec piscine et aire de jeux. Remontées mécaniques à distance de marche.

A partir d'Albertville, aller à Bourg-St-Maurice par Moutiers. Après la gare à droite direction Les Arcs. Ensuite encore environ 300 mètres.

CC € 18 *19/5-1/7 28/8-25/9*

N 45°37'21'' E 06°47'06''

## Bozel, F-73350 / Rhône-Alpes (Savoie) — 1722

Camping Huttopia Bozel en Vanoise**
route de Chevelu
+33 4 79 41 70 83
19/5 - 25/9
bozel@huttopia.com

3,5ha 115T(90-100m²) 4-10A

1 ACD**G**IJKLM**P**SWT
2 BCLNSUWYZ
3 AIKNPSU
4 (A 🔑)(C+H 1/6-15/9)(Q+R+ T+Z 🔑)
5 **AB**FGIJKLMNPUVWZ
6 CEHJ(N 2km)V

Camping réaménagé en 2019 avec de nombreuses infrastructures pour un camping en montagne.

N90 Albertville - Bour-St. Maurice. À Moutiers, prendre à droite vers Brides-les-Bains et Bozel. Le camping se situe à la sortie du village Bozel. À droite au rond-point, 2 km plus loin.

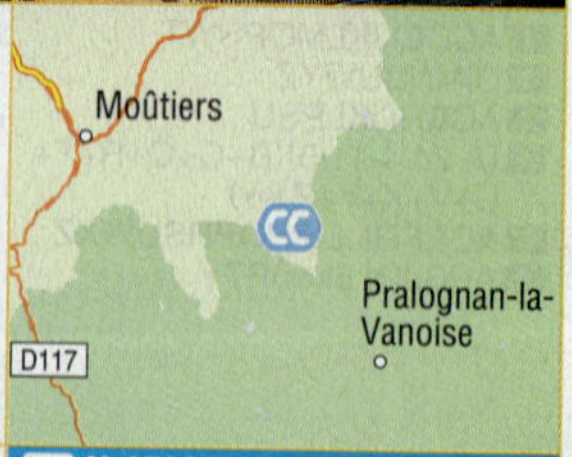


CC € 18 *19/5-1/7 28/8-25/9*

N 45°26'32'' E 06°39'36''

## Bramans-en-Vanoise, F-73500 / Rhône-Alpes (Savoie) 1723

Camping Le Val d'Ambin (Val-Cenis)***
602 route de l'Église
+33 4 79 05 03 05
1/1 - 30/10, 10/12 - 31/12
campingambin@gmail.com

4ha 155**T**(100-115m²) 6A CEE

1 ACD**F**IJKLMO**PQ**
2 JMNSUWXYZ
3 CHIKN**O**PSU**W**
4 (**A** 1/7-31/8)(Q 1/7-30/8)
5 **AB**DFGIJKLMNPUVZ
6 ACEGK(N 8km)V

Camping sur un terrain vallonné à 500 mètres de Bramans. Les emplacements sont délimités avec des piquets. La vue sur les montagnes environnantes invite à faire des promenades.

D1006 St. Jean-de-Maurienne - Col du Mt. Cenis. Le camping se trouve après le centre derrière l'église de Bramans et à 200 mètres de la N6.

N 45°13'44'' E 06°46'51''

CC € 16 *1/1-5/2 5/3-25/6 22/8-30/9*

## Buis-les-Baronnies, F-26170 / Rhône-Alpes (Drôme) 1724

Camping Domaine La Gautière***
La Penne-sur-Ouvèze
+33 4 75 28 02 68
1/4 - 31/10
accueil@camping-lagautiere.com

3,5ha 20**T**(100-120m²) 6A

1 ACGHIJKLMPST
2 LMNUWXY
3 CEHIKPU**W**
4 (B+G 15/5-30/9)
(Q+R 1/5-15/9)(S )
(T+U+V+X+Z 1/5-15/9)
5 AEFGIJKLMNOPUZ
6 CDEGK(N 4km)OTV

Charmant camping campagnard entre les oliviers et au coeur des vignes de la Provence ensoleillée. Situé dans une belle vallée avec des montagnes couvertes de végétation. Restaurant, terrasse et piscine protégée du mistral. Près du village historique Buis-les Baronnies. Pré avec animaux dans le camping.

Vaison-la-Romaine direction Buis-les-Baronnies, avant le village à gauche, suivre les panneaux.

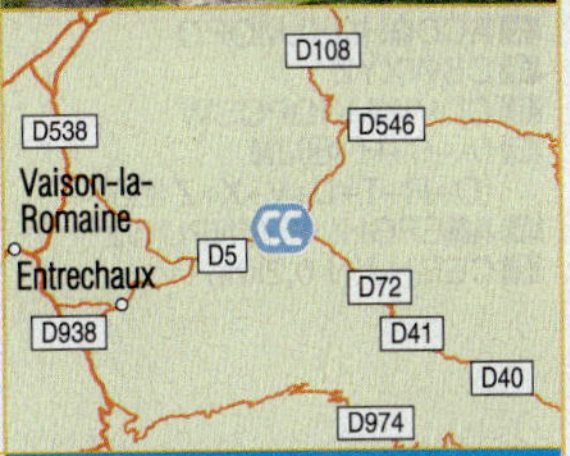


N 44°15'08'' E 05°14'35''

CC € 16 *1/4-4/7 21/8-31/10*

## Buis-les-Baronnies, F-26170 / Rhône-Alpes (Drôme) 1725

Camping La Fontaine d'Annibal***
Quai de l'Ouvèze
+33 4 75 28 03 12
2/4 - 27/9
contact@vacances-baronnies.com

2ha 35**T**(70-120m²) 10A CEE

1 ACD**G**IJKLP
2 CNSUWXY
3 CHIKSU
4 (B 1/6-1/9)
(Q+R+T+U+V+X+Z 1/7-31/8)
5 **AB**FIJKLMNOPUZ
6 AEGK(N 0,8km)TV

Camping à 800m de Buis-les-Baronnies, avec magasins, restaurants et un grand marché hebdomadaire. Nature protégée et point de départ pour des circuits à pied et à vélo. Ici, vous sentez les fleurs et herbes aromatiques de la Provence.

A partir de Vaison-la-Romaine/Nyons di Buis-les-Baronnies et dans le centre di Séderon. A 300m, au Quai du Pont Neuf, à gauche vers le camping.

N 44°17'03'' E 05°16'55''

CC € 20 *2/4-30/6 1/9-27/9*

## Challes-les-Eaux/Chambéry, F-73190 / Rhône-Alpes (Savoie)

1726

Family Camping Le Savoy***
av. du Parc
+33 4 79 72 97 31
1/1 - 31/12
familycampinglesavoy@gmail.com

2,8ha 90T(80-150m²) 16A CEE

1 BCD**G**IJLM**P**ST
2 EIJPSVWXY
3 ABHIKNNSU**W**Z
4 **KLN**(Q+R)
(T+U+X 1/4-30/9)(Z)
5 **AB**DEEFGIJKLMNOPUWXYZ
6 CDEGK(N 0,2km)OTV

Camping calme bien entretenu, emplacements spacieux en partie séparés et allées asphaltées. Sanitaires chauffés à l'entrée. Dans les environs : circuits pour randonnée et vélo, nage, pêche, nombreuses curiosités touristiques. Près de Chambéry. En saison basse, snackbar ouvert le weekend.

A43 Lyon-Chambéry. Dans Chambéry direction Grenoble jusqu'à la sortie Challes-les-Eaux. Puis D1006 Albertville-Grenoble. Le camping est juste avant le centre à gauche de la route.

CC € 16 *1/4-30/6 29/8-16/12*

N 45°33'05'' E 05°59'03''

## Châteauneuf-de-Galaure, F-26330 / Rhône-Alpes (Drôme)

1727

Camping Le Château de Galaure - Tohapi****
31 rue de Stade
+33 4 75 68 65 22
1/5 - 11/9
info@chateaudegalaure.com

12ha 182T(100-120m²) 12-16A

1 ACD**G**HIJKLMOPQ
2 CSWXYZ
3 CDHIKMNOPQSW
4 (A+C+H)**JN**
(Q+R+T+U+V+X+Z)
5 **AB**EFGHIJKLMNPUWZ
6 CEGH**J**(N 0,2km)TV

Camping familial tranquille. Ce camping est idéal pour se reposer de façon agréable, un lieu où l'on peut encore vraiment camper.

Sortie Chanas, et N7 vers Valence jusqu'après St. Vallier. Puis D51, St. Uze et Hauterives. Camping à ± 10 km après St. Uze sur la D51 avant Châteauneuf-de-Galaure.

CC € 20 *1/5-2/7 27/8-11/9*

N 45°13'26'' E 04°57'03''

## Châteauneuf-sur-Isère, F-26300 / Rhône-Alpes (Drôme)

1728

Camping Le Soleil Fruité****
480 chemin des Communaux
+33 4 75 84 19 70
23/4 - 15/9
contact@lesoleilfruite.com

3,5ha 138T(140m²) 10A CEE

1 ACD**F**IJKLM**P**ST
2 INSUWXY
3 CE**G**HIKMSU
4 (B 24/4-15/9)
(E)(H 1/6-15/9)J
(Q+R+T+U+V+X+Z)
5 **AB**EFGJLNPUWZ
6 CEGJ(N 5km)TV

Camping familial dans un ancien verger avec une vue magnifique sur la vallée de la Drôme. Les sportifs y trouveront leur compte. Les tours à vélo ou en canoë/kayak complètent l'offre du camping. Le camping a une piscine couverte chauffée avec tobogan. Aire de jeux grande et pré des animaux.

A7 sortie 14 Valence Nord. Direction Lyon N7. Direction Pont d'Isère. Suivre les panneaux de camping.

CC € 20 *23/4-8/7 25/8-15/9*

N 44°59'50'' E 04°53'37''

## Châtillon-en-Diois, F-26410 / Rhône-Alpes (Drôme) 1729

Camping Municipal Les Chaussières**
19 chemin de Bez
+33 4 75 21 10 30
1/4 - 30/10
camping.chatillonendiois@wanadoo.fr

2ha 159T(60-110m²) 10A CEE

**1** ACD**G**IJKLMPSWT
**2** CJNSUWXYZ
**3** ACHIKLN**O**P**Q**S**W**
**4** (C+H 15/6-15/9)J (Q 8/7-25/8)(T 1/5-15/9) (U)(V+X 1/5-15/9)(Y) (Z 1/5-15/9)
**5** **A**FGIJKMNPUVZ
**6** ACEGHKM(N 0,5km)

Camping dans la Drôme, au pied du Vercors dans le village médiéval et viticole de Châtillon-en-Diois. Ombragé, en bord de rivière, montagnes aux alentours. Nombreuses randonnées à pied, cyclistes et vététistes. 3 bassins de piscine, 1 toboggan. Snack, tennis, jeux pour enfants.

Valence D93 vers Die. Après Die D539, Châtillon-en-Diois. Entrer dans l'agglomération. A 1 km, traverser le pont, à droite. Puis camping à 500m.

€ 16 *1/4-8/7 25/8-30/10*

N 44°41'38'' E 05°29'01''

## Chauzon, F-07120 / Rhône-Alpes (Ardèche) 1730

Camping La Digue****
860 chemin des Diques
+33 4 75 39 63 57
6/4 - 24/9
info@camping-la-digue.fr

2,5ha 69T(80-130m²) 6-10A CEE

**1** ACDGIJKLMOPSWT
**2** ABDOPQSUWYZ
**3** AHIKOPSU**WX**
**4** (C+H+Q+S+T+U) (V 1/7-25/8)(Y+Z)
**5** **AB**DEFGIJKLMNOPQRUWZ
**6** AEGJ**K**(N 3km)OTV

Camping agréable avec de beaux sanitaires et une propriétaire enthousiaste. Le restaurant est ouvert pendant toute la saison. Le camping est un vrai paradis!

A7, sortie 17 Le Teil/Aubenas. Là, N102, Aubenas. Au rond-point avant Lavilledieu à gauche, D103. A gauche, D579, Vallon. A Pradons, à droite, D308. A gauche avant le village, à droite au bout (route des Gras). Au bout à droite, puis à gauche (route d'Uzer). Avant le village à gauche, puis panneaux.

€ 14 *24/4-7/7 24/8-24/9*

N 44°29'15'' E 04°22'14''

## Chindrieux, F-73310 / Rhône-Alpes (Savoie) 1731

Camping Les Peupliers du Lac**
chemin des Choîtres
+33 9 75 53 19 44
23/4 - 25/9
lespeupliersdulac@aixlesbains-rivieradesalpes.com

4ha 76T(80-100m²) 10A CEE

**1** BCDGIJKL**P**
**2** NSWXYZ
**3** CHI**O**P
**5** **AB**GIJKLMNOPU
**6** DE**K**(N 4km)

Cp est situé à 1 km du lac du Bourget au pied des Alpes. S'amuser dans l'eau au bord du lac, faire de la randonnée dans un cadre verdoyant sont les activités que vous pouvez faire à partir de ce camping. En semaine, le matin, vous pouvez utiliser gratuitement les pédalos, canoës et kayaks sur le lac.

Depuis Bourg-en-Bresse D1504 direction Belley, à Pugieu prendre la D904 direction Culoz, puis suivre Aix-les-Bains sur la D981. Après 5 km à Chindrieux, suivre les panneaux.

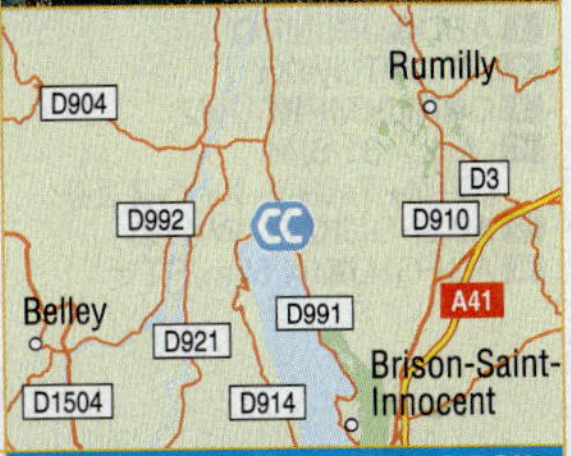


€ 14 *23/4-1/7 27/8-25/9*

N 45°48'42'' E 05°50'53''

## Choranche, F-38680 / Rhône-Alpes (Isère)

iD **1732**

Camping Le Gouffre de la Croix***
1050 route du Pont de Vezor
+33 4 76 36 07 13
9/4 - 30/9
contact@camping-vercors.com

2,5ha 52T(80-100m²) 6A

1 ACD**G**IJKL**P**Q
2 BDJMNOQSVWYZ
3 AIKPS**WX**
4 (Q 1/6-31/8)
(R+T+U+V+Z)
5 **AB**FGIJKLMNPUZ
6 ACEFG**J**OTV

Camping dans un environnement pittoresque sur la rive d'une petite rivière avec des rochers en surplomb. A été une fois choisi comme camping dans le plus bel environnement de France. Propriétaires attentifs.

A Pont-en-Royans vers Villard-de-Lans (D531). Cp indiqué juste à droite à la sortie de Choranche après le petit pont. Cp après le camping municipal et le 2me pont.

CC € 16 *9/4-1/7 27/8-30/9*

N 45°03'52'' E 05°23'45''

## Cordelle, F-42123 / Rhône-Alpes (Loire)

iD **1733**

Flower Camping de Mars****
444 route du Camping
+33 4 77 64 94 42
1/4 - 15/10
campingdemars@gmail.com

1,8ha 46T(5-41m²) 10-16A CEE

1 ABCD**G**IJKLPQ
2 MNSWYZ
3 C**G**HIKMPSU**W**
4 (A 1/7-31/8)(C+G 1/5-30/9)
(Q+R+T+U+V+X+Z)
5 **AB**DFGIJKLMNPUVWXYZ
6 AEGHK(N 5km)OTV

Camping en terrasses tranquille magnifiquement situé. Vous voyez le lac de barrage de Villerest tout proche. Là, on peut faire de l'aviron et du canoë.

De Roanne (N7) au Coteau, D43 et D56 vers Comelle-Verney, Cordelle puis vers Château de la Roche. Le camping est à 5 km de Cordelle.

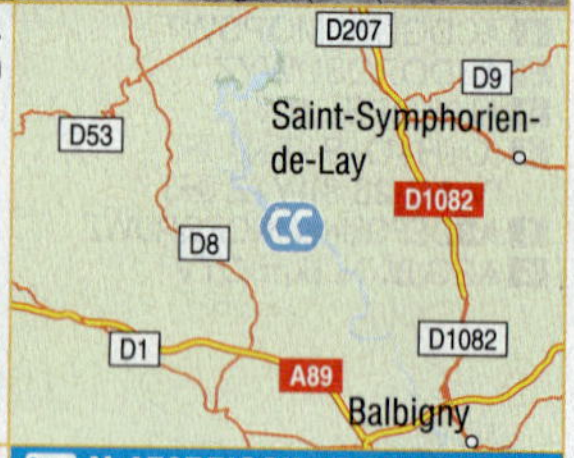


CC € 16 *1/4-3/7 28/8-15/10 7=6, 14=11*

N 45°55'08'' E 04°03'53''

## Cormoranche-sur-Saône, F-01290 / Rhône-Alpes (Ain)

iD **1734**

Camping du Lac****
Base de Loisirs, 365 chemin du Lac
+33 3 85 23 97 10
1/5 - 30/9
contact@lac-cormoranche.com

4ha 90T(80-100m²) 10A CEE

1 ACD**G**IJKLMPQ
2 AFIOSTUWXY
3 C**G**HIJKMP**R**SU**WZ**
4 (A 1/7-31/8)M
(Q+R+T+U+V+X+Y+Z)
5 **AB**EFGIJKLPUWXYZ
6 ACFGHJ**K**(N 5km)RTV

Camping au bord d'un grand lac où on peut nager et pêcher. Emplacements spacieux de 100 m² ombragés ou ensoleillés. Bar restaurant au camping, wifi gratuit à la réception. Supermarché à 5 minutes. Région très touristique, p. ex. caves à Mâcon, en Bourgogne et en Beaujolais.

Dans le centre de Mâcon D906 di Lyon. A Crêches à gauche (D51) passer la Saône. A Cormoranche, suivre 'Base de Loisirs'. A40 di Bourg. Sortie 3, Mâcon-sud par Pont-de-Veyle vers Cormoranche.

CC € 16 *1/5-8/7 29/8-30/9 7=6, 14=12*

N 46°15'05'' E 04°49'33''

## Crest, F-26400 / Rhône-Alpes (Drôme) — 1735

Camping Les Clorinthes***
Quai Soubeyran
+33 4 75 25 05 28
1/5 - 18/9
clorinthes@wanadoo.fr

4ha 154**T**(90-120m²) 6A CEE

**1** AC**G**IJKLM**P**ST
**2** CQSUWXYZ
**3** AC**G**HIK**OQ**SU**W**X
**4** (B+G+Q)(T+U+V+Z 1/7-31/8)
**5** **AB**FGIJKLMNPUZ
**6** ACEGK(N 0,8km)TV

Superbe parc avec arbres donnant de l'ombre. Sanitaires modernes. On peut nager dans la belle piscine ou dans la Drôme le long du camping. Point de départ pour des tours à vélo, à pied ou en voiture. Près de la ville médiévale Crest. Wifi gratuit avec CampingCard ACSI.

Quitter la A7 à Loriol. D104 dir. Crest. Au 2ième feu à gauche vers le centre. Traverser la voie ferrée. A droite au grand rond-point avec un monument. Longer la rivière sur 600 mètres jusqu'au camping.

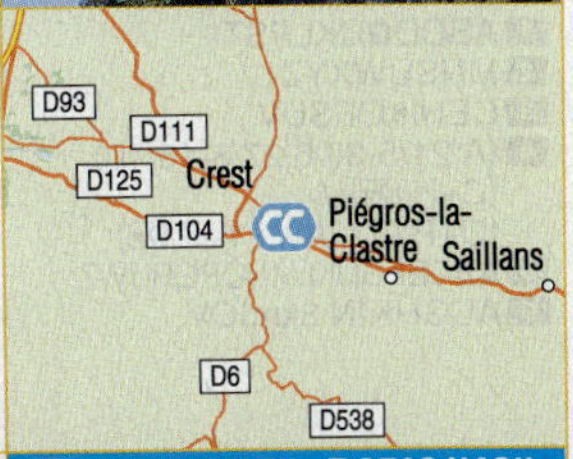


CC € 18 *1/5-5/7 22/8-18/9*

N 44°43'27" E 05°01'40"

## Cublize/Amplepuis, F-69550 / Rhône-Alpes (Rhône) — 1736

Camping Le Lac des Sapins****
968 rue du Stade
+33 4 74 89 52 83
1/4 - 25/9
lacdessapins@vacances-andretrigano.com

8ha 79**T**(50-100m²) 16A CEE

**1** ACD**G**IJKLMPR
**2** ACEOSUVWXYZ
**3** CHIKNOP**QR**S**W**Z
**4** (**B**+Q+R+T+Z 1/7-31/8)
**5** **AB**EFGIJKLMNOPUXYZ
**6** ACEGH**J**(N 0,5km)V

Camping familial près du lac avec nombreuses activités aquatiques. Il y a un snackbar dans le camping et un restaurant au bord du lac.

Dans le village suivre les panneaux de camping. Passer devant le camping du village et l'entrée du camping du Lac des Sapins est à environ 600 mètres.

CC € 18 *1/4-9/7 27/8-25/9*

N 46°00'47" E 04°22'54"

## Cuisiat/Val-Revermont, F-01370 / Rhône-Alpes (Ain) — 1737

Camping Mun. La Grange du Pin***
330 chemin de la Grange du Pin
+33 4 74 51 34 14
1/4 - 31/10
camping@val-revermont.fr

2,5ha 75**T**(80-100m²) 10A CEE

**1** ACD**G**IJKLMO**P**ST
**2** ABENOSVWXYZ
**3** AHIKLNPSU**WZ**
**4** (Q+R+T+U+X+Y+Z)
**5** **A**FGIJKLMNOPUXZ
**6** CEGHK(N 5km)TV

Ce camping tranquille et spacieux est situé à la lisière d'un bois et au bord d'un beau lac avec une belle plage. Il y a un grand Forest-Adventure Trail et des possibilités de randonnées pédestres et cyclistes dans la région!

A39, sortie 10 vers Saint-Amour. Puis D1083 vers Bourg-en-Bresse. A St-Etienne du Bois, suivre les panneaux.

CC € 16 *1/4-1/7 21/8-31/10* 7=6

N 46°18'22" E 05°21'19"

## Darbres, F-07170 / Rhône-Alpes (Ardèche)

iD **1738**

Camping Les Charmilles***
1935 route de Mirabel
+33 4 75 88 56 27
21/5 - 30/9
info@campinglescharmilles.fr

5ha 66T(80-135m²) 5-10A CEE

1 ABCDGIJKLPST
2 MNSUWXYZ
3 CEHIKOPSUV
4 (A 21/5-30/6,27/8-16/10)
(C+H )M
(Q+R+T+U+V+Y+Z )
5 ABCEFGIJKLMNOPQRUWZ
6 AEGHK(N 8km)OV

Camping charmant, propriétaires NL accueillants au coeur de l'Ardèche. Vue envoûtante et mélange parfait de nature et d'activités de détente comme randonnées, jeu de boules. Dégustez de délicieux plats régionaux préparés avec des produits frais et locaux au restaurant. Nouveauté: superbe parc aquatique.

A7 sortie 17 vers Le Teil. Puis N102 vers Aubenas. A La Villedieu à droite D224 vers Lussas, Darbres. Là, Mirabel. Cp à gauche. Ne pas utiliser le navigateur.

CC € 20 *21/5-9/7 27/8-30/9* *21=18*

N 44°38'00'' E 04°30'30''

## Détrier, F-73110 / Rhône-Alpes (Savoie)

iD **1739**

Camping Du Lac Saint-Clair***
767 route de la Plaine
+33 4 79 25 73 55
1/4 - 30/9
contact@lac-savoie-camping.com

2ha 51T 10A CEE

1 ABCDGIJKLMPQ
2 EIXYZ
3 CHIJKLRSUW
4 (R+Y )
5 ABEFGIJKLMNOPUVWX
6 AEGK(N 0,1km)TU

Camping familial calme et agréable, dans la verdure, au bord d'un beau lac. La baignade est gratuite dans la piscine municipale en haute saison. Emplacements spacieux de 100m² minimum. Excellente pêche pour les grosses carpes. Bon restaurant avec golf miniature à côté du camping. Idéal pour les excursions dans la région.

Grenoble direction Albertville D925. Tourner à droite en direction d'Allevard. Le camping est indiqué après ± 1,5 km le long du Lac St.-Clair.

CC € 16 *1/4-8/7 27/8-30/9* *7=6, 14=12*

N 45°27'00'' E 06°06'12''

## Die, F-26150 / Rhône-Alpes (Drôme)

iD **1740**

Camping Le Glandasse***
550 route de Gap
+33 4 75 22 02 50
25/4 - 25/9
camping-glandasse@wanadoo.fr

3,5ha 120T(80-120m²) 10A CEE

1 ACDGIJKLPSWT
2 BCENPQSTUWXYZ
3 ACHIKLPRSUWX
4 (C 1/5-31/8)(H )K
(Q+R+T+U+V 1/5-25/9)
(X+Z )
5 ABEFGIJKMNOPSUZ
6 EGK(N 1km)ORTV

Au bord de la rivière dans une large vallée. Beaux emplacements avec des arbres donnant de l'ombre. Un bon endroit pour découvrir Vercors à pied, à vélo, ou en voiture. Bon restaurant, belle piscine, mini-golf, fitness. A 1 km de Die.

Sortie Valence, puis Crest/Die. Après le centre de Die, à 1 km au sud de Die vers Gap. Camping bien indiqué par des panneaux. Vous arrivez par un tunnel (hauteur 2,80m). Non accessible aux hauts camping-cars.

CC € 14 *25/4-5/7 22/8-25/9*

N 44°44'41'' E 05°23'07''

## Die, F-26150 / Rhône-Alpes (Drôme) — 1741

▲ Camping Le Riou-Merle***
330 ave Rhin et Danube, route de Ro
☎ +33 4 75 22 21 31
🔑 1/4 - 10/10
@ lerioumerle@gmail.com

2,5ha 97**T**(70-300m²) 6A CEE

**1** AFIJKLPST
**2** NSUWXYZ
**3** CHIKMNS
**4** (B 15/5-30/9)(Q 1/6-30/9) (U+V+X+Y+Z 🔑)
**5** **A**FGIJKLMNPUVZ
**6** CEG**K**(N 0,4km)

Camping tranquille près de Die, ville romaine et médiévale. Piscine. Vue sur les montagnes. Ombre sous les grands arbres, soleil tamisé sous les petits. Bon point de départ pour de superbes tours dans la nature. Beau restaurant, cuisine excellente. Wifi sur tout le camping.

A partir de Crest avant le centre de Die direction Gap. Vous contournez le centre. Au grand rond-point, vers le centre. Juste avant le centre à droite.

CC € 16 *1/4-9/7 27/8-10/10*

N 44°45'16'' E 05°22'40''

## Die, F-26150 / Rhône-Alpes (Drôme) — 1742

▲ Camping Municipal de Justin**
Quartier du Pont Rompu
☎ +33 4 75 22 14 77
🔑 2/4 - 30/9
@ camping@mairie-die.fr

3ha 175**T**(80-120m²) 10A CEE

**1** ACDGIJKLMOPSVWT
**2** CJNPQSWXYZ
**3** AHIKLS**WX**
**4** (**B+G** 2/6-15/9)J(T+U+ V+Z 1/6-15/9)
**5** **A**FGIJKLMNPSUVZ
**6** CEGJT

Camping municipal bien entretenu avec des emplacements très spacieux au bord de la Drôme, près de la petite ville historique Die. Les campeurs peuvent utiliser la piscine municipale. C'est l'endroit idéal pour découvrir le Vercors.

Sur la D93 entre Crest et Die, suivre les panneaux de camping.

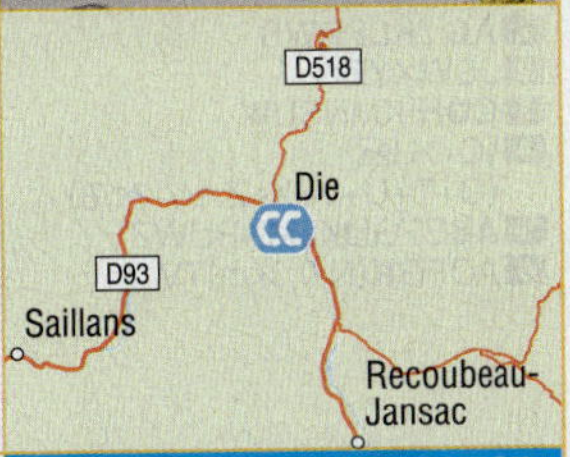


CC € 14 *2/4-8/7 25/8-30/9*

N 44°45'02'' E 05°21'58''

## Die, F-26150 / Rhône-Alpes (Drôme) — 1743

▲ Onlycamp Chamarges**
route de Valence
☎ +33 4 75 22 01 38
🔑 29/4 - 25/9
@ contact@camping-chamarges-die.com

3,5ha 150**T**(80-110m²) 3-6A CEE

**1** ACD**F**IJKLM**P**SWT
**2** DNPQSXYZ
**3** AHIKLNPS**WX**
**4** (B 29/4-25/9) (Q+T+U+V+X+Y+Z 🔑)
**5** GIJKLMNOPSUVWZ
**6** EK(N 1,5km)TV

Terrain plat ensoleillé et ombragé. Magnifique vue. Faites du kayak et du canoë sur la Drôme à partir du camping. Piscine. Bon restaurant avec belle terrasse. Superbes tours dans la splendide nature et les villes pittoresques. Wifi gratuit.

A partir de Valence D93. Le camping est juste avant Die. Au rond-point prendre la sortie vers le camping. Panneau sur la droite.

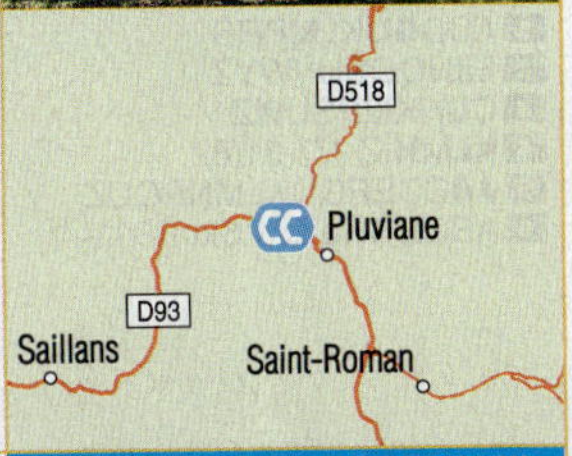


CC € 16 *29/4-26/5 29/5-4/6 6/6-2/7 28/8-25/9*

N 44°45'44'' E 05°20'47''

## Divonne-les-Bains, F-01220 / Rhône-Alpes (Ain) — 1744

Camping Huttopia Divonne-les-Bains***
Quart. Villard, 2465 Vie de l'Etraz
+33 4 50 20 01 95
14/4 - 25/9
divonne@huttopia.com

8ha 175T(80-150m²) 8-10A CEE

**1** ACD**G**IJKL**P**ST
**2** CILMNSWXYZ
**3** C**G**HIKLOSU
**4** (C+G 1/6-15/9)(Q+R)
(T+U+V+X+Z 5/7-31/8)
**5** **AB**DFGIJKLMNOPUW
**6** ACEGHJ(N 3km)TV

Beau camping boisé organisé en terrasse. Emplacements magnifiques entre les arbres. Grande piscine, nombreux équipements pour les enfants et activités conviviales. La Suisse, Genève et le lac Léman à proximité. La CampingCard ACSI est valable uniquement sur les emplacements normaux.

A partir de Gex D984 direction Divonne. Prenez avant Divonne la route vers St. Gixet, et suivez les panneaux de camping.

CC € 18 *14/4-8/7 28/8-25/9*

N 46°22'29'' E 06°07'16''

## Doussard, F-74210 / Rhône-Alpes (Haute-Savoie) — 1745

Camping La Ferme de la Serraz*****
rue de la Poste
+33 4 50 44 30 68
1/4 - 2/10
info@campinglaserraz.com

3,5ha 79T(100-200m²) 10-16A CEE

**1** A**G**IJKLPRWS
**2** JSWXYZ
**3** C**G**HIKMNSU**W**
**4** (C+H)
(Q+T+U+V+X+Z 1/7-31/8)
**5** **AB**EFGIJKLMNPUWZ
**6** ACFG**K**(N 0,3km)TV

Ici, vous trouvez un magnifique camping ombragé avec une piscine agréable et une pataugeoire. Le camping dispose d'un bar et d'un restaurant à la carte (retreinte). Les emplacements sont spacieux. Belle région montagneuse près du lac d'Annecy.

D1508 Annecy-Albertville. Le camping est indiqué sur la rive sud du lac, au rond-point qui mène vers le centre de Doussard.

CC € 18 *1/4-6/7 28/8-2/10*

N 45°46'31'' E 06°13'34''

## Doussard, F-74210 / Rhône-Alpes (Haute-Savoie) — 1746

Camping La Nublière***
30 allée de la Nublière
+33 4 50 44 33 44
20/5 - 25/9
nubliere@campeole.com

11ha 200T(100-110m²) 6A CEE

**1** ACD**G**IJKLMPRS
**2** EJNOQSUVWYZ
**3** C**G**HKMPSU**W**Z
**4** **KLMN**(Z 1/7-31/8)
**5** **AB**CDEFGIJKLMNPQUZ
**6** ABCEGH**J**(N 1,5km)RTV

Assez grand camping avec une plage et une prairie au bord du lac. Idéal pour les amateurs de sports nautiques. Ombre presque partout. Belle vue sur les montagnes environnantes et le lac à partir de la plage.

D1508 Annecy-Albertville. Le camping se trouve sur la route dans la commune de Doussard et est bien indiqué au sud-ouest du lac.

CC € 16 *20/5-8/7 3/9-25/9*

N 45°47'24'' E 06°13'04''

## Doussard, F-74210 / Rhône-Alpes (Haute-Savoie)

**1747**

Camping La Ravoire****
route de la Ravoire
+33 4 50 44 37 80
13/5 - 18/9
info@campinglaravoire.com

2ha 69T(80-110m²) 5-15A CEE

**1** AC**G**IJKLMPQ
**2** JNSWXYZ
**3** C**G**HKMNPSUV
**4** (C+F+H )IJ
(Q+R+T+U+V+Z )
**5** **AB**EFGIJKLMNOPUWXYZ
**6** EGK(N 2km)OTV

'La Ravoire' est un point de départ réussi pour visiter les environs autour du lac d'Annecy. Terrain bien entretenu avec un bâtiment sanitaire central. Surtout adapté pour familles avec jeunes enfants.

Route Annecy-Albertville. Aux feux in Brédannaz (Lathuile), les campings sont indiqués sur des panneaux verts.

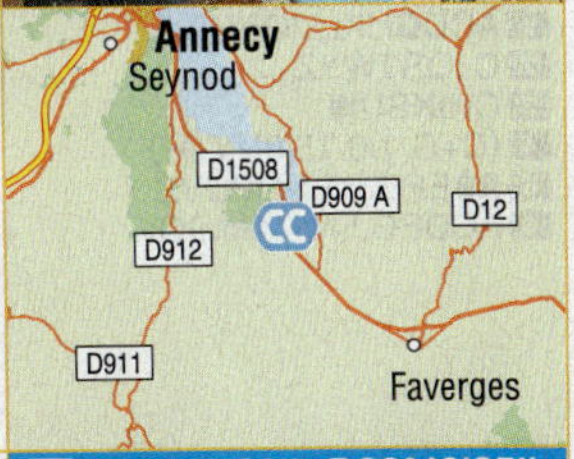


CC € 18 13/5-2/7 27/8-18/9

N 45°48'09'' E 06°12'35''

## Duingt, F-74410 / Rhône-Alpes (Haute-Savoie)

**1748**

Camping Mun. Les Champs Fleuris***
631 voie Romaine
+33 4 50 68 57 31
21/4 - 23/9
camping@duingt.fr

1,5ha 111T(80-120m²) 6-10A

**1** AGIJKLMPQ
**2** JMNSWXYZ
**3** C**G**HIKS
**4** (Q+T+Z )
**5** **AB**FGIJKLMNPUVZ
**6** ACEG**J**(N 1km)T

Terrain en terrasses larges avec pour certaines places la vue sur le lac d'Annecy. La piste cyclable Annecy-Faverges-Marlens passe le long du camping. Le centre de Duingt est à 1 km. Annecy, à 10 km et Albertville à 25 km sont bien accessibles. La CampingCard ACSI est seulement valable pour les emplacements standard.

D1508 Annecy-Albertville. Le camping est entre St. Jorioz et Duingt à droite sur la D1508, sortie Entrevernes. Bien indiqué.

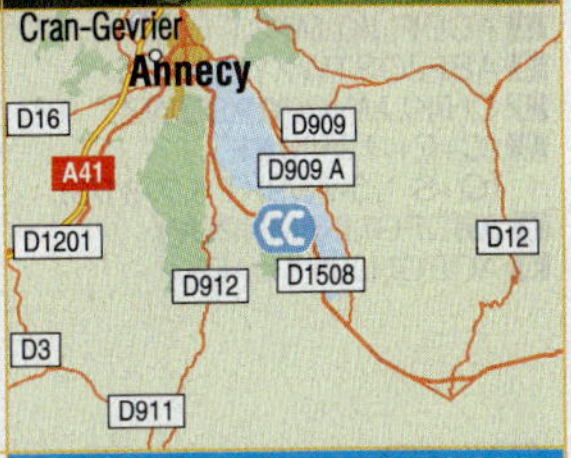


CC € 20 21/4-2/7 27/8-23/9

N 45°49'36'' E 06°11'19''

## Eclassan, F-07370 / Rhône-Alpes (Ardèche)

**1749**

Camping Sites & Paysages l'Oasis****
810 chemin du Petit Chaléat
+33 4 75 34 56 23
30/4 - 31/8
info@oasisardeche.com

5ha 39T(90-250m²) 3-6A CEE

**1** ACD**F**IJLPST
**2** CMNOSWXYZ
**3** CHIKLP**R**SU**W**
**4** (C+H 7/5-29/8)(Q+T+U )
(V 8/5-29/8)(X 1/7-30/8)
(Z )
**5** **A**DEFGIJKLMNPQRUWZ
**6** AEGJ(N 4km)ORTV

Camping en terrasses dans une nature magnifique, un coin de paradis avec beaucoup d'attention et de soins pour la nature. La piscine est chauffée à partir du 8 mai. Menus du jour délicieux, pizzas faites maison. Téléphonez et votre caravane sera placée.

A7, sortie 12, Chanas. Puis N7 vers Valence jusqu'à St. Vallier. D86, franchir le Rhône, aller jusqu'à Sarras. Là, D6 vers Eclassan, suivre les petits panneaux. A la fin, route étroite et nombreux virages.

CC € 16 30/4-9/7 27/8-31/8 14=12

N 45°10'45'' E 04°44'22''

## **Entre-deux-Guiers**, F-38380 / Rhône-Alpes (Isère)

1750

Camping L'Arc en Ciel***
37 chemin des Berges
+33 4 76 66 06 97
1/4 - 15/10
info@camping-arc-en-ciel.com

1,3ha 60T(100-110m²) 4-6A CEE

1 ACD**G**IJKLMOPRS
2 CJQSTWYZ
3 CHIKSU**W**
4 (C+G 1/6-15/9)(V)
5 **AB**EFGJKLNOPUVZ
6 ACDEGJ(N 0,1km)OV

Terrain tranquille, situé dans un village. Les emplacements sont délimités et ont de grands arbres. Grâce à l'altitude moyenne, idéal pour découvrir le massif de la Chartreuse et les environs au printemps et en automne. Le torrent, avec sa plage de galets juste à côté du camping est un atout supplémentaire. 5 restaurants à proximité.

D1006, à partir de Chambéry vers Les Echelles. Ensuite D520 direction St. Laurent-du-Pont. Au rond-point, suivre les panneaux de camping.

CC € 16 *1/4-3/7 29/8-15/10*

N 45°26'05'' E 05°45'22''

## **Excenevex-Plage**, F-74140 / Rhône-Alpes (Haute-Savoie)

1751

Camping La Pinède - Excenevex***
10 avenue de la Pinède
+33 4 50 72 85 05
1/4 - 6/11
welkom@huttopia.com

12ha 229**T**(80-100m²) 16A CEE

1 ACD**F**IJKLM**P**ST
2 ABFJOSTWXYZ
3 CHIKLMN**OPQR**SUWZ
4 (C+E+H)K**NP**
(Q+S 1/5-28/9)(T 1/7-31/8)
5 **AB**DFGIJKLMNPUW
6 ACEGHJ(N 1km)T

Grand camping familial dans les bois juste au bord du lac de Genève, avec une plage de sable. Un peu éloigné mais avec tous les équipements à côté de l'entrée. Emplacements touriste dispersés entre les emplacements fixes.

N5 Genève direction Thonon-les-Bains. A gauche avant Bonnatrait vers Yvoire/Excenevex. Le camping est sur la droite à 500 mètres après le rond-point.

CC € 18 *1/4-1/7 28/8-6/11*

N 46°20'45'' E 06°21'29''

## **Fleurie**, F-69820 / Rhône-Alpes (Rhône)

1752

Camping La Grappe Fleurie****
161 Rue de la Grappe Fleurie
+33 4 74 69 80 07
15/4 - 1/10
info@beaujolais-camping.com

3,5ha 59**T**(100-150m²) 16A CEE

1 ACD**G**IJKLMO**P**SW
2 IMNSWXY
3 CHIJKLNOSU
4 (A 1/7-31/8)(F)J**N**
(Q+R)(T+U 15/5-15/9)
5 **AB**CDEFGHIJKLMNOPUWXYZ
6 ACEG**K**(N 0,6km)RV

Camping tranquille avec des emplacements sur terrasses, au coeur des vignobles du Beaujolais. Emplacements délimités, séparés par des haies, spacieusement aménagés.

Venant du nord: A6 sortie Mâcon-Sud. D906, Villefranche. Après La Maison Blanche, à droite D32 vers Fleurie. Venant du sud: A6 sortie 30 Belleville. D906 direction Mâcon. D32 à gauche, direction Fleurie. Suivre les panneaux du camping.

CC € 20 *15/4-30/6 1/9-1/10*

N 46°11'16'' E 04°41'56''

## Gluiras, F-07190 / Rhône-Alpes (Ardèche)

1753

Camping l'Ardechois*****
Lieu dit Le Chambon
+33 4 75 66 61 87
14/5 - 17/9
ardechois.camping@wanadoo.fr

6,5ha 78T(90-160m²) 10A CEE

1 ACD**G**IJKLMOPST
2 ACMNOQSUWXYZ
3 CHIKPSU**WX**
4 (**A**+C+H+Q+R )
(T 11/7-22/8)(U+Y+Z )
5 **AB**DEFGIJKLMNOPQRUWZ
6 ACEGHK(N 8km)ORUV

Beau camping 5 étoiles, direction néerlandaise, situé dans les montagnes de l'Ardèche. Idéal pour ceux qui cherchent le calme, l'espace, le luxe et la convivialité. Vous serez vu dans ce camping où une atmosphère familiale et une approche personnelle sont importantes.

A7 sortie 15 Valence-Sud. Le Puy-en-Velay. N7 Montélimar. A droite D111a, Charmes-sur-Rhone. D86, Privas. A Beauchastel D21. D120, Le Cheylard jusqu'à St. Sauveur. Là, D102, Mezilhac. A 8 km sur la droite.

CC € 20 *14/5-8/7 27/8-17/9*

N 44°49'44'' E 04°31'23''

## Grane, F-26400 / Rhône-Alpes (Drôme)

1754

Camping Les 4 Saisons***
route de Roche-sur-Grane
+33 4 75 62 64 17
1/1 - 31/12
contact@camping-4-saisons.com

3ha 61T(80-130m²) 6A CEE

1 ACD**G**IJKLMOPSWT
2 LMSTUWXYZ
3 AHIKLSU
4 (C+G 1/5-30/9)(Q 1/4-30/9)
(T 15/6-1/9)(U+V+Z )
5 **A**EFGIJKLMNOPUWZ
6 AEG**K**(N 0,8km)TV

Agréable camping en terrasse avec vue sur les montagnes. A 10 minutes de la A7. Bon camping d'étape. Point de départ pour d'inoubliables excursions dans la nature et les villes pittoresques. Piscine chauffée. Nouveau propriétaire (2019).

A7 sortie 16 direction Loriol, puis di Crest. Ensuite, sortie Grâne. Continuer jusqu'au rond-point avec la sortie Grâne et le camping.

CC € 20 *1/1-30/6 1/9-31/12*

N 44°43'37'' E 04°55'37''

## Grignan, F-26230 / Rhône-Alpes (Drôme)

1755

Flower Camping Les Truffières***
D71, route de Chamaret
+33 4 75 46 93 62
16/4 - 1/10
info@lestruffieres.com

3ha 76T(100-120m²) 10A CEE

1 ACDEIJKLP
2 BSTUWXYZ
3 CIJKP**Q**S
4 (C 1/5-30/9)(G 1/7-31/8)
(Q )(T 8/5-12/9)
(U 8/6-15/9)(V 1/6-31/8)
(X 8/5-12/9)(Z 8/6-15/9)
5 **A**GIJKMNOPU
6 EG**K**(N 1,5km)OT

Camping ombragé sous les chênes, mais aussi ensoleillé. Randonnée et vélo pour découvrir les environs avec truffes, champs de lavande et vignobles. A 1,5 km d'un village médiéval avec grand château. Près de Nyons, Montélimar en Avignon. Piscine chauffée, bon restaurant, commerces à proximité.

A7, a Montelimar sortie 18 Nyons/Valréas. A 17 km sortie D71 Chamaret.

CC € 16 *16/4-26/6 22/8-1/10*

N 44°24'40'' E 04°53'28''

## Hautecourt-Romanèche, F-01250 / Rhône-Alpes (Ain)

**1756**

Camping de l'île Chambod***
3232 rte du Port
+33 4 74 37 25 41
15/4 - 25/9
contact@campingilechambod.com

2,5ha 110T(80-100m²) 5-10A

1 ACD**G**IJKLMPQ
2 SUWXYZ
3 ACHKPRSU
4 (B+G 1/5-31/8)(Q 1/7-31/8) (R )(T+U+Z 1/7-31/8)
5 **AB**EFGIJKLMNPUWZ
6 CEGJ(N 6km)TV

Camping agréable, calme et confortable avec une piscine, situé dans une très belle nature. Le réservoir avec plage est situé à quelques centaines de mètres du camping. Les villes de Bourg-en-Bresse et de Nantua sont facilement accessibles.

Depuis Pont-d'Ain, sortie 9, RN75 direction Genève. Après 1 km, RN84 direction Nantua. À Poncin, suivez la D81 pendant un certain temps, puis suivez la direction de l'île Chambod. Suivez les panneaux de camping.

CC € 18 *15/4-8/7 25/8-25/9*

N 46°07'40'' E 05°25'41''

## Hauterives, F-26390 / Rhône-Alpes (Drôme)

**1757**

Flower Camping Le Château***
5 route de Romans (D538)
+33 4 75 68 80 19
2/4 - 25/9
contact@camping-hauterives.com

4ha 73T(80-120m²) 10A CEE

1 ACD**G**IJKLMPS
2 CJSUVWXYZ
3 CHIKMP**Q**SUV**W**
4 (A 1/7-31/8)(C+H 5/6-5/9) (T+U+V+X+Z )
5 **AB**EFGIJKLMNOPQR**T**UVWZ
6 ACDEJ**K**(N 0,2km)OTV

Camping avec emplacements délimités, la plupart ombragés. A 200m de Hauterives, avec son Palais Idéal inscrit sur la liste du Patrimoine Mondial. Il y a beaucoup d'endroits culturels et de nature à découvrir dans les environs immédiats.

A7, sortie 12. Aller à Hauterives par la D519 et la D538. Bien indiqué.

CC € 16 *2/4-3/7 20/8-25/9 7=6*

N 45°15'10'' E 05°01'37''

## Hauteville-Lompnès, F-01110 / Rhône-Alpes (Ain)

**1758**

Camping Les 12 Cols***
403 chemin de Cormaranche
+33 4 37 86 55 87
3/4 - 3/10
contact@camping-les12cols.fr

2ha 100T(85-135m²) 10A CEE

1 ACD**F**IJKLPST
2 MSWXYZ
3 AEHIJKLN**O**PSU**W**
4 (B 1/6-15/9) (Q+R+T 1/7-31/8)(Z )
5 **AB**DGIJKLMNOPQUWXZ
6 CDEG**K**(N 1km)V

Camping en terrasses tranquille à 800m d'altitude sur un terrain fleuri et bien aménagé avec des équipements modernes et propres. Parfait pour les amoureux de la nature. Sur le plateau de Hauteville, diverses activités sportives, c'est un lieu idéal pour faire du vélo ou découvrir les cascades.

A40, sortie St. Martin-du-Fresne. Puis suivre les fleches vers Hauteville-Lompnes. A42, sortie Ambérieu-en-Bugey di Belley RN504 Tenay. Vers Hauteville-Lompnes.

CC € 16 *16/4-30/6 1/9-2/10*

N 45°58'15'' E 05°35'44''

## La Motte-Chalancon, F-26470 / Rhône-Alpes (Drôme)

1759

Camping La Ferme de Clareau
route de Die (RD 61)
+33 4 75 27 26 03
15/4 - 9/10
campingfermeclareau@wanadoo.fr

9ha 42T(100-500m²) 10A CEE

1 AGIJKLMPST
2 BCLNSXYZ
3 AHIKSUW
4 (A 1/7-31/8)(B 1/6-1/9) (Q+Z)
5 AIJKMNOPUV
6 AEJ(N 1,5km)

Christine et Olivier vous reçoivent sur ce camping vallonné de 42 emplacements. Beaucoup d'espace avec une vue magnifique, aussi à partir de la piscine. Vous pouvez vous baigner dans la rivière et pêcher, faire du vélo et des randonnées. Marchés provençaux dans les environs, comme Nyons, Die et Vaison la Romaine.

A7, sortie Montélimar. D94 di Nyons et Gap. A Rémuzat, D61 di La Motte-Chalancon. Sur la D61, suivre les panneaux, traverser le centre puis suivez les panneaux.

N 44°28'43'' E 05°23'43''

CC € 16 15/4-2/7 22/8-9/10

## La Roche-sur-Grane, F-26400 / Rhône-Alpes (Drôme)

1760

Camping La Magerie
260 route des Fayes
+33 4 75 62 71 77
15/3 - 22/11
la.magerie@wanadoo.fr

2,5ha 60T(120-350m²) 10A CEE

1 AGIJKLMPT
2 MNSUWXYZ
3 AHIKLU
4 (B 1/5-15/10)(Q)
5 ADEFGIJKLMNPQUZ
6 DEJ(N 7km)

Si vous cherchez une combinaison de calme, repos, emplacements particulièrement spacieux, vue magnifique sur les champs et les montagnes du Vercors ainsi que des magnifiques sanitaires, vous serez sûrement satisfait. Jouissez du climat provençal jusqu'à fin octobre.

A7, sortie 16 Loriol. Suivre D104 jusqu'à Grâne puis la D113 vers La Roche-sur-Grâne. A 30 km, juste après le panneau de La Roche-sur-Grâne prendre à droite vers le camping. Ne pas entrer dans le village.

N 44°40'46'' E 04°56'38''

CC € 18 15/3-3/7 1/9-15/11

## Lagorce/Ruoms, F-07150 / Rhône-Alpes (Ardèche)

1761

Camping L'Ombrage***
6440 route de Ruoms
+33 4 75 39 74 14
9/4 - 18/9
contact@campinglombrage.com

7,5ha 33T(150-250m²) 10A CEE

1 ACDFIJKLMOPSWT
2 BMNSUWYZ
3 AHKSU
4 (C+H+Q) (T+U+V 1/7-31/8)(Z)
5 AFGIJKLMNPUWZ
6 AEGKV

Un magnifique camping sur un terrain naturel, légèrement vallonné. Les emplacements ombragés d'au moins 150 m² sont délimités par des petits arbres. Apportez un câble électrique de 25 m! Les Gorges de l'Ardèche, le Pont d'Arc et la Grotte Chauvet sont à environ 15 km. Piste cyclable: Voie Verte, départ de Ruoms.

A7, sortie 17 Montélimar-Nord di Le Teil N102, Aubenas. Après Villeneuve dB au rond-point N103. A Vogué D579, Vallon. A Ruoms 2e rond-point à gauche, cp à gauche.

N 44°27'00'' E 04°21'47''

CC € 16 9/4-2/7 20/8-18/9

## **Lanslevillard**, F-73480 / Rhône-Alpes (Savoie)

1762

Camping Caravaneige de Val Cenis***
+33 4 79 05 90 52
1/1 - 18/4, 30/5 - 30/9, 10/12 - 31/12
campoland@orange.fr

2,5ha 86**T**(100-140m²) 10A CEE

**1** ACDFHIJKLMOPQ
**2** CJNSUWX
**3** AHIK**O**PSU
**4** (**A** 1/7-31/8)**N** (Q+T+U+V+X+Z )
**5** **AB**DEFGIJKLMNOPQUZ
**6** ACEG**K**(N 0,5km)OV

Camping spacieux sur terrain plat avec vue panoramique à 360° sur les massifs montagneux et le village. Tous les emplacements sont délimités. Les télésièges sont à 200m.

A43 sortie Modane. Puis la D1006 direction Mont-Cenis. Le camping est à gauche du village.

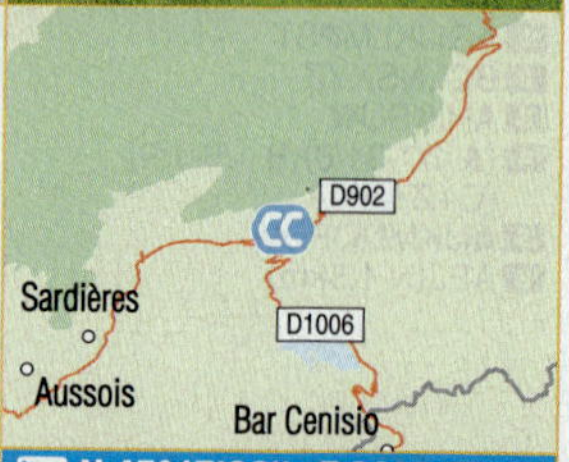


CC € 18 *3/1-4/2 7/3-8/4 30/5-8/7 26/8-30/9*

N 45°17'28'' E 06°54'32''

## **Largentière**, F-07110 / Rhône-Alpes (Ardèche)

1763

Camping Sunêlia Domaine Les Ranchisses*****
1525 route de Valgorge
+33 4 75 88 31 97
16/4 - 25/9
reception@lesranchisses.fr

10ha 102**T**(95-120m²) 10A CEE

**1** ACDFIJKLMOPSWT
**2** DQSTUWYZ
**3** CHIJKL**O**PRSUV**W**X
**4** (A 1/5-1/9) (C+F+H )IJKLN**P** (Q+S+T+U+V+Y+Z )
**5** **AB**CDEFGJLNPRUWXYZ
**6** ACEGHKL(N 2,5km)TV

Divers équipements sur ce camping, comme un grand aquaparc, nombreux équipements welness et activités sportives. Dans l'auberge plein d'ambiance vous pouvez vous régaler, mais il y a aussi un restaurant au camping. Pour un emplacement confort, vous payez un supplément.

A7 sortie 17 vers Le Teil/Aubenas. Au Teil, N102 Aubenas. Là, N104 Alès. Après Uzer, D5 vers Largentière. Au bout du village à gauche, D5 vers Rocher, donc ne pas monter ! Cp à gauche à quelques km.

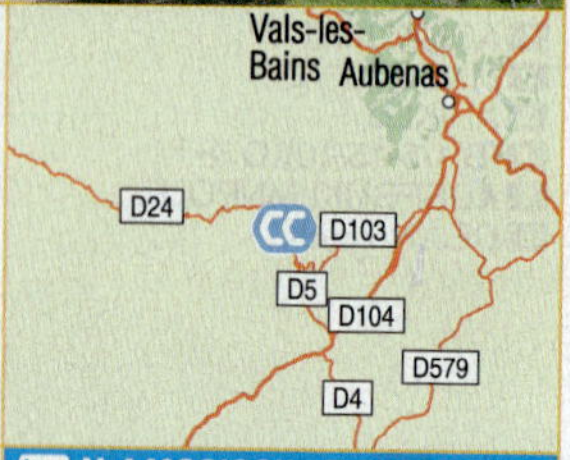


CC € 20 *16/4-26/6 29/8-25/9*

N 44°33'38'' E 04°17'05''

## **Lathuile**, F-74210 / Rhône-Alpes (Haute-Savoie)

1764

Camping La Ferme****
1170 route de Chaparon
+33 4 50 44 33 10
12/5 - 12/9
info@campinglaferme.com

4ha 110**T**(80-110m²) 6-10A CEE

**1** ACD**G**IJKLPRS
**2** LMNSWYZ
**3** C**G**HIKLMNSU
**4** (C+E+H )**KLNP**(Q+S ) (T+U+V+Y 30/6-1/9)(Z )
**5** **AB**DEFGIJKLMNOPQUWZ
**6** AEGH**K**(N 2,5km)OTV

Ce camping en terrasses bien entretenu est situé près du lac d'Annecy et entouré de montagnes. Les environs vous invitent à parcourir à vélo l'ancienne voie ferrée entre Annecy et Albertville. Au bord du lac il y a plusieurs possibilités de loisirs nautiques.

D1508 Annecy-Albertville. Aux feux à Brédannaz, à droite un peu après Duingt, direction Chaparon. Le camping est indiqué par des panneaux verts. Le camping est à 2 km sur la gauche.

CC € 20 *12/5-2/7 28/8-12/9* *7=6, 14=12, 21=18*

N 45°47'59'' E 06°12'20''

## Lathuile, F-74210 / Rhône-Alpes (Haute-Savoie) 1765

Camping Le Verger Fleuri**
70 route du Bout du Lac
+33 4 50 44 31 82
9/4 - 17/9
levergerfleuri@orange.fr

1,5ha 81**T**(90-140m²) 6-10A CEE

**1** ACD**G**IJKLMPQ
**2** JNSXYZ
**3** AHIKLSU
**4** (Q+T+U+V 1/7-31/8)(Z )
**5** **A**FGJLMNOPUWZ
**6** AEGHJ**K**TV

Camping situé au calme avec des emplacements spacieux à proximité des plages du lac d'Annecy et des montagnes environnantes. Les propriétaires ont donné au camping une touche colorée qui en fait un lieu de séjour agréable. La piste cyclable piétonne Annecy-Albertville est facilement accessible.

Annecy-Albertville par N508. A Bout-du-Lac, suivre Lathuile (chef-lieu). Au rond-point à l'entrée de Lathuile tout droit.

N 45°46'54'' E 06°12'14''

CC € 16 *9/4-9/7 27/8-17/9*

## Lathuile, F-74210 / Rhône-Alpes (Haute-Savoie) 1766

Camping l'Idéal****
715 route de Chaparon
+33 4 50 44 32 97
17/5 - 18/9
contact@campingideal.com

3ha 150**T**(80-110m²) 10A

**1** ACD**G**IJKLPRS
**2** LMNSWXYZ
**3** C**G**HIKLMNOPRSU
**4** (B 1/6-18/9)(E 17/5-18/9)
(H 17/5-15/9)
IJKMP(Q+R )
(T+U+V+Y+Z 1/6-10/9)
**5** **AB**EFGIJKLPUWZ
**6** ACDEGH**J**(N 2km)OTV

Beau camping familial avec de belles vues sur les Alpes et près du lac d'Annecy. Un parc aquatique adapté aux enfants avec des piscines chauffées couvertes et en plein air. Magnifique aire de jeux. Tennis et minigolf gratuits. Équipé de toutes les facilités et un bon restaurant.

Route Annecy-Albertville D1508. Aux feux à Brédannaz (Lathuile), les campings sont indiqués par des panneaux verts.

N 45°47'43'' E 06°12'21''

CC € 20 *17/5-30/6 28/8-18/9*

## Laurac-en-Vivarais, F-07110 / Rhône-Alpes (Ardèche) 1767

Les Châtaigniers Camping***
515 route de Rabette
+33 6 30 81 66 38
1/4 - 30/9
chataigniers07@orange.fr

1,2ha 57**T**(90-100m²) 10A CEE

**1** ACD**F**IJKLPSWT
**2** MNSUWXYZ
**3** AHIKSU
**4** (A 16/7-20/8)(B+G 1/5-30/9)
(Q+Z )
**5** **A**FGHJKMNPUXYZ
**6** ACDEGK(N 0,5km)RT

Ici, c'est très tranquille sous les châtaigniers. Un petit camping avec de bons sanitaires près de la vigne du propriétaire. Le village Laurac-en-Vivarais est tout près et le supermarché à 4 km. Il n'y a pas d'animation bruyante le soir, donc vous êtes au calme.

A7 sortie Montélimar-Nord richting Le Teil/Aubenas. Au Teil, la N102 vers Aubenas. Là, la D104 direction Alès. le camping est après Prends-Toi-Gardes à droite.

N 44°30'14'' E 04°17'40''

CC € 16 *1/4-30/6 1/9-30/9*

## Le Bourg-d'Oisans, F-38520 / Rhône-Alpes (Isère)

iD 1768

Camping La Cascade****
route de l'Alpe d'Huez
+33 4 76 80 02 42
1/1 - 30/9, 15/12 - 31/12
lacascade@wanadoo.fr

2,5ha 128**T**(90-100m²) 16A

1 ACDGIJKLMPQ
2 CJNSTUWXYZ
3 CHIKPSU**W**
4 (**A** 1/7-31/8)(C+H 15/5-15/9) (Q+T+V 1/7-31/8)(Z)
5 **AB**DEFGIJKLMNOPUVWZ
6 ABEGK(N 1,2km)OTV

Situé dans le 1ier virage de la fameuse montée à l'Alpe d'Huez du Tour de France. Les places sont délimitées par des haies. Vous pouvez aller à Bourg d'Oisans à pied. Le bus pour l'Alpe d'Huez s'arrête devant le camping.

D1091 Grenoble-Briançon. En quittant Le Bourg-d'Oisans, à gauche direction l'Alpe-d'Huez par le périphérique, le camping se trouve à droite à 500 mètres.

CC € 18 *1/4-25/5 7/6-19/6 21/8-30/9*

N 45°03'51'' E 06°02'21''

## Le Bourg-d'Oisans, F-38520 / Rhône-Alpes (Isère)

iD 1769

Camping RCN Belledonne****
Rochetaillée
+33 8 50 40 07 00
6/5 - 25/9
rcnbelledonne@rcn.fr

4ha 175**T**(80-140m²) 10A

1 ACD**F**IJKLMPQ
2 JNSTWYZ
3 CHIK**O**PSU
4 (A 1/7-30/8)(C+H 15/5-31/8) **LN**(Q+R)(T 1/7-31/8)(U+V+X+Z)
5 **AB**CEFGIJKLMNOPRUVWZ
6 ABCEGHJL(N 8km)OV

Camping spacieux avec de nombreux équipements. Beau panorama à partir des emplacements délimités. Camping dans un environnement montagneux. Par sa situation à l'entrée d'une vallée (L'Eau d'Olle), le terrain est plat et très facile d'accès. Un grand nombre d'arbres offrent assez d'emplacements ombragés.

D1091 Grenoble-Briançon. A Rochetaillée à droite, Allemont (D526). Camping à 500m sur la droite, il est indiqué.

CC € 18 *6/5-27/5 5/6-9/7 26/8-25/9*

N 45°06'53'' E 06°00'32''

## Le Bourg-d'Oisans, F-38520 / Rhône-Alpes (Isère)

iD 1770

Camping Sites & Pays. à la Rencontre du Soleil*****
route de l'Alpe d'Huez
+33 4 76 79 12 22
30/4 - 30/9
contact@rencontresoleil.fr

1,5ha 48**T**(80-120m²) 10A CEE

1 ACDFIJKLMPQ
2 CJNSTUWYZ
3 CHIJKOPSU
4 (C+D 1/5-20/9)(Q 20/5-31/8) (T+U+V+X 15/5-15/9) (Y 20/5-3/9)(Z 15/5-15/9)
5 **AB**DEFGIJKLMNPUVWY
6 AEGK(N 0,8km)OV

Terrain bien entretenu à 1,3 km de Bourg d'Oisans. Les nombreux parterres de fleurs et la vue sur les massifs montagneux des alentours en font un bon endroit pour vos vacances.

D1091 Grenoble-Briançon. En quittant le périphérique au Bourg-d'Oisans, au rond-point di L'Alpe-d'Huez. Bien indiqué.

CC € 18 *30/4-28/5 4/6-30/6 20/8-30/9*

N 45°03'54'' E 06°02'24''

## Le Bourget-du-Lac, F-73370 / Rhône-Alpes (Savoie) — 1771

Camping International de L'Ile aux Cygnes***
501 boulevard Ernest Coudurier
+33 4 79 25 01 76
9/4 - 2/10
camping@lebourgetdulac.fr

3ha 237T(90-100m²) 6A CEE

1 ACDGIJKLMPST
2 CFIJNPSUWXYZ
3 AGHIKNPSUWZ
4 (Q+R+T+U+V+X+Z)
5 ABEFGIJKLMNOPUVZ
6 CEGJK(N 1,2km)T

Camping situé sur les rives du lac de Bourget. Grande plage surveillée. Camping intéressant pour les amateurs de sports nautiques. Très bel environnement proche de Chambéry.

A43 Lyon-Genève. Sortie Chambéry. Après le péage rester sur la gauche direction Le Bourget-du-Lac (N504). Suivre les panneaux 'Le Lac'. Le camping est au bord du lac, juste en dehors du centre.

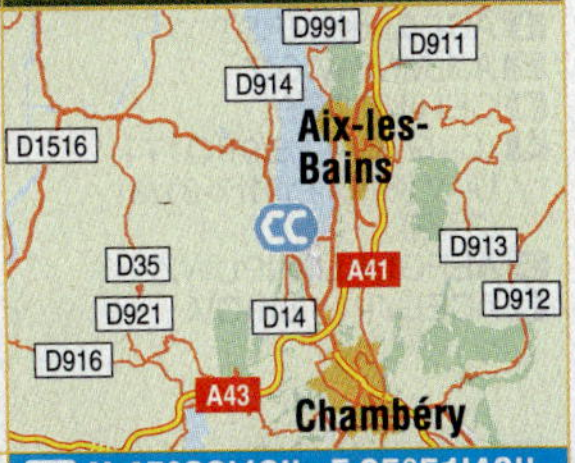


CC € 18 9/4-1/7 3/9-2/10

N 45°39'12'' E 05°51'48''

## Le Crestet, F-07270 / Rhône-Alpes (Ardèche) — 1772

Domaine Camping Les Roches****
+33 6 46 23 27 43
4/4 - 22/9
camproches@nordnet.fr

4ha 50T(100m²) 6-10A CEE

1 ACDGIJKLMPS
2 ABMNOPSUWYZ
3 CDHIKLPSUW
4 (B 1/5-30/9)(H+Q+R)
(T 1/7-30/8)(U 1/6-30/8)
(V+X+Y 1/7-30/8)
(Z 1/6-30/8)
5 AEFGJLNPUVXZ
6 DEG(N 5km)RTV

Camping familial tranquille au coeur de l'Ardèche verdoyante, avec une vue magnifique sur la vallée de la Doux. Restaurant panoramique.

De Tournon, D534 vers Lamastre. N'allez pas au Crestet, continuez jusqu'au panneau de camping ou de restaurant Les Roches sur la droite, puis suivez les panneaux. Route étroite vers le cp.

CC € 16 4/4-8/7 29/8-22/9

N 45°00'38'' E 04°37'25''

## Le Grand-Bornand, F-74450 / Rhône-Alpes (Haute-Savoie) — 1773

Camping l'Escale***
33 chemin du Plein Air
+33 4 50 02 20 69
1/1 - 3/4, 18/5 - 18/9, 17/12 - 31/12
contact@campinglescale.com

3,2ha 142T(80-100m²) 2-10A CEE

1 ACDGIJKLMOPQ
2 CJMNSUWXY
3 CGHIKMNORSUW
4 (C 1/7-28/8)
(F 21/5-18/9)(H)KLN
(Q 10/2-10/3,6/7-31/8)
(T+U+V+W+Y+Z)
5 ABDEFGIJKLMNOPRUWXYZ
6 ACDEGHJ(N 0,2km)OTV

Camping à 150m du centre du Grand-Bornand. Piscine combinée couverte et de plein air de 240 m². Le restaurant du camping se trouve dans une ancienne ferme de style typiquement savoyard. Nouveaux sanitaires et wifi gratuit.

A41 sortie Annecy-Nord, puis direction Thônes. A Thônes vers St. Jean-de-Sixt. Là, au rond-point direction Le Grand-Bornand. Avant le centre bifurquer à droite, direction 'Vallée du Bouchet'. Le camping est à 1 km sur la droite.

CC € 20 28/3-3/4 18/5-3/7 27/8-18/9

N 45°56'26'' E 06°25'40''

## Le Grand-Serre, F-26530 / Rhône-Alpes (Drôme) — 1774

Camping Le Grand Cerf****
3 Impasse du Grand Cerf
+33 4 75 68 86 14
15/4 - 30/9
contact@campingdrome.fr

2ha 60T(80-160m²) 10A

1 ACD**G**IJKLMPST
2 AJLMNSWXYZ
3 CEHIKMOPS
4 (C+G 30/4-26/9)(Q+T+U+V )(X+Y 1/7-31/8)(Z )
5 **A**EFGIJKLMNPUWZ
6 ACEGJ(N 1km)OV

Terrain en pente avec des emplacements délimités, la plupart d'entre eux avec un beau panorama, situé au calme à côté d'un village.'Palais Idéal du Facteur Cheval', patrimoine Mondial de l'Unesco est à seulement 7 km. Piscine chauffée ouverte à partir du 30 avril.

N7 Valence-Vienne. A Sablon D519 vers Beaurepaire. Ici, à droite vers Hauterive. Là, D51 vers Le Grand-Serre. Bien indiqué.

CC € 16 *15/4-13/7 30/8-30/9*

N 45°16'17" E 05°06'06"

## Lépin-le-Lac, F-73610 / Rhône-Alpes (Savoie) — 1775

Camping Le Curtelet***
Lac d'Aiguebelette
+33 4 79 44 11 22
15/4 - 30/9
campinglecurtelet@gmail.com

1,3ha 89T(90-110m²) 10A CEE

1 AC**G**IJKLPQ
2 EIOSWXYZ
3 CPS**WZ**
4 (Q 1/6-15/9)(T+Z )
5 **AB**FGJLNPUWZ
6 EG**K**(N 1km)T

Camping familial calme avec accès direct au lac d'Aiguebelette, le lac le plus chaud de France avec une vue sur le massif montagneux. Sanitaires soignés.

A43 Lyon-Chambéry, sortie Lac d'Aiguebelette. Après le péage à droite au rond-point, puis à 300 mètres au rond-point à gauche direction St. Alban-de-Montbel. Aller à Lépin-le-Lac par la rive sud du lac. Le camping est à gauche de la route D921d.

CC € 18 *15/4-7/7 28/8-30/9*

N 45°32'23" E 05°46'45"

## Lépin-le-Lac, F-73610 / Rhône-Alpes (Savoie) — 1776

Camping Les Peupliers**
3011 route d'Aiguebelette
+33 4 79 36 00 48
1/4 - 31/10
info@camping-lespeupliers.net

3ha 114T(70-100m²) 6A CEE

1 ACD**G**IJKLMPRS
2 AEIOSWXYZ
3 AHPSU**WZ**
4 (Q+T+Z )
5 **AB**FGIJKLMNPUVZ
6 ACEHJ**K**(N 3km)O

Long terrain au bord du lac d'Aiguebelette. Nage et pêche autorisées, accès direct. Les emplacements sont grands, ombragés et délimités par des haies. Dans les environs immédiats: parapente, escalade, canoë, kayak, vtt et vélo. Wifi (payant).

A43 Lyon-Chambéry. Sortie 'Lac Aiguebelette'. Après station de péage, à gauche au rond-point direction Aiguebelette et Lépin-le-Lac. Le camping est sur la droite à environ 9 ou 10 km.

CC € 16 *1/4-5/7 27/8-31/10*

N 45°32'19" E 05°47'57"

## Les Abrets, F-38490 / Rhône-Alpes (Isère)

iD **1777**

Camping Le Coin Tranquille****
6 chemin des Vignes (Le Véroud)
+33 4 76 32 13 48
1/4 - 6/11
contact@coin-tranquille.com

10ha 176**T**(100-120m²) 6-10A

**1** ACD**G**IJKLMPRS
**2** INSWXYZ
**3** CIKMNPSU
**4** (C 1/6-30/9)(E+H+Q+S)
(T 10/7-18/8)(U)
(V 1/5-15/9)(X+Y+Z)
**5** **AB**DFGIJKLMNOPUWZ
**6** CEGJ(N 2,5km)OTV

Ce camping sympathique est situé au coeur de champs verdoyants et d'une végétation fleurie superbe. Il y a un bon restaurant et des sanitaires modernes bien entretenus. Piscine d'extérieur chauffée et piscine d'intérieur avec toit coulissant ouverte du 1er avril au 1er novembre.

A43 Lyon-Chambéry. Sortie 10 Les Abrets. Au rond-point à gauche jusqu'au centre. Di Pont-de-Beauvoisin (N6). Indiqué à 1,5 km sur la droite. Traverser la voie ferrée puis 1 km.

CC € 18 *1/4-8/7 27/8-1/11*

N 45°32'29'' E 05°36'29''

## Les Contamines-Montjoie, F-74170 / Rhône-Alpes (Haute-Savoie)

iD **1778**

Camping Le Pontet***
2485 rte de Notre Dame de la Gorge
+33 4 50 47 04 04
1/1 - 3/10
campinglepontet74@orange.fr

2,8ha 150**T**(90-120m²) 2-10A

**1** ACGIJKLMOPQ
**2** ACEJNOSUWXYZ
**3** AHI**OPQR**SU**WZ**
**4** (Q+R)(T+V 1/6-23/9)
(X)
**5** **AB**DFGIJKLMNPUVWZ
**6** CEG**J**(N 2,5km)OTV

Camping pour l'hiver et l'été. Vous pouvez déjà y faire de la randonnée en montagne en avril. Point de départ idéal pour faire le tour du Mont-Blanc.

A40 sortie St Gervais, vers St. Gervais-centrum. Après le centre, 9 km jusqu'aux Contamines. Camping à 3 km du centre sur la gauche (D902), la route de Notre Dame de la Gorge.

CC € 20 *1/1-1/7 21/8-30/9*

N 45°48'09'' E 06°43'19''

## Les Marches/Montmélian, F-73800 / Rhône-Alpes (Savoie)

iD **1779**

Camping La Ferme du Lac***
Lac St. André
+33 4 79 28 13 48
15/4 - 15/9
campinglafermedulac@wanadoo.fr

2,6ha 70**T**(90-200m²) 10A CEE

**1** ACD**G**IJKLMPQ
**2** IJPSUVWXYZ
**3** AD**G**HIKNSU**W**
**4** (C 1/5-15/9)(Q)
(T 15/6-15/9)
**5** **A**FGIJKLMNOPQRUZ
**6** CDEGJ(N 0,3km)OV

Camping agréable dans un environnement verdoyant au pied du Granier. Il y a une piscine chauffée et de bons sanitaires.

A43 Lyon-Chambéry-Grenoble, sortie 21 Les Marches/Montmélian. D1090 direction Grenoble jusqu'aux Marches. Au virage dans Les Marches, suivre le panneau 'Lac St. André'. Le camping est bien indiqué.

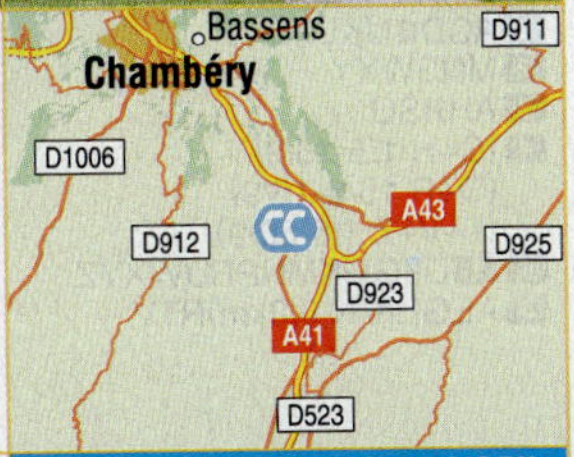


CC € 18 *15/4-30/6 29/8-15/9*

N 45°29'46'' E 05°59'35''

## Les Ollières-sur-Eyrieux, F-07360 / Rhône-Alpes (Ardèche)

**1780**

Camping Mas de Champel****
135 La Dolce Via
+33 4 75 66 23 23
23/4 - 17/9
masdechampel@wanadoo.fr

4ha 45T(100-130m²) 10A CEE

1 ACD**F**IJKLMPSW
2 ACJMNSTUWXYZ
3 AHIKMPSUV**WX**
4 (C+G 1/5-15/9)**KN** (Q 1/5-15/9)(R)(T+U+V+Y 1/5-10/9)(Z)
5 **AB**DEFGIJKLMNOPUVWZ
6 AEGJ(N 0,4km)V

Situé au bord de la rivière l'Eyrieux. Avec terrasses. Vue magnifique sur le monde montagneux. Les équipements sont abrités par une vieille ferme ancienne. Espace bien-être avec jacuzzi et sauna. Restaurant avec terrasse panoramique.

A7, sortie 15 Valence-Sud. Puis D86 di La Voulte. Après La Voulte, D120 di Les Ollières-sur-Eyrieux. Du sud, A7 sortie Loriol. Puis N304 di Privas. Puis D2 et D120 di Les Ollières-sur-Eyrieux.

CC € 18 *23/4-9/7 26/8-17/9 7=6, 14=12*

N 44°48'26'' E 04°36'54''

## Les Vans, F-07140 / Rhône-Alpes (Ardèche)

**1781**

Camping Lou Rouchetou***
243 Chemin du Pigeonnier
+33 4 75 37 33 13
1/4 - 25/9
info@rouchetou.com

5ha 83T(80-100m²) 10A CEE

1 ACD**F**IJKLMPSWT
2 ADNPQSUWYZ
3 AHINPSU**WX**
4 (B+G+Q+R+T+U+V+Y+Z)
5 **A**DEFGIJKLMNOPQUZ
6 ACDEGJ**K**(N 1,5km)ORTUV

Dans un superbe environnement, à 3 km des Vans. Beaucoup d'espace sur le terrain et autour, et au bord de la rivière. Faites du bateau et nagez dans le Chassezac. Belle piscine et bon restaurant ouvert toute la saison.

A7 sortie 17, dir. Le Teil/Aubenas. Au Teil dir. Aubenas. Là, N104 vers Alès. ± 3 km après Joyeuse à droite, Les Vans/Chambonas D104A. Puis D295 vers Chassagnes. Dans le grand virage à droite puis à gauche. Utilisez le GPS.

CC € 18 *1/4-2/7 27/8-25/9*

N 44°24'38'' E 04°10'16''

## Lugrin, F-74500 / Rhône-Alpes (Haute-Savoie)

**1782**

Camping La Vieille-Eglise***
53 route des Prés Parrau
+33 4 50 76 01 95
8/4 - 20/10
campingvieilleeglise@wanadoo.fr

2ha 73T(100-120m²) 4-10A CEE

1 ACD**G**IJKLPQ
2 MNSWXY
3 AH**R**SU
4 (C+H 1/5-15/9) (Q+R 15/6-15/9) (T+V+Z 1/6-30/9)
5 **AB**DFGIJKMNPRUWXYZ
6 AEGHK(N 0,8km)RTV

Camping ombragé agréable dans un environnement tranquille, avec piscine chauffée. Raccord à l'eau, aux égouts et à l'électricité sur tous les emplacements. Supermarché, magasins, lac de Genève et Evian-les-Bains à proximité. Idéal pour visiter le côté suisse du lac.

A partir d'Evian-les-Bains, longer le lac vers l'est par la D1005. Le camping est clairement indiqué à la hauteur de Lugrin.

CC € 20 *8/4-9/7 27/8-15/10*

N 46°24'02'' E 06°38'48''

## Lus-la-Croix-Haute, F-26620 / Rhône-Alpes (Drôme) 1783

Camping Champ la Chèvre***
430 Route de la Jarjatte
+33 4 92 58 50 14
9/4 - 30/9
champlachevre@orange.fr

3,7ha 85T(80-150m²) 6A CEE

1 ABCD**G**IJKLM**P**RS
2 LMNSYZ
3 ACHIKLSU**W**
4 (A 1/7-31/8)(C+E+H)K (Q+T+U+V+X+Y+Z)
5 **A**DEFGIJLMNOPQRUWZ
6 CDE**K**(N 0,2km)OTV

Très beau camping calme et vraiment spacieux. Autour, vous avez des montagnes et vous pouvez faire des courses à 200m. Beau restaurant. Pour le campeur qui descend dans le sud, point de repos idéal. A 0,5 km de la N1075 que l'on n'entend pas. Très indiqué aussi pour un séjour plus long.

A partir de Grenoble, N75 direction Sisteron. Après le Col de la Croix-Haute, entrer dans Lus-la-Croix-Haute. Puis suivre les panneaux. Ce n'est pas le 1er camping. Continuer vers le village.

CC € 16 *1/5-7/7 27/8-30/9*

N 44°39'52'' E 05°42'26''

## Lussas, F-07170 / Rhône-Alpes (Ardèche) 1784

Pausado Ludo Camping***
70 chemin de Bourgeon
+33 4 84 80 01 89
29/4 - 2/10
contact@ludocamping.com

6ha 125T(100-130m²) 10A CEE

1 ACD**G**IJKLMPSWT
2 DMNPQSUWXYZ
3 AHIKLSU**W**
4 (C+H)(Q 1/7-31/8)(R) (T+V+X+Z 1/7-31/8)
5 **AB**DEFGIJKLMNPUWZ
6 ACEGHK(N 2km)V

Ce camping est situé au bord d'un ruisseau. Un partie plate offre pas mal d'ombre. La partie en terrasses a des emplacements plus grands. Les sanitaires sur le terrain du bas sont nouveaux. Nouveau propriétaire.

A7, sortie Montélimar-Nord vers Le Teil. Puis Lavilledieu par Villeneuve-de-Berg (di Aubenas). Par D224 à Lussas/ Darbres. Tourner à droite avant le village.

CC € 14 *29/4-7/7 25/8-2/10*

N 44°36'18'' E 04°28'17''

## Marlens (Val de Chaise), F-74210 / Rhône-Alpes (Haute-Savoie) 1785

Camping Champ Tillet***
28 chemin du Chevenier
+33 4 50 44 33 74
22/4 - 26/9
duchamptillet@wanadoo.fr

3,5ha 104T(80-110m²) 6-10A CEE

1 AC**G**IJKLMPRS
2 JNSUWXYZ
3 C**G**HIKMNSU
4 (C 15/5-15/9)(E 30/4-30/9) (H 15/5-15/9)IJ**NP** (Q+T+U)(V 1/7-30/8) (Y+Z)
5 **AB**DEFGIJKLMNPQUWZ
6 ACEGJ(N 4km)TV

Terrain plat à ciel ouvert. De nombreux campeurs choisissent ce camping afin d'être loin de l'agitation des campings autour du lac. Nouvelle piscine couverte (chauffée) et en plein air. Location de vélos à assistance électrique. Terrain de golf (18 holes) à 8 km. Le camping a un bon restaurant. Depuis 2021, un nouveau bloc sanitaire luxueux et un sauna.

D1508 Annecy-Albertville. Le camping est sur la D1508 à 4 km environ après Faverges sur la droite. Bien indiqué.

CC € 18 *22/4-2/7 27/8-26/9*

N 45°45'43'' E 06°20'12''

## Marsanne, F-26740 / Rhône-Alpes (Drôme)

iD 1786

Camping Les Bastets****
335 chemin du Camping
+33 4 75 90 35 03
15/4 - 25/9
contact@campinglesbastets.com

3,5ha 67T(80-120m²) 10A CEE

**1** ACD**G**IJKLMO**P**
**2** IMNSUWXYZ
**3** AC**G**HIKMNPRSU
**4** (C+Q+R)(T 1/5-7/9)
(U)(V 1/5-7/9)(X+Y+Z)
**5** **AB**DEFGIJKLMNOPUWXZ
**6** AEGJ**K**(N 2km)V

Camping en terrasses avec vue magnifique sur la plaine de la Valdaine. Piscine unique où l'on peut voir la vallée à partir du bord. Les nouveaux propriétaires feront tout pour vous offrir des vacances agréables. Nombreuses possibilités pour la randonnée et le vélo dans la Drôme Provençale !

A7, sortie 17 Montélimar-Nord. Di Tourette puis La Coucourde. Dans le centre à gauche vers Sauzet. Puis vers Condillac/Marsanne.

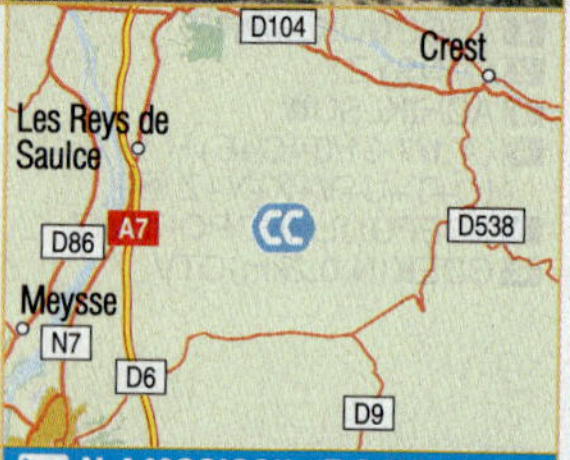


CC € 18 *15/4-3/7 22/8-25/9*

N 44°39'29'' E 04°53'28''

## Massignieu-de-Rives, F-01300 / Rhône-Alpes (Ain)

iD 1787

Lac du Lit du Roi****
922 route de Montaplan
+33 4 79 42 12 03
26/3 - 2/10
info@camping-savoie.com

2,5ha 84T(80-120m²) 16A

**1** ACD**G**IJLMP**S**
**2** EMOSUWXYZ
**3** ACHIKNOSU**WZ**
**4** (C 1/5-15/9)(G 15/5-19/9)
M(Q+R+U+V 1/5-15/9)
(X 1/7-31/8)(Z 1/5-15/9)
**5** **AB**DFGIJKLMNPUVWXYZ
**6** EGJ**K**(N 7km)OV

Terrain en longueur avec 3 bâtiments sanitaires. Presque tous les emplacements ont la vue sur le lac qui est relié au Rhône. Il y a aussi une piscine chauffée. A 300m, il y a un petit port avec cale de halage. Camping très bien entretenu!

A40 direction Genève. Sortie 11 Eloise. RN508 direction Frangy. D992 direction Culoz. Suivre la D992 après Culoz sur 12 km environ. Passer le pont vers Massignieu-de-Rives. Bien indiqué.

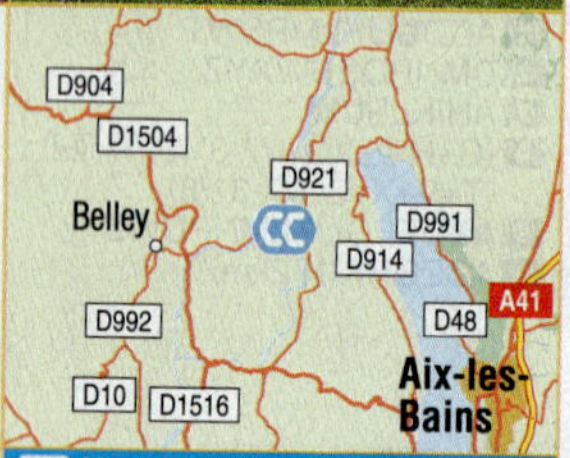


CC € 18 *26/3-8/7 29/8-2/10*

N 45°46'07'' E 05°46'11''

## Meyras, F-07380 / Rhône-Alpes (Ardèche)

iD 1788

Camping Le Ventadour***
213 route du Puy en Velay
+33 4 75 94 18 15
15/5 - 18/9
info@leventadour.com

3,5ha 115T(80-150m²) 10A

**1** ACD**G**IJKLMP**ST**
**2** ADOQSUWXYZ
**3** AHIKLPSU**WX**
**4** (Q)
(R+T+U+V+X 18/6-28/8)
(Z 8/6-28/8)
**5** **AB**CDFGHJLMNPRUVZ
**6** ACFGK(N 5km)OV

Lieu de vacances aux allures de parc à une famille accueillante. Activités sportives ou excursions. Entre montagnes et volcans au bord de l'Ardèche. Plage privée. Sanitaires rénovés. Wifi gratuit 1x/emplacement. Accessible aux grands camping-cars.

A7 sortie Montélimar-Nord dir. Le Teil. N102 vers Aubenas. A Aubenas continuer à suivre la N102. Le camping est à gauche après Pont de Labeaume. A partir du Puy d'abord la N88, avant Pradelles la N102 Aubenas. Camping à droite.

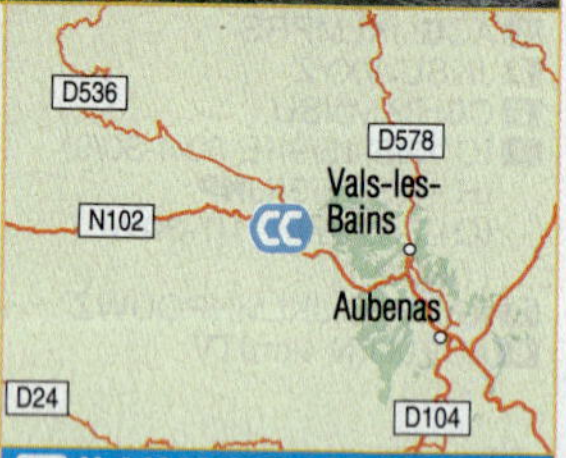


CC € 18 *15/5-3/7 29/8-18/9* **14=13, 21=19**

N 44°40'06'' E 04°16'59''

## Mirabel-et-Blacons, F-26400 / Rhône-Alpes (Drôme)

1789

Camping Val Drôme Soleil
830 chemin Sans Souci
+33 4 75 40 01 57
1/4 - 29/10
camping@valdromesoleil.com

11ha 120T(40-150m²) 6-10A CEE

1 AFIJKLMPSWT
2 BMNUVWXYZ
3 ACHIKLSUV
4 (A+B+F+G )N
(Q+R+T+U+V+X+Y+Z )
5 **AB**DFGIJKLMNOPRUWZ
6 BEGH**K**(N 3km)V

Camping naturiste entre montagnes, champs de lavande et vignes. Les emplacements sur le terrain en pente ont soleil et ombre, et souvent une vue superbe. Sur ce camping avec piscine, restaurant, bar, boulodrome, sauna et randonnées (individuelles ou organisée), vous oubliez les turpitudes du quotidien. Beaucoup de soleil aussi en saison basse.

A1 sortie Valence D111 vers Crest. Après Crest D93, Die. Après Mirabel-et-Blacons à gauche D617 vers Charsac-Montclair.

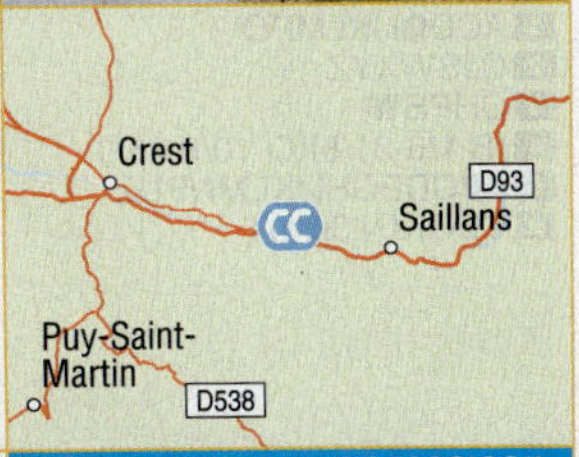


CC € 22 *1/4-1/6 1/9-29/10*

N 44°42'25'' E 05°08'00''

## Mirabel-et-Blacons, F-26400 / Rhône-Alpes (Drôme)

1790

Gervanne Camping****
1175 avenue des 3 Becs
+33 4 75 40 00 20
8/4 - 30/9
info@gervanne-camping.com

3,8ha 138T(90-157m²) 6A CEE

1 ACD**G**IJKLMOPSWT
2 CJQSUWXYZ
3 ACHIKMNPSU**WX**
4 (**A** 20/5-30/9)
(C+H 1/5-30/9)(Q+S )
(T+U+V+X+Y+Z 1/5-30/9)
5 **AB**DEFGIJKLMNOPQUVWXYZ
6 CEGHJ**K**(N 0,1km)ORTV

Camping en deux parties; autour de la piscine et le long de la Drôme. Riche en arbres magnifiques. Randonnées magnifiques le long de la Drôme. Possibilité de kayak et baignade. Point de départ pour explorer les montagnes du Vercors et la Drôme provençale. Petites villes pittoresques à proximité. Restaurant.

A7 sortie Valence vers Crest D111. Avant Crest, vers Die D164. A 6 km après Crest à gauche et vous arrivez à Mirabel-et-Blacons. Camping indiqué par des panneaux.

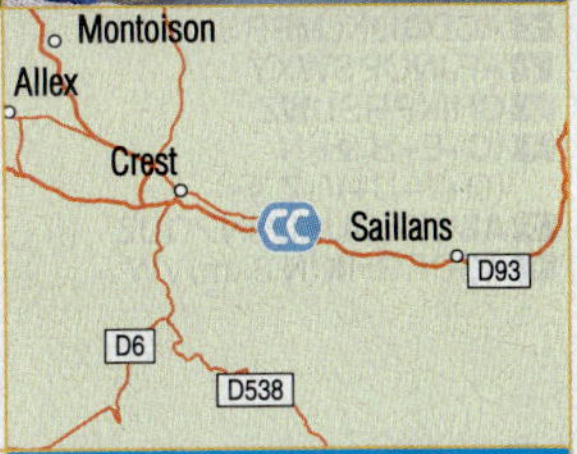


CC € 20 *8/4-6/7 24/8-30/9*

N 44°42'39'' E 05°05'23''

## Mirmande, F-26270 / Rhône-Alpes (Drôme)

1791

Camping La Poche***
1715 route de Marsanne
+33 4 75 63 02 88
1/4 - 2/10
camping@la-poche.com

3,5ha 71T(80-140m²) 2-6A CEE

1 ACDGIJKLMPSWT
2 BCIMSUWXYZ
3 ACHIKLP**Q**SU
4 (A 1/7-1/9)(C 1/5-30/9)
(G 1/7-15/9)(Q+R 1/5-15/9)
(T 15/6-31/8)(Y 1/7-31/8)
(Z 15/6-31/8)
5 **AB**EFGIJKMNOPUVWZ
6 CEGJ(N 6km)OV

Un peu éloigné de l'autoroute (à seulement 7 km de la Route du Soleil), camping La Poche offre une oasis de calme au coeur de la nature avec, entre autres, une magnifique piscine. Mirmande se trouve à 3 km et est choisi comme l'un des plus beaux villages d'Europe.

Du nord : A7 sortie 16 Loriol, à gauche Loriol/Montélimar. A ± 2 km à gauche, Mirmande. Du sud : A7 sortie 17 Montélimar-Nord di Valence. A 2 km à droite, Mirmande et là, suivre les panneaux.

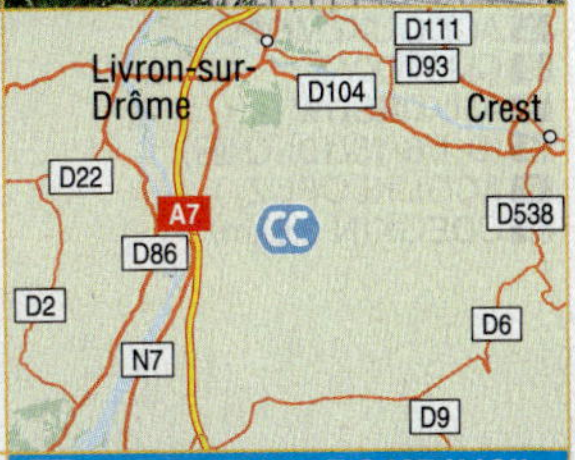


CC € 16 *1/4-5/7 22/8-2/10*

N 44°41'13'' E 04°51'16''

## Montbrison/Moingt, F-42600 / Rhône-Alpes (Loire)

iD **1792**

Camping Municipal du Surizet***
31 rue du Surizet
+33 4 77 58 08 30
1/4 - 15/10
campingdusurizet@ville-montbrison.fr

2,5ha 88**T**(100m²) 10-16A

**1** ACD**G**IJKLMPQ
**2** CJSWXYZ
**3** CHPS**W**
**4** (B 1/6-31/8)(Q 10/6-15/9)
**5** **AB**CDFGHIJKLMNPUZ
**6** CEGK(N 3km)T

Ce camping municipal au bord de la rivière propose de beaux emplacements et des nouveaux sanitaires modernes (2018) dans un cadre verdoyant et calme. Pratique, car situé à proximité du centre urbain et de ses commerces. Bon accueil ; c'est le seul camping du secteur.

A Montbrison, direction St. Anthème, St. Etienne par la D496. Suivre les panneaux à gauche. Du côté sud de Montbrison.

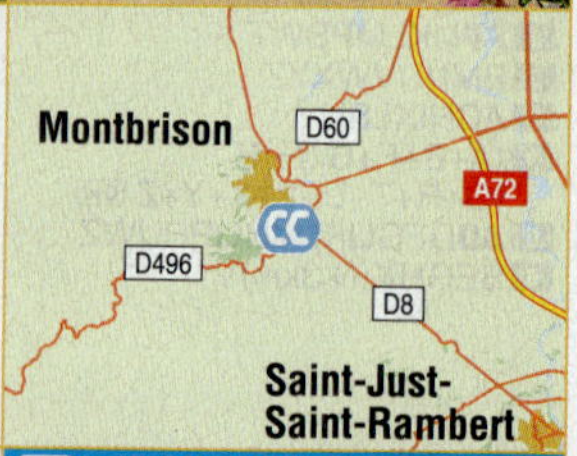


CC € 12 *1/4-30/6 1/9-15/10*

N 45°35'29'' E 04°04'41''

## Montferrat, F-38620 / Rhône-Alpes (Isère)

iD **1793**

Camping Détente et Clapotis****
1578 rue des Chevaliers de l'An Mil
+33 4 76 55 33 94
15/4 - 15/9
campingmontferrat@gmail.com

6ha 140**T**(70-110m²) 6-10A

**1** ACD**G**IJKLMPRS
**2** AFJNOPSWXY
**3** CHIKPRSU**W**Z
**4** (C+E+H)N
(Q+T+U+V+Z)
**5** **AB**CEFGIJKLMNPQUZ
**6** ACDEGH**K**(N 3km)VW

Ce camping a été complètement reconstruit en 2016. Le lac et la plage privée sont encore là. Sur le terrain aux allures de parc, vous disposez d'une piscine en partie couverte et d'un bon restaurant.

A partir de Voiron, la D1075 jusqu'à Montferrat. Dans le village, à gauche vers le Lac de Paladru/le camping/D50/D50c. Bien indiqué.

CC € 18 *15/4-1/7 27/8-15/9*

N 45°28'04'' E 05°33'31''

## Montmerle-sur-Saone, F-01090 / Rhône-Alpes (Ain)

iD **1794**

Camping des Muriers***
322 rue de Lyon
+33 4 74 69 34 40
1/4 - 15/10
camping-montmerle@orange.fr

6ha 110**T**(80-100m²) 5A

**1** ACD**G**IJKLMO**P**Q
**2** CIJSWXYZ
**3** AHK**OR**SU**W**
**4** (B 1/6-15/10)(Q)
**5** **A**CGIJKLOPUZ
**6** CDEGK(N 0,6km)

Le camping est situé au bord de la Saône. Vous accédez au sentier qui mène au centre du village par une petite porte. Les emplacements sont aménagés sur champ ouvert ou entre de hauts arbres.

A6 sortie Belleville. Suivre Montmerle-sur-Saône. Suivre les panneaux de camping.

CC € 16 *1/4-1/7 31/8-15/10*

N 46°04'29'' E 04°45'46''

## Murs-et-Gélignieux, F-01300 / Rhône-Alpes (Ain) — 1795

Camping L'Île de la Comtesse****
25 chemin Ile de la Comtesse
+33 4 79 87 23 33
29/4 - 18/9
camping.comtesse@orange.fr

3ha 69**T**(100-120m²) 6-10A CEE

**1** ACD**G**IJLM**P**RS
**2** CEISTWXY
**3** AHKMPSU**W**
**4** (A 5/7-27/8)(C+H 1/5-18/9) J**K**M(Q+S+T+U) (V 1/7-30/8)(Y+Z)
**5** **AB**FGJKLNPUWXYZ
**6** CEGJ**K**(N 1km)OTV

Camping familial 4 étoiles, entre montagne et lac, près de Chambéry et Lyon. Il y a piscine, pataugeoire et toboggan. Au bord de l'unique piste cyclable 'Via Rhôna'. Des kilomètres de plaisir à vélo le long du Rhône. Hors saison le snackbar, la pizzeria et le restaurant sont uniquement ouverts le week-end. Sanitaires renovés en 2019.

A43 Lyon-Chambéry, sortie 10 Chimilin/Aoste, puis la D592 direction Belley. Le camping est situé sur la droite après le 2ième pont.

CC € 16 *29/4-4/7 22/8-18/9*

N 45°38'23'' E 05°38'56''

## Neydens, F-74160 / Rhône-Alpes (Haute-Savoie) — 1796

Camping Sites & Paysages La Colombière****
166 chemin Neuf
+33 4 50 35 13 14
6/4 - 31/10
contact@domaine-la-colombiere.com

3,8ha 113**T**(80-120m²) 10-16A

**1** ACD**G**IJKLMPQW
**2** IJNSVWXY
**3** ACHIJKMNPSU
**4** (C 1/6-15/9)(F 8/4-31/10) (G 1/6-15/9)JK**LN**(Q) (R 15/6-15/9)(U) (V 1/7-31/8)(Y+Z)
**5** **AB**DEFGIJKLMNOP**T**UWXYZ
**6** ACDEGHK(N 0,8km) ORTVW

Emplacements délimités par des plantes. Environnement tranquille mais près de Genève, excellent pour une visite à cette ville magnifique. Piscine couverte et excellent restaurant (ouvert toute l'année). Piscine d'extérieur chauffée avec pataugeoire, toboggan et jacuzzi, sauna et hammam.

A partir de Lausanne suivre les panneaux 'France'. A partir de Mâcon, A40. Sortie St. Julien. Suivre les panneaux verts direction Annecy, D1201, jusqu'au village Neydens/Camping.

CC € 22 *6/4-8/7 25/8-30/10*

N 46°07'11'' E 06°06'19''

## Nyons, F-26110 / Rhône-Alpes (Drôme) — 1797

Camping Les Clos****
route de Gap
+33 4 75 26 29 90
17/4 - 19/9
info@campinglesclos.com

2,2ha 82**T**(80-120m²) 10A

**1** ABC**G**IJLPST
**2** CMPQTUVWXYZ
**3** ACHIKPSUWX
**4** (C 15/5-15/9)(G 1/7-24/8) (Q 17/4-18/9)(R) (T+U 1/7-24/8)
**5** **A**DFGIJKLMNOPUWXYZ
**6** CEGH**K**(N 1km)ORT

Vous trouvez le calme sur ce camping situé près d'une rivière et entouré d'oliviers. A proximité de Nyons, la ville des olives, des abricots et des vins. Baignade et pêche dans la rivière, natation dans la piscine. Piscine ouverte et chauffée du 15 mai au 15 septembre.

A7 sortie Montélimar direction Valréas/Nyons.

CC € 18 *17/4-2/7 19/8-18/9*

N 44°21'56'' E 05°09'14''

## Nyons/Venterol/Novézan, F-26110 / Rhône-Alpes (Drôme) — 1798

Camping Les Terrasses Provençales***
450 route de Rousset
+33 4 75 27 92 36
2/4 - 30/9
lesterrassesprovencales@gmail.com

2,5ha 69T(80-100m²) 10A CEE

1 ACGIJKLPST
2 MNSUVWXYZ
3 CHIKMNSU
4 (C+Q 17/4-30/9)(R )
(T 17/4-30/9)(U+V+X )
(Z 17/4-30/9)
5 **A**BDFGIJKLMNPUWZ
6 CEGK(N 3km)OTV

Camping avec des terrasses bien égalisées d'où vous avez belle vue sur les montagnes, vignes, abricotiers et oliviers. Sanitaires et piscine chauffés, avec terrasse et bar. Près du Mont Ventoux, Nyons, Vaison-la-Romaine et Orange. Restaurant avec cuisine de bonne qualité, wifi gratuit sur chaque emplacement.

A7 sortie Montelimar direction Nyons. Le camping est situé entre Valréas et Nyons D538. De Valréas, à 3 km avant Venterol.

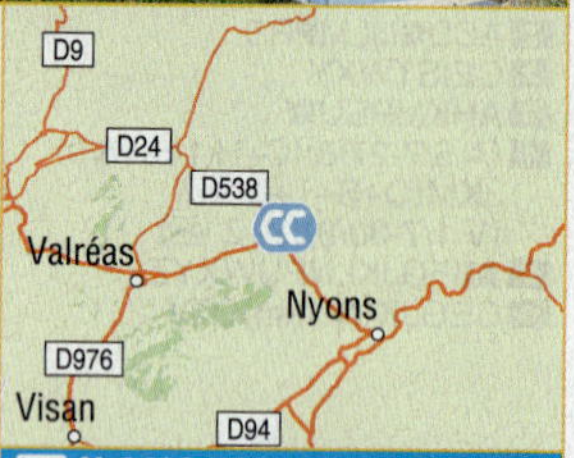


CC € 16 *2/4-5/7 22/8-30/9*

N 44°24'30'' E 05°04'48''

## Passy, F-74190 / Rhône-Alpes (Haute-Savoie) — 1799

Camping les Îles - Tohapi***
245 route des Lacs
+33 4 50 58 45 36
9/4 - 4/9
acciles@tohapi.fr

3ha 136T(60-150m²) 10A CEE

1 ACD**F**IJKLMPS
2 AEIJNSUWYZ
3 CH**R**SU**WZ**
4 (Q+T+U+V+Y+Z )
5 **AB**DFGIJKLMNOPUVWZ
6 EGH**K**(N 3km)TV

Bordée d'un côté par une rivière et de l'autre par une ligne de chemin de fer (tranquille). Situation magnifique à 50m de quelques lacs, avec une une pélouse ou vous pouvez vous bronzer et un snack-bar. Beaucoup d'ombre et des emplacements limités avec une végétation appropriée. Un bon restaurant sur le site. La réception est fermée à midi.

A40, sortie Sallanches. Direction Chamonix. Après 2 km après le centre de Sallanches, le camping est indiqué sur la gauche de la D1205.

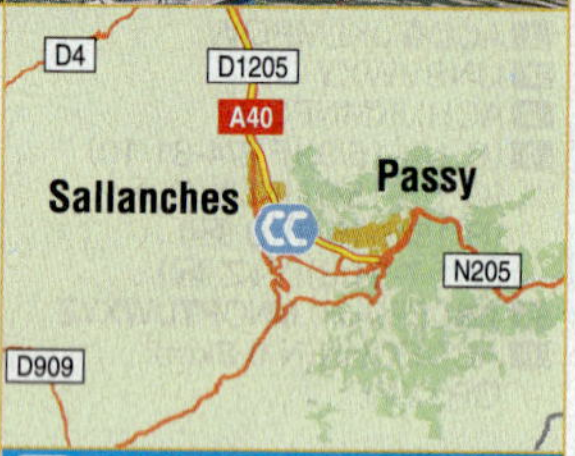


CC € 18 *9/4-2/7 27/8-4/9*

N 45°55'27'' E 06°39'02''

## Petichet/St. Théoffrey, F-38119 / Rhône-Alpes (Isère) — 1800

Camping Ser Sirant***
Lac de Laffrey
+33 4 76 83 91 97
15/5 - 25/9
info@campingsersirant.com

2ha 87T(90-110m²) 10A

1 ACGIJKLMPQ
2 EMNOSWXYZ
3 ACHIKNP**Q**SU**W**Z
4 (A 8/7-28/8)
(Q+R+T+U+X+Y+Z )
5 **AB**DEFGIJKLMNPQUWZ
6 ACEGJ**K**(N 8km)TV

Un beau camping juste au bord d'un grand lac sur lequel on peut faire de l'aviron et de la planche à voile ou de la voile. Ce camping a le certificat 'Camping Qualité'. Camping familial actif : activités le jour, tranquillité le soir. Magnifique région pour faire des randonnées, du vélo et du VTT.

N85 Route Napoléon, à 30 km au sud de Grenoble direction Gap. Dans le village Petichet, à gauche aux feux. Suivre les panneaux.

CC € 18 *15/5-7/7 24/8-25/9*

N 45°00'00'' E 05°46'39''

## Pont-de-Labeaume, F-07380 / Rhône-Alpes (Ardèche)

**1801**

Camping La Charderie***
410 Quartier La Charderie
+33 4 75 38 00 52
14/5 - 2/10
la.charderie@wanadoo.fr

1,2ha 72**T**(80-120m²) 10A CEE

**1** ACD**G**IJLPST
**2** ADPWYZ
**3** AHIKSU**W**
**4** (Q 1/7-31/8)(R)
(T+V+X 1/7-31/8)(Z)
**5** **A**DEFGIJKLMNOPUVZ
**6** CDEGJ**K**(N 4km)RV

Situé en Ardèche avec une plage de sable privée. Emplacements plats avec acacias et plantes colorées. Pêche à la truite dans la rivière. Sources thermales et volcans à Meyras (5 km) et Vals-les-Bain (10 km). Idéal pour les randonneurs et les cyclistes.

7 sortie 17 Montélimar-Nord dir. Le Teil N102 vers Aubenas. Suivre la N102 en direction du Puy. Tourner à droite au centre de Pont de Labeaume. Après le pont, tournez à droite.

CC € 14 *14/5-7/7 24/8-2/10 7=6, 14=12*

N 44°39'53" E 04°17'38"

## Pont-de-Vaux, F-01190 / Rhône-Alpes (Ain)

**1802**

Camping Aux Rives du Soleil***
58 Le Port
+33 3 85 30 33 65
15/4 - 10/10
info@rivesdusoleil.com

7ha 155**T**(100m²) 6A

**1** ACD**G**IJKLMPQ
**2** DINOSUWXYZ
**3** ABE**G**HIKNPSU**WX**
**4** (B 21/5-11/9)(G 21/5-4/9)
(Q+R)(T+U 1/5-1/10)
(V 9/7-30/8)(Y 20/5-11/9)
(Z)
**5** **AB**DFGHIJKLMNOPUWZ
**6** ACEGJ(N 3km)OV

Camping spacieux et verdoyant au bord de la Saône, adapté pour les randonneurs, cyclistes et pêcheurs. Terrain séparé pour le camping d'étape.

Venant du nord: A6, sortie 27 Tournus. Venant du sud: A6, sortie Mâcon-Nord. Puis D906 direction Pont-de-Vaux. Au rond-point à Fleurville, traverser la Saône. Le camping est situé directement à droite au bord de la Saône.

CC € 18 *15/4-11/7 29/8-10/10*

N 46°26'49" E 04°53'56"

## Pont-de-Vaux, F-01190 / Rhône-Alpes (Ain)

**1803**

Camping Champ d'Été****
Base de Loisirs
+33 3 85 23 96 10
25/3 - 15/10
info@camping-champ-dete.com

3,5ha 103**T**(80-120m²) 10A CEE

**1** ACD**G**IJKLM**P**QW
**2** EJOSVWYZ
**3** AC**G**HIKMNPSU**VW**
**4** (C 1/7-31/8)(F+H)
IJ**KLMN**(Q)(R 1/6-31/8)
(T+U+Z 1/7-31/8)
**5** **AB**CEFGHIJKLPUWXYZ
**6** ACDEGJ**K**(N 0,5km)V

Ce camping tranquille est situé dans un environnement aux allures de parc, à proximité de Pont-de-Vaux au bord d'un grand lac poissonneux et à côté de la piscine municipale (entrée gratuite, piscine couverte ouvert toute l'année). Le camping n'est pas loin de la A6. Belles pistes cyclables.

A Fleurville (D906) passer la Saône, vers Pont-de-Vaux (D933). A Pont-de-Vaux à droite, panneaux 'Base de Loisirs' et 'camping'. Utiliser les coordonnées GPS.

CC € 18 *25/3-9/7 30/8-15/10 14=12*

N 46°25'46" E 04°56'00"

## Pont-de-Vaux, F-01190 / Rhône-Alpes (Ain) — 1804

Camping Les Ripettes***
283 route des Ripettes
+33 3 85 30 66 58
1/4 - 30/9
info@camping-les-ripettes.com

2,5ha 55T(150-438m²) 10A CEE

1 ACD**G**IJKLOPQ
2 SVWYZ
3 AHIJKS
4 (B 1/5-30/9)(Q+R )
(T 1/5-30/9)
5 **AB**GIJKLMNPUVWXZ
6 ADEGJ(N 1,8km)

Beau cp tranquille et amical. De très grands emplacements à 4 km seulement de Pont-de-Vaux. Le cp est très bien géré et reste toujours très bien entretenu. Circuits de randonnée et de cyclisme disponibles à partir du camping. Wifi gratuit.

A6 sortie 27 Tournus ou sortie 28 Mâcon-nord. D906 jusqu'à Pont-de-Vaux. A Fleurville traverser la Saône. A Pont-de-Vaux prendre la dir St. Trivier-de-Courtes D2. Après 4 km, après St Bénigne au château d'eau, le cp se trouve sur la gauche.

CC € 18 *1/4-4/7 22/8-30/9*

N 46°26'40'' E 04°58'50''

## Pradons/Ruoms, F-07120 / Rhône-Alpes (Ardèche) — 1805

Camping de Laborie***
780 route de Ruoms
+33 4 75 89 18 37
5/5 - 17/9
contact@campingdelaborie.com

3ha 67T(100-150m²) 6-10A CEE

1 ACD**G**IJKLMOPSWT
2 BDPQSUWYZ
3 AHIKMNSU**WX**
4 (C+H )K
(Q+R+T+V+X+Z )
5 **AB**EFGJKMNOPQUWZ
6 ACEGJ**K**(N 2km)OV

Camping avec plage au bord de l'Ardèche. Près de Ruoms et Vallon-Pont-d'Arc, villages touristiques avec marchés régionaux. Beaucoup d'attention pour nature et environnement. Très bien entretenu. Parc aquatique ludique pour les enfants. Au bar, wifi gratuit 30 minutes / 6 heures.

A7, sortie Montélimar-Nord. Puis vers Le Teil. Là, N102, Aubenas. Après Villeneuve-de-Berg à gauche, D103. A Vogüé au rond-point à gauche D579. Suivre jusqu'au camping sur la droite.

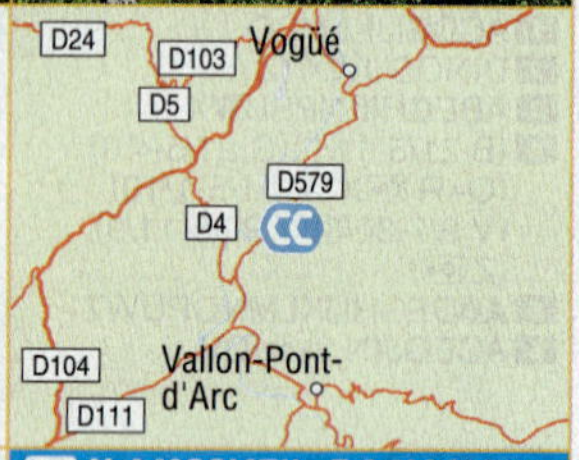


CC € 16 *5/5-2/7 22/8-17/9*

N 44°28'47'' E 04°22'41''

## Pradons/Ruoms, F-07120 / Rhône-Alpes (Ardèche) — 1806

Camping Du Pont****
225A, route du Cirque de Gens
+33 4 75 93 93 98
8/4 - 17/9
campingdupont07@wanadoo.fr

2,5ha 59T(80-110m²) 10A CEE

1 ACD**G**IJKLMOPSWT
2 ABDJSUWYZ
3 AHIKSU**WX**
4 (A 6/7-30/8)
(C+H+Q+T+U+V+Y+Z )
5 **AB**DEFGIJKLMNOPUWZ
6 ACDEGH**K**(N 0,3km)RTUV

Le Camping Du Pont est situe au bord de la riviere Ardeche, avec une magnifique vue sur le Cirque du Gens. Dans un environnement naturel. Camping tres bien entretenu avec beaucoup d'attention. Piste cyclable et supermarche a 200 m. Restauration sur place.

A7, sortie Montélimar Nord, N7 vers Le Teil, puis N102 di Aubenas. Après Villeneuve-de-Berg au rond-point à gauche, D103. Puis à gauche D579 di Vallon. A Pradons au supermarché à droite. Cp sur la gauche.

CC € 16 *8/4-2/7 27/8-17/9*

N 44°28'29'' E 04°21'07''

## Pradons/Ruoms, F-07120 / Rhône-Alpes (Ardèche)

1807

Camping Les Coudoulets****
120 chemin de l'Ardèche
+33 4 75 93 94 95
16/4 - 18/9
camping@coudoulets.com

4ha 102T(80-160m²) 16A CEE

1 ACD**F**IJKLMPSWT
2 ADJMPQSUWXYZ
3 AHIKMPSU**WX**
4 (A 1/7-31/8)(C+E+H)IJK (Q+T+U+V)(Y 15/5-15/9) (Z)
5 **AB**DEFGIJKLMNOPQ**T**UVWXYZ
6 ACEGH**K**L(N 0,1km)RTUVW

Un vrai camping familial avec une ambiance agréable. La rivière avec ses gros galets passe le long du camping. Aquaparc avec e.a. piscine couverte. Supplément pour des emplacements avec sanitaires privés. Aucun risque d'inondation dans ce camping.

A7, sortie Montélimar-Nord dir. Le Teil. Au Teil, N102 dir. Aubenas. Après la descente à Villeneuve-de-Berg à gauche au rond-point la D103, à Vogüé à gauche la D579. Le camping est situé sur la droite avant le village Pradons.

CC € 20 16/4-1/7 31/8-18/9 14=13

N 44°28'36'' E 04°21'30''

## Privas, F-07000 / Rhône-Alpes (Ardèche)

1808

Ardèche Camping****
chemin du Camping
+33 4 75 64 05 80
1/5 - 25/9
contact@ardechecamping.fr

5,5ha 106T(100-150m²) 10A CEE

1 ACD**G**IJKLMOPSWT
2 CMQSWYZ
3 CHIMPSU**W**
4 (A 1/5-31/8)(C 1/5-24/9) (E)(H 1/5-25/9)J**N** (Q+T+U+V+Y+Z)
5 **A**EFGHIJKLMNPQ**T**UWZ
6 ACEGJ**K**(N 0,1km)UV

Camping ombragé en bordure de Privas. Beaucoup de végétation sur le terrain. Piscine d'extérieur chauffée et piscine couverte. Vous pouvez pêcher dans la rivière. Marché pittoresque et nombreux magasins à Privas. Le restaurant est ouvert l'après-midi et le soir.

A7, sortie 16 Loriol. Vers Le Pouzin. Là, Aubenas N304 (c'était la D104). A Privas D2, Montélimar. Au 1er rond-point : Villeneuve-de-Berg. Cp à gauche, à côté d'Espace Ouvèze.

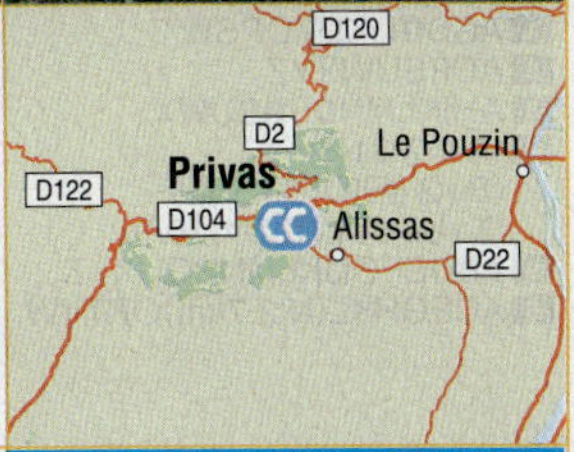


CC € 18 1/5-9/7 27/8-25/9 7=6

N 44°43'34'' E 04°35'53''

## Recoubeau-Jansac, F-26310 / Rhône-Alpes (Drôme)

1809

Pausado Camping Domaine du Couriou****
D93
+33 4 85 88 01 38
29/4 - 2/10
contact@lecouriou.fr

7ha 90T(80-150m²) 10A CEE

1 ACD**G**IJKLMPST
2 MNSUWXYZ
3 CHIKMNPS
4 (C+G)IJ (Q+R+T+U+V+X+Y+Z)
5 **AB**FGIJKLMNPUWZ
6 AEG**K**(N 1km)TV

'Le Couriou' est un beau camping en terrasses avec une vue panoramique. Situé dans une large vallée, il invite à faire des excursions pour découvrir les montagnes. La piscine est l'une des plus grandes des environs. Bon restaurant avec terrasse ayant une magnifique vue sur les montagnes. Nouveaux gérants néerlandais.

Sortie Valence-Sud direction Gap/Crest/Die. Après Die, vers Gap. Le camping est à droite avant Recoubeau.

CC € 14 29/4-7/7 25/8-2/10

N 44°39'31'' E 05°24'26''

## Rosières, F-07260 / Rhône-Alpes (Ardèche) — 1810

Camping La Plaine****
250 Impasse Les Plaines
+33 4 75 39 51 35
9/4 - 18/9
campinglaplaine@orange.fr

5ha 46**T**(80-150m²) 10A CEE

**1** ACD**G**IJKLPSWT
**2** BSUWYZ
**3** AHIOPRSUW
**4** (C+H )KP(Q 7/7-30/8) (V 1/7-31/8)(Z )
**5** **A**DEFGIJKLMNPUZ
**6** AEGK(N 0,8km)UV

Camping très bien entretenu à 900m de la Beaume. Ambiance familiale amicale. Pour les pêcheurs, il y a un petit lac. A proximité du Lidl et de l'Intermarché, pratique pour les camping-cars. Grande piscine avec jacuzzi. Zone de wifi gratuit. Fitness d'extérieur.

A7, sortie 17. N7 vers le Teil. Là, N102, Aubenas, là D104 vers Alès. A Rosières au rond-point, directement à droite aux pépiniéres (centre de jardinage). Continuer jusqu'au camping.

CC € 16 *9/4-3/7 24/8-18/9* *14=12, 21=17*

N 44°29'09'' E 04°15'59''

## Rosières, F-07260 / Rhône-Alpes (Ardèche) — 1811

Domaine Arleblanc Camping****
2720 route de la Charve
+33 4 75 39 53 11
2/4 - 16/10
info@arleblanc.com

7ha 127**T**(100-150m²) 6-10A CEE

**1** ACD**G**IJKLMOPSWT
**2** ADPSUWXYZ
**3** AHIKLMN**O**P**R**SU**W**X
**4** (A 1/7-31/8) (B+G )IJ(Q+S ) (T+U+V+Y+Z 2/4-30/9)
**5** **AB**DEFGIJKLMNPQUXYZ
**6** ACEGHKL(N 2,7km)ORTVW

Le Domaine Arleblanc a un très bon restaurant dans un bâtiment historique. Bons sanitaires, chauffés en période hors saison. Le camping est un terrain tout en longueur au bord de la Beaume, avec de beaux rochers. Il y a wifi gratuit sur le terrain.

A7, sortie 17, Le Teil/Aubenas. Au rond-point avant Aubenas, D104 vers Alès. Au rond-point avant Rosières, vers Intermarché, au rond-point suivant, suivre les panneaux.

CC € 18 *2/4-29/6 27/8-16/10*

N 44°27'52'' E 04°16'22''

## Roybon, F-38940 / Rhône-Alpes (Isère) — 1812

Camping de Roybon***
1300 route de St. Antoine
+33 4 76 36 23 67
15/4 - 30/9
campingroybon38@gmail.com

2,5ha 85**T**(80-110m²) 6-10A CEE

**1** ACD**G**IJKLMPRS
**2** DFJPSWXYZ
**3** AHIKP**Q**SU**W**Z
**4** (C 1/5-15/9)(Q+R )(T+U+ V+X 1/5-15/9)(Z )
**5** **A**FGJKMPUVZ
**6** CEGJ(N 1km)O

NOUVEAU

Camping tranquille avec une ambiance familiale, situé au bord du lac à 800 mètres de Roybon. L'environnement ressemble à la Toscane. Profitez de la petite piscine chauffée et de notre restaurant avec de délicieux plats régionaux et pizzas, préparation maison.

A7/E15 sortie 12, D519 direction Voiron. D71 à droite direction Bressieux/Roybon. Le camping est à 1 km du village, il est indiqué.

CC € 18 *15/4-15/7*

N 45°14'49'' E 05°14'53''

## Ruoms, F-07120 / Rhône-Alpes (Ardèche) — 1813

Camping La Grand' Terre****
64 chemin de la Grand' Terre, D111
+33 4 75 39 64 94
9/4 - 11/9
contact@campinglagrandterre.com

8ha 47T(100-120m²) 10A CEE

1 ACDGIJKLPSWT
2 ABDNPSUWXYZ
3 CHIKLOPSU**W**X
4 (**A**+C+H)JM
(Q+S+T+U+V+Y+Z)
5 **AB**EFGIJKLMNPQUWXZ
6 ACEGHJ**K**(N 3km)OTUV

Camping confortable en Ardèche. Piscine chauffée (570 m²) avec tobogan aquatique et belle vue. Bon restaurant à prix raisonnables. Environnement plein de caractère avec nombreuses curiosités touristiques. Les camping-cars peuvent rester sur le camping ou sur l'air de camping-cars du camping.

A7 sortie Montélimar-Nord. Là, N102, Aubenas. Après la descente à Villeneuve-de-Berg, D103 au rond-point à gauche. Puis à gauche D579 Vallon. Après Ruoms, Alès D111. Cp à gauche.

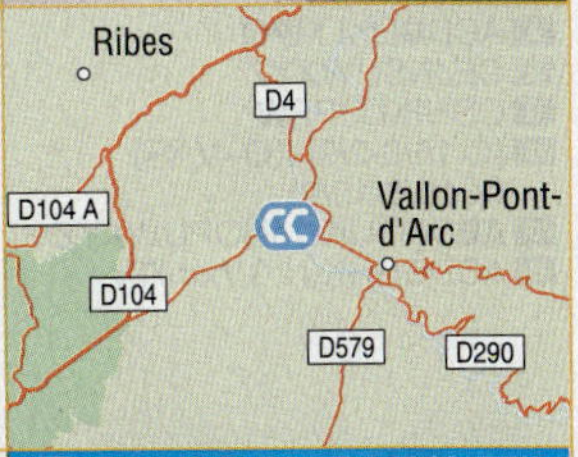


CC € 18 *9/4-3/7 28/8-11/9*

N 44°25'29'' E 04°19'55''

## Ruoms, F-07120 / Rhône-Alpes (Ardèche) — 1814

Camping Sunêlia Aluna Vacances*****
route de Lagorce
+33 4 75 93 93 15
8/4 - 26/9
contact@alunavacances.fr

15ha 70T(120m²) 10A CEE

1 ACD**F**IJKLMPSWT
2 BMTUWYZ
3 AHIMN**O**PSU
4 (**A** 1/7-31/8)
(C+F+H)IJ**KLMP**
(Q+S+T+U+V+Y+Z)
5 **AB**DEFGIJKLMNOPQUWZ
6 ACEGHJ**K**L(N 1km)OTV

Camping situé dans un bois avec des emplacements aménagés naturellement sur un terrain a l'apparence assez sauvage. Nombreuses possibilités pour faire du sport. Paradis aquatique couvert et chauffé de 1000 m², aménagé dans un style oriental.

A partir de Ruoms, suivre la D559 direction Lagorce. On trouve le camping sur la droite à 2 km.

CC € 20 *8/4-15/6 28/8-26/9*

N 44°26'49'' E 04°21'55''

## Salavas/Vallon-Pont-d'Arc, F-07150 / Rhône-Alpes (Ardèche) — 1815

Camping Le Clapas***
280 chemin de la Vernède
+33 4 75 37 14 76
2/4 - 2/10
contact@camping-le-clapas.com

3ha 66T(80-130m²) 10A

1 ACD**F**IJKLMOPST
2 ABDMPSUWYZ
3 AHIPSU**W**X
4 (Q+R)(T+U+V 1/7-31/8)
(Z)
5 **A**CEFGHIJKLMNPQUVWZ
6 ACEGJ**K**(N 1,5km)OV

Camping familial avec ambiance conviviale au bord de l'Ardèche. Les tentes sont au bord de la rivière ! Beaucoup d'ombre, arbustes et fleurs sur le terrain dans un bois. Les gorges de l'Ardèche et le célèbre Pont d'Arc sont dans les environs.

A7, sortie Montélimar-Nord vers Le Teil. Là, N102 Aubenas. Au rond-point avant Lavilledieu, D103. Puis à gauche D579 vers Vallon Pont d'Arc, puis vers Barjac. Après Salavas à gauche (Route du Chassel). Suivre les panneaux.

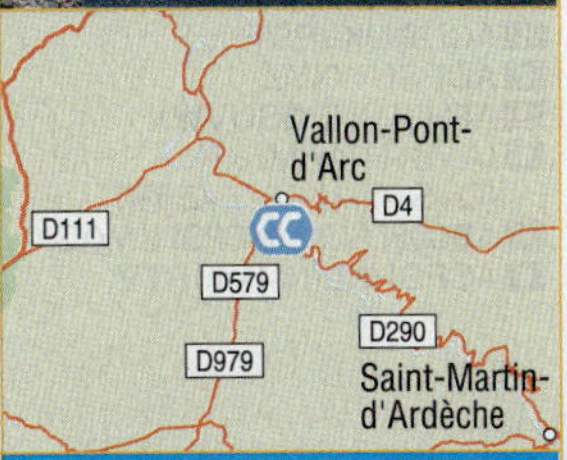


CC € 16 *2/4-26/6 31/8-2/10*

N 44°23'37'' E 04°23'41''

**Samoëns**, F-74340 / Rhône-Alpes (Haute-Savoie) **1816**

Camping Caravaneige Le Giffre***
1064 route du Lac aux Dames
+33 4 50 34 41 92
1/1 - 31/12
camping.samoens@wanadoo.fr

6,9ha 196**T**(80-110m²) 6-10A CEE

**1** ACD**G**IJKLM**P**Q
**2** CEJNSUWXYZ
**3** CDHIKLOPS**W**
**4** (C 15/6-2/9)J(Q+V ) (X 15/6-15/9)
**5** **AB**DFGIJKLMNOPUWXYZ
**6** ACDEGHK(N 0,7km)TV

Beau camping sur terrain plat au bord d'une rivière. Emplacements délimités. Terrain à l'écart pour les tentes. Quelques arbres. Piscine municipale de plein air et courts de tennis juste à côté du camping (gratuit pour les campeurs). Petit lac et nombreux équipements sportifs. Samoëns avec son jardin alpin est à proximité. Très indiqué pour les sports d'hiver.

Vers Samoëns par la D907. Puis suivre les panneaux de camping.

CC € 18 *8/1-4/2 12/3-29/6 20/8-16/12*

N 46°04'38'' E 06°43'07''

**Sampzon**, F-07120 / Rhône-Alpes (Ardèche) **1817**

Camping Le Chassezac***
RD111
+33 4 75 39 60 71
8/4 - 11/9
campinglechassezac@orange.fr

4,3ha 100**T**(80-100m²) 10A CEE

**1** ACDFIJKLMOPSWT
**2** DOPSUWYZ
**3** AHIKSU**W**X
**4** (A 1/7-31/8)(C )J(Q+R ) (T+U+V 1/5-1/9)(X 1/5-8/9) (Z )
**5** **AB**DEFGIJKLMNOPQUWZ
**6** ACDEGH**K**(N 5km)TV

Situé dans un environnement tranquille sur les rives du Chassezac. Grâce à la source, il y a toujours de l'eau dans la rivière. Il est très agréable d'y nager, d'y pêcher ou de faire un tour en canot. Le célèbre Pont d'Arc est à ± 15 km. Fitness d'extérieur.

A7 Montélimar-Nord, Le Teil/Aubenas. Au Teil N102, Aubenas. Après descente Villeneuve-de-Berg au rond-point à gauche D103. Puis à gauche D579, Vallon. Après Ruoms, Alès D111. Cp à droite.

CC € 14 *8/4-8/7 25/8-11/9* *14=13*

N 44°25'27'' E 04°18'49''

**Sampzon/Ruoms**, F-07120 / Rhône-Alpes (Ardèche) **1818**

Camping RCN La Bastide en Ardèche****
D111, 1 route d'Alès
+31 8 50 40 07 00
1/4 - 31/10
reserveringen@rcn.nl

7,8ha 215**T**(100-140m²) 6-10A CEE

**1** ACD**G**IJKLPST
**2** ADPSUWXYZ
**3** A**F**HIKMNP**Q**SUV**WX**
**4** (A+C+H )IJ (Q+S+T+U+V+Y+Z )
**5** **ABC**DEFGIJKLMNOPQRUWXYZ
**6** ACFGHKL(N 4km)RTV

Camping familial avec vue sur la montagne de Sampzon. Agréable pour tous les âges grâce aux nombreuses activités. Bons sanitaires. En période hors saison, le temps est généralement agréable.

A7, sortie Montélimar-Nord, di Le Teil. Là, N102 direction Aubenas. Après la descente vers Villeneuve-de-Berg au rond-point prendre à gauche dir D103. Puis à gauche D579 direction Vallon. Après Ruoms di Alès, D111. Le camping est à 1 km, à gauche après le pont.

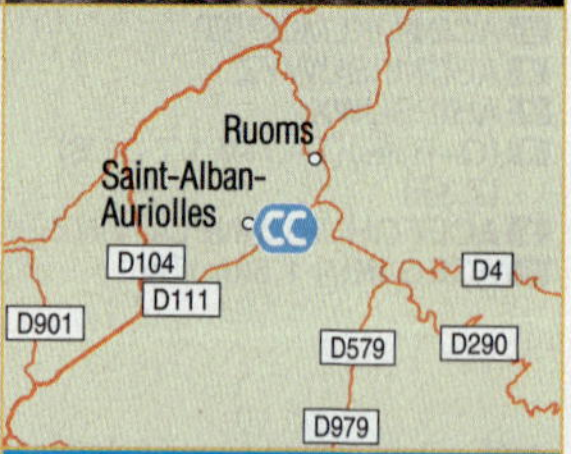


CC € 18 *1/4-9/7 26/8-30/10*

N 44°25'23'' E 04°19'18''

## Sandrans, F-01400 / Rhône-Alpes (Ain) — 1819

Camping Paradis des Dombes***
693 route de Saint Trivier
+33 4 28 45 94 07
1/4 - 16/10
campingsandrans@numericable.fr

2ha 75T(80-120m²) 10A CEE

1 ACD**F**IJKLMOPQ
2 EOSUVWXYZ
3 CHIKSU**W**
4 (B 1/6-30/9)(Q)
(X+Z 1/5-30/9)
5 **AB**GIJKLNPUVZ
6 ACDEGK(N 6km)

Camping tranquille sur terrain plat au coeur des Dombes avec mille petits lacs. Emplacements spacieux au bord d'un étang de pêche de 5 ha. Au camping, bar-restaurant avec terrasse. Bonnes possibilités pour le vélo : l'Ain à Vélo. Parc des Oiseaux, Pérouges ville médiévale, golf à Villars-les-Dombes. Wifi gratuit.

Sandrans est à 6 km au sud de Châtillon-sur-Chalaronne. Dans le centre de Sandrans à l'église, D27 vers St. Trivier-sur-Moignans. Camping à gauche à 700m.

CC € 16 *1/4-2/7 21/8-16/10 7=6, 14=12*

N 46°03'40'' E 04°58'21''

## Sciez-sur-Léman, F-74140 / Rhône-Alpes (Haute-Savoie) — 1820

Camping Le Chatelet***
658 chemin des Hutins Vieux
+33 4 50 72 52 60
1/4 - 31/10
info@camping-chatelet.com

3,4ha 40T(95-100m²) 10A CEE

1 ACD**G**IJKLMPQ
2 EJSUWY
3 ACHMPS**WZ**
4 (Q 1/7-31/8)(Z)
5 **AB**DFGIJKLMNOPUVWZ
6 ACEG**K**(N 0,5km)ORT

Camping dans un environnement tranquille. Emplacements spacieux. La plage toute proche a toutes les possibilités pour pratiquer des activités nautiques. Emplacements touriste séparés des emplacements à l'année. Camping à seulement 300m du lac (sports nautiques).

Suivre la N5 de Genève à Thonon-les-Bains. Le camping est indiqué après la petite localité Bonnatrait, à gauche de la route.

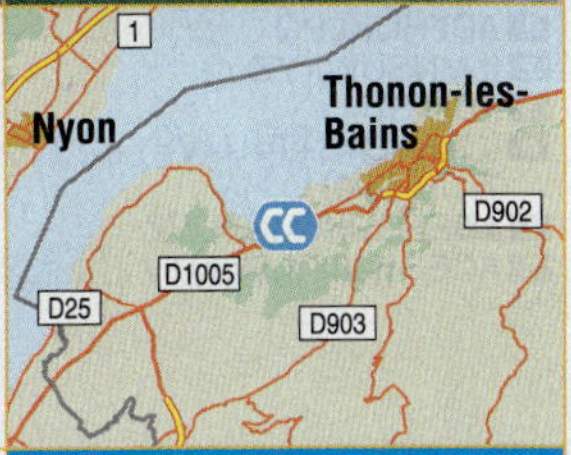


CC € 18 *1/4-2/7 26/8-30/10*

N 46°20'28'' E 06°23'49''

## Sévrier, F-74320 / Rhône-Alpes (Haute-Savoie) — 1821

Camping Au Coeur du Lac***
3233 route d'Albertville
+33 4 50 52 46 45
1/4 - 24/9
cloyet@campingaucoeurdulac.com

1,7ha 106T(70-100m²) 8-11A CEE

1 ACDGHIJKLMPRS
2 FIJLMNOSWXYZ
3 AHIKRS**T**UWZ
4 (Q+R)(U 15/6-15/9)(V)
5 **AB**DFGIJKLMNOPUVZ
6 ABCFGHJ(N 0,1km)TV

Situé juste au bord du lac, à 4 km d'Annecy, dans la petite localité de Sévrier. A 40 km de Genève. Emplacements sur terrasse, certains avec une belle vue sur le lac et les montagnes. Accès direct à une magnifique piste cyclable asphaltée (sans voitures) de 24 km. C'est la meilleure façon d'aller à Annecy sans bouchons (à environ 15 minutes à vélo).

Route Annecy-Albertville. A partir d'Annecy, en quittant Sévrier à gauche de la D1508 à 500m après le McDonalds.

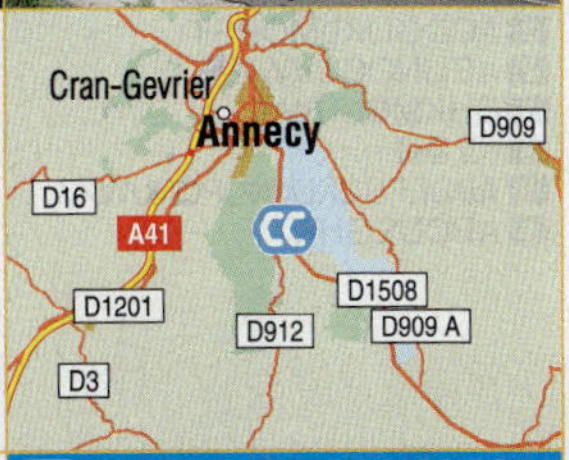


CC € 18 *1/4-9/7 27/8-24/9*

N 45°51'17'' E 06°08'39''

**Sévrier**, F-74320 / Rhône-Alpes (Haute-Savoie)

1822

Camping l'Aloua***
492 route de Piron
+33 4 50 52 60 06
16/4 - 24/9
campingaloua@gmail.com

2,3ha 169**T**(90-130m²) 10A CEE

1 ACFHIJKLPQ
2 IJSUXYZ
3 AGHKMNPSU
4 (Q )(T+U+V+Z 15/6-31/8)
5 **AB**FGIJKMNPUWZ
6 CEFGK(N 0,2km)TV

Le camping est calme, familiale et ombragé. Le camping est situé à côté de la réserve naturelle et de la piste cyclable. Les emplacements sont plats et herbeux. Vous trouverez à proximité un accès au lac à 200 mètres, et aussi un supermarché. Wifi gratuit.

D1508 Annecy-Albertville. Le camping est entre Sévrier et St. Jorioz derrière le supermarché Carrefour. Bifurquer au rond-point.

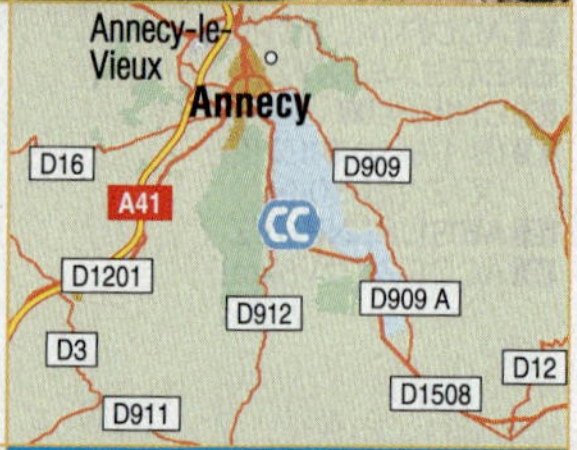


CC € 20 *16/4-2/7 27/8-24/9*

N 45°50'38'' E 06°09'13''

**Sévrier**, F-74320 / Rhône-Alpes (Haute-Savoie)

1823

Camping Le Panoramic***
1011 route de Cessenaz
+33 4 50 52 43 09
15/4 - 2/10
info@camping-le-panoramic.com

2ha 135**T**(80-110m²) 6-10A CEE

1 ACFHIJKLPQ
2 ILMNSUWXYZ
3 ACHISU
4 (C+H+Q+S+T+U+V+Y+Z 1/6-15/9)
5 **AB**EFGIJKLMNPUVZ
6 ACEGHJ(N 1,5km)TV

Sur une colline au-dessus du lac d'Annecy. A partir de certains emplacements, vue panoramique sur le lac et les villages environnants, d'où le nom du camping. Piscine ouverte à partir du 1 juin. Le restaurant est ouvert de juin à début septembre. Sanitaires rénovés. Zone wifi gratuit.

A Annecy, di Albertville par la D1508. Après Sévrier au 1ier rond-point 1e sortie à droite vers le Col de Leschaux. Suivre les panneaux du camping.

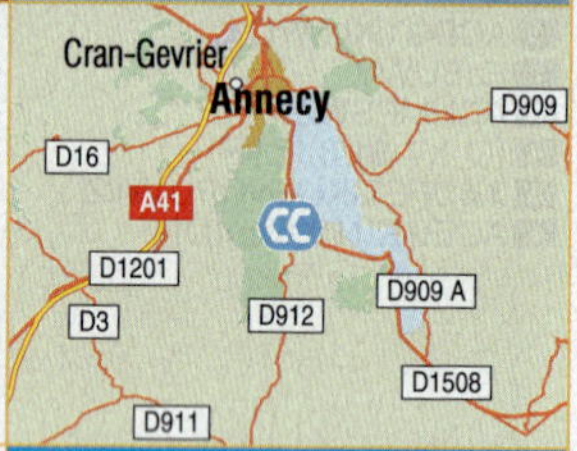


CC € 18 *15/4-8/7 27/8-2/10*

N 45°50'35'' E 06°08'30''

**Sévrier**, F-74320 / Rhône-Alpes (Haute-Savoie)

1824

Camping Les Rives du Lac***
331 chemin des Communaux
+33 4 50 52 40 14
26/3 - 2/10
contact@lesrivesdulac-annecy.com

1,5ha 92**T**(80-100m²) 10A CEE

1 ACDGIJKLMOPST
2 AEIJNOSUVWXY
3 CHKM**Q**SUWZ
4 (Q )
5 **AB**DEFGIJKLMNOPQRUWXZ
6 ABCDEGHKT

Camping avec sa propre plage et l'accès direct au lac d'Annecy. Sanitaires très modernes et bien entretenus. Pour ceux qui ont un bateau, il y a un une cale de halage et un ponton pour 20 places. Au camping, location de vélos pour découvrir les environs. Bonnes pistes cyclables à partir du camping. Toutes sortes de possibilités pour faire des sports nautiques.

D1508 Annecy-Albertville. Le camping est indiqué sur la gauche à ± 5 km, juste après le 'LIDL'.

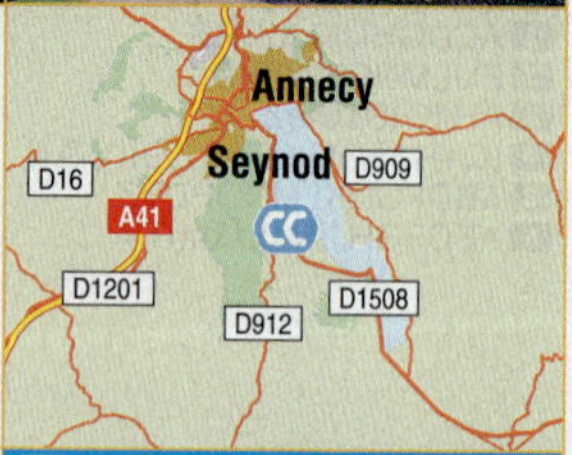


CC € 22 *26/3-25/6 29/8-2/10*

N 45°50'55'' E 06°09'04''

## St. Alban-Auriolles/Ruoms, F-07120 / Rhône-Alpes (Ardèche)

iD **1825**

Camping Sunêlia Le Ranc Davaine*****
500 chemin du Ranc Davaine
+33 4 75 39 60 55
8/4 - 5/9
contact@rancdavaine.fr

18ha 50T(80-150m²) 10A CEE

1 ACD**F**IJKLMPSWT
2 CPSUWYZ
3 CHIKN**O**PSU**W**X
4 (**A** 1/7-31/8)(C+E+H )IJ**KL** M**NP**(Q+S+T+U+V+Y+Z )
5 **AB**DEFGIJKLMNOPQRUWZ
6 ACDEGHJ**K**L(N 1,5km) ORTV

Grand camping. La petite rivière n'est pas très profonde. Beaucoup de plaisir dans un environnement calme sous les chênes. Pour les nageurs, il y a un magnifique paradis aquatique avec une piscine couverte. Wellness.

A partir de Ruoms sur la D579, bifurquer direction Alès (de D111). A 5 km à droite, la D246 (à Grospierres). Au bout de la route à gauche direction Chandolas. Le camping est situé sur la gauche.

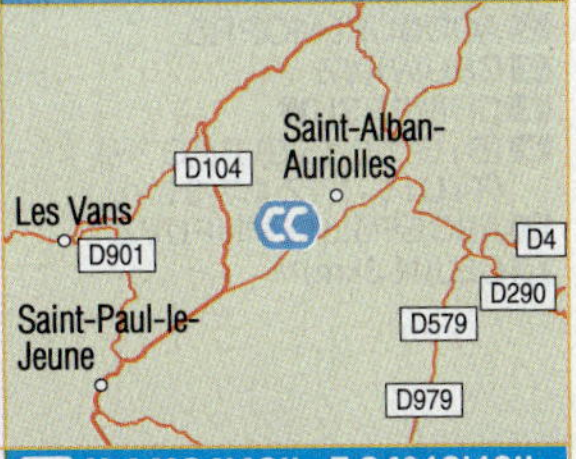


CC € 20 *8/4-27/6 27/8-5/9*

N 44°24'49'' E 04°16'18''

## St. Alban-de-Montbel, F-73610 / Rhône-Alpes (Savoie)

iD **1826**

Camping Huttopia Lac d'Aiguebelette****
231 route de Sougey
+33 4 79 36 01 44
7/4 - 6/11
aiguebelette@huttopia.com

4ha 140T(85-150m²) 6-10A CEE

1 ACD**G**IJLMP**S**T
2 AEIOSTWXYZ
3 CHKNPSU**WZ**
4 (C+E+G+Q+R )(T+U+ V+Z 1/7-31/8)
5 **AB**FGIJKLOPUWXYZ
6 EGJ(N 3km)TV

Emplacements assez spacieux délimités par des haies. Les arbres fournissent de l'ombre. A 100 mètres, une belle pelouse au bord du lac d'Aiguebelette (550 ha). Il y a une piscine chauffée et une piscine intérieure chauffée.

A43 Lyon-Chambéry, sortie Lac d'Aiguebelette. Après le péage à droite au rond-point et à 300 mètres, au rond-point suivant, à gauche direction St. Alban-de-Montbel. Le camping est indiqué sur la gauche après 2 km.

CC € 18 *7/4-1/7 28/8-6/11*

N 45°33'21'' E 05°47'27''

## St. Avit, F-26330 / Rhône-Alpes (Drôme)

iD **1827**

Camping Domaine La Garenne****
156 chemin de Chablezin
+33 4 75 68 62 26
20/4 - 27/9
garenne.drome@wanadoo.fr

14ha 50T(150-300m²) 6A

1 ACD**G**IJKLMPSW
2 MNSTWXYZ
3 CHIPSU
4 (C+H 15/5-14/9)(Q 7/7-25/8) (T+U 6/7-28/8)(Z )
5 **A**CEFGIJKLMNOPQRUZ
6 ACEGJ(N 3km)T

Cp en terrasses à flanc d'une colline plantée de pins dans la Dôme. Les emplacements sont dispersés dans un environnement naturel sous sapins et chênes. De grands emplacements à l'abri des regards. En bas, terrain plat, partiellement ouvert. De belles piscines abritées. Nouvelles installations sanitaires (2021).

Sortie Chanas, N7 di Valence jusqu'après St. Vallier. D51 vers St. Uze et Hauterives. A Châteauneuf-de-Galaure à droite, St. Donat (D53). Camping à 4 km sur la gauche.

CC € 16 *20/4-3/7 2/9-27/9*

N 45°12'07'' E 04°57'24''

## St. Clair-du-Rhône, F-38370 / Rhône-Alpes (Isère)

1828

Camping Le Daxia****
Impasse Clarius
+33 4 74 56 39 20
1/4 - 30/9
info@campingledaxia.com

7,5ha 116**T**(100-150m²) 6A

**1** ACD**G**IJKLMOPRS
**2** CSUWXYZ
**3** CHIKPRSU**W**
**4** (B+G 1/6-15/9)JM(Q)
(T+U+V+X+Z 1/7-31/8)
**5** **AB**CEFGIJKLMNPUVZ
**6** CEJ(N 3km)V

Camping très sympathique et propre. Ce camping, l'un des meilleurs de la région, prend soin des touristes pendant un séjour court ou long. Dans un environnement campagnard et tranquille. Ambiance provençale, près de Lyon et Vienne. Emplacements spacieux.

Sur la A7, sortie Vienne, suivre la N7 jusqu'à la D4 à droite. Puis prendre la direction St. Clair-du-Rhône. Au village suivre les panneaux du camping 'Le Daxia'. Recommandé, car la GPS peut envoyer sur une mauvaise route.

CC € 18 1/4-5/7 22/8-30/9 7=6, 14=12

N 45°25'26'' E 04°46'56''

## St. Didier-sur-Chalaronne, F-01140 / Rhône-Alpes (Ain)

1829

Camping La Chalaronne***
rue des Illards
+33 4 74 04 94 15
15/3 - 15/10
info@campingchalaronne.com

5ha 82**T**(80-100m²) 6A

**1** ACD**F**IJKLMPST
**2** DSWXYZ
**3** AHIJP**R**SU**W**
**4** (T 1/6-31/8)(X+Z)
**5** **AB**FGIJKLMNOPUZ
**6** ACEGJ(N 0,1km)V

Camping agréable dans la nature au bord de la Charalonne, avec des emplacements spacieux, des sanitaires modernes et un snackbar sur le camping. Près du centre de St Didier avec tout commerce. Non loin des vignobles du Beaujolais et du Maconnais et du Parc Zoologique.

A6, sortie 29 Mâcon-Sud, prendre la D906 vers Thoissey. D9 vers Thoissey, traverser Thoissey, D7 vers St. Didier-sur-Chalaronne. Panneaux de camping sur la droite.

CC € 16 15/3-1/7 22/8-15/10 7=6, 14=12

N 46°10'31'' E 04°48'52''

## St. Donat-sur-l'Herbasse, F-26260 / Rhône-Alpes (Drôme)

1830

Camping Les Ulèzes****
400 avenue Raymond Pavon
+33 4 75 47 83 20
1/4 - 30/10
contact@ulezes.com

3,5ha 74**T**(100m²) 10-16A CEE

**1** ACD**G**IJKLPST
**2** CSTWXYZ
**3** CHIKP**R**SU**W**
**4** (B 1/6-30/9)(Q 1/7-31/8)
(R)(T 1/5-15/9)(U)
(X 15/4-15/9)(Z)
**5** **AB**CEFGJLNPUWXYZ
**6** CEGK(N 0,6km)TV

Beau camping sur terrain plat, bien entretenu, avec des emplacements spacieux, jouxtant à l'arrière les collines des Ulèzes. Sentier allant du camping au village. Propriétaires amicaux qui veulent contenter le campeur. Sanitaires près de chaque emplacement. Situé près de la région viticole de Tain-l'Hermitage.

A7 sortie Tain-l'Hermitage vers Romans. A Curron D67 vers St. Donat. Suivre les panneaux de camping. Camping sur la D53 à droite.

CC € 20 1/4-12/7 29/8-30/10

N 45°07'10'' E 04°59'34''

## St. Étienne-du-Bois, F-01370 / Rhône-Alpes (Ain) — 1831

Camping du Sevron**
115 chemin du Moulin des Groboz
+33 4 74 24 05 47
1/1 - 31/12
campingdusevron@gmail.com

1,5ha 81T(60-100m²) 16A CEE

1 ACD**G**IJKLMO**P**
2 CIJSVWXYZ
3 HMS**W**
4 (C 15/6-10/9)
5 DGIJKLMNOPUXY
6 CDEJ(N 0,5km)T

Camping d'étape idéal dans la verdure en bordure du centre, dans un environnement typique du pays de Bresse. Le camping a des emplacements ombragés et ensoleillés séparés par des haies. Particulier: le camping du Sevron est géré avec enthousiasme par un très jeune propriétaire. Wifi gratuit autour de la réception.

Le camping est sur la N83 entre Bourg-en-Bresse et Lons-le-Saunier, au sud de St. Étienne-du-Bois.

CC € 16 1/1-6/7 23/8-31/12

N 46°17'01'' E 05°17'28''

## St. Galmier, F-42330 / Rhône-Alpes (Loire) — 1832

Camping Paradis Le Val de Coise****
1026 route de la Thiery
+33 4 77 54 14 82
10/4 - 7/11
campingparadisvaldecoise@alphacamping.fr

3,5ha 46T(80-100m²) 10-16A CEE

1 ACD**G**HIJKLO**P**Q
2 CLMSWXY
3 CHPSU**W**
4 (E+H 15/4-26/9)(Q 1/7-31/8) (R)
5 **AB**EFGIJKLMNPUZ
6 CEGH**K**(N 2,5km)V

Petit terrain en terrasses très sympathique avec vue sur la rivière, juste en dehors du centre de la ville fleurie St Galmier. Les amateurs de la nature seront ici certainement comblés.

Au sud de Lyon direction St. Étienne par la A7 et la A47. Puis la A72 jusqu'à la sortie St. Galmier. A St. Galmier, suivre les panneaux.

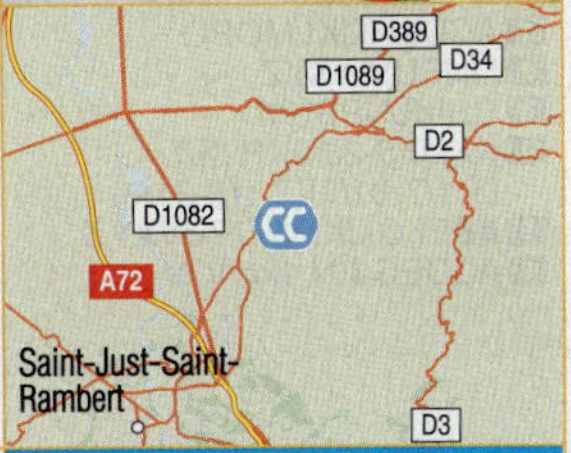


CC € 16 10/4-2/7 27/8-7/11

N 45°35'34'' E 04°20'08''

## St. Genix-sur-Guiers, F-73240 / Rhône-Alpes (Savoie) — 1833

Camping Les Bords du Guiers***
640 route de la Glière
+33 4 76 31 71 40
9/4 - 18/9
lesbordsduguiers@orange.fr

1,5ha 54T(120-160m²) 6-10A CEE

1 ACD**G**IJLMPRS
2 CISUWXYZ
3 AHIK**OR**SW**X**
4 (B 15/5-10/9)(Q+T+U+X)
5 **AB**CGIJLMNPUVWZ
6 AFHJ(N 0,1km)TV

Camping familial au calme avec piscine. Il se trouve au cœur d'un réseau de circuits de randonnée et de pistes cyclables, à 200 mètres du centre. Supermarché à 150 mètres du camping. Parc d'attractions Walibi à 7 km.

A43 sortie 11 vers St. Genix-sur-Guiers. Ou D1075 Évrieu, D1516 vers Aoste, puis St. Genix-sur-Guiers. Là, au rond-point, 1ère sortie à droite puis suivre les panneaux du cp.

CC € 16 9/4-30/6 22/8-18/9

N 45°35'45'' E 05°38'05''

## St. Jean-de-Chevelu, F-73170 / Rhône-Alpes (Savoie)

1834

Camping des Lacs***
+33 6 59 49 83 94
29/4 - 11/9
campingdeslacs73@gmail.com

4ha 95T(100-150m²) 16A CEE

1 ACDGIJKLMPQ
2 ACEIJNOSWXYZ
3 AHIKSUWXZ
4 (Q)(T+U+Z 1/7-24/8)
5 ABEFGIJKLMNOPRUZ
6 CDEGJ(N 6km)TV

Camping familial confortable au bord du lac de Saint-Jean-de-Chevelu, avec de grands emplacements ombragés et une plage sur le lac à côté du camping.

A41 jusqu'à Chambéry, sortie 13, N504 direction Aix-les-Bains, tunnel direction Yenne, puis D210 direction St. Jean-de-Chevelu; là, le camping est indiqué.

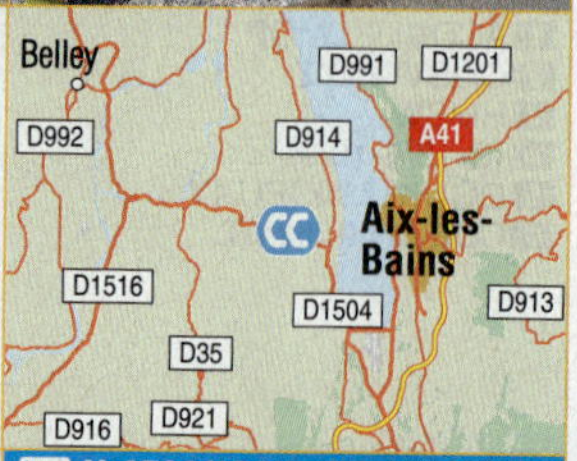


CC € 16 29/4-8/7 28/8-11/9

N 45°41'38'' E 05°49'29''

## St. Jean-de-Maurienne, F-73300 / Rhône-Alpes (Savoie)

1835

Camping Des Grands Cols***
422 ave du Mont-Cenis
+33 9 52 17 46 55
7/5 - 24/9
contact@campingdesgrandscols.com

2ha 77T(80-100m²) 16A CEE

1 ACDGHIJKLMOPQ
2 IJNSUVWXYZ
3 CHIKLNPSUV
4 (Q 20/5-22/9)(R)
(T 1/7-31/8)(Z 1/6-31/8)
5 ABEFGIJKMNOPUVXYZ
6 ACDEGJ(N 1km)OV

Situé au cœur de la vallée de Maurienne au pied des cols prestigieux de Glandon, Croix de Fer et Madeleine. Le gérant vous aide volontiers à planifier vos tours à vélo, vos randonnées et vos excursions culturelles. Atelier et garage à vélos mis à disposition gratuitement. Rapidement accessible à partir de la D1006. Centre-ville à 500m.

D1006 Chambéry - St. Jean-de-Maurienne. A St. Jean, direction Centre, puis suivre les panneaux 'Toutes Directions' et 'Camping'.

CC € 18 7/5-2/7 20/8-24/9

N 45°16'15'' E 06°21'02''

## St. Jean-de-Muzols/Tournon-s-R, F-07300 / Rhône-Alpes (Ardèche)

1836

Camping Le Castelet****
113 route du Grand Pont
+33 4 75 08 09 48
23/4 - 10/9
courrier@camping-lecastelet.com

3ha 58T(88-110m²) 10A CEE

1 AGIJKLPSWT
2 CIJMOQSUWYZ
3 CHIKNPSUWX
4 (C+G 15/5-11/9)M
(Q+V+Z)
5 AEFGJLNPUW
6 ACEGJ(N 3km)ORTUV

Camping bien entretenu au bord de la rivière, dans la nature, à 3 km du village. Belle piscine chauffée. Bar, terrasse avec vue sur la piscine. Point wifi gratuit. Sanitaires modernes et spacieux. Services pour camping-cars. Randonnée et vélo à partir du camping. Pain frais le matin.

A7, sortie 13, direction Tournon-sur-Rhône. Traverser le Rhône D86 et suivre la direction "Train de l'Ardèche". L'entrée du camping se trouve à côté du train.

CC € 18 23/4-9/7 26/8-10/9 7=6, 14=12, 21=18, 28=24

N 45°04'04'' E 04°47'06''

## St. Jean-le-Centenier, F-07580 / Rhône-Alpes (Ardèche)

**1837**

Camping Les Arches****
Le Cluzel, route de Mirabel, D458
+33 4 75 36 75 19
29/4 - 25/9
info@camping-les-arches.com

10ha 140**T**(70-200m²) 10A CEE

**1** ACD**F**IJKLMPSWT
**2** CMOSUWXYZ
**3** AHIKSUV**WX**
**4** (C+H )IJKM(Q 1/5-10/9)
(T 3/7-23/8)(U 29/5-13/9)
(V 3/7-23/8)(Y 29/5-13/9)
(Z )
**5** **A**DEFGIJKLMNOPRUWZ
**6** ACDEGHJ**K**(N 1km)RTV

Camping aux allures de parc avec nombreux arbres et arbustes. Jouissez de la vue, du calme, des oiseaux et de la rivière. Randonnées et vélo. Près de curiosités touristiques, magasins, médecins. Parc aquatique chauffé et un jacuzzi intérieur chauffé de 16 m2.

A7 sortie Montélimar-Nord. Puis vers Le Teil. Là, N102 Aubenas. Passer la sortie St. Jean-le-Centenier. Avant la station-service, vers Mirabel (D458). Suivre la route. Cp à droite. N'utilisez pas le GPS.

CC € 18 *29/4-9/7 26/8-25/9* *10=9, 19=17, 28=24*

N 44°35'15'' E 04°31'33''

## St. Jorioz, F-74410 / Rhône-Alpes (Haute-Savoie)

**1838**

Camping Europa****
1444 route d'Albertville
+33 4 50 68 51 01
18/5 - 18/9
info@camping-europa.com

3,2ha 136**T**(80-100m²) 6-10A CEE

**1** ACD**F**IJKLPS
**2** JNSUWYZ
**3** C**G**HIKMNPSU
**4** (C+H 15/5-11/9)
IJMP(Q 1/7-31/8)
(V+Y+Z 3/6-31/8)
**5** **AB**EFGIJKLMNPUWXYZ
**6** EG**K**(N 1,5km)TV

Magnifique camping à 400 mètres du lac et 9 km d'Annecy. Camping a un bel espace aquatique avec une piscine traditionnelle, des chaises longues, et des banquettes massantes. Il ya un restaurant excellent avec un menu divers. Il y a un accès surveillé et une cuisine en commun.

D1508 Annecy-Albertville. Le camping se trouve sur cette route, un peu après St. Jorioz, deuxième camping à droite.

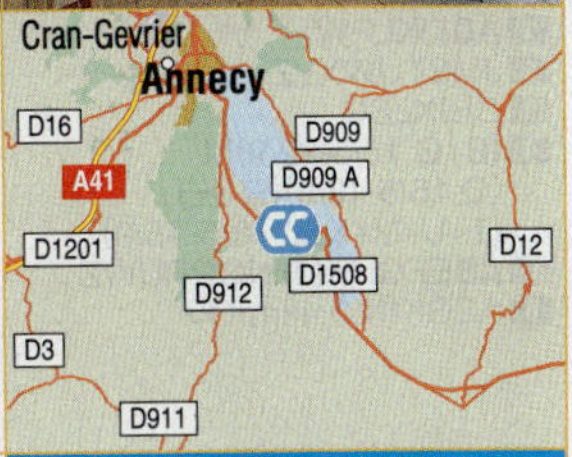


CC € 20 *18/5-7/7 25/8-18/9*

N 45°49'48'' E 06°10'54''

## St. Jorioz, F-74410 / Rhône-Alpes (Haute-Savoie)

**1839**

Camping Le Crêtoux***
1059 route d'Entredozon
+33 4 50 68 61 94
1/4 - 15/11
info@campinglecretoux.com

6ha 80**T**(100-120m²) 3-6A

**1** AC**G**IJLPRS
**2** LMNSWXYZ
**3** C**G**SU**W**
**5** **AB**DEFGIJKLMNPUVZ
**6** ACDEGJ(N 2km)V

Un camping sobre dans un environnement verdoyant sur une colline un peu en dehors du centre de St. Jorioz. A partir de certains emplacements, vous avez la vue sur le lac d'Annecy. Le camping est à conseiller pour tous ceux qui aiment le calme et la nature. Il y a 80 emplacements très spacieux sur une superficie de 6 hectares.

D1508 Annecy-Albertville. A St. Jorioz, aux feux, D10a St. Eustache. Puis c'est indiqué (environ 2 km). Entrée courte et en pente forte.

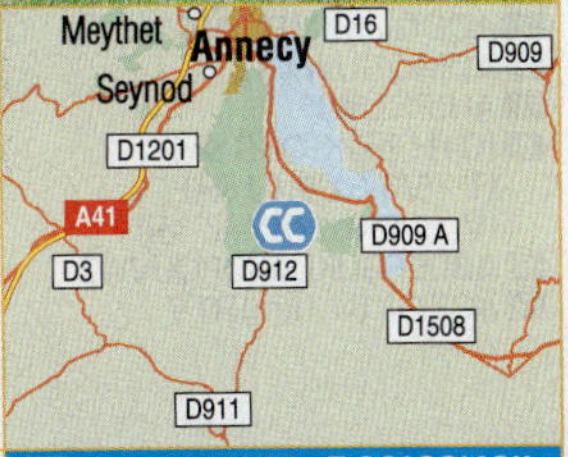


CC € 18 *1/4-30/6 1/9-11/11*

N 45°49'04'' E 06°08'49''

## St. Jorioz, F-74410 / Rhône-Alpes (Haute-Savoie)

1840

Camping Le Solitaire du Lac***
615 route de Sales
+33 4 50 68 59 30
15/4 - 9/10
contact@campinglesolitaire.com

4,5ha 181**T**(80-120m²) 5-6A

**1** ACD**G**IJKLMPRS
**2** FNOSWXYZ
**3** C**G**HKMNSU**W**Z
**4** (Q+R 1/5-30/9)(T 15/6-15/9)
(U 1/7-31/8)(Z 1/5-30/9)
**5** **AB**EFGIJKLMNPUWZ
**6** ACEGJ**K**(N 1km)OV

Terrain soigné divisé en allées parallèles. Vous êtes sous des arbres à mi-hauteur. Les emplacements sont séparés du lac par une aire de jeu. Sur le bord, l'accès au lac est assez étroit.

D1508 Annecy-Albertville. Juste avant le centre de St. Jorioz aller vers le lac. Indiqué par des panneaux.

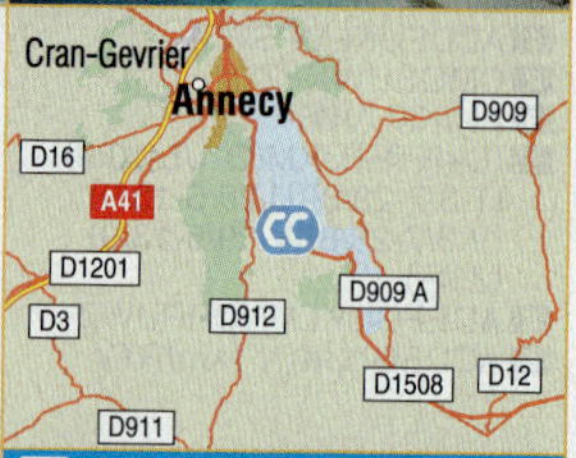


€ 18 *15/4-10/7 27/8-9/10*

N 45°50'26'' E 06°09'53''

## St. Laurent-du-Pape, F-07800 / Rhône-Alpes (Ardèche)

1841

Camping La Garenne***
383 Montée de la Garenne
+33 4 75 62 24 62
16/4 - 1/10
info@campinglagarenne-ardeche.fr

6ha 117**T**(80-125m²) 6-10A CEE

**1** A**G**IJKLPW
**2** JMSTUWXYZ
**3** CHIKLSU
**4** (B+G 15/5-22/9)M
(Q 15/5-18/9)(R )
(T+U+V+X+Z 18/5-15/9)
**5** **AB**EFGIJKLMNOPRUWZ
**6** AEGK(N 0,4km)OV

Situation idéale à la lisière des bois, près du centre du village. Nombreuses possibilités pour la randonnée et le vélo. Menus du jour variés. Jeu de boules. Direction parlant quatre langues.

A7, sortie 16, Loriol. D104, Privas. Après le pont sur le Rhône à droite D86, La Voulte-sur-Rhône. Au rond-point à La Voulte, vers St Laurent-du-Pape. Après La Voulte à gauche D120 St. Laurent.

€ 20 *16/4-2/7 25/8-1/10*

N 44°49'34'' E 04°45'44''

## St. Martin-d'Ardèche, F-07700 / Rhône-Alpes (Ardèche)

1842

Camping Des Gorges****
195 Route de Sauze
+33 4 75 04 61 09
22/4 - 18/9
info@camping-des-gorges.com

3,5ha 106**T**(80-120m²) 10A CEE

**1** ACD**G**IJKLMPSWT
**2** ADMQSUWXYZ
**3** AHIPSU**WX**
**4** (C+H )K(Q+S )
(T 15/6-31/8)(U )
(V 15/6-31/8)(Y+Z )
**5** **AB**DEFGIJKLMNOPQUVWZ
**6** ACEGK(N 1km)RTV

Le camping des Gorges a une belle piscine avec mur à bulles visible de la terrasse située plus haut. Emplacements situés sous des arbres hauts. L'Ardèche passe le long du terrain. St. Martin-d'Ardèche est un beau village touristique. Sanitaires avec douche familiale. Wifi gratuit sur le terrain. Location de canoë.

A7, sortie Bollène, vers Pont-St-Esprit. Puis N86 jusqu'à St. Just. Puis St. Martin-d'Ardèche et Sauze débarcadère. Camping à gauche.

€ 18 *22/4-1/7 28/8-18/9*

N 44°18'40'' E 04°33'22''

## St. Martin-d'Ardèche, F-07700 / Rhône-Alpes (Ardèche)

iD **1843**

Camping Huttopia Le Moulin***
Quartier Le Moulin
+33 4 75 04 66 20
14/4 - 2/10
lemoulin@huttopia.com

7ha 110T(100-200m²) 10A CEE

1 ACD**F**IJKLMPSWT
2 DPQSUWXYZ
3 CHIKLNPSU**WX**
4 (C+G+Q+R ⚿)
(T+U+V 1/6-15/9)
(X 1/7-31/8)(Z 1/6-31/8)
5 **AB**FGIJKLMNOPQRUWZ
6 ACEGHJ(N 0,2km)V

Camping tout près des Gorges de l'Ardèche dans un environnement verdoyant. Endroit idéal pour faire des excursions. Situé à l'arrivée de la célèbre descente de l'Ardèche en canoë. Beaux emplacements au bord de la rivière. A 300m du village.

A7 sortie Bollène. Puis vers Pont Saint Esprit. Puis suivre les panneaux 'Gorges de l'Ardèche' jusqu'à Saint Martin-d'Ardèche.

CC € 18 *14/4-1/7 28/8-2/10*

N 44°18'02'' E 04°34'17''

## St. Martin-d'Ardèche, F-07700 / Rhône-Alpes (Ardèche)

iD **1844**

Camping Le Pontet***
Le Plan
+33 4 75 04 63 07
9/4 - 17/9
contact@campinglepontet.com

2,5ha 81T(80-120m²) 16A CEE

1 ACDGIJKLPSWT
2 BJUWYZ
3 AHIKLPSU
4 (B+G 1/5-17/9)(Q+R+
T+U ⚿)(Y 1/7-21/8)(Z ⚿)
5 AEFGIJKLMNPUVZ
6 ACEGK(N 1km)V

Sympathique camping assez petit avec de jeunes propriétaires enthousiastes. La piscine et les équipements sportifs et ludiques sont placés sur un terrain séparé. La célèbre route des Gorges de l'Ardèche commence à St Martin d'Ardèche (1 km). Wifi gratuit.

A7, sortie Bollène, vers Pont St. Esprit. Puis N86 jusqu'à St. Just. Là, suivre St. Martin d'Ardèche. Camping à droite.

CC € 16 *9/4-9/7 27/8-17/9 7=6*

N 44°18'14'' E 04°35'04''

## St. Maurice-de-Gourdans, F-01800 / Rhône-Alpes (Ain)

iD **1845**

Camping Les Plages de l'Ain***
11 chemin du Stade
+33 4 74 35 82 93
1/4 - 30/9
contact@campingain.fr

3ha 50T(150-200m²) 10A

1 ACD**F**IJKLMO**P**Q
2 CIPSUWXYZ
3 AHIKMPSU**WX**
4 (B+G+Q+T+U+V+X+
Z 1/6-1/9)
5 **AB**GIJKLNOPUVWYZ
6 CDEGJ**K**(N 2km)OTV

Un camping fleuri avec des emplacements spacieux situé au bord de la belle rivière d'Aine. Un endroit idéal pour passer du temps dans la nature et au bord de la rivière. De juin à août, vous pourrez profiter des piscines et du restaurant. De juillet à août, il y a un club pour enfants.

A42 sortie 7 Pérouges/Meximieux, D65B vers St. Maurice-de- Gourdans et suivre les panneaux Stade et camping.

CC € 16 *1/4-9/7 29/8-30/9*

N 45°48'27'' E 05°11'11''

## St. Nizier-le-Bouchoux, F-01560 / Rhône-Alpes (Ain)

**1846**

Camping Domaine de Mépillat***
70 chemin de la Grange Maigre
+33 9 70 77 01 21
8/4 - 24/9
contact@camping-mepillat.fr

5ha 60T(100-150m²) 6-10A CEE

1 ACDGIJKLMPQW
2 EIMSVWXYZ
3 AHIKPSVW
4 (C+Q+R)
(T+U+V 1/7-31/8)(Z)
5 AFGIJKLMNPUVXY
6 EGJ(N 3km)T

Ce camping rural accueillant dispose d'emplacements spacieux. Situé près d'un lac avec des possibilités de pêche. Convient pour les longs séjours et comme camping de transit (près de l'A39). De belles excursions aux Dunes des Charmes à Sermoyer, au monastère royal de Brou et à la ville historique de Bourg-en-Bresse.

A39 sortie 10 vers St. Trivier-de-Courtes (D56). A 7 km sur la gauche.

CC € 16 8/4-1/7 29/8-24/9

N 46°27'06'' E 05°11'22''

## St. Pierre-d'Albigny, F-73250 / Rhône-Alpes (Savoie)

**1847**

Camping Lac de Carouge***
670 Allée du Lac
+33 6 25 91 38 31
23/4 - 10/9
contact@lacdecarouge.com

1,9ha 51T(100-150m²) 10A CEE

1 ACDGIJKLMPQ
2 AFINOPSUWXYZ
3 CHIKLPSUWZ
4 (Q 20/6-1/9)
(R+T+U+V+Z)
5 ABEFGIJKLMNOPQRUWZ
6 ACEGK(N 1km)OTV

Camping familial sur les rives d'un lac avec une vue sur les montagnes. Idéal pour les pêcheurs et les nageurs. La randonnée et le cyclisme sont possibles à partir du camping. Emplacements spacieux délimités par des haies. Près des vignobles d'Arbin et le château de Miolans.

A partir de Chambéry A43, sortie 23 St. Pierre-d'Albigny à 3,5 km du camping qui est bien indiqué. A partir d'Albertville A43, sortie 24 vers St. Pierre-d'Albigny et là, suivre les panneaux de camping.

CC € 16 24/4-9/7 27/8-10/9 7=6, 14=12

N 45°33'24'' E 06°09'59''

## St. Pierre-de-Chartreuse, F-38380 / Rhône-Alpes (Isère)

**1848**

Camping Sites & Paysages De Martinière***
route du Col de Porte
+33 4 76 88 60 36
7/5 - 11/9
camping-de-martiniere@orange.fr

2,5ha 85T(80-110m²) 6-10A

1 ACDGIJKLMOPST
2 JNSUWXYZ
3 AHIKPSU
4 (C+H 15/5-11/9)(Q 1/7-31/8)
(R 1/6-11/9)(T+U+
X+Z 1/7-31/8)
5 AGIJKLMNPUVWZ
6 ACEGJ(N 3km)OT

Camping dans un environnement tranquille avec vue magnifique sur le massif de la Chartreuse. Terrain bien entretenu avec une belle piscine. Emplacements délimités en partie par des haies.

Avec une caravane, par St. Laurent-du-Pont, direction St. Pierre-de-Chartreuse. A 1 km avant St. Pierre, à Diat à droite direction Col de Porte. Le camping est à 2 km.

CC € 18 7/5-10/7 27/8-10/9

N 45°19'32'' E 05°47'51''

## St. Privat, F-07200 / Rhône-Alpes (Ardèche)

1849

Flower Camping Le Plan d'Eau****
route de Lussas
+33 4 75 35 44 98
1/5 - 12/9
info@campingleplandeau.fr

3ha 75T(80-150m²) 10A CEE

**1** ACDGIJKLMOPSW
**2** ADQSUWYZ
**3** AHIJKPSUWX
**4** (C+H+Q+R)(T 3/7-31/8)
(U)(V+Y 1/7-31/8)(Z)
**5** AEFGIJKLMNOPUZ
**6** ACEGHK(N 2km)ORTV

Camping avec accès direct à l'Ardèche. Plage de sable avec chaises longues. Belle vue sur les rochers avoisinants. Non loin d'Aubenas. Emplacements pour la plupart entourés de haies. Supplément pour emplacements XL.

A7 sortie Montélimar-Nord, Le Teil/Aubenas. Avant Aubenas, au rond-point à droite, N304 St. Privat/Privas. Après le pont, au rond-point vers Lussas. Camping sur la droite. N'utilisez pas le GPS.

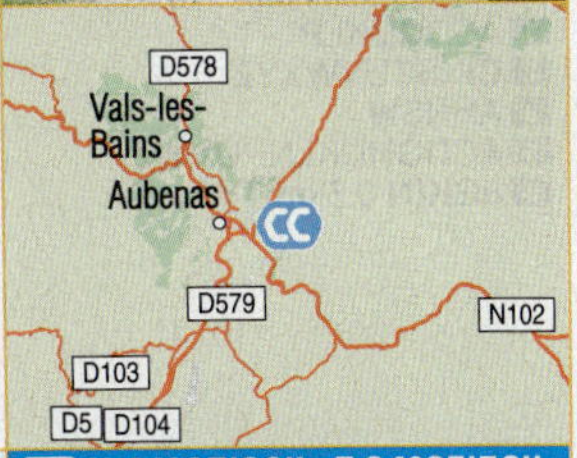


CC € 18 1/5-2/7 27/8-12/9 27=24

N 44°37'08'' E 04°25'56''

## St. Remèze, F-07700 / Rhône-Alpes (Ardèche)

1850

Camping La Résidence d'Été***
120 rue de la Batteuse
+33 4 75 04 26 87
15/4 - 25/9
mail@campinglaresidence.com

1,6ha 28T(100-150m²) 10A CEE

**1** ACDGIJKLMOPSWT
**2** NSUWYZ
**3** AHKLPSU
**4** (C+Q+R)
(U+V+Y 1/7-31/8)(Z)
**5** ABDFGIJKLMNOPRUWZ
**6** ACEGK(N 0,5km)OV

Beau camping dans le village de St Remèze. Autour du village se trouvent de nombreux champs de lavande. Le terrain est situé sur une colline et au sommet vous avez une vue magnifique. Les emplacements sont plats. Sur la terrasse couverte de vignes, vous pouvez prendre un verre, manger une glace ou commander une pizza.

A7 sortie 18 Montélimar-Sud. N7 dir. Pierlatte. Il y a Bourg St Andéol. Prenez la D4 Vallon Pont d'Arc. Au rond-point avant St Remèze tourner à gauche.

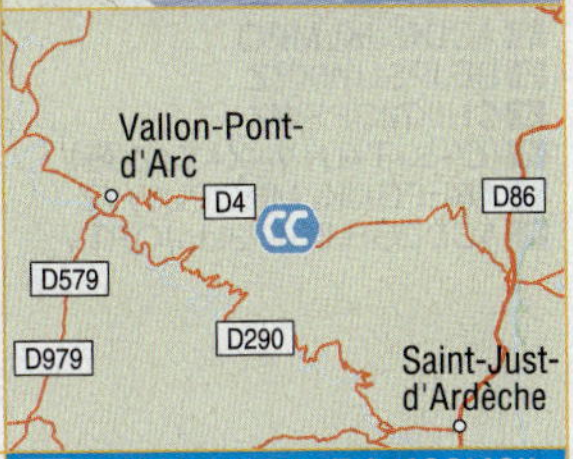


CC € 16 15/4-9/7 27/8-25/9 7=6, 14=11

N 44°23'32'' E 04°30'16''

## St. Sauveur-de-Cruzières, F-07460 / Rhône-Alpes (Ardèche)

1851

Camping de la Claysse****
La Digue
+33 4 75 35 40 65
1/4 - 30/9
camping.claysse@orange.fr

3ha 47T(70-90m²) 10A CEE

**1** ACDGIJKLPSWT
**2** DMOSUWYZ
**3** AHIKLPSUVWX
**4** (A 1/7-31/8)(B)
(T+U+V+X+Z 15/5-15/9)
**5** ADEFGIJKLMNOPQUWZ
**6** AEGK(N 0,2km)TV

Camping au bord de la petite rivière La Claysse avec vue sur les montagnes et le village. Sur le camping, moulin à huile d'olive en activité. Les Gorges de l'Ardèche et Vallon Pont d'Arc sont à 20 km et Barjac avec son marché sympathique à seulement 8 km.

A7, sortie 19 Bollène. N86 vers Pont St. Esprit. Là, D6086 di Bourg St. Andéol. A 2,5 km à gauche D901. A Barjac, suivre vers St. Sauveur. Ne pas bifurquer dans le village, mais plus loin au parking à gauche.

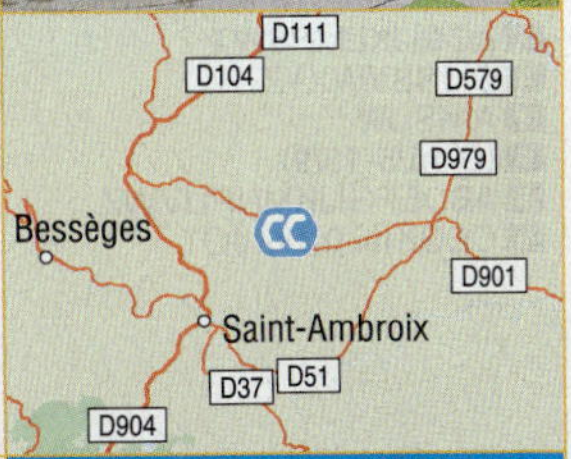


CC € 16 1/4-5/7 31/8-30/9 7=6, 14=12, 21=18

N 44°18'02'' E 04°14'57''

## Tain-l'Hermitage, F-26600 / Rhône-Alpes (Drôme) — 1852

Camping Mun. les Lucs***
N7, 56 avenue Pres. Roosevelt
+33 4 75 08 32 82
1/3 - 15/11
camping.tainlhermitage@orange.fr

1,3ha 49T(80-100m²) 10A CEE

1 ACD**G**IJKLP
2 CINSTUVWXYZ
3 AHNS**W**
5 **A**CDGHIJKLNPUVWZ
6 FGK(N 0,5km)TW

Camping spacieux sur la rive du Rhône. Adapté aussi pour des passants. Le camping est située dans le centre de Tain-l'Hermitage, réputé pour son vin et son art de vivre. Les remorques à double essieu ne sont pas autorisées sur le camping. Magasins à l'autre côté de la rue.

A7 Lyon-Marseille sortie Tain-l'Hermitage. N95 vers Tain-l'Hermitage. Après le passage sous la voie ferrée, 1ère route à gauche jusqu'à la N7. Suivre les panneaux de camping.

CC € 16 *1/3-2/7 20/8-15/11*

N 45°04'00" E 04°51'06"

## Thonon-les-Bains, F-74200 / Rhône-Alpes (Haute-Savoie) — 1853

Camping Saint Disdille***
117 avenue de Saint-Disdille
+33 4 50 71 14 11
15/4 - 9/10
camping@disdille.com

12ha 250T(90-120m²) 10A CEE

1 ACD**G**IJKLMPQ
2 BEJPSUWXYZ
3 CHIKMOPS**WZ**
4 (Q+S+T+U+V+X+Y+Z )
5 **AB**EFGIJKLMNOPUWYZ
6 ACDEGHJ**K**(N 3km)QRTV

Grand camping familial avec des emplacements spacieux dans un environnement boisé. La rive du lac de Genève dans le parc de la ville est à 150 mètres de l'entrée. Transports publics, restaurant, supermarché, kiosque à journaux. Zone naturelle à côté du camping. Nombreuses possibilités pour faire du vélo, aussi aux environs du lac. Location de vélos.

N5 Genève-Evian, sortie Vongy-Lac, puis direction St. Disdille. Ensuite le camping est indiqué.

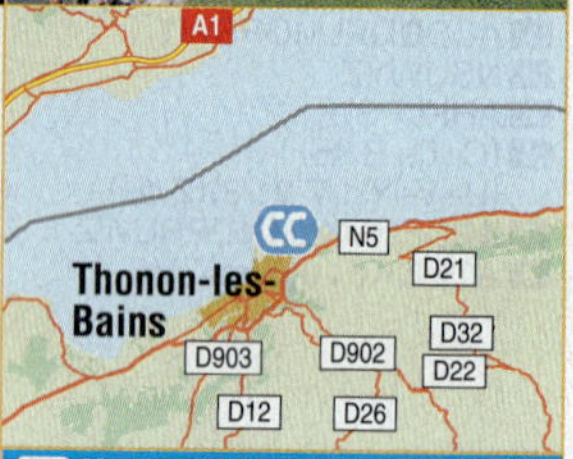


CC € 18 *15/4-3/7 27/8-9/10*

N 46°23'58" E 06°30'14"

## Tournon-sur-Rhône, F-07300 / Rhône-Alpes (Ardèche) — 1854

Camping Le Rhône***
1 prom. Roche Defrance
+33 4 75 08 05 28
1/3 - 13/11
contact@camping-le-rhone.com

1,1ha 56T(60-100m²) 10A CEE

1 AC**G**IJKLMPSWT
2 CIJNSVWXYZ
3 AIKSU**W**
4 (C 15/5-15/9)
5 **AB**DEFGIJKMNPUVWZ
6 CEGK(N 0,1km)OT

Camping agréable près du centre-ville sur la rive du Rhône avec vue sur les vignobles de l'Hermitage. Ce camping ombragé est ouvert presque toute l'année. Sanitaires chauffés et piscine. Près des magasins.

A7 sortie 13 Tain l'Hermitage. Au rond-point, Tournon-sur-Rhône. Franchir le pont par RN7 vers Tournon et à droite, suivre la rivière. Puis au centre après grand parking, directement à droite, suivre le panneau.

CC € 18 *1/3-1/7 3/9-13/11*

N 45°04'19" E 04°49'40"

## Tournon-sur-Rhône, F-07300 / Rhône-Alpes (Ardèche)

1855

Camping Les Acacias***
190, route de Lamastre
+33 4 75 08 83 90
1/4 - 30/9
info@acacias-camping.com

2,4ha 44**T**(80-200m²) 6-20A CEE

**1** ACGIJKLMOPSWT
**2** CIJPSXYZ
**3** CHIJKLPRSU**WX**
**4** (B 15/5-15/9)(G 15/6-15/9) (Q+T+U+V+X+Z 1/7-31/8)
**5** **A**GIJKLMNOPUW
**6** EGH**K**(N 3km)ORV

Camping familial tranquille et plein d'ambiance au coeur de l'Ardèche et près de Tournon. Vous pouvez faire du vélo sur la Via Rhôna ou prendre le train à vapeur 'Le Train de l'Ardèche'. Le camping a des emplacements spacieux et ombragés avec branchement électrique 6A et une piscine. Randonnées à partir du camping.

A7, sortie 13 Tournon. Traverser le Rhône puis à droite. D532, et le camping est sur la droite à 1,5 km après Tournon.

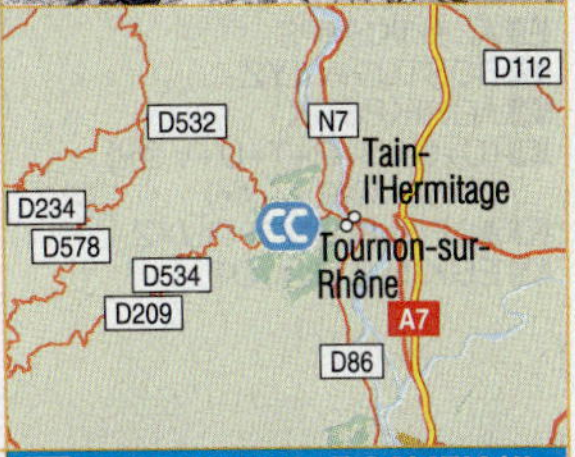


CC € 16 *1/4-1/7 20/8-30/9*

N 45°03'57'' E 04°47'41''

## Trept, F-38460 / Rhône-Alpes (Isère)

1856

Camping Les 3 Lacs du Soleil****
La Plaine de Serrières
+33 4 74 92 92 06
16/4 - 18/9
les3lacsdusoleil@hotmail.fr

26ha 190**T**(100-150m²) 6-10A

**1** ACD**G**IJLM**P**RS
**2** AEJOQSWXYZ
**3** CHIKMNOPRSUV**WZ**
**4** (B+G)JK(Q+R) (T 1/7-31/8)(V+X+Z)
**5** **AB**FGIJKLMNOPUWZ
**6** EGHK(N 2,5km)OV

Camping familial avec piscine et pataugeoire, dans un domaine avec trois petits lacs dont un avec toboggan aquatique. Emplacements spacieux sur terrain plat et restaurant sur le domaine. Il y a une piste cyclable à proximité du camping qui relie la piste cyclable de Via-Rhona.

Bourg-en-Bresse direction Lyon. Sortie Ambérieu. N75 direction Lagnieu. Puis direction Lancin. D522 et D517 direction Trept et Crémieu. Le camping est à 3 km avant Trept. Bien indiqué.

CC € 16 *16/4-8/7 29/8-12/9* *7=6*

N 45°41'21'' E 05°21'06''

## Trévoux, F-01600 / Rhône-Alpes (Ain)

1857

Kanopée-Village à Trevoux***
rue Robert Baltié
+33 4 74 08 44 83
1/4 - 30/9
contact@kanopee-village.com

2,5ha 160**T**(100-140m²) 10A CEE

**1** ACDGIJKLMOPST
**2** CIJSWXYZ
**3** AHIJKMNSU
**4** (A 7/7-1/9)(C+H 1/7-31/8)IJ (Q+R)
**5** **AB**CGJLMNOPUZ
**6** ACEGH**K**(N 1km)RT

Camping à seulement 30 km de Lyon, au bord de la Saône. Emplacements pour tentes, caravanes et camping-cars dans un environnement verdoyant.

Du nord, A46 sortie 2 (Trévoux). Suivez les panneaux de localité. Le camping est indiqué par des panneaux. Du sud, A6 sortie 32.

CC € 16 *1/4-5/7 23/8-30/9* *7=6, 14=11*

N 45°56'21'' E 04°46'06''

## Tulette, F-26790 / Rhône-Alpes (Drôme) — 1858

Camping Les Rives de l'Aygues***
142 chemin des Rives de l'Aygues
+33 4 75 98 37 50
30/4 - 1/10
contact@lesrivesdelaygues.com

3,5ha 100T(80-300m²) 6-10A CEE

1 ACFIJKLMPS
2 BCSTUVWXYZ
3 ACHIKPSUX
4 (C+G+Q+R+T+U+V 🔑)
(X 1/6-30/9)(Z 🔑)
5 ADFGIJKMNOPRUXZ
6 EGK(N 2,5km)OTV

Camping dans la nature en bordure de vignes étendues et dans un petit bois le long de la rivière. Vous êtes à l'abri des regards sur les emplacements délimités par des haies. Petit magasin très simple avec du pain le matin et piscine bien chauffée de mai à octobre. Wifi gratuit sur tout le terrain en période hors saison.

A7 sortie Bollène direction Vaison-la-Romaine, à Tulette à droite. Puis suivre les panneaux de camping.

CC € 18 30/4-6/7 23/8-1/10

N 44°15'52" E 04°55'59"

## Ucel, F-07200 / Rhône-Alpes (Ardèche) — 1859

Camping Le Pastural****
6 route du Moulin
+33 4 75 37 60 28
2/4 - 15/10
campinglepastural@hotmail.fr

2ha 41T(80-110m²) 10A CEE

1 ACDGIJKLPSWT
2 ADLMNQSUWYZ
3 AHIKLNPSUW
4 (A 15/7-15/8)(C+H 1/5-20/9)
(Q+R 🔑)(T+V+X 1/7-31/8)
(Z 🔑)
5 AEFGIJKLNOPUWXYZ
6 ACEGK(N 1,5km)V

Camping familial avec propriétaires amicaux. Ici, vous vous sentez chez vous ! Superbe environnement avec rochers, petites rivières et villages. 100km de circuits VTT. Canyoning, escalade, randonnée. Aubenas avec ses commerces à 2 km.

A7 sortie 17, Le Teil/Aubenas. Avant Aubenas, au rond-point N304/St Privat. Au rond-point, St Privat/Ucel. A St Privat vers Ucel. Attention! Ne pas tourner au 1er panneau de camping mais au 2me. Là, à droite.

CC € 14 2/4-8/7 29/8-15/10 14=13

N 44°38'39" E 04°23'16"

## Ucel/Aubenas, F-07200 / Rhône-Alpes (Ardèche) — 1860

Camping Domaine de Gil****
91 route de Vals
+33 4 75 94 63 63
1/5 - 18/9
resa@domaine-de-gil.com

4,5ha 28T(80-130m²) 10A CEE

1 ACDFIJKLMPSWT
2 ADPQSUWYZ
3 AHIKOPRSUWX
4 (C+H 🔑)K(Q+R+T+U+V 🔑)
(Y 1/7-31/8)(Z 🔑)
5 ABEFGIJKLMNOPUVWZ
6 ACEGJK(N 2km)OTV

Camping convivial avec végétation variée. Sources naturelles dans les environs, entre autres à Vals-les-Bains. Piscine chauffée (27°C). Près d'Aubenas où il y a toutes sortes de magasins. Fitness au bord de la rivière.

A7 sortie 17 Le Teil/Aubenas. Avant Aubenas au rond-point N304, St. Privat. Au rond-point, St. Privat/Ucel. A Pont d'Ucel, vers Vals/Ucel. Cp à gauche à 2 km. N'utilisez pas le GPS.

CC € 18 1/5-3/7 21/8-18/9 14=13, 21=19

N 44°38'33" E 04°22'47"

## Valbonnais, F-38740 / Rhône-Alpes (Isère)

iD 1861

Camping Au Valbonheur***
129 Impasse du Lac
+33 4 76 30 21 28
1/5 - 30/9
contact@plandeau.net

20ha 123T(100-200m²) 10A CEE

1 ACD**F**IJKLMPQ
2 ACEJNOSXYZ
3 ACHIKLNOP**QR**SU**W**XZ
4 (A 10/7-20/8) (T+U+V+Y+Z)
5 **AB**CEFGHJLNPQRSUVWZ
6 ACEGHJ(N 0,8km)OQRTV

Beau grand camping familial avec une partie à ciel ouvert et une partie très ombragée. Situé au bord d'un lac avec baignade, pagaie et kayak et entouré de collines verdoyantes. Idéal pour des familles, des camping-caristes, les randonneurs et les cyclistes.

De Grenoble, avec caravane, suivre l'itinéraire poids lourds. Indiqué par des panneaux 'Le Plan d'eau' sur la N85 à La Mure.

N 44°53'33'' E 05°54'15''

CC € 16 *1/5-30/6 1/9-30/9*

## Vallières, F-74150 / Rhône-Alpes (Haute-Savoie)

iD 1862

Camping Les Charmilles***
625 route du Val de Fier
+33 6 12 33 42 18
2/4 - 30/9
campinglescharmillles74@gmail.com

2ha 76T(100-120m²) 8A

1 ACD**G**IJKLM**P**RS
2 INSWXYZ
3 AHIKPSU
4 (A 1/7-25/8)(C+H 1/5-30/9) J(Q 1/7-31/8) (T+U+V+X+Z)
5 **AB**DFGIJKLMNPQUZ
6 EGJ(N 0,5km)OV

Camping familial dans un environnement rural avec de nombreux emplacements ombragés au pied de la montagne. Piscine chauffée avec toboggan pour enfants. Restaurant avec spécialités régionales à côté du camping. Promenades guidées avec les propriétaires du camping.

A Mâcon, A40 direction Genève. Sortie 11 Eloise. Puis la N508 jusqu'à Frangy. D910 direction Rumilly. A Vallières sortir direction Seyssel. Le camping est sur la D14 à gauche à 500 mètres.

N 45°54'08'' E 05°55'41''

CC € 14 *2/4-30/6 1/9-30/9*

## Vallon-Pont-d'Arc, F-07150 / Rhône-Alpes (Ardèche)

iD 1863

Camping Beau Rivage****
quartier les Mazes
+33 4 75 88 03 54
21/5 - 21/9
campingbeaurivage@wanadoo.fr

2,2ha 86T(100-110m²) 10A CEE

1 ACD**G**IJKLPSWT
2 ADSUWYZ
3 CHSU**WX**
4 (A 28/6-31/8)(C+H) IJ(Q+R)(T+U+ V+Y 1/6-31/8)(Z)
5 **A**DEFGIJKLMNOPUVWZ
6 ADEGHJ(N 2km)RTV

Situé dans les vignes au bord de la rivière. Large plage et assez d'eau dans l'Ardèche pour bien nager et faire du bateau. Mur à bulles dans la belle piscine chauffée. Nombreux emplacements ombragés. Sanitaires chauffés. Les propriétaires sont très amicaux et accueillants. Fitness d'extérieur. Ambiance familiale.

De Ruoms, D579 vers Vallon-Pont-d'Arc. Aux Mazes à droite, au bout de la route à gauche, camping sur la droite. Suivre cet itinéraire, pas le GPS.

N 44°24'23'' E 04°21'51''

CC € 18 *21/5-5/7 24/8-21/9* *14=13, 21=19*

## Vallon-Pont-d'Arc, F-07150 / Rhône-Alpes (Ardèche)

iD **1864**

Camping La Plage Fleurie*****
Les Mazes
+33 4 75 88 01 15
15/4 - 11/9
info@laplagefleurie.com

12ha 101T(100-120m²) 10A CEE

1 ACD**G**IJKLMOPSW
2 ADNOSUWXYZ
3 CHIPSU**W**X
4 (C+H )IM
(Q+S+T+U+V+Y+Z )
5 **AB**DEFGIJKLMNOPQUWZ
6 ACEGHJ**K**L(N 2km)TUV

NOUVEAU

Ce camping renommé est situé dans le village Les Mazes. Il y a beaucoup de grands arbres pour l'ombre nécessaire. La piscine est idéale pour le bronzage et la détente. Il y a une grande plage au bord de la rivière.

A7 sortie Montélimar-Nord. Suivre la N7 direction Le Teil, puis la N102 direction Aubenas. Après la descente à Villeneuve monter la montagne en montant le rond-point à gauche, le D103 vers Vallon-Pont-d'Arc. Aux Mazes à droite, suivre les panneaux.

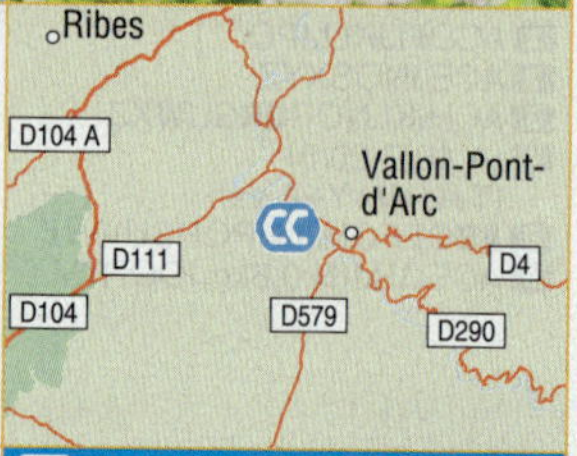


CC € 20 *15/4-8/7 25/8-11/9*

N 44°24'32'' E 04°21'17''

## Vallon-Pont-d'Arc, F-07150 / Rhône-Alpes (Ardèche)

iD **1865**

International Camping****
65 Impasse de la Plaine
+33 4 75 88 00 99
30/4 - 30/9
inter.camp@wanadoo.fr

3ha 117T(90-130m²) 10A CEE

1 ACD**G**IJKLMOPSWT
2 DJNPQSUWYZ
3 AHIKLPSUV**WX**
4 (C+H+Q+R+T+U+V+Y+Z )
5 **A**EFGIJLMNPUZ
6 ACFGK(N 1km)TUV

NOUVEAU

Camping quatre étoiles avec une zone verte pour pratiquer des activités sportives et ludiques. Piscine chauffée. Beaux sanitaires. Emplacements avec vue panoramique au bord de la rivière. Près du centre de Vallon et à 5 km de la Caverne du Pont-d'Arc. Navette vers Pont d'Arc.

A7 sortie 17 N86, Le Teil, puis N102 Aubenas. Après Villeneuve-de-Berg au rond-point à gauche, Vallon-Pont-d'Arc, D103. Puis D579 Vallon-Pont-d'Arc. Vers Salavas. Cp après le pont à droite.

CC € 18 *30/4-3/7 22/8-30/9*

N 44°23'52'' E 04°22'59''

## Vallon-Pont-d'Arc, F-07150 / Rhône-Alpes (Ardèche)

iD **1866**

Les Rives d'Arc****
route des Gorges de l'Ardèche
+33 4 75 88 00 48
9/4 - 25/9
contact@rivesdarc.com

5,2ha 246T(90-110m²) 8-10A CEE

1 ACD**G**IJKLMOPST
2 ADJPQSUWYZ
3 AHIOP**QR**SU**WX**
4 (C+H+Q+S+T+U+V+Y+Z )
5 **AB**DEFGIJKLMNOPQRUWXYZ
6 ACEGHK(N 1km)ORTUV

Ce beau camping quatre étoiles se trouve près de Vallon-Pont-d'Arc. Il y a beaucoup d'ombre grâce à des plantations variées. Vous pouvez bronzer agréablement dans l'une des deux piscines et faire du canoë-kayak sur l'Ardèche au départ du camping (grâce à les partenaires locaux au sein du camping). Restaurant rénové. Nouveaux sanitaires. Propriétaires amicaux.

A partir de Vallon-Pont-d'Arc suivre la D290 (Route des Gorges). A 1 km, c'est le 3ème camping à droite.

CC € 18 *9/4-8/7 26/8-25/9*

N 44°23'50'' E 04°24'04''

## Vallon-Pont-d'Arc/Lagorce, F-07150 / Rhône-Alpes (Ardèche)

**1867**

Camping Domaine de Chadeyron****
400 chemin de Chadeyron
+33 4 75 88 04 81
29/4 - 8/10
infos@campingchadeyron.com

3ha 30T(100-150m²) 10-16A CEE

1 ACDGIJKLMOPSWT
2 MNSUWXYZ
3 AHIKSU
4 (C+H 1/5-30/9)JM(Q+R+T+U )(V 1/7-31/8)(Z )
5 ABCDEFGHIJKLMNOPQRUWXYZ
6 ACDEGK(N 2,5km)RV

Terrain en terrasses sur un domaine de 43 ha avec vue superbe. Ambiance familiale tranquille. Wifi gratuit. Belles randonnées à pied et à vélo. Supplément pour emplacements grand confort. Nouveaux sanitaires luxueux. Piscine chauffée.

A7 sortie Montélimar-Nord. N7, Le Teil. Là, N102 Aubenas. Après Villeneuve-de-Berg, à gauche au rond-point, D103. A Vogüé au rond-point à gauche, Vallon. Puis à gauche, D1. Le cp est sur la droite. Suivre éventuellement le GPS.

CC € 20 29/4-8/6 27/8-8/10

N 44°28'13'' E 04°25'01''

## Vallon-Pont-d'Arc/Salavas, F-07150 / Rhône-Alpes (Ardèche)

**1868**

Camping de L'Ardèche - Vallon-Pont-d'Arc**
100 chemin de la Plage
+33 4 75 88 04 73
25/3 - 26/9
campingvallonpontdarc@gmail.com

3,8ha 150T(75-120m²) 6-10A CEE

1 ACDGIJKLMOPST
2 ACJQSUWYZ
3 AHIKLMSWX
4 (Q+T+U+V+X+Z )
5 ADEFGIJKLMNPUZ
6 ACEGHJKRTV

Camping convivial et tranquille. Accès direct à la plage et à la rivière à partir du camping. Près du centre de Vallon-Pont-d'Arc. Restaurant ouvert toute la saison. Beaucoup de rénovations. Navette vers le Pont d'Arc.

A7, sortie 17 Le Teil/Aubenas. Au rond-point avant Lavilledieu D103, Vallon-Pont-d'Arc. Puis 579, Vallon-Pont d'Arc, suivre vers Barjac. Juste après le pont mais avant Salavas, au rond-point, suivre les panneaux.

CC € 14 25/3-9/7 26/8-26/9

N 44°23'50'' E 04°23'01''

## Vercheny, F-26340 / Rhône-Alpes (Drôme)

**1869**

Camping Les Acacias***
Les Tours
+33 4 75 21 72 51
1/4 - 30/9
infos@campinglesacacias.com

3,6ha 90T(80-120m²) 6A CEE

1 ACDGIJKLPST
2 BCJNPUWYZ
3 CHIKSUWX
4 (Q )
(R+T+U+X+Z 1/5-15/9)
5 AGIJKLMNOPUVWZ
6 AEGK(N 1,5km)OTV

Camping ombragé au bord de la Drôme, très indiqué comme base pour découvrir les beaux environs à vélo (zone plate avec petites villes) ou en voiture (belles montagnes aux alentours). Restaurant simple mais bon et pas trop cher. Location de canoë-kayaks pour descendre la Drôme. Wifi gratuit.

A7 sortie Valence, direction Crest (D111). Après Crest direction Die (D93). Le camping est entre Crest et Die sur la D93, à 2 km avant Vercheny sur le côté sud de la route.

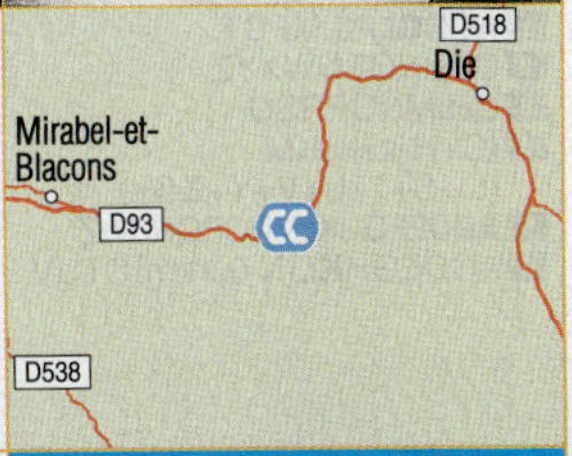


CC € 16 1/4-2/7 22/8-30/9

N 44°41'44'' E 05°14'29''

## Vézelin-sur-Loire, F-42590 / Rhône-Alpes (Loire) — 1870

Camping D'Arpheuilles***
St. Paul-de-Vézelin
+33 4 77 63 43 43
15/4 - 4/9
arpheuilles.camp@gmail.com

3,5ha 87**T**(120m²) 10A CEE

1 ACDGIJLPQ
2 ACEKMNOSWXYZ
3 CDHIPRSU**W**Z
4 (C+G 1/5-5/9)(Q+R )(T+U+X+Z 1/7-31/8)
5 **AB**EFGJKLMNPUWZ
6 EGJOTV

Beau camping bien entretenu sur la rive du lac de rétention. Ce camping offre à chaque campeur tout ce qu'il peut souhaiter dans le domaine des activités nautiques. L'amoureux de la nature trouve ce qu'il cherche dans un environnement vallonné.

De St. Paul-de-Vézelin, D8, Dancé. Camping à quelques km en dehors du village. Indiqué par des panneaux. Les 3 derniers km, route étroite mais bien accessible.

CC € 18 *16/4-8/7 25/8-4/9*

N 45°54'42'' E 04°03'57''

## Villars-les-Dombes, F-01330 / Rhône-Alpes (Ain) — 1871

Camping Le Nid du Parc****
164 avenue des Nations
+33 4 74 98 00 21
2/4 - 1/11
camping@parcdesoiseaux.com

4,5ha 148**T**(80-100m²) 6-16A CEE

1 ACD**G**IJKLM**P**ST
2 COSVWXYZ
3 AC**G**HIKOPSU**W**
4 (**C**+**E**+**H** )(Q 12/4-30/9)(T 1/5-5/9)(U+X 1/6-31/8)(Z 1/6-30/9)
5 **AB**EFGIJKLMNOPUWXYZ
6 ACDEGHJ(N 0,1km)TV

Beau camping agréable dans une belle région naturelle avec de nombreux lacs et étangs. Nombreuses possibilités pour des excursions (dans la nature), par exemple le Jura, les Gorges de l'Ain et la Dombes. Près du grand parc aux oiseaux (réduction pour les campeurs). Région idéale pour les promenades à vélo.

A partir de Bourg-en-Bresse, suivre la RD1083, et dans le village, suivre les panneaux.

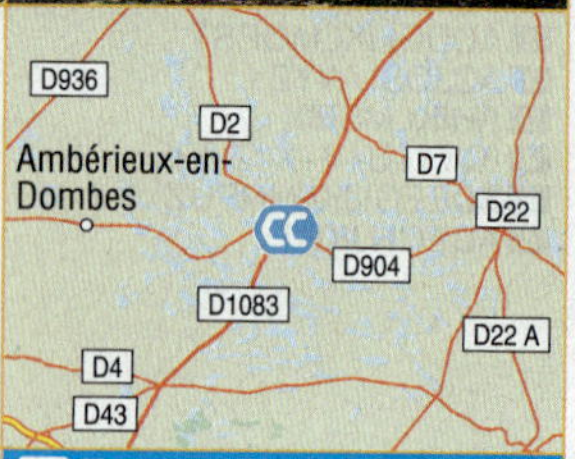


CC € 20 *2/4-30/6 1/9-1/11*

N 45°59'49'' E 05°01'51''

## Villeneuve-de-Berg, F-07170 / Rhône-Alpes (Ardèche) — 1872

Camping Domaine le Pommier - Ciela Village*****
75 rue des Pommiers
+33 4 75 94 82 81
15/4 - 5/9
lepommier@cielavillage.com

40ha 721**T**(80-120m²) 10A CEE

1 ACD**G**IJKLMPST
2 CJMNQSUWXYZ
3 CHIMNOPRSU
4 (C+H )IJKM(Q+S+T+U+V+Y+Z )
5 **AB**DEFGIJKLMNOPQRUWZ
6 ACDEGH**K**L(N 0,1km)OTUV

Qui veut avoir du plaisir se trouve au bon endroit! Il y a toujours quelque chose de chouette à faire. Il y a une partie plate et des terrasses avec une vue superbe sur Mirabel. Divers restaurants. Belles piscines. Nouveaux gérants.

A7 sortie Montélimar-Nord direction Le Teil/Aubenas. Dans Le Teil la N102 vers Villeneuve-de-Berg. Le camping se trouve sur la droite avant le village et le rond-point.

CC € 20 *15/4-7/7 24/8-5/9* *7=6*

N 44°34'21'' E 04°30'40''

## **Vogüé**, F-07200 / Rhône-Alpes (Ardèche)

iD **1873**

Camping Les Peupliers***
350 chemin de l 'Auzon
+33 4 75 37 71 47
15/4 - 20/9
info@ardeche-lespeupliers.fr

4ha 73T(80-200m²) 6-16A CEE

1 AD**G**IJKLMPSWT
2 JOPSUWXYZ
3 AHIKLNSU**W**
4 (A 4/7-26/8)(C+G 15/5-26/8)
(Q+T+U+V+X+Z 4/7-26/8)
5 **AB**FGIJKLZ
6 ACEGHJ**K**(N 0,3km)ORVW

Camping familial dans la partie moins touristique de l'Ardèche, donc plus calme. Nager dans la rivière ou dans la piscine possible. Emplacements spacieux sous les arbres. Près de belles pistes cyclables. Propriétaires passionnés.

A7, sortie 17, puis N102 dir Aubenas. À la sortie à Villeneuve-de-Berg, au 1er rond-point, suivez D103, puis au 2e rond-point suivez Vogüé-Gare, à droite. Au rond-point suivant prenez la 3e sortie, suivre panneaux de camping. 2e camping à droite.

CC € 16 *15/4-30/6 28/8-20/9*

N 44°32'15'' E 04°24'38''

## **Vonnas**, F-01540 / Rhône-Alpes (Ain)

iD **1874**

Camping Le Renom***
240 avenue des Sports
+33 4 74 50 02 75
2/4 - 2/10
camping.lerenom@vonnas.com

2,6ha 82T(80-100m²) 16A CEE

1 ACD**G**IJKLMO**P**QW
2 DISVWXYZ
3 ACHIK**O**PSU**W**
4 (C+H 1/7-31/8)J
(T+X+Z 1/5-27/9)
5 **AB**FGIJKLMNPUWZ
6 ACDEGK(N 0,1km)

Le camping est à 300 mètres du centre de Vonnas avec de nombreux équipements, dans la région de la Bresse, réputée pour sa bonne cuisine. Le camping est situé le long de deux petites rivières, a des emplacements spacieux délimités par des haies. Le sanitaire est remis à neuf. Wifi gratuit.

Le camping est indiqué par des panneaux dans Vonnas.

CC € 16 *2/4-8/7 25/8-2/10* *7=6, 14=12*

N 46°13'15'' E 04°59'15''

## **Agos-Vidalos**, F-65400 / Midi-Pyrénées (Hautes-Pyrénées)

iD **1875**

Camping La Châtaigneraie***
46 avenue du Lavedan
+33 5 62 97 07 40
1/4 - 15/10
camping.chataigneraie@
wanadoo.fr

1,8ha 60T(80-100m²) 2-10A

1 ACD**G**IJKLMPQ
2 JMNSWYZ
3 CHIKLSU
4 (C+G 1/6-30/9)J(Q 1/7-31/8)
5 **AB**CDEFGHIJKLMNPQRUW
6 ACEGK(N 3km)TV

Camping familial tranquille avec de beaux sanitaires dans un magnifique bâtiment en bois. Emplacements ombragés à la lisière d'un bois de châtaigniers, avec une vue fantastique sur les montagnes. Piscine chauffée. Bon point de départ pour toutes sortes d'excursions et pour se reposer. Wifi gratuit partout.

A Lourdes la D821/N21 vers Argelès-Gazost. Puis sortie Agos-Vidalos. Dans le centre de Agos. Indiqué.

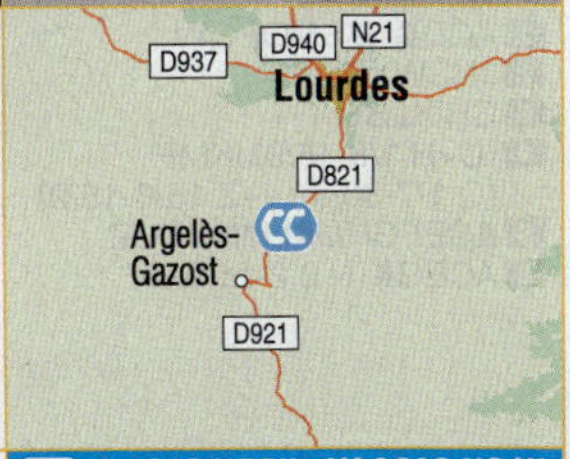


CC € 14 *1/4-7/7 24/8-15/10* *7=6, 14=12, 21=18*

N 43°01'55'' W 00°04'31''

## **Aguessac**, F-12520 / Midi-Pyrénées (Aveyron)

**1876** · iD

Camping la Belle Étoile***
chemin des Prades
+33 5 65 72 91 07
1/5 - 1/10
contact@camping-labelleetoile.fr

2,5ha 68T(150-300m²) 6A CEE

1 ACD**G**IJKLMOPQ
2 DIJNPSWXYZ
3 CHIJKRSU**WX**
4 (**A**+T+U+V+X+Y 🔑)
(Z 1/7-31/8)
5 **A**CEFGHIJKLMNOPQRSUZ
6 ACDEGHJM(N 0,1km)OTW

Ce charmant camping avec une belle vue se trouve au bord du Tarn et à proximité du village. Grands emplacements et nouveaux sanitaires. Les propriétaires sont très serviables et amicaux.

Du nord : A75, sortie 44.1 Aguessac. Après la pharmacie à gauche. Du sud : A75, sortie 47 Millau. Direction Aguessac. A droite après la voie ferrée.

CC € 16 *1/5-30/6 1/9-1/10*

N 44°09'13'' E 03°05'53''

## **Argelès-Gazost**, F-65400 / Midi-Pyrénées (Hautes-Pyrénées)

**1877** · iD

Camping Les Trois Vallées****
avenue des Pyrenées
+33 5 62 90 35 47
8/4 - 9/10
3-vallees@wanadoo.fr

15ha 200T(100-170m²) 6-10A

1 ACD**G**IJKLMPQW
2 CJNSUWYZ
3 CDHIKLMN**O**PSU**W**
4 (**A** 1/7-31/8)(C 1/6-30/9)
(E 🔑)(H 1/6-30/9)
IJKMP(Q+S 1/7-31/8)
(T+U+V 15/6-11/9)
(W+Y+Z 🔑)
5 **AB**CDEFGHIJKLMNPQRUXYZ
6 ABCFGH**K**L(N 0,5km)TUV

Camping moderne, grand paradis aquatique couvert et d'extérieur avec toboggans et whirpools. Restaurant et snackbar avec terrasse. Salle de jeux pour tous. Superbes sanitaires modernes. Wifi gratuit en saison basse. Centre à 300m. Excursions : Gavarnie, Tourmalet, le Parc Animalier, Lourdes, le 'Donjon des Aigles', etc. Facilement accessible. Départ pour divers cols du Tour de France.

De Lourdes, la D821. Au 1e rond-point à droite. Au rond-point suivant, 1ère sortie.

CC € 22 *8/4-1/7 28/8-9/10*

N 43°00'44'' W 00°05'50''

## **Argelès-Gazost/Ayzac-Ost**, F-65400 / Midi-Pyrénées (Hautes-Pyrénées)

**1878** · iD

Camping La Bergerie***
8 chemin de la Bergerie
+33 5 62 97 59 99
1/5 - 30/9
sarlcampinglabergerie@gmail.com

3,5ha 51T(100-130m²) 2-6A

1 ACD**G**IJKLMOPQW
2 JNSWXZ
3 CHIKLSU
4 (C+H 1/6-15/9)JKMP
(Q 1/7-30/8)(V+Z 15/6-15/9)
5 **A**CEFGHIJKLMNOPUZ
6 ACEG**K**(N 0,2km)OUV

Camping sur terrain plat, avec de grands emplacements bien ombragés à proximité d'un supermarché et du centre d'Argelès-Gazost. Nouveaux sanitaires modernes et propres. Piscine chauffée. Wifi. Le camping est situé juste en bordure de la piste cyclable (terrain pratiquement plat) vers Lourdes.

De Lourdes, au 1er rond-point à droite. Au rond-point suivant, 2ième sortie. Puis au rond-point suivant, 1ère sortie vers Ayzac-Est.

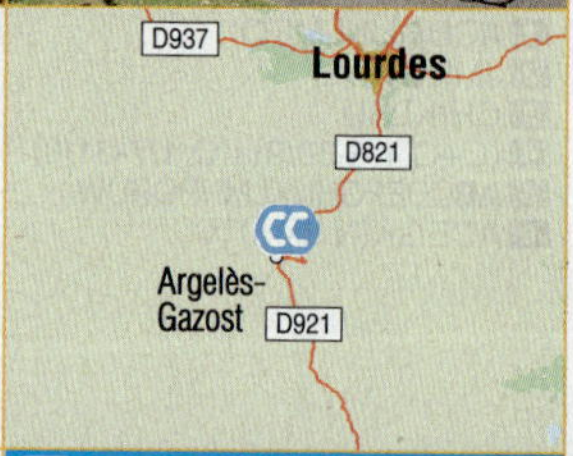


CC € 16 *1/5-5/7 23/8-29/9 14=13, 21=19, 30=27*

N 43°01'09'' W 00°05'44''

## Ax-les-Thermes, F-09110 / Midi-Pyrénées (Ariège)

**1879**

Camping Le Malazéou****
RN20
+33 5 61 64 69 14
1/1 - 1/11
camping-malazeou@lavacance.ucpa.com

6ha 103T(90-100$m^2$) 10A CEE

**1** ACD**G**IJKLM**P**QW
**2** CSUWXYZ
**3** CHI**O**RSUV**W**
**4** (C+H 1/6-30/9)N(Q 6/7-24/8) (T+U+V+X+Z 1/6-30/9)
**5** **AB**DEFGJLMNPUVWZ
**6** AFGH**K**(N 0,8km)TV

Camping au bord d'un torrent. Centre-ville historique accessible par un sentier piétonnier. Bien situé pour une visite aux thermes d'Ax. L'environnement a un passé riche avec les Cathares. Bons restaurants, avec produits du terroir à Les Cabannes.

De Foix, quitter l'autoroute, suivre Ax-les-Thermes. Camping sur la N20, à 1 km avant l'entrée dans Ax. D' Andorra, 1 km après Ax-les-Thermes.

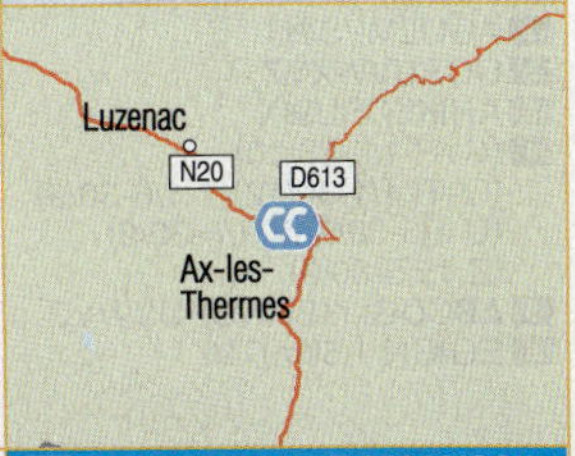


€ 18 4/1-4/2 8/3-1/7 30/8-30/10 7=6, 14=11, 21=17

N 42°43'43'' E 01°49'32''

## Bagnères-de-Bigorre, F-65200 / Midi-Pyrénées (Hautes-Pyrénées)

**1880**

Camping Le Monlôo****
6 route de la Plaine
+33 5 62 95 19 65
1/5 - 1/11
campingmonloo@yahoo.com

3,5ha 122T(100-120$m^2$) 10A CEE

**1** ACD**G**IJKLPQ
**2** ACEJLMNOSUWXYZ
**3** AC**G**HKNOSUZ
**4** (F+H 1/5-30/10)J (Q 1/6-13/9)(R 29/6-13/9)(T+U+V+Z 1/6-13/9)
**5** **AB**DFGIJKLNPUWZ
**6** ACDEG**K**(N 2km)TV

Camping spacieux, tranquille et ombragé. Piscine couverte chauffée du 15/4 au 30/10 et lac aménagé dans lequel on peut nager, avec plage de sable et chaises longues (15/6 - 15/9). Wifi gratuit pour les clients CampingCard ACSI. Bon point de départ pour visiter les Pyrénées.

A partir de Tarbes, la D935 jusqu'à Bagnères-de-Bigorre. Au premier rond-point à gauche et au rond-point suivant à gauche. Là, suivez les panneaux de camping.

€ 16 1/5-2/7 30/8-1/11 21=20

N 43°04'51'' E 00°08'57''

## Beaumont-de-Lomagne, F-82500 / Midi-Pyrénées (Tarn-et-Garonne)

**1881**

Camping Le Lomagnol***
avenue du Lac
+33 5 63 02 16 76
1/4 - 30/9
campinglomagnol@gmail.com

3,6ha 66T(85-110$m^2$) 10A

**1** ABCD**G**IJKLMOPW
**2** ENSWXYZ
**3** CHIKPRSU**W**
**4** (B+G 1/7-31/8)**IJKMN** (Q+R )(T+U+V+Z 1/7-31/8)
**5** **A**FGHIJKLMNPUVZ
**6** ACEGHJ(N 0,8km)T

Le camping familial est situé dans un village de loisirs (36ha) au bord d'un lac. Circuits pour la randonnée et le vélo, piste pour la course de chevaux, à 800 mètres du centre avec des magasins. Parcours de santé, possibilité de pêcher (surtout des carpes), jacuzzi et sauna.

Beaumont-de-Lomagne. Là, suivre les panneaux vers le 'Plan d'eau'.

€ 14 1/4-5/7 22/8-30/9 7=6

N 43°53'02'' E 00°59'50''

## Boisse-Penchot, F-12300 / Midi-Pyrénées (Aveyron)

1882

Camping Le Roquelongue***
Roquelongue
+33 5 65 63 39 67
1/1 - 31/12
info@camping-roquelongue.com

16ha 39**T**(80-200m²) 6-10A

1 AGIJLMPSWT
2 DOSUVWXYZ
3 AHIKLOSU**WX**
4 (C+H 1/5-30/10)
(Q+R 1/1-30/12)(T 1/6-30/9)
(U 1/5-30/9)(X 1/6-30/9)
(Z 15/5-30/9)
5 **AB**CDGIJKLMNOPUVWYZ
6 EG**K**(N 1,5km)TV

Camping calme et plat sur les rives du Lot, à proximité d'un village. Toutes activités sportives inclus, ainsi que l'utilisation de petites barques et le grand bois pour des promenades. Les chiens sont les bienvenus.

A20 sortie 56 vers Figeac puis direction Decazeville via la D840. Après La Roque-Bouillac, prendre à gauche direction Boisse-Penchot où le camping sera indiqué.

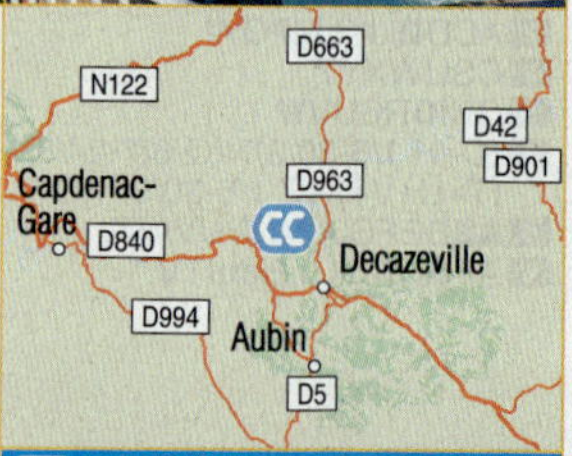


CC € 16 *1/1-30/6 1/9-31/12*

N 44°35'17'' E 02°13'18''

## Boô-Silhen, F-65400 / Midi-Pyrénées (Hautes-Pyrénées)

1883

Camping Deth-Potz**
40 route de Silhen
+33 5 62 90 37 23
1/1 - 10/10, 10/12 - 31/12
contact@deth-potz.fr

4ha 74**T**(85-110m²) 10A

1 ACD**G**IJLPQ
2 LMNSUWXYZ
3 CEHIKLPRSU
4 (B+G 15/6-15/9)(Q 1/7-31/8)
(R )(T+U+V+Z 1/7-31/8)
5 **A**CDEFGHIJKMNOPQUV
6 ABCEJ(N 2km)OTV

Camping à 2 km d'Argelès-Gazost, en plein coeur des Pyrénées, dans un écrin de verdure et de quiétude au pied d'une chapelle du XVIe siècle. Équipé de sanitaires modernes, d'une borne camping-car, et d'une aire de jeux... Situation privilégiée pour de nombreuses activités sportives et la découverte de la nature.

De Lourdes di Luz-St-Sauveur, Gavarnie. Au 2e rond-point dernière sortie. Puis traverser le pont et directement à gauche. Camping à gauche à 1,5 km.

CC € 14 *1/1-1/7 1/9-10/10 10/12-31/12*

N 43°00'40'' W 00°04'39''

## Campsas, F-82370 / Midi-Pyrénées (Tarn-et-Garonne)

1884

Camping La Tisarne***
451 chemin de la Tisarne
+33 6 30 99 81 03
2/4 - 3/12
latisarne@live.fr

2ha 27**T**(90-120m²) 10A CEE

1 ACD**G**IJKLPRS
2 IMNSUWXYZ
3 AHIKLR
4 (B+Q 15/6-15/9)(R )
5 **AB**GIJKLMNOPUW
6 AEGJ(N 2km)T

Camping familial calme avec des emplacements spacieux. Beaucoup d'arbres pour s'abriter. A l'arrière, plusieurs emplacements avec une belle vue sur la vallée.

Au sud de Montauban, prendre la sortie A20 68 (D820) en direction de Grisolles. Après 3,7 km, le camping est signalé par des panneaux.

CC € 16 *2/4-9/7 27/8-3/12 7=6, 14=12*

N 43°53'46'' E 01°18'00''

## Canet-de-Salars, F-12290 / Midi-Pyrénées (Aveyron)

1885

Camping Soleil Levant***
Pont des Vernhes / D993
+33 5 65 46 03 65
1/5 - 30/9
contact@camping-soleil-levant.com

8ha 128**T**(100-110m²) 6A CEE

**1** ACGIJKLMPRS
**2** AFLMNSWXYZ
**3** CHIKPSUWZ
**4** (Q )(T+U+V 1/7-31/8)
(Z )
**5** **AB**EFGJLNPUVZ
**6** EGJ(N 4km)UV

Situé sur une presqu'île. Terrain boisé légèrement en pente. Grands emplacements juste au bord du lac de Pareloup. Rive sableuse. La grande superficie du terrain se prête bien aux promenades et/ou sorties avec votre chien. Point wifi gratuit.

A75, sortie 44.1 direction Pont-de-Salars. Suivre la D911 (27 km), puis juste avant Pont-de-Salars à gauche, la D993 vers Salles-Curan. Le camping est situé à 8 km à gauche, juste avant le pont.

N 44°12'55'' E 02°46'41''

CC € 14 *1/5-10/7 27/8-29/9 14=12, 21=18*

## Caraman, F-31460 / Midi-Pyrénées (Haute-Garonne)

1886

Camping Naturiste Les Aillos****
chemin des Aillos
+33 5 61 83 22 57
11/4 - 8/10
contact@lesaillos.eu

6ha 52**T**(90-150m²) 16A CEE

**1** ACD**F**IJKLP
**2** BLMSWXYZ
**3** ACHS
**4** (B+G )N(Q 4/6-11/9)
(R )(T+U+V+X 20/6-31/8)
(Z )
**5** **AB**EFGIJKLMNOPUVWZ
**6** EGHJ(N 3,5km)OTV

Camping naturiste situé entre Toulouse, Carcassonne et Albi. Ici, vous pouvez vous ressourcer dans une oasis de paix et de tranquillité au milieu de la nature et profiter du sauna ou de la piscine.

A Caraman, prenez la route D11 dir Lavaur. Suivez les panneaux de camping.

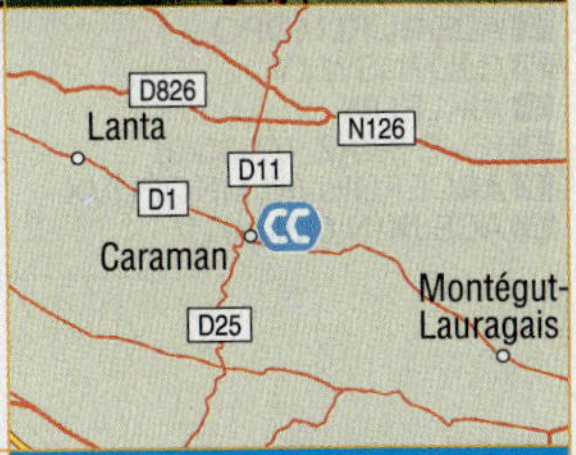


N 43°32'03'' E 01°47'09''

CC € 18 *11/4-9/7 27/8-8/10 7=6*

## Castelnau-Magnoac, F-65230 / Midi-Pyrénées (Hautes-Pyrénées)

1887

Camping l'Eglantière
Ariès-Espenan
+33 5 62 39 88 00
1/5 - 9/10
infos@leglantiere.com

50ha 80**T**(90-200m²) 16A CEE

**1** ACGIJKLMPQ
**2** COPSWXYZ
**3** AHIKMSUV**W**X
**4** (A 1/6-30/9)(C+H )N
(Q )(S 15/6-15/9)(T )
(U 15/5-30/9)(V 1/6-30/9)
(X 16/5-26/9)(Y 30/5-13/9)
(Z 1/6-9/10)
**5** **AB**EFGIJKLMNOPQUWXZ
**6** CDEHJ(N 5km)OTV

Camping naturiste situé entre la Gascogne et les Pyrénées dans un domaine agricole biologique de 50 ha traversé par le Gers. Un endroit pour les amoureux de la nature, de randonnées et de pêche. Piscine chauffée et sauna, bar à vin, snack, restaurant, wifi gratuit. Ambiance familiale, employés franco-néerlandais. Étape idéale sur la route vers l'Espagne.

Suivre la D929 de Lannemezan à Castelnau-Magnoac. Le camping est indiqué à 2 km environ avant Castelnau-Magnoac.

N 43°15'49'' E 00°31'15''

CC € 20 *1/5-1/7 27/8-9/10 14=13, 21=17*

## Castres, F-81100 / Midi-Pyrénées (Tarn)

iD 1888

Camping de Gourjade***
av. de Roquecourbe/Parc de Gourjade
+33 5 63 59 33 51
1/4 - 30/9
contact@campingdegourjade.net

4ha 83T(80-200m²) 16A CEE

1 AC**G**IJKLM**P**Q
2 BCJLMSTWXYZ
3 A**G**HIKP**R**SU
4 (B 15/6-15/9)M
(Q+R)(T 1/4-15/9)
(X+Y+Z 1/5-15/9)
5 **AB**EFGIJKLMNOPUVZ
6 CEGK(N 2km)

Beau camping situé entre les rives d'une rivière et un grand parc en bordure de Castres, avec un grand complexe sportif et aquatique. Terrain de golf à côté du camping. Transports en commun gratuits.

A Castres suivre direction Brassac, puis les panneaux de camping et les panneaux Parc de Loisirs de Gourjade.

CC € 14 1/4-9/7 26/8-30/9

N 43°37'14" E 02°15'15"

## Cauterets, F-65110 / Midi-Pyrénées (Hautes-Pyrénées)

iD 1889

Camping Cabaliros***
93 avenue du Mamelon Vert
+33 5 62 92 55 36
28/5 - 30/9
info@camping-cabaliros.com

2ha 93T(85-130m²) 6A

1 ACD**G**IJKLMOPQ
2 CJLMNSWXY
3 AIKLSU**W**
4 (Q+R)(Z 1/7-30/9)
5 **AB**CEFGHIJKLMNOPUVX
6 ACEJ**K**(N 0,3km)TV

Camping propre au bord d'un torrent, près de Cauterets et du Parc National avec ses lacs et ses cascades (e.a Pont d'Espagne). Emplacements spacieux avec vue magnifique sur les montagnes. Liaison par bus gratuite une grande partie de l'année. A l'accueil, bonnes explications sur les diverses curiosités et randonnées fantastiques. Wifi sur tout le camping et service de pain.

D920. Après le supermarché Carrefour, 1e route à droite, traverser le pont.

CC € 16 28/5-4/7 27/8-30/9

N 42°54'11" W 00°06'26"

## Caylus, F-82160 / Midi-Pyrénées (Tarn-et-Garonne)

iD 1890

Camping De la Bonnette***
672 route de la Bonnette
+33 5 63 65 70 20
1/4 - 1/10
info@campingbonnette.com

1,5ha 50T(100m²) 10A CEE

1 ACD**G**IJKLMOPQ
2 CJNSWYZ
3 AHIKPS**W**
4 (B 15/4-30/9)(Q 1/5-30/9)
(T+U+X)(Y 1/4-1/10)
(Z)
5 **ABC**FGIJKLMNOPUWXZ
6 ACDEG**K**(N 0,5km)T

Camping particulièrement sympathique d'un couple néerlandais amical, bons équipements, piscine, bar, restaurant et snacks, wifi, grands emplacements, et tout ça dans un environnement charmant et rustique avec des petites villes anciennes. Aussi pour les cyclistes.

A20, Caussade. Sortie 59 di Rodez (D926). Traverser Caylus jusqu'au garage sur la gauche. Là, à droite et suivre les panneaux de camping.

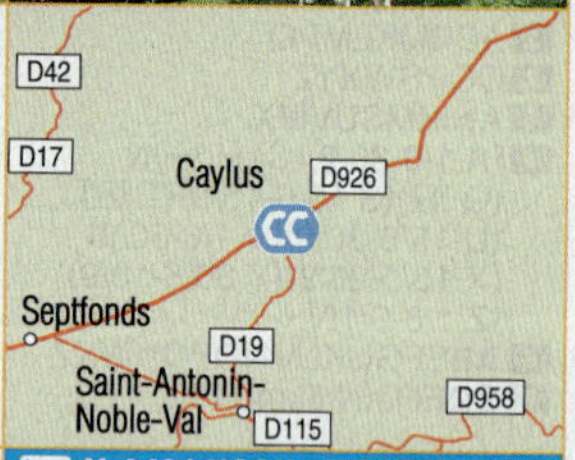


CC € 18 1/4-8/7 27/8-1/10

N 44°14'02" E 01°46'31"

## Conques/Sénergues, F-12320 / Midi-Pyrénées (Aveyron)

**1891**

Camping Etang du Camp***
Lieu dit Le Camp (D242)
+33 5 65 46 01 95
1/4 - 30/9
info@etangducamp.fr

5ha 40T(100-200m²) 6A

1 ACD**G**IJKLMPQ
2 ENSVWXYZ
3 AHIKPSUW
4 (Q 1/5-30/9)(R+V)
5 **A**CDEFGIJKLMNOPQUVWX
6 EGJ(N 3km)T

Camping familial tranquille en plein nature au bord d'un étang pour la pêche. Accueil chaleureux. Emplacements délimités, en partie ombragés. Situation idéale pour découvrir l'Aveyron, non loin de la célèbre abbaye médiévale de Conques. Pain, repas thématiques, feu de camp, glaces, boissons fraîches et café. Service de navettes-vélos.

De Rodez, di Conques (D901). A St. Cyprien, D46 jusqu'à Peyrelebade. Là, à gauche D242 vers Sénergues. Puis le camping est indiqué.

CC € 16 *1/4-10/7 28/8-30/9*

N 44°33'34'' E 02°27'43''

## Cordes-sur-Ciel, F-81170 / Midi-Pyrénées (Tarn)

**1892**

Camping Camp Redon***
+33 6 47 46 13 62
1/4 - 15/10
info@campredon.com

2ha 43T(100-120m²) 10-16A CEE

1 ACDGIJKLMPQ
2 NSUWXYZ
3 AEHIKLP**Q**SU
4 (B+G+Q+U+V+Z)
5 **AB**CFGIJKLMNOPUWZ
6 ADEGHJ(N 5km)OTUV

Entre la bastide Cordes sur Ciel (village favori des Français) et la belle ville Albi (Patrimoine de l'Unesco) se trouve Camp Redon dans un superbe paysage vallonné. Sur ce petit camping sympathique, vous trouvez, en plus de bons équipements (dont wifi gratuit), des emplacements avec des vues et coucher de soleil superbes. Excellente table d'hôtes.

D600 Cordes-Albi, à 5 km après Cordes, suivre les panneaux.

CC € 18 *1/4-9/7 27/8-15/10*

N 44°02'30'' E 02°01'01''

## Cordes-sur-Ciel, F-81170 / Midi-Pyrénées (Tarn)

**1893**

Camping Le Moulin de Julien***
D922
+33 5 63 56 11 10
1/5 - 30/9
contact@campingmoulindejulien.com

8ha 92T(100-120m²) 5-10A CEE

1 AC**G**IJLMPRWS
2 CMSUWXYZ
3 CHLP**R**S**W**
4 (B)J(Q 1/7-31/8)(Z)
5 **A**EFGIJKLMNPUW
6 EG**K**(N 0,8km)OTV

Camping étendu dans un paysage aux allures de parc, au pied de Cordes-sur-Ciel. Magnifiques sanitaires, belle piscine et grands emplacements. Point de départ idéal pour des excursions dans la région, plaisirs gastronomiques.

Quitter Cordes par la D600 vers Albi; à 500m prenez à droite, D922 vers Gaillac. L'entrée du camping est à 300m à gauche.

CC € 18 *1/5-3/7 20/8-30/9*

N 44°03'14'' E 01°58'19''

## Creysse, F-46600 / Midi-Pyrénées (Lot) — 1894

Camping Du Port***
Le Port
+33 5 65 32 20 82
16/4 - 30/9
contact@campingduport.com

6ha 86T(100-300m²) 10A CEE

1 ACD**G**IJKLPRS
2 CPSWXYZ
3 ACHIKMSU**WX**
4 (B 1/5-30/9)(Q 1/5-10/9)
(R+S )(T+U 1/7-31/8)
(Z )
5 **A**EFGIJKLMNOPUZ
6 EGJ(N 5km)OTV

Accès direct à la Dordogne. Près du village historique Creysse, avec un restaurant–brasserie ouvert pendant la période d'acceptation de la CampingCard ACSI. Sur le camping, on peut réserver pour faire du canoë, de l'escalade et de la spéléologie. Belle piscine. Wifi gratuit.

A20 sortie Rocamadour/Martel. Aller jusqu'à Martel par la N140. A Martel direction Creysse par la D23. Puis suivre les panneaux de camping.

CC € 16 *16/4-30/6 1/9-30/9*

N 44°53'07'' E 01°35'58''

## Deyme, F-31450 / Midi-Pyrénées (Haute-Garonne) — 1895

Camping Les Violettes***
17 RD 813
+33 5 61 81 72 07
1/1 - 31/12
campinglesviolettes@wanadoo.fr

2,7ha 58T(80-150m²) 10A CEE

1 ACD**G**IJKLMOPST
2 IJSUVWXYZ
3 ACHIKLS
4 (D 15/6-15/9)(Q 1/4-30/9)
(R+T+V+X+Y+Z )
5 **AB**DFGHIJKLMNOPUWXYZ
6 ACGH**K**(N 5km)V

Camping Les Violettes, situé à Deyme au sud-est de Toulouse, est ouvert toute l'année. Sentez-vous bienvenus dans un cadre verdoyant près du Canal du Midi. Pistes cyclables, sanitaires chauffées rénovés. Profitez de l'aventure et de la nature aux portes de Toulouse et Lauraguais : détente, découverte, culture, gastronomie, shopping, voici des éléments pour un séjour agréable.

Suivez la A61 Toulouse, sortie 19 direction Ramonville sur la RD813. Suivez les panneaux.

CC € 16 *1/1-10/7 29/8-31/12 7=6*

N 43°29'12'' E 01°31'57''

## Estang, F-32240 / Midi-Pyrénées (Gers) — 1896

Camping Les Lacs de Courtès***
23 Route de Panjas
+33 5 62 09 61 98
1/1 - 31/12
contact@lacsdecourtes.com

7ha 55T(100-130m²) 6-10A CEE

1 ACD**G**IJKLMOPQ
2 CEMSVWXYZ
3 CEHIKL**O**PRSUW
4 (C+G 1/5-29/9)(Q 1/7-31/8)
(T+U+V+X+Z )
5 **AB**DEFGIJKLMNPUWYZ
6 ACDEGK(N 0,3km)OTV

NOUVEAU

Camping animé avec une belle piscine à débordement chauffée, un grand étang de pêche et de nombreuses activités pour petits et grands. Avec des sanitaires chauffés. Snack-bar et restaurant toujours ouverts. A 15 minutes des thermes de Barbotan (ristournes curistes) ou du circuit de Nogaro.

Camping sur la D152 Estang direction Panjas, juste en dehors du village après l'église à gauche.

CC € 18 *1/1-2/7 27/8-31/12*

N 43°51'53'' W 00°06'11''

## Foix, F-09000 / Midi-Pyrénées (Ariège) — 1897

Camping Du Lac***
D919 Labarre
+33 5 61 65 11 58
15/3 - 4/11
camping-du-lac@wanadoo.fr

5ha 107**T**(90-110m²) 10A CEE

1 ACD**G**IJKLMPQ
2 CESWY
3 AHOPSU**W**
4 (B+G+Q+T+V+Z 15/6-15/9)
5 **AB**DFGIJKLMNPUVZ
6 CFGJ(N 0,2km)RTV

Camping confortable avec une chouette piscine et des sanitaires rénovés (2015). Situé au nord de la ville. Très facile d'accès. Possibilités pour la randonnée et le vélo à partir du camping.

Le camping est au nord de Foix, direction Toulouse, sur la D919.

CC € 16 *15/3-9/7 28/8-3/11 7=6, 14=11*

N 42°59'22'' E 01°36'56''

## Garganvillar, F-82100 / Midi-Pyrénées (Tarn-et-Garonne) — 1898

Camping Des Etangs***
2315 route d'Angeville
+33 5 63 29 02 28
2/4 - 8/10
camping-des-etangs@orange.fr

5ha 44**T**(80-150m²) 10A CEE

1 ACD**G**IJKL**P**QW
2 SWXY
3 ACHPSUW
4 (B+G 1/5-10/9)J
(Q 1/5-10/9)(R 1/7-31/8)
(T+U+V 1/7-27/8)
(Z 1/5-10/9)
5 **AB**FGIJKLOPQUZ
6 ADEGHJ(N 6km)TV

Situation tranquille à 14 km de l'autoroute. Découvrez le Canal du Midi entre 2 mers à 12 km, Moissac, Castelsarrasin pour un petit tour en bateau, Montech, l'Animaparc et bien plus encore.

A62 Bordeaux-Toulouse sortie 9, traverser Castelsarrasin, puis St. Aignan. Puis Castelferus, et Garganvillar.

CC € 12 *2/4-9/7 27/8-8/10*

N 43°59'17'' E 01°02'42''

## Gavarnie, F-65120 / Midi-Pyrénées (Hautes-Pyrénées) — 1899

Camping Le Pain de Sucre**
quartier Couret
+33 5 62 92 47 55
1/1 - 15/4, 29/5 - 30/9,
15/12 - 31/12
camping-gavarnie@wanadoo.fr

1,5ha 36**T**(88-130m²) 2-10A

1 ACD**G**IJKLMOPQ
2 CJNSWY
3 AHILSU**W**
4 (**A**+Q 🔑)(T+U+V 1/6-30/9)
(Z 🔑)
5 **AB**CDGHIJKLMNOPUWZ
6 ACE**K**(N 3km)V

Camping dans une nature superbe au bord d'un ruisseau tumultueux. Bar, restaurant et deuxième bloc sanitaire parfaitement aménagé pour les sports d'hiver. Bons sanitaires. Camping près du Cirque de Gavarnie et du 'Parc National des Pyrénées'. Très indiqué pour randonneurs, cyclistes et amateurs de sports de montagne. Bien accessible. Wifi sur tout le camping.

Sur la D921, à 4 km après Gèdre et 3 km avant Gavarnie.

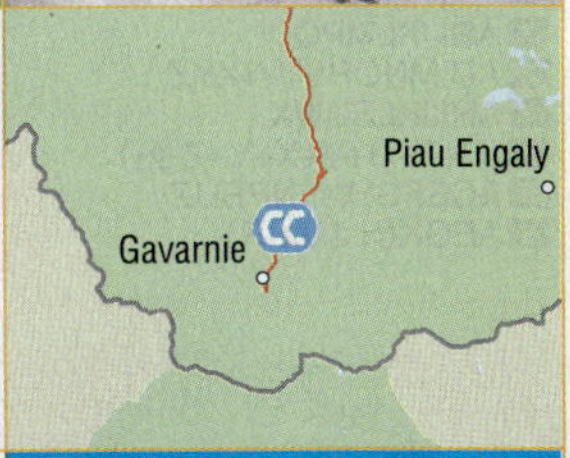


CC € 14 *1/1-15/4 29/5-30/6 31/8-30/9 14=12*

N 42°45'34'' E 00°00'02''

## Gerde, F-65200 / Midi-Pyrénées (Hautes-Pyrénées)

iD **1900**

Camping de l'Adour***
10 chemin Henri IV
+33 5 62 95 27 61
29/4 - 23/10
campingadour@gmail.com

2,5ha 66T(90-200m²) 3-10A CEE

1 A**G**IJKLMOPQ
2 CNSVWXYZ
3 C**G**HIKLPRSUW
4 (D 29/4-15/9)**KN**(Q 1/7-31/8) (U 10/7-20/8)
5 **AB**DEFGIJKLNPQUWZ
6 ACDEGK(N 0,7km)ORTV

Camping tranquille et bien entretenu sur terrain plat le long de l'Adour. Situé sur un plateau verdoyant, sur la route du Pic du Midi et des cols des Hautes Pyrénées, près de Bagnère de Bigorre et de ses thermes.

Sur la D935 en sorting de Bagnères-de-Bigorre, à gauche, traverser le petit pont vers Gerde (Avenue 8 mai) et directement à droite, le camping est à 100m.

CC € 14 *29/4-9/7 26/8-23/10*

N 43°03'09'' E 00°09'34''

## La Bastide-de-Sérou, F-09240 / Midi-Pyrénées (Ariège)

iD **1901**

Flower Camping L'Arize****
Bourtol
+33 5 61 65 81 51
30/4 - 2/10
mail@camping-arize.com

3ha 69T(100-200m²) 6-10A CEE

1 ACD**G**IJKLM**P**Q
2 BCSVWXYZ
3 C**G**HIKL**Q**SU**W**
4 (C 18/6-11/9) (Q 2/7-28/8)(R 1/5-30/9) (T+U+Z 2/7-28/8)
5 **AB**DEFGIJKLOPUWXYZ
6 ACDEGJ**K**(N 2km)RTV

Camping situé au pied des Pyrénées le long d'un ruisseau du parc naturel des Pyrénées Ariegeoises. Point de départ idéal pour les randonnées en montagne et les excursions historiques et culturelles. Restaurant à 400m du camping. Randonnée et vélo sur la 'Voie Verte'. Un magnifique terrain de golf se trouve également à proximité.

La Bastide-de-Sérou est sur la route de Foix à St. Girons, D117. Le camping est indiqué par des panneaux.

CC € 16 *30/4-9/7 27/8-2/10 8=7*

N 43°00'07'' E 01°26'44''

## La Cresse, F-12640 / Midi-Pyrénées (Aveyron)

iD **1902**

Camping Le Papillon***
Les Canals
+33 5 65 59 08 42
23/4 - 1/10
info@campinglepapillon.com

1,5ha 41T(80-123m²) 10A CEE

1 A**G**IJKLMPQ
2 ADIMNOPSUWXYZ
3 AHIJKLSU**WX**
4 (Q+T+U+V+X+Y+Z )
5 **A**CEFGHIJLNPRUZ
6 AEGK(N 3km)RT

Camping en terrasses avec superbe vue sur la vallée du Tarn. Emplacements spacieux et ensoleillés, sanitaires modernes et propres. Petit restaurant convivial. Une ou deux soirées pizza par semaine. Pain frais tous les jours en haute saison.

A75, sortie 44.1 di Aguessac/Rivière-sur-Tarn (GPS éteint !). Au mini rond-point à gauche di Gorges-du-Tarn. À La Cresse à droite, traverser le pont. Dans le village à gauche à l'église, D187 di Peyreleau. 1ier cp à droite à 1500m.

CC € 14 *23/4-1/7 22/8-1/10*

N 44°11'12'' E 03°08'11''

## La Romieu, F-32480 / Midi-Pyrénées (Gers) — 1903

Camping Le Camp de Florence****
allée du Camp
+33 5 62 28 15 58
30/4 - 25/9
info@lecampdeflorence.com

15ha 95T(100-250m²) 10A CEE

1 ABCDGIJKLOPQW
2 LNSVWXYZ
3 CEHIKLMNOPQSUV
4 (A 1/6-15/9)(C+H )K
(Q+R+T+U+V+Y+Z )
5 **AB**DEFGIJKLMNOPRTUWXYZ
6 ACDEGHKM(N 0,5km)TV

Camping à l'aspect de parc auprès d'une propriété du XIXe siècle avec un excellent restaurant. A 500 mètres de la petite ville fortifiée La Romieu, qui est l'un des plus beaux villages de France avec sa collégiale monumentale, son cloître et sa tour de guet. Au coeur de la gastronomie Armagnac, Floc, et des vins locaux.

D'Agen D931 vers Condom. A Ligarde D36, puis D166 vers Collégiale de la Romieu. A gauche, entrer dans le village et suivre les panneaux.

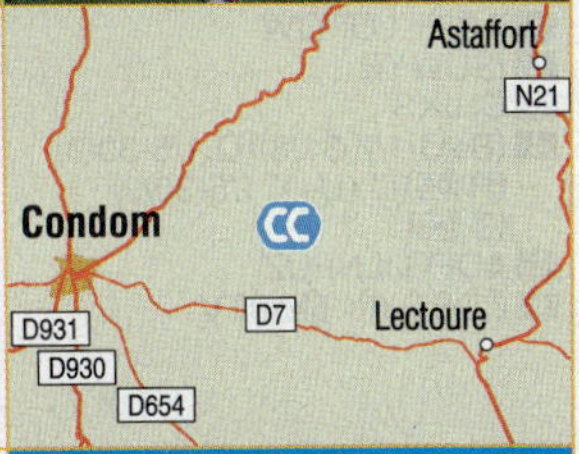


N 43°58'58'' E 00°30'07''

CC € 18 *30/4-8/7 26/8-25/9*

## Lamontélarié, F-81260 / Midi-Pyrénées (Tarn) — 1904

Camping Le Rouquié du Lac
18 route du Lac
+33 5 63 70 98 06
1/5 - 30/9
contact@campingrouquie.fr

3ha 50T(85-148m²) 6A CEE

1 ACDGIJKLMPQ
2 AELMNOQSTXY
3 AIKSUW
4 (C 15/6-15/9)
(Q+R 14/7-31/8)
(T+U+Z 1/7-31/8)
5 **AB**FGIJKLMNOPUWZ
6 EGJ(N 9km)ORTV

Camping ensoleillé au coeur du Parc Régional du Haut Languedoc. Le camping a la vue sur le lac de La Raviège. Nombreuses possibilités pour pratiquer des activités récréatives et des sports (aquatiques). Camping en bord de route.

Clermont-Ferrand-Millau à partir de Millau, St. Afrique par la D992. Puis D32 jusqu'à Lacaune. Puis D607/D52 jusqu'à Lamontélarié.

N 43°35'49'' E 02°36'28''

CC € 14 *1/5-2/7 29/8-30/9*

## Lelin-Lapujolle, F-32400 / Midi-Pyrénées (Gers) — 1905

Camping La Solanilla***
Lieu-dit Lahount
+33 5 62 69 64 09
1/1 - 31/12
info@campinglasolanilla.com

3ha 50T 10A CEE

1 ACDGIJKLMOPSWT
2 EMSWXYZ
3 EHIKSUW
4 (B+G 1/6-30/9)
(Q+R+T+U+V+X+Z )
5 **AB**DEFGIJKLNOPUVWZ
6 ACDEGHJ(N 7km)TV

Camping sympathique à la campagne, avec de nombreux équipements : croissants, petit magasin, snackbar et bar. Dans les environs, dégustations de vin toute l'année. Wifi gratuit à la réception. Près du chemin de pèlerinage de Compostelle.

De la A65, sortie 6 vers Tarbes. A Saint-Germé, vers Lelin-Lapujolle. Puis suivre les panneaux.

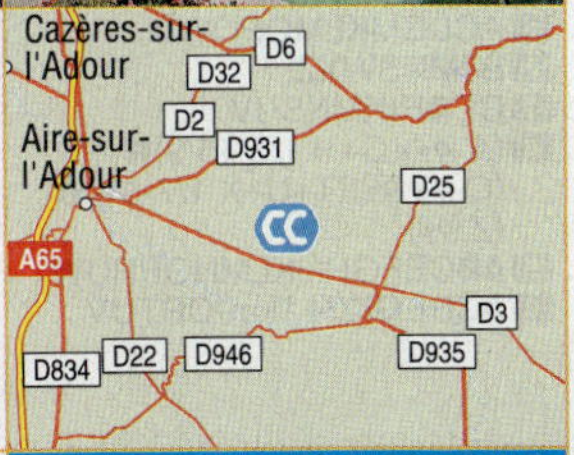


N 43°41'49'' W 00°08'17''

CC € 16 *1/1-8/7 27/8-31/12* *7=6, 14=12*

## L'Hospitalet-du-Larzac, F-12230 / Midi-Pyrénées (Aveyron) — 1906

Camping au Tour de l'Aveyron**
RD 809
+33 5 65 62 70 53
30/4 - 23/10
camping.autourdelaveyron@gmail.com

3ha 62T(80-130m²) 6-16A CEE

1 AGIJKLOPQW
2 ISUWYZ
3 CHIKS
4 (B+G 1/7-31/8)(Q 1/5-30/9) (R)(T+U+X 1/5-30/9) (Z)
5 ADFGJLNPUZ
6 CDEGJ(N 5km)TV

Camping familial, calme et agréable au milieu de l'environnement historique des Templiers et Hospitaliers sur le plateau du Larzac. Grands emplacements ombragés. Piscine et tennis à 200 mètres. Restaurant et bar disponibles. Wifi gratuit. Idéal comme camping pour une nuitée.

A75 sortie 48 vers L'Hospitalet-du-Larzac. Suivre les panneaux, le camping est sur la droite à 2 km.

CC € 12 1/5-4/7 27/8-23/10

N 43°58'06'' E 03°12'05''

## Loudenvielle, F-65510 / Midi-Pyrénées (Hautes-Pyrénées) — 1907

Wellness Sport Camping Loudenvielle*****
9 chemin de la Mainette
+33 5 62 99 68 85
1/1 - 31/10

3,5ha 44T(80-100m²) 10A CEE

1 ACDGIJKLMPQ
2 CMNSXYZ
3 CHIKSUW
4 (C)KNP (Q+R+T+U+Z 29/6-30/8)
5 ABDEFGIJKLMNOPRUWZ
6 AEGK(N 0,2km)TV

Camping bien entretenu en terrasses dans une large vallée au bord d'un grand lac. On peut y faire du parapente et du deltaplane ou les regarder. Point de départ de 30 randonnées et excursions en montagne. Sanitaires bien entretenus et ambiance agréable.

Autoroute A64 Toulouse-Bayonne sortie 16 Lannemezan. Suivre la D929 jusqu'à Arreau, puis tourner à gauche sur la D618. Au carrefour avec la D25 direction Loudenvielle. 50m avant que la ville soit à droite.

CC € 14 30/4-30/6 31/8-31/10 7=6

N 42°47'48'' E 00°24'23''

## Lourdes, F-65100 / Midi-Pyrénées (Hautes-Pyrénées) — 1908

Camping D'Arrouach****
9 rue des Trois Archanges
+33 5 62 42 11 43
1/4 - 10/10
contact@camping-arrouach.com

13ha 32T(90-130m²) 5-10A CEE

1 ACDGIJKLMOPQW
2 BJMNSWXZ
3 CEGHIKMNSUV
4 (A)(C+H 1/6-15/9)N (Q+R)(T+U+X 1/7-31/8) (Z)
5 ABCEFGHIJKLMNOPRUW
6 ACDEGK(N 1km)ORTUV

Vous êtes à 15 minutes à pied du lac et du terrain de golf de Lourdes. Le sanctuaire se trouve à 2 km (arrêt de bus à l'entrée du camping). Sanitaires modernes, aussi pour personnes à mobilité réduite. Wifi gratuit. Petit magasin, bar à tapas, restaurant avec plats régionaux, espace fitness et sauna. A partir de 2020, il y a une nouvelle piscine chauffée.

De Pau RD940, après l'entrée dans Lourdes (panneau) 2e rue à droite, La Rue des Trois Archanges. Suivez les panneaux.

CC € 16 1/4-10/7 28/8-9/10

N 43°06'13'' W 00°04'04''

## Lourdes, F-65100 / Midi-Pyrénées (Hautes-Pyrénées) — 1909

Camping de Sarsan***
4 avenue Jean Moulin
+33 5 62 94 43 09
1/4 - 15/10
camping.sarsan@wanadoo.fr

1,8ha 67**T**(100-150m²) 2-10A

**1** AGIJKLMOPQ
**2** CNSUWYZ
**3** A**G**HIKLSU
**4** (D 1/5-30/9)(Q 1/4-30/9)(R 1/7-31/8)
**5** **AB**CGHIJKLMNOPUZ
**6** ABCEGK(N 0,8km)RT

Camping à plat dans un environnement rural, près de Lourdes. Emplacements spacieux ensoleillés ou ombragés sous de vieux arbres avec belles vues panoramiques. Centre-ville à 800 mètres. Arrêt de bus devant le camping. Supermarché. Wifi gratuit et service camping-cars. Bon point de départ pour monter les cols des Pyrénées à vélo.

A partir de Tarbes, à l'entrée dans Lourdes la première route à gauche, zone industrielle du Monge, continuer sur cette route. Le camping est indiqué.

CC € 14 *1/4-7/7 24/8-15/10*

N 43°06'09'' W 00°01'39''

## Lourdes, F-65100 / Midi-Pyrénées (Hautes-Pyrénées) — 1910

Camping Sites et Paysages la Forêt***
route de la Forêt
+33 5 62 94 04 38
1/4 - 23/10
hello@camping-hautes-pyrenees.com

4,5ha 64**T**(100-120m²) 3-10A

**1** ACD**G**IJKLMOPQW
**2** BCJNSUWXYZ
**3** CE**G**HIKMNPSU**W**
**4** (C+H 1/6-30/9)JK(Q+R+T+U)(Y 15/4-15/9)(Z)
**5** **AB**CEFGHIJKLMNOPUWZ
**6** ABCFG**K**(N 2km)TV

Camping plein de caractère à 800m des sanctuaires, facilement accessible à pied par un sentier balisé, à vélo et en bus. Nombreux équipements : piscine chauffée, restaurant convivial et wifi partout. Environnement calme et naturel. Point service pour camping-cars.

A Lourdes, vers Pau. A 1,5 km vers St Pé/Bétharram. A 1 km à gauche, traverser la voie ferrée. Avant le sanctuaire, à droite, traverser au pont, puis c'est indiqué vers Ségus.

CC € 16 *1/4-8/7 27/8-23/10 7=6, 14=12*

N 43°05'44'' W 00°04'29''

## Luchon/Montauban-de-Luchon, F-31110 / Midi-Pyrénées (Haute-Garonne) — 1911

Domaine O'Lanette
route de Subercarrère
+33 5 61 89 84 90
1/1 - 31/12
domaineolanette@orange.fr

3ha 55**T**(80-120m²) 6-10A CEE

**1** ABCD**G**IJKLM**P**Q
**2** AELMNWXYZ
**3** A**G**IKSUZ
**4** (Q)(T+U+V+Z 1/7-31/8)
**5** **AB**FGIJKLMNOPZ
**6** CE**K**(N 3km)TV

Le camping est situé à 1,5 km du centre de Luchon, au coeur d'une vallée avec un beau panorama. Proche de stations thermales, de domaines de ski ainsi que de pistes de VTT. Baignade dans le lac aménagé (300m²) avec sable blanc. Grands emplacements séparés par des haies.

De l'A64 sortie Montréjau, de là, suivre Luchon. De Bagneres-de-Luchon suivre la direction Portillon, puis Montauban et de là suivre les panneaux signalant le camping.

CC € 16 *1/1-9/7 26/8-31/12 7=6*

N 42°47'41'' E 00°36'29''

## Luchon/Moustajon, F-31110 / Midi-Pyrénées (Haute-Garonne) 1912

Camping Pradelongue****
3, Chemin des Trêtes
+33 5 61 79 86 44
1/4 - 30/9
contact@camping-pradelongue.com

4,1ha 133T(90-140m²) 5-16A

1 ACD**G**IJKLMPQ
2 CNSTUWXYZ
3 CD**G**HIKPSUV
4 (**A** 1/7-1/9)(C+G 1/6-30/9) (Q 1/7-1/9)(U 15/6-15/9)
5 **AB**CDEFGHIJKLMNOPQRUWXYZ
6 ACDEGKM(N 0,1km)RTV

Ce camping dans une large vallée ensoleillée émet le calme et l'espace d'un parc. Salle de lecture, tv et billard. De nombreux terrains de sport, nombreux jeux et appareils fitness et une belle piscine chauffée. Bloc sanitaire moderne. Supermarché à côté.

Le long de la D125 et environ 2 km avant Luchon suivre la sortie pour Antignac et Moustajon. Se trouve juste à côté du supermarché.

CC € 16 *4/4-30/6 31/8-30/9*

N 42°48'31'' E 00°35'50''

## Luz-St-Sauveur, F-65120 / Midi-Pyrénées (Hautes-Pyrénées) 1913

Camping International****
B.P. 4
+33 5 62 92 82 02
14/5 - 25/9
camping.international.luz@wanadoo.fr

4,5ha 102T(75-120m²) 2-10A CEE

1 ACDGIJKLMPQW
2 LNSWY
3 CHIKLP**RSW**
4 (C 15/6-9/9)(E ) (H 6/7-31/8)JK (Q+R 15/6-15/9) (T+U+Z 1/7-31/8)
5 **AB**CDFGHJKLNPUW
6 ACEGHK(N 1km)T

Camping familial 4 étoiles et calme. A 1 km du village de montagne de Luz-St.-Sauveur. Emplacements ombragés et spacieux. 2 piscines chauffées : 1 couverte avec 2 jacuzzis et 1 neuve (2019) avec une cascade et un mur de massage. Situation centrale. Excursions à Gavarnie, Tourmalet, Cirque de Troumouse et Parc National des Pyrénées. Wifi gratuit (1 connexion par emplacement).

D921 direction Luz-St-Sauveur. Le camping est à 1 km avant Luz-St-Sauveur.

CC € 16 *14/5-5/7 22/8-25/9* *7=6, 14=12*

N 42°52'58'' W 00°00'49''

## Luz-St-Sauveur, F-65120 / Midi-Pyrénées (Hautes-Pyrénées) 1914

Camping Sites & Paysages Pyrénévasion****
route de Luz-Ardiden/Sazos
+33 5 62 92 91 54
1/4 - 10/10
info@campingpyrenevasion.com

2,5ha 68T(80-130m²) 3-10A

1 ACD**G**IJKLMOPQW
2 LMNSUWY
3 CHIKOPSU**VW**
4 (C 1/6-15/9)(F ) (H 1/6-15/9)KP(Q 1/6-15/9) (R )(T+U+V 15/6-10/9) (Z )
5 **AB**CDEFGHIJKLMNPUWXYZ
6 ABCEGK(N 3km)ORV

Camping en terrasses dans les montagnes autour de la vallée de Luz/St. Sauveur. Sanitaires modernes, piscine d'extérieur chauffée, terrasse ensoleillée et jacuzzi gratuit. Superbe piscine d'intérieur et hydro-massage. Excursions possibles à Gavarnie, Tourmalet, Troumouse. Idéal pour randonnées. Wifi gratuit (1 par place).

Dans Luz-St-Sauveur prendre la route vers Luz-Ardiden et suivre celle-ci pendant environ 3 km jusqu'au village de Sazos. Indiqué avec des panneaux.

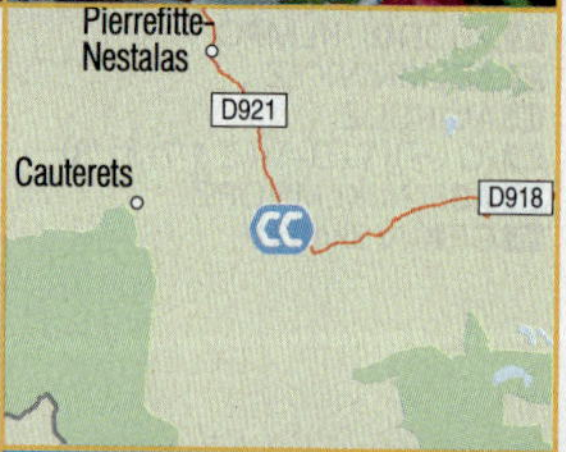


CC € 16 *1/4-10/7 28/8-10/10* *7=6, 14=12, 21=19*

N 42°52'56'' W 00°01'19''

## Luz-St-Sauveur/Sassis, F-65120 / Midi-Pyrénées (Hautes-Pyrénées) 1915

Camping Le Hounta***
Le Village
+33 5 62 92 95 90
1/4 - 31/10
info@campinglehounta.com

2ha 84T(75-100m²) 2-10A CEE

1 ACD**G**IJKLMOPQ
2 NSUWYZ
3 CHIKSU**W**
4 (Q 1/7-31/8)(R )
5 **AB**CDFGHIJKLMNOPUVWZ
6 ACEG**K**(N 1,5km)OTV

Juste au-dessus de Luz-St-Saveur, bien accessible par un pont piétonnier. Emplacements tranquilles et spacieux sur terrain plat, avec wifi. Sanitaires très propres et point service camping-car bien équipé. Central pour des excursions vers Gavarnie, Tourmalet, Lourdes, Pont d'Espagne, les Pyrénées etc. Idéal pour les cyclistes aimant la montagne.

D921 d'Argelès, à droite avant Luz-St-Sauveur. D12, le camping est sur la gauche après Sassis.

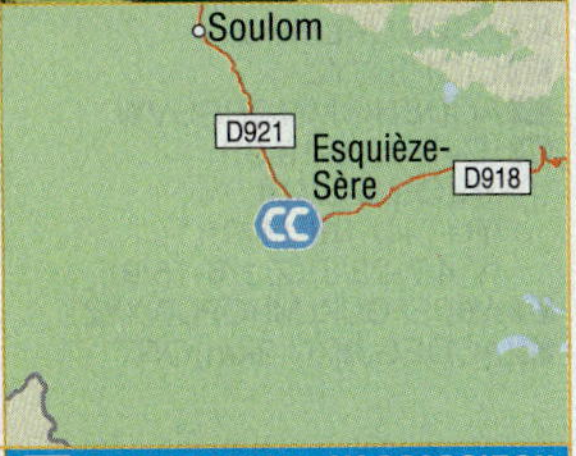


CC € 14 *1/4-12/7 29/8-31/10* *7=6, 14=12, 21=18*

N 42°52'19'' W 00°00'53''

## Marciac, F-32230 / Midi-Pyrénées (Gers) 1916

Camping Du Lac***
+33 5 62 08 21 19
16/1 - 11/12
info@camping-marciac.com

4,5ha 72T(100-120m²) 6-10A CEE

1 ACD**G**IJKLMPQW
2 LMSVWXYZ
3 C**G**HIKSU
4 (C 1/6-30/9)(Q+R )
(T+U+V+W+X 1/3-15/11)
(Z )
5 **AB**CDFGHIJKLMOPUVWXZ
6 CDEGJ**K**(N 0,7km)O

Situé au bord d'un lac pour les activités aquatiques, à 800 mètres d'une bastide avec un musée du jazz. En dehors de la période du festival de jazz annuel en août, c'est un séjour au calme dans la verdure.

A Marciac, suivre la D943 direction Bassoues; à 300 mètres environ, franchir le pont à gauche. A partir du lac, suivre les panneaux. A partir de Plaisance, D3 à gauche.

CC € 16 *16/1-2/7 27/8-11/12*

N 43°31'56'' E 00°10'00''

## Martiel, F-12200 / Midi-Pyrénées (Aveyron) 1917

Flower Camping Lac aux Oiseaux****
Moulin de Bannac
+33 5 65 65 67 59
8/5 - 25/9
info@campinglacauxoiseaux.fr

7ha 70T(80-120m²) 10-16A CEE

1 ACD**F**IJKLMOPQW
2 BENSWXYZ
3 AC**G**HILP**R**SW
4 (A 1/7-31/8)(E+H 15/6-15/9)
J(Q 1/7-31/8)(R )
(T+U+V+Y+Z 1/7-31/8)
5 **AB**CEFGHIJKLMNOPQRUWZ
6 ACDEGKL(N 3,5km)OT

Camping construit autour d'un bâtiment historique en pleine rénovation. Terrasse et sanitaires rénovés. Idéal pour les camping-cars.

De Villefranche D911, 10 km vers l'ouest jusqu'à Martiel et là, suivre les panneaux.

CC € 16 *8/5-1/7 29/8-22/9*

N 44°23'03'' E 01°53'12''

## Martres-Tolosane, F-31220 / Midi-Pyrénées (Haute-Garonne)

1918

Camping Sites & Paysages Le Moulin****
avenue de Saint Vidian
+33 5 61 98 86 40
1/4 - 7/10
info@campinglemoulin.com

10ha 53T(80-200m²) 6-10A CEE

1 ACD**G**IJKLMPQ
2 CIOPSWYZ
3 ACDEHIKMNOPSUV**W**
4 (C+H 12/5-19/9) JK(Q 2/5-2/10) (R+T+U 1/6-15/9) (V 4/7-22/8)(Z 1/6-15/9)
5 **AB**DEFGIJKLMNOPUWXYZ
6 ACDEGJ**K**(N 2km)ORT

Ce domaine de bois et de champs est situé au bord de la Garonne au pied des pyrénées. Pour un séjour tranquille dans la nature vierge, idéal pour découvrir les environs proches. Ici, vous pouvez nager, pêcher, jouer au tennis et vous détendre. Beaux emplacements ombragés, sanitaires confortables.

Martres-Tolosane est situé sur la A64 Toulouse-Tarbes, sortie 22, ou sortie 21 en venant du sud. Le camping est indiqué par des panneaux.

CC € 18 *1/4-8/7 28/8-7/10*

N 43°11'29'' E 01°01'00''

## Meyronne, F-46200 / Midi-Pyrénées (Lot)

1919

Camping La Plage***
Rive Gauche, D15
+33 5 65 32 23 26
1/5 - 30/9
contact@camping-laplage.com

2ha 58T(90-120m²) 6A CEE

1 ACD**G**IJKLMPRS
2 CIPSWXYZ
3 AHIKPSU**WX**
4 (C+G+Q+R+T+U+Z)
5 **A**FGIJKLMNOPQUWZ
6 CEGK(N 1km)RT

Camping familial traditionnel au bord de la Dordogne. Près de Rocamadour, du Gouffres de Padirac et de Sarlat. La piscine est chauffée tout au long de la saison. Wifi gratuit. Nouveau snackbar et réception. Vente de produits locaux

A20, sortie 55 vers Martel. 1e route à droite vers St. Sozy/ Meyronne (D15). Camping indiqué par des panneaux.

CC € 14 *1/5-8/7 25/8-30/9*

N 44°52'34'' E 01°34'38''

## Millau, F-12100 / Midi-Pyrénées (Aveyron)

1920

Camping des Deux Rivières***
61 avenue de l'Aigoual
+33 5 65 60 00 27
1/4 - 31/10
camp2rivieres@yahoo.fr

1ha 62T(80-120m²) 6-10A CEE

1 AGIJKLMPQ
2 DIJNOSWYZ
3 CHIKLMNSU**WX**
4 (Q+R+T+U+V+Z)
5 **AB**CDEGHIJKLMNPQRUWZ
6 ACEGK(N 0,5km)T

Camping le plus proche du centre de Millau, à 5 minutes à pied ! Tranquille, propre, juste au bord du Tarn avec plage privée, ombre, superbe vue sur 'La Pouncho' (parapente). Petit déjeuner, snacks, bar. Wifi gratuit.

N-S, A75, sortie 45 Millau; S-N, A75, sortie 47 (sans péage) La Cavalerie-Millau, ou par le viaduc de Millau (péage), sortie 45. À Millau, suivre 'Campings' jusqu'au pont de Cureplat, 1er camping à gauche après le pont.

CC € 14 *1/4-4/7 29/8-31/10*

N 44°06'10'' E 03°05'14''

## Millau, F-12100 / Midi-Pyrénées (Aveyron) — 1921

Camping Huttopia Millau***
455 avenue de l'Aigoual
+33 5 65 61 18 83
19/5 - 26/9
millau@huttopia.com

3,5ha 90T(100-190m²) 6-10A CEE

1 ACDFIJKLMPST
2 DIJNOPSWXYZ
3 CHIJKLNSUWX
4 (A 1/7-31/8)(C+G+Q+R)
(T+U+V 1/7-31/8)(Z)
5 ABDEFGHIJKLMNPUVWXZ
6 ACDEGHJ(N 0,5km)OTV

Camping tranquille près du centre de Millau. Innombrables activités sportives et de loisirs dans les environs proches. Ambiance familiale. Grands emplacements ombragés ou ensoleillés. Sanitaires chauffés. CampingCard ACSI non valable aux emplacements bord de rivière.

De Clermont-Ferrand A75, sortie 45 (éteindre navigation). De Montpellier A75, sortie 47. Suivre les panneaux jusqu'au 'Pont de Cureplat', au rond-point D991. C'est le 1er camping sur la droite.

CC € 16 *19/5-22/6 27/6-7/7 28/8-26/9*

N 44°06'09'' E 03°05'27''

## Millau, F-12100 / Midi-Pyrénées (Aveyron) — 1922

Camping Les Erables***
avenue de Millau-Plage
+33 5 65 59 15 13
1/4 - 30/10
camping-les-erables@orange.fr

1,5ha 72T(100m²) 10A CEE

1 ACDGIJKLMOPQ
2 BDIJNOSWXYZ
3 CHIJKLMNPSUWX
4 (C 1/5-30/9)
(Q+S+T+U+Z)
5 ACDGHJLNPUW
6 AEGK(N 2km)ORTVW

Camping tranquille au bord de la rivière et près du centre ville, du viaduc de Millau et d'activités de loisirs. Emplacements spacieux et séparés. Tout pour d'agréables vacances dans une ambiance sympathique. Wifi gratuit. Nouvelle piscine chauffée.

À Cureplat passer sur le pont, 3e sortie sur le rond-point direction Paulhe. À Millau suivre les panneaux du camping, 2e camping à gauche. Ou A75, sortie 45 Millau centre. Suivre les panneaux du camping (éteindre le GPS).

CC € 12 *1/4-4/7 21/8-30/10*

N 44°06'20'' E 03°05'16''

## Millau, F-12100 / Midi-Pyrénées (Aveyron) — 1923

Camping Millau Plage****
avenue De Millau-Plage
+33 5 65 72 12 77
1/4 - 26/10
campingmillauplage@gmail.com

5ha 225T(80-170m²) 10A CEE

1 ACDGHIJKLMOPQ
2 BDINOSWYZ
3 CHIKLMOPQRSUWX
4 (C+H+Q+S+T+U+V+X+Y+
Z)
5 ABCDEFGHIJKLMNOPQRUWZ
6 ACEGHK(N 2km)ORTV

Camping dans un parc de 5 ha avec des arbres centenaires. Sur les rives du Tarn et au pied du parc régional des Grands Causses, c'est l'endroit pour se reposer. Jouissez de votre emplacement en toute tranquillité et dans une ambiance détendue. L'équipe est à votre entière disposition.

A partir de la A75, sortie 44.1 Aguessac, dans le village à gauche, passer le pont métallique. Vers Paulhe-Millau. 1er camping sur la droite.

CC € 12 *1/4-2/7 20/8-26/10*

N 44°06'56'' E 03°05'10''

## Millau, F-12100 / Midi-Pyrénées (Aveyron)

**1924**

Camping St. Lambert***
2050 avenue de l'Aigoual
+33 5 65 60 00 48
23/4 - 30/9
contact@campingsaintlambert.fr

3,5ha 105**T**(80-160m²) 6A

**1** ACDGIJKLMOPRWS
**2** ABDINOPQSTWXYZ
**3** CHIKLMPRSU**WX**
**4** (B+Q+S+T+U+V) (X 1/7-25/8)(Z)
**5** **AB**CEFGHIJKLMNPQRUZ
**6** ACDEGJ**K**(N 2,5km)ORTV

Camping dans un environnement tranquille à l'entrée des Gorges du Tarn, entre les Grands Causses et les Cévennes, à 2,5 km du centre de Millau. Avec une grande plage de galets privée au bord de la Dourbie. Ambiance amicale.

A75 sortie 44.1, suivre les panneaux de camping. D991 vers La Roque-Sainte-Marguerite. Après le pont de Cureplat à droite et suivez les panneaux de camping.

CC € 12 *23/4-8/7 25/8-30/9*

N 44°05'59'' E 03°06'42''

## Mirande, F-32300 / Midi-Pyrénées (Gers)

**1925**

Camping Paradis Île-du-Pont****
1 chemin de L'île du Pont
+33 5 62 66 64 11
10/4 - 7/11
campingparadisiledupont@alphacamping.fr

5ha 142**T**(100m²) 16A CEE

**1** ACD**G**IJKLMP**Q**
**2** DEJSWXYZ
**3** CHIKLM**Q**SU**W**
**4** (Q+T+U+V+Z 1/7-31/8)
**5** **AB**FGIJKMNPUVWZ
**6** EG**K**(N 0,3km)V

Camping trois étoiles situé sur une île de la Grande Baïse, à quelques pas du centre de Mirande, avec un lac de pêche. Un grand nombre d'arbres et d'arbustes fournissent l'ombre souhaitée. Le rapport qualité-prix est un point particulièrement fort. Convient comme camping de transit vers Lourdes et les Pyrénées.

Suivre la N21, à Mirande suivre les indications 'Poids Lourds'. Le camping est à l'est du centre. Suivre les panneaux.

CC € 16 *10/4-2/7 27/8-7/11*

N 43°30'49'' E 00°24'32''

## Moissac, F-82200 / Midi-Pyrénées (Tarn-et-Garonne)

**1926**

Le Moulin de Bidounet***
Saint Benoit
+33 5 63 32 52 52
25/3 - 24/10
camping-bidounet@moissac.fr

2,5ha 88**T**(100-150m²) 16A CEE

**1** AC**G**IJKLMPRWS
**2** CINSUWYZ
**3** AHINPSU**W**
**4** (A 1/7-31/8)(B+G 15/6-15/9) (Q+R 1/7-31/8)
**5** ABFGIJKLMNPUVZ
**6** ACDEGJ(N 0,5km)TV

Camping d'étape propre avec piscine. Jouissez du calme sur une île ombragée dans la rivière (le Tarn), sur le chemin des pèlerins de Compostelle. Près de la petite ville historique Moissac.

Castelsarrasin vers Moissac RD813. Juste avant Moissac, suivre les panneaux de camping.

CC € 16 *25/3-4/7 29/8-24/10*

N 44°05'47'' E 01°05'21''

## Montgaillard/Foix, F-09330 / Midi-Pyrénées (Ariège)

iD **1927**

Camping Ariège La Roucateille***
15 rue du Pradal
+33 5 61 64 05 92
1/1 - 31/12
info@roucateille.com

2ha 71T(90-130m²) 10A CEE

**1** ACD**G**IJKLMPQ
**2** BCIJOSWZ
**3** ABCHIKLNSU**W**
**4** (C 1/5-31/10)(Q )(R+T+U+Z 1/5-31/10)
**5** **AB**FGIJKLMNPUVWZ
**6** CEGHK(N 2km)TV

Cp tranquille et de qualité. Parfaitement en ordre, avec des sanitaires modernes impeccables. Location de vélos électriques. A 4 km de Foix, avec son magnifique château médiéval. Beaux emplacements sous les arbres. Nouveau (2021) : wifi 100% gratuit, piscine et bar à vin.

De Toulouse, A61 sortie 11 Montgaillard. Du rond-point, 1e route à droite (Montgaillard). A 2 km flèche camping à gauche. D'Andorre, sortie 12 di Lavenalet. Puis rond-point 3e sortie. A 2 km panneau à droite.

N 42°55'51'' E 01°38'19''

CC € 14 *1/1-8/7 31/8-31/12 7=6, 14=11*

## Montgeard/Nailloux, F-31560 / Midi-Pyrénées (Haute-Garonne)

iD **1928**

Flower Camping du Lac de la Thésauque***
384 chemin de le Thésauque
+33 5 61 81 34 67
1/1 - 31/12
camping@thesauque.com

5ha 35T(80-120m²) 6-10A CEE

**1** ACD**G**IJKLMPSWT
**2** EIMOSWXYZ
**3** CHILRSV**WZ**
**4** (B 4/6-25/9)(Q 2/7-27/8)(R )(T+U+X+Y+Z 4/4-30/9)
**5** **A**DGIJKLMNPUWZ
**6** CDEG**K**(N 4km)OT

Camping en terrasses avec de nombreux arbres. Situé à côté du lac de Thésauque. Idéal pour faire des randonnées ou des excursions à Toulouse ou Carcassonne. Restaurant (avril- fin septembre).

Le camping est sur la D622 Auterive-Villefranche. Le lac de Thésauque est indiqué par des panneaux à partir de Nailloux et de la A61.

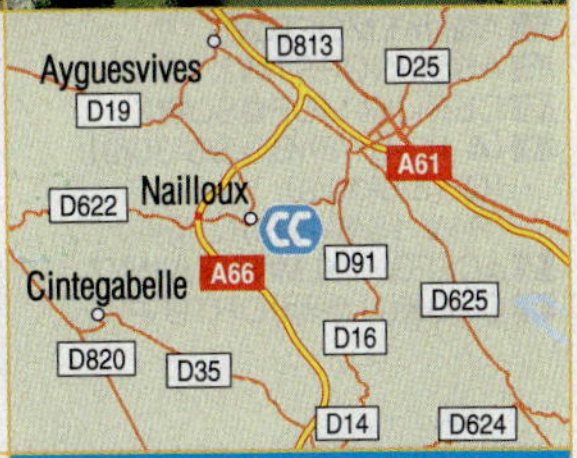


N 43°21'18'' E 01°38'55''

CC € 16 *1/1-9/7 28/8-31/12 7=6*

## Montréjeau, F-31210 / Midi-Pyrénées (Haute-Garonne)

iD **1929**

Camping Paradis Midi Pyrénées****
chemin de Loubet
+33 6 52 75 48 30
1/3 - 30/11
camping.midi-pyrenees@wanadoo.fr

10ha 110T(100-120m²) 6A CEE

**1** ACDFIJLMPQ
**2** ILMNSVXYZ
**3** AC**G**HIKOPSUV
**4** (B 1/6-30/9)(Q+R )(T+U+V 1/5-30/9)(X+Z )
**5** **AB**DFGIJKLMNOPQUVWY
**6** ACDEGJ**K**(N 0,6km)TV

Ici, on vient et on reste ! Ambiance familiale très détendue et conviviale. Piscine à débordement (1/6 - 30/9) dans un magnifique décor. Petits champs avec vue sur la vallée et les montagnes, et champs tranquilles dans la nature. Nouveau food truck (1/5 - 30/9) pour des soirées tranquilles sans cuisine. Supermarché à 500m.

A64 sortie 17 et D817, au rond-point, laisser le Lidl sur la gauche, à droite une route montante. Au bout, panneaux de camping.

N 43°05'31'' E 00°33'14''

CC € 18 *1/3-9/7 26/8-30/11*

## Montricoux, F-82800 / Midi-Pyrénées (Tarn-et-Garonne) — 1930

Camping Le Clos Lalande***
359 route de Bioule
+33 6 49 27 48 28
9/5 - 15/9
@ contact@
camping-lecloslalande.com

3ha 60T(100-150m²) 6A CEE

**1** ACD**G**IJKLMPQ
**2** CSWXYZ
**3** CEHIKP**Q**SU**W**
**4** (C 15/5-15/9)(G 15/5-31/8)
(Q 1/7-25/8)(R)
(T 1/7-25/8)(U)
(Z 15/6-25/8)
**5** **AB**EFGIJKLMNOPQRUWZ
**6** ACDEG**K**(N 0,5km)TV

Camping tranquille avec piscine chauffée, pataugeoire, tennis, ferme pour enfants et nombreux équipements. Grands emplacements, beaux sanitaires et équipements pour camping-cars. A l'entrée des fameuses Gorges de l'Aveyron, à 500 mètres du village avec commerces. Près des plus beaux villages de France: Cordes, St.-Cirq-Lapopie, Bruniquel, Puycelci, Penne et Najac.

A20 jusqu'à Montauban, sortie 61. Puis D115 vers St. Antonin. Indiqué à Montricoux.

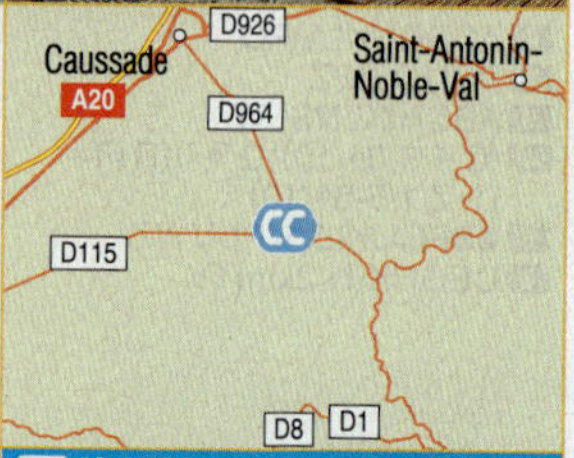


N 44°04'39'' E 01°36'40''

CC € 16 *9/5-6/7 27/8-15/9*

## Mostuéjouls, F-12720 / Midi-Pyrénées (Aveyron) — 1931

Camping De l'Aubigue***
D907
+33 5 65 62 63 67
1/5 - 30/9

1,5ha 47T(100m²) 10A CEE

**1** A**G**IJKLMOPRWS
**2** ABDIJNOPSTWXYZ
**3** CEHIJKLMOP**Q**SU**WX**
**4** (**A** 1/7-31/8)(B 15/5-30/9)
(Q 15/6-30/9)
(R+V 15/6-15/9)(Z)
**5** **A**CEFGHIJKLMNPQUVWYZ
**6** CEGK(N 2km)ORTUV

NOUVEAU

Petit camping simple avec piscine et grands emplacements. Vue fantastique sur le Tarn. Le camping se trouve à l'entrée des Gorges du Tarn.

A75/N9 Aguessac. Après Mostuéjouls, 1ier camping à droite. A 2 km avant Le Rozier sur la D907, au bord du Tarn.

N 44°11'49'' E 03°11'21''

CC € 12 *1/5-30/6 25/8-30/9*

## Nant, F-12230 / Midi-Pyrénées (Aveyron) — 1932

Camping Les 2 Vallées***
route de l'Estrade Basse
+33 5 65 62 26 89
15/4 - 31/10
@ contact@lesdeuxvallees.com

2ha 62T(80-140m²) 6-10A CEE

**1** ACD**G**IJKLMPSWT
**2** BDIJNSWXYZ
**3** CHIJKLM**O**P**Q**SU**W**
**4** (**A** 1/7-31/8)(C 10/6-19/9)
(Q+R+T+U+X+Z 1/7-31/8)
**5** **AB**CDFGHIJKLMNPUVWXYZ
**6** ACDEGK(N 0,8km)OTV

Camping ombragé tranquille et propre avec de nombreux équipements. Wifi gratuit. Piscine chauffée. Magnifiquement situé dans un cadre naturel, belle vue sur les environs. Près d'un authentique petit village médiéval (à 800 mètres) avec tous les commerces.

A75, sortie 47 La Cavalerie. D999, direction Nant. Puis suivre les panneaux de camping, à partir du 1ier panneau, encore 800m.

N 44°01'02'' E 03°18'05''

CC € 12 *15/4-15/7 1/9-10/10*

## Nant-d'Aveyron, F-12230 / Midi-Pyrénées (Aveyron) — 1933

Camping RCN Val de Cantobre****
+31 8 50 40 07 00
22/4 - 25/9
reserveringen@rcn.nl

6,5ha 137T(60-150m²) 10A CEE

1 ACD**G**IJKLMOPRS
2 BDILMNPSUVWXYZ
3 CHIJKLOP**R**SU**W**X
4 (A 1/9-25/9)(C+H (key))IJK
(Q+S+T+U+V+Y+Z (key))
5 **AB**CEFGHIJKLMNOPQRUWXZ
6 ABCEGHK(N 4km)OTV

Luxueux camping en terrasses avec une vue magnifique sur la vallée de la Dourbie. Beaux emplacements touristes. Bons équipements pour la restauration. Le service et l'attention donnée aux clients sont ici un atout solide!

Clermont-Ferrand, A75, viaduc de Millau (à péage), sortie 47, Nant/La Cavalerie. Traverser La Cavalerie, vers Nant. Camping indiqué à Nant. Directement à gauche vers la D991.

N 44°02'44'' E 03°18'08''

CC € 16 *22/4-9/7* *26/8-25/9*

## Naucelle, F-12800 / Midi-Pyrénées (Aveyron) — 1934

Flower Camping du Lac de Bonnefon***
route de Bonnefon
+33 5 65 69 33 20
10/4 - 30/9
info@camping-du-lac-de-bonnefon.com

4,5ha 67T(80-100m²) 10A CEE

1 ACD**F**IJKL**P**RWS
2 ELMSWXYZ
3 CHIK**R**SUW
4 (C 1/6-30/9)(H 1/7-30/9)
KM(Q (key))(T 1/5-30/9)
(U 1/7-30/9)(V 1/7-31/8)
(Z (key))
5 **AB**EGIJKLMNPQUVWXYZ
6 CDEGJ**K**(N 1km)R

Près d'un lac poissonneux (pêche gratuite) dans un environnement tranquille riche en végétation. Camping avec piscine et jacuzzi. A 1,2 km du petit village Naucelle.

N88 Rodez-Albi, sortie Naucelle/Sauveterre-de-Rouergue. Garder la direction Naucelle. Puis suivre les panneaux de camping.

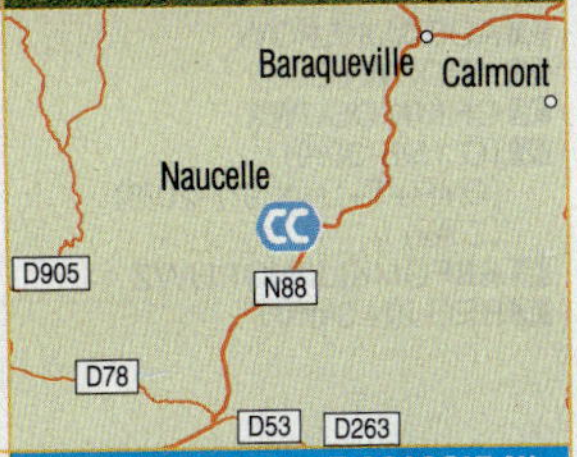


N 44°11'17'' E 02°20'54''

CC € 16 *10/4-1/7* *27/8-29/9* *7=6*

## Niaux/Alliat, F-09400 / Midi-Pyrénées (Ariège) — 1935

Camping Des Grottes****
+33 5 61 05 88 21
15/3 - 15/10
info@campingdesgrottes.com

7ha 120T(90-110m²) 16A CEE

1 AC**G**IJKLMOPST
2 CNSWY
3 CHIKP**Q**SUV**W**
4 (C 1/6-15/9)(E 15/3-15/10)
(G 1/6-30/9)IJKN
(Q 1/5-30/9)(S 15/6-30/8)
(T+U+V+X+Z 1/6-30/9)
5 **AB**CDEFGHIJKLMNOPUWZ
6 ACEG**K**(N 3km)OV

Un magnifique camping plein d'ambiance. Beaux emplacements ombragés et délimités le long des allées. Maintenant, il y a un bloc sanitaire chauffé. Bon point de départ pour les amateurs de randonnées en montagne et de culture. Belle vue sur la grotte de Niaux. Piscine couverte.

A partir de Foix N20, direction Andorra. Juste après Tarascon à droite direction Niaux/Vicdessos. Le camping est à 2 km sur la droite.

N 42°48'47'' E 01°35'21''

CC € 16 *15/3-5/7* *22/8-14/10* *7=6, 14=11, 21=14*

## Pont-de-Salars, F-12290 / Midi-Pyrénées (Aveyron)

**1936**

Camping Les Terrasses du Lac****
route du Vibal/La Souquette
+33 5 65 46 88 18
1/4 - 30/10
lesterrassesdulacdesalars@gmail.com

6ha 180T(80-100m²) 10A CEE

1 ACD**G**IJKLPSW
2 FLMNQSUWXYZ
3 AHILPSU**WZ**
4 (A 1/7-31/8)(C+G 1/6-15/9) JKM(Q)(R 1/7-31/8) (T+U+V+X+Z 1/5-29/9)
5 **AB**FGIJKLMNOPUWXYZ
6 ACEGJ(N 4km)ORV

Camping en terrasses plein d'ambiance au bord d'un lac de barrage. Les grandes différences de niveau donnent beaucoup de 'privacy' aux emplacements éloignés les uns des autres. La plupart ont une vue magnifique sur le lac.

A75 sortie 44.1 Pont-de-Salars. D911 direction Rodez. Après Pont-de-Salars à droite D523. Puis le camping est bien indiqué.

CC € 16 1/4-9/7 26/8-30/10 7=6

N 44°18'17'' E 02°44'07''

## Puy-l'Évêque, F-46700 / Midi-Pyrénées (Lot)

**1937**

Village Camping Les Vignes***
Lieu dit le Meouré
+33 5 65 35 80 39
1/4 - 31/10
campinglesvignes46@gmail.com

4ha 90T(86-120m²) 10A CEE

1 ACD**G**IJKL**P**QW
2 ADOSWYZ
3 CHIKMOSU**WX**
4 (C 15/5-30/9) (Q+R+T+U+X 9/7-20/8) (Z)
5 **AB**FGIJKLMNOPUWZ
6 BEGJ(N 3km)T

Situation idyllique au bord d'une petite plage à côté du Lot, au coeur des vignes de Cahors. Vous pouvez nager et faire du canoë-kayak autant que vous voulez, la piscine chauffée et il y a un restaurant sobre mais bon.

Venant de Cahors, indiqué sur la D811 (D911) juste avant Puy-l'Évêque (à gauche).

CC € 14 1/4-27/6 29/8-31/10

N 44°28'41'' E 01°08'33''

## Rieux-de-Pelleport, F-09120 / Midi-Pyrénées (Ariège)

**1938**

Flower Camping Les Mijeannes****
Lieu-dit Les Mijeannes
+33 5 61 60 82 23
5/3 - 2/10
lesmijeannes@orange.fr

6ha 65T(100-240m²) 10A CEE

1 ACD**G**IJKLMPQ
2 CIOPSTWXYZ
3 ABCHINPRS**W**
4 (C 18/6-18/9)**JKN** (Q 9/7-28/8)(R)(T+U+ V+X 9/7-11/9)(Z 18/6-11/9)
5 **AB**DFGIJKLMNOPUZ
6 CEGJ(N 2km)ORTVW

Camping familial situé sur une petite île et très conseillé pour se ressourcer. Les emplacements sont plats, spacieux et délimités par des plantations. Le camping est idéalement situé pour visiter la région. Une rivière borde le camping. Idéal pour les pêcheurs.

Route à péage à partir de Toulouse, sortie 7 Varilhes. A Varilhe à l'hôtel de ville, prendre vers Rieux-de-Pelleport. Le camping est indiqué par des panneaux.

CC € 18 5/3-9/7 29/8-2/10

N 43°03'45'' E 01°37'17''

## Rivières, F-81600 / Midi-Pyrénées (Tarn)

**1939**

Camping Les Pommiers d'Aiguelèze****
Espace Loisirs d'Aiguelèze
+33 5 63 33 02 49
1/5 - 30/9
info@camping-lespommiers.com

2,7ha 46T(80-120m²) 13A CEE

1 ACD**G**IJKLMPST
2 ISUVWXYZ
3 AC**G**HKMOPSV**W**
4 (C+H )**I**(Q+R+V+Z )
5 **A**BFGIJKLMNPUWZ
6 ACEGK(N 5km)TV

Camping familial tranquille à côté d'une base de sports nautiques dans le Tarn. Dans les environs il y a de nombreux vignobles et vous trouvez de la culture et des centres historiques appartenant au patrimoine mondial de l'UNESCO, comme Albi, la route des Bastides et de magnifiques panoramas. Il ya une piscine chauffée de mai à septembre.

A68, sortie 10 Lagrave. Puis suivre Espace Loisirs d'Aiguelèze.

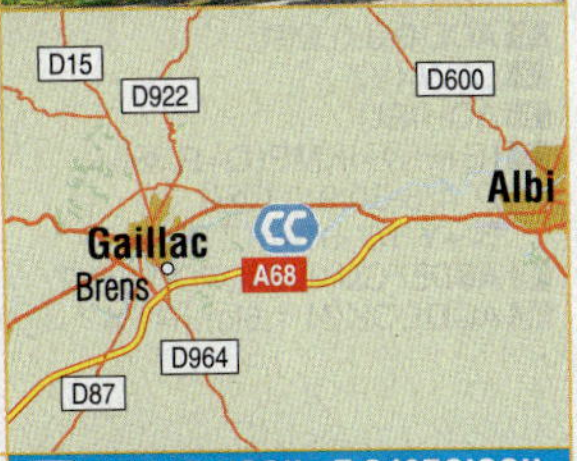


N 43°54'32'' E 01°59'00''

CC € 18 1/5-8/7 29/8-30/9

## Rivière-sur-Tarn, F-12640 / Midi-Pyrénées (Aveyron)

**1940**

Camping Canoë Gorges du Tarn****
11 rue de la Combe
+33 5 65 59 85 17
30/4 - 18/9
reception@campingcanoe-gorgesdutarn.com

2ha 96T(100-140m²) 6-10A CEE

1 ACDGIJKLMPQW
2 ADIJNOPQSTWYZ
3 CHIJLPSU**W**X
4 (C+G 17/5-15/9)J
(Q 15/6-15/9)(S )
(T+U+V 1/6-15/9)(Z )
5 **AB**CEFGHIJKLMNOPRUWXYZ
6 CEGHK(N 0,5km)OTUV

Camping quatre étoiles bien entretenu à l'entrée des Gorges du Tarn. Bons sanitaires ultramodernes. Nombreuses activités. Près d'un agréable petit village.

A75 sortie 44.1, N9. A Aguessac à gauche, D907 Gorges du Tarn. Juste avant Rivière-sur-Tarn, il y a à gauche un hall de fruits et légumes : camping sur le chemin en face.

N 44°11'09'' E 03°07'51''

CC € 16 30/4-25/6 27/8-18/9

## Rivière-sur-Tarn, F-12640 / Midi-Pyrénées (Aveyron)

**1941**

Flower Camping Le Peyrelade****
rte des Gorges du Tarn
+33 5 65 62 62 54
15/5 - 15/9
contact@campingpeyrelade.com

4ha 137T(90-130m²) 10A CEE

1 ACD**G**IJKLMOPQW
2 ABDIJMNPSWYZ
3 CHIJKLMNOSU**W**X
4 (C+H )IKMOP(Q )
(R 23/5-30/6,1/9-13/9)
(S 1/7-31/8)
(T+U+V+Y+Z )
5 **AB**CEFGHIJKLMNOPQRUWZ
6 ABCEGJ**K**(N 1km)OTUV

Magnifique camping à tous points de vue : nature/sanitaire/emplacements/plage/animation ! Et : la plus longue plage de galets au bord du Tarn. Nouveau paradis aquatique avec, entre autres, un espace balnéo et une salle de jeux. Equipé de tous les conforts possibles : restaurant, supermarché etc.

A75 44.1 sortir à Aguessac au feu rouge à gauche (D907). Le 1ier camping après le village de Rivière-sur-Tarn. Le camping se trouve juste à l'entrée des Gorges du Tarn.

N 44°11'27'' E 03°09'25''

CC € 18 15/5-2/7 27/8-15/9 7=6, 14=12

## Rocamadour, F-46500 / Midi-Pyrénées (Lot)

1942

Camping Padimadour****
La Châtaigneraie-Varagnes
+33 5 65 33 72 11
8/4 - 30/10
camping@padimadour.fr

3ha 42T(120-180m²) 10A CEE

**1** ACD**G**IJKLMP
**2** LSWXYZ
**3** ADHISU
**4** (E+H)KMP(Q+R)(T 1/6-30/9)(U)(V+Y 1/7-31/8)(Z)
**5** **AB**DEFGIJKLMNOPQUWXYZ
**6** ACDEGK(N 1,5km)RTV

Camping familial dans un environnement tranquille au coeur de la nature. Terrain aux allures de parc avec des emplacements très spacieux. Situation idéale pour visiter le Lot et la Dordogne ou pour faire des randonnées. Sanitaires chauffés exceptionnellement beaux. Piscine chauffée. Wifi gratuit. Accueil très amical.

A20, sortie 54 (du nord) di Gramat D840, sortie 56 (du sud) di Brive D840; à Rocamadour, suivre les panneaux de camping Padimadour.

CC € 18 *8/4-8/7 29/8-30/10*

N 44°49'05'' E 01°41'11''

## Salles-Curan, F-12410 / Midi-Pyrénées (Aveyron)

1943

Camping Les Genêts****
Lac de Pareloup
+33 5 65 46 35 34
14/5 - 18/9
contact@camping-les-genets.fr

3ha 163T(80-100m²) 6-10A CEE

**1** ACD**G**IJKLPSWT
**2** AEOSTWXYZ
**3** CHIPRS**WZ**
**4** (A 1/7-31/8)(C+H)**KN**(Q+S+T+U+V+X+Z)
**5** **AB**EFGIJLMNOPRUWXYZ
**6** CEGK(N 6km)OV

Camping familial agréable sur une presqu'île, avec de nombreux emplacements spacieux au bord de l'eau. Nombreux équipements pour les enfants.

A l'est de Pont-de-Salars D993 direction de Salles-Curan. A partir de Salles-Curan prendre la D577. Camping bien indiqué.

CC € 18 *14/5-8/7 27/8-17/9* *7=6, 14=11*

N 44°11'21'' E 02°46'00''

## Salles-Curan, F-12410 / Midi-Pyrénées (Aveyron)

1944

Camping Sites & Paysages Beau Rivage****
route de Vernhes
+33 5 65 46 33 32
1/5 - 30/9
camping@beau-rivage.fr

2ha 54T(80-120m²) 6A CEE

**1** AC**G**IJLPRWS
**2** AELMNSWXYZ
**3** AHSU**WZ**
**4** (A 1/7-30/8)(C 10/6-15/9)I(Q)(R 15/6-15/9)(T+U+V+X+Z 1/7-30/8)
**5** **AB**FGIJKLMNOPUVWZ
**6** CEG**K**(N 3km)OV

Camping en terrasses calme au bord du lac de Pareloup. La petite ville Salles-Curan avec tous les magasins à 3 km. Piscine chauffée (après le 10 juin). Sports nautiques, pêche, promenades. Bel environnement.

A75, sortie 44.1. Direction Salles-Curan/Lac de Pareloup. Les Vernhes D243. Côté droit du lac. Bien indiqué par des panneaux.

CC € 14 *1/5-8/7 25/8-29/9* *14=12, 21=18*

N 44°12'09'' E 02°46'38''

## Savignac-les-Ormeaux/Ax-les-Thermes, F-09110 / Midi-Pyrénées (Ariège)

1945

Camping La Marmotte**
RN20
+33 5 61 64 24 40
1/1 - 31/12
camping.lamarmotte@orange.fr

2,5ha 65T(80-100m²) 8-12A CEE

1 ACD**G**IJKLM**PQ**
2 EJSWXYZ
3 CHIJS
4 (Q )(T+U+X+Z 1/7-31/8)
5 **AB**DFGIJLMNOPUWZ
6 CDFGK(N 0,1km)OT

Camping bien équipé le long de l'ancienne route Foix-Andorre. Idéal pour faire étape ou visiter la région. Un petit train part du camping vers le centre d'Ax-les-Thermes. Supermarché et boulangerie en face du camping.

A61 et A66 vers Andorra. Sortie Ax-les-Thermes. Puis suivez Savignac-les-Ormeaux. Le camping est à droite. D'Andorra prenez la sortie Ax-les-Thermes. Le camping est sur la gauche à 3 km après Ax.

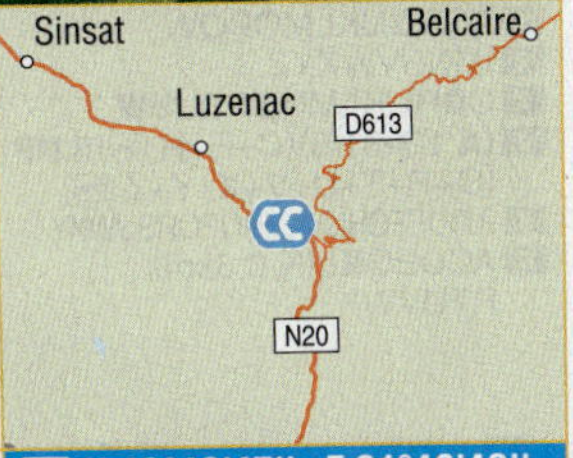


CC € 14 *1/1-2/7 28/8-30/12 7=6, 14=11, 21=16*

N 42°43'47'' E 01°48'49''

## Séniergues, F-46240 / Midi-Pyrénées (Lot)

1946

Camping Domaine de la Faurie****
La Faurie
+33 5 65 21 14 36
30/4 - 17/9
contact@camping-lafaurie.com

27ha 50T(120-250m²) 6-10A CEE

1 ABCD**F**HIJKLMOPS
2 ILMNSUVWXYZ
3 ACGHIKSU
4 (A 1/7-31/8)(C+H )P (Q+R+T+U+V+X+Y+Z )
5 **AB**DFGIJLMNOPUWZ
6 ACDEGJ(N 3km)TV

Dans la belle nature du Lot, sur un domaine de 27 ha, dans le 'Parc Naturel Régional des Causses du Quercy'. Grands emplacements spacieux, situé tranquille et bonne base pour faire des excursions touristiques. Recommandé à ceux qui aiment nature et gastronomie!

A20, sortie 56, Gourdon, au rond-point à droite vers St. Germain du Belair et continuer sur 5 km. Suivre les panneaux de camping. Ou de Souillac vers Cahors par la D820. Sortie Montfaucon. Camping indiqué.

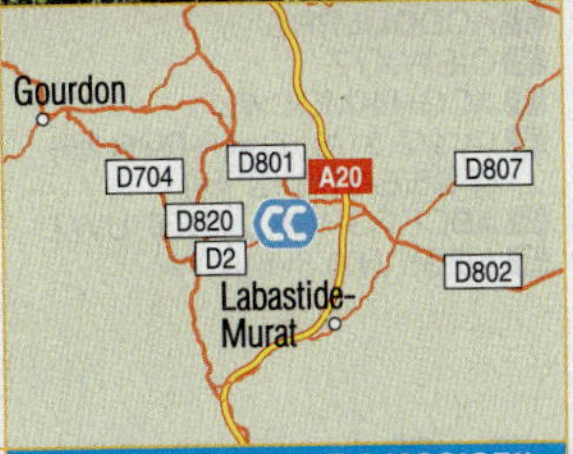


CC € 18 *30/4-10/7 27/8-17/9*

N 44°41'32'' E 01°32'05''

## Septfonds, F-82240 / Midi-Pyrénées (Tarn-et-Garonne)

1947

Camping De Bois-Redon***
10 chemin de Bonnet
+33 5 63 64 92 49
1/1 - 31/12
info@campingdeboisredon.com

2,5ha 34T(100-150m²) 10A CEE

1 A**G**IJKLM**P**SWT
2 BISUYZ
3 CHIKLPSU
4 (A 1/7-31/8)(C 15/5-15/9) (Q 1/4-1/11)(T+U 15/6-31/8) (Z 1/6-30/9)
5 **A**DFGIJMNPUWZ
6 AEGJ(N 1km)TV

Détendez-vous au Bois-Redon, où Charlotte et Hans vous accueilleront à leur table d'hôtes en basse saison. Profitez des villes historiques, du vélo et du kayak. Dégustation de foie gras, truffes et vins de Cahors dans un environnement aux multiples possibilités. Wifi et lave-vaisselle gratuits. Piscine chauffée. Ouvert toute l'année!

A20 sortie 59, Rodez. Eteignez le GPS à Caussade. A Septfonds, 3e à gauche après le petit rond-point et/ou suivre les panneaux.

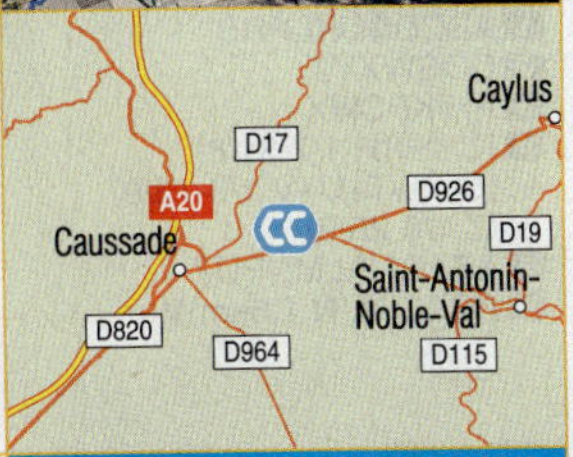


CC € 18 *1/1-2/7 20/8-31/12 7=6, 14=12, 21=17*

N 44°10'58'' E 01°36'13''

## Sévérac-le-Château, F-12150 / Midi-Pyrénées (Aveyron) — 1948

Camping Les Calquières****
17 av. Jean Moulin
+33 5 65 47 64 82
1/4 - 29/9
contact@camping-calquieres.com

2,4ha 65T(100-120m²) 10-16A CEE

1 ACD**G**IJKLMOPQW
2 IMNSVWXYZ
3 C**G**HIJKLMNOPSU**VW**
4 (**A** 1/7-31/8)(C+E+H)**ILNP** (Q+R+T+U+V+X+Y+Z)
5 **AB**DEFGHIJKLMNOPQRSUWXY
6 ACDEG**K**L(N 0,5km) RTUVWX

Découvrez les Gorges du Tarn et la Jonte. Excursions dans les environs. Belles journées ensoleillées et nuits fraîches en période hors saison. Bon camping d'étape sur la route du Sud. C'est le dernier camping avant l'impressionnant viaduc de Millau. Piscine couverte chauffée et restaurant.

A75, sortie 42 du nord ou 43 du sud, Sévérac-le-Château. Suivez les panneaux. Le camping est à côté de la piscine municipale.

CC € 18 1/4-6/7 26/8-29/9

N 44°19'11'' E 03°03'51''

## Souillac, F-46200 / Midi-Pyrénées (Lot) — 1949

Flower Camping Les Ondines***
rue des Ondines
+33 5 65 37 86 44
1/5 - 2/10
camping.les.ondines@flowercampings.com

4ha 135T(90-110m²) 6A CEE

1 ACD**G**IJLPRS
2 CISWXYZ
3 ACGHIKMQS**WX**
4 (A 1/7-31/8)(C+H+Q+R) (T 25/5-31/8)(Z)
5 **AB**CEFGHIJKLMNOPUWZ
6 AEGK(N 0,5km)RW

Camping situé à Souillac sur Dordogne, à 5 minutes à pied du centre et au bord de la Dordogne. On peut nager à la piscine chauffée du camping ou à la plage naturelle à 200m. Camping situé entre Sarlat et Rocamadour.

A20, sortie 55 Souillac et suivre les panneaux de camping.

CC € 14 1/5-9/7 27/8-2/10

N 44°53'20'' E 01°28'29''

## St. Antonin-Noble-Val, F-82140 / Midi-Pyrénées (Tarn-et-Garonne) — 1950

Flower Camping Les Gorges de l'Aveyron***
Lieu dit Marsac Bas
+33 5 63 30 69 76
22/4 - 18/9
info@camping-gorges-aveyron.com

3,8ha 80T(100-120m²) 6-10A

1 ABCD**G**IJKLPRS
2 COSWXYZ
3 AHIKPS**WX**
4 (C)(H 1/7-31/8) (Q+S+T+U+V 1/6-15/9) (Z 1/6-25/9)
5 **AB**FGIJKLMNPUZ
6 ACEGJ**K**(N 1,5km)V

Camping dans un environnement tranquille, juste au bord de la rivière avec un beau terrain plat et vue sur les Gorges de l'Aveyron. Il y a une superbe nouvelle piscine. Magnifiques sanitaires rénovés. Gérants particulièrement amicaux. La petite ville St. Antonin vaut une visite.

De Caussade sur la N20, prendre la D5 vers St. Antonin. Traverser le pont et à gauche dans le tunnel! Le camping est sur la gauche à ± 1 km.

CC € 16 22/4-30/6 1/9-18/9

N 44°09'05'' E 01°46'18''

## St. Cirq-Lapopie, F-46330 / Midi-Pyrénées (Lot)

iD 1951

Camping La Truffière***
D42
+33 5 65 30 20 22
1/4 - 30/9
contact@camping-truffiere.com

4ha 83T(100-120m²) 6A CEE

1 ACDFIJKLOPW
2 BLMNSUWXYZ
3 CHIKLPSU
4 (A 1/7-31/8)(C+H 1/5-20/9) I(Q 1/5-15/9)(R) (T+U 1/6-31/8)(V 1/6-15/9) (X+Z 1/6-31/8)
5 **AB**DEFGIJKLMNOPQUWX
6 CEGJ(N 2,5km)OV

Camping en terrasses intime spacieusement aménagé dans un environnement aux allures de parc avec de belles vues. Idéal pour ceux qui aiment la nature et le calme. Beau village St. Cirq à 3 km (avec navette).

Indiqué dans St. Cirq-Lapopie. A environ 3 km du village. Avec une caravane, passer par les D911, D26 et D42.

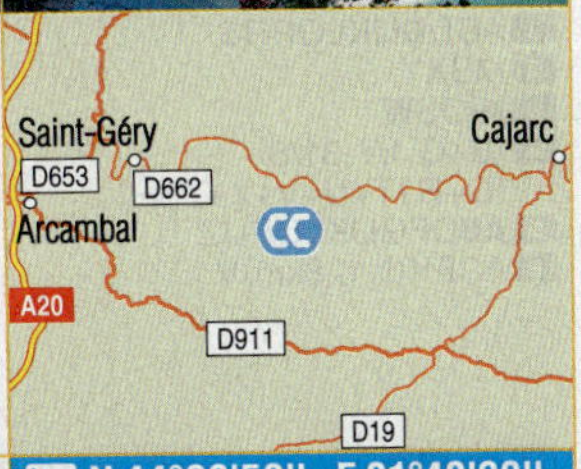


N 44°26'53" E 01°40'29"

CC € 18 1/4-5/7 25/8-30/9

## St. Cirq-Lapopie, F-46330 / Midi-Pyrénées (Lot)

iD 1952

Camping Restaurant de la Plage****
Porte Roques
+33 5 65 30 29 51
17/4 - 2/10
camping-laplage@wanadoo.fr

3ha 93T(80-160m²) 10-16A

1 ABCD**G**IJKLMOPQ
2 ADJNOQSUVWXYZ
3 CHIKPSU**WX**
4 (A 1/7-30/8)(Q+R+T+U) (V 1/5-15/9)(Y+Z)
5 **AB**CDEFGIJKLMNOPQRUWZ
6 ACDEGHJ(N 0,5km)TV

Situation idéale au pied de Saint Cirq-Lapopie, sur les rives du Lot au cœur du parc régional des Causses du Quercy. Bons équipements et nombreuses possibilités pour faire du sport (avec réductions). Bon restaurant avec produits régionaux et terrasse agréable. St. Cirq est un village préféré des français.

D653 de Cahors à Figeac. A Vers, D662 direction St. Cirq. A Tour-de-Faure, passer le pont au-dessus du Lot. Le camping est à 500m à droite sur la D40.

N 44°28'08" E 01°40'51"

CC € 18 17/4-30/6 1/9-2/10

## St. Germain-du-Bel-Air, F-46310 / Midi-Pyrénées (Lot)

iD 1953

Camping Le Moulin du Bel-Air***
Claux de Bouyssole
+33 5 65 31 00 71
15/4 - 30/9
contact@lot-camping.com

3,7ha 68T(120-400m²) 6-16A CEE

1 ACDGIJKLMOP
2 DNSWXYZ
3 ACEHIJKLNOPRSU**W**
4 (C+H 15/5-15/9) (Q+T+U+V+Z)
5 **A**CFGHIJKLMNPQUWZ
6 AEGHJ(N 1km)TV

Un camping *** dans le Lot. Au bord du Céou, entouré de collines boisées, le Moulin du Bel-Air vous accueille dans un cadre naturel. Situé entre les vallées de la Dordogne au nord et du Lot au sud, le Moulin du Bel-Air est le point de départ idéal pour randonner, s'évader et profiter des nombreux attraits de la région.

Sur l'A20 après Cahors, prendre la sortie 56 vers Gourdon.

N 44°38'58" E 01°26'05"

CC € 16 15/4-3/7 27/8-30/9

## **St. Girons**, F-09200 / Midi-Pyrénées (Ariège)

**1954**

Parc de Palétès***
allée des Orchidées
+33 5 61 66 06 79
1/1 - 31/12
contact@parcdepaletes.com

6ha 30T(80-200m²) 10A CEE

1 ACDGIJKLOPRS
2 MSXY
3 HIOSW
4 (B+G 1/7-31/8)
(Q+R+T+U+V+X+Z)
5 ABDFGIJKLOPUZ
6 ACEK(N 0,8km)V

Camping avec diverses terrasses. Restaurant et piscine (juillet/août) et piscine. Idéal pour découvrir la région montagneuse.

A64 sortie 20 vers St. Girons. A St. Girons, D3 vers Lacourt. Indiqué par des panneaux.

CC € 18 1/1-9/7 27/8-31/12 7=6

N 42°58'26" E 01°09'59"

## **St. Jean-du-Bruel**, F-12230 / Midi-Pyrénées (Aveyron)

**1955**

Flower Camping La Dourbie****
route de Nant
+33 5 65 46 06 40
28/4 - 25/9
campingladourbie@orange.fr

2,3ha 60T(100-163m²) 10A CEE

1 ACDGIJKLMOPSWT
2 DNPQSWXY
3 CHIKSUWX
4 (B+G 1/6-15/9)KP
(Q 1/7-31/8)(R+T+U+V)
(Y 1/7-31/8)(Z)
5 ABCDEFGIJKLMNOPUW
6 ACDEGJK(N 1km)RTV

Entre les Gorges du Tarn et les Cévennes: nouveau camping avec piscine chauffée, bar, restaurant à la carte et tous les équipements pour camping-cars. Au bord de la Dourbie (truites) avec des vues splendides. Bon accueil. Le restaurant est ouvert le weekend en période hors saison.

A75, sortie 47 La Cavalerie. Le camping se situe entre Nant et St. Jean-du-Bruel. Il est indiqué sur la route de Nant à 1 km avant St. Jean-du-Bruel.

CC € 14 28/4-9/7 27/8-25/9

N 44°01'11" E 03°20'46"

## **St. Lary-Soulan**, F-65170 / Midi-Pyrénées (Hautes-Pyrénées)

**1956**

Camping Le Rioumajou****
chemin du Bernet/Bourisp
+33 5 62 39 48 32
1/1 - 31/12
lerioumajou@wanadoo.fr

5ha 128T(100-130m²) 2-10A

1 ACDGIJKLMPQ
2 CSUVWXYZ
3 ACHIKPSUW
4 (A 6/7-28/8)(C+G 13/6-15/9)
(Q+R 1/1-30/12)(T+U+
V+Z 20/6-5/9)
5 ABDEFGIJKLMNOPUWZ
6 CDEGHJ(N 2,5km)ORV

Camping avec piscine dans la vallée de l'Aure au bord de la rivière, près de la petite ville de montagne animée St Lary. Le Parc Naturel de Néouvielle avec ses 70 lacs, se découvre, lors de superbes excursions. Nombreuses plantes et animaux rares. Idéal pour faire étape en route vers l'Espagne (par le tunnel de Bielsa). Réception fermée de 12h à 14h.

A Arreau suivre la D929 vers St. Lary-Soulan. A ± 1,5 km après le pont de Bazus-Aure, suivre les panneaux de camping.

CC € 16 1/1-6/7 1/9-31/12

N 42°50'19" E 00°20'20"

## 1957 — St. Pierre-Lafeuille, F-46090 / Midi-Pyrénées (Lot)

Camping Quercy Vacances****
Le Mas de Lacombe
+33 5 65 36 87 15
1/1 - 31/12
quercyvacances@wanadoo.fr

5ha 51T(100-130m²) 10A CEE

1. ACDGIJKLMO**P**Q
2. ISUYZ
3. CHIKPSUV**W**
4. (A 1/7-31/8)(B+G 15/6-15/9) **JKN**(Q+R 1/7-31/8) (T+U+V+X+Y 15/6-15/9) (Z)
5. **AB**EFGIJKLMNPUWZ
6. AEGJ(N 1km)OTV

Beau camping intime, à 5 km de la A20, sortie 57. Idéal pour faire étape. Beau sauna, jacuzzi et grande piscine. Beau bar et restaurant. Les environs sont superbes et Cahors, ville touristique, est tout près. Calme assuré!

RN20/D820 Brive-Cahors, 800m avant St. Pierre-Lafeuille, le camping est bien indiqué, à droite. Le camping est à 700m sur la droite. Ou: A20 sortie 57 dir. Cahors. A partir du rond-point on arrive sur la D820. Puis suivre la route ci-dessus.

N 44°31'53'' E 01°27'33''

CC € 16 *1/1-3/7 27/8-31/12*

## 1958 — St. Rome-de-Tarn, F-12490 / Midi-Pyrénées (Aveyron)

Camping de la Cascade****
+33 5 65 62 56 59
15/1 - 15/12
contact@camping-cascade-aveyron.com

4ha 99T(80-120m²) 6A CEE

1. AC**F**IJKLPRWS
2. CKLMNOSUWXYZ
3. CHIKOPS**W**X
4. (A 1/7-31/8)(B+G 15/6-30/9) (Q 1/7-31/8)(R 1/7-30/8) (T+U+V+X+Z 1/7-31/8)
5. **AB**DEFGIJKLMNOPQUWX
6. CDEG**K**(N 0,5km)OQRV

Magnifique camping avec des terrasses et de bons équipements, situé juste au bord du Tarn. Vous pouvez être aidé pour placer votre caravane.

A Millau prendre la D992 direction Albi. A St. Georges-de-Luzençan prendre la D73 direction St. Rome-de-Tarn. C'est bien indiqué dans le village.

N 44°03'11'' E 02°53'59''

CC € 16 *1/4-4/7 28/8-29/10*

## 1959 — Thégra, F-46500 / Midi-Pyrénées (Lot)

Camping Sites & Paysages Le Ventoulou****
Ventoulou
+33 5 65 33 67 01
16/4 - 30/10
contact@leventoulou.com

2ha 22T(100-120m²) 10-16A CEE

1. ACD**F**IJKLMPRS
2. MSUWXYZ
3. C**G**HIKPSU
4. (A 1/7-31/8)(C+E) (G 1/7-31/8)(Q+R) (T+U+V 1/7-31/8)(Y+Z)
5. **AB**DEFGIJKLMNOPQUWYZ
6. ACEG**K**(N 8km)RTV

Beau camping calme et tranquille, situé dans une nature protégée. A trois minutes de Padirac et à dix minutes de Rocamadour avec son centre médiéval au cœur de la région de la vallée de la Dordogne Lotoise. Idéal pour découvrir diverses localités à moins de 15 km à vol d'oiseau. Les campeurs reçoivent des réductions pour de nombreuses curiosités touristiques dans les environs.

Le camping est indiqué sur la D673 à Padirac. Le camping se trouve sur la D60.

N 44°49'32'' E 01°46'42''

CC € 18 *16/4-9/7 27/8-30/10*

## Toulouse, F-31200 / Midi-Pyrénées (Haute-Garonne)

iD **1960**

Camping Toulouse Le Rupé***
21 chemin du Pont de Rupé
+33 5 61 70 07 35
1/1 - 31/12
campinglerupe@orange.fr

4ha 84**T**(80-120m²) 10A CEE

**1** ACD**G**IJKLMOPQ
**2** EIJSVWXYZ
**3** ACHIKOP**W**
**4** (Q+R )(Z 1/7-31/8)
**5** **AB**DEFGIJKLMNOPUZ
**6** ACDEG**K**(N 1km)TV

Camping de ville bien aménagé. Idéal comme camping d'étape ou comme point de départ pour visiter Toulouse.

Périphérique de Toulouse (A620), sortie Sesquieres (33). Camping indiqué par des panneaux. Situé au nord de la ville.

CC € 18 *1/1-11/7* *30/8-31/12* *7=6*

N 43°39'21'' E 01°24'56''

## Touzac, F-46700 / Midi-Pyrénées (Lot)

iD **1961**

Camping Le Ch'timi***
La Roque
+33 5 65 36 52 36
15/4 - 30/9
info@campinglechtimi.com

3,5ha 77**T**(90-150m²) 6A CEE

**1** ACD**G**IJKLPQW
**2** CNSUVWYZ
**3** A**G**HIKOPSU**WX**
**4** (B 15/5-15/9)(G 1/7-1/9) (Q 1/5-30/9)(R )(T+U+V+X 1/5-30/9)(Z )
**5** ACFGHIJKLMNPUWX
**6** ADEFGHJ(N 5km)OTV

Bien aménagé dans le style d'un vieux domaine, ce camping offre des emplacements spacieux et de bons équipements. Situé dans la belle vallée du Lot. C'est un bon point de départ pour les cyclistes et pêcheurs de carpes.

A20 sortie 57, D820 vers Cahors. Juste avant Cahors, au rond-point très à droite D811 jusqu'à Duravel, à gauche, la D58 vers Port de Vire. Au rond-point, à droite vers Touzac. Là, le camping est indiqué.

CC € 18 *15/4-8/7* *25/8-30/9*

N 44°29'53'' E 01°03'59''

## Touzac, F-46700 / Midi-Pyrénées (Lot)

iD **1962**

Camping Le Clos Bouyssac***
Lieu dit Bouyssac, D65
+33 5 65 36 52 21
15/4 - 1/10
info@leclosbouyssac.eu

1,5ha 70**T**(80-180m²) 10A CEE

**1** ACD**F**IJKLM**P**QW
**2** BDMQSXYZ
**3** AHIKLPSU**WX**
**4** (B 1/6-30/9)(G 1/7-18/8) (Q+R )(T+U+V 1/7-31/8) (Z )
**5** **AB**FGIJKLMNPUWZ
**6** ACDEGHK(N 9km)T

Camping tranquille au bord du Lot avec des emplacements très spacieux, ombragés, ensoleillés. Nouveau bar agréable où vous pouvez vous régaler d'un repas sain, de pizzas ou snacks. Grande piscine en magasin de camping avec pain frais tous les jours. Wifi gratuit.

A20, sortie 57, direction Cahors. Juste avant Cahors au rond-point à droite direction Fumel. A Duravel à gauche vers Port de Viré par la D58. Au rond-point à droite vers Touzac. Le camping est indiqué.

CC € 16 *15/4-15/6* *1/9-30/9*

N 44°28'49'' E 01°03'07''

## Agde, F-34300 / Languedoc-Roussillon (Hérault) — 1963

Camping de la Tama***
4 rue du Commandant Malet
+33 4 67 94 79 46
15/4 - 15/10
contact@camping-latama.com

10ha 619T(20-100m²) 10A CEE

1 ABCDGIJKLMOPT
2 ABCHLSTXYZ
3 AGHKMNPSUY
4 (Q+R+T+U+V+X+Z)
5 ABDEFGIJKLMNPUW
6 CEGHJKM(N 3km)RTU

Un "vrai" camping à l'ancienne. Emplacements spacieux dans une vaste forêt de pins. Situé entre une réserve naturelle protégée derrière le camping et la mer. Le silence, la tranquillité, la nature, la faune et la flore sont tous présents. L'écureuil est le symbole du camping. Bâtiments sanitaires suffisants. Bars, restaurants et magasins à côté.

Autoroute A9 sortie 34 Agde-Pezenas. Prendre la direction Le Cap d'Agde D-road 612. Prendre ensuite la sortie La Tamarissière.

N 43°17'12'' E 03°26'33''

CC € 16 15/4-8/7 28/8-15/10

## Agde, F-34300 / Languedoc-Roussillon (Hérault) — 1964

Camping La Pépinière***
3 route du Grau d'Agde
+33 4 67 94 10 94
16/4 - 30/9
reception@campinglapepiniere.com

1,9ha 36T(80-100m²) 10A CEE

1 ACDGIJKLMPSWT
2 CJUWXYZ
3 CGHKMNPSUW
4 (C+H 30/4-30/9)N(Q) (T+Z 1/7-31/8)
5 ABFGIJKLMNPUZ
6 ABEGK(N 0,2km)RT

Près du port d'un authentique petit village de pêcheurs et au bord de l'Hérault. Plage (1,2 km) et magasins accessibles par une belle piste cyclable. Bonnes possibilités pour la pêche. Piscine chauffée, jacuzzi et sauna. En saison basse, wifi gratuit sur tout le camping. Le bateau-bus vous mène vers marchés hebdomadaires et autres lieux.

A9: sortie Agde. Puis Le Grau d'Agde. Le camping est à ± 3 km sur la gauche. Boulevard St. Christ (pour GPS).

N 43°17'47'' E 03°27'09''

CC € 14 16/4-8/7 27/8-29/9 7=6, 14=12, 24=18, 28=24

## Agde, F-34300 / Languedoc-Roussillon (Hérault) — 1965

Camping Le Neptune****
46 boulevard du Saint Christ
+33 4 67 94 23 94
1/4 - 30/9
info@campingleneptune.com

2,7ha 100T(70-120m²) 10A CEE

1 ACDGIJKLMPST
2 ACISWXYZ
3 CGHKMNPSUVW
4 (C+G)KM(Q) (R 10/5-15/9) (T+U+V 23/6-25/8) (Z 15/5-30/9)
5 ABEFGIJKLMNOPTUVWZ
6 ABCEGHJK(N 0,8km)RTUV

Camping familial calme et confortable avec piscine chauffée. A 2 km de la mer. Emplacements délimités, certains avec sanitaires privés. Wifi gratuit. Location de vélos, pistes cyclables le long de la rivière. Pain frais tous les jours.

A9 sortie Agde vers Agde. Puis Le Grau-d'Agde. 5 rond-points: aux 1e et 2e, 4e sortie. Aux 3e et 4e, tout droit, au 5e, 2e sortie (Grau d'Agde) longer la rivière sur 800m. GPS: 46, boulevard du Saint Christ, 34300 Agde.

N 43°17'53'' E 03°27'24''

CC € 16 1/4-7/7 24/8-30/9 7=6, 14=12

**Agde,** F-34300 / Languedoc-Roussillon (Hérault) **1966**

Camping Les Champs Blancs****
76 route de Rochelongue
+33 4 67 94 23 42
1/4 - 15/10
contact@campingleschampsblancs.com

6,5ha 157T(80-130m²) 10A CEE

1 ACD**G**IJKLMOPST
2 AIJSUWXYZ
3 C**G**HKMOPSU**W**
4 (C+H )IJM (Q+S+T+U+V+Y+Z )
5 **AB**GJLMNOP**T**UWXYZ
6 ABCEGHK(N 1km)TUV

Cp familial tranquille à 2 km de la mer. Emplacements spacieux séparés par des lauriers-roses. Nombreux emplacements avec sanitaire privé. Beau restaurant avec grande terrasse au bord de la piscine.

A9 sortie 34 Béziers/Agde. Sur la D612 dir. Grau d'Agde-Rochelongue. Au rond-point (statue) tourner à gauche en direction de dir. Grau d'Agde. Prochain rond-point 2ème sortie. Puis rond-point 1ère sortie . Après le pont 1ère rue . Tous bien signalisés sur les ronds-points.

CC € 16 *1/4-6/7 23/8-14/10*

N 43°17'47'' E 03°28'37''

**Agde,** F-34300 / Languedoc-Roussillon (Hérault) **1967**

Camping Les Jardins d'Agathe****
98 route de Guiraudette
+33 4 67 01 67 36
15/4 - 30/10
contact@camping-lesjardinsdagathe.com

1,6ha 30T(80-110m²) 16A

1 ACD**G**IJL**P**ST
2 JTWXYZ
3 C**G**HKSUW
4 (C+H 1/5-30/9)J(Q+T+U+Z )
5 **AB**EFGIJKLMNOPUWXYZ
6 EGHK(N 0,6km)T

NOUVEAU

Petit camping familial plein d'ambiance avec des sanitaires bien entretenus. Nombreuses possibilités pour faire du vélo et des excursions culturelles à Agde et Cap d'Agde. Piscine chauffée et wifi gratuit sur tout le terrain (1 code p.p). Boulanger, restaurant et supermarché à côté du camping.

A9 sortie 34 Agde puis suivre sur N112. Ensuite sortie Agde, Grau d'Agde, Rochelongue. Au rond-point (Lidl) 2e sortie. Au 2e rond-point tout droit, cp à gauche.

CC € 14 *15/4-29/4 2/5-6/5 9/5-25/5 30/5-3/6 7/6-2/7 5/9-30/10*

N 43°17'17'' E 03°28'14''

**Agde,** F-34300 / Languedoc-Roussillon (Hérault) **1968**

Camping Les Sablettes***
55 chemin de Baluffe
+33 4 67 94 36 65
9/4 - 2/10
info@campinglessablettes.com

2,5ha 70T(60-100m²) 10A CEE

1 ACD**F**IJKLM**P**SWT
2 AIJTWXYZ
3 C**G**HKMSUW
4 (C+H )J (Q+T+U+V+X+Z )
5 **AB**DFGJLNPQUZ
6 ACEGHJ**K**(N 1,5km)TVW

Camping familial tranquille à 800m de la plage d'Agde. Le camping a une grande piscine d'extérieur avec toboggan. Wifi gratuit au bar du restaurant. A partir du camping, vous pouvez faire des excursions vers Agde et Sète. Voiture électrique à louer. Belles pistes cyclables le long du Canal du Midi.

A9 sortie Cap d'Agde (D112). Puis sortie Grau d'Agde, et au rond-point avec statue, 2e sortie. Au rond-point suivant, 1e sortie et suivre les panneaux de camping.

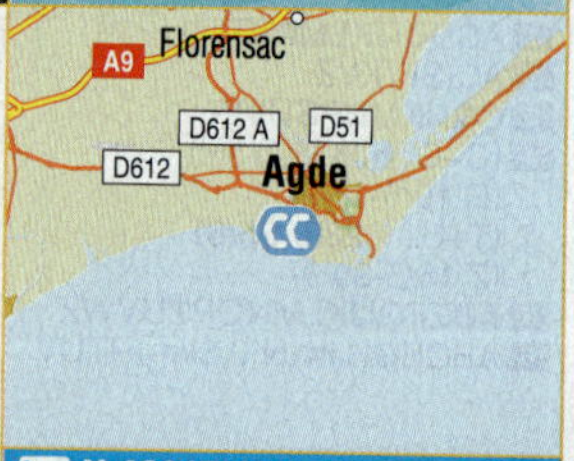


CC € 14 *9/4-9/7 28/8-2/10*

N 43°17'17'' E 03°27'46''

## Agde, F-34300 / Languedoc-Roussillon (Hérault)

**1969**

Camping L'Escale***
route de la Tamarissière
+33 4 67 21 21 09
25/3 - 2/10
camping.lescale.agde@gmail.com

2,5ha 50**T**(80-90m²) 10A

1 ACD**G**IJKLMPST
2 ACISWYZ
3 C**G**HMNPSUW
4 (B+G 15/5-27/9)KP
(Q+R+T+U+V+X+Y+Z)
5 **AB**FGJLNPUVZ
6 AEGHKL(N 2,5km)OTVX

Camping familial ombragé plein d'ambiance sur lequel on peut faire des activités si on le souhaite. Situé au bord de l'Hérault, où il y a quelques pontons. On peut pêcher en rivière ou en mer. Sur le camping, bridge en saison basse. Bon wifi gratuit sur tout le terrain.

A9, sortie Agde. Au rond-point N312 direction Agde sortie Tamarissière. Le camping est à environ 3 km à droite.

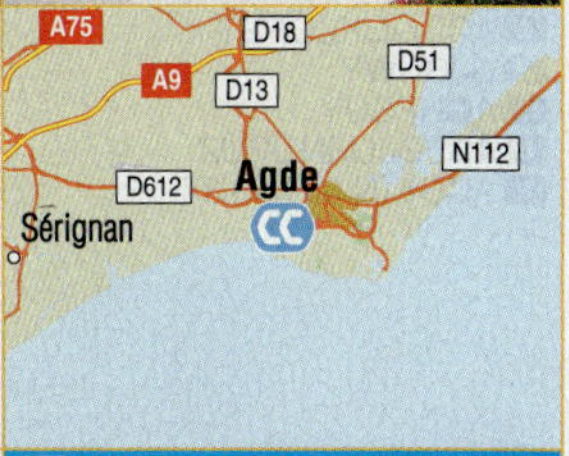


CC € 18 *25/3-2/7 27/8-2/10 7=6, 14=12*

N 43°17'49'' E 03°26'57''

## Anduze, F-30140 / Languedoc-Roussillon (Gard)

**1970**

Camping Le Pradal****
200 rte de Générargues
+33 4 66 61 79 81
1/4 - 30/9
camping-le-pradal@orange.fr

3,5ha 106**T**(90-400m²) 10A CEE

1 ACD**G**IJKLMOPSWT
2 ABDJNPSTWXYZ
3 CHIJKLOSU**W**X
4 (B 15/5-15/9)
(G 1/7-30/9)(Q+S)
(T+U+V+X+Y 15/6-31/8)
(Z)
5 **A**CDEFGHIJKLMNOPQRUXYZ
6 ABCDEGJ**K**L(N 1km)OTUV

A 10 minutes à pied d'Anduze et de la forêt de bambous. Camping agréable avec plage privée au bord du Gardon et une grande piscine. Ambiance tranquille et familiale. Grands emplacements ombragés sur terrain plat. Bar, restaurant avec terrasse, pain frais, journaux. Tennis gratuit, volley, jeu de boules, trampoline et ping-pong, terrain de jeux. Wifi gratuit.

A7 Bollène. Puis la route Bagnols-Alès-Anduze, à droite avant le pont, et suivre les panneaux (500 mètres).

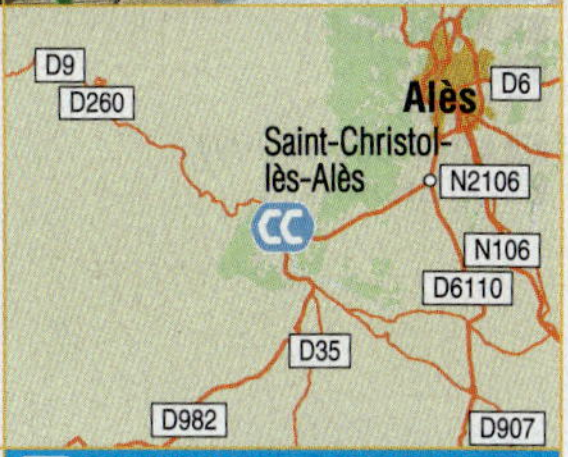


CC € 16 *1/4-30/6 1/9-30/9*

N 44°03'44'' E 03°58'58''

## Anduze, F-30140 / Languedoc-Roussillon (Gard)

**1971**

Flower Camping Les Fauvettes***
rte de St. Jean-du-Gard
+33 4 66 61 72 23
16/4 - 1/10
camping-les-fauvettes@wanadoo.fr

4ha 102**T**(90-140m²) 10A CEE

1 ACD**G**IJKLMOPSW
2 BDJMNSWYZ
3 C**G**HIJKM**O**P**Q**SU**W**X
4 (C 15/5-15/9)(G 10/6-15/9)J
(Q+T+U+V+X+Z 1/7-31/8)
5 **A**CFGHIJKLMNOPQRUVWZ
6 CEGJ(N 0,4km)TVW

Agréable camping en terrasses avec piscine chauffée, toboggan aquatique et jacuzzi. Très grand terrain de sport. Beaux emplacements. Tous les magasins sont à proximité et le camping est à seulement 500 m de la rivière, on y va à pied par un chemin. En 2018, un nouveau terrain de jeux de 130 m2 a été aménagé.

Camping sur la D907 Anduze - St. Jean-du-Gard. Il est indiqué par des panneaux.

CC € 14 *16/4-2/7 20/8-1/10*

N 44°03'37'' E 03°58'26''

## Argelès-sur-Mer, F-66701 / Languedoc-Roussillon (Pyrénées-Orientales) — 1972

Camping Albizia***
avenue du Général de Gaulle
+33 4 68 81 15 62
30/4 - 2/10
contact@camping-albizia.com

1ha 70T(70-90m²) 10A CEE

**1** ACDGIJKLOPST
**2** GJSUWY
**3** A**G**HPSUY
**5** **AB**FGJLMNOPUZ
**6** ACGK(N 0,2km)RT

Entre mer et montagnes, camping Albizia est un point de départ idéal pour faire des excursions dans les Pyrénées ou en Espagne. A partir du camping, vous allez à pied au centre d'Argelès-Plage, à la magnifique plage, à l'agréable front de mer, aux petits bars, magasins ou restaurants.

A9, sortie Perpignan-Sud, D914 direction Argelès-sur-Mer jusqu'à la sortie 10 direction Argelès. Au 2ième rond-point direction Argelès, Les Plages. Dans le village suivre 'Centre Plage'.

CC € 16 *30/4-9/7 28/8-2/10 7=6*

N 42°33'05'' E 03°02'40''

## Argelès-sur-Mer, F-66700 / Languedoc-Roussillon (Pyrénées-Orientales) — 1973

Camping Catalan**
avenue du Général de Gaulle
+33 4 68 81 12 26
2/5 - 30/9
contact@campingcatalan.com

1ha 71T(70-80m²) 8-13A CEE

**1** ACGIJKLPT
**2** JUWYZ
**3** AC**G**S
**5** **AB**EFGJLNPUVW
**6** CEGHJ**K**RT

Pour un plongeon dans la mer (150m), une promenade sur le front de mer, ou aller sur les petits marchés et dans le centre animé d'Argelès-Plage, vous pouvez laisser votre voiture au camping. Mais ce camping est aussi un point de départ idéal pour faire des excursions en Espagne ou dans les Pyrénées.

A9, sortie Perpignan-Sud, D914 vers Argelès-sur-Mer jusqu'à la sortie 10, dir. Argelès. Au 2e rond-point vers Argelès, Les Plages. Dans le village, suivre Centre Plage.

CC € 16 *2/5-2/7 19/8-30/9*

N 42°33'02'' E 03°02'45''

## Argelès-sur-Mer, F-66700 / Languedoc-Roussillon (Pyrénées-Orientales) — 1974

Camping de Pujol***
avenue de la Retirada 1939
+33 4 68 81 00 25
31/5 - 31/10
reception@pujol.info

6,3ha 200T(80-120m²) 6A

**1** ACDGIJKLOPSWT
**2** JSUWXYZ
**3** AC**G**HKMPRSU
**4** (B+G)K
(Q+R+T+U+V+Z)
**5** **AB**EFGJKLMNOP**T**UVZ
**6** ACEGJ(N 1,5km)OTV

Le camping de Pujol est situé entre la mer et les montagnes des Pyrénées orientales, avec des emplacements ombragés et aussi ensoleillés. Magnifiques piscines sur le camping, et à 1,2 km, la belle plage de sable et Argelès. Ou excursions en Espagne ou dans les Pyrénées.

A9, sortie Perpignan-Sud, RN114 direction Argelès-sur-Mer jusqu'à la sortie 10. Au 1ier rond-point direction Argelès, au 2ième rond-point direction Pujols, au 3ième rond-point direction Plage Nord.

CC € 12 *31/5-1/7 1/9-31/10*

N 42°33'25'' E 03°01'46''

## Argelès-sur-Mer, F-66700 / Languedoc-Roussillon (Pyrénées-Orientales) — 1975

Camping Europe***
avenue du Général de Gaulle
+33 4 68 81 08 10
2/4 - 1/10
contact@camping-europe.net

1,8ha 86**T**(80-110m²) 10A CEE

1 ACDGIJKLMOPSWT
2 AGSUWXYZ
3 AHKUY
4 (C+H 🔑)K(Q+R 🔑)
5 **AB**FGIJKLMNOPUZ
6 ACEGK(N 0,2km)ORT

Vous pouvez laisser votre voiture au camping de l'Europe. Vous êtes à 350m de la plage et à proximité du centre d'Argelès-Plage. Sur le camping, vous pourrez profiter du calme et de la tranquillité ou de la piscine chauffée. Point de départ idéal pour des excursions dans les Pyrénées ou en Espagne.

A9 sortie Perpignan-Sud, D914 dir. Argelès-sur-Mer jusqu'à la sortie 10 dir. Argelès. Au deuxième rond-point dir. Argelès, Les Plages. Dans le village suivre "Centre Plage".

CC € 16 *2/4-25/6 3/9-1/10*

N 42°33'01'' E 03°02'31''

## Argelès-sur-Mer, F-66700 / Languedoc-Roussillon (Pyrénées-Orientales) — 1976

Camping La Plage Argelès***
avenue Général De Gaulle
+33 4 68 81 12 17
15/4 - 17/9
contact@laplage-argeles.fr

4ha 89**T**(80-120m²) 6-10A CEE

1 AC**G**IJKLOPS
2 ACGRSWXYZ
3 AHKPSY
4 (C+H 🔑)(T+U+V 1/7-31/8)
5 **AB**FGIJKLMNOPUZ
6 ACEGH**K**(N 0,4km)OT

Le camping La Plage Argelès*** est situé à proximité du centre-ville d'Argelès Plage et à 200m de la plage. Ambiance familiale, belle végétation, emplacements spacieux et locations. Vous pouvez également profiter de la piscine chauffée, des sorties agréables, ou bien faire des excursions en Espagne ou dans les Pyrénées.

A9 sortie 42 Perpignan-Sud, puis D914 ri Argelès-sur-Mer jusqu'à la sortie 11 et suivre Centre Plage.

CC € 16 *15/4-17/6 27/8-17/9*

N 42°33'01'' E 03°02'39''

## Argelès-sur-Mer, F-66701 / Languedoc-Roussillon (Pyrénées-Orientales) — 1977

Camping Le Dauphin*****
route de Taxo à la Mer
+33 4 68 81 17 54
10/4 - 25/9
info@campingledauphin.com

7,5ha 123**T**(100-120m²) 10A

1 AC**G**IJKLOPST
2 JSUWY
3 CGHKMOPSU
4 (**A**+C+H 🔑)IJKP (Q+S+T+U+V+X+Z 🔑)
5 **AB**DFGIJKLMNOP**T**UWXYZ
6 AEGHK(N 3km)RTV

Camping avec des emplacements délimités spacieux. Parc aquatique (7000 m²) avec piscines chauffées et pataugeoire. Bar-restaurant, épicerie et animations d'avril à septembre. Avec un supplément de 3 euros, profitez d'un emplacement avec sanitaires privés : douche, wc et lavabo. A Argelès-sur-Mer !

A9, sortie Perpignan-Sud, D914 vers Argelès-sur-Mer jusqu'à la sortie 10 Taxo-d'Avall. Au 2ième rond-point à gauche vers Taxo-d'Avall, Plage Nord. Suivre les panneaux.

CC € 20 *10/4-30/6 1/9-25/9*

N 42°34'21'' E 03°01'19''

**Argelès-sur-Mer,** F-66702 / Languedoc-Roussillon (Pyrénées-Orientales) **1978**

Camping Le Soleil*****
route du Littoral
+33 4 68 81 14 48
17/5 - 17/9
contact@camping-le-soleil.fr

15ha 413T(80-120m²) 6-10A CEE

1 ACDGIJKLPSWT
2 ACHJSTWXYZ
3 CGHMPSUWY
4 (C+H )IJKP
(Q+S+T+U+V+X+Y+Z )
5 ABDFGIJKLMNOPUWXYZ
6 ACEGHKM(N 1km)ORTUV

Tous les équipements luxueux et les activités proposées sont disponibles pendant toute la saison. Sanitaires chauffés, piscines chauffées, et plusieurs accès directs à la mer. Un point de départ idéal pour de nombreuses excursions dans les Pyrénées ou en Espagne.

A9, sortie Perpignan-Sud, D914 direction Argelès-sur-Mer jusqu'à la sortie 10 direction Taxo-d'Avall. Au 2ième rond-point à gauche, suivre la direction Plage Nord jusqu'à ce que le camping soit indiqué.

CC € 20 *17/5-6/7 24/8-17/9*

N 42°34'33'' E 03°02'33''

**Argelès-sur-Mer,** F-66701 / Languedoc-Roussillon (Pyrénées-Orientales) **1979**

Camping Les Criques de Porteils*****
RD114 - Corniche de Collioure
+33 4 68 81 12 73
8/4 - 23/10
contactcdp@lescriques.com

5ha 175T(80-100m²) 10A CEE

1 ACDGIJKLPSWT
2 HLMNPQRSTUWYZ
3 ACHIOPRSY
4 (A+C+H )JKP
(Q+S+U+V+X+Z )
5 ABDEFGIJKLMNPUVW
6 ACDEGHJK(N 2km)RTV

Magnifique camping en terrasses près de Collioure, dans un environnement exceptionnel, avec une vue infinie sur la mer et les montagnes du Roussillon. Accès privé aux sublimes criques de la Méditerranée et nombreuses excursions possibles dans les environs.

A9 direction Perpignan. Sortie 42 Perpignan Sud, direction Argelès-sur-Mer. D914 direction Collioure jusqu'à la sortie 13. 'Collioure par la Corniche' jusqu'à l'Hôtel du Golf, et à droite direction cp.

CC € 22 *8/4-6/6 17/6-8/7 16/9-23/10*

N 42°32'02'' E 03°04'04''

**Argelès-sur-Mer,** F-66702 / Languedoc-Roussillon (Pyrénées-Orientales) **1980**

Camping Les Marsouins - Ciela Village****
avenue de la Retirada
+33 4 68 81 14 81
15/4 - 12/9
lesmarsouins@cielavillage.com

12ha 327T(90-120m²) 5A CEE

1 ACDGIJKLMOPSW
2 JSWYZ
3 CGHMPQSU
4 (C+H )J
(Q+S+T+U+V+X+Y+Z )
5 ABDEFGIJKLOPQRUWXYZ
6 ACDEGHIK(N 1,5km)ORTV

Camping agréable avec une superbe piscine chauffée, de grands emplacements spacieux et des emplacements sur sol dur pour camping-cars. Tous les équipements sont disponibles pendant toute la saison. Situé à 800m de la mer et tout près des Pyrénées et de l'Espagne.

A9, sortie Perpignan-Sud direction Argelès-sur-Mer par la D914 jusqu'à la sortie 10. Au 1ier rond-point direction Argelès, au 2ième rond-point direction Pujols. Au 3ième rond-point direction Plage Nord.

CC € 18 *15/4-7/7 24/8-12/9*

N 42°33'49'' E 03°02'05''

## Argelès-sur-Mer, F-66702 / Languedoc-Roussillon (Pyrénées-Orientales) — 1981

Camping Sunêlia Les Pins****
avenue du Tech
+33 4 68 81 10 46
8/4 - 1/10
camping@les-pins.com

4ha 173T(85-95m²) 6-10A CEE

**1** AC**G**IJKLOPSWT
**2** AGJRSWZ
**3** AC**G**HPSUVWY
**4** (C+H 🔑)J(Q 🔑)(T+U+V+X 15/5-15/9)(Z 🔑)
**5** **AB**DEFGIJKLMNOPUWZ
**6** AEGHJ**K**(N 0km)RTV

Camping tranquille et ombragé, près du centre d'Argelès-Plage. Profitez de promenades le long de la magnifique plage ou d'un plongeon dans la piscine chauffée. Les Pyrénées et l'Espagne sont tout près et vous invitent à faire de magnifiques excursions.

A9, sortie Perpignan-Sud, D914 Argelès-sur-Mer jusqu'à la sortie 10, Argelès. Au 2ième rond-point, direction Argelès, les Plages. Dans le village, suivre 'Centre Plage' et 'Plage des Pins'.

CC € 20 *8/4-7/7 25/8-1/10*

N 42°33'21" E 03°02'32"

## Argelès-sur-Mer, F-66700 / Languedoc-Roussillon (Pyrénées-Orientales) — 1982

Flower Camping Les Chênes Rouges****
route de Sorède
+33 4 68 81 02 63
1/4 - 18/9
contact@campingleschenesrouges.com

3,5ha 60T(80-140m²) 10-16A CEE

**1** ACD**G**HIJKL**P**SWT
**2** BISTUWXYZ
**3** ACHIPSU
**4** (C+H 🔑)JM(Q+R 🔑)(T+U+V+Z 15/6-15/9)
**5** **AB**CEFGIJKLMNOPUWZ
**6** ACEGH**K**(N 2km)RTV

Cet agréable camping familial, entouré de champs avec des oliviers est très ombragé grâce à de belles plantations et il a une belle piscine chauffée avec tobogan. La mer est tout près (4 km), et de nombreuses excursions dans les Pyrénées ou en Espagne sont possibles.

A9 sortie 43 Le Boulou, D618 Argelès-sur-Mer. A 14 km au rond-point 2e sortie, Les Chênes Rouges (déchèterie) et au rond-point suivant 1e à droite et à 800m à droite.

CC € 16 *1/4-7/7 31/8-18/9*

N 42°32'17" E 02°59'43"

## Attuech/Anduze, F-30140 / Languedoc-Roussillon (Gard) — 1983

Camping Le Fief d'Anduze***
195 chemin du Plan d'Eau
+33 4 66 61 81 71
1/4 - 30/9
campingdufief@free.fr

6ha 90T(80-100m²) 6-10A CEE

**1** ACDGIJKLMPSW
**2** ABCENPQSUWXYZ
**3** A**G**HIKPQSUV**WX**
**4** (C+G 🔑)**KLN**(Q+R+T+U+V+Y+Z 🔑)
**5** **A**EFGIJKLMPUVWZ
**6** AEGK(N 5km)TV

Un camping agréable près d'un lac et de la rivière, à 5 minutes en voiture d'Anduze. Nombreuses possibilités pour visiter des endroits superbes. Activités culturelles et sportives. Wifi gratuit partout. Deux piscines. Très bien pour faire du vélo, des randonnées et pêcher.

Sortie Bollène di. Alès, puis Montpellier. A St. Christol-les-Alès, Anduze. Après Intermarché à gauche vers Lézan. Après le pont sur le Gardon au rond-point di Anduze. 2e camping à droite.

CC € 16 *1/4-25/6 3/9-30/9* 7=6, 14=12

N 44°01'37" E 04°01'40"

## Bagnols-sur-Cèze, F-30200 / Languedoc-Roussillon (Gard)

iD **1984**

Camping Les Genêts d'Or****
1840 chemin de Carmignan
+33 4 66 89 58 67
15/4 - 25/9
info@camping-genets-dor.com

8ha 120T(90-100m²) 10A

1 ACD**F**IJKLPST
2 CPQSUWXYZ
3 AC**G**HIKMPSUWX
4 (C+G)(Q 1/5-20/9) (R+T+U+V+Y+Z 10/5-20/9)
5 **AB**DEFGIJKLMNOPUWZ
6 ACEGHK(N 2km)OTV

Camping familial plein d'ambiance entouré de vignobles, au bord de la Cèze. Très bon service. Bridge 5 x par semaine du 29/5 au 12/6 et du 21/8 au 4/9. Situation centrale entre la Provence, les Cévennes et l'Ardèche. Très indiqué pour seniors et familles. Wifi gratuit.

A7 sortie Bollène. Puis la D994 Pont-St-Esprit, puis la N86 Bagnols-sur-Cèze. 500 mètres après le panneau d'entrée de la ville avant la pompe à essence à gauche suivez les panneaux de camping.

CC € 22 *16/4-8/7 25/8-25/9*

N 44°10'25'' E 04°38'13''

## Barjac, F-48000 / Languedoc-Roussillon (Lozère)

iD **1985**

Camping Le Clos des Peupliers***
2 chemin des Peupliers
+33 4 66 47 01 16
1/4 - 30/9
leclosdespeupliers@wanadoo.fr

3,2ha 85T(90-240m²) 10A CEE

1 ACD**G**IJLPW
2 DJNSUWXYZ
3 AHIKLSU**WX**
4 (C+H 1/6-30/8)(Q) (T 1/6-31/8)(U+V 1/5-30/9) (Z)
5 **AB**DFGIJKLMNOPUVWXY
6 CEGJ(N 0,5km)T

Un camping familial ombragé et ensoleillé au bord du Lot, au coeur de la magnifique Lozère. La piscine chauffée et les truites dans le Lot vous attendent. Le village n'est pas très loin et les collines environnantes offrent un beau panorama. C'est une bonne base pour la découverte du Tarn et de quelques petites villes actives typiquement françaises.

A75 sortie 39.1. Suivre la RN88 vers Mende jusqu'à Barjac. Puis le camping est indiqué.

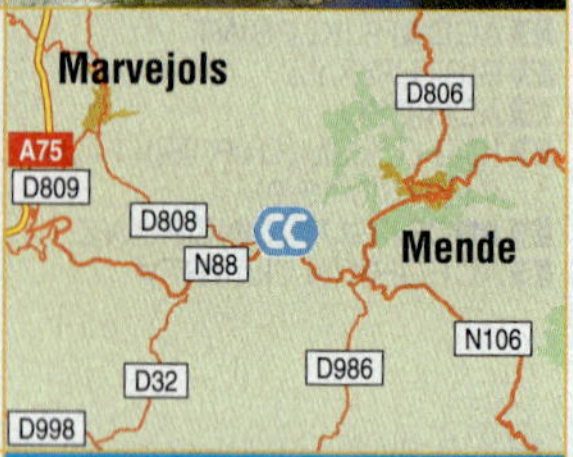


CC € 16 *1/4-3/7 21/8-30/9*

N 44°30'03'' E 03°24'26''

## Bizanet, F-11200 / Languedoc-Roussillon (Aude)

iD **1986**

Camping Figurotta***
route de Narbonne / D224
+33 4 68 45 16 26
15/1 - 8/12
camping.figurotta@gmail.com

1,6ha 44T(80-300m²) 10A CEE

1 ACD**G**IJKLMP
2 ILNSUWXYZ
3 ACHIKSV
4 (B 15/6-15/9)(G 15/7-15/9) (Q 1/7-31/8)(R)(T+U+ X+Z 1/7-31/8)
5 **A**EFGIJKLMNUX
6 AEGK(N 1km)TV

Camping dans un environnement très tranquille dans un cadre de verdure entre les arbres. Réception et blocs sanitaires complètement rénovés. La piscine a été aussi rénovée et on en a doublé les dimensions.

A Narbonne vers Lezignan. A ± 5 km sortie Bizanet (D613). A la fourche, serrer à droite (D224). Camping à ± 3 km.

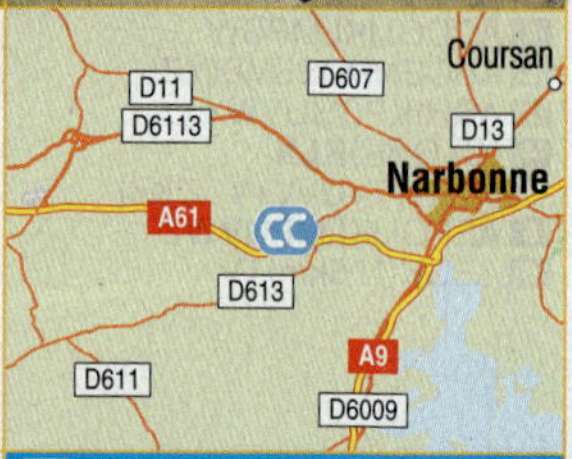


CC € 16 *15/1-30/6 1/9-8/12*

N 43°09'46'' E 02°53'29''

## Bize-Minervois, F-11120 / Languedoc-Roussillon (Aude) — 1987

Flower Camping de l'Olivigne***
chemin de St. Michel,
lieu dit Les Prés
+33 4 68 46 14 40
9/4 - 17/10
contact@campingolivigne.fr

2,2ha 76T(80-200m²) 10-16A CEE

1 ABCD**G**IJKLMO**P**
2 CNPSUXY
3 CHIKMPSU**W**X
4 (**A**+B+G+Q+R 🔑)
(T 1/6-30/9)(U 🔑)
5 **A**EFGIJKLMNOPQRUWXY
6 ACEG**K**L(N 0,4km)RTV

Cp construit en 2019, est équipé de tous les équipements. Avec belle piscine et possibilités de baignade dans la Cesse. Entouré de nombreuses villes fortifiées et des curiosités locales, situé près du Canal du Midi, au pied de la Montagne Noir et à 25 km de la mer Méditerranée.

Depuis Béziers D11 direction Carcassonne, après Argeliers tourner à droite direction Bize-Minervois. A Bize-Minervois, suivez les panneaux signalant le camping.

CC € 16 *9/4-8/7 28/8-17/10*

N 43°19'17'' E 02°52'32''

## Boisseron/Sommières, F-34160 / Languedoc-Roussillon (Hérault) — 1988

Flower Camping Domaine de Gajan****
651, rue de Pie Bouquet
+33 4 66 80 94 30
12/3 - 29/10
info@
campingdomainedegajan.com

3ha 48T(80-120m²) 16A CEE

1 ACD**G**IJKLM**P**ST
2 BCITUWXYZ
3 AHIKPSU**W**
4 (C+G 2/4-30/9)J(Q+R+T 🔑)
(U+V+X 2/4-20/10)(Z 🔑)
5 **AB**EFGJLMNPQUWZ
6 ACEGHJ**K**(N 2,5km)TUV

Situation tranquille le long de la piste cyclable vers Sommières. Avec grande piscine chauffée, terrasse et restaurant. Emplacements ensoleillés ou sous les chênes. Entre montagnes et mer. Agréable pour faire des randonnées et du vélo.

A9, sortie Lunel. Puis ± 7 km D34 vers Sommières. Au rond-point, vers Castries. Juste avant le pont à droite. Là, le camping est bien indiqué.

CC € 16 *12/3-2/7 27/8-29/10*

N 43°46'01'' E 04°04'28''

## Boisset-Gaujac/Anduze, F-30140 / Languedoc-Roussillon (Gard) — 1989

Camping Domaine de Gaujac***
2406 chemin de la Madeleine
+33 4 66 61 67 57
1/5 - 11/9
contact@domaine-de-gaujac.com

10ha 145T(80-110m²) 4-10A CEE

1 ACD**G**IJKLMO**P**SWT
2 BDMPQSTWZ
3 C**G**HIKL**OR**SU**W**X
4 (C+H 🔑)IJKP
(Q+R+S+T+U+V+Z 🔑)
5 **AB**CDEFGIJKLMNOPUVXZ
6 CDEGHJ(N 5km)ORTV

Grand camping verdoyant. Situé un peu en dehors d'Anduze, à 100m du Gardon. Très ombragé.

A7 sortie Alès/Bollène. Avant Alès direction Montpellier/St. Christol/Anduze. A 5 km avant Anduze à Bagard à gauche direction Boisset-et-Gaujac. Puis suivre les panneaux.

CC € 14 *1/5-2/7 27/8-11/9*

N 44°02'09'' E 04°01'26''

## Brousses-et-Villaret, F-11390 / Languedoc-Roussillon (Aude) — 1990

Camping Le Martinet Rouge***
2 chemin du Lac des Rochers
+33 4 68 26 51 98
1/4 - 21/10
info@camping-martinet.com

3ha 50T(90-125m²) 6A CEE

1 ACD**F**IJKLPST
2 CSYZ
3 ACHIKPSU
4 (**A** 1/7-31/8)(B+G 1/6-15/10) JK(Q 15/5-15/9)(R) (T+U+X 1/7-31/8)(Z)
5 **A**DFGIJLMNPQUX
6 AEGJ(N 5km)TV

Situé entre Carcassonne et la Montagne Noire dans un superbe paysage verdoyant avec des rochers gigantesques, ce camping offre des emplacements séparés par des haies hautes pour vous assurer calme et espace. Piscine avec toboggan et jacuzzi. Divers circuits pour la randonnée et le vélo. Propriétaires amicaux.

D118 Carcassonne-Mazamet, sortie D103 vers Brousses-et-Villaret. Le camping est indiqué à Brousses-et-Villaret.

CC € 14 1/4-9/7 29/8-21/10

N 43°20'21'' E 02°15'07''

## Canet-en-Roussillon, F-66140 / Languedoc-Roussillon (Pyrénées-Orientales) — 1991

Camping Ma Prairie****
avenue des Coteaux
+33 4 68 73 26 17
6/5 - 19/9
contact@maprairie.com

4,5ha 153T(65-100m²) 10A CEE

1 ACDFHIJKLOPSWT
2 JSWYZ
3 C**G**HMPSUV
4 (C+H)J(Q+T) (U+V 20/5-15/9)(X+Z)
5 **AB**FGIJKLMNOPUWXYZ
6 ACEGH**K**L(N 0,2km)ORTV

Camping familial agréable à 3 km de la plage. Avec de nombreux équipements dont certains, comme la belle piscine chauffée, le restaurant, le petit terrain de jeux et l'espace fitness sont de l'autre côté du chemin. Bonne situation pour faire des excursions à la journée dans les Pyrénées ou en Espagne.

A9, sortie 41 Perpignan-Centre di Le Barcarès/Canet par la D83 et la D81. Puis D617 di St. Nazaire. A la sortie St. Nazaire D11 à droite au rond-point.

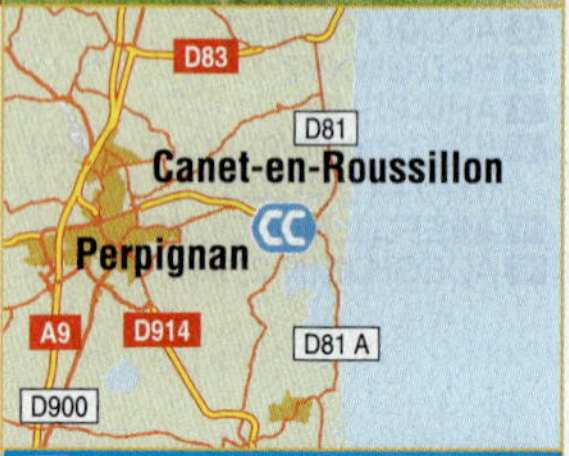


CC € 18 6/5-3/7 27/8-19/9

N 42°42'04'' E 02°59'54''

## Cap-d'Agde, F-34300 / Languedoc-Roussillon (Hérault) — 1992

Camping La Mer***
Impasse des Camarines
+33 4 48 20 13 08
16/4 - 2/10
contact@camping-de-la-mer.com

3ha 93T(60-90m²) 6A CEE

1 A**F**IJKLMPST
2 AGIJSTWXYZ
3 C**G**HKMSUWY
4 (Q+T+V+Z 8/5-28/9)
5 **AB**EFGJLNPUVWZ
6 ACEGHJ**K**(N 0,8km)TV

Camping familial et très tranquille avec beaucoup d'attention pour le campeur. A partir du camping, un sentier pavé mène directement à la mer. La grande plage est à 100m. Wifi gratuite sur la terrasse.

A9, sortie N34 Pézenas, Agde. Au rond-point Cap-d'Agde et après le pont sur l'Hérault, Rochelongue. Au 1er croisement à gauche,'mail de Rochelongue' (suivre panneau Camping La Mer) Camping indiqué.

CC € 16 16/4-3/7 1/9-1/10

N 43°16'43'' E 03°28'43''

## Cap-d'Agde, F-34300 / Languedoc-Roussillon (Hérault)

1993

Flower Camping Le Rochelongue****
route de Rochelongue
+33 4 67 21 25 51
17/4 - 24/9
lerochelongue@orange.fr

3ha 55**T**(80-90m²) 10-16A CEE

1 ACD**G**IJKLM**P**SWT
2 AGIJSTWXY
3 C**G**HKPSUVWY
4 (C+H 1/5-30/9) (Q+R+T+U+V+X+Z 1/5-15/9)
5 **AB**EFGIJKLMNOPQRUWXYZ
6 ABEGK(N 0,4km)RTV

A Cap d'Agde, près d'un centre commercial et à 500 mètres de la mer. Très adapté pour les enfants car la plage est sans danger (eau peu profonde sur grande largeur). Magnifique piscine avec pataugeoire. A 800 mètres d'un grand parc aquatique pour enfants (Aqualand), d'un terrain de golf (27 trous) et d'une discothèque. Beaux sanitaires!

Sur la A9 prendre la sortie Cap d'Agde. A 800m de Cap d'Agde suivre les panneaux de camping sur lesquels La Rochelongue est indiquée.

CC € 16 *17/4-2/7 27/8-24/9* *14=12, 21=17*

N 43°16'45'' E 03°28'53''

## Cardet, F-30350 / Languedoc-Roussillon (Gard)

1994

Camping Beau Rivage**
22 chemin du Bosquet
+33 4 66 83 02 48
19/3 - 15/10
mail@camping-beau-rivage.net

5ha 124**T**(85-125m²) 6A

1 ACD**G**IJKLPST
2 ABCOPSTUXYZ
3 C**G**HIKM**O**P**Q**SUV**WX**
4 (C 25/4-12/10)(G 1/7-31/8) K(Q+R 1/5-30/9)(T+U+ V+X 25/4-1/10)(Z)
5 ACDEFGIJKLMNPQRUWZ
6 ACEGHJ**K**(N 0,5km)OTUV

Beau camping juste au bord de la rivière. Emplacements spacieux, piscine chauffée avec jacuzzi, pizzeria agréable et sanitaires chauffés modernes. Vous pouvez chercher de l'or dans la rivière. Les environs : parfaits pour faire des randonnées et des tours à vélo, pour visiter des villes médiévales ou des petits marchés. Bon wifi sur tout le camping.

A partir d'Alès suivre Nîmes, 2ième sortie dir Ledignan/ Ners, puis Anduze. Traverser la D6110, puis 4ième sortie dans Cardet.

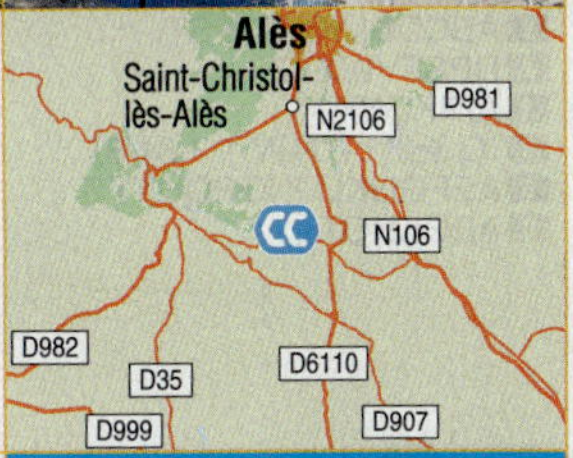


CC € 16 *19/3-9/7 27/8-15/10*

N 44°01'40'' E 04°04'27''

## Castries, F-34160 / Languedoc-Roussillon (Hérault)

1995

Flower Camping de Fondespierre***
277 chemin du Pioch Viala
+33 4 67 91 20 03
1/2 - 30/11
campingfondespierre@outlook.fr

2,1ha 50**T**(60-120m²) 10-16A

1 ACD**F**IJLMPTW
2 BILMNUWXYZ
3 C**G**HIJ**O**SU
4 (B 1/5-30/9)K(Q+R) (T 1/7-30/8)(V+X 1/7-31/8) (Z)
5 **AB**DFGJLNPUVZ
6 ACEGJ**K**(N 2km)OTW

Grand choix de zones ombragées ou non ombragées. Sanitaires chauffés en hiver. Deux piscines en plein air, de mai à septembre. Pizzeria et bar ouverts toute l'année. Randonnées pédestres et VTT au départ du camping.

A9, rester sur la droite, sortir vers A709, sortie 28 vers Vendargues. Puis D610, Alès, au rond-point M610 vers Alès. Au 1er rond-point vers Alès, au 2e rond-point, 2e sortie, Castries. 1re à droite, suivre Dom. de Fondespierre.

CC € 16 *1/2-2/7 27/8-30/11* *7=6, 14=12*

N 43°41'38'' E 03°59'46''

## Cendras, F-30480 / Languedoc-Roussillon (Gard)

**1996**

Camping La Croix Clémentine****
1313 route de la Baume
+33 4 66 86 52 69
2/4 - 27/9
clementine@clementine.fr

10ha 185T(90-150m²) 6-10A

1 ACD**G**IJKLMOPST
2 BJLMSUWYZ
3 ACHIOP**Q**RSUW
4 (A 1/7-31/8)(C+H 15/4-27/9)
(Q+R)(S 1/7-31/8)
(T+U+V+X+Y+Z)
5 **AB**EFGIJLMNOPUVZ
6 CDEGK(N 1,5km)ORTV

Grand camping familial, situé dans un environnement tranquille, avec de nombreux équipements sportifs et une piscine chauffée.

A7 sortie Bollène/Pont-St-Esprit, puis D994. A Pont-St-Esprit N86, Bagnols-sur-Cèze. Puis D6, Alès. A Alès vers Mende. Indiqué à Cendras.

CC € 16 *2/4-10/7 28/8-26/9*

N 44°09'07'' E 04°02'35''

## Cessenon-sur-Orb, F-34460 / Languedoc-Roussillon (Hérault)

**1997**

Camping La Plage de l'Orb***
rue des Fleurs
+33 4 67 89 53 29
9/4 - 17/9
laplagedelorb@gmail.com

1ha 88T 10A CEE

1 ABCD**G**IJKLMO**P**ST
2 DPSTVWXYZ
3 AHIKL**WX**
4 (Q)(T+U+W 1/7-31/8)
5 **A**EFGIJKLMNOPQUXYZ
6 AEGKNOT

Camping à côté d'une plage de galets au bord de l'Orb. Vous pouvez vraiment vous détendre ici, surtout en basse saison. Il y a des emplacements avec beaucoup, peu ou pas d'ombre. Belle vue sur l'Orb depuis le pont.

En venant de Béziers, prendre la D14 vers Cessennon-sur-Orb. Suivez les panneaux indiquant le camping. Prenez le pont sur la rivière Orb et tournez immédiatement à gauche. L'entrée du camping se trouve sur la droite.

CC € 14 *9/4-1/7 31/8-17/9* *7=6, 15=12, 23=18*

N 43°27'05'' E 03°02'44''

## Clapiers, F-34830 / Languedoc-Roussillon (Hérault)

**1998**

Camping Sandaya Le Plein Air des Chênes****
avenue Georges Frêche
+33 4 67 02 02 53
8/4 - 25/9
pleinairdeschenes@sandaya.fr

8ha 40T(100-110m²) 10-16A CEE

1 ACD**G**IJKLMOPTW
2 IJMUWYZ
3 CDHKM**OPQR**SU
4 (C 15/5-6/9)(G 1/6-6/9)IJKM
(Q+T+U+V+X+Z)
5 **AB**FGJLMNPUWZ
6 AEGH**K**L(N 0,4km)QTV

Camping familial tranquille. Sur terrain plat sous des arbres donnant beaucoup d'ombre. Bon point de départ pour visiter Montpellier. Les campeurs avec CampingCard ACSI sont accueillis sur les emplacements confort.

A9, sortie Vendargues. Suivre la direction Jacou/Clapiers par la D21. Le camping est à Clapiers sur la D112. Le camping est indiqué par des panneaux.

CC € 20 *8/4-8/7 3/9-25/9*

N 43°39'06'' E 03°53'46''

## Collias, F-30210 / Languedoc-Roussillon (Gard)

**1999**

Camping Le Barralet***
chemin de Grès
+33 4 66 22 84 52
1/4 - 30/9
camping@barralet.fr

7ha 84**T**(80-100m²) 6-10A CEE

**1** ACD**G**IJKLPSWT
**2** CILMNPQSTUWXYZ
**3** A**G**HIKMNP**Q**SU**W**X
**4** (B+G 1/6-31/8)
(Q+R+T+U+V+X+Y+Z)
**5** **A**FGIJKLMPUWZ
**6** ACEGH**K**(N 1km)TUV

Camping à 30m au-dessus du Gardon. De la terrasse et de la piscine, belle vue sur la rivière et Collias. Accès direct aux rives du Gardon. Nager, faire du vélo et des randonnées, faire de l'escalade (Via Ferrata) et profiter de la nature sont très agréables. A partir du camping, en allant à Remoulins en canoë, vous passez sous le pont du Gard.

Par la D19 et la D981 entre Remoulins et Uzès. Puis Collias par la D112, ensuite la D3. Suivre les panneaux.

CC € 18 *1/4-8/7 26/8-30/9*

N 43°57'29'' E 04°29'14''

## Collioure, F-66190 / Languedoc-Roussillon (Pyrénées-Orientales)

**2000**

Camping Les Amandiers**
chemin de l'Ouille
+33 4 68 81 14 69
2/4 - 2/10
info@camping-les-amandiers.com

1,8ha 50**T**(60-90m²) 10A CEE

**1** ACD**G**HIJKL**P**ST
**2** BHMPRSWXYZ
**3** AHISWY
**4** (Q+R+T+U+X+Y+Z)
**5** **AB**GIJKLMNOPUVZ
**6** ACDEGHJ(N 1,5km)OTV

Les Amandiers** est un point de départ verdoyant, tranquille et ombragé pour faire des excursions vers l'Espagne ou les Pyrénées. Collioure, superbe localité, est à proximité du cp et la plage 'La Crique de l'Ouille' à 200m. Caravanes et camping-cars : longueur max. 7,5 m.

A9 di Perpignan, sortie 42 Perpignan Sud di Argelès-sur-Mer. D914 di Collioure jusqu'à sortie 13 Collioure par la Corniche. Suivre les panneaux de camping jusqu'avant Collioure puis à gauche.

CC € 18 *2/4-30/6 1/9-2/10*

N 42°31'53'' E 03°04'18''

## Colombiers, F-34440 / Languedoc-Roussillon (Hérault)

**2001**

Camping Les Peupliers***
7 promenade de l'Ancien Stade
+33 4 67 37 05 26
1/1 - 31/12
contact@camping-colombiers.com

1ha 50**T**(75-100m²) 10A CEE

**1** ACD**G**IJKLMOPST
**2** ISUWXYZ
**3** CHIKSU
**4** (B+G 1/6-30/9)(Q 1/5-30/9)
(T+U+V+X+Z 1/6-30/9)
**5** **AB**DEFGJLMNPQRUWZ
**6** ACEGJ**K**(N 0,6km)TV

Petit camping agréable près de Colombiers et du Canal du Midi. Ouvert toute l'année. On peut faire des excursions dans les environs et vers les plages de la Méditerranée autour de Béziers. Sanitaires chauffés en hiver. Hotspot wifi gratuit 30 minutes toutes les 6 heures.

Ne pas suivre le GPS ! A9, sortie 36 Béziers-ouest. Puis au rond-point, D64 Castres/Mazamet, 3ième route à droite D11 Capastang/Montady. A Montady au rond-point, suivre Colombiers-Les-Peupliers.

CC € 16 *1/1-3/7 31/8-31/12*

N 43°19'06'' E 03°08'35''

## Corbès/Anduze, F-30140 / Languedoc-Roussillon (Gard) — 2002

Camping Cévennes-Provence***
524 route des 2 Ponts
+33 4 66 61 73 10
20/3 - 1/10
info@campingcp.com

30ha 226T(80-200m²) 10A CEE

1 ACD**G**IJKLMPST
2 ABDJMNOPQSTWXYZ
3 CHIJKLMN**O**P**R**SU**W**X
4 (**A** )(Q 1/4-15/9)
(S 1/4-30/9)
(T+U+V+X+Y+Z 4/4-30/9)
5 **AB**CDEFGHIJKLMNOPQRUVZ
6 ACEGHJ(N 2km)ORTUVW

Superbe camping naturel très calme entre deux bras de rivière du Gardon. Accès directe à la plage privée. Nagez dans la rivière à eau clair. Grâce au climat, plus de 120 sortes d'arbres. Chaque année, un bloc sanitaire est entièrement rénové. Géré depuis 60 ans par la même famille (4 générations).

A7, sortie Bollène, à Alès direction Montpellier. À Anduze la D907 direction St. Jean-du-Gard; à 3 km après Anduze, à droite à le arrêt de bus (D284 Rte de Corbes).

CC € 18 *20/3-30/6 22/8-1/10*

N 44°04'41'' E 03°57'53''

## Cornillon, F-30630 / Languedoc-Roussillon (Gard) — 2003

Camping Paradis Les Amarines***
181 route de Goudargues
+33 4 66 82 24 92
1/4 - 30/9
les.amarines@orange.fr

4,5ha 120T(60-120m²) 10A CEE

1 ACD**G**IJKLMPST
2 COQSWXYZ
3 ACHIKSUWX
4 (C )K(Q )(T 1/5-15/9)
(Z )
5 **AB**DEFGIJLMNOPQUWXYZ
6 EGK(N 0,8km)OTV

Camping plat dans la vallée de la Cèze près du charmant village de Goudargues. Vastes emplacements ombragés et délimités par des haies. Supermarché à 800 mètres.

D980 Bagnols-sur-Cèze en direction de Barjac. Après environ 15 km, prendre à gauche vers Goudargues.

CC € 18 *1/4-9/7 26/8-30/9*

N 44°13'11'' E 04°28'48''

## Crespian, F-30260 / Languedoc-Roussillon (Gard) — 2004

Camping Mas de Reilhe****
169 chemin du Mas de Reilhe
+33 4 66 77 82 12
1/4 - 31/10
info@camping-mas-de-reilhe.fr

3ha 62T(70-100m²) 10A CEE

1 ACD**G**IJKLSWT
2 BSTUWXYZ
3 CHIMPSUV**W**
4 (C )K(Q+R+U+V+Y+Z )
5 **AB**EFGJKLNPUWXYZ
6 ACEGH**K**(N 9,5km)RTV

Au coeur du Gard, caché entre les vignes et les bois d'arbustes, vous êtes reçu dans une ambiance familiale. Détendez-vous au bord de la piscine avec jacuzzi ou sur la terrasse. Faites des randonnées, du vélo, visitez de beaux vieux villages.

A9 sortie Nîmes-Ouest, puis par la D999 vers Le Vigan. Au croisement avec la N6110 Montpellier-Alès, direction Crespian. Camping indiqué.

CC € 18 *1/4-10/7 27/8-31/10*

N 43°52'43'' E 04°05'47''

## Elne/St. Cyprien, F-66200 / Languedoc-Roussillon (Pyrénées-Orientales) 2005

Camping Le Florida*****
route Latour Bas Elne
+33 4 68 37 80 88
19/3 - 29/10
info@campingleflorida.com

7ha 56T(100-180m²) 10A CEE

1 ACD**G**IJKLM**P**SWT
2 JSUWYZ
3 C**G**HOPSU
4 (C+H 1/4-30/9)J(Q)
(T+U+V+Y+Z 1/4-30/9)
5 **AB**DFGIJKLMNOPUWZ
6 ACEGK(N 0,2km)TV

Le Florida, à 3,5 km de la plage, offre des emplacements spacieux, très ou peu ombragés au choix et un nouvel espace aquatique chauffé de 2000m² avec jacuzzi, jeux d'eau, cascade et toboggan. Point de départ idéal pour faire des excursions en Espagne et/ou dans les Pyrénées.

A9, sortie Perpignan-Sud direction Argelès-sur-Mer. Prenez la sortie 7 sur la N114 Latour-Bas-Elne par D11 direction Elne-centre. Puis direction St. Cyprien par la D40.

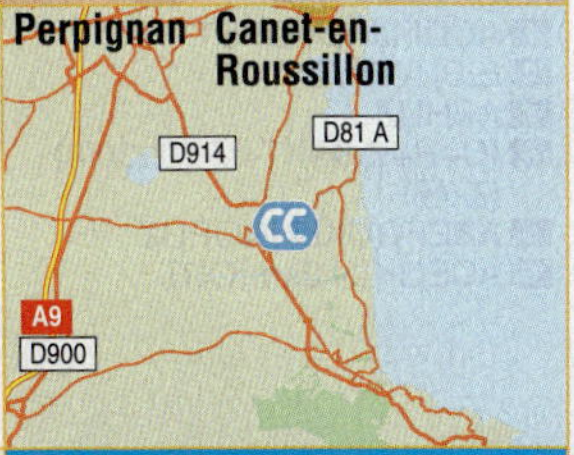


CC € 20 *19/3-30/6 1/9-29/10* *7=6, 14=12, 21=18*

N 42°36'24'' E 02°59'24''

## Espira-de-Conflent, F-66320 / Languedoc-Roussillon (Pyrénées-Orientales) 2006

Camping Le Canigou***
+33 4 68 05 85 40
25/4 - 25/9
campinglecanigou@gmail.com

4ha 115T(100m²) 6-10A

1 ACDGIJKLMOPS
2 CLQSUWYZ
3 AHIJKOP**Q**SU**W**X
4 (A+Q+R+T+U)
(V 1/7-24/9)(X+Z 1/6-24/9)
5 **AB**CDGIJKMNOPU
6 CDEGJL(N 9,8km)OTV

Ce camping est situé dans une région dont on peut dire : derrière chaque montagne vous trouvez un paysage complètement différent dans lequel vous pouvez suivre de longs chemins de randonnée. Excursions aventureuses au sommet du Canigou, visite des Gorges du Llech en 4X4. Propriétaires néerlandais.

A Perpignan N116 direction Prades. A peu près à 2,5 km de Vinça à gauche. Espira-de-Conflent est indiqué.

CC € 14 *25/4-10/7 27/8-25/9*

N 42°37'00'' E 02°30'05''

## Estavar/Cerdagne, F-66800 / Languedoc-Roussillon (Pyrénées-Orientales) 2007

Camping L'Enclave***
2 rue des Vynials
+33 4 68 04 72 27
1/1 - 30/9, 1/11 - 31/12
contact@camping-lenclave.com

4ha 175T(80-130m²) 3-10A

1 ACD**G**IJKLPST
2 CMNSWYZ
3 CHIKOPRSU
4 (A 1/7-31/8)(C 15/6-15/9)**KN**
(Q+R+T+U+V+X+Z 15/6-15/9)
5 **AB**DFGIJKLMNOPUVWZ
6 CEG**K**(N 0,1km)OTV

Ce camping dans un environnement tranquille n'est pas loin de Font Romeu (15 minutes) et de l'enclave espagnole Llívia (5 minutes). Randonnées balisées faciles, pêche et beaucoup de nature font de ce camping un lieu de séjour idéal. Piscine.

De Mont-Louis, N116 jusqu'à Saillagouse. Là, à droite D33, Estavar. De Bourg-Madame N154, jusqu'à Llívia. Après le centre, suivre 'El Museu de la Pagesia'. A 500m à droite vers Saillagouse.

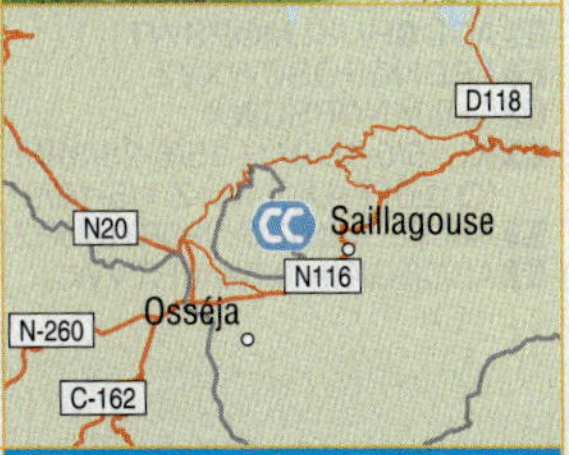


CC € 18 *5/4-4/7 25/8-30/9*

N 42°28'09'' E 01°59'55''

## **Fabrègues**, F-34690 / Languedoc-Roussillon (Hérault)

**2008**

Camping Le Botanic***
Launac-le-Vieux
+33 4 67 85 53 18
1/4 - 10/10
contact@camping-le-botanic.com

2ha 62**T**(90-180m²) 10A CEE

1 ACDFIJKLMO**P**ST
2 EISUWXYZ
3 AEHUZ
4 (C+H+Q)(T+V 1/7-30/8)(Z)
5 **AB**EFGIJKLMNOPUZ
6 ACEGK(N 2km)ORT

Camping écologique très bien entretenu avec de grands avantages, comme sa situation par rapport à Montpellier, à la mer et à l'arrière-pays. Le camping dispose d'une lagune naturelle unique avec plage de sable fin.

A9, sortie 32 ou 33. Entre Fabrègues et Gigean sur la D613 vers Cournonterral. Le camping est à 800m sur la gauche.

CC € 16 *1/4-5/7 25/8-10/10*

N 43°32'28'' E 03°44'51''

## **Fitou**, F-11510 / Languedoc-Roussillon (Aude)

**2009**

Camping Le Fun***
224 Croix de Bayle
+33 4 68 45 71 97
1/4 - 31/10
contact@lefun-camping.com

10ha 100**T**(80-180m²) 10A CEE

1 ACD**F**IJKLMP
2 EILNSUVWXYZ
3 CHOPUVW
4 (C+H 1/5-30/9)(Q+R)(T+U 1/7-31/8)(Z)
5 AEGJLNPUV
6 CDEGJ**K**(N 2km)TV

Le camping, au bord de la lagune de Leucate, offre des nombreuses possibilités pour faire des sports nautiques comme le surf et le Kite Surf. De plus, le camping a des vues magnifiques.

A9 sortie 40, direction Perpignan par la D6009. Le camping est indiqué par des panneaux.

CC € 16 *1/4-7/7 27/8-31/10*

N 42°54'51'' E 02°59'56''

## **Florac**, F-48400 / Languedoc-Roussillon (Lozère)

**2010**

Flower Camping Pont du Tarn***
route de Pont de Montvert, D998
+33 4 66 45 18 26
16/4 - 1/10
contact@camping-florac.com

5,5ha 148**T**(80-150m²) 10A CEE

1 ACD**G**HIJKLMOPSWT
2 ABDNOPQSUWXYZ
3 CHIJKN**O**PSU**WX**
4 (C 15/5-15/9)(H 15/6-28/8)IM(Q)(T+U+V+X+Z 1/5-15/9)
5 **ABC**DEFGHIJKLMNOPQR**T**UWXYZ
6 ABCEGK(N 0,5km)RTVW

Accès direct aux plages naturelles du Tarn, situation boisée, magnifique nature à seulement 5 min du centre de Florac et de tous les magasins: ce camping est un endroit calme où vous pourrez profiter à fond de l'eau, du soleil et de la nature. Idéal pour des vacances en famille.

A75, prendre la sortie 39.1 direction Mende N88, après environ 25 km tourner à droite sur la N106, direction Alèsl. Au rond-point, avant Florac, tourner à gauche sur la D998, premier camping à gauche.

CC € 20 *16/4-2/7 27/8-1/10* 7=6

N 44°20'12'' E 03°35'20''

## Fontès, F-34320 / Languedoc-Roussillon (Hérault)

2011

Camping L'Evasion***
route de Cabrières
+33 4 67 25 32 00
14/3 - 23/10
camping.levasion@outlook.fr

2,7ha 40T(80-120m²) 10A CEE

1 ACD**G**IJKL**P**SWT
2 IMNSTUWXY
3 CEHISU
4 (C 1/5-15/9)(Q+R )(T+V+X+Z 11/4-30/9)
5 **AB**EFGIJLMNPUXZ
6 AEGK(N 0,7km)OTV

Camping situé au cœur de l'Hérault, à 25 km de la mer. Près de Pézenas, le lieu de résidence dramaturge français Molière, le lac Salagou et Saint Guilhem-le-Désert.

A75, du nord : sortie 58, du sud, sortie 59, Adissan. Après Adissan, Fontès. A Fontès D124, Cabrières. Camping sur cette route.

CC € 16 *14/3-3/7 29/8-23/10*

N 43°32'51'' E 03°22'48''

## Frontignan-Plage, F-34110 / Languedoc-Roussillon (Hérault)

2012

Camping La Lagune***
10 avenue des Vacances
+33 4 99 04 04 30
15/4 - 30/9
contact@camping-la-lagune.com

1ha 32T(50-100m²) 6A CEE

1 ACD**G**IJKL**P**ST
2 AEGJSWXYZ
3 CHIKMPWY
4 M(Q+S+T+U+V+X+Y+Z )
5 **AB**FGIJKLMNOPQUXZ
6 CEG**K**(N 0,5km)T

Petit camping familial avec des installations sanitaires entièrement rénovées (2016). Le camping se trouve à 150 mètres d'une grande plage de sable dans un village d'où partent de nombreuses et belles pistes cyclables. Le boulanger vient au camping tous les jours. En face du camping, vous trouverez des bars, des restaurants, des pizzerias et des petits supermarchés.

A9, sortie 33 Sète. Camping sur la D612 vers Sète ou Montpellier. Suivre 'Les Campings'.

CC € 16 *15/4-7/7 29/8-29/8*

N 43°25'48'' E 03°45'35''

## Frontignan-Plage, F-34110 / Languedoc-Roussillon (Hérault)

2013

Camping Sandaya Les Tamaris*****
140 avenue d'Ingril
+33 4 67 43 44 77
8/4 - 25/9
tamaris@sandaya.fr

4ha 119T(70-110m²) 10-16A CEE

1 ACD**G**IJKLMOPQW
2 AEHJSTUWXYZ
3 CHKMN**Q**SUWY
4 (C+H+Q+S+T+U+V+X+Z )
5 **AB**DEFGIJKLMNOPUWXYZ
6 AEGHJ**K**(N 0,5km)ORTV

Votre garantie de passer des vacances tranquilles dans un environnement paradisiaque juste en dehors de Frontignan Plage. Camping très confortable juste au bord d'une belle plage de sable, avec de l'autre côté une magnifique réserve ornithologique naturelle. Un lever et coucher de soleil féeriques! Indiqué pour faire des excursions dans les environs.

A9, sortie Mireval. Le camping est sur la D50. Aux panneaux de campings, suivre vers la gauche. Bien indiqué.

CC € 20 *8/4-8/7 3/9-25/9*

N 43°27'00'' E 03°48'21''

## Fuilla, F-66820 / Languedoc-Roussillon (Pyrénées-Orientales)

**2014**

Camping Le Rotja***
6 chemin de la Moulliere
+33 4 68 96 52 75
1/4 - 15/10
camping@camping-lerotja.com

1,6ha 75**T**(80-100m²) 6A

1 ACDGIJKLMPST
2 BINSUVWYZ
3 CHIKS**W**
4 (A 15/6-15/9)(C 1/5-1/10)
(G 1/6-1/10)(Q+R+T)
(X+Z 1/5-10/10)
5 **AB**CEFGIJKLMNPRUWY
6 EGHK(N 3km)OTV

Un camping plein d'ambiance, situé dans un environnement tranquille dans la vallée de la petite rivière La Rotja. Nombreuses possibilités pour se promener avec aussi des curiosités historiques. Climat doux en période hors-saison. Le camping se trouve précisément sur la 'méridienne verte' indiquée par une borne devant le camping. Wifi gratuit sur tout le terrain.

N116 vers Villefranche direction Mont-Louis. A environ 500 mètres, après Villefranche, sortie Fuilla.

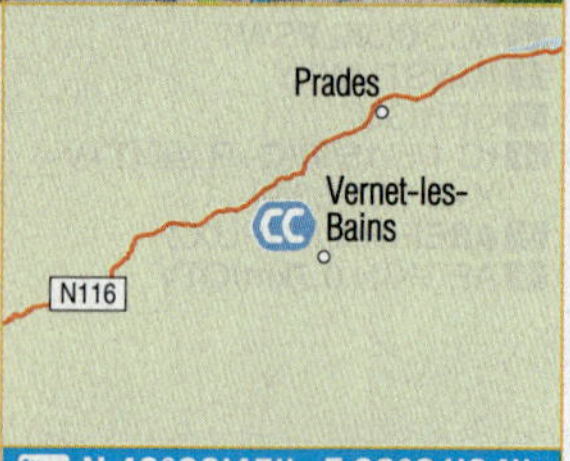


CC € 18 *1/4-8/7 28/8-14/10*

N 42°33'45'' E 02°21'34''

## Gallargues-le-Montueux, F-30660 / Languedoc-Roussillon (Gard)

**2015**

Camping Les Amandiers****
20 rue des Stades
+33 4 66 35 28 02
1/4 - 25/9
camping-lesamandiers@orange.fr

3ha 40**T**(70-120m²) 16A CEE

1 AC**G**IJKLMO**P**SWT
2 IJSTUWXYZ
3 CHIKMOP**Q**SUV**W**
4 (C+H 1/5-25/9)**KLN**
(Q+T+U+V+Y+Z)
5 **A**BFJKLMNPU
6 AEG**K**(N 1km)OTV

Le camping est à 2 km de la A9 (sortie 26) à proximité d'une petite village historique sur une colline. Plusieurs sortes de piscines (chauffées), spa/wellness, salle de fitness, terrasse ensoleillée et grands emplacements. Valérie vous souhaite la bienvenue.

A9, sortie 26 vers Gallargues. Là, c'est bien indiqué.

CC € 18 *1/4-25/6 1/9-25/9* *7=6, 14=12*

N 43°43'00'' E 04°10'01''

## Goudargues, F-30630 / Languedoc-Roussillon (Gard)

**2016**

Flower Camping Le St. Michelet***
route de Frigoulet
+33 4 66 82 24 99
24/4 - 25/9
lesaintmichelet@orange.fr

5ha 101**T**(80-110m²) 10A

1 ACD**G**IJKLOPST
2 CLMNOSUWXYZ
3 ACHIKSUWX
4 (A 1/7-31/8)(C+H+Q)
(T+U+V+X+Z 1/6-31/8)
5 **AB**DFGIJKLMNOPUVWZ
6 EGK(N 0,5km)TV

Camping avec une bonne ambiance situé sur la Cèze avec une belle plage. Le camping est situé à une courte distance du pittoresque village de Goudargues.

D980 Bagnols-sur-Cèze vers Barjac, bifurquer vers Goudargues. Dans le village, prendre la route de Frigoulet. Camping à côté de la route.

CC € 20 *24/4-1/7 1/9-25/9*

N 44°13'19'' E 04°27'45''

## **Gruissan**, F-11430 / Languedoc-Roussillon (Aude) 2017

Camping Barberousse**
route de l'Ayrolle
+33 4 68 49 07 22
10/4 - 7/11
campingparadisbarberousse@alphacamping.fr

5ha 179**T**(90m²) 10A CEE

1 ACD**G**IJKLMOPST
2 JUXY
3 AHIKLM
4 (**A** 1/7-31/8)**K**M**N**
(Q+T+U+V+X+Z)
5 **AB**EGIJKLMNOPU
6 ACG**K**(N 0,3km)V

Camping à 300 mètres de Gruissan, un pittoresque petit village de pêcheurs avec son centre historique du moyen-age et à 3 km de la plage. Situation idéale pour visiter le parc naturel régional de Narbonne et les collines de La Clape. Beaux sentiers de randonnée pédestre près du camping.

A9, sortie 37 Narbonne-Est, puis D168. Au premier rond-point à droite, D31/32 vers Gruissan. Juste avant Gruissan, suivre les panneaux de camping.

CC € 18 *10/4-2/7 27/8-7/11*

N 43°06'07'' E 03°05'07''

## **Ispagnac**, F-48320 / Languedoc-Roussillon (Lozère) 2018

Camping Le Pré Morjal***
4 chemin du Beldou
+33 4 66 45 43 57
2/4 - 28/10
contact@camping-premorjal.com

3ha 115**T**(100-110m²) 10A CEE

1 ABCD**G**IJKLMOPSWT
2 ABCJNOPQSWXYZ
3 CHIJKLOPSU**W**X
4 (C+H 1/6-1/9)(Q)(U+V+X+Y 1/6-30/9)(Z)
5 **AB**CDEFGHIJKLMNOPQRUVZ
6 CEGHK(N 0,3km)ORTV

Ce magnifique camping 3 étoiles est idéalement situé dans la vallée d'Ispagnac, à quelques pas du village douillet. Situation centrale entre les Causses, les Cévennes et les Gorges du Tarn. Venez vous détendre dans la belle nature sur notre camping familial avec de grands emplacements'verts' et ombragés.

En venant de Florac, le camping est à gauche après le centre d'Ispagnac, près des terrains de sport et de la piscine. Suivre les panneaux.

CC € 14 *2/4-1/7 2/9-28/10*

N 44°22'20'' E 03°31'49''

## **Junas**, F-30250 / Languedoc-Roussillon (Gard) 2019

Camping Les Chênes**
95 chemin des Teullières Basses
+33 4 66 80 99 07
15/4 - 15/10
chenes@wanadoo.fr

1,7ha 71**T**(80-100m²) 10A CEE

1 ACD**G**IJKL**P**SWT
2 BILSUWXYZ
3 AHIKPS**W**
4 (B 15/5-15/10)(G 30/6-15/10)
(Q+R+T+U+V)
5 **A**EFGJKNPUVWZ
6 AEGJ**K**(N 5km)OTU

Gilles et Nathalie vous accueillent pour vos vacances dans le sud de la France, dans un environnement calme et très familial avec une belle piscine sous le soleil du Languedoc, à l'ombre de ses chênes. Situé à 5 km de Sommières et à 2 km de la 'voie verte', (magnifique piste cyclable) à 30 minutes des plages, de Nîmes, de Montpellier et au pied des Cévennes.

Sur la A9 prenez la sortie Gallargues, traverser le village, direction Sommières (6 km).

CC € 16 *15/4-8/7 25/8-15/10* 15=13

N 43°45'41'' E 04°07'16''

## Junas, F-30250 / Languedoc-Roussillon (Gard)

**2020**

Camping L'Olivier***
route de Congénies
+33 4 66 80 39 52
9/4 - 15/10
camping.lolivier@wanadoo.fr

1ha 24T(50-100m²) 6-10A CEE

**1** ACD**G**IJKL**P**SW
**2** BJTUWXYZ
**3** AHIKORS**W**
**4** (B 1/5-30/9)(G+Q 1/7-31/8) (R )(T+V+Z 1/7-31/8)
**5** **A**EFGIJKLMNPUVZ
**6** AEG**K**(N 2km)ORT

Camping intime avec des différences de niveaux et beaucoup d'ombre grâce à entre autres des oliviers centenaires. Situé près d'un village médiéval. Bel environnement pour la randonnée et le vélo. Près de la Voie Verte de Nîmes à Sommières.

A9, sortie 26 vers Sommières. Puis D22 jusqu'à Junas. Suivre les panneaux.

CC € 18 *9/4-2/7 27/8-15/10*

N 43°46'12'' E 04°07'33''

## La Grande-Motte, F-34280 / Languedoc-Roussillon (Hérault)

**2021**

Camping La Petite Motte***
195 allée des Peupliers
+33 4 67 56 54 75
26/3 - 2/10
camping-lapetitemotte@ffcc.fr

3,5ha 196T(80-100m²) 6A CEE

**1** ACD**G**HIJKLMOPT
**2** ASTWXY
**3** A**G**HIKSW
**4** (Q+R+T+U+V+X+Z )
**5** **AB**DEFGIJKLMNOPUWZ
**6** ACEGHJ**K**(N 0,5km)

Camping ombragé à 700m de la plage et du port de la Grande-Motte. Diverses possibilités pour les sports nautiques pour les campeurs actifs. Le Parc Naturel Régional de Camargue et Montpellier sont à une demi-heure en voiture du camping.

De Lunel à La Grande Motte. A La Grande Motte rester sur la droite. Puis les campings sont indiqués.

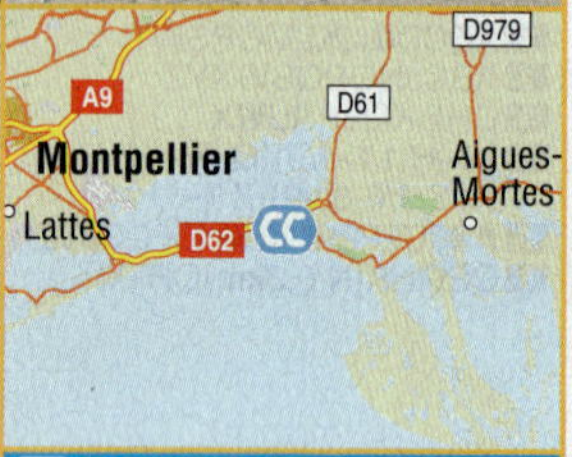


CC € 20 *26/3-1/7 29/8-2/10*

N 43°33'52'' E 04°04'31''

## La Palme, F-11480 / Languedoc-Roussillon (Aude)

**2022**

Camping Le Clapotis - Tohapi**
2000 chemin de la Prade
+33 5 33 09 20 92
2/4 - 25/9
reservations@vacanceselect.com

6,5ha 100T(70-110m²) 6A CEE

**1** ACD**G**IJKLMOP
**2** FINPUWXYZ
**3** ACEHMPUWZ
**4** (Q+R+T+U+V+X+Z 15/6-15/9)
**5** **AB**EFGIJKLMNOPUV
**6** BDEGH**K**(N 4km)OTV

Camping naturiste sobre et plein d'ambiance dans un environnement naturel.Très bien situé au bord du lac de la Palme pour les vrais amateurs de surf et de kitesurf.

Montpellier/Narbonne, A9 vers Perpignan, sortie 39 Sigean. Puis di Perpignan par D6009. Au rond-point de La palme à gauche et à 400m à droite, suivre les panneaux de camping.

CC € 16 *2/4-2/7 27/8-25/9*

N 42°57'28'' E 02°59'45''

## La Roque-sur-Cèze, F-30200 / Languedoc-Roussillon (Gard)

2023

Camping La Vallée Verte*****
529, route de Donnat
+33 4 66 79 08 89
23/4 - 24/9
info@la-vallee-verte.com

36ha 80T(75-100m²) 6-10A CEE

1 ACD**G**IJKLPST
2 ABCLMNOPQSTUWYZ
3 ACHOPSUWX
4 (A+B+G )J
(Q+R+U+V+Y+Z )
5 **A**FGJLMNOPUVWZ
6 AEGHJL(N 7km)V

Camping en terrasses très calme, avec beaucoup de dénivelé. Belle piscine et belles plages le long de la rivière Cèze.

A7 sortie Bollène/Pont-St-Esprit. D994 direction Pont-St-Esprit. N86 direction Bagnols-sur-Cèze. D6 direction Alès. Après 3,5 km la D143 direction La Roque-sur-Cèze. 1,5 km après Donnat à droite. A l'embranchement direction La Roque, après 1,5 km à droite.

CC € 20 *23/4-1/7 29/8-24/9*

N 44°10'53'' E 04°32'07''

## Langogne/Naussac, F-48300 / Languedoc-Roussillon (Lozère)

2024

Camping Les Terrasses du Lac***
Lac de Naussac - D26
+33 4 66 69 29 62
15/4 - 30/9
bonjour@naussac.com

6ha 180T(80-140m²) 6-10A

1 AC**G**IJKLMPSWT
2 FLNUVXYZ
3 A**G**HIKL**O**PSU**W**Z
4 (C+H 15/6-15/9)
(Q+R+T+U+Y+Z )
5 **AB**CDFGIJKLMNPQUVWZ
6 CEGJ(N 2km)QTV

Au bord d'un lac magnifique, non loin de Langogne, vous pouvez camper au calme avec une vue magnifique. Dans les environs, la Margueride, où sont dispersés quelques petits villages typiques, vous pouvez faire des randonnées et du vélo à l'infini. L'architecture romane et l'Ardèche ne sont pas très loin. Au restaurant, partie de l'hôtel du camping, vous pouvez prendre des repas délicieux.

N88, au sud de Langogne suivre la direction Naussac. Le camping est indiqué.

CC € 18 *15/4-30/6 1/9-30/9*

N 44°44'02'' E 03°50'08''

## Laroque-des-Albères, F-66740 / Languedoc-Roussillon (Pyrénées-Orientales)

2025

Camping Les Albères****
route Moulin Cassagnes
+33 4 68 89 23 64
9/4 - 17/9
lesalberes@cybelevacances.com

7ha 105T(32-92m²) 16A CEE

1 ABCD**F**IJLMPST
2 JLMNSUWXY
3 ACHIMP**R**SU
4 (C+E+H )IJM
(Q+R+T+U+X+Z )
5 **A**FGIJKLMNPU
6 AEGH**J**(N 0,9km)T

Camping familial au pied des Pyrénées orientales, situé dans un bois de chênes-lièges et de mimosa. Paradis aquatique avec de nombreux équipements récréatifs et welness : piscine couverte chauffée, piscine d'extérieur, toboggan et whirpool.

A9 sortie 43 Le Boulou. Vers Argelès-sur-Mer (D618). Sortie Laroque-des-Albères. Suivez sur 3 km. Au village, à gauche vers Sorède. Au rond-point suivant à droite. Le camping est indiqué.

CC € 18 *9/4-2/7 27/8-17/9*

N 42°31'26'' E 02°56'39''

## Latour-de-France, F-66720 / Languedoc-Roussillon (Pyrénées-Orientales) — 2026

Camping La Tour de France***
43 ave du Général de Gaulle
+33 4 68 29 16 10
16/4 - 30/9
contact@camping-latourdefrance.fr

2ha 70T(50-120m²) 6A CEE

1 ABFIJLMP
2 CSUWYZ
3 ACHKOSU
4 (B+G 15/5-15/9)(Q+R)
(T+X+Z 1/7-31/8)
5 AEFGJKMNPQRUZ
6 DEGHJ(N 1km)TU

Le camping se trouve dans l'arrière-pays catalan entre la Méditerranée et les Pyrénées. Situation centrale pour des excursions vers les nombreux sites cathares et les larges plages sur la côte, avec entre autres le Barcarès. La côte rocheuse dans la direction de l'Espagne, avec Collioure, village fantastique, n'est pas très loin non plus.

Millas vers Estagel. A Estagel vers Latour-de-France. Le camping est indiqué sur la D17.

CC € 14 *16/4-3/7 29/8-30/9*

N 42°45'57'' E 02°39'56''

## Le Barcarès, F-66420 / Languedoc-Roussillon (Pyrénées-Orientales) — 2027

Camping Le Floride & l'Embouchure*****
500 route de St. Laurent
+33 4 68 86 11 75
8/4 - 1/11
contact@floride.fr

12ha 142T(80-130m²) 10A

1 ACDFIJKLPSW
2 ACHIJUWYZ
3 ACHKMNPSUVWXY
4 (C+F+H)IJKLMP
(Q+S+T+U+V+X+Y+Z)
5 ABDEFGIJKLMNPTUVWXYZ
6 ACGHK(N 0,6km)ORTV

Ce camping convivial 'Le Floride & l'Embouchure' est situé entre le lac de Leucate et la Méditerranée, avec des piscines chauffées, un accès privé à la plage et possibilité d'avoir, en payant un supplément, des sanitaires individuels.

A9 sortie Perpignan-Centre. D83 direction Le Barcarès. Jusqu'à la sortie 9 par la D81 direction Canet. Première sortie St. Laurent direction Le Barcarès-Village.

CC € 20 *8/4-30/6 1/9-1/11 7=6, 14=12*

N 42°46'44'' E 03°01'47''

## Le Barcarès, F-66420 / Languedoc-Roussillon (Pyrénées-Orientales) — 2028

Camping L'Oasis - California****
1030, route de St. Laurent
+33 4 68 86 12 43
29/4 - 16/9
contact@camping-oasis.com

17ha 190T(80-100m²) 16A CEE

1 ACDGIJKLMOPSWT
2 IJSTUWXYZ
3 ACHKLMNOPSU
4 (C+H)JKP(Q+R)(T+U+V+X 1/6-1/9)(Z)
5 ABEFGIJKLMNPUVWZ
6 ACDGHK(N 0,8km)ORTUV

L'Oasis-California, avec piscine chauffée et excellents équipements, vous offre un séjour agréable près de Port-Barcarès et des magnifiques plages de la Méditerranée. A partir de là, vous pouvez faire de belles excursions vers les Pyrénées et l'Espagne.

A9 sortie Perpignan-Centre. D83 direction Le Barcarès jusqu'à la sortie 9. Direction Canet par la D81, jusqu'à la première sortie St. Laurent, direction Le Barcarès-Village.

CC € 14 *29/4-10/7 28/8-16/9 7=6, 14=12*

N 42°46'35'' E 03°01'29''

## Le Boulou, F-66160 / Languedoc-Roussillon (Pyrénées-Orientales)

2029

Camping Mas Llinas***
chemin Du Mas Llinas
+33 4 68 83 25 46
10/3 - 30/11
contact@mas-llinas.com

4ha 106T(80-120m²) 10A CEE

**1** ACD**F**IJKLM**P**SWT
**2** BINOSVWY
**3** ABCHKLPSUV
**4** (B+G 1/5-1/10)
(Q+R 1/4-1/10)(T+V 1/4-1/9)
(Z 1/4-1/10)
**5** **AB**EFGJKLMNOP**S**UW
**6** BEG**K**(N 2km)RTUV

Le camping est situé dans l'arrière-pays du Boulou. Vue magnifique sur le massif des Albères et le Pic de Canigou. Les environs offrent de nombreuses possibilités d'excursions, comme Argelès Plage et Collioure.

A9 sortie 43, suivre les panneaux via RN D900 direction Perpigan, à la sortie Le Boulo au premier rond-point prendre la 3e sortie, puis après 200m à gauche, après 400m à droite et traverser la voie ferrée, puis suivre les panneaux indiquant le camping.

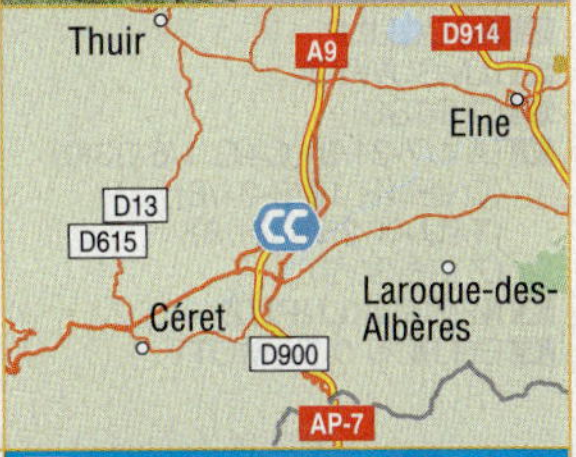


CC € 16 *10/3-9/7 27/8-30/11*

N 42°32'30'' E 02°50'05''

## Le Rozier, F-48150 / Languedoc-Roussillon (Lozère)

2030

Camping Municipal de Brouillet***
chemin de Brouillet
+33 5 65 62 63 98
1/4 - 3/10
contact@campinglerozier.com

3ha 150T(100-120m²) 6A CEE

**1** ACD**G**IJKLMOPSWT
**2** BDJNOPQSTUWXYZ
**3** CHIJKLMPSU**WX**
**4** (**A** 1/7-31/8)(C+H 1/6-13/9)
**5** **A**CEFGHIJKLMNOPUVYZ
**6** ACEGKM(N 0km)RTV

Très beau camping dans le village pittoresque du Rozier. Vous y trouvez de beaux magasins et un restaurant. Un point de départ idéal pour faire des excursions dans les environs. Réservations possibles uniquement entre le 1ier janvier et le 30 septembre.

A Aguessac A75, sortie 44.1 (Eteignez votre GPS!). Suivre les panneaux 'Gorges du Tarn' jusqu'au Rozier. Le camping est dans le centre du Rozier.

CC € 14 *1/4-30/6 1/9-3/10*

N 44°11'29'' E 03°12'16''

## Le Vigan, F-30120 / Languedoc-Roussillon (Gard)

2031

Camping Le Val de l'Arre****
route Du Pont de la Croix
+33 4 67 81 02 77
1/4 - 30/9
valdelarre@wanadoo.fr

8ha 133T(80-120m²) 10-16A

**1** ACD**F**IJLPSWT
**2** CSUWYZ
**3** CHIKN**O**P**Q**SU**WX**
**4** (C 1/5-30/9)(G 15/6-10/9)
(Q 1/4-30/9)(S 1/6-31/8)(T+U+X+Z 1/6-8/9)
**5** **AB**FGIJKLNPUVWZ
**6** ACEG**K**(N 2km)ORTV

Ce camping, où l'ambiance familiale domine, est situé au sud des Cevennes, dans le calme et l'ombre des bois. Du confort en pleine nature.

A75 sortie 48 Le Vigan, D999. A 2,5 km après Le Vigan à droite au rond-point. Ou A6/A7/A9 sortie Nîmes Ouest. Périphérique Nîmes di Alès. puis D999 et 2,5 km avant Le Vigan à gauche au rond-point.

CC € 16 *1/4-4/7 29/8-30/9*

N 43°59'29'' E 03°38'14''

## Lézignan-Corbières, F-11200 / Languedoc-Roussillon (Aude)

**2032**

Camping Sites & Paysages La Pinède***
rue des Rousillous
+33 4 68 27 05 08
1/4 - 30/10
lapinede.aude@gmail.com

3,5ha 69**T**(90-100m²) 6A CEE

**1** ACD**G**IJLP
**2** ILMSUWYZ
**3** CHI**O**SU
**4** (A 1/7-31/8)(C+G 1/6-30/9)
(Q )(R 16/6-31/8)
(T+U+X 25/6-31/8)
(Z 1/6-30/9)
**5** **A**EFGIJKLNPUZ
**6** EGJ**K**(N 0,7km)OTV

Dans la petite ville Lézignan avec un beau centre-ville historique, au coeur du pays Cathare. Magnifique piscine à côté du camping.

De Narbonne, D6113 vers Carcassonne, périphérique autour de Lézignan, suivre toujours Carcassonne, à 1 km à l'est de Lézignan, cp sur la droite au rond-point. Panneaux vers l'entrée.

CC € 14 *1/4-9/7 27/8-30/10*

N 43°12'12'' E 02°45'07''

## Lodève, F-34700 / Languedoc-Roussillon (Hérault)

**2033**

Camping Les Vals***
2000 route de Puech
+33 4 30 40 17 80
1/4 - 30/9
campinglesvals@yahoo.fr

3,5ha 62**T**(80-180m²) 6-16A CEE

**1** ACD**G**IJLN**P**TW
**2** CIMSTUWYZ
**3** ACHIJMOPRSU**W**X
**4** (B 1/6-10/9)(Q 1/7-30/8)
(R )(T 11/7-20/8)(U+V )
(X 11/7-20/8)(Z )
**5** **AB**EGJLNPUZ
**6** AEG**K**(N 2km)OV

A 5 minutes du lac de Salagou, au coeur des vignes sur les rives d'une rivière. La piscine au camping, les activités telles que tennis, minigolf et tennis de table, et l'énorme héritage culturel de la région vous assurent des vacances réussies.

Du nord : sortie 52 sur A75, Lodève. Suivre av. Fumel, pas 'centre'. Passer le pont (Vinas) à gauche, Puech. A 2 km sur la D148. Du sud : sortie 53 sur A75, Lodève-centre. 1er rond-point à gauche, Puech. A 2 km sur la D148.

CC € 18 *1/4-6/7 28/8-30/9*

N 43°42'43'' E 03°19'19''

## Lodève, F-34700 / Languedoc-Roussillon (Hérault)

**2034**

Onlycamp Les Vailhès**
Lac du Salagou
+33 4 84 31 00 99
8/4 - 25/9
contact@campinglesvailhes.com

4ha 234**T**(50-100m²) 10A CEE

**1** AD**G**IJLPST
**2** EIJMNPUWXYZ
**3** ACHIKU**WZ**
**4** (Q 1/5-30/9)(T+Z 1/7-30/8)
**5** **A**GIJKLMNOPUWZ
**6** EGJ(N 8km)T

Camping de plage simple et paisible au bord du lac Salagou. Un camping pour les admirateurs de la nature.

Prenez A75 depuis Montpellier : sortie 55 et suivre les flèches. A75 depuis Millau : sortie 54 et suivre les flèches.

CC € 18 *8/4-26/5 29/5-4/6 6/6-2/7 28/8-25/9*

N 43°40'13'' E 03°21'21''

## Loupian, F-34140 / Languedoc-Roussillon (Hérault)

2035

Camping Municipal de Loupian***
route de Mèze
+33 4 67 43 57 67
15/4 - 16/10
camping@loupian.fr

1,7ha 90T(60-100m²) 10A CEE

1 ACD**G**IJKLOPST
2 IJSUWXYZ
3 AHKOS
4 (Q+T+U+X+Z 1/5-30/9)
5 **A**FGIJKLMNPUZ
6 AEGH**K**(N 0,5km)T

Beau camping municipal avec des emplacements spacieux dans un bel environnement campagnard. Camping bien entretenu. Environnement tranquille, idéale aussi pour visiter Sète et Agde.

A9 sortie Mèze. Suivre la direction Mèze jusqu'au rond-point et là, à droite (Loupian). Le camping est sur la gauche sur la D158 E4.

CC € 14 *15/4-3/7 29/8-16/10*

N 43°26'43'' E 03°36'55''

## Lunel, F-34400 / Languedoc-Roussillon (Hérault)

2036

Camping Bon Port****
383 chemin du Mas St. Ange
+33 4 67 71 15 65
16/4 - 25/9
contact@campingbonport.com

5ha 150T(80-100m²) 6A

1 ACD**G**HIJKLMOPSW
2 IJSUWYZ
3 C**G**HIKMP**Q**SU**W**
4 (C+H 1/5-25/9)IJK
(Q )(S 1/7-31/8)
(T+U+V+X+Z 20/6-6/9)
5 **AB**EFGIJKLMNPRUWZ
6 ACEGH**K**(N 2km)O

A 12 km des plages dans la 'Petite Camargue', camping familial ombragé et ensoleillé en petite Camargue. Parc aquatique très agréable. Situation idéale offrant de nombreuses excursions aux alentours. Wifi gratuit avant le 1er juillet et après le 31 août.

Sur la D61 de Lunel à La Grande-Motte. Camping indiqué à 2 km en dehors de Lunel, sur la gauche.

CC € 16 *16/4-9/7 27/8-25/9*

N 43°39'20'' E 04°08'31''

## Marseillan-Plage, F-34340 / Languedoc-Roussillon (Hérault)

2037

Camping Beauregard Plage***
250 chemin de l'Airette
+33 4 67 77 15 45
18/3 - 15/10
reception@beauregardplage.com

3,3ha 200T(80-155m²) 10A CEE

1 ACD**G**IJKLMOPST
2 AHJSTWXYZ
3 AC**G**HKMNSUWY
4 (Q+T+U+X+Z )
5 **AB**FGIJKLMNOP**T**UZ
6 ABCEGH**K**(N 0km)TV

En accès direct à la plage, beau camping authentique, où le respect de la nature est sensible. Il y a seulement des tentes, caravanes et camping-cars. Le vrai campeur sera ici à l'aise. Restaurant et bar avec vue sur la mer et la plage. Les magasins et terrasses de Marseillan-Plage sont à la porte du camping.

A9 sortie Agde. Direction Sète et sur la D612, dir. Marseillan-Plage. Au 2e rond-point à droite et suivre les panneaux du camping.

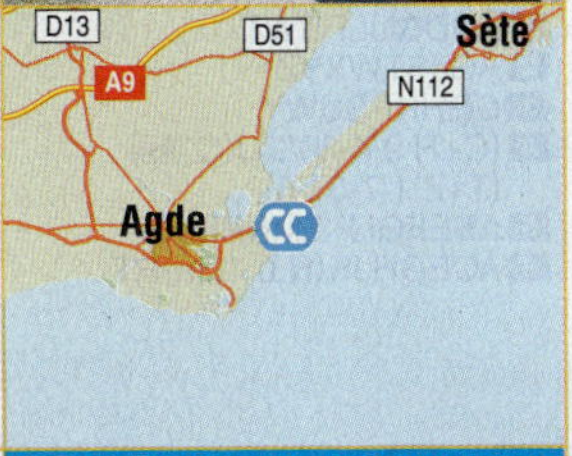


CC € 18 *18/3-30/6 1/9-15/10*

N 43°18'54'' E 03°32'56''

## Marseillan-Plage, F-34340 / Languedoc-Roussillon (Hérault) — 2038

Camping Dunes et Soleil****
380 chemin de l'Airette
+33 4 67 77 18 68
9/4 - 2/10
campingdunesetsoleil@marvilla-parks.com

3,8ha 38**T**(80-130m²) 10A CEE

1 ACD**F**IJKLMOPS
2 AHIJSTWXYZ
3 C**G**HKSUWY
4 JM(Q+T+U+V+X+Z)
5 **AB**EFGJLNPUZ
6 ABCEGHJ**K**(N 0,1km)TUV

Deuxième camping à gauche dans le centre animé de Marseillan-Plage. Emplacements avec accès privé direct à la belle plage de sable. Profitez ici de vacances très agréables au bord de la Méditerranée, un endroit où il fait bon séjourner en période hors saison.

D112 a partir d'Agde dir. Sète. Au 1ier rond-point à droite Plage du Rieu. Au rond-point suivant à gauche. Tout droit après encore un rond-point. Le camping est à droite.

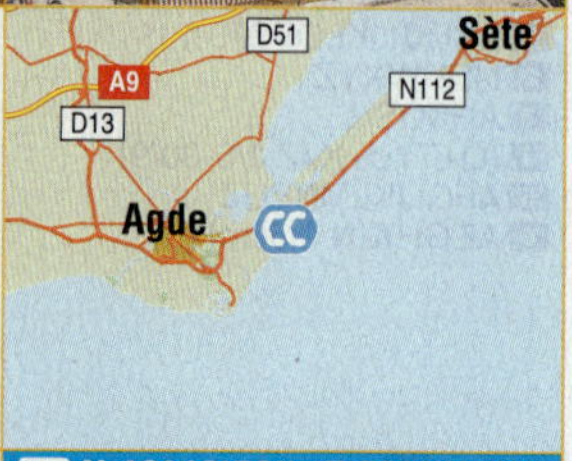


CC € 18 *9/4-19/6 27/8-2/10*

N 43°18'50'' E 03°32'53''

## Marseillan-Plage, F-34340 / Languedoc-Roussillon (Hérault) — 2039

Camping La Créole***
74 av. des Campings
+33 4 67 21 92 69
2/4 - 16/10
contact@campinglacreole.com

1,5ha 86**T**(80-95m²) 10A CEE

1 ACD**G**IJKLMPST
2 AHIJSTUWXYZ
3 C**G**HKMNSUWY
4 (T+X+Z 1/5-30/9)
5 **AB**EFGIJKMNOPUWZ
6 ABCDEG**K**(N 0km)T

Situé dans le centre de Marseillan-Plage, station balnéaire animée. Ce camping offre des emplacements ombragés, de bons sanitaires et a un passage privé pour aller à la belle plage de sable. Réceptionnistes plurilingues. Adapté pour des vacances à la plage et flâner dans l'agréable station balnéaire.

A9 sortie 34 Agde/Pezenas. A partir d'Agde, D112 di Sète. A droite au 2ième rond-point, vers Marseillan-Plage puis suivre les panneaux de camping.

CC € 18 *2/4-18/6 10/9-15/10*

N 43°18'46'' E 03°32'47''

## Marseillan-Plage, F-34340 / Languedoc-Roussillon (Hérault) — 2040

Camping Le Galet***
233 avenue des Campings
+33 4 67 21 95 61
1/4 - 30/9
reception@camping-galet.com

2,9ha 137**T**(50-80m²) 10A CEE

1 ACD**G**IJLPSWT
2 AGJSTWXYZ
3 CGHKPSUWY
4 (C+H 9/4-30/9)J(Q)
(T+Z 1/7-31/8)
5 **AB**EFGIJKLMNPUVZ
6 ACEGHJ**K**(N 0,1km)RT

Camping paisible et bien entretenu, avec piscine chauffée, toboggans et pataugeoire. A 150 mètres de la plage. Sanitaires bien entretenus. Le camping est dans le centre de Marseillan-Plage où le shopping est agréable. Grand supermarché, fruits et légumes et divers restaurants a côté du camping. Wifi gratuite 1/2 heure par 6h.

A9 sortie Agde et de là, vers Sète. Au 1er rond-point (Ranch la Camargue) à droite, puis à gauche au 2e rond-point. Suivre les panneaux.

CC € 18 *1/4-3/7 28/8-30/9*

N 43°18'40'' E 03°32'40''

## 2041

**Marseillan-Plage,** F-34340 / Languedoc-Roussillon (Hérault)

Camping Paradis Robinson***
Quai de Plaisance
+33 4 67 21 90 07
23/4 - 25/9
reception@camping-robinson.com

2,5ha 66**T**(60-120m²) 10A CEE

1 ACD**G**IJKLMOPST
2 AHJSTWXYZ
3 C**G**HKMPSUWY
4 (C+H+Q+R+T+V+Z)
5 **A**EFGJLNPUWXZ
6 ABEGHK(N 1km)TV

Situé entre la Méditerranée et le Bassin de Thau, réputé pour ses fruits de mer. Accès direct à la plage. Par ailleurs, le camping dispose d'un terrain de sport et un parc aquatique avec cascades, jacuzzi et piscines. Nombreuses possibilités également pour la pêche. Beau camping tranquille pour ceux qui veulent profiter du soleil et de l'eau.

A9 sortie 34 vers Agde/Pezenas. Sur RN312, vers Agde/Sète. A Marseillan-Plage, suivre les panneaux de camping.

N 43°19'09'' E 03°33'24''

CC € 18 *23/4-1/7 27/8-24/9*

## 2042

**Marseillan-Plage,** F-34340 / Languedoc-Roussillon (Hérault)

Les Méditerranées - Beach Garden*****
1078 avenue des Campings
+33 4 67 21 92 83
9/4 - 26/9
info@beach-garden-camping.com

15ha 370**T**(80-100m²) 6-10A CEE

1 ACD**G**IJKLMOPSWT
2 AHJSTUVWXYZ
3 C**G**HKMNPSUWY
4 (C+F+G)IJK**LMN**
(Q+S+T+U+V+Y+Z)
5 **AB**EFGIJKLMNOPUWXZ
6 ACEGHJ**K**(N 0,2km)ORTV

Camping ombragé jouxtant une réserve naturelle et au bord de la Méditerranée. Marseillan-Plage est à proximité. Emplacements spacieux, beau café-restaurant avec vue panoramique, supermarché et beaux sanitaires. Plus de 1000 m² de plaisir aquatique! Wifi gratuit au bar.

A9 sortie 34 direction Agde et par la D112 1e rond-point, à droite dir. Plage de Rieu. Au croisement avec la route principale de Marseillan-Plage, à droite. Camping est au bout de cette voie sans issue.

N 43°18'21'' E 03°32'16''

CC € 22 *9/4-8/7 25/8-25/9*

## 2043

**Marseillan-Plage,** F-34340 / Languedoc-Roussillon (Hérault)

Les Méditerranées - Charlemagne*****
445 avenue des Campings
+33 4 67 21 92 49
9/4 - 26/9
info@charlemagne-camping.com

7ha 172**T**(70-100m²) 10A CEE

1 ACD**G**IJKLMOPSWT
2 AGJSTWXYZ
3 C**G**HKMNSWY
4 (C+F+H)JK
(Q+S+T+U+V+X+Z)
5 **AB**DEFGIJKLMNOPUVWXYZ
6 ACEGHJ**K**M(N 0,1km)ORTV

Camping confortable, emplacements spacieux et bien entretenus. Beaucoup d'attention pour plantes et fleurs. Passage direct au camping Nouvelle Floride et par ce camping vers la belle plage de sable. Tous les équipements des deux campings sont à disposition des campeurs.

A9 sortie 34 Agde et d'Agde direction Sète par la D112, au 1e rond-point, Plage de Rieu, à droite. Camping sur la droite après le dernier rond-point à Marseillan-Plage.

N 43°18'37'' E 03°32'36''

CC € 22 *9/4-8/7 25/8-26/9*

## Marseillan-Plage, F-34340 / Languedoc-Roussillon (Hérault)

**2044**

Les Méditerranées - Nouvelle Floride*****
562 avenue des Campings
+33 4 67 21 94 49
9/4 - 26/9
info@nouvelle-floride-camping.com

8ha 227T(80-100m²) 6A CEE

1 ACD**G**IJKLMOPSWT
2 AHJSTWXYZ
3 C**G**HKMNPSUWY
4 (C+G)IJ (Q+S+T+U+V+X+Z)
5 **AB**DEFGIJKLMNOPUVWXYZ
6 CEGHJ**K**M(N 0,1km)ORTV

Très beau camping avec complexe aquatique, situé au bord de la mer. Ambiance agréable et excellents sanitaires. Le village de Marseillan-Plage se trouve à 200m.

A9 sortie 34 vers Agde. Puis D612 vers Sète. A Marseillan-Plage, 1er rond-point à droite di Plage du Rieu et au rond-point suivant encore à droite. Le camping est sur cette route.

CC € 22 *9/4-1/7 29/8-26/9*

N 43°18'34'' E 03°32'32''

## Maureillas-las-Illas, F-66480 / Languedoc-Roussillon (Pyrénées-Orientales)

**2045**

Camping Val Roma Park***
RD900
+33 4 68 39 88 13
16/5 - 16/9
valromapark@wanadoo.fr

2,5ha 65T(80-100m²) 6A CEE

1 A**G**HIJKLOPS
2 BCIJSWYZ
3 APSU
4 (B+G)(Q+R 1/7-30/8)(T+U+X+Z)
5 **A**FIJKLMNPUWZ
6 ABEGJ**K**(N 3km)TV

Sympathique camping familial, situé dans un bois et au bord d'une petite rivière. A 100m des thermes du Boulou, près de la frontière espagnole (dernier camping avant de passer la frontière), de la mer et des Pyrénées, il y a de nombreuses excursions à faire. Station-service pour camping-cars disponible.

Perpignan, A9 jusqu'à la sortie 43 vers Le Boulou. RD900 vers Le Perthus, Les Thermes du Boulou. Camping à 500m après Les Thermes.

CC € 16 *16/5-15/7 1/9-16/9*

N 42°30'23'' E 02°49'22''

## Méjannes-le-Clap, F-30430 / Languedoc-Roussillon (Gard)

**2046**

Camping La Genèse***
route de la Genèse
+33 5 33 09 20 92
2/4 - 25/9
reservations@tohapi-naturiste.fr

50ha 458T(90-130m²) 6-10A CEE

1 ABCD**G**IJKL**P**ST
2 BCMNPQSTUWYZ
3 ACHIJOPRSUWX
4 (A 1/7-30/8)(C+G)JMN (Q+S+T+U+V+X+Y+Z)
5 **AB**EGIJKMNOPQRUVWZ
6 AEGH**K**(N 7km)OQTV

Implanté dans les gorges de la Cèze, le camping naturiste familial de la Genèse s'étend sur 26 ha de nature luxuriante et sauvage. La rivière qui borde le camping offre un terrain de jeu fantastique pour la baignade ou les balades en canoë.

A7 sortie Bollène, D994 direction Pont-St-Esprit. Là, N86 direction Bagnols-sur-Cèze, puis D6 direction Alès. A 23,5 km D979 direction Lussan. A Méjannes, suivre les panneaux.

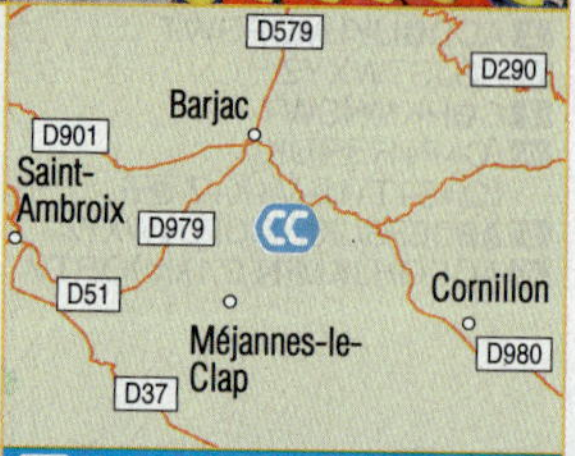


CC € 18 *2/4-2/7 27/8-25/9*

N 44°16'03'' E 04°22'13''

## Montblanc, F-34290 / Languedoc-Roussillon (Hérault)

2047

Camping Le Rebau***
12bis, rue du Rebau
+33 4 67 98 50 78
12/3 - 14/10
gilbert@camping-lerebau.fr

3ha 117T(80-120m²) 5-6A

1 A**G**IJKLMPT
2 IJTWYZ
3 C**G**HPS
4 (B 1/7-15/9)(Q 1/7-31/8)
(T+Z 9/7-26/8)
5 **A**EFGIJKMNPUV
6 EGHJ(N 0,7km)OV

Un camping très sympathique au coeur des vignobles. Le village est accessible à pied. Le camping est ombragé sans être dans un bois. Un très bon point de départ pour visiter les environs. Idéal comme camping d'étape. Wifi gratuit fonctionnant bien.

A75 sortie Montblanc. Ou A9 sortie 34 direction Pézenas par la D13. A 4 km D18 direction Montblanc.

N 43°23'54'' E 03°22'24''

CC € 18 12/3-1/7 1/9-14/10

## Montolieu, F-11170 / Languedoc-Roussillon (Aude)

2048

Camping de Montolieu***
775 route de Carcassonne
+33 4 68 76 95 01
1/4 - 17/10
campingdemontolieu@gmail.com

1ha 38T(80-120m²) 5-10A CEE

1 ACD**G**IJKLPST
2 JSUVWXYZ
3 ACHIOPSU**W**
4 (Q+R)(T+U+X 1/7-31/8)
(Z)
5 **A**GIJKLMNPUWZ
6 ACEGK(N 1,2km)RTV

Camping avec emplacements spacieux séparés par des haies. Belle réception avec une terrasse agréable et son espace récréatif. Rénovation totale du bar et snack-bar en 2018. Beau bâtiment sanitaire bien placé. Près de Montolieu, le village du livre. Les nouveaux propriétaires vous accueillent cordialement. Wifi gratuit.

Du périphérique de Carcassonne, D6113 vers Castelnaudary. Sortie Montolieu D629, jusqu'à 1 km avant le village, indiqué à droite.

N 43°17'52'' E 02°13'20''

CC € 14 1/4-9/7 26/8-17/10

## Montoulieu, F-34190 / Languedoc-Roussillon (Hérault)

2049

Camping Le Grillon***
Place de l'Église
+33 4 67 73 79 31
1/1 - 31/12
camping@montoulieu.fr

2ha 30T(80-140m²) 10A

1 ACD**G**IJKLMNOPSWT
2 MNSWXYZ
3 ACIKS
4 (B+G 1/5-20/9)(Q+R+
T+Y)
5 **A**EFGJLNPUW
6 AEGK(N 5km)RTV

Montoulieu est un petit village entouré de vignes et de garrigue, situé entre les montagnes et la Méditerranée. Tranquille mais près d'endroits fantastiques : la grotte des Demoiselles, Ganges et son marché hebdomadaire, Montpellier, le Cirques de Navacelles, le Mont Aigoual.

D986 Ganges-Montpellier, à la hauteur de St. Bauzille-de-Putois prendre la D108, Montoulieu. Dans le village, le camping est indiqué.

N 43°55'36'' E 03°47'22''

CC € 14 1/1-2/7 3/9-31/12

## Narbonne-Plage, F-11100 / Languedoc-Roussillon (Aude)

iD **2050**

Camping Campéole La Côte des Roses****
route de Gruissan
+33 4 68 49 83 65
20/5 - 18/9
cote-des-roses@campeole.com

16ha 271T(80-100m²) 10-16A CEE

**1** ACGIJKLMOPSWT
**2** AEGIJSTUWXYZ
**3** CHIKLMNPQRSUWY
**4** (C+H 1/5-29/9)IM(Q+S)
(T+U+V+X+Y+Z 1/6-30/9)
**5** ABEFGJKLMNOPQRUVZ
**6** ACEGHJ(N 2km)ORTV

Camping bien équipé et très spacieux, près de la plage, à 2 km du centre de Narbonne-Plage. Situation idéale pour faire des randonnées et tours à vélo dans la zone naturelle de La Clape. Piscine avec grands toboggans et une aire de jeux aquatiques pour les jeunes enfants.

Le camping est à 2 km au sud de Narbonne-Plage, sur la liaison entre Narbonnes-Plage et Gruissan.

CC € 18 *20/5-1/7 1/9-18/9*

N 43°08'36'' E 03°08'39''

## Narbonne-Plage, F-11100 / Languedoc-Roussillon (Aude)

iD **2051**

Flower Camping Soleil d'Oc****
D332 route de Gruissan
+33 4 68 49 86 21
1/4 - 30/9
info@soleildoc.fr

3ha 100T(80-120m²) 10A

**1** ACDGIJKLMPST
**2** AGJSTUWXYZ
**3** CHIKLPSWY
**4** (B 1/5-30/9)(Q+R)
(T+U+V 15/5-29/9)
(X 1/7-31/8)(Z 15/5-29/9)
**5** ABEFGIJKLMNPTU
**6** ACEGHJK(N 2km)RV

Camping familial agréable et adapté pour les enfants près de Narbonne-Plage, avec des emplacements spacieux délimités. La plage est à proximité et le camping a un bassin en forme de lagune plein d'ambiance dans lequel il est très agréable pour tous de jouer et de nager.

A9 sortie Narbonne-Est vers D168 Narbonne-Plage. Là, vers Gruissan-Plage. A droite à ± 2 km.

CC € 16 *1/4-8/7 27/8-30/9 7=6, 14=12*

N 43°08'42'' E 03°08'32''

## Palau-del-Vidre, F-66690 / Languedoc-Roussillon (Pyrénées-Orientales)

iD **2052**

Camping Le Haras****
Domaine St. Galdric, 1 ier ave Joliot Curie
+33 4 68 22 14 50
1/4 - 30/9
contact@camping-le-haras.com

4ha 97T(80-100m²) 10A CEE

**1** ACDFIJKLOPSWT
**2** JSUWYZ
**3** CEHPQSU
**4** (B 10/4-25/9)(Q)(T+U+X+Z 5/4-23/9)
**5** ABEGIJKLMNOPUWXZ
**6** ACEGK(N 0,5km)TV

Camping aux allures de parc juste devant Palau del Vidre avec sa flore variée. Une piscine agréable à côté du bar est entourée de verdure et vous trouvez les plages d'Argelès à 7 km. De nombreuses excursions dans les environs directes, dans les Pyrénées ou à Barcelone sont possibles. Wi-Fi 30 minutes par jour gratuit par appareil.

A9, sortie Perpignan-Sud, RD914 direction Argelès-sur-Mer. Sortie 9, Palau-del-Vidre. Le camping est sur la gauche avant la bourgade.

CC € 18 *1/4-7/7 25/8-30/9 21=18*

N 42°34'33'' E 02°57'53''

## Palavas-les-Flots, F-34250 / Languedoc-Roussillon (Hérault)

2053

Camping Palavas - Tohapi****
route de Maguelone
+33 4 30 17 20 00
9/4 - 2/10
accpalavas@tohapi.fr

2ha 83T(60-100m²) 10A CEE

1 ACD**F**IJKLPSWT
2 AHINTWX
3 CHKMPSU**W**
4 (C+H )IJ
(Q+S+T+V+X+Z )
5 **AB**EFGJLNPUZ
6 BEGH**K**(N 5km)TV

Grand parc de camping-bungalows avec un nombre limité d'emplacements au bord de la plage.

Sur l'A9, prenez la sortie 30 vers Palavas-les-Flots sur la D986. À la fin du rond-point, tournez à droite sur la D62E2 vers Maguelone.

N 43°31'10'' E 03°54'34''

€ 18 *9/4-2/7 27/8-2/10*

## Peyremale-sur-Cèze, F-30160 / Languedoc-Roussillon (Gard)

2054

Camping des Drouilhèdes***
+33 4 66 25 04 80
3/4 - 19/9
info@campingcevennes.com

2,5ha 68T(60-100m²) 6A CEE

1 AC**G**IJKLOPST
2 CPQSTWYZ
3 CHIKPRSU**W**X
4 (A 1/7-31/8)(Q )
(R 1/7-31/8)(T+U+X+Z )
5 **A**CFGIJKLMNOPQUWZ
6 AEGHJ(N 4km)OTV

Ce camping familial sympathique est situé sur la rive de la Cèze, avec une aire de baignade naturelle; il est surtout recommandé aux seniors et aux familles. Régalez-vous de plats délicieux pour un prix honnête au bar convivial et au restaurant. Nombreuses excursions possibles! Des vacances tranquilles vous sont assurées.

D51 St. Ambroix-Bessèges. Dans Bessèges la D17 direction Peyremale. Après quelques kilomètres à droite. A 3 km à l'ouest de Bessèges.

N 44°17'27'' E 04°04'03''

€ 18 *3/4-1/7 22/8-19/9*

## Portiragnes-Plage, F-34420 / Languedoc-Roussillon (Hérault)

2055

Camping Les Sablons*****
av. des Muriers/Plage Est
+33 4 67 90 90 55
1/4 - 29/9
contact@les-sablons.com

15ha 140T(85-120m²) 16A CEE

1 ACD**G**IJKLMPST
2 AEHIJSTUWYZ
3 CD**G**HIKMNOP**Q**SUVWY
4 (A+C+E+H )IJKMP
(Q+S+T+U+V+W+X+Y+Z )
5 **AB**DEFGIJKLMNPR**T**UWYZ
6 ABCGHIJ**K**M(N 0,2km)ORTV

Grand camping agréable au bord de la mer avec piscines chauffées à 26° C dès l'ouverture. Piscine couverte de 200m2. Belle plage de sable. Point wifi gratuit 1/2 heure par 6 heures. La balnéo est accessible aux plus de 18 ans et ouverte à partir du 1er mai. La moitié des emplacements sont équipés de sanitaires privés.

A9 sortie Béziers-Est, direction Valras-Plage. Au rond-point à gauche direction Portiragnes. Puis direction Portiragnes-Plage. Après le rond-point à gauche.

N 43°16'48'' E 03°21'51''

€ 20 *1/4-1/7 28/8-29/9*

## Port-Leucate, F-11370 / Languedoc-Roussillon (Aude)

2056

Camping Rives des Corbières***
800 Avenue Georges Candilis
+33 4 68 40 90 31
16/4 - 29/10
camping.rdc@orange.fr

6ha 173**T**(80-100m²) 10A CEE

**1** AC**G**IJKLOPTW
**2** AGTUWXYZ
**3** AHPSUWY
**4** (B+G+Q+R+T+U+V+Z)
**5** **AB**GIJKLMNOPQUZ
**6** ACEGH**K**(N 0,8km)TV

Situé entre la mer et l'Étang de Salses, ce camping familial spacieux offre la possibilité de pratiquer de nombreux sports nautiques. Equipé d'une belle piscine et à proximité de la mer et du port sympathique de Leucate.

A9 direction Perpignan. Sortie Leucate. Rester sur la D627 jusqu'à la sortie Port-Leucate. Puis au 2ième rond-point à droite. Le camping est à 700 mètres.

CC € 16 *16/4-9/7 27/8-29/10*

N 42°50'57'' E 03°02'26''

## Prades, F-66500 / Languedoc-Roussillon (Pyrénées-Orientales)

2057

Camping Les Portes du Canigou**
chemin du gaz
+33 4 68 96 29 83
1/4 - 30/11
contact@camping-lesportesducanigou.fr

2ha 80**T**(80-120m²) 10A CEE

**1** F
**2** IUVWXYZ
**3** A
**4** (Q+T+V)(X 15/6-15/9) (Z)
**5** **A**GIJKLMNOPUWXYZ
**6** CDEGK(N 2km)OT

Camping idéalement situé, au pied de la ville de Prades, à côté d'un petit lac. Commerces centre-ville et marchés artisanaux accessibles à pied. Épicerie, bar-restaurants ouverts le week-end de juin à septembre. Emplacements délimités, fleuris. Bloc sanitaire entièrement rénové en 2021.

N116 de Perpignan vers Andorre. En venant de l'est, le camping est indiqué au troisième rond-point. En venant de l'ouest, premier rond-point, première sortie (indiqué).

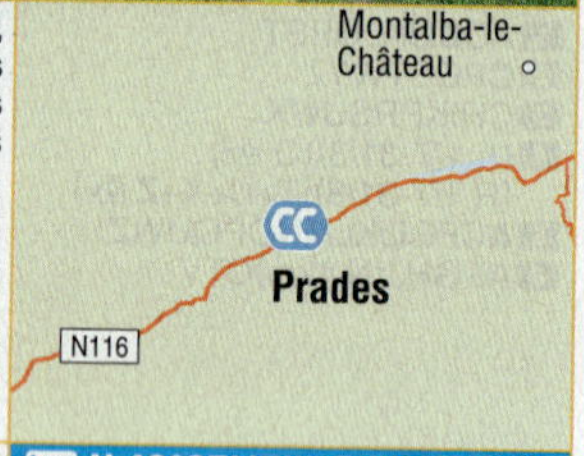


CC € 14 *1/4-9/7 28/8-30/11*

N 42°37'17'' E 02°25'22''

## Remoulins, F-30210 / Languedoc-Roussillon (Gard)

2058

Camping La Sousta****
28 avenue du Pont du Gard
+33 4 66 37 12 80
14/3 - 1/11
info@lasousta.com

12ha 251**T**(70-120m²) 6A

**1** ACDGIJKLMO**P**SWT
**2** BCINPSTWXYZ
**3** C**G**HIK**O**PSUV**WX**
**4** (B+G 1/5-31/10) (Q+S+T+U+V+Y+Z)
**5** **A**BEFGIJKLMNOPUVWZ
**6** ACEG**K**(N 2km)OTUV

Soleil et nature, à 800m du Pont du Gard. Vous êtes accueillis dans un bois de pins ombragé de 12 ha au bord du Gardon. Le camping vous offre des activités sportives, un bar-restaurant, une piscine et un court de tennis. Si vous payez pour une semaine, vous pouvez camper gratuitement de 1 à 7 jours de plus. Vous ne payez que la taxe de séjour.

Traverser le centre de Remoulins, après le pont à droite vers le Pont du Gard, sur la rive droite.

CC € 18 *14/3-5/7 23/8-1/11* 14=7

N 43°56'55'' E 04°32'42''

## Rustiques, F-11800 / Languedoc-Roussillon (Aude)

**2059**

Camping La Commanderie***
6 chemin de l'Eglise
+33 4 68 78 67 63
8/4 - 30/9
contact@
campinglacommanderie.com

3,5ha 61**T**(103-247m²) 6A CEE

**1** ACD**G**IJKLM**P**ST
**2** BILNSTUVWXYZ
**3** ACHIKPSU
**4** (A 1/7-31/8)(C 15/5-15/9)
(Q 🔑)(X 1/7-31/8)(Z 🔑)
**5** **A**DFGIJKMNPUZ
**6** CEGJTV

Camping familial tranquille situé dans l'Aude à 10 minutes de Carcassonne et de sa citadelle, à 2 km du Canal du Midi. Avec jeux de aires, pétanque, trampoline, ping-pong et snackbar. Une région riche en histoire avec des châteaux, les grottes de Limousis, et la possibilitté de naviguer sur le Canal du Midi.

Sortie 24 de la A61, Carcassonne-Est, suivez Trèbes. Entrez dans Trèbes puis Marseillette/Béziers. De Trèbes vers Rustiques et suivez le panneau de camping.

CC € 16 *8/4-8/7 25/8-30/9*

N 43°12'53'' E 02°28'13''

## Saissac, F-11310 / Languedoc-Roussillon (Aude)

**2060**

Camping La Porte d'Autan***
rue Boris Vian
+33 4 68 76 36 08
2/4 - 7/10
laportedautan@yahoo.fr

2,3ha 69**T**(80-300m²) 6A

**1** ACD**G**IJLM**P**
**2** BJNSWXYZ
**3** ACEHISW
**4** (B+G 15/6-15/9)(R+T+
V+Z 1/7-1/9)
**5** **A**GIJKMNPQRUVZ
**6** EGJ(N 0,1km)TV

Camping familial à Saissac, dans l'Aude, à proximité de Carcassonne. Vue panoramique exceptionnelle sur les Pyrénées. Soleil, calme, convivialité, randonnées, activités en pleine nature, châteaux cathares. Venez découvrir la beauté de la Montagne Noire.

Périphérique Carcassonne vers Castelnaudary D6113, à droite vers Sassiac D629. Traverser le village, à 0,5 km à gauche au rond-point. Indiqué par des panneaux.

CC € 14 *2/4-9/7 29/8-7/10*

N 43°21'42'' E 02°09'39''

## Sérignan, F-34410 / Languedoc-Roussillon (Hérault)

**2061**

Camping Le Paradis****
avenue Georges Freche
+33 4 67 32 24 03
1/4 - 30/9
paradiscamping34@aol.com

2,2ha 87**T**(80-115m²) 10A CEE

**1** ACDEIJKLOPSWT
**2** IJSWYZ
**3** C**G**HIKSU
**4** (C 10/5-29/9)K
(Q+R 1/5-29/9)(T+U+
V+X 20/5-23/9)(Z 1/5-29/9)
**5** **AB**EFGIJKLMNOPQUWZ
**6** CEGJ**K**(N 0,5km)TV

Camping familial sympathique. Valras-Plage, avec ses boutiques, cafés et restaurants est à 3 km. Aménagé comme un parc avec piscine et jacuzzi. Restaurant soigné avec produits frais quotidiens et une offre variée. Les supermarchés sont en face. Les motocyclistes sont les bienvenus à un emplacement avec des facilités spéciales.

A9 sortie Béziers Est direction Valras. Au rond-point à Sérignan, le camping est à gauche.

CC € 18 *1/4-1/7 20/8-29/9*

N 43°16'09'' E 03°17'07''

## Sérignan-Plage, F-34410 / Languedoc-Roussillon (Hérault)

iD **2062**

Camping Beauséjour****
Domaine de Beauséjour
+33 4 67 39 50 93
1/4 - 30/9
info@camping-beausejour.com

9ha 170T(100m²) 10A CEE

1 ACD**F**IJKLMPQ
2 AHISTWYZ
3 CHIKMNP**Q**SUVWY
4 (C+H )**KLMN**P
(Q+S+T+U+V+X+Y+Z )
5 **AB**EFGJLNPRUVWZ
6 ABCDEGHJM(N 4km)ORTV

Ambiance familiale sur ce camping situé juste au bord d'une belle plage de sable. Le parc aquatique est chauffé à partir du 1er avril. Beachclub gratuit sur la plage ; canots, paddle, catamaran avec accompagnateur. Wifi illimité gratuit.

A9 sortie Béziers-Est direction Sérignan. Puis direction Sérignan-Plage. A la fourche à droite, suivre les panneaux.

CC € 20 1/4-30/6 1/9-30/9 30=25

N 43°16'01'' E 03°19'49''

## Sigean/Aude, F-11130 / Languedoc-Roussillon (Aude)

iD **2063**

Camping La Grange Neuve***
17 La Grange Neuve Nord
+33 4 68 48 58 70
28/2 - 30/11
info@campingsigean.com

2,5ha 53T(80-95m²) 6A CEE

1 ACD**G**IJKLM**PT**
2 ILMTUWY
3 ACHSU
4 (C+H 1/5-30/9)K(Q )
(R 1/4-30/10)(T+U+
V+Y 1/7-31/8)(Z 2/6-30/9)
5 **A**FGJLNPUZ
6 ACG**K**(N 2km)OTV

Situé à côté de la réserve Afrika (parc animalier), et aussi camping d'étape vers l'Espagne. A peu de distance de Narbonne et de la ville fortifiée Carcassonne.

A9/E15, sortie Sigean. 5 km en direction de Narbonne sur la N9. Le camping est sur la droite, près de la 'Réserve Africaine'.

CC € 16 28/2-1/7 1/9-30/11

N 43°04'00'' E 02°56'30''

## Sommières, F-30250 / Languedoc-Roussillon (Gard)

iD **2064**

Camping Domaine de Massereau*****
1803 route d'Aubais
+33 4 66 53 11 20
9/4 - 5/11
camping@massereau.com

13ha 117T(100-350m²) 16A CEE

1 ACD**G**IJKLMO**P**SW
2 BITUWXYZ
3 ACHIKM**O**P**Q**RSUV**W**
4 (C+E+G )**JKLN**P
(Q+S+T+U+V+Y+Z )
5 **A**BDEFGHIJKLOPQRUWXY
6 ACDEGHJ**K**LM(N 2km)
RTUV

Camping luxeux situé dans un domaine vinicole entre les Cévennes et la mer Méditerranée. Tranquille et adapté aux enfants. Emplacements avec bcp de confort. Piscine couverte chauffée, bassin récréatif avec toboggan, autre piscine, restaurant, snackbar, pizzeria, bar, nourriture, parc d'aventure. Plage privée, SUP (stand up paddle). Très bien pour la randonnée et le vélo.

A9, sortie 26 direction Gallargues, puis direction Sommières, à Sommières direction Aubais, c'est indiqué.

CC € 22 9/4-2/7 27/8-5/11

N 43°45'58'' E 04°05'50''

## 2065 Sommières, F-30250 / Languedoc-Roussillon (Gard)

Camping le Garanel**
99 chemin de la Princesse
+33 4 66 80 33 49
1/4 - 30/9
contact@camping-garanel.fr

0,6ha 55T(80m²) 8A CEE

1 A**G**IJKLPSWT
2 CJTUWYZ
3 AHIKOS**W**
4 (C 1/6-30/9)
5 **A**GIJKMNPUZ
6 CEG**K**(N 0,5km)

NOUVEAU

Le camping est situé à 300m du centre de la vieille ville de Sommières, au bord de la rivière Le Vidourle. Ici, vous pouvez vous promener, faire du vélo, pêcher ou ne rien faire en écoutant le son des cigales. Non loin des Cévennes, des plages de la Méditerranée et de la Camargue.

A9, sortie 25 Nîmes-Ouest, puis suivre la D40 jusqu'à Sommières. Au centre de Sommières, suivre les panneaux 'Arènes' et 'Camping'.

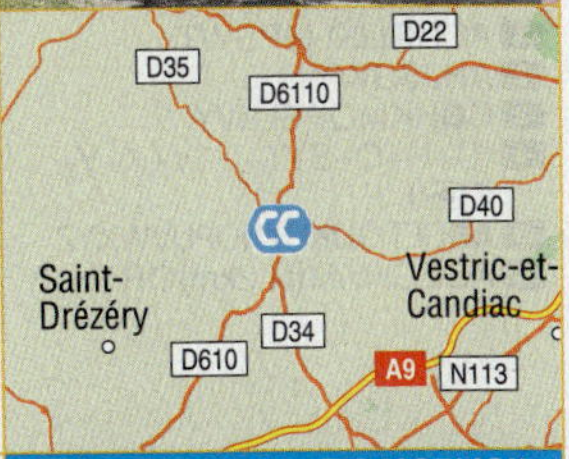


N 43°47'13'' E 04°05'13''

CC € 14 1/4-2/7 28/8-30/9

## 2066 Sorède, F-66690 / Languedoc-Roussillon (Pyrénées-Orientales)

Camping La Coscolleda***
27 rue de la Coscolleda
+33 4 68 89 16 65
1/5 - 30/9
camping-la-coscolleda@wanadoo.fr

1,3ha 35T(80-120m²) 10A CEE

1 ACD**G**IJKLOPSWT
2 BDJMSUWYZ
3 AHIKSU
4 (C+H )(Q+T+U+Z 1/7-31/8)
5 **A**GIJKLMNOPZ
6 AEGK(N 0,5km)OR

La Coscolleda, au pied des Pyrénées et à 7 km de la mer Méditerranée, se trouve sur la petite rivière Le Tassio dans la nature avec flore riche et espèces d'oiseaux rares. Rafraîchissez-vous et amusez-vous dans la piscine chauffée ou faites de la randonnée, vélo et équitation dans les environs du Massif des Albères.

A9 sortie 43 Le Boulou. Suivre Argelès-sur-Mer (D618) jusqu'à la sortie St. André/Sorède. Au 1er rond-point, vers Sorède (D11) et avant Sorède à gauche.

N 42°32'05'' E 02°57'36''

CC € 14 1/5-9/7 27/8-30/9

## 2067 St. Alban-sur-Limagnole, F-48120 / Languedoc-Roussillon (Lozère)

Camping Le Galier***
route de Saint Chély
+33 4 66 31 58 80
1/4 - 18/9
accueil@campinglegalier.fr

4ha 66T(100-200m²) 6A

1 ABCD**G**IJKLMPS
2 BCISXYZ
3 CHISU**WX**
4 (E+H 1/5-18/9)(T 1/5-17/9)(V 1/7-30/8)(Z )
5 **AB**CDGIJKLMNOPUVWZ
6 EGJ(N 1km)TV

Camping tranquille et bien entretenu non loin de l'A75, dans la région Margueride au pied d'un village typiquement français. Emplacements spacieux à la lisière d'un bois et sur les deux rives de la Limagnole. Pêche dans la Limagnole. On vous prête des guides de randonnée.

Suivre la A75 jusqu'à St. Alban, sortie 34, puis prendre la N106, direction St. Alban-sur-Limagnole. Le camping est sur la D987, environ 800 mètres avant village.

N 44°46'31'' E 03°22'20''

CC € 16 1/4-8/7 26/8-18/9

## St. Cyprien-Plage, F-66750 / Languedoc-Roussillon (Pyrénées-Orientales)

iD **2068**

Camping Cala Gogo*****
Les Capellans, av. Armand Lanoux
+33 4 68 21 07 12
2/5 - 24/9
camping@calagogo66.fr

12ha 401T(80-125m²) 10A CEE

**1** ACD**G**IJKLMPSWT
**2** AHJSUWY
**3** C**G**HKMOPSUWY
**4** (C+H+Q+S+T+U+V+X+Y+Z)
**5** **AB**DEFGIJKLMNOPUVWXYZ
**6** ACEGHKM(N 2km)ORTV

Camping luxueux avec accès privé à la plage. Un bloc sanitaire est chauffé. Equipements (aussi la piscine chauffée) disponibles toute l'année. Excursions en bus gratuites en avril, mai, juin et septembre. Près des Pyrénées et de l'Espagne. Emplacements Confort avec supplément.

A9, sortie 42 Perpignan-Sud, di Argelès-sur-Mer. D914, sortie 7, St. Cyprien et Elne. Suivre St. Cyprien-Plage par Latour-Bas-Elne. Puis suivre 'Grand Stade' et les panneaux de camping.

CC € 20 *2/5-2/7 20/8-24/9*

N 42°35'58'' E 03°02'18''

## St. Cyprien-Plage, F-66750 / Languedoc-Roussillon (Pyrénées-Orientales)

iD **2069**

Marvilla-Parks cp Le Soleil de la Méditerranée*****
12 rue Sainte-Beuve
+33 4 68 21 07 97
9/4 - 25/9
campingsoleildelamediterranee@marvilla-parks.com

12ha 50T(70-100m²) 10-16A CEE

**1** AC**G**HIJKLM**P**S
**2** JSWY
**3** C**G**HMNPSUV
**4** (B+E+G)IJKLP(Q+R)
(T 10/4-31/8)(U+V+Y+Z)
**5** **AB**DFJKLMNPU
**6** ACEGH**K**(N 1km)RTV

Avec des sanitaires rénovés et nouveaux, un parc aquatique de 3500m², un toboggan géant et une piscine couverte chauffée, pizzeria, et bar. Il y a tous ce qu'il faut pour tout le monde. On peut facilement faire des excursions d'une journée vers l'Espagne ou les Pyrénées.

Par RN9 ou A9 vers Perpignan, sortie 42 (Perpignan-sud), puis suivre Argelès-sur-Mer D914 jusqu'à sortie 7 vers Elne. Puis St. Cyprien et St. Cyprien-Plage.

CC € 20 *9/4-26/6 27/8-25/9*

N 42°37'28'' E 03°01'33''

## St. Jean-du-Gard, F-30270 / Languedoc-Roussillon (Gard)

iD **2070**

Camping Les Sources***
route de Mialet
+33 6 88 39 54 85
1/4 - 25/9
campingsources@Orange.fr

2,4ha 68T(80-120m²) 6-10A CEE

**1** ACD**G**IJKLM**P**SWT
**2** BCJMNSTWXYZ
**3** CHIJKLMN**O**SU**W**
**4** (**A** 1/7-31/8)
(C+H+Q+S+T+U)
(V 1/7-31/8)(X+Y+Z)
**5** **AB**CDEFGHIJKLMNOPUVWXYZ
**6** ACDEGJ(N 1,3km)OTV

Magnifique camping 3 étoiles. Sanitaire et piscine chauffée. Calme et adapté aux familles, au coeur des Cévennes du sud. Près du village et d'une rivière à l'eau cristalline. Beaux emplacements. Dans les environs vous pouvez visiter le célèbre bois de bambous, le train à vapeur vers Anduze, Nîmes, le Pont du Gard, Uzès. Bar, restaurant et magasin ouvert.

A7 Bollène - Pont-St-Esprit - Bagnols-sur-Cèze - Alès - Anduze - St. Jean-du-Gard. Après les feux, à droite 1,3 km.

CC € 16 *1/4-30/6 25/8-25/9*

N 44°06'48'' E 03°53'31''

## St. Jean-du-Gard, F-30270 / Languedoc-Roussillon (Gard) — 2071

Camping Mas de la Cam****
route de St. André-de-Valborgne
+33 4 66 85 12 02
1/5 - 20/9
camping@masdelacam.fr

8ha 200T(90-140m²) 6-10A CEE

1 ACD**F**IJKLOPSWT
2 BDMNOPSWXYZ
3 CHIJK**O**PSUV**W**X
4 (C+H 15/5-15/9)IMP(Q)
(S 1/6-5/9)(T+U 1/6-10/9)
(V 1/7-31/8)(X+Y 1/6-10/9)
(Z 16/5-10/9)
5 **AB**EFGIJKLMNOPUVWXYZ
6 ACEGJ(N 3km)OTV

Au bord de la rivière avec vue superbe sur les Cévennes. Piscine chauffée (500 m²), tennis gratuit (saison basse). Animations au printemps : pétanque et bridge. Point de départ idéal pour les randonneurs et cyclistes. 20 emplacements max. pour les campeurs avec chiens. 10 A pour 2 euros de plus. Pas de mobile-homes !

A7 Bollène, Pont-St-Esprit, Bagnols-sur-Cèze, Alès, direction Montpellier, St. Christol, Anduze, St. Jean-du-Gard direction St. André-de-Valbogne.

CC € 18 *1/5-4/7 24/8-20/9*

N 44°06'44'' E 03°51'16''

## St. Jean-Pla-de-Corts, F-66490 / Languedoc-Roussillon (Pyrénées-Orientales) — 2072

Camping de la Vallée***
253 route de Maureillas
+33 4 68 83 23 20
1/4 - 31/10
campingdelavallee@yahoo.fr

10ha 99T 6A CEE

1 AC**F**IJLMOPST
2 ACIORSUWZ
3 ACPSU**W**
4 (C+G)(Q 1/4-31/10)
(R+T+U+V+Z 15/6-30/9)
5 **AB**EFGJLNPUVZ
6 CEGH**K**(N 0,1km)RTV

Une très bonne région pour les randonneurs au pied des Pyrénées avec de très nombreux itinéraires balisés. Mais aussi, possibilité d'aller dans les montagnes en 4X4 : les Albères, le Vallespir et le Massif du Canigou (2784m). Piscine chauffée.

Le Boulou direction Céret D115. Au rond-point à St. Jean-Pla-de-Corts, vers le centre du village à gauche après le pont. Le camping est indiqué.

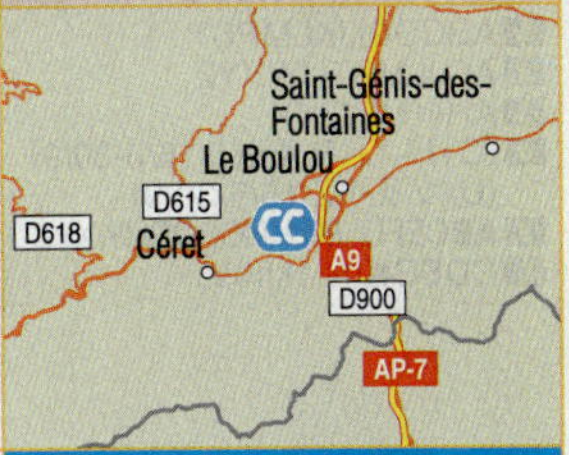


CC € 16 *1/4-1/7 27/8-31/10*

N 42°30'24'' E 02°47'40''

## St. Jean-Pla-de-Corts, F-66490 / Languedoc-Roussillon (Pyrénées-Orientales) — 2073

Camping Les Casteillets***
+33 4 68 83 26 83
1/1 - 31/12
jc@campinglescasteillets.com

5ha 134T(95-100m²) 6-10A CEE

1 ABCFIJKLMPST
2 INSUWY
3 ACHOPRS
4 (C+G 1/4-15/10)
(Q+R 1/7-31/8)(U+V+X)
(Y 1/7-31/8)(Z)
5 AEGIJKLNPUW
6 CEG**K**(N 2km)TV

Camping situé près des montagnes et de la mer. Endroit idéal pour se détendre. Les environs offrent de nombreuses possibilités pour faire des excursions vers entre autres Céret, Perpignan et l'Espagne.

A9 sortie 43. Direction Céret par la D115. Le camping est indiqué par des panneaux.

CC € 14 *1/1-9/7 27/8-31/12* *7=6, 14=11, 21=17*

N 42°30'37'' E 02°47'00''

## St. Nazaire, F-66570 / Languedoc-Roussillon (Pyrénées-Orientales) — 2074

Camping Les Flamants Roses****
5001 route de Canet
+33 4 68 80 21 03
1/5 - 16/9
contact@lesflamantsroses.com

3ha 160T(80-100m²) 10A CEE

1 ABCDGIJKLMOPST
2 CEIJNUVWYZ
3 ABC**F**HIJKMN**O**P**QR**SW
4 (C+G)IJM(Q 1/7-14/9) (T+U+V+X+Y+Z 1/7-1/9)
5 **AB**DEFGIJKLMNOPUWYZ
6 ACDEGJ**K**(N 0,5km)RTVWX

Camping magnifiquement aménagé à côté du village St. Nazaire et à 7 km de la plage accessible par de superbes pistes cyclables. Par ailleurs, il y a de nombreuses excursion dans les environs.

A9 sortie 41 puis E15 vers Canet sur la D617. Sortie vers St Nazaire. Près du rond-point ovale, vous voyez le camping.

CC € 16 *1/5-8/7 27/8-16/9*

N 42°40'20'' E 02°59'21''

## St. Pons-de-Thomières, F-34220 / Languedoc-Roussillon (Hérault) — 2075

Camping Les Cerisiers du Jaur****
route de Bédarieux
+33 4 67 95 30 33
15/4 - 2/10
info@cerisierdujaur.com

4,8ha 106T(100-170m²) 16A CEE

1 ABCD**G**IJKLMPST
2 ACJLMSTUWXYZ
3 AHIKMPSWX
4 (C+H+Q+R)(T 15/5-30/9) (U+V)(Z 15/5-30/9)
5 **AB**CEFGIJKLMNOPQRUWXYZ
6 CDEG**K**(N 1km)V

Le camping est un ancien verger de cerisiers, le long duquel coule le Jaur. Climat tempéré, beaucoup de verdure dans les environs et beaux chemins pour la marche et le vélo. Pour les campeurs CampingCard ACSI, le wifi est gratuit.

Sur l'autoroute A9, sortie Béziers. Suivre la direction St. Pons-de-Thomières sur la N112 ou la D612. A St. Pons, D908 direction Bédarieux. A droite à 500m.

CC € 18 *15/4-1/7 22/8-2/10* ***7=6, 14=11, 30=20***

N 43°29'25'' E 02°47'06''

## Ste Marie-la-Mer, F-66470 / Languedoc-Roussillon (Pyrénées-Orientales) — 2076

Camping De la Plage***
av. de las Illas
+33 4 68 80 68 59
16/4 - 15/10
contact@camping-municipal-de-la-plage.com

5,5ha 206T(90-100m²) 6-10A CEE

1 ABCD**G**IJKLMOPSWT
2 AHJSUWXYZ
3 AHKMPRSU**V**WY
4 (C+H)**JKLN**(Q+S) (T+U+V+X+Y+Z 1/6-30/9)
5 **AB**DFGIJKLMNPUZ
6 ACEGHK(N 0,3km)ORTV

Un agréable camping spacieux avec une végétation fleurie, une belle piscine chauffée, et de nombreux équipements sportifs. Equipements sanitaires chauffés en période hors saison. Juste au bord de la mer avec un accès privé vers une plage de sable surveillée. Plage naturiste à proximité.

Le long de la côte (D81), prendre la sortie Ste Marie-Plage. Puis au rond-point tout droit et 3ième rue à gauche. Puis suivre les panneaux du camping.

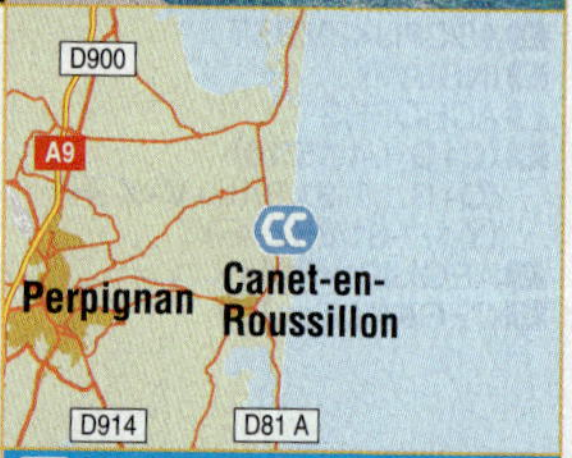


CC € 16 *16/4-25/6 27/8-15/10*

N 42°44'22'' E 03°02'02''

## Ste Marie-la-Mer, F-66470 / Languedoc-Roussillon (Pyrénées-Orientales) — 2077

Camping Le Palais de la Mer****
av. de Las-Illes
+33 4 68 73 07 94
7/5 - 24/9
contact@palaisdelamer.com

3ha 122**T**(80-100m²) 10A

1 ACD**G**IJKLMOPSWT
2 AHSUWZ
3 CEHKOPRSUVWY
4 (C+H )JKL**N**
(Q+S+T+U+V+X+Y+Z )
5 **AB**EFGIJKLMNOPUVWXZ
6 AEGJ**K**(N 1km)ORTV

Du Palais de la Mer, découvrez les charmes de la côte catalane et de l'arrière-pays pittoresque. Sur le camping, profitez entre autres de la piscine chauffée avec toboggan près de l'agréable restaurant, ou des diverses possibilités pour faire du sport. Le camping a son propre accès à la superbe plage.

Sur la route côtière D81 prendre la sortie Ste Marie-Plage. Puis au rond-point tout droit, et au 3ème croisement à gauche. Le camping est indiqué par des panneaux.

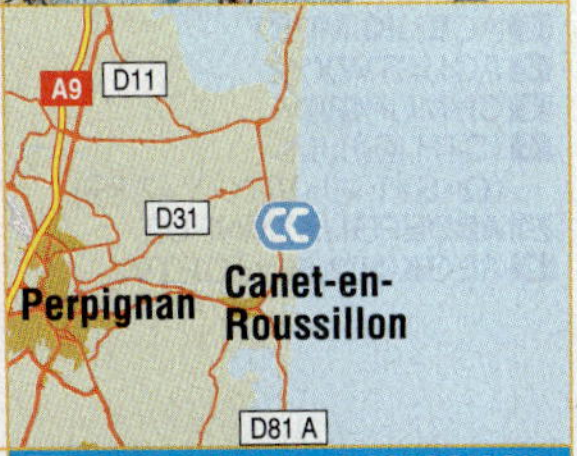


CC € 18 *7/5-1/7 31/8-24/9*

N 42°44'26'' E 03°02'00''

## Ste Marie-la-Mer, F-66470 / Languedoc-Roussillon (Pyrénées-Orientales) — 2078

Camping Le Sainte Marie****
rue des Clauses
+33 4 68 80 48 10
9/4 - 7/11
camping@lesaintemarie.com

15ha 121**T**(80-110m²) 10A CEE

1 ACD**G**IJLPSWT
2 DSWZ
3 ACEHKMPRSUW
4 (C+H 9/4-30/9)JK
(Q 9/4-15/9)(R 10/6-15/9)
(T+U+V 9/4-15/9)
(X 10/4-15/9)(Z 9/4-15/9)
5 **A**EFGIJKLMNOPUVWZ
6 AEG**K**(N 2km)RTV

Camping ombragé dans une réserve naturelle tranquille, avec piscine chauffée agréable, restaurant et nombreux équipements sportifs et ludiques. Plage sauvage non surveillée à 1 km, accessible par un sentier. La belle plage de Sainte Marie est à 2 km.

Route côtière D81, au rond-point prendre la direction Ste Marie-Village. Traverser le village en suivant les panneaux de camping, puis à droite avant le tunnel.

CC € 14 *9/4-1/7 20/8-7/11*

N 42°42'51'' E 03°01'53''

## Torreilles-Plage, F-66440 / Languedoc-Roussillon (Pyrénées-Orientales) — 2079

Camping Le Trivoly****
boulevard des Plages
+33 4 68 28 20 28
8/4 - 25/9
info@chadotel.com

5ha 71**T**(80-120m²) 16A CEE

1 ACD**G**IJKLMOPSW
2 IJSUWXY
3 CHMPSU
4 (C+G 1/5-15/9)J
(Q+R+T+U+V+Y+Z )
5 **AB**FGIJKLMNPUZ
6 ACEGI**K**(N 3km)ORTV

Ce camping est situé à 800 mètres de la belle plage surveillée et près du centre commercial. Il est équipé d'une piscine chauffée avec toboggan. Le camping est un point de départ idéal pour faire de belles excursions le long de la côte vers les Pyrénées et l'Espagne.

A9 sortie Perpignan-Centre. Direction Le Barcarès par la D83, puis direction Canet/St. Cyprien jusqu'à la sortie Torreilles-Plage.

CC € 16 *8/4-9/7 30/8-25/9*

N 42°45'57'' E 03°01'37''

## Valras-Plage, F-34350 / Languedoc-Roussillon (Hérault)

2080

Camping Sandaya Blue Bayou*****
Vendres Plage Ouest
+33 4 67 37 41 97
8/4 - 25/9
bluebayou@sandaya.fr

11ha 147T(80-100m²) 10A CEE

1 ACGIJKLMPST
2 AGIJSTWXYZ
3 CHMOPQWY
4 (C+H )IJM (Q+S+T+U+V+X+Y+Z )
5 ABDEFGIJKLMNPUZ
6 AEGK(N 2,5km)ORTV

Grand camping avec emplacements touriste, certains avec sanitaires privés. Paradis aquatique rénové avec jeux aquatiques pour les petits. Magnifique piscine. Plage de sable à 300m et dans une zone naturelle superbe. Belle situation, près de la mer et à 5 km du centre de Valras-Plage.

De la A9 : prendre la sortie 36 puis la D64 vers Vendres-Plage.

CC € 16 8/4-8/7 3/9-25/9

N 43°13'38" E 03°14'38"

## Valras-Plage, F-34350 / Languedoc-Roussillon (Hérault)

2081

Domaine La Yole Camping Resort & Spa*****
avenue de la Méditerranée
+33 4 67 37 33 87
23/4 - 11/9
domainelayole@marvilla-parks.com

23ha 626T(70-100m²) 5A

1 ACDGIJKLMPSW
2 AGIJSTUWYZ
3 CEHKLMOPRSUVWY
4 (A+C+F+H )IJKLNP (Q+S+T+U+V+X+Y+Z )
5 ABDEFGIJKLMNOPTUWXYZ
6 CDEGHKLM(N 2km)ORTUV

Camping spacieux et bien équipé où vous pourrez faire des promenades dans les vignobles du Languedoc. Le parc aquatique avec toboggans est partiellement couvert. La belle plage de sable se trouve à 500 mètres à peine et peut être atteinte par un chemin pavé.

Le camping est au bout du boulevard à Valras (Valras-Plage Ouest) sur la D37e. Bien indiqué avec des panneaux.

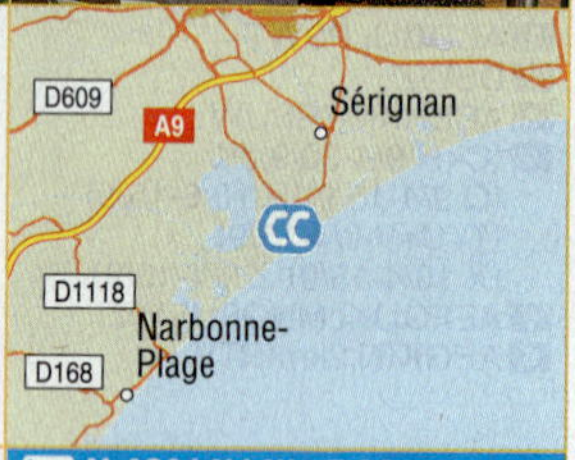


CC € 18 23/4-25/6 3/9-11/9

N 43°14'14" E 03°15'45"

## Vauvert, F-30600 / Languedoc-Roussillon (Gard)

2082

Flower Camping Le Mas de Mourgues***
Gallician
+33 4 66 73 30 88
1/4 - 30/9
info@masdemourgues.com

2ha 53T(50-100m²) 10A CEE

1 ACDGIJKLMPSWT
2 TUXYZ
3 AHIKMQS
4 (C+Q+R+T+U+V+X+Z )
5 AFGIJKLMNPQUWZ
6 ACEGHK(N 5km)TU

Bienvenue au Mas de Mourgues, situé dans la verdure, en Camargue (dans le Gard) entre Nîmes et Saintes Maries de la Mer. Camping familial avec 53 emplacements et à 20 km de la plage. Belle piste cyclable vers Aigues-Mortes et fantastique pour faire du vélo sur la Via Rhona.

A9, sortie 26 vers Gallargues. Puis N313 vers Aimargues. Ensuite N572. Le camping est sur la gauche vers St. Gilles après Vauvert.

CC € 18 1/4-15/7 1/9-30/9

N 43°39'16" E 04°17'44"

## **Vendres**, F-34350 / Languedoc-Roussillon (Hérault)

iD 2083

Camping La Plage et du Bord de Mer
av. de la Mediterranee
+33 4 67 37 34 38
23/4 - 11/9
reservation@camping-plageetmer.com

13ha 475T(80-100m²) 10A

1 ACDEIJKLMOPST
2 AHIJSTWXYZ
3 ACHIKMN**O**P**R**SUWY
4 (C+H )IJK (Q+S+T+U+V+X+Y+Z )
5 **AB**EFGIJKLMNOPUZ
6 CDEGHKM(N 0km)ORTV

Camping spacieux très tranquille avec accès direct à une longue plage de sable magnifique. Emplacements spacieux, belles plantations. Superbe aquaparc avec piscines et un grand toboggan. Bons sanitaires. Modules de jeux très chouettes dispersés sur tout le camping, aussi dans la belle pataugeoire. Wifi gratuit sur tout le terrain.

Le camping est sur le boulevard Valras-Plage Ouest. En entrant dans Valras-Plage, suivre les panneaux.

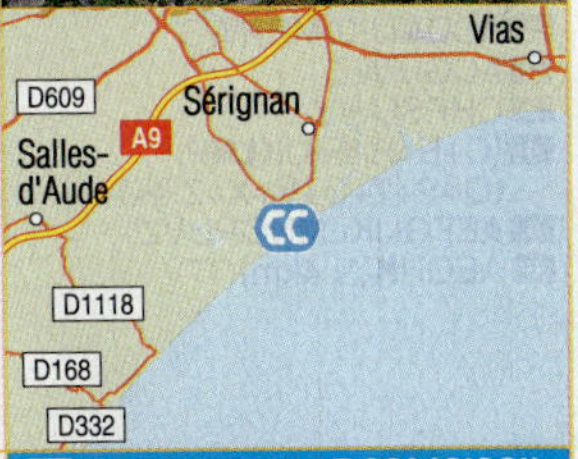


CC € 18 *23/4-1/7 29/8-11/9*

N 43°14'07'' E 03°16'08''

## **Vias**, F-34450 / Languedoc-Roussillon (Hérault)

iD 2084

Camping Sandaya Domaine de la Dragonnière*****
RD612
+33 4 67 01 03 10
8/4 - 2/10
contact@dragonniere.com

30ha 55T(100-120m²) 10A CEE

1 ACD**F**IJKLM**P**S
2 AEIJSWY
3 ABCD**G**HKMN**O**PSU**V**Z
4 (C+F+H )IJ**LMNP** (Q+S+T+U+V+X+Y+Z )
5 **AB**CDEFGHIJKLMNOPTUXYZ
6 ABEGHIJ**K**LM(N 4km)OQRT VWX

Magnifique camping avec de nombreuses possibilités pour la détente. Paradis aquatique avec piscine couverte chauffée dès l'ouverture et superbe lagune avec plage de sable. Sanitaires chauffés individuels. Equipements ouverts toute la saison. Animations.

De la A9, entre les sorties 34 et 36, di A75 Béziers-centre. Après le station de péage, sortie 64 di Béziers/Cap d'Agde. Au croisement de l'aéroport à droite. Suivre les panneaux.

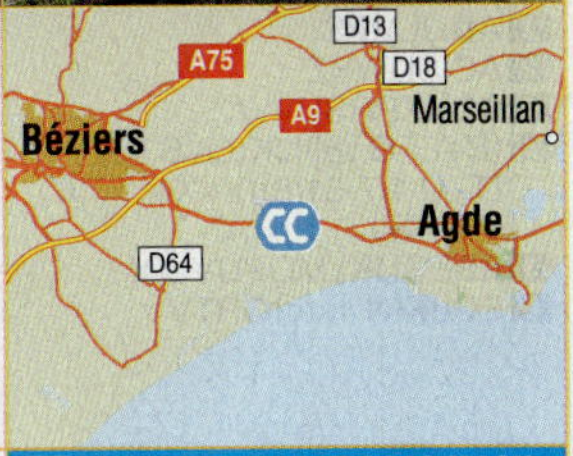


CC € 22 *8/4-8/7 3/9-2/10*

N 43°18'45'' E 03°21'48''

## **Vias-Plage**, F-34450 / Languedoc-Roussillon (Hérault)

iD 2085

Camping Club Californie-Plage****
Côte Ouest
+33 4 67 21 64 69
4/4 - 30/9
info@californie-plage.fr

5,5ha 218T(80-100m²) 10A CEE

1 ACD**G**IJKLM**P**ST
2 AGIRTWXYZ
3 C**G**HMNPSUWY
4 (C+E+H )IJKP (Q+S+T+U+V+W+X+Y+Z )
5 **AB**EFGIJKLNOPUWZ
6 ACEGHJ**K**(N 2,5km)RTVX

NOUVEAU

Camping bien équipé avec un beau paradis aquatique, situé au bord de la mer dans un bois de peupliers. Les emplacements sont délimités avec des haies entre autres, de lauriers roses. La piscine couverte chauffée a un toit ouvrant.

A9 sortie Agde/Pézenas direction Agde, puis la N112 sortie Vias-Plage, puis passer sur le pont Côte Ouest et suivre les panneaux.

CC € 18 *4/4-3/7 1/9-30/9*

N 43°17'26'' E 03°23'55''

## Vias-Plage, F-34450 / Languedoc-Roussillon (Hérault)

**2086**

Camping Helios****
ave des Pêcheurs, chemin du Poste
+33 4 67 21 63 66
23/4 - 24/9
contact@camping-helios.com

3ha 108T(80-90m²) 4-6A CEE

1 ACD**G**IJKLMPRWS
2 ACGITWZ
3 CHPSUWY
4 (C+E+H )JK**LN**P (Q+S+T+U+V+X+Z )
5 **A**EFGIJKLMNOPUVZ
6 AEGH**K**(N 4km)OTV

Un camping verdoyant tranquille avec ambiance familiale. A 200 mètres de la plage, au bord du Libron, et à proximité du centre animé de Vias-Plage. Les sanitaires sont rénovés et il y a un nouvel équipement Wellness. Magnifique nouveau paradis aquatique chauffé, dont une partie est couverte et peut être chauffée.

A9 sortie Agde/Pézenas. D612 direction Agde; sortie Vias-Plage. Puis 'campings Sud' et suivre les panneaux au rond-point.

CC € 16 *23/4-3/7 27/8-24/9* ***7=6, 14=12, 21=18, 28=24***

N 43°17'33'' E 03°24'26''

## Vias-Plage, F-34450 / Languedoc-Roussillon (Hérault)

**2087**

Camping L'Air Marin****
+33 4 67 21 64 90
9/4 - 18/9
info@camping-air-marin.fr

8ha 150T(70-120m²) 6A

1 A**G**IJLMP**S**
2 ACISUWYZ
3 ACHKPRSUVW
4 (B+E+G )IJK(Q+S ) (T+U 1/7-31/8)(V+X+ Y+Z )
5 **AB**FGIJKLMOPUVWX
6 EGJ**K**(N 1km)ORTV

Grand camping dans un environnement tranquille à l'ombre des platanes du Canal du Midi. A 10 minutes à pied des plages de sable fin de Vias-Plage. Diverses piscines. Tous les bâtiments sont construits dans le style mexicain. Nombreux équipements gratuits comme minigolf, barques et canoës pour naviguer sur le Canal du Midi.

A9 sortie Agde/Pézenas direction Agde. Puis N112 sortie Vias-Plage, puis suivre 'campings Côte Est' et les panneaux.

CC € 18 *9/4-9/7 27/8-18/9* ***7=6, 14=10, 21=15***

N 43°18'08'' E 03°25'19''

## Vias-Plage, F-34450 / Languedoc-Roussillon (Hérault)

**2088**

Camping Méditerranée Plage****
D137
+33 4 67 90 99 07
1/4 - 30/9
contact@mediterranee-plage.com

7ha 91T(80-90m²) 6-10A CEE

1 ACD**G**IJKLMPST
2 AHISTUWYZ
3 ACEHKMNOP**Q**RSUWY
4 (A+C+H )J (Q+S+T+U+V+X+Y+Z )
5 **AB**DEFGIJKLMNPUVWZ
6 ABCEGHKM(N 5km)ORTV

Camping quatre étoiles bien géré au bord d'une belle plage de sable. Les piscines sont chauffées à partir de la date d'ouverture. Wifi gratuit.

A9/A75 sortie 63 Béziers centre, dir Agde/Sète. A 3,5 km au rond-point, dir Agde/Sète. A 1,5 km à droite, dir Portiragnes-Plage. Traverser le Canal du Midi puis à gauche et suivre les panneaux.

CC € 18 *1/4-3/7 27/8-30/9*

N 43°16'55'' E 03°22'15''

## Vic-la-Gardiole, F-34110 / Languedoc-Roussillon (Hérault) — 2089

Flower Camping Altea***
1 route des Aresquiers
+33 4 67 78 14 09
1/1 - 31/12
contact@alteacamping.com

2,5ha 66T(45-80m²) 8-10A CEE

1 ACD**G**IJKL**P**SW
2 AJPSUWXYZ
3 ACHMPSUVW
4 (B+G 1/5-30/9)
(Q 15/6-15/9)(R )
(T 15/6-15/9)(U 15/6-30/9)
(V+X+Z 15/6-15/9)
5 **A**EFGJKLNP**T**UZ
6 AEGJ**K**(N 1,2km)V

Camping Altea est un camping familial ouvert toute l'année. Il y a des emplacements spacieux, une piscine et un restaurant avec café/bar. Situation idéale: entre les deux belles villes Montpellier et Sète, près des lacs et de la Méditerranée.

Sur l'A9 sortie 33 Sète ou sur l'A9 sortie 32 Saint-Jean-de-Védas. Continuez ensuite jusqu'à Vic-la-Gardiole. Le camping est situé entre la D114 et la D612.

€ 16 *1/1-1/7 29/8-31/12*

N 43°30'02'' E 03°47'15''

## Villemoustaussou, F-11620 / Languedoc-Roussillon (Aude) — 2090

Camping Le Malolya***
ch. du Pont Neuf
+33 4 68 47 81 90
20/3 - 20/10
campinglemalolya@gmx.fr

2ha 54T(80-100m²) 10A CEE

1 ACD**G**HIJL**P**ST
2 ILSUWXYZ
3 ACHIKMPSU**W**
4 (B 10/6-30/9)
(Q+R+T 1/6-30/9)
(Z 15/6-15/9)
5 **A**EFGIJKLMNPUVZ
6 CEGJ(N 1km)RTV

Camping dans un environnement très tranquille pour faire de diverses excursions vers le Minervois et Carcassonne.

Le camping est 800m en dehors de Villemoustaussou. Cette localité est au nord de Carcassonne.

€ 16 *20/3-9/7 26/8-20/10*

N 43°15'35'' E 02°21'58''

## Villeneuve-lès-Béziers, F-34420 / Languedoc-Roussillon (Hérault) — 2091

Camping Les Berges du Canal****
promenade des Vernets
+33 4 67 39 36 09
19/3 - 15/10
contact@campinglbdc.com

1,5ha 30T(80-90m²) 16A CEE

1 BCD**G**IJKLM**P**ST
2 CIJSUWZ
3 ACDHKMNPSUW
4 (B+G 1/6-30/9)**N**
(Q+T+U+V+X+Y+Z 1/5-30/9)
5 **AB**DEFGIJLNPRUVWZ
6 CDEG**K**(N 0,1km)ORTV

Camping familial tranquille, agréable et bien situé au bord du Canal du Midi. A quelques minutes à pied de Villeneuve-lès-Béziers. Très adapté comme point de départ pour découvrir la région et pour faire des excursions à vélo. La plage est à 7 km. Beaux sanitaires bien entretenus. Le restaurant est noté au guide Gault-Millau (ouvert 1/5-30/9).

Le camping est dans le village au bord du Canal du Midi, en venant de Béziers à gauche avant le pont.

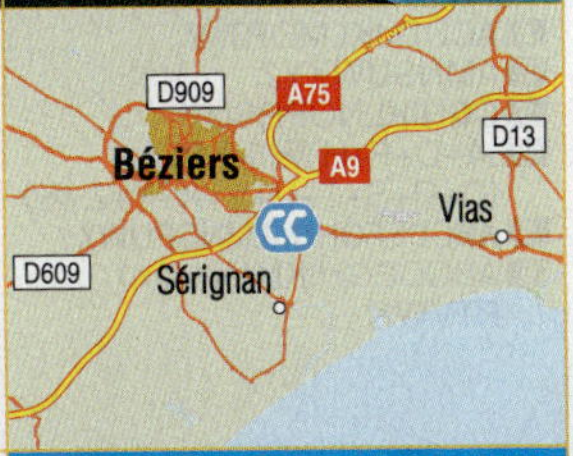


€ 18 *19/3-9/7 27/8-15/10* *7=6, 14=12*

N 43°19'00'' E 03°17'04''

## Villeneuve-lez-Avignon/Avignon, F-30400 / Languedoc-Roussillon (Gard) 2092

Camping Les Avignon***
chemin Saint-Honoré
+33 4 90 25 76 06
15/4 - 30/9
campinglesavignon@gmail.com

2,3ha 111T(80-100m²) 16A CEE

1 ACDGIJKLMPST
2 IJSTUWYZ
3 AGHIKOPSUW
4 (B+F+G+Q+R+T+U+X+Z)
5 AFGIJKLMNOPUZ
6 ACEGJ(N 0,5km)TV

Petit camping ombragé et agréable. Belle situation centrale et à côté de la piscine municipale qui peut être utilisée gratuitement.

A9, sortie 22 et D976 vers Roquemaure. Puis là, D980 vers Villeneuve-lez-Avignon. Le camping est indiqué.

CC € 12 15/4-1/7 18/8-30/9 7=6, 14=12

N 43°58'14'' E 04°47'56''

## Villeneuve-lez-Avignon/Avignon, F-30400 / Languedoc-Roussillon (Gard) 2093

Camping L'Île des Papes****
1497 RD 780
+33 4 90 15 15 90
8/4 - 1/11
ile-des-papes@campeole.com

20ha 176T(100m²) 6-10A CEE

1 ACDGHIJKLMOPSWT
2 CJNSTUWXYZ
3 CGHIKMPRSUW
4 (B 9/4-30/9)(G 1/6-30/9) I(Q)(R 15/6-15/9) (T 1/6-31/8)(U 1/7-31/8) (V+Y 9/4-30/9)(Z 9/4-15/10)
5 ABEFGIJLMNPUWZ
6 ACEGHJ(N 5km)RTV

Camping luxueux spacieusement aménagé avec de très nombreux équipements, situé sur une île du Rhône. A 6 km d'Avignon.

A9, sortie Roquemaure, direction Roquemaure centre, direction Sauveterre, direction Barrage-de-Villeneuve. Camping est indiqué.

CC € 16 8/4-8/7 3/9-1/11

N 43°59'37'' E 04°49'04''

## Agay/St. Raphaël, F-83530 / Provence-Alpes-Côte d'Azur (Var) 2094

Esterel Caravaning*****
4481 avenue des Golfs
+33 4 94 82 03 28
9/4 - 23/9
contact@esterel-caravaning.fr

19ha 164T(80-280m²) 10-16A CEE

1 ACDGJKLMOPTW
2 AMNSUWXYZ
3 CGHIKLNOPRSUV
4 (A+C+F+H)IJMN (Q+R+S+T+U+V+X+Y+Z)
5 ABCDEFGHIJKLMNOPUWXY
6 ABCDEGHIKM(N 5km) RTVWX

Equipements fantastiques en ce qui concerne les piscines et le welness. Animations variées très professionnelles, souvent très spectaculaires. Camping extrêmement bien entretenu et organisé. Belle vue sur les monts de l'Esterel.

A partir du centre d'Agay, passer sous le viaduc. Le camping est à 3 km environ sur la droite.

CC € 18 9/4-2/7 1/9-23/9

N 43°27'15'' E 06°49'58''

## Albaron/Arles, F-13123 / Provence-Alpes-Côte d'Azur (Bouches-du-Rhône)

**2095** iD

Camping Le Domaine du Crin Blanc***
CD37 - Hameau de Saliers
+33 4 66 87 48 78
8/4 - 2/10
contact@campingcrinblanc.com

6ha 50T(90-160m²) 10A CEE

1 ACD**G**IJKLMPSWT
2 NSTUWY
3 C**G**HIKNP**Q**SUV**W**
4 (B+G 8/4-2/10)J(Q+R)
(T+U+V+Y+Z 8/4-15/9)
5 **AB**EFGIJKLMNPUVZ
6 ACEGHJ**K**(N 3km)TV

Pour des vacances inoubliables au cœur du Parc Naturel Régional de Camargue! Sa situation idéale vous permet de découvrir, à moins de 50 km, des lieux remarquables entre l'arrière-pays provençal et les plages de la Méditerranée, tels que le Pont du Gard, Les Beaux-de-Provence, les Saintes-Maries-de-la-Mer, Aigues Mortes ou la ville d'Arles.

A partir d'Arles, D570 direction Stes Maries-de-la-Mer. A Albaron à droite CD37 direction St. Gilles. Après 7 km sur la gauche.

CC € 18 8/4-6/7 1/9-2/10

N 43°39'44'' E 04°28'26''

## Apt, F-84400 / Provence-Alpes-Côte d'Azur (Vaucluse)

**2096** iD

Camping Le Luberon****
2295 avenue de Saignon
+33 4 90 04 85 40
1/4 - 30/9
contact@campingleluberon.com

4ha 74T(80-150m²) 6A

1 ACD**F**HIJL**P**S
2 MSUWZ
3 AGHISU
4 (C+H+Q+R+T+U+V+Y+Z)
5 **AB**DEFGIJKLNOPRUZ
6 CDEGJ**K**(N 1,5km)TV

Camping situé entre Apt et Saignon, ideal pour visiter le Luberon et ses villages typiques: Roussillon, Gordes, Saignon et Bonnieux. Situation au calme dans un bois avec une belle vue sur le Rocher de Saignon. Deux piscines chauffées. Agréable snackbar avec petit magasin. Restaurant avec grand choix sur le camping.

Suivre la N100. Au rond-point du côté Est d'Apt, prendre la D48 direction Saignon 'village'.

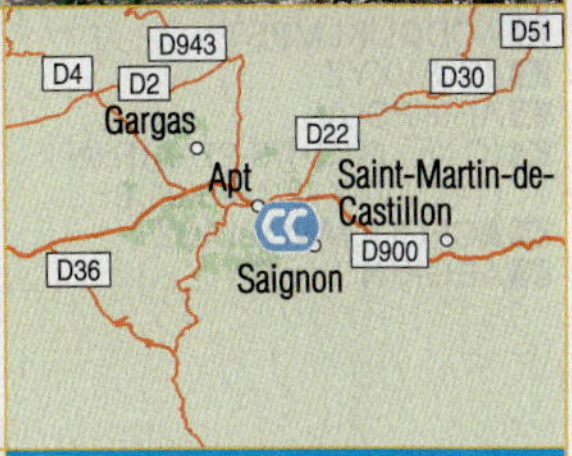


CC € 20 1/4-30/6 1/9-30/9

N 43°51'58'' E 05°24'47''

## Apt, F-84400 / Provence-Alpes-Côte d'Azur (Vaucluse)

**2097** iD

Camping Les Cèdres**
63 Impasse de la Fantaisie
+33 4 90 74 14 61
1/3 - 31/10
campinglescedres@orange.fr

1,8ha 110T 10-16A CEE

1 ACD**G**IJL**P**ST
2 CJSUWXYZ
3 AHKS
4 (Q+R+Z)
5 **A**DGIJKLMNOPUZ
6 EGK(N 0,2km)TV

Situé à deux pas d'Apt (300 mètres), dans le cœur du Parc Naturel du Luberon. Un séjour au calme dans un cadre verdoyant et à proximité de nombreuses attractions touristiques. Sur le terrain (1,8 ha): branchement électrique, borne de service Camping-car, gardien 24/24, 2 blocs sanitaires, buvette, épicerie, terrain de pétanque. Le camping est désigné comme étant bien adapté aux vélos.

A7, sortie Cavaillon (25). Puis D900, Apt. Dans le centre, suivre les flèches.

CC € 16 1/3-30/6 30/8-31/10

N 43°52'39'' E 05°24'11''

## Arles/Pont-de-Crau, F-13200 / Provence-Alpes-Côte d'Azur (Bouches-du-Rhône) — 2098

Camping L'Arlesienne****
145 Draille Marseillaise
+33 4 90 96 02 12
1/4 - 1/11
@ info@camping-larlesienne.com

2,2ha 74T(80-90m²) 6-10A CEE

1 ACD**G**HIJKLMPSWT
2 IJSTUWXY
3 A**G**HIK**Q**SU**W**
4 (C 15/5-30/9)(H 15/5-15/9) J(Q 1/4-30/9) (T+U+V+X+Z 15/5-15/9)
5 **AB**EFGIJKLMNPUWZ
6 ACEGK(N 0,5km)RTV

Camping à 3 km du vieux centre d'Arles. Beaux emplacements, le camping a de belles piscines modernisées. Arrêt de bus à 200m du camping. Nombreuses activités dans les environs, connus entre autres pour Van Gogh et les Romains.

Le camping est à Pont-de-Crau au sud-est d'Arles, direction St. Martin-de-Crau. Le camping est indiqué.

CC € 20 1/4-4/7 22/8-1/11 7=6, 14=12, 21=18

N 43°39'34'' E 04°39'15''

## Aups, F-83630 / Provence-Alpes-Côte d'Azur (Var) — 2099

Camping International****
495 rte de Fox Amphoux
+33 4 94 70 06 80
2/4 - 30/9
@ international@campasun.eu

4ha 99T(80-150m²) 16A CEE

1 ACD**G**IJKLM**P**ST
2 JSUWXYZ
3 AHIKPSUV
4 (C )JK(Q 1/6-27/9)(R ) (T+U+V+X+Z 15/6-31/8)
5 **A**CFGIJLMNOPUWZ
6 AEGK(N 1km)TV

Le camping International à Aups est situé au cœur du Verdon et à 500 mètres du village provençal d'Aups. Vous profiterez de ses infrastructures: piscine chauffée, jacuzzi, terrain multi-sports, restaurant, sanitaires avec WC autonettoyants.

A Aups, suivre dir Fox Amphoux. Camping est bien indiqué.

CC € 18 2/4-10/7 27/8-30/9

N 43°37'29'' E 06°13'04''

## Avignon, F-84000 / Provence-Alpes-Côte d'Azur (Vaucluse) — 2100

Camping Bagatelle***
Île de la Barthelasse
+33 4 90 86 30 39
1/1 - 31/12
@ camping.bagatelle@wanadoo.fr

4ha 224T(80-130m²) 6-10A CEE

1 ACD**F**IJKLMOPST
2 CIJNOTUWXYZ
3 A**G**HIKPU**W**
4 (Q+S )(T+U+V 1/3-30/11) (Y 1/4-31/10)(Z 1/3-30/11)
5 **A**BDFGIJKLMNOPRUVWXYZ
6 ACDGHJ**K**(N 1km)RTV

Camping Bagatelle est près du vieux centre d'Avignon, à 7 minutes de marche à côté du pont. A partir des terrasses, belle vue sur le Palais des Papes.

A partir de la A9 vers Avignon. Le camping est à l'Île de la Barthelasse, en face du Palais des Papes. Le camping est indiqué sur le pont.

CC € 18 1/1-2/7 20/8-19/12 4=3

N 43°57'10'' E 04°47'59''

## Avignon, F-84000 / Provence-Alpes-Côte d'Azur (Vaucluse) — 2101

Camping du Pont d'Avignon****
10 chemin de la Barthelasse
+33 4 90 80 63 50
1/3 - 2/11
camping.avignon@aquadis-loisirs.com

7,6ha 270**T**(60-100m²) 6-10A

1 ACD**G**IJKLMO**P**Q
2 CJNSTUWXYZ
3 A**G**HIKMNOPSUV**W**
4 (B+G 15/5-30/9)
(Q+S+T+U+V+X+Z)
5 **AB**EFGIJKLMNOPUWZ
6 ACEG**K**(N 2km)RTVX

Camping plein d'ambiance aux allures de parc, situé de l'autre côté du pont d'Avignon, avec vue sur le Palais des Papes.

De Remoulins et la A9, après le pont à droite. Suivre les panneaux 'Île de la Barthelasse'.

CC € 18 *1/3-3/7 27/8-2/11*

N 43°57'24'' E 04°48'07''

## Banon, F-04150 / Provence-Alpes-Côte d'Azur (Alpes-de-Haute-Prov) — 2102

Flower Camping L'Epi Bleu***
Les Gravières
+33 4 92 73 30 30
15/5 - 25/9
contact@campingepibleu.com

3ha 60**T**(65-130m²) 10-16A CEE

1 ACFIJKLM**P**ST
2 BMNUVWXYZ
3 ACHIK**Q**SU
4 (**A** 1/7-31/8)(C+H 15/5-15/9)
J(Q 1/5-25/9)(R 1/7-31/8)
(T 15/5-31/8)(U+V 1/7-31/8)
(X 15/5-31/8)(Z 1/5-25/9)
5 **A**DFGIJKLMNOPUVWZ
6 AEGH**K**(N 1km)TV

Camping familial convivial et tranquille près de Banon, avec vue sur les superbes champs de lavande et de sauge. Les emplacements touriste et mobile-homes sont mélangés. Piscine chauffée de la mi-mai à la mi-septembre. Wifi sur tout le camping, gratuit 30 min. Nouveaux sanitaires. Randonnée et vélo à travers les champs de lavande et à Banon, cité médiévale.

A7, sortie Avignon-Sud direction Apt et après, Banon. A Banon, suivre les panneaux.

CC € 16 *15/5-7/7 25/8-25/9*

N 44°01'36'' E 05°37'52''

## Baratier/Embrun, F-05200 / Provence-Alpes-Côte d'Azur (Hautes-Alpes) — 2103

Camping Les 2 Bois***
route de Pra Fouran
+33 4 92 43 54 14
13/5 - 19/9
info@camping-les2bois.com

2,5ha 104**T**(70-110m²) 6-10A CEE

1 ACD**G**IJLPQ
2 CJMNSUWXYZ
3 CHIKSU**W**
4 (C)(Q 6/7-30/8)
(T+U+V+X+Z 6/6-6/9)
5 **AB**EFGIJKLMNOPUVWZ
6 EGJ(N 0,2km)RTV

Ambiance familiale dans un environnement rural. Emplacements ombragés bien délimités. Bons bar et restaurant. Beau bloc sanitaire et piscine chauffée.

Sur la N94, au rond-point Crots-Embrun, 1re sortie vers Baratier. Au rond-point suivant, encore la 1re sortie vers La Mure.

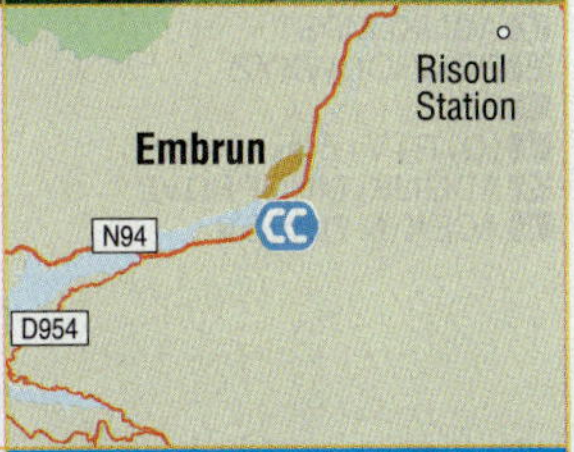


CC € 18 *13/5-10/7 28/8-19/9*

N 44°32'18'' E 06°29'32''

## Bauduen, F-83630 / Provence-Alpes-Côte d'Azur (Var) — iD — 2104

Camping Rives du Lac Sainte Croix**
D71, chemin de la blache
+33 4 94 70 05 44
1/4 - 31/10
contact@camping-lac-sainte-croix.fr

8ha 100T(60-120m²) 10A CEE

1 ACD**G**IJKLMPST
2 BTUWXYZ
3 AHIKLPS**WZ**
4 (Q+R )(T+U+V+Z 1/7-31/8)
5 **AB**FGIJKLMNOPUZ
6 CEGOV

Le camping est situé à quelques pas du lac Sainte Croix. Camping est situé dans une forêt de chênes avec des emplacements spacieux.

L'entrée est située directement à droite de la D71 si vous avez pris la sortie de la D49 vers Baudinard/Ste Croix.

CC € 14 *1/4-30/6 1/9-30/10*

N 43°43'17'' E 06°10'55''

## Bauduen, F-83630 / Provence-Alpes-Côte d'Azur (Var) — iD — 2105

Le Vieux Chêne***
D71 nr. 1002
+33 4 94 70 09 08
1/4 - 10/10
campinglevieuxchene@gmail.com

2,5ha 66T(60-90m²) 10A CEE

1 ACD**G**IJKLM**P**T
2 ABELMQTVWXYZ
3 AC**D**HIKPSUV**W**Z
4 (Q+R+T+U+X+Z )
5 **A**DEFGIJKLMNOPUZ
6 ACEG**K**(N 6km)ORTV

Camping sous de vieux chênes, aménagé sur de vastes terrasses. Un accès direct à une plage privée avec une vue monumentale sur Bauduen.

Le camping se trouve sur la droite de la D71 en venant de la D49 direction Baudinard/Saint-Croix.

CC € 16 *1/4-30/6 22/8-10/10*

N 43°43'23'' E 06°10'42''

## Beaureceuil/Aix-en-Provence, F-13100 / Provence-Alpes-Côte d'Azur (Bouches-du-Rhône) — iD — 2106

Camping Sainte Victoire**
Quartier Paradou, 613 av J. Gautier
+33 4 42 66 96 43
1/4 - 31/10
campingstevictoire@orange.fr

2ha 85T(80-170m²) 10A CEE

1 A**G**IJKLMPST
2 BCIJNOUWXYZ
3 AS
4 (Q+R+V+Z )
5 **A**DGIJKLMNOPRUVZ
6 ACE**K**(N 7km)OV

Camping sobre dans un endroit pittoresque au pied de la montagne Ste Victoire. Emplacements délimités ombragés, une oasis de calme. Point de départ pour de magnifiques promenades ou pour visiter Aix-en-Provence à 8 km. Un bus part 15 fois par jour vers le centre d'Aix-en-Provence.

A Aix, suivre la A8 direction Nice/Toulon. Sortie 31. Puis 2x à droite direction Palette/Beaurecueil. Puis suivre les flèches.

CC € 18 *1/4-3/7 29/8-31/10*

N 43°31'02'' E 05°32'26''

## Bédoin, F-84410 / Provence-Alpes-Côte d'Azur (Vaucluse) 2107

Camping Le Pastory**
1105 route de Malaucène
+33 4 90 12 85 83
3/4 - 31/10
info@camping-le-pastory.com

1,6ha 90T(100-130m²) 10A CEE

1 ABCD**G**IJKLM**P**ST
2 NSUVWXYZ
3 AHS
4 (Q+R 17/4-12/10)
(U+V 15/5-12/10)
5 AGIJKLMNOPUXY
6 EG**K**(N 0,9km)

Camping, idéalement situé au pied du Mont-Ventoux, à 900 mètres du village provençal de Bédoin. Le Pastory propose des emplacements spacieux et ombragés avec une vue imprenable sur le Mont-Ventoux. Au départ du camping, la nature s'offre à vous. Le lundi matin, des marchés typiques provençals à Bédoin. Baignade possible dans les lacs environnants et la piscine municipale.

A7, sortie Orange-Sud vers Carpentras, direction Bédoin. Dans le centre de Bédoin, suivre les panneaux.

CC € 16 15/4-30/6 31/8-30/10 14=13

N 44°07'54'' E 05°10'15''

## Belgentier, F-83210 / Provence-Alpes-Côte d'Azur (Var) 2108

Flower Camping Les Tomasses****
chemin du Maoupas
+33 4 94 48 92 70
1/4 - 30/9
info@camping-var-tomasses.fr

2,5ha 52**T**(80-200m²) 10A

1 ACD**G**IJKLMPST
2 BCIJSUWXYZ
3 CEHPSU
4 (B+G 1/5-30/9)
(Q+T+U+V+X+Y+Z 1/7-31/8)
5 **A**FGIJKLPQRUWXYZ
6 ABEGK(N 2km)TV

Camping tranquille au bord d'une petite rivière dans une belle nature. Grands emplacements bien abrités des regards. Nouveaux sanitaires.

A57, sortie 7, Solliès-Toucas (D554). Traverser le village, suivre la D554. Camping à gauche avant Belgentier.

CC € 16 1/4-2/7 27/8-30/9

N 43°13'55'' E 06°00'29''

## Bollène, F-84500 / Provence-Alpes-Côte d'Azur (Vaucluse) 2109

Camping La Simioune***
route de l'embisque
+33 4 90 63 17 91
1/3 - 1/10
camping@la-simioune.fr

3ha 80T(100-200m²) 10A CEE

1 ACD**G**IJKLMOPS
2 BIMNTUVWXYZ
3 CEHIJPSU
4 (B+G 1/5-20/9)(Q 1/4-30/9)
(R)(T 1/6-31/8)(U)
(V 1/4-30/9)(X+Z 1/6-31/8)
5 **A**EFGIJKLMNOPUXZ
6 EGKOQTV

Camping familial accueillant et verdoyant typiquement français avec des emplacements spacieux. Situé en dehors de la ville de Bollène dans un bois de hauts sapins. Près du Parcours Aventure (accrobranches). Wifi gratuit sur le camping.

A7, sortie Bollène. Au rond-point, direction Carpentras et là, suivre les panneaux (vers Suze la Rousse). Ne suivez pas le GPS mais 'L'Embisque' ou les panneaux.

CC € 16 1/3-30/6 26/8-1/10

N 44°17'50'' E 04°47'15''

## Callas, F-83830 / Provence-Alpes-Côte d'Azur (Var)

2110

[tent] Camping Les Blimouses**
[address] Quartier Les Blimouses, 1776 RD 225
[phone] +33 4 94 47 83 41
[key] 14/3 - 9/10
@ camping.les.blimouses@orange.fr

6ha 80T(70-150m²) 10A CEE

1 ACD**G**IJKLM**P**SWT
2 BLMTUWXYZ
3 CHIP**Q**SU
4 (B+G 1/5-9/10)IJKMP(Q [key]) (T+U+V+X+Z 1/4-15/9)
5 **A**EFGIJKLMNPUZ
6 ACDEGJ**K**(N 3km)OT

[speech bubble] Idéalement situé au cœur du Haut Var. À proximité de Calles, des gorges de Pennafort, en pleine campagne provençale. Vous pourrez pratiquer les randonnées pédestres ou en VTT, les activités nautiques des gorges du Verdon, les journées farniente sur les plus belles plages de la Côte d'Azur. Une vaste piscine avec toboggans, pataugeoire, avec transats et parasols.

[car] A8 sortie Le Muy, direction Callas; suivre ensuite la route RD562, puis la route RD225. Le camping est indiqué.

CC € 14 *14/3-30/6 1/9-8/10*

N 43°34'28" E 06°31'55"

## Caromb (Vaucluse), F-84330 / Provence-Alpes-Côte d'Azur (Vaucluse)

2111

[tent] Camping Le Bouquier**
[address] 1330 avenue Charles de Gaulle
[phone] +33 4 90 28 00 57
[key] 1/4 - 1/11
@ sas-le-bouquier@orange.fr

1,5ha 50T(80-100m²) 10A CEE

1 AGIJKLM**P**SWT
2 MNTUWXYZ
3 AHIKS
4 (B [key])(Q 1/6-15/9) (R 1/4-1/10)(Z [key])
5 **A**DFGIJKLMNPUWZ
6 EGJ(N 2km)T

[speech bubble] Petit camping familial en terrasses, bien entretenu. Des vues magnifiques, au milieu des vignes, des oliviers, des figuiers, de la forêt de pins et du chant des grillons. Petit bar et piscine bien entretenue. Près du Mont Ventoux et à distance de marche du lac de Paty.

[car] A7, sortie Bollène/Cairanne/Vacqueyras/Beaumes de Venise/Caromb. Suivre les flèches.

CC € 18 *1/4-30/6 1/9-1/11*

N 44°07'25" E 05°06'35"

## Carqueiranne, F-83320 / Provence-Alpes-Côte d'Azur (Var)

2112

[tent] Camping Le Beau Vezé****
[address] route de la Moutonne
[phone] +33 4 94 57 65 30
[key] 1/5 - 2/10
@ info@camping-beauveze.com

5ha 114T(80-130m²) 10A

1 ACD**G**IJKL**P**ST
2 BILMNUWYZ
3 C**G**HPS
4 (A 1/7-31/8)(B+G [key])J(Q [key]) (R+T+U+V 1/6-31/8)(Y [key]) (Z 1/6-31/8)
5 **A**EFGHIJKLMNOPQRUVWZ
6 AEGHJ**K**(N 2km)RT

[speech bubble] Camping tranquille situé dans un bois de pins maritimes et d'oliviers. Les plages d'Hyères sont à 3,5 km. Des excursions vers entre autres Giens, Hyères, Le Pradet sont à recommander. Ambiance très agréable.

[car] Le camping est indiqué sur la RD559.

CC € 20 *1/5-9/7 27/8-2/10* *7=6, 14=11, 21=16, 28=21*

N 43°06'52" E 06°03'22"

## **Castellane**, F-04120 / Provence-Alpes-Côte d'Azur (Alpes-de-Haute-Prov) — 2113

Camping La Ferme de Castellane***
Quartier La Lagne, route de Grasse
+33 4 92 83 67 77
15/3 - 15/11
accueil@camping-la-ferme.com

1,3ha 28T(80-100m²) 6A CEE

1 ACD**G**IJKLMOPST
2 CMNSWXYZ
3 CEHIKSU
4 (Q+R 🔑)
5 **A**BCEFGHIJKLMNOPUVWZ
6 ACDEGHK(N 2,3km)TV

Un camping idéal pour se détendre, magnifiquement situé au cœur de la nature. Camping familial, très soigné et bien entretenu. A recommander. Accueil particulièrement attentif. Le bâtiment principal est un moulin à eau du XVIIIe siècle bien restauré. Camping facilement accessible par chemin asphalté, à 1,5 km de la route : calme est garanti !

A partir du centre de Castellane suivre la direction Grasse. Le camping est indiqué sur la droite à 1 km.

CC € 14 *15/3-8/7 25/8-14/11*

N 43°50'18'' E 06°32'31''

## **Castellane**, F-04120 / Provence-Alpes-Côte d'Azur (Alpes-de-Haute-Prov) — 2114

Camping Notre-Dame***
rte des Gorges du Verdon
+33 4 92 83 63 02
8/4 - 9/10
campingnotredame@orange.fr

0,6ha 31T(70-90m²) 6-10A CEE

1 ACD**G**IJKLMPST
2 CJNSWZ
3 AIKS**W**
4 (Q 1/7-31/8)(R 🔑)(T+U+V+Z 1/5-8/10)
5 **AB**CFGHIJKLMNOPUWZ
6 CEGJ(N 0,5km)OT

Petit camping sympathique dans un cadre magnifique. Idéal pour les personnes qui veulent se reposer plus ou moins longtemps. Sur des emplacements délimités et ombragés. Centre historique de Castellane accessible par un sentier pédestre (500m).

Le camping est un peu au sud de Castellane (juste en dehors de l'agglomération) sur la route de Comps/Moustiers (D952).

CC € 16 *8/4-7/7 29/8-7/10*

N 43°50'45'' E 06°30'16''

## **Castellane**, F-04120 / Provence-Alpes-Côte d'Azur (Alpes-de-Haute-Prov) — 2115

Camping Sandaya Domaine du Verdon****
+33 4 92 83 61 29
20/5 - 18/9
domaineduverdon@sandaya.fr

16ha 183T(80-150m²) 16A CEE

1 ACD**G**IJKLO**P**ST
2 CNPSWXYZ
3 CHIKPRSU**W**
4 (C+F+H 🔑)IJK(Q+S+T+U 🔑)(V 1/7-31/8)(X+Y+Z 🔑)
5 **AB**DEFGIJKLMNOPUWXYZ
6 ABCEGH**K**L(N 1,2km)ORTV

Camping installé sur un vaste domaine au cœur d'une zone naturelle protégée fascinante, directement au bord du Verdon. Destination idéale pour la pratique de diverses activités sportives, la visite de petits villages typiquement provençaux ou la détente au bord de l'eau.

Le camping est à environ 1,5 km au sud de Castellane, D952 direction Comps/Moustiers.

CC € 16 *20/5-8/7 3/9-18/9*

N 43°50'20'' E 06°29'39''

## Castellane, F-04120 / Provence-Alpes-Côte d'Azur (Alpes-de-Haute-Prov)

iD **2116**

Camping Terra Verdon - Ciela Village****
Route Napoléon
+33 4 92 83 66 67
6/5 - 26/9
terraverdon@cielavillage.com

6ha 103T(90-120m²) 10A CEE

1 ACD**G**IJKLM**P**ST
2 NSWXYZ
3 CHIKPS
4 (**A** 1/7-31/8)(C+H)M (Q+S+T+U+V+X+Y+Z)
5 **AB**EFGIJKLMNOPUWZ
6 ACEGHJ(N 1,5km)RTV

Camping spacieux avec des emplacements délimités ombragés. Le camping a été complètement réaménagé en 2016. Un piscine spacieuse et son propre restaurant, ainsi que Castellane tout près en font un camping à conseiller.

D4085. Camping sur la droite, à 2 km après la sortie de Castellane, direction Digne.

CC € 16 *6/5-7/7 24/8-26/9 7=6*

N 43°51'32'' E 06°29'53''

## Castellane/La Garde, F-04120 / Provence-Alpes-Côte d'Azur (Alpes-de-Haute-Prov)

iD **2117**

Camping RCN Les Collines de Castellane****
route de Grasse
+31 8 50 40 07 00
22/4 - 25/9
lescollines@rcn.fr

10ha 150T(80-150m²) 8-10A CEE

1 ACD**F**IJKLOPST
2 LMNSUWXYZ
3 CHIKOPSU
4 (C+H)J (Q+S+T+U+V+Y+Z)
5 **AB**CEFGHIJKLMNPUWZ
6 AEGHJ(N 6km)TV

Camping en terrasses très agréable dans une nature sauvage à vous couper le souffle. À 1000m d'altitude en Haute Provence, ce que vous remarquez à l'air pur et à la force du soleil. Vue sur les collines et les montagnes. Piscine amusante. Vieux villages plein d'ambiance et villes historiques dans une magnifique nature avec des champs de lavande violets et des oliviers.

Le camping est sur la N85 direction Grasse, à 6 km au sud-est de Castellane.

CC € 18 *22/4-9/7 26/8-25/9*

N 43°49'27'' E 06°34'12''

## Cavaillon, F-84300 / Provence-Alpes-Côte d'Azur (Vaucluse)

iD **2118**

Camping de la Durance***
495 avenue Boscodomini
+33 4 90 71 11 78
1/4 - 30/9
contact@camping-durance.com

4ha 79T(80-200m²) 4-12A CEE

1 ACD**G**IJKLMPS
2 ISTUWXYZ
3 AOPS
4 (Q+T 1/7-30/8)
5 **AB**CDFGIJKLMNPUVXYZ
6 ACGK(N 0,8km)T

Camping en bordure de la petite ville Cavaillon, au coeur de la Provence, entre les Alpilles et le Lubéron. Situé dans un parc avec des platanes. Accueil aussi en anglais, allemand et néerlandais. Camping très approprié comme camping d'étape (à 5 min de l'autoroute).

Sur la A7, sortie 25 Cavaillon. Traverser la Durance. Au 1ier rond-point à droite. Puis suivre les panneaux de camping.

CC € 16 *1/4-8/7 26/8-30/9*

N 43°49'18'' E 05°02'12''

## Cavalaire-sur-Mer, F-83240 / Provence-Alpes-Côte d'Azur (Var)

**2119**

Camping Bonporteau****
208 chemin Train des Pignes
+33 4 94 64 03 24
15/3 - 15/10
contact@bonporteau.fr

3ha 107T(80-120m²) 10A CEE

1 **AG**IJKLPST
2 AGJLMNRSTWXYZ
3 CHSUWY
4 (C+H )K(Q+S+T+U+V+X+Y+Z 1/4-30/9)
5 **A**CDEFGHIJKLMNOPUVWXYZ
6 DEGH**K**(N 0,3km)RTV

Camping en terrasses très bien situé, bien entretenu avec de bons équipements dans un paysage très méditerranéen. A plusieurs endroits, vous avez une vue magnifique sur la mer. A 200 mètres de la plage et à 800 mètres du centre de la station balnéaire animée Cavalaire-sur-Mer.

Le camping est bien indiqué par des panneaux dans le centre de Cavalaire.

CC € 22 15/3-2/7 1/9-15/10

N 43°10'02'' E 06°31'09''

## Cavalaire-sur-Mer, F-83240 / Provence-Alpes-Côte d'Azur (Var)

**2120**

Camping Cros de Mouton****
chemin du Cros de Mouton
+33 4 94 64 10 87
1/4 - 31/10
campingcrosdemouton@wanadoo.fr

6ha 113T(60-200m²) 10A

1 ACDGIJKLMOPST
2 ABJLMNRUWXYZ
3 CHNPSUV
4 (A 1/7-31/8)(C+H )K(Q+R+T+U+V+X+Y+Z 1/4-15/10)
5 **A**CEFGHIJKLMNOPQUWXYZ
6 ABEGHJ**K**(N 1,5km)ORTV

Camping très agréable avec beaucoup d'ombre et avec une vue fantastique sur la Méditerranée et sur une superbe réserve naturelle protégée dans les environs lointains. A 1,5 km d'une agréable station balnéaire avec de superbes plages de sable. Restaurant et piscine avec vue panoramique sur la baie de Cavalaire-sur-Mer.

A8, sortie Le Muy vers Ste Maxime. Direction St. Tropez puis Cavalaire. Suivre les flèches.

CC € 20 1/4-1/7 28/8-31/10

N 43°10'56'' E 06°31'00''

## Cavalaire-sur-Mer, F-83240 / Provence-Alpes-Côte d'Azur (Var)

**2121**

Camping de la Baie****
266, bd Pasteur
+33 4 94 64 08 15
15/3 - 15/11
contact@camping-baie.com

6,5ha 150T(80-120m²) 10A

1 ACDGIJKLPST
2 AGJLMNSTWXYZ
3 CHMN**O**P**Q**SUWY
4 (C+H )JK (Q+S+T+U+V+X+Y+Z )
5 **AB**CDEFGHIJKLMNOPUWZ
6 BCEGHJ**K**M(N 0,1km) ORTVWX

Dans un environnement tranquille et verdoyant dans le centre de la petite ville conviviale Cavalaire-sur-mer sur la Côte d'Azur. A 400 mètres d'agréables plages de sable et 200m du port de plaisance. Le camping a une très bonne atmosphère. Point wifi gratuit.

A8 sortie Le Muy direction Ste Maxime. Là, direction La Croix Valmer. Cavalaire centre (port). Dans le centre suivre les flèches.

CC € 22 15/3-9/7 27/8-15/11

N 43°10'10'' E 06°31'47''

**Ceyreste**, F-13600 / Provence-Alpes-Côte d'Azur (Bouches-du-Rhône) **2122**

Camping de Ceyreste****
av. Eugène Julien
+33 4 42 83 07 68
1/4 - 1/11
campingceyreste@gmail.com

3ha 50T(60-100m²) 6-10A CEE

**1** A**G**HIJLSWT
**2** IMNUWYZ
**3** AHILPS
**4** (C 15/4-30/9)(**G** 1/5-30/9)IJ (Q 15/4-30/9)(R 15/6-15/9) (T+U+V+X+Z 1/5-30/9)
**5** **A**CDEFGHIJKLMNPQUZ
**6** CEGH**K**(N 1km)OQRT

Camping en terrasses tranquille, complètement sous les pins. Avec supplément, emplacements confort avec vue sur la Méditerranée et la baie de La Ciotat. Le camping est à 3 km de la mer.

Suivre la A50 jusqu'à la sortie 9 La Ciotat. Puis suivre les panneaux 'Ceyreste'.

CC € 22 *1/4-1/7 28/8-1/11*

N 43°13'13'' E 05°37'42''

**Châteauneuf-de-Gadagne**, F-84470 / Provence-Alpes-Côte d'Azur (Vaucluse) **2123**

Camping Fontisson***
1125 route d'Avignon
+33 4 90 22 59 77
26/3 - 29/10
info@campingfontisson.com

2ha 32T(80-100m²) 10A CEE

**1** ACD**G**HIJKLPSWT
**2** IJLSTUWXYZ
**3** A**G**HIKOP**Q**RSUV**W**
**4** (C+G+Q 15/5-15/9) (R 1/7-31/8)(T+U+ X+Z 15/6-15/9)
**5** **A**FGIJKLMNOP**T**UWZ
**6** ACEGJ**K**(N 5km)RTV

A 15 minutes de distance d'Avignon et de l'Isle-sur-la-Sorgue. Situation idéale pour visiter la Provence, choisir les villages du Lubéron, passer une journée à la mer, se promener au Mont Ventoux ou flâner sur les marchés provençaux. Le camping est entouré de vignes.

A Avignon sortie Nord, direction Carpentras. Puis par Vedène, dir Saint-Saturnin. A Châteauneuf, prendre la D901 vers Avignon.

CC € 16 *26/3-2/7 27/8-29/10*

N 43°55'44'' E 04°56'01''

**Châteaurenard**, F-13160 / Provence-Alpes-Côte d'Azur (Bouches-du-Rhône) **2124**

Camping La Roquette***
745 ave Jean Mermoz
+33 4 90 94 46 81
2/4 - 22/10
campinglaroquette@orange.fr

1,4ha 50T(85-100m²) 10A

**1** ACD**G**IJKLMPSWT
**2** ISTUWXYZ
**3** A**G**HIKMN**O**PSU**W**
**4** (C+H+Q+T+U+V+X+Z)
**5** **A**FGIJKLNPUVWZ
**6** ABCEGK(N 1,5km)UV

Camping familier tranquille, un couple amical y crée une ambiance agréable. Situation centrale pour faire de belles excursions en Provence. Agréable pour faire des randonnées et du vélo. La piscine est chauffée et wifi est gratuit partout.

A7, sortie Avignon-Sud, direction Châteaurenard. Là, le camping est indiqué.

CC € 16 *2/4-2/7 20/8-22/10*

N 43°53'02'' E 04°52'13''

## Cogolin, F-83310 / Provence-Alpes-Côte d'Azur (Var)

**2125**

Camping L'Argentière****
avenue Saint Maur
+33 4 94 54 63 63
8/4 - 2/10
contact@camping-argentiere.com

5ha 100**T**(80-120m²) 6-10A CEE

**1** ACD**F**IJKL**P**T
**2** BSUWXYZ
**3** C**G**H**O**PSU
**4** (C+G 15/4-2/10) JK(Q 15/6-15/9) (R+T+U+V+X+Y+Z 1/7-31/8)
**5** **AB**EFGIJKLMNOPUZ
**6** ACEGHJ**K**(N 1km)OTV

Beau camping confortable avec une très bonne ambiance. Situation très centrale pour des excursions, entre autres vers St. Tropez, Sainte Maxime, Port Grimaud, les célèbres plages de Pampelonne et Ramatuelle, Grimaud, Gassin. Le camping se trouve dans une réserve naturelle protégée.

A Cogolin, garder la direction Collobrières. L'entrée du camping est à côté du Château Saint Maur.

CC € 16 *8/4-2/7 27/8-2/10*

N 43°15'27'' E 06°31'05''

## Cotignac, F-83570 / Provence-Alpes-Côte d'Azur (Var)

**2126**

Camping des Pouverels
3070 chemin des Pouverels
+33 4 94 04 71 91
1/4 - 31/10
campingcotignac@orange.fr

NOUVEAU

3ha 40**T**(40-100m²) 15A CEE

**1** ACD**G**IJKLM**P**ST
**2** LMTUWXYZ
**3** HIKS
**4** (Q )(T+U 1/7-31/10)
**5** **A**GIJKMNOPUZ
**6** DK(N 2km)T

Le camping de Pouverels est un petit camping de charme dans la campagne à seulement 2 km de la belle ville de Cotignac. Sa petite capacité d'accueil (40 places) lui donne un caractère de calme et de convivialité. Grâce à sa situation au coeur du Var, c'est le point de départ de nombreuses excursions et randonnées.

D22, le camping est à 2 km en dehors de Cotignac. Camping est bien indiqué.

CC € 16 *1/4-30/6 1/9-30/10*

N 43°32'16'' E 06°08'55''

## Crestet, F-84110 / Provence-Alpes-Côte d'Azur (Vaucluse)

**2127**

Camping Le Voconce***
250 chemin des Voconces
+33 4 90 36 28 10
27/3 - 16/10
contact@camping-voconce.com

4ha 96**T**(70-100m²) 10A

**1** AC**G**IJLMPST
**2** CQUWYZ
**3** ACHPSUWX
**4** (B+G 1/5-20/9)(Q+R ) (T 15/5-15/9)(Z )
**5** **A**FGIJKLMOPU
**6** EGJ(N 2,5km)OTV

Camping au calme en bordure de la rivière avec de nombreux campeurs à l'année. Un couple accueillant gère le camping. Belle vue sur de nombreuses montagnes dont le Mont Ventoux. Belle piscine. Activités familiales sympathiques.

A7/E15, sortie Bollène. Direction Vaison-la-Romaine. A Vaison-la-Romaine, direction St. Marcellin puis suivre les panneaux.

CC € 18 *27/3-3/7 21/8-16/10*

N 44°13'29'' E 05°06'17''

## Dauphin/Forcalquier, F-04300 / Provence-Alpes-Côte d'Azur (Alpes-de-Haute-Prov)

**2128**

Camping Au Tylo Soleil***
627 route des Encontres - RD13
+33 4 92 79 51 91
1/4 - 6/11
contact@autylosoleil.fr

6ha 110T(100-200m²) 6-10A CEE

**1** ACD**G**IJKLMPST
**2** BCJSUWXYZ
**3** ACHOP**R**SU**W**
**4** (**A** 1/7-31/8)(C 1/5-30/9)
(G 30/6-1/9)IJ**K**(Q)
(R 1/5-30/9)(T+U 1/7-31/8)
(X+Y 1/5-15/9)(Z)
**5** **A**FGIJKLMNPU
**6** CEG**K**(N 2,5km)TUV

Le Camping l'Eau Vive a de nouveaux propriétaires (2021) et s'appelle désormais Camping Au Tylo Soleil***. Café-terrasse, brasserie, pizzeria, snack-bar. La nouvelle piscine couverte et les activités possibles font de ce camping une destination de vacances idéale.

Sur la A51, prendre la sortie 19. Puis la D4096 jusqu'à Manosque. A 7 km, prendre la D13. Cp situé juste après Dauphin.

CC € 18 *1/4-3/7 20/8-6/11*

N 43°54'40'' E 05°46'53''

## Digne-les-Bains, F-04000 / Provence-Alpes-Côte d'Azur (Alpes-de-Haute-Prov)

**2129**

Camping du Bourg**
20 avenue du Souvenir Français
+33 4 92 31 04 87
1/4 - 31/10
campingdubourg@orange.fr

3ha 40T(80-110m²)

**1** **A**FIJKLM**P**SWT
**2** CMNSUWXYZ
**3** C**G**HIKMNOS
**4** (C 1/5-30/9)(Q 14/7-28/8)
(R+T)(V 1/5-31/10)(Z)
**5** **A**DGHIJKLMNOPQU
**6** CEG**K**(N 1,5km)OTV

Camping de petite taille, situé au calme et à 15 minutes à pied du centre de Digne-les-Bains. Bon point de départ pour des excursions dans la région. Tir à l'arc, piscine chauffée et courts de tennis.

Du centre de Digne, suivre la direction Barcelonette. Camping juste en dehors de Digne à droite à côté des courts de tennis.

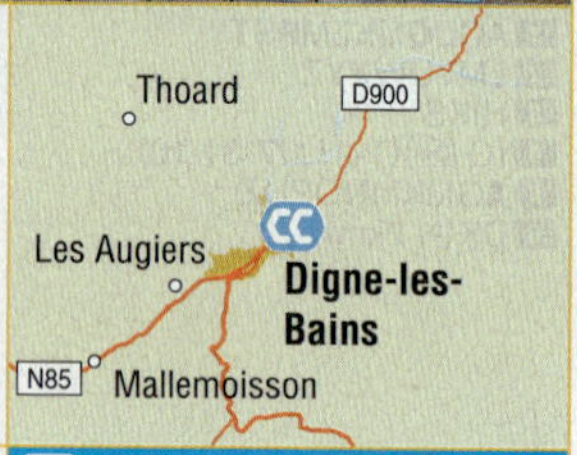


CC € 18 *1/4-4/7 29/8-30/10*

N 44°06'06'' E 06°14'59''

## Digne-les-Bains, F-04000 / Provence-Alpes-Côte d'Azur (Alpes-de-Haute-Prov)

**2130**

Camping Les Eaux Chaudes***
32 avenue des Thermes
+33 4 92 32 31 04
1/4 - 31/10
info@campingleseauxchaudes.com

0,5ha 100T(100-110m²) 6-10A CEE

**1** ACD**F**IJKLMPST
**2** CJSWY
**3** C**G**HIKLPSUV
**4** (C+G 1/6-30/9)(Q+R+Z)
**5** **AB**EFGIJKLMNOPUWZ
**6** CEGH**K**(N 1km)TV

Camping à proximité de la ville thermale Digne-Les-Bains, dans un site calme et préservé au pied de la montagne. Digne est l'endroit idéal pour des vacances tranquilles où vous pouvez profiter de randonnées dans un paysage montagneux fantastique. Piscine chauffée et pataugeoire. Départ du train des Pignes. En basse saison, l'accès est fermé de 12h30 à 14h30.

A partir du centre de Digne suivre la direction 'Les Thermes'. C'est indiqué par des panneaux.

CC € 18 *1/4-9/7 26/8-30/10*

N 44°05'12'' E 06°15'03''

## Embrun, F-05200 / Provence-Alpes-Côte d'Azur (Hautes-Alpes)

iD 2131

Camping La Vieille Ferme****
6 chemin sous le Roc
+33 4 92 43 04 08
1/5 - 1/10
info@campingembrun.com

2,6ha 100**T**(112-210m²) 6-10A CEE

**1** A**G**IJKLMPQ
**2** CJSTWZ
**3** AHIKPSU**W**
**4** (A 1/6-30/9) (Q+T+U+V+X+Z 1/5-1/10)
**5** **A**EFGHIJKLMNPQRUWXYZ
**6** AEG**K**(N 1km)QTUV

Vous campez près d'Embrun et du lac intérieur sur un terrain plat avec de nombreux arbres et une terrasse provençale attirante. Idéal pour les campeurs sportifs. Propriétaire néerlandais.

N94 de Gap à Briançon. Au rond-point, direction Embrun puis franchir le pont, première rue à droite et aussitôt à gauche.

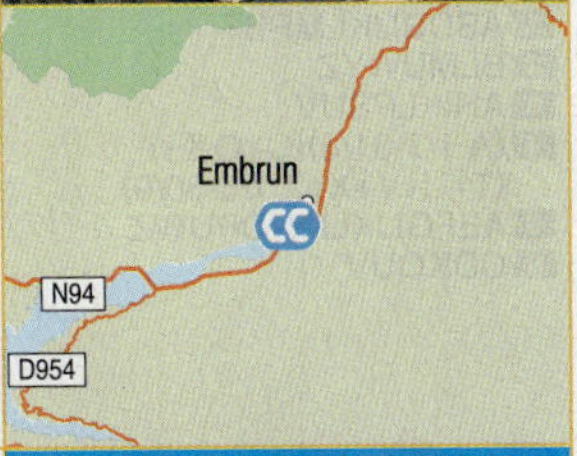


CC € 20 *1/5-9/7 28/8-1/10*

N 44°33'15'' E 06°29'10''

## Entrevaux, F-04320 / Provence-Alpes-Côte d'Azur (Alpes-de-Haute-Prov)

iD 2132

Camping du Brec**
+33 4 93 05 42 45
1/4 - 30/9
info@camping-dubrec.com

3,8ha 76**T**(80-140m²) 10A CEE

**1** ACD**G**IJKLM**P**ST
**2** CENPSUWXYZ
**3** AHIKPSUWZ
**4** (Q 1/6-15/9)(T 1/6-31/8) (U 1/6-30/8)(Z 1/6-30/9)
**5** **AB**DEFGIJKLMNOPUWZ
**6** AEGH**K**(N 2km)TV

Camping relativement simple mais bien. Idéal pour les campeurs actifs qui se sentent chez eux dans une nature encore à peine découverte par les touristes. Dans les environs, la petite ville médiévale d'Entrevaux vaut la visite. Au bord d'un lac de 4 ha avec utilisation gratuite de canoës et kayaks. Pour nager, la qualité de l'eau est excellente. Très bien pour les familles. Pas d'animation, donc tranquille.

N202, le camping est indiqué à 4 km à l'ouest d'Entrevaux.

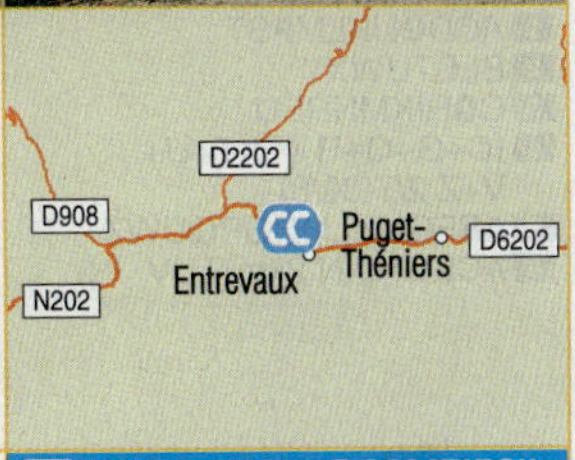


CC € 16 *1/4-7/7 27/8-30/9*

N 43°57'42'' E 06°47'56''

## Esparron-de-Verdon, F-04800 / Provence-Alpes-Côte d'Azur (Alpes-de-Haute-Prov)

iD 2133

Flower Camping La Beaume****
route d'Albiosc
+33 4 92 77 15 28
15/4 - 3/10
contact@campinglabeaume-verdon.com

6ha 30**T** 6-10A CEE

**1** ACD**G**IJKLST
**2** CNSY
**3** ACHIMNP**Q**S
**4** (E ) (Q+T+U+V+X 20/6-31/8) (Z )
**5** **A**CDFHIJNPZ
**6** EGJ**K**(N 2km)O

Camping au calme en pleine nature aux Basses Gorges du Verdon et à quelques kilomètres du lac d'Esparron-de-Verdon.

A51, prendre la sortie Gréoux-les-Bains vers Esparron-de-Verdon. Dans le village, suivre les flèches.

CC € 18 *15/4-30/6 31/8-3/10*

N 43°44'36'' E 05°59'41''

## Fayence, F-83440 / Provence-Alpes-Côte d'Azur (Var)

2134

- La Tuquette
- 477 chemin des Suanes Hautes
- +33 4 94 76 19 40
- 23/4 - 1/10
- contact@tuquette.com

2,5ha 38T 6-10A CEE

1 ABDGIJKLMPST
2 BLMUWYZ
3 AHIKLPSUV
4 (A 1/7-31/8)(C+Q)
(T+U+V+X+Z 1/5-30/9)
5 AEFGIJKLMNOPUWZ
6 CDKOUV

NOUVEAU

Très beau camping naturiste situé dans une forêt. Très calme et grande attention portée à la discrétion des campeurs.

Sur la D562 près de Fayence, le camping est indiqué avec un petit panneau: La Tuquette F.F.N.

CC € 18 23/4-2/6 1/9-30/9

N 43°35'05'' E 06°39'58''

## Fontvieille, F-13990 / Provence-Alpes-Côte d'Azur (Bouches-du-Rhône)

2135

- Camping Huttopia Fontvieille***
- rue Michelet
- +33 4 90 54 78 69
- 7/4 - 16/10
- fontvieille@huttopia.com

4ha 88T(70-100m²) 10A

1 ACDGIJKLMPST
2 BLSTUWXY
3 CGHIKMNRSU
4 (C+G+Q+R)(T+U+
V+Z 2/7-30/8)
5 ABFGIJKLMNOPQUWZ
6 ACEGHJ(N 2km)TUV

Camping tranquille dans les bois à proximité d'un beau village provençal avec d'agréables restaurants et une place avec des arènes. Fontvieille est célèbre grâce au moulin d'Alphonse Daudet, écrivain du temps de Frédéric Mistral.

D33 d'Avignon à Arles. Camping indiqué à Fontvieille.

CC € 18 7/4-1/7 4/9-16/10

N 43°43'25'' E 04°43'07''

## Forcalquier, F-04300 / Provence-Alpes-Côte d'Azur (Alpes-de-Haute-Prov)

2136

- Domaine Naturiste des Lauzons****
- Limans
- +33 4 92 73 00 60
- 23/4 - 1/10
- leslauzons@wanadoo.fr

60ha 163T(40-250m²) 10A CEE

1 ACDGIJKLNPST
2 BCLMNSUWXYZ
3 ACHIPSUW
4 (A 1/6-20/9)(C+G 1/5-30/9)
JN(Q+R+U+V+X 1/5-30/9)
(Z)
5 ADEFGIJKLMNOPUVWXZ
6 EGJ(N 6km)OV

Très beau camping naturiste, situé entre les collines. Emplacements ombragés et ensoleillés. Piscine et sanitaires chauffés. Restaurant, plats à emporter et pain à partir du 1er mai.

A51 Sisteron - Aix-en-Provence, sortie 19. Puis N100 jusqu'après Forcalquier. Au rond-point, suivre la D950 direction Limans.

CC € 20 23/4-10/7 27/8-1/10

N 43°58'22'' E 05°44'14''

## Fréjus, F-83600 / Provence-Alpes-Côte d'Azur (Var) — 2137

Camping Caravaning Le Fréjus***
3401 rue des Combatt. d'Afr.du Nord
+33 4 94 19 94 60
15/1 - 15/12
camping.lefrejus@orange.fr

8ha 70**T**(80-100m²) 6A CEE

1 ACD**G**IJKLMPTW
2 IJNSWYZ
3 CHMNOPSU
4 (A 15/4-15/9)(C 15/4-15/10) (E)(H 15/4-15/10)IJ (Q+R+T+U+V+X+Y+ Z 15/4-15/10)
5 **AB**DEFGIJKLMNOPUVXZ
6 ABCEGHJ**K**L(N 4km)RTV

Camping familial agréable et adapté aux enfants, avec de nombreux équipements et une piscine couverte. A l'origine, le camping était un camping à la ferme et il a su conserver quelque peu cette atmosphère.

Quitter la A8 à Fréjus, sortie 38. Puis 2 fois à droite, le camping se trouve sur la gauche.

CC € 18 *4/4-2/7 27/8-9/10*

N 43°27'50'' E 06°43'28''

## Fréjus, F-83618 / Provence-Alpes-Côte d'Azur (Var) — 2138

Camping La Baume/La Palmeraie*****
3775 rue des Comb. d'Afr. du Nord
+33 4 94 19 88 88
2/4 - 30/9
reception@labaume-lapalmeraie.com

27ha 230**T**(90-130m²) 6-10A CEE

1 ACD**G**IJKLMPW
2 BIJNSUWXYZ
3 C**G**HMNOPSUV
4 (**A**+C+F+H)IJKL**N** (Q+S+T+U+V+X+Y+Z)
5 **AB**CDEFGHIJKLMNOPUVWXYZ
6 AEGHIJ**K**(N 3km)ORTVX

Magnifique camping avec une piscine fantastique (il y a aussi une piscine d'intérieur chauffée). Les emplacements spacieux sont regroupés dans une partie séparée.

Quitter la A8 à Fréjus, sortie 38. Puis 2x à droite et le camping est à gauche de la route.

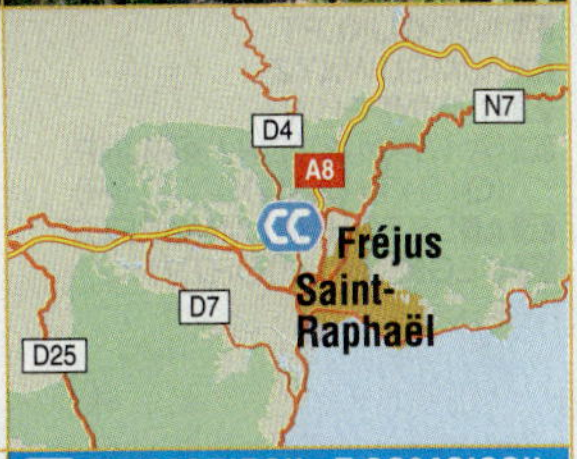


CC € 22 *2/4-18/6 3/9-30/9*

N 43°27'59'' E 06°43'23''

## Fréjus, F-83600 / Provence-Alpes-Côte d'Azur (Var) — 2139

Camping La Pierre Verte****
1880 route Départementale 4
+33 4 94 40 88 30
16/4 - 24/9
info@campinglapierreverte.com

28ha 150**T**(80-120m²) 6-10A CEE

1 ACD**G**IJKLPSWT
2 BIJMNSWXYZ
3 CHIMNOPSU
4 (C+H)JK (Q+S+T+U+V+X+Y+Z)
5 **AB**EFGIJKLMNOPQUWXYZ
6 AEGHIJ**K**(N 6km)OTV

Beau camping en terrasses avec des emplacements spacieux et regroupés. Toujours le vrai camping. Magnifique lagon de baignade avec chaises longues confortables sur une plage de sable blanc entourée de palmiers. En outre, piscine chauffée et tout service, avec bar et restaurant. Le camping est parfaitement situé pour découvrir la beauté de la Côte d'Azur.

Quitter la A8 à la sortie 38 Fréjus. Puis direction Bagnols-en-Forêt. Le camping se trouve à ± 3 km sur la droite.

CC € 20 *16/4-1/7 27/8-24/9*

N 43°29'03'' E 06°43'13''

## Gap, F-05000 / Provence-Alpes-Côte d'Azur (Hautes-Alpes)

**2140**

Camping Alpes Dauphiné****
route Napoléon / N85
+33 4 92 51 29 95
1/5 - 15/10
info@alpesdauphine.com

10ha 150**T**(70-120m²) 6A CEE

1 ACD**G**IJKLMPQ
2 BJLMSWXYZ
3 AC**G**HIKPSU
4 (A 1/7-31/8)(C 1/6-16/9)(G 21/6-15/9)**J**K(Q)(R 1/5-20/9)(T+U 15/5-15/9)(V 1/7-30/8)(X+Y+Z 15/5-15/9)
5 **AB**DEFGIJKLMNOPQUZ
6 ACDEG**K**(N 3km)ORTV

Camping avec des emplacements ombragés avec terrasses et un restaurant excellent. Jacuzzi, piscine chauffée avec toboggan aquatique du 1/6 au 16/9.

À 100 km de Grenoble et à 3 km au nord de Gap sur la N85, la "Route Napoléon". Après le Col Bayard juste avant GAP après un virage sur la gauche. Le camping est bien indiqué.

CC € 18 *1/5-5/7 27/8-15/10 7=6*

N 44°34'49'' E 06°04'57''

## Giens/Hyères, F-83400 / Provence-Alpes-Côte d'Azur (Var)

**2141**

Camping La Presqu'île de Giens****
153 route de la Madrague
+33 4 94 58 22 86
1/4 - 30/10
info@vacances-giens.com

7ha 150**T**(50-120m²) 16A CEE

1 ACD**G**IJKLPT
2 AJMSUWXYZ
3 CHMNPSUW
4 (A 1/7-31/8)(C+H)IJKP(Q+S+T+U+V+X+Y+Z)
5 **AB**DEFGHIJKLMNOPRUZ
6 CEG**K**(N 1km)ORTV

Camping très ombragé près de la mer et en face des 'Iles Dorées'. A proximité d'une belle plage de sable fin. La mer reste longtemps peu profonde. Nombreuses fleurs et plantes méditerranénnes. NOUVEAUTÉ : parc aquatique chauffé accessible tout au long de la période d'ouverture.

Camping clairement indiqué quand on arrive à la presqu'île de Giens.

CC € 22 *1/4-18/6 17/9-30/10*

N 43°02'27'' E 06°08'36''

## Giens/Hyères, F-83400 / Provence-Alpes-Côte d'Azur (Var)

**2142**

Camping La Tour Fondue
1700 avenue des Arbanais
+33 4 94 58 23 59
26/3 - 6/11
info@camping-latourfondue.com

2,3ha 119**T**(50-120m²) 16A

1 ACD**G**IJKLPT
2 AGJLNPRSUWXYZ
3 IMNSWY
4 (Q+R+T+U+V+X+Y+Z)
5 **A**FGIJKLMNOPU
6 CEG**K**(N 2km)TV

Idéal pour les amateurs de sports aquatiques. Club de plongée sur place. Le camping est en bordure de mer en face des 'Iles d'Or'.

Le camping est indiqué par des panneaux sur la presqu'île.

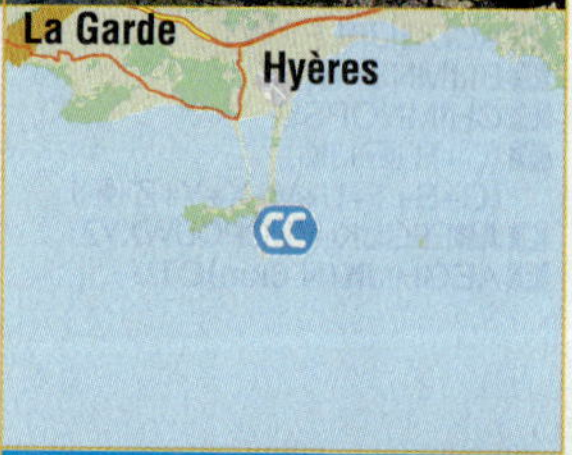


CC € 20 *26/3-9/7 28/8-6/11*

N 43°01'47'' E 06°09'22''

## Giens/Hyères, F-83400 / Provence-Alpes-Côte d'Azur (Var) — 2143

Camping Olbia***
545 ave René de Knyff, La Madrague
+33 4 94 58 21 96
9/4 - 2/10
info@camping-olbia.com

1ha 110T 16A CEE

1 ACDFIJLPT
2 ABGJLMPRSUWYZ
3 CIMNSWY
4 (Q+R+T+U+V+X+Z)
5 ACDEFGHIJKLMNOPU
6 ACEGHK(N 5km)ORT

Terrain situé dans un très beau parc, dans une des plus belles parties de la presqu'île de Giens riche en nature. Des excursions vers entre autre Les Iles d'Or et surtout Porquerolles, vers le Giens pittoresque et Hyères, historiquement intéressante, sont vraiment à conseiller. Nouveaux sanitaires.

Le camping est à 500m à l'est de la petite localité Madrague avec son port, sur la presqu'île de Giens.

CC € 20 9/4-25/6 4/9-2/10

N 43°02'23'' E 06°06'12''

## Gréoux-les-Bains, F-04800 / Provence-Alpes-Côte d'Azur (Alpes-de-Haute-Prov) — 2144

La Pinède****
route de Saint Pierre
+33 4 92 78 05 47
2/3 - 21/11
lapinede@wanadoo.fr

3ha 74T 10-16A CEE

1 ACDGIJKLPST
2 CIMUVWXYZ
3 AHSUW
4 (C 1/5-15/10)J
(Q 5/4-15/10)(R)
(T+U+V+Y+Z 15/4-15/10)
5 ABDGIJKLMNOPUWZ
6 ABCEGHJK(N 1,5km)TV

Camping aménagé en terrasse avec de bons équipements. Situé près du bord du Verdon et à proximité de la petite ville. Station thermale connue.

A Gréoux-les-Bains, au rond-point, direction Varages, D8. Traverser la rivière et après à droite.

CC € 18 2/3-15/6 15/9-21/11

N 43°44'54'' E 05°52'58''

## Grillon, F-84600 / Provence-Alpes-Côte d'Azur (Vaucluse) — 2145

Camping Le Garrigon****
chemin de Visan
+33 4 90 28 72 94
9/4 - 23/10
contact@camping-garrigon.com

1,4ha 114T(80-160m²) 16A CEE

1 ACDGIJKLMPT
2 NSUWXY
3 AHKSU
4 (C+H 13/5-20/9)J
(Q+R+T+U+Z)
5 ADEFGIJKLMNOPRXYZ
6 ACEGK(N 1km)TV

Camping avec de bons sanitaires et une piscine avec toboggan. Dans une région vinicole et à truffes. Visitez le château de Grignan et les villes Orange, Avignon, Valréas et Nyons. Vous trouvez ici le calme au soleil ou à l'ombre dans un cadre champêtre. Wifi gratuit. Belle région pour la randonnée et le vélo sur de nombreuses petites routes secondaires.

A7 sortie Montélimar direction Nyons/Gap entre Grignan et Valréas. A Grillon, suivre les panneaux.

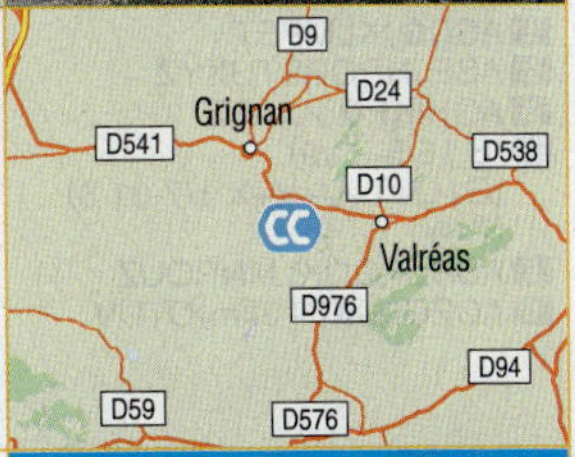


CC € 16 9/4-8/7 25/8-23/10

N 44°22'59'' E 04°55'51''

## **Grimaud**, F-83310 / Provence-Alpes-Côte d'Azur (Var)

2146

Camping Les Mûres****
2721 route du Littoral
+33 4 94 56 16 97
2/4 - 15/10
info@camping-des-mures.com

7ha 550T(80-130m²) 6-10A CEE

1 ACD**F**IJKLPS
2 AGJMNSTUUWXYZ
3 C**G**HKMPSUVWY
4 (Q+S+T+U+V+X+Y+Z)
5 **AB**FGIJKLMNOPUZ
6 ABCG**K**L(N 3km)ORTV

En bordure de la mer à côté de Port-Grimaud et avec vue sur St. Tropez. Camping avec une ambiance agréable. La partie haute du camping est au coeur des vignes. Nouveaux sanitaires. Il est recommandé de réserver en basse saison.

Du centre de Ste Maxime suivre le long de la côte, direction St. Tropez. L'entrée du camping est sur la droite à environ 5 km.

CC € 22 *2/4-15/6 15/9-15/10*

N 43°17'02'' E 06°35'30''

## **Guillestre**, F-05600 / Provence-Alpes-Côte d'Azur (Hautes-Alpes)

2147

Camping Mun. La Rochette***
route des Campings
+33 4 92 45 02 15
5/5 - 18/10
guillestre@aol.com

4,4ha 190T(70-130m²) 4-10A CEE

1 ACD**G**IJKLMPST
2 CLNSUWY
3 ACEHIJKL**O**SU**W**
4 (**C**+**H** 21/6-30/8)(Q 6/6-10/9)(S 1/7-10/9)(T+U+V+Z 21/6-30/8)
5 **AB**FGIJKLMNOPUVZ
6 ACEGHJ**K**(N 0,8km)TV

Camping familial tranquille à proximité de Guillestre et à la porte de la Réserve Naturelle du Queyras. Pour les sportives ainsi que pour ceux qui recherchent le calme et qui veulent séjourner près d'une petite ville.

Par la N94 à environ 30 km au sud de Briançon prendre la D902A au rond-point en direction de Guillestre. Après environ 1 km prendre la route à droite, où se trouvent 3 campings. Suivez les panneaux jusqu'au bout de la route.

CC € 14 *5/5-9/7 27/8-30/9*

N 44°39'30'' E 06°38'17''

## **Istres**, F-13800 / Provence-Alpes-Côte d'Azur (Bouches-du-Rhône)

2148

Camping Le Vallon des Cigales***
31 route de St. Chamas
+33 4 42 56 51 57
1/1 - 31/12
levallondescigales-camping@orange.fr

6ha 43T(100-120m²) 16A CEE

1 ACD**G**JKLMPST
2 ABEJNPQRSTUXYZ
3 AGHIKP**Q**SUVWZ
4 (B 15/5-30/9)(G+Q+T+U+V+X 1/7-31/8)(Z)
5 ABDEFGIJKLMNPQUZ
6 ACEGHJ**K**(N 3km)OTUV

Camping situé dans une petite vallée entre un lac et une mer intérieure. Les pêcheurs, randonneurs, cyclistes, chercheurs de calme et ceux qui aiment les cigales peuvent profiter de ce camping dans une ambiance agréable.

Le camping est sur la D16 au bord du lac de Berre entre Istres et St. Chamas.

CC € 18 *1/1-8/7 28/8-31/12* *7=6, 14=12*

N 43°31'23'' E 05°00'19''

## La Couronne, F-13500 / Provence-Alpes-Côte d'Azur (Bouches-du-Rhône)

iD 2149

Camping Pascalounet**
route de la Saulce
+33 4 13 68 02 85
1/4 - 27/11
contact@camping-pascalounet.com

2ha 47T(70-80m²) 6A CEE

1 ABCDGHIJLPST
2 AGIJRUWXYZ
3 AHIKSWY
4 (Q )(T+V+X+Z 1/4-1/10)
5 AIJKNPUWX
6 AEGK(N 3km)OT

Petit camping sympathique à proximité d'une plage de sable. Emplacements délimités sur terrain plat. Attention : réception fermée l'après-midi (12h -14h).

Suivre la A7 vers Marseille jusqu'au croisement, prendre vers Fos-sur-Mer (A55). Sortie 8 et suivre la D9 jusqu'à La Couronne.

CC € 18 1/4-6/7 26/8-27/11 7=6

N 43°20'04'' E 05°04'11''

## La Croix-Valmer, F-83420 / Provence-Alpes-Côte d'Azur (Var)

iD 2150

Sélection Camping****
310 boulevard de la Mer
+33 4 94 55 10 30
15/3 - 31/10
camping-selection@wanadoo.fr

4ha 117T(65-80m²) 10A

1 ACDGIJKLPST
2 AGJLMNSTWYZ
3 CGHIKMNPSUWY
4 (C+H 1/4-31/10)K(Q+S+T+U+V+X+Y+Z 1/4-15/10)
5 ABCDEFGHIJKLMNOPUVWZ
6 ABCEGK(N 3km)OTV

Situation magnifique pour ce camping dans un grand parc provençal (pins, mimosa etc.). Très bonne ambiance. A quelques minutes à pied de la plage.

A la Croix-Valmer prendre la direction Le Lavandou. Rond-point à 2 km. Au rond-point le camping est indiqué.

CC € 22 15/3-2/7 20/8-31/10

N 43°11'40'' E 06°33'18''

## La Londe-les-Maures, F-83250 / Provence-Alpes-Côte d'Azur (Var)

iD 2151

Camping La Brûlade****
1263,av. du Général de Gaulle
+33 4 94 66 86 28
1/4 - 30/9
contact@camping-la-brulade.com

1,8ha 74T 10A CEE

1 ABGIJLPST
2 AUWY
3 CH
4 (B+Z )
5 ABFJKNPUZ
6 AEGK(N 1,5km)TV

Ce petit camping familial situé à 1 km de la côte avec des plages de sable et un port agréable, accessible par des pistes cyclables et de promenade. Wifi gratuit.

A partir d'A8 vers A57 dir Hyères. Puis D98 dir Saint-Tropez. Dans La Londe-les-Maures au rondpoint dir centre. Après suivez les panneaux.

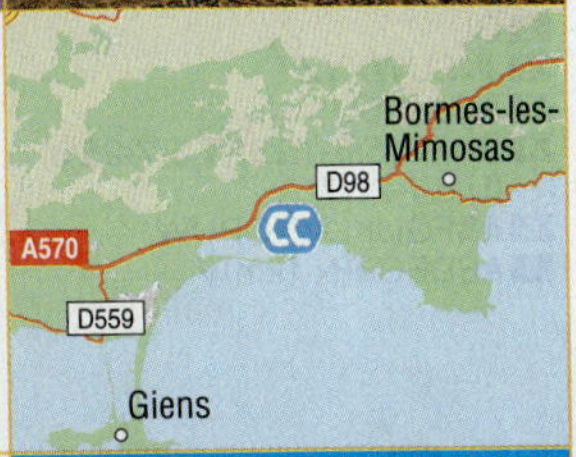


CC € 18 1/4-2/7 27/8-30/9

N 43°07'43'' E 06°14'38''

## La Londe-les-Maures, F-83250 / Provence-Alpes-Côte d'Azur (Var) — 2152

Camping Les Jardins de La Pascalinette****
1800 ancien chemin de Hyères
+33 4 94 66 82 72
11/4 - 20/9
lapascalinette@free.fr

5,5ha 101T(80-110m²) 10A CEE

1 ACD**G**IJKLMPS
2 AJRTUWYZ
3 AC**G**HKMNPSW
4 (C+H )IJKMP
(Q+S+T+U+V+Y+Z )
5 **AB**EFGIJKLMNOPQRUWZ
6 EGH**K**(N 1,5km)TVX

Camping avec ambiance familiale, situé dans un jardin botanique avec de grands arbres, entouré de vignes et à 1 km de la Méditerranée. Les emplacements sont délimités et ombragés. Le paradis aquatique de 1873m² est chauffé (si nécessaire) et ouvert pendant tout la période d'ouverture.

A8 vers A57, Hyères. Puis D98 vers Saint-Tropez. Au rond-point à La Londe des Maures, prendre la route parallèle à la D98 vers Hyères jusqu'au camping.

CC € 22 *11/4-25/6 28/8-20/9*

N 43°07'49'' E 06°12'59''

## La Roche-des-Arnauds, F-05400 / Provence-Alpes-Côte d'Azur (Hautes-Alpes) — 2153

Le Parc des Sérigons***
300 chemin des Sérigons
+33 4 92 57 81 77
3/4 - 25/10
contact@camping-serigons.com

15ha 130T(130-200m²) 10A CEE

1 ACD**G**IJKLMPST
2 BCNSTUYZ
3 ACHIKOP**Q**SU
4 (A 5/7-17/8)(B+G 20/6-15/9)
(Q 1/6-30/9)(R 1/7-31/8)
(T+U+V+X+Z 15/6-15/9)
5 **A**DEFGIJKLMNOPQUZ
6 CEGJ(N 3km)OTV

Vous profitez du calme et de la nature sur un grand emplacement. Vous campez dans les bois où vous êtes à l'abri des regards. Les arbres sont bas, donc il y a assez de lumière. Camping familial entouré de montagnes avec accueil convivial. Prises européennes.

N75 Grenoble-Sisteron, direction Veynes. A Veynes, di Gap - La Roche-des-Arnands. A gauche, grands panneaux de camping. Pour votre sécurité, aller sur la droite puis traverser.

CC € 14 *4/4-9/7 27/8-23/10*

N 44°33'52'' E 05°55'03''

## Laragne-Montéglin, F-05300 / Provence-Alpes-Côte d'Azur (Hautes-Alpes) — 2154

Camping de Montéglin***
26 avenue de Montéglin
+33 4 92 48 56 91
1/4 - 1/10
campingdemonteglin@gmail.com

3ha 40T 6A CEE

1 GL
2 JNSUWXYZ
3 AHJKPSU
4 (B+G 15/5-15/9)(T 5/7-25/8)
(U 5/7-25/7)
5 **AB**FGIJKLMNOPUW
6 ABDEG**J**(N 1km)V

En Provence avec près de 300 jours de soleil par an. A 500 mètres du centre ville, bon point de départ de pistes cyclables et de randonnées. À quinze minutes en voiture de la Citadelle de Sisteron et des gorges de la Méouge. Le camping dispose d'une piste d'atterrissage pour les deltaplanes. 50 emplacements, restaurant et événements en été.

Sur la route de Serres à Sisteron, au centre de Laragne-Montéglin, le camping est indiqué.

CC € 18 *1/4-8/7 25/8-1/10*

N 44°18'48'' E 05°49'58''

## Le Cannet-des-Maures, F-83340 / Provence-Alpes-Côte d'Azur (Var)

2155

Camping Domaine de la Cigalière***
route du Thoronet
+33 4 94 73 81 06
1/4 - 23/10
contact@domaine-lacigaliere.com

1ha 25T(100-140m²) 10A

1 ACD**F**IJKLPST
2 BILMNUWXYZ
3 AHMNSU
4 (C+H 1/5-30/9)(Q)
(T+Z 1/7-31/8)
5 **A**CFGIJKLMNOPUZ
6 ACEGHJ**K**L(N 4km)TVW

Camping avec une authentique ambiance provençale. Nature et écologie jouent ici un rôle prédominant. Beaux grands emplacements ombragés par de nombreux chênes-lièges. La piscine est ouverte jusqu'à 20h00.

A8, sortie Le Luc. A partir du Cannet-des-Maures, le camping est indiqué.

N 43°25'17'' E 06°20'13''

CC € 18 *1/4-9/7 27/8-23/10*

## Le Lavandou, F-83980 / Provence-Alpes-Côte d'Azur (Var)

2156

Camping Beau Séjour**
379, route de Bénat, D298
+33 4 94 71 25 30
16/4 - 30/9
caravaning.beau.sejour@gmail.com

1,8ha 135T(70-85m²) 6-10A

1 A**G**IJKLPST
2 JSUWYZ
3 A**G**HS
4 (V+X)
5 **A**CGIJKLMNOPUVZ
6 AEGJT

Camping très correct, bien entretenu à proximité de la Méditerranée. A 300m d'une grande surface Carrefour. Le Lavandou est une station balnéaire très animée. Point de départ idéal pour toutes sortes d'excursions.

A8, sortie 35, Brignoles/Le Val D43. Puis D14, D12 et D98 vers D298 à Bormes-les-Mimosas. Au rond-point, 2e sortie.

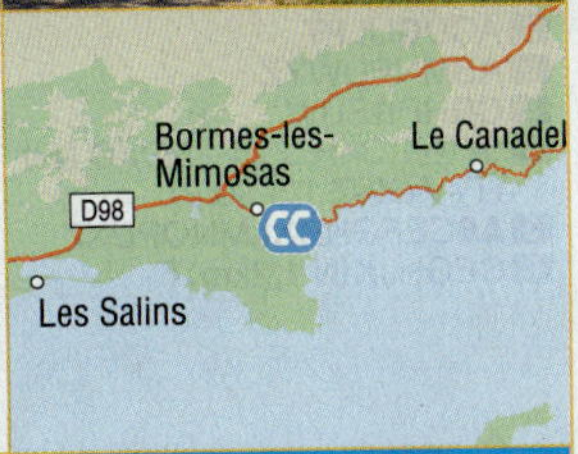


N 43°08'07'' E 06°21'06''

CC € 18 *16/4-1/7 20/8-30/9*

## Le Lavandou, F-83980 / Provence-Alpes-Côte d'Azur (Var)

2157

Parc Camping de Pramousquier**
chemin de la Faverolle
+33 4 94 05 83 95
9/4 - 1/11
camping-lavandou@wanadoo.fr

4,5ha 143T(70-100m²) 4-10A

1 ACDGIJLPST
2 AGJLMNUWXYZ
3 C**G**HKSWY
4 (Q+R)
(T+U+V+X+Y 1/6-30/9)
(Z)
5 **AB**GHIJKLMNOPUVZ
6 CEG**K**(N 1,5km)ORTV

Beau camping en terrasses près de la Méditerranée et à quelques kilomètres de la station balnéaire du Lavandou. Situation centrale par rapport aux Iles d'Or et à St Tropez. Plage naturiste dans les environs proches.

Le camping est sur la route côtière, tout à fait devant dans Pramousquier (côté Est).

N 43°09'23'' E 06°26'53''

CC € 18 *9/4-3/7 20/8-1/11*

## Le Muy, F-83490 / Provence-Alpes-Côte d'Azur (Var)

**2158**

Camping RCN Domaine de la Noguière***
DN7, 1617 route de Fréjus
+31 8 50 40 07 00
22/4 - 30/10
reserveringen@rcn.nl

14ha 173**T**(50-120m²) 6-10A CEE

**1** ACD**G**IJKLPST
**2** IJNSUWXYZ
**3** C**G**HKPSUW
**4** (A+B+G)J (Q+R+T+U+V+X+Y+Z)
**5** **AB**EFGIJKLMNOPQUWZ
**6** AEGHJ**K**L(N 1km)RTV

Beau camping bien entretenu dans un superbe environnement naturel. Au camping, il y a deux grandes piscines avec toboggans. A partir du camping vous avez la vue sur Roquebrune. Les plages de la Méditerrannée sont à 20 minutes. Près de stations balnéaires St Raphaël, Fréjus et St Tropez.

Le camping est sur la RN7 à 1 km à l'est du Muy.

CC € 18 *22/4-9/7 26/8-30/10*

N 43°28'05'' E 06°35'31''

## Le Pradet, F-83220 / Provence-Alpes-Côte d'Azur (Var)

**2159**

Camping L'Artaudois***
529 chemin de l'Artaude
+33 4 94 21 72 61
26/3 - 9/10
info@artaudois.fr

3,5ha 51**T**(80-100m²) 10A

**1** ACD**G**IJL**P**T
**2** ABMNPUWYZ
**3** C**G**HP**Q**SUW
**4** (A)(C+H 30/4-25/9)(Q) (T+V+X+Z 1/5-30/9)
**5** **AB**CEFGHIJKLMNOPUXZ
**6** CEGHJ**K**(N 1,2km)T

Camping en terrasses dans un bois méditerranéen avec un magnifique panorama. Belle grande piscine, avec chaises longues gratuites sous les palmiers. A 1 km de la mer Méditerranée et très central par rapport à Toulon, Hyères et Les Îles d'Or. Bien organisé, ambiance sympathique.

Allez d'abord au centre du Pradet, sans suivre le GPS. Puis suivre les flèches orange avec le nom du camping.

CC € 18 *26/3-2/7 22/8-9/10*

N 43°05'58'' E 06°01'51''

## Le Vernet, F-04140 / Provence-Alpes-Côte d'Azur (Alpes-de-Haute-Prov)

**2160**

Camping Lou Passavous***
+33 4 92 35 14 67
1/5 - 15/9
loupassavous@orange.fr

1,5ha 55**T**(80-120m²) 6A CEE

**1** A**G**IJKLMNPSWT
**2** DJNSUWXYZ
**3** ACHIJKLPSUW
**4** (A)(C 15/6-31/8) (Q+R+T+U+V) (X 15/5-15/9)(Z)
**5** **AB**EFGIJKLMNPUZ
**6** AEGJ**K**(N 8km)TV

Camping magnifiquement situé avec une vue splendide sur les montagnes. Bon point de départ pour des randonnées en montagne et des excursions en voiture dans un paysage magnifique. Bons équipements et propriétaire néerlandais.

De Gap di Barcelonnette, puis D900 di Digne-les-Bains, indiqué par des panneaux au Vernet. A partir de Gap, ne prenez pas la D900c.

CC € 18 *1/5-4/7 26/8-14/9*

N 44°16'55'' E 06°23'29''

## Les Adrets-de-l'Estérel, F-83600 / Provence-Alpes-Côte d'Azur (Var)

iD **2161**

Camping Les Philippons***
D237, 378 route de l'Argentière
+33 4 94 40 90 67
9/4 - 15/10
info@lesphilippons.com

5,2ha 80**T**(80-160m²) 6-10A CEE

**1** ACD**G**IJKLMPSWT
**2** BILMNSTUWXYZ
**3** C**G**HIS
**4** (B+G+Q+T+U+V+X+Z ⊶)
**5** **A**CFGHIJKMNPUZ
**6** AEG**K**(N 3km)TV

Camping familial tranquille magnifiquement situé. Bien entretenu et bien surveillé. A recommander. Situation avantageuse, aussi bien par rapport à la Méditerranée qu'à l'arrière-pays provençal.

A8 sortie 39, direction Les Adrets-de-l'Estérel, le camping est indiqué au rond-point.

CC € **18** *9/4-1/7 27/8-14/10*

N 43°31'44'' E 06°50'23''

## Les Issambres, F-83380 / Provence-Alpes-Côte d'Azur (Var)

iD **2162**

Au Paradis des Campeurs****
D559, Plage la Gaillarde
+33 4 94 96 93 55
1/1 - 31/12
info@campingpdc.fr

7ha 135**T**(60-140m²) 6A CEE

**1** ACD**G**IJKLMO**P**S
**2** AGJLMNRSWXYZ
**3** C**G**HIKLMNSUWY
**4** (Q+R ⊶)(S 15/3-15/11) (T+U ⊶)(V+X+ Y+Z 15/3-15/11)
**5** **AB**DEFGIJKLMNOPUWXYZ
**6** ACEGHJ**K**L(N 2km)OTUVW

Accès direct à un bois et à la plage de sable de la Méditerranée. A 150 mètres d'une plage pour chiens. Camping familial, sympathique et plein d'ambiance avec bar et restaurant. La CampingCard ACSI n'est valable que pour les emplacements standard. Possibilité d'upgrader.

Sur la N98 entre St. Aygulf et Les Issambres.

CC € **20** *1/4-13/7 1/9-31/12*

N 43°21'58'' E 06°42'43''

## Les Saintes-Maries-de-la-Mer, F-13460 / Provence-Alpes-Côte d'Azur (Bouches-du-Rhône)

iD **2163**

Camping La Brise***
rue Marcel Carrière
+33 4 90 97 84 67
1/1 - 3/1, 5/2 - 14/11, 17/12 - 31/12
info@camping-labrise.fr

21ha 787**T**(80-110m²) 16A CEE

**1** AC**G**IJKLMO**P**SWT
**2** AHJNTUWXY
**3** CHIJKMNP**Q**SUWY
**4** (B+G 30/5-4/10)J(Q+R ⊶) (T+U+V+X+Z 1/4-10/5, 25/5-30/9)
**5** **AB**DEFGIJKLMNOPUWZ
**6** ACEGHJ(N 1km)ORTUV

Camping le long d'une belle plage et à 500m du centre du village animé. Egalement idéal pour le cyclisme.

Situé à Saintes Maries à l'est. Suivre les panneaux signalant le camping.

CC € **20** *1/1-3/1 5/2-9/7 26/8-14/11 17/12-31/12*

N 43°27'21'' E 04°26'10''

## Les Vigneaux, F-05120 / Provence-Alpes-Côte d'Azur (Hautes-Alpes)

**2164**

Camping Le Courounba***
Le Pont du Rif
+33 4 92 23 02 09
12/5 - 12/9
courounba@
vacances-andretrigano.com

12ha 215T(70-130m²) 6-10A CEE

**1** ABCD**G**IJKLM**P**RRSS
**2** BCNOSUWXYZ
**3** ABCHIKOPSU**W**
**4** (C+H 15/6-12/9)J
(Q 1/7-30/8)(R 1/7-31/8)
(T+V+Z 1/7-30/8)
**5** **AB**DEFGIJKLMNOPRUZ
**6** ACEGHJ**K**(N 4km)RTV

Camping familial tranquille situé dans la nature au pied du Mont Brison. Emplacements spacieux et ombragés. Piscine écologique complètement rénovée avec toboggan et pataugeoire, terrain VTT terrain multisports et tennis.

Prendre la RN94 Briançon-GAP et à L'Argentière-la-Bessée suivre les panneaux en direction de Les Vigneaux. Dans cette commune, tournez immédiatement à gauche sur le pont, puis tournez immédiatement à droite à travers un parking sur une petite route pavée.

CC € 16 *12/5-9/7 27/8-12/9*

N 44°49'30'' E 06°31'33''

## L'Isle-sur-la-Sorgue, F-84800 / Provence-Alpes-Côte d'Azur (Vaucluse)

**2165**

La Sorguette***
871 route d'Apt
+33 4 90 38 05 71
15/3 - 1/11
info@camping-sorguette.com

5ha 116T(100-110m²) 10A CEE

**1** ACD**G**IJKLPQ
**2** CISWY
**3** A**G**HMPSU**W**X
**4** (Q 🔑)(R 1/7-28/8)
(T+U+Z 🔑)
**5** **AB**EFGIJKLMNOPUVW
**6** ACEGJ**K**(N 1,5km)OQTUV

Camping tranquille au bord de la Sorgues. Rester délicieusement au frais au bord de la rivière. Le camping est divisé en petits champs de 4 places, entourés de végétation. Accommodations spacieuses.

A7 Avignon Sud - l'Isle-sur-la-Sorgue. Suivre la N100 au sud-est d'Isle-sur-la-Sorgue.

CC € 20 *15/3-2/7 20/8-1/11*

N 43°54'52'' E 05°04'17''

## Lourmarin, F-84160 / Provence-Alpes-Côte d'Azur (Vaucluse)

**2166**

Camping Les Hautes Prairies***
28 route de Vaugines
+33 4 90 68 02 89
16/4 - 25/9
leshautesprairies@campasun.eu

5ha 97T(80-120m²) 10A CEE

**1** ACD**G**HIJKLMOPT
**2** SUWYZ
**3** AHPSU
**4** (C+H 🔑)J(Q+R+T+U 🔑)
(V 1/7-18/9)(X+Z 🔑)
**5** **A**DEFGJLNPQUWXYZ
**6** CEGHK(N 0,7km)OTV

Camping dans le sud du Lubéron, à proximité de la petite ville historique Lourmarin. Environnement tranquille. Nouveaux sanitaires luxueux. Emplacements délimités sur terrain assez plat. A l'abri des regards. Grande piscine.

A7, sortie 25 jusqu'à Cavaillon. Puis D973 direction Pertuis. A Lourmarin, suivre les panneaux.

CC € 20 *16/4-8/7 25/8-25/9*

N 43°46'04'' E 05°22'23''

## **Mallemort**, F-13370 / Provence-Alpes-Côte d'Azur (Bouches-du-Rhône)

**2167**

Camping Durance Luberon****
Le Vergon
+33 4 90 59 13 36
15/4 - 30/9
duranceluberon@orange.fr

4ha 135**T**(100-150m²) 6-10A CEE

**1** A**G**IJKLMPST
**2** ISWXYZ
**3** C**G**HP**Q**S
**4** (B 1/5-30/9)(Q 1/5-20/9)
(T 1/7-23/8)(Z 1/7-28/8)
**5** **A**DEFGIJKLMNOPRUZ
**6** AEG**K**(N 2km)T

Beau camping avec de grands emplacements délimités sur un terrain plat, situé dans la vallée de la Durance. Grande piscine et sanitaires modernes. Environnement calme. Idéal pour tentes et caravanes.

Quitter la A7 à la sortie 26. Puis N7 dir Aix-en-Provence. A 6 km, direction Mallemort. Le camping est avant Charleval sur la D561.

CC € 18 *15/4-30/6 25/8-30/9*

N 43°43'16'' E 05°12'19''

## **Manosque**, F-04100 / Provence-Alpes-Côte d'Azur (Alpes-de-Haute-Prov)

**2168**

Flower Camping Provence Vallée***
1138 avenue de la Repasse
+33 4 92 72 28 08
1/4 - 31/10
contact@provence-vallee.fr

3,2ha 67**T**(80-110m²) 10A

**1** ACD**G**HIJKLPST
**2** IJSWXYZ
**3** A**G**HS
**4** (B+G 1/6-15/9)JK
(Q 1/6-30/9)(R)
(T 15/6-15/9)(U+V 1/7-31/8)
(Z 15/6-15/9)
**5** **AB**GJLMNPUVWYZ
**6** CFGHJ**K**(N 2km)RV

Emplacements délimités spacieux construit en terrasses mais à plat. Une grande variété d'arbres offrant beaucoup d'ombre. Grande nouvelle piscine avec toboggan. A quelques kilomètres de Manosque, accessible en transports publics.

A51, sortie 18 vers Manosque. Avant le centre, suivre Apt. Le camping est bien indiqué.

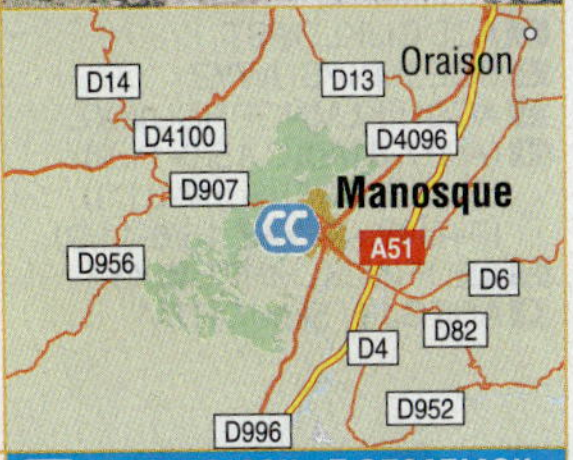


CC € 14 *1/4-3/7 29/8-31/10*

N 43°49'48'' E 05°45'49''

## **Maussane-les-Alpilles**, F-13520 / Provence-Alpes-Côte d'Azur (Bouches-du-Rhône)

**2169**

Camping Les Romarins***
+33 4 90 54 33 60
15/3 - 6/11
camping-municipal-maussane@wanadoo.fr

3ha 141**T**(70-100m²) 10A CEE

**1** ACD**G**IJKLOPSWT
**2** SUWXYZ
**3** A**G**HIKMNOSU**W**
**4** (C 15/4-15/10)(Q+R)
**5** **AB**DEFGIJKLMNOPUWXYZ
**6** ACEGHK(N 0,3km)TV

Camping calme et verdoyant à 200m du centre d'un beau et authentique village provençal au sud des Alpilles avec une magnifique place de l'église ombragée. Nouvelle piscine chauffée ouverte du 15 avril au 15 octobre. Plusieurs boulangeries et restaurants dans le village.

N570 de Tarascon à Arles. A gauche D33 vers Maussane. A gauche D17 par Paradou,jusqu'à Maussane. A gauche D5 vers St. Rémy et cp direct à gauche.

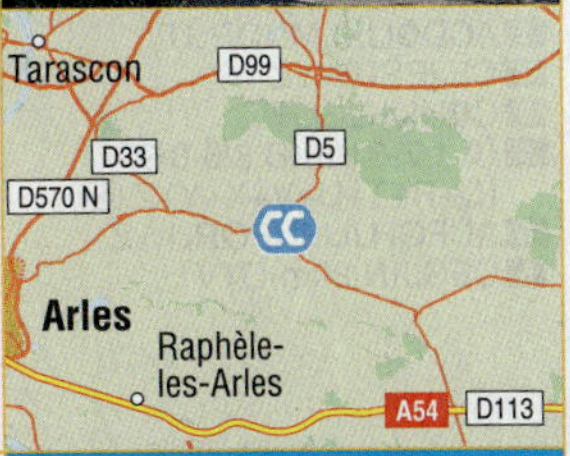


CC € 20 *15/3-2/7 20/8-6/11*

N 43°43'16'' E 04°48'34''

## Mazan, F-84380 / Provence-Alpes-Côte d'Azur (Vaucluse) — 2170

Camping Le Ventoux***
1348 chemin de la Combe
+33 4 90 69 70 94
15/3 - 1/11
info@camping-le-ventoux.com

1,5ha 42T(90-120m²) 10A CEE

1 ACD**G**IJKLM**P**Q
2 NTUVWXYZ
3 CHIKPSU
4 (B+G 1/5-31/10)
(Q+R+U 1/4-31/10)(X+Y)
(Z 1/4-31/10)
5 **AB**DEFGIJKLMNOPRUZ
6 AEG**K**(N 3km)TV

Camping dans les vignobles avec une belle vue, surtout sur le Mont Ventoux. Piscine modernisée de style romain. Clients satisfaits qui reviennent souvent. A 3 km de Mazan. Bons sanitaires et restaurant étonnamment bon. Il y a 46 emplacements dont 38 emplacements CampingCard ACSI.

A7, sortie Orange-Sud, la D974 direction Carpentras. Après Carpentras, direction Bédoin/Mont Ventoux puis suivre les panneaux en direction du camping.

N 44°04'50'' E 05°06'50''

CC € 18 *15/3-7/7 24/8-1/11*

## Méolans-Revel, F-04340 / Provence-Alpes-Côte d'Azur (Alpes-de-Haute-Prov) — 2171

Camping Rioclar***
D900
+33 4 92 81 10 32
22/4 - 11/9
hello@rioclar.com

8ha 202T(110-200m²) 10A

1 ACD**G**IJKLO**P**ST
2 BCEJMNPSUWYZ
3 AC**G**HIKLMNOPRSU**W**XZ
4 (A 1/7-31/8)(C 15/6-11/9)
(Q 15/6-31/8)(S 1/7-31/8)
(T+U+V+X+Y+Z 15/6-11/9)
5 **AB**DFGIJKLMNPUWXY
6 ABEGJ(N 5km)ORTV

Sur les rives de la rivière L'Ubaye, un camping magnifique et spacieux sous les pins.

D900 Gap-Barcelonnette. A 3 km avant Les Thuiles sur la droite.

N 44°23'58'' E 06°31'54''

CC € 18 *22/4-25/6 22/8-11/9*

## Méolans-Revel, F-04340 / Provence-Alpes-Côte d'Azur (Alpes-de-Haute-Prov) — 2172

Camping River***
+33 4 92 85 57 13
15/4 - 9/10
04@camping-river.eu

1ha 32T(80-140m²) 6A CEE

1 ACD**G**IJKLMNOPST
2 CEJPSUWYZ
3 C**G**HIJKLSU**W**Z
4 (**A** 1/7-31/8)(B 8/6-8/9)
(Q+R+T+U+V+X+Y+Z)
5 **A**CFGHJLMNPQRUWZ
6 CEGJ(N 8km)OTV

Petit camping plein d'ambiance juste au bord de la rivière. Un camping spécial pour les amoureux de la nature, randonneurs et cyclistes. Presque toutes les activités sportives peuvent être pratiquées ici.

Situé sur la D900 Gap-Barcelonnette. Au Martinet, à droite au pont. Le camping est indiqué par des panneaux.

N 44°23'47'' E 06°29'20''

CC € 18 *15/4-30/6 1/9-8/10*

## **Mondragon**, F-84430 / Provence-Alpes-Côte d'Azur (Vaucluse) — 2173

Camping Pinède en Provence***
202 chemin de la Maresque
+33 4 90 40 82 98
1/2 - 1/11
contact@
camping-pinede-provence.com

3,5ha 105T 13A CEE

1 ACDGIJKLM**P**ST
2 BILMSTUYZ
3 ACHIKPSU
4 (B+G 30/4-30/9)J
(Q 1/5-30/9)(R)
(S 1/5-30/9)(T+U+
V+X 1/7-15/9)(Z 1/5-30/9)
5 ABDFGIJKLMNOPUXYZ
6 ACEGK(N 2km)TV

Un charmant camping dans un bois de pins au coeur de la Provence. Il y a une nouvelle piscine et un espace d'accueil avec un bar. Non loin de l'autoroute et près d'Orange et Avignon.

Sortie 19 Bollène, au rond-point dir Centre-ville puis Mondragon. Suivre les panneaux de camping.

N 44°14'37'' E 04°43'45''

CC € 18 *1/2-7/7 24/8-1/11*

## **Montauroux**, F-83440 / Provence-Alpes-Côte d'Azur (Var) — 2174

Camping de Loisirs du Lac***
Quartier le plan oriental, CD562
+33 4 94 76 46 26
1/1 - 31/12
contact@campingdulac.fr

9ha 197**T**(60-140m²) 6-10A

1 ACD**G**IJKLOPSWT
2 BIUWYZ
3 C**G**HIORSU**W**
4 (B 1/6-15/9)(G 1/6-30/9)
5 **AB**EFGIJKLMNOPUXYZ
6 ABCEG**J**(N 0,1km)T

Camping spacieux avec emplacements délimités dans un domaine de 9ha. Le camping dispose d'une piscine moderne et d'un bar/restaurant. A 200m il y a un grand choix de restaurants différents. A l'arrière du camping, vous pouvez marcher jusqu'à une plage du Lac de Saint-Cassien (+/-.2km). Plusieurs restaurants et commerces à 200m.

Suivre la D562. L'entrée du camping se trouve au restaurant Old Siam. La route d'accès est signalé sur les panneaux.

N 43°36'08'' E 06°46'28''

CC € 20 *1/1-8/7 25/8-31/12*

## **Moustiers-Ste-Marie**, F-04360 / Provence-Alpes-Côte d'Azur (Alpes-de-Haute-Prov) — 2175

Camping Le Moulin**
Quartier Marzols
+33 4 92 74 66 66
15/4 - 30/9
contact@camping-le-moulin.com

4ha 108**T**(70-100m²) 6-10A CEE

1 ABCD**G**IJKLMOPST
2 BCLMNTWYZ
3 CHILS
4 (Q+R)(U 1/7-31/8)
5 **A**FGIJKLMNOPUVWZ
6 CEGK(N 4km)OQT

NOUVEAU

Situation idéale à proximité du Lac de Sainte-Croix et des Gorges du Verdon. Au bord d'une petite rivière dans un parc naturel de 4 hectares très ombragé. Ambiance familiale et décontractée. Équipements fitness en plein air.

À Moustiers-Sainte-Marie, prendre la direction Lac de Ste-Croix. Le camping est indiqué.

N 43°48'53'' E 06°13'31''

CC € 14 *1/5-5/7 25/8-30/9*

## Moustiers-Ste-Marie, F-04360 / Provence-Alpes-Côte d'Azur (Alpes-de-Haute-Prov) — 2176

Camping Manaysse**
rue Frédéric Mistral
+33 4 92 74 66 71
1/4 - 11/11
manaysse@orange.fr

1,5ha 97**T**(60-120m²) 6-10A CEE

**1** ACD**G**IJKLMPST
**2** LMNSUWXYZ
**3** AHIKPSU
**4** (Q)
**5** **A**FGIJKLMNOPUVWZ
**6** ACEG**K**(N 2km)T

Camping sobre mais bien entretenu à 700m de Moustiers. La moitié environ des emplacements ont la vue sur Moustiers-Ste-Marie. Le lac Sainte Croix est à 4 km.

Camping au rond-point juste à la sortie de Moutiers, direction Riez (D952).

CC € 16 *1/4-3/7 1/9-10/11*

N 43°50'42'' E 06°12'55''

## Moustiers-Ste-Marie, F-04360 / Provence-Alpes-Côte d'Azur (Alpes-de-Haute-Prov) — 2177

Camping Saint Jean***
Quartier Saint Jean
+33 4 92 74 66 85
1/4 - 15/10
contact@camping-st-jean.fr

1,7ha 101**T**(80-150m²) 6-10A CEE

**1** ACD**G**IJKLMPST
**2** CJNSWXYZ
**3** CHIKLPRSU**W**
**4** (Q+R)(T+U+V 1/5-30/9) (Z)
**5** **AB**CDEFGIJKLMNOPUWYZ
**6** ACEGK(N 0,7km)OQRTV

Camping exceptionnellement bien situé au cœur de la région des Gorges du Verdon et à 700m de la ville de la porcelaine si réputée Moustiers-Ste-Marie. Camping sympathique et bien entretenu avec un accueil attentif. A partir du camping, beau panorama sur Moustiers.

D592, le camping est sur la gauche après le rond-point direction Riez.

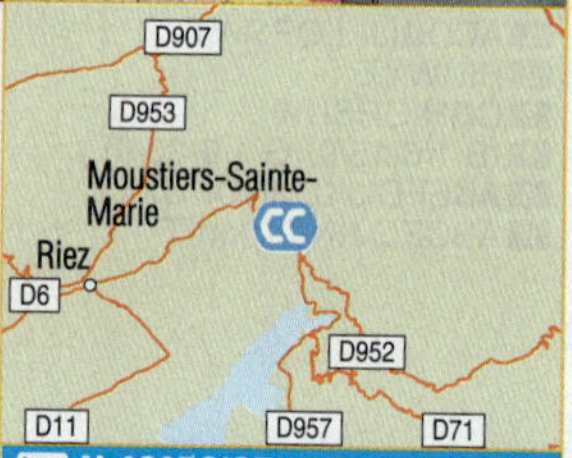


CC € 18 *1/4-10/7 28/8-14/10 7=6, 14=12*

N 43°50'37'' E 06°12'54''

## Noves, F-13550 / Provence-Alpes-Côte d'Azur (Bouches-du-Rhône) — 2178

Flower Camping Le Pilon d'Agel***
chemin du Pilon d'Agel
+33 4 90 95 16 23
11/5 - 12/9
pilondagel@orange.fr

1,5ha 61**T**(90-250m²) 8A CEE

**1** ACD**G**IJKLMO**P**SWT
**2** ITUWXYZ
**3** A**G**HIKSUV**W**
**4** (B+F+H+Q+R) (T+U+V+X+Z 1/7-31/8)
**5** **AB**CDEFGHIJKLMNOPQUXYZ
**6** ACDEG**K**(N 2km)TV

En 2019, un camping spacieux entièrement modernisé avec une belle piscine extérieure et une nouvelle piscine intérieure. Proche d'Avignon, Saint Rémy de Provence, Les Alpilles et Les Beaux. Idéal pour faire du vélo et de la randonnée.

Autoroute A7, sortie Saint Andiol, après 5 km tourner à droite.

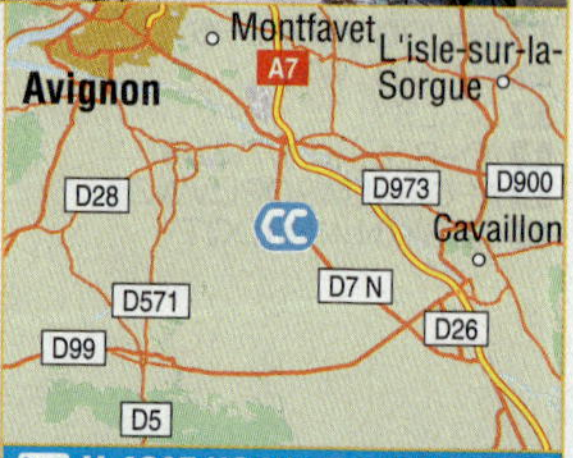


CC € 20 *11/5-30/6 25/8-12/9 7=6, 14=12, 21=18*

N 43°51'04'' E 04°55'07''

## Oraison, F-04700 / Provence-Alpes-Côte d'Azur (Alpes-de-Haute-Prov) 2179

Camping Les Oliviers****
chemin St. Sauveur
+33 4 92 78 20 00
2/4 - 28/10
camping-oraison@wanadoo.fr

2ha 33T(25-110m²) 10A CEE

**1** A**G**HIJKLNPST
**2** IJNSUVWXYZ
**3** A**D**HIKPSU
**4** (B+G 15/4-30/9)
(Q 3/4-30/9)(R 15/4-30/9)
(T+U+V+X+Z 1/7-31/8)
**5** **A**FGJLMNPUXZ
**6** ACEGJ(N 2km)TV

Beau camping bon enfant avec une large vue sur le Lubéron et la vallée de la Durance. Le camping est situé sous les oliviers. A 5 minutes à pied du village et dans les environs des gorges du Verdon, Lubéron, Forcalquier et Manosque.

Sur la A51 prendre la sortie 19. Puis sur la N96 direction Oraison. Dans le centre, suivre les panneaux.

CC € 18 2/4-1/7 27/8-28/10

N 43°55'23'' E 05°55'25''

## Orgon, F-13660 / Provence-Alpes-Côte d'Azur (Bouches-du-Rhône) 2180

Pausado Camping La Vallée Heureuse***
Impasse Lavau
+33 4 84 80 01 71
1/4 - 1/10
contact@valleeheureuse.com

9ha 180T(70-200m²) 10A CEE

**1** ACD**G**HIJKLPST
**2** EIMNSUVWYZ
**3** AHISUWZ
**4** (B+Q+R+V+Z)
**5** **AB**EFGHJLNPUWZ
**6** AEGH**K**(N 1km)QUV

Camping situé dans un cadre verdoyant au bord d'un lac dans une vallée entourée de rochers élevés. Très connu des alpinistes (Massif des Alpilles). Dans les environs de Cavaillon, mais quand même très calme.

Prendre la A7 jusqu'à Cavaillon sortie 25. Direction St-Rémy-de-Provence. Direction Sénas jusqu'à Orgon. Le camping est indiqué.

CC € 14 1/4-7/7 25/8-1/10

N 43°46'55'' E 05°02'22''

## Pernes-les-Fontaines, F-84210 / Provence-Alpes-Côte d'Azur (Vaucluse) 2181

Camping Les Fontaines - Ciela Village*****
125 chemin de la Chapelette
+33 4 90 46 82 55
8/4 - 3/10
lesfontaines@cielavillage.com

2,1ha 139T(100-115m²) 6-16A CEE

**1** ACD**F**IJKLMO**P**ST
**2** SWXY
**3** ACHSU
**4** (C)(G 15/5-15/9)IJKM
(Q+R+T+U+V+Y+Z)
**5** **AB**DEFGIJKLMNPUWXYZ
**6** BCEGHK(N 1,3km)TV

Camping dans les champs à 1 km du village. Emplacements délimités autour d'un bloc sanitaire central tout nouveau. Vue sur le Mont Ventoux. Nouveau : emplacements grand confort, avec supplément. Nouvel Aquapark avec piscine chauffée.

Sur la A7 sortie Le Pontet (Avignon Nord). Direction Carpentras. A Pernes-les-Fontaines, suivre les indications.

CC € 20 8/4-7/7 28/8-3/10

N 44°00'23'' E 05°02'18''

## **Peynier**, F-13790 / Provence-Alpes-Côte d'Azur (Bouches-du-Rhône)

iD **2182**

Camping Le Devançon***
451, chemin de Pourrachon
+33 4 42 53 10 06
2/4 - 6/11
reservation@ledevancon.fr

1,4ha 50**T**(85-150m²) 6-10A

**1** ACDGIJKLMP
**2** BMUVWYZ
**3** CHISU
**4** (B 1/5-30/9)(G 10/6-15/9) (Q+Z)
**5** **AB**DFGIJKLMNOPZ
**6** ACDEJ(N 0,5km)RTV

Camping tranquille avec des emplacements spacieux, près du village. Sanitaires impeccables et belle piscine. Bon point de départ pour visiter Aix-en-Provence, Marseille et la Camargue.

A7, puis A8 dir. Nice, sortie 32. Suivre la D6 vers Trets, au croisement avec la D56b à droite dir. Peynier. Au village suivre en montant di 'centre-ville', puis prendre la D908 à droite dir. Marseille. Après le pont à droite, et suivre les panneaux du camping.

CC € 18 *2/4-7/7 25/8-6/11 7=6*

N 43°26'32'' E 05°37'46''

## **Port-Grimaud**, F-83310 / Provence-Alpes-Côte d'Azur (Var)

iD **2183**

Camping de la Plage***
2226 route du Littoral
+33 4 94 56 31 15
8/4 - 10/10
contact@campingplage.fr

18ha 450**T**(100-200m²) 4-16A CEE

NOUVEAU

**1** ABC**G**IJKLM**P**ST
**2** AHJNTXYZ
**3** CEHKMN**O**PSWY
**4** (Q+S+T+U+V+Y+Z)
**5** **A**EFGIJKLMNOPQUZ
**6** AEGH**K**(N 3km)ORTV

Ce beau camping familial est situé directement sur la plage, dans la baie de Saint-Tropez. Via la plage, à distance de marche de la ville animée de Port-Grimaud.

Depuis le centre de Sainte-Maxime, suivre la route côtière, direction Saint-Tropez. Après environ 5 km, l'entrée du camping se trouve sur la gauche de la route.

CC € 22 *9/5-26/6 12/9-10/10*

N 43°16'55'' E 06°35'10''

## **Prunières**, F-05230 / Provence-Alpes-Côte d'Azur (Hautes-Alpes)

iD **2184**

Camping Le Nautic***
N94
+33 4 92 50 62 49
15/5 - 15/9
campinglenautic@wanadoo.fr

3ha 80**T**(60-120m²) 6-10A CEE

**1** ACDGIJKLM**P**RS
**2** EMNOQRUVWXYZ
**3** AHIKSU**W**Z
**4** (C 1/6-15/9)K (Q 15/5-15/9)(R 1/6-15/9) (T+U+V 1/7-30/8) (Z 1/6-15/9)
**5** **A**FGIJLMNOPUZ
**6** ABCEG**J**L(N 5km)RTV

Situation panoramique au bord du lac. Piscine chauffée de 15/6 à 15/9. Ponton pour bateaux.

A environ 22 km à l'est de Gap sur la N94. Juste avant le pont sur la route directement à droite. Le camping est bien indiqué.

CC € 18 *15/5-5/7 25/8-15/9*

N 44°31'39'' E 06°21'31''

## Roquebrune-sur-Argens, F-83520 / Provence-Alpes-Côte d'Azur (Var) — 2185

Camping Domaine de la Bergerie*****
1960 D8
+33 4 98 11 45 45
29/4 - 7/11
info@domainelabergerie.com

60ha 200T(80-200m²) 6-10A CEE

1 ACDGIJLPSW
2 BCEIJLMNSUWXYZ
3 CEGHIKMNOPRSUVW
4 (A+C+F+H )IJKLMN (Q+S+T+U+V+W+X+Y+Z )
5 ABDEFGIJKLMNOPUWXYZ
6 ACEGHKLM(N 4,5km)ORTV

Camping magnifiquement situé dans un vrai bois provençal de 60 ha avec de nombreux chênes, sapins et mimosas. Emplacements groupés à l'avant, séparés par des haies de verdure. Excellent complexe de piscines dont l'une couverte avec jacuzzi, sauna et hamam (bain turc).

Venant de St. Aygulf direction Roquebrune-sur-Argens. Rond-point à ± 5 km. A gauche direction Col du Bougnon. Camping indiqué après 1 km.

CC € 20 29/4-1/7 29/8-7/11

N 43°23'55" E 06°40'30"

## Roquebrune-sur-Argens, F-83520 / Provence-Alpes-Côte d'Azur (Var) — 2186

Camping Le Vaudois***
D7, 169 rte Hypert Ollivier
+33 4 94 81 37 70
23/4 - 30/9
camping.vaudois@wanadoo.fr

3ha 44T(80-110m²) 10-16A CEE

1 ACDGIJKLPSWT
2 IJSUWXYZ
3 CGHSU
4 (B+G 15/5-30/9) (Q+R+T+V+Z 1/5-30/9)
5 ABCFGHIJKLMNOPUZ
6 ACEGHJ(N 1km)TV

Beau camping bien entretenu et ombragé à 4 km seulement des plages de sable de St. Aygulf. Ambiance familiale. Pas d'animations et donc tranquille. Zone wifi gratuit.

Le camping est au bord de la D7, à 4 km au nord de St. Aygulf.

CC € 14 23/4-1/7 27/8-30/9

N 43°24'39" E 06°41'31"

## Roquebrune-sur-Argens, F-83520 / Provence-Alpes-Côte d'Azur (Var) — 2187

Camping Leï Suves****
route de Marchandise
+33 4 94 45 43 95
8/4 - 15/10
camping.lei.suves@wanadoo.fr

7,5ha 160T(80-120m²) 6A CEE

1 ACDGIJKLPSW
2 BIJMNSUWXYZ
3 CGHIJKOPSU
4 (C+H+Q+S+T+U+V+X+Y+Z )
5 ABCDEFGHIJKLMNOPUXYZ
6 ABCEGHKL(N 4km)ORTV

Un camping très bien entretenu et organisé sur tous les plans dans une magnifique paysage provençal de vieux chênes-lièges. 'Leï Suves' signifie justement chêne-liège en provençal. Emplacements plats. C'est encore le vrai camping ! Bons sanitaires chauffés et tous équipements. Bon restaurant.

A8 sortie Le Muy, direction Fréjus par la N7, au rond-point à la hauteur de Roquebrune-sur-Argens à gauche, direction La Bouverie.

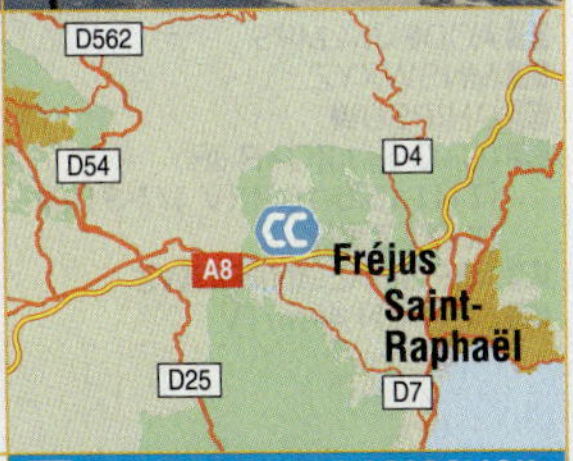


CC € 20 8/4-5/7 27/8-15/10 10=9

N 43°28'40" E 06°38'19"

## Roquebrune-sur-Argens, F-83520 / Provence-Alpes-Côte d'Azur (Var)

**2188**

Camping Les Pêcheurs****
1395, RD7
+33 4 94 45 71 25
1/4 - 30/9
info@camping-les-pecheurs.com

4,5ha 93T(80-100m²) 10A

**1** ACD**G**IJKLPSW
**2** CEIJNSWXYZ
**3** C**G**HMNPRSUVWZ
**4** (A+C+H )KN**P** (Q+R+T+U+V+X+Y+Z )
**5** **AB**DEFGIJKLMNOPUZ
**6** ABCEGH**K**(N 0,7km)TV

Beau camping bien entretenu au bord de la rivière, à 10 km des plages de sable de Fréjus et St. Raphaël. En face du camping, il y a un lac offrant de nombreuses possibilités pour les sports nautiques. On peut faire du canoë gratuitement à partir du camping. Belle piscine avec des équipements welness gratuits. Sanitaires rénovés et chauffés. Bon restaurant convivial.

A8 sortie Le Muy, direction Roquebrune. Le camping est juste avant le village, en face du lac.

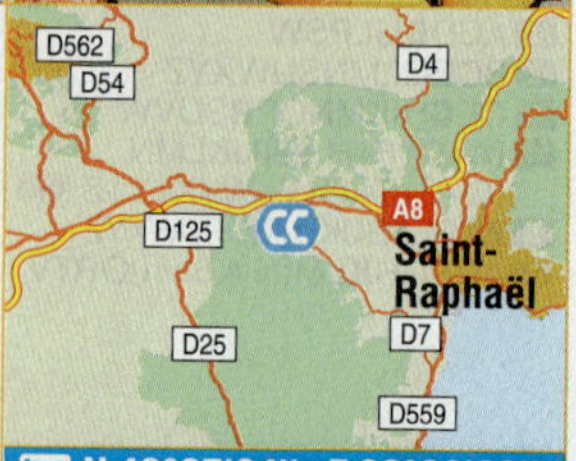


CC € 20 *1/4-6/7 27/8-30/9*

N 43°27'04'' E 06°38'02''

## Roquebrune-sur-Argens, F-83520 / Provence-Alpes-Côte d'Azur (Var)

**2189**

Flower Camping Moulin des Iscles***
690 chemin du Moulin des Iscles
+33 4 94 45 70 74
2/4 - 30/10
camping.moulindesiscles@gmail.com

1,3ha 69T(70-100m²) 10A CEE

**1** ACD**G**IJKLOPST
**2** CINPQSTWXYZ
**3** C**G**HKMNRSUVWX
**4** (A 6/7-21/8)(C+H ) K(Q+S+T ) (U+V+X 1/7-30/8)(Z )
**5** **ABC**DEFGHIJKLMNOPUVWXZ
**6** ABEGHK(N 3km)ORTVW

Camping agréable et calme au bord de l'Argens avec une petite plage de galets (canoë-kayak gratuit). Camping toujours authentique. Un havre de paix. Piscine chauffée. WiFi gratuit dans tout le camping.

A8 sortie le Muy, puis N7 direction Fréjus. A ± 10 km à droite, Roquebrune. Le camping est un peu au sud du village, direction St. Aygulf.

CC € 16 *2/4-8/7 27/8-30/10* *15=14*

N 43°26'43'' E 06°39'29''

## Rousset/Serre-Ponçon, F-05190 / Provence-Alpes-Côte d'Azur (Hautes-Alpes)

**2190**

Camping La Viste****
Serre-Ponçon
+33 4 92 54 43 39
14/5 - 15/9
camping@laviste.fr

6ha 160T(90-120m²) 6A CEE

**1** ACD**F**IJKLMPS
**2** MNSWXYZ
**3** CHIPSU**W**
**4** (C+G )J(Q+R ) (T+U 15/6-15/9)(V 1/7-31/8) (X+Y+Z )
**5** **AB**FGIJKLMNPRUWZ
**6** CEGK(N 4km)TV

Camping en altitude avec de bons sanitaires et des emplacements spacieux. Vue splendide à partir de la terrasse et de différents emplacements. Le restaurant vaut certainement la visite.

D900 Gap-Barcelonnette, sortie D3. Puis la route vers Rousset, ou N94 Gap-Briançon sortie D3 pour les caravanes.

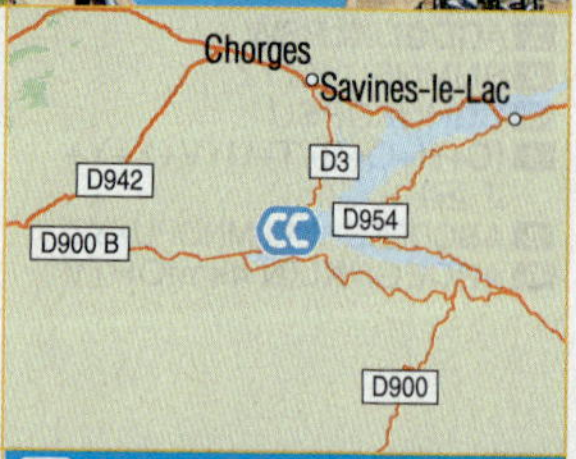


CC € 20 *14/5-30/6 1/9-15/9*

N 44°28'33'' E 06°15'48''

## Salin-de-Giraud, F-13129 / Provence-Alpes-Côte d'Azur (Bouches-du-Rhône)

2191

Les Bois Flottés***
route de la Mer-Les Vanelles
+33 4 90 58 25 09
1/3 - 15/11
campinglesboisflottes@gmail.com

5ha 110**T**(80-100$m^2$) 16A CEE

1 ACD**G**HIJKLMO**P**SWT
2 AJNTWXY
3 CHIKM**QR**SUW
4 (B+G 1/5-30/9)
(Q+R+T+U+V+X+Y+Z)
5 **AB**DEFGIJKLMNOPQRU
6 ACDEGHJ(N 0,4km)OTV

Camping situé au sud de Salin de Giraud, célèbre pour ses salines depuis le 19e siècle. Au coeur de la Camargue. Bonne région pour faire des randonnées, du vélo et observer de nombreux oiseaux. A 8 km d'une longue plage.

D'Arles, vers Les Saintes Maries-de-la-Mer (D570), puis à gauche (D36) vers Salin-de-Giraud. Là, vers la plage, le camping est au bout de la rue principale du village.

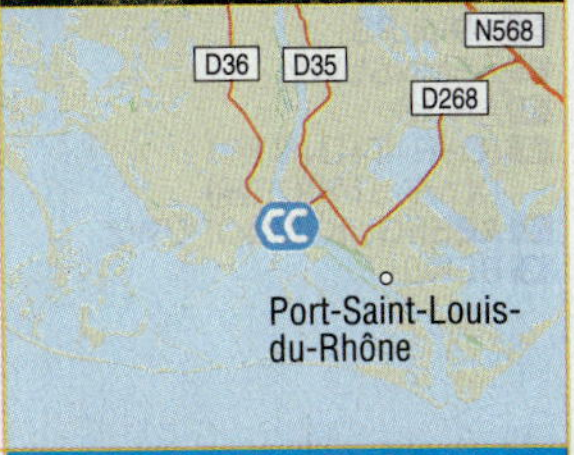


CC € 16 1/3-30/6 1/9-15/11 7=6, 14=12

N 43°24'45'' E 04°44'26''

## Sanary-sur-Mer, F-83110 / Provence-Alpes-Côte d'Azur (Var)

2192

Campasun Mas de Pierredon****
652 chemin Raoul Coletta
+33 4 94 74 25 02
15/5 - 18/9
pierredon@campasun.eu

4,8ha 48**T**(80-100$m^2$) 10A CEE

1 ABCD**G**HIJKL**P**S
2 ILMSUWY
3 AC**G**HMOPRSU
4 (C+H )IJK
(Q+R+T+U+V+X+Y+Z )
5 **A**CDEFGHIJKLMNOPQRUWZ
6 ABCGHJ**K**(N 1km)RTV

Beau camping à 3 km des plages de Sanary et Bandol. Camping a une piscine chauffée rénovée avec toboggans, parc aquatique, terrain multisports et excellent restaurant avec cuisine traditionnelle. Camping a des emplacements de confort (100 $m^2$) avec sanitaires individuels (20 euros). Bloc sanitaire rénové avec sièges wc autonettoyants.

A50 prenez sortie 12 Sanary-sur-mer, puis suivre les panneaux.

CC € 20 15/5-9/7 27/8-18/9

N 43°07'54'' E 05°48'53''

## Sanary-sur-Mer, F-83110 / Provence-Alpes-Côte d'Azur (Var)

2193

Campasun Parc Mogador****
167 chemin de Beaucours
+33 4 94 74 53 16
5/3 - 31/12
mogador@campasun.eu

3ha 62**T**(80-100$m^2$) 10A CEE

1 ABCD**G**GHIJKLPST
2 BGIJPSUWY
3 AC**G**HMSTU
4 (C+H 1/4-30/9)K
(Q+R+T+U+V+X+Z 1/4-30/9)
5 **A**BCDEFGHIJKLMNOPQRUWXYZ
6 ABCDEGHJ**K**(N 0,8km)
ORTV

Camping calme situé à 800m de la mer. Situation très pratique à quelques kilomètres de Sanary et Bandol. Emplacements suffisamment ombragés. Restaurant et bloc sanitaire avec toilettes autonettoyantes. Profitez de la piscine, de la pataugeoire, du jacuzzi et d'une « chambre zen » spéciale. Wifi gratuit.

A50, sortie 12 Bandol. Suivre la D559 direction Sanary. Puis prendre la 2e rue à droite.

CC € 22 5/3-8/7 26/8-31/12

N 43°07'26'' E 05°47'16''

## Sannes, F-84240 / Provence-Alpes-Côte d'Azur (Vaucluse) 2194

Camping de la Bonde**
RD 27
+33 4 90 77 63 64
15/5 - 25/9
campingdelabonde@campasun.eu

5,5ha 90**T**(80-100m²) 10A CEE

1 A**G**IJLPS
2 AEMNSUWY
3 AHOS
4 (Q+R+T+U+V)
(X 1/7-31/8)(Z)
5 **AB**EFGIJKLMNOPUWZ
6 BEKO

Camping Campasun en rénovation avec des installations sanitaires modernes. Camping spacieux, aménagé en terrasses dans la verdure au bord du lac de l'Etang de la Bonde. Convient pour les loisirs tranquilles.

Suivre l'A7 et à Cavaillon prendre la sortie 31 direction Pertuis sur la D973. A Pertuis prendre la D9 en direction de Cabrières d'Aiges. Le camping est signalé par des panneaux.

CC € 18 *15/5-8/7 25/8-25/9*

N 43°45'03'' E 05°30'14''

## Serres, F-05700 / Provence-Alpes-Côte d'Azur (Hautes-Alpes) 2195

Flower Camping Domaine des 2 Soleils****
D1075
+33 4 92 67 01 33
25/4 - 23/9
contact@domaine-2soleils.coM

12ha 114**T**(80-200m²) 6-10A CEE

1 ACDFIJKLMO**P**S
2 BLMNSUVWXYZ
3 CHIPSU
4 (B+G 15/6-15/9)**J**
(Q+T+U+X+Z 1/7-31/8)
5 **A**FIJKLMNOPQUVZ
6 DEG**K**ORV

Camping familial avec de nombreuses terrasses et une belle vue à partir des emplacements. Nombreuses possibilités pour faire du vélo, des randonnées, de l'équitation, du canyoning et nager.

A7, à Montélimar vers Nyons et Gap. N75 de Serres direction Sisteron. À gauche à 1,5 km.

CC € 16 *25/4-7/7 25/8-23/9*

N 44°25'22'' E 05°43'46''

## Sisteron, F-04200 / Provence-Alpes-Côte d'Azur (Alpes-de-Haute-Prov) 2196

Camping Les Prés Hauts****
44 chemin Les Prés Hauts
+33 4 92 61 19 69
1/4 - 30/9
contact@camping-sisteron.com

2,5ha 141**T**(70-100m²) 6A CEE

1 ABD**F**IJKLO**P**
2 DSTUVWXYZ
3 AS
4 (C+G 15/5-30/9)(Q 1/7-31/8)
5 IJKLMNOPU
6 AB(N 8km)V

Près de la ville de Sisteron, 'la Perle de la Haute Provence'. 300 jours de soleil par an, un havre de paix. Bonne piscine et installations sanitaires, beaucoup d'ombre. Emplacements séparés pour les camping-cars. Environnement très intéressant: Sisteron, les Alpes, la Route Napoléon.

A partir du centre de Sisteron, prendre la N85 direction Gap. Au 1er rond-point, suivre les panneaux.

CC € 18 *1/4-7/7 24/8-30/9*

N 44°12'52'' E 05°56'10''

## Six-Fours-les-Plages, F-83140 / Provence-Alpes-Côte d'Azur (Var) — 2197

Hôtellerie de Plein Air Les Playes****
419 rue Grand
+33 4 94 25 57 57
1/1 - 31/12
camplayes@wanadoo.fr

1,5ha 19T(50-80m²) 10A CEE

1 ACD**G**HIJKLPT
2 BIJMUWXYZ
3 AHS
4 (C+H 28/3-1/11) (Q+R+T+U+Z 1/7-31/8)
5 **A**DEFGIJKLMNPRUWXYZ
6 ACDEGJ**K**(N 1,5km)V

Camping dans un environnement calme à la lisière d'un bois, à 1,5 km de la mer et du port typique de Sanary-sur-Mer. Magnifique piscine chauffée. Accueil cordial toute l'année. Sanitaires rénovés modernes.

A Six-Fours-les-Plages suivre les flèches vers Les Playes. Le camping est indiqué.

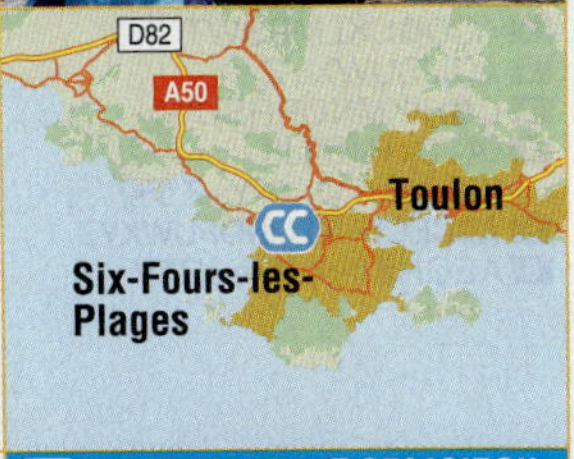


CC € 20 1/1-1/7 28/8-31/12

N 43°06'47'' E 05°49'50''

## Sorgues, F-84700 / Provence-Alpes-Côte d'Azur (Vaucluse) — 2198

Camping La Montagne***
944 chemin de la Montagne
+33 4 90 83 36 66
1/1 - 31/12
contact@campinglamontagne.com

1,8ha 31T(70-90m²) 16A CEE

1 ACD**G**IJKL**P**SWT
2 BILTUWYZ
3 AHIKMNPSU**W**
4 (C 10/4-30/9)(H 21/4-30/9) JK(Q 1/5-31/8)(R 1/5-30/9) (T 1/7-31/8)(U ) (V+X 1/7-31/8)(Z 1/5-30/9)
5 **AB**DFGIJKLMNPUWXY
6 CEGK(N 3,5km)RTUVWX

Situé à 10 minutes en voiture d'Avignon, dans un bois de pins de 2 ha avec une belle piscine (chauffée) et un café-restaurant agréable. Wifi gratuit sur tout le terrain. Près de la A7, KFC et la boulangerie.

A7 sortie 23 Avignon Nord, direction Carpentras, à 800m à droite vers Sorgues. Puis le camping est indiqué par des panneaux.

CC € 18 1/1-6/7 23/8-31/12 7=6, 14=12, 21=18

N 44°01'15'' E 04°53'30''

## St. Aygulf, F-83370 / Provence-Alpes-Côte d'Azur (Var) — 2199

Camping La Plage d'Argens - Tohapi****
541, RD559
+33 4 94 51 74 03
9/4 - 6/11
acclaplagedargens@vacanceselect.com

6,5ha 30T(80-90m²) 16A CEE

1 ACD**G**IJL**P**W
2 ACGIJSUWYZ
3 C**G**HMNPSUW
4 (**A**+C+H )K (Q+S+T+U+V+X+Y+Z )
5 **AB**EFGIJKLMNOPUWZ
6 CEGHJ**K**(N 2,5km)RTV

Une nouvelle équipe, des nouveaux loisirs et de très beaux emplacements. Site unique et ombragé, privilégié par sa position géographique, au bord de l'Argens, au coeur du conservatoire du Littoral. Accès rapide aux plages (500m à pied). Ambiance familiale ! Camping à découvrir ou à redécouvrir.

Sur la RN98, à 3 km à l'est de St. Aygulf. Attention, ne suivez pas le GPS : le chemin des Etangs est une voie sans issue.

CC € 22 9/4-2/7 27/8-6/11

N 43°24'32'' E 06°43'30''

## St. Aygulf, F-83370 / Provence-Alpes-Côte d'Azur (Var)

**2200**

Camping Sandaya Riviera d'Azur*****
189 Les Grands Chât.de Villepey/ RD7
+33 4 94 81 01 59
8/4 - 1/11
rivieradazur@sandaya.fr

11ha 112T(80-100m²) 10A CEE

1 ACDGIJKLMPSWT
2 ACIJSUWXYZ
3 CGHIKMNOPRSUW
4 (A+C+H )JK (Q+T+U+V+X+Y+Z )
5 ABCEGHIJKLMNOPUWXYZ
6 AEGHK(N 0,1km)RTV

Laissez-vous séduire par les richesses naturelles du Var et de la Méditerranée. Vous découvrirez nos villages provençaux, nos marchés caractéristiques, nos fêtes et nos événements locaux. A 2,5 km, il y a des plages de sable fin et des activités de sports nautiques.

Le camping est sur la RD7, à 2 km au nord de St. Aygulf.

CC € 16 *8/4-8/7 3/9-1/11*

N 43°24'33'' E 06°42'32''

## St. Étienne-du-Grès, F-13103 / Provence-Alpes-Côte d'Azur (Bouches-du-Rhône)

**2201**

Porte des Alpilles***
2 avenue Dr. Barbarin
+33 7 85 64 62 23
28/3 - 31/10
contact@camping-porte-des-alpilles.com

0,7ha 34T(80-100m²) 10A CEE

1 ACDGHIJKLMOPST
2 JSWXYZ
3 AHIKPSU
4 (Q+R+Z )
5 AGIJKLMNOPUWXY
6 ABCDEGK(N 0,5km)TUV

Un petit camping verdoyant, idéal pour le vrai chercheur de calme. Près du centre d'un village provençal agréable. Bonne région pour faire des randonnées et du vélo. Camping complètement rénové en 2018.

D'Avignon, la D570 vers Arles. Après Tarascon, à Saint-Gabriel à gauche vers St-Etienne du Grès. Le camping est indiqué dans le village.

CC € 16 *28/3-8/7 25/8-31/10*

N 43°47'18'' E 04°43'06''

## St. Laurent-du-Verdon, F-04500 / Provence-Alpes-Côte d'Azur (Alpes-de-Haute-Prov)

**2202**

Camping La Farigoulette - Ciela Village*****
1029, route de Montpezat
+33 4 92 74 41 62
15/4 - 3/10
lafarigoulette@cielavillage.com

14ha 96T(90-110m²) 10A CEE

1 ACDGIJKLMPSWT
2 BFLNPUWYZ
3 BCHIKLOPRSUWZ
4 (A 1/7-31/8) (C+H+Q+S+T+U+V+X+Z )
5 ABDEFGIJKLMNOPRUWZ
6 ABCEGHRTV

Grand camping, spacieux et très ombragé. Le camping a de très nombreux équipements, une plage privée et offre un accès au Verdon.

D11 venant de Riez. A gauche D311 vers St. Laurent-du-Verdon. Bien indiqué.

CC € 18 *15/4-30/6 28/8-3/10 7=6*

N 43°44'03'' E 06°04'40''

## St. Mitre-les-Remparts, F-13920 / Provence-Alpes-Côte d'Azur (Bouches-du-Rhône)

iD **2203**

Camping Le Neptune***
4 allée Gustave Eiffel
+33 4 42 44 06 60
1/1 - 31/12
@ campingneptune@wanadoo.fr

3,2ha 60T(100m²) 16A CEE

1 ACD**G**HIJKLMOPST
2 EIJNSVWXYZ
3 AHIKSWZ
4 (B+G 1/6-30/9)(Q )
5 **AB**DGIJKLMNOPUVXYZ
6 EG**K**(N 7km)

Ce camping a une belle vue sur l'Etang de Berre, où l'on peut pratiquer de nombreuses activités nautiques. Grands emplacements délimités. Idéal pour les chercheurs de calme en période hors saison. 10% de réduction à partir de la 8me nuit, 15% de réduction à partir de la 15me nuit. Attention, réception fermée de 12 h à 14 h.

A Istres D5 di Martigues. A la fin de l'agglomération au rond-point, suivre la direction Varage Massane (les plages).

CC € 16 *1/1-7/7 29/8-31/12*

N 43°28'06'' E 05°01'06''

## St. Paul-en-Forêt, F-83440 / Provence-Alpes-Côte d'Azur (Var)

iD **2204**

Camping Le Parc****
408 Quartier Trestaure
+33 4 94 76 15 35
9/4 - 24/9
@ contact@campingleparc.com

3,5ha 42T(80-110m²) 10A CEE

1 ACD**F**IJKLM**P**SWT
2 BJLMUWYZ
3 C**G**HNOP**R**SU
4 (C+G 15/5-15/9)K(Q+R )
(T+U+V+Y 1/7-31/8)(Z )
5 **AB**DEFGIJKLMNOPUWZ
6 ACEGH**K**(N 4km)TV

Camping avec des emplacements spacieux et ombragés au coeur de la Provence. Nombreux endroits authentiques et plein d'ambiance à visiter. A partir de début mai, la piscine et le spa chauffé sont ouverts pour vous.

A8, sortie 39 vers Fayence/Les Adrets. Le camping est indiqué à 4 km au sud de Fayence direction St. Paul-en-Forêt.

CC € 14 *9/4-30/6 29/8-23/9*

N 43°35'04'' E 06°41'23''

## St. Raphaël, F-83700 / Provence-Alpes-Côte d'Azur (Var)

iD **2205**

Camping Sandaya Douce Quiétude*****
3435, bd Jacques Baudino
+33 4 94 44 30 00
20/5 - 25/9
@ doucequietude@sandaya.fr

10ha 88T(60-100m²) 16A CEE

1 ACD**G**IJKLPSWT
2 BJSWXYZ
3 C**G**HIKMNPSU**V**
4 (C+H )IJK
(Q+S+T+U+V+Y+Z )
5 **AB**EFGIJKLMNOPUWXYZ
6 ABEGH**K**(N 3km)RTVX

Camping 5 étoiles près de la côte méditerranéenne, dans un environnement boisé en bordure du massif volcanique de l'Esterel. Le département du Var est pour beaucoup une région rêvée pour des vacances réussies. Détente, sport et découverte sont les points forts de vacances en Provence.

A8 sortie Fréjus, sortie 38. A tous les ronds-points, suivre la direction St. Raphaël, puis direction Boulouris/Agay. 2 ronds-points après le stade Valescure à gauche: Boulevard Baudino.

CC € 18 *20/5-8/7 3/9-25/9*

N 43°26'52'' E 06°48'20''

## St. Rémy-de-Provence, F-13210 / Provence-Alpes-Côte d'Azur (Bouches-du-Rhône) — 2206

Camping Le Parc de la Bastide***
12 avenue Jean Moulin
+33 7 86 53 25 24
1/3 - 15/11
auberthonore@orange.fr

4ha 70T(80-140m²) 6-10A CEE

1 AGIJKLMPSWT
2 OSUWXYZ
3 **G**HIKP
4 (B 15/4-10/10)(Q 15/4-15/10) (R)
5 ADEFGIJKLOPUZ
6 ACEGK(N 1km)OTUV

Camping situé en Provence, au coeur des Alpilles sur lequel sont plantés des bambous et arbres méditerranéens. A 15 minutes à pied du centre de Saint Rémy de Provence. Les emplacements sont facilement accessibles, plats, ombragés et séparés par des haies de bambous. Région très agréable pour faire du vélo et des randonnées.

A7 sortie 5 Avignon-Sud; de Noves, D30 vers St. Rémy. A St. Rémy, au 2e rond-point à gauche vers le centre. Camping à 50m sur la gauche.

CC € 18 1/3-9/7 26/8-15/11 14=13

N 43°47'24" E 04°50'39"

## St. Saturnin-les-Apt, F-84490 / Provence-Alpes-Côte d'Azur (Vaucluse) — 2207

Pausado Domaine des Chênes Blancs***
chemin des Lombards
+33 4 88 70 00 07
1/4 - 1/10
contact@leschenesblancs.com

4ha 110T(80-100m²) 10A CEE

1 ACD**G**IJKL**P**T
2 BUWXYZ
3 CHKPS
4 (C+G+Q+R+T+U+V) (X 1/7-31/8)(Z)
5 **A**EFGIJKLMNOPUZ
6 ACDEG**K**(N 3km)O

Camping très ombragé dans un environnement tranquille dans un bois de chênes. Sanitaires sobres mais il y a tous les équipements. Emplacements spacieux sur terrain plat. Restaurant ouvert : en mai (week-end) et juin (du mercredi au samedi). Piscine chauffée.

De la A7, sortie 24 vers Apt (D900). Juste avant Apt, suivre la D943 puis D2.

CC € 14 1/4-7/7 25/8-1/10

N 43°55'15" E 05°20'28"

## Stes Maries-de-la-Mer, F-13460 / Provence-Alpes-Côte d'Azur (Bouches-du-Rhône) — 2208

Camping Le Clos du Rhône****
route d'Aigues-Mortes, CD38
+33 4 90 97 85 99
9/4 - 6/11
info@camping-leclos.fr

7ha 228T(60-100m²) 16A CEE

1 ACD**G**IJKLMO**P**SWT
2 AGNTWXYZ
3 CHIKMNPQSUVWY
4 (B+G)**JKLP** (Q+S+T+U+V+Y+Z)
5 **AB**DEFGIJKLMNPQRUWXYZ
6 ACEGHJ**K**(N 2km)RTV

Camping spacieux dans le style de la Camargue. Situé en bordure directe d'une plage de sable fin et à 800m des Saintes Maries de la Mer. En face du camping, vous avez la vue sur la Camargue. Région très agréable pour faire des randonnées et du vélo.

A partir d'Arles, après Château d'Avignon à droite D38c. A quelques kms à gauche D38. Avant Stes Maries-de-la-Mer à droite. Le camping est indiqué.

CC € 22 9/4-9/7 27/8-6/11

N 43°27'00" E 04°24'06"

## Tallard, F-05130 / Provence-Alpes-Côte d'Azur (Hautes-Alpes) — 2209

Camping Le Chêne***
2 impasse du Chêne
+33 4 92 54 13 31
15/4 - 9/10
contact@camping-lechene.com

1ha 45T(60-80m²) 6A CEE

**1** ACGIJLP
**2** IMNVWY
**3** HOP
**4** (C 1/7-31/8)
**5** **A**DEFGIJKLMNPU
**6** JT

Camping convivial bon enfant au coeur des Hautes-Alpes. Emplacements ombragés avec vue sur la montagne Céüse. Idéal pour les randonneurs. A 800m de l'aérodrome de Tallard, connu dans le monde entier et doté d'une aérologie exceptionnelle. On parle néerlandais, allemand et anglais à la réception.

De Valence, D93 vers Gap puis D993 vers Aspres-sur-Buëch. Puis vers Veynes et Gap sur D994. Suivre panneaux Marseille puis panneaux vers Tallard.

N 44°27'21'' E 06°02'58''

CC € 12 *15/4-1/7 29/8-9/10*

## Tarascon-en-Provence, F-13150 / Provence-Alpes-Côte d'Azur (Bouches-du-Rhône) — 2210

Camping Saint Gabriel***
route de Fontvieille
+33 4 90 91 19 83
21/3 - 13/11
contact@campingsaintgabriel.com

1,4ha 45T(70-110m²) 6A

**1** ACD**G**IJKLOPSWT
**2** SUWYZ
**3** A**G**HIKSUV**W**
**4** (C+H 15/4-1/10)
(Q 16/4-20/10)(R)
(U+V+X 20/5-10/9)(Z)
**5** **A**DEFGIJKLMNOPUWXYZ
**6** ABEG**K**(N 3km)TUV

Le coeur du camping est un vieux mas. La piscine et la terrasse sont dans la cour intérieure. A côté, appareils fitness dans un espace ouvert mais couvert. Bar, magasin et réception sont dans l'ancienne ferme. Près des Alpilles, des Beaux et de St. Rémy de Provence. Situation très centrale. Idéal pour faire des randonnées et du vélo.

Camping situé au croisement N570/D33. Suivre la direction principale Arles N570 à partir de Tarascon. Direction Maussane.

N 43°46'00'' E 04°41'32''

CC € 18 *21/3-10/7 27/8-13/11*

## Vaison-la-Romaine/Faucon, F-84110 / Provence-Alpes-Côte d'Azur (Vaucluse) — 2211

Camping de l'Ayguette***
Quartier de l'Ayguette, CD86
+33 4 90 46 40 35
1/4 - 1/11
info@ayguette.com

3ha 75T(80-200m²) 10A

**1** AC**G**IJLPST
**2** MSUWYZ
**3** ACHPSU
**4** (C+G+Q+R)
(T+U+V 2/6-30/8)
(X 1/7-30/8)(Z)
**5** **A**FGJKLNPUVW
**6** CEG**K**(N 1km)OTV

Camping en terrasses bien entretenu dans un paysage varié de montagnes, bois et vignes près de Vaison-la Romaine.

Vaison-la-Romaine/Nyons/Gap. A quelques kms du croisement à Intermarché, suivre les panneaux vers Faucon. De Nyons-Vaison-la-Romaine, traverser Mirabel. Avant Faucon à droite.

N 44°15'44'' E 05°07'45''

CC € 18 *1/4-3/7 21/8-1/11*

## Vallouise, F-05290 / Provence-Alpes-Côte d'Azur (Hautes-Alpes)

iD 2212

Camping Huttopia Vallouise***
chemin des Chambonnettes
+33 4 92 23 30 26
19/5 - 25/9
welkom@huttopia.com

6,5ha 88T(80-100m²) 10A CEE

1 ACD**G**IJKL**P**ST
2 CJNSUWXYZ
3 CHIJNOPSU**W**
4 (**A** 11/7-30/8)(C+G+Q+R )(T+V+Z 7/7-26/8)
5 **AB**DFGIJKLMNOPQUWZ
6 ACEGJ(N 0,2km)OTV

Camping avec une vue superbe sur le massif des Ecrins. Divers emplacements au soleil et à l'ombre. Place d'atterrissage pour parapentes.

A L'Argentière-la-Bessée, vers Les Vigneaux et Vallouise, suivre D994. Aller jusqu'au centre de Vallouise. A gauche, franchir le pont et descendre directement à gauche. Le camping est modestement indiqué.

CC € 16 *19/5-1/7 28/8-25/9*

N 44°50'39'' E 06°29'25''

## Valréas, F-84600 / Provence-Alpes-Côte d'Azur (Vaucluse)

iD 2213

Camping La Coronne***
route du Pegue
+33 4 90 35 03 78
1/4 - 31/10
contact@lacoronne.fr

2ha 50T(80-130m²) 10A CEE

1 AB**G**IJKLMOPSWT
2 CSUVWXYZ
3 CHIKMSU
4 (C+G )(Q 1/7-31/8)(T+U+V+Z 1/6-29/9)
5 **A**FGIJKLMNOPU
6 AEGK(N 1,5km)T

Camping familial avec assez d'emplacements à l'ombre ou au soleil. Belle piscine et nombreuses activités en ville. Possibilités pour faire de la randonnée ou du vélo. Nombreux équipements à Valréas et dans les environs: Vaison, Orange, Avignon.

Sortie Montélimar, direction Nyons. Juste avant Valréas à gauche et suivre les flèches.

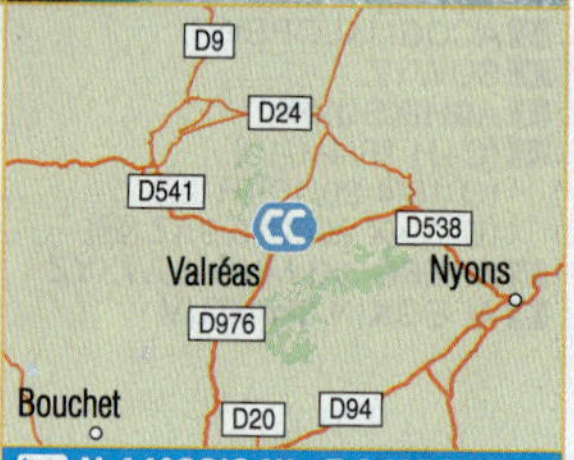


CC € 14 *1/4-10/7 27/8-31/10*

N 44°23'34'' E 04°59'32''

## Veynes, F-05400 / Provence-Alpes-Côte d'Azur (Hautes-Alpes)

iD 2214

Camping Les Rives du Lac****
Plan d'eau Les Iscles
+33 4 92 57 20 90
2/5 - 11/9
info@camping-lac.com

5ha 175T(80-190m²) 10-16A CEE

1 ACD**G**IJKLMOPST
2 CENOPSWXYZ
3 ACDHIJKMNP**QR**SU**W**XZ
4 (**A** 1/7-30/8)(C+F+H )K(Q+R+T+U+V+X+Y+Z )
5 **A**DEFGIJKLMNPQRUWXYZ
6 ACDEGJ**K**L(N 2km)RT

Un beau camping familial avec piscine, au bord d'un lac dans lequel vous pouvez nager de mai à septembre. Innombrables possibilités pour la randonnée, le vélo et le VTT à partir du camping jusque dans les montagnes environnantes. Pêche dans le lac ou la rivière. Terrain de sport et de jeux pour enfants. Restaurant avec terrasse.

A partir de Grenoble N75 direction Sisteron. Puis la D994 direction Veynes. Suivre les panneaux Plan d'Eau et de camping.

CC € 16 *2/5-8/7 28/8-11/9* *14=12*

N 44°31'08'' E 05°47'56''

## Veynes, F-05400 / Provence-Alpes-Côte d'Azur (Hautes-Alpes) 2215

Camping Solaire****
Quartier des Iscles
+33 4 92 58 12 34
1/1 - 31/12
info@camping-solaire.com

6,5ha 158**T**(150-200m²) 6A CEE

**1** ACFIJKLMPST
**2** CNSWXYZ
**3** CHIJKMNP**QR**SU**W**
**4** (B+G 15/6-30/9)K
(Q+R+T+U+V+X+Z 1/7-31/8)
**5** **AB**DEFGIJKLMNOPUVWXZ
**6** EGH**K**L(N 2km)OQTV

Camping familial calme avec piscine, restaurant avec terrasse et vue sur les montagnes. Bel espace très ombragé ou emplacement au soleil au choix. Emplacements de 150 m² ou plus. Pelouse bien entretenue.

A partir de Grenoble N75 direction Sisteron. Puis D994 di Veynes. Suivre les panneaux de camping et Plan d'Eau.

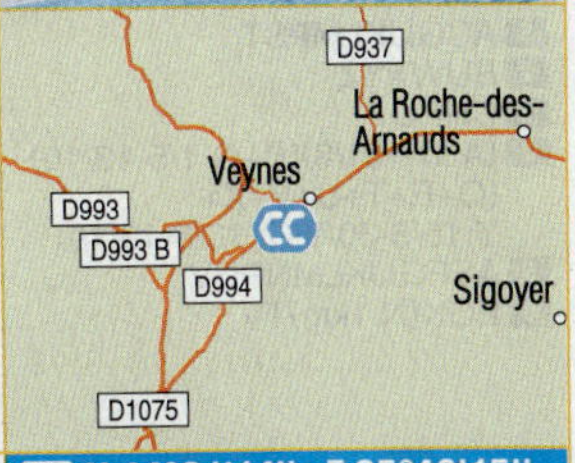


N 44°31'14'' E 05°48'15''

CC € 18 *1/4-1/7 22/8-30/9*

## Villes-sur-Auzon, F-84570 / Provence-Alpes-Côte d'Azur (Vaucluse) 2216

Camping Les Verguettes****
119 bis route de Carpentras
+33 4 90 61 88 18
15/4 - 2/10
verguettes@provence-camping.com

2ha 67**T**(80-110m²) 10A CEE

**1** AC**G**IJKLPST
**2** MNSUWXYZ
**3** CHIKP**R**SU
**4** (C+G 1/5-1/10)(Q 1/5-30/9)
(U+X 1/7-31/8)(Z)
**5** **A**DFGIJKLMNPQUYZ
**6** ACEGJ**K**(N 0km)QTV

Camping situé dans le centre du village avec des cafés et restaurants et une belle vue sur le Mont Ventoux. Une belle piscine forme une unité avec le bar et l'espace accueil. Point de départ pour randonnées et tours à vélo, aussi à travers les champs de lavande. Villages de montagne romantiques et Gorges de la Nesque dans les environs.

Le camping est sur la D942 Carpentras-Mazan-Villes-sur-Auzo-Sault. Suivez les panneaux dans le village.

N 44°03'26'' E 05°13'42''

CC € 20 *15/4-2/7 20/8-2/10*

## Villes-sur-Auzon, F-84570 / Provence-Alpes-Côte d'Azur (Vaucluse) 2217

Camping Municipal de Villes-sur-Auzon
30 chemin du Stade
+33 6 10 48 91 15
30/3 - 7/11
camping@villes-sur-auzon.fr

1ha 60**T**(80-100m²) 10A CEE

**1** ACD**G**IJKLMOPST
**2** SUXYZ
**3** ACHIK**O**U
**4** (B 1/7-31/8)
**5** GIJKLMNOPUZ
**6** BCEGHJ**K**(N 0,5km)T

Camping avec des sanitaires bien entretenus, des emplacements ensoleillés ou ombragés sous les pins et situé près du centre avec restaurants, boulangerie et magasins. Excursions vers le Mont Ventoux, Orange, Avignon et vers Sault par la Route de La Nesque et la Route de la Lavande.

Quitter la A7 à Orange, vers Carpentras, Mazan, puis suivre les panneaux à Villes-sur-Auzon.

N 44°03'19'' E 05°14'13''

CC € 18 *30/3-30/6 18/8-7/11*

## Visan, F-84820 / Provence-Alpes-Côte d'Azur (Vaucluse)

2218

Camping de L'Hérein***
879 route de Bouchet
+33 4 90 41 95 99
9/4 - 16/10
accueil@campingvisan.com

3ha 120**T**(80-300m²) 6-16A CEE

**1** ACGIJKLM**P**ST
**2** SUWXYZ
**3** CHPU
**4** (A 1/7-31/8)(B+G 1/5-13/10)
(Q+R+T+U+V+X+
Y 15/5-30/9)(Z 15/5-13/10)
**5** **A**EFGIJKLMNPUV
**6** EGK(N 1km)TV

Camping familial et calme avec de nouveaux sanitaires, une grande piscine, un bar, un nouveau restaurant, couverture wifi sur tout le camping 100% gratuite. Petit magasin avec produits du terroir. Coin parfait pour faire du vélo, à proximité de Nyons, Vaison-la-Romaine et Mont Ventoux.

A Bollène, quitter la A7 direction Suze-la-Rousse. Aller de Tulette à Visan, puis suivre Valréas et assez vite la direction Bouchet sur la D161 Visan-Bouchet.

CC € 16 *9/4-7/7 24/8-16/10*

N 44°18'44'' E 04°56'09''

## Volonne, F-04290 / Provence-Alpes-Côte d'Azur (Alpes-de-Haute-Prov)

2219

Camping Sunêlia
l'Hippocampe*****
7 rue de la Durance
+33 4 92 33 50 00
24/4 - 10/9
camping@lhippocampe.pro

11ha 447**T**(100-130m²) 10A CEE

**1** ACD**F**IJKLMPST
**2** FINOSUWXYZ
**3** C**G**HIKLMOPSUV**W**
**4** (**A**+C+H)IJKM(Q+R)
(T 1/7-31/8)(U+V+Y+Z)
**5** **AB**DFGHJLNPUWXYZ
**6** ACDEGHKL(N 0,6km)TV

Camping 5 étoiles, sous le soleil au coeur de la Provence dans un environnement calme au bord d'une rivière. Sur place, un espace aquatique avec toboggans, jacuzzi et pataugeoire, restaurant, snack et plats à emporter.

A partir de Sisteron prendre la N85 vers le sud. Puis sortie Volonne. Le camping est au sud de Volonne.

CC € 18 *8/5-3/7 20/8-10/9*

N 44°06'16'' E 06°01'01''

## Antibes, F-06600 / Rivièra-Côte d'Azur (Alpes-Maritimes)

2220

Camping Le Rossignol***
2074 av. M. Pellissier/av. J. Grec
+33 4 93 33 56 98
16/4 - 30/9
campinglerossignol@wanadoo.fr

1,8ha 111**T**(90-110m²) 10A CEE

**1** ACFIJKL**P**ST
**2** IJMPSUWZ
**3** A**G**HSU
**4** (C 20/4-26/9)(G 1/6-26/9)
(Q+R 1/7-31/8)(Z)
**5** **AB**EFGIJKLMNOPUWXYZ
**6** ACEG**K**(N 0,3km)RTV

A 1200 mètres de la plage, près d'Antibes et des musées Picasso et Léger, dans un environnement verdoyant et agréable, Le Rossignol vous offre des emplacements délimités par des petites haies. Réception ouverte entre 09h30 et 19h30.

A8, sortie 44 Antibes; suivre la direction Marineland. Le camping est indiqué par des panneaux.

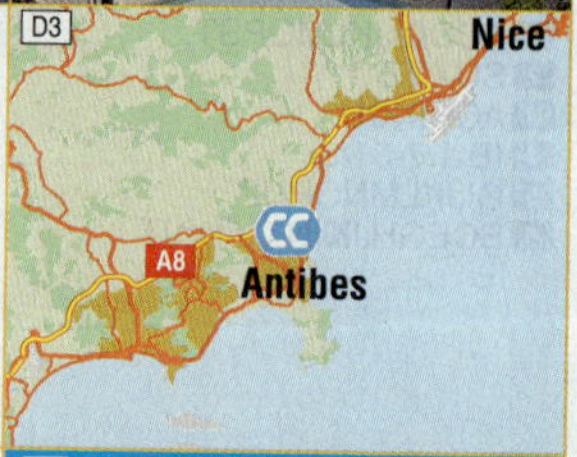


CC € 20 *16/4-9/7 26/8-30/9*

N 43°36'23'' E 07°06'43''

## Cagnes-sur-Mer, F-06800 / Rivièra-Côte d'Azur (Alpes-Maritimes) — 2221

Camping Le Colombier***
35 chemin Sainte Colombe
+33 4 93 73 12 77
1/4 - 1/10
campinglecolombier06@gmail.com

0,5ha 34T(80-110m²) 6A CEE

**1** A**F**IJKL**P**ST
**2** IJUWYZ
**3** ACDHS
**4** (B 20/5-30/9)(T 1/6-20/9)
**5** **AB**DEGIJKLMNOPUVZ
**6** CEG**J**(N 0,5km)QTV

Petit camping familial situé au calme dans un écrin de verdure. Terrain plat et bien ombragé. Piscine et solarium, wifi, ping pong, baby foot, mini billard. A 10 minutes de la mer, 15 minutes du village médiéval, 400m des commerces et 1 km du centre ville.

Sur la A8, prendre la sortie 47. Puis la direction Cagnes-sur-Mer centre, suivez la direction Colline de la Route de Vence jusqu'au rond-point de Durante. Suivre les panneaux de camping, puis les panneaux Le Colombier.

CC € 20 *1/4-10/7 1/9-30/9*

N 43°40'17'' E 07°08'20''

## Cagnes-sur-Mer, F-06800 / Rivièra-Côte d'Azur (Alpes-Maritimes) — 2222

Camping Le Val Fleuri***
139 chemin Vallon des Vaux
+33 4 93 31 21 74
16/4 - 1/10
valfleur2@wanadoo.fr

1,5ha 86T(80-100m²) 6A CEE

**1** AC**F**IJKLMPST
**2** IJMPSUWYZ
**3** ACHS
**4** (C+H 15/4-26/9)(Q)
(R+T 1/5-25/9)
**5** **A**DGHIJKLMNOPUZ
**6** AFGK(N 3,5km)TV

Le camping a 2 parties. La partie à droite de la route a de beaux emplacements ombragés. En dehors de l'agitation de la côte. Propriétaire très amicale. En période hors saison, votre commande de pain est apportée à la caravane. La réception est fermée entre 12 et 14 h.

A8 sortie Cagnes-sur-Mer. Puis N7 direction Nice. Indiqué dans Cagnes-sur-Mer.

CC € 20 *16/4-2/7 25/8-1/10*

N 43°41'14'' E 07°09'21''

## Grasse, F-06130 / Rivièra-Côte d'Azur (Alpes-Maritimes) — 2223

Camping La Paoute***
160 route de Cannes
+33 4 93 09 11 42
1/1 - 31/12
camppaoute@hotmail.com

2ha 52T(80-110m²) 10A

**1** ACD**G**IJLPST
**2** IJLMSTWXYZ
**3** C**G**HPS
**4** (B 15/5-30/9)
(Q+T+U+V+X+Z 1/6-30/9)
**5** **AB**DFGI**J**KLMNPUVWXYZ
**6** CEGH**K**(N 1km)TV

Camping à environ 2 km du centre de Grasse, capitale du parfum. La piscine spacieuse et les commerces à distance de marche sont des avantages supplémentaires. L'une des célèbres maisons de parfum est à 850 mètres à pied.

De Castellane, RN85 vers Cannes. Camping à la sortie de Grasse à la hauteur de l'Auchan.

CC € 20 *1/1-30/6 1/9-31/12*

N 43°38'08'' E 06°56'59''

## La Colle-sur-Loup, F-06480 / Rivièra-Côte d'Azur (Alpes-Maritimes)

**2224**

Camping Sites & Paysages Les Pinèdes****
route du Pont de Pierre
+33 4 93 32 98 94
1/4 - 30/9
info@lespinedes.com

4ha 106T(80-110m²) 10A

1 ACFIJKLPST
2 BCIJMSVWYZ
3 CGHIPQSUVWX
4 (C+H 7/4-30/9) (Q 1/5-30/9)(S 15/5-30/9) (T+U+V+X+Y+Z)
5 ABDEFGIJKLMNPUVWXYZ
6 ACEGK(N 1km)QRTV

Près de la mer (7 km) et de St. Paul de Vence, situation idéale au centre de la Rivièra/Côte d'Azur. Ce beau camping en terrasses tranquille offre aux campeurs des emplacements spacieux, des bons sanitaires et aussi un restaurant pour vous gâter culinairement. Piscine chauffée avec espace pour bronzer ouverte à partir du 11 avril.

Sortie 47 de la A8 direction Villeneuve-Loubet. Sortie La Colle, suivre la D6 direction Grasse.

CC € 18 1/4-8/7 25/8-30/9

N 43°40'54'' E 07°05'00''

## Le Bar-sur-Loup, F-06620 / Rivièra-Côte d'Azur (Alpes-Maritimes)

**2225**

Camping Les Gorges du Loup****
965 chemin des Vergers
+33 4 93 42 45 06
26/3 - 29/10
info@lesgorgesduloup.com

1,6ha 65T(80-160m²) 6-10A CEE

1 ACDGIJKLPSWT
2 JLMNSUWXYZ
3 CGHIPSU
4 (A 14/7-20/8) (C+Q+R+T+U+V+X+Z)
5 ACEGHIJKLMNOPUVZ
6 AEGK(N 1km)TV

Situation idéale pour découvrir cette superbe région de France en saison basse. Situation très avantageuse aussi par rapport à Cannes, Nice et Grasse, la ville des parfums. Accueil attentif. Ambiance agréable. Une visite des Gorges du Loup est recommandée.

A8 sortie 47, Roquefort-les-Pins, Le Rouret, Châteauneuf puis Bar-sur-Loup. Camping indiqué juste en dehors du village (± 1,5 km). Ne suivez pas le GPS dans le village. De Bar-sur-Loup, faites 1/2 tour à 2 km.

CC € 18 26/3-30/6 1/9-28/10

N 43°42'06'' E 06°59'43''

## Mandelieu-la-Napoule, F-06210 / Rivièra-Côte d'Azur (Alpes-Maritimes)

**2226**

Camping Les Cigales****
505 av. de la Mer
+33 4 93 49 23 53
15/1 - 12/11
campingcigales@wanadoo.fr

1ha 43T(60-120m²) 6-10A CEE

1 ACDGIJKLMPST
2 CIJSTVWXYZ
3 CGHSW
4 (B+G 1/5-30/9)(Q 1/7-31/8) (T+Z 1/4-30/9)
5 ABCDEFGHIJKLMNOPUWXYZ
6 CEGJ(N 0,25km)TV

Petit camping bien entretenu dans un environnement tranquille et juste dans le centre. En plus d'une piscine, le camping a un petit port privé. Idéal pour découvrir la Côte d'Azur en train ou en bus (pas de stress ou de parkings chers). Téléphonez pour avoir des emplacements libres.

A8, sortie 40; puis 1ière route à droite, au 2ième feu à gauche. Ou N98, entre La Napoule et Cannes, garder la direction Mandelieu-Centre.

CC € 22 15/1-2/7 17/9-12/11

N 43°32'21'' E 06°56'33''

## Puget-Théniers, F-06260 / Rivièra-Côte d'Azur (Alpes-Maritimes)

iD **2227**

Camping Lou Gourdan***
avenue Bischoffsheim
+33 4 93 02 77 40
3/4 - 29/10
contact@campinglougourdan.fr

1,2ha 24**T**(80-100m²) 10A CEE

**1** ACD**G**IJKLO**P**ST
**2** CJNSWXYZ
**3** AIKLU**W**
**4** (**C** 1/5-30/9)(H 1/6-30/9) (Q)
**5** **A**GIJKLMNOPUWXY
**6** ACEGHK(N 0,2km)

Petit camping avec des emplacements délimités à côté d'une rivière sauvage. Le bloc sanitaire récemment bâti est magnifique. Le centre est accessible par un pont (200m).

Camping à 200m en dehors du centre de Puget-Théniers. A gauche après avoir franchi le pont. Suivre les panneaux.

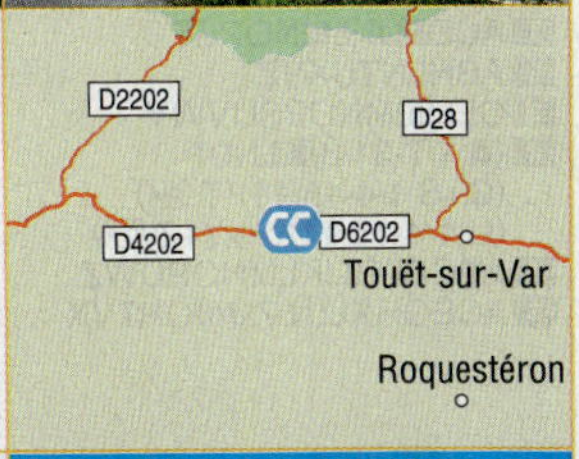


CC € 16 *3/4-4/7 21/8-29/10*

N 43°57'15'' E 06°53'51''

## Puget-Théniers, F-06260 / Rivièra-Côte d'Azur (Alpes-Maritimes)

iD **2228**

Camping Origan****
2160, route du Savet
+33 4 93 05 06 00
16/4 - 2/10
origan@orange.fr

35ha 60**T**(50-100m²) 6A CEE

**1** ACD**G**IJKLOPST
**2** BLMNUWXYZ
**3** CIKOPSV**W**
**4** (A 1/7-31/8)(C+G)JKN (Q+R+T+U+V+X+Z)
**5** **A**EGIJKLMNOPUVWZ
**6** AEGJ(N 3km)ORV

Camping naturiste très bien entretenu et bien situé dans un environnement impressionnant. Niché dans la colline, près d'un village typique de la Haute Provence. A 60 km de la Méditerranée.

Une flèche indique la direction à ± 500m à l'ouest de Puget-Théniers (à la hauteur du passage à niveau).

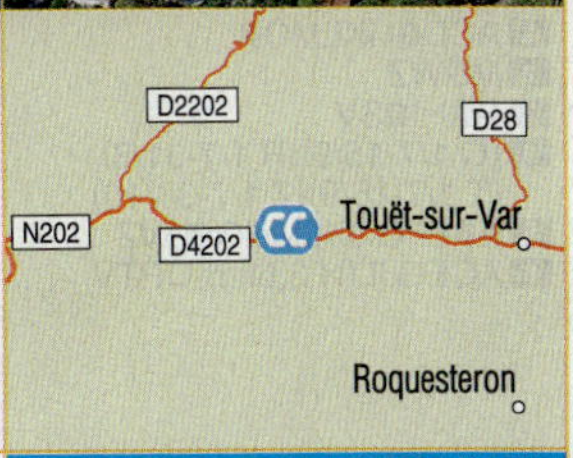


CC € 18 *16/4-9/7 27/8-2/10*

N 43°57'26'' E 06°51'35''

## Vence, F-06140 / Rivièra-Côte d'Azur (Alpes-Maritimes)

iD **2229**

Camping La Bergerie***
1330 chemin de la Sine
+33 4 93 58 09 36
25/3 - 15/10
info@camping-domainedelabergerie.com

13ha 450**T**(80-160m²) 5A

**1** ABCDGIJKLMPST
**2** BIJSUWZ
**3** CHIK**O**S
**4** (B+Q) (S+T+U+X+Y+Z 1/5-30/9)
**5** **A**EFGIJKLMNOPUVWYZ
**6** CEGJ**K**(N 3km)OT

Camping familial idéal et tranquille, adapté pour les campeurs avec jeunes enfants, situé dans une zone naturelle. La partie sanitaire dans le style provençal est très bien entretenue. Ceux qui apprécient l'espace seront satisfaits grâce aux emplacements particulièrement grands.

De l'autoroute, Vence. GPS seulement à partir de Vence. Du centre de Vence 2 km vers Tourrettes-sur-Loup/Grasse. A 2 km au rond-point à gauche. 1 km, suivre les flèches.

CC € 18 *25/3-2/7 26/8-15/10*

N 43°42'44'' E 07°05'24''

## Aléria, F-20270 / Corse — 2230

Camping Riva Bella Thalasso & Spa Resort****
route de Riva Bella
+33 4 95 38 81 10
1/1 - 31/12
rivabella.corsica@gmail.com

78ha 200**T**(100-120m²) 10A CEE

1 ACD**F**IJKLMNOPST
2 ABHLNTUXYZ
3 CEHILMNOPSUVWY
4 (**A** 1/7-31/8)**KL**N**OP**
(Q+S 1/4-15/11)(T)
(U 1/4-15/11)(V+Y+Z)
5 **AB**CEFGIJKLMNOPUWZ
6 ACEGH**K**L(N 7km)ORTVX

Camping 4 étoiles, avec label Clé Verte, situé à la mer. Ouvert aux naturistes du 01/04 au 05/11. Grand terrain de 79 ha en pleine nature et plage de sable fin à perte de vue. Grand centre Thalasso, parcours de santé de 3 km, terrain de sport, espace fitness, paddle, possibilités pour faire du vélo. Bar, restaurant, supermarché, thalasso ouverts du 1/4 au 11/11.

Situé le long de la N198, à 9 km au nord d'Aléria, puis 3 km sur le chemin privé en direction de la côte.

CC € 20 *1/1-11/6 11/9-31/12*

N 42°10'24'' E 09°31'44''

## Bonifacio, F-20169 / Corse — 2231

Camping Pian del Fosse***
route de Santa Manza
+33 4 95 73 16 34
1/5 - 31/10
pian.del.fosse@wanadoo.fr

5ha 70**T**(40-80m²) 10A CEE

1 ACD**G**IJKLMO**P**
2 MSWZ
3 C**G**HI**Q**SV
4 (Q 1/7-15/9)(R 1/7-31/8)
(T 1/7-15/9)(Z 1/7-31/10)
5 **AB**EFGIJKLMNOPUVZ
6 ACEGJL(N 3,5km)ORTV

Camping tranquille et bien entretenu, avec un accueil amical et beaucoup d'ombre. Magnifique point de départ pour visiter les baies, les plages et les villes. A partir du camping, allez à Bonifacio à pied ou à vélo (en VTT) par un sentier balisé (4,5 km).

De Porto Vecchio T10, di Bonifacio. Près de Bonifacio panneau blanc Sant' Amanza (D60) à gauche. Au bout, à droite (D58). Suivre panneau de camping. Navigation : Pian del Fosse/Bonifacio ou coordonnées.

CC € 18 *1/5-15/7 1/9-31/10*

N 41°23'59'' E 09°12'04''

## Bravone, F-20230 / Corse — 2232

Domaine de Bagheera****
N198
+33 4 95 38 80 30
15/1 - 15/12
bagheera@bagheera.fr

100ha 250**T**(80-120m²) 10A CEE

1 ABCD**G**IJKLMO**P**T
2 ABFHNSTUWYZ
3 CEHIKLMN**O**P**Q**SUVWY
4 (**A** 1/7-31/8)N
(Q)(S 1/5-30/9)
(T+U+V 15/5-15/9)
(Y+Z 2/5-30/9)
5 **AB**DEFGIJKLMNOPQRUWZ
6 ABCEGHJL(N 6km)OQRTV WX

Camping naturiste au bord de la mer avec des sanitaires modernes et chauffés, restaurants, mini-market. Situé dans un bois d'eucalyptus, à côté d'un plage de sable de 5 km et de l'eau claire. Vous pouvez pratiquer divers sports : natation, aquagym, yoga, pêche, vélos, planche à voile ou alors vous détendre sur une chaise longue ou dans le sauna.

Le camping est près de Bravone à N198, à environ 60 km au sud de Bastia et à environ 12 km au nord d'Aléria, à 3 km de la N198.

CC € 20 *15/1-1/6 1/9-15/12*

N 42°12'53'' E 09°33'19''

## Calvi, F-20260 / Corse

2233

Camping Dolce Vita***
route de Bastia, N197
+33 4 95 65 05 99
23/4 - 3/10
info@dolce-vita-calvi.com

6ha 161T(80-100m²) 10A CEE

1 ACDFIJKLMOPST
2 ABCGJTWXYZ
3 CDHOPQSWY
4 (Q+R+T+V+Y+Z)
5 **AB**DEFGIJKLMNOPQUVZ
6 ACEGHK(N 4km)OTV

Camping familial tranquille, situé juste au bord de la mer à seulement 3 km de Calvi. Emplacements ombragés. Sanitaires complètement rénovés.

Situé sur la N197, l'Île Rousse-Calvi, à 4 km environ au nord de Calvi.

€ 16 *23/4-30/6 1/9-3/10 7=6, 14=11*

N 42°33'16'' E 08°47'19''

## Calvi, F-20260 / Corse

2234

Camping International***
avenue Christophe Colomb
+33 4 95 65 01 75
9/4 - 8/10
intercalvi@gmail.com

1,5ha 65T(80-120m²) 15A CEE

1 ACD**F**IJKLMO**P**T
2 AGSTUWXYZ
3 CHIJK**QR**SUVWY
4 (C+H)IJM(Q+R)
(T+U 1/6-20/9)(V+Y+Z)
5 **A**EFGIJKLMNOPUWX
6 ACEGHK(N 0,2km)OTV

Beau camping bien entretenu. Situation idéale pour découvrir le centre de Calvi. La plage est accessible à pied (300m). Très bon restaurant. Paradis aquatique.

Venant de l'Ile-Rousse par la N197, sur la gauche juste avant l'entrée dans le centre de Calvi.

€ 20 *9/4-30/6 1/9-8/10 7=6, 14=11*

N 42°33'20'' E 08°45'33''

## Calvi, F-20260 / Corse

2235

Camping La Pinède****
route de la Pinède
+33 4 95 65 17 80
1/1 - 31/12
info@camping-calvi.com

5ha 85T(80-100m²) 12A CEE

1 ACDFIJKLMPS
2 AGJTUWYZ
3 CDHOPQRSUVWY
4 (A 1/7-31/8)(C+H)
IJ**KLMN**(Q+S+T+U+V)
(Y 1/4-1/11)(Z)
5 **AB**FGIJKLMNOPUVZ
6 ACEGHK(N 1km)OQRTV

En bordure d'une des plus belles plages de sable fin d'Europe, le camping la Pinède vous accueille dans une forêt de pins et d'eucalyptus, à 20 minutes à pied du Calvi. Dans cet écrin de 5 ha de fleurs et de verdure, vous pouvez vous ressourcer et passer des vacances fantastiques sous le soleil de Corse.

Venant de l'Île Rousse, N197 Calvi. A Calvi, (après le panneau Calvi) à 200 mètres à droite. Suivre les panneaux de camping. Le camping est dans le bois de La Pinède.

€ 20 *1/1-30/6 1/9-31/12 7=6, 14=11*

N 42°33'13'' E 08°46'07''

## Calvi, F-20260 / Corse

2236

Camping Les Castors****
route de Pietramaggiore
+33 4 95 65 13 30
9/4 - 8/10
info@castors.fr

2,1ha 80T(80-120m²) 15A CEE

**1** ACD**F**IJKLMO**P**T
**2** AGSTUXY
**3** CHIJK**QR**SUWY
**4** (C+H )IJM(Q+R )
(T+U 1/6-20/9)(V+Y+Z )
**5** **A**EFGIJKLMNOPUWX
**6** ACEGHK(N 0,2km)OTV

Beau camping bien entretenu. Situation idéale pour découvrir le centre de Calvi. Le camping est à proximité de la plage (300m). Très bon restaurant. Paradis aquatique.

Venant de l'Ile-Rousse par la N197, juste avant le centre de Calvi, suivre les panneaux de camping à gauche.

CC € 20 9/4-30/6 1/9-8/10 7=6, 14=11

N 42°33'26'' E 08°45'22''

## Ghisonaccia, F-20240 / Corse

2237

Camping Arinella Bianca*****
route de la Mer
+33 4 95 56 04 78
30/4 - 1/10
arinella@arinellabianca.com

10ha 99T(80-100m²) 10A CEE

**1** ACD**F**IJKLMPST
**2** ACGJNSTWZ
**3** CHOP**Q**SUWY
**4** (**A** 8/6-7/9)(C+G )**IJKP**
(Q+S+T+U+V+X+Y+Z )
**5** **AB**FGIJKLMNOPUWZ
**6** ABCEGH**K**(N 1km)ORTU

Très beau camping familial au bord de la plage, avec piscine et nombreuses animations. Sanitaires impeccables. Emplacements séparés et bien ombragés. Deux piscines près de la plage et Balnéo/paradis aquatique payant.

A partir de la N198 rond-point après Ghisonaccio, route de la Mer 5 km, puis au rond-point à droite. Suivre les panneaux de camping.

CC € 22 30/4-2/7 27/8-1/10

N 41°59'56'' E 09°26'32''

## Ghisonaccia, F-20240 / Corse

2238

Camping Marina d'Erba Rossa****
route de la Mer
+33 4 95 56 25 14
9/4 - 30/10
contact@marina-erbarossa.com

20ha 65T(80-120m²) 10A CEE

**1** ACD**F**IJKLMPRS
**2** ABGNSTUWXYZ
**3** ACEHKNOPRSUVWY
**4** (C+H )IJ**KMN**(Q+S )
(T 1/6-30/9)(U+V+Y+Z )
**5** **AB**FGIJKLMNOPUW
**6** AEGHJ**K**L(N 1km)QRTV

Magnifique camping familial au bord de la plage avec beaucoup de confort, des emplacements ombragés et beaucoup d'animations.

Venant de la N198 au rond-point après le centre de Ghisonaccia. Route de la Mer sur 5 km.

CC € 22 9/4-2/7 27/8-30/10

N 42°00'02'' E 09°26'49''

## Ghisonaccia, F-20240 / Corse

2239

Camping U Casone**
route de la Mer
+33 4 95 56 02 41
1/5 - 30/9
info@ucasone.net

4ha 100T(100-160m²) 6-16A CEE

1 ACD**G**IJKLMPST
2 ACNSTUWYZ
3 ACHKMNPS**W**
4 (B)(Q+V+X 15/6-15/9) (Z)
5 **A**FGIJKLMNOPUWZ
6 ACEGJL(N 1km)TVW

Un camping tranquille situé dans un bel environnement, avec une piscine et une plage que l'on peut rejoindre en marchant un peu. Vous pouvez également aller à la mer en kayak depuis le camping en passant par la rivière adjacente (kayaks disponibles).

De la N198, au rond-point après le centre, route de la Mer. A ± 4 km à droite et suivre les panneaux de camping.

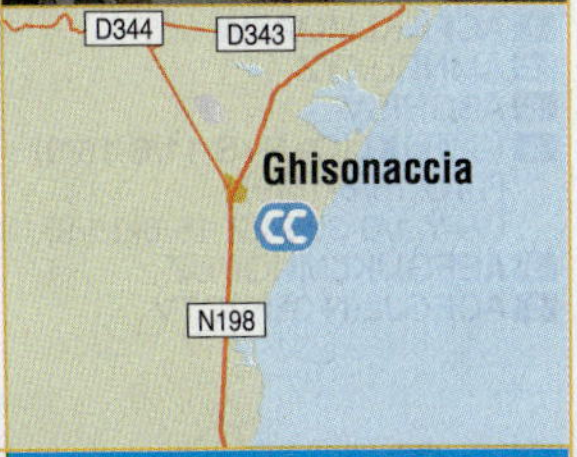


CC € 16 *1/5-8/7 25/8-30/9 7=6, 14=12*

N 41°59'58'' E 09°26'10''

## Lumio, F-20260 / Corse

2240

Camping Le Panoramic***
route de Lavatoggio
+33 4 95 60 73 13
25/5 - 25/9
panoramic@
vacances-andretrigano.com

1ha 100T 6A CEE

1 ACD**G**IJKL**P**SW
2 MNTUWY
3 ACHIKS
4 (B)(Q 1/6-30/9)(R) (T+U+V+X+Z 1/6-30/9)
5 **A**FGIJKLMNPQU
6 EGH(N 1,5km)ORTV

Le camping Panoramic est situé à 1,5 km de Lumio entre Calvi et L'île rousse. À 5 minutes en voiture des plages, le Panoramic offre une vue imprenable sur la marine de Sant'Ambroggio. Ombre-Calme-Propreté, Piscine-Ambiance familiale. Tous les emplacements sont délimités et ombragés par des eucalyptus et mimosas.

Suivez la N197 et à Lumio prenez la D71 vers Lavatoggio. Camping à 1,5 km au nord de Lumio.

CC € 20 *25/5-9/7 27/8-25/9*

N 42°35'24'' E 08°50'55''

## Olmeto, F-20113 / Corse

2241

Camping Ras l'Bol***
Olmeto-Plage
+33 4 95 74 04 25
1/4 - 15/10
infos@raslbol.com

5ha 150T(60-120m²) 6-10A CEE

1 ACD**F**IJKLMO**P**ST
2 AHSUXYZ
3 ACHPSWY
4 (C+H 1/5-30/9) (R+T+U+V+X) (Z 1/5-15/9)
5 **A**EFGIJKLMNOPUZ
6 CEGJ(N 7km)OTV

Camping spacieux avec des emplacements libres. Longue et large plage de sable près de Filitosa. Bons sanitaires propres et service pour camping-cars moderne, deux piscines chauffées dont une pataugeoire.

Entre Olmeto et Propriano, quitter la T40 par la D157. Le camping est à environ 6 km tout près de la plage.

CC € 18 *1/4-30/6 1/9-15/10*

N 41°42'11'' E 08°50'09''

## Olmeto, F-20113 / Corse

2242

Camping Vigna Maggiore****
T40/D157
+33 4 95 76 02 07
1/5 - 30/9
vignamaggiore@gmail.com

5,5ha 120T(70-180m²) 6A CEE

1 AC**F**IJKLMO**P**SW
2 AMNRUXYZ
3 ABCHISV
4 (C ) **KL**(Q+R+S 11/6-15/9) (T+U 15/6-15/9) (V+Y 1/6-30/9)(Z 15/6-15/9)
5 **A**EFGIJKLMNOPUZ
6 ACEGJL(N 3km)OTV

Camping situé sur la côte sud-ouest de la Corse, à 1 heure de route (60 km) d'Ajaccio avec de grands emplacements pas délimités et du libre choix de l'emplacement, de belles piscines (dont une chauffée), un restaurant, une pizzeria et un bar. Vue panoramique magnifique sur Propriano et le Golfe de Valinco. Plage à 5 minutes.

De Propriano vers Olmeto, cp juste après la sortie D157 dans le virage à gauche. D'Ajaccio, cp dans le virage à droite sur T40 après Olmeto.

CC € 18 1/5-10/7 27/8-30/9

N 41°41'53'' E 08°53'47''

## Porticcio, F-20166 / Corse

2243

Camping Benista****
Pisciatello / D55
+33 4 95 25 19 30
2/4 - 8/10
camping.benista@orange.fr

5ha 170T(90-110m²) 5A CEE

1 ACD**G**IJKLMO**P**ST
2 CJSTUWZ
3 ABC**FG**HOPRSUV
4 (B+G 15/5-15/9) (Q+R+S+T+U+V+X+Z )
5 **AB**EFGIJKLMNPUW
6 ACGKL(N 0,1km)OQRTV

Un agréable camping familial ombragé avec une belle piscine. Il y a un terrain de golf 6 holes à côté du camping, ainsi que des magasins et un restaurant. Belles plages de sable à 1,5 km. Ajaccio est à 10 km.

Venant de la T40 prendre la D55. Le camping est à environ 600 mètres à droite.

CC € 20 2/4-1/7 1/9-8/10

N 41°54'25'' E 08°49'21''

## Porto Vecchio, F-20137 / Corse

2244

Camping La Baie des Voiles***
Pezza Cardo Trinité
+33 4 95 70 01 23
2/5 - 2/10
lbdvoiles@laposte.net

4ha 160T(15-100m²) 10A CEE

1 ACD**G**IJKLMO**P**
2 ABHLMNTUWYZ
3 SWY
4 (B+G )
5 **A**GIJKLMNOPUVXZ
6 CEG**J**T

Un camping en longueur avec à l'entrée une belle piscine et au bout une plage de sable dans une baie. Belles terrasses pour les tentes entre les rochers. Possibilités pour faire des sports nautiques et pente pour mettre à l'eau. Restaurant à la plage.

T10 (route principale Bastia-Bonifacio), sortir vers la mer à Trinité de Porto Vecchio (D468). A la fourche, prendre la D568 . 1e camping à gauche.

CC € 20 2/5-30/6 1/9-2/10

N 41°37'24'' E 09°18'02''

## Sagone, F-20118 / Corse

iD **2245**

Le Sagone Camping****
route de Vico
+33 4 95 28 04 15
3/4 - 31/10
contact@camping-sagone.fr

9ha 145T(80-120m²) 10A

**1** ACD**F**IJKLM**P**S
**2** ABCJSTWZ
**3** CHKN**O**PSU**V**W
**4** (C+E+G ⊶)IM
(Q+S+T+U+V ⊶)
(Y 15/6-15/9)(Z ⊶)
**5** **AB**EFGIJKLMNPUWZ
**6** ABCEGHKL(N 0,1km)
OQTVW

Le Sagone est entouré de merveilles : plages de sable blanc, Cargèse la grecque, calanques de Piana, réserve de Scandola, tour de Porto, Ajaccio la Génoise... La côte est le domaine des oiseaux marins qui viennent y nicher paisiblement. Le Sagone, c'est aussi le paradis de l'eau vive. Cascades spectaculaires et piscines naturelles confèrent à la nature intacte un attrait exceptionnel.

Sur la D70, à 2 km sur la route Sagone-Vico. Indiqué à Sagone.

CC € 18 *3/4-8/7 26/8-31/10*

N 42°07'51'' E 08°42'18''

## San Nicolao, F-20230 / Corse

iD **2246**

Camping Merendella****
Moriani Plage
+33 4 95 38 53 47
3/4 - 30/10
contact@merendella.com

6ha 215T(80-110m²) 10A CEE

**1** ABCD**G**IJKLMO**P**ST
**2** ABHJNSUWXYZ
**3** AHPSUVW
**4** (C+F+H ⊶)IJKNP
(Q+T+U 15/6-15/9)(V ⊶)
(X 15/6-15/9)(Y ⊶)
(Z 15/6-15/9)
**5** **AB**GIJKLMNPUWZ
**6** CEGHK(N 1km)QTV

Beau camping bien entretenu, proche de la mer et disposant d'une plage privée. Emplacements ombragés. Il y a un nouveau paradis aquatique avec des toboggans.

Venant de Bastia, le camping est le long de la T10 à environ 45 km.

CC € 18 *3/4-15/6 15/9-30/10 7=6*

N 42°21'49'' E 09°31'49''

## Sartène, F-20100 / Corse

iD **2247**

Camping L'Avena***
route de Tizzano
+33 4 95 77 02 18
25/5 - 25/9
avena@
vacances-andretrigano.com

6,5ha 69T(50-90m²) 6A

**1** ABCD**G**IJL**P**
**2** AGKNRSWXYZ
**3** ACHPSWY
**4** (Q+S+T+V+X+Z 15/6-15/9)
**5** **A**GIJKLMNOPUZ
**6** CEH**J**ORT

Ce camping familial ombragé et avec un agréable vent de mer est situé à 15 km au sud-ouest de Sartène, au fond d'une longue vallée. La plage est à 400m.

Bonifacio T40 vers Sartène. Puis D48 vers Tizzano. Avant le village à gauche, suivre les panneaux de camping, cp à 1 km, entrée en pente raide.

CC € 20 *25/5-9/7 27/8-25/9*

N 41°32'06'' E 08°52'01''

**Solaro**, F-20240 / Corse

2248

Camping Les Eucalyptus**
T10
+33 6 86 81 03 71
1/5 - 15/10
camping.eucalyptus@orange.fr

3ha 60T(100m²) 15A

1 ABGIJKLMOPQ
2 ACGNUXY
3 HSY
4 (Q 1/5-30/9)(Y )
(Z 1/5-30/9)
5 AGIJKLMNOPU
6 GHJ(N 1,5km)

Un beau camping au bord de la plage. Emplacements ombragés sous les eucalyptus. Emplacements libres.

Camping sur la T10, à 2 km au nord de Solenzara.

CC € 20 *1/5-30/6 31/8-15/10*

N 41°52'38'' E 09°23'47''

# Espagne

## Général

Dénomination officielle : Royaume d'Espagne (Reino de España).

L'Espagne est membre de l'Union Européenne.

L'espagnol est la langue officielle. Dans les régions touristiques vous pouvez vous débrouiller en anglais.

Décalage horaire : En Espagne, l'heure est la même qu'à Amsterdam, Paris et Rome.

### Monnaie / transactions financières

Devise : euro

Vous pouvez payer presque partout avec une carte de banque ou une carte de crédit. Vous trouverez de nombreux distributeurs de billets.

## Formalités à la frontière

De nombreuses formalités et accords relatifs entre autres aux documents de voyage et de véhicule requis, aux exigences liées à votre

moyen de locomotion ou d'hébergement, aux frais médicaux et aux voyages en compagnie de vos animaux dépendent non seulement de votre pays de destination, mais également de votre point de départ et de votre nationalité. La durée de votre séjour est également déterminante. Dans le cadre de ce guide il n'est pas possible de garantir que les informations relatives à ce sujet sont correctes et à jour pour tous les utilisateurs. Nous vous conseillons de vous renseigner suffisamment en avance pour savoir :

- de quels documents de voyage vous devez disposer, pour vos accompagnateurs et pour vous-même ;
- de quels documents vous devez disposer en ce qui concerne votre véhicule et votre remorque ;
- quels produits et médicaments vous pouvez importer et exporter librement ;
- comment, en cas d'accident ou de maladie, sont réglés le traitement médical et le paiement de ce traitement.

### Animaux de compagnie

Vérifiez que les animaux de compagnie sont admis dans le pays où vous allez séjournez. Prenez rendez-vous avec votre vétérinaire suffisamment à l'avance. Ce dernier pourra vous informer au sujet des vaccinations requises, des certificats correspondants et des obligations au moment du retour.
De plus, il serait également utile de vous renseigner pour savoir s'il existe des réglementations spéciales en matière d'animaux dans le pays où vous souhaitez vous rendre. Dans certains pays par exemple, les chiens doivent toujours porter une muselière ou être transportés en cage.

## Circulation routière

Le réseau routier est bien entretenu. Vous ne trouverez des routes non goudronnées qu'en régions reculées et en réserves naturelles. Il est déconseillé de rouler la nuit dans les régions rurales, à cause des animaux qui traversent la route et de l'absence de signalisation.

### Routes de montagne

Les cols des Pyrénées peuvent être temporairement fermés ou difficilement accessibles pour les voitures avec caravane ou remorque. Vérifiez leur accessibilité avant votre départ. Pour plus d'informations : ***alpenpaesse.de*** (en allemand).

## Faire le plein

L'essence (Gasolina Sin Plomo 95/98) avec 5 ou 10 pourcent d'éthanol (E5 ou E10) est facile à trouver (si vous voulez mettre de l'E10, contrôlez sur l'ouverture du réservoir, dans le manuel d'instructions ou auprès de votre garage si votre voiture supporte ce carburant, sinon prenez du SP98). Le diesel (Diesel/Gasóleo) et le GPL (Autogaz) sont faciles à trouver. Pour le plein de GPL, c'est un raccord européen qui est généralement utilisé.
Les stations-service sont généralement ouvertes de 7 h à 22 h. Sur les aires d'autoroute et dans les grandes villes, les stations-service sont généralement ouvertes de 6h à minuit ou en permanence. L'Espagne compte aussi des stations automatiques.

## Code de la route

Les feux de croisement sont obligatoires en cas de visibilité réduite, par temps sombre, dans les tunnels et les échangeurs.
Aux intersections, la priorité est aux véhicules venant de droite. Les trams ont toujours la priorité. Les véhicules engagés sur un rond-point ont la priorité si cela est indiqué par des panneaux. En montagne, la circulation montante a la priorité sur la circulation descendante.

**Limitations de vitesse**

| | En dehors des agglomérations | Si les voies sont séparées* | Autoroute** |
|---|---|---|---|
| Voitures | 90 | 100 | 120 |
| Avec remorque < 0,75 tonnes | 70 | 80 | 90*** |
| Camping-car <3,5 tonnes | 80 | 90 | 100 |
| Camping-car >3,5 tonnes | 80 | 80 | 90 |

**Les routes dont les voies sont séparées, par exemple par une berne centrale.*

***Autoroute et « autovia ».*

****80 km/h pour une voiture avec remorque de > 0,75 tonnes.*

Les (auto)routes de ville sont limitées à 80 km/h.

En agglomération, la vitesse est limitée à 50 km/h.

L'alcoolémie est fixée à 0,5 g/l, et à 0,3 g/l pour les conducteurs ayant leur permis depuis moins de 2 ans.

Tenir son téléphone en main au volant est interdit, même si vous êtes à l'arrêt (vous pouvez passer des appels avec un kit main libre). Le conducteur ne peut pas non plus porter de casque, d'écouteurs ou d'oreillettes, ni utiliser d'appareils pendant qu'il conduit.

**Attention !** Les enfants de moins d'1,35 m doivent être assis à l'arrière sur un siège enfant.

Vous pouvez utiliser les fonctions de vos appareils de navigation signalant les radars et contrôles.

Les pneus neige ne sont pas obligatoires, mais vivement conseillés si vous vous rendez en montagne en hiver.

### Règles particulières

Si le chargement dépasse à l'arrière, par exemple avec un porte-vélos, celui-ci doit être signalé par un panneau réfléchissant blanc de 50 x 50 cm avec 3 lignes rouges transversales.

En montagne, il faut obligatoirement klaxonner dans les virages à mauvaise visibilité.

Aucun appareil à écran ne doit se trouver dans le champ de vision du conducteur (excepté les systèmes de navigation).

Une intersection barrée de lignes diagonales jaunes au sol indique que vous ne pouvez vous engager que si vous pouvez passer sans vous arrêter.

Lorsque vous dépassez un cycliste, vous êtes obligé de respecter une distance de sécurité d'au moins 1,50 m.

Sur les « autovia », tenez compte du fait que des cyclistes et des véhicules agricoles peuvent circuler sur la bande d'arrêt d'urgence.

### Équipements obligatoires

Un triangle de présignalisation et une roue de secours (ou un kit de réparation) doivent obligatoirement se trouver dans votre voiture.

Les voitures immatriculées en Espagne doivent obligatoirement être équipées de 2 triangles de signalisation, d'un gilet réfléchissant et d'un système anti-vol. Les gilets réfléchissants sont conseillés pour tous les passagers.

### Caravane et camping-car

Les camping-cars ou voitures avec caravane ne peuvent pas dépasser 4 m de haut, 2,55 m de

large et 18,75 m de long (la caravane elle-même ne doit pas dépasser 12 m de long).
Pour les combinaisons voiture-caravane de plus de 12 m de long, un panneau jaune bordé de rouge ECE-70 soit être apposé à l'arrière.
Une combinaison voiture-caravane longue de plus de 10 m doit respecter une distance d'au moins 50 m hors agglomération avec les véhicules de devant.

### Vélo

En dehors des agglomérations, le port du casque obligatoire (sauf en cas d'effort intense ou de fortes chaleurs). Les enfants jusqu'à 16 ans doivent porter un casque (même à l'arrière).
Par temps sombre (ou en cas de visibilité réduite), le gilet réfléchissant est obligatoire hors agglomération.
Téléphoner ou utiliser son téléphone à vélo est interdit. Les cyclistes ne peuvent pas non plus porter d'écouteurs ou de casque.
Un enfant jusqu'à 7 ans peut être transporté par un adulte à l'arrière d'un vélo dans un siège.

## Péage et zones environnementales

### Péage

La plupart des autoroutes espagnoles (« autopistas ») sont à péage. Vous pouvez payer en espèces, par carte (de crédit) ou avec un boîtier électronique (ETC, Electronic Toll Collection, télébadge, voir ci-dessous). Les routes payantes sont signalées par les lettres AP, et les routes gratuites (« autovias ») par la lettre A. Vous pouvez également le voir sur les cartes routières avec les numéros de route. Pour plus d'informations : ***autopistas.com*** et ***fomento.gob.es***.
**Conseil !** Si vous avez le badge de télépéage français, vous pouvez aussi l'utiliser pour payer en Espagne. Pour plus d'informations : ***bipandgo.com***.

### Zones environnementales

En Espagne, seules Barcelone et Madrid ont instauré une zone environnementale.

Pour y circuler, vous devez avoir une vignette écologique. La vignette est disponible aux bureaux de poste et dans certains garages pour 5 €. Pour plus d'informations : ***dgt.es/es/seguridad-vial/distintivo-ambiental***, ***cercador.barcelona.cat/en*** (cherchez « low emission zone ») et ***madrid.es*** (cherchez « zona de bajas emisiones »).

## Pannes et accidents

Placez votre triangle de présignalisation au moins 100 m derrière votre véhicule si celui-ci représente un danger pour la circulation (sauf si c'est trop dangereux à cause du trafic). Si vous avez une voiture de location (espagnole), placez un second triangle devant la voiture. Tous les passagers doivent porter un gilet réfléchissant. En cas de panne, vous devez appeler votre assurance. Vous pouvez aussi appeler la sécurité routière espagnole RACE) op 900 112 222 ou catalane (RACC) au 900 242 242.
Le remorquage est interdit sur l'autoroute.

### Numéro d'urgence

112 : numéro d'urgence national pour la police, les pompiers et les ambulances.
091 : police.
080 : pompiers.
061 : ambulances.

## Camper

L'Espagne compte plus de 1000 campings, parmi lesquels ceux de la côte méditerranéenne du nord sont les plus visités. Nous vous conseillons de réserver ! Les arbres, arbustes et fleurs offrent de beaux terrains de camping, mais aussi des emplacements délimités augmentant votre intimité.
Les campings espagnols sont en général bien entretenus. Surtout à la côte, tous les emplacements disposent d'un raccord à la télévision, à l'eau et à l'électricité.
Le camping sauvage est généralement interdit.

### Particularités

En Espagne, les campings sont classés par catégories. Sur un camping de 1ère catégorie, vous trouvez le plus grand luxe.
Les bouteilles de gaz bleues ne peuvent pas être remplies en Espagne. Il est conseillé d'acheter des bouteilles de gaz espagnoles et de les rendre en quittant le pays.

### Caravane et camping-car

Passer la nuit le long de la route dans sa voiture, son camping-car ou sa caravane est interdit.

### Chercher un camping

Pour chercher et choisir un camping, le plus simple est d'utiliser le site ***Eurocampings.eu***.

## Infos pratiques

Les interrupteurs disposent de deux trous ronds (type C et F). Sur le site ***iec.ch/world-plugs***, vous pouvez vérifier si vous avez besoin d'un adaptateur (prise universelle).
Protégez vous contre les tiques, elles peuvent transmettre des maladies.
Vous pouvez boire l'eau du robinet sans problème, mais elle a un léger arrière-goût. Beaucoup de personnes achètent de l'eau en bouteille.

## **Albanyà**, E-17733 / Cataluña

**2249**

Camping Bassegoda Park Cat.1
Camí de Bassegoda s/n
+34 9 72 54 20 20
4/3 - 11/12
info@bassegodapark.com

4,5ha 58T(70-110m²) 10-20A

1 ABCD**G**IJKLMN**P**
2 BCMUWYZ
3 ACDHIKMP**QR**SUWX
4 (**A** 1/7-31/8)(B 1/6-30/9)
(Q+R+T+U+V+Y+Z)
5 **AB**DEFGHIJKLMNOPUWXY
6 ADFGH**K**L(N 1km)ORSTV

Camping dans un environnement boisé et vallonné avec des équipements qui vous surprendront, e.o. observatoire astronomique d'Albanya avec le plus grand télescope de Gérone, grande piscine (ouverte du 1/6 au 30/9) et bar-restaurant.

Venant de la France Salida 3, de l'Espagne salida 4 direction Llers, puis Terrades et Sant Llorenç de la Muga et enfin Albanyà, tout droit; la voie est sans issue.

CC € 22 *4/3-7/4 19/4-14/7 1/9-11/12 7=6, 14=11*

N 42°18'25'' E 02°42'31''

## **Amposta**, E-43870 / Cataluña

**2250**

Camping Eucaliptus Cat.2
Platja Eucaliptus
+34 9 77 47 90 46
1/4 - 24/9
eucaliptus@campingeucaliptus.com

4,5ha 240T(60-90m²) 6A

1 BCDGIJKLMPRS
2 AGJSWYZ
3 CIKMPSVWY
4 (B 1/5-2/9)(G 1/5-26/9)
(Q+S+T+U+X+Y+Z)
5 **AB**EFGIJKLMNOPUWX
6 ACEGJ**K**(N 2km)ORTUV

Bon camping spacieux avec de bons équipements sanitaires et un bon restaurant. Bonnes possibilitéslie pour le cyclisme, la randonnée et les sports nautiques. Situé dans la réserve naturelle 'Delta de l'Ebre'. Idéal pour les amateurs d'oiseaux.

Sur la N340 en venant du nord, passer Ampolla et tourner à gauche au panneau Delta de l'Ebre. Sur la N340 en venant du sud avant Ampolla, tourner à droite en direction de Delta de l'Ebre.

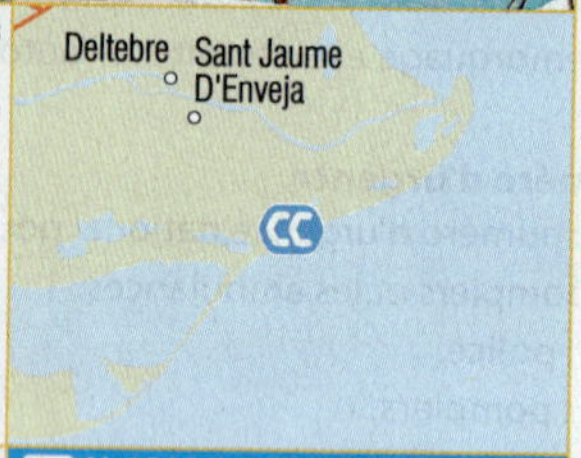


CC € 18 *1/4-13/4 18/4-22/6 26/6-7/7 24/7-28/7 28/8-24/9 7=6, 14=12, 21=18*

N 40°39'24'' E 00°46'47''

## **Arnes**, E-43597 / Cataluña

**2251**

Camping Els Ports Cat.2
Carretera T-330, km 12
+34 9 77 43 55 60
1/1 - 31/12
info@camping-elsports.com

3,5ha 96T(40-85m²) 6-10A

1 ABCDGIJKLMPQ
2 SUVWYZ
3 ACIKMPS
4 (B+G 15/6-30/9)
(Q+R+T+X+Z)
5 **A**DGIJKLMNOPUWX
6 AEGJ(N 1km)TV

Beau cp près des montagnes de la réserve naturelle protégée Els Ports. Authentiques villages espagnols Arnes et Horta de San Juan. Itinéraires de marche sportive. Situé sur la Via Verde, piste cyclable sur l'ancienne voie ferrée de Tortosa à Puebla de Hijar. Pour les sportifs qui aiment le calme.

AP7 Barcelona-Valencia, sortie 40 direction Tortosa, là, suivre Lleida jusqu'à la sortie Horta/Sant Joan. Puis à gauche direction Arnes T330 (à 40 km de AP7). A 3 km sur la droite.

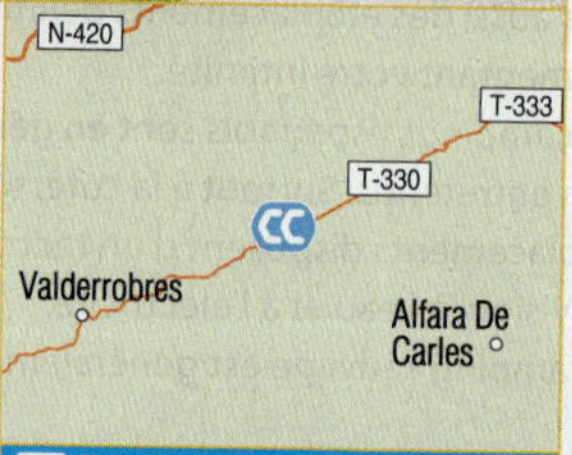


CC € 18 *1/1-27/3 4/4-22/6 1/9-31/12 7=6, 14=12*

N 40°55'10'' E 00°16'06''

## Blanes, E-17300 / Cataluña
2252

Camping Bella Terra
Av. Villa de Madrid 35-40
+34 9 72 34 80 17
9/4 - 9/10
info@campingbellaterra.com

12ha 393**T**(70-90m²) 6A

1 ACD**G**IJKLMOPQ
2 AGJTUWYZ
3 AHM**O**PSUY
4 (B+G 1/5-15/9)IJ(Q+R)
(T 1/5-15/9)(U+X+Y)
(Z 1/5-15/9)
5 **AB**EFGIJKLMNOPUWXYZ
6 GH**K**M(N 0,1km)ORTUVX

Camping familial avec d'excellents équipements pour enfants et adultes. Le camping est situé dans un bois de pins jouxtant la plage et le boulevard. Parc aquatique pour les enfants et centre sportif fantastique.

Sortie 10, à Blanes, suivre les panneaux de camping. Bella Terra se trouve au fond dans la rue du camping.

CC € 22 *9/4-13/4 18/4-22/6 27/6-3/7 26/8-9/10*

N 41°39'31'' E 02°46'44''

## Blanes, E-17300 / Cataluña
2253

Camping El Pinar
Av. Villa de Madrid, 39
+34 9 72 33 10 83
8/4 - 16/10
info@campingelpinar.com

6,8ha 449**T**(60-80m²) 6-10A

1 ACD**G**IJKLO**P**Q
2 AGJSTWXYZ
3 AEMPSU**V**Y
4 (B+G 1/5-15/9)
(Q+S+T+U+X+Z)
5 ABFGIJKLMNOPUW
6 EGH**K**(N 0km)ORTVW

Camping familial situé au bord de la plage et en partie sous les pins. Plage privée avec accès direct depuis le camping. Sanitaires récemment rénovées. Il y a des emplacements de 80m² à 100m². Les emplacements de 90m² et 100m² sont équipés d'eau, égout et d'électricité de 10 ampères. Idéal pour les grands camping-cars.

De la périphérie de Blanes, suivre les panneaux 'Camping'. On arrive à Av. Villa de Madrid. El Pinar est le tout dernier camping.

CC € 22 *8/4-3/7 1/9-15/10*

N 41°39'18'' E 02°46'44''

## Blanes, E-17300 / Cataluña
2254

Camping La Masia
C. Colòn 44
+34 9 72 33 10 13
25/2 - 8/12
info@campinglamasia.com

8ha 407**T**(60-75m²) 5A CEE

1 ACDGIJKLMO**P**Q
2 AGJWZ
3 CHPS**V**Y
4 (B 1/5-30/9)(F)
(G 1/5-30/9)**KLNP**
(Q+S 1/5-1/10)(T+U+
X+Z)
5 **AB**FGIJKLMNOPU
6 CGH**KM**(N 0km)ORSTV

Grand camping au milieu de la vie nocturne avec de bons équipements, beaucoup d'arbres, un beau parc aquatique avec sauna et piscine couverte.

Depuis la sortie de Blanes, suivre les panneaux indiquant « camping ». Av. Villa de Madrid, camping à droite.

CC € 22 *25/2-19/6 12/9-7/12*

N 41°39'48'' E 02°46'48''

## Blanes, E-17300 / Cataluña

2255

Camping Solmar
Colom 48
+34 9 72 34 80 34
8/4 - 12/10
campingsolmar@campingsolmar.com

6ha 200T(65-85m²) 6A

1 ACDGIJKLOPRS
2 AGJSUWYZ
3 CHOPSY
4 (B+G 1/5-30/9)J(Q+S)
(T+U+V 1/5-1/10)(X+Z)
5 ABFIJKLMNOP
6 AGHK(N 0km)ORTV

Camping au coeur des lieux de sorties avec des sanitaires corrects et beaucoup d'ombre.

A partir de la périphérie de Blanes, suivre les panneaux 'camping'. On arrive à Av. Villa de Madrid. A droite panneau 'Solmar'.

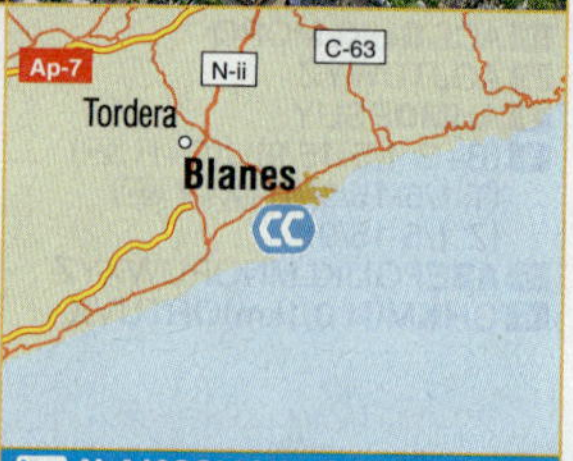


CC € 20 18/4-22/6 1/9-11/10

N 41°39'43'' E 02°46'50''

## Calella, E-08370 / Cataluña

2256

Camping Roca Grossa Cat.2
Ctra NII km 665
+34 9 37 69 12 97
1/4 - 9/10
rocagrossa@rocagrossa.com

7ha 280T(60-90m²) 6-10A

1 ACDGIJKLMOPQ
2 AHILMNTWZ
3 CGHMNOPSUVWY
4 (B+G 1/5-1/10)
(Q+S+T+U+X+Z)
5 AFGIJKMNOPUWZ
6 AEGHJKM(N 0,5km)
OQRVWX

Camping en terrasses avec une vue magnifique sur la mer, un 'petit train' vous amène à la piscine.

Route côtière NII Malgrat-Barcelona. Entre Calella et Sant Pol, 300 mètres après 'El Faro' (phare) à droite. Attention! Directement après un tournant à droite. Les caravanes sont placées.

CC € 20 1/4-10/7 27/8-8/10 14=12

N 41°36'23'' E 02°38'19''

## Calonge, E-17251 / Cataluña

2257

Camping Sènia Cala Gogo
Av. Andorra 13
+34 9 72 65 15 64
14/4 - 18/9
calagogo@calagogo.es

20ha 670T(60-115m²) 6-10A

1 ACDGIJKLMOPQ
2 AGJLMNSTUWXYZ
3 CGHIMNOPSUVWY
4 (C+H)IJ
(Q+S+T+U+X+Y+Z)
5 ABEFGIJKLMNOPUWXYZ
6 ACEGHJKM(N 1km)
ORTVWX

Camping familial agréable à flanc de coteau avec beaucoup d'ombre. Avec des sanitaires design, une piscine active, beaucoup de caractère et de nombreuses animations gratuites.

Sortida 6. Palafrugell-Palamós. Direction San Feliu, puis Palamós-est. Ensuite Platja d'Aro. Le camping est sur la droite. Il est bien indiqué.

CC € 22 14/4-30/6 1/9-17/9

N 41°49'49'' E 03°05'02''

## Cambrils, E-43850 / Cataluña

2258

Camping Joan***
N340, km 1141 / Passeig Marítim 88
+34 9 77 36 46 04
17/1 - 11/12
info@campingjoan.com

5ha 218T(tot 90m²) 5A

**1** BCD**G**IJKLOPQ
**2** AGIJSTUWZ
**3** AC**G**HMSU**V**WY
**4** (B+G 15/4-30/9)(Q+R)
(S 1/3-15/10)(T+U 1/3-1/12)
(X 1/3-15/10)(Y+Z 1/3-1/12)
**5** **AB**DFGIJKLMNOPUWX
**6** BCEGH**K**M(N 2km)
ORTVWX

Camping pas trop grand, dans un environnement calme, au bord de la plage. Dans une agglomération de maisons de vacances au sud en bordure de Cambrils.

Autoroute AP7, sortida 37, direction Cambrils. Aux feux à droite. N340 direction Hospitalet. Juste après la station-service Shell, bifurquer à droite et prendre le viaduc sur la N340. Suivre les panneaux de camping Joan.

CC € 20 *17/1-13/4 17/4-22/6 11/9-10/12* ***7=6, 15=12, 30=23, 60=45***

N 41°03'28'' E 01°01'36''

## Cambrils, E-43850 / Cataluña

2259

Camping La Llosa Cat.3
C/ Camí de les Lloses 1
+34 9 77 36 26 15
1/1 - 31/12
info@camping-lallosa.com

4,5ha 400T(40-75m²) 6A

**1** BC**G**IJKLMPQ
**2** AGIJTWZ
**3** AC**G**HKMPSUWY
**4** (B+G 15/5-8/10)M(Q+S+T+
U+V+X+Y+Z 15/5-30/10)
**5** **A**EGIJKLMNOPUWXYZ
**6** ABCDEG**K**M(N 0,5km)
ORTVX

Petit camping ombragé à 0,5 km de Cambrils et à proximité de la plage. Le camping est associé au Club Nautico.

Route à péage A7, sortie 37, Cambrils. Au rond-point à droite (N340) vers Hospitalet. Puis file de gauche et à gauche au panneau bleu 'Camping & Bungalows LA Llosa'. Puis suivre les panneaux.

CC € 20 *1/1-10/4 18/4-20/6 29/8-31/12* ***7=6, 15=12***

N 41°03'55'' E 01°02'41''

## Cambrils, E-43850 / Cataluña

2260

Camping Platja Cambrils Cat.2
Av. Oleastrum 12
+34 9 77 36 14 90
1/4 - 30/10
info@playacambrils.com

8ha 400T(50-80m²) 5A CEE

**1** BC**G**IJKLMO**P**Q
**2** AGIJTUWZ
**3** C**G**HIM**O**PSUWY
**4** (B+G )J(Q 15/6-15/9)
(S+T+U+X+Y+Z )
**5** **AB**CFGHIJKLMNOPUWXY
**6** AEGHJ(N 0km)OQRTUV

Ce camping est situé en bordure de Cambrils près de Salou, à 250m seulement de la plage. Par ailleurs, il est équipé d'une grande piscine et d'un solarium. Les emplacements sont ombragés mais petits.

Route à péage AP7, sortida 35 Salou. N340 ou A7 direction Cambrils. A un rond-point direction Vilafortuny, au bout de la route à droite aux feux. Puis suivre les panneaux.

CC € 20 *1/4-12/4 18/4-19/6 11/9-30/10*

N 41°04'01'' E 01°04'59''

## **Canet de Mar,** E-08360 / Cataluña

2261

Camping Globo Rojo Barcelona Cat.1
Ctra Nac. II km 660,9
+34 9 37 94 11 43
2/4 - 12/10
camping@globo-rojo.com

2ha 155**T**(60-90m²) 10A

1 A**G**IJKLO**P**Q
2 AGSWYZ
3 A**G**HIKMNOPSY
4 (C+G+Q+R+U+X+Y+Z)
5 AFGIJKMNOPUWZ
6 GHK(N 0,5km)OQRTVW

Camping familial près de la plage de sable, avec de bons équipements et beaucoup d'ombre. Situation idéale pour visiter Barcelone en bus, en train ou en voiture. A 5 minutes de marche de Canet de Mar. Il y a aussi trois magnifiques piscines, dont une avec jacuzzi. Wifi gratuit.

Route côtière 11 Malgrat-Barcelona, et après Sant Pol directement à droite.

CC € 22 *2/4-10/4 20/4-20/6 27/6-30/6 1/9-11/10 7=6*

N 41°35'27'' E 02°35'31''

## **Capmany,** E-17750 / Cataluña

2262

Camping l'Albera
C/ Ventador s/n
+34 9 72 54 91 92
1/1 - 31/12
info@campingalbera.com

7,5ha 150**T**(100m²) 6-10A CEE

1 ACFIJKLMO**P**ST
2 INSTWXYZ
3 **G**HIKSU
4 (B 15/5-15/9)(Q 1/7-31/8)
5 **A**DGIJKLMNOPUX
6 CEGJ**K**(N 0,5km)V

Les paysages sont 'une perle' pour les yeux. A conseiller pour des vacances tranquilles. Un bon équilibre entre un camping 'moderne' et le calme d'un terrain de camping 'traditionnel'. Arrêt idéal sur la route du sud, juste après la frontière française, près de La Jonquera.

Sortie 2 après Jonquera; di Figueres; sortie Capmany. Suivre les panneaux de camping. De Barcelona (A7) sortie 3 (salida) vers NII, di Francia. Avant la frontière à droite vers Capmany.

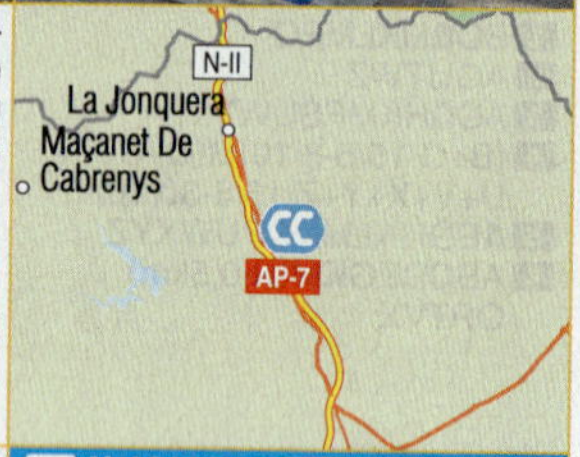


CC € 20 *1/1-10/7 27/8-31/12*

N 42°22'22'' E 02°54'47''

## **Castelldefels,** E-08860 / Cataluña

2263

Camping Estrella de Mar
Autovia de Castelldefels C-31 km 16,7
+34 9 36 33 07 84
1/1 - 31/12
info@caesmar.com

85ha 112**T**(30-100m²) 6A

1 ABCD**G**IJKLMO**P**R
2 AEGIJUVWXYZ
3 ABCHKMPSUY
4 (B+G 15/6-15/9) (Q+R+T+U+V+X+Y+Z)
5 **AB**FGIJKLMNOPUWZ
6 ABCDFGHJ**K**M(N 1km) ORTUWX

NOUVEAU

Situé à Castelldefels, à 16 km de Barcelone et à 500 m de la plage, le camping Estrella de Mar dispose de toutes les installations nécessaires pour rendre vos vacances inoubliables. Bonne base pour visiter Barcelone.

Périphérique Barcelona, suivre 'Ronda de Dalt' (B20), vers Aéroport. C31 vers Castelldefels. Camping à 2 km sur la droite.

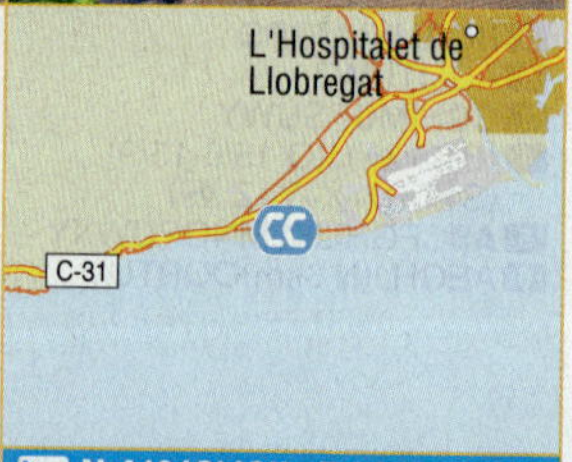


CC € 22 *1/1-8/4 19/4-22/6 1/7-8/7 12/9-31/12*

N 41°16'10'' E 01°59'59''

## Castelló d'Empúries, E-17486 / Cataluña

**2264**

Camping Mas Nou Cat.1
C. Mas Nou 7
+34 9 72 45 41 75
9/4 - 25/9
@ info@campingmasnou.com

7,8ha 450T(70-100m²) 10A

1 ABCFIJKLMOPQ
2 JSWYZ
3 CGHIKMOPS
4 (B+G 1/5-25/9)
(Q+T+U+X+Y+Z )
5 ABFGIJKLMNOPUWX
6 ACDEGKLM(N 0,2km)RTV

Situé dans le village Castello D'Empùries à ± 3 km de la côte. Dans les environs, vous trouvez Figueres et Barcelona. Le camping est parfaitement équipé pour accueillir des enfants. Le fait qu'il y ait un grand supermarché avec la meilleure sélection de pain, de produits frais et de plats préparés à 500m est très pratique.

A7, sortie 3, C260 Figueres-Roses. Au rond-point à Empuria Brava, faire le tour complet puis directement à droite après le supermarché.

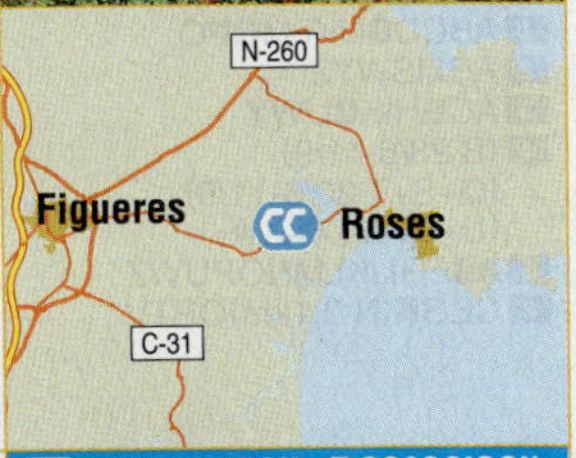


CC € 18 *9/4-10/7 27/8-25/9* *7=6, 14=11, 21=17*

N 42°15'52'' E 03°06'06''

## Castelló d'Empúries, E-17486 / Cataluña

**2265**

Camping Nautic Almata Cat.1
+34 9 72 45 44 77
13/5 - 12/9
@ info@almata.com

22ha 1100T(90-100m²) 10A CEE

1 BCDGIJKLMOPRT
2 ACGSWXYZ
3 ACGHIKMOPRSUWY
4 (A+B+G )KP
(Q+S+T+U+V+X+Y+Z )
5 ABFGIJKLMNOPUWXY
6 BCEGHKM(N 5km)
OQRTUVWX

Situé au bord de la plage et jouxte un parc naturel. Végétation soignée; de nombreux lauriers-roses tout fleuris. Accès à la mer pour les petits bateaux par un canal. Cp est surtout connu pour les possibilités de faire des sports nautiques.

C260 Figueres-Roses, à 9 km à droite direction Sant Pere Pescador. A 4 km à gauche (indiqué par des panneaux et des drapeaux). Puis il y a encore quelques kilomètres jusqu'au camping sur une route privée au milieu d'une réserve naturelle.

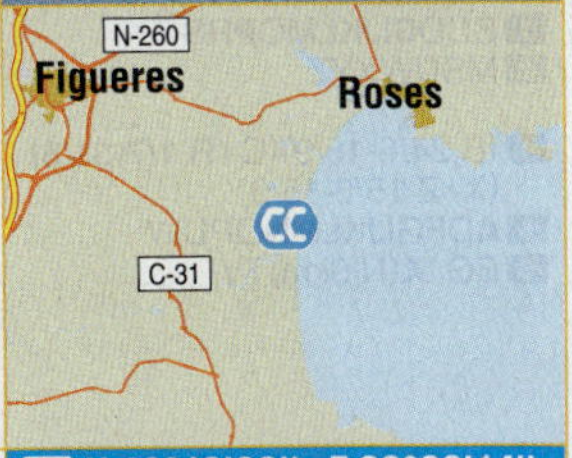


CC € 22 *13/5-7/7 26/8-12/9*

N 42°12'22'' E 03°06'14''

## Coma-Ruga/El Vendrell, E-43880 / Cataluña

**2266**

Camping Vendrell Platja Cat.1
Av. Sanatori, s/n
+34 9 77 69 40 09
8/4 - 12/10
@ recepcion@vendrellplatja.es

7ha 301T(70-105m²) 6A

1 BCDGIJKLMOPR
2 AGIJTUWY
3 ACGMPSUVWY
4 (B 1/5-30/9)(G )J
(Q+R+S+T+U+X+Y+Z )
5 ABEFGIJKLMNOPUW
6 CEGK(N 0,5km)QRTUV

Camping à 50m de la plage, ayant différentes piscines avec pelouse. Excursions à Barcelona (70 km), Tarragona (30 km) ou au parc Port Aventura. Animations le week-end en période hors saison. Emplacements ombragés. Autres équipements au camping: sanitaires modernes, bar, restaurant et supermarché. Arrière du camping, près de la voie ferrée.

Route à péage AP-7 sortie 31 vers San Salvador, continuer jusqu'à la côte, à gauche, et camping à 500 sur la gauche.

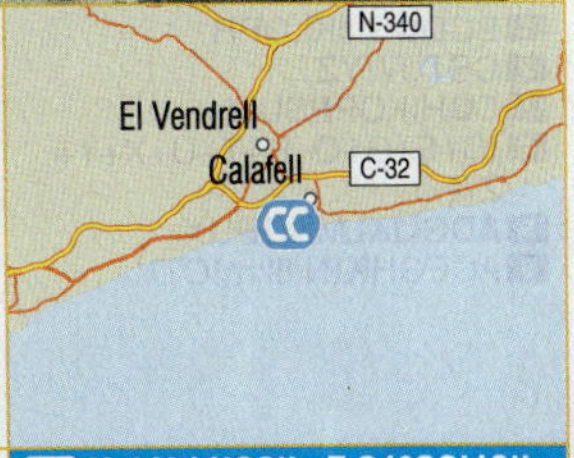


CC € 20 *18/4-2/6 6/6-22/6 5/9-12/10* *7=6, 14=12, 21=18, 28=24*

N 41°11'08'' E 01°33'19''

## **Cubelles**, E-08880 / Cataluña

2267

Camping La Rueda Cat.1
Apartado Correos 261
+34 9 38 95 02 07
8/4 - 11/9
larueda@la-rueda.com

6ha 370**T**(25-70m²) 4-10A CEE

**1** ABCD**G**IJKLMO**P**Q
**2** AGIJSWYZ
**3** AC**G**HIK**Q**UWY
**4** (B 23/6-11/9)
(Q+S+T 20/6-11/9)
(U+V+W+X+Z)
**5** **AB**FGIJKLMNOPUWZ
**6** CEG**K**(N 0,1km)ORTV

Situé sur la côte de Barcelone, présentant les qualités d'un camping de luxe. Atmosphère calme, familiale et confortable. À seulement 100m d'une plage de sable fin. Nombreuses possibilités d'excursions, randonnées, VTT, équitation et golf, ainsi qu'un vaste choix de sorties.

Le camping est situé sur la C31 de Sitges-Calafell. Depuis Sitges, après Cubelles et à quelques centaines de mètres après la haute cheminée de la centrale électrique sur la gauche au début du village.

CC € 20 *18/4-21/6 26/6-30/6 28/8-11/9*

N 41°12'00'' E 01°38'36''

## **El Pont de Suert (Lérida),** E-25520 / Cataluña

2268

Camping Alta Ribagorça
Ctra Les Bordes s/n km 131
+34 9 73 69 05 21
1/4 - 15/10
ana.uma@hotmail.com

3ha 50**T**(100m²) 5-10A

**1** BCD**G**IJKLMO**P**RS
**2** MSUWXYZ
**4** (B 24/6-15/9)(Q+R 1/7-31/8)
(X+Z 15/6-15/9)
**5** **A**DFGIJKLMNOPUW
**6** EGJ**K**(N 3km)TV

Le camping a une situation centrale pour découvrir la magnifique nature dans les vallées d'Isabena, Fosca, Aran, Boi et Benasque, ainsi que les parcs nationaux, la culture et les traditions. Informations à la réception. Lors d'un séjour de 10 jours payants, un repas gratuit vous est offert.

A partir de Vielha N230 direction Pont de Suert. A 4 km environ à partir de Vilaller à gauche de la route.

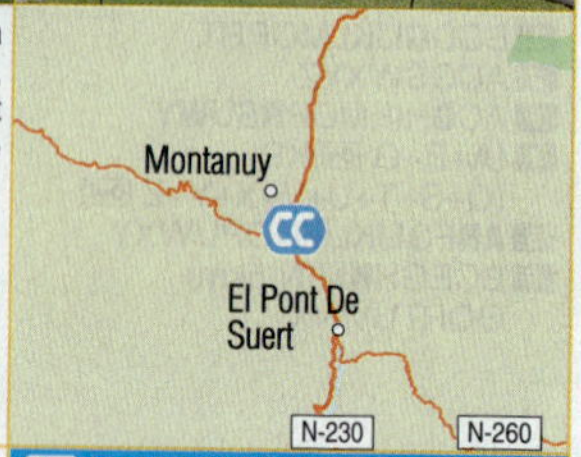


CC € 16 *1/4-15/7 1/9-15/10* *7=6*

N 42°26'54'' E 00°42'38''

## **Esponellà (Girona),** E-17832 / Cataluña

2269

Camping Esponellà Cat.2
Ctra de Banyoles a Figueres, km 8
+34 9 72 59 70 74
4/2 - 31/12
info@campingesponella.com

4,5ha 130**T**(60m²) 5-10A

**1** BCD**G**GIJKLOPR
**2** CSTUWYZ
**3** C**G**HIKOP**R**SU**W**
**4** (C+E+G+Q+R+T+U+X+Y+
Z)
**5** **A**DGIJKLMNOPUX
**6** ACEGH**K**(N 8km)OTV

Dans l'arrière-pays de Figueres au bord de la rivière Fluvià. Circuits de randonnée et de VTT balisés. Excursion vers, p.e, Nuria (train à crémaillère vers 2000m d'altitude). Près du camping, rivière pour la pêche et le canoë kayak. Oiseaux spéciaux à observer. Piscine chauffée couverte.

A7, sortie 3, di Figueres N260 Figueres-Besalu, après Navata et la station-service à gauche, Banyoles. Dans le virage en épingle après le pont sur Fluvia à droite, c'est indiqué.

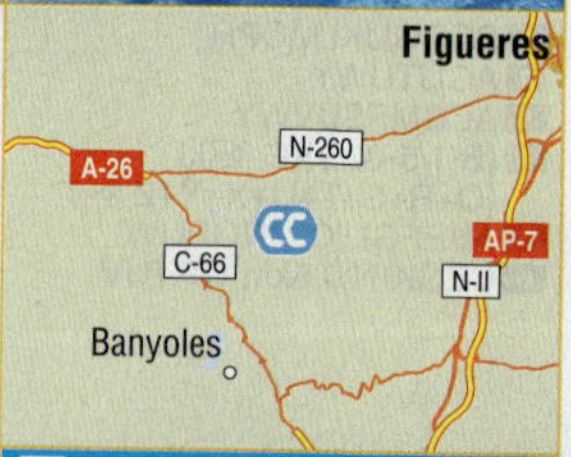


CC € 22 *4/2-10/7 1/9-31/12* *7=6*

N 42°10'54'' E 02°47'42''

## Garriguella, E-17780 / Cataluña

**2270**

Camping Vell Empordà Cat.2
Ctra Roses-La Jonquera s/n
+34 9 72 53 02 00
1/4 - 16/10
vellemporda@vellemporda.com

7ha 230**T**(80-100m²) 6-10A

**1** BCDFIJLPQ
**2** MSUWYZ
**3** AC**G**IKMPSU
**4** (**A** )(B+G 18/5-23/9)(Q )
(S+T+U 1/6-30/9)(X )
(Y 1/6-30/9)(Z )
**5** **AB**FGIJKLMOPUWX
**6** CEGJ**K**(N 0,5km)ORTUV

Camping dans un environnement tranquille dans l'arrière-pays. Les environs peuvent être visités. A moins de 10 km de la plage et des montagnes. Entreprise familiale où la mère s'occupe de la cuisine. Ambiance espagnole conviviale. Magnifique grande piscine avec pataugeoire à part.

A7, sortie 3, N260 Figueres Llançà. Le camping est indiqué à 9 km. A droite, C252, à gauche sous le viaduc vers La Jonquera. Puis encore 2 km.

N 42°20'21'' E 03°04'04''

CC € 20 *17/4-22/6 27/6-3/7 29/8-16/10 7=6*

## Gavà (Barcelona), E-08850 / Cataluña

**2271**

Camping 3 Estrellas Cat.1
C-31, km 186,2
+34 9 36 33 06 37
11/3 - 1/11
info@camping3estrellas.com

8ha 290**T**(70-100m²) 5A

**1** ABCD**G**IJKLMPQ
**2** ABHIJSTWXYZ
**3** ACHOPS**W**Y
**4** (B+G 1/6-30/9)
(Q+S+T+U+W+X+Y+Z )
**5** **AB**DFGIJKLMNOPUWXYZ
**6** ACFGKM(N 4km)ORTUVW

Idéal pour visiter Barcelone ; arrêt de bus au camping, belle piscine, bons sanitaires. Juste au bord d'une belle plage de sable. Du 23/6 au 15/7, vous avez 25% de réduction avec la CampingCard ACSI. Réduction CampingCard ACSI seulement pour emplacements standard.

Périphérique Barcelona 'Ronda de Dalt' (B20), dir Aéroport. C-31 dir Castelldefels, sortie Gavà Mar (à gauche à la plage), viaduc sur la C-31, puis 3x à droite et revenir en dir de Barcelona vers le camping.

N 41°16'21'' E 02°02'35''

CC € 18 *11/3-23/6 1/9-1/11 7=6, 14=12*

## Guardiola de Berguedà, E-08694 / Cataluña

**2272**

Camping El Berguedà
Ctra B400 a Saldes, km 3,5
+34 9 38 22 74 32
22/5 - 12/10
info@campingbergueda.com

2ha 40**T**(70-110m²) 6A CEE

**1** BCD**G**IJKLMP
**2** BCLMNSUWXYZ
**3** ACHIKPS
**4** (**A** 1/7-31/8)(B+G 23/6-1/9)
(Q )(R+S+Z 8/7-31/8)
**5** **A**DFGIJKLMNOPUWZ
**6** ABCEGJ**K**(N 5km)OTV

Camping avec des emplacements spacieux séparés par des arbres et des arbustes. Vous pouvez faire des randonnées en montagne à partir du camping avec des cartes disponibles à la réception.

A partir de Berga C16 direction tunnel de Cadi. Avant Guardiola de Berguedà à gauche vers Saldes. Le camping est à 3,5 km sur la droite.

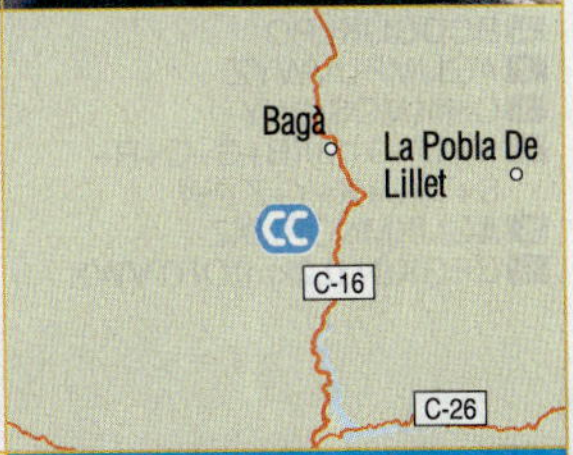


N 42°12'59'' E 01°50'13''

CC € 22 *22/5-22/6 26/6-30/6 1/9-10/10*

## La Guingueta d'Àneu, E-25597 / Cataluña

2273

Nou Camping S.L.
C13, km 156
+34 9 73 62 62 61
1/1 - 1/11, 1/12 - 31/12
noucamping@noucamping.com

1,5ha 148T(65-100m²) 6-10A

1 BCD**G**IJKLMOP
2 CEJLMNSWXYZ
3 ACIKMP**Q**SU**W**Z
4 (A 1/7-31/8)(C+H 15/6-15/9)
(Q+R+T+U+V+W )
(X+Y 15/6-15/9)(Z )
5 **AB**DEFGIJKLMNOPUWZ
6 ACEGK(N 0,1km)OTV

Camping luxueux facilement accessible près du Parc National d'Aigüestortes avec son lac St Mauricie. Bon point de départ pour faire du sport: du vélo, de la randonnée et du rafting.

A partir de la France N125 jusqu'à Viella. Là, la C13 dir Sort. C'est le 1ier camping sur la droite dans le village.

CC € 20 *3/1-9/4 17/4-18/6 27/8-1/11*

N 42°35'33'' E 01°07'54''

## L'Ametlla de Mar, E-43860 / Cataluña

2274

Camping Ametlla****
Paratje de Santes Creus
+34 9 77 26 77 84
1/4 - 16/10
info@campingametlla.com

8ha 294T(70-120m²) 5-10A CEE

1 BCD**G**IJLMPQ
2 AGIPUWXYZ
3 CHIKMPSUV**W**Y
4 (B+G 1/4-30/9)
(Q )(R 1/4-16/10)
(S+T+U+V+X+Y+Z 1/4-30/9)
5 **AB**DEFGIJKLMNOPRUWXYZ
6 ABCDEGHK(N 2km)ORSTV
WX

Beau camping familial. Situé à 100m de la plage dans une réserve naturelle, belle zone de promenades. Belles piscines et bon restaurant. Emplacements délimités par des haies. Sports: football, basket, volley, padel.

A7/E15, prendre la sortie 39. Sur la N340 au kilomètre 1113 vers L'Ametlla de Mar, suivre les indications avant la petite ville à droite; puis encore 2,5 km.

CC € 18 *1/4-30/6 1/9-16/10*

N 40°51'54'' E 00°46'44''

## L'Ametlla de Mar, E-43860 / Cataluña

2275

Camping Nautic Cat.1
Calle Llibertat s/n
+34 9 77 45 61 10
27/3 - 7/11
info@campingnautic.com

6ha 215T(60-75m²) 10A

1 BCDGIJKLPQ
2 AGIJMPUVWYZ
3 CHIKMOSUWY
4 (**A** 1/7-31/8)(B+G+Q+R+
S+T+U+X+Y+Z )
5 **A**GIJKMNOPUXZ
6 CEGK(N 0,2km)ORTVWX

Beau camping tranquille juste au bord de la plage dans la baie, près d'un village de pêcheurs agréable. Bons sanitaires. Places avec ombre et/ou soleil. Belles piscines d'extérieur, courts de tennis, padel. Bon restaurant. Wifi gratuit. Entre 14h et 17h15, sonner en face de la réception.

Sur la A7 sortie 39, prendre le viaduc sur la voie ferrée puis suivre les panneaux à L'Ametlla. Sur la N340 au km 1113 direction L'Ametlla puis suivre les panneaux de camping.

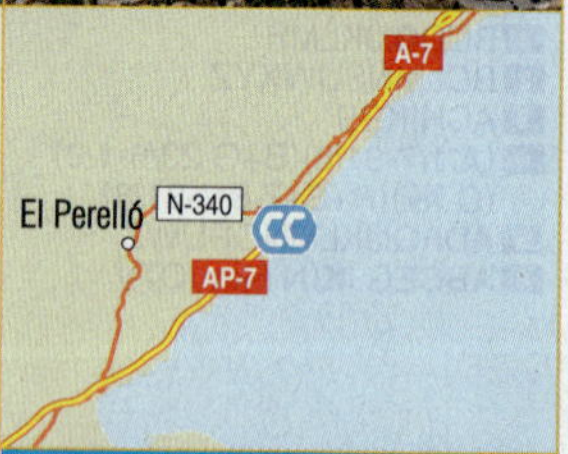


CC € 18 *4/4-8/7 25/8-6/11* *14=12, 30=24*

N 40°53'12'' E 00°48'17''

## L'Ampolla, E-43895 / Cataluña

2276

Camping Ampolla Playa Cat.2
Playa Arenal s/n
+34 9 77 46 05 35
1/1 - 31/12
reservas@campingampolla.es

5ha 85**T**(70-120m²) 10A

1 BCDGIJKLMOPQ
2 AGIJNPSTUWXYZ
3 ABCHIKMNP**Q**SUVWY
4 (**A** )(B+G 1/4-31/10) (Q+S+T+U+V+X+Y+Z )
5 **A**EFGHIJKLMNOPQRUWXZ
6 ABCDEGJ**K**(N 1km)ORSTU VW

Dans une baie au bord d'une plage de sable, près d'un village de pêcheurs et à proximité du delta de l'Ebre. Idéal pour faire du vélo, des sports nautiques, regarder les flamants roses et déguster la cuisine locale. Installations rénovées en 2019; nouvelles toilettes, piscine, club de plage, restaurant et padel. Wifi partout.

A7 sortie 39a. A partir de la N340, km 1096. A L'Ampolla, aller vers le sud. Suivre les panneaux de camping sur la route de la plage.

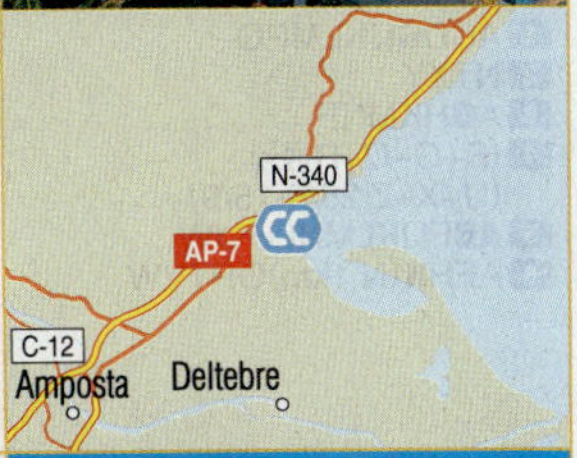


CC € 18 *1/3-14/4 18/4-7/7 27/8-31/12 7=6, 14=11, 30=21*

N 40°47'58'' E 00°41'59''

## Les Cases d'Alcanar, E-43569 / Cataluña

2277

Camping Estanyet****
Paseig del Marjal s/n
+34 9 77 73 72 68
1/3 - 3/11
info@estanyet.com

1,5ha 120**T**(55-100m²) 5-10A

1 ABCD**G**IJKLMOPQ
2 AGIPSUVWXYZ
3 C**G**HIKMUWY
4 (B+G 1/4-31/10) (Q+R+T+U+V+X+Y+Z )
5 **AB**DEFGIJKLMNOPUWZ
6 ACDEGK(N 1km)ORTV

Beau camping, au calme avec d'excellents sanitaires, juste au bord de la plage. Belle nouvelle piscine et très bon restaurant. Près des parc naturels de l'Ebro et Els Ports.

Du nord, A7 sortie 41, du sud sortie 43, puis sur la N340 sortie Les Cases d'Alcanar, et suivre les panneaux.

CC € 20 *1/3-8/4 18/4-23/6 12/9-1/11*

N 40°32'25'' E 00°31'11''

## L'Escala, E-17130 / Cataluña

2278

Camping Illa Mateua Cat.1
Avda. de Montgó, 260
+34 9 72 77 02 00
2/4 - 16/10
info@campingillamateua.com

6,4ha 318**T**(80-100m²) 6A

1 ABCD**F**IJKLPQ
2 ABHJMQSTWZ
3 CHIK**O**PSUWY
4 (B+H+Q+S+T+U+X+Y+Z )
5 **AB**DFGIJKLMNOPUW
6 ABEGHI**K**M(N 3km)OTV

Camping familial magnifiquement situé au bord de la plage de sable de Montgó et jouxtant le parc naturel de Montgri et la plage de rochers d'Illa Mateua, où vous pouvez plonger avec tuba. D'ici, vous avez une vue fantastique sur la baie de Roses. Villages pittoresques dans l'arrière-pays. Un accueil amical dans pas moins de 6 langues.

Route à péage sortie 5, direction L'Escala. Avant L'Escala direction Escala Riells. Puis suivre les panneaux de camping et Montgó. Bien indiqué.

CC € 22 *2/4-30/6 1/9-16/10 14=12, 21=17, 28=22*

N 42°06'37'' E 03°09'56''

## L'Estartit, E-17258 / Cataluña — 2279

Camping Empordà
Ctra Torroella-l'Estartit, km 4,8
+34 9 72 75 06 49
8/4 - 9/10
info@campingemporda.com

3,5ha 230T(70-100m²) 6A

**1** ACD**G**IJKLMPQ
**2** NTXY
**3** A**G**HKMNP
**4** (B+G+Q+R)
(U+X+Z 25/5-15/9)
**5** **AB**FIJKLMNOPUW
**6** AFH**K**(N 1km)ORTVW

Petit camping tranquille. Près de la plage et du village Estartit, à côté du parc naturel Montgri, des îles Medes et Baix Ter. La région de la rivière Ter est idéale pour faire des tours à vélo, et dans les montagnes de Mongri, il y a des circuits de randonnée fantastiques.

Sortie vers Torroella de Montgri, aller à L'Estartit, à droite.

N 42°03'00'' E 03°11'01''

CC € 18 *8/4-19/6 1/9-8/10*

## L'Estartit, E-17258 / Cataluña — 2280

Camping Les Medes Cat.1
Paratge Camp de l'Arbre
+34 9 72 75 18 05
1/1 - 31/12
info@campinglesmedes.com

2,6ha 170T(70-80m²) 6-16A CEE

**1** BCD**G**IJKLMPQ
**2** JSWYZ
**3** C**G**HIKMN**O**PSU
**4** (B 1/5-15/9)
(F 1/1-15/6,15/9-31/12)
(G 1/5-15/9)**N**(Q+S+T+U)
(Y 1/4-1/11)(Z)
**5** ABDEFGIJKLMNOPUWXYZ
**6** ACEGH**K**L(N 2km)ORTVWX

Camping ouvert toute l'année. En période hors saison, il y a une piscine couverte. Excellent camping pour séjourner en hiver. Près de la plage et du village d'Estartit, à côté de la réserve naturelle de Montgri, des îles Medes et du Baix Ter. La région du fleuve Ter est idéale pour les tours à vélo, dans les montagnes de Montgri.

A7, sortie 5. Sur la route de Torroella de Montgri vers Estartit, avant 'Jocs' à droite et suivre les panneaux. Encore ± 2 km jusqu'au camping.

N 42°02'33'' E 03°11'00''

CC € 22 *1/1-13/4 18/4-1/7 1/9-31/12*

## L'Hospitalet de l'Infant, E-43890 / Cataluña — 2281

Alannia Costa Dorada***
Ctra N340, km 1121
+34 9 77 82 05 88
17/3 - 7/11
reservas@alannia.com

2,6ha 264T(50-90m²) 6A

**1** BCDFIJKLMPQ
**2** AGIJNTUVWXYZ
**3** C**G**HIKMOPSUVWY
**4** (B+G 1/5-30/10)K
(Q+R+T+V+X+Y+Z)
**5** **AB**FGIJKLMNOPUWZ
**6** ACEG**K**OTVWX

Beau camping qui se trouve directement au bord d'une des plus belles plages de sable; Almadrava. Beaux sanitaires. Piscine avec jacuzzi et court de tennis. Welness. Dans un environnement très tranquille.

Sur la N340 (Tarragona-Valencia) au km 1120,5 dir Platja de l'Almadrava. Eventuellement, Autopista Salida 38. Attention: nouvelles routes en construction.

N 40°56'25'' E 00°51'25''

CC € 18 *17/3-7/4 18/4-3/6 5/6-9/6 12/6-16/6 11/9-27/10 1/11-5/11* 7=6, 14=12

## Lloret de Mar, E-17310 / Cataluña

2282

Camping Lloret Blau
C/ Aiguaviva s/n
+34 9 72 36 54 83
1/1 - 31/12
info@campinglloretblau.com

2,4ha 300T(50-90m²) 5-10A

**1** ACDGIJKLMOPQ
**2** YZ
**4** (B 12/4-29/9)
(Q+T 24/6-30/8)(U)
(X+Z 24/6-30/8)
**5** IJKMNOPUW
**6** ADHK(N 0km)RTV

Situé dans le sud de la Costa Brava. Dans les environs, vous trouvez de magnifiques plages de sable et des baies agréables. Le camping a une piscine (sans chlore) et des sanitaires sobres. A Lloret de Mar, à quelques mètres du camping, vous avez toutes sortes de magasins.

E15, sortie 9 vers Lloret. Après 'Water World' à gauche au feu. Tout droit, le camping est à gauche après le feu.

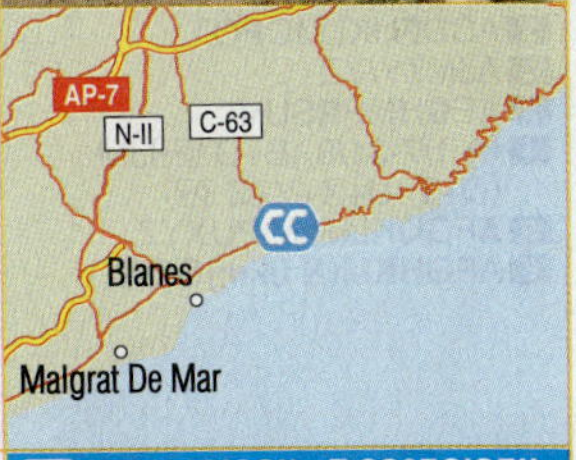


CC € 20 *1/1-8/7 2/9-31/12 7=6*

N 41°42'20'' E 02°50'35''

## Lloret de Mar, E-17310 / Cataluña

2283

Camping Santa Elena-Ciutat
Avda Vila de Blanes 166-170
+34 9 72 36 40 09
1/4 - 30/9
santaelena@gsala.cat

20ha 542T(70-120m²) 5-10A

**1** ACDGIJKLMOPQ
**2** AJMSTWXYZ
**3** CHMNRSU
**4** (B+G 1/4-30/9)(Q+R+
T+U 1/4-27/9)(V 27/7-20/8)
(X+Z 1/4-27/9)
**5** ABEFGIJKLMNOPUWX
**6** BDEFGHKM(N 0,3km)
ORTVX

Le camping se trouve à quelques minutes à pied du centre de Lloret de Mar. Il a en outre une belle piscine. Le restaurant se trouve au centre du camping. Les installations sont bonnes et l'accueil est très agréable.

Aller à Lloret de Mar direction Blanes, le camping est sur la droite.

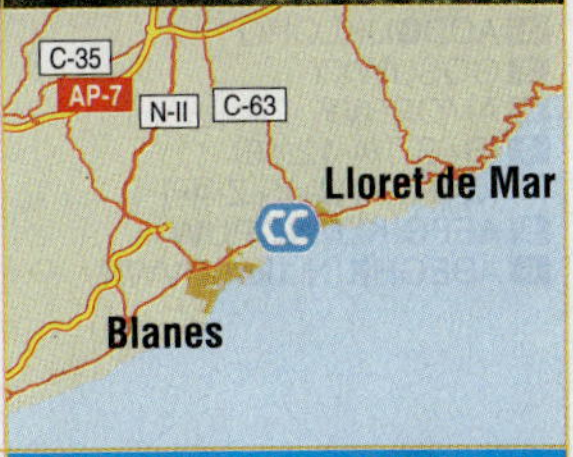


CC € 20 *1/4-22/6 30/8-30/9*

N 41°41'54'' E 02°49'37''

## Lloret de Mar, E-17310 / Cataluña

2284

Camping Sènia Cala Canyelles
Cat.2
Cala Canyelles
+34 9 72 36 45 04
9/4 - 25/9
info@campingcanyelles.com

10ha 301T(60-80m²) 3-10A

**1** ACDGIJKLMOPQ
**2** AGJKMNUWYZ
**3** CY
**4** (B+G)IJ(Q+R)(T+U+
X+Z 15/6-31/8)
**5** AGIJKLMNOPUW
**6** CEGHJM(N 2km)ORTV

Camping en terrasses, emplacements avec panorama, sanitaires sobres et une belle piscine. A proximité de Cala.

Route à péage E15, sortie 9 Lloret, vers Tossa. A 2 km en dehors de Lloret à droite et directement à gauche (bien indiqué).

CC € 22 *9/4-30/6 1/9-24/9*

N 41°42'26'' E 02°52'50''

## **Lloret de Mar**, E-17310 / Cataluña

**2285**

Camping Sènia Tucan**
Ctra de Blanes a Lloret
+34 9 72 36 99 65
9/4 - 18/9
info@campingtucan.com

4,2ha 324T(65-100m²) 3-10A

1 ACDFIJKLMOPQ
2 AJMTWYZ
3 AEGHMPRSUV
4 (A 1/7-31/8)(B+G 🔑)JM (Q+T+U+X+Y+Z 🔑)
5 AFGIJKLMNOPUXYZ
6 AFGHKM(N 0km)OQRTV

Camping en bordure sud de Lloret de Mar, avec d'excellents équipements.

A partir de Lloret de Mar vers Blanes, dernier camping à droite.

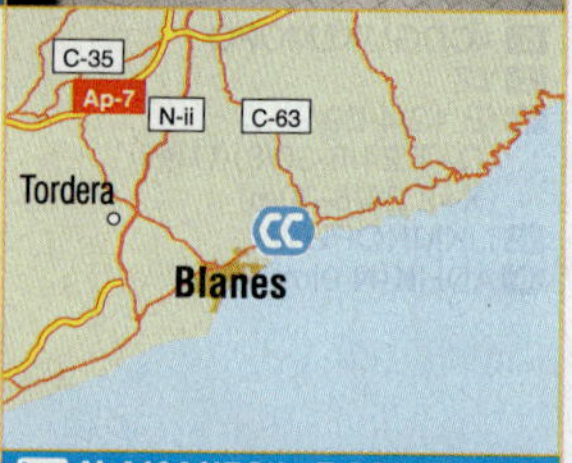


CC € 22 9/4-30/6 1/9-17/9

N 41°41'50'' E 02°49'19''

## **Malgrat de Mar**, E-08380 / Cataluña

**2286**

Camping del Mar
Camí de la Pomareda s/n
+34 9 37 65 37 67
18/3 - 12/10
info@campingdelmar.com

3ha 124T(20-64m²) 6A

1 ACDGIJKLOPQ
2 GQSUWXY
3 AMOPRVY
4 (B+G 1/4-12/10) (Q+R+T+U+X+Z 🔑)
5 AEFGIKLMNOPUW
6 ABEGHK(N 1km)RVWX

Un magnifique camping idéal au printemps, avec de bons équipements et à proximité de la plage.

Sortie Blanes-Sud, puis direction Malgrat de Mar, traverser le pont, au rond-point prendre à gauche, aller jusqu'à la mer, puis à droite après environ 100m.

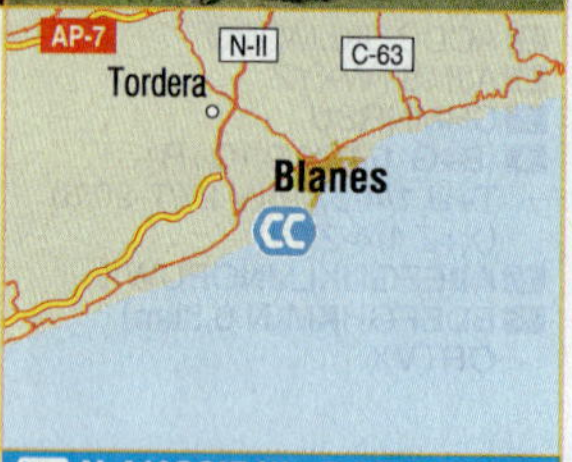


CC € 18 18/3-8/7 26/8-11/10 7=6

N 41°38'51'' E 02°45'50''

## **Malgrat de Mar**, E-08380 / Cataluña

**2287**

Camping Resort Els Pins
Avda Pomareda s/n
+34 9 37 65 31 73
4/3 - 30/10
pinsresort@campingelspins.es

3,2ha 220T(70-110m²) 6A CEE

1 ACDGIJKLOPQ
2 AGJTXY
3 AMPS
4 (B+G 15/4-26/9)IJ (Q+R+U 🔑)(X 1/4-30/9) (Z 🔑)
5 ABFGIJKLMNOPUWXYZ
6 EK(N 1,5km)ORTVX

Malgrat de Mar a plus de 5 km de plages paradisiaques, idéales pour les sports nautiques. A 1,5 km du marché, des magasins et endroits touristiques. Près de la Tordera avec une faune et une flore variées. A 40 km de Gerona et 60 km de Barcelona, à 50 m de la plage. Emplacements (± 80 m²) entourés d'arbres. Bons sanitaires.

Sortir à Blanes-sud, di Centre, puis suivre Malgrat de Mar. Traverser la rivière, au rond-point à gauche, à la plage à gauche. Camping sur la gauche.

CC € 20 4/3-8/4 18/4-19/6 1/9-29/10

N 41°38'54'' E 02°46'12''

## **Mataró**, E-08304 / Cataluña

2288

Camping Barcelona Cat.1
Ctra N-II, km 650
+34 9 37 90 47 20
1/3 - 1/11
info@campingbarcelona.com

7ha 325**T**(90-100m²) 10-16A CEE

1 ACDGIJKLMOPQ
2 AGIJNRSWXYZ
3 ACEGHIKMPSU**W**Y
4 (B+G+Q+S )(T 1/6-27/9) (U+V+X+Y+Z )
5 **AB**FGHIJKLMNOPUWXY
6 ACFGHK(N 2km)ORSTVW

Bus en direction de Barcelone. Bus gratuits vers la plage, le restaurant, la gare et les marchés. Vue sur la mer. Piscine ouverte toute l'année. Animations toute la saison. Wifi gratuit partout. Grands emplacements 100m2/16A. Différentes langues à la réception. Vous pouvez réserver ici des billets pour les attractions touristiques de Barcelone.

C32, sorties 103 ou 104 ou par AP-7, au km 12B sortie vers Mataró par la C60.

CC € 22 *1/3-30/6 1/9-1/11*

N 41°33'02'' E 02°29'00''

## **Montagut**, E-17855 / Cataluña

2289

Camping Montagut
Ctra Montagut a Sadernes km 2
+34 9 72 28 72 02
8/4 - 13/10
info@campingmontagut.com

2ha 93**T**(65-110m²) 6A

1 BCD**F**IJKLMO**P**Q
2 BMNSUWYZ
3 CHPSU
4 (B+G+Q+R ) (T+U+V+X+Y+Z 1/7-31/8)
5 **AB**DFGIJKLMNOPUW
6 ACEGK(N 2km)OTV

Magnifique piscine, terrain soigneusement entretenu avec des emplacements variés, soleil et ombre. Très adapté pour faire des randonnées et des tours à vélo passionnants dans les environs. Pendant la période hors saison, le restaurant est seulement ouvert le weekend.

A7, sortie Figueres-Norte. C260 dir Besalú. A partir de Besalú, sortie 75 vers Montagut. Puis suivre les panneaux.

CC € 20 *18/4-16/6 1/9-13/10*

N 42°14'43'' E 02°35'58''

## **Montferrer**, E-25711 / Cataluña

2290

Camping Gran Sol
N260, km 230
+34 9 73 35 13 32
1/1 - 31/12
info@campinggransol.cat

1,7ha 160**T**(70-140m²) 3-10A

1 BCD**G**IJKLM**P**Q
2 NSWXYZ
3 ACD**G**HIKPSUW
4 (B+G 20/6-15/9) (Q+T+U+X+Y+Z )
5 **A**DFGIJKLMNOPUWZ
6 EGHK(N 1km)OTUV

Camping plat avec de nombreux emplacements entre les arbres. Belle piscine, bon restaurant. Bon point de départ pour visiter Seu d'Urgell/Seo de Urgel, Puigcerdá et Andorra. Parfait aussi pour aller dans les montagnes.

En venant de Bourg Madame (F) à 3 km après La Seu d'Urgell sur la N260.

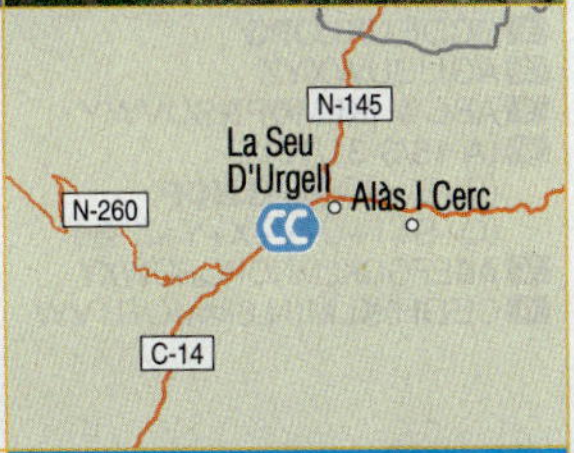


CC € 20 *15/1-10/4 18/4-20/6 27/6-6/7 29/8-28/10 3/11-7/12 7=6*

N 42°20'52'' E 01°25'51''

## **Mont-roig (Tarragona),** E-43300 / Cataluña

2291

Playa Montroig Camping Resort*****
Apartado de Correos 3
+34 9 77 81 06 37
25/3 - 23/10
info@playamontroig.com

35ha 1000**T**(80-140m²) 10A CEE

**1** BCDEIJKLMOPQ
**2** AGIJSUWZ
**3** C**G**HIKMN**O**P**R**SUVWY
**4** (A 17/6-17/8) (C+H )IJ**KL**M**NOP** (Q+S+T+U+V+Y+Z )
**5** **AB**DEFGIJKLMNOP**R**UWXYZ
**6** CEGHJ**K**M(N 3km)ORSTV WX

Camping très luxueusement aménagé, bien entretenu, avec une belle piscine. Sur la Costa Dorada, avec des plages de sable fin doré et un climat idéal pendant la majeure partie de l'année. En partie entre la N340 et la voie ferrée. Piscine à eau salée avec 6 toboggans et une nouvelle pataugeoire.

AP7, sortie 37 Cambrils. Di Cambrils jusqu'au rond-point, puis N340 à droite, di Hospitalet. Au km 1136 serrer à droite et suivre les panneaux, passer sous la N340.

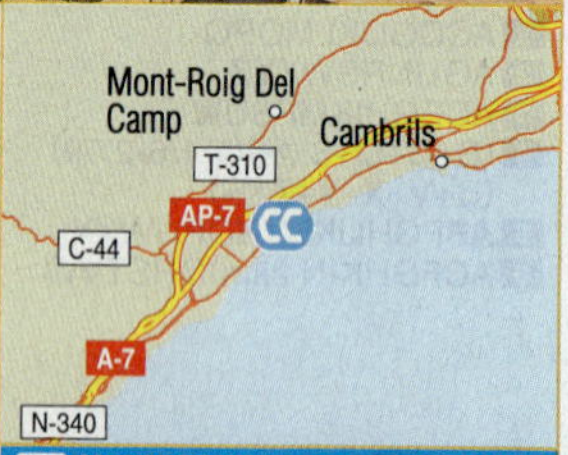


CC € 22 *25/3-12/4 18/4-2/6 6/6-22/6 12/9-22/10* *21=20, 30=27, 45=36*

N 41°02'01" E 00°58'05"

## **Mont-roig del Camp,** E-43892 / Cataluña

2292

Alannia Els Prats Cat.1
Ctra N340, km 1137
+34 9 65 48 49 45
1/1 - 31/12
reservas@alannia.com

8,5ha 229**T**(80-115m²) 5-16A CEE

**1** BC**G**IJKLMOPQ
**2** AGIJSUWYZ
**3** C**G**HIKPRSUVWY
**4** (B+G 1/4-20/10)IJ**KLN**(Q+ S+T+U+V+W+X+Y+Z )
**5** **AB**EFGHIJKLMNOPQRUWXYZ
**6** ABDEGH**K**M(N 5km)OQRS TUV

Camping familial très sympathique avec des emplacements spacieux, juste au bord de la mer. Très indiqué pour ceux qui aiment nager, aussi bien dans la mer que dans la piscine moderne.

AP7, sortie 37 Cambrils. Suivre vers Cambrils jusqu'au rond-point, puis à droite sur N340 vers Hospitalet. Au km 1137 suivre les panneaux de cp.

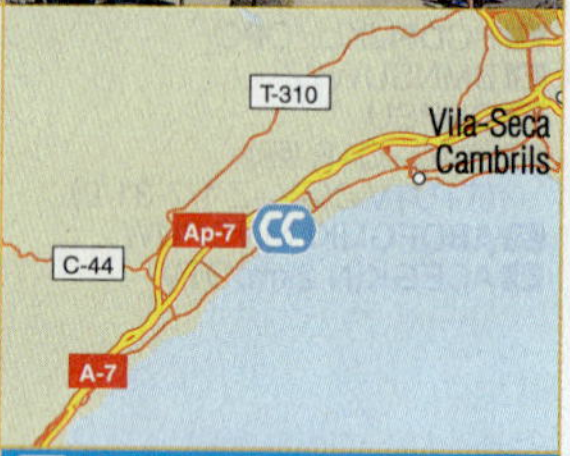


CC € 22 *17/3-7/4 18/4-3/6 5/6-9/6 12/6-16/6 11/9-27/10 1/11-5/11* *7=6, 14=12*

N 41°02'24" E 00°58'50"

## **Mont-roig del Camp,** E-43300 / Cataluña

2293

Camping La Torre del Sol Cat.1
Ctra N340 km 1136
+34 9 77 81 04 86
15/3 - 5/11
info@latorredelsol.com

24ha 600**T**(70-100m²) 6-10A

**1** BCDEIJKLO**P**Q
**2** AGIJSUWXYZ
**3** ABC**G**HKLM**O**P**R**SUVWY
**4** (A 15/3-31/10) (C+E+H )JK**LNOP** (Q+S+T+U+V+X+Y+Z )
**5** **AB**EFGIJKLMNOPQRUWXY
**6** CEGHI**K**LM(N 6km)ORTVW

Camping sur la Costa Dorada avec une superbe grande plage de sable blanc dans un parc paradisiaque avec palmiers et mûriers. Excellents équipements pour petits et grands. Avec une piscine ressemblant à une lagune tropicale.

AP7, sortie 37 Cambrils, vers Cambrils jusqu'au rond-point, puis à droite, N340 vers Hospitalet. Au km 1137 à droite et suivre les panneaux, passer sous la N3.

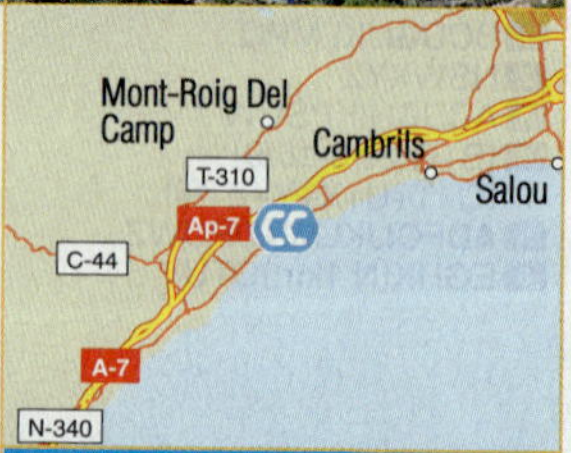


CC € 22 *15/3-13/4 18/4-22/6 13/9-5/11* *7=6, 14=12, 21=18, 28=24*

N 41°02'15" E 00°58'29"

## Mont-roig del Camp, E-43892 / Cataluña

**2294**

Camping Miramar Cat.2
Ctra N340, km 1134
+34 9 77 81 12 03
2/2 - 30/11
recepcio@camping-miramar.com

3,7ha 71T(80-100m²) 6-10A

1 BCGIJKLMOPRS
2 AHIJTVWY
3 AHIKWY
4 (Q+R+U+X+Y+Z 15/6-10/9)
5 **AB**CEFGHJLMNPUWX
6 ABDEGH**K**L(N 2km)T

Camping dans un environnement tranquille sur la Costa Daurada, avec de nombreux emplacements juste au bord de la mer. Près de la sympathique petite localité Miami Platja avec de nombreux hôtes espagnols.

AP7, sortie 37 Cambrils. Direction Cambrils jusqu'au rond-point, puis à droite N340 vers Hospitalet. Au km 1134 à gauche vers le camping.

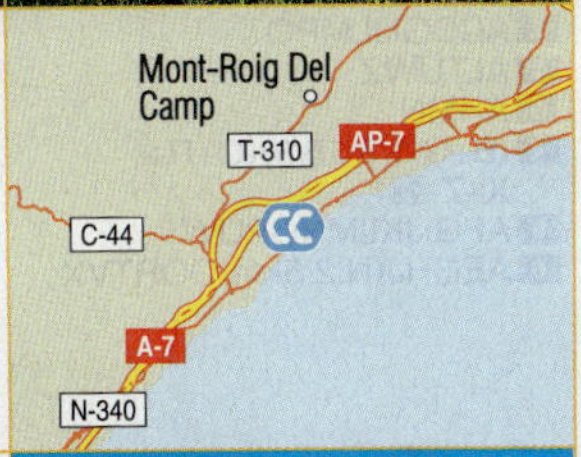


CC € 16 *2/2-14/4 17/4-22/6 4/9-30/11* *7=6, 14=12, 30=21*

N 41°01'31'' E 00°57'33''

## Mont-roig del Camp, E-43300 / Cataluña

**2295**

Camping Oasis Mar Cat.2
Ctra N340, km 1139
+34 9 77 17 95 95
1/3 - 31/10
info@oasismar.com

2,5ha 252T(60-80m²) 5-10A CEE

1 BCD**G**IJKLMOPQ
2 AGIJPSTUWXYZ
3 C**G**IKPSWY
4 (B 1/5-30/10)
(Q+R 20/3-15/10)
(T+U 15/3-15/10)
(X+Y 15/6-15/9)
(Z 15/3-15/10)
5 **AB**FGHIJKLMNOPUWXYZ
6 ACDEGH**K**(N 5km)V

Camping familiale au bord de la mer, avec des emplacements ombragés ou non et une jolie piscine. Situé entre Cambrils et Miami Platja.

AP7 sortie 37, A7 sortie 1138. Puis N340 vers Hospitalet. Au croisement, vers Mont-roig/Falset, au rond-point, 3e route à droite. De la A7, la 2me route à droite. Suivre les panneaux 'platja' et 'camping'.

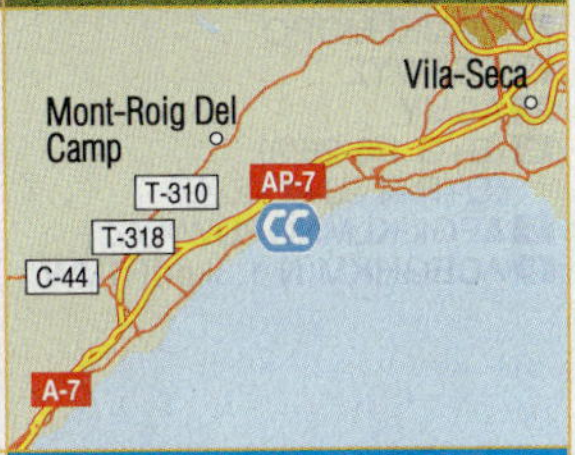


CC € 20 *1/3-10/4 18/4-22/6 26/6-30/6 1/9-30/10*

N 41°02'49'' E 01°00'15''

## Olot, E-17800 / Cataluña

**2296**

Camping La Fageda
Ctra Olot-Sta Pau, km 3,8
+34 9 72 27 12 39
1/1 - 31/12
info@campinglafageda.com

7ha 140T(70-120m²) 10A

1 BCDGIJKLMO**P**R
2 BJMNSWZ
3 ACIKPSU
4 (B 24/6-9/9)
(Q+R+T+U+X 1/3-31/12)
(Z)
5 **A**BDEFGIJKLMNOPUW
6 ACEGK(N 4km)TV

Ce camping est situé à 4 km d'Olot, capitale de la Garrotxa, au milieu de volcans dont le Croscat et le Santa Margarida. Près du bois d'êtres de la Fageda d'en Jorda. Aussi bien les caravanes que les tentes ont leur propre terrain plat.

A partir d'Olot direction Santa Pau. Le camping est sur la gauche au km 3,8.

CC € 22 *1/1-28/3 11/4-27/6 13/9-29/12*

N 42°09'27'' E 02°31'00''

## Palamós, E-17230 / Cataluña

**2297**

Camping Benelux
Apt. de Correos 270
+34 9 72 31 55 75
15/4 - 25/9
cbenelux@cbenelux.com

4,6ha 250T(50-80m²) 6A

**1** ACDGIJLMPQ
**2** ALTUWZ
**3** AHMN
**4** (B+G 1/6-15/9)(Q+R+X+Z)
**5** AFGIJKLMNOPUW
**6** AEGHJ(N 2,5km)OQRTVX

Superbe camping dans une zone naturelle protégée, dans l'un des plus beaux endroits de la Costa Brava. Parfait environnement pour la randonnée et le cyclisme. A proximité de la mer : Platja Castell. Belles piscines, magasin, bar, bon restaurant. Il y a une école de plongée.

C31 Palafrugell-Palamós, prendre la sortie 328. Puis suivre les panneaux 'Playa Castell camping Benelux'.

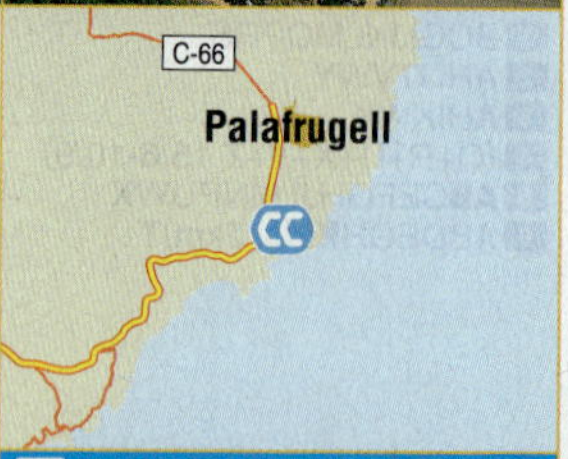


CC € 22 *15/4-6/7 23/8-24/9*

N 41°52'21'' E 03°09'04''

## Palamós, E-17230 / Cataluña

**2298**

Camping Internacional Palamós Cat.1
Camí Cap de Planes s/n
+34 9 72 31 47 36
2/4 - 30/11
info@internacionalpalamos.com

5,2ha 398T(60-80m²) 6-10A

**1** BGIJKLMOPQ
**2** GSTWYZ
**3** AGMY
**4** (B+G 1/6-26/9)(Q+R+T+U+X+Z)
**5** AFGIJKLMNOPUWXYZ
**6** ACEGHKM(N 1,3km)RTVW

Camping familial avec des emplacements délimités sur un terrain avec de nombreux arbres et d'excellents sanitaires. Avec la CampingCard ACSI, vous pouvez avoir un emplacement grand confort.

Palafrugell-Palamós, sortie Palamós/La Fosca. Direction La Fosca. A droite devant le camping King's. Suivre les panneaux.

CC € 22 *2/4-8/7 25/8-26/11*

N 41°51'26'' E 03°08'17''

## Palamós/Vall-Llòbrega, E-17253 / Cataluña

**2299**

Camping 3 Estrellas Costa Brava Cat.1
Ctra C-31, km 328
+34 9 72 31 52 63
1/4 - 12/10
costabrava@camping3estrellas.com

4,2ha 195T(70-90m²) 3-5A

**1** AGIJLMOPQ
**2** JSUWZ
**3** AHMP
**4** (B+G 15/6-11/9)(Q+S+T+U+X+Z)
**5** AGIJKMNOPUW
**6** CFGK(N 1km)ORTV

Agréable camping familial sur terrain plat. Bons sanitaires et belle piscine. Beaucoup de verdure et d'ombre.

Le camping est à droite sur la C31 entre Palafrugell et Palamós. Bien indiqué par des drapeaux.

CC € 14 *1/4-22/6 25/6-1/7 1/9-12/10*

N 41°52'55'' E 03°08'27''

## Pals, E-17256 / Cataluña

2300

Camping Mas Patoxas Cat.1
Ctra de Palafrugell a Pals, km 339
+34 9 72 63 69 28
4/3 - 1/11
info@campingmaspatoxas.com

11ha 400T(72-100m²) 6-10A

1 ACDGIJKLMOPQ
2 MSWXYZ
3 CEGHIKMNPSUV
4 (B+G 1/5-30/9)J(Q)
(S+T+U+Y+Z 1/4-1/10)
5 ABDEFGIJKLMNOPUWXYZ
6 AEGHIKM(N 1,5km)ORTUV
WX

Camping familial autour d'une grande piscine sur un terrain vallonné avec des arbres. Le camping a aussi une autre piscine splendide.

Autoroute, sortie 6 vers Bisbal. A partir de Pals suivre la direction Begur/Palamos. Au rond-point vers Begur. Le camping est à 1 km sur la gauche.

CC € 22 4/3-15/7 1/9-31/10 7=6

N 41°57'19'' E 03°09'26''

## Pineda de Mar, E-08397 / Cataluña

2301

Camping Bellsol Cat.2
Passeig Marítim 46
+34 9 37 67 17 78
1/1 - 31/12
info@campingbellsol.com

3ha 240T(60m²) 5-10A

1 ABCDFIJKLOPRS
2 AGIJTWYZ
3 AGHMSY
4 (B+G 15/5-30/9)(Q)(T+
U+Y+Z 23/6-11/9)
5 AFGIJKMNOPUW
6 AGJK(N 0,2km)ORTV

Un petit camping familial moderne avec d'excellents sanitaires, près de la plage et avec beaucoup de végétation.

Route à péage E15, sortie 9 Malgrat. Suivre la NII direction Barcelona. En bordure sud de Pineda de Mar sur la NII 1ier à gauche (après le panneau de fin d'agglomération). Aller jusqu'au front de mer. Camping à droite.

CC € 20 1/1-3/7 29/8-31/12 21=20

N 41°37'06'' E 02°40'45''

## Pineda de Mar, E-08397 / Cataluña

2302

Camping Enmar Cat.2
Av. de la Mercè s/n
+34 9 37 67 17 30
7/3 - 31/10
info@campingenmar.com

4ha 240T(75-90m²) 6-10A

1 ACDGIJKLMOPQ
2 AGIJTUWYZ
3 AMPSUY
4 (B+G 1/4-31/10)IJ
(Q+R+T+U+X+Z)
5 ABFGIJKLMNOPU
6 ABCEGHJK(N 0km)
ORTVWX

Petit camping sympathique avec de nombreux palmiers et de nouveaux sanitaires. Situé près d'une plage et dans une jolie petite ville. Belle piscine, chauffée pendant la saison basse.

A Pineda de Mar le long de la Promenada suivre les panneaux de camping.

CC € 20 7/3-4/7 29/8-31/10

N 41°37'19'' E 02°41'11''

## Pineda de Mar, E-08397 / Cataluña

2303

- Camping Sènia Caballo de Mar
- Passeig Marítim, s/n Apdo Correos 3
- +34 9 37 67 17 06
- 1/4 - 25/9
- info@caballodemar.com

3ha 310**T**(60-70m²) 6A

1 ACD**F**IJL**P**R
2 AHIUWYZ
3 AHMPS**V**WY
4 (B+G)IJK (Q+R+T+U+X+Z)
5 **A**EFGIJKLMNOPRUXYZ
6 ABFGH**K**M(N 0,1km)ORTV

Camping familial offrant suffisamment d'ombre situé à proximité de Calella. Le camping se situe près de la plage. Les sanitaires sont équipés de cabines de douche individuelles, de baignoires pour bébé et de toilettes pour handicapés. À 50 km au nord de Barcelone. Bonne liaison ferroviaire.

NII direction Calella, au sud de Pineda de Mar. Suivre les panneaux du camping.

CC € 22 *1/4-30/6 1/9-24/9*

N 41°37'02'' E 02°40'39''

## Platja d'Aro, E-17250 / Cataluña

2304

- Camping Riembau Cat.1
- Santiago Rusiñol s/n
- +34 9 72 81 71 23
- 9/4 - 25/9
- camping@riembau.com

19,7ha 1114**T**(96m²) 5A

1 BCDGIJKLMOPQ
2 SWYZ
3 C**G**HMN**O**P**R**SUV
4 (B+**F**+G)**KLN** (Q+S+T+U+X+Y+Z)
5 **AB**FGIJKLMNOPUWZ
6 CEGHJ**K**(N 2km)ORTVW

Grand camping sur terrain plat dans un environnement naturel près des plages de sable doré. Culture, gastronomie, détente, nature, plaisir à portée de main. Le camping se trouve sur la Costa Brava à Platja d'Aro.

Sortie 6 vers Palamos, puis sortir à Platja d'Aro-centre, au rond-point tout droit, camping à 600m sur la droite.

CC € 22 *9/4-10/7 27/8-24/9*

N 41°48'35'' E 03°02'48''

## Platja d'Aro, E-17250 / Cataluña

2305

- Valldaro Camping & Bungalows Resort Cat.1
- Cami Vell 63
- +34 9 72 81 75 15
- 8/4 - 25/9
- info@valldaro.com

18,3ha 600**T**(70-90m²) 10A

1 AC**G**IJKLMOPQ
2 ASWYZ
3 C**G**HIKMN**O**P**R**SU
4 (B 15/6-15/9)(G)IJK (Q+S+T+U+X+Y+Z)
5 **AB**DEFGIJKLMNOPUWZ
6 ABCEGHIJ**K**M(N 0,5km)QR TUVWX

Un camping avec jacuzzi, beaucoup de végétation et des arbres, situé en bordure de Playa de Aro. Pour un séjour de plus d'une semaine : wifi gratuit pendant une semaine puis payant.

Sortie 7 Palafrugell/Palamós, direction San Feliu. C31 sortie 314 Castell d'Aro, au 1e rond-point, 3/4 de tour vers Platja d'Aro. Camping à 200m à droite.

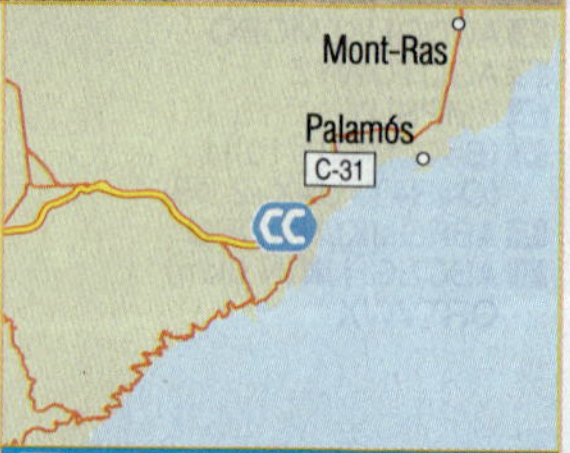


CC € 22 *8/4-10/7 27/8-25/9*

N 41°48'54'' E 03°02'42''

## Platja d'Aro/Calonge, E-17251 / Cataluña

2306

Camping Internacional de Calonge
Cat.1
Avda Andorra 9
+34 9 72 65 12 33
1/1 - 31/12
info@intercalonge.com

15ha 771**T**(60-90m²) 5-10A

**1** ACD**G**IJKLMOPQ
**2** AHJLMSTUWYZ
**3** C**G**HIKMN**O**PSUWY
**4** (A)(B+G 1/4-15/10)
(Q+S 1/4-1/11)
(T+U 1/4-15/10)
(X+Y 1/3-31/12)(Z)
**5** **AB**DEFGIJKLMNOPRUWXYZ
**6** DEGH**KM**(N 1km)ORTUV
WX

Camping avec tous les équipements. Situé sur une colline avec de nombreux arbres, en bord de mer.

Sortie 6 Palafrugell-Palamós, vers San Feliu, ensuite Palamós-est, puis Platja d'Aro. Camping sur la droite. Bien indiqué.

N 41°50'00'' E 03°05'04''

CC € 22 *1/1-15/4 18/4-8/7 26/8-31/12*

## Platja de Pals, E-17256 / Cataluña

2307

Camping Interpals
Av. Mediterrània, km 4,5
+34 9 72 63 61 79
8/4 - 18/9
info@interpals.com

7ha 560**T**(60-200m²) 5A

**1** ACD**G**IJKLMPQ
**2** ABKLMTWY
**3** A**G**M**O**PS
**4** (B+G)K
(Q+S+T+U+X+Z)
**5** **AB**FGIJKLMNOPUW
**6** AEGH**K**M(N 5km)ORTUV
WX

Un camping situé sur un terrain boisé et vallonné avec de bons sanitaires. A quelques pas de la plage Playa de Pals, un restaurant moderne et un grand supermarché à côté.

Autoroute, sortie 6 direction La Bisbal. A partir de Pals direction Platja de Pals. Au rond-point, après l'Aparthotel Golf Beach tout droit. Le camping est à droite à quelques centaines de mètres.

N 41°58'52'' E 03°12'04''

CC € 20 *8/4-10/7 27/8-17/9*

## Platja de Pals, E-17256 / Cataluña

2308

Camping Neptuno
Rodors, n. 23
+34 9 72 63 67 31
1/5 - 15/9
info@campingneptuno.com

6,5ha 262**T**(80-120m²) 6-10A

**1** AEIJKLMOPS
**2** BUZ
**3** C**G**HMN**O**PS
**4** (B 1/6-15/9)(G 15/6-15/9)
IJK(Q)(R 1/6-15/9)
(T 1/5-15/9)(Z)
**5** **A**FGIJKMNOPUW
**6** EG**K**(N 1km)ORTWX

Camping familial avec toboggan dans un environnement tranquille. Le camping est situé dans un bois, il est accessible par une petite route de campagne.

Direction Platja de Pals, à gauche, cf les panneaux. Après les panneaux 1 km une route B, puis le camping.

N 41°59'07'' E 03°11'26''

CC € 20 *1/5-30/6 1/9-14/9*

## Platja de Pals, E-17256 / Cataluña

**2309**

Camping Sandaya Cypsela Resort
Rodors 7
+34 9 72 66 76 96
15/4 - 18/9
cypselaresort@sandaya.fr

20ha 931T(80-140m²) 6A CEE

1 ACDEIJKLOPQ
2 BTWZ
3 CGHIKMPRSTUV
4 (B+G)J (Q+S+T+U+V+Y+Z)
5 ABEFGIJKLMNOPRSUWXYZ
6 CFGHIKLM(N 3km)OQRTV WX

Camping de classe avec des équipements parfaits. Situé dans un bois, sur terrain plat.

Autoroute sortie 6. De Pals, direction Platja de Pals. Puis suivre les panneaux. Bien indiqué. Camping sur la gauche.

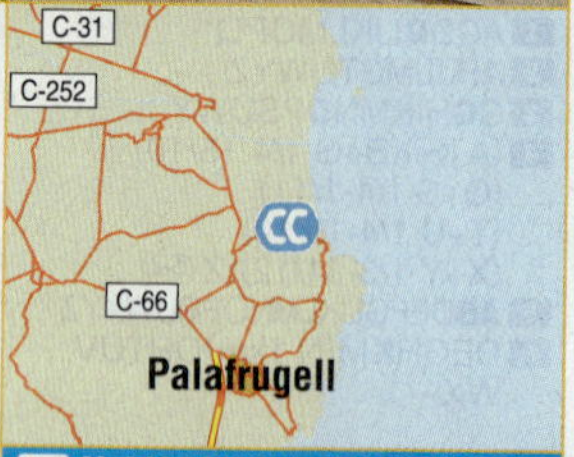


CC € 16 *15/4-8/7 3/9-18/9*

N 41°59'08'' E 03°10'58''

## Pont d'Arros, E-25537 / Cataluña

**2310**

Verneda Camping Mountain Resort
N230, km 171
+34 9 73 64 10 24
8/4 - 11/10
info@campingverneda.com

4,5ha 180T(40-100m²) 5A

1 BCDGIJKLMOPS
2 CJSWXYZ
3 ACIKLNPSUW
4 (A 23/6-10/9) (C+H 24/6-12/9) (Q 24/6-10/9)(R) (T+U+V+X+Y+Z 24/6-10/9)
5 ABEFGIJKLMNPUWZ
6 AEGJK(N 7km)OTUV

Un beau camping bien entretenu au bord la rivière. Région idéale pour faire des randonnées et du vélo. Activités en eaux vives, canoë, rafting. Wifi gratuit dans le bar pendant la période d'ouverture. Val d'Aran offre des endroits inoubliables avec défis et activités pour toute la famille. Bon camping d'étape également.

A partir de Bossost (N230), le camping est bien indiqué sur la droite.

CC € 20 *1/5-22/6 4/9-9/10*

N 42°44'12'' E 00°44'47''

## Porqueres/Banyoles, E-17834 / Cataluña

**2311**

Camping El Llac Cat.2
Ctra Circumal.lació de l'Estany
+34 9 72 57 03 05
16/1 - 14/12
info@campingllac.com

6ha 193T(tot 100m²) 6-10A

1 BCDFIJKLMOPST
2 BEOSUWXYZ
3 ACHIKPSUWZ
4 (B+H 15/6-15/9) (Q+R 1/6-31/8) (T+U+X+Y+Z 1/6-15/9)
5 ABDFGIJKMNOPWZ
6 ACEGKOTV

Camping El Llac est situé au bord du lac de Banyoles et près de Porqueres. Bel environnement pour faire de la randonnée et du vélo autour du lac. Pendant les vacances de Pâques et les week-ends prolongés, la CampingCard ACSI est acceptée seulement sur les emplacements standard.

De Figueres, sortie 6 vers Banyoles/Porqueres.

CC € 20 *16/1-22/6 12/9-14/12* 7=6

N 42°07'15'' E 02°44'51''

## Prades (Tarragona), E-43364 / Cataluña

2312

Camping Prades Park
Ctra T-701, km 6.850
+34 9 77 86 82 70
1/1 - 31/12
camping@campingprades.com

3ha 70T(70-100m²) 8-13A CEE

1 BCDGIJKLMOPQ
2 BCJNSXYZ
3 ACHIJKLPSU
4 (A )(C+H 15/6-15/9) (Q+R+T+U+V+X+Y+Z )
5 ADEFGIJKLMNOPQRUWZ
6 ACDEGHK(N 0,5km)OTV

Camping familial tranquille au milieu des champs de noisetiers, entouré par les montagnes de Prades. Bel environnement pour les randonnées à pied et à vélo. Visitez des villes comme Poblet, Reus, Montblanc, Siurana. Informations disponibles au camping. Repas traditionnel espagnol pour un prix raisonnable au restaurant!

De l'AP-2 (Lleida-Barcelona) : sortie 9 Montblanc, suivez la N-240, di Lleida et par Espluga de Francoli, Vimbodí, Vallclara, Vilanova de Prades en Prades.

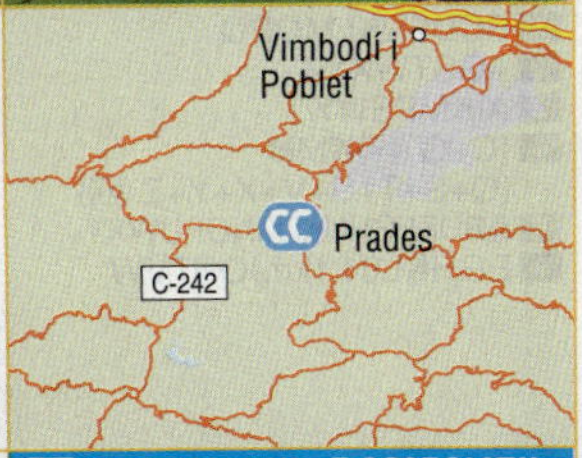


CC € 20 1/1-7/4 18/4-2/6 7/6-22/6 27/6-10/7 31/8-27/10 2/11-31/12

N 41°18'44'' E 00°58'47''

## Ribera de Cardós, E-25570 / Cataluña

2313

Camping Del Cardós Cat.2
Av/Hug Roger III s/n
+34 9 73 62 31 12
8/4 - 30/9
info@campingdelcardos.com

3ha 190T(60-100m²) 4-6A

1 BCGIJKLMPQ
2 BCNOSWYZ
3 ACHIKPQSW
4 (C+H 1/6-15/9)J (Q 15/6-10/9)(R+T+V+Z )
5 ABEFGIJKLMNOPUWZ
6 ACEGHK(N 3km)OTV

Camping au coeur de la vallée de Cardos, où vous campez sous les grands arbres sur des emplacements au bord d'une petite rivière murmurante. Il y a des sanitaires superbes et une piscine. Un snackbar/kiosque avec du pain frais tous les matins.

A la centrale électrique à Llavorsí sortir sur la C13 Sort-Esterri d'Àneu, et continuer sur 9 km. Le camping est juste avant le village.

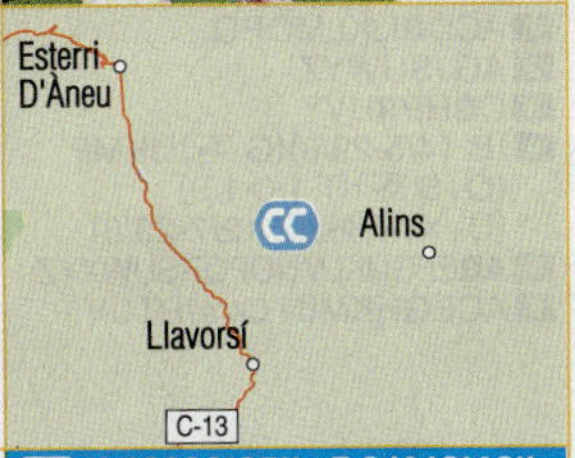


CC € 22 8/4-14/7 31/8-30/9

N 42°33'35'' E 01°13'46''

## Roses, E-17480 / Cataluña

2314

Camping Rodas Cat.2
C/ Punta Falconera 62
+34 9 72 25 76 17
29/4 - 13/10
info@campingrodas.com

3,2ha 273T(70-80m²) 10A

1 BCDFIJKLMOPST
2 GJSWXYZ
3 AHIKMSW
4 (B+G+Q+T+U+X+Z )
5 ABFGHIJKLMNOPUWZ
6 CEGK(N 0,05km)ORTV

Camping Rodas est un camping familial situé dans un environnement tranquille, avec des emplacements confortables séparés par des arbres. C'est l'endroit parfait pour se détendre et jouir du paysage, de la culture, de la gastronomie et des activités de loisirs d'une région aussi particulière et unique que Bahía de Roses.

A7, sortie 3, C260 Figueres-Roses, au rond-point à Empuriabrava tout droit. Bien indiqué à partir du rond-point avant Roses.

CC € 22 29/4-30/6 1/9-12/10

N 42°16'08'' E 03°09'09''

## Roses, E-17480 / Cataluña

**2315**

Camping Salatà
C/ Port Reig 44
+34 9 72 25 60 86
5/3 - 14/11
info@campingsalata.com

4ha 170**T**(70-180m²) 10A CEE

1 BCD**F**IJKLMOPQ
2 AGSTWXYZ
3 AIKMPS**W**Y
4 (C+G )**K**M**N**
(Q+S+T+U+V+X+Y+Z )
5 **AB**DEFGHIJKLMNOPUWXY
6 EGH**K**L(N 1km)ORTVW

Situé dans le vieux village de pêcheurs Roses avec un centre-ville historique et où il est très agréable de séjourner dans les belles baies. Nager, plonger en apnée, faire du ski nautique. Le tarif CCA est valable pour les emplacements confort.

A7, sortie 3. C260 Figures-Roses, au rond-point B4 Empuriabrava tout droit. A partir du rond-point, bien balisé avant Roses.

CC € 22 *5/3-13/4 20/4-30/6 12/9-14/11*

N 42°15'59'' E 03°09'22''

## Sant Antoni de Calonge, E-17252 / Cataluña

**2316**

Eurocamping
Avinguda Catalunya 15
+34 9 72 65 08 79
13/5 - 18/9
info@euro-camping.com

13ha 682**T**(60-100m²) 5-10A

1 ACD**G**IJKLMOPQ
2 AGJSUWYZ
3 C**G**HP**R**UVY
4 (B 14/5-29/8)(G )IJKMP
(Q+S )(T 1/6-1/9)
(U+X+Y )(Z 12/7-23/8)
5 **AB**EFGIJKLMNOPQRSUWXYZ
6 ACEGHKM(N 0km)RTUV

Camping première classe en bordure d'une petite localité avec son front de mer. Tout est à proximité. Wifi gratuit. Les campeurs qui séjournent 6 nuits ou plus pendant la période d'acceptation CampingCard ACSI, séjournent aussi au tarif CampingCard ACSI dans la semaine de la fête espagnole du 22/6 au 27/6.

Sortie 6, Palafrugell-Palamós, direction San Feliu, puis Palamós-est et ensuite Platja d'Aro. Camping sur la droite à Sant Antoni. Bien indiqué.

CC € 22 *13/5-22/6 27/6-1/7 1/9-18/9*

N 41°50'49'' E 03°05'55''

## Sant Llorenc de Montgai, E-25613 / Cataluña

**2317**

Camping La Noguera
Partida La Solana s/n
+34 9 73 42 03 34
1/1 - 9/1, 28/1 - 24/12,
27/12 - 31/12
info@campinglanoguera.com

2,5ha 220**T** 10A

1 BCD**G**IJKLMO**P**Q
2 EMNSUWXYZ
3 C**D**HIJKLPSUV**W**
4 (B 23/6-11/9)(**F** )
(G 23/6-11/9)M(Q+R )
(T+U+V+X+Y+Z 28/2-24/12)
5 **AB**DEFGIJKLMNOPUWZ
6 ACFGJ**K**(N 9km)OTV

Camping en terrasses aménagé de façon moderne dans la réserve naturelle autour du lac de Sant Llorenç de Montgai. Nombreuses équipements pour le sport et les loisirs au camping et dans les environs. Restaurant avec des produits locaux.

De Lleida, C13, après Balaguer (± 8 km) à gauche LV9047. Camping à droite un peu après Sant Llorenc de Montgai.

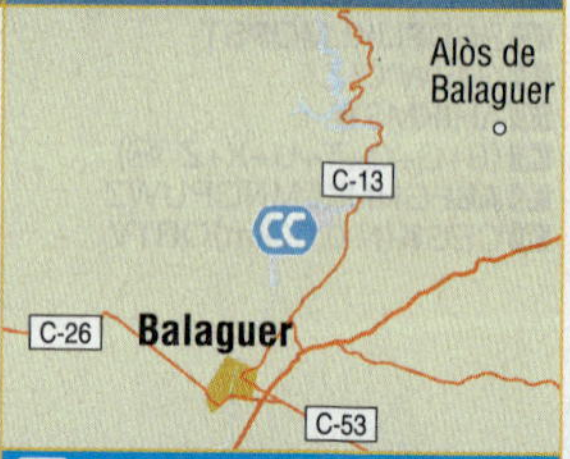


CC € 22 *28/1-7/4 18/4-28/4 2/5-2/6 6/6-22/6 11/9-27/10 1/11-1/12* 7=6

N 41°51'37'' E 00°49'57''

## Sant Pere Pescador, E-17470 / Cataluña

**2318**

Camping Aquarius Cat.2
Camino de la Playa s/n
+34 9 72 52 01 01
1/4 - 31/10
booking@campingaquarius.com

8ha 450T(70-110m²) 6-16A CEE

1 BC**G**IJKLMOPQ
2 AGSWXYZ
3 ACHIKMNPRSU**WY**
4 (**A** 1/7-31/8)(G )M (Q+S+T+U+V+X+Y+Z )
5 **AB**DEFGIJKLMNOPQRUW
6 ACEGH**K**LM(N 2,5km)ORTU VWX

Situé au bord de la plage où l'eau de mer offre la meilleure détente. Les environs offrent la possibilité de faire diverses excursions. Camping tranquille. Les sanitaires sont très bien entretenus. Le camping n'offre que des emplacements standard dans la zone B pour CampingCard ACSI. Supplément pour une voiture en plus du camping-car.

Sortie 3, après 12 km dir Sant Pere Pescador. Ou sortie 5 dir L'Escala, à St. Marti-Empuries vers Sant Pere Pescator par la route côtière.

CC € 22 1/4-22/6 11/9-31/10

N 42°10'38'' E 03°06'29''

## Sant Pere Pescador, E-17470 / Cataluña

**2319**

Camping La Gaviota
Ctra Platja s/n
+34 9 72 52 05 69
2/4 - 23/10
info@lagaviota.com

2ha 153T(70m²) 5-10A CEE

1 AB**G**IJLPQ
2 ACHNSWXYZ
3 ACIKMPS**W**XY
4 (C+G+Q+S+T+U+V+X+Y+Z )
5 **AB**DEFGIJKLMNOPRUW
6 EGHJ**K**(N 2km)ORTV

Ce camping est situé au bord de la plage. Les environs offrent des possibilités pour diverses excursions. Un camping tranquille avec un personnel agréable et serviable et de belles plantations. Ce camping est magnifiquement situé, car il est en fait relié à la plage.

Sortie 3 après La Jonquera, vers Roses, à 12 km direction Sant Pere Pescador. Après le pont, suivre les panneaux.

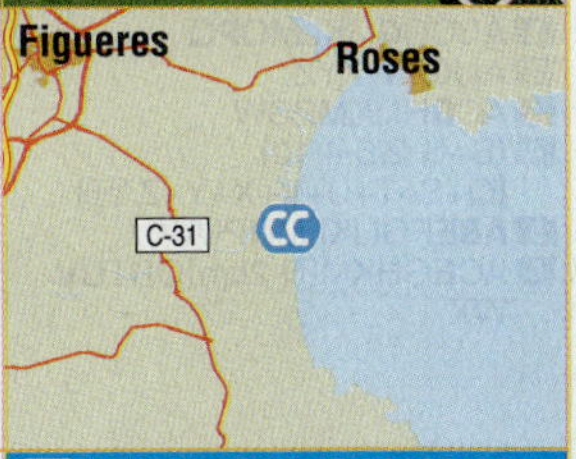


CC € 22 22/4-12/6 12/9-23/10

N 42°11'21'' E 03°06'30''

## Sant Pere Pescador, E-17470 / Cataluña

**2320**

Camping l'Àmfora****
Av. Josep Tarradellas, 2
+34 9 72 52 05 40
19/5 - 23/9
info@campingamfora.com

12ha 692T(90-180m²) 10A CEE

1 BCD**G**IJKLMOPQ
2 AHNSTUWXYZ
3 ABCHIKMN**OPQR**S**W**Y
4 (B+G 1/6-22/9)JKMP (Q+S+T+U+V+X+Y+Z )
5 **AB**CDEFGIJKLMNOPQ**T**UWXYZ
6 CEGH**KM**(N 1,5km)OQRTV

Le camping est situé en bordure de plage. Diverses excursions dans la région. Il y a tous les jours des animations pour petits et grands et les installations sanitaires sont bien entretenues. Différents types de parcelles : 1)Terrain ouvert, 2) emplacements fermés, délimités par des haies hautes. 3) emplacements avec propres sanitaires et cuisine extérieure.

A7 sortie 3 vers Girona/Barcelona. 3e sortie Figueres/Roses (C260). A 9 km avant Roses à droite vers Sant Pere Pescador.

CC € 22 19/5-30/6 31/8-23/9

N 42°10'55'' E 03°06'15''

## Sant Pere Pescador, E-17470 / Cataluña

2321

Camping Sènia Riu**
Ctra de la Platja s/n
+34 9 72 52 02 16
10/4 - 25/9
info@campingriu.com

4ha 118**T**(100m²) 5-10A CEE

1 BCD**F**IJKLMOPQ
2 ACJSWXYZ
3 ACIKLM**O**S**VW**XZ
4 (B+G )KP(Q )
(R+S 1/7-31/8)
(T+U+V+X+Y+Z )
5 **AB**FGIJKLMNOPUWXY
6 ACEGHJ**K**M(N 0,2km)
ORTVW

Camping familial dans un bois de pins à 2 km de la côte. Excursions touristiques comme Figueres, le musée Dalí, Barcelona. Il y a toujours une fraicheur agréable. Le camping est au bord d'un petit canal de liaison vers la mer avec des pontons d'embarquement. A 200m du centre.

Sortie 3, direction Rosas; à 12 km, direction Sant Pere Pescador. Après le pont, le camping est indiqué. Ou sortie 5 direction L'Escala, puis continuer vers Sant Pere Pescador.

€ 22 *10/4-13/4 17/4-22/6 1/9-24/9*

N 42°11'15'' E 03°05'21''

## Sitges, E-08870 / Cataluña

2322

Camping El Garrofer Cat.2
Ctra C246a, km 39
+34 9 38 94 17 80
4/3 - 2/11
camping@grupolasinia.com

8ha 526**T**(70-90m²) 6-20A CEE

1 ABCD**G**IJKLMO**P**Q
2 AIJQTWXYZ
3 AC**G**HIJKMPSW
4 (B+G 2/5-4/10)
(Q+S+T+U+V+X+Y+Z )
5 **AB**EFGIJKLMNPUW
6 ACEGHKM(N 2km)ORTUV
WX

Camping à 2 km au sud de Sitges. Vous arrivez à la plage par un sentier pédestre de 900 mètres. Vous êtes sur terre battue sous les pins. Service de bus vers Barcelone. 1 chien est compris dans le tarif.

Route C32, sortie 26 direction Sitges, route C246a.

€ 22 *4/3-8/7 27/8-2/11* *7=6, 14=12*

N 41°14'02'' E 01°46'51''

## Sitges, E-08870 / Cataluña

2323

Camping Sitges Cat.2
Ctra C246a, km 38
+34 9 38 94 10 80
18/3 - 16/10
info@campingsitges.com

2,8ha 220**T**(60-70m²) 6A

1 ABCDGIJKLMOPQ
2 IJSWXYZ
3 A**G**HM
4 (B+G 27/5-22/9)
(Q+R+T+U+V+X+Z )
5 **A**DEFGIJKMNOPUWZ
6 CEGK(N 1km)ORTV

À 2 km du centre de Sitges et à 700m de ses célèbres plages, le Sitges Campsite est un petit camping bien entretenu situé dans un environnement naturel où vous pourrez profiter de vos vacances.

Route à péage A16, sortie 28 Sitges Centro. Après le viaduc ferroviaire, tournez à droite sur la C246a en direction de Tarragone. Le camping se trouve à gauche de la route au km 38.

€ 20 *18/3-10/7 29/8-15/10*

N 41°13'54'' E 01°47'04''

## Solsona (Lleida), E-25280 / Cataluña

**2324**

El Solsonès Vacances Cat.1
Ctra St. Llorenç km 2
+34 9 73 48 28 61
7/1 - 8/12
info@campingsolsones.com

6,3ha 268T(70-100m²) 6-10A

1 ABCDEIJKLMO**P**R
2 MNSUVWYZ
3 AC**G**HIKMN**O**P**QR**SU**W**
4 (A 🔑)(B+G 23/6-11/9)(Q+S+T+U+V+X+Y+Z 22/6-13/9)
5 **AB**DEFGIJKLMNOPUWZ
6 ACEGHJ(N 2km)ORTV

Camping ombragé, partie séparée pour emplacements touriste. Divers circuits de randonnée à partir du camping. A 2 km de Solsona avec son centre médiéval. Nombreux équipements sportifs. Sanitaires excellents. Restaurant et petit magasin ouverts aussi le weekend en dehors des périodes indiquées.

De La Seo de Urgel suivre la C1313. A Basella à gauche. A Solsona direction S. Llorenç de Morunys par Coll de Jou, suivre les panneaux.

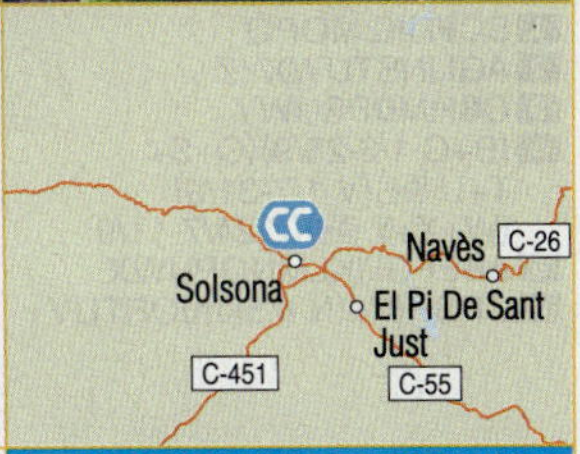


CC € 22 *7/1-11/2 18/2-10/4 19/4-23/6 27/6-15/7 1/9-9/9 12/9-30/11* ***7=6, 14=12***

N 42°00'43'' E 01°31'00''

## Tamarit/Tarragona, E-43008 / Cataluña

**2325**

Tamarit Beach Resort Cat.1
Platja de Tamarit, N340a km 1172
+34 9 77 65 01 28
8/4 - 1/11
resort@tamarit.com

17ha 425T(66-200m²) 10-16A CEE

1 BCD**G**IJKLMO**P**Q
2 ABCGIJNRTUWXYZ
3 AC**G**HIKM**O**PRSU**V**WY
4 (B 8/4-1/11)(G 🔑)IJM(Q+S+T+U+V+W+X+Y+Z 🔑)
5 **AB**DEFGIJKLMNOPQRUWXYZ
6 ACDEGHKM(N 1km)OQRSTUVW

Au pied du château de Tamarit, au bord de la plage et à grande distance de la corniche et de la voie ferrée. Agréable restaurant/bar avec terrasse sur le toit et vue sur la mer, à la frontière entre la plage de sable et la côte de rochers.

AP7, sortie 32, Altafulla/Torredembarra/Tamarit. N340a vers Tarragona au rond-point 1e sortie, au rond-point suivant 4e sortie, Tamarit/Altafulla. A 250m à droite, suivre les panneaux verts/jaunes 'Tamarit Park'. Camping sur la gauche.

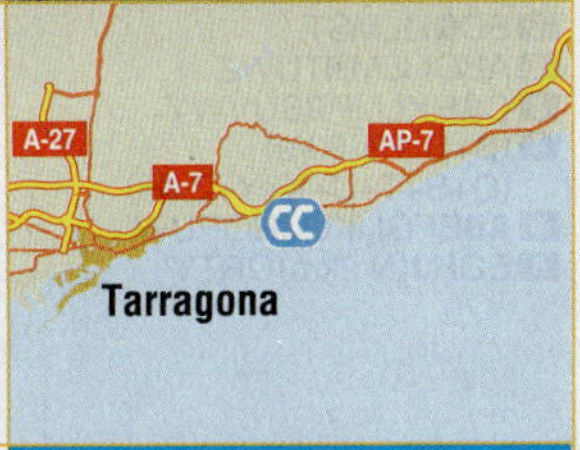


CC € 22 *8/4-11/4 18/4-16/6 12/9-1/11* ***7=6, 14=12***

N 41°07'57'' E 01°21'37''

## Taradell/Osona, E-08552 / Cataluña

**2326**

Camping La Vall Cat.1
Camí de la Vallmitjana s/n
+34 9 38 12 63 36
7/1 - 11/12
lavallpark@campinglavallpark.cat

9ha 119T(80-110m²) 5-10A

1 BCDGIJKLMOPQ
2 BLMNSVWYZ
3 AC**G**HIKOPS
4 (B+G 18/6-11/9)(Q 🔑)(R 7/1-19/6,14/9-11/12)(S+T+U+V+X+Z 20/6-13/9)
5 **AB**CDEFGHIJLMNPUWXYZ
6 ACEGHK(N 1km)OTUV

Situé dans une belle vallée où l'environnement naturel a été bien conservé. Environnement idéal pour faire des randonnées, du VTT et entreprendre d'autres activités sportives. Non loin de Vic avec une grande offre culturelle. Près du 'Parc Natural del Montseny'.

C17 Vic-Barcelona, sortie Taradell, continuer jusqu'au carrefour en T à Taradell, puis à droite et suivre les panneaux. Attention ! Avec GPS, choisissez Urbanització de Goitallops. Puis suivre les panneaux.

CC € 22 *7/1-12/4 19/4-22/6 12/9-11/12* ***16=14***

N 41°51'54'' E 02°17'42''

## Tarragona, E-43007 / Cataluña

**2327**

Camping Las Palmeras Cat.1
Ctra N340, km 1169
+34 9 77 20 80 81
2/4 - 12/10
laspalmeras@laspalmeras.com

17ha 140**T**(70-110m²) 5-10A

1 BC**F**IJKLMOPQ
2 AGIJNSTUWXYZ
3 C**G**HM**O**PSUWY
4 (B+G 1/6-25/9)(Q+S+T+U)(V 1/7-31/8)(W+X+Y)(Z 24/7-11/9)
5 **AB**EFGIJKLMNOPUWX
6 CFGH**K**M(N 4,5km)ORTUV

Un paradis pour ceux qui aiment la plage. On campe au bord ou à 50m de la belle plage de sable. A côté du camping, zone de randonnées de Punta de la Mora. A 4 km de la ville historique Tarragona. Tout cela compense la présence de la voie ferrée. CampingCard ACSI seulement aux emplacements standards.

A7, sortie 32, au rond-point, N340 vers Tarragona. A quelques km à gauche restaurant 'El Trull'. Au km 1168 à gauche, prendre le tunnel sous la voie ferrée vers le camping.

CC € 20 *19/4-16/6 12/9-12/10*

N 41°07'49'' E 01°18'43''

## Tarragona, E-43008 / Cataluña

**2328**

Camping Torre de la Mora S.A. Cat.1
Ctra N340 km 1171
+34 9 77 65 02 77
8/4 - 12/10
info@torredelamora.com

16ha 319**T**(50-70m²) 7A

1 BC**G**IJLMST
2 ABGIJLMRTUWZ
3 C**G**HKLMP**R**SUVWY
4 (B+G 1/5-30/9)(Q+S+T+U+X+Y+Z)
5 **AB**EFGIJKLMNOPUW
6 EGH**J**(N 2km)ORTV

Un camping en terrasses avec une belle plage. Un très grand parc aquatique. Une terrasse avec wifi gratuit. N340 et voie ferrée à 2 km.

Route à péage A7, sortie 32 Torredembarra/Altafulla, au rond-point direction Tarragona N340, au rond-point suivant direction La Mora puis suivre les panneaux de camping.

CC € 20 *8/4-22/6 4/9-12/10*

N 41°07'44'' E 01°20'39''

## Torredembarra, E-43830 / Cataluña

**2329**

Camping Clara Cat.2
Passeig Miramar, 276
+34 9 77 64 34 80
25/3 - 16/10
info@campingclara.es

1,4ha 125**T**(60-90m²) 6-10A

1 BCDGIJKLMOPQ
2 AGIJTUWXYZ
3 AC**G**HIMSWY
4 (Q+S+T+U+V+X+Y+Z)
5 **AB**CEFGHIJKLMNOPUWZ
6 CDEGK(N 0,5km)OQRTUV

Camping pas trop grand, près d'une petite ville et à 150m de la plage. Naturistes autorisés sur la partie gauche de la plage, à ± 800m. Wifi gratuit. Situé le long de la voie ferrée.

AP7 sortie 31 ou 32 vers N340, direction Torredembarra. Sortie Torredembarra Est. 2e sortie au rond-point. A 500m sur la gauche.

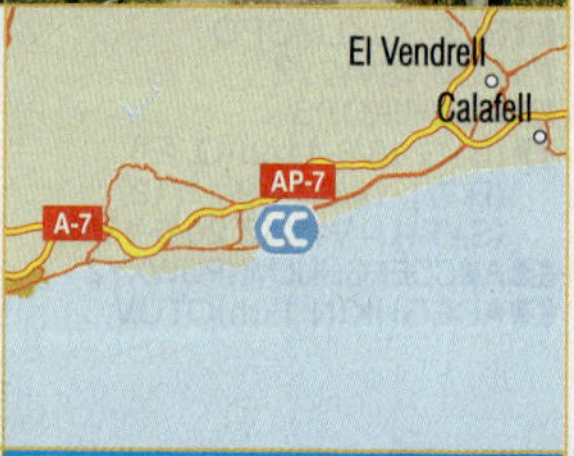


CC € 18 *25/3-30/6 28/8-16/10* *7=6, 14=12, 21=18, 30=23*

N 41°08'58'' E 01°25'11''

## Torredembarra, E-43830 / Cataluña

**2330**

Camping La Noria Cat.2
Passeig Miramar 278
+34 9 77 64 04 53
26/3 - 2/10
info@camping-lanoria.com

5ha 440T(50-60m²) 6A

1 BCDGIJKLOPQ
2 AGIJSTUWYZ
3 ACHIKMPSWY
4 (Q+S+T+U+V+X+Y+Z)
5 **AB**EFGIJKLMNOPUWZ
6 CEGHK(N 0,5km)ORTVW

Camping bien entretenu. Près d'une petite ville et d'une plage. Le naturisme est autorisé sur le côté gauche de la plage à ± 600m. Wifi gratuit. Terrasse agréable et bon restaurant. La voie ferrée longe le camping.

AP7 sortie 31 ou 32 vers N340 direction Torredembarra Est. Au rond-point 2e sortie et le camping est à 400m sur la gauche.

CC € 18 26/3-30/6 28/8-2/10 7=6, 14=12, 21=18, 30=23

N 41°09'01'' E 01°25'16''

## Torredembarra, E-43830 / Cataluña

**2331**

Camping Relax-Sol Cat.2
Passeig Miramar 246
+34 9 77 64 62 71
1/4 - 30/10
info@campingrelaxsol.com

2,5ha 51T(70-110m²) 10A CEE

1 BCFIJKLMO**P**Q
2 AGIJUWYZ
3 ACISUWY
4 (Q+R+S+T+U+V+W+X+Y+Z)
5 **A**CEFGHIJKLMNOPUWXZ
6 BCDEGHK(N 0,04km)ORTV

Ce camping près de Torredembarra, à 150m de la plage, jouxte une réserve naturelle protégée où vous pouvez profiter de la flore et de la faune. Naturisme possible du côté gauche de la plage, à ± 800m. Wifi gratuit.

AP7 sortie El Vendrell/Coma-Ruga. Sortie 32 Torredembarra. Suivez N340 di Tarragona au km 1177,8 au rond-point di Torredembarra-Est (2e sortie). Au rond-point après le viaduc 3e sortie, Barcelona. A 100m à droite.

CC € 16 1/4-15/7 1/9-30/10

N 41°08'56'' E 01°25'07''

## Tossa de Mar, E-17320 / Cataluña

**2332**

Camping Cala Llevadó****
Ctra GI-682 Tossa - Lloret km 18,9
+34 9 72 98 36 80
1/4 - 31/10
reservation@seagreen.fr

17ha 612T(40-100m²) 10-15A CEE

1 ACD**F**IJLPST
2 ABHJKLMNQRTUWYZ
3 CIKLPSUWY
4 (A 1/7-30/8)(B+G 15/5-30/9) (Q+S+T+U+V+X+Y+Z)
5 **AB**FGIJKLMNOPUWXYZ
6 CEGH**K**M(N 3km)OQRTV

Situation fantastique dans la plus belle partie de la Costa Brava. Tranquille, quatre plages, piscine, bar, restaurant, supermarché et excellents sanitaires.

Autoroute à péage E15, sortie 9. A Lloret direction Tossa. A 8 km à droite (bien indiqué). Ensuite, chemin privé sur 800 mètres jusqu'au camping.

CC € 22 1/4-3/7 20/8-31/10 7=6

N 41°42'47'' E 02°54'23''

## Vilallonga de Ter, E-17869 / Cataluña

**2333**

Camping Conca de Ter Cat.1
Ctra Setcases s/n, km 5,4
+34 9 72 74 06 29
1/1 - 31/12
concater@concater.com

2ha 100T(70-110m²) 5-11A CEE

1 BCD**G**IJKLMOPQ
2 BCJNSUWZ
3 ACDE**FG**HIKOP**Q**SU**V**WX
4 (B+G 24/6-1/9)**K**
(Q+R+T+U+V+X+Z 20/6-1/9)
5 **AB**DFGHIJKLMNOPQRUWXZ
6 ABEGK(N 0,5km)ORTV

Camping sur terrain plat au coeur de montagnes colorées. Remarquable pour ses nombreuses possibilités de pratiquer des activités sportives, en plus de la randonnée et du vélo.

N260 de Ripoll à Camprodon, au rond-point 4e sortie Vilallonga de Ter. De Figueres N26, puis A26 vers Camprodon puis Vilallonga de Ter.

CC € 22 1/1-30/6 1/9-31/12 7=6, 14=11

N 42°20'02'' E 02°18'27''

## Vilanova de Prades, E-43439 / Cataluña

**2334**

Camping Serra de Prades Resort Cat.1
Sant Antonio s/n
+34 9 77 86 90 50
1/1 - 31/12
info@serradeprades.com

5ha 210T(92-120m²) 6A

1 BCD**G**IJKLMO**P**Q
2 MNSTUWXYZ
3 CDEHIJKLMN**O**P**Q**SU**V**
4 (**A** )(C+H 5/6-20/9)**KMNP**
(Q+S+T+U+V+X+Y+Z )
5 **AB**DFGIJKLMNOPUWZ
6 ACDEGHKLOTV

Beau camping calme avec piscine chauffée, sa production de vin, bien-être, restaurant (cuisine catalane). Caves à vin, randonnées pédestres et à vélo dans la région, activités sportives telles que escalade à 5 minutes à pied. Les activités comprennent la photographie, étoiles, faune et flore. Animations tout au long de l'année le week-end.

Par AP-2 L ou N240 par Vimbodi, Vallclara jusqu'à Vilanova de Prades. De Vimbodi, vers Vallclara. Ne pas suivre le GPS mais cet itinéraire.

CC € 22 1/1-7/4 18/4-2/6 7/6-22/6 27/6-14/7 31/8-27/10 2/11-31/12 7=6, 14=12

N 41°20'59'' E 00°57'30''

## Vilanova i la Geltrú, E-08800 / Cataluña

**2335**

Camping Platja Vilanova Cat.2
C-246a KM48
+34 9 38 95 07 67
5/2 - 31/10
platjavilanova@platjavilanova.com

4ha 50T(60-70m²) 5A

1 ABCDGIJKLO**P**RS
2 AGIJUWYZ
3 AC**G**HIKM**O**PSY
4 (B+G 1/6-30/9)
(Q+S+T+U+V+X+Z )
5 **AB**DEFGHIJKLMNOPUWZ
6 ACFGHJ**K**(N 1km)ORTVW

Camping propre avec des places fixes saisonnières et des emplacements touriste ombragés. Très belle piscine (éclairée). Juste en dehors du camping il y a une magnifique plage de sable fin. Au restaurant, vous dégustez des repas simples mais savoureux. Dans le supermarché, vous trouvez une large gamme de produits. Du camping, il y a 15 minutes à pied jusqu'à la gare, d'où part un train toutes les demi-heures pour Barcelone.

A ± 3 km de Vilanova, vers Cubelles par la C246.

CC € 20 4/3-13/4 19/4-22/6 11/9-30/10 14=12

N 41°12'28'' E 01°41'15''

## Vilanova i la Geltrú, E-08800 / Cataluña

**2336**

Camping Vilanova Park Cat.1
Carretera Arboç km 2,5
+34 9 38 93 34 02
1/1 - 31/12
info@vilanovapark.com

40ha 368T(70-100m²) 10A

1 ABCD**F**IJKLM**P**RS
2 IJMTUVWYZ
3 C**G**HIKM**O**P**R**SU**V**
4 (**A** 1/7-31/8)(B 13/4-1/11)
(F 🔑)(G 13/4-1/11)J**KLNP**
(Q+S+T+U+V+W+X+Y+Z 🔑)
5 **AB**DFGIJKLMNOPUWXY
6 ACDEGHJ**K**LM(N 2,5km)
OQRSTVWX

Sur une colline, à 2 km de Vilanova i la Geltrú et 3,5 km de la plage. Séjour agréable en période basse saison avec des équipements adaptés comme piscine couverte, sauna, jacuzzi et fitness. Arrêt de bus devant le camping pour plage, village et gare. Bus vers Barcelone.

Route à péage A7, sortie 29 direction Vilanova. Avant Vilanova au rond-point à droite, C31 direction Cubelles. Sortie au km 153, à droite direction Arboç, puis suivre les panneaux.

CC € 22 *1/1-10/4 17/4-19/6 11/9-31/12*

N 41°13'54'' E 01°41'28''

## Alcalà de Xivert, E-12570 / Comunidad Valenciana

**2337**

Los Olivos CampingPark***
Camino Cervera s/n
+34 6 47 90 85 97
1/1 - 31/12
info@losolivoscampingpark.es

5ha 120T(120-300m²) 9-16A CEE

1 ABCD**G**IJKLMOPQ
2 JNUVWY
3 CHIKPSV
4 (**A** 🔑)(B+G 15/6-15/8)
(R+T+Z 🔑)
5 **AB**CGHIJKLMNOPUWXYZ
6 AEGJ**K**(N 0,3km)OTUV

Très grand camping à 8 km de la Costa del Azahar.

Sur la N340 prendre la sortie Alcalá de Chivert et dans la ville suivre les panneaux signalant le camping

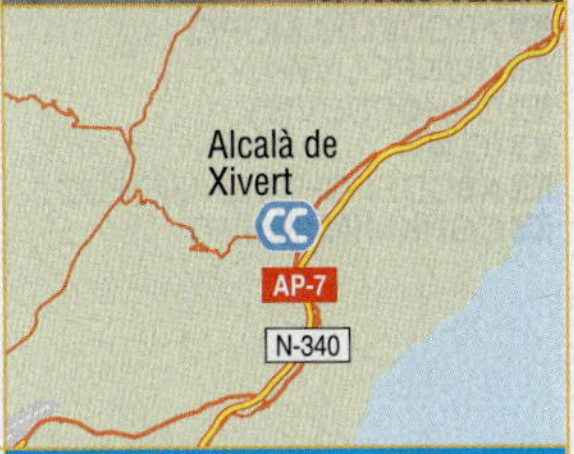


CC € 12 *1/1-30/6 1/9-31/12*

N 40°18'29'' E 00°13'11''

## Alcossebre (Castellón), E-12579 / Comunidad Valenciana

**2338**

Camping Playa Tropicana****
Camino de l'Atall s/n
+34 9 64 41 24 63
1/1 - 31/12
info@playatropicana.com

3ha 380T(50-100m²) 10A

1 ABCDGIJKLMOPQ
2 AGIJPUVWYZ
3 CHIKMPSUWY
4 (B 🔑)(E 1/1-1/6,15/9-31/12)
(G 🔑)JK
(Q+R+S+T+U+V+X+Y+Z 🔑)
5 **AB**DEFGIJKLMNOPUWZ
6 ABDEG**K**(N 2,5km)ORTVW

Beau, grand camping au bord d'une plage de sable. Beaux sanitaires. Emplacements délimités par des haies. Belles piscines, bon restaurant et grand supermarché. A 4 km de la petite ville d'Alcossebre.

A7, sortie 44; N340, au km 1018, vers Alcossebre. Suivre les panneaux. Au rond-point, 1ère sortie. Entrer dans le village, à droite au 2ième feu. Au carrefour en T à droite, puis suivre les panneaux et par la corniche jusqu'au camping.

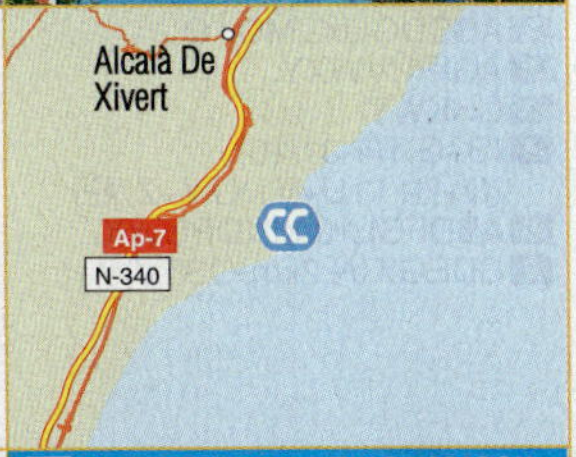


CC € 22 *1/1-13/4 19/4-17/6 1/9-31/12* ***14=12, 21=18, 30=26***

N 40°13'13'' E 00°16'06''

## Alcossebre (Castellón), E-12579 / Comunidad Valenciana

iD **2339**

Camping Ribamar Cat.1
Partida Ribamar s/n
+34 9 64 76 16 01
1/1 - 31/12
info@campingribamar.com

2,2ha 71**T**(90-100m²) 6-10A CEE

**1** ABCD**G**IJKLMO**P**ST
**2** AGPQRUVWYZ
**3** CHIK**O**PSUY
**4** (B+G+Q+R+T+U+V+X+Y+Z )
**5** **AB**DEFGIJKLMNOPUWXYZ
**6** ABEG**K**(N 2,5km)OQRTVW

Excellents équipements. Très calme, à 150 m de la plage, dans la réserve naturelle 'Sierra de Irta'. Belles randonnées et tours à vélo. Belle piscine, tennis et basket. Sanitaires chauffés. Emplacements avec point d'eau. Camping accessible par un chemin de terre d'1 km, mais cela vaut vraiment la peine d'y séjourner.

A7, sortie 44. Par la N340 vers Alcoceber, au km 1018 par Las Fuentes. Suivre les panneaux de camping. Le dernier km est sur un chemin non asphalté.

CC € 20 *9/1-17/3 2/5-13/6 12/9-6/10 13/10-27/10 1/11-1/12 12/12-22/12*

N 40°16'13'' E 00°18'24''

## Altea/Alicante, E-03590 / Comunidad Valenciana

iD **2340**

Camping Cap-Blanch
Carretera del Albir, 25
+34 9 65 84 59 46
1/1 - 31/12
info@camping-capblanch.com

4ha 311**T**(80-120m²) 5-10A

**1** ABCD**F**IJKLMOPQ
**2** GIJNPQUVWXYZ
**3** C**G**H**O**PSUV**W**Y
**4** (Q )
**5** **ABC**DEFGHIJKLMNOPUZ
**6** CGHKM(N 2km)RT

Magnifique terrain avec de nombreux palmiers et plantes. Situé dans une baie avec une belle plage de galets blancs. Front de mer agréable avec vue sur Altea. Wifi gratuit et webcam. Sanitaires chauffés rénovés. Soirées et activités à thème pour les adultes.

AP7, sortie 64 di Altea. Puis sur la N332 Valencia-Alicante, à la sortie sud d'Altea, prendre la sortie Port Platja aux feux. Descendre vers la mer. Au front de mer à droite. Le cp est au bout du front de mer à droite.

CC € 20 *1/1-14/4 19/4-15/7 1/9-31/12*

N 38°34'40'' W 00°03'54''

## Benicarlo, E-12580 / Comunidad Valenciana

iD **2341**

Camping Alegria del Mar***
Ctra Nacional 340a km 1046
+34 9 64 47 08 71
1/1 - 31/12
info@campingalegria.com

0,8ha 145**T**(60-135m²) 6-10A

**1** ABCDGIJKLMOPQ
**2** AGIPUVWXY
**3** CHKWY
**4** (B+G 1/4-31/10) (Q+R+T+U+V+X+Y+Z )
**5** **AB**DFGIJKLMNOPUWXZ
**6** CDEG**K**(N 2km)OSTVW

Grand camping en bord de mer avec de bons équipements, une piscine et un restaurant, à ± 2 km d'une jolie ville appelée Benicarlo. Bonnes possibilités de cyclisme.

A7, sortie 42. Sur la N340 (Tarragona-Valencia) suivre les panneaux N340a. Sur la N340a, prendre la sortie vers la mer au km 1046. Puis 1 km sur la route secondaire.

CC € 18 *1/1-2/7 22/8-31/12*

N 40°25'36'' E 00°26'17''

## Benicasim, E-12560 / Comunidad Valenciana

2342

Bonterra Resort - Camping & Bungalows*****
Avinguda de Barcelona 47
+34 9 64 30 00 07
1/1 - 31/12
info@bonterraresort.com

5ha 310T(65-102m²) 6-10A CEE

1 ABCD**G**IJKLMPQ
2 AGIJUVWXYZ
3 AC**G**HIKMNPSU**VW**Y
4 (**A** 1/7-31/8)(B 1/1-31/12) (E+G+Q+T+U+X+Y+Z)
5 **AB**CDEFGHIJKLMNOPQRUWXYZ
6 BCEGH**K**(N 0,1km) OQRTVW

Beau grand camping à 300m d'une superbe plage de sable dans une petite ville. Bons sanitaires et piscines, dont une couverte et chauffée. Emplacements avec soleil et ombre délimités par des haies. Bonnes possibilités pour la randonnée et le vélo : aller e.a à Castellon et Oropesa sur une ancienne voie ferrée, la 'Via Verde'. Le 'Désert des Palmes' est aussi conseillé.

A7, sortie 46. N340, au kilomètre 987 ou 989 sortir en direction de Benicasim. Suivre les panneaux.

CC € 22 25/4-30/6 1/9-31/12

N 40°03'25'' E 00°04'28''

## Benicasim, E-12560 / Comunidad Valenciana

2343

Camping Azahar Cat.1
La Pedrera s/n
+34 9 64 30 31 96
1/1 - 31/12
recepcion.azahar@gmail.com

4ha 130T(70-95m²) 4-6A

1 ABCD**G**IJLPQ
2 AGISUWXYZ
3 C**G**HIKMN**O**UWY
4 (B+G+Q)(R+S 1/7-31/8) (T)(U+X+Y 1/7-31/8) (Z)
5 **AB**DEFGIJKLMNOPUWZ
6 ADEGHJ**K**(N 1km)ORTV

Camping dans une jolie ville avec un bon restaurant à 100m d'un beau boulevard et d'une plage de sable. De belles promenades à pied et à vélo sur d'anciennes voies ferrées à travers une nature magnifique, de Vias Verdes à Oropesa et Castellón sont possible.

A7, sortie 45 ou 46. Sur la N340, sortie Benicasim à la borne kilométrique 987 ou 989. A Benicasim, suivre les panneaux.

CC € 20 1/1-14/4 18/4-30/6 1/9-31/12

N 40°03'33'' E 00°05'07''

## Benicasim, E-12560 / Comunidad Valenciana

2344

Camping Tauro***
Avenida Jaume I, 295
+34 9 64 39 29 67
1/1 - 31/12
info@campingtauro.com

1,4ha 125T(50-90m²) 10-16A CEE

1 ABCDGIJKLMOPQ
2 AGIJUVWXYZ
3 C**G**HIKMSUWY
4 (B+G+Q+R+T+U) (X+Y 1/4-30/9)(Z)
5 **AB**DFGIJKLMNOPUWXZ
6 AEGK(N 1km)OTV

Camping à Benicasim à 100m de la plage, avec de bons sanitaires et un bon restaurant. A partir du camping, belles possibilités pour faire de la randonnée et du vélo vers le nord et le sud sur des pistes cyclables ombragées. En saison basse, les emplacements sont plus grands qu'en haute saison.

Sur la N340, de Barcelona, sortie Benicasim-Sud vers Avenida Jaume I, no 295. De Valencia sortie Benicasim-Sud vers Avenida Jaume I, no 295.

CC € 16 1/1-30/6 1/9-31/12 7=6

N 40°02'15'' E 00°02'28''

## **Benidorm**, E-03503 / Comunidad Valenciana

**2345**

Camping Villasol
Avda Bernat de Sarriá 13
+34 9 65 85 04 22
1/1 - 31/12
info@camping-villasol.com

7ha 448**T**(70-90m²) 16A

**1** ABCDEIJKLMO**P**Q
**2** IJLMUWXYZ
**3** A**G**HPU
**4** (B 15/6-15/9)
(F 1/1-15/6,15/9-31/12)
(G 15/6-15/9)
(Q+S+T+U+X+Z)
**5** **AB**DFGIJKLMNOPUWZ
**6** ABGHI**K**M(N 1,5km)ORSTV

Camping grand et spacieux. Situé à proximité du centre de Benidorm (15 minutes en vélo). Nombreux arbres et fleurs tropicales. Bel arrière-pays pour faire des excursions.

Sur la N332 entre les kms 151 et 152, prendre la sortie Benidorm/Playa de Levante.

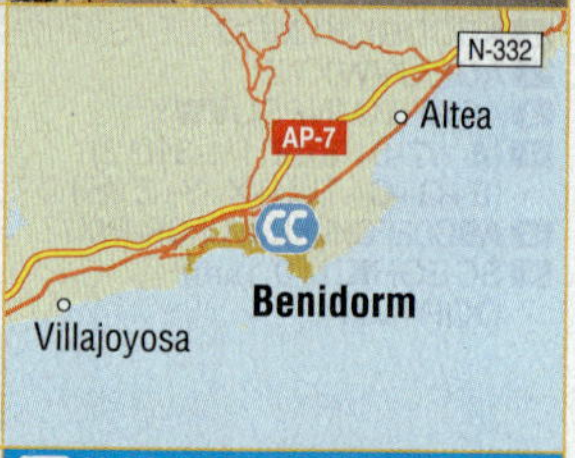


CC € 20 *7/1-13/4 18/4-7/7 28/8-22/12*

**N 38°32'41'' W 00°06'25''**

## **Benidorm/Alicante**, E-03503 / Comunidad Valenciana

**2346**

Camping Arena Blanca****
Avda Doctor Severa Ochoa 44
+34 9 65 86 18 89
1/1 - 31/12
info@campingarenablanca.com

2,5ha 95**T**(60-80m²) 16A

**1** ABCDGIJLOPST
**2** IJMUWXYZ
**3** A**G**H
**4** (B 21/3-21/12)
(E 1/1-20/3,22/12-30/12)
(Q+R+T+U+V+X+Z)
**5** **AB**DFGHIJKLMNOPUWXY
**6** ABCEGIKLM(N 0,8km)
ORSTV

Charmant camping. De petite taille. On peut nager toute l'année. Par beau temps, on peut bronzer sur une vraie pelouse. L'hiver, la piscine est couverte et chauffée. Sanitaires très propres. Wifi gratuit.

Sur N332 Valencia-Alicante, entre les km 151 et 152, sortie Benidorm/Playa de Levante. Puis suivre les panneaux de camping.

CC € 18 *1/1-12/4 19/4-15/6 4/9-31/12 7=6*

**N 38°33'04'' W 00°05'47''**

## **Benidorm/Alicante**, E-03503 / Comunidad Valenciana

**2347**

Camping Armanello***
Avda Com. Valenciana
+34 9 65 85 31 90
1/1 - 31/12
info@campingarmanello.com

2,2ha 100**T**(60-100m²) 10-16A CEE

**1** ABCDGIJKLMOPQ
**2** IJTUWXYZ
**3** C**G**MSU
**4** (B+G 15/3-30/9)
(Q+R+T+U+V+X+Z)
**5** **AB**DEFGIJKLMNOPQ**S**UWXYZ
**6** ABCGHIKLM(N 1,5km)
ORSTVW

Magnifique nouvelle partie au fond du terrain, avec vue sur Benidorm et sur les montagnes de l'arrière-pays. Nouveaux sanitaires chauffés. Ambiance bon enfant. Nombreuses excursions intéressantes en ville et dans l'arrière-pays. Wifi gratuit. Bâtiment tout nouveau pour les toilettes.

AP7, sortie 65 vers N332. Au 1ier rond-point tout droit. Au 2ième rond-point, prendre la 3e sortie. Puis suivre les panneaux.

CC € 18 *1/1-12/4 19/4-15/6 4/9-31/12 7=6*

**N 38°32'52'' W 00°06'39''**

## Benidorm/Alicante, E-03503 / Comunidad Valenciana

**2348**

Camping Benisol***
Av. Com. Valenciana s/n
+34 9 65 85 16 73
1/1 - 31/12
info@campingbenisol.com

7ha 100T(60-120m²) 6-10A CEE

**1** ABCDGIJLO**P**QV
**2** IJMUWXYZ
**3** A**G**H**O**SUV
**4** (B+F+G)JK
(T+U+V+X+Y+Z)
**5** **AB**DFGIJKLMNOPUWXY
**6** ABCEGHIKM(N 0,4km)
ORSTV

Camping avec réception très amicale. Idéal pour visiter Benidorm et ses magnifiques environs. Il y a une piscine chauffée en hiver et un grand bassin extérieur l'été.

AP7, sortie 65. Après le péage, 2x à droite. Puis de nouveau à droite (= sortie). Le camping est sur la gauche à quelques centaines de mètres.

CC € 20 *1/1-10/4 17/4-1/7 1/9-31/12*

N 38°33'36'' W 00°05'54''

## Bétera, E-46117 / Comunidad Valenciana

**2349**

Valencia Camper Park****
Calle Universo s/n
+34 9 60 71 80 95
1/1 - 31/12
valcampark@gmail.com

1,4ha 84T(40-80m²) 4-6A CEE

**1** BCDGIJKLMOPQ
**2** IJTUVWXY
**3** C**G**HIKSV
**4** (B+G 15/5-30/10)
(Q+R+T+U+Y+Z)
**5** **AB**DFGHIJKLMNOPQUWZ
**6** CEGK(N 2km)TV

Camping au nord-ouest de Valence, adapté aux camping-cars mais aussi aux caravanes, avec de bons équipements. Convient également comme camping de transit vers le sud de l'Espagne.

Sur la A7, sortie Bétera, puis suivre les panneaux.

CC € 14 *1/1-8/7 25/8-31/12*

N 39°34'46'' W 00°26'44''

## Càlig/Castellon, E-12589 / Comunidad Valenciana

**2350**

Camping Paradis L'Orangeraie***
Camino Peñiscola-Calig
+34 9 64 76 50 59
1/3 - 31/12
info@campingorangeraie.com

9,7ha 200T(90-220m²) 6-16A CEE

**1** ABCDGIJKLMPST
**2** ILMNSVWY
**3** CGHIK**O**S
**4** (B+G 1/4-31/10)J
(R 28/3-15/10)(T+U+V+Z)
**5** **AB**FGIJKLMNOPUXYZ
**6** AEGK(N 1km)OTV

Véritable camping haut de gamme dans un bel emplacement à 10 km de la plage de la Costa Azahar. Avec 62 emplacements, ce n'est pas grand mais les facilités sont parfaites. Situé entre des orangers et des oliviers, wifi gratuit, belle piscine/jacuzzi. Et quel endroit paisible !

AP7, sortie 43 Benicarlo-Peñiscola. Au rond-point 1e route à droite vers Càlig ; suivre les panneaux. Sur N340 sortie St. Mateu-Calig et suivre les panneaux.

CC € 16 *1/3-30/6 1/9-10/12*

N 40°27'07'' E 00°21'08''

## Calpe/Alicante, E-03710 / Comunidad Valenciana

2351

Camping CalpeMar****
C/ Eslovenia, 3
+34 9 65 87 55 76
1/1 - 31/12
info@campingcalpemar.com

1ha 107T(54-125m²) 10A CEE

1 ABCDGIJKLMO**P**Q
2 AGIJUWXYZ
3 AGHPSUWY
4 (A 1/1-30/4,1/10-31/12) (B+Q+T+V+X+Z)
5 **AB**DEFGIJKLMNOPUWXY
6 ABEGHK(N 0,45km)ORTV

Camping moderne, de petite taille, en bordure de Calpe. A proximité de la mer, de la plage de sable, du restaurant et du supermarché. Idéal pour les amateurs de soleil.

AP7, sortie 64, N332 vers Calpe. Sortie Calpe Norte 800m. Tout droit. A Mercadona à gauche jusqu'au grand rond-point avec objets d'art. Tout droit, 2e rond-point avec objets d'art. Là, à gauche et suivre les panneaux.

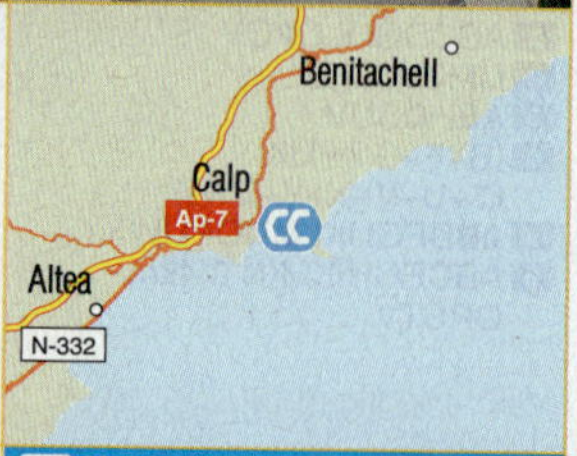


CC € 20 *1/1-15/7 1/9-31/12*

N 38°38'41'' E 00°03'22''

## Crevillente/Alicante, E-03330 / Comunidad Valenciana

2352

Alannia Costa Blanca*****
Partida de las Casicas, 5
+34 9 65 48 49 45
1/1 - 31/12
reservas@alannia.com

35ha 1134T(90-180m²) 16A

1 ABCD**G**IJKLMOPQ
2 IJTUVWXY
3 CD**G**HIKMN**O**P**R**SUV
4 (A)(B 1/1-31/12)(**F**+H) IJ**KLMNOP**(Q+S+T+U+V) (W 14/6-8/9)(X+Y+Z)
5 **AB**CDEFGHIJKLMNOPQRUWXYZ
6 ABCDGHIJ**K**LM(N 1km) ORSTUVWX

Camping très complet et luxueux pour séjours brefs ou longs. Parcelles confortables avec tous les équipements. Villes importantes à peu de distance. Aller sur la place du camping avec ses terrasses et petites fontaines est agréable. Un camping que vous devez avoir vu. Vous y revenez.

AP-7 Alicante-Cartagena, sortie 730. Suivre les panneaux de camping.

CC € 20 *1/1-7/4 18/4-3/6 5/6-9/6 12/6-16/6 11/9-27/10 1/11-29/12* *7=6, 14=12*

N 38°10'44'' W 00°48'30''

## Crevillente/Alicante, E-03330 / Comunidad Valenciana

2353

Camping Internacional Las Palmeras****
Partida Deula 75
+34 9 66 68 06 30
1/1 - 31/12
laspalmeras@laspalmeras-sl.com

1ha 51T(70-120m²) 10A CEE

1 ABCGIJLOPQ
2 ITVWXYZ
3 CHIKLOP
4 (**A** 4/7-26/8) (B+G+Q+T+U+X+Y+Z)
5 **AB**DEFGHIJKLMNOPUWXYZ
6 ABEGK(N 0,3km)ORTV

Petit camping fleuri derrière un hôtel. Bons sanitaires très propres. Magnifique piscine avec chaises longues sous les palmiers. Bar et bon restaurant à prix raisonnables. Idéal aussi comme camping d'étape. Inscription à la réception de l'hôtel.

AP7, sortie 730 vers CV-904. Puis N340. Le camping est sur cette route au km 45. Derrière l'hôtel Las Palmeras.

CC € 18 *1/1-8/4 18/4-3/7 26/8-31/12* *10=9, 17=15*

N 38°14'26'' W 00°48'42''

## Cullera/Valencia, E-46400 / Comunidad Valenciana

2354

Camping Santa Marta****
Avinguda Raço, 25
+34 9 61 72 14 40
18/1 - 12/12
info@santamartacamping.com

4ha 146T(25-80m²) 10A

1 ABCD**G**IJL**P**
2 ABGJLMUWXYZ
3 AHPSUY
4 (B+G 12/6-13/9)(Q+R+T+V +X+Z 9/4-18/4,15/6-13/9)
5 **AB**DFGIJKLMNOPUWXYZ
6 AEGK(N 1km)RT

Camping plein d'ambiance au pied d'un flanc de montagne avec l'odeur des sapins. La plage est à 300m. Il y a des emplacements ensoleillés pour ceux qui sont là en hiver. La ville est tout près du camping.

AP7, sortie 59 N332, au kilomètre 252 vers Cullera. suivre indication Cullera platges far, puis indication far ou faro (phare). Le camping est au petit rond-point sur la droite.

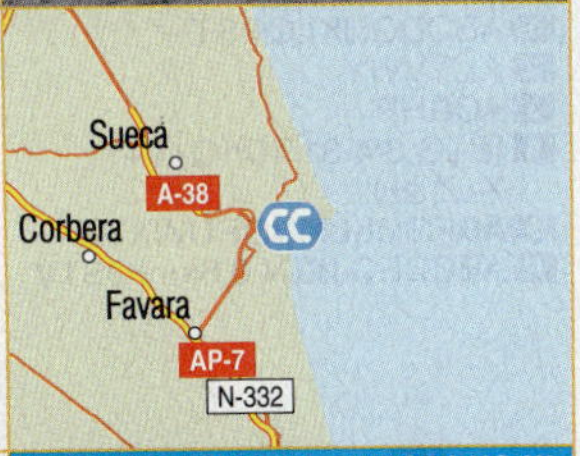


CC € 18 *18/1-8/4 18/4-10/6 5/9-11/12 7=6, 14=12*

N 39°10'37'' W 00°14'31''

## Denia, E-03700 / Comunidad Valenciana

2355

Camping Los Llanos
Partida Deveses, D72
+34 9 65 75 51 88
1/1 - 31/12
losllanos@losllanos.net

3ha 104T(55-80m²) 10A CEE

1 BCD**G**IJKLMO**P**
2 AGITWXYZ
3 A**G**IKLUY
4 (B 1/4-31/8)(G 1/4-31/10) (Q+R+T+U+V+X+Y+Z)
5 **AB**FGIJKLMNOPUWXYZ
6 ABEGHK(N 3km)OTV

Camping familial moderne, complètement rénové, avec une belle piscine. Situé à environ 300m de la plage.

Du nord : AP7 sortie 61, N332 vers Denia. Sortir au kilomètre 203, suivre vers Denia Costa. Camping au km 11,6. Suivre les panneaux de camping.

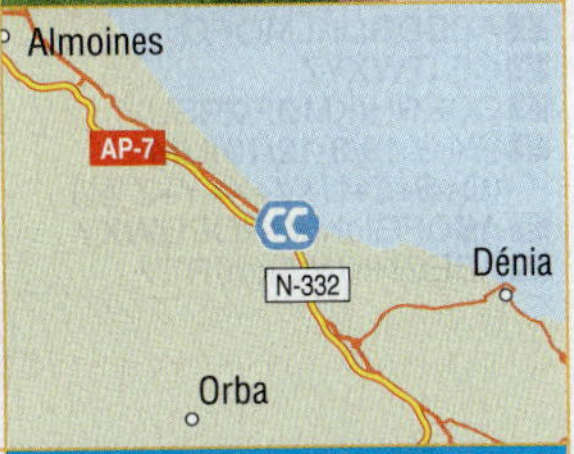


CC € 18 *1/1-14/4 18/4-8/7 25/8-31/12 7=6, 14=12, 21=18*

N 38°52'05'' W 00°00'57''

## El Campello/Alicante, E-03560 / Comunidad Valenciana

2356

Camping Costa Blanca***
C./Convento 143, N332 km 120,5
+34 9 65 63 06 70
1/1 - 31/12
info@campingcostablanca.com

1,1ha 66T(40-80m²) 6-20A CEE

1 ABCDGIJLOP
2 IJVWYZ
3 A**G**HUV
4 (B+Q+T+U+V+X+Y+Z)
5 **AB**DFGIJKLMNOPUWXY
6 ACEG**K**(N 1,2km)ORTV

Petit camping tranquille avec une jolie piscine carrelée et des bancs sur une terrasse accueillante. Le personnel est heureux de vous aider à accéder à votre emplacement (parfois difficile pour les grandes caravanes ou les camping-cars). Installations sanitaires entièrement rénovées (2018).

AP7 sortie 67. Après le péage au 1ier rond-point à droite, au 2ième à droite, au 3ième tout droit, et au 4ième à droite. Puis suivre les panneaux.

CC € 20 *1/1-10/4 18/4-16/6 27/6-3/7 29/8-31/12*

N 38°26'10'' W 00°23'17''

## El Campello/Alicante, E-03560 / Comunidad Valenciana

2357

Camping El Jardin***
Doctor Severo Ochoa 39
+34 9 65 65 75 80
1/1 - 31/12
info@campingeljardin.com

1ha 120**T**(70-80m²) 10-16A

1 ABCDGIJKLOPST
2 AIJTVWY
3 AC**G**HP
4 (B+G 3/4-31/10)(Q+T+X+Z)
5 **AB**FGIJKLMNOPUWXYZ
6 ABCDEGJ**K**(N 0,6km)OSTV

Petit camping dans un beau environnement tranquille près de la mer (600m). Situé sur la Costa Blanca. La direction très amicale est disponible toute l'année pour les campeurs. Sanitaires très propres. Arrêt de bus et de tram tout près du camping.

A7, puis A70 sortie 1 et prendre la N332 dir. Sant Joan d'Alacant. Au 1e rond-point jusqu'à la plage. Là, à gauche. Au restaurant La Ponderosa à gauche, puis tout droit. Camping au bout de la voie sans issue.

CC € 18 *1/1-10/4 18/4-16/6 27/6-3/7 29/8-31/12*

N 38°23'35'' W 00°24'55''

## El Saler/Valencia, E-46012 / Comunidad Valenciana

2358

Camping Devesa Gardens Resort
Ctra de El Saler km 13 (CV500)
+34 9 61 61 11 36
1/1 - 31/12
info@devesagardens.com

6,9ha 87**T**(84-96m²) 16A

1 ABCD**G**IJKLMOPQ
2 CEJTWXYZ
3 CDE**G**HIKM**O**P**QR**SUV
4 (B+G 19/3-12/10)IJM (Q+S+T+U+V+X+Y+Z)
5 **AB**DFGIJKLMNOPUWXY
6 ABEGHK(N 5km)RTV

Terrain très bien entretenu avec deux blocs sanitaires complètement rénovés. Pelouse étonnamment grande avec des bosquets autour d'une superbe piscine. Très conseillé pour une visite à Valencia. Arrêt de bus au camping avec un service toutes les demi-heures. Bar et restaurant. Nouveau minigolf. En informant à l'avance, vous éviterez les déceptions.

Du Nord, A7 et V21 vers Valencia. En ville, vers El Saler (CV500). Camping à 7 km au sud d'El Saler sur la CV500 au kilomètre 13.

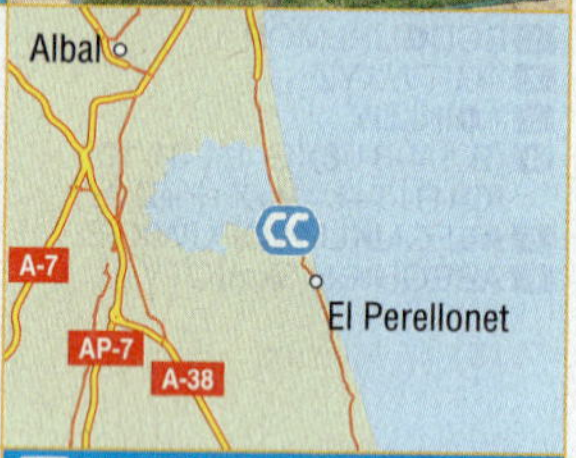


CC € 18 *1/1-13/4 18/4-12/6 4/9-9/9 11/9-7/10 12/10-28/10 1/11-31/12 7=6, 14=11*

N 39°19'23'' W 00°18'35''

## El Saler/Valencia, E-46012 / Comunidad Valenciana

2359

Camping Valencia el Saler
Carrera del Riu 552
+34 9 61 83 02 12
1/1 - 31/12
campingvalencia1981@hotmail.com

3ha 100**T**(50-74m²) 10A CEE

1 ABCDGIJKLMOPQ
2 ABGIJUWY
3 AC**G**HIKMPS**W**Y
4 (**A**+B+G+Q+R+T+U+X+Y+Z)
5 **AB**DEFGIJKLMNOPUWXZ
6 EGK(N 0,4km)RTV

Camping avec 100 emplacements, à 11 km du centre de Valencia qui est bien accessible en bus ou à vélo. A environ 200m de la plage et près du parc naturel de l'Albufera. Restaurant excellent.

Du nord A7 et V21, Valencia, en ville vers El Saler. Sur CV500 au rond-point, 1/4 rond. Cp à 200m à gauche. Du sud, A7 avant Valencia, vers Albufera et El Saler par CV500, sortir au rond-point d'El Saler. Cp à 100m.

CC € 14 *1/1-7/7 24/8-31/12 14=13*

N 39°23'16'' W 00°19'55''

## Gandía (Valencia), E-46730 / Comunidad Valenciana

iD **2360**

Camping La Naranja
Partida La Marjal Poligono 25
+34 9 62 84 16 16
1/1 - 31/12
info@campinglanaranja.com

2,4ha 86T(42-84m²) 5-15A

1 ABCD**G**IJKLMO**P**RS
2 IJSTVWXYZ
3 AIKM
4 (B 15/6-15/9)(Q)
(T+X+Z 1/7-31/8)
5 **AB**FGIJKLMNOPUWZ
6 AEGJ(N 1,5km)OTV

Camping dans un environnement tranquille avec une gestion amicale et serviable. Situé près du centre et à 900m d'une belle plage de sable fin. Convient bien pour faire du vélo dans la région et pour visiter la ville de Gandia.

AP7 sortie 60. Prenez le Cami dels Marenys et le CV-605. Suivre les panneaux signalant le camping. Les directions sont indiquées sur l'un des ronds-points.

CC € 16 *1/1-14/4 18/4-15/6 1/9-31/12 7=6, 14=11, 30=20*

N 39°00'16'' W 00°10'39''

## Grau de Gandía, E-46730 / Comunidad Valenciana

iD **2361**

Camping L'Alquería***
Avda del Grau, 142
+34 9 62 84 04 70
1/1 - 31/12
lalqueria@lalqueria.com

4,4ha 123T(60-80m²) 10A CEE

1 ABCDGIJKLOPQ
2 AIJTVWYZ
3 CIKMSU**V**
4 (B 1/6-30/9)
(D 1/1-31/5,1/10-31/12)
(G 1/6-30/9)**KLNP**
(Q+T+U+V+X+Y+Z)
5 **AB**FGIJKLMNOPUWXYZ
6 ABEGK(N 0,35km)ORTV

Campez sous différentes sortes d'arbres. Belle piscine, couverte et chauffée en saison basse, nombreuses chaises longues. Allez à vélo à la plage, en ville, dans les environs ; tours accompagnés en hiver. Le camping n'accepte pas les chiens mentionnés sur la liste des races dangereuses ou dépassant 10 kg.

AP7, sortie 60 vers la N332. A 3,1 km vers N337. Aux quatre ronds-points suivants prendre à chaque fois la première à droite. Camping est à 300m à gauche.

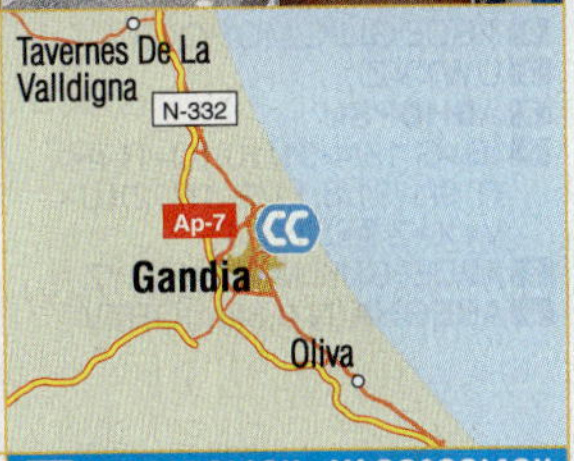


CC € 22 *2/1-10/4 18/4-30/6 1/9-22/12 7=6, 14=11*

N 38°59'10'' W 00°09'49''

## Guardamar del Segura/Alicante, E-03140 / Comunidad Valenciana

iD **2362**

Alannia Guardamar*****
Ctra N332 km 73,4
+34 9 65 48 49 45
1/1 - 31/12
reservas@alannia.com

4ha 90T(90m²) 16A

1 ABCD**G**IJKLMOP
2 CITUVWXY
3 CD**G**HIK**O**P**R**SUV
4 (**A**+B+E+G)IJKMNP
(Q+S+T+U+V)
(W 14/6-8/9)(X+Y+Z)
5 **AB**CDFGHIJKLMNOPUWXYZ
6 ABDGHJ**K**LM(N 2km)ORST
UVW

Camping spacieux avec grands emplacements. Ensoleillé en hiver et en période hors saison. Grande piscine de plein air et piscine couverte chauffée. Belle terrasse ensoleillée. Fitness inclus dans le prix. Excursions vers Elche (palmeraie), Alicante et Ardamar.

A70, sortie 72. Sur la N332, sortir sur le rond-point entre le village La Marina et Guardamar. Le camping est bien indiqué par des panneaux.

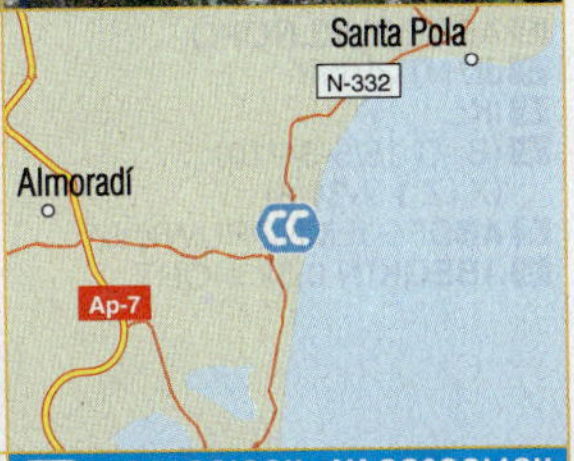


CC € 22 *1/1-7/4 18/4-3/6 5/6-9/6 12/6-16/6 11/9-27/10 1/11-29/12 7=6, 14=12*

N 38°06'36'' W 00°39'18''

## Jávea/Alicante, E-03730 / Comunidad Valenciana

2363

Camping El Naranjal
Calle Cannes s/n
+34 9 65 79 29 89
1/1 - 31/12
info@campingelnaranjal.com

2,3ha 164T(30-60m²) 10A

1 ABCDGIJKLOPQ
2 AUWYZ
3 A**G**H**R**SUV**W**
4 (B 15/5-30/9)
(Q+T+U+V+X+Z 17/4-11/9)
5 **AB**DFGIJKLMNOPUWZ
6 ABCEGHJ**K**(N 1km)ORT

Camping familial plutôt petit, très bien entretenu avec un accueil chaleureux et d'excellents sanitaires, à 3 km du centre de Jávea, à 600 mètres de la plage et du front de mer.

AP7, sortie 62, N332. Sortie Jávea. Entrer dans Jávea. Au rond-point, tout droit. Au panneau Arenal-Platges et Cap de la Nao, à droite. Puis suivre les panneaux de camping.

CC € 20 1/1-13/4 18/4-10/7 29/8-31/12

N 38°46'14'' E 00°10'55''

## Jávea/Alicante, E-03730 / Comunidad Valenciana

2364

Camping Jávea Cat.1
Camí de la Fontana, 10
+34 9 65 79 10 70
1/1 - 31/12
info@campingjavea.es

2,5ha 193T(57-80m²) 8-16A

1 ABCDGIJKLMOPQ
2 UWXYZ
3 A**G**H**O**PSU
4 (B+G 15/4-31/10)(Q+R)
(T 9/1-31/8,11/9-31/12)(U+V+X+Z)
5 **AB**DEFGIJKLMNOPUWXYZ
6 ABEGH**K**(N 0,8km)ORTV

Situé à côté d'un verger d'orangers. Vue sur la montagne du Montgó et Jávea. Réception amicale serviable. Grande piscine avec pelouse pour baignade et bains de soleil. Bungalow équipé pour les personnes handicapées.

AP7, sortie 62 vers N332. Sortie Jávea. Entrer dans Jávea. Au rond-point tout droit. Suivre les panneaux Arenel-Platges et Cap de la Nao. Après le McDonalds, Euromarkt et traverser la rivière (asséchée), prendre le chemin complètement à droite. Suivre les panneaux.

CC € 20 1/1-12/4 18/4-30/6 1/9-31/12

N 38°47'01'' E 00°10'20''

## La Vall de Laguar/Alicante, E-03791 / Comunidad Valenciana

2365

Camping Vall de Laguar***
Carrer Sant Antoni, 24
+34 9 65 58 45 90
1/1 - 31/12
info@campinglaguar.com

1,7ha 65T(50-120m²) 6A

1 ABCD**G**IJKLNO**PQ**
2 JMNTUVWY
3 IKL
4 (B+G 15/5-31/10)
(X+Z 1/7-31/8)
5 **AB**DFGJLMNOPUWXYZ
6 ABEGK(N 0,3km)ORT

Beau petit camping en terrasses au calme et très bien entretenu, à flanc de colline dans un paysage de montagne impressionnant avec vue sur la mer (à 20 km de la côte!), la montagne Montgo et le village. Ambiance familiale et gestion amicale.

AP7, sortie 62, Ondara/Valencia (N332). Sur le bypass d'Ondara chercher le CV731 vers Orba-Benidoleig-Vall de Laguar. A Campell, suivre les panneaux.

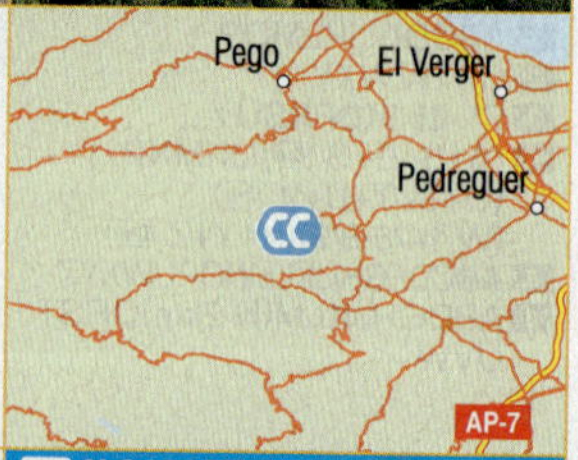


CC € 18 1/1-17/3 3/5-30/6 5/9-6/10 13/10-27/10 2/11-1/12 12/12-31/12

N 38°46'36'' W 00°06'19''

## Marchuquera, E-46728 / Comunidad Valenciana

**2366**

La Escalada
Camí Meravelles Cova Negra 127
+34 6 86 33 90 47
1/1 - 31/12
@ reservas@
campinglaescaladagandia.com

13,5ha 70**T**(74-120m²) 6-10A CEE

**1** BCD**G**IJKLMOPS
**2** IMNWXYZ
**3** CIKLNS
**4** (**A**+C+Q+R+T+X+Z)
**5** **AB**FGIJKLMOPUWX
**6** EGKTV

Camping moderne en terrasses récemment construit dans une vallée, dans une ancienne plantation d'agrumes, avec vue sur les montagnes. Via Ferrata pour tous les niveaux dans un environnement naturel appartenant au camping. Cyclisme, randonnée, sports de montagne.

CV-60, sortie 35 (Marchuquera), suivre la direction Marchuquera et tourner à droite vers Cami Cova Negra (les panneaux de camping indiquent la bonne rue). Voir aussi le GPS.

CC € 14 *7/1-8/4 24/4-15/7 1/9-7/10 13/10-2/12 9/12-23/12*

N 38°57'48'' W 00°13'41''

## Mareny de Barraquetes/Sueca, E-46410 / Comunidad Valenciana

**2367**

Camping Barraquetes
Ctra Nazaret-Oliva km 25
+34 9 61 76 07 23
15/1 - 15/12
@ info@barraquetes.com

3,7ha 113**T**(40-65m²) 20A

**1** ABCD**G**IJKLMO**P**Q
**2** JTWYZ
**3** AOPU
**4** (B+G 1/7-31/8)J
(Q+R+V+X+Z 1/7-5/9)
**5** **AB**FGIKMOPUVXZ
**6** CEG**J**(N 0,4km)OTV

Repos et calme. Pour les amoureux de la nature : plage et parc naturel Albufera avec une variété de plantes et d'arbres locaux. Champs de riz et villages pittoresques dans les environs.

A7 sortie Sueca N332. Puis sortie vers Perelló/Mareny de Barraquetes. Puis suivre les panneaux de camping.

CC € 16 *15/1-8/4 18/4-30/6 1/9-15/12*

N 39°14'31'' W 00°15'50''

## Moncofa, E-12593 / Comunidad Valenciana

**2368**

Camping Los Naranjos****
Cami de Cabres
+34 9 64 58 03 37
1/1 - 31/12
@ info@campinglosnaranjos.com

1ha 185**T**(60-130m²) 10A CEE

**1** ABCDGIJKLMOPST
**2** AGIPUVWZ
**3** CDHKMPSWY
**4** (B+G 18/6-11/9)
(Q+R+T+U+V+X+Y+Z)
**5** **AB**DEFGIJKLMNOPRUXYZ
**6** ADEGJ**K**(N 2km)ORTV

Camping de taille moyenne à 300m d'une plage de galets/ sable. A 2 km de Moncofa.

N340 sortie Moncofa. AP-7 sortie 49 Moncofa, A7 sortie Vall d'Uxo puis Moncofa, à Moncofa à droite rond-point et suivre les panneaux.

CC € 18 *1/1-13/4 18/4-30/6 1/9-31/12* *11=10, 21=19, 30=27*

N 39°46'53'' W 00°08'56''

## Moncofa/Castellón, E-12593 / Comunidad Valenciana

**2369**

Camping Monmar****
Camino Serratelles s/n
+34 9 64 58 85 92
1/1 - 31/12
info@campingmonmar.com

2ha 110T(70m²) 6-10A

1 ABCDEIJKLMPQ
2 AGIJPVWXYZ
3 BCHKPSWY
4 (B 1/1-31/12)(G )IM (Q+R+T+U+X+Y+Z )
5 **AB**DFGIJKLMNOPUWXYZ
6 AEGJ**K**(N 0,3km)ORTV

À 200 m de la mer, idéalement situé à proximité de voies cyclables, de chemins de randonnée et idéal pour profiter de la gastronomie méditerranéenne. À 13 km du parc naturel Sierra de Espadán. À 45 minutes de train de Valence.

AP7, sortie 49 di Moncofa. À Moncofa suivre les panneaux 'Camping Mon Mar'. A7 sortie 283 Moncofa. Suivre les panneaux 'Camping Mon Mar'. Sur la N340 sortie Moncofa entre les km 950 et 953. À Moncofa suivre 'Camping Mon Mar'.

CC € 18 *1/1-13/4 19/4-9/6 9/9-31/12 7=6, 10=8, 20=16*

N 39°48'31" W 00°07'40"

## Moraira/Alicante, E-03724 / Comunidad Valenciana

**2370**

Camping Moraira Cat.1
Camino Paellero 50, Teulada
+34 9 65 74 52 49
1/1 - 31/12
campingmoraira.info@gmail.com

1,1ha 81T(50-90m²) 10A

1 ABCDGIJL**P**Q
2 GIMNUVWYZ
3 **G**U
4 (B+Q )(T+V+X+Z 17/4-30/10)
5 **AB**DFGIJKLMNOPUWXYZ
6 ABEGK(N 1,2km)T

Camping en terrasses sous les pins avec vue sur la mer à travers les arbres. Terrain très bien entretenu et confortablement aménagé. Réception, piscine et restaurant au design exclusif.

Sur la N332 prenez la sortie vers Moraira. A Moraira au rond-point à droite. Suivre les panneaux de camping, c'est bien indiqué. Attention: A droite directement après le restaurant, et non pas avant ce restaurant!

CC € 20 *1/1-13/4 18/4-2/6 5/6-10/6 12/6-16/6 26/6-30/6 1/9-31/12 30=27*

N 38°41'09" E 00°07'10"

## Navajas (Castellón), E-12470 / Comunidad Valenciana

**2371**

Camping Altomira Cat.1
CV-213 Navajas, km 1
+34 9 64 71 32 11
1/1 - 31/12
reservas@campingaltomira.com

2,5ha 50T(70-80m²) 6-10A

1 ABCDGIJKLO**P**Q
2 IJMNUVWXYZ
3 CHIKN**O**PSUWX
4 (**A** 1/7-31/8)(B+G 15/6-15/9) (Q+R+U+X+Y+Z )
5 **AB**DFGIJKLMNOPUWXYZ
6 AEGK(N 0,3km)TV

Un beau camping dans les collines avec une large vue. A 35 km de la Méditerranée. Liaison directe par train vers la magnifique ville de Valencia. Parc naturel avec cascades, sources d'eau minérale dans les environs. Piscine et bon restaurant. Superbes possibilités pour faire du vélo sur un ancien trajet de voie ferrée étroite.

Sur la A23 Sagunto-Teruel, à la sortie 33 direction Navajas. Puis suivre les panneaux de camping.

CC € 20 *1/1-13/3 22/3-10/4 3/5-30/6 1/9-6/10 13/10-27/10 2/11-31/12*

N 39°52'29" W 00°30'38"

## Oliva/Valencia, E-46780 / Comunidad Valenciana — iD 2372

Camping Olé****
Pda. Aigua Morta s/n
+34 9 62 85 75 17
1/1 - 31/12
camping-ole@camping-ole.com

4,2ha 314T(50-90m²) 6A

1 ABCDGIJKLMOPQ
2 AGNTWXYZ
3 CGHKLPUWY
4 (B+G 1/7-31/8)(Q [clé])
(S 14/4-18/4,1/7-31/8)
(T 14/4-1/11)
(U+V+X+Y+Z 25/3-15/12)
5 ABDFGIJKLMNOPUWXYZ
6 ABCEGHK(N 5km)ORTVW

Camping juste au bord de la plage de sable blanc très fin. Vue étendue sur la mer et la plage. Très adapté aux pour les promenades sur la plage. Possibilités pour faire du vélo. Excursions à Denia et dans l'arrière-pays. La CCA n'est pas acceptée sur les emplacements au bord de la plage.

Du N : sur la N332 au km 210, bifurquer vers la mer (viaduc). Du S : sur la N332 au km 209 à droite. Direction indiquée avant et au rond-point. Puis suivre les panneaux de camping.

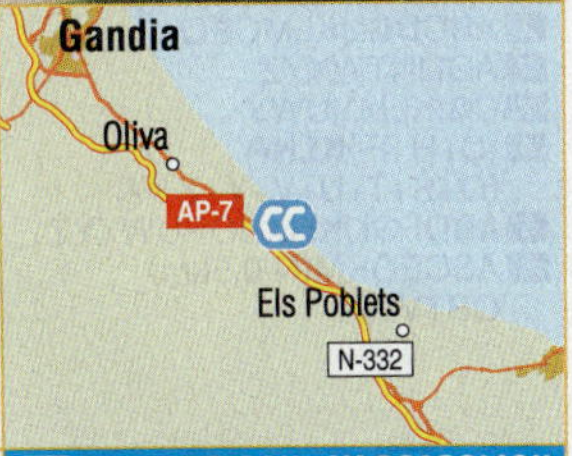


CC € 20 1/1-8/4 17/4-1/7 4/9-31/12

N 38°53'39'' W 00°03'12''

## Oliva/Valencia, E-46780 / Comunidad Valenciana — iD 2373

Camping Rio-Mar***
N332 km 207
+34 9 62 85 40 97
1/1 - 31/12
riomar@campingriomar.com

0,8ha 74T(25-70m²) 6-10A

1 ABCDGIJKLMPQ
2 ACGINTWXYZ
3 AGWY
4 (Q+S+T+U+X+Y+Z [clé])
5 ABDFGIJKLMNOPUWZ
6 EGK(N 7km)ORTV

Petit camping juste au bord de la mer avec une plage de sable très fin, un chemin de planches confortable et une douche pour les pieds. Wifi gratuit. Connexion possible à une parabole. Zone réservée au kitesurf. Six fois par jour liaison par bus vers Denia et une fois par semaine vers le marché à Oliva. On peut facilement y aller à vélo.

AP7, sortie 61 dir Oliva ou N332 Valencia-Alicante, au km 207 dir plage et mer, suivre les panneaux de camping.

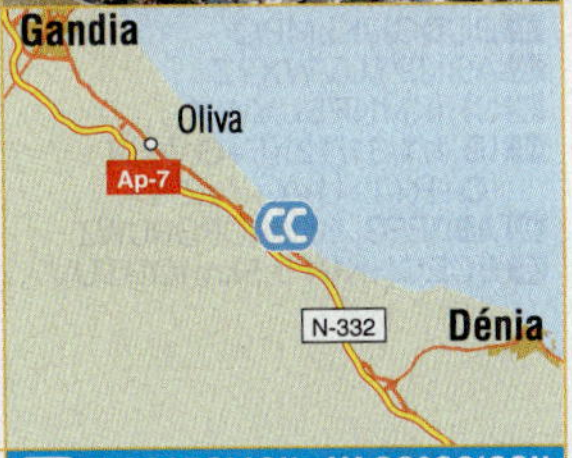


CC € 18 1/1-8/7 25/8-31/12

N 38°53'10'' W 00°02'20''

## Oliva/Valencia, E-46780 / Comunidad Valenciana — iD 2374

Eurocamping
Partida Rabdells s/n
+34 9 62 85 40 98
1/1 - 31/12
info@eurocamping-es.com

4,5ha 299T(70-120m²) 6A

1 ABCDGIJKLMOPQ
2 ACGINTUWXYZ
3 AGHPWY
4 (Q+R+T+U+V+X+Y+Z [clé])
5 ABDFGIJKLMNOPUWZ
6 ABEGK(N 5km)ORTVW

Au bord d'une plage de sable fin. Terrain très propre. Très accessible pour caravanes et camping-cars. Réception fermée de 14 h à 16 h. Pour les emplacements dans les dunes, tarif normal du camping. Nouveaux sanitaires (2018) avec superbes équipements pour personnes à mobilité réduite.

Du N : sur la N332 au km 210, bifurquer vers la mer (viaduc). Du S : sur la N332 au km 209 à droite. Direction indiquée avant et au rond-point. Puis suivre les panneaux de camping.

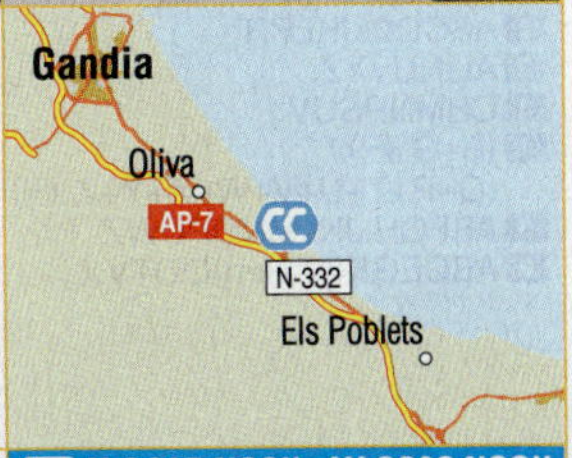


CC € 18 1/1-14/4 18/4-30/6 1/9-31/12

N 38°54'22'' W 00°04'02''

## **Oliva/Valencia**, E-46780 / Comunidad Valenciana

2375

KIKOPARK*****
C/. Assagador de Carro, 2
+34 9 62 85 09 05
1/1 - 31/12
info@kikopark.com

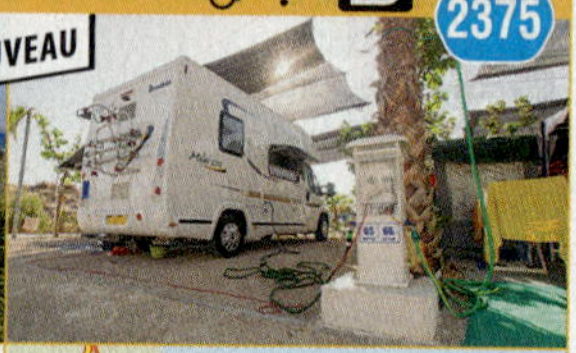

2,9ha 170T(60-110m²) 16A CEE

1 ABCD**G**IJKLMO**P**Q
2 AGIJNTWXYZ
3 C**G**IKLMNUWY
4 (C+H ) **KLNP**
(Q+S+T+U+V+Y+Z )
5 **AB**DFGIJKLMNOPUWXYZ
6 ABCEGKM(N 0,5km)
ORTVWX

Camping international animé fleuri juste au bord de la mer, avec plage de sable très fin, restaurant excellent, grande terrasse et bar tropical avec vue sur la mer. Randonnées et tours à vélo dans les environs. Magnifique piscine et centre welness. Plats à emporter.

AP7, sortie 61. Prendre la N332 vers Oliva. Au premier feu (rond-point), à gauche en contournant le rond-point. Puis suivre les panneaux 'platges' et du camping.

CC € 22 *1/1-7/4 19/4-17/6 1/9-31/12*

N 38°55'58'' W 00°05'51''

## **Oropesa del Mar (Castellón)**, E-12594 / Comunidad Valenciana

2376

Camping Didota S.L.****
Avda Barcelona / Vereda Didota s/n
+34 9 64 31 95 51
1/1 - 31/12
info@campingdidota.es

1,6ha 144**T**(60-90m²) 6-10A

1 BCDGIJKLMPQ
2 AGIJPTUVWXYZ
3 CHIKMNPSUVWY
4 (B 1/1-31/12)(F+G )**K**
(Q+R+T+U+X+Y+Z )
5 **AB**DEFGIJKLMNOPQRUWZ
6 BCEGHK(N 0,5km)ORTUV

Bon camping au bord de la plage. Bonnes installations sanitaires, piscine intérieure chauffée avec jacuzzi, bon restaurant. Nombreuses animations avec bingo, danse flamenco, cours d'espagnol, fitness et sports (un deltaplane) et sports nautiques. De belles pistes cyclables sur les Vias verdes au nord et au sud.

A7, sortie 45. Ou sur la N340 Tarragona-Valencia à la borne kilométrique 999,2 bifurquer vers la mer. Suivre les panneaux de camping (environ 1 km).

CC € 16 *1/1-10/7 28/8-31/12 7=6, 15=12, 30=22, 45=30*

N 40°07'16'' E 00°09'30''

## **Peñíscola**, E-12598 / Comunidad Valenciana

2377

Camping El Cid***
Azagador de la Cruz s/n
+34 9 64 48 03 80
1/1 - 31/12
info@campingelcid.com

1,7ha 132**T**(50-75m²) 8-16A CEE

1 ABCD**G**IJKLPR
2 AIJNUVYZ
3 CHMNPSUV
4 (B+G )J
(Q+R+T+U+V+W+X+Y+Z )
5 **AB**FGHIJKLMNOPUWZ
6 ABCEG**K**(N 2km)OQTVX

Camping avec beau panorama à 800m de la large plage de sable et du front de mer avec ses hôtels, restaurants et magasins, sur lequel on peut aller à pied et à vélo de Peniscola à Benicarlo. Au Sud, il y a la Sierra de Irta, un parc naturel où vous pouvez marcher, faire du vélo, aller en voiture à Alcossebre. Au nord, vous pouvez faire du vélo jusqu'à Benicarlo et Vinaros.

Sur la N340 (Tarragona-Valencia), au km 1037 vers Peñiscola, puis suivez les panneau à 1,5 km.

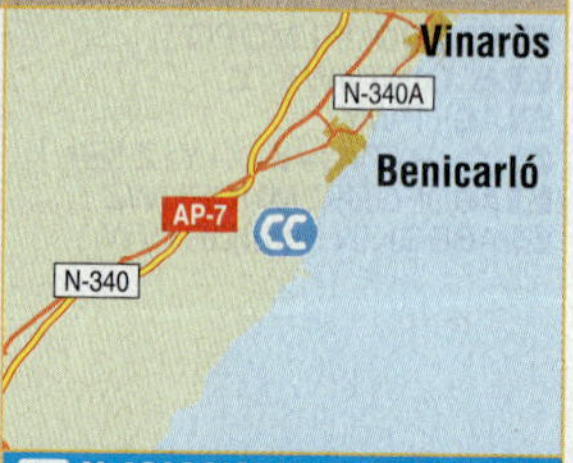


CC € 14 *1/1-26/3 4/4-30/6 1/9-31/12 7=6, 14=13, 24=23*

N 40°22'37'' E 00°23'33''

## Peñíscola, E-12598 / Comunidad Valenciana — 2378

Camping El Edén Cat.1
Calle Madrid 6
+34 9 64 48 05 62
1/1 - 31/12
camping@camping-eden.com

3,3ha 255**T**(60-100m²) 10A

1 ABCD**G**IJKLMPQ
2 AGIJTUWYZ
3 CHIKMSUWY
4 (B+G 1/4-15/10)JK(Q) (T+U+X+Y+Z 20/1-31/12)
5 **AB**DEFGIJKLMNOPUWXYZ
6 ABCEGHKM(N 0,8km) OQRTV

Grand camping à 50 mètres du front de mer et une large plage de sable. Emplacements délimités par des haies, avec de bonnes installations sanitaires et de belles piscines. Lavabos aux emplacements. Belles randonnées à pied ou à vélo à faire. Peniscola est connu pour son château du 13ième siècle.

A7, sortie 43, Peñiscola. Cp indiqué. N340, sortie Peñiscola. 2e rond-point 3/4 de rond puis suivre les panneaux. Cp le long d'Avenida Papa Luna au km 6, au panneau cp El Edén.

CC € 20 *1/1-13/4 18/4-17/6 11/9-31/12* ***8=7, 16=14, 24=21***

N 40°22'16'' E 00°24'10''

## Peñíscola, E-12598 / Comunidad Valenciana — 2379

Camping Los Pinos SL****
Camino Abellers, s/n
+34 9 64 48 03 79
1/1 - 31/12
campinglospinos@hotmail.com

1,2ha 120**T**(80-120m²) 10A

1 ABCDGIJKLMOPST
2 ITUWYZ
3 AC**G**HIKPSU
4 (B+G 1/5-30/9)K (Q+R+T+U+X+Y+Z)
5 **AB**DEFGHIJKLMNOPQRUWXYZ
6 ACEGK(N 1,5km)ORTV

Camping familial de taille moyenne avec belle piscine, jacuzzi, bon restaurant et wifi gratuit. A 1,5 km de Peñiscola, d'un beau et long front de mer et d'une belle plage de sable. A visiter : l'ancien château du pape 'Papa Luna'.

A7, sortie 43 Peñiscola. Faire 4 km vers Peñiscola, puis le camping est indiqué par des panneaux.

CC € 12 *1/1-12/4 18/4-30/6 1/9-31/12*

N 40°22'45'' E 00°23'18''

## Peñíscola, E-12598 / Comunidad Valenciana — 2380

Camping Vizmar***
Ctra Vieja Peñíscola-Benicarló s/n
+34 9 64 47 34 39
1/1 - 31/12
campingvizmar@hotmail.com

1,6ha 138**T**(60-70m²) 6A

1 ABCDGIJLMPQ
2 GIJUVWYZ
3 CHSWY
4 (B+G 1/6-30/9)(Q+T) (U+X+Y 1/7-31/8) (Z 1/6-30/9)
5 **AB**FGIJKLMNOPUZ
6 ACEGJ**K**(N 1km)OTV

Camping avec des sanitaires corrects. Nombreux emplacements ombragés, emplacements ensoleillés aussi. A environ 400m d'une belle plage et du front de mer de Peñiscola, réputé pour le château Papa Luna.

Sur N340 sortir au panneau Peñiscola. Au rond-point, prendre la direction Benicarlo. Le camping est à ± 2 km sur la gauche.

CC € 12 *1/1-14/4 18/4-30/6 1/9-31/12* ***7=6, 14=12, 30=23***

N 40°23'31'' E 00°24'25''

## Pilar de la Horadada/Alicante, E-03191 / Comunidad Valenciana

**2381**

Camping Lo Monte****
Avda Comunidad Valenciana, 157
+34 9 66 76 67 82
1/1 - 31/12
info@campinglomonte.com

7,2ha 205T(60-125m²) 16A CEE

1 ABCD**G**IJKLMO**P**
2 IJUVWX
3 AC**G**HIKMUV
4 (B 1/6-30/9)(F ) (G 1/6-30/9)JKNP (Q+R+T+U+V+X+Y+Z )
5 **AB**DEFGIJKLMNOPUWXYZ
6 ABCEGHJ**K**M(N 0,5km) ORSTUV

Camping aménagé spacieusement. Beau bâtiment élégant avec entre autres spa/wellness et fitness. Magnifique terrasse avec vue sur les piscines. A recommander à toutes périodes de l'année. Nombreux équipements pour les personnes handicapées.

AP7, sortie 770 vers N332, direction Pilar de la Horadada. Au 2e rond-point vers Pueblo Latino. Puis à gauche au 1er feu.

CC € 18 *18/4-23/6 5/9-7/10 17/10-31/10*

N 37°52'45'' W 00°45'56''

## Playa de Puçol, E-46530 / Comunidad Valenciana

**2382**

Camping Valencia***
c/ Rio Turia 1
+34 9 61 46 58 06
1/6 - 28/11
info@campingvalencia.com

6ha 250T(70-80m²) 10A

1 BCDGIJKLMOPR
2 AGIJUVWXYZ
3 CHIKM**O**S**W**Y
4 (B+G 1/5-30/9)J (Q+R+T+U+X+Y+Z )
5 **AB**FGIJKLMNOPUWYZ
6 CEGH**JK**(N 3km)ORTV

Grand camping très propre à 20 km de Valencia. Nouvelle zone pour camping-cars avec tout équipement. Piscine ouverte à partir du 18 mai. Situé à 100 mètres de la belle plage de Puzol, certifiée 'Drapeau Bleu'. Dans une région tranquille et adaptée aux familles. Circuits pour le vélo et la randonnée. Wifi gratuit sur le camping.

En venant du nord : A7 sortie Puçol, à Puçol suivre la direction Playa de Puzol. De Valence : V21 sortie Puçol et suivre les indications pour Playas.

CC € 16 *4/2-13/4 19/4-17/6 5/9-27/11*

N 39°36'04'' W 00°16'15''

## Puçol/Valencia, E-46530 / Comunidad Valenciana

**2383**

Camping Puzol***
C/ Riu Turia 3
+34 9 61 42 15 27
15/1 - 14/12
campingpuzol@gmail.com

3ha 70T(60-70m²) 10A

1 ABCDGIJKLMPQ
2 AGIJUWXYZ
3 CHIKUW
4 (B+G 1/6-15/9)J(Q+R+ X+Z )
5 **AB**DFGIJKLMNOPUWXYZ
6 CDEG**K**(N 4km)TV

Camping à ± 200m de la plage et ± 16 km de Valence. Camping en pleine réorganisation. Il y a une partie séparée pour les touristes avec des robinets d'eau, où sera installé un beau bloc sanitaire neuf. L'accès et les routes sur le camping sont en cours d'amélioration.

Sur la A7 sortie Puçol ; sur la N340 sortie Puço puis suivre les panneaux jusqu'à Playa et le camping.

CC € 14 *15/1-8/4 18/4-1/6 1/9-14/12 7=6, 14=12*

N 39°36'20'' W 00°16'08''

## Ribera de Cabanes, E-12595 / Comunidad Valenciana

**2384**

BravoPlaya Camping-Resort*****
Avda Camí l'Atall 44
+34 9 64 31 95 67
1/1 - 31/12
camping@bravoplaya.com

9ha 517T(60-140m²) 10A

1 ABCDGIJKLMPQ
2 AGIPUVWYZ
3 CD**G**HIKMNOP**R**SU**V**WY
4 (B 1/3-31/10)
(E 1/1-1/6,10/9-31/12)
(G 1/3-31/10)IJKM**N**
(Q+S)(T 1/3-15/10)
(U+V+X+Y+Z)
5 **AB**DEFGIJKLMNOPRUWXZ
6 ABEGHK(N 3km)OTVW

Grand cp avec de bonnes installations sanitaires. Sur la plage de sable. Parcelles avec des haies et beaucoup d'ombre. Piscines extérieure et intérieure chauffées (hiver). Tennis, padel, multisport et foot. Possibilités pour vélos. À 4 km d'Oropesa del Mar et plus loin par Cami Verde vers Benicassim et Castellon. Convient aux personnes handicapées. Wifi gratuit.

Sur la A7 Barcelona-Valencia, sortie 45. Sur la N340 au km 998 ou 1000. Le camping est indiqué par des panneaux.

N 40°07'40'' E 00°09'32''

CC € 20 1/1-12/4 18/4-21/6 1/9-31/12

## Ribera de Cabanes, E-12595 / Comunidad Valenciana

**2385**

Camping Riberamar****
Avda la Ratlla 7
+34 9 64 31 97 62
1/1 - 31/12
info@campingriberamar.com

2,8ha 219T(70m²) 6-10A

1 ABCD**G**IJKLMOPQ
2 AGIJUVWXYZ
3 CHIKMNPS**T**UWY
4 (**A**)(B+G 1/5-30/9)
(Q+R+T+U+X+Y+Z)
5 **AB**DEFGIJKMNOPUWZ
6 ABEGHK(N 1km)OTVW

Nouveau camping familial à 150m de la plage de sable et d'un beau parc naturel avec de nombreux petits étangs ainsi qu'une faune et une flore particulières. Beaux sanitaires, piscine, bon restaurant et emplacements spacieux.

A7 Barcelona-Valencia, sortie 45. Sur N340 au km 998 ou 1000, suivre le panneau 'Riberamar'.

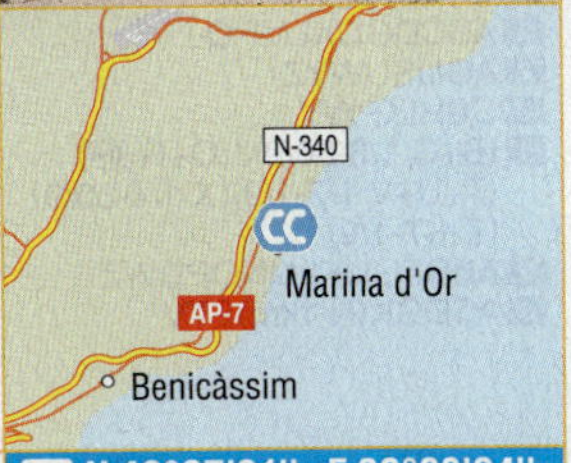


N 40°07'31'' E 00°09'24''

CC € 16 1/1-30/6 1/9-31/12

## Ribera de Cabanes, E-12595 / Comunidad Valenciana

**2386**

Camping Torre La Sal****
Avenida Camí L'Atall, 19
+34 9 64 31 95 96
1/1 - 31/12
reservas@campingtorrelasal.com

2ha 177T(60-120m²) 12A

1 ABCDEIJKLMOPQ
2 AGIUVWXZ
3 CDHIJKMNPSUWY
4 (A 1/1-1/5,1/10-31/12)
(E+H+Q+S+T+U+X+Y)
5 **AB**DEFGIJKLMNOPUWZ
6 EGHK(N 1km)OQRTVW

Beau camping familial calme au bord de la plage. Avec piscine chauffée, de beaux sanitaires et salle de loisirs, emplacements très ombragés et en hiver, emplacements ensoleillés.Wifi gratuit.

E15, sortie 44 ou 45. Sur N340 Tarragona-Valencia, tourner au km 1000. Puis suivre les panneaux. Le camping est après camping Torre La Sal 2.

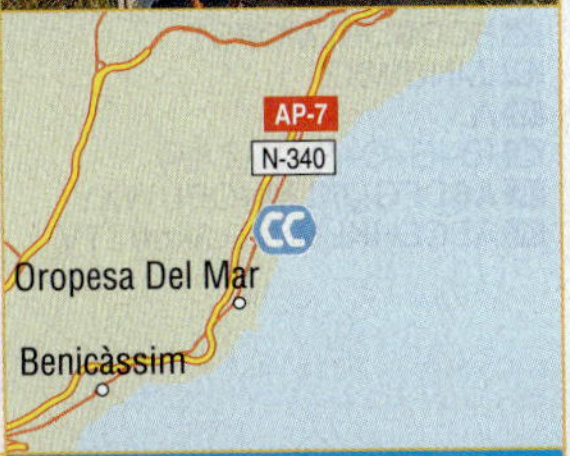


N 40°07'42'' E 00°09'34''

CC € 16 1/1-12/4 18/4-30/6 1/9-31/12

## Santa Pola/Alicante, E-03130 / Comunidad Valenciana

2387

Camping Bahia de Santa Pola***
Ctra Elche-Santa Pola km 11
+34 9 65 41 10 12
1/1 - 31/12
campingbahia@gmail.com

6ha 449T(65-90m²) 10A

1 ABCDGIJKLMOPQ
2 LMUVWYZ
3 ACH
4 (C+G )K(Q )
(R 1/7-31/8)(Z )
5 **AB**DFGHIJKLMNOPSUWXYZ
6 ACDGHJ**K**(N 1km)ORTV

Assez grand camping en terrasses avec de l'ombre artificielle en été. Contre la pente d'une colline avec une petite brise rafraîchissante pendant les jours chauds et vue sur la ville.

A70, sortie 72 Santa Pola. Sur la N332 après le km 88, sortie direction Elche, au rond-point à droite. Le camping est à 100m sur la droite.

CC € 20 *1/1-30/3 5/4-3/7 24/8-31/12*

N 38°12'02'' W 00°34'13''

## Valencia, E-46012 / Comunidad Valenciana

2388

Camping Coll Vert***
Ctra del Riu, nr. 486 Pinedo
+34 9 61 83 00 36
16/1 - 14/12
info@collvertcamping.com

2,4ha 80T(40-80m²) 10A

1 ABCDGIJKLMPQ
2 AGIJSUWYZ
3 C**G**HIKPWY
4 (B+G 1/6-30/9)J(Q+R )
(T+U+V 1/7-1/9)(X 1/4-30/9)
(Z 1/7-1/9)
5 **AB**DFGIJKLMNOPUWZ
6 ACDGK(N 1km)STV

A 6 km de Valencia et 300 mètres d'une large plage de sable, dans le parc naturel de l'Albufera. Piste cyclable et bus vers Valencia. Malgré le bruit des environs, vous ne regretterez pas votre séjour dans ce camping.

Du nord, A7 et V21 dir. Valencia. En ville, dir. El Saler. Sur le CV500 2me sortie. Cp à 300m à gauche. Du sud, A7 avant Valencia dir. Albufera et El Saler par la CV500, sortir au rond-point d'El Saler, cp à 100m à gauche.

CC € 16 *16/1-14/3 20/3-13/4 18/4-23/6 29/8-14/12 7=6, 14=12, 30=25*

N 39°23'47'' W 00°19'58''

## Villajoyosa/Alicante, E-03570 / Comunidad Valenciana

2389

Camping Alicante Imperium
CV-759, km 1
+34 9 65 06 32 32
1/1 - 31/12
ave@
campingalicanteimperium.com

2,5ha 159T(65-130m²) 16A CEE

1 BCD**G**IJKLMO**P**ST
2 IMNUWXZ
3 A
4 (B+G+Q+R+X+Z )
5 **AB**DFGIJKLMNOPUWXY
6 ABCEHKLM(N 0,5km)STV

Camping construit récemment. Grands emplacements avec vue sur les montagnes. Ensoleillé toute l'année. Terrain et sanitaires bien entretenus. Wifi gratuit.

Du N: sur la N332 vers Alicante prenez la sortie Villajoyosa (Hospital). Au 5e rond-point, prenez le CV 759. Camping sur la droite.

CC € 20 *1/1-13/4 19/4-30/6 1/9-23/12*

N 38°31'05'' W 00°13'23''

## Villajoyosa/Alicante, E-03570 / Comunidad Valenciana

2390

Camping Playa Paraíso
Paraíso, 66
+34 9 66 85 18 38
1/1 - 31/12
@ info@campingplayaparaiso.com

1,3ha 74T(40-80m²) 6-10A

1 ABCDGIJLOQ
2 GLPUWXYZ
3 SUY
4 (B 15/4-2/10) (Q+T+U+V+X+Z)
5 **AB**FGIJKLMNOPUWZ
6 ABEGK(N 1km)OTV

Petit camping simple avec de bons équipements sanitaires, juste au bord de la mer. Divertissement pour les adultes en basse saison.

Camping sur l'ancienne N332 traversant la ville, pas sur le nouveau périphérique. Donc sur N332 sortie Villajoyosa. Camping au km 136 du côté de la mer.

CC € 18 *1/1-10/4 25/4-12/6 12/9-2/12 12/12-31/12*

N 38°29'59'' W 00°14'57''

## Villargordo del Cabriel, E-46317 / Comunidad Valenciana

2391

Camping KIKOPARK Rural
Ctra Embalse de Contreras km 3
+34 9 62 13 90 82
1/1 - 31/12
@ rural@kikopark.com

2ha 76T(70-90m²) 10A CEE

1 BCD**G**IJKLMOPQ
2 EILTUWXY
3 AHIKWZ
4 (**A**)(B+G 15/5-30/9) (Q+R+T+U+X+Y+Z)
5 **AB**DFGIJKLMNOPUWXYZ
6 ABEGK(N 3km)TV

Camping idéal pour le calme et l'espace. Avec vue sur les montagnes et près d'un lac de barrage (pas de plage mais possibilité de se baigner). Situé dans une région naturelle avec des possibilités pour les promenades, les sports nautiques, le rafting, la pêche, le canoë, la randonnée et le VTT.

A3, sortie 255 vers Villargordo. Entrer dans le village, à droite au croisement en T, puis le camping est bien balisé. Il y a encore 3 km jusqu'au camping.

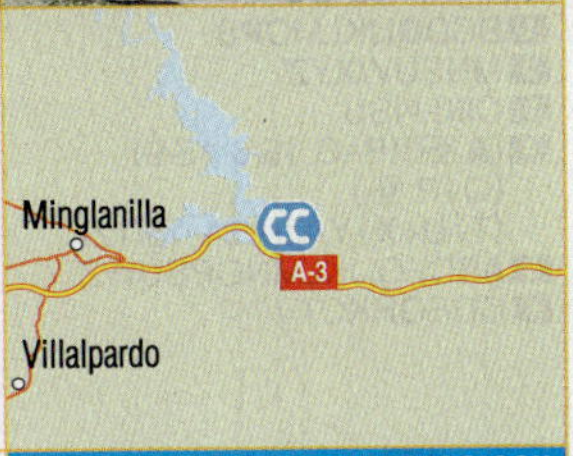


CC € 20 *1/1-7/4 19/4-17/6 1/9-31/12*

N 39°33'09'' W 01°28'28''

## Xeraco, E-46770 / Comunidad Valenciana

2392

Camping San Vicente***
Avenida de la Mota 24
+34 9 62 88 81 88
1/1 - 31/12
@ info@campingsanvicente.com

0,5ha 42T(50-60m²) 5-10A

1 ABCDFIJLRS
2 AGNTWYZ
3 AY
4 (Q+R+T+U+V+X+Z)
5 **AB**GIJKLMNOPUWZ
6 ABEGKOTV

Petit camping avec des parcelles de petites dimensions. Adapté seulement pour les tentes, petites caravanes et petits camping-cars. Juste au bord de la plage. Ambiance très conviviale.

AP7, sortie 59 Favara vers N332 Tavernes. Au rond-point, CV603 puis CV605. Traverser le pont, à gauche. Au rond-point à droite. Cp sur la gauche.

CC € 18 *1/1-8/4 18/4-1/6 1/9-31/12 7=6, 15=13, 30=20*

N 39°03'12'' W 00°11'53''

## **Albarracín/Teruel,** E-44100 / Aragón

**2393**

Camping Ciudad de Albarracín**
Camino de Gea s/n
+34 9 78 71 01 97
11/3 - 11/12
campingalbarracin5@hotmail.com

1,5ha 130**T**(70-100m²) 10A CEE

**1** BCD**G**IJKLMO**P**ST
**2** WXYZ
**3** AIKLLP
**4** (Q+R+T+U+V+X+Y+Z)
**5** **A**FGIJKLMNOPUWZ
**6** AEGK(N 0,8km)OTV

Camping tranquille en bordure de la 'plus belle ville d'Espagne' (classée patrimoine historique entre autres musulman) et près d'une campagne protégée avec dessins préhistoriques. Faune et flore très riches. En juillet et août, vous payez 1 euro p.p. par jour pour la piscine municipale.

De Teruel vers Albarracín. A Albarracín, suivre les panneaux de camping.

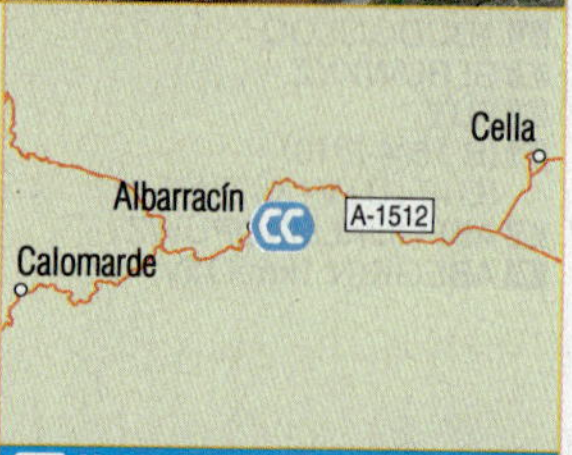


CC € 18 *11/3-12/4 19/4-29/4 3/5-15/7 1/9-28/10 1/11-2/12*

N 40°24'43" W 01°25'39"

## **Alquézar,** E-22145 / Aragón

**2394**

Camping Alquézar
Ctra Barbastro s/n
+34 9 74 31 83 00
1/1 - 31/12
camping@alquezar.com

1,5ha 120**T**(70-100m²) 6-8A

**1** BCD**G**IJKLMO**P**S
**2** MNSUWXYZ
**3** CIKLNSU
**4** (**A**)(B+G 15/6-15/9)
(Q+R)
(T+U+X+Y+Z 15/1-15/12)
**5** **AB**CFGIJKLMNOPSUWZ
**6** CDEGHKOTV

Camping pour familles et pour amateurs de randonnées, rafting, canyoning, escalade etc. Dans la superbe zone naturelle de la Sierra de Guara. La petite ville médiévale Alquézar, avec son château typique (éléments chrétiens et maures), est à ± 1 km. Patrimoine Mondial de l'UNESCO (peintures rupestres) et faune typique.

A22 Huesca-Barbastro. A l'ouest de Barbastro, la N240 vers Barbastro. Puis A1232 et A1233 vers Alquézar. Suivre les panneaux de camping.

CC € 18 *1/1-8/4 18/4-30/6 1/9-31/12*

N 42°09'53" E 00°00'55"

## **Benasque (Huesca),** E-22440 / Aragón

**2395**

Camping Aneto Cat.1
Ctra Barbastro Francia, km 100
+34 9 74 55 11 41
1/1 - 1/11, 1/12 - 31/12
info@campinganeto.com

6ha 200**T**(40-100m²) 10A

**1** BCD**F**IJKLMO**P**ST
**2** CMNSWXYZ
**3** CIKLPSU**W**X
**4** (**A**)(C+H 15/6-15/9)(Q)
(S+T+U+X+Y+Z 15/6-13/9)
**5** **AB**DFGIJKLMNOPUW
**6** AEGHJ(N 3,5km)TV

Ce camping familial offre calme, silence et air pur de la montagne. Point de départ pour diverses randonnées en montagne, aussi dans une nature sauvage. Il y a une piscine. Le restaurant est ouvert la semaine avant Pâques et pendant la semaine Pascale.

A partir de Castejón de Sos, A139 direction Benasque. Le camping est à 3 km sur la gauche après Benasque.

CC € 22 *1/1-8/4 18/4-30/6 1/9-1/11 1/12-31/12*

N 42°37'27" E 00°32'39"

## Boltaña, E-22340 / Aragón

2396

Camping La Gorga cat.2
Ctra Nacional 260, km 444
+34 9 74 50 23 57
9/4 - 12/10
info@campinglagorga.com

3ha 150T(60-80m²) 10A

1 BCD**G**IJKLMOPST
2 CJMNQSWXYZ
3 ACIKLPS**WX**
4 (E )(G 15/6-10/9)
K(Q+R+T )
(U+V+X 20/6-10/9)(Z )
5 **A**DEFGIJKLMNOPUWZ
6 ACEGK(N 0,2km)QTV

Camping en terrasses le long de la rivière en bordure du centre. Partie nouvelle avec sanitaires neufs. Magasin, bar et restaurant à proximité. Piscine avec toit ouvrant. Nombreuses excursions dans les parcs naturels environnants et dans la Sierra de Guara, avec possibilité de pratiquer des sports d'aventure.

N260 Ainsa - Fiscal/Sabiñánigo. A Boltaña (Ouest), suivre les panneaux signalant le camping ; par un pont étroit, vous pouvez facilement atteindre le camping.

CC € 20 *9/4-30/6 1/9-12/10*

N 42°26'37'' E 00°03'55''

## Boltaña (Huesca), E-22349 / Aragón

2397

Camping Boltaña
Ctra N260,km 442/Ctra de Margudgued
+34 9 74 50 23 47
1/1 - 31/12
info@campingboltana.com

6ha 204T(75-130m²) 10A CEE

1 BCD**F**IJKLMO**P**ST
2 MSWXYZ
3 CHIKLPSU**W**
4 (**A** 1/7-31/8)
(B+G 1/6-30/9)(Q+R )
(T+U+V+X+Y+Z 8/4-13/10)
5 **AB**DEFGIJKLMNOPUWZ
6 ACEGHJ(N 1km)OTV

Situé dans une région avec un bon climat toute l'année. Point de départ pour faire des excursions vers les différents parcs nationaux et centres historiques des Pyrénées. Nombreuses activités, e.a dans les canyons de Guara, et randonnées en montagne. Excellent restaurant. Bain thermal à proximité.

D'Ainsa, N260 Fiscal-Sabiñánigo. A ± 7 km sortie Boltaña. Entre Poligono Troteras et Boltaña, prendre le pont sur la rivière vers Monasterio et camping. Suivre les panneaux.

CC € 22 *1/1-12/4 18/4-28/4 2/5-3/7 25/8-27/10 2/11-1/12*

N 42°25'49'' E 00°04'44''

## Bonansa (Huesca), E-22486 / Aragón

2398

Camping Baliera Cat.2
N260, km 355,5
+34 9 74 55 40 16
1/1 - 1/11, 1/12 - 10/12,
26/12 - 31/12
info@baliera.com

5ha 173T(80-130m²) 7-10A

1 BCD**G**IJKLMO**P**ST
2 CSWXYZ
3 ACHIKLPSUV**WX**
4 (B+G 1/6-15/9)(Q )
(R+V 1/7-31/8)
5 **AB**CDEFGHIJKLMNOPUWZ
6 CEGK(N 4km)OTUV

Camping Baliera est situé au centre des vallées Isabena, Benasque, Aran et Boi. De là, découvrez des paysages magnifiques et inhabituels. Vous y goûtez un mélange de tradition et de culture. Diverses activités durant toute l'année: sports de montagne, pêche, cueillette des champignons en automne, ski.

A partir de Viella N230 dir Pont de Suert. À environ 3 km de Vilaller à droite dir Castejón de Sos. A 2,5 km au croisement à gauche. Le camping est directement à gauche.

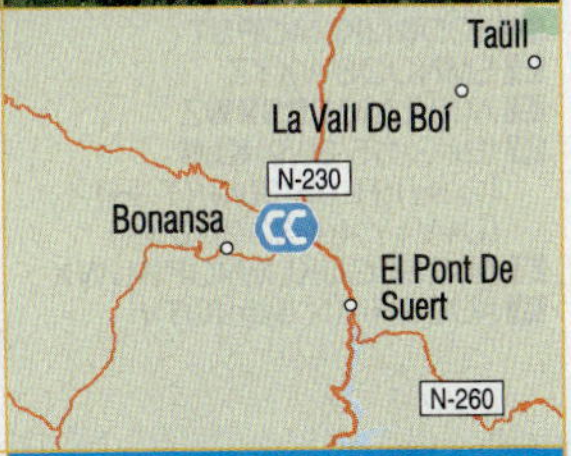


CC € 22 *1/1-15/7 1/9-1/11 1/12-10/12 26/12-31/12*

N 42°26'22'' E 00°41'56''

## Caspe, E-50700 / Aragón

2399

Lake Caspe Camping***
Ctra N211 km 286,7
+34 9 76 63 44 57
5/3 - 6/11
lakecaspe@lakecaspe.com

10ha 140**T**(70-140m²) 5-10A

**1** BCD**G**IJKLMOPST
**2** ENPSUWYZ
**3** CIKLS**WZ**
**4** (**A** 1/8-31/8)(B+G 1/5-30/9)
(Q+S+T+U+V+Y+Z)
**5** **A**EFGIJKLMNOPUW
**6** ACEGHJOTUV

Petit camping sur les rives du barrage de Mar de Aragón. Idéal pour les amoureux de la nature et des sports nautiques. Espace verte avec piscines, gazon et ombre. Plage naturelle au bord de la rivière. Restaurant buffet avec cuisine traditionnelle. Location de kayaks et de bateaux. Climat agréable toute l'année. Entre Pyrénées et Costa Dorada. Entre Lleida et Saragosse.

A2 Lleida-Fraga, sortie 433, suivez la N-211 vers Caspe. Le camping est sur la droite (km 286,7).

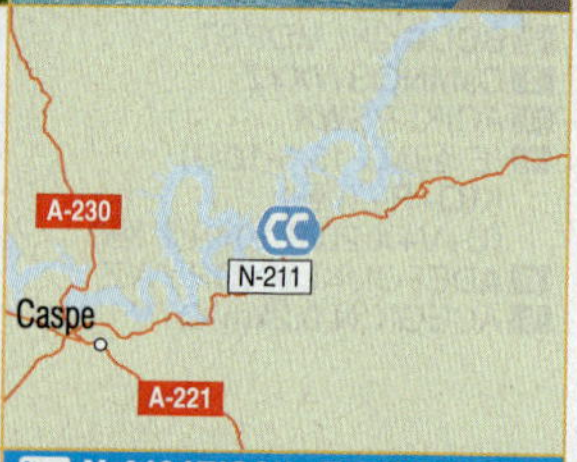


CC € 20 *5/3-9/4 19/4-15/7 13/9-6/11* ***7=6, 14=12, 21=18, 28=24***

N 41°17'38'' E 00°03'45''

## Gavín, E-22639 / Aragón

2400

Camping Gavín S.L. Cat.1
Ctra N260 km 503
+34 9 74 48 50 90
1/1 - 31/12
info@campinggavin.com

7ha 150**T**(80m²) 10A

**1** BCD**G**IJKLMO**P**
**2** CMNSWXY
**3** ACDIKL**O**SU
**4** (B+G 5/6-15/9)(Q+S)(T
+U+X+Y+Z 1/1-31/10,1/12-3
1/12)
**5** **AB**DEFGIJKLMNOPRUWX
**6** ACEGK(N 2km)OTV

Camping en terrasses plein d'ambiance, aménagement moderne, avec un restaurant excellent. Environs naturels magnifiques, près d'une zone de randonnées et de ski, et des parcs nationaux. Promenades tranquilles, circuits de randonnées, sports d'aventure et de montagne, excursions culturelles.

A136, puis à Biescas N260 direction Broto/Ordesa (station-service). Camping à 3 km sur la droite.

CC € 22 *1/1-30/6 5/9-31/12* ***7=6***

N 42°37'10'' W 00°18'12''

## La Puebla de Castro, E-22435 / Aragón

2401

Camping Lago Barasona Cat.1
Ctra Barbastro-Graus/N123a,
km 25
+34 9 74 54 51 48
1/3 - 2/11
info@lagobarasona.com

30ha 180**T**(70-180m²) 6A CEE

**1** BCD**G**IJKLMOPST
**2** EMNOQSWXYZ
**3** ACIKLMOP**RSVWZ**
**4** (B+G 1/5-30/9)**KLN**
(Q)(R 1/6-30/9)(T)
(U+V+Y 4/4-30/9)(Z)
**5** **AB**DEFGIJKLMNOPRUWX
**6** ACEGHK(N 6km)OTV

Camping familial agréable sur plusieurs niveaux. Idéal pour voir d'intéressantes curiosités avec des traces de diverses cultures. Au bord d'un lac avec plage et pelouse, aux contreforts des Pyrénées (parcs naturels). Diverses possibilités pour les sports nautiques.

D'Aínsa, A138 direction Barbastro. A ± 8 km avant Barbastro à gauche, direction N123 Benabara/Graus. Au croisement, prenez la 123a direction Graus. Le camping est sur la gauche à 2,4 km. Prenez la boucle.

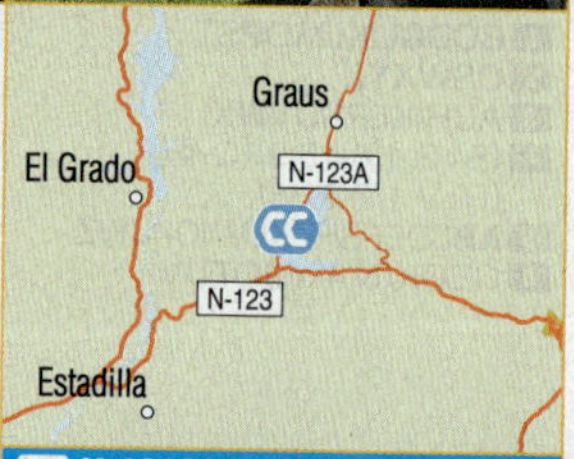


CC € 22 *1/3-10/4 18/4-19/6 1/9-2/11*

N 42°08'32'' E 00°18'51''

## Labuerda/Ainsa (Huesca), E-22360 / Aragón

**2402**

Camping Peña Montañesa
Ctra Ainsa-Francia, km 2
+34 9 74 50 00 32
1/1 - 31/12
info@penamontanesa.com

10ha 330T(64-100m²) 6-10A

1 BCDGIJKLMOPST
2 CSWXYZ
3 ACHIKLMNOPSUWX
4 (A )(B 1/4-30/9)
(F )(G 1/4-30/9)KNP
(Q+S+T+U+V+X+Y+Z )
5 ABDFGIJKMNOPUWZ
6 ACDEGJ(N 2km)OTV

Pour tous les goûts : entre autres piscine de plein air, piscine couverte chauffée, sauna, jacuzzi, terrain de jeu, supermarché, bar, restaurant à prix 'démocratiques', piste de sport multifonctionnelle, équitation, squash, canyoning, rafting, bons équipements sanitaires. Près du parc national Ordesa et de Monte Perdido.

Ainsa, direction la frontière française (Escalona). Le camping est à 2 km à partir d'Ainsa, sur la droite, et indiqué par des drapeaux.

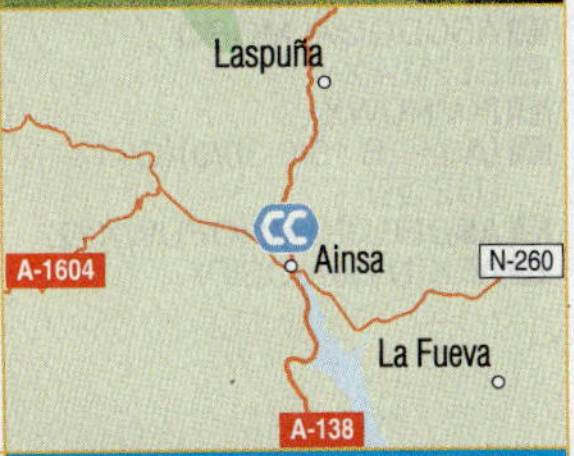


CC € 22 2/1-13/4 18/4-30/6 1/9-22/12

N 42°26'05'' E 00°08'07''

## Morillo de Tou/Ainsa, E-22395 / Aragón

**2403**

Camping Morillo de Tou
Ctra A138 Barbastro-Ainsa, km 41,8
+34 9 74 50 07 93
15/2 - 31/12
info@morillodetou.com

6ha 74T(60-70m²) 10A

1 BCDGIJKLMOPS
2 EJMSUWXYZ
3 CEHIKPSUW
4 (A )(B+G 24/6-6/9)
(Q )(R 1/7-31/8)
(T+U+X+Y+Z )
5 ABGIJKLMNOPUWX
6 CDEGK(N 4km)TV

Le camping se trouve dans le centre de vacances de Morillo de Tou, un village dans les Pyrénées d'Aragon, et près de parcs nationaux, canyons, centres d'arts, culture et histoire.

Le camping est sur la A138 entre Barbastro et Ainsa à Morillo de Tou.

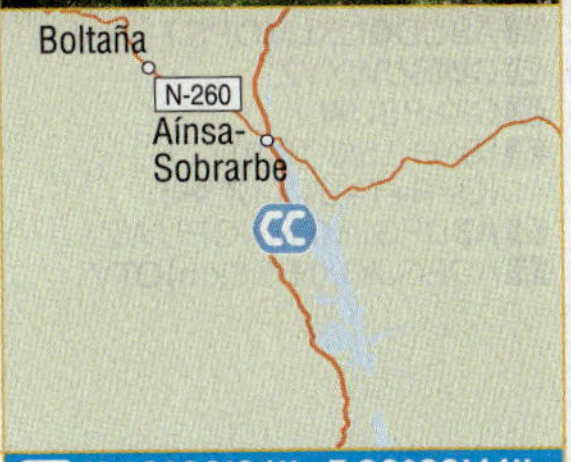


CC € 18 15/2-7/7 24/8-31/12

N 42°22'31'' E 00°09'11''

## Nuévalos (Zaragoza), E-50210 / Aragón

**2404**

Camping Lago Resort***
Ctra Alhama de Aragón-Nuevalos, s/n
+34 9 76 84 90 38
11/3 - 16/10
lagoresort@gmail.com

10ha 80T(70-90m²) 6A

1 BCDGIJKLMOP
2 MUWYZ
3 ACDIKLSUW
4 (A )(B 15/6-10/9)
(Q+R+T+U+V+X+Z )
5 AFGIJKLMNOPUWZ
6 ACEGHJ(N 0,4km)OTV

Camping en terrasses dans les environs du Monasterio de Piedra (1194) avec son parc naturel et des thermes de Jaraba et Alhama. Près du lac de barrage de Tranquera (sports nautiques).

De Calatayud vers Nuévalos. A Nuévalos, suivre les panneaux de camping. Le camping est à gauche sur la route d'Alhama en face du lac.

CC € 20 11/3-13/4 18/4-8/7 28/8-16/10

N 41°13'05'' W 01°47'32''

## **Valderrobres**, E-44580 / Aragón

**2405**

Camping El Roble
Ctra A231, km 18
+34 6 08 31 84 81
1/3 - 30/12
campingelroble@gmail.com

1ha 75**T**(70-120m²) 6-10A

1 ABCDGIJKLMOPQ
2 BCTVWXY
3 IKMNUWX
4 (**A** )(B 15/6-30/9)(Q+T+U+Z )
5 **AB**DFGIJKLMNOPUWXYZ
6 AEK(N 2km)OSTV

Camping calme familial avec bâtiment de services moderne, au pied du parc naturel Puertos de Beceite. A seulement 2 km de Valderrobes, un des plus beaux villages de l'Espagne. Découvrez la piste cyclabe de la Via Verde Vall de Zafan.

Du sud : AP-7 ou N340 jusqu'à Vinaros, puis N232 vers Morella. A Monroyo, A1414 vers Valderrobres puis A231 à 2 km panneau sur la gauche. De Tortosa C12 par N2306, T330 vers Valderrobres et à droite A231. Cp à gauche à 2 km.

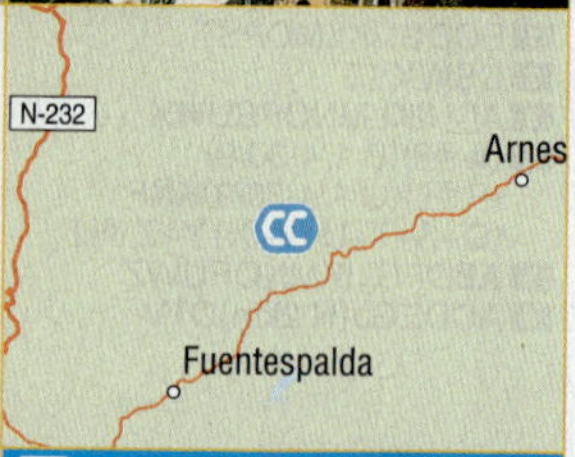


CC € 18 *1/3-7/4 19/4-22/6 12/9-6/10 12/10-29/12 7=6, 15=13, 30=25*

N 40°52'56'' E 00°07'30''

## **Haro**, E-26200 / La Rioja

**2406**

Camping De Haro***
Avenida de Miranda 1
+34 9 41 31 27 37
28/1 - 11/12
campingdeharo@fer.es

5ha 125**T**(72-80m²) 6-10A

1 ABCD**G**IJKLMOPST
2 CINSUWXYZ
3 CKLPSU**W**
4 (B+G 15/6-15/9)J (Q+R+T+U+X+Z )
5 **AB**DFGIJKLMNOPUWZ
6 ACEGJ**K**L(N 0,6km)OTV

La jolie petite ville Haro (capitale du vin de Rioja Alta) se trouve à proximité. Egalement à proximité: un arrêt de bus et une gare. La fête du vin annuelle de Haro (fin juin) est réputée dans toute l'Espagne.

N232 de Logroño à Miranda de Ebro. Dans Haro, suivre les panneaux de camping.

CC € 22 *28/1-23/6 11/9-11/12 7=6, 14=11*

N 42°34'41'' W 02°51'16''

## **Navarrete**, E-26370 / La Rioja

**2407**

Camping Navarrete Cat.1
Ctra de Entrena s/n
+34 9 41 44 01 69
10/1 - 8/12
campingnavarrete@fer.es

3ha 50**T**(30-70m²) 6A

1 ABCD**G**IJKLMOPST
2 INSWXYZ
3 C**G**OPSU
4 (**A** 1/7-31/8)(B+G 15/6-15/9) (Q+R+T+U+X+Z )
5 **AB**DFGIJKLMNOPUWZ
6 ACEGJ(N 1,5km)ORTV

Bon camping dans la région du Rioja, à 10 km de Logroño. Base pour faire des excursions dans les environs, mais aussi adapté comme camping d'étape. Bien sûr, la visite d'une des nombreuses bodegas est 'obligatoire'.

Sortie 11 sur la AP68 (Logroño-Bilbao) vers Navarrete. Camping indiqué par des panneaux, situé en dehors du village sur la LR137.

CC € 20 *10/1-18/6 18/9-8/12 7=6, 14=12*

N 42°24'58'' W 02°33'06''

## Santo Domingo de la Calzada, E-26257 / La Rioja

**2408**

Camping Bañares****
Ctra N120, km 42,2
+34 9 41 34 01 31
1/1 - 31/12
info@campingbanares.es

20ha 250**T**(70m²) 5-10A

1 ABCDGIJKLMNO**P**S
2 INSUWXYZ
3 C**G**HKN**O**PSU
4 (**A** 1/7-31/8)(B+G 21/6-15/9) IJM(Q+S+T+U+X+Y+Z)
5 **AB**DFGIJKLMNOPUWXYZ
6 ACDEGHJ**K**(N 3km)ORTV

Grand camping avec de nombreux emplacements fixes, une belle piscine et de nombreux jeux. Près de la jolie localité San Domingo de la Calzada sur la route de Compostelle.

Le camping est sur la N120/A12 au km 42,2 à la hauteur de Santo Domingo de la Calzada.

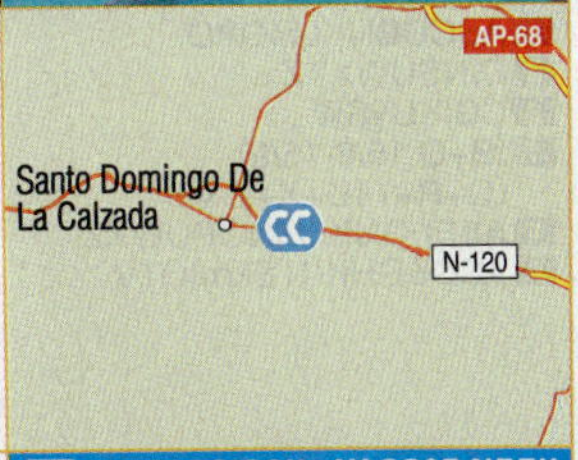


N 42°26'28'' W 02°54'55''

CC € 22 *1/1-30/6 1/9-31/12 7=6*

## Alsasua, E-31809 / Navarra

**2409**

Camping Urbasa
Ctra Estella-Olazagutia, km 30
+34 9 48 39 52 23
1/3 - 12/12
info@campingurbasa.com

8,8ha 300**T**(70-100m²) 6-10A

1 ABCD**G**IJKLMOPQ
2 BIKLSXYZ
3 AEIJKLN**Q**U
4 (**A**+Q+R+T+U+X+Y+Z)
5 **AB**DGIJKLMNOPUWZ
6 ACEGJL(N 8km)TUV

Camping tranquille dans un magnifique parc naturel. Point de départ idéal pour faire des randonnées dans la nature et des tours à vélo. Le camping est spacieux et dispose de suffisamment d'emplacements.

AP10 Pamplona vers Vitoria. A Alsasua vers Urbasa. Montez 8 km dans la montagne et vous trouvez le camping.

N 42°51'06'' W 02°10'23''

CC € 22 *1/3-30/6 1/9-12/12 7=6, 14=12*

## Arbizu, E-31839 / Navarra

**2410**

Arbizu eko-kanpina
NA 7100 km 5
+34 8 48 47 09 22
15/1 - 18/12
info@campingarbizu.com

1,2ha 45**T**(70-90m²) 16A CEE

1 ABCD**G**IJKLMOPQ
2 AEINSUWXY
3 AIKLMOPSU**W**
4 (B+G 15/6-15/9) (Q+S+T+U+X+Y+Z)
5 **AB**FGIJKLMNOPUWXYZ
6 EGH**K**(N 1,5km)OTV

Camping amenagé de manière écologique. De beaux sanitaires. On peut visiter les villes de Pamplona, San Sebastian et Vitoria à partir du camping.

A10 Pamplona-Vitoria. Sortie Arbizu. Puis camping est indiqué.

N 42°53'55'' W 02°02'04''

CC € 22 *1/3-30/6 1/9-31/10*

## Eusa/Oricain/Pamplona, E-31194 / Navarra

2411

Camping Ezcaba Cat.1
Ctra a Francia, km 2,5
+34 9 48 33 03 15
4/2 - 30/11
info@campingezcaba.com

4ha 539**T**(40-70m²) 10A

**1** ABCD**G**IJKLMO**P**Q
**2** CINSUWXYZ
**3** C**G**IKLNS**W**
**4** (B+G 15/6-15/9)
(Q+R+T+U+X+Z)
**5** **AB**EFGIJKLMNOPUWXZ
**6** ACDEGHK(N 3km)OTV

Camping avec une piscine dans un environnement assez tranquille. Sur le camping, location de VTT, par exemple pour visiter Pamplona (à 9 km). Situé sur la route des pèlerins de St Jacques de Compostelle. Pour les combinaisons de plus de 8m, le tarif est plus élevé.

N121A d'Irun à Pamplona. A droite avant Oricain. Le camping est bien indiqué.

CC € 22 *4/2-11/4 19/4-30/6 1/9-30/11*

N 42°51'26'' W 01°37'26''

## Mendigorria, E-31150 / Navarra

2412

Camping Errota - El Molino Cat.1
Ctra Larraga s/n
+34 9 48 34 06 04
1/3 - 12/12
info@campingelmolino.com

10ha 150**T**(60-80m²) 6-19A

**1** ABCDGIJKLMOPQ
**2** CNSWXYZ
**3** CHIK**O**P**R**SUW
**4** (**A** 1/7-31/8)(B 1/6-15/9)
(F)(G 1/6-15/9)JKN
(Q)(R 28/3-30/9)
(T+U+V+X+Y+Z 15/3-15/11)
**5** **AB**DEFGIJKLMNOPQRUWZ
**6** ACEGHK(N 5km)OTUV

Beau camping à 25 km de Pamplona. Bien situé pour visiter Logrono, San Sébastian. Le chemin de Compostelle passe à quelques kilomètres dans le joli village Puente La Reina. Sur le camping, piscine d'hiver couverte chauffée et possibilité de faire du squash et du tennis. Les environs invitent à faire des randonnées, du VTT, du canoë et des excursions culturelles.

A12 Pamplona-Logroño, sortie 23 Mendigorria, à l'ouest du centre environ (0,5 km). Balisé depuis la A12.

CC € 22 *1/3-30/6 1/9-12/12 7=6, 14=12*

N 42°37'28'' W 01°50'35''

## Olite, E-31390 / Navarra

2413

Camping de Olite
Ctra N115, km 2,3
+34 9 48 74 10 14
1/1 - 31/12
info@campingdeolite.com

10ha 90**T**(75-120m²) 16A

**1** ABCD**G**IJKLMOPR
**2** ITX
**3** COPSU
**4** (B+G 15/6-15/9)
(Q+R+T+U+X+Y+Z)
**5** **AB**FGIJKLMNOPUWZ
**6** CEGK(N 3km)OTV

Surtout adapté pour une visite de l'imposant parc naturel 'Bardenas Reales' et de la localité Olite, avec ses petites rues médiévales.

Camping sur la NA115 (Tafalla-Peralta-Ricon de Soto) au km 2,3 à ± 4 km d'Olite.

CC € 20 *1/1-14/7 1/9-31/12 7=6*

N 42°28'49'' W 01°40'41''

## Villafranca, E-31330 / Navarra

2414

Camping Bardenas
Ctra NA-660 PK 13.4
+34 9 48 84 61 91
1/2 - 30/11
info@campingbardenas.com

3ha 50T(70-105m²) 8-10A

1 ABCD**G**IJKLMOPR
2 INSWXYZ
3 CHIKLPSUV
4 (**A** )(B 1/6-15/9)
(Q )(R 1/4-31/10)
(T+U+X+Y+Z )
5 **A**BFGIJKLMNOPUWXYZ
6 ACEGHJ(N 1,5km)OTV

Camping avec des sanitaires magnifiques, situé au bord d'une route principale. La réserve naturelle Bardenas (on peut y faire des randonnées et du vélo) est à 18 km. Dans les environs : Bodegas, gastronomie et beaucoup de culture, entre autres les châteaux d'Olite et Marcilla. Le restaurant du camping est absolument conseillé.

A partir de l'AP15 Pamplona-Zaragoza, sortie 29. Puis direction Villafranca, le camping est à 1,5 km au sud de Villafranca.

N 42°15'48'' W 01°44'19''

CC € 20 *1/2-13/4 18/4-30/6 1/9-30/11 7=6*

## Nuvilla, E-01428 / Pais Vasco

2415

Camping El Roble Verde***
Nuvilla 99
+34 9 45 06 33 50
9/3 - 7/12
info@campingelrobleverde.com

4ha 136T(35-90m²) 6A CEE

1 ABCD**G**IJKLMO**P**Q
2 IJNSWXYZ
3 ACJKLNPSU
4 (E 4/4-12/10)(Q+R )
(T+U+X+Y+Z 19/6-6/9)
5 **AB**FGIJKLMNOPUWXZ
6 ACEGK(N 6km)OTV

Un camping familial tranquille à 5 km seulement de la AP68 Bilbao-Logroño. Bien situé pour visiter le pays Basque et la région du Rioja. Grands emplacements sur pelouse et une piscine couverte (ouverte de Pâques au 1er novembre).

AP68, sortie Pobes, vers Pobes, juste avant Pobes à gauche (ne pas traverser la voie ferrée), puis panneaux du camping. De A1 Pamplona-Vitoria: sortie Nanclares, puis A2622, et cf ci-dessus.

N 42°47'43'' W 02°52'45''

CC € 22 *9/3-13/4 18/4-28/4 1/5-19/6 4/9-27/10 1/11-7/12 11=10*

## Orio, E-20810 / Pais Vasco

2416

Camping Orio/Orio Kanpina Cat.1
Hondartza Bidea s/n
+34 9 43 83 48 01
1/3 - 14/11
info@oriokanpina.com

3,2ha 105T(60-80m²) 10A

1 ABCDEIJKLMOPQ
2 AGINOSWXY
3 C**G**ISUWY
4 (B+G 1/6-13/9)
(Q+S+T+U+V+X+Y+Z )
5 **AB**EFGIJKLMNOPUWZ
6 ABCEGHK(N 1km)ORTV

Camping familial à 200m de la mer. Il y a une plage de sable et la possibilité de nager dans la mer. A 50m, il y a un petit port de plaisance. Le camping a une piscine et un bon restaurant. A 20 km de San Sebastián. Il est recommandé de réserver.

A8, de San Sebastián-Bilbao sortie Orio puis vers plage/camping. A8 de Bilbao : sortie Zarautz, puis vers Orio. Après le pont sur la rivière continuer sur N634, 1e rond-point à gauche, puis plage/camping.

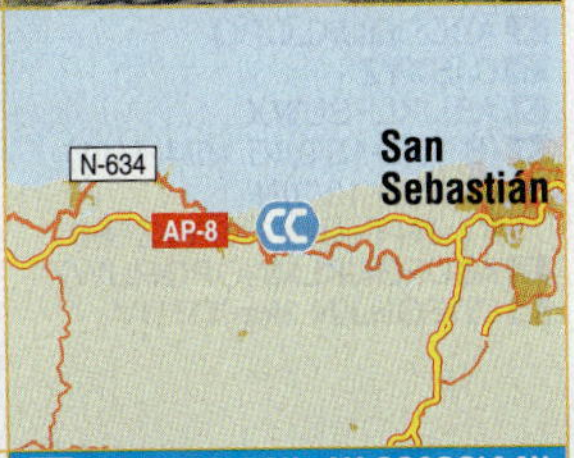


N 43°16'56'' W 02°06'44''

CC € 20 *1/3-13/4 18/4-30/6 1/9-14/11*

## San Sebastián, E-20018 / Pais Vasco

2417

Camping Igara de San Sebastián
Camino de Igara 195
+34 9 43 35 88 12
1/3 - 8/11
info@campingigara.com

3,5ha 84T(40-80m²) 16A

1 ABCDGIJLOPQ
2 BIKMNSTWXY
3 IKLSU
4 (B+G 15/5-15/9)
(Q+R+T+U+V+X+Y+Z )
5 **AB**FGIJKLMNOPUWXZ
6 ACEGHK(N 3km)ORTV

Camping avec de nombreux nouveaux équipements et un excellent restaurant. Il est possible d'aller à San Sebastián en bus à partir du camping. La route pour arriver au camping n'est pas adaptée pour les grandes caravanes et grands camping-cars.

AP8 sortie Ondarreta, puis vers Polygono Igara, ensuite le camping est indiqué.

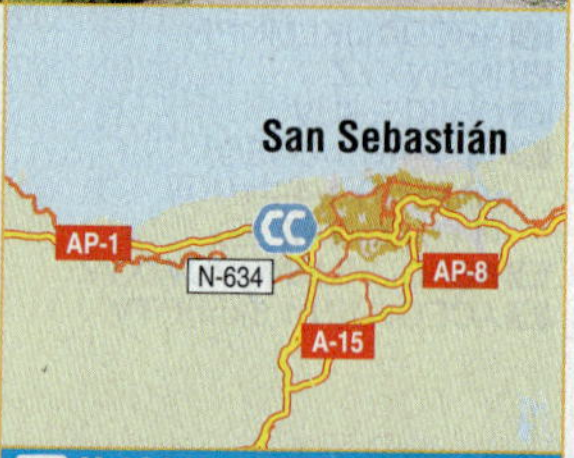


CC € 20 *25/3-13/6 12/9-10/10*

N 43°17'48'' W 02°02'15''

## San Sebastián, E-20008 / Pais Vasco

2418

Camping Igueldo Cat.1
P. Padre Orkolaga 69
+34 9 43 21 45 02
1/1 - 31/12
info@campingigueldo.com

5ha 316T(20-70m²) 6-10A

1 ABCD**G**IJKLMO**P**Q
2 IJMNSUWXYZ
3 C**G**IKLSU
4 (B+G 15/6-15/9)
(Q+R+T+U+V+X+Y+Z )
5 **AB**EFGIJKLMNOPUWXYZ
6 ACDEGHKL(N 1,5km)ORTV

Grand camping bien entretenu ; excellents sanitaires. Le bus pour San Sebastián s'arrête au camping. Bar sympathique et excellent restaurant au camping. Superbe vue sur les environs, et il y a une piscine magnifique.

A8, sortie Ondarreta dir. San Sebastián centre. Sur la côte, suivre Monte Igueldo jusqu'au camping. Attention : route GPS non adaptée pour caravanes et camping-cars. Suivre les panneaux de camping.

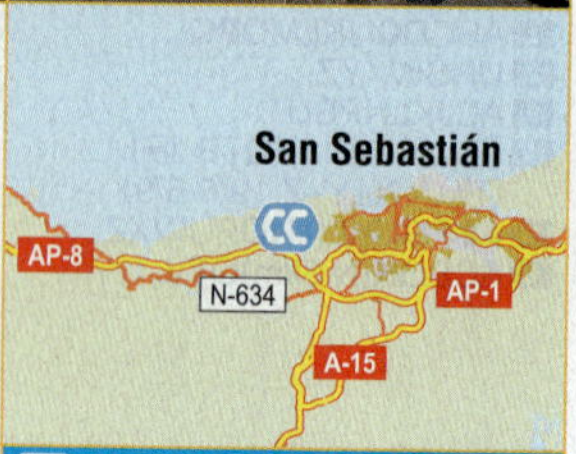


CC € 22 *1/1-30/6 1/9-31/12 7=6*

N 43°18'48'' W 02°01'45''

## Villanañe, E-01425 / Pais Vasco

2419

Camping Angosto
+34 9 45 35 32 71
11/3 - 11/12
info@camping-angosto.com

1,8ha 88T(70-100m²) 6-10A

1 ABCDGIJKLOPQ
2 CJSXYZ
3 ABIJKLPSU**W**X
4 (B 15/6-15/9)(E 15/4-1/11)
(G 15/6-15/9)N
(Q+R+T+U+V+X+Y+Z )
5 **AB**DFGIJKLMNOPQRUWZ
6 CDEGHJ(N 3km)OTUV

Camping familial tranquille près de deux parcs naturels, idéal pour la randonnée et le VTT. Il y a un bon restaurant. Bilbao, Vitoria et le Rioja sont à proximité. Les réservations avec la CampingCard ACSI ne sont pas possibles.

De Bilbao, N625 jusqu'à la sortie Villanañe. De Miranda de Ebro sur A68, sortie Puentelarrá puis N625. Ensuite, le camping est indiqué par des panneaux.

CC € 22 *2/5-17/6 16/9-27/10 7=6*

N 42°50'09'' W 03°03'43''

## Zarautz, E-20800 / Pais Vasco

**2420**

Gran Camping Zarautz Cat.2
Monte Talai-Mendi
+34 9 43 83 12 38
1/1 - 31/12
info@grancampingzarautz.com

5ha 440T(60-90m²) 6-10A

1 ABCDGIJKLMO**PQ**
2 IMNSUWXYZ
3 AC**G**ILMN
4 (Q+S+T+U+V+X+Y+Z)
5 **AB**DFGIJKLMNOPUWZ
6 ACDEGHK(N 1,5km) ORTVW

Camping bien situé avec une vue magnifique sur la baie de Zarautz. Point de départ idéal pour visiter San Sebastián, Bilbao et Pamplona. Dans les environs, nombreuses possibilités pour faire des randonnées et du VTT.

De France, A8 San Sebastián-Bilbao, prendre la sortie 38 Zarautz. Au 1er rond-point, en face puis le camping est indiqué.

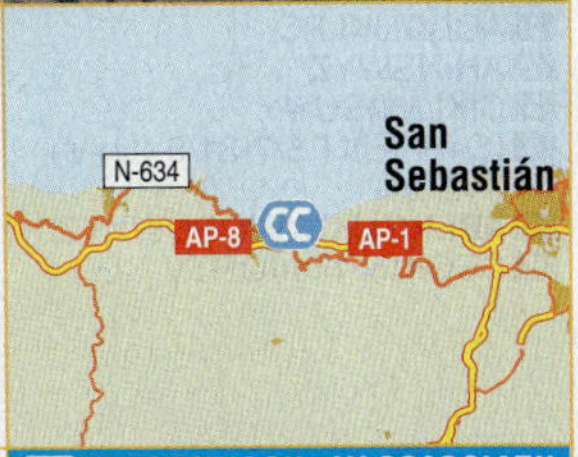


CC € 20 1/1-12/4 18/4-30/6 1/9-31/12 7=6

N 43°17'22'' W 02°08'45''

## Zumaia, E-20750 / Pais Vasco

**2421**

Camping & Bungalows Zumaia Cat.1
Basusta bidea, 16
+34 9 43 86 04 75
4/2 - 11/12
info@campingzumaia.com

2,2ha 109T(35-70m²) 10A

1 ABCD**G**IJKLMO**PQ**
2 IJMNSTVWX
3 ACIKLSU
4 (B+G 18/6-11/9) (Q+R+T+U+V+X+Y+Z)
5 **AB**EFGIJKLMNOPUWXZ
6 ACEGJ**K**(N 1,5km)ORTV

Beau camping avec tous les équipements souhaités en bordure de la belle station balnéaire Zumaia. Nombreuses possibilités pour faire des randonnées dans les environs, bonnes liaisons en bus et en train vers Zarautz et San Sebastián.

De la N634 en périphérie de Zumaia, suivre vers la gare. Puis le camping est indiqué par des panneaux.

CC € 20 4/2-10/4 19/4-30/6 24/8-11/12

N 43°17'23'' W 02°14'51''

## Islares, E-39798 / Cantabria

**2422**

Camping Playa Arenillas Cat.2
Cu 634 km 156
+34 9 42 86 31 52
1/4 - 30/9
info@campingplayaarenillas.com

1,7ha 120T(50-70m²) 6A

1 BCDEIJKLMOPQ
2 AGIJNSWXY
3 CIKLNPSWY
4 (Q+R+T+U+V+X+Y+Z)
5 **AB**FGIJKLMNOPUWZ
6 ACEGK(N 7km)ORTV

Camping près d'une plage de sable (à marée basse). Le bus pour Bilbao est à 100 mètres. Sports nautiques. Idéal pour faire de belles excursions dans les environs. Toutes les informations sur Bilbao (à 35 km) sont disponibles au camping. Nouveaux sanitaires depuis 2019. Chiens sont interdits.

A8 Bilbao vers Santander, sortie 156 dir Islares. Là, le camping est indiqué.

CC € 22 1/4-3/7 29/8-30/9

N 43°24'13'' W 03°18'37''

## Laredo, E-39770 / Cantabria

2423

Camping Playa del Regaton S.L. Cat.2
El Regaton 8
+34 9 42 60 69 95
1/4 - 2/10
recepcion@campingplayaregaton.com

1,5ha 125T(70-80m²) 6-10A

1 ACD**G**IJKLPQ
2 AHINSWYZ
3 CIKLM**Q**SU**W**Y
4 (Q+R)(T 5/7-31/8)(U+V+X+Z)
5 **AB**EFGIJKLMNOPUWXYZ
6 CEGK(N 1km)ORTV

Le camping est situé au bord de la mer, dans une réserve naturelle protégée, dans la baie de Santona. L'endroit est très calme, au bout de la route. Possibiltés de faire du vélo ou des randonnées à pied. Des installations sanitaires excellentes et bar convivial avec terrasse.

A8 de Bilbao à Santander. 2de sortie (172), suivre la dir. Laredo, vers l'hôpital. Après 1 km le camping est indiqué à gauche. A Laredo, ignorer la GPS, suivre les panneaux jaunes en direction du camping.

CC € 18 1/4-15/6 1/9-2/10

N 43°25'03'' W 03°26'43''

## Potes, E-39570 / Cantabria

2424

Camping La Viorna Cat.1
Car. Santo Toribio
+34 9 42 73 20 21
1/4 - 15/10
info@campinglaviorna.com

2ha 110T(70m²) 6A

1 ABCDFIJKLO**P**QV
2 MNSWYZ
3 ACHIKLU
4 (A 1/7-31/8) (B+G 30/5-11/10) (Q+R+X)(Y 1/7-20/9) (Z)
5 **AB**EFGIJKLMNOPUWZ
6 ACEGJ(N 1km)ORTV

Beau camping avec de bons équipements. Emplacements en terrasses avec de l'herbe et de l'ombre. Grande piscine. Très indiqué comme point de départ pour diverses randonnées et excursions. Nombreuses informations sur la région à l'accueil. Bon restaurant, menus du jour attrayants. Vous êtes assurés d'un séjour agréable. Vue magnifique sur les sommets (enneigés) du Picos.

A 1 km après Potes direction Fuente Dé, à gauche Santo Toribio.

CC € 20 1/4-20/6 1/9-15/10

N 43°09'16'' W 04°38'37''

## Potes/Turieno, E-39570 / Cantabria

2425

Camping La Isla-Picos de Europa Cat.2
Ctra Potes-Fuente Dé km 2
+34 9 42 73 08 96
1/4 - 30/9
campinglaislapicosdeeuropa@gmail.com

1,5ha 140T(60-70m²) 3-10A

1 ABCDGIJKLMO**PQ**
2 CJSWYZ
3 CIKPSX
4 (A)(B 1/6-30/9) (Q+R+T+U+V+X+Z)
5 **AB**GIJKLMOPUWZ
6 AEGK(N 2km)OTV

Ce camping est bien situé au bord de la rivière Rio de Deva, à 2500m de Potes. Pelouse et beaucoup d'ombre grâce aux innombrables arbres fruitiers. Agréable restaurant et terrasse. Bon climat et au pied du majestueux Picos de Europa. Point de départ pour diverses excursions, randonnées et sports de montagne. Toutes informations à la réception. Bons équipements sanitaires. Vous êtes ici vraiment bienvenus.

Après Potes direction Fuente Dé. A 2,5 km à droite.

CC € 18 1/4-15/7 1/9-30/9

N 43°09'27'' W 04°39'22''

## Ramales de la Victoria, E-39800 / Cantabria

**2426**

Camping de Ramales
Lugar Barrio Vegacorredor s/n
+34 6 54 46 31 33
1/4 - 16/10
info@campingramales.com

3ha 50**T**(50-70$m^2$) 1-6A

1. BCDGIJKOPR
2. BCNSZ
3. CIKLWX
4. (Q+R+T+U+X+Y+Z)
5. **AB**DGIJKMNOPUW
6. AEGJ(N 2km)R

Petit camping au cœur de la vallée d'Asón, un environnement naturel magnifique avec chute d'eau spectaculaire de 60 mètres de haut. Idéalement situé pour les amateurs d'alpinisme, de randonnée et de pêche en rivière. Le camping a un excellent restaurant.

Depuis la E70, sortie 183 vers la N629. Puis à Limpias-Ampuero. À Ramales, prenez la CA261 jusqu'à Valle. Après 1,5 km, tournez vers Vegacorredor. Traversez le pont de la rivière. Le camping se trouve sur la gauche après 700m.

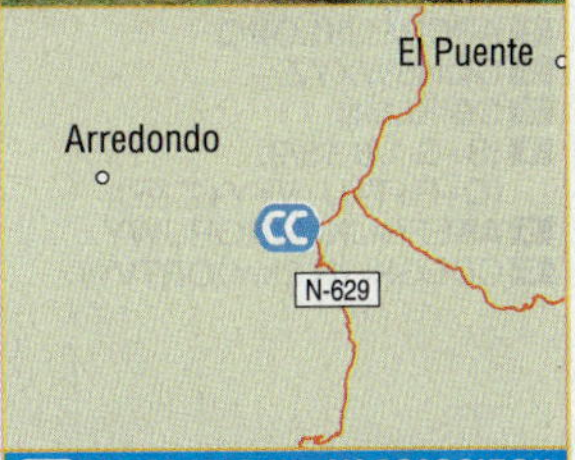


CC € 18 *1/4-7/7 28/8-16/10 7=6, 14=12*

N 43°15'34'' W 03°28'59''

## Ruiloba, E-39527 / Cantabria

**2427**

Camping El Helguero
Barrio de la Iglesia
+34 9 42 72 21 24
4/3 - 16/10
reservas@campingelhelguero.com

6,5ha 240**T**(70-120$m^2$) 6A

1. BCDGIJKLMO**P**Q
2. IJMSWXYZ
3. CIKLS
4. (B+D+G+Q+S+T+U+X+Y+Z)
5. **AB**DFGIJKLMNOPUW
6. AEG**K**(N 3km)OTV

Camping sympathique avec ambiance espagnole. Bon restaurant avec terrasse. A 3 km de la superbe petite ville Comillas avec culture (Gaudí), plages et boulevards. Excursions d'une journée : la superbe nature du Picos de Europa ou la ville historique Santillana del Mar et les grottes d'Altamira.

E70/A8, sortie 249 direction Comillas. À 7 km CA 359 direction Ruiloba. Traverser le village La Iglesia et à droite CA 358. Le camping est à 300 mètres sur la droite.

CC € 18 *4/3-30/6 1/9-16/10 7=6, 14=12*

N 43°22'59'' W 04°14'47''

## S. Vicente de la Barquera, E-39540 / Cantabria

**2428**

Caravaning Oyambre Cat.1
Barrio los Llaos s/n
+34 9 42 71 14 61
1/4 - 16/10
camping@oyambre.com

4ha 128**T**(70-120$m^2$) 10A CEE

1. ABCDGIJKLMOPQ
2. AJMSWXY
3. C**G**LPSV
4. (B+E+G+Q+R+T+U+X+Y+Z)
5. **AB**DFGIJKMNOPUWZ
6. ACDEGK(N 5km)OTV

Camping luxueux dans un des parcs naturels de la Cantabrie. Vous pouvez faire de belles excursions en toutes saisons. Culture (Gaudi à Comillas), nature (dunes, mer, Picos de Europa), histoire (grottes d'Altamira à Santillana del Mar). Bon restaurant au camping. Piscine chauffée avec espace fitness.

E70/A8 Santander/Oviedo, sortie 258. Roiz, Lamadrid. N-634, puis San Vicente de la Barq, à 4 km à droite vers Comillas, La Revilla (CA131). Cp entre les km 27 et 28.

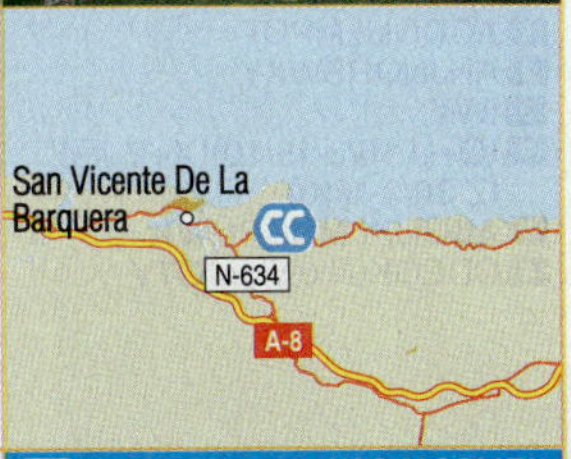


CC € 20 *1/4-30/6 1/9-16/10 7=6, 14=12*

N 43°23'05'' W 04°20'17''

## Santander, E-39012 / Cantabria

**2429**

Camping Virgen del Mar**
Avenida Virgen del Mar 60
+34 9 42 34 24 25
1/1 - 31/12
cvirdmar@ceoecant.es

3,5ha 250T 10A

1 ABCDEIJKLO**P**Q
2 GIJNSWXYZ
3 C**G**IKLMN
4 (B+G 1/6-15/9)
(Q+R+T+U+V+Y+Z)
5 **AB**EFGIJKLMNOPUWY
6 CDEGKL(N 2km)ORTVW

Camping bien entretenu avec de bonnes installations sanitaires et un bon restaurant. À 300 m de la plage et à 2 km d'un centre commercial. Idéalement situé pour visiter Santander (Museo Maritimo, Centro Botín, Casino de Sardina), le parc naturel Picos de Europa et le charmant village de Santillana del Mar. Le musée Guggenheim de Bilbao se trouve à 50 minutes de route.

Suivez A70/E8 de Bilbao, puis S30 et S20. Ensuite, sortie Corban, camping sera indiqué.

CC € 20 *1/1-30/6 1/9-31/12*

N 43°28'31'' W 03°52'28''

## Barreiros, E-27792 / Galicia

**2430**

Gaivota Camping Cat.2
Playa de Barreiros
+34 9 82 12 44 51
1/4 - 16/10
campinggaivota@gmail.com

1ha 70T(50-70m²) 10A

1 ABGIJKLPQ
2 AGIJSWXYZ
3 ACWY
4 (Q+R+U+V+X+Z)
5 **AB**FGIJKMNOPUW
6 CEGJ(N 1km)T

Camping familial, bien entretenu, calme et bien organisé, situé à une route tranquille. Il suffit de traverser la route pour rejoindre le plage de sable tranquille. Le restaurant sert des plats faits à la maison et des pizzas.

A Barreiros sur la N634 au borne kilomètrique 567 entre Ribadeo et Foz. Le camping est indiqué.

CC € 20 *1/4-10/7 27/8-16/10* *7=6, 14=12*

N 43°33'44'' W 07°12'28''

## Louro/Muros, E-15291 / Galicia

**2431**

Camping A' Vouga
Ctra Muros-Finisterre, km 3
+34 6 82 28 52 03
1/4 - 15/10
avouga@hotmail.es

1,5ha 70T(20-60m²) 10A

1 ACDGIJLMPST
2 AHJNQRSWXY
3 IWY
4 (Q+U 16/3-15/10)(X+Y)
(Z 30/3-1/10)
5 **AB**GIJKLMNOPUWX
6 CDEGK(N 0,5km)OTV

Petit camping sur terrain plat au bord de la plage le long de la route. Très facile d'accès à 500 mètres du centre de Louro et à 3 km de Muros, restaurant spacieux et excellent avec des fruits de mer typiques et une vue panoramique sur la mer. Douche pour chien disponible.

Le camping est sur la route Santiago-Noia-Muros-Louro. A 3 km en dehors de Muros. C'est bien indiqué.

CC € 18 *1/4-30/6 29/8-15/10*

N 42°45'43'' W 09°03'40''

## Mougas/Oia, E-36309 / Galicia

2432

Camping O Muiño Cat.1
Camiño de Barcelos 9
+34 9 86 36 16 00
10/4 - 30/9
info@campingmuino.com

2,2ha 75T(50-80m²) 5-10A CEE

1 ABCD**G**IJKLMO**P**VW
2 GIJMNRSWXYZ
3 CIKOPUW
4 (A 20/6-30/8)
(B+G 15/6-30/9)
(Q)(S 20/6-15/9)
(T+U+V+X+Y+Z)
5 **AB**EFGIJKLMNOPUWXYZ
6 CEGJ(N 9,8km)RTV

Très beau camping bien entretenu, près de la mer, avec une belle piscine. Vous avez tous les conforts. D'octobre jusque fin mars, le camping est seulement ouvert le weekend (y compris le vendredi). Vous pouvez également utiliser la carte de réduction!

C550 Baiona-La Guardia jusqu'au km 26. Autoroute Vigo-Baiona, Baiona-a Guarda. Camping indiqué par des panneaux.

CC € 22 *10/4-30/6 1/9-29/9*

N 42°03'49'' W 08°53'31''

## O Grove, E-36989 / Galicia

2433

Camping Moreiras Cat. 2
Reboredo 26
+34 9 86 73 16 91
10/4 - 15/10
campingmoreiras@campingmoreiras.com

1,5ha 50T(50-65m²) 6-10A CEE

1 ACDGIJKLOP
2 GMNQRSWYZ
3 AIS**W**
4 (Q)
(S+T+U+X+Y+Z 15/6-15/9)
5 **AB**FGIJKLMNOPUWXYZ
6 CEGJ(N 1km)OTV

Ce camping est situé au bord de la mer, avec vue sur les bancs de moules. Camping familial sympathique et tranquille avec tous les services nécessaires.

AP9 sortie 119, O Grove. Au rond-point sur la presqu'île à gauche (PO-317) à 3 km à droite, au bout à droite jusqu'à l'Hôtel Bosque Mar. Virage étroit.

CC € 22 *10/4-8/7 25/8-14/10*

N 42°29'00'' W 08°53'28''

## Portonovo/Sanxenxo, E-36970 / Galicia

2434

Camping Paxariñas Cat.2
Paxariñas 34
+34 9 86 72 30 55
10/4 - 12/10
info@campingpaxarinas.com

2ha 120T(60m²) 6-10A CEE

1 ABCD**F**IJKLOP
2 AGIJLMNRSWXYZ
3 ABCISUWY
4 (Q 17/6-15/9)(S 17/6-20/9)
(T+U+Z 1/7-15/9)
5 **AB**FGIJKMNOPUWXZ
6 ACDEGK(N 1,5km)RTV

Camping magnifiquement situé au bord de deux grandes baies et très facile d'accès pour les campings-cars. Tous les équipements font partie du complexe hôtelier, jusque tout près de la mer. Point de départ pratique pour visiter la région. Seulement adaptés pour petites caravanes. Les emplacements sont petits.

Complexe hôtel/camping du côté de la mer. (C550). L'entrée est dans le virage. Bien indiqué.

CC € 18 *10/4-8/7 1/9-11/10*

N 42°23'32'' W 08°50'39''

## Ribeira, E-15993 / Galicia

**2435** · iD

Camping Ria de Arosa 2 (Rural)
Balteiro-Oleiros
+34 9 81 86 59 11
1/1 - 31/12
rural@campingriadearosa.com

10ha 263T(60-90m²) 6-10A

**1** ABCD**G**IJLMPQ
**2** BCIMSUWXYZ
**3** CIKMPSU
**4** (B+H 15/5-30/9)
(Q)(S 15/6-15/9)
(T+U+X+Y+Z)
**5** **AB**DEFGIJKLMNOPUWX
**6** ACDEGK(N 2km)OTV

Beau camping au coeur d'une réserve naturelle. Belle situation avec beaucoup d'espace. Idéal pour familles, randonneurs et sportifs. Location de quads. Il y a une piscine pour les grands et les petits, avec terrasse ensoleillée à côté du restaurant. A seulement 35 minutes de St Jacques de Compostelle.

Voie rapide Santiago-Padrón. Route Padrón-Ribeira, sortie Ribeira. Bien indiqué.

CC € 20 *1/1-8/4 19/4-15/7 1/9-31/12*

N 42°37'15'' W 08°59'14''

## San Vicente do Mar, E-36988 / Galicia

**2436** · iD

Camping O'Espiño Cat.2
Lanzada San Vicente do Mar
+34 9 86 73 80 48
1/1 - 31/12
campingoespino@gmail.com

2,1ha 120T(60-80m²) 6A

**1** ABCD**G**IJKL**P**
**2** AGILMNRSWXYZ
**3** AIK**W**Y
**4** (Q+R+Z)
**5** **AB**EFGIJKMNOPUWXYZ
**6** EGJ(N 0,3km)TV

Camping bien entretenu avec des terrasses. Bon service et sanitaires impeccables. Superbe presqu'île avec diverses belles plages. Situé dans un environnement tranquille.

AP9 sortie 119, AG 41, VG-4.1 vers PO-316, irection O'Grove. Au rond-point sur la presqu'île, à gauche, à 4,2 km au à droite. Arrivée au camping.

CC € 18 *1/1-9/4 18/4-30/6 1/9-30/12*

N 42°27'43'' W 08°55'06''

## Valdoviño, E-15552 / Galicia

**2437** · iD

Camping a Lagoa
Aldea a Lagoa 9
+34 8 81 06 26 56
1/1 - 31/12
reservas@campingalagoa.com

1ha 73T 10-15A

**1** ABCDGIJKLOP
**2** AHJNOSUXY
**3** APWY
**4** (Q+T+U+Y+Z)
**5** **AB**FGHIJKMNOPUWZ
**6** ACEGJ(N 0,5km)TV

Camping directement situé au bord de la mer. Grâce à une lagune devant le camping, la mer est accessible pour des enfants à marrée basse. La baie et ses vagues attirent des surfeurs. Le camping a des sanitaires adéquates et propres et il y a un bar/restaurant avec grand choix de menus.

A9 sortie 34 (8 km). Valdovino est situé à la route littorale C646 Ferrol-Ortiguera. Camping est indiqué avec des panneaux. (venant de l'est)

CC € 18 *1/1-8/4 18/4-15/6 14/9-31/12*

N 43°36'44'' W 08°09'13''

## Valdoviño, E-15552 / Galicia

**2438**

Camping Valdoviño Cat.1
Ferrol-Cedeira km 13
+34 6 33 01 31 38
1/4 - 31/10
campingvaldovino@yahoo.es

4,7ha 80**T**(60-80m²) 15A

**1** ABCDFIJLPQ
**2** AGJMOSWXYZ
**3** AMPSUWY
**4** (B 1/5-15/10)(Q+S+U)(V+X+Y+Z 1/5-1/10)
**5** **AB**FGIJKLMNOPUWXYZ
**6** EGK(N 0,3km)ORTV

Camping avec des sanitaires bien entretenus, à proximité d'une belle baie attrayante pour les surfeurs. Le restaurant sert des plats traditionnels délicieux.

A9, sortie 34 (8 km). Valdoviño est sur la route côtière C646 Ferrol-Ortiguera. Le camping est bien indiqué.

€ 18 *1/4-4/7 3/10-31/10*

N 43°36'43'' W 08°09'00''

## Caravia/Prado, E-33344 / Asturias

**2439**

Camping Arenal de Morís Cat.1
Ctra de la Playa 1464, La Cantiella
+34 9 85 85 30 97
13/4 - 15/9
info@arenaldemoris.com

6ha 260**T**(50-150m²) 10A

**1** ABCD**G**IJKLMOPQ
**2** AGILMQSWXY
**3** CIKOSU**W**Y
**4** (B+G 1/6-15/9)(Q+S+T+U+X+Z)
**5** **AB**GIKMOPUWXY
**6** EGK(N 6km)TV

NOUVEAU

Camping spacieusement aménagé et propre à 200 mètres de la mer. Restaurant ouvert toute la saison. Cette côte est réputée pour ses fossiles et traces de dinos originales. Retournez des millions d'années dans le temps au musée du Jurassic à Colunga (à 10 km).

E70/A8 Santander-Oviedo. Sortie 330. Direction Caravia, puis N632 entre les km 16 et 15 vers Playa.

€ 20 *13/4-30/6 1/9-15/9*

N 43°28'22'' W 05°10'59''

## Cudillero, E-33154 / Asturias

**2440**

Camping Cudillero Cat.2
Playa de Aguilar
+34 9 85 59 06 63
1/4 - 15/9
info@cudillerocamping.com

2ha 141**T**(30-80m²) 3-6A CEE

**1** ABFIJKLMO**P**RS
**2** ISWXYZ
**3** CS
**4** (B+G 1/6-15/9)(Q+R+U)
**5** **AB**EFGIJKLMNOPUW
**6** CEG**K**(N 3km)TV

NOUVEAU

Très bien entretenu et fleuri à 1 km de la mer. Belle plage de sable, village de pêcheur pittoresque, réputé pour ses authentiques restaurants de poisson. Cela vaut vraiment une visite. Belle piscine avec des chaises longues, les parcelles en terrain plat. Excellents équipements sanitaires.

Sortie 425 Muros de Nalón sur A8 Ovièdo-A Coruña (PAS la sortie 431 Cudillero). Puis N632 El Pito/Cudillero et suivre les panneaux de camping (AS-317).

€ 20 *1/4-8/7 26/8-15/9*

N 43°33'15'' W 06°07'46''

## Cudillero, E-33150 / Asturias

2441

L'Amuravela Cat.2
Camino de Tolombreo de Arriba s/n
+34 9 85 59 09 95
8/4 - 12/10
camping@lamuravela.com

2,8ha 172T(20-110m²) 6A CEE

1 ABCD**G**IJKLMO**P**Q
2 AIJLMSWXYZ
3 AHIPSU
4 (B 20/6-15/9) (Q+R+T+U+V+Z )
5 **AB**FGHIJKLMNOPUWXY
6 DEGJL(N 0,5km)ORTV

Cudillero est considéré comme l'un des villages de pêcheurs les plus authentiques du pays. Visiter ce petit port historique, avec ses maisons colorées et restaurants de poissons vaut vraiment la peine.

Pas la sortie 431, mais la sortie 425 Muros de Nalón sur la A8/E70 Oviedo-Coruña. Puis N632 El Pito-Cudillero et suivre les panneaux de camping sur la AS-317.

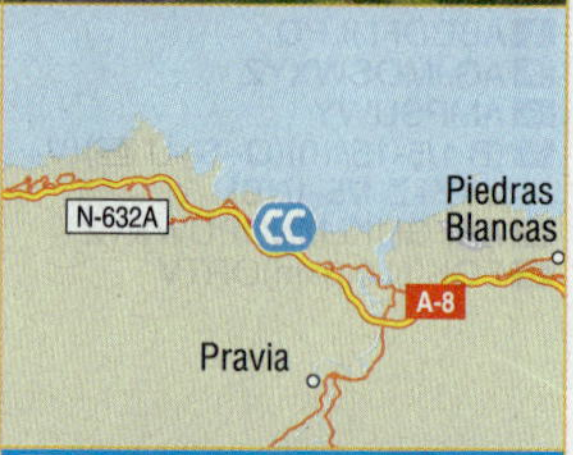


CC € 20 *8/4-14/7 1/9-12/10*

N 43°33'18'' W 06°08'40''

## Llanes/Vidiago, E-33597 / Asturias

2442

Camping La Paz Cat.1
Playa de Vidiago
+34 9 85 41 12 35
8/4 - 12/10
delfin@campinglapaz.com

10ha 432T(40-90m²) 10-16A

1 BCD**G**IJKLOPQ
2 AGIJMNRSWXYZ
3 A**G**HIK**W**Y
4 (Q+S+T+U+X+Y+Z )
5 **AB**FGIJKLMNOPUWZ
6 ACEGHJ(N 7km)ORTV

Camping en terrasses avec une belle vue sur la mer. 'Picos de Europa' à 30 min. Les caravanes sont amenées et ramenées. Du côté de la mer, peu d'ombre sur les emplacements. Profitez du superbe coucher de soleil au restaurant du camping. Splendide plage de sable large grâce aux marées. Beaux sanitaires rénovés.

A8 sortie 285, à partir d'Ovieda au rond-point di N634 Unguera, 2e rond-point Playa de Vidiago. A partir de Santander, sortie Playa de Vidiago, camping.

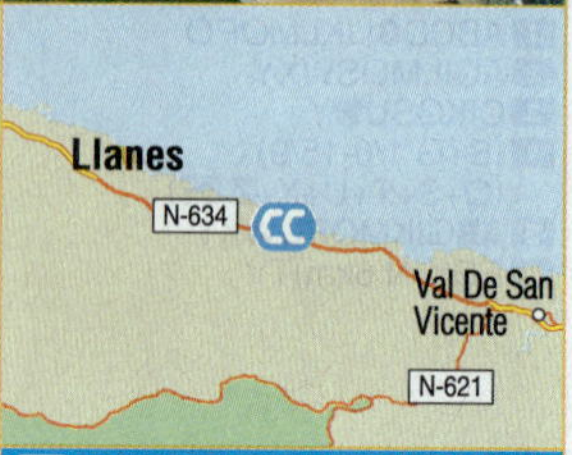


CC € 22 *8/4-30/6 1/9-12/10*

N 43°23'59'' W 04°39'11''

## Ribadedeva, E-33590 / Asturias

2443

Camping Colombres Cat.1
Ctra El Peral a Noriega, km 1
+34 9 85 41 22 44
8/4 - 18/9
info@campingcolombres.com

NOUVEAU

22ha 106T(86-100m²) 6-10A

1 ABCDGIJKLMOPST
2 INSWXYZ
3 AIKPSU
4 (B+G+Q+R )(U+X+Y+Z 19/6-11/9)
5 **AB**FGIJKLMNOPUWX
6 CEGJ(N 3km)OTV

Camping avec des équipements complètement rénovés. Vue panoramique sur les sommets de Picos de Europa. Emplacements spacieux avec beaucoup de verdure. Les propriétaires enthousiastes feront tout leur possible pour que vos vacances soient réussies. Belle nouvelle piscine. Nouveau : espace de jeux et de récréation spécial pour les enfants.

E70/A8 Santander-Ovièdo sortie 277 vers El Peral N634. A la station-service à droite vers Norièga. Suivre les panneaux.

CC € 22 *8/4-10/7 27/8-18/9*

N 43°22'31'' W 04°33'51''

## Ribadesella, E-33560 / Asturias

**2444**

Camping Ribadesella Cat.1
Ctra de C. Sebreño
+34 9 85 85 77 21
8/4 - 18/9
info@camping-ribadesella.com

4ha 200**T**(40-120m²) 10A CEE

**1** BCDGIJKLMO**P**Q
**2** IMNSWYZ
**3** CHIK**O**P**Q**RSV
**4** (B+E )(G 15/6-20/9) KP(Q+S )(T+X+ Y+Z 13/4-17/4,3/6-18/9)
**5** **AB**EFGIJKMNOPUWZ
**6** CEGHK(N 0,5km)ORTV

Surplombe Ribadesella. Camping verdoyant avec restaurant plein d'ambiance avec grande terrasse couverte et vue sur les montagnes du Picos de Europa. Nouvelle piscine couverte. Profitez de la vue panoramique avec boisson et nourriture dans le nouvel espace lounge plein d'ambiance avec tv.

E70/A8 Santander-Oviedo, sortie 326 vers Pando. Après Pando à gauche sur la AS341. Le camping est à 1,5 km, balisé par des panneaux. Dans le GPS, indiquez ctra de Sebreño.

CC € 22 *18/4-30/6 1/9-18/9*

N 43°27'42'' W 05°05'13''

## Villaviciosa, E-33316 / Asturias

**2445**

Camping Villaviciosa
Carretera de la Busta s/n
+34 6 29 55 31 52
1/3 - 30/10
info@campingvillaviciosa.es

2,5ha 104**T**(50-100m²) 10A CEE

**1** BCD**F**IJKLMO**P**Q
**2** IJMSWXY
**3** A**G**HPSU
**4** (B+G 15/6-15/9)**N** (Q+R+T+U+V+X+Z )
**5** **AB**FGIJKMNOPUWXYZ
**6** CDEG**K**(N 8km)OSTUV

A seulement 600m de l'autoroute et près de la superbe plage de Rodiles, dans une région verdoyante naturelle tranquille, avec piscine et restaurant intime. Ruben en Raquel, les propriétaires, vous reçoivent cordialement. Tous les emplacements ont eau, électricité, raccord tv. Nombreuses possibilités pour faire des excursions dans cette belle région.

E70-A8 Santander-Oviedo, sortie 346 vers Venta del Pobre. Camping à 600m, indiqué par des panneaux.

CC € 22 *1/3-15/6 25/8-30/10*

N 43°30'36'' W 05°20'13''

## Abejar, E-42146 / Castilla y León

**2446**

Camping Urbión
Ctra de Abejar a Molinos de Duero
+34 6 46 24 33 49
1/4 - 1/11
info@campingurbion.com

15ha 500**T**(120m²) 10A

**1** ACD**G**IJKLMO**P**
**2** BELNOSXYZ
**3** CIKLOPSU**W**
**4** (B+G 23/6-31/8) (Q+R 15/6-31/8) (T+U+X+Y+Z 1/6-31/8)
**5** **A**DFGIJKLMNOPUWZ
**6** CEGJ(N 4km)OTV

Camping spacieux pour un séjour magnifique et détendu dans un bel environnement naturel. Le camping a de bons équipements : bar-restaurant, tennis, terrain de foot, piscine, supermarché etc. Le camping est situé près d'une zone récréative où vous pouvez bronzer ou pratiquer des sports nautiques. Les environs sont riches en art, histoire, faune et flore.

De Soria la N234 direction Burgos, à Abejar direction Molinos par la CL117, le camping est à 4 km à droite.

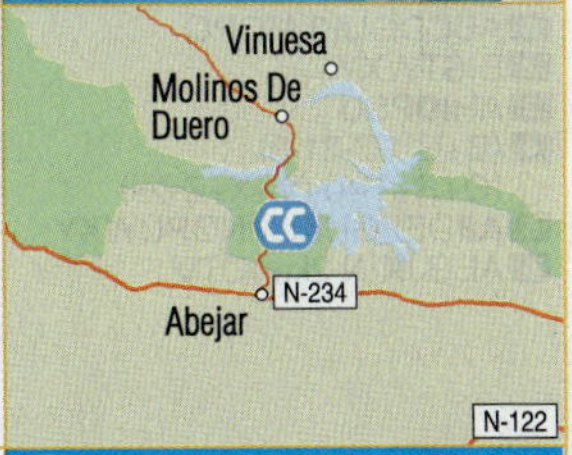


CC € 22 *1/4-4/7 5/9-1/11* 7=6

N 41°50'08'' W 02°47'13''

## Burgos, E-09193 / Castilla y León

**2447**

Camping Fuentes Blancas Cat.1
Cartuja Miraflores
+34 9 47 48 60 16
1/1 - 31/12
info@campingburgos.com

4,6ha 330T(50-70m²) 6-10A

1 ABCD**G**IJKLMOPQ
2 IJSWYZ
3 A**G**HKMP**R**SU
4 (B+G 1/7-5/9)
(Q+R+T+U+X+Y+Z)
5 **AB**DFGIJKLMNOPUWZ
6 CEGK(N 3km)OTV

Situation idéale pour visiter Burgos. Le bus pour la ville s'arrête devant le camping et le centre n'est qu'à 15 minutes à vélo. La cathédrale de Burgos est réputée mondialement et donc un 'must' pour tout visiteur de la ville. Wifi gratuit sur tout le camping.

A1 Madrid-Burgos. A Burgos N623 vers Santander. Puis le camping est indiqué par des panneaux.

CC € 22 1/1-14/7 1/9-31/12 7=6

N 42°20'30'' W 03°39'28''

## Cabrerizos/Salamanca, E-37193 / Castilla y León

**2448**

Camping Don Quijote***
Ctra Aldealengua km 1,930
+34 9 23 20 90 52
1/3 - 1/11
info@campingdonquijote.com

6ha 86T(70-150m²) 10A CEE

1 BCDGIJKLMO**P**
2 ACISTUWYZ
3 CKMWX
4 (B+G 1/6-15/9)
(Q+R+S+T+U+X+Y+Z)
5 **AB**FGIJKLMNOPUW
6 ACEGK(N 2km)OTV

Camping familial agréable près de la rivière et de la magnifique ville Salamanca. Sanitaires propres et de bonne qualité.

Venant de toutes les directions, entrer dans Salamanca. Suivre les panneaux vers la Plaza de España. Là, suivre le panneau indiquant la petite ville d'Aldealengua. Le camping est à 4 km de la Plaza de España sur la droite.

CC € 18 1/3-14/7 1/9-1/11 7=6, 14=11

N 40°58'30'' W 05°36'11''

## Riaza/Segovia, E-40500 / Castilla y León

**2449**

Camping Riaza
Ctra de la Estación s/n
+34 9 21 55 05 80
1/1 - 31/12
info@camping-riaza.com

12ha 185T(96-144m²) 12A

1 ABCDGIJKLMOPQ
2 BISTWXY
3 AHI**O**PSU
4 (B+G 1/7-31/8)
(Q+R+T+U+V+X+Z)
5 **AB**DEFGIJKLMNOPUWXY
6 AEGJ**K**(N 2km)OTV

NOUVEAU

Camping près de Riaza, village plein d'ambiance. Les villages offrent de nombreuses possibilités pour faire des excursions. La province est renommée pour son excellente cuisine et ses vins. Bar/restaurant fermé le mardi. Sports d'hiver possibles à La Pinilla (à 9 km) de décembre à mars.

A Burgos A1, sortie 104. A Madrid A1, sortie 103, N110 direction Riaza/ Soria. Environ 12 km au rond-point à droite. C'est à gauche à côté du Campo de Futbol.

CC € 22 1/1-26/6 5/9-31/12

N 41°16'10'' W 03°29'50''

## Sta Marta de Tormes/Salamanca, E-37900 / Castilla y León

**2450**

Camping Regio Cat.1
Ctra Salamanca-Madrid, km 4
+34 9 23 13 88 88
1/1 - 31/12
recepcion@campingregio.com

3ha 129T(70-120m²) 10-12A

1 ABCDGIJKLMO**P**
2 IJSUWYZ
3 CM**O**P
4 (B+G 1/6-15/9)
(Q+S+T+U+V+X+Y+Z)
5 **AB**CEFGHIJKLMNOPUWXYZ
6 ACDEGHK(N 1km)ORTVW

Camping spacieux et ombragé avec grande piscine. Liaison directe par bus vers le centre de Salamanca, distance facile à parcourir à pied ou à vélo par des chemins plats. L'hôtel à côté a un excellent restaurant.

A 4 km en dehors de Salamanca sur N501 vers Ávila. Traverser Sta Marta de Tormes, puis sur la droite, hôtel avec le même nom que le cp. Prendre le chemin, cp sur la droite. De Madrid, cp à gauche.

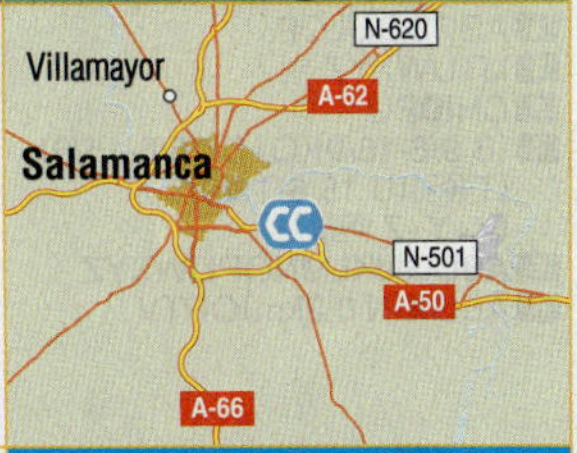


CC € 18 *1/1-15/7 1/9-31/12*

N 40°56'53'' W 05°36'53''

## Villares de la Reina/Salamanca, E-37184 / Castilla y León

**2451**

Camping Ruta de la Plata Cat.2
Cam. Alto de Villamayor
+34 9 23 28 95 74
1/1 - 31/12
recepcion@
campingrutadelaplata.com

1,2ha 60T(60-80m²) 5A

1 ABC**G**IJKLMO**PQ**
2 IJLSUWYZ
3 **GK**
4 (B 1/6-15/9)(Q+R)
(Z 1/7-30/8)
5 **A**DGIJKLMNOPUW
6 AEGJ(N 2km)OTUV

Camping très bien situé sur la route de l'Espagne du sud, du Portugal et de Salamanca. Le bus pour Salamanca s'arrête à l'entrée du camping.

Sur la N620 au km 236, sortie Salamanca/Zamora. Vers Salamanca et juste avant le 1e hôtel-restaurant à droite, passer sous le viaduc. Camping à droite. Du Portugal, sortie 240 dir. Villamayor.

CC € 18 *1/1-6/7 24/8-31/12 7=6, 14=11*

N 40°59'58'' W 05°40'44''

## Aranjuez (Madrid), E-28300 / Madrid

**2452**

Camping Internacional Aranjuez
Cat.1
Ctra. Antiqua Nacional IV, Km 46,
800
+34 9 18 91 13 95
1/1 - 31/12
info@campingaranjuez.com

3ha 147T(35-110m²) 16A CEE

1 ABCD**G**IJKLMOPST
2 CISTUWXYZ
3 C**G**HP**QSW**
4 (B+G 1/5-30/9)I
(Q+S+T+U+V+X+Y+Z)
5 **AB**DEFGIJKLMNOPUWXYZ
6 ABCEGJ**K**(N 2km)OQRSTV

Personnel amical et serviable. Au bord du Taag. Verdure. Madrid à 42 km, Toledo à 40 km. Magnifique palais à Aranjuez. Jardins, allées, fontaines, fleurs. Train vers le centre de Madrid.

De Madrid, A4 sortie 37 Aranjuez Norte. A 8 km, juste avant Aranjuez à gauche. Suivre les panneaux de cp. Du sud, sortie 52. En ville toujours tout droit. A gauche, passer devant le restaurant 'La Rana Verde'. Suivre les panneaux de cp.

CC € 20 *1/1-14/4 17/4-29/4 2/5-24/6 4/9-28/10 1/11-31/12 7=6, 14=11*

N 40°02'32'' W 03°35'58''

## La Cabrera (Madrid), E-28751 / Madrid

**2453**

Camping Pico de la Miel Cat.1
Autovia A1, salida 57
+34 9 18 68 80 82
1/1 - 31/12
info@picodelamiel.com

30ha 75T(50-90m²) 10A CEE

1 ABCDGIJLOP
2 IJTUWXYZ
3 CHIOPU
4 (B 9/6-16/9)(Q+S 15/6-15/9)(T)(U 15/6-15/9)(X+Y+Z)
5 **AB**DGIJKLMNOPUWXYZ
6 AEG**K**(N 0,2km)ORTV

Situé au pied d'une superbe chaîne de montagnes avec une grande variété d'arbres. Partie séparée pour les campeurs touristes. Grandes piscines. Une excursion vers les villages vaut vraiment la peine. Vues magnifiques. Idéal pour faire étape sur la route vers le Portugal et le sud de l'Espagne. A seulement 2 km de l'autostrada.

Le camping est à une distance de 1 km sur la A1. A partir de Burgos et Madrid sortie 57. Suivre les panneaux de camping.

CC € 22 *1/1-10/4 17/4-18/6 3/9-31/12*

N 40°51'30'' W 03°36'59''

## Cáceres, E-10005 / Extremadura

**2454**

Cáceres Camping Cat.1
Ctra N630, km 549,5
+34 9 27 23 31 00
1/1 - 31/12
reservas@campingcaceres.com

5,5ha 129T(90-110m²) 10-16A

1 BCGIJKLMO**P**ST
2 IJLMSTUWXYZ
3 ACDGISV
4 (B+G 15/6-15/9)(Q+R+T+U+V)(W 1/7-31/8)(X+Y+Z)
5 **AB**FGIJKLMNOPUWXYZ
6 ACFGK(N 3km)ORTV

Camping en terrasse tranquille et particulièrement bien équipé (avec espaces douche-lavabo-wc privés), avec une superbe grande piscine. Bon point de départ pour visiter la magnifique ville Cáceres et le monument 'Natural Malpartida de Cáceres' (10 min).

Le camping est à 4 km au nord de la ville sur la N630, à côté du stade de football avec des hauts mâts d´éclairage.

CC € 18 *1/1-4/4 18/4-30/6 1/9-31/12* *4=3, 8=6, 12=9*

N 39°29'19'' W 06°24'46''

## Malpartida de Plasencia, E-10680 / Extremadura

**2455**

Camping Parque Nacional de Monfragüe
C. Plasencia-Trujillo K10
+34 9 27 45 92 33
1/1 - 31/12
campingmonfrague@hotmail.com

4,8ha 128T(45-100m²) 10A

1 ABFIJKLMO**P**
2 ILNSTUWXYZ
3 ACHIK**O**P**Q**SU
4 (**A**)(B+G 15/6-15/9)(Q+R)(T+U+X+Y+Z 1/1-3 1/10,1/12-31/12)
5 **AB**FGIJKLMNOPUWZ
6 EGHJ(N 6km)OQRTVW

Dans un environnement tranquille, près d'une réserve naturelle: Parque Nacional de Monfragüe avec son centre d'information gratuite. À 10 km de Plasencia, ville agréable. Piscine avec pelouse, bon restaurant, équitation, excursions accompagnées, location de vélos/autos.

A 6 km au S de Plasencia sortie EX108, Navalmoral. A 5 km sortie EX208, Trujillo. A 4 km passer sous le viaduc. De Madrid EX-A1 sortie 46, au rond-point, suivre 'Parc National de Monfragüe'.

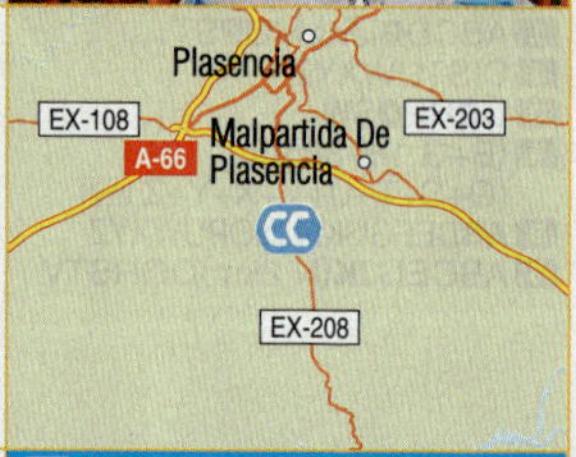


CC € 18 *1/1-7/4 18/4-14/7 1/9-31/12* *14=12*

N 39°56'38'' W 06°05'05''

## Plasencia/Cáceres, E-10600 / Extremadura

2456

Camping La Chopera Cat.2
Ctra N-110, KM 401,300
+34 9 27 41 66 60
1/1 - 31/12
lachopera@campinglachopera.com

6ha 150T(65-80m²) 5-10A CEE

1 BCDGIJKLM**P**
2 CSUWXYZ
3 ACHIKSU**W**X
4 (B 1/6-10/9)(G 1/6-15/9)
(Q+R+T+U+X+Y+Z)
5 **A**FGIJKMNOPUWZ
6 EGK(N 3km)ORTV

Camping sur terrain plat avec des emplacements spacieux et une végétation luxuriante sur la rive d'une rivière. Situé dans la vallée du Jerte, près du parc National Monfragüe. A 3 km seulement de la ville monumentale Plasencia, le centre géographique de l'Extremadura du nord. Accessible à pied et à vélo par le sentier le long de la rivière.

De la N630, entrer dans Plasencia. Puis N110 vers Avila. Le camping est à ± 3 km sur la gauche dans la vallée. Bien indiqué.

€ 18 1/1-15/7 1/9-31/12 7=6, 15=13

N 40°02'43" W 06°03'31"

## Alcalá de los Gazules, E-11180 / Andalucia

2457

Camping Los Gazules Cat.2
Ctra de Patrite, km 4
+34 9 56 42 04 86
1/1 - 31/12
info@campinglosgazules.com

40ha 150T(40-80m²) 10A

1 ABCD**G**IJKLMOPST
2 CISTWXY
3 ACHIP**Q**
4 (B+G 15/5-30/9)
(Q+R+T+U+X+Z)
5 **AB**GIJKLMNOPUW
6 AEG**J**(N 5km)OV

Dans une magnifique campagne au cœur du parc naturel Los Alcornocales. Très indiqué pour toutes sortes d'activités de plein air et de randonnées. Pas de bruit de circulation. Camping bien équipé avec ombre à volonté. Menus avantageux.

Algeciras via la Ctra 381 jusqu'à Alcalá de los Gazules. Sur l'A381 prendre la sortie 45 dans la ville (pas le centre). En dehors de la ville, dans un virage serré d'environ 300° route à droite direction le camping, signalé. Encore 4 km.

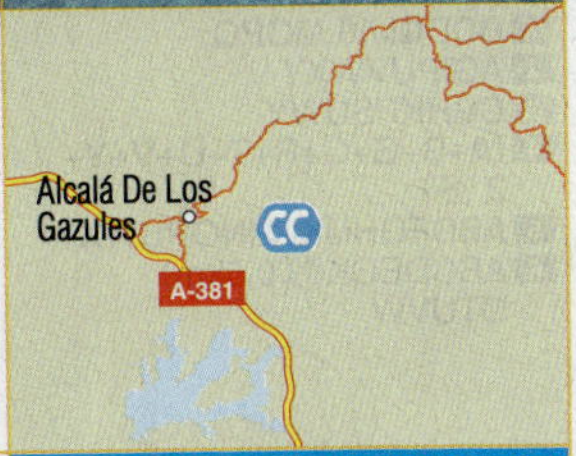


€ 20 1/1-10/4 17/4-15/7 1/9-31/12 7=6, 14=12

N 36°27'49" W 05°39'53"

## Almayate (Málaga), E-29749 / Andalucia

2458

FKK Camping Naturista Almanat
Ctra N340, km 269
+34 9 52 55 64 62
1/1 - 31/12
info@almanat.es

2ha 260T(50-115m²) 8-20A

1 BCD**G**IJKLMO**P**ST
2 AHIJNPUWXYZ
3 C**G**HP**QR**SU**V**WY
4 (B)(F 1/1-1/6,15/9-31/12)
**N**(Q+R+T+X+Y+Z)
5 **AB**GIJKMNOP**T**UWXZ
6 ABEG**K**(N 2km)ORTVW

Magnifique camping naturiste juste au bord de la mer avec piscine d'extérieur et piscine couverte. Le restaurant est sur la plage.

A7, suivre Málaga-Motril, toujours prendre la sortie 265 et dir. Torre del Mar. Sur la N340a dir. Torre del Mar, au km 269, juste avant Torre del Mar, sur le côté mer de la route, le camping sera signalé.

€ 22 1/1-30/6 9/9-31/12

N 36°43'58" W 04°06'52"

## **Almería,** E-04002 / Andalucia

2459

Camping La Garrofa
Ctra N340a, km 435,4
+34 9 50 23 57 70
1/1 - 31/12
info@lagarrofa.com

2ha 90**T**(10-65m²) 6-10A

**1** BC**G**IJKLO**P**ST
**2** GIJMNPUWYZ
**3** AGIPWY
**4** (Q+R+U+X+Z)
**5** **A**GIJKLMNOPUWZ
**6** EGK(N 4km)OTV

Petit cp agréable; magnifique situation juste au bord de la mer, pour dormir au rythme des vagues. Avec un peu de chance, vous pouvez voir les dauphins. En partie très ombragé. Bar et restaurant chaleureux avec belle terrasse et belle vue sur la mer. Le bus vers Almeria s'arrête au camping.

N340, suivre Almería-Málaga. A Almería direction 'Puerto'. Revenir au rond-point. Rester sur la gauche (tunnel gauche, direction Aguadulce). A gauche à environ 3 km. Le camping est indiqué.

CC € 20 *1/1-21/6 21/9-31/12*

N 36°49'35'' W 02°30'59''

## **Balerma/Almería,** E-04712 / Andalucia

2460

Camping Mar Azul Balerma Cat.2
Ctra de Guardias Viejas, s/n
+34 9 50 93 76 37
1/1 - 31/12
info@campingbalerma.com

5ha 220**T**(70-100m²) 16A

**1** BCD**G**IJKLMOPQ
**2** AGIPUVWXY
**3** C**G**HKPSUWY
**4** (**A**+B+G+Q+R+T+U+V+Y+Z)
**5** **AB**DFGHIJKLMNOPUWXY
**6** ABCDEGK(N 0,5km) OTUVW

Nouveau camping moderne à environ 100m de la plage. Toiles pour l'ombre en été et soleil en hiver. Emplacements avec eau et tout-à-l'égout. Excellents sanitaires. Wifi gratuit. Piste cyclable le long de la plage vers le port d'Almerimar et le château de Guardias Viejas. Idéal pour visiter les villages blancs de 'Las Alpujarras'.

A7 Almería/Motril, dans les deux directions, sortie 400 ou 403, vers Balerma. Suivre les panneaux au lieu du système de navigation.

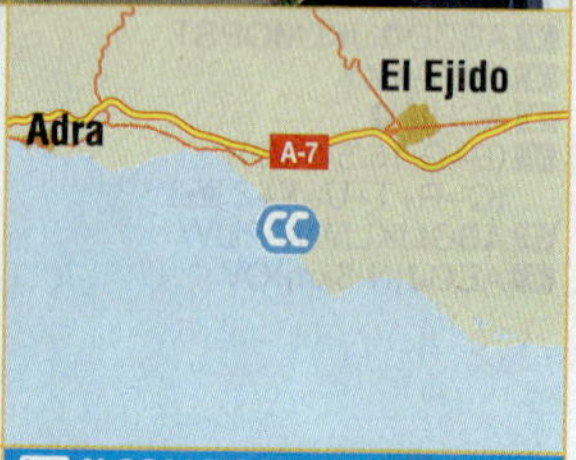


CC € 20 *1/1-30/6 1/9-31/12*

N 36°43'20'' W 02°52'40''

## **Beas de Granada,** E-18184 / Andalucia

2461

Camping Alto de Viñuelas Cat.2
Ctra Beas de Granada s/n
+34 9 58 54 60 23
1/1 - 31/12
info@campingaltodevinuelas.com

1ha 48**T**(30-60m²) 10A

**1** BCDGIJKLMOPST
**2** IJMNSUWXYZ
**3** IKS
**4** (B 1/5-30/9)(G 1/7-31/8) (Q+T+U+V+X+Y+Z)
**5** **AB**FGIJKLMNOPUWZ
**6** ACEG**K**(N 1km)RTV

Camping sobre et tranquille. Belles terrasses aménagées. Vue magnifique sur la Sierra Nevada. Bonne cuisine régionale. Le bus vers Granada s'arrête au camping. Pour une remorque, 2 euros seront ajoutés aux frais. Par ailleurs, on demande 1 euro supplémentaire à partir d'un deuxième animal domestique.

A92 suivre Granada-Almería-Murcia et vice versa, sortie 256 direction Beas de Granada. Suivre les panneaux.

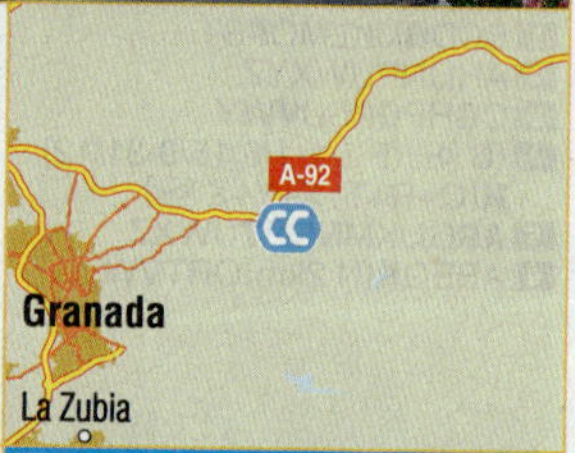


CC € 20 *1/1-15/7 1/9-28/12* *7=6, 15=13*

N 37°13'29'' W 03°29'19''

## Cabo de Gata (Almería), E-04150 / Andalucia

2462

Camping Cabo de Gata Cat.2
Ctra Cabo de Gata s/n
+34 9 50 16 04 43
1/1 - 31/12
info@campingcabodegata.com

3,6ha 229T(30-130m²) 6-16A

1 ABCD**G**IJKLMOPQ
2 AIUWXY
3 C**G**HIK**O**PSUW
4 (B )J
(Q+S+T+U+X+Y+Z )
5 **AB**EFGHIJKMNOPUWXYZ
6 AEGK(N 2km)ORTV

Camping très bien équipé et entretenu. Un endroit magnifique en bordure d'un parc naturel ressemblant à un désert, à environ 1 km d'une longue plage de sable.

A7 (N340) Almería-Murcia, sortie 460; Murcia-Almería, sortie 467. Suivre les panneaux San José, puis Cabo de Gata, à droite à 1 km.

CC € 20 *1/1-10/7 1/9-31/12*

N 36°48'07'' W 02°14'39''

## Conil de la Frontera, E-11140 / Andalucia

2463

Camping & Bungalows Roche***
Carril de Pilahito s/n
+34 9 56.44 22 16
1/1 - 31/12
info@campingroche.com

6ha 300T(60-90m²) 10A CEE

1 ABCD**G**IJKLMO**P**ST
2 ABIJSTWXY
3 AC**G**HIK**O**SVW
4 (B+G 10/5-30/10)
(Q+S+T+U+X+Y+Z )
5 **AB**GIJKLMNOPUWX
6 AEGK(N 3km)ORTV

Emplacements spacieux. Idéal en hiver. Ancienne partie réaménagée avec des places confort. Pelouse avec piscine et beaucoup de chaises longues. BBQ autorisé en hiver.

N340/E5 Cadiz-Tarifa, sortie Conil. Au périphérique autour de la ville, suivre les panneaux 'playas' et/ou 'campings' puis suivre les panneaux du camping. Il y a aussi une entrée sur la N340 dir. Cadiz sortie Conil. A partir de la A48/E5, sortie 15 dir. N340, et au km 19 à droite.

CC € 18 *1/1-30/6 1/9-31/12*

N 36°18'38'' W 06°06'46''

## Conil de la Frontera, E-11140 / Andalucia

2464

Camping La Rosaleda Cat.1
Ctra del Pradillo km 1,3
+34 9 56 44 33 27
1/1 - 31/12
info@campinglarosaleda.com

6ha 335T(72-150m²) 10A

1 AB**G**IJKLMO**P**ST
2 AMSUWXYZ
3 C**G**HIJKMN**O**PS**V**W
4 **(A )**(B+G 1/6-30/9)J**N**
(Q+S )(T+U+X+Y+Z 1/1-3
0/9,1/11-31/12)
5 **AB**EFGHIJKLMNOPUWXYZ
6 ABEGKM(N 0,5km)ORTVW

Camping en terrasses avec parcelles séparées. Bien aménagé avec des allées larges et des parterres. Restaurant. Animations en hiver. BBQ autorisé en saison basse. Sauna et espace fitness.

Sur la N340/E5 entre Cadiz et Tarifa, aller à Conil (2 km). A droite, 'playas' et/ou 'campings' sont bien indiqués. Suivre les indications. Le camping est à 1 km sur la droite.

CC € 22 *1/1-15/6 11/9-31/12*

N 36°17'34'' W 06°05'44''

## Conil de la Frontera, E-11149 / Andalucia

**2465**

Camping Los Eucaliptos Cat.2
Crta del Pradillo km 0200 c.p.
+34 9 56 44 12 72
1/4 - 30/9
eucaliptos@hotmail.es

2ha 133**T**(50-100m²) 10A

**1** AB**G**IJL**P**
**2** ABITWYZ
**3** U
**4** (B 1/6-30/9)
(Q+R+T+U+X+Z)
**5** **AB**GIKMOPUVW
**6** CEGK(N 0,1km)QRTV

Camping assez ombragé sous les eucalyptus, tout près du centre. Bar convivial et restaurant avec vue sur la piscine.

Sur N340/E5 entre Cadiz et Tarifa aller à Conil. Dans la ville, les campings et playas sont bien indiqués, sur le périphérique juste avant la ville, suivre les indications.

CC € 20 *1/4-14/7 1/9-30/9*

N 36°17'14'' W 06°05'26''

## Conil de la Frontera/Cadiz, E-11149 / Andalucia

**2466**

Ohai Conil Outdoor resort****
Cala del Aceite Puerto Pesquero
+34 9 56 44 33 39
15/5 - 31/12
info.conil@ohairesorts.com

8ha 490**T**(50-110m²) 4-10A CEE

**1** BCD**G**IJKLMNO**P**VW
**2** AHINSUWYZ
**3** BCDPUY
**4** (B+G 1/6-1/10)(Q 1/6-30/11)
(R+S+T+U 1/6-1/11)(V+X+Y+Z)
**5** **AB**CDEGHIKMNOPQRSUWX
**6** ABFGJ(N 5km)OTV

Camping bien entretenu avec de la végétation verdoyante et des plantes botaniques. A quelques centaines de mètres de petites plages de sable. 'Zone de calme' aménagée, reliée au camping. Ombre au choix.

Sur la N340/E5 entre Cadiz et Tarifa aller à Conil (2 km). Près de la ville, suivre les panneaux 'playas', puis les panneaux de camping. Encore 5 km. Au bout, chemin de sable.

CC € 20 *15/5-30/6 15/9-31/12 7=6, 14=12*

N 36°18'01'' W 06°07'45''

## El Puerto de Santa Maria, E-11500 / Andalucia

**2467**

Camping Playa Las Dunas Cat.1
P.M. Playa La Puntilla s/n
+34 9 56 87 22 10
1/1 - 31/12
info@lasdunascamping.com

13ha 300**T**(50-80m²) 10A

**1** BCDGIJKLM**P**
**2** AGJMTWXYZ
**3** C**G**H**O**P**W**Y
**4** (B+**G** 15/6-30/8)
(Q+T+U+Y+Z)
**5** **AB**FGIJKLMNOPUV
**6** EGK(N 1,5km)OTV

Dans un bois de pins avec 3 bons blocs sanitaires, ce camping offre aux familles d'excellentes possibilités ; grande pataugeoire, immense plage de sable. Dans la nouvelle partie, emplacements pour plus grandes caravanes, mais il y a peu d'ombre. BBQ interdit. Piscine gratuite en semaine.

D' El Puerto de Santa Maria, suivre les indications. Bien indiqué dans toute la ville. (Ne pas entrer dans le vieux centre.)

CC € 22 *1/1-8/4 18/4-27/4 3/5-20/6 12/9-31/12*

N 36°35'15'' W 06°14'27''

## El Rocío, E-21750 / Andalucia

**2468**

Camping La Aldea Cat.1
Ctra del Rocío, km 25
+34 9 59 44 26 77
1/1 - 31/12
info@campinglaaldea.com

6ha 246T(27-90m²) 10A

**1** ABCDGIJKLMPQ
**2** JSWXYZ
**3** ACHIKP**Q**U
**4** (B 12/4-13/10) (Q+S+T+U+X+Y+Z 🔑)
**5** **AB**GIJKLMNOPUWXZ
**6** AEGK(N 1km)ORTV

Camping très bien entretenu avec des emplacements sur pelouse spacieux ombragés entourés de haies. Piscine, restaurant soignée et bar avec airco. Petite ville avec des chemins de sables et près de la région naturelle de Doñana. CampingCard ACSI non acceptée du 05/06 au 10/06 (La Romería de El Rocío).

E1/A49 Sevilla-Portugal. Sortie 60 Almonte A483, cette route devient la A484 (nouvelle route). Suivre les panneaux El Rocío et camping.

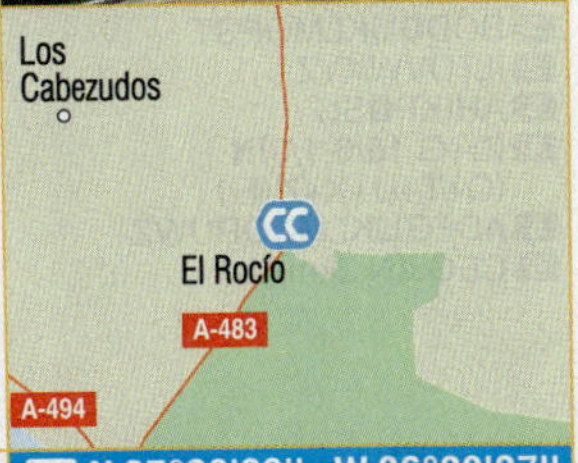


N 37°08'29'' W 06°29'27''

CC € 22 *1/1-18/5 7/6-1/7 1/9-31/12 7=6, 21=17*

## Estepona (Málaga), E-29680 / Andalucia

**2469**

Camping Parque Tropical Cat.2
Ctra N340, km 162
+34 9 52 79 36 18
1/1 - 31/12
docs@campingparquetropical.com

1,2ha 71T(60-100m²) 10A CEE

**1** ABCD**G**IJKLMNO**P**ST
**2** AGIJMTUWXYZ
**3** C**G**KWY
**4** (E+G+Q+R+T+U+V+X+Y+Z 🔑)
**5** **AB**GHIJKLMNOPUW
**6** ABEGK(N 3km)ORTW

Ce camping avec de nombreuses plantes exotiques est situé à 5 minutes à pied de la plage. Piscine demi-couverte avec chaises longues gratuites. Wifi gratuit. Barbecue autorisé toute l'année. Lave-linge. Toilettes chimiques.

Par A7 (pas l'autoroute) entre Marbella et Estepona (à 6 km) entre les kms 163 et 162. Bien indiqué.

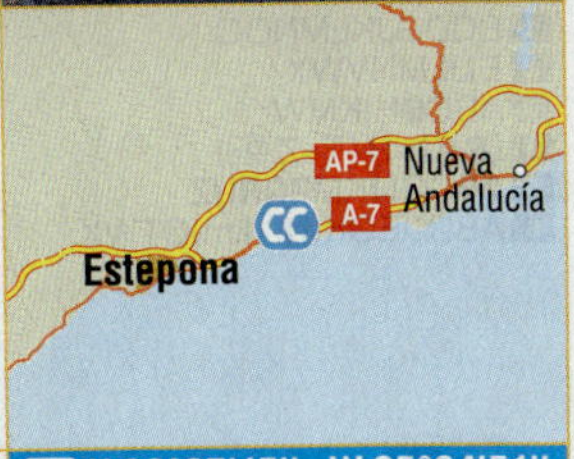


N 36°27'15'' W 05°04'51''

CC € 20 *1/1-15/7 1/9-31/12*

## Granada/Otura, E-18630 / Andalucia

**2470**

Camping Suspiro del Moro Cat.2
Autovia A44, exit 139
+34 9 58 55 54 11
1/1 - 5/9, 30/9 - 31/12
campingsuspirodelmoro@yahoo.es

1ha 59T(60m²) 5A

**1** B**G**IJKLMO**P**
**2** IJNSUWYZ
**3** CGS
**4** (B+G 24/6-4/9)(Q+R+T+Z 🔑)
**5** **A**DFGIJKMNOPUWZ
**6** ACEGJ**K**(N 3km)OTV

Camping sobre et tranquille avec des emplacements ombragés. Indiqué comme camping d'étape et pour visiter Granada et ses environs. Au camping, réservations pour l'Alhambra. Bus (1 par heure) vers Granada au départ du camping.

A44, Granada-Motril, sortie 139 Otura. Suivre Padul, Suspiro del Moro et les panneaux de camping. Attention : après le rond-point du côté ouest A44, à ± 20m à gauche vers Padul. A quelques km rester sur la droite.

N 37°04'06'' W 03°39'09''

CC € 20 *1/1-10/4 18/4-30/6 1/9-5/9 30/9-9/10 13/10-3/12 9/12-31/12*

## Humilladero, E-29531 / Andalucia

**2471**

Camping La Sierrecilla**
Avda de Blas Infante
+34 9 51 19 90 90
1/1 - 31/12
info@lasierrecilla.com

4ha 86**T**(60-90m²) 10A

**1** BCD**G**IJKLMOPST
**2** ILTUVWXYZ
**3** AHIKP**Q**SU
**4** (B+G 15/6-1/9)**N** (Q+T+U+X+Z)
**5** **A**DFGIJKLMNOPUWZ
**6** CEGJ(N 2km)V

Le camping a déjà quelques années. Les jeunes arbres et arbustes fournissent suffisamment d'ombre en été et l'hiver il y a beaucoup de soleil. Très belle piscine. Café/bar avec des jeunes enthousiastes, petit menu et plats à emporter. Bel arrière-pays avec beaucoup de montagnes et de villages blancs.

Autovia A92 (Antequera-Sevilla), sortie 138, dir Humilladero. A environ 2 km au rond-point à gauche. Suivre les panneaux. Sur place, le GPS n'est plus fiable.

CC € 18 *2/1-7/4 18/4-28/4 2/5-16/6 11/9-27/10 1/11-1/12 11/12-29/12*

N 37°06'28'' W 04°41'46''

## Isla Cristina, E-21420 / Andalucia

**2472**

Camper Park Playas de Luz
Barriada de la Estacion, s/n
+34 6 01 63 46 84
1/1 - 31/12
camperparkplayasdeluz@gmail.com

8ha 70**T**(48-60m²) 6-10A CEE

**1** BCDGJKLMNOQ
**2** EIJLMNVWX
**3** ABC**G**HIKMW
**4** (**B**+Q+R+T+Z)
**5** **ABC**GI**J**KM**PQR**UZ
**6** ABCDEGK(N 1km)OTWX

Situé sur un plateau (colline) avec vue unique sur les Salinas Biomaris et les marais du Rio Carreras. La plage de sable de l'océan Atlantique et le centre d'Isla Cristina sont à environ 2500m du camping. Les campeurs sous tente ne sont pas les bienvenus.

A49/E1, sortie 122, dir Isla Cristina. Traverser la petite ville de Pozo del Camino. Panneau à droite de la station-service, prenez cette route. Après 150m, l'entrée se trouve sur la droite.

CC € 14 *1/1-17/6 17/9-31/12*

N 37°13'19'' W 07°19'24''

## Isla Cristina, E-21410 / Andalucia

**2473**

Camping Giralda Cat.1
Ctra la Antilla, km 1,5
+34 9 59 34 33 18
1/1 - 31/12
recepcion@campinggiralda.com

15ha 420**T**(40-80m²) 10A

**1** ABCD**G**IJKLMPST
**2** ABCGMTXYZ
**3** ABC**G**HKMPSU**W**Y
**4** (B 1/1-31/12) (G+Q+S+T+U) (W 1/7-31/8)(X+Y 1/6-30/9) (Z)
**5** **AB**CEFGHIJKLMNOPUW
**6** EGHK(N 1,5km)OQRTV

Des petites places sous les pins, séparées par des chemins et des montées, divisent ce camping étendu. Près d'une plage de sable et à côté des marais de Rio Carreras, à visiter en pédalos. Au snack bar vous pouvez avoir toutes sortes de plats, entre autres pizza et paella. Camping ayant le certificat ISO.

De Huelva à Portugal, prendre la sortie vers Isla Cristina. Puis la direction La Antilla. Le camping est sur la gauche à 1,5 km.

CC € 20 *1/1-30/6 1/9-31/12* *7=6, 12=10, 21=18, 30=20*

N 37°12'00'' W 07°18'03''

## La Redondela, E-21430 / Andalucia

**2474**

Camping Playa Taray***
Ctra La Antilla-Isla Cristina km 4
+34 9 59 34 11 02
1/1 - 31/12
info@campingplayataray.es

5ha 224**T**(72-90m²) 6-10A

**1** ABCD**G**IJKLMNO**P**ST
**2** ABCGJNTUWXYZ
**3** C**G**IPWY
**4** (B 15/6-30/9)
(Q+R+S+T+U 🔑)
(V 1/6-1/11)(X+Y+Z 🔑)
**5** **AB**CGHIJKMNOPU
**6** ABFGK(N 1km)TV

Sur ce camping rénové règne une ambiance agréable. Avec la plage magnifique de l'autre côté de la route, les petits ports et stations balnéaires proches (Isla Christina et La Antilla), la réserve naturelle et le Portugal dans les environs, le vacancier ne s'ennuie pas une minute.

A49- sortie 117, puis à gauche N445 vers Lepe (ouest). Suivre les panneaux La Redondela Isla Christina jusqu'à la A5054. Playa Taray au rond-point sur la gauche.

CC € 14 *1/1-15/6* *15/9-31/12*

N 37°12'19'' W 07°15'56''

## Los Escullos/Nijar (Almería), E-04118 / Andalucia

**2475**

Camping Los Escullos Cat.1
Parque Natural Cabo de Gata
+34 9 50 38 98 11
1/1 - 31/12
info@losesculloscabodegata.com

4,5ha 216**T**(40-80m²) 16A

**1** ABCD**G**IJKLMOPST
**2** AMPQRUWXYZ
**3** CHIJKM**O**PSU**V**W
**4** (**A**+C 🔑)**KN**
(Q+S 🔑)(T 1/6-15/9)
(U+V+X+Y+Z 🔑)
**5** **AB**FGIJKLMNOPUWYZ
**6** ABCEGHK(N 5km)TV

Camping avec des emplacements ombragés par des arbres ou (l'été) par des bâches. A ± 1 km de la mer avec de magnifiques baies. Situé dans la région très sèche, presque désertique de Cabo de Gata. Le camping a des extras comme sauna, fitness etc...

Situé dans le Parque Natural Cabo de Gata. Sur Autovia A7, sortie 479 vers San José (AL 3108). Suivre les panneaux de camping.

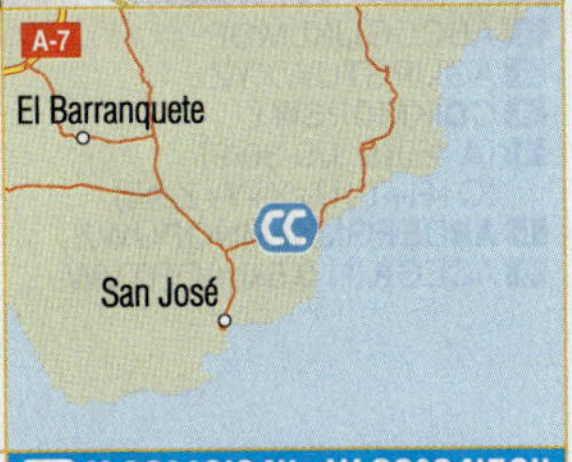


CC € 22 *1/1-30/6* *1/9-31/12* *7=6*

N 36°48'24'' W 02°04'53''

## Marbella, E-29604 / Andalucia

**2476**

Camping Cabopino
Ctra N340, km 194,7
+34 9 52 85 01 06
1/1 - 31/12
info@campingcabopino.com

5ha 280**T**(50-80m²) 10A

**1** BCD**G**IJKLMO**P**ST
**2** AGIJLMTUWXYZ
**3** CD**G**HMNPSUVWY
**4** (A 🔑)(B 11/4-30/9)
(E 🔑)(G 11/4-30/9)**N**
(Q+R+T+U+V+X+Y+Z 🔑)
**5** **AB**EFGIJKLMNOPUWZ
**6** FGJ**K**M(N 1km)RTUVWX

Grand camping bien équipé avec des emplacements spacieux, certains peu et d'autres très ombragés. Le camping se trouve à seulement quelques centaines de mètres de la plage. Il y a un bus pour Marmella.

Camping près de la N340. De Fuengirola, au km 194,7 sortie Cabopino. Le cp est à droite. De Marbella au km 194,7, sortie Cabopino. Au rond-point, au-dessus de l'autoroute. Le cp est devant vous.

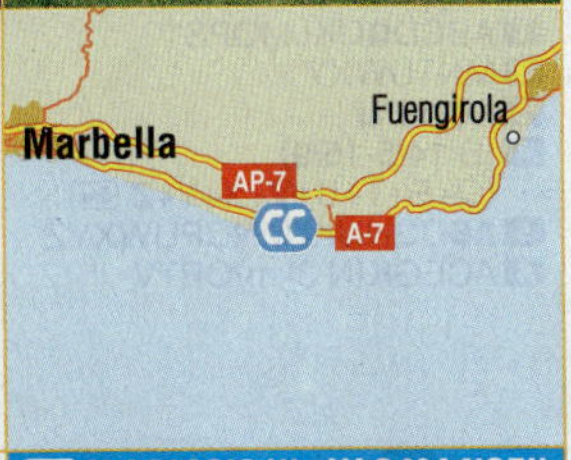


CC € 22 *2/1-7/4* *18/4-28/4* *2/5-16/6* *11/9-27/10* *1/11-1/12* *11/12-29/12*

N 36°29'21'' W 04°44'35''

## Marbella/Málaga, E-29600 / Andalucia

**2477**

Camping La Buganvilla***
Ctra N340, km 188.8
+34 9 52 83 19 73
1/1 - 31/12
info@campingbuganvilla.com

4,3ha 304T(60-80m²) 16A

1 BCDGIJKLMOPQ
2 AGIJLMUWXYZ
3 CGHIMNOSUWY
4 (B 1/1-31/12)(G 15/6-15/9) (Q+R+T+U+V+X+Y+Z)
5 ABFGIJKLMNOPUWXYZ
6 CEGJK(N 0,8km)ORTVWX

Grand camping spacieux. Certains emplacements sont très ombragés, d'autres le sont moins. Les emplacements pour tentes sont complètement à l'ombre de vieux conifères. Restaurant avec menu simple et grand choix ouvert toute l'année. Le camping est situé à côté de la N340 et à 500 mètres de la mer.

Camping sur la N340 entre Fuengirola (25 km) et Marbella (6 km), côté arrière-pays près du km 189. Sortie courte et à droite.

CC € 18 *1/1-15/7 1/9-31/12*

N 36°30'11" W 04°48'12"

## Motril/Granada, E-18600 / Andalucia

**2478**

Camping Playa de Poniente S.L. Cat.2
Playa de Poniente s/n
+34 9 58 82 03 03
1/1 - 31/12
info@campingplayadeponiente.com

3ha 202T(60-100m²) 6-10A

1 ABCDGIJKLMOP
2 AGIJPSTUWXYZ
3 CGIKMOPSWY
4 (A)(B 1/5-30/9) (Q+R+T+U+X+Y+Z)
5 ABDEFGIJKLMNOPUWZ
6 ACEGK(N 0,5km)ORTVW

Bon camping d'étape, adapté pour visiter Granada, La Sierra Nevada et son versant sud (Alpujarras). Bons équipements sanitaires. Camping dans un environnement tranquille et près de la plage. Beaucoup d'ombre.

A7 sortie Salobreña (325), puis vers Puerto Motril. Suivre les panneaux. A quelques km, panneau à droite, puis au croisement en T à droite. Camping à ± 500m.

CC € 22 *1/1-12/4 18/4-14/6 14/9-31/12 7=6, 14=12*

N 36°43'06" W 03°32'46"

## Olvera, E-11690 / Andalucia

**2479**

Camping Pueblo Blanco Cat.1
Ctra N384, km 69
+34 9 56 13 00 33
1/1 - 31/12
info@campingpuebloblanco.com

14ha 220T(100m²) 16A

1 ABCDGIJKLMOPST
2 MNTUWXY
3 ACHIPU
4 (B 14/5-15/9) (Q+R+T+U+V+X+Y+Z)
5 ABCGHIJKLMNOPUWXYZ
6 ACEGK(N 3km)ORTV

Camping aménagé en 2011. Sur le sommet d'une colline, dans l'immense domaine Los Gredales avec une large vue sur Olvera et Sierras. Vous trouvez ici des emplacements spacieux, tous les équipements modernes et plusieurs blocs sanitaires.

Entre Antequera et Jerez de la Frontera, sur la A384, au km 69. A ± 3 km avant Olvera, sur la droite. Large avenue de 600m vers le sommet.

CC € 18 *1/1-7/4 18/4-28/5 1/6-30/6 1/9-11/10 17/10-27/10 2/11-9/12 7=6, 14=11, 21=17, 30=25*

N 36°56'14" W 05°13'18"

## Palomares, E-04617 / Andalucia

**2480**

- Camping Cuevas Mar***
- Ctra Villaricos-Garrucha s/n
- +34 9 50 46 73 82
- 1/1 - 31/12
- reservas@cuevasmar.com

3ha 180**T**(40-100m²) 6-10A

- **1** BC**G**IJKLMO**P**ST
- **2** AGIPUWXYZ
- **3** **GHUW**
- **4** (B 1/5-15/10)K(Q+Z)
- **5** **AB**EFGIJKLMNOPUW
- **6** BEG**K**(N 0,5km)OQTV

Camping bien entretenu dans un environnement tranquille avec peu d'ombre naturelle à 400m de la plage. Idéal pour l'hiver avec votre chien. La partie naturiste du camping est séparée.

A Costa de Almería. A7 (E15) Alicante-Almería sortie 537 Cuevas de Almanzora. A quelques km's au croisement en T, di Vera, puis di Palomares; sur la route de Villaricos.

CC € 20 *1/1-30/6 1/9-31/12*

N 37°14'16'' W 01°47'57''

## Roquetas de Mar (Almería), E-04740 / Andalucia

**2481**

- Camping Roquetas Cat.2
- Ctra Los Parrales 90
- +34 9 50 34 38 09
- 1/1 - 31/12
- info@campingroquetas.com

8ha 600**T**(60-100m²) 10-16A

- **1** ABCD**G**IJKLMO**P**Q
- **2** AGIMPQUWXY
- **3** C**G**HMOPUV**W**Y
- **4** (B 15/6-15/9)(G 1/6-30/9) (Q+S+T+U+X+Y+Z)
- **5** **AB**EFGIKLMNOPUWXY
- **6** CEGK(N 0,7km)ORTUV

Camping bien équipé ; en partie ombragé, en partie ensoleillé pour les nombreux hôtes en hiver. La plage est accessible à partir du camping par un chemin interdit à la circulation. Roquetas se trouve à environ 3 km.

Sur la Costa Almería. Sur l'Autovia A7, sortie 429. Au village El Parador à gauche au rond-point, suivre les panneaux de camping.

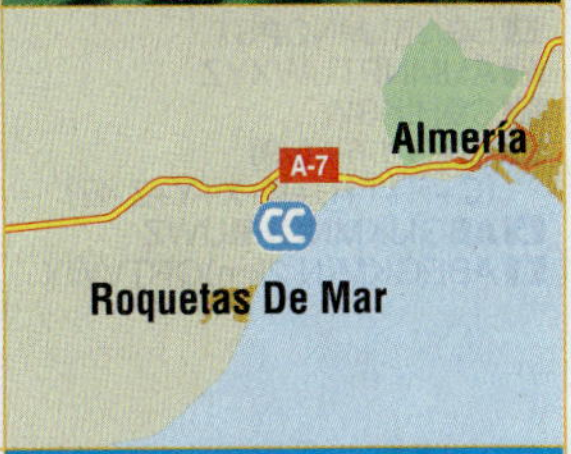


CC € 18 *1/1-30/6 1/9-30/12*

N 36°47'51'' W 02°35'28''

## Tarifa, E-11380 / Andalucia

**2482**

- Camping Paloma SLU***
- Ctra N340 Cadiz-Malaga, km 74
- +34 9 56 68 42 03
- 25/2 - 31/10
- campingpaloma@yahoo.es

4,9ha 297**T**(40-120m²) 10A

- **1** BCDGIJKLMPQ
- **2** AGSTWXYZ
- **3** CIP**QR**SWY
- **4** (B 15/6-15/9)(Q+S+T) (X+Y 16/4-30/9)(Z)
- **5** **AB**FGIJKMNOPUWXY
- **6** EGJ(N 9,9km)ORSTV

Situé près de la fameuse plage de sable de Valdevaqueros et près de la Nécropole de los Algarbes datant de l'âge de bronze, ce camping offre de nombreuses possibilités. Des petites places entourées de haies divisent le camping, elles sont généralement ombragées. Barbecues en saison basse.

Sur la N340 Tarifa-Cadiz. A 10 km de Tarifa, le camping est indiqué par des panneaux au bord de la route (la mer est à 500m avec une grande plage).

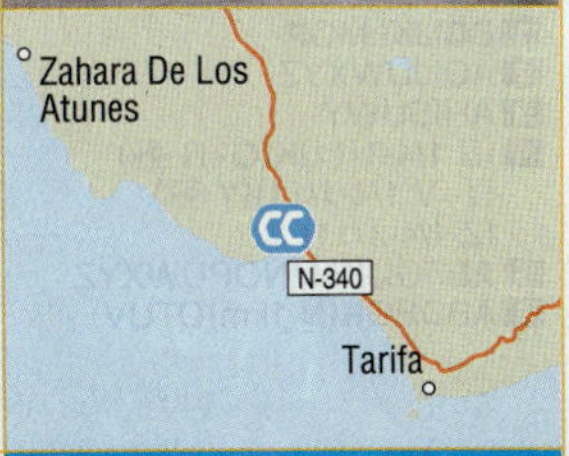


CC € 18 *25/2-7/4 18/4-16/6 16/9-31/10 7=6*

N 36°04'35'' W 05°41'37''

## Tarifa/Cádiz, E-11380 / Andalucia

2483

Camping Valdevaqueros***
Ctra N340, km 75,5
+34 9 56 68 41 74
1/1 - 31/12
info@campingvaldevaqueros.com

6ha 324T(50-100m²) 6A CEE

1 ABCD**G**IJKLM**P**ST
2 AGSWXYZ
3 CIKM**OQ**WY
4 (**A** 🔑)(B+G 1/4-30/9) (Q+S+T+U+V+X+Y+Z 🔑)
5 **AB**GIJKLMNOP**Q**UWXYZ
6 CDEGJ(N 9km)ORTUV

Camping avec raccords individuels et de spacieux emplacements délimités. Ombre pour caravanes et tentes. Barbecue autorisé en dehors des mois d'été.

Situé sur la N340 Tarifa-Cadiz. A 9 km de Tarifa, en direction de Cadiz, le camping est indiqué sur la droite par des panneaux.

CC € 18 1/1-15/6 15/9-31/12 7=6

N 36°04'09'' W 05°40'49''

## Torrox-Costa (Málaga), E-29793 / Andalucia

2484

Camping El Pino
Urb. Torrox-Park s/n
+34 9 52 53 00 06
1/1 - 31/12
info@campingelpino.com

5ha 290T(20-100m²) 10A

1 B**G**IJKLMNO**P**ST
2 AIJMNPTUWXYZ
3 C**G**HIKSW
4 (B+G 1/6-15/9) (Q+R+T+U+V+X+Y+Z 🔑)
5 **AB**GIJKMNOP**R**UWZ
6 ABEGKM(N 2km)ORTVWX

Grand camping dans un environnement tranquille, avec de nombreux arbres (avocatiers). Le camping est à environ 1 km de la plage. Il a une grande piscine avec vue panoramique sur la ville et les environs. Restaurant/pizzeria, avec petit et grand choix de plats. Nombreux emplacements ensoleillés, aussi en hiver.

A7 Motril-Malaga v.v., sortie 285 direction Torrox-Costa, suivre les panneaux.

CC € 18 1/1-14/6 1/9-31/12

N 36°44'22'' W 03°56'59''

## Águilas, E-30880 / Murcia

2485

Camping Bellavista*
Ctra de Vera, km 3
+34 9 68 44 91 51
1/1 - 31/12
info@campingbellavista.com

1ha 65T(50-80m²) 10A

1 B**G**IJKLMO**P**
2 AGIJUWXYZ
3 AHISUWY
4 (B 1/4-1/11)K(Q+R 🔑) (T+V 1/4-1/11)(Y 🔑) (Z 1/4-1/11)
5 **AB**FGIJKLMNOPUWXYZ
6 ABDEG**K**(N 1km)OTUV

Petit camping, très bien entretenu jusque dans les détails. Situé un peu en hauteur, si bien que vous avez sur certaines parcelles une belle vue sur la mer (à 250 mètres). Nombreuses petites baies dans les environs. Vous pouvez bien manger au bon restaurant à côté du camping. Pas de cartes de crédit ni de cartes bancaires en période hors saison.

Situé sur la route N332 de Águila vers Vera, au km 3.

CC € 18 1/1-15/7 1/9-31/12

N 37°23'31'' W 01°36'34''

## Baños de Fortuna (Murcia), E-30626 / Murcia

2486

Camping La Fuente
Camino de la Bocamina s/n
+34 9 68 68 60 22
1/1 - 31/12
info@campingfuente.com

2ha 98T(60-70m²) 10-16A CEE

1 ABCD**G**IJKLMO
2 JNUVWXY
3 CHIKPU
4 **(C+E** **)KO**
(Q+R+U+X+Z )
5 **AB**DGIJKLMNOPUWXYZ
6 ABCDFGHJ**K**(N 3km)OSTV

Un petit bijou dans l'arrière-pays d'Alicante (province de Murcia). Bon petit camping plein d'ambiance. Réserver entre le 15 décembre et le 15 février est absolument nécessaire. Le camping a plusieurs bains spa à 36 °C. Ouvert toute l'année.

A7, sortie 559AB. Puis 559A, dir. Fortuna. Au 1er rond-point RM423, Yecla, puis A21 vers Beños de Fortuna. Camping sur la gauche juste avant le village.

CC € 16 *1/1-9/4 18/4-30/6 1/9-31/12*

N 38°12'24" W 01°06'26"

## Bolnuevo/Mazarrón, E-30877 / Murcia

2487

Camping Playa de Mazarrón
Avda Pedro Lopéz Meca s/n
+34 9 68 15 06 60
1/1 - 31/12
camping@playamazarron.com

8ha 500T(60-80m²) 11A

1 ABCDGIJKLOPQ
2 AGIJTUWYZ
3 CH**O**PUWY
4 (B+G 1/4-15/10)
**N**(Q 1/7-10/9)
(S 12/4-17/4,1/7-10/9)
(U+X+Y 1/7-10/9)(Z )
5 **AB**FGIJKLMNOPUWXY
6 ABCEGJ**K**M(N 0,1km)ORTV

Camping fleuri juste au bord de la mer. Très ensoleillé en hiver, ombragé à partir de mai. À partir du camping, vous êtes (à pied) directement en ville ou sur la plage. Deux équipements sanitaires très spacieux pour moins valides. Plage pour chiens à 100m.

A7, sortie 627B, direction Mazzarón par la MU603. Au bout de l'autoroute à gauche direction Cartagena. Au 1er rond-point à droite direction Bolnuevo (D6). Au rond-point suivant à droite. Le camping est à 300m sur la gauche.

CC € 18 *1/1-13/4 18/4-30/6 12/9-30/12*

N 37°33'47" W 01°18'14"

## El Berro/Alhama de Murcia, E-30848 / Murcia

2488

Camping Sierra Espuña
C/Juan Bautista s/n
+34 9 68 66 80 38
1/1 - 31/12
camping@
campingsierraespuna.com

2ha 51T(45-80m²) 6A

1 ABCD**G**IJLMOP
2 LMNUVWXYZ
3 ACHIKN**O**PRS
4 (B 1/6-31/8)(T+U+Z )
5 **AB**DFGIJKMNOPUWXZ
6 ABCEGHK(N 0,2km)OTV

Bon camping, à la périphérie d'un vrai village espagnol, magnifiquement situé dans une réserve naturelle. Convient pour le repos, la randonnée et les tours en voiture.

A7 Murcia-Granada, sortie 598 Alhama de Murcia. Vers Mula, C3315. 2e sortie El Berro C25, pas 1ère sortie ! A l'entrée du village, suivre les panneaux de cp. Lorca-Murcia sortie 602. Ne pas traverser le village. Si nécessaire, téléphonez.

CC € 18 *1/1-1/7 31/8-31/12* 7=6

N 37°53'17" W 01°29'35"

## El Portús/Cartagena, E-30393 / Murcia

**2489**

Camping Naturista 'El Portús'*
Ctra Canteras-El Portús s/n
+34 9 68 55 30 52
1/1 - 31/12
elportus@elportus.com

10ha 350**T**(60-120m²) 6A

**1** BCD**G**IJKLMO**P**
**2** AGIJLMNPRTUVWXY
**3** CHI**O**S**V**Y
**4** (A )(C 15/6-15/9)
(F )(H 15/6-15/9)**KNP**
(Q+S+T+V+X+Y+Z )
**5** **AB**DFGIJKLMNOPUWXY
**6** ABCDEGH**K**(N 1km)ORTUV

Camping Naturiste. Situé dans une baie avec plage privée, au cœur d'une nature magnifique. Le restaurant, le bar et le supermarché sont situés un peu plus haut, d'où une vue magnifique. Piscine couverte et de plein air, spa/wellness. Nouveau bloc sanitaire.

Dans la baie d'El Portús, au sud-ouest de Cartagena. A Cartagena suivre les panneaux Mazarrón N332 jusqu'à la sortie Canteras/El Portús. Après Canteras à gauche vers El Portús. Suivre les panneaux de camping.

CC € 22 *1/1-21/6 12/9-31/12*

N 37°35'11'' W 01°04'04''

## Isla Plana/Cartagena, E-30868 / Murcia

**2490**

Camping Los Madriles
Ctra a la Azohia km 4,5
+34 9 68 15 21 51
1/1 - 31/12
camplosmadriles@forodigital.es

6,5ha 307**T**(80-100m²) 10A CEE

**1** ABEIJKLOPQ
**2** JMNTUVWXYZ
**3** CHI**O**PSU
**4** (C+E )(H 15/6-15/9)K
(Q+S+T+V+Z )
**5** **A**DFGIJKLMNOP**R**UXYZ
**6** ABCEGHJ**K**(N 1,5km)ORTV

Bon camping en terrasses, belle vue sur la mer. Emplacements délimités par des arbres et arbustes. Vous nagez toute l'année dans l'eau chaude arrivant directement de la mer. Les bassins sont nettoyés et remplis de nouveau toutes les nuits. Chiens non acceptés.

A7, salida 627B, par MU603 direction Mazarrón. Au bout de la MU603 à gauche la N332, et continuer à suivre celle-ci direction Cartagena jusqu'à ce que Ilsa Plana soit balisé E22. Puis suivre les panneaux de camping.

CC € 20 *1/1-3/7 25/8-31/12*

N 37°34'47'' W 01°11'42''

## Puerto de Mazarrón (Murcia), E-30860 / Murcia

**2491**

Camping Las Torres
Ctra N332 km 26
+34 9 68 59 52 25
1/1 - 31/12
info@campinglastorres.com

5ha 210**T**(70m²) 16A

**1** ABCD**G**IJLMOQ
**2** JTUVWXYZ
**3** CHOSU
**4** (B 1/5-30/9)
(E 1/1-31/3,1/10-31/12)
(G 1/5-30/9)
(Q+R+T+U+X+Y+Z )
**5** **A**GIJKLMNOPUWZ
**6** ABEGK(N 2km)OTV

La région a un climat agréable, surtout en hiver. Direction très serviable. Bar et restaurant pleins d'ambiance. Cuisine espagnole. L'hiver, programme d'animations adapté et piscine d'intérieur chauffée. L'été, vous nagez dans une grande piscine d'extérieur. Idéal avec chiens, grande pâture juste en dehors du camping et plage pour chiens à 2 km.

A7, sortie 627B par MU603 vers Mazarrón. Au bout de la MU603 à gauche, la N332 et la suivre jusqu'au km 26.

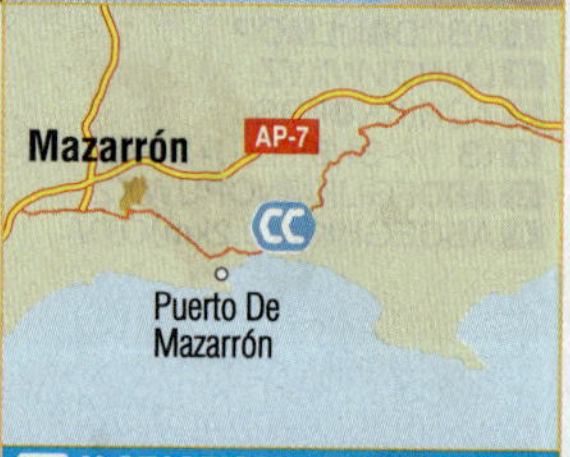


CC € 16 *1/1-9/4 18/4-15/6 1/9-31/12*

N 37°35'23'' W 01°13'45''

# Portugal

## Général

Dénomination officielle : République portugaise (República Portuguesa).
Le Portugal est membre de l'Union Européenne.
Le portugais est la langue officielle. Dans les régions touristiques vous pouvez vous débrouiller en anglais et parfois en français.
Décalage horaire : Le Portugal est en avance d'une heure par rapport à Amsterdam, Paris et Rome.

### Monnaie / transactions financières

Devise : euro
Vous pouvez payer presque partout avec une carte de banque ou une carte de crédit. Vous trouverez de nombreux distributeurs de billets.

## Formalités à la frontière

De nombreuses formalités et accords relatifs entre autres aux documents de voyage et de véhicule requis, aux exigences liées à votre moyen de locomotion ou d'hébergement, aux frais médicaux et aux voyages en compagnie de vos animaux dépendent non seulement de votre pays de destination, mais également de votre point de départ et de votre nationalité. La durée de votre séjour est également déterminante. Dans le cadre de ce guide il n'est pas possible de garantir que les informations relatives à ce sujet sont correctes et à jour pour tous les utilisateurs. Nous vous conseillons de vous renseigner suffisamment en avance pour savoir :

- de quels documents de voyage vous devez disposer, pour vos accompagnateurs et pour vous-même ;
- de quels documents vous devez disposer en ce qui concerne votre véhicule et votre remorque ;
- quels produits et médicaments vous pouvez importer et exporter librement ;
- comment, en cas d'accident ou de maladie, sont réglés le traitement médical et le paiement de ce traitement.

### Animaux de compagnie

Vérifiez que les animaux de compagnie sont admis dans le pays où vous allez séjournez. Prenez rendez-vous avec votre vétérinaire suffisamment à l'avance. Ce dernier pourra vous informer au sujet des vaccinations requises, des certificats correspondants et des obligations au moment du retour.
De plus, il serait également utile de vous renseigner pour savoir s'il existe des réglementations spéciales en matière d'animaux dans le pays où vous souhaitez vous rendre. Dans certains pays par exemple, les chiens doivent toujours porter une muselière ou être transportés en cage.

## Circulation routière

Les autoroutes (autopistas) du Portugal sont bien entretenues, de même que les routes secondaires et les routes de campagne.

## Faire le plein

L'essence (Gasolina 95/98) avec 5 ou 10 pourcent d'éthanol (E5 ou E10) est facile à trouver (si vous voulez mettre de l'E10, contrôlez sur l'ouverture du réservoir, dans le manuel d'instructions ou auprès de votre garage si votre voiture supporte ce carburant, sinon prenez du SP98). Le diesel (Diesel/Gasóleo) et le GPL (Autogaz) sont faciles

**Limitations de vitesse**

| | En dehors des agglomérations | Route | Autoroute |
|---|---|---|---|
| Voitures | 90 | 100 | 120 |
| Avec remorque | 70 | 80 | 100 |
| Camping-car <3,5 tonnes | 90 | 100 | 120 |
| Camping-car >3,5 tonnes | 70 | 90 | 110 |

En agglomération, la vitesse est limitée à 50 km/h.

à trouver. Pour le plein de GPL, c'est un raccord européen qui est généralement utilisé.
**Attention !** « Gasolina » signifie essence et « gasoleo » signifie diesel !
Les stations-service sont généralement ouvertes de 7 h à 21 h. Sur les aires d'autoroutes et à proximité des routes principales, les stations sont généralement ouvertes jour et nuit. Le Portugal compte également de nombreuses stations automatiques.

## Code de la route

Les feux de croisement sont obligatoires en cas de visibilité réduite, par temps sombre, dans les tunnels et les échangeurs.
Aux intersections, la priorité est aux véhicules venant de droite. Les véhicules engagés sur un rond-point ont la priorité. Sur les routes de montagne étroites, la circulation montante a priorité sur la circulation descendante (ou le véhicule qui peut se ranger le plus facilement laisse la priorité).
L'alcoolémie est fixée à 0,5 g/l, et à 0,2 g/l pour les conducteurs ayant leur permis depuis moins de 3 ans.
Vous devez passer vos appels avec un kit main libre. Le port d'écouteurs ou d'un casque est également interdit.
**Attention !** Les enfants de moins de 12 ans et de moins d'1,35 m ne peuvent pas être assis à l'avant, ils doivent s'asseoir dans un siège enfant à l'arrière (un bébé en maxi-cosy dos à la route peut être installé à l'avant).
Les pneus neige ne sont pas obligatoires.

**Règles particulières**

Vous ne pouvez vous engager dans un carrefour que si vous êtes certain de pouvoir le traverser sans vous arrêter.
**Attention !** Le chargement, par exemple un porte-vélos avec vélos, ne peut pas dépasser sur les côtés et peut dépasser de maximum 45 cm à l'arrière. Tous les chargements qui dépassent doivent être signalés par un panneau réfléchissant blanc de 50 x 50 cm avec 3 lignes rouges transversales.
Vous avez l'obligation d'avertir les autres usagers de la route avec vos feux de détresse en cas d'accident ou d'embouteillage.
Aux péages, les voies de circulation marquées de vert sont prévues pour les conducteurs utilisant un boîtier de paiement automatique.

**Équipements obligatoires**

Le triangle de signalisation et le gilet réfléchissant ne sont obligatoires que pour les véhicules immatriculés au Portugal. Les gilets réfléchissants sont conseillés pour tous les passagers.

**Caravane et camping-car**
Les camping-cars ou voitures avec caravane ne peuvent pas dépasser 4 m de haut, 2,55 m de large et 18,75 m de long (la caravane elle-même ne doit pas dépasser 12 m de long).
Pour les combinaisons voiture-caravane de plus de 12 m de long, un panneau jaune bordé de rouge ECE-70 soit être apposé à l'arrière.

**Vélo**
Le port du casque est obligatoire uniquement pour les vélos électriques.
Téléphoner ou utiliser son téléphone à vélo est interdit. Le port d'écouteurs ou d'un casque est également interdit.
Les enfants jusqu'à 7 ans doivent être installés dans un siège et porter un casque.
Rouler côte à côte est autorisé uniquement sur les pistes cyclables.

## Péage et zones environnementales

**Péage**
Sur plusieurs routes portugaises, il y a un péage. Vous pouvez payer en espèces ou par carte.
**Attention !** Vous pouvez payer en espèces, mais sur certains trajets, vous pouvez seulement payer de manière électronique. Sur ces trajets, il n'y a pas de barrière de péage, mais votre voiture est enregistrée automatiquement à l'entrée d'autoroute. Vous reconnaissez ces trajets à la mention « Electronic toll only ». Vous pouvez payer de plusieurs façons :
En achetant une Toll Card en bureau de poste, en station-service ou en ligne. Vous avez le choix entre des cartes prépayées de 5 €, 10 €, 20 € ou 40 €. La carte est valable 1 an maximum.
Pour plus d'informations : ***tollcard.pt***.
Une autre possibilité est le système « Easytoll ». Celui-ci associe votre carte de crédit (Mastercard ou Visa) à votre plaque d'immatriculation. Vous pouvez vous enregistrer à un « Welcome Point » EasyToll à la frontière. Vous recevez un ticket valable 30 jours. Les montants des péages sont ensuite directement prélevés sur votre carte.
**Conseil !** Si vous avez le badge de télépéage français, vous pouvez aussi l'utiliser pour payer au Portugal. Pour plus d'informations : ***bipandgo.com***.
Pour plus d'informations : ***visitportugal.com*** (chercher « péage ») et ***portugaltolls.com***.

**Zones environnementales**
Pour le moment, seule Lisbonne a mis en place une zone environnementale dans deux régions. La règle ne s'applique qu'en semaine, de 7h à 21h, surtout pour les véhicules plus anciens et plus polluants. Pour plus d'informations : ***cm-lisboa.pt/en/living-in/mobility***.

## Pannes et accidents

Placez votre triangle de signalisation au moins 30 m à l'arrière du véhicule si celui-ci se trouve sur les voies de circulation et n'est pas visible à au moins 100 m. Tous les passagers doivent porter un gilet réfléchissant.
En cas de panne, vous devez appeler votre assurance. Vous pouvez aussi appeler l'assistance routière portugaise (ACP) au +351 21 942 91 13 (mobile). Sur autoroute, vous pouvez joindre l'assistance via les bornes téléphoniques.
Il est interdit de réparer soi-même son véhicule ou de se faire remorquer.

**Numéro d'urgence**
112 : numéro d'urgence national pour la police, les pompiers et les ambulances.

## Camper

Le Portugal est une destination camping incontournable et compte de nombreux campings.

L'offre comprend aussi bien de petits campings communaux très simples ou des campings dans la nature, que de grands terrains avec de nombreux équipements, tels que des piscines (couvertes) et des restaurants.
Le camping sauvage est interdit.

**Particularités**
La surveillance des campings est généralement bonne et parfois bien visible.
Vous trouverez également des campings ouverts en période hivernale.

**Caravane et camping-car**
Beaucoup de campings disposent d'emplacements spécifiques aux camping-cars. Passer la nuit dans sa voiture, son camping-car ou sa caravane hors des campings est interdit.

**Chercher un camping**
Pour chercher et choisir un camping, le plus simple est d'utiliser le site ***Eurocampings.eu***.
Il est conseillé de réserver votre camping assez longtemps à l'avance, surtout si vous souhaitez partir en haute saison.

## Infos pratiques

Les interrupteurs disposent de deux trous ronds (type C et F). Sur le site ***iec.ch/world-plugs***, vous pouvez vérifier si vous avez besoin d'un adaptateur (prise universelle).
Vous pouvez boire l'eau du robinet sans problème, mais de nombreuses personnes préfèrent l'eau en bouteille à cause du goût (de calcaire et de fer).

## Alvor Portimão, P-8500-053 / Faro

**2492**

Camping Alvor***
Estrada dos Montes
+351 2 82 45 91 78
1/1 - 31/12
info@campingalvor.com

4,5ha 400T 6-16A

**1** ABD**G**IJKLMO**P**RS
**2** AIJLMRTUWXYZ
**3** A**G**HKMSU
**4** (B+G 1/3-30/10)
(Q+R+T+U+X+Z)
**5** **AB**FGIJKMNOPUVWZ
**6** CEGK(N 0,05km)RTV

De par sa répartition en petites terrasses assez ombragées, ce camping d'assez grande capacité offre encore une ambiance conviviale. Plantations variées. Piscine avec chaises longues près du bar. Réduction supplémentaire de 10% pour un séjour à partir de 30 nuitées.

A l'église blanche, sur N125 vers Alvor (entre Portimão-Lagos), 2 ronds-points, prendre 2 fois 1ère sortie. Camping à gauche, bien après l'aéroport.

CC € 16 *1/1-30/6 1/9-31/12*

N 37°08'06'' W 08°35'26''

## Arco de Baúlhe, P-4860-067 / Braga

**2493**

Campismo Arco Unipessoal, LDA
Lugar das Cruzes
+351 9 68 17 62 46
5/4 - 1/10
campismoarco@hotmail.com

2ha 30T 6A

**1** A**G**IJKL**P**RS
**2** CIJKMNSTXYZ
**3** KWX
**4** (B+G 28/5-25/9)
(X+Z 7/4-25/9)
**5** **A**GIJKLMOPUZ
**6** EJ(N 0,15km)V

Geert & Martine, les propriétaires néerlandophones avec plus de 25 ans d'expérience de voyage au Portugal, vous accueillent dans ce petit camping tranquille avec piscine situé à 100m du centre. Sentier cycliste à 300m.

A7 sortie 12 Mondim/Cabeceiras. Au rond-point, 2e à droite Arco de Baúlhe.Tel au 00351 968176246 et l'on vient vous chercher.

CC € 18 *5/4-30/6 1/9-30/9*

N 41°29'11'' W 07°57'31''

## Armação de Pêra, P-8365-184 / Faro

**2494**

Camping Armação de Pêra***
EN. 269-1
+351 2 82 31 22 60
1/1 - 31/12
geral@camping-armacao-pera.com

3ha 650T 6-10A

**1** ABDGIJKLMO**P**Q
**2** AGIJRTUXYZ
**3** AUY
**4** (**B** 1/7-1/9)(Q+S)
(T 1/6-15/9)(U+Y)
(Z 1/6-15/9)
**5** **AB**GIKMOPUVZ
**6** CEGJM(N 0,5km)ORTV

Par la sortie saisonnière, la plage est tout près. Avec piscine gratuite. Plantations diverses et amandiers procurent de l'ombre. Grand choix pour manger au camping.

Op de N125 Portimão-Albufeira-Faro, à Alcantarilha au rond-point à gauche, N269-1 vers Armação de Pêra. Camping à gauche juste après un rond-point.

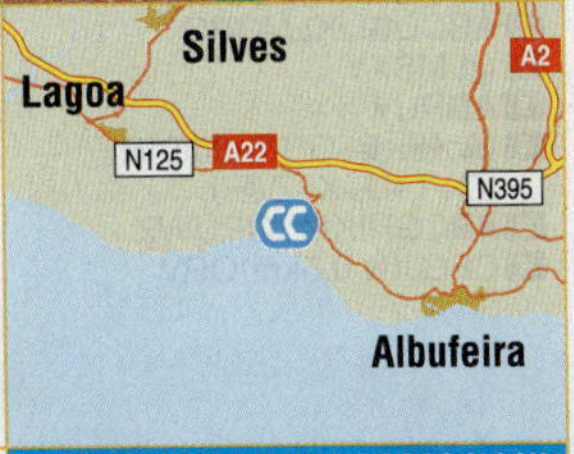


CC € 16 *1/1-30/6 1/9-31/12*

N 37°06'33'' W 08°21'11''

## Budens/Vila do Bispo, P-8650-196 / Faro

**2495**

Camping Salema Eco-camp Surf & Nature***
Praia da Salema
+351 2 82 69 52 01
1/1 - 31/12
info@salemaecocamp.com

20ha 360**T**(60-150m²) 6-12A

1 ACD**G**IJKLO**P**ST
2 BJLMNRTUXYZ
3 A**G**IKMU
4 (Q+R+T)(U+Y 1/4-31/10) (Z)
5 **ABG**IJKMO**P**UYZ
6 EGJ(N 1km)ORT

Grâce aux petites terrasses à flanc de colline, le calme domine partout. Dans la verdure abondante, chacun peut trouver sa place. Camping a des sanitaires bien entretenus et des allées sur sol dur. La mer est à 1 km. Camping se trouve dans le village de pêcheurs Salema dans le parc naturel Costa Vicentia.

Sur la N125 Lagos-Sagres, à 17 km à gauche vers Praia da Salema. Le camping est sur la droite. Attention: l'entrée de la réception est courte et raide, environ 50m.

CC € 16 *1/1-15/6 15/9-31/12*

N 37°04'31'' W 08°49'53''

## Casfreires/Sátão, P-3560-043 / Viseu

**2496**

Camping Quinta Chave Grande
Rua do Barreiro 462
+351 2 32 66 55 52
15/3 - 31/10
info@chavegrande.com

9,5ha 180**T**(100-150m²) 6A CEE

1 ACD**G**IJKLMO**P**RS
2 CJLMSTUXYZ
3 AHIK**O**SU**W**
4 (**A**)(B+G 1/5-15/10) (Q+R+T+U+Z)
5 **AB**GHIJKMNOPU
6 CEK(N 4km)OUV

Magnifique camping situé dans l'arrière-pays ensoleillé et toujours verdoyant du centre du Portugal, dans une vallée verte avec une vue grandiose. Emplacements très spacieux, grande piscine purifiée au sel. Terrain de golf à 40 km.

A25 vers Viseu, sortie 19 Sátão. Puis IP5 sortie 17, Sátão. N229, Sátão. A Sátão, suivre 'Campismo 12 km'. Pas de GPS. Puis Ferreira De Aves, traverser Lamas après Quinta De Adega, après virage à droite direct à gauche.

CC € 18 *15/3-14/7 1/9-30/10*

N 40°49'22'' W 07°41'46''

## Coimbra, P-3030-011 / Coimbra

**2497**

Coimbra Camping & Bungalows****
Rua da Escola
+351 2 39 08 69 02
1/1 - 31/12
coimbra@cacampings.com

7ha 750**T**(40-100m²) 12A

1 ABCD**G**IJKLMO**PQ**
2 IJLMSXY
3 A**G**RU**V**
4 (**A**)(**B**+G 1/5-30/9)**N** (Q+T+U+X+Z)
5 **AB**CGHIKMNOPUWZ
6 CFGJ(N 0,5km)ORV

Camping citadin à Coimbra. Bons équipements. Le bus 38 s'arrête près du camping ; vous pouvez ainsi visiter la ville. Du 1/1 au 31/5 et du 1/10 au 31/12, réduction 7=6 jours et 14=11 jours.

A1 sortie 13, IP3 vers Coimbra-Viseu. Sortie 8, IC2 vers Coimbra-Lisboa (pas le centre). Suivre IC2, A31 panneaux Campismo après Coimbrashopping & Leroy jusqu'à Rua de Escola.

CC € 18 *1/1-15/7 1/9-31/12 7=6, 14=11*

N 40°11'20'' W 08°23'58''

## Entre Ambos-os-Rios/P. da Barca, P-4980-312 / Viana do Castelo

**2498**

Camping Lima Escape
Lugar de Igreja
+351 2 58 58 83 61
2/1 - 13/11, 1/12 - 30/12
info@lima-escape.pt

5ha 80T 6-16A CEE

1 BCD**G**IJKLNO**P**
2 BCEIJLNTVYZ
3 AHIK**W**XZ
4 (Q+R+T+U+Z)
5 **AB**GIJKMPQUZ
6 CDEGJ(N 1km)OTV

Ce camping est un bon point de départ pour le Parc National Peneda Geres. Nombreuses informations à la réception. Dans un environnement naturel au bord du Rio Lima. Le restaurant est ouvert toute l'année. Point wifi gratuit.

A3 sortie 12 IC28, Ponte da Barca. Après le pont sur le Lima 2e sortie, Lindoso. A 10 km à gauche cp Ambos-os-Rios. D'Espagne, A52 Xinzo de Limia ou Ourense vers Portugal. Après Lindoso à 15 km à droite.

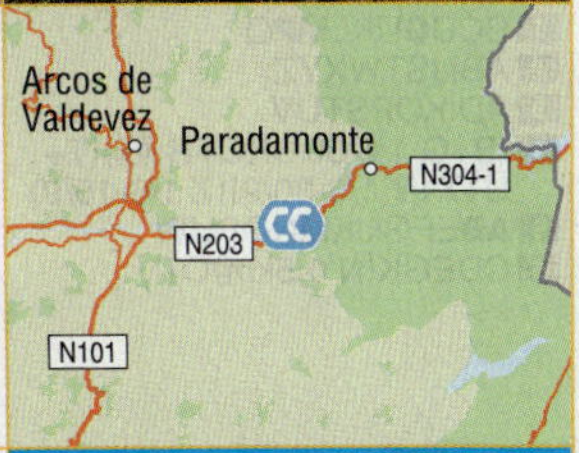


CC € 16 *2/1-30/6 1/9-13/11 1/12-30/12*

N 41°49'26'' W 08°19'03''

## Estela/Rio Alto, P-4570-275 / Porto

**2499**

Camping Orbitur Rio Alto****
Estela P. de Varzim
+351 2 52 61 56 99
1/1 - 31/12
inforioalto@orbitur.pt

9ha 620T 6A

1 BCD**G**IJKLMN**P**RS
2 ACGISTVWXY
3 A**G**OPSU**W**Y
4 (B 1/6-30/9)(Q)
(R 1/1-31/5,16/9-31/12)
(S 1/6-15/9)(T)
(U+W 1/6-15/9)(X)
(Y 1/6-15/9)(Z)
5 **AB**FGIJKMPUWZ
6 CEGJ(N 2km)OTV

Grand camping contre les dunes, à 100 mètres de la mer. Le camping offre peu d'ombre, est équipé d'un beau restaurant et d'un petit magasin. A côté du camping il y a une belle piscine.

A28 sortie 17 Estela/Laundos. Suivez les panneaux Campismo/Orbitur vers Rio Alto. Par la N13 entre Esposendez/ Povoa de Varzim. A Estela, suivre 'Campismo'.

CC € 16 *1/1-15/6 1/9-30/9*

N 41°27'46'' W 08°46'22''

## Foz do Arelho, P-2500-516 / Leiria

**2500**

Camping Orbitur Foz do Arelho
Rua Maldonado Freitas
+351 2 62 97 86 83
1/1 - 31/12
infofozarelho@orbitur.pt

7ha 500**T**(80-125m²) 6A

1 BCD**G**IJKLMO**P**RS
2 ABIJLMTWXYZ
3 AU
4 (B+G 1/6-30/9)(Q+R)
(S+T+U+X+Z 1/6-30/9)
5 **AB**EFGIJKMNOPUVZ
6 CEGJ(N 1,5km)TV

Camping magnifiquement aménagé sur un grand terrain en pente dans un endroit calme non loin d'une lagune avec de nombreux équipements de sports nautiques.

A partir de l'autoroute A8, prendre la sortie 19 direction la côte, à gauche avant la baie. Bien indiqué dans le village.

CC € 16 *1/1-15/6 15/9-31/12*

N 39°25'50'' W 09°12'04''

## Gafanha da Boa Hora/Vagos, P-3840-254 / Aveiro

**2501**

Camping Orbitur Vagueira***
Rua do Parque Campismo
+351 2 34 79 75 26
1/1 - 31/12
infovagueira@orbitur.pt

10ha 250**T**(80-125m²) 6A CEE

**1** BCD**G**IJKLM**P**Q
**2** ABIJSTWXYZ
**3** ADIKOPSTUV
**4** (B+G 1/6-30/9)(Q+R)(T+U+X+Y 1/6-30/9)(Z 1/6-15/9)
**5** **AB**EFGIJKMNOPUW
**6** CDEGK(N 0,5km)OTV

Camping familial dans un bois de pins avec de bons équipements, entre autres Internet. Le camping est à 1500m de la mer et à 1 km de Vagueira. Sur les plages de Vagueira et Areão, vous avez la possibilité d'observer des hérons sauvages.

N109 d' Aveiro à Figuero da Foz. A Vagos vers Vagueira. Le camping est avant le village.

CC € 16 *1/1-15/6 15/9-31/12*

N 40°33'28'' W 08°44'41''

## Gala/Figueira da Foz, P-3090-380 / Coimbra

**2502**

Camping Orbitur Gala (Fig. da Foz)***
Estrada Nacional 109, km 4
+351 2 33 43 14 92
1/1 - 31/12
infogala@orbitur.pt

6,4ha 304**T**(40-80m²) 6-10A CEE

**1** ABCD**G**IJKLMO**P**Q
**2** ABGLTXYZ
**3** AOPSU**W**Y
**4** (B+G 1/6-30/9)(Q+R+T)(U+X+Y 16/4-30/9)(Z)
**5** **AB**EFGIJKMOPUWZ
**6** CDEGJ(N 1km)OTV

Un camping Orbitur dans les dunes en bord de mer avec de bonnes installations sanitaires. A la réception, vous serez reçu très gentiment et le personnel est très serviable.

Prendre la N109 de Figueira da Foz à Leiria. Le camping est à 4 km après Figueira, il est bien indiqué au pont à Gala.

CC € 16 *1/1-15/6 15/9-31/12*

N 40°07'06'' W 08°51'24''

## Gondesende/Bragança, P-5300-561 / Bragança

**2503**

Camping Cepo Verde****
Lugar da Vinha do Santo
+351 2 73 99 93 71
1/3 - 31/10
cepoverde@montesinho.com

3ha 42**T**(15-60m²) 6A

**1** ABCD**G**IJKLMO**P**RS
**2** BIJLMNSTWZ
**3** AI
**4** (**A** 1/3-30/6,1/9-31/10)(**B** 1/6-30/9)(Q+T+U+Y+Z)
**5** **AB**FGIJKMNOPUZ
**6** DEG**J**(N 9km)OTUV

Dans ce camping en terrasses boisées, au cœur du parc naturel de Montesinho, le chant des oiseaux vous aide à profiter du beau panorama et du calme. Dans les environs de Bragança, vous trouverez des villages typiques tels que Gimonde, Babe, Guadramil, Rio de Onor, Puebla.

A4 sortie Vinhais/Braganca (N103). Au 1e rond-point 2e sortie di Braganca/Vinhais par IP4. A 7 km sortie à droite N103 Braganca Oeste/Vinhais et Campismo. Suivre les panneaux.

CC € 14 *1/3-7/7 24/8-31/10* *7=6, 11=10*

N 41°50'56'' W 06°51'40''

## Meruge/Oliveira do Hospital, P-3405-351 / Coimbra

iD **2504**

Camping Toca da Raposa
Quinta do Ameal
+351 2 38 60 15 47
1/4 - 1/10
campingtocadaraposa@gmail.com

1ha 30T(75-150m²) 6A

1 ABGIJKLPS
2 BLMNSTUXYZ
3 AIKPSU
4 (B 1/5-30/9) (G+Q+T+W+X+Z)
5 GIJKMOPUWZ
6 CEGJ(N 2,5km)

Camping sympathique au pied de Serra da Estrela, au centre du Portugal. Terrasse et piscine, bons sanitaires, bar, restaurant et wifi. Idéal pour découvrir la région. Circuits de randonnées à partir du camping. Faire du vélo.

Sur la N17, à l'hôpital Oliveira Do, au feu rouge, prendre la direction de Zona Industrial jusqu'après Pingo Doce. Suivre flèches bleues du camping dir. Lagares da Beira/Viseu via N230, jusqu'au rond-point dir. Meruge. Après environ 2 km, cp à gauche.

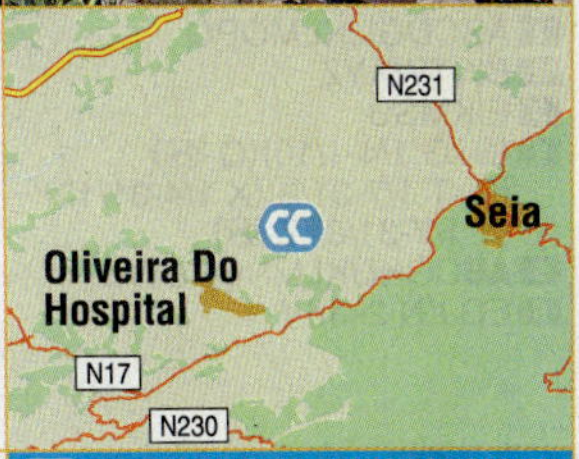


CC € 18 1/4-14/7 1/9-1/10

N 40°23'57'' W 07°49'34''

## Nazaré, P-2450-148 / Leiria

**2505**

Camping Orbitur Valado***
Rua d Combatentes de Ultramar 2
+351 2 62 56 11 11
1/1 - 31/12
infovalado@orbitur.pt

7ha 503T 6-10A

1 BCDFIJKLMOPRS
2 BIJLMTXYZ
3 AOS
4 (B 1/6-30/9)(Q+R) (T+Z 1/6-30/9)
5 ABFGIJKMNOPU
6 DEGK(N 0,8km)OV

NOUVEAU

Un camping tranquille sous les arbres, à quelques distances de la mer et du village. Les équipements sanitaires sont bons. La nuit, on peut entendre la circulation.

Entre Nazaré et Valado N8-4. Suivre le panneau et les flèches de camping Orbitur.

CC € 16 1/1-15/6 15/9-31/12

N 39°35'53'' W 09°03'22''

## Nazaré, P-2450-138 / Leiria

iD **2506**

Ohai Nazaré Outdoor Resort***
Estrada Nac. 242
+351 2 62 56 18 00
26/2 - 31/12
info.nazare@ohairesorts.com

8ha 220T(60-115m²) 10-16A CEE

1 ABCDGIJKLMOP
2 ABIJLMTUWXYZ
3 CIMPSUV
4 (C 1/6-15/9)(F) (G 1/6-15/9)IKMN (Q+R+T+U+V+X+Y+Z)
5 ABGIJKMNOPUVZ
6 ABCGK(N 0,5km)RTV

Vale Paraiso, un agréable camping avec bon restaurant et piscine. Le climat y est toujours bon. A proximité, il y a les attrayants petits villages de pêcheurs Nazaré et Praia do Norte, idéaux pour le surf et le bodyboard. Les plages, très agréables, font partie des plus belles du Portugal. Emplacements 'verts', 5 euros extra.

Au bord de la N242 de Lieiria à Nazaré. Le camping est à 2 km avant Nazaré, à l'ouest de la route. Accessible aussi par la nouvelle A8.

CC € 20 26/2-8/6 8/9-30/12 7=6, 14=12

N 39°37'14'' W 09°03'23''

## Outeiro do Louriçal, P-3105-158 / Leiria

**2507**

Camping O Tamanco (Lda.)***
Rua do Louriçal 11(EN342)
+351 2 36 95 25 51
1/4 - 31/10
tamanco@me.com

1,5ha 40T(80-200m²) 6-16A CEE

**1** ABCDGIJKLMOPQ
**2** BISTWXYZ
**3** EIKMSU
**4** (B+G 1/4-1/10)(Q ) (R+T 1/7-31/8)(X 1/4-31/10) (Y 1/7-31/8)(Z )
**5** **AB**CGHIJKLMNOPUWZ
**6** EGJ(N 2km)V

Une porte en fer forgé s'ouvre et vous arrivez dans une oasis verte où il est agréable de séjourner, dans le vieux verger ou entre les bambous. En écoutant les poules et les oies, rêvez de la vie à la campagne. Jouissez aussi de la délicieuse nourriture dans la 'cantina' pleine d'ambiance. Et terminez la journée sous les étoiles autour d'un feu de camp.

Pombal IC8, sortie Outeiro do Louriçal. Au bout de la sortie, au rond-point, 1re à droite. Cp directement à gauche.

CC € 18 *1/4-1/7 1/9-31/10*

N 39°59'30'' W 08°47'20''

## Pintadinho Nova/Montargil, P-7425-017 / Portalegre

**2508**

Camping Orbitur Montargil***
Estrada Nacional 2
+351 2 42 90 12 07
1/1 - 31/12
montargil@orbitur.pt

NOUVEAU

6,5ha 150T(60-150m²) 10A

**1** BCD**G**IJKLMO**P**Q
**2** AEQTUXYZ
**3** C**O**PSU**W**Z
**4** (B+G 8/4-30/9)(Q+R+T+U )(V 1/1-31/12) (X+Z )
**5** **AB**FGIJKMNOPUVW
**6** CFGJ(N 5km)OTV

Camping sur lequel les beaux emplacements avec vue sur le lac de barrage sont de plus en plus remplacés par les emplacements à l'année. Intéressant pour toutes les formes d'activités nautiques. Les chênes-lièges et d'autres arbres donnent un peu d'ombre. Piscine avec chaises longues, terrain de jeux pour enfants, bar et restaurant.

Sur la N2 entre Montemor-o-Novo et Ponte de Sôr, après Montargil, sur la droite à 7 km. Entre la route et le lac de barrage.

CC € 14 *1/1-15/6 15/9-31/12*

N 39°05'58'' W 08°08'41''

## Porto Côvo, P-7520-437 / Setúbal

**2509**

Costa do Vizir Camping
Monte Branco
+351 2 69 95 91 00
1/1 - 31/12
info@costadovizir.com

6ha 319T(60-100m²) 6-16A CEE

**1** ACD**G**IJKLMOPQ
**2** AGNRTUVXYZ
**3** AIMOP**Q**WY
**4** (B+G+Q+R+X+Z )
**5** **AB**EFGIJKLMNOPUVW
**6** DEGJ**K**L(N 0,3km)OT

Camping très luxueux, piscine avec chaises longues. Belles places sur sol dur. Sanitaires luxueux et belles plantations. Près de la mer et de Porto Côvo, avec ses petits restaurants. Côte avec de belles plages et de magnifiques rochers. Belle vue panoramique.

N120-1 de Sines à Cercal, sortie Porto Côvo, EM554. A l'entrée de Porto Côvo après la station-service Galp 1e route à droite. Là, suivre les panneaux. 2e route à droite. 1e route à droite. Camping à droite.

CC € 20 *1/1-30/6 16/9-31/12*

N 37°51'23'' W 08°47'14''

## Praia da Barra, P-3830-772 / Aveiro

**2510**

Barra Camping & Bungalows***
Rua Diogo Cão 125
+351 2 34 36 94 25
1/1 - 31/12
info@campingbarra.com

5ha 75T 6-10A

1 ACDGIJKLNPQ
2 ACGIJSTUWX
3 AIKPRWY
4 (Q+R+T+U+V+X+Z 15/6-7/9)
5 ABEFGIJKMOPUZ
6 CDEGJ(N 0,05km)ORTV

Camping dans l'agglomération de la station balnéaire Barra et près de belles plages. Peu d'emplacements ombragés. Sanitaires sobres. Bons équipements pour camping-cars. A 10 km d'Aveiro, appelée aussi la Venise du Portugal. Nombreuses possibilités pour les sports nautiques. Du 1/1 au 31/5 et du 1/10 au 31/12, réduction 7=6 jours et 14=11 jours.

A25 Aveiro Est direction Barra. Traverser le brug ; au rond-point 1e route à droite. Suivre les panneaux de camping.

CC € 16 1/1-15/7 1/9-31/12 7=6, 14=11

N 40°38'19'' W 08°44'42''

## Praia de Mira, P-3070-752 / Coimbra

**2511**

Camping Miira Lodge Park
Rua da Estrada Florestal
+351 2 31 48 00 40
1/1 - 31/12
info@miralodgepark.pt

5ha 88T(60-100m²) 10A

1 ABCDGIJKLMNOQ
2 ABEIOPTUWXYZ
3 AHIKMOPQSUW
4 (B+Q 15/6-15/9)(R 1/7-31/8) (T+U+X+Z 15/6-15/9)
5 ABEFGIJKLMNOPUXYZ
6 CDEGK(N 1km)TUV

NOUVEAU

Aménagé spacieusement avec piscine, bar et restaurant. Près du village et de la mer. Nouveaux sanitaires (2017). Personnel amical à la réception. En face, possibilité de pêcher et sports nautiques. On peut aller à pied le long du lac jusqu'au centre de Praia de Mira. Idéal pour les sports nautiques.

A17, Aveiro-Lissabon sortie 11. N109 vers Mira, après château d'eau N334 vers Praia de Mira. Après Dunas au rond-point, 1e à droite, Praia de Mira. Panneaux 'Mira Lodge Park'.

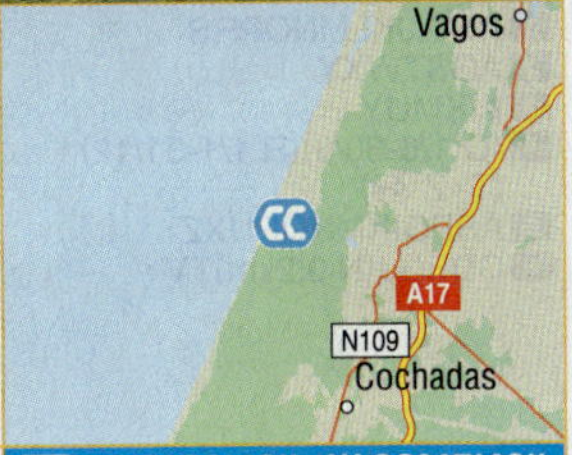


CC € 18 1/1-15/6 15/9-31/12

N 40°26'42'' W 08°47'49''

## Sao Pedro de Moel, P-2430-532 / Leiria

**2512**

Camping Orbitur S. Pedro de Moel***
Rua Volta do Sete
+351 2 44 59 91 68
1/1 - 31/12
infospedro@orbitur.pt

7ha 400T(50-100m²) 6A

1 BCDGIJKLPQ
2 ABGIJLTXYZ
3 COSUW
4 (B+G 1/4-30/9)J(Q 🔑) (R 1/6-30/9)(T 1/4-15/9) (U+X 1/6-15/9)(Z 1/4-15/9)
5 ABEFGJKNOPUVW
6 CEGJ(N 0,5km)OTV

NOUVEAU

Camping dans les dunes, avec beaucoup de végétation. Grands arbres. Bons sanitaires, bien équipés. Ambiance agréable et direction amicale. Tenez compte d'emplacements en terrain incliné.

De Leira à Sao Pedro de Moel par Marina Grande. Suivre les panneaux de camping Orbitur.

CC € 16 1/1-15/6 15/9-31/12

N 39°45'29'' W 09°01'34''

## Terras de Bouro, P-4840-030 / Braga

**2513**

Parque de Cerdeira***
Rua de Cerdeira 400
+351 2 53 35 10 05
1/1 - 31/12
info@parquecerdeira.com

6ha 200T(100m²) 5-10A

1 ABCD**G**IJKLMO**P**Q
2 BJLMSTUWZ
3 AIJKNOPRU**W**
4 **(A** ⊶**)(B+G** 15/6-15/9)
(Q+R ⊶)(T+U+V+Y+
Z 1/1-1/11,1/12-31/12)
5 **AB**DEFGIJKMNP**RS**UWZ
6 CEGKL(N 5km)OTV

Camping dans les bois situé en altitude dans le Parque Nacional Peneda-Gerês. Camping idéal pour les campeurs sportifs. Nombreuses possibilités pour faire des randonnées à partir du camping.

Route 205-3 de Terras de Bouro à Campo do Gerês. Suivre les panneaux de camping.

CC € 18 *1/1-20/6 20/9-31/12 7=6, 14=11*

N 41°45'47'' W 08°11'27''

## Torreira, P-3870-340 / Aveiro

**2514**

Torreira Camping & Bungalows
Rua da Saudade
+351 2 34 83 83 97
1/1 - 31/12
info@torreiracamping.com

3ha 200T(64m²) 12A

1 AC**G**IJKLMNO**P**RS
2 AGSTWXY
3 AIKMUY
4 (Q 1/6-30/9)(R 1/1-31/12)
(T+Z ⊶)
5 ABFGIKMNOPUXZ
6 CDEGJ(N 0,2km)TV

Le camping est situé dans l'agglomération de Torreira, un village dans une presqu'île entre l'océan et Ria de Aveiro. Plage de sable dans les environs. Bons sanitaires. Emplacements ombragés en nombre limité. Du 1/1 au 31/5 et du 1/10 au 31/12, réduction 7=6 jours et 14=11 jours.

A29 sortie vers Ovar, puis vers Furadouro, puis longer la rivière vers Torreira. En entrant dans Torreira au rond-point à droite. Cp indiqué, situé à côté du phare.

CC € 16 *1/1-15/7 9/9-31/12 7=6, 14=11*

N 40°45'44'' W 08°42'12''

## Vila do Conde, P-4485-722 / Porto

**2515**

Parque de Campismo Sol de Vila Chã***
Rua do Sol, 150 Vila Chã
+351 2 29 28 31 63
1/1 - 31/12
info@campingvilacha.pt

3,2ha 70T(80m²) 6-10A

1 ACD**G**IJKLM**P**RS
2 AGIJSXYZ
3 AOPSUWY
4 (Q+S+T+Z ⊶)
5 **AB**EGHIJKMNOPUVZ
6 ACEGJ(N 2km)ORTV

Camping plein d'ambiance dans un charmant village de pêcheurs avec une plage de rochers et de sable. Au petit port de pêche on peut se promener vers le sud par un sentier de planches en bois le long de la côte. Bonne liaison avec Porto par métro Povoa-Porto.

A28 sortie Mindelo, puis suivre Vila Chã après Outlet Brico. Au croisement en T, Vila Chã à droite. Puis directement à gauche. Ne suivez pas le GPS à gauche, rues très étroites. Suivre les panneaux.

CC € 18 *1/1-15/7 1/9-31/12 7=6*

N 41°17'53'' W 08°43'58''

## Vila Nova de Cerveira, P-4920-042 / Viana do Castelo

**2516**

Camp Covas ITR (Inic. Tur. Rural)***
Calçada da Torre 437, Covas
+351 2 51 94 15 55
1/1 - 31/12
p.campismo.covas@gmail.com

2,5ha 80T(45-70m²) 4A

1 AGIJKLMN**P**RS
2 IJSTWYZ
3 AIMP**Q**SUV
4 (**A** 1/6-30/9)(B 1/1-31/12) (G+Q)(R+T+ X+Z 1/4-30/9)
5 **A**FGIJKLMNOPUZ
6 CEGK(N 0,3km)OTV

Camping dans la belle nature de la vallée de Minho à Covas. Bonne base pour faire des randonnées et des excursions vers de belles petites villes comme Caminha, Viana do Castelo et Valença. Piscine. Restaurant avec plats régionaux. Toujours gratuit pour les enfants !

A3 Porto-Valenca-Spanje, sortie 13 Vila Nova Cerveira. N303 Candemil. Puis N302 Covas. Suivre les panneaux de camping. Ne pas utiliser de GPS !

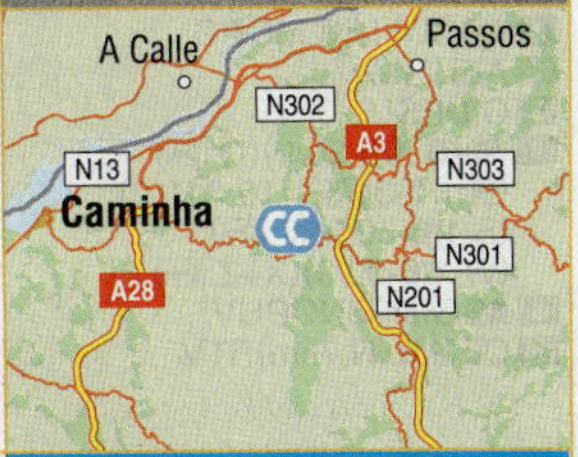


CC € 12 *1/1-15/7 1/9-31/12* *7=6*

N 41°53'19'' W 08°41'43''

## Vila Nova de Gaia, P-4405-736 / Porto

**2517**

Camping Orbitur Madalena**
Rua de Cerro 608, Praia Madalena
+351 2 27 12 25 20
1/1 - 31/12
infomadalena@orbitur.pt

NOUVEAU

24ha 500T(50m²) 6A

1 BC**G**IJKLMOPQ
2 GJZ
3 ABIKOSUWY
4 (B+G 1/6-6/10)M(Q 4/8-24/9) (R)(T 1/6-15/9) (W+Z 1/6-6/10)
5 **AB**FIJKLMNOPUW
6 J(N 1km)ORV

Ce grand camping offre suffisamment d'emplacements ombragés sous les eucalyptus, avec une belle piscine à 300 mètres de la mer. Magnifique plage de sable. Bon point de départ pour visiter Porto.

Du nord : A28 di Porto via le pont da Arrábia. Sortie Canidelo et suivre les panneaux. Du sud : A29 di Porto, puis A44/Ic1 da Arrábida/Valadares. Puis sortie Madalena et suivre les flèches.

CC € 16 *1/1-15/6 15/9-31/12*

N 41°06'29'' W 08°39'19''

## Vila Nova de Milfontes, P-7645-300 / Beja

**2518**

Camping Milfontes***
Apartado 81
+351 2 83 99 61 04
1/1 - 31/12
reservas@campingmilfontes.com

6,8ha 900T(30-100m²) 6A

1 AC**G**IJKLMO**P**Q
2 ABSTWXYZ
3 AU
4 (**B**+G+Q+S+T+U+X+ Z 1/6-30/9)
5 **AB**GIKLMNOPUVZ
6 CDFGK(N 0,3km)RTV

Camping avec de nombreux emplacements bien ombragés. Sapins dans la partie plus ancienne, eucalyptus dans la nouvelle partie. Bons blocs sanitaires, très belle piscine (ouverte de juin à septembre).

A partir d'IP8 du N ou IC4 du sud. Par Cercal N390 ou Odemira N393 jusqu'à Vila Nova de Milfontes. A Milfontes suivre les panneaux de camping. Bien indiqué.

CC € 16 *1/1-1/6 1/9-31/12*

N 37°43'55'' W 08°46'58''

## Vila Nova de Milfontes, P-7645-017 / Beja

2519

Camping Orbitur Sitava Milfontes****
Brejo da Zimbreira
+351 2 83 89 01 00
1/1 - 31/12
infositavamilfontes@orbitur.pt

27ha 300T(40-80m²) 6A

1 ABCDFIJKLMOPQ
2 ABLTYZ
3 CIOPSU
4 (B+G 1/6-30/9)(Q)
(R 1/1-31/5,1/10-31/12)
(S 1/6-30/9)(T)
(W 1/6-30/9)(X+Z)
5 ABGIJKMNOPUV
6 CEGJL(N 7km)RTV

CC € 16 *1/1-15/6 15/9-31/12*

Camping sous les sapins avec des sanitaires bien entretenus. Le camping se trouve dans une zone naturelle.

N120 Odemira-Sines jusqu'à Cercal, là, N390 vers Vila Nova de Milfontes, avant la localité à droite vers Port Covo. Indiqué. Puis encore 4 km.

N 37°46'47'' W 08°47'01''

## Vila Praia de Âncora, P-4910-024 / Viana do Castelo

2520

Parque de Campismo do Paço***
Rua do Paço
+351 2 58 91 26 97
15/4 - 30/9
geral@campingpaco.com

4ha 250T 6A

1 ACFIJKLMPRS
2 ABCIJRSXYZ
3 ASUX
4 (Q+T)(X 1/6-15/9)(Z)
5 ABGIJKLMNOPUWZ
6 CEGK(N 0,5km)OTV

CC € 14 *15/4-30/6 1/9-30/9*

Camping idéal pour les chercheurs de calme, situé au bord du Rio Âncora avec possibilité de nager. Sanitaires de qualité et bien entretenus. Emplacements libres sous les eucalyptus.

A28, sortie 27 Moledo/VP Âncora. Corniche N13, Caminha-Viana do Castelo. Aux feux, vers l'arrière-pays et suivre les panneaux de camping. Eteindre le GPS.

N 41°48'10'' W 08°50'53''

## Zambujeira do Mar, P- / Beja

2521

Camping Villa Park Zambujeira
Estrada Municipal da Zambujeira 2
+351 2 83 95 84 07
1/1 - 31/12
info@campingzambujeira.com

3,5ha 750T(70-100m²) 6-16A

1 ACDFIJKLMOQ
2 AGJMNUVXY
3 AOPU
4 (B+D+G)K
(Q+R+T+U+X+Z)
5 ABEFGIJKLMNOPUZ
6 DEKLM(N 0,4km)OTV

CC € 16 *15/5-30/6 14/9-30/9*

Beau camping très bien entretenu et accueillant avec emplacements ombragés. Piscine et whirpool à l'eau de mer, sans produits chimiques. Nouvelle piscine couverte. A proximité de la plage et de la petite ville historique Zambujera do Mar.

Le camping est sur la N393-1 juste après Zambujeira do Mar, à gauche au château d'eau.

N 37°31'33'' W 08°46'32''

# Italie

A
CH
Trentino-Alto Adige 596
Trento
Friuli-Venezia Giulia 615
LJUBLJANA
ZAGREB
SLO
Trieste
Valle d'Aosta 579
Bergamo
Milano
Lago di Garda 600
Veneto 608
HR
Novara
Lombardia 592
Verona
Venezia
Torino
Piemonte 580
Emilia Romagna 617
Ferrara
Bologna
Ravenna
SARAJEVO
Genova
Liguria 587
Forlì
Rimini
Prato
F
Pisa
Firenze
Livorno
Toscana 624
Ancona
Marche 642
Perugia
Umbria 639
Pescara
Abruzzo 648
F
ROMA
Lazio 645
Molise
Foggia
Bari
Campania 650
Puglia 653
Lecce
Sassari
Napoli
Salerno
Basilicata
Taranto
Sardegna 659
Calabria 658
Cagliari
Catanzaro
Messina
Palermo
Reggio di Calabria
Sicilia 665
Catania
Siracusa
Tunis

## Général

Dénomination officielle : République d'Italie (Repubblica Italiana). L'Italie est membre de l'Union Européenne. L'italien est la langue officielle. Dans les régions touristiques au nord et au centre du pays, vous pouvez vous débrouiller en anglais.
Décalage horaire : En Italie, l'heure est la même qu'à Amsterdam, Paris et Rome.

### Monnaie / transactions financières

Devise : euro
Vous pouvez payer presque partout avec une carte de banque ou une carte de crédit. Vous trouverez de nombreux distributeurs de billets.
Les distributeurs de billets ne sont généralement pas approvisionnés le week-end. Tenez-en compte.

## Formalités à la frontière

De nombreuses formalités et accords relatifs entre autres aux documents de voyage et de véhicule requis, aux exigences liées à votre moyen de locomotion ou d'hébergement, aux frais médicaux et aux voyages en compagnie de vos animaux dépendent non seulement de votre pays de destination, mais également de votre point de départ et de votre nationalité. La durée de votre séjour est également déterminante. Dans le cadre de ce guide il n'est pas possible de garantir que les informations relatives à ce sujet sont correctes et à jour pour tous les utilisateurs. Nous vous conseillons de vous renseigner suffisamment en avance pour savoir :

- de quels documents de voyage vous devez disposer, pour vos accompagnateurs et pour vous-même ;
- de quels documents vous devez disposer en ce qui concerne votre véhicule et votre remorque ;
- quels produits et médicaments vous pouvez importer et exporter librement ;
- comment, en cas d'accident ou de maladie, sont réglés le traitement médical et le paiement de ce traitement.

### Animaux de compagnie

Vérifiez que les animaux de compagnie sont admis dans le pays où vous allez séjournez. Prenez rendez-vous avec votre vétérinaire suffisamment à l'avance. Ce dernier pourra vous informer au sujet des vaccinations requises, des certificats correspondants et des obligations au moment du retour. De plus, il serait également utile de vous renseigner pour savoir s'il existe des réglementations spéciales en matière d'animaux dans le pays où vous souhaitez vous rendre. Dans certains pays par exemple, les chiens doivent toujours porter une muselière ou être transportés en cage.

## Circulation routière

Le réseau routier est d'assez bonne qualité, même si elle baisse à mesure que vous descendez vers le sud. Dans la circulation italienne, faites attention aux manœuvres intempestives des scooters et soyez vigilants par rapport aux automobilistes qui roulent trop vite, brûlent les feux rouges ou dépassent par la droite. Il n'est pas conseillé de rouler la nuit sur les routes de campagne.

### Routes de montagne

Dans les Alpes, il y a des pentes de 6 à 15%, voire plus. Presque toutes les routes de montagne sont protégées du côté du ravin.
**Attention !** Les cols montagneux en Suisse, en Autriche et en Italie peuvent parfois être fermés, difficilement praticables ou même interdits aux voitures avec caravane ou remorque. Vérifiez leur accessibilité avant votre départ. Pour plus d'informations : ***alpenpaesse.de*** (en allemand).

### Ferrys

Vous pouvez atteindre la Sardaigne de différentes façons. Plusieurs lignes de ferrys font la traversée depuis la Corse, la France ou l'Italie.
Pour plus d'informations sur les durées de trajet, les horaires et les tarifs, consultez les sites des compagnies maritimes telles que ***corsicaferries.com***,

*gnv.it*, *moby.it*, *tirrenia-prenotazioni.it* et *traghetti-toremar.it*.
Les tarifs dépendent notamment de la saison et de l'heure du départ. Nous vous conseillons de réserver assez longtemps à l'avance.
Demandez aux compagnies maritimes pour savoir si vous avez le droit de transporter des bouteilles de gaz sur le bateau. Le transport de carburant en réservoir est interdit à bord des bateaux.

## Faire le plein

Vous trouvez facilement de l'essence sans plomb (Senza Piombo 95 et Super 98) et du diesel (Gasolino / Diesel). Le GPL est assez facile à trouver au nord et dans le centre du pays, un peu moins dans le sud. Pour le plein de GPL, c'est un raccord italien (coupelle) qui est généralement utilisé.
Sur les aires d'autoroute, la plupart des stations-service sont ouvertes jour et nuit. Sur les autres routes, les stations sont généralement ouvertes de 7 à19 h, parfois avec une pause entre 12 30 et 15h30. Elles sont parfois fermées le dimanche ou le lundi. Dans de nombreuses stations, vous n'avez pas à sortir de voiture, un employé vient vous aider.
Le pays compte de plus en plus de stations automatiques. Le transport de carburant en réservoir est souvent interdit à bord des bateaux.

## Code de la route

Les feux de croisement sont obligatoires hors agglomération.
Aux intersections, la priorité est aux véhicules venant de droite. Les véhicules engagés sur un rond-point ont la priorité si cela est indiqué par des panneaux. Les trams ont toujours la priorité. Sur les routes étroites, les véhicules les plus lourds ont la priorité sur les véhicules plus légers. En montagne, la circulation montante a la priorité sur la circulation descendante.
L'alcoolémie est fixée à 0,5 g/l, et à 0 g/l pour les conducteurs ayant leur permis depuis moins de 3 ans.
Tenir son téléphone en main au volant est interdit, même si vous êtes à l'arrêt (vous pouvez passer des appels avec un kit main libre). Les oreillettes et écouteurs sont également interdits.
Les enfants de moins d'1,50 m ou de moins de 36 kg doivent être assis sur un siège enfant.
De la mi-novembre à fin avril, les pneus neige (ou avoir des chaînes dans sa voiture) sont obligatoires si cela est indiqué par des panneaux.

### Règles particulières

Il est interdit de fumer en voiture si vous transportez un enfant de moins de 18 ans ou une femme enceinte. Si le chargement dépasse à

l'arrière, par exemple avec un porte-vélos, celui-ci doit être signalé par un panneau réfléchissant blanc de 50 x 50 cm avec 5 lignes rouges transversales. Le chargement ne peut pas dépasser sur les côtés, même les vélos sur porte-vélos.
Les véhicules policiers et de secours ont toujours la priorité lorsque leurs gyrophares bleus sont allumés, même en l'absence de sirène.

**Équipements obligatoires**
Un triangle de présignalisation doit obligatoirement se trouver dans votre voiture. Les gilets réfléchissants sont conseillés pour tous les passagers.

**Caravane et camping-car**
Les camping-cars ou voitures avec caravane ne peuvent pas dépasser 4 m de haut, 2,55 m de large et 18,75 m de long (la caravane elle-même ne doit pas dépasser 12 m de long).

**Vélo**
Le port du casque n'est pas obligatoire.
Par temps sombre (ou en cas de visibilité réduite), le gilet réfléchissant est obligatoire. Vous pouvez transporter un passager sur le porte-bagages (les enfants jusqu'à 7 ans doivent toutefois disposer d'un siège spécifique). Téléphoner ou utiliser son téléphone à vélo est interdit.
Rouler côte à côte est interdit le soir en dehors des agglomérations. Les enfants jusqu'à 10 ans doivent rouler à la droite d'une personne adulte.

## Péage et zones environnementales

**Péage**
Presque toutes les autoroutes sont à péage. Vous devez également vous acquitter d'un péage pour le tunnel du Mont Blanc, le tunnel Fréjus et le tunnel du Grand-Saint-Bernard. Vous pouvez payer en espèces, par carte de crédit, carte de banque ou par carte prépayée (Viacard) sur laquelle se trouve un montant pour les péages. Pour plus d'informations : ***autostrade.it***.
Sur l'A36 (Pedemontana Lombarda) à Milan, vous ne pouvez payer que par carte. Les plaques d'immatriculation sont enregistrées à l'aide de caméras. Vous devrez donc payer dans les 15 jours après votre passage via ***apl.pedemontana.com***.
**Conseil !** Si vous avez le badge de télépéage français, vous pouvez aussi l'utiliser pour payer en Italie. Pour plus d'informations : ***bipandgo.com***.

**Zones à circulation limitée**
De nombreuses villes, notamment Rome, Milan et Florence, ont instauré une « Zona a Traffico Limitato » (ZTL) pour limiter le trafic et la pollution.

**Limitations de vitesse**

| | En dehors des agglomérations | Autoroute |
|---|---|---|
| Voitures | 90/110* | 130** |
| Avec remorque | 70 | 80 |
| Camping-car <3,5 tonnes | 90/110* | 130** |
| Camping-car >3,5 tonnes | 80 | 100 |

**Sur le réseau secondaire, c'est 90 km/h et sur les routes normales, 110 km/h.*
***Sur certaines portions d'autoroute, la vitesse est parfois limitée à 150 km/h.*

En cas d'averses ou si vous avez votre permis depuis moins de 3 ans,vous ne pouvez pas dépasser les 90 km/h sur les toutes normales et 110 km/h sur l'autoroute.

En agglomération, la vitesse est limitée à 50 km/h (parfois 70 km/h si c'est indiqué par des panneaux).

Ces zones sont indiquées par des panneaux. Les règles varient selon l'endroit. **Attention !** Des caméras enregistrent les plaques des voitures qui circulent en ZTL. L'amende en cas de non-respect peut être élevée. Si jamais vous entrez et sortez plusieurs fois d'une de ces zones par accident, par exemple pour chercher une place de parking, vous recevrez une amende à chaque fois.
Pour plus d'informations : ***accessibilitacentristorici.it***.

## Pannes et accidents

Placez votre triangle de présignalisation au moins 100 m (ailleurs à 50 m) derrière votre véhicule si celui-ci n'est pas visible pour la circulation. Tous les passagers doivent porter un gilet réfléchissant.
En cas de panne, vous devez appeler votre assurance. Vous pouvez aussi appeler la sécurité routière italienne (ACI) au numéro 800 116 800 (pour les téléphones étrangers) ou au 803 116 (pour les téléphones italiens). Vous pouvez joindre l'assistance via les bornes téléphoniques.
Le remorquage est interdit sur les autoroutes et sur les grandes routes.

**Numéros d'urgence**
112 : numéro d'urgence national pour la police, les pompiers et les ambulances
**Attention !** Le numéro général 112 est le numéro de la police locale dans une partie de l'Italie. Il vaut donc peut-être mieux appeler directement les numéros suivants :
113 : police.
115 : pompiers.
118 : ambulances.

## Camper

En Italie du Nord (Tyrol du Sud, Trentino, Lac de Garde et Toscane) se trouvent des campings appartenant aux meilleurs d'Europe. Les campings en Italie du Sud sont, sauf exception, de moins bonne qualité que ceux du nord. La Sicile et la Sardaigne sont de plus en plus populaires et les campings y sont pleins à la saison haute. Le nord de la Sardaigne est surtout prisé des plongeurs et surfeurs.
Dans les Alpes et les Dolomites, vous trouverez des campings de haute altitude, qui sont parfois difficilement accessibles en cas de chutes de neige. Les campings de montagne à plus de 1000 m d'altitude sont dédiés aux campeurs sportifs et

offrent peu d'équipements.
Les campings italiens sont souvent situés sur de grands terrains et proposent de nombreux équipements, comme des magasins, des restaurants et des piscines.
Le camping sauvage est généralement interdit, sauf avec l'autorisation du propriétaire du terrain.

**Particularités**
Le système de classification italien (avec des étoiles) indique surtout le nombre d'équipements présents sur les terrains de camping et ne sont pas forcément représentatifs de la qualité.
Tenez compte des suppléments pour les installations et les animations. De nombreuses piscines extérieures ne sont ouvertes qu'à partir de fin mai. Souvent, le port du maillot est obligatoire, les boxers, bermudas et autres sont interdits pour des raisons d'hygiène. Pour les dames, le bonnet est souvent obligatoire. Sur les terrains de camping italiens, il est obligatoire de s'identifier avec une pièce d'identité. Cette pièce d'identité est gardée à la réception des campings pendant tout le séjour. Il est conseillé de demander à la réception de faire une copie et de récupérer l'original.

**Caravane et camping-car**
Remarque : manœuvrer un camping-car ou une caravane peut s'avérer difficile dans les vieilles villes italiennes et dans les petits villages.
L'Italie offre de nombreuses possibilités de séjourner en camping-car sur les parkings le long des routes et en dehors des campings. Souvent, les équipements tels que le raccordement à l'eau ou à l'électricité sont disponibles moyennant paiement. Passer la nuit à ces endroits est autorisé sauf dans les zones Presidio Ecologico (indiquées par des panneaux).

**Chercher un camping**
Pour chercher et choisir un camping, le plus simple est d'utiliser le site ***Eurocampings.eu***. Il est conseillé de réserver votre camping assez longtemps à l'avance, surtout si vous souhaitez partir en haute saison.

## Infos pratiques
Les prises électriques disposent de deux trous ronds (type C et F) ou de trois trous ronds les uns au dessus des autres (type L), il existe également des prises universelles. Sur le site ***iec.ch/world-plugs***, vous pouvez vérifier si vous avez besoin d'un adaptateur (prise universelle).
Protégez vous contre les tiques, elles peuvent transmettre des maladies.
Vous pouvez boire l'eau du robinet sans problème, mais de nombreuses personnes préfèrent l'eau en bouteille à cause du goût souvent prononcé de chlore. Ne buvez pas l'eau des robinets où il est écrit « acqua non potabile » (eau non potable).

## Etroubles, I-11014 / Valle d'Aosta

2522

Camping Tunnel International***
Str. Chevrieres 4
+39 0 16 57 82 92
1/1 - 9/1, 22/1 - 30/4, 27/5 - 8/10, 3/12 - 31/12
info@campingtunnel.it

1,6ha 45T(60-80m²) 6A CEE

1 ACDGIJKLMNOPST
2 JMNSWXY
3 ACGIJKOPSUW
4 (A 6/6-15/9)(B+G 15/6-15/9) K(T+U 1/6-15/9) (V 1/1-4/1,1/6-15/9) (X+Z 1/6-15/9)
5 ABDGIJKLMNPUVWXY
6 ACDEGK(N 0,05km)OTV

Camping en terrasses bien entretenu avec une vue panoramique magnifique non loin du tunnel du Grand St. Bernard. Possibilité de faire de belles randonnées en haute montagne à partir du camping. Bon camping de passage aussi. On peut faire des courses à proximité.

A partir du tunnel du Grand St. Bernhard, après le pont à Etroubles directement à droite, où le camping est indiqué.

CC € 20 22/1-30/4 27/5-30/6 21/8-8/10 3/12-16/12

N 45°49'08'' E 07°13'45''

## Morgex, I-11017 / Valle d'Aosta

2523

Camping Arc en Ciel*
Strada Feysoulles 9
+39 01 65 80 92 57
1/1 - 3/11, 5/11 - 31/12
info@campingarcenciel.it

1,3ha 85T(70m²) 2-6A

1 ACDGIJKLMNOPST
2 IMNSXYZ
3 ASU
4 (B 15/6-31/8)(Q ⊶) (V+X 1/7-31/8)(Z ⊶)
5 AGIJKLMNOPUVWZ
6 CDEGJ(N 2km)OV

Ce camping verdoyant et tranquille, avec des sanitaires rénovés, se trouve entre Courmayeur et Morgex. Supermarché et bains thermaux à 2 km. Bonne base pour découvrir les environs superbes : val Ferret (Mont Blanc) et les vallées de Grand Paradiso. Pizzeria le weekend.

Tunnel du Mont Blanc vers Aosta (SS26). A Morgex, premier rond-point 3e sortie derrière la station-service vers Dailly (panneau de camping brun).

CC € 22 10/1-30/6 1/9-31/10

N 45°45'47'' E 07°00'37''

## Sarre, I-11010 / Valle d'Aosta

2524

Camping Monte Bianco**
Fraz. St. Maurice 15
+39 01 65 25 85 14
1/5 - 30/9
info@campingmontebianco.it

0,7ha 60T(80-100m²) 6A CEE

1 ABGIJKLMPST
2 CIJMSWXYZ
3 AOSW
5 AGIJKMNOPUV
6 ACEGK(N 0,5km)O

Petit camping bien entretenu et verdoyant, sous des arbres feuillus. Situé dans la vallée d'Aosta, belle animée, du côté italien du plus haut sommet d'Europe. Près des hautes vallées du Gran Paradiso, Val Ferret et Valpelline.

D'Aosta, SS26 vers Courmayeur. A Sarre, 2ième camping sur la gauche.

CC € 20 1/5-8/7 1/9-30/9

N 45°43'00'' E 07°15'42''

## Agliano Terme, I-14041 / Piemonte

iD **2525**

Camping International Le Fonti****
Via alle Fontane 54
+39 01 41 95 48 20
18/3 - 30/10
info@campinglefonti.eu

2,8ha 78T(20-50m²) 6A

1 ABCDGHIJKLMNO**P**ST
2 AIMNOSTVXYZ
3 CIKLMNSU
4 (B+G 14/5-11/9)(Q)
(T+U+V+X+Z 11/4-20/9)
5 **A**FGIJKLMNOPUVWXZ
6 ACEGHJ(N 3km)QTVX

Camping situé dans les collines d'une superbe zone naturelle. Terrasses et emplacements spacieux. Adapté aussi pour toute la famille. Excellente piscine, pizzeria et restaurant. Personnel amical et serviable. Adapté pour randonnées et tours à vélo. Belle piscine.

A21 Torino-Alessandria, sortie Asti-Est, vers Alba. Puis sortie Turchino route 456, puis à droite vers Agliano Terme. Serrer à droite, camping bien indiqué.

CC € 22 *18/3-6/6 5/9-30/10*

N 44°47'49'' E 08°14'31''

## Baveno/Oltrefiume, I-28831 / Piemonte

iD **2526**

Camping Tranquilla
Via Cave Oltrefiume, 2
+39 03 23 92 34 52
8/4 - 9/10
info@campingtranquilla.it

1,8ha 60T(70-80m²) 6A CEE

1 ACD**G**IJKLOPSVT
2 IMNSWYZ
3 A**G**HS
4 (B+G 1/5-15/9)(Q+T+Z)
5 **AB**FGIJKLMNOPUV
6 ACEGHJ**K**(N 1,5km)QTV

Camping très bien entretenu avec des équipements simples, dans un endroit calme à 1 km du Lago Maggiore.

Dans le centre de Baveno, prendre la direction Verbania. A 1 km à gauche, garder la direction Oltrefiume. Le camping est indiqué sur cette route.

CC € 18 *8/4-30/6 1/9-9/10*

N 45°54'43'' E 08°29'22''

## Cannobio, I-28822 / Piemonte

iD **2527**

Camping Del Sole**
Via Sotto i Chiosi 81/a
+39 0 32 37 07 32
1/1 - 9/1, 11/2 - 31/12
info@campingsole.it

1ha 100T(32-64m²) 6A CEE

1 ABCD**G**IJKLMOPST
2 CQSUWZ
3 CIKL**O**P**R**SWX
4 (B 20/5-20/9)
(Q+R+T+U+V+Y+Z)
5 **AB**CFGHIJKLNPQUWXYZ
6 ABCDEGK(N 0km)OTV

Un camping sympathique au bord d'une petite rivière près de Cannobio. Les emplacements sont ombragés. Il y a une piscine et un restaurant délicieux.

E35, sortie Locarno direction Brissago. A Cannobio le camping est indiqué à gauche. A gauche après le 1ier pont, puis directement à droite.

CC € 20 *1/1-9/1 11/2-13/4 18/4-25/5 19/6-14/7 4/9-31/12*

N 46°04'00'' E 08°41'42''

## Cannobio, I-28822 / Piemonte

**2528**

Holiday Camp Bosco**
Strada Nazionale km 35+400
+39 03 23 73 96 47
12/4 - 2/10
campingbosco@holidaycamp.it

0,8ha 26T(50-120m²) 4A CEE

1 ABCD**G**HIJKL**P**ST
2 BEJMNOQSUZ
3 AWZ
4 (Q+R+S+Z)
5 **A**GIJK**L**MO**P**UY
6 EGJ(N 2km)ORTV

Le camping Bosco est situé juste avant le petit beau village Cannobio. Camping a son propre plage et une vue splendide sur Le Lac Majeur (Lago Maggiore).

N2, sortie Locarno direction Brissago. Avant Cannobio, le camping est indiqué sur la droite.

€ 20 *24/4-22/5 19/6-30/6 1/9-2/10*

N 46°04'41'' E 08°41'36''

## Castelletto Ticino, I-28053 / Piemonte

**2529**

Camping Lido Verbano
Via Sempione, 100
+39 03 31 92 35 42
15/3 - 15/10
info@campinglidoverbano.com

6,7ha 100T(80-110m²) 6-10A CEE

1 BCD**G**IJLMOPQ
2 FIJNOSUWYZ
3 ACHIK**O**PSUVZ
4 (Q 1/7-31/8)
(T+U+V+X+Z)
5 **AB**EFGIJKLMNOPUV
6 ACEGHK(N 0,1km)TUV

Camping bien entretenu avec de nombreux équipements fixes et places pour les bateaux. Emplacements très spacieux et bien entretenus près du lac. Un bar sur la plage rend la pelouse et la plage agréables. L'école de 'wakeboard' est unique.

E62 sortie Castelletto Sodra Ticino direction Arona. Camping sur la droite à environ 3 km.

€ 20 *15/3-2/7 28/8-14/10*

N 45°43'12'' E 08°37'04''

## Castelletto Ticino/Novara, I-28053 / Piemonte

**2530**

Camping Italia Lido**
Via Cicognola 104
+39 03 31 92 30 32
12/3 - 16/10
info@campingitalialido.it

2ha 65T(50-70m²) 6A CEE

1 BCD**G**IJLNO**P**QV
2 AFIMNSUWXYZ
3 CHPS**WZ**
4 (B 15/5-15/9)
(Q+T+U+V+X+Z)
5 **AB**GIJKLMNOPUVZ
6 ACEGJ(N 2km)TU

Camping tranquille avec une belle plage de sable au bord du lac Maggiore. Depuis l'été 2017, le camping a une piscine flottante dans le lac (unique en Italie). Le séjour avec Campingcard doit être payé en espèces.

Le camping est juste au bord du Lago Maggiore, sur la gauche entre Dormelletto et Sesto Calende.

€ 18 *12/3-15/4 19/4-31/5 10/6-2/7 22/8-16/10*

N 45°43'28'' E 08°36'33''

## **Chiusa di Pesio**, I-12013 / Piemonte

2531

Camping Pian Bosco
Loc. Pian Bosco 12
+39 34 73 33 26 30
1/4 - 26/9
info@campeggiopianbosco.com

2,7ha 36T(45-60m²) 4-8A CEE

1 ABGIJKLMOST
2 BLMNSUZ
3 ACHIKNP
4 (**B**+**H** 1/7-31/8) (Q+T+U+X+Z)
5 DEGIJKLMNO**P**UVXZ
6 EJ(N 1,6km)OTU

Petit camping très tranquille. Point de départ idéal pour les randonnées VTT.

Le camping est sur la route de Chiusa à Villanova, à ± 1 km de Chiusa.

CC € 12 *1/4-30/6 20/8-26/9*

N 44°18'50'' E 07°41'40''

## **Dormelletto**, I-28040 / Piemonte

2532

Camping Eden
Corso Cavour 59
+39 03 22 49 75 24
15/3 - 31/10
info@campingeden.it

3ha 50T 6A CEE

1 BCD**F**HIJKLMNO**P**RS
2 AEIJNOSXYZ
3 CHPS**W**Z
4 (B+G 15/5-15/9) (Q+T+U+V+X+Z)
5 **AB**GIJKMNOPQUVWXZ
6 ACEGK(N 1km)OTV

Petit camping tranquille avec de bonnes possibilités pour nager au bord du Lago Maggiore. Le camping est équipé d'un snack-bar, plats à emporter, d'une pizzeria et d'un restaurant.

D' Arona vers Sesto Calende. Le camping est sur la gauche et il est clairement indiqué par un panneau.

CC € 22 *15/3-10/7 29/8-31/10*

N 45°43'53'' E 08°34'35''

## **Dormelletto**, I-28040 / Piemonte

2533

Camping Röse***
Via E. Fermi 3
+39 03 22 49 79 79
1/4 - 30/9
info@campingrose.it

1,2ha 32T(60-80m²) 6A CEE

1 BCD**G**HIJKLPQVW
2 AFISWYZ
3 AMS**W**Z
4 (B )P(Q+T+V+X+Z )
5 **AB**GIJKMNOPUXY
6 CEGK(N 0,5km)TV

Beau petit camping bien entretenu près du Lago Maggiore à Dormelletto. Environnement très tranquille et plage privée. Nouvelle piscine avec whirlpool. Idéal pour y passer de bonnes vacances et pour découvrir la région.

D'Arona vers Sesto Calende. A la hauteur de Dormelletto, suivre le panneau de camping à gauche.

CC € 20 *1/4-30/6 1/9-29/9*

N 45°44'12'' E 08°34'38''

## Dormelletto, I-28040 / Piemonte

2534

Camping Smeraldo***
Corso Cavour 131
+39 03 22 49 70 31
1/3 - 31/10
info@camping-smeraldo.com

2,4ha 35T(60-80m²) 6A CEE

1 BCDGHIJKLPQV
2 AEINOSWYZ
3 AOPSWZ
4 (B 1/6-31/8) (Q+T+U+V+X+Z)
5 ABGIJKLMNOPUVWZ
6 ACFGK(N 0,3km)TUV

Situé dans un environnement verdoyant avec assez d'ombre. Bar agréable, restaurant et pizzeria. Piscine attirante, rampe de halage pour les bateaux et possibilité de pratiquer tous les sports nautiques sur le Lago Maggiore.

D'Arona, suivre la direction Castelletto. Camping sur la gauche un peu après Dormelletto.

CC € 22 1/3-13/4 19/4-30/6 29/8-31/10

N 45°43'18'' E 08°35'05''

## Dormelletto, I-28040 / Piemonte

2535

Camping Village Lago Maggiore***
Via Salvador Dalí
+39 03 22 49 71 93
1/4 - 30/9
info@lagomag.com

5ha 200T(60-90m²) 6A CEE

1 BCDGIJKLMOPQV
2 AEISWYZ
3 CHIMOPSUWZ
4 (B 15/5-15/9) (Q+S+T+U+V+Y+Z)
5 ABEFGIJKLMNOPUVW
6 ACEGHKLM(N 0,1km)RTUV

Situé juste au bord du splendide Lago Maggiore. Equipé de tous les conforts pour les campeurs, avec de grands emplacements bien entretenus, restaurants, deux plages avec bar lounge, plusieurs terrains de sport et piscines. Paiement seulement en espèces.

A partir d'Arona direction Sesto Calende. Le camping est clairement indiqué par un panneau à gauche de la route.

CC € 22 1/4-3/7 5/9-30/9

N 45°44'07'' E 08°34'31''

## Feriolo di Baveno, I-28831 / Piemonte

2536

Camping Orchidea***
Via 42 Martiri, 20
+39 0 32 32 82 57
31/3 - 10/10
info@campingorchidea.it

3ha 220T(60-80m²) 6A CEE

1 ACDGIJKLMPQV
2 AFIJNSWYZ
3 CGIKMPSWZ
4 (C+H 16/4-2/10) (Q+S+T+U+V+Y+Z)
5 ABEFGIJKMNOPUW
6 ACFGHKM(N 1km)RTV

Camping très bien entretenu avec une magnifique plage de sable au bord du Lago Maggiore, à proximité du petit village Feriolo. Beau terrain de sport pour les jeunes et aire de jeux adaptée pour les enfants. Wi-fi et piscine ne sont pas inclus au CCA.

Le camping est sur la route entre Verbania-Fondotoce et Feriolo. L'entrée est bien indiquée sur cette route. Ne pas suivre le GPS.

CC € 20 31/3-3/6 11/6-1/7 17/9-10/10

N 45°56'01'' E 08°28'52''

## Feriolo di Baveno, I-28831 / Piemonte

2537

Camping Village Conca d'Oro***
Via 42 Martiri 26
+39 0 32 32 81 16
7/4 - 3/10
info@concadoro.it

7ha 250**T**(70-100m²) 6A CEE

**1** BCD**F**IJKLMPQ
**2** AEINSWYZ
**3** A**G**IKMNP**Q**SU**W**Z
**4** (Q+S+T+U+V+Y+Z )
**5** **AB**EFGIJKMNOPUVW
**6** ACEGH**K**M(N 1km)OTV

Camping avec de nombreux équipements d'excellente qualité. Situé au calme. Plage de sable privée au bord du pittoresque Lago Maggiore.

Le camping est entre la rotonde à Fondotoce di Verbania et Feriolo, directement au bord du Lago Maggiore.

CC € 20 *7/4-3/6 11/6-1/7 17/9-2/10*

N 45°56'11'' E 08°29'11''

## Fondotoce/Verbania, I-28924 / Piemonte

2538

Camping La Quiete**
Via Turati 72
+39 03 23 49 60 13
9/4 - 3/10
info@campinglaquiete.it

2,8ha 150**T**(60-70m²) 6A CEE

**1** BCD**G**IJKL**P**Q
**2** ACFINSWYZ
**3** CD**G**IKPSU**W**Z
**4** (Q+R+T+U+V+X+Y+Z )
**5** **AB**GIJKLMNOPU
**6** ACEGK(N 1,5km)TUV

Camping avec des équipements sobres, juste au bord du lac de Mergozzo qui est propre et paisible. Superbe vue sur le lac jusqu'aux Alpes. Piste cyclable directement à partir du camping.

Le camping est entre Mergozzo et Fondotoce, directement le long du lac (SS34). La distance jusqu'au centre de Mergozzo est d'environ 2 km.

CC € 18 *9/4-25/5 20/6-1/7 1/9-3/10*

N 45°57'13'' E 08°28'37''

## Garbagna, I-15050 / Piemonte

2539

Piccolo Camping E Maieu**
Strada per Ramero 10
+39 33 91 46 62 87
1/4 - 30/9
emaieu@camping.it

6ha 45**T**(30-70m²) 3-10A CEE

**1** BD**G**IJKLPQ
**2** BJMNSUVWXYZ
**3** **G**IKSU
**4** (B 1/6-30/9)
**5** **A**GIJKLMNOPUVX
**6** AEGJ(N 0,5km)

Petit camping en terrasses très tranquille dans un cadre vallonné, ambiance naturelle. Sanitaires propres. Bon camping d'étape. Itinéraires de randonnée. A une heure en auto de la Méditerranée. A 30', outlet de toutes les grandes marques.

A7 Milano-Genova, sortie Vignole B. Après le péage à droite, direction Garbagna. A 7 km suivre la route à gauche (direction Garbagna). Après le tunnel encore 3 km. Dans le village, suivre les panneaux 'E Maieu' et 'camping'.

CC € 20 *1/4-30/6 1/9-30/9*

N 44°46'56'' E 08°59'19''

## Orta San Giulio, I-28016 / Piemonte

2540

Camping Cusio**
Via S. Giovanni Bosco 5
+39 0 32 29 02 90
1/4 - 30/10
info@campingcusio.it

3ha 45T(42-49m²) 6A

**1** BCDGIJKLN**P**Q
**2** JNSYZ
**3** AIL**O**S
**4** (B 15/6-15/9)(V 1/6-30/9)
(X 1/7-31/8)(Z)
**5** **AB**DGIJKMNO**P**UV
**6** ACEGJ(N 3km)T

Camping dans un environnement tranquille avec une piscine attrayante, à proximité du lac d'Orta.

De Gravellona Toce direction Omenia. Puis par le tunnel vers Orta le long du lac jusqu'au rond-point. A gauche et camping indiqué. Suivre les panneaux, camping sur la gauche.

CC € 18 *1/4-30/6 1/9-30/10*

N 45°47'51'' E 08°25'15''

## Orta San Giulio, I-28016 / Piemonte

2541

Camping Orta**
Via Domodossola 28
+39 0 32 29 02 67
12/3 - 31/12
info@campingorta.it

3,6ha 80T(70-80m²) 6A CEE

**1** BCD**G**IJKLOPQ
**2** FIMNOQSUWYZ
**3** AISU**WZ**
**4** (Q+R+T+V+X+Z)
**5** **AB**FGIJKLMNOPUV
**6** AFG**KM**(N 2km)OTW

Petit camping bien entretenu, situé dans un environnement très vert au bord du lac d'Orta. Pour les emplacements au bord du lac, il faut payer un supplément. Le séjour avec Camping Card doit être payé en espèces.

Le camping est entre Gozzano et Omegna 229 à 2 km environ après le croisement avec Orta San Giulio. Situé au bord du lac.

CC € 20 *12/3-30/6 1/9-31/12 7=6, 14=12*

N 45°48'04'' E 08°25'16''

## Pettenasco, I-28028 / Piemonte

2542

Camping Royal**
Via Pratolungo 32
+39 03 23 88 89 45
1/3 - 31/10
info@campingroyal.com

1,8ha 40T 5A CEE

**1** ACD**F**HIJKLOPSVT
**2** MNSUWYZ
**3** ACIMNS
**4** (**B** 1/6-15/9)(Q)
(R 15/4-15/9)(T 15/4-17/9)
(V+Z 15/4-15/9)
**5** **AB**DGIJKMNO**P**UVW
**6** ACEG**J**(N 3km)ORTX

Camping bien entretenu dans un environnement très tranquille avec vue magnifique sur le lac d'Orta situé plus bas.

Pettenasco se trouve à mi-chemin entre Gravellona Toce et Borgomanero. Dans le centre de Pettenasco, suivre les indications pour le camping sur 3 km.

CC € 18 *1/3-6/7 26/8-31/10 7=6, 14=11, 21=17*

N 45°49'25'' E 08°24'51''

## Peveragno, I-12016 / Piemonte

2543

Camping Il Melo**
Via dello Sport 1
+39 01 71 38 35 99
11/1 - 6/2, 28/3 - 30/11
info@campingilmelo.it

1,3ha 40T(60-70m²) 6A CEE

1 ABGHIJKLOST
2 CLMNSXYZ
3 AGHIKNOPS
4 (A 1/5-30/9)(B 1/6-31/8) (T+U+V+X+Z)
5 ABDEGIJKLMNOPUVZ
6 ACEGJ(N 1km)T

A 800 mètres du village, au coeur d'une nature verdoyante typiquement montagnarde. Situé sur un plateau ensoleillé et panoramique au pied d'un sommet de 2400m. Comme une oasis de calme pour ceux qui aiment la nature, les randonnées et une belle piscine.

De Cuneo et de Mondovi, dans Peveragno, monter en face de la station-service vers San Giovenale, puis suivre les panneaux de camping.

€ 18 11/1-6/2 1/4-30/6 1/9-28/10 12=10

N 44°19'39" E 07°36'19"

## Pianezza, I-10044 / Piemonte

2544

Camping Bella Torino
Via Grange, 71
+39 01 19 67 81 19
1/1 - 6/1, 1/3 - 31/12
info@campingbellatorino.com

2,8ha 65T(80m²) 3-6A CEE

1 ACDGIJKLMOPS
2 ISVWXYZ
3 CIK
4 (Q)(T+Z 1/4-30/9)
5 ADEGIJKMNPUWZ
6 EGJL(N 3km)T

Nouveau camping avec des gérants enthousiastes. Parfaitement situé pour visiter Turin. Petit bus vers les transports publics de Turin.

Après la A4, suivre la A55. Sortie Pianezza/Alpignano/Sangillo, suivre SP24. Au 2e rond-point, 1re sortie. Suivre le panneau de camping sur la droite.

€ 16 1/3-14/4 19/4-8/7 25/8-23/12 7=6, 14=12

N 45°07'32" E 07°33'27"

## Solcio di Lesa, I-28040 / Piemonte

2545

Camping Solcio**
Via al Campeggio
+39 03 22 74 97
12/3 - 17/10
info@campingsolcio.com

1,5ha 150T(60-80m²) 6A CEE

1 ABCDGIJKLMOP
2 AFIJNOSWYZ
3 AMPSUWZ
4 (R+T+U+V+X+Y+Z)
5 ABEFGIJKLMNOPUVW
6 ACEGHK(N 0,5km)OTUV

Camping tranquille avec de bons équipements, accessible à pied à partir de la petite église de Solcio et situé juste au bord du Lago Maggiore. Le restaurant est de très bonne qualité.

Entre Stresa et Arona se trouve Solcio di Lesa. En face de l'église prendre la petite rue direction 'Lago'. L'entrée du camping est à 50 mètres.

€ 22 12/3-7/7 24/8-17/10

N 45°48'57" E 08°33'00"

## Albenga, I-17031 / Liguria

**2546**

Camping Bella Vista***
Via Campore 23
+39 32 95 92 36 83
1/1 - 15/1, 20/3 - 15/11, 15/12 - 31/12
campingbellavista@hotmail.com

1,2ha 58T(50-80m²) 6A CEE

1 BCD**G**IJKLMOPRS
2 ILMSUWXYZ
3 C**G**KLNS
4 (A+B+G+Q+R+U+X+ Z 1/5-30/9)
5 **AB**DFGIJKMOPUVWXYZ
6 ACEGK(N 1,5km)T

Camping verdoyant et fleuri plein d'ambiance géré par des néerlandais. À 1,5 km de la mer. Grande piscine et pataugeoire avec parasols et lits. Sanitaires propres. Activités: faire des randonnées et manger au restaurant.

A10, sortie Borghetto SS vers Ceriale. A Ceriale, au rond-point ovale à droite. Aux feux, à droite. Suivre les panneaux, plutôt que le GPS.

N 44°05'03'' E 08°12'35''

CC € 18 *21/3-8/7 29/8-15/11*

## Albenga, I-17031 / Liguria

**2547**

Camping Delfino**
Via Aurelia 23
+39 0 18 25 19 98
7/4 - 29/9
info@campingdelfino.it

1,7ha 133T(52m²) 6A CEE

1 BCDGHIJKLMOPST
2 AGIJPSUWXYZ
3 AC**G**IKLSUWY
4 (**B**+**G** 1/6-26/9)**KP** (Q+S+T+U+V+Y+Z)
5 **A**GHIKMO**P**UVZ
6 ACDEFG**K**(N 0,5km)OTV

Camping au bord de la mer. Beaucoup d'ombre grâce à la végétation naturelle et aux auvents. Nombreux emplacements pour les campeurs d'étape. Bons équipements sanitaires. Le camping dispose d'un magasin, un bar/restaurant, une pizzeria. Piscine payante à l'hotel adjacent.

A10, sortie Albenga dir Alassio/Imperia (Strada Panoramica). Après le tunnel, à gauche à 150m. Le camping est bien indiqué.

N 44°02'09'' E 08°12'28''

CC € 20 *7/4-15/4 19/4-22/4 26/4-31/5 5/6-9/7 28/8-28/9*

## Ameglia, I-19031 / Liguria

**2548**

Camping River***
Località Armezzone
+39 0 18 76 59 20
14/4 - 30/9
info@campingriver.it

4ha 190T(75-100m²) 6-10A CEE

1 ABCD**G**HIJKLMNOPQ
2 CIJSUWXYZ
3 C**G**M**O**PSUW
4 (A 15/6-31/8)(B+G 1/6-15/9) (Q+S+T+U+V+W+X+Z)
5 **AB**FGIJKLMNOPUVZ
6 CDEGHJ(N 0,7km)QRTV

Camping calme, au bord d'une rivière et près de la mer. Beaux emplacements et une grande piscine. Point de départ pour les visites de Pisa, Lucca et autres curiosités touristiques. Il y a une base d'atterrissage pour les hélicoptères dans les environs.

A12 Genua-Livorno, sortie Sarzana vers Lerici. A ± 3 km suivre Bocca di Magra (S432). Camping clairement indiqué après le panneau Ameglia. Nouvelle entrée de cp. N'utilisez pas le GPS.

N 44°04'33'' E 09°58'12''

CC € 18 *14/4-30/6 28/8-30/9*

## Ceriale/Savona, I-17023 / Liguria

2549

Bungalow Camping Baciccia***
Via Torino 19
+39 01 82 99 07 43
1/1 - 10/1, 1/4 - 16/10, 20/12 - 31/12
info@campingbaciccia.it

1,5ha 110T(45-70m²) 6A CEE

1 ABCD**G**IJKLMNOPST
2 AGIJPQSUXYZ
3 C**G**IKLMPSWY
4 (B+G 1/4-17/10) (Q+R+T+U+V+Y+Z)
5 **AB**FGIJKLMNOPUVWXYZ
6 ACEG**K**(N 0,2km)ORTV

Camping familial avec des emplacements ombragés à 500 mètres de la mer. Sanitaires bien entretenus. Piscine ouverte d'avril à fin octobre. En période hors saison, emplacements plus grands et la voiture sur l'emplacement. Idéal pour des excursions à Castelvecchio, Zuccarello, aux grottes de Toirano, Cinque Terre.

A10, sortie Borghetto Santo/Spirito, puis SS1 'Via Aurelia' vers Ceriale. A Ceriale suivre les panneaux. Au rond-point au Lidl à droite. Camping à 200m à gauche.

CC € 20 *1/1-10/1 1/4-13/4 20/4-16/6 5/9-16/10 20/12-31/12* *10=9, 14=12*

N 44°04'54'' E 08°13'04''

## Déiva Marina, I-19013 / Liguria

2550

Camping La Sfinge
Località Gea
+39 01 87 82 54 64
1/4 - 1/11
info@campinglasfinge.com

1,8ha 110T(20-90m²) 3A CEE

1 ACD**G**IJKLMOPRS
2 IJMSUWYZ
3 CI
5 **AB**GIJKLMNPUVW
6 ABCEGK(N 0,1km)OQT

Camping sympathique et plein d'ambiance avec suffisamment d'emplacements ombragés; pour les tentes, terrain en terrasses sous les arbres. Excellents sanitaires. Bon point de départ pour une visite à entre autres Cinque Terre. Déiva a une gare ferrovière, pour utiliser les transports en commun à des fins touristiques ou autres.

A12 Genova-La Spezia, sortie Déiva Marina. A environ 4 km direction Déiva Marina. Indiqué par des panneaux, à droite de la route.

CC € 18 *1/4-30/6 1/9-1/11*

N 44°13'35'' E 09°33'00''

## Déiva Marina, I-19013 / Liguria

2551

Camping Valdeiva***
Località Ronco
+39 01 87 82 41 74
1/1 - 11/1, 11/2 - 6/11, 7/12 - 31/12
camping@valdeiva.it

4ha 65T(15-56m²) 3A CEE

1 ACDGIJKLMNOPS
2 IJMSUWXYZ
3 CIS
4 (B+G 1/6-15/9)(Q) (R+T+U+V+X+Z 15/6-15/9)
5 **AB**GIJKLMNOPUV
6 CEGHJ(N 0,3km)QRTV

Camping familial avec assez de plantations donnant de l'ombre. Equipé d'un magasin de camping et d'un restaurant. Il y a une piscine. Transport gratuit vers la côte/la gare. Bien situé pour une visite à Cinque Terre.

A12 Genova-La Spezia, sortie Déiva Marina. ± 4 km vers Déiva Marina. Indiqué par des panneaux, sur la gauche, traverser le nouveau pont.

CC € 20 *1/1-11/1 11/2-30/6 1/9-6/11 7/12-31/12*

N 44°13'31'' E 09°33'02''

## Imperia, I-18100 / Liguria

2552

Camping De Wijnstok**
Via Poggi 2
+39 0 18 36 49 86
1/1 - 31/12
info@campingdewijnstok.com

0,8ha 40T(30-40m²) 6A CEE

1 ABCDGIJKLPST
2 GIJPQRTUWXYZ
3 AKLSWY
4 (Q+T+U+V+X+Z 1/6-15/9)
5 **A**FGIJKLMNO**P**UV
6 ACEGJ(N 0,3km)ORT

Camping typiquement italien au centre de la Rivièra des fleurs. Près de la mer. Camping géré par des italiens. Ouvert toute l'année.

Indiqué à environ 1,5 km à l'ouest d'Imperia (côté San Remo) sur la SS1 'Via Aurelia'. Sur le côté nord de la route. Ou à partir de la A10, sortie Imperia Ouest.

CC € 20 1/1-1/4 5/4-15/7 1/9-31/12

N 43°52'10'' E 07°59'52''

## Isolabona, I-18035 / Liguria

2553

Camping Delle Rose****
Regione Prati Gonter 4
+39 01 84 20 81 30
1/4 - 1/11
info@campingdellerose.eu

3ha 120T(30-80m²) 3-6A CEE

1 BCD**G**IJKLMNO**P**S
2 BCJMNSUWXYZ
3 ACILSU**W**
4 (**A** 8/7-25/8)(B+G+Q+R+T+U+V+X+Z 1/6-30/9)
5 **A**EFGIJKLMNOPUVZ
6 ADEGJ(N 2km)ORV

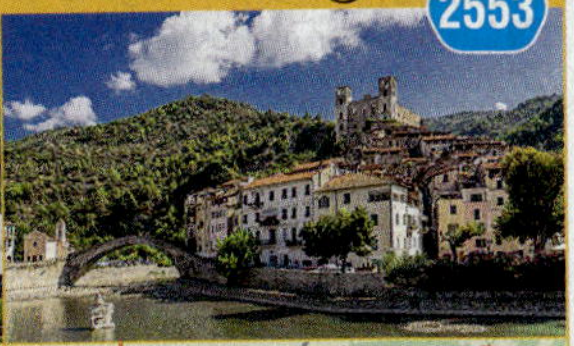

A 12 km des plages de la Riviera fleurie. Découvrez par exemple les villages médiévaux d'Apricale et de Dolceacqua, le ruisseau de Barbaira à Rocchetta Nervina, faites de la randonnée ou du VTT sur le Creste di Confine, entre les Alpes Ligures et les Alpes Maritimes.

A10, sortie Ventimiglia, vers la rue principale Aurelia. Traverser Ventimiglia et au rond-point Nervia à gauche, SP 64 du Val Nervia. Cp à droite à 2 km après Isolabona. Suivre les panneaux, pas le GPS !

CC € 16 1/4-10/7 28/8-1/11

N 43°53'40'' E 07°38'51''

## Laigueglia, I-17053 / Liguria

2554

Camping San Sebastiano*
Via San Sebastiano 23
+39 01 82 69 04 20
1/4 - 3/10
info@campingsansebastiano.it

1ha 90T(30-50m²) 3-6A CEE

1 BCDGINPS
2 ABGIJKMNPUWYZ
3 MNWY
4 (T+U+X+Z )
5 **AB**EGIKMPUVW
6 EGJ(N 0,1km)TV

Camping en terrasses magnifiquement situé dans une oliveraie, dans la ville de Laigueglia. Camping pour les campeurs en tente, qui ont une vue magnifique sur la mer. Les camping-cars et les caravanes sont les bienvenus en basse saison. À seulement 100 mètres de la mer et de la promenade.

A10, sortie Alassio/Laigueglia. Le camping est situé à Laigueglia, sur la SS1 (Via Aurelia). Attention : Au panneau de signalisation de la route, tournez immédiatement dans cette route!

CC € 20 1/5-23/6 1/9-30/9

N 43°58'23'' E 08°09'29''

**Pietra Ligure**, I-17027 / Liguria

2555

Camping Dei Fiori**
Viale Riviera 17
+39 0 19 62 56 36
28/3 - 28/10
info@campingdeifiori.it

2,5ha 130T(35-70m²) 6A CEE

1 ABCD**G**HIJKLMNOPSV
2 ILMNSUVWXYZ
3 CILMNSUY
4 (**A** 🔑)(B+G 20/5-10/10)
(Q+R+T+U+V 1/6-30/9)
(X 15/6-15/9)(Z 1/6-30/9)
5 **AB**EFGIJKLMNOPU
6 CEGK(N 0,6km)ORTVWX

Le camping se trouve dans un ancien domaine tranquille et paisible avec des oliviers centenaires. Le village et la mer sont à 600m. Le camping a une belle piscine et un bon restaurant. Des programmes sont organisés pour faire des randonnées, du trekking, du VTT. Le camping a des nouveaux sanitaires modernes et wifi gratuit.

Sur la A10, sortie Pietra Ligure. Juste après le péage à droite. Le camping est à 1,5 km à droite.

CC € 20 *28/3-14/4 27/4-30/5 7/6-7/7 5/9-28/10*

N 44°08'52'' E 08°16'04''

**Pietra Ligure**, I-17027 / Liguria

2556

Camping Pian dei Boschi***
Via Ponti 1
+39 0 19 62 54 25
1/4 - 6/11, 27/12 - 31/12
info@piandeiboschi.it

4ha 215T(30-80m²) 6A CEE

1 BCD**G**HIJKLNPSVT
2 AILMNSUWXYZ
3 COS
4 (B+G 14/5-10/10)
(Q+R+T+U+V+Y+Z 🔑)
5 **AB**DGIJKLMNOPUV
6 ABCEGK(N 1km)ORTV

A 700m de la mer. Places les plus ombragées à la sortie 'Pietra Ligure' (A10). Piscine, magasin, restaurant, wifi partout. Base pour randonnées, vélo et VTT. Pietra Ligure : Station balnéaire agréable, beau front de mer. On parle anglais. Visitez les petits villages de montagne de l'arrière-pays. Mi-mai à mi-septembre : navette gratuite pour plage privée payante.

A10, sortie Pietra Ligure. Juste après le péage à droite. Puis le camping est à gauche à ± 1,5 km.

CC € 22 *1/4-14/4 26/4-31/5 6/6-3/7 29/8-5/11*

N 44°08'57'' E 08°16'07''

**Sarzana (SP)**, I-19038 / Liguria

2557

Camping Iron Gate Marina 3B***
Viale XXV Aprile 54
+39 01 87 67 63 70
13/3 - 30/9
info@marina3b.it

12ha 540T(40-70m²) 3-6A CEE

1 ACDGHIJKLMNOPS
2 CIOSVWZ
3 CMSW
4 (B+G 1/5-15/9)
(Q+R 1/5-30/9)(T 1/6-30/9)
(V+Y+Z 🔑)
5 **AB**EFGIJKLMNOPUVXZ
6 ACDEGJM(N 2km)OT

Grand camping assez moderne au bord de la rivière Magra avec restaurant, piscine et pelouse au bord de la rivière. Beau point de départ pour les bateaux. Adapté pour visiter Cinque Terre.

A12 Genova-Livorno, sortie Sarzana direction Sarzana. Au 4e rond-point à droite vers Carrare/Marinella. A ± 3 km, avant le pont sur l'autoroute, à droite prendre le tunnel.

CC € 18 *13/3-30/6 1/9-30/9*

N 44°04'36'' E 09°58'52''

## Sestri Levante, I-16039 / Liguria

**2558**

Camping Fossa Lupara***
Via Villa Costa 31
+39 0 18 51 87 32 87
1/2 - 31/10
info@campingfossalupara.it

1,5ha 30T(30-50m²) 6A CEE

1 ABFIJKLMOPST
2 IJSTWXYZ
3 CHMOS
4 (Q+R+T+U+V+X+Z 1/6-26/9)
5 ABGIJKLMNOPUVWXZ
6 CDEGK(N 0,3km)OST

Camping sobre juste au bord de la A12. Non loin du centre agréable et de la plage. Bonnes liaisons ferroviaires vers Genua et Cinque Terre, qui valent une visite. Transport à la gare gratuit en juillet, payant hors saison.

A12 Genova-Livorno, prendre la sortie Sestri Levante, puis tournez directement à droite. Suivre les panneaux. Attention : n'utilisez pas le GPS, mais suivez les panneaux à cause du tunnel bas (évitez des dégâts).

CC € 18 *1/2-14/4 19/4-28/4 3/5-13/7 1/9-31/10*

N 44°16'26'' E 09°25'22''

## Sestri Levante, I-16039 / Liguria

**2559**

Camping Mare Monti***
Via Aurelia km 469
+39 0 18 54 43 48
20/3 - 16/10
info@campingmaremonti.com

2ha 50T(20-70m²) 6A CEE

1 ABCDGIJKLMOPS
2 IMNSUWY
3 CIS
4 (B 15/5-15/9)(G 15/5-30/9) (Q+R+Z)
5 ABEGIJKLMNOPUVXZ
6 CEGHK(N 2km)RT

Agréable camping familial plein d'ambiance, avec vue panoramique splendide sur les environs. Le camping est équipé d'une piscine et est adapté pour les caravanes et les tentes. Point de départ pour des excursions à Cinque Terre, Portofino et Gênes. Navette vers la gare (sur demande).

SS1 Aurelia, sortie Sestri Levante A12, direction La Spezia. Après Trigoso, 3ième camping à gauche. Chemin d'accès escarpé. GPS pas toujours fiable, choisissez SS1 vers Trigoso.

CC € 20 *20/3-30/6 1/9-16/10*

N 44°15'49'' E 09°26'31''

## Vallecrosia, I-18019 / Liguria

**2560**

Camping Vallecrosia**
Lungomare Marconi, 149
+39 01 84 29 55 91
14/4 - 15/10
info@campingvallecrosia.com

0,7ha 65T(35-80m²) 6A CEE

1 BCDGHIJKLMOPST
2 GIJNPSTWXYZ
3 ASUWY
4 (Q+T+U+V+Z)
5 AGIJKLMNOPUVWXZ
6 BCEGK(N 0,5km)ORTV

Petit camping tranquille au bord de la mer avec des emplacements délimités (barrières en bois) et des sanitaires impeccables. Le camping se trouve en grande partie sous de magnifiques vieux arbres. Sur la plage, zone séparée pour les chiens. Beau nouveau bar et lounge.

A10, sortie Ventimiglia vers San Remo/Bordighera. A Vallecrosia, suivre les panneaux de camping. Ne pas utiliser le GPS. A cause de la petite porte, prendre une rue plus loin.

CC € 22 *19/4-25/5 6/6-24/6 12/9-15/10*

N 43°47'03'' E 07°38'00''

## Anfo (BS), I-25070 / Lombardia

2561

Lago Idro Glamping Boutique*****
Via Carlo Alberto dalla Chiesa 7-9
+39 0 36 54 37 12
28/4 - 9/10
info@lagoidroglampingboutique.com

1,6ha 52T(100m²) 6-16A CEE

**1** BCD**G**IJKLMOPST
**2** FNPSWYZ
**3** ADIKLS**W**Z
**4** (B )KM (Q+R+T+U+V+X+Y+Z )
**5** **AB**EFGIJKLMNOPSUVWXYZ
**6** CEGKLNTV

Nouveau camping sur la rive du lac Idro. Avec des emplacements spacieux et tous les équipements nécessaires, tels qu'une piscine, des repas raffinés sur la terrasse ou dans le restaurant avec vue sur le lac et les montagnes. Nombreuses possibilités d'alpinisme et de sports nautiques. CCA st uniquement valable sur les emplacements standards.

A22 sortie Trento. Via SS45 dir Riva. A Sarghe via SS237 dir Tione Brescia. A Anfo à Lago d'Idro le camping est bien indiqué.

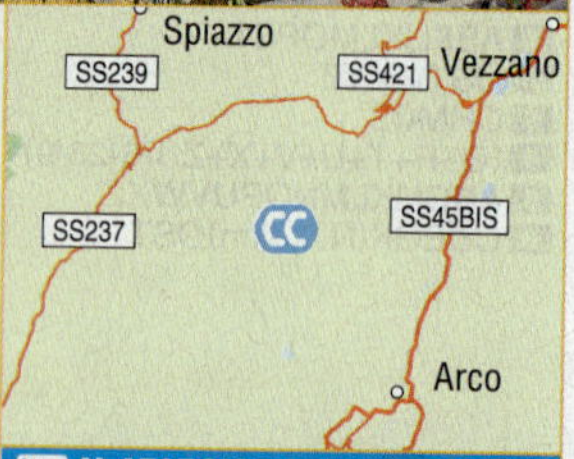


CC € 16 *28/4-7/7 29/8-9/10*

N 45°59'39'' E 10°49'11''

## Idro, I-25074 / Lombardia

2562

Camping Venus**
Via Trento 94
+39 0 36 58 31 90
20/4 - 20/9
info@campingvenus.it

1,8ha 98T(30-100m²) 3-6A CEE

**1** ABC**G**IJKLMPRS
**2** FNPSUWYZ
**3** CILPS**W**Z
**4** (B 1/5-15/9) (Q+S+U+Y+Z )
**5** **AB**FGIJKLMNOPUVZ
**6** CEGJ(N 1km)V

Sur les berges du lac Idro, entouré d'un environnement naturel encore vierge. Nombreuses randonnées détendantes possible. L'ambiance au camping est agréable et bon enfant. Il y a une piscine avec petite pelouse. La plage est en pente très douce. CampingCard ACSI valable pour les emplacements standard. Location de matériel de Via Ferrata.

A22, sortie Trento. A Trento sortie Riva. A Sarche, vers Tione Brescia. A gauche sur la route au bord du lac après le camping Anfo.

CC € 18 *20/4-6/7 24/8-20/9*

N 45°44'24'' E 10°28'02''

## Iseo, I-25049 / Lombardia

2563

Camping Covelo***
Via Covelo 18
+39 03 09 82 13 05
15/4 - 31/10
info@campingcovelo.it

1ha 96T(50m²) 6A CEE

**1** BCD**G**IJKLMNOPRS
**2** EJNSUWXYZ
**3** CMS**W**Z
**4** (Q+R+T+U+V+Y+Z )
**5** **AB**GIJKLMNOPUVWZ
**6** ACEGK(N 1km)RTV

Petit camping agréable au bord du lac d'Iseo. Emplacements juste au bord du lac avec vue panoramique. Restaurant avec des plats traditionnels.

À partir de la A4 sortie Rovato, suivre les panneaux Lago d'Iseo. À Iseo, continuer sur 1 km, Après le supermarché, au rond-point suivre la direction Pisogne. Le camping se trouve sur la gauche juste après la sortie.

CC € 22 *15/4-30/6 1/9-30/9*

N 45°40'01'' E 10°04'04''

## Iseo, I-25049 / Lombardia

iD **2564**

Camping Del Sole****
Via per Rovato 26
+39 0 30 98 02 88
22/4 - 17/10
info@campingdelsole.it

6,5ha 203T(57-80m²) 3-6A CEE

1 ABCD**F**IJKLMNOPRS
2 EIJNSWYZ
3 CMN**O**PSU**WZ**
4 (A )(B+G 23/5-13/9)
(Q+S+T+U+V+Y+Z )
5 **AB**EFGIJKLMNOPUWXYZ
6 CEGK(N 0,4km)ORTV

Un camping bien équipé, juste au bord du lac d'Iseo, avec des emplacements ombragés et de nombreuses possibilités pour le sport et la détente.

A4, sortie Rovato, direction Iseo. A Iseo, suivre les panneaux.

N 45°39'25'' E 10°02'15''

CC € 22 *22/4-30/6 1/9-30/9*

## Ispra, I-21027 / Lombardia

iD **2565**

International Camping Ispra****
Via Carducci, 943
+39 03 32 78 04 58
5/3 - 16/10
info@internationalcampingispra.it

2,5ha 106T 6A CEE

1 ABCD**G**HIJKLMO**P**RS
2 FNOSUWYZ
3 CHIMNOSU**W**Z
4 (B 15/6-15/9)
(Q+T+U+V+X+Z 1/6-30/9)
5 **AB**GIJKLMNO**P**UVWZ
6 ACEGH**K**M(N 1km)TV

Camping avec une belle piscine situé sur la rive du Lago Maggiore dans un environnement très tranquille et verdoyant. Possibilité de faire du Flyboard.

A partir de Sesto Calende, prendre la direction Laveno. A Ispra, le camping est clairement indiqué sur la gauche.

N 45°49'38'' E 08°37'38''

CC € 20 *5/3-15/4 3/5-17/6 29/8-15/10 7=6*

## Lavena Ponte Tresa, I-21037 / Lombardia

**2566**

International Camping***
Via Marconi 18
+39 03 32 55 01 17
1/1 - 31/12
request@internationalcamping.com

2ha 80T(60-90m²) 2-6A CEE

1 BCDEIJKLOPQ
2 AESWYZ
3 AISU**WZ**
4 (T+Z 1/4-31/10)
5 FGIJKLMNOPUV
6 CEGJ(N 1km)T

Camping paisible bien situé au bord du lac de Lugano. Le petit village Ponte Tresa est à proximité. Consommation de courant 2-6A. Les chiens ne sont pas autorisés.

A2/E35, à Lugano sortie Ponte Tresa/Varese. Direction Ponte Tresa/Varese jusqu'à la douane. Juste après la douane garder la direction Porto Ceresio. A 800 mètres le camping est à gauche de la route.

N 45°57'35'' E 08°51'48''

CC € 22 *1/1-8/7 26/8-31/12*

## Maccagno con Pino e Veddasca, I-21061 / Lombardia

**2567**

Camping Lido**
Via Pietraperzia 13
+39 03 32 56 02 50
12/4 - 2/10
campinglido@holidaycamp.it

0,8ha 45T(36-60m²) 4-6A CEE

1 ABC**G**HIJKL**P**RS
2 EJNOPSUVWXYZ
3 AWZ
4 (Q 1/7-30/8)(R+U+Z)
5 **A**FGIJKMOPUZ
6 ACEGK(N 0,5km)

Un petit camping calme et sobre juste au bord du Lago Maggiore, à proximité du village Maccagno.

De Bellinzona, longer le Lago Maggiore côté est vers Luino, juste avant Maccagno à droite, suivre les panneaux.

CC € 18 *24/4-22/5 19/6-30/6 1/9-2/10*

N 46°02'27'' E 08°43'58''

## Marone (Lago di Iseo), I-25054 / Lombardia

**2568**

Camping Riva di San Pietro****
Via Cristini 5
+39 03 09 82 71 29
20/5 - 30/9
info@rivasanpietro.it

2ha 116T(45-64m²) 6A CEE

1 ABCD**G**IJKLMNOPRS
2 EJNPSWXYZ
3 A**G**IKMSV**WZ**
4 (A 15/7-15/8)(B+G 1/5-30/9)
(Q+R+T+U+V+Y+Z)
5 **AB**FGIJKLMNOPUWZ
6 ACEGHK(N 0,3km)OQTUV

Camping bien organisé au bord du lac d'Iseo. Emplacements plats, belle aire de bronzage et piscine. Vue particulièrement belle sur le lac. Excellentes installations sanitaires et restaurant proposant des plats locaux.

A4, sortie Rovato, direction Iseo. Suivre la route le long du lac en direction de Pisogne. Le camping est juste avant Marone au bord du lac.

CC € 22 *20/5-30/6 5/9-30/9*

N 45°43'56'' E 10°05'35''

## Monvalle, I-21020 / Lombardia

**2569**

Camping Lido di Monvalle***
Via Montenero 63
+39 03 32 79 93 59
1/4 - 30/9
campinglidomonvalle@libero.it

1,5ha 60T(60-80m²) 6A CEE

1 ABCD**G**IJKLO**P**Q
2 AENOSWXYZ
3 AU**W**Z
4 (Q+T+U+V+Y+Z)
5 **A**GIJKMNO**P**UV
6 CEGJ(N 1km)TV

NOUVEAU

Camping sobre et tranquille avec une possibilité idéale de nager dans le Lago Maggiore. Le restaurant au bord du lac est très attirant et a une belle vue sur le lac.

A partir de Laveno, rouler en direction d'Ispra. Le camping est à environ 10 km sur la droite.

CC € 22 *1/4-16/4 19/4-8/7 29/8-30/9*

N 45°50'51'' E 08°37'13''

## Padenghe sul Garda, I-25080 / Lombardia

**2570**

Camping Village Riva Blu**
San Cassiano 2
+39 03 09 90 70 23
7/4 - 4/10
direzione@campingrivablu.it

3,5ha 100T(60-75m²) 6A CEE

1 ABCD**G**HIJKLOPSVT
2 FIJMPWYZ
3 S**W**Z
4 (B 🔑)M(T+U+V+Y+Z 🔑)
5 **A**GIJKLMNOPUVWXZ
6 CEGJ(N 0,1km)T

Beau camping sur les rives du lac de Garde avec une belle plage de galets, un bar de plage, des chaises longues et des parasols. Excellent point de départ pour visiter le lac de Garde et ses environs.

A4, sortie Desenzano, puis prendre la SS572 pour Salò. À Padenghe sul Garda, suivez les panneaux bruns du camping. Au rond-point, prendre la Via San Cassiano. Premier camping sur la droite.

N 45°30'45" E 10°31'15"

CC € 16 7/4-30/6 28/8-4/10

## Piano Porlezza, I-22010 / Lombardia

**2571**

Camping Ranocchio**
Via Al Lago 139A
+39 0 34 47 03 85
1/4 - 30/9
campeggioranocchio@gmail.com

3,5ha 200T(50-90m²) 3-6A CEE

1 ABC**G**IJKLMOPRS
2 FJMNOPSUWYZ
3 AC**G**IKL**R**SWZ
4 (B+G 1/6-1/9)(Q 15/6-15/9) (R 🔑)
5 **AB**FGIJKMNO**P**U
6 ACEGHJ(N 0,15km)TV

Un camping familial avec piscine et de bons sanitaires modernes. Le camping est situé au bord du lac Piano, au coeur de la nature où il est très agréable de faire des randonnées et du vélo. Il y a une belle piste cyclable vers Poirlezza (4 km) et Menaggio (8 km).

N2, sortie Lugano Nord di St. Moritz/Gandria. De Porlezza vers Menaggio. A Piano Porlezza à droite. Depuis 2013, tunnel ouvert entre Gandria et Porlezza. Utiliser les coordonnées est conseillé.

N 46°02'26" E 09°10'06"

CC € 22 1/4-22/5 19/6-30/6 1/9-30/9

## Porlezza, I-22018 / Lombardia

**2572**

Camping Darna***
Via Osteno 50
+39 0 34 46 15 97
1/4 - 31/10
campingdarna@hotmail.it

6ha 300T(50-80m²) 3-6A CEE

1 BCD**G**IJKLM**P**S
2 ENPSWZ
3 ACHIKM**O**PSUWZ
4 (A 1/7-31/8)(**B**+**G** 1/5-19/9) (Q 1/4-30/9) (S+T+U+V+Y 🔑) (Z 16/4-15/9)
5 **AB**CDFGIJKLMNOPUV
6 CEGH**K**L(N 2km)OT

Situé juste au bord du lac de Lugano, côté sud. Avec des emplacements ombragés, 3-6 Ampères, superette, restaurant, piscine, plage, aire de jeux, court de tennis et terrain de volleyball. Point de départ idéal pour faire des randonnées et des tours à vélo. CCA non valable pour les deux premières rangées.

N2, sortie Lugano Nord di St. Moritz. Nouveau tunnel entre Gandria et Porlezza. A Porlezza vers Osteno. Le camping est indiqué à droite (dernier camping).

N 46°01'31" E 09°07'33"

CC € 22 1/4-25/6 5/9-31/10

## Sesto Calende, I-21018 / Lombardia

**2573**

Camping Lido Okay****
Via per Angera 115
+39 34 56 61 34 37
27/3 - 8/10
campingokay@camping-okay.com

1,5ha 80T(60-100m²) 6A CEE

1 ABCD**G**IJLOPQV
2 FIJMOQSUWXY
3 ACHMPSU**WZ**
4 (B+G 1/6-31/8)(Q+T+V+Z)
5 **AB**FGIJKMNO**P**UVZ
6 ACEGH**J**(N 2km)QRTV

Camping avec des équipements sanitaires modernes et une magnifique piscine. Juste au bord du Lago Maggiore.

A partir de Sesto Calende, suivre la direction Angera. A Lisanza, le camping est sur la gauche.

N 45°44'56" E 08°35'49"

CC € 22 *27/3-8/7 5/9-8/10 7=6*

## Calceranica al Lago, I-38050 / Trentino-Alto Adige

**2574**

Camping Al Pescatore**
Via dei Pescatori 1
+39 04 61 72 30 62
14/5 - 30/9
trentino@campingpescatore.it

3ha 227T(70-100m²) 6A CEE

1 ABCD**G**IJKLMOPST
2 EPSUWZ
3 CIKPS**WZ**
4 (B+G 16/5-14/9) P(Q 28/5-30/9) (R+T+U+V+X+Y+Z)
5 **AB**EFGIJKLMNPUVWXZ
6 EGJ(N 1km)OT

Camping propre et accueillant. Avec des emplacements verdoyants et ombragés. Nouvelle piscine moderne avec hydromassage. Au bord du lac de Caldonazzo. Avec la CampingCard ACSI, wifi est gratuit et on peut choisir un plus grand emplacement avec 6A en période hors saison.

A22, sortie Trento. Via la SS47 dir. Padova. Après Pergine dir. Caldonazzo. Après S. Cristoforo continuer en direction de Calceranica. Là, le camping est bien indiqué.

N 46°00'07" E 11°15'19"

CC € 18 *14/5-10/7 27/8-30/9*

## Calceranica al Lago, I-38050 / Trentino-Alto Adige

**2575**

Camping Belvedere**
Viale Venezia 6
+39 04 61 72 32 39
22/4 - 18/9
info@campingbelvedere.it

1ha 95T(65-120m²) 6A CEE

1 ABCD**F**IJKLMOPST
2 AEOPSXYZ
3 ACKSU**WZ**
4 (Q+R+T+Z)
5 **AB**DEFGIJKLMNOP**S**UVZ
6 ABCEGK(N 1,5km)TV

Un petit camping familial très convivial avec une plage au bord du lac de Caldonazzo (de l'autre côté de la route), dans lequel on peut nager et pratiquer des sports nautiques. Ce camping est situé non loin de terrasses et restaurants.

A22, sortie Trento. Direction Padova par la SS47. Après Pergine direction Caldonazzo. Après S. Cristoforo direction Calceranica. Là, le camping est indiqué.

N 46°00'12" E 11°15'29"

CC € 18 *22/4-3/7 21/8-18/9*

## Calceranica al Lago, I-38050 / Trentino-Alto Adige

2576

Camping Fleiola**
Viale Trento 42
+39 04 61 72 31 53
14/4 - 5/10
info@campingfleiola.it

1,2ha 107**T**(75-80m²) 6A CEE

**1** ABCD**G**HIJKLMOPST
**2** FJNPQSWY
**3** ACKLMSU**W**Z
**4** **K**(Q 15/5-15/9) (R+T+Z 15/5-20/9)
**5** **AB**DEFGIJKLMNOP**S**UWXYZ
**6** CEGK(N 0,1km)OTV

Camping sympathique au bord du lac de Caldonazzo, avec quelques emplacements directement au bord du lac. Très belle vue sur la montagne de Trentino. Avec le CampingCard ACSI vous avez uniquement droit aux emplacements standards.

A22, sortie Trento. Via la SS47 direction Padova. Après Pergine direction Caldonazzo. Après S. Cristoforo le camping est bien indiqué et se trouve à gauche de la route.

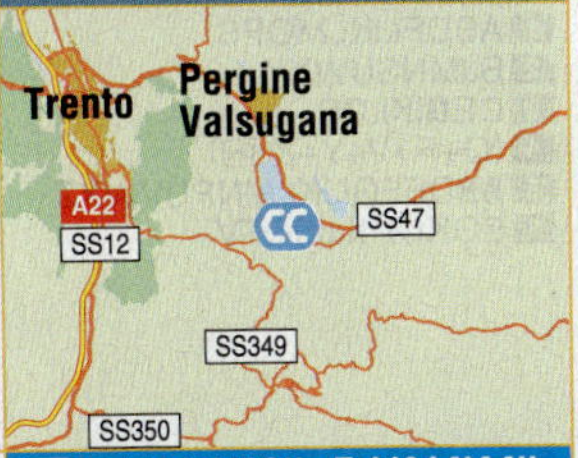


CC € 20 *14/4-3/6 20/6-3/7 13/9-30/9*

N 46°00'23" E 11°14'44"

## Calceranica al Lago, I-38050 / Trentino-Alto Adige

2577

Camping Riviera**
Viale Venezia 10
+39 04 61 72 44 64
15/4 - 25/9
info@camping-riviera.net

2ha 153**T**(75-125m²) 6-10A CEE

**1** ABCD**F**IJKLMOPST
**2** EOPSWZ
**3** CMNS**W**Z
**4** (Q+T+U+V+X+Y+Z )
**5** **AB**GIJKLMNOPUW
**6** ABEGK(N 1,5km)RTUV

Situé sur la rive sud du lac de Caldonazzo, à 10m du lac et de la plage. Camping Riviera vous attend pour passer d'agréables vacances, entouré par la nature et dans un endroit tranquille. Nombreuses possibilités pour faire des randonnées et excursions dans les montagnes environnantes.

A22, sortie Trento. Par la SS47 di Padova. Après Pergine di Caldonazzo. A S. Cristoforo di Calceranica. Le camping est bien indiqué.

CC € 18 *15/4-6/7 25/8-25/9*

N 46°00'13" E 11°15'31"

## Calceranica al Lago, I-38050 / Trentino-Alto Adige

2578

Camping Spiaggia**
Viale Venezia 14
+39 04 61 72 30 37
15/4 - 17/9
info@campingspiaggia.net

1,3ha 110**T**(80-120m²) 6A CEE

**1** ACDGIJKLMOPST
**2** EPSUWXYZ
**3** ACMNS**VW**Z
**4** (A+Q+R+Z )
**5** **AB**DFGIJKLMNOPUWXZ
**6** ABEGK(N 1,5km)TV

Camping accueillant avec plage privée au bord du lac de Caldonazzo. Idéal pour faire des randonnées en montagne, tours à vélo et excursions. Emplacements spacieux (80-100 m²), 6A. Avec la CCA, choix entre tous les emplacements sauf ceux avec sanitaires privés. Beaux équipements sanitaires. Wifi 100%.

A22, sortie Trento-Nord, direction Padova par la SS47. Après Pergine sortie di Calceranica et Caldonazzo (lac). À Caldonazzo, suivre les panneaux du camping Spiaggia.

CC € 18 *15/4-4/7 27/8-17/9*

N 46°00'15" E 11°15'34"

## Carbonare di Folgaria, I-38064 / Trentino-Alto Adige

iD **2579**

Camping Sole Neve***
Via Carducci 120
+39 04 64 76 52 57
1/1 - 15/10, 5/12 - 31/12
@ info@campingsoleneve.it

42ha 70T(50-120m²) 4-6A CEE

1 ABDFIJKLMOPS
2 BJMNSUWXY
3 CEGIKLQS
4 (Q+R+V+Y+Z)
5 ABDEFGIJKLMNPUVWXZ
6 EGK(N 1km)OTV

Camping situé à la lisière du bois avec une belle vue sur les sommets montagneux des Dolomites du sud. Camping idéal pour un séjour détendu et pour faire des tours à pied, à vélo, à VTT, à moto ou à voiture.

A22 Bolzano-Verona, sortie Trento Sud vers SS349. Suivre la route direction Valico del Fricca. Camping sur la droite à ± 23 km.

CC € 16 *14/4-10/7 28/8-9/10*

N 45°56'31" E 11°14'11"

## Ledro/Pieve, I-38067 / Trentino-Alto Adige

iD **2580**

Camping Al Lago
Via Alzer 7
+39 04 64 59 12 50
14/4 - 3/10
@ info@camping-al-lago.it

1ha 90T(56-80m²) 6A CEE

1 ABCDGIJKLOPS
2 EJNPSUWXYZ
3 CHIKLMNSWZ
4 (A 1/7-31/8)
(T+U+V+Y+Z)
5 ABGIJKLMNOPUVW
6 ABCEGK(N 0,2km)RTV

Beau camping tranquille au bord du superbe lac Ledro. On peut nager, surfer, faire du VTT puis se régaler au restaurant. Personnel parlant anglais et allemand. Wifi gratuit. La CampingCard ACSI est valable sur les 'Piazzole classic'.

A Riva del Garda direction Val di Ledro. Vous montez par un nouveau tunnel N240. Après Molina, le long du lac par la SS240 à Pieve di Ledro à gauche.

CC € 20 *18/4-4/6 4/9-2/10*

N 45°53'01" E 10°43'54"

## Ledro/Pieve, I-38067 / Trentino-Alto Adige

**2581**

Camping Azzurro***
Via Alzer 5
+39 04 64 59 12 76
16/4 - 2/10
@ info@campingazzurro.net

2ha 121T(60-125m²) 6-10A CEE

1 BCGIJKLMOPST
2 EJNOPSWYZ
3 CIKNRSWZ
4 (A 1/7-31/8)(B 15/5-30/9)P
(Q+T+Z)
5 ABCDGIJKLMNOPSUVWXYZ
6 CEGKL(N 0,05km)QRTV

Le camping est près du Lago di Ledro avec une plage spacieuse dans un magnifique environnement. Possibilité de pratiquer de nombreux sports de montagne (entre autres randonnées et VTT). Bons équipements sanitaires. Emplacements spéciaux pour la CampingCard ACSI. Emplacements au bord du lac (6A) avec supplément.

A Riva del Garda direction Val di Ledro. Monter par un tunnel (N240). Après Molina, à Pieve di Ledro, à gauche le long du lac.

CC € 20 *18/4-26/6 12/9-1/10*

N 45°53'06" E 10°43'53"

## Pejo/Trento, I-38024 / Trentino-Alto Adige

2582

Camping Val di Sole**
Via Dossi di Cavia
+39 04 63 75 31 77
1/1 - 5/5, 1/6 - 5/11, 1/12 - 31/12
info@valdisolecamping.it

4,5ha 80T(40-80m²) 3-10A CEE

**1** BCD**G**HIJKLMOPST
**2** CJMNSUWXYZ
**3** CIKSU**W**
**4** (**A** 1/7-31/8)**KP**(Q)
(S+T 15/6-15/9,20/12-31/12)
(Z)
**5** **AB**CDEFGHIJKLMNOPUVWZ
**6** CEG**K**(N 1,5km)ORV

Profitez en période hors saison des emplacements ensoleillés sur ce camping dans les bois. Température agréable pour faire des randonnées en montagne. Atmosphère bon enfant autour du barbecue communautaire sur la 'Place des fêtes'. La vallée est située au pied du massif d'Ortler.

SS42 Dimaro-Passo Tonale ; juste avant Fucine, route 87 à droite vers Pejo. Le camping est avant Pejo. Indiqué. Malgré l'altitude, le camping est très facilement accessible.

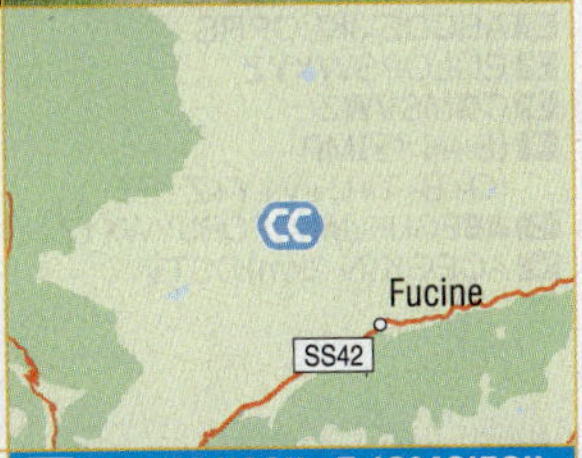


N 46°21'32'' E 10°40'52''

€ 18 *1/5-5/5 1/6-10/7 31/8-5/11*

## Predazzo, I-38037 / Trentino-Alto Adige

2583

Camping Valle Verde***
Loc. Ischia 2, Sotto Sassa
+39 04 62 50 23 94
23/4 - 3/10
info@campingvalleverde.it

1,4ha 117T(60-110m²) 6A CEE

**1** ABCD**G**HIJKLMOPST
**2** CJSWXYZ
**3** ACEIJKLMNPS**W**X
**4** **LP**(Q)(R 15/6-29/9)
(T+U+V+Y+Z)
**5** **AB**DEFGJLNP**S**UVWXYZ
**6** ACEGK(N 2km)ORSUV

Camping idéal pour ceux qui aiment faire des randonnées au coeur d'une région de montagnes, lacs, ruisseaux, faune et flore. A 2 km de Predazzo. La Guest Card est comprise dans les taxes supplémentaires.

A22, sortie Ora, SS48 direction Cavalese/Predazzo. A Predazzo sortie S. Martino di Castrozza. Suivre les panneaux de camping.

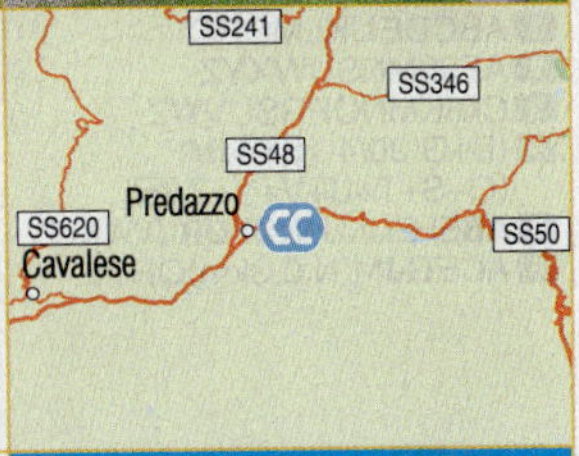


N 46°18'38'' E 11°37'54''

€ 20 *23/4-8/7 25/8-2/10*

## Rasen/Rasun, I-39030 / Trentino-Alto Adige

2584

Camping Corones****
Gepaiden 13
+39 04 74 49 64 90
1/1 - 11/4, 12/5 - 24/10,
4/12 - 31/12
info@corones.com

2,5ha 135T(70-110m²) 10A CEE

**1** ACD**F**IJKLMPST
**2** CSUVWXY
**3** **C**GIKP**QR**SU**VW**
**4** (A 1/7-31/8)
(B+G 20/5-15/10)**N**
(Q+R+T+U+X+Y+Z)
**5** **AB**DEFGIJKLMNOPRUWZ
**6** CDEG**K**(N 1km)ORSTV

Très beau camping luxueux. Spécialement conçu comme camping familial. Camping d'été et d'hiver.

A partir de Brunico, garder la direction Toblach. A 600m après Olang, à gauche vers Rasen. Ensuite, suivre les panneaux de camping.

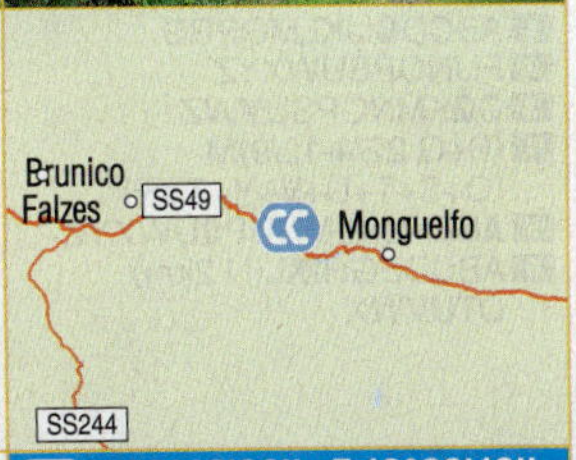


N 46°46'33'' E 12°02'13''

€ 22 *12/5-30/6 1/9-24/10*

## Bardolino, I-37011 / Lago di Garda

2585

Camping Serenella***
Località Mezzariva 19
+39 04 57 21 13 33
19/3 - 1/11
serenella@camping-serenella.it

5ha 272T(65-100m²) 6-16A CEE

1 ABCDEIJKLOPRS
2 EIJLOPSWXYZ
3 CGMSVWZ
4 (B+H )MP (Q+S+T+U+V+Y+Z )
5 ABEGIJKLMNOPQRUVWXYZ
6 ACEGK(N 2km)OSTV

Un camping bien entretenu juste au bord du lac de Garda, à 1 km de Garda et à 1 km de Bardolino. Equipements modernes et nombreuses activités nautiques. Les trois premières rangées d'emplacements du camping (à partir du lac) ne sont pas disponibles pour les titulaires de la CampingCard ACSI.

A22 sortie Lago di Garda-Sud, puis direction Bardolino/ Lago di Garda. A Bardolino à droite direction Garda par la N249. Le camping est au bord du lac après Bardolino.

CC € 20 *19/3-2/7 27/8-1/11*

N 45°33'33" E 10°42'59"

## Cisano di Bardolino, I-37011 / Lago di Garda

2586

Camping Cisano/San Vito****
Via Peschiera 48
+39 04 56 22 90 98
2/4 - 9/10
info@camping-cisano.it

17ha 460T(50-110m²) 6-16A CEE

1 ABCDEIJKLMOPQ
2 AEJLMNSUWXYZ
3 CGIKMNOPRSUVWZ
4 (B+G 30/4-15/9)JMP (Q+S+T+U+V+Y+Z )
5 ABEFGIJKLMNOPQRUVWXYZ
6 ACEGJM(N 0,3km)QRTV

Camping Cisano, avec une étroite plage de sable, est situé au bord du lac de Garde ; il a une partie, où se trouvent aussi les piscines et le restaurant, de l'autre côté de la route ; les deux parties sont reliées par un petit tunnel.

A22 direction Verona, sortie Lago di Garda Sud, puis Bardolino/Lago di Garda. A Bardolino, à gauche dir. Lazise par la SP249. Le camping est au bord du lac un peu après Cisano.

CC € 20 *2/4-2/7 28/8-9/10*

N 45°31'32" E 10°43'43"

## Desenzano del Garda, I-25015 / Lago di Garda

2587

San Francesco Camping Village*****
Str.Vic.S.Francesco
+39 03 09 11 02 45
11/4 - 10/10
booking@campingsanfrancesco.com

10,4ha 343T(60-100m²) 6-12A CEE

1 ABCDGIJKLMOPRS
2 FIJNOPSUWXYZ
3 CGKMNOPSUVWZ
4 (B+G 22/4-12/9)M (Q+S+T+U+V+Y+Z )
5 ABEFIJKLMNOPSUWXYZ
6 ABCDEGHIKL(N 2km) OTUVWX

Camping avec 300m de plage au bord du lac de Garde près de Sirmione. Equipements modernes et luxueux, excellentes possibilités pour pratiquer des sports (nautiques) et complexe aquatique moderne avec 'spray parc', terrasses et verdure. CCA valable pour emplacements standard et aménagés. Supplément pour emplacements 'superior' et tarif officiel pour ceux au bord du lac. Adapté aux chiens.

A4 Milano-Venezia, sortie Sirmione. Le camping est indiqué par des panneaux.

CC € 22 *11/4-9/7 3/9-10/10*

N 45°27'56" E 10°35'41"

## Lazise sul Garda, I-37017 / Lago di Garda

2588

Camping Belvedere***
Strada del Roccolo 11
+39 04 57 59 02 28
8/4 - 9/10
info@campingbelvedere.com

6ha 250T(70-90m²) 6-10A CEE

1 ABCD**G**IJKLMOPQ
2 AEIJLMNPSWXYZ
3 CD**G**MNOPS**WZ**
4 (B+G 7/5-9/10)JK
(Q+S+T+U+V+Y+Z)
5 **AB**DEFGIJKLMNOPUVXYZ
6 ACEGH**K**M(N 2km)QTV

Le camping dispose d'une belle piscine et d'une plage de galets au bord du lac. Bon restaurant avec vue panoramique sur le lac. CampingCard ACSI n'est valable que sur les emplacements standard, pas sur les emplacements LAGO, TOP et TOPLAGO. En basse saison, 10% de réduction au restaurant.

A22 direction Verona, sortie Lago di Garda Sud (Affi). Puis SR450, Peschiera. Sortie Lazise SP5. Au rond-point à Lazise 3e sortie SR249. Cp indiqué à quelques km.

CC € 20 *8/4-30/6 28/8-9/10*

N 45°28'47'' E 10°43'22''

## Lazise sul Garda, I-37017 / Lago di Garda

2589

Camping Fossalta***
Loc. Fossalta Str. del Roccolino 22
+39 04 57 59 02 31
1/4 - 16/10
info@fossalta.com

6ha 272T(60-135m²) 6-10A CEE

1 BCD**G**IJKLMOPQ
2 AEIJLMNPSWXYZ
3 C**G**MOPS**WZ**
4 (B 15/4-16/10)(G 15/4-7/10)
(Q+S+T+U+V+Y+Z)
5 **AB**DEFGIJKLMNOPUVWXYZ
6 ACEGHKM(N 2km)ORTUV

Camping tranquille bien entretenu juste au bord du lac de Garde. Emplacements ombragés spacieux avec beaucoup de verdure et de fleurs. Les 2 premiers rangs à partir du lac (0-29) ne sont pas disponibles pour la CampingCard. 10% de réduction au bar pendant la période d'acceptation de la CampingCard.

A22 direction Verona, sortie Lago di Garda Sud (Affi). Puis SR450, Peschiera. Sortie Lazise SP5. Au rond-point à Lazise 3e sortie SR249. Le camping est bien indiqué à quelques km.

CC € 20 *1/4-25/6 3/9-16/10*

N 45°28'49'' E 10°43'21''

## Limone, I-25010 / Lago di Garda

2590

Camping Park Garda***
Via IV Novembre 10
+39 03 65 95 45 50
26/3 - 5/11
garda@hghotels.com

2,3ha 200T(40-60m²) 3-6A CEE

1 B**G**IJKLMO**P**S
2 EMPSUWYZ
3 **OWZ**
4 (B+G+Q)(S 15/6-30/9)
(U+V+Y+Z)
5 **A**GIJKLMOPUVZ
6 CFGJ(N 1km)OQRTV

Environnement naturel, près de la vieille ville, vue sur le lac avec plage privée. Deux piscines. Restaurant, pizzeria, supermarché. Amarrage bateaux. Ideal pour la vie en plein air. CCA seulement sur emplacements standard (extra 26-6/10-7 en 28-8/11-9: 26 euros).

De Riva del Garda, la SS45bis vers Salò. Après de nombreux tunnels, vous arrivez à Limone. Cp à gauche après Limone, à la station-service Tamoil. Ou A4 Milaan-Venetië sortie Brescia-est puis Salo et Limone sul Garda.

CC € 22 *27/3-26/6 11/9-30/10*

N 45°48'20'' E 10°47'16''

## Manerba del Garda, I-25080 / Lago di Garda

**2591**

Camping Baia Verde****
Via dell'Edera, 19
+39 03 65 65 17 53
9/4 - 5/11
info@campingbaiaverde.com

4,8ha 222T(72-90m²) 10-16A CEE

1 ABC**G**IJKLMOPSVT
2 CFJNPSWYZ
3 APSUWZ
4 (B )**KP**
(Q+S+T+U+V+X+Z )
5 **AB**CEFGIJKLMNOP**S**UVWXYZ
6 DEGHKMQRTV

Ce beau camping avec 2 piscines, whirlpools, hydro-massages, solarium sur le toit et bien plus encore, est situé juste au bord du lac de Garde. Tout cela dans une oasis de verdure et de calme dans les environs à vous couper le souffle du 'lago di Garda'. Beaux emplacements spacieux. Nouvelles installations sanitaires.

A4 sortie Desenzano, puis direction Salò par la SS572. A Manerba del Garda, suivre les panneaux de camping.

CC € 20 *9/4-27/6 5/9-5/11*

N 45°33'41'' E 10°33'13''

## Manerba del Garda, I-25080 / Lago di Garda

**2592**

Camping Belvedere***
Via Cavalle 5
+39 03 65 55 11 75
1/4 - 10/10
info@camping-belvedere.it

2ha 90T(62-100m²) 6A CEE

1 BC**G**IJKLMOPS
2 FIJMNPQSUWYZ
3 C**G**LS**W**Z
4 (B 8/5-12/9)
(Q+S+T+U+V+W+Y+Z )
5 **AB**GIJKLMNOPUVY
6 CDEGKORTV

Camping en terrasses magnifiquement situé, avec des vues panoramiques. Emplacements juste au bord du lac. Belles piscines. Personnel amical et serviable. Sanitaires rénovés (2018).

A4, sortie Desenzano. Puis vers Salò, SS572. Quitter à Manerba del Garda. Suivre les panneaux de camping bruns. Camping au bord du lac.

CC € 18 *1/4-3/6 1/9-10/10*

N 45°33'43'' E 10°33'47''

## Manerba del Garda, I-25080 / Lago di Garda

**2593**

Camping Zocco***
Via del Zocco 43
+39 03 65 55 16 05
6/5 - 9/10
info@campingzocco.it

5ha 209T(60-80m²) 6A CEE

1 ABC**F**HIJKLMOPST
2 EJMNPSUWXYZ
3 C**G**HMN**O**PSUV**WZ**
4 (B )P(Q+S+U+V+X+Z )
5 **AB**EFGIJKLMNOPUV
6 CEGHK(N 2km)QRTV

Ce camping bien entretenu est situé près du lac de Garda. Belles vues. Partiellement en terrasses sous les oliviers. Le personnel, le bar central, la pizzeria et le petit magasin favorisent une ambiance décontractée. La belle piscine donne envie de l'utiliser.

A4, sortie Desenzano, puis direction Salò par la SS572. Quitter la route à Manerba del Garda. Puis suivre les panneaux de camping bruns. Le camping est au bord du lac.

CC € 18 *6/5-1/6 20/6-8/7 5/9-9/10*

N 45°32'24'' E 10°33'22''

## Manerba del Garda, I-25080 / Lago di Garda

2594

Sivinos Camping Boutique****
Via Antonio Gramsci 78
+39 03 65 55 27 67
14/4 - 2/10
info@sivinoscampingboutique.com

3ha 38T(60-100m²) 6A CEE

**1** BCD**G**IJKLMNOPQ
**2** FMNPQSUY
**3** C**G**MNVZ
**4** (Q+R+T+U+V )
(Z 1/7-31/8)
**5** **AB**GIJKLMNPUVWX
**6** BCEGK(N 0,3km)TV

Une oasis de paix et de détente à Punta San Sivino. Il y a une belle plage et une vue imprenable sur le lac. Wifi gratuit. De nombreux sports nautiques disponibles et détente sur la terrasse donnant sur le lac.

A4, sortie Desenzano, vers Salò. A Moniga del Garda suivre la Via San Sivino. Suivre les panneaux de cp bruns, continuer jusqu'au bout de la rue (± 300m, incl. 3 à 4 virages).

CC € 20 *14/4-7/7 29/8-2/10*

N 45°31'55'' E 10°33'25''

## Moniga del Garda, I-25080 / Lago di Garda

2595

Camping Fontanelle s.r.l.****
Via del Magone 13
+39 03 65 50 20 79
26/3 - 5/11
info@campingfontanelle.it

4,5ha 98T(65-75m²) 6A CEE

**1** ABC**F**IJKLM**P**ST
**2** EJMNPSUWXYZ
**3** C**GO**PSU**WZ**
**4** (B+Q+T+U+V+Y+Z )
**5** **AB**GIJKLMNOPUWXY
**6** CEGK(N 1km)ORTV

Camping familial sympathique sous les oliviers au bord d'une plage de 450m de long. Situé près du village Moniga. Belles excursions possibles vers petites belles villes. Verona est aussi assez près. La CCA est seulement valable pour les emplacements standard. 25 euros de 26-6/10-7 et de 28-8/11-9.

A4, sortie Desenzano, puis prendre la direction Salò par la SS572. Quitter la route à Moniga del Garda. Puis suivre les panneaux de camping bruns. Le camping est au bord du lac.

CC € 22 *27/3-26/6 11/9-30/10*

N 45°31'32'' E 10°32'35''

## Moniga del Garda, I-25080 / Lago di Garda

2596

Sereno Camping Holiday***
Via San Sivino 72
+39 03 65 50 20 80
9/4 - 2/10
info@campingsereno.it

4ha 37T(50-90m²) 6A CEE

**1** ABCFIJKL**P**QV
**2** FNPSUWXYZ
**3** C**FGHOPR**SUV**WZ**
**4** (B 1/5-26/9)
(Q+S+U+V+Y+Z )
**5** **AB**FGIJKLMNOPUVWX
**6** CEGK(N 2km)TV

Camping avec grande piscine et une grande équipe d'animation. Bons équipements sanitaires. Emplacements touriste dans un environnement tranquille. Bon restaurant. CampingCard ACSI valable pour les emplacements standard.

A4, sortie Desenzano puis direction Salò par la SS572. A Moniga del Garda, suivre les panneaux bruns. Le camping est au bord du lac.

CC € 18 *9/4-16/4 19/4-20/5 12/6-30/6 29/8-2/10*

N 45°31'48'' E 10°33'12''

## Pacengo di Lazise, I-37017 / Lago di Garda

2597

Camping Le Palme***
Via del Tronchetto 2
+39 04 57 59 00 19
7/4 - 2/11
info@lepalmecamping.it

2,5ha 112T(60-100m²) 6-10A CEE

1 ABCD**F**IJKLMOPST
2 AFIJMPSWYZ
3 C**G**HKLMPSV**W**Z
4 (C+H )JKP
(Q+S+T+U+V+Y+Z )
5 **AB**DEFGIJKLMNOP**S**UWXYZ
6 BCEGHI**K**M(N 0,5km)RSTV

Camping avec des sanitaires magnifiques, où les emplacements sont tous fournis en électricité, eau et tout-à-l'égout. Le camping a deux piscine, un hydromassage et un toboggan. Un tiers des emplacements est disponible pour les détendeurs de la CampingCard ACSI.

A22, sortie Lago di Garda Sud. Suivre la SR450 direction Lago di Garda Sud/Peschiera. A 7 km direction Lazise. Sur la S249 direction Pacengo. In Pacengo, le camping est balisé.

CC € 20 *7/4-14/4 19/4-2/6 19/6-21/6 4/9-2/11*

N 45°27'54'' E 10°42'52''

## Pacengo di Lazise, I-37017 / Lago di Garda

2598

Camping Lido****
Via Peschiera 2
+39 04 57 59 00 30
8/4 - 9/10
info@campinglido.it

12ha 499T(60-120m²) 6-10A CEE

1 ABCD**G**IJKLMOPS
2 FIJLMPSWXYZ
3 C**G**KLMN**O**PS**VW**Z
4 (C+G 8/4-9/10)**JP**
(Q+S+U+V+Y+Z )
5 **AB**DEFGIJKLMNOP**RS**UWXYZ
6 CEGHI**K**LM(N 0,1km)RTV

Camping avec emplacements délimités, au bord du Lac de Garde. Nouvelles installations sanitaires, belles piscines avec toboggans, pateaugeoire et centre de fitness. Avec la CampingCard ACSI en basse saison, 10% de réduction dans le restaurant. Réservation impossible. 1/3 des emplacements disponibles pour les titulaires d'une CampingCard ACSI.

A22 sortie Lago di Garda Sud, puis SR450 direction Peschiera. A 7 km sortie Lazise. A Lazise vers Pacengo. Camping au sud de Movieland.

CC € 20 *8/4-26/5 19/6-30/6 4/9-9/10*

N 45°28'12'' E 10°43'14''

## Padenghe sul Garda, I-25080 / Lago di Garda

2599

Camping La Ca'****
Via della Colombaia 6
+39 03 09 90 70 06
11/2 - 13/11
info@campinglaca.it

4ha 136T(60m²) 6A CEE

1 AB**G**IJKLOP
2 FIJKMNPSUWY
3 AGPS**WZ**
4 (B 1/4-1/10)P
(Q+U+V+Y+Z 1/3-31/10)
5 ADGIJKLMNOP**RS**UWZ
6 EGKM(N 0,2km)QTWX

Beau camping en terrasses bien entretenu. Magnifique vue sur le Lago di Garda, aussi à partir de la piscine et du restaurant sympathique. 14 euros en février, mars, avril, octobre et novembre. Il est possible de faire remorquer votre caravane en haut.

A4, sortie Desenzano, puis Salò par la SS572. A Padenghe sul Garda suivre les panneaux bruns. Au rond-point, prendre 'Via San Cassiano'. Camping au bord du lac.

CC € 16 *1/5-11/7 29/8-30/9*

N 45°30'45'' E 10°31'27''

## Peschiera del Garda, I-37019 / Lago di Garda

**2600**

Camping Bella Italia*****
Via Bella Italia 2
+39 04 56 40 06 88
1/4 - 1/11
info@camping-bellaitalia.it

32ha 300T(90m²) 16A CEE

1 BCDEIJKLST
2 FIJNPSUWZ
3 C**G**MN**O**PSUV**WZ**
4 (B+G 1/4-30/9)IJKM
(Q+S+T+U+V+X+Y+Z)
5 **AB**DEFGIJKLMNOPUWXYZ
6 ABCEGHI**J**M(N 1km)RT

Grand camping familial au bord du lac de Garde avec une longue plage de galets, un immense paradis aquatique pour tous les âges, de nombreux équipements. Vous arrivez en 10 minutes à pied au centre de Peschiera par une promenade le long du lac.

A22, sortie Lago di Gardo Sud, SR450 vers Peschiera. Au rond-point SR11 vers Peschiera/Brescia, continuer à suivre la SR11 direction Brescia. Suivre les panneaux de camping.

N 45°26'31'' E 10°40'39''

CC € 22 *1/4-1/7 3/9-31/10*

## Peschiera del Garda, I-37019 / Lago di Garda

**2601**

Camping Butterfly****
Lungo Lago Garibaldi 11
+39 04 56 40 14 66
19/3 - 1/11
info@campingbutterfly.it

3,8ha 33T(70-100m²) 6-10A CEE

1 ABC**G**IJKLMOPSV
2 AEIJPSUWYZ
3 C**G**KLMNPS**WZ**
4 (B+G 10/4-15/9)J
(Q+S+T+U+V+Y+Z)
5 **AB**FGIJKLMNOPUVWXYZ
6 ACDEG**J**L(N 0,8km)RTV

Camping confortable, au bord du lac de Garde, près du port de plaisance, de la gare, et du centre historique de Peschiera del Garda. Le camping dispose d'une piscine de 25 mètres, une pataugeoire, un restaurant/pizzeria et un supermarché.

A22, sortie Lago di Garda-Sud. Sur la SR450 vers Lago di Garda Sud/Peschiera (SR11). A Peschiera suivre Centro. Puis suivre les panneaux.

N 45°26'42'' E 10°41'40''

CC € 18 *19/3-1/7 3/9-1/11*

## Peschiera del Garda, I-37019 / Lago di Garda

**2602**

Camping Wien***
Loc. Fornaci
+39 04 57 55 03 79
28/5 - 30/9
info@campingwien.it

4ha 97T(75m²) 3A CEE

1 AB**F**IJKL**P**V
2 FIJNPSUZ
3 CU**WZ**
4 (B+G 28/5-30/9)
(Q+S+U+V+X+Z)
5 **AB**GIJKLMNOPU
6 CEG**K**(N 0,2km)RTV

Camping tranquille et ombragé avec la vue sur le lac. La piscine est magnifiquement située au bord du lac. Un tiers des emplacements sont disponibles pour les détenteurs de la CampingCard ACSI.

A22, sortie Lago di Garda Sud, SR450 vers Peschiera. Au rond-point, SR11 vers Peschiera/Brescia, continuer à suivre la SR11 en direction de Brescia. Suivre les panneaux de camping.

N 45°27'04'' E 10°39'56''

CC € 22 *28/5-1/7 2/9-30/9*

## San Benedetto di Lugana/Peschiera del Garda, I-37019 / Lago di Garda

2603

Camping Bergamini****
Strada Bergamini 51
+39 04 57 55 02 83
7/4 - 23/10
info@campingbergamini.it

1,5ha 67T(60-80m²) 6-10A CEE

1 BCD**G**IJKLPS
2 FIJNPSWYZ
3 C**G**KMNS**WZ**
4 (C+Q+R+T+U+X+Z)
5 **AB**EFGIJKLMNOP**S**UWXYZ
6 ACEGKL(N 0,3km)RTVWX

Camping ombragé tranquille avec une piscine renovée. Aussi bien adapté pour les familles avec jeunes enfants que pour les seniors. Nouveaux sanitaires modernes. Juste au bord du lac et à proximité de la petite ville fortifiée Peschiera.

A22, sortie Lago di Garda Sud, SR450 vers Peschiera. Au rond-point SR11 vers Peschiera/Brescia, continuer sur SR11 vers Brescia. Camping indiqué.

CC € 22 7/4-14/4 26/4-24/5 19/6-1/7 5/9-23/10

N 45°27'02'' E 10°40'14''

## San Benedetto/Peschiera, I-37019 / Lago di Garda

2604

San Benedetto Camping Relais****
Strada Bergamini 14
+39 04 57 55 05 44
1/4 - 9/10
info@villaggiosanbenedetto.it

6,6ha 72T(40-100m²) 6-10A CEE

1 BCD**G**IJKLMO**P**S
2 FIJLOPSUWYZ
3 C**G**HKMPS**WZ**
4 (B+G 1/5-30/9) (Q+U+V+Y+Z)
5 **AB**CEFGHIJKLMNOPQRUWXYZ
6 ACEG**K**(N 2km)RTUV

Camping familial plein d'ambiance juste au bord du lac de Garde à côté d'un petit port de plaisance et avec de nombreux équipements dont deux piscines, des animations et un restaurant de spécialités. Les chiens sont les bienvenus.

A22, sortie Lago di Garda Sud. SR450 vers Peschiera, au rond-point SR11 di Peschiera/Brescia. Continuer sur SR11 di Brescia. A San Benedetto à droite vers le lac. Camping indiqué par des panneaux.

CC € 20 1/4-15/4 19/4-31/5 13/6-3/7 29/8-9/10

N 45°26'53'' E 10°40'11''

## San Felice del Benaco, I-25010 / Lago di Garda

2605

Camping Europa Silvella*****
Via Silvella 10
+39 03 65 65 10 95
14/4 - 10/10
info@europasilvella.it

7,7ha 106T(60-120m²) 4-10A CEE

1 AB**G**IJKLMO**P**Q
2 FJLMNPSUWYZ
3 C**G**HKMN**O**SUV**WZ**
4 (B+G 25/4-23/9)KP (Q+S+T+U+V+Y+Z)
5 **AB**EGIJKLMNOPUWXYZ
6 CFGHKLM(N 1km)QRTUV

Camping bien organisé avec des emplacements délimités. Piscines bien aménagées. Emplacements délimités. Fitness et superette. Sanitaires rénovés au bord du lac. Divers terrains de sport, bouées, 2 pontons, cale de halage. Terrasse avec vue sur le lac. CampingCard ACSI sur Piazzole A.

A4, sortie Desenzano vers Salò par SS572, ou A22 sortie Trento vers Riva par SS45bis. Puis Salò le long du lac. A Salò, camping bien indiqué.

CC € 20 14/4-4/6 18/6-9/7 26/8-10/10

N 45°34'28'' E 10°32'54''

## San Felice del Benaco, I-25010 / Lago di Garda

**2606**

Weekend Glamping Resort****
Via Vallone della Selva 2
+39 0 36 54 37 12
14/4 - 6/11
info@weekend.it

NOUVEAU

5,5ha 55T(70-120m²) 3-10A CEE

**1** BCD**G**IJKLOPST
**2** JMNSWXY
**3** ACD**G**MNPSUV
**4** (**C**+H 🔑)**K**M
(Q+S+T+U+V+Y+Z 🔑)
**5** **AB**EGIJKLMNOPTUWXYZ
**6** AEGHKL(N 2,5km)TUV

Camping familial très bien aménagé. Dans un environnement tranquille, sur une colline avec des vues fantastiques. A 400m à pied du lac. Magnifique piscine avec whirlpool et pelouse. Tout est présent pourque vous passiez de bonnes vacances. CCA uniquement sur les emplacements standards.

A4, sortie Desenzano di Salò par la SS572 ou A22, sortie Trento di Riva (SS45bis). Puis di Salò le long du lac. A Salò, le camping est bien indiqué.

CC € 22 *14/4-7/7 29/8-6/11*

N 45°35'43'' E 10°31'57''

## Sirmione, I-25019 / Lago di Garda

**2607**

Camping Tiglio
Loc. Punta Grò
+39 03 09 90 40 09
1/1 - 31/12
info@campingtiglio.it

3ha 168T(60-80m²) 6-10A CEE

**1** ABC**G**IJKLMO**P**ST
**2** FIJNOPSUWXYZ
**3** CGKMS**WZ**
**4** (B+G 1/4-30/9)J(Q 🔑)
(S 18/4-27/9)(U+V+Y+Z 🔑)
**5** **AB**DGIJKLMNOPUZ
**6** AEGH**K**(N 3km)RSTV

Camping, entreprise familiale, sur la rive sud du lac de Garde, dans un endroit tranquille entre les petites villes pittoresques Sirmione et Peschiera. Idéal pour des excursions à Vérone, Milan et Venise. Supplément à payer pour les emplacements au bord du lac. Au bord de la réserve naturelle du lac de Garde, riche en oiseaux.

A4 Milano-Venezia, sortie Sirmione. Au rond-point, SPBS11 vers Peschiera-Verona. Le camping est indiqué à 4 km par des panneaux sur le rond-point.

CC € 22 *24/4-22/5 12/6-10/7 28/8-15/12*

N 45°27'26'' E 10°38'26''

## Toscolano Maderno (Brescia), I-25080 / Lago di Garda

**2608**

Camping Riviera***
Via Promontorio 59
+39 03 65 64 30 39
1/4 - 9/10
info@camping-riviera.com

3,8ha 170T(64-100m²) 3A CEE

**1** ABC**G**IJKLMOPRVS
**2** FJNPSUWXYZ
**3** CGSWZ
**4** (B 1/5-30/9)(Q+R 1/4-30/9)
(T 🔑)(V 1/6-31/8)
(Z 1/4-31/8)
**5** **A**EGIJKLMNOPUV
**6** CEGJ(N 0,2km)OT

Au bord du lac dans un environnement tranquille verdoyant. Eau claire, adaptée pour plongeurs. Ouvertures hors saison: piscine ouvert l'après-midi, le week-end toute la journée. Magasin ouvert le matin, restaurant uniquement ouvert le week-end. A partir des emplacements de 3ème rangée CampingCard ASCI.

De Riva del Garda, Salò par la SS45Bis. A Gargnano vers Toscolano. Puis le camping est bien indiqué. Il est au bord du lac (par les tunnels !).

CC € 18 *1/4-1/7 28/8-9/10*

N 45°38'04'' E 10°36'47''

## Toscolano Maderno (Brescia), I-25088 / Lago di Garda

**2609**

Camping Toscolano****
Via Religione 88
+39 03 65 64 15 84
26/3 - 5/11
toscolano@hghotels.com

5ha 300**T**(80m²) 3A CEE

**1** ABCD**G**IJKLPST
**2** AEJPSUWXYZ
**3** A**GO**P**W**Z
**4** (B )K(Q 30/5-25/9) (S 1/5-20/9)(U ) (V 29/4-30/9)(X+Y+Z )
**5** **AB**GIJKLMNOPUVZ
**6** CFGJ(N 0,3km)TV

Dans le domaine d'un monastère du XIVe siècle et entouré d'un jardin de fleurs. Plage privée, magasin, restaurant de poissons, bar (à la plage). Piscines, courts de tennis et terrain de football. On peut s'inscrire à des excursions à cheval. CampingCard ACSI valable seulement pour les emplacements standard (25 euros; 26-6/10-7 en 28-8/11-9).

De Riva del Garda vers Salò par la SS45bis. Après Gargnano, vers Toscolano. Puis le camping est bien indiqué. Il est au bord du lac.

CC € 22 *27/3-26/6 11/9-30/10*

N 45°38'15" E 10°36'46"

## Arsiè, I-32030 / Veneto

**2610**

Camping Gajole
Loc. Gajole
+39 0 43 95 85 05
1/4 - 30/9
info@campinggajole.it

1,7ha 100**T**(50-90m²) 6A CEE

**1** AB**G**HIJKLMNO**P**RS
**2** ELMNOSUVWY
**3** ACIKLMNOS**W**Z
**4** (A 1/4-31/5,1/9-30/9)(Q ) (R+T+U+V+X 1/5-30/9) (Z )
**5** **AB**DFGIJKLMNOPUVXYZ
**6** CDEG**K**L(N 3km)TVW

Camping Gajole est peut-être bien le camping le plus tranquille du monde. Il a été ouvert en 1975 par la famille Turra qui le gère encore. Il se trouve sur la berge du lac Corlo (emplacements aussi), un endroit stratégique pour faire des excursions vers diverses villes de la côte et vers les Dolomites.

A partir de Trento, SS47 vers Padova, sortie Feltre. Prendre la SS50B. Après le tunnel sortie Rocca. Là, le camping est indiqué par de grands panneaux.

CC € 20 *1/4-8/7 25/8-30/9*

N 45°58'04" E 11°45'58"

## Arsiè, I-32030 / Veneto

**2611**

Camping Village Lago Arsiè***
Via Campagna 14
+39 0 43 95 85 40
15/4 - 18/9
info@campinglago.info

2ha 168**T**(60-100m²) 4-6A CEE

**1** ABCD**G**IJKLMO**P**S
**2** BCEJNOSUVWXYZ
**3** ACIKMNPSU**W**XZ
**4** (A 10/7-20/8) (Q+R+T+U+V+Y+Z )
**5** **AB**EGIJKLMNOPUVWXYZ
**6** ABCDEGKL(N 3km)OTV

Un petit camping tranquille juste au bord du lac de Corlo. Le camping est situé dans un environnement naturel, entouré des Dolomites à vous couper le souffle. Cet endroit non découvert est parfait pour les amateurs de détente et d'activités comme la randonnée et la pêche. Les chiens sont bienvenus.

A partir de Trento suivre la SS47 direction Padova, jusqu'à la sortie Felire, la SS50bis. Après le tunnel, prendre la sortie Rocca. Le camping est indiqué.

CC € 20 *19/4-3/7 28/8-18/9*

N 45°57'52" E 11°45'33"

## Campalto/Venezia, I-30173 / Veneto

2612

Camping Rialto
Via Orlanda 16
+39 04 15 42 02 95
20/5 - 20/10
info@campingrialto.com

2ha 88T(20-80m²) 6A CEE

1 ABCGIJKLP
2 IJSXYZ
4 (B 1/6-30/9) (Q+U+V+X+Z)
5 **A**GIJKLMOPUV
6 CEGJ(N 0,3km)T

Petit camping sobre et propre avec pelouse et feuillus. Près de la route arrivant à Venise. Le bus (à 7 minutes à pied), vous mène en seulement 15 minutes au centre de Venise (Piazzale Roma).

A4, garder la direction Venetië. Après l'arrêt de bus et le parking, directement à droite SS14 vers Trieste. Passer sur le viaduc, suivre Trieste-Aeroporto. Le camping est à environ 1 km sur la droite.

CC € 18 *20/5-1/6 8/6-1/7 29/8-20/10*

N 45°29'04'' E 12°17'00''

## Caorle, I-30021 / Veneto

2613

Camping Laguna Village***
Via dei Cacciatori 28
+39 04 21 21 01 65
14/5 - 18/9
info@campinglagunavillage.com

10ha 500T(60-90m²) 6-10A CEE

1 BCDGHIJKLMPST
2 AGJSWYZ
3 AC**G**KMPS**W**Y
4 (B )JK (Q+S+U+V+Y+Z )
5 **AB**FGIJKLMNOPUVWXYZ
6 AEGH**K**M(N 0km)QRT

Beau camping tranquille et plein d'ambiance, situé en partie dans un bois de pins. Il y a des sanitaires excellents. Le camping est situé au bord de la mer avec une plage large. La petite ville pittoresque Caorle, tout près, vaut une visite. La CampingCard ACSI est seulement valable sur les emplacements 'Laguna'.

En entrant dans Caorle à gauche, suivre 'Spiaggia di Levante' (corso Chiggiato-Viale Falconera). Puis suivre les panneaux de camping.

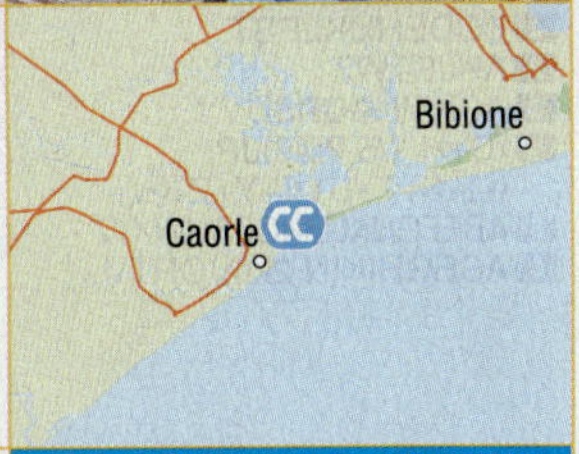


CC € 18 *14/5-1/6 5/6-1/7 29/8-18/9*

N 45°36'59'' E 12°54'25''

## Caorle, I-30020 / Veneto

2614

Camping San Francesco*****
Via Selva Rosata
+39 04 21 29 82
28/4 - 3/10
info@villaggiosfrancesco.com

32ha 780T(70-150m²) 10-16A CEE

1 BCD**G**HIJKLMOPST
2 AGJSTVWYZ
3 AC**G**HKMN**O**P**R**SUVWY
4 (C+H )**JK**MP(Q+S+T+U+V+W+X+Y+Z )
5 **AB**EFGHIJKLMNOP**Q**R**S**UWXYZ
6 ACEGHI**K**LM(N 0km)ORTUVW

Village de vacances sympathique dans un bois de pins, tout près de la mer. Le camping a une plage privée de plus de 500m. Point de départ idéal pour découvrir les environs, comme Caorle, un petit village de pêcheurs traditionnel.

A Caorle, direction Porto S. Margherita puis vers Duna Verde. Le camping est indiqué par des panneaux, il est à gauche de la route.

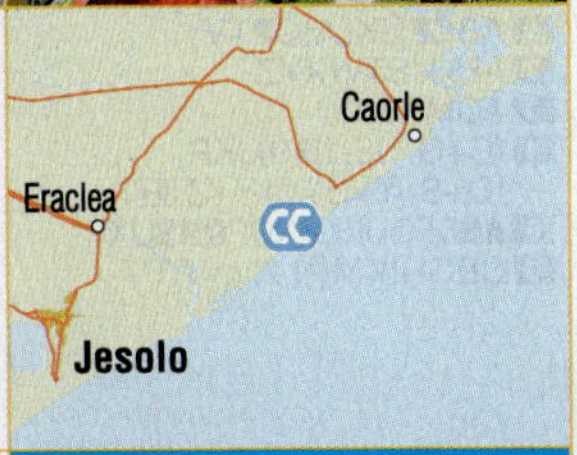


CC € 18 *28/4-28/5 18/6-2/7 27/8-3/10*

N 45°33'59'' E 12°47'40''

## Caorle/Lido Altanea, I-30020 / Veneto

2615

Camping Marelago***
Viale dei Cigni 18
+39 04 21 29 90 25
15/4 - 18/9
info@marelago.it

4ha 262T(42-108m²) 16A CEE

1 ABCDEHIJKLMOPST
2 AGJSWY
3 AC**OPR**Y
4 (B+G+Q+S+T+Z)
5 **AB**EFGIJKLMNOP**T**UWXYZ
6 EGK(N 0,3km)RST

Camping très calme avec belle piscine et à environ 300m de la plage. Il y a peu d'ombre. Bonnes installations sanitaires.

Direction Porto S. Margherita. Au grand rond-point, suivre les panneaux de camping bruns.

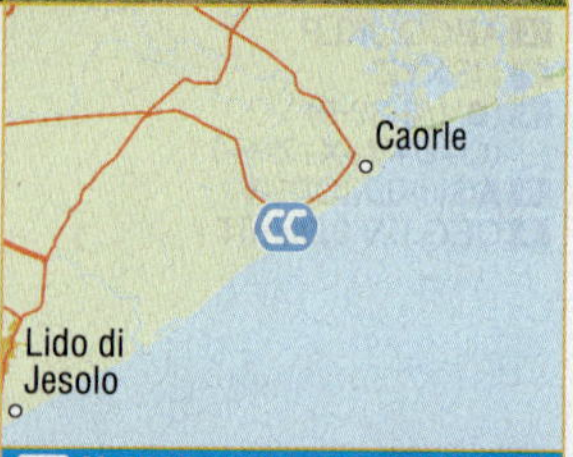


CC € 16 15/4-7/6 19/6-26/6 28/8-18/9

N 45°34'41'' E 12°49'40''

## Cavallino, I-30013 / Veneto

2616

Camping Italy****
Via Fausta 272
+39 0 41 96 80 90
29/4 - 30/9
info@campingitaly.it

3,9ha 200T(60-100m²) 10A CEE

1 BCDEHIJKLPST
2 AHJSTWZ
3 ACKMN**OQR**SUVY
4 (C+H 1/5-20/9)JP
(Q+S+T+U+V+Y+Z)
5 **A**BEFGIJKLMNOP**S**UWXYZ
6 ACEGHIK(N 2km)ORTV

Petit camping près de la mer, avec des feuillus et beaucoup d'attention pour l'écologie. Les hôtes peuvent utiliser les nombreux équipements sportifs du camping Union Lido. Tous les animaux domestiques sont interdits (pas seulement les chiens !). Sanitaires luxueux avec un espace séparé très chouette et bien décoré pour les enfants.

Le camping est à Cavallino, sur la route principale (Via Fausta). Il est indiqué par des panneaux.

CC € 16 29/4-31/5 20/6-1/7 10/9-30/9

N 45°28'06'' E 12°31'59''

## Cavallino, I-30013 / Veneto

2617

Camping Village Cavallino****
Via delle Batterie 164
+39 0 41 96 61 33
8/4 - 2/11
info@campingcavallino.com

11ha 560T(64-120m²) 6A CEE

1 ABCFIJKLMO**P**TV
2 ABHJSTWXYZ
3 ACM**RSVY**
4 (C+G 1/5-15/9)JKP
(Q+S+T+U+V+Y+Z)
5 **AB**DFGIJKLMNOP**QRS**UXY
6 CEGHI**KM**(N 2km)RTV

Ce camping familial, avec de beaux sanitaires modernes, est situé près de la mer dans un bois de pins. Les nombreuses fleurs donnent ici de la couleur au camping. Avec la CampingCard ACSI, on ne peut pas s'installer dans la zone juste au bord de la mer.

A partir de Cavallino direction Punta Sabbioni sur la Via Fausta, juste après Ca'Ballerin à gauche. Puis suivre les panneaux.

CC € 22 8/4-4/6 4/9-2/11

N 45°27'24'' E 12°30'03''

## Cavallino/Treporti, I-30013 / Veneto

**2618**

Camping Scarpiland***
Via Poerio 14
+39 0 41 96 64 88
30/4 - 25/9
info@scarpiland.com

3ha 197T(70-90m²) 6A CEE

1 ABCDFHIJKLPS
2 AHJSTWZ
3 ACEHMPSY
4 (Q+R+S+T+U+V+Y+Z)
5 ABFGIJKLMNOPUVWXYZ
6 ACEGHKM(N 2km)OQRSTV

Camping très propre au bord de la mer avec des emplacements délimités et non délimités. On y campe agréablement et au calme entre les pins.

A partir de Cavallino par Fausta, direction Punta Sabbioni. Après Ca'Ballarin au premier feu à gauche, puis au premier croisement à droite et suivre les indications.

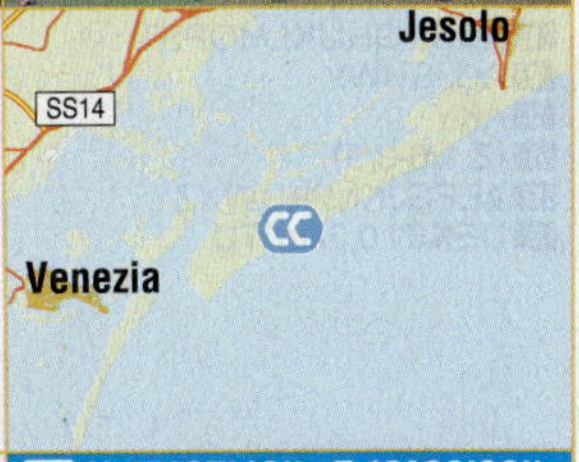


CC € 16 *1/5-4/6 18/6-8/7 25/8-25/9 10=9, 20=18*

N 45°27'19'' E 12°29'20''

## Fusina/Venezia, I-30176 / Veneto

**2619**

Camping Fusina***
Via Moranzani 93
+39 04 15 47 00 55
1/1 - 31/12
info@campingfusina.com

5,5ha 350T 6A CEE

1 ABCDGIJKLMNOPSVT
2 CIJNSYZ
3 ACKMVW
4 (B 1/6-30/9)
(Q+R+T+U+V+X 1/4-30/10)
(Y 1/4-31/10)(Z 1/4-30/10)
5 ABDEFGIJKLMNOPUW
6 CGIKM(N 5km)ORTV

Camping tranquille au bord de la lagune avec le débarcadère tout près. Sur le camping, il y a de nombreux feuillus. Vue sur Venise. Idéal pour visiter la ville. Piscine et wifi gratuit.

Indiqué sur la SS309 Ravenna-Venezia, direction Malcontenta/Fusina. Camping au bout de la route au ponton Fusina-Venezia.

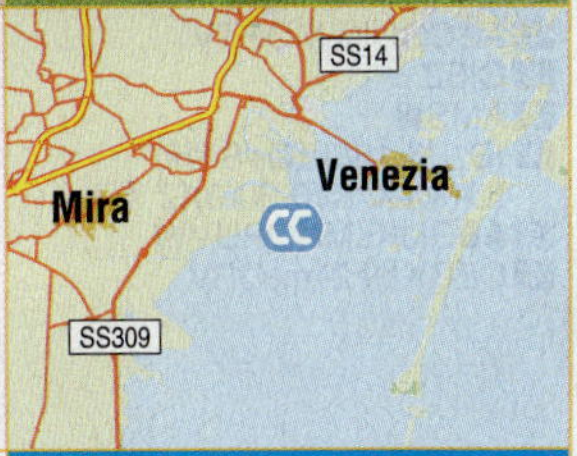


CC € 22 *1/1-15/4 20/4-31/5 10/6-30/6 5/9-30/12*

N 45°25'10'' E 12°15'22''

## Lido di Jesolo, I-30016 / Veneto

**2620**

Camping Parco Capraro***
Via Corer 2° ramo, 4
+39 04 21 96 10 73
22/4 - 19/9
info@parcocapraro.it

5,7ha 400T(60-90m²) 6-8A CEE

1 ABCDGHIJKLMOPSS
2 AGJSVWYZ
3 CGHMPSVWY
4 (B+G+Q)(S+U 29/4-16/9)
(V+Y+Z)
5 ABGIJKLMNOPRUVWXYZ
6 ACDEGKM(N 1km)ORTV

Un séjour sur ce camping ombragé avec une grande piscine et une salle de fitness vous assure de bonnes vacances. Vous êtes à la plage en 5 minutes de marche sur un large sentier forestier. Vous pouvez vous régaler de cuisine italienne dans le restaurant spacieux. Terrain spécial pour de nombreux camping-cars. Carte combinée bus/bateau pour Venise en vente à la réception.

A Jesolo, bifurquer sur la Viale Oriente. Suivre les panneaux de camping bruns. Le cp est bien balisé.

CC € 16 *22/4-24/6 23/8-19/9*

N 45°31'37'' E 12°41'49''

## Lido di Jesolo, I-30016 / Veneto

2621

Camping Park dei Dogi
Viale Oriente 13
+39 0 42 11 88 56 26
11/3 - 31/10
info@campingparkdeidogi.com

2,8ha 250**T**(60-80m²) 6A CEE

1 ABCDGHIJKLMOPST
2 AGJSUWY
3 AKY
4 (Z 1/6-3/9)
5 AEFGJKN**PR**UWXZ
6 DE**K**(N 0,3km)TU

Camping sobre avec un beau bâtiment sanitaire. Plusieurs lave-linge. Les allées sont séparées par des arbres et conifères, il y a ainsi de l'ombre et du soleil. Très conseillé pour les camping-cars et les caravanes. Tout près de la mer.

Le camping est sur Viale Oriente. Bien indiqué, utiliser les coordonnées conseillées.

CC € 12 *11/3-31/3 6/4-16/6 1/9-31/10*

N 45°31'17'' E 12°41'18''

## Malcontenta/Venezia, I-30176 / Veneto

2622

Camping Serenissima***
Via Padana 334a
+39 0 41 92 18 50
11/4 - 6/11
info@campingserenissima.it

2ha 120**T** 10A CEE

1 ABCGIJKLMOPTV
2 CISZ
3 AMS**W**
4 (B 1/6-15/9)(Q+S)
(U+V+X 10/6-30/9)(Z)
5 **AB**GIJKLMNOPUVW
6 CEGK(N 2km)ORV

Camping familial ombragé très tranquille avec des sanitaires bien entretenus. Bus vers le centre de Venise à 100 mètres de l'entrée (3 euros). Belle piste cyclable en terrain plat le long du canal de Brenta. Centres conviviaux d'Oriago et Malcontenta avec des villas Renaissance. Piscine en plein air et wifi gratuit.

A4 sortie Oriago/Mira. Au 1er rond-point, suivre Ravenna et Venezia et au 2e rond-point direction Padova/Riviera del Brenta (SR11).

CC € 20 *11/4-3/7 25/8-6/11*

N 45°27'14'' E 12°11'00''

## Mestre/Venezia, I-30170 / Veneto

2623

Camping Venezia***
Via Orlanda 8/C
+39 04 15 31 28 28
18/2 - 31/12
info@veneziavillage.it

2ha 200**T**(50-80m²) 6A CEE

1 ABCDGIJKLMOPST
2 IJSTWYZ
3 AC
4 (**F**)**KNP**
(Q+R+U+V+X+Y+Z)
5 **AB**DEFGIJKLMNOPUWXZ
6 CEG**K**(N 3km)OQ

Camping familial dans un environnement calme, piscine couverte chauffée payante, sauna et jacuzzi. En bus, à 8 min. de Piazzale Roma et de là en 20 min. à San Marco en bateau par le Canale Grande.

A4, dir Venezia. Après la halte de bus et le parking, garder la droite, SS14, Trieste. Passer sur le viaduc, suivre Trieste-Aeroporto. Le camping est à droite après quelques centaines de mètres.

CC € 20 *18/2-14/4 20/4-25/5 7/6-8/7 25/8-29/12*

N 45°28'51'' E 12°16'31''

## Sottomarina, I-30015 / Veneto

**2624**

Camping Atlanta***
Viale Barbarigo 73
+39 0 41 49 13 11
15/4 - 11/9
info@campeggioatlanta.com

4ha 220T(50-70m²) 6A CEE

1 ABCEHIJLMOPST
2 AGSTWXYZ
3 AHMSY
4 (B+G 15/4-11/9) (Q+R+S+T+U+V+X+Y+Z)
5 **AB**GIJKLMNOPUVXYZ
6 CEGK(N 0,5km)OV

Grand camping avec un sol plat en pelouse. Accès direct à la plage. Piscines, bar, restaurants et petit magasin. Sanitaires modernes. Arbres de taille moyenne, tv satellite, point d'eau sur les emplacements. La plage en terrain plat est très adaptée pour les enfants.

Clairement indiqué sur la SS309 Ravenna-Venezia. A Sottomarina devant la plage à droite, suivre le chemin de traverse. Le camping est indiqué.

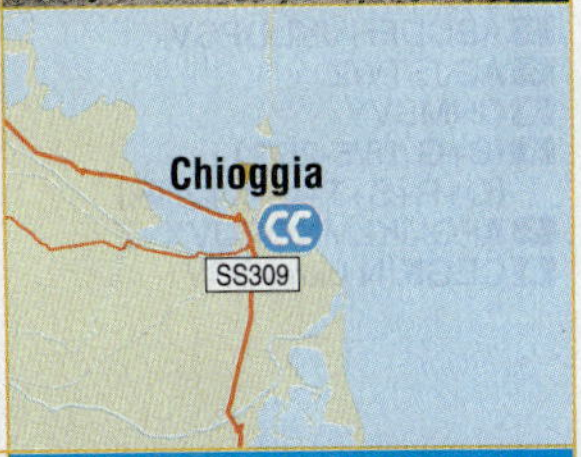


CC € 20 *19/4-3/7 29/8-11/9*

N 45°11'34'' E 12°18'07''

## Sottomarina, I-30015 / Veneto

**2625**

Camping Internazionale****
Viale Barbarigo 117
+39 0 41 49 14 44
15/4 - 11/9
info@campinginternazionale.net

7ha 300T(60-90m²) 6A CEE

1 ABCEHIJKLMNOS
2 AGSTWXY
3 AHMY
4 (B+G 1/6-31/8) (Q+S+T+U+V+X+Y+Z)
5 **AB**GIJKLMNOP**S**UVXYZ
6 EGK(N 1km)OV

Ce camping se trouve juste au bord de la plage et dispose de bâtiments sanitaires modernes. Il y a un supermarché, bar, pizzeria et bazar. Wifi jusq'à et sur la plage. Au centre du camping, magnifique piscine à côté d'un château féérique donnant certainement encore plus d'ambiance.

Bien indiqué à partir de la SS309 Ravenna-Venezia. A Sottomarina-Lido, prendre le chemin à droite avant la plage. Le cp est à gauche du côté de la mer.

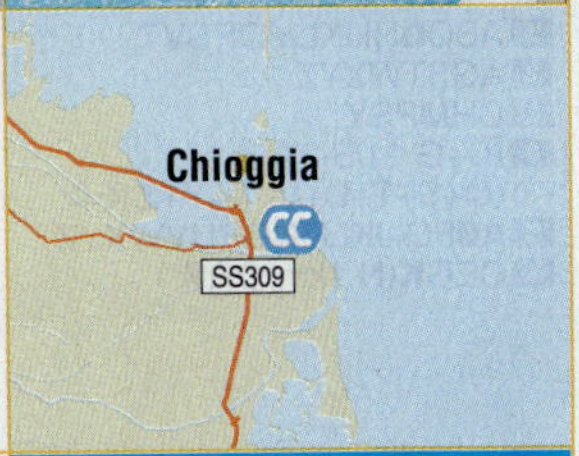


CC € 20 *19/4-3/7 29/8-11/9*

N 45°11'19'' E 12°18'16''

## Sottomarina, I-30015 / Veneto

**2626**

Camping Oasi***
Viale A. Barbarigo 147
+39 04 15 54 11 45
25/3 - 2/10
info@campingoasi.com

2,5ha 150T(56-100m²) 6A CEE

1 AC**G**HIJKLMNO**P**ST
2 ACGSTWYZ
3 AHM**OPQ**SU**W**Y
4 (B+G )**KP**(Q+R+S+T +U+V+W+X+Y+Z )
5 **AB**FGIJKLMNOP**S**UVXYZ
6 CEG**K**(N 2km)QRV

Petit camping familial propre et très calme au bord de la mer, avec des sanitaires bien entretenus et son propre port de plaisance à l'embouchure du Brenta. Restaurant de poissons très soigné.

Bien indiqué sur SS309 Ravenna-Venezia. A Sottomarina, suivre les panneaux. A droite avant la plage, puis suivre le chemin jusqu'au bout.

CC € 20 *26/3-31/5 6/6-10/7 27/8-30/9*

N 45°10'54'' E 12°18'28''

## Sottomarina, I-30015 / Veneto

**2627**

Camping Village Adriatico***
Lungomare Adriatico 82
+39 0 41 49 29 07
13/4 - 26/9
info@campingadriatico.com

1,7ha 121**T**(45-80m²) 5A CEE

**1** ABCDFHIJKLOPSV
**2** AGJSTWZ
**3** CHMSVY
**4** (B+G 18/5-25/9)
(Q+R+S+T+U+X+Z)
**5** **A**FGIJKLMNOPUVXYZ
**6** CEG**K**(N 0km)ORV

Petit camping agréable le long du boulevard au bord de la plage. Près du centre-ville. Bac vers le centre de Venise à proximité. Entreprise familiale depuis plus de 50 ans. Nouveau : service camping-cars avec sanitaires, douches, et tous équipements. Murs anti-bruit autour du camping.

Sur la SS309, c'est clairement indiqué. A Sottomarina, suivre le front de mer. Le camping est côté pays, à mi-chemin du boulevard.

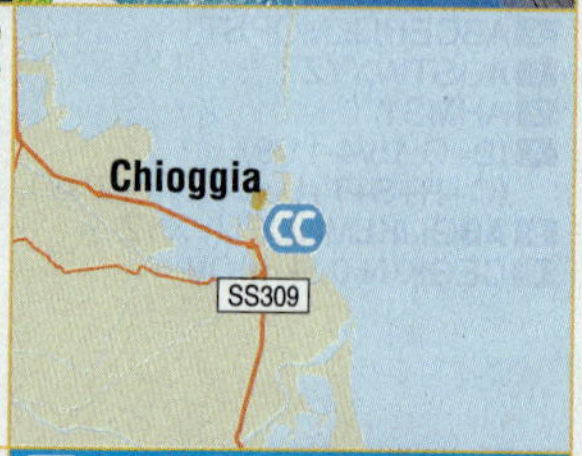


€ 20 *26/4-31/5 6/6-9/6 13/6-16/6 29/8-26/9 14=12*

N 45°12'17'' E 12°17'56''

## Sottomarina, I-30015 / Veneto

**2628**

Miramare Camping Village s.r.l.****
Viale Barbarigo 103
+39 0 41 49 06 10
14/4 - 26/9
info@miramarecamping.com

5,5ha 370**T**(60-100m²) 6A CEE

**1** ABC**G**HIJKLMOPSVT
**2** AGSTWXYZ
**3** CHMPSY
**4** (B+G 11/5-21/9)
(Q+S+T+U+V+X+Y+Z)
**5** **AB**FGIJKLMNOPUVWXYZ
**6** CEG**K**(N 1km)ORV

Ce camping sous la direction de la famille Boscolo est directement au bord de la mer et possède des bâtiments sanitaires modernes, un bar, un restaurant, un mini-marché et une piscine. Il y a une belle plage large avec de nombreux équipements. Grâce au confort, vous profitez mieux de vos vacances.

Clairement indiqué sur la SS309, Ravenna-Venezia. À Sottomarina à droite avant la plage, puis suivre le chemin.

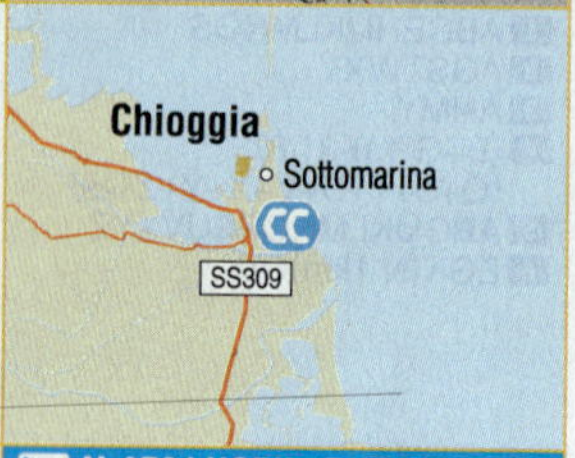


€ 20 *14/4-30/6 29/8-26/9*

N 45°11'25'' E 12°18'12''

## Tarzo, I-31020 / Veneto

**2629**

Camping al Lago di Lago**
Località Fratta 89
+39 04 38 58 68 91
1/4 - 2/10
info@campingallagodilago.it

2,2ha 83**T**(60-120m²) 6-8A CEE

**1** ABGIJKLMO**P**S
**2** EINOSXYZ
**3** ACK**R**SWZ
**4** (B+G 1/6-5/9)(Q+V+X+Z)
**5** **AB**GJLNPQRUWZ
**6** AEGJ(N 1,4km)OT

Vous trouvez ce camping dans les contreforts des Alpes, dans un parc national, au bord d'un splendide petit lac. Les environs se prêtent parfaitement aux excursions actives et culturelles, comme une visite à Venise, Vicenza ou d'autres lieux historiques.

A27, 9 km Bellum-Treviso sortie Vittorio Venero Nord. De SS51 vers SP35 direction Tarzo, continuer par SP153 ou SP635. Suivre les panneaux de camping.

€ 20 *1/4-9/7 27/8-2/10*

N 45°58'57'' E 12°13'40''

## Verona, I-37135 / Veneto

2630

Camping Verona Village***
Via Forte Tomba 44
+39 04 52 05 06 60
1/1 - 31/12
info@campingverona.com

4ha 150T(32-120m²) 16A CEE

**1** BCDGIJKLMOPRS
**2** IJSVWX
**3** CKLM
**4** (Q+R+Z)
**5** **AB**DEFGIJKLMNO**PS**UWX
**6** ABEGHIKL(N 1km)RT

Joli camping spacieux à 5 km des arènes de Vérone. Sanitaires modernes. Navette pour Vérone aux pieds du camping, qui vous emmène dans le centre historique de la ville en trente minutes, aussi accessible en vélo. Le camping se prête aux étapes.

A4 Milan – Venise ; sortie Verone Sud, suivre Tangenziali en direction de Rovigo puis SS12 en direction de Modena. Le camping se trouve sur la SS12.

CC € 20 *1/1-12/6 1/9-31/12*

N 45°23'34'' E 10°59'35''

## Alesso/Trasaghis, I-33010 / Friuli-Venezia Giulia

2631

Camping Lago 3 Comuni**
Via Tolmezzo 52
+39 04 32 97 94 64
4/4 - 2/10
camping@lago3comuni.com

1ha 50T(64-84m²) 6A CEE

**1** ABCD**G**IJKLMOPST
**2** CEINOPSWXYZ
**3** ACIKMWZ
**4** (Q+T+U+X+Z)
**5** **A**DGHIJKLMNOPUZ
**6** AEGHJ(N 1,5km)OT

Ce camping se trouve à 8 km de l'autoroute dans une magnifique nature au bord du lac. Indiqué comme camping d'étape. Magasin d'alimentation à 1,5 km, dans le village.

De Villach vers Udine par la A23. Quitter l'autoroute à la sortie Gemona-Osoppo. Prenez la SS13 vers Trasaghis puis la SR512 jusqu'à Alesso. Le camping est indiqué par des panneaux.

CC € 18 *18/4-31/5 19/6-10/7 11/9-2/10*

N 46°19'31'' E 13°03'53''

## Aquileia, I-33051 / Friuli-Venezia Giulia

2632

Camping Aquileia**
Via Gemina 10
+39 0 43 19 10 42
1/4 - 31/10
info@campingaquileia.it

3,2ha 115T(70-140m²) 4-10A CEE

**1** ACD**G**IJKLMOPST
**2** CJSWXYZ
**3** AKMS
**4** (C+G 15/5-15/9)
(Q+S+U+Y+Z)
**5** **A**GIJKLMNOPUV
**6** ACDEGK(N 0,2km)OQT

Camping tranquille avec une piscine. À 10 km de Grado, à ± 7 km de la mer. Avec beaucoup d'herbe et de beaux emplacements ombragés. Il y a un supermarché en face du camping. Tout près du camping se trouve un grand parc culturel avec des fouilles romaines.

En venant du nord prendre à gauche à Aquileia au 1ier feu. Le camping est à 450 mètres.

CC € 20 *1/4-30/6 21/8-31/10*

N 45°46'34'' E 13°22'15''

## Belvedere/Grado, I-33051 / Friuli-Venezia Giulia

2633

Belvedere Pineta Camping Village****
Via Martin Luther King
+39 0 43 19 10 07
30/4 - 18/9
info@belvederepineta.it

50ha 2694T(100-120m²) 6-10A CEE

1 ACD**G**IJKLMOPST
2 ABGLNSTUWXYZ
3 AC**G**HKM**O**P**R**SWY
4 (B+G+Q+S+T+U+V+X+Y+Z)
5 **AB**EGJKLMNPUXYZ
6 DE**J**(N 5km)TV

Grand camping tranquille dans une baie, à 5 km de Grado. Nombreuses possibilités pour pratiquer des activités sportives. Grands emplacements dans le parc. Belle piscine. Emplacements avec ou sans ombre. Beaux circuits de pistes cyclables dans les environs du camping.

A23 sortie Palmanova, puis direction Grado jusqu'après Aquileia. A la digue à gauche vers Grado. Puis suivre les panneaux de camping.

CC € 20 *30/4-30/6 1/9-18/9*

N 45°43'35'' E 13°23'59''

## Monfalcone/Marina Julia, I-34074 / Friuli-Venezia Giulia

2634

Marina Julia Family Camping Village****
Via Giarette 65
+39 0 48 14 05 61
12/5 - 18/9
marinajuliacampingvillage@clubdelsole.com

147ha 50T(80-100m²) 6-10A CEE

1 BCD**G**IJKLMO**P**ST
2 AGJNOQSTWXYZ
3 ACKM**O**P**R**SUVY
4 (B+G)IJM (Q+R+S+T+U+V+X+Y+Z)
5 **AB**GI**JK**L**M**NOPUVWX
6 AEGJ(N 5km)TUV

Camping tranquille bien entretenu. Autour de la piscine complètement rénovée, un nouveau centre a été réalisé, avec un supermarché, des petits magasins, un restaurant et des cafés. Le camping a sa propre plage.

A23 vers A4, direction Trieste. Sortie Monfalcone vers Grado. Puis suivre les panneaux de camping. Après le pont Baily, à droite.

CC € 18 *12/5-14/6 20/6-11/7 1/9-18/9*

N 45°46'38'' E 13°31'37''

## Sistiana, I-34011 / Friuli-Venezia Giulia

2635

Camping Village Mare Pineta****
Via Sistiana 60/D
+39 0 40 29 92 64
8/4 - 10/10
info@marepineta.com

107ha 500T(80-100m²) 6A CEE

1 ABCD**F**IJKLMN**P**T
2 BGIJMNOPRSUWXYZ
3 ACIK**O**PSUVW
4 (B+G 1/6-10/9)(Q+S+T+U)(V 1/6-15/9)(X+Y 15/4-15/9)(Z)
5 **AB**EFGIJKLMNOPUVXZ
6 CEG**K**(N 1km)OTV

Beau camping bien entretenu situé au bord de l'autoroute A4. Vue sur la mer, la plage est à 1,5 km. Emplacements délimités. Camping aussi indiqué comme camping d'étape, par exemple vers la Croatie. En juin, juillet et août, petit train aller-retour toutes les deux heures entre 10 h et 18 h vers la plage en contre-bas (gratuit).

La A4 direction Trieste, sortie Duino. Direction Trieste par la côte. Le camping est à droite après Duino.

CC € 22 *8/4-1/7 2/9-10/10*

N 45°46'19'' E 13°37'27''

## Bologna, I-40127 / Emilia Romagna

2636

Centro Turistico Città di Bologna***
Via Romita 12/4a
+39 0 51 32 50 16
7/1 - 22/12
hotelcampingbologna@clubdelsole.com

6,3ha 120T(20-80m²) 6A CEE

1 ABCD**G**IJKLMOP
2 IJSUWXYZ
3 A**V**
4 (B 1/6-15/9)(Q+R+U)
(V 1/6-20/9)(Y+Z)
5 **AB**DGIJKLMNOPRUW
6 CEGHJ(N 1km)RTV

Grand camping urbain moderne avec de nombreux emplacements ombragés. Le camping a un bar et une piscine pour se rafraîchir. Une connexion de bus relie le camping au centre de Bologne.

Sur le périphérique, suivez les indications (Fiera) ; à la sortie 8 (Fiera), le camping est indiqué par des panneaux marrons. (Camping près de Fiera).

CC € 18 *1/5-1/6 6/6-21/6 16/9-1/10*

N 44°31'24'' E 11°22'26''

## Casal Borsetti, I-48010 / Emilia Romagna

2637

Camping Adria****
Spallazzi 30
+39 05 44 44 52 17
23/4 - 15/9
info@villaggiocampingadria.it

3,4ha 528T(60-120m²) 10A CEE

1 ABC**F**HIJKLMPT
2 AGJSTWXYZ
3 CHIKM**O**PSUWY
4 (B+G 15/5-13/9)J
(Q+R+T+U+V+X+Y+Z)
5 **AB**EFGIJKLMNOPR**T**UVWXYZ
6 CDG**K**(N 0,2km)ORSTV

Un bon camping près de la mer. Avec une piscine normale, une nouvelle piscine jusqu'à 1 m de profondeur et un grand jacuzzi. A partir d'ici, on peut faire de belles excursions à Venise, Rimini etc.

A14 jusqu'à Ravenna. Puis direction Venise par la SS309. Vous trouvez rapidement les panneaux 'Casal Borsetti' et camping 'Adria'.

CC € 20 *23/4-24/6 22/8-15/9 7=6, 14=12*

N 44°33'33'' E 12°16'47''

## Cesenatico, I-47042 / Emilia Romagna

2638

Cesenatico Camping Village***
Via Mazzini 182
+39 0 54 78 13 44
1/3 - 31/12
info@campingcesenatico.it

16ha 681T(60-80m²) 4-10A CEE

1 ABC**G**IJKLMST
2 AGJSWYZ
3 C**G**KMNPSUW
4 (B+G 1/6-10/9)KNP(Q+S+T+U+V+W+Y+Z 1/4-30/9)
5 **AB**EFGIJKLMNOPUVWXYZ
6 CEGHKM(N 2km)ORT

Un beau camping familial, bien entretenu. Nombreux emplacements permanents.

Le camping est situé à la lisière de Cesenatico sur la SS16. Vous le passerez de Rimini à Ravenne.

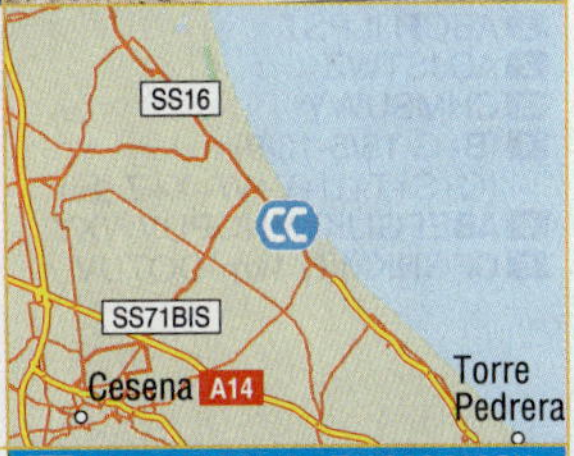


CC € 22 *1/3-25/6 12/9-31/12*

N 44°12'55'' E 12°22'46''

## Lido degli Scacchi, I-44020 / Emilia Romagna

2639

Camping Florenz****
Viale Alpi Centrali 199
+39 05 33 38 01 93
26/3 - 10/10
info@holidayvillageflorenz.com

8ha 300T(50-70m²) 6A CEE

1 ABCGHIJKLOPQ
2 AGJSTWY
3 ACHIKMNOPSUVWY
4 (B+G 23/5-6/9)KLNP
(Q+S+T+U+V+X+Y+Z)
5 ABEFGHIJKMOPQUWXYZ
6 EGHKM(N 0,5km)ORTUV

Camping avec une plage de sable privée au bord de la mer Adriatique. Vous pouvez réserver des parasols et chaises longues à la réception. Il y a aussi une plage séparée pour les chiens. De nombreuses activités sont organisées au camping.

A14 jusqu'à Bologna, puis A13 vers Padova jusqu'à Ferrara Sud et ensuite 49 km vers Lidi di Comacchio. Panneaux du camping partout.

CC € 20 8/4-1/6 1/9-9/10 14=12

N 44°42'04'' E 12°14'18''

## Lido di Dante, I-48122 / Emilia Romagna

2640

Camping Ramazzotti***
Via Paolo e Francesca
+39 05 44 49 22 50
16/4 - 11/9
info@campingramazzotti.it

2,8ha 300T(60-80m²) 3-10A CEE

1 ABCGHIJKLMPST
2 AGJSTW
3 CHKOPSWY
4 (Q+T+U+V+W+X+Y+Z)
5 ABEFGIJKLMNOPUV
6 CEGJ(N 0,5km)OQRTV

Situé au bord de la mer dans un petit village. Camping sobre avec des sanitaires corrects. Bon point de départ pour visiter Ravenna et la fameuse église de Lido di Dante.

A partir des environs de Ravenna, suivre les panneaux Lido Sud, puis les petits panneaux vers Lido di Dante.

CC € 18 16/4-30/6 29/8-11/9

N 44°23'06'' E 12°19'08''

## Lido di Pomposa, I-44020 / Emilia Romagna

2641

Vigna sul Mar Family Camping Village****
Via Capanno Garibaldi 20
+39 05 33 38 02 16
5/5 - 18/9
vignasulmarcampingvillage@clubdelsole.com

13ha 600T(70-80m²) 6-10A CEE

1 ABCFIJLPST
2 AGJSTWZ
3 CHMSUWY
4 (B+G 15/5-13/9)
(Q+S+T+U+V+W+X+Z)
5 ABEFGIJKLMNOPUVWXY
6 CFGHKM(N 1km)OQTUV

Un beau camping familial amical. Situé directement au bord de la mer avec de nombreux emplacements ombragés.

Prendre la A14 jusqu'à Bologna, puis prendre la A13 direction Padova. A Ferrara Sud, vous devez sortir. Puis il y a encore 49 km vers Lidi di Commacchio. Il y a des panneaux.

CC € 18 5/5-5/6 18/6-15/7 1/9-18/9

N 44°43'31'' E 12°14'08''

## Lido di Spina, I-44024 / Emilia Romagna

**2642**

Spina Family Camping Village****
Via del Campeggio 99
+39 05 33 33 01 79
14/4 - 11/9
spinacampingvillage@clubdelsole.com

24ha 1450T(50-80m²) 6A CEE

**1** ABC**G**HIJKLMPST
**2** ABGPSTWZ
**3** CEHIKM**O**PSUWY
**4** (B+G 15/5-10/9)**N** (Q+S+T)(U 1/6-31/8)(V+X+Y+Z)
**5** **AB**EFGIJKLMOPUVWZ
**6** CEGH**K**M(N 2km)ORTUV

Un camping avec beaucoup d'espace, une magnifique plage privée et de nombreux beaux équipements nouveaux.

A14 jusqu'à Bologna, puis la A13 direction Padova. Sortir à Ferrara Sud. Puis encore 49 km vers Lidi di Comacchio. Là, c'est clairement indiqué.

N 44°37'40'' E 12°15'20''

€ 18 *14/4-21/6 2/7-16/7 1/9-11/9*

## Marina di Ravenna, I-48122 / Emilia Romagna

**2643**

Piomboni Camping Village***
Viale della Pace 421
+39 05 44 53 02 30
15/4 - 15/9
info@campingpiomboni.it

5ha 400T(60-90m²) 10A CEE

**1** ABCD**G**HIJKLMPST
**2** ABGJSTWZ
**3** CHIKMPSUVWY
**4** (G 1/6-31/8)KP (Q+S+T+U+V+X+Y+Z)
**5** **AB**FGHIJKLMNOPUV
**6** CEGJM(N 2km)OQRTV

Un camping familial très agréable et bien entretenu à 100 mètres de la plage, en partie libre d'accès. Vous y êtes encore vraiment un hôte. Situé dans un parc de 50.000 m² avec de majestueux sapins centenaires. Nouveau depuis 2018: la piscine.

A14 de Bologna à Ravenna. Suivre les panneaux Marina di Ravenna, (cp indiqué) jusqu'à SS309 Romea. Puis à droite et suivre les panneaux du camping.

N 44°27'59'' E 12°17'07''

€ 20 *15/4-25/6 21/8-15/9*

## Marina di Ravenna, I-48122 / Emilia Romagna

**2644**

Rivaverde Family Camping Village***
Viale delle Nazioni 301
+39 05 44 53 10 84
14/4 - 18/9
rivaverdecampingvillage@clubdelsole.com

6ha 144T(70m²) 3A CEE

**1** ABCEHIJKLMP
**2** AGJSTWZ
**3** CHIKMPSUWY
**4** (B 1/6-31/8)(Q)(R 1/6-31/8)(S+T+V+X+Z)
**5** **AB**FGHIKMOPUVW
**6** GHJLM(N 1km)ORTV

Situé dans une forêt ouverte, vous trouvez ici tout ce qu'il vous faut pour passer de bonnes vacances.

Allez via A14 de Bologne à Ravenna vers Marina di Ravenna. D'ici, il y a des signes.

N 44°28'22'' E 12°16'58''

€ 18 *14/4-31/5 13/6-30/6 1/9-18/9*

## Marina Romea, I-48123 / Emilia Romagna

2645

Sole Family Camping Village***
Viale Italia 59
+39 05 44 44 60 37
14/4 - 18/9
solecampingvillage@clubdelsole.com

7ha 122T(50-70m²) 4A CEE

1 ABCEHIJLPS
2 ABGJSTWZ
3 CHKM**O**P**R**SUWY
4 (C 29/5-4/9) (Q+S+T+U+V+W+X)
5 **AB**FGIJKLMNOPUVW
6 CEGHKL(N 0,2km)ORTV

Camping familial avec piscine au cœur d'une forêt ombragée à deux pas de la plage. Il est possible d'aller à Ravenne à vélo (15 km).

Via la A14 de Bologne à Ravenne, puis via la SS309 en direction de Venise. Suivre les panneaux indiquant le camping.

N 44°29'58'' E 12°16'33''

CC € 18 14/4-18/6 1/9-18/9

## Milano Marittima/Cervia, I-48015 / Emilia Romagna

2646

Pineta Family Camping Village***
Viale Matteotti 186
+39 05 44 94 93 41
14/4 - 25/9
pinetacampingvillage@clubdelsole.com

3ha 151T(60-70m²) 4A CEE

1 ABCEHIJKLPST
2 ABGJSTWZ
3 C**FG**M**Q**SUWY
4 (B+G 1/6-31/8) (Q+S+T+U+V+X+Y+Z)
5 **AB**FGIJKLMNOPUVW
6 CEGHJM(N 0km)OQRTV

NOUVEAU

Un camping vraiment agréable, bien situé et bien équipé.

Suivez la SS16 entre Ravenne et Rimini. Quittez la à Milano Marittima et suivez les indications pour le camping.

N 44°17'46'' E 12°20'38''

CC € 18 14/4-12/6 5/9-25/9

## Pinarella di Cervia, I-48015 / Emilia Romagna

2647

Camping Adriatico***
Via Pinarella 90
+39 0 54 47 15 37
17/4 - 21/9
info@campingadriatico.net

3,4ha 280T(60m²) 6A CEE

1 ABC**G**HIJKLMPST
2 AGJSUWZ
3 C**G**IJKMSU**W**
4 (**B**+**G** 15/5-21/9) (Q+R+T+U+V+X+Z)
5 **AB**FGIJKLMNOPUVWZ
6 CDEG**K**(N 0,8km)ORTUV

Un agréable camping familial bien entretenu avec des équipements impeccables. Ce camping vaut vraiment une visite au printemps.

Suivez la SS16 entre Rimini et Ravenna. Sortez à Cervia et suivez les panneaux.

N 44°14'51'' E 12°21'32''

CC € 20 2/5-1/7 23/8-20/9

## Ponte Messa di Pennabilli (RN), I-47864 / Emilia Romagna

**2648**

Camping Marecchia 'Da Quinto'****
Via Mulino Schieti 22
+39 33 87 22 66 90
1/5 - 10/9
info@campingmarecchia.it

0,8ha 30T(20-80m²) 6A CEE

1 BCDGIJKLNOP
2 CJSWXYZ
3 AIP
4 (B+G 1/6-9/9)**K**P(T+U+Y+Z 1/6-9/9)
5 **A**CGIJKMNO**P**UWZ
6 CEGHKL(N 0,8km)OUV

Camping particulier aménagé avec art et culture dans la région d'Emilia Romagna au bord de la Marechia à Pennabili. Camping vraiment verdoyant avec attention pour la nature et l'écologie. Superbe piscine et excellent restaurant. Dans les environs : randonnées dans la nature et centres culturels.

A14, sortie Rimini Nord, di Sanleo-Montefeltro (SP258). Novafeltria-Pennabilli au rond-point vers Ponte Messa (suivre panneaux de cp). Camping avant le village sur la droite.

N 43°49'32'' E 12°15'01''

CC € 22 *1/5-7/7 1/9-10/9*

## Punta Marina Terme, I-48122 / Emilia Romagna

**2649**

Adriano Family Camping Village****
Via dei Campeggi 7
+39 05 44 43 72 30
14/4 - 11/9
adrianocampingvillage@clubdelsole.com

140ha 821T(50-100m²) 16A CEE

1 AC**G**HIJKLM**P**ST
2 AGJSTWZ
3 ACHIKMNPSUWY
4 (B+G 15/5-10/9)**P** (Q+S+T)(U 1/6-31/8)(V+X+Y+Z)
5 **A**BFGIJKLMNOPUV
6 CEGHKLM(N 3km)ORSTV

Un beau camping, spacieux, sur un terrain boisé avec beaucoup d'ombre. Des équipements de haute qualité et de belles installations sanitaires. Une piscine attrayante et très accueillante. Proche de la mer. De nombreuses activités pour les jeunes. En bref, un endroit idéal!

Prenez l'A14 de Bologne à Ravenne. Suivez ensuite les indications pour Punta Marina. Le camping est clairement indiqué partout.

N 44°26'01'' E 12°17'47''

CC € 18 *14/4-30/6 2/7-16/7 1/9-11/9*

## Repubblica San Marino, I-47893 / San Marino

**2650**

Camping Centro Vacanze San Marino****
Strada S. Michele 50
+378 5 49 90 39 64
1/1 - 31/12
info@centrovacanzesanmarino.com

10ha 200T(50-80m²) 5-10A CEE

1 ABCD**F**IJKLMOPSV
2 JMSVWYZ
3 ACEHNOPSU
4 (B 1/6-31/8)K(Q)(T+U+V+Y+Z 1/1-15/1,1/3-31/12)
5 **AB**DEFGHIJKLMNOPUW
6 CEGHKL(N 3km)OTUV

Grand camping en terrasses bien équipé à 250m d'altitude. Superbe piscine, beaux terrains de sport. Emplacements spacieux délimités. Bus pour Rimini Plage. Bien situé pour des excursions culturelles. La CampingCard ACSI n'est pas valable pour les groupes.

Sortie Rimini Sud, di San Marino SS72, après l'entrée dans la République, suivre la route principale et vous voyez à 3 km, à droite, le petit panneau de camping. Au Brico ID Shop à droite. Voir les panneaux.

N 43°57'33'' E 12°27'41''

CC € 20 *3/1-14/4 19/4-8/7 25/8-30/9 24/10-29/12* *7=6, 14=11*

## Riccione, I-47838 / Emilia Romagna

2651

Camping Adria***
Via Torino 40
+39 05 41 60 10 03
14/4 - 2/10
info@campingadria.com

10ha 516T(70-100m²) 6-10A CEE

1 BCD**G**IJKLMNOPST
2 AGIJSWZ
3 ACE**G**PSUWY
4 (Q+S+T+U+V+Y+Z)
5 **AB**EFGIJKLMNOPUVYZ
6 ACDEGHKM(N 1km)ORTUV

Un camping familial au bord de la mer près de la station balnéaire Riccione : on peut y aller à pied. Belles excursions dans les environs. Pour les détenteurs de la CampingCard ACSI, wifi gratuit. Emplacements complètement nouveaux.

Suivre la A14 jusqu'à Riccione. Puis vers la SS16, environ 500 mètres, et suivre ensuite les grands panneaux.

CC € 20 *14/4-7/7 25/8-2/10*

N 43°59'28'' E 12°40'43''

## Riccione, I-47838 / Emilia Romagna

2652

Camping Riccione****
Via Marsala 10
+39 05 41 69 01 60
15/4 - 19/9
info@campingriccione.it

6,5ha 450T(65-100m²) 5-10A CEE

1 ABCDGIJKLMOPST
2 AGIJSTUWZ
3 C**G**HMN**O**P**R**SUVY
4 (B+G)JP
(Q+S+T+U+V+X+Y+Z)
5 **AB**EFGIJKLMNOPUVWX
6 ACFGKM(N 1km)ORTV

Un camping sympathique avec une belle piscine. Les sanitaires sont très bien entretenus. Train faisant la navette vers le centre. Les environs invitent à faire de belles excursions. Les détenteurs de la CampingCard ACSI doivent payer en espèces.

A partir de l'autoroute prendre la sortie Riccione puis suivre les panneaux. Bien indiqué.

CC € 20 *15/4-24/6 11/9-19/9 7=6*

N 43°59'07'' E 12°40'45''

## Riccione, I-47838 / Emilia Romagna

2653

International Riccione Family
Camping Village***
Via Torino 80
+39 05 41 61 54 02
14/4 - 14/9
riccionecampingvillage@
clubdelsole.com

4ha 99T(29-70m²) 4A CEE

1 ABCD**G**IJKLMNO**P**ST
2 AGIJSUWXYZ
3 AC**G**KY
4 (Q+R+T+U+V+X+Y+Z)
5 **AB**EFGIJKLMNOPQUWZ
6 BCEG**K**M(N 0,3km)OTU

Un camping avec beaucoup de calme et des équipements sanitaires simples mais propres.

A partir de la A14 prendre la sortie Riccione. Puis sur la SS16 de Rimini à Ancona suivre les panneaux.

CC € 18 *14/4-20/6 3/9-14/9*

N 43°59'10'' E 12°41'15''

## Riccione, I-47838 / Emilia Romagna

2654

Romagna Camping Village***
Via Torino 56
+39 0 54 11 78 10 51
15/5 - 15/9
romagnacampingvillage@clubdelsole.com

5,8ha 268T(68-90m²) 6-10A CEE

1 ABCDGIJKLMOPST
2 AGIJSUWXYZ
3 ACGKWY
4 (B 15/5-17/9) (Q+R+S+U+V+X+Y+Z)
5 ABEFGIJKLMNOPUVWXYZ
6 BCDEGKM(N 1,5km)TU

Un camping familial propre et bien situé juste au bord de la mer. Nombreuses curiosités touristiques.

Prendre la A14 jusqu'à la sortie Riccione, puis SS16, et là suivre les panneaux vers le camping.

N 43°59'21" E 12°40'54"

€ 18 15/5-4/7 27/8-15/9

## Rioveggio, I-40040 / Emilia Romagna

2655

Camping Riva del Setta****
Ginepri 65
+39 05 16 77 77 49
1/4 - 30/9
info@rivadelsetta.com

3,5ha 86T(70-80m²) 3A CEE

1 ABCGHIJKLMOPS
2 CISWYZ
3 AOSW
4 (B 15/6-31/8) (Q+R+T+U+V+Y+Z)
5 AGIJKLMNOPUV
6 CFGHJ(N 0,5km)

Le camping est dans la vallée de Setta entre Bologne et Florence. Près de l'autoroute. Il y a une pizzeria et une piscine. Bon point de départ pour visiter les villes culturelles Bologne et Florence. Fermeture de l'accueil entre 12.30 h et 15 h.

Avant Rioveggio, suivre l'ancienne A1 ou Panoramica (à gauche) donc pas vers Badia, puis sortie Rioveggio, à droite et suivre les panneaux de camping. (A1 Bologna-Firenze).

N 44°17'29" E 11°13'05"

€ 18 1/4-14/7 1/9-30/9 7=6

## San Mauro Mare, I-47030 / Emilia Romagna

2656

Camping Green**
Via Amerigo Vespucci 6
+39 0 54 11 74 30 47
15/4 - 2/10
info@campinggreen.it

0,7ha 100T(36-80m²) 6A CEE

1 ABCGHIJKLMPQ
2 AGJSZ
3 CGMSWY
4 (T+U+Z 16/6-9/9)
5 AFGIJKMNOPUV
6 AEK(N 0,3km)OT

Pas au bord de la mer mais bien situé dans le village. Tout est facilement accessible, la plage aussi. Les environs sont très intéressants. Chouettes villages et bonnes possibilités pour faire du vélo. Camping sobre très tranquille.

A14, sortie Rimini Nord. Suivre la SS16 vers Ravenna jusqu'à la sortie San Mauro Mare. Entrer dans le village et à gauche au panneau 'Green'.

N 44°09'45" E 12°26'32"

€ 18 15/4-30/6 1/9-2/10 7=6

## San Piero in Bagno, I-47021 / Emilia Romagna

2657

Camping Alto Savio***
Strada prov. 43 per Alfero, 37/C
+39 39 14 99 42 34
1/1 - 10/1, 25/4 - 31/12
poliniomar@gmail.com

1,3ha 69T(60-65m²) 6-10A CEE

1 BCDGIJKLPQ
2 BIJSYZ
3 AIJKLMNS
4 (**A**+Q+R+T+U+Z)
5 **AB**CGIJKMOPUVZ
6 ABCEGK(N 1km)TV

Camping Alto Savio est situé dans une oasis de verdure entre les collines d'Emilio Romangna, près du Parco nazionale Foreste casentinesi. Dans ce beau paysage vallonné, vous pouvez vous détendre, faire du VTT, des randonnées et du vélo. Vous pouvez aussi vous reposer dans une station thermale proche. Les hauts lieux culturels sont Arezzo, Urbino, Gubbio et San Marino.

E45 Ravenna-Perugia, 2me sortie San Piero à Bagno, puis à droite. Suivez les panneaux.

CC € 18 *25/4-30/6 1/9-31/10*

N 43°51'28'' E 11°59'44''

## Viserba di Rimini, I-47922 / Emilia Romagna

2658

International Italia Family Camping Village
V. Toscanelli 112
+39 05 41 73 28 82
15/5 - 15/9
italiacampingvillage@clubdelsole.com

6ha 225T(60-70m²) 4-6A CEE

1 ABC**G**IJLPST
2 AGJSWZ
3 CPY
4 (Q+S+T+U+V+X+Y+Z)
5 AGIKMOPUVW
6 CEGK(N 0km)TU

Un camping familial soigné et tranquille au bord de la mer et près de Rimini.

Suivez la SS16 de Rimini à Ravenne et quittez la à Viserba. Il y a des panneaux indiquant le camping partout.

CC € 18 *15/5-4/7 27/8-15/9*

N 44°04'51'' E 12°32'53''

## Barberino di Mugello, I-50030 / Toscana

2659

Camping Il Sergente***
SS 65 Monte di Fo
+39 05 58 42 30 18
1/1 - 31/12
info@campingilsergente.it

3ha 25T(40-80m²) 10A CEE

1 ACDGIJLMO**P**ST
2 IJLMSUWYZ
3 CHOPS
4 (B 15/5-30/9)(Q+R)
(T+U+V+Y+Z 1/1-30/12)
5 **AB**DEFGIJKLMNOPUVWZ
6 CEGK(N 7km)OQRTV

Camping familial moderne dans la région de Mugello en Toscane, équipé d'une piscine et d'un restaurant. Le camping est situé près du col de Futa. C'est une bonne base pour visiter Florence ou Siena et d'autres villes historiques plus éloignées en Toscane.

A1 Bologna-Firenze (A1 Direttissing), sortie Firenzuola-Mugello. A 3 km à gauche vers Futapas.

CC € 20 *1/1-11/7 1/9-31/12*

N 44°04'39'' E 11°16'52''

## Casale Marittimo, I-56040 / Toscana

2660

Camping Valle Gaia****
Via Cecinese 87
+39 05 86 68 12 36
9/4 - 1/10
info@vallegaia.it

4,3ha 240T(80-120m²) 6-10A CEE

1 AB**G**IJKLMOPST
2 IMSUWYZ
3 CHIKLM**O**PSUV
4 (B+G)J
(Q+S+T+U+V+Y+Z)
5 **A**DEFGIJKLMNOPUV
6 CEGJ**K**LM(N 3,5km)
RTUVWX

Au bord des paysages de collines de la Toscane, et à 9 km de la mer se trouve le camping Valle Gaia, avec de bons équipements sanitaires, plusieurs piscines, restaurant et pizzeria. Situation idéale pour des excursions vers, entre autres, les villes d'art de la Toscane.

A12, sortie Rosignano Marittimo SS1 direction Roma, sortie Cecina-Centro (PAS Cecina-Nord). Au rond-point direction Casale Marittimo; au carrefour à gauche direction Casale Marittimo. Camping à 3 km.

CC € 16 9/4-9/7 1/9-1/10

N 43°18'02'' E 10°34'54''

## Casciano di Murlo/Siena, I-53016 / Toscana

2661

Camping Le Soline***
Via delle Soline 51
+39 05 77 81 74 10
1/1 - 31/12
camping@lesoline.it

6,5ha 170T(24-90m²) 6A CEE

1 ABC**G**IJKLOPST
2 MNSUXYZ
3 A**G**KP**Q**S
4 (B+G 1/4-10/10)KP
(Q+R 1/4-30/9)(Z)
5 **AB**DFGIJKMNO**P**UVW
6 CEGK(N 1km)ORTV

Le camping est aménagé en terrasses à flanc de colline. Les emplacements et la grande piscine ont une belle vue sur la campagne environnante.

SS223 Siena-Grosseto. Sortie Fontazzi/Casciano. Suivre les panneaux de camping.

CC € 20 1/1-1/7 29/8-31/12

N 43°09'18'' E 11°19'55''

## Castiglione della Pescaia, I-58043 / Toscana

2662

Camping Maremma Sans Souci***
Località Casa Mora
+39 05 64 93 37 65
14/4 - 30/10
info@maremmasanssouci.it

30ha 335T(30-100m²) 3-6A CEE

1 ABCD**F**HIJKLNOPST
2 ABHJTWZ
3 C**G**KMNUWY
4 (Q+R+S+T+U+V+W+Y+Z)
5 **AB**FGIJKMNOPQUVZ
6 CEGHKM(N 2,5km)RSTV

Camping plein d'ambiance situé juste au bord de la mer avec plage de sable, avec ses propres emplacements de diverses tailles, délimités et dispersés dans le bois de pins. Restaurant/pizzeria/bar avec grande terrasse au centre du camping. Equipements sanitaires sobres.

A Grosseto ou à Follonica, SS322 vers Castiglione della Pescaia. Camping à 2 km au nord de Castiglione della Pescaia, côté mer.

CC € 18 14/4-8/7 29/8-30/10 7=6

N 42°46'25'' E 10°50'39''

## Castiglione della Pescaia, I-58043 / Toscana

**2663**

Camping Village Rocchette***
SP. 62 delle Rocchette
+39 05 64 94 11 23
14/4 - 22/10
info@rocchette.com

7ha 98T(30-70m²) 3-6A CEE

1 ABCD**F**HIJKLNO**P**S
2 ABGJSWXYZ
3 CKLMN**O**PSWY
4 (B+G )K**L**P(Q+R+T+U ) (V 15/5-15/9)(Y+Z )
5 **AB**EGIKMNOP**QR**XYZ
6 AEHKM(N 7km)O

Le Camping Village Rocchette a deux piscines de 2000 m² avec 3 whirlpools. Le camping est situé près d'une belle plage. Animation pour jeunes et seniors. La piscine et le bar/restaurant se trouvent sur la place centrale. Equipements sanitaires avec un accent moderne.

De Follonica, prendre la SS322. A quelques kilomètres avant Castiglione della Pescaia à droite, Le Rocchette. Camping à droite à 2,5 km.

CC € 16 14/4-8/7 29/8-21/10 7=6

N 42°46'46'' E 10°48'05''

## Castiglione della Pescaia, I-58043 / Toscana

**2664**

Camping Village Santapomata
S.P. 62 delle Rocchette
+39 05 64 94 10 37
14/4 - 22/10
info@campingsantapomata.it

6ha 100T(50-80m²) 3A CEE

1 BC**G**HIJKLMN**P**R
2 ABHJSTWYZ
3 KLMNWY
4 (Q+S+T+U+V+Y+Z )
5 **AB**GIJKMNOPUV
6 AEGHKM(N 5km)OTX

Ce camping ombragé, avec de bons sanitaires, est situé juste au bord d'une plage de sable en pente douce. Il y a un bar sur la plage.

De Follonica, prendre la SS322. Quelques kilomètres avant Castiglione della Pescaia à droite vers Le Rocchette. Puis indiqué par des panneaux.

CC € 18 14/4-8/7 29/8-21/10 7=6

N 42°46'36'' E 10°48'34''

## Castiglione della Pescaia, I-58043 / Toscana

**2665**

Stella del Mare Family Camping Village (Toscane)****
Strada Provinciale delle Rocchette
+39 05 64 94 71 00
12/5 - 2/10
castiglionecampingvillage@clubdelsole.com

7ha 150T(30-90m²) 4A CEE

1 ABCGHIJKLMNOPSVT
2 AHJMRSUWYZ
3 CH**O**PWY
4 (B+G )JM (Q+S+T+U+V+Y+Z )
5 **AB**EFGIJKLMNOPUW
6 CEGIJ(N 7km)OT

Le camping Stella del Mare est situé en face de l'île d'Elbe, avec de belles piscines, une pataugeoire et une pelouse. Une partie en terrain plat et une partie en terrasses. Au camping, vous trouvez une magnifique plage de sable et une côte rocheuse. De plus, Castiglione delle Pescaia est accessible en vélo.

A partir de Follonica de SS322 vers le sud direction Castiglione della Pescaia. Puis prendre la sortie Le Rocchette. Le camping est au bout de la route.

CC € 18 12/5-19/6 1/9-2/10

N 42°46'38'' E 10°47'34''

## Cavriglia, I-52022 / Toscana

iD **2666**

Orlando in Chianti Glamping Resort
Località Cafaggiolo
+39 0 55 96 74 22
12/5 - 9/10
info@campingorlandoinchianti.it

6ha 30T(80-150m²) 6-10A CEE

1 ABCDGIJKLMNOPST
2 BLMNUWYZ
3 ACGIKMNSV
4 (C+H [clé])JKNO (Q+S+T+U+V+Y+Z [clé])
5 ABDGIJKLMNOPUVWX
6 ACEGHJLM(N 7km)TVWX

Dans la région du Chianti, au milieu des bois dans un parc naturel protégé. Le camping a un bon restaurant et une pizzeria avec four à bois. Supermarché, trois piscines (chauffées) et jacuzzi. Excursions : Florence, Siena, Arezzo, la région du Chianti, château vinicole. Bonnes possibilités pour randonnées et vélo.

Quitter la A1 à Incisa, direction Figline Valdarno, puis vers Greve à Chianti. Suivre les panneaux de camping vers Lucolena et Parco Cavriglia, pas le GPS.

CC € 20 *12/5-7/7 29/8-9/10*

N 43°32'18'' E 11°24'50''

## Cecina Mare, I-57023 / Toscana

**2667**

Camping Bocca di Cecina
Via Volterra 7
+39 05 86 62 05 09
1/1 - 31/12
reception@campingboccadicecina.it

6ha 200T 2-6A CEE

1 GHJLMRVS
2 BHIJPVWXYZ
3 CHKMOPSW
4 (B 15/6-15/9) (Q+S+T+U+V 1/6-30/9) (X 1/4-30/9)(Z 1/6-30/9)
5 ABDGIKMNOPUVWXZ
6 ACDFGIK(N 1km)OT

Camping spacieux avec une partie dans une forêt de pins et une partie près de l'entrée et de la piscine. À proximité du nouveau port de Cecina Mare.

A12, sortie Rosignano Marittimo, puis SS1 (Aurelia) direction Rome, sortie Vada, direction Mazzanta. Suivre les panneaux, le camping est du côté de la mer.

CC € 18 *1/1-30/6 1/9-31/12*

N 43°18'34'' E 10°29'17''

## Cecina Mare, I-57023 / Toscana

iD **2668**

Camping Delle Gorette****
Via dei Campilunghi
+39 05 86 62 24 60
9/4 - 30/9
info@gorette.it

15ha 150T(50-80m²) 6A CEE

1 ABCDFIJKLMOPST
2 AGIJPSTWYZ
3 CHLMNOPSUVY
4 (B+G 1/5-30/9)JKP (Q+S+T+U+V+W+Y+Z [clé])
5 ABEGIJKLMNOPUVWZ
6 ACEGKM(N 1,5km)OQTV

Ce camping avec de nombreux bons équipements autour d'une belle grande piscine est séparé de la mer par un superbe bois de pins. Il y a aussi une grande place équipée de bars et de magasins. Grands sanitaires bien entretenus.

A12, sortie Rosignano-Marittimo, puis SS1 (Aurelia) vers Roma, sortie Vada. A Vada vers Mazzanta, puis tout droit, Cecina Mare. Camping du côté de la mer avant le rond-point.

CC € 16 *9/4-26/6 21/8-30/9* 14=13

N 43°18'45'' E 10°29'02''

## Cecina Mare/Livorno, I-57023 / Toscana

**2669**

Camping Mareblu S.R.L.***
Via del Campilunghi
+39 05 86 62 91 91
27/3 - 16/10
info@campingmareblu.com

10ha 280T(50-105m²) 6A CEE

1 ABCGHIJKLMNOPS
2 ABGIJPSTUWXYZ
3 CHIKM**O**PSU**W**Y
4 (B+G 15/4-10/10) (Q+S+T+U+V+W+Y+Z)
5 **AB**EFGIJKLMNOPQUVZ
6 CDEGHI**K**M(N 2km)ORSTV

Camping spacieux avec de nombreux bons équipements. A côté d'une partie en terrain ouvert, la plupart des emplacements sont entourés de lauriers-roses dans un bois de pins. Un sentier de 300m à travers une nature ombragée va du camping à la plage de sable. Piscine et restaurant/bar.

A12, sortie Rosignano-Marittimo; puis SS1 'Aurelia' direction Roma sortie Vada. A Vada direction Mazzanta (Vada-Cecina-Mare). Suivre les panneaux. Camping du côté de la mer.

CC € 18 *27/3-30/6 1/9-16/10 14=12*

N 43°19'06" E 10°28'28"

## Cecina Mare/Livorno, I-57023 / Toscana

**2670**

New Camping Le Tamerici SRL***
Via della Cecinella 5
+39 05 86 62 06 29
15/4 - 9/10
info@letamerici.it

8ha 130T(50-80m²) 6A CEE

1 ABCD**F**HIJKLMNO**P**
2 AGIJPSTUVWYZ
3 CHLM**O**PSUWY
4 (B+G+Q+S+T+U+V+Y+Z)
5 **AB**GJKMNOPUV
6 DFGJM(N 1km)ORT

Séparé de la mer (à 600m) et de la plage par une magnifique zone de randonnées (bois de pins), et près de Cecina et de Cecina Mare. Il y a une piscine et une pataugeoire, des terrains de sport, des magasins et un bon restaurant. Emplacements spéciaux pour camping-cars.

A12, sortie Rosignano Marittimo, puis prendre la SS1 (Aurelia) direction Roma, sortie Cecina Nord direction Cecina Mare. Tout droit aux feux, et suivre les panneaux de camping.

CC € 20 *15/4-5/6 5/9-9/10*

N 43°17'31" E 10°30'38"

## Coltano, I-56121 / Toscana

**2671**

Camping Lago Le Tamerici
Via della Sofina 6
+39 0 50 98 90 07
1/4 - 2/11
info@lagoletamerici.it

18ha 44T(100-120m²) 6A CEE

1 ABCDGIJKLMPS
2 EISUVWXYZ
3 AHP**QW**
4 (B 1/6-15/9) (Q+R+U+V+X+Z)
5 **AB**GIJKLMNOPUWXZ
6 ACFGK(N 2km)

Dans une belle région naturelle près de Pisa. Emplacements spacieux avec herbe, au bord du lac. Vue sur les montagnes. Au pizzeria-restaurant avec four à bois, on sert de la viande bio et des plats régionaux. Emplacements pour camping-cars.

Firenze-Pisa-Livorno sortie Darsena Pisana, SS1 vers Pisa, à ± 3 km à droite vers Coltano, puis suivre les panneaux de camping ou insérer les coordonnées (pas l'adresse) dans le GPS.

CC € 18 *1/4-14/7 1/9-2/11*

N 43°38'14" E 10°22'03"

## Elba/Lacona/Capolíveri, I-57037 / Toscana

2672

Camping Lacona***
C.P. 65
+39 05 65 96 41 61
15/4 - 11/10
info@camping-lacona.it

2,6ha 158T(40-80m²) 4-6A CEE

1 ABCD**G**HIJKLMNOPS
2 ABGJMPRUWYZ
3 C**G**IKLMSWY
4 (B+Q+R+T+U+V+X+Z)
5 **AB**FGIJKLMNOPUVW
6 ACEGK(N 8km)ORTVX

Cp légèrement ombragé grâce aux eucalyptus et facile d'accès avec ses larges terrasses. Situé sur un langue de terre avec tout près, une plage de petits cailloux avec bouées et grue de bateaux, et de l'autre côté une longue plage de sable. Location de scooters. Vélo, consigne et kayak gratuits.

A Portoferraio suivre 'tutti direzioni'. Au 3ème rond-point di Porto Azzuro. Au feu tout droit. Sortie suivante, vers Lacona. Le camping est après le virage sur la gauche.

N 42°45'37'' E 10°18'56''

CC € 18 *15/4-30/6 1/9-11/10*

## Elba/Lacona/Capolíveri, I-57031 / Toscana

2673

Camping Lacona Pineta***
Viale dei Golfi 249
+39 05 65 96 43 22
25/4 - 20/10
info@campinglaconapineta.com

4ha 179T(68-88m²) 3-5A CEE

1 BCD**G**HIJKLMNOPST
2 AGJMPQRVWZ
3 ACDWY
4 (A+B+G)KP (Q+R+S+T+U+V+X+Y+Z)
5 ABFGIJKLMNOPUVWZ
6 ABEGHIKM(N 2km) OQRSTU

Camping en terrasses avec une superbe piscine. Situé dans un bois de pins à 50m de la plage. Excellents équipements sanitaires, bar/restaurant au centre du camping.

A Portoferraio, vers Porto Azzurro. Puis vers Lacona. Le camping est à droite après le virage.

N 42°45'33'' E 10°18'49''

CC € 22 *25/4-19/6 4/9-20/10*

## Figline Valdarno, I-50063 / Toscana

2674

Village Norcenni Girasole****
Via Norcenni 7
+39 0 55 91 51 41
30/4 - 25/9
girasole@humancompany.com

11ha 151T(40-100m²) 10-16A CEE

1 ABCDGIJKLMOPSTT
2 IJLMNUWXYZ
3 CIJKLM**O**P**QR**SU
4 (A 30/4-16/9) (C+E+G)J**KLNP** (Q+S+T+U+V+Y+Z)
5 **AB**DEFGIJKLMNPRUWXYZ
6 ACDFGHJLM(N 3km) RTVWX

Grand camping luxueux, en partie sur terrain plat, en partie en terrasses. Très nombreux équipements : piscines, fitness, shopping et animations. Excursions privées vers entre autres Florence et Rome. Depuis 2015 : gamepark avec parcours aventure et nouvelle salle de jeux.

A1 Firenze-Roma, sortie Incisa. SS69 vers Figline Valdarno. Suivre les panneaux 'Girasole Club'. A 8 km de la sortie d'autoroute. De Figline suivre les panneaux du camping, pas le GPS.

N 43°36'48'' E 11°26'58''

CC € 18 *30/4-2/7 27/8-25/9*

## Marina di Bibbona, I-57020 / Toscana

**2675**

Camping Free Beach***
Via Cavalleggeri Nord 88
+39 05 86 60 03 88
15/4 - 25/9
info@campingfreebeach.it

9ha 150T(75-80m²) 3A CEE

1 BCD**G**HIJKLMNOPS
2 AGJSTWYZ
3 CHPSU**W**
4 (B+Q+S+T+U+V+X+Z)
5 **AB**GIJKMNOPUW
6 AEGJ(N 0,3km)TV

Camping familial à Marina di Bibbona, à proximité de la plage. Place centrale avec piscine et bar/restaurant/pizzeria. Equipements sanitaires sobres.

A12, SS1 Aurelia dir. Roma. Sortie La California/Cecina Sud, dir. Marina di Bibbona. Au rond-point, tout droit; au mini rond-point, tout droit. Après un léger virage, à droite. Suivre les panneaux. Le camping est au bout de la route, au coin à droite.

CC € 22 *15/4-30/6 1/9-25/9*

N 43°15'06'' E 10°31'41''

## Marina di Bibbona, I-57020 / Toscana

**2676**

Camping Free Time***
Via dei Cipressi
+39 05 86 60 09 34
15/4 - 16/10
info@freetimecamping.it

4ha 100T(80-105m²) 6A CEE

1 ACDGHIJKLMN**P**SV
2 AFGJSWXYZ
3 CKMPSV**W**
4 (B+G)JN
(Q+S+U+V+Y+Z)
5 **AB**EFGIJKLMNOPUWXYZ
6 ACDEG**J**(N 0,5km)RTV

Camping avec de nombreux équipements modernes : fitness, massage et point Internet. Grande piscine. A 800 mètres de la mer et d'une plage de sable accessible par une superbe forêt de pins. Bassin pour la pêche. Places avec sanitaires privés, + 5 euros.

A12, sortie Rosignano Marittimo, puis SS1 Aurelia direction Roma, sortie La California/Cecina Sud. Direction Marina di Bibbona. Bifurquer à droite dans la Via dei Cipressi, le camping est avant le virage à droite.

CC € 22 *15/4-30/6 1/9-16/10*

N 43°15'09'' E 10°31'51''

## Marina di Castagneto, I-57022 / Toscana

**2677**

Camping Belmare
Via Primo Maggio 1
+39 05 65 74 42 64
1/4 - 10/10
info@campingbelmare.it

7ha 315T(64-100m²) 4A CEE

1 ABCFHIJKLMNOST
2 ABHIJTWYZ
3 KLMUWY
4 (Q+S+T+U+V+W+Y+Z)
5 **AB**GIJKLMNO**P**UVWYZ
6 CEGIJM(N 0,01km)ORTV

Un vrai camping italien. Au bord de la mer, au milieu des pins. Vous trouvez là une grande plage de sable avec secteurs libre et payant. A partir du camping vous allez à pied au village. Le camping a un restaurant bon et pas chèr. Les chiens sont seulement autorisés en avril, mai et septembre.

A12, sortie Rosignano Marittimo, puis SS1 'Aurelia' direction Roma. Sortie Donoratico, direction Marina di Castagneto. Tout droit, suivre les panneaux.

CC € 18 *1/4-15/6 1/9-10/10*

N 43°10'38'' E 10°32'34''

## Marina di Castagneto, I-57022 / Toscana

2678

Camping Continental
Via 1° Maggio SNC
+39 05 65 74 40 14
1/4 - 30/9
info@campingcontinental.it

13ha 265T(40-85m²) 3A CEE

1 ABCDGHIJKLMNOPST
2 ABHIJLTWYZ
3 CHKPVY
4 (Q+S+T+U+V+Y+Z)
5 AGIKMOPUVWZ
6 ACEGJ(N 0,5km)ORT

Camping aménagé spacieusement dans un bois de pins juste au bord d'une belle plage. A côté des emplacements fixes, nombreux emplacements touriste de différentes tailles. Station balnéaire à proximité.

A12, sortie Rosignano-Marittimo, puis SS1 'Aurelia' di Roma, sortie Donoratico; vers Marina di Castagneto, tout droit, suivre les panneaux.

CC € 16 1/4-2/6 1/9-30/9 7=6, 14=11

N 43°10'24'' E 10°32'38''

## Marina di Grosseto, I-58100 / Toscana

2679

Cieloverde Camping Village****
Via della Trappola 181
+39 05 64 32 16 11
18/5 - 19/9
info@cieloverde.it

60ha 1260T(80-100m²) 3-6A CEE

1 ABCDGHIJKLMNOPSVW
2 ABGJTWYZ
3 CHIKLMPSUVWY
4 (A 19/5-18/9)(B+G+Q+S+T+U+V+W+Y+Z)
5 ABFGHIJKLMNOPUV
6 EGHJLM(N 2km)ORTUV

Camping particulièrement bien aménagé dans un parc, avec de nombreuses possibilités pour jouer pour les enfants. Le camping est 1 km de la mer mais un petit train de camping vous amène à la plage où un chemin pour les piétons/vélos va jusqu'à la mer. Excellents grands blocs sanitaires.

A Grosseto vers Marina di Grosseto (mare). A Marina di Grosseto vers Principina a Mare. Sur la droite avant la sortie Principina a Mare.

CC € 18 18/5-30/6 1/9-19/9

N 42°42'51'' E 11°00'30''

## Marina di Massa, I-54100 / Toscana

2680

Camping Giardino
Via delle Pinete 382
+39 05 85 86 92 91
1/4 - 26/9
info@campinggiardino.com

3,8ha 140T(40-60m²) 3A CEE

1 BCDGHIJKLMOPST
2 AGIJQSWYZ
3 CGMSVWY
4 (B 23/5-26/9)(Q+S 9/4-26/9)(U+V+X 1/6-15/9)
5 ABGIJKMOPUVXZ
6 ACEGHK(N 0,1km)ORTV

Camping spacieux bien entretenu près de la mer avec de bons équipements, chouette restaurant et terrasse agréable. Possibilités pour faire des excursions aux carrières de marbre, grottes et villes culturelles réputées.

A12 sortie Massa, 1e rond-point à droite, Massa, 2e rond-point à droite, 3e rond-point à droite et ± 2 km. Camping sur la droite.

CC € 20 14/4-8/7 1/9-25/9

N 44°01'30'' E 10°04'27''

## Marina di Massa, I-54100 / Toscana

**2681**

Camping Partaccia 1***
Via delle Pinete 394
+39 05 85 78 01 33
21/4 - 9/10
info@partaccia.it

4,3ha 100T(20-50m²) 3-6A CEE

1 BCGIJLPS
2 ABGIJTWXYZ
3 CSY
4 (Q)(S+U 1/5-15/9)(V)
(Y+Z 1/5-30/9)
5 **AB**IKMO**P**UVX
6 CEGHK(N 0,5km)ORTV

Camping aux allures de parc, oasis de verdure avec des arbres donnant de l'ombre et avec des fleurs pimpantes, bien entretenu, plage gratuite à 65m. Camping au bord d'un route côtière agréablement animée. Nombreuses excursions possibles.

A12 La Spezia-Livorno, sortie Massa, à gauche après le péage. Suivre jusqu'au croisement au bar/café 'La Dolce Vita'. Suivre à gauche les panneaux de camping.

CC € 20 *21/4-2/7 12/9-9/10*

N 44°01'37'' E 10°04'11''

## Marina di Massa, I-54100 / Toscana

**2682**

Camping Taimi****
Via del Cacciatore, 30
+39 05 85 78 92 62
14/4 - 17/9
info@campingtaimi.it

2ha 60T(tot 90m²) 6A CEE

1 ABCDFIJKLMOPS
2 AGIJTWYZ
3 A**G**SY
4 (B 15/5-11/9)
(Q+U+V+X+Z)
5 **AB**EFGIJKLMNOPUWXYZ
6 ABCEGK(N 0,1km)OSTV

Camping luxueux spacieusement aménagé avec de très grands emplacements (beaucoup d'ombre). Sur ce camping, pouvoir se relaxer est important. La plage est à peu de distance à vélo, et les magasins sont accessibles à pied. Ce camping n'a pas d'emplacements fixes. Il y a aussi un bon restaurant italien/pizzeria, la première fois avec 10% de réduction.

A12 sortie Massa. A gauche vers Carara. Au 1er feux à gauche. 5e sortie à droite. Camping à 500m à droite.

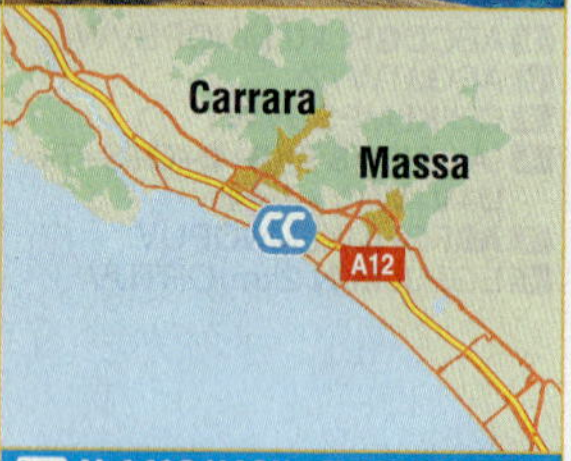


CC € 22 *14/4-30/6 1/9-16/9*

N 44°01'49'' E 10°04'24''

## Montecatini Terme, I-51016 / Toscana

**2683**

Camping Belsito***
Via delle Vigne 1/a
+39 05 72 50 42 63
1/4 - 9/10
info@campingbelsito.it

3,7ha 250T(50-100m²) 15A CEE

1 ABCD**G**HIJKLMOPST
2 IJLMNSUWXYZ
3 AIPSU
4 (B+G 1/6-15/9)KP
(Q+S+T+U+V+X+Z)
5 **AB**EFGIJKLMNOPQRUVXYZ
6 ACDEG**K**(N 3km)OTUV

Un camping tranquille et ombragé. De nombreux emplacements ont une vue magnifique sur la campagne toscane. Il y a deux magnifiques piscines dans lesquelles vous pouvez vous rafraîchir après des excursions pour découvrir la Toscane.

A11 Firenze-Pisa, sortie Montecatini Terme. Après le péage, tout droit di Montecatini Terme. Suivre les panneaux de camping et Montecatini Alto. N'utilisez pas votre GPS.

CC € 20 *1/4-30/6 1/9-9/10*

N 43°54'19'' E 10°47'17''

## Monteriggioni/Trasqua, I-53011 / Toscana

**2684**

Luxor Chianti Glamping Village
Loc. Trasqua
+39 0 57 71 70 02 69
15/4 - 9/10
info@luxorchiantivillage.com

1ha 77T(60-100m²) 3-6A CEE

1 ABCDGHIJKLMOP
2 BIKLMSUXYZ
3 AIKLMNPQS
4 (A+B+G+Q+R+T+U+V+Y+Z)
5 AIJKMNOPUW
6 EJ(N 6km)OVWX

Camping familial accueillant les animaux domestiques, avec restaurant et piscine dans la région du Chianti. Près de Sienne, Monteriggioni, San Gimignano et Florence.

De l'autoroute A1, prendre l'autoroute Siena-Florence en direction de Siena. Prenez la sortie Monteriggioni. Après le village, suivez les panneaux de camping.

CC € 20 19/4-1/7 29/8-9/10

N 43°23'59" E 11°14'54"

## Montescudaio, I-56040 / Toscana

**2685**

Camping & Village Montescudaio****
Via del Poggetto km 2
+39 05 86 68 34 77
30/4 - 11/9
montescudaio@humancompany.com

17ha 370T(60-200m²) 10-16A CEE

1 BCDGIJKLPST
2 BILMSUWYZ
3 CLNOPSUV
4 (B+G)IJP (Q+S+T+U+V+Y+Z)
5 ABEGIJKLMNOPQUWXYZ
6 ACEGHIJ(N 0,5km)OTV

Un grand camping dans les bois avec des niveaux différents. Le camping est à ± 5 km de la mer. Environnement verdoyant.

A12, sortie Rosignano Marittimo. SS1 vers Roma, sortie Cecina Centro (PAS Cecina-nord!). Au rond-point di Guardistallo (pas Montescudaio). Cp à 2 km à gauche.

CC € 18 30/4-2/7 27/8-11/9

N 43°18'57" E 10°33'15"

## Montopoli, I-56020 / Toscana

**2686**

Toscana Holiday Village***
Via Fornoli 9
+39 05 71 44 90 32
1/4 - 31/10
info@toscanavillage.com

3,8ha 135T(60-100m²) 6A CEE

1 ABCDGHIJKLMOPS
2 ILMNUWXYZ
3 AGHMPS
4 (B 20/5-30/9)K(Q 1/5-30/9) (R)(U+V+X 1/5-30/9) (Z)
5 ABEGIJKLMNOPUVWXZ
6 CGK(N 0,5km)TV

Ce camping est situé entre Pisa, Florence, Lucca, Pistoia et d'autres villes culturelles toscanes, à proximité de l'authentique petit village Montopoli. Au camping, il y a une belle piscine. Le camping offre tous les équipements pour un agréable séjour.

Superstrada Fi-Pi-Li, Livorno-Firenze. Sortie Montopoli val d'Arno, SS67 vers Montopoli. A partir de Capanne, suivre les panneaux de camping. Avec GPS : attention aux panneaux et interdictions.

CC € 20 1/4-3/7 21/8-31/10 7=6

N 43°40'32" E 10°45'11"

## Orbetello, I-58015 / Toscana

**2687**

Orbetello Family Camping Village***
Strada Gianella 166
+39 05 64 82 02 01
14/4 - 18/9
orbetellocampingvillage@clubdelsole.com

8ha 120**T**(80-120m²) 6A CEE

1 BCD**G**HIJKLMNO**P**T
2 ABGJTUWYZ
3 C**G**HMNPQSY
4 (B 15/5-18/9)(G 16/5-18/9) KP(Q+S+U+V+Y+Z)
5 **AB**EFGIJKLMNOPUVWZ
6 DEGK(N 4km)OTUVX

La région côtière où le village de camping d'Orbetello se trouve est l'un des plus beaux endroits de la mer Méditerranée où soleil, calme, plaisir et une bonne cuisine garantissent des vacances inoubliables aux hôtes. Au centre d'une oasis naturelle et à courte distance de la réserve naturelle de Maremma et des villes célèbres de Tarquinia, Sovana et Saturnia.

SS1 Aurelia sortie Albinia. Suivez ensuite la direction Porto Santo Stefano. Camping sur la gauche à 5 km.

CC € 18 *14/4-14/6 1/9-18/9*

N 42°27'48'' E 11°11'09''

## Passo de la Futa/Firenzuola, I-50033 / Toscana

**2688**

Camping La Futa**
Via Bruscoli, 889/H
+39 33 31 14 85 01
15/4 - 15/9
info@campinglafuta.it

10ha 80**T**(60-80m²) 10A CEE

1 ABCDGIJKLMOPST
2 BIMNSUXYZ
3 ACDIKS
4 (B 15/4-14/9)J(Q+R+ V+Z)
5 **AB**FGIJKLMNOPUWZ
6 CEGHJ(N 3km)OTV

Ce beau camping avec une magnifique vue panoramique se trouve au col de Futa (environ 900 mètres). Le camping est équipé d'une piscine. Point de départ pour faire des randonnées dans cette région montagneuse. A partir de ce camping toscan, il est très possible de visiter Florence, Sienne et d'autres endroits historiques.

A1 Bologna-Firenze, sortie Roncobilaccio (de Firenze: Firenzuola-Mugello), SS65 vers Passo della Futa. Camping au col de Futa (cimetière militaire).

CC € 18 *15/4-1/7 25/8-15/9*

N 44°05'52'' E 11°16'07''

## Principina a Mare, I-58100 / Toscana

**2689**

Campeggio Principina**
Via del Dentice 10
+39 0 56 43 13 47
15/4 - 2/10
info@principinacampeggio.it

10ha 400**T**(50-140m²) 3A CEE

1 ABCD**G**HIJKLMNOP
2 ABJSTUWXYZ
3 CHKMP**R**SW
4 (Q)(R 27/4-1/6) (S 1/6-30/9)(U+V+Y+Z)
5 **AB**EGIJKLMO**P**UVZ
6 ADEGJ**K**(N 1,5km)OT

Camping Principina est situé à proximité d'une large plage de sable au bord de la Méditerranée. Le camping a des emplacements spacieux sous les sapins, il est une destination idéale pour ceux qui cherchent l'ambiance italienne typique. Equipé de bons bâtiments sanitaires.

SS1 Aurelia, sortie Grosseto Sud. Puis suivre vers 'Mare'/ Principina a Mare. A ± 10 km à Principana a Mare, suivre les panneaux du camping.

CC € 16 *15/4-5/6 29/8-2/10* *7=6, 14=12, 21=17*

N 42°42'16'' E 11°00'20''

## Punta Ala, I-58043 / Toscana

2690

Camping Baia Verde***
Loc. Casetta Civinini
+39 05 64 92 22 98
21/4 - 12/10
info@baiaverde.com

20ha 1138T(60-100m²) 3A CEE

1 ABCGHIJKLMNOPS
2 ABHJSTWZ
3 CGHKLMNPQSTUW
4 (Q+S+T+U+V+W+X+Y+Z)
5 ABEFGIJKMNOPUV
6 ACEGHJLM(N 6km)ORTUV

Le camping est situé sur une longue plage de sable qui invite à faire des promenades. Il a des emplacements spacieux et de nombreux équipements, dont divers magasins.

A partir de Follonica suivre la SS322 direction Castiglione della Pescaia. A Pian d'Alma direction Punta Ala. Le camping est à droite.

€20 21/4-12/6 12/9-12/10

N 42°50'02'' E 10°46'46''

## Riotorto, I-57025 / Toscana

2691

Camping Pappasole****
Via di Carbonifera 14
+39 0 56 52 04 14
14/4 - 23/10
info@pappasole.it

20ha 476T(90-100m²) 6-10A CEE

1 ABCDGHIJKLMNOPST
2 AGIJSUVWYZ
3 CHMNOPRSUWY
4 (B 16/4-16/10)(G 23/4-17/10) IKP(Q+S+T+U+V+Y+Z)
5 ABEFGIJKLMNOPTUWXYZ
6 ACEGHIKLM(N 7km) OQRTUV

Camping luxueux, à 4 minutes à pied d'une longue plage de sable. Terrain à part avec un bloc sanitaire moderne pour ceux qui ont la CampingCard ACSI. Les emplacements délimités de 90-100 m² sont couverts d'une toile serrée qui offre de l'ombre. Plage et minigolf accessibles aux fauteuils roulants.

SS1 Aurelia sortie Riotorto direction Follonica/Grosseto. Environ 5 km avant Follonica à droite, viaduct au-dessus de l'autoroute, puis à droite, suivre les panneaux.

€20 14/4-2/6 5/6-7/6 4/9-23/10

N 42°57'03'' E 10°41'14''

## Scarlino, I-58020 / Toscana

2692

Vallicella Glamping Resort***
Loc. Vallicella
+39 0 56 63 72 29
28/4 - 9/10
info@vallicellaglampingresort.com

10ha 30T(60-100m²) 6A CEE

1 ABCDGHIJKLNPRT
2 IJLMNSUWXYZ
3 CDGHIKMNOPSU
4 (B+G)KMP(Q) (R 23/5-31/8)(T+U+V) (Y+Z 23/5-31/8)
5 ABGIJKLMNOPUVW
6 ABCEGJL(N 4km)OTVX

Camping en terrasses plein d'ambiance et bien entretenu, situé dans un paysage méditerranéen. Ambiance romantique grâce aux terrasses éclairées, au château dans les hauteurs et au village de Scarlino. Il y a deux piscines. Sanitaires sobres. Au centre, bar/restaurant près de la piscine.

SS1 Aurelia sortie Scarlino/Scalo, direction Scarlino/Punta Ala (Sp.84). Au croisement, tout droit, et au croisement suivant, tout droit. Le camping est dans un virage de la route.

€20 28/4-7/7 29/8-9/10

N 42°54'46'' E 10°51'10''

## Scarperia e San Piero, I-50038 / Toscana

2693

- Camping Village Mugello Verde***
- Via Massorondinaio 39
- +39 0 55 84 85 11
- 25/3 - 14/11
- mugelloverde@florencevillage.com

12ha 250T 6A CEE

**1** BCGIJKLMO**P**ST
**2** BLMSTUXYZ
**3** A**G**IKOS
**4** (B 22/5-19/9) (Q+R+T+U+V+Y+Z)
**5** **AB**GIJKLMNOPUVW
**6** CEGHJM(N 1km)ORTV

Camping sobre dans un environnement tranquille verdoyant et boisé, avec des emplacements à flanc de montagne. 3 enfants jusqu'à 12 ans sont compris dans le tarif.

A1 Bologna-Firenze, sortie Barberino. Direction Borgo San Lorenzo. Suivre les panneaux et après la station-service à droite .

N 43°57'40'' E 11°18'37''

CC € 20 *25/3-27/5 6/6-4/7 22/8-1/11*

## Sovicille, I-53018 / Toscana

2694

- Camping La Montagnola
- S.P. 52 della Montagnola
- +39 05 77 31 44 73
- 20/4 - 30/9
- montagnolacamping@libero.it

2,5ha 66T(80m²) 5A CEE

**1** ABCGIJKLOPST
**2** BJMSTUVWZ
**3** AMS
**4** (Q+R+Z)
**5** **AB**GJKMNOPUVW
**6** CEG**K**(N 1km)ORTV

Camping tranquille dans un environnement boisé campagnard avec des emplacements plats délimités. Plusieures possibilités pour faire des randonnées. Le bus pour Sienne s'arrête au camping.

De l'autoroute Florence-Siena à la sortie Ouest à gauche, direction Sovicille et suivre les panneaux de camping.

N 43°16'51'' E 11°13'08''

CC € 22 *20/4-3/7 22/8-30/9*

## Torre del Lago Puccini, I-55049 / Toscana

2695

- Camping Europa*
- Viale dei Tigli, 51
- +39 05 84 35 07 07
- 15/4 - 9/10
- info@europacamp.it

5,3ha 200T(54-150m²) 6A CEE

**1** ABCD**G**IJKLMOPS
**2** AIJSTWYZ
**3** CHIKMOPSU
**4** (A)(B 14/5-12/9) (Q+S+T+U+V+Y+Z)
**5** **AB**GIJKMO**P**UVWZ
**6** ACFGHKM(N 2km)ORTUV

Camping bien entretenu près de la plage libre d'accès. Excursions dans les villes culturelles toscanes. CampingCard ACSI : paiement en espèces uniquement. Bouteille de Chianti pour un séjour d'au moins une semaine. Les chiens sont toujours autorisés. Wifi gratuit.

A12 La Spezia-Livorno, sortie Viareggio, via la route Aurelia avec bandes de roulage séparées direction Torre del Lago, sortie Marina di Lago, suivre les panneaux 'Mare'. Suivre les panneaux du camping.

N 43°49'52'' E 10°16'14''

CC € 16 *15/4-11/7 30/8-9/10* *7=6, 14=12, 21=18*

## Torre del Lago Puccini, I-55049 / Toscana

2696

Italia Family Camping Village Viareggio
Viale dei Tigli 52
+39 05 84 35 98 28
14/4 - 18/9
viareggiocampingvillage@clubdelsole.com

10ha 150T(50-80m²) 6A CEE

1 ABCD**G**IJKLMOPST
2 ABIJSTXYZ
3 CHIKM**O**PSU
4 (**B** 1/6-25/9) (Q+S+T+U+V+Y+Z)
5 **AB**EFGIJKMNOPUVWZ
6 CEG**K**M(N 2km)ORTV

Vous aimez l'art, la nature et les vastes plages? Allez à Versilia, au coeur de la Toscane avec l'Alpi Apugne à l'arrière-plan. Là se trouve Italia à Torre del Lago Puccini, un camping ombragé avec de bons équipements. Chiens autorisés du 14/4 au 31/5 et du 1/9 au 18/9. Avec la CampingCard ACSI, on peut nager gratuitement.

A12 La Spezia-Livorno sortie Viareggio. Suivre la SS1 direction Pisa. Prendre la sortie Marina di Torre del Lago et ensuite suivre les panneaux du camping.

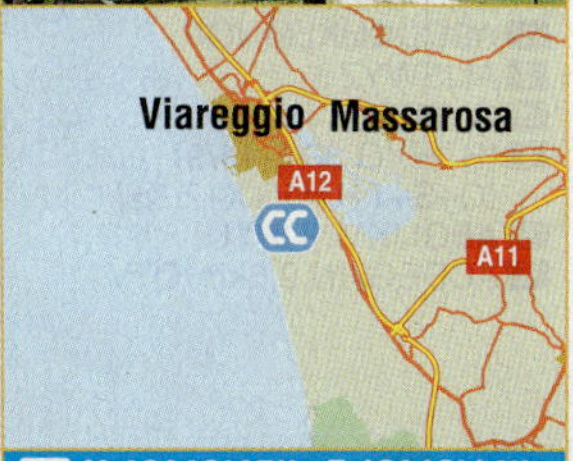


CC € 18 *14/4-17/6 1/9-18/9*

N 43°49'45'' E 10°16'14''

## Troghi/Firenze, I-50067 / Toscana

2697

Camp. Village Il Poggetto***
Via FIORENTINA 212
+39 05 58 30 73 23
1/4 - 31/10
info@campingilpoggetto.com

4,5ha 110T(60-100m²) 6-10A CEE

1 ABCD**G**IJKLMNO**P**Q
2 IJMNSUWXYZ
3 C**G**HIKLMNP**Q**SUV
4 (A 1/7-31/8)(**B**+G 1/5-30/9) (Q+S+T+U+V+Y+Z)
5 **AB**EFGIJKLMNOP**S**UVW
6 ACEGKM(N 0,5km) ORTVWX

Le camping est situé sur de larges terrasses à flanc de montagne. Le bus vers Florence s'arrête à l'entrée. Belle piscine et sanitaires bien entretenus. Les camping-cars de plus de 7,60 m paient un supplément.

A1 Firenze-Roma, sortie Incisa-Reggello; à droite, puis à gauche à 4 km. Après le pont sur l'Arno à gauche et suivre les panneaux de camping.

CC € 22 *1/4-2/7 22/8-31/10*

N 43°42'06'' E 11°24'19''

## Vada/Livorno, I-57018 / Toscana

2698

Camping Molino a Fuoco***
Via Cavalleggeri 32
+39 05 86 77 01 50
30/4 - 15/10
info@campingmolinoafuoco.com

5ha 120T(40-75m²) 4-10A CEE

1 ABCD**G**HIJKLMNPS
2 AHIJPSWYZ
3 CIKM**O**PSUVWY
4 (**B**+G+Q+S+T+U+V+Y+Z)
5 **AB**EFGIJKLMNOPUZ
6 ACDEG**K**LM(N 2km)ORTUV

Bel environnement, diverses localités à visiter: Vada, Volterra et Cecina. Une excursion d'une journée sur l'île d'Elbe vaut la peine. Les cyclistes seront satisfaits (aussi de la location de vélos). Le soir, vous jouissez d'un excellent repas au restaurant. Emplacements plus grands avec supplément. Nouvelle piscine.

A12, sortie Rosignano-Marittimo; puis SS1 Aurelia direction Roma, sortie Vada. A Vada direction Mazzanta, le camping est à 2 km du côté de la mer.

CC € 20 *30/4-18/6 10/9-15/10*

N 43°19'55'' E 10°27'37''

## Vada/Livorno, I-57016 / Toscana

2699

Camping Toscana Bella
Loc. I. Mozzi
+39 05 86 77 00 91
15/4 - 18/9
direzione@campingtoscanabella.com

6ha 70T(40-80m²) 6A CEE

1 ABCD**G**IJKLMNOP
2 AIJSWYZ
3 CHMPU
4 (B)(G 30/5-11/9) (Q+S+T+U+V+X+Z)
5 **AB**GIJKMNOP**T**U
6 ACDEGJ(N 0,6km)OTV

A 600 mètres de la plage, 'Toscane Bella' s'étend sur une surface verdoyante de 60.000 m². Il offre une nouvelle piscine avec pataugeoire, terrain de jeux, bar, supermarché, bazar et restaurant. Emplacements délimités. Point de départ idéal pour faire des excursions vers les villes d'art de la Toscane.

A12, sortie Rosignano Marittimo, puis SS1 Aurelia direction Roma, sortie Vada. A Vada, direction Mazzanta. Le camping est à 2 km environ du côté des terres.

€ 16 *15/4-17/6 29/8-18/9* *14=12*

N 43°19'50'' E 10°27'50''

## Vada/Livorno, I-57018 / Toscana

2700

Campo dei Fiori***
Via Cavalleggeri
+39 05 86 77 00 96
14/5 - 25/9
info@campingcampodeifiori.it

16ha 500T(60-120m²) 3-10A CEE

1 ACD**G**IJKLMOPS
2 BIJSUWXYZ
3 ACEHIM**O**PSU
4 (A)(C 14/5-15/9)KP (Q+S+T+U+V+W+Y+Z)
5 **A**BDEFGIJKLMNOPUVWXYZ
6 AEGHJ**K**(N 1km)ORTV

Un grand camping familial avec emplacements ombragés. Nouvelle piscine moderne. Une place centrale avec un restaurant, une pizzeria, un bar et des magasins. Espace séparé pour les animations pour jeunes et moins jeunes. Sanitaires modernes excellents. Nombreuses possibilités pour le sport.

A12, sortie Rosignano, puis SS1 Aurelia vers Roma, sortie Vada. A Vada direction Mazzanta (Vada-Celina-Mare). A 1 km à gauche, suivre les panneaux.

€ 18 *14/5-23/6 4/9-25/9* *14=12*

N 43°20'08'' E 10°27'56''

## Viareggio, I-55049 / Toscana

2701

Camping Paradiso
Viale dei Tigli 34
+39 05 84 39 20 05
1/4 - 30/9
info@campingparadisoviareggio.com

8ha 132T(63-80m²) 6A CEE

1 BCDGHIJKLMP
2 ABIJSTUWXYZ
3 CMPSUW
4 (B 24/5-30/9) (Q+S+U+V+Y+Z)
5 **AB**FGIJKMNPUWX
6 CDEGJ(N 0,5km)ORV

Excellent camping près de la plage et de la mer, avec de nombreux équipements dans une ambiance méditerranéenne. Restaurant avec spécialités faites maison ; on peut aussi déguster des glaces et des boissons sur la terrasse. Piscine gratuite du 1 mai au 13 septembre.

A12 sortie Viareggio-viareggio Sud. Direction Torre del Lago Pucini, sortie Cotone. Suivre les panneaux de camping bruns.

€ 16 *1/4-30/6 1/9-30/9*

N 43°50'53'' E 10°15'37''

## Assisi/Perugia, I-06081 / Umbria
2702

Green Village Assisi***
Via S.G. in Campiglione 110
+39 0 75 81 68 16
11/4 - 3/11
info@greenvillageassisi.it

3ha 95T(50-120m²) 6A CEE

**1** ABCDGIJKLMO**P**SVT
**2** BJNSWZ
**3** ACIKMNPSU
**4** (**B**+**G** 10/6-15/9)**K**
(Q+R+T+U+V+Y+Z)
**5** **AB**CEGHIJKLMNOPUVWZ
**6** ACDEGK(N 2km)OQTUV

Camping de taille moyenne avec des emplacements spacieux et ombragés. Conseillé aux campeurs qui veulent rester quelques temps à Assisi. Le camping a sa propre navette vers Assises. Bon restaurant. Bon point de départ vers les autres villes: Spello, Perugia, Gubbio et le lac Trasimeno.

A1/E6, sortie Perugia, prendre la SS75. Après Perugia, prendre la sortie Ospedallicchio-Sud, passer sous l'autoroute, au rond-point à droite. Suivre les panneaux Assisi (SS147).

CC € 20 *11/4-15/7 5/9-3/11*

N 43°04'33'' E 12°34'24''

## Castiglione del Lago, I-06061 / Umbria
2703

Badiaccia Camping Village****
Via Pratovecchio 1
+39 07 59 65 90 97
2/4 - 30/9
info@badiaccia.com

5,5ha 260T(55-120m²) 4-10A CEE

**1** ABCD**G**IJKLMNOPRVS
**2** AFIJNSTUWYZ
**3** CHIKLMOPRSU**V**WZ
**4** (A 1/7-31/8)
(B+G 1/5-30/9)KP
(Q+R+S+T+U+V+X+Y+Z)
**5** **AB**EFGJKLMNOP**S**UVWXYZ
**6** ACDFGJL(N 0,8km)OQRTV

Un grand camping avec de nombreux emplacements ombragés, port privé, piscine et hydro-massage. Le camping est au bord du lac entre la Toscane et l'Umbrie. Bon point de départ pour visiter Florence, Sienne et Perugia.

A1/E6, par la sortie Val di Chiana SS75 vers la sortie Castiglione del Lago. Puis route 71 vers le sud, bifurquer vers Borghetto.

CC € 20 *2/4-2/7 24/8-30/9*

N 43°10'51'' E 12°00'58''

## Castiglione del Lago, I-06061 / Umbria
2704

Camping Listro***
Via Lungolago
+39 0 75 95 11 93
1/4 - 30/9
listro@listro.it

1ha 100T(40-85m²) 3A CEE

**1** BCD**G**HIJKLMOPSVT
**2** AFNSUYZ
**3** A**G**IKLM**O**SWZ
**4** (B+G+Q+R+T+U)
(X 1/7-31/8)(Z)
**5** **A**CEFGHIJKLMNOPQRUV
**6** CEGJ(N 0,8km)OTV

Petit camping ombragé et convivial, nombreux emplacements juste au bord du lac. Par le front de mer, vous allez à pied jusqu'à la petite ville agréable et historique, avec ses boutiques et son château. Ce camping fait partie du Parc National Trasimeno.

A1/E6, sortie Val di Chiana, prendre SS75 direction Perugia. Puis prendre la sortie Castiglione del Lago (SS71) vers le sud. A Castiglione, 2ième rue à gauche, puis suivre les panneaux.

CC € 20 *1/4-30/6 1/9-30/9*

N 43°08'04'' E 12°02'39''

## Città di Castello, I-06012 / Umbria

**2705**

Umbria Camp
Via Alice Hallgarten 3
+39 33 32 47 77 94
9/4 - 30/9
info@umbriacamp.it

3,3ha 69T 6-10A CEE

1 ABCD**G**HIJKLOPQV
2 BIJMNSUVWXYZ
3 IKLMNS
4 (**A** )(B+G 1/6-30/9)(Q )
(U+V+Y 3/6-31/8)(Z )
5 GIJKLMNOPUWXZ
6 CDEGK(N 5km)

Tranquille, sur les collines avec forêt historique et parc botanique. Idéal pour visiter Assise, Pérouse et les villes pittoresques d'Ombrie et de Toscane. Profitez du vert frais du printemps et des belles couleurs de l'automne. Situé sur la route de pèlerinage de St François.

Sur la E45, sortie Città di Castello en dir d'Arezzo. Après 200m, tournez à gauche, Via Aretina, dir Trestina. Après 1,9 km, tournez à droite en dir d'Uppiano, SP 103, suivez les indications Umbria Camp.

CC € 22 *9/4-30/6 28/8-30/9*

N 43°45'14'' E 12°22'23''

## Passignano sul Trasimeno, I-06065 / Umbria

**2706**

Camping Kursaal***
Viale Europa 24
+39 0 75 82 80 85
1/4 - 1/11
info@campingkursaal.it

2,5ha 60T(40-80m²) 6A CEE

1 ABCD**G**IJKLMNOPRS
2 ADEJNOPSTWZ
3 CHIJKLMNPSWZ
4 (B+G )J**KNP**(Q )
(R 10/5-30/9)(U+Y+Z )
5 **AB**EFGIJKLMNOPUWZ
6 ACEGKL(N 0,8km)RTV

Camping plus petit au bord du lac dans le jardin aux apparences exotiques d'un hôtel-villa stylé avec un excellent restaurant. L'accueil cordial de la direction est prouvé par le fait que les campeurs peuvent faire usage des mêmes équipements extérieurs que les hôtes de l'hôtel.

A1/E6, sortie Val di Chiana, SS75 direction Perugia. Puis prendre la sortie Passignano Est. Là, à droite direction Passignano. Le camping est à gauche après la voie ferrée.

CC € 22 *1/4-10/7 27/8-1/11*

N 43°10'59'' E 12°09'03''

## Passignano sul Trasimeno, I-06065 / Umbria

**2707**

Camping La Spiaggia***
Via Europa 22
+39 0 75 82 72 46
7/4 - 17/10
info@campinglaspiaggia.it

1,8ha 50T(50-100m²) 10A CEE

1 ABCD**G**IJKLMO**P**SV
2 AFJNOPSXYZ
3 CHIKLMSWZ
4 (A 2/4-15/9)(B 1/5-15/9)
(Q+R+T+U+V+Y+Z )
5 **AB**EFGIJKLMNOPUW
6 AEGK(N 0,7km)OTUV

Camping tranquille au bord du lac avec plage privée et piscine. Emplacements spacieux ombragés, plusieurs avec vue sur le lac. Agréable bar et restaurant au bord du lac. Sanitaires rénovés (2016) avec douches gratuites (aussi pour chiens), sanitaires pour handicapés et babyroom. Wifi gratuit, nouveau terrain de jeux, plage pour chiens.

A1/E6, sortie Val di Chiana, Perugia SS75. Sortie Passignano Est. Rester sur la droite, Passignano. 2nd camping à gauche après la voie ferrée.

CC € 22 *7/4-12/4 19/4-3/7 22/8-17/10*

N 43°11'02'' E 12°09'03''

## Passignano sul Trasimeno, I-06065 / Umbria

2708

Camping Trasimeno***
Via Tancredo Marchini
+39 0 75 82 83 21
1/5 - 3/10
info@camping-trasimeno.it

3ha 70T(80-150m²) 6-10A CEE

1 ABCD**G**HIJKLMOPST
2 AFINOPSWYZ
3 CKLMOPSWZ
4 (B+G )K
(Q+R+U+V+X+Z )
5 ABCEFGHIJKLMNOPR**S**UWXYZ
6 ACDEGJ**K**(N 3km)TUV

Camping au bord du lac, avec plage de sable fin et magnifique panorama. Tous les équipements ont été rénovés en 2016, on a pensé à tous les conforts. Avec aire de jeux, terrain de sport, plage privée avec jetée et plage pour chiens. Il y a de l'électricité et de l'eau sur les emplacements.

A1/E6, sortie Val di Chiana. Vers Perugia SS75. Sortie Passignano Est. Puis à gauche et à 500m passer sous la voie ferrée, directement à gauche.

CC € 22 1/5-10/7 27/8-3/10

N 43°10'55'' E 12°09'56''

## Preci, I-06047 / Umbria

2709

Camping Il Collaccio****
Fraz. Castelvecchio
+39 07 43 93 90 84
1/4 - 30/9
info@ilcollaccio.com

10ha 120T(25-80m²) 6A CEE

1 ACD**F**IJKL**P**ST
2 MNSUWYZ
3 CHIKLMN**O**PSU
4 (**A** 1/6-15/9)(B+G 15/5-20/9)
(Q+S+U+V+Y+Z )
5 **A**EGIJKMNOPUV
6 ACEGH**K**(N 2km)OTV

Un camping en terrasses soigné et adapté aux enfants un large panorama. Les sanitaires rénovés et une piscine à débordement impressionnante avec une vue panoramique sur la vallée rendent le séjour complet.

SS3 de Foligno à Spoleto. A gauche di Norcia. Puis S209 di Visso. Avant Preci, sortie à gauche di Castelvecchio. Puis suivre les panneaux de camping. (Ne suivez pas le GPS!).

CC € 20 1/4-7/7 24/8-30/9

N 42°53'18'' E 13°00'53''

## Tuoro sul Trasimeno, I-06069 / Umbria

2710

Camping Village Punta Navaccia***
Via Navaccia 4
+39 0 75 82 63 57
19/3 - 6/11
info@puntanavaccia.it

6,5ha 160T(75-100m²) 6A CEE

1 BCDGIJKLMO**P**V
2 AFINSVWYZ
3 C**G**IKLMOPSUVWZ
4 (A 1/7-30/8)(B+G 20/4-30/9)
KP(Q+R+T+U+V+Y+Z )
5 **AB**EFGIJKLMNOPUWXZ
6 ACEGKL(N 1km)ORTUVX

Grand camping convivial au bord du lac et de la plage. Adapté pour jeunes enfants et adolescents. Emplacements ombragés avec vue panoramique au bord du lac Trasimeno. Emplacements touriste au port du camping, avec des tours en bateau gratuits. Plage de sable, bars et disco pour adultes au coin.

A1/E6, sortie Val di Chiana, direction Perugia SS75. Prendre ensuite la sortie Tuoro, puis tourner à gauche sous le viaduc. Au bout de la route, au bord du lac se trouve le camping.

CC € 22 19/3-30/6 1/9-6/11

N 43°11'30'' E 12°04'35''

## Cupra Marittima, I-63064 / Marche

2711

Camping Calypso***
Contrada Boccabianca 7
+39 07 35 77 86 86
1/4 - 30/9
info@campingcalypso.it

2,6ha 220T(50-80m²) 6A CEE

1 ACDFHIJKLST
2 AGIJSWYZ
3 ACMOPSUWY
4 (B 15/5-30/9)J(Q)
(S+T+U+V+W+Y 5/5-15/9)
(Z)
5 **AB**EGIJKLMNOPUV
6 DGHKLM(N 1km)ORSTV

Vrai camping italien bien entretenu. Plage privée, piscine et emplacements ombragés. Voie ferrée près du camping et de la plage. Avec divers endroits agréables près de la plage.

Venant du N, la A14, sortie Pedaso. Puis 6 km vers le sud. Suivre les panneaux de camping. Venant du S, par la A14, sortie Grottamare; di Ancona; 5 km vers le N puis suivre les panneaux.

CC € 20 *1/4-19/6 4/9-30/9*

N 43°02'39'' E 13°51'12''

## Fiorenzuola di Focara/Pesaro, I-61121 / Marche

2712

Camping Panorama***
Strada Panoramica
+39 07 21 20 81 45
15/4 - 30/9
info@campingpanorama.it

2,5ha 140T(50-100m²) 6A CEE

1 ABCD**F**HIJKLMNOPS
2 GIMSVWYZ
3 AC**G**IKPSUWY
4 (B+G 23/5-15/9)
(Q+R+T+U+V+X+Z)
5 **A**GIJKMNOPUVZ
6 CEGHK(N 3km)OQRTV

Situé dans la Marche, au coeur du parc naturel San Bartolo sur la route pittoresque Strada Panoramica. idéal pour le calme et la détente. Piscine, bar, pizzeria, et wifi gratuit. Dans les environs, vous pouvez faire du golf, pêcher et plonger. La plage la plus proche est à 10 ou 15 minutes en voiture.

A14 sortie Pesaro. SS16 vers Gabicce Mare. 2e sortie tout droit, Siligate. Puis au croisement en T à droite. Ou suivre les panneaux de camping à Cattabrighe.

CC € 22 *15/4-30/6 1/9-30/9*

N 43°56'30'' E 12°50'45''

## Frontone, I-61040 / Marche

2713

Camping Il Cinisco*****
Via Cinisco sn
+39 32 94 91 02 02
1/1 - 31/12
erica.casadei@virgilio.it

1ha 71T(50-120m²) 3-6A CEE

1 BCDGHIJKLMNOPRVS
2 BDJOWXYZ
3 AHIJKLMNUWX
4 (C 1/3-1/11)P
5 **AB**DGIJKLMOPUZ
6 BCEGJ(N 1km)OT

Ce camping familial se trouve au bord d'une rivière, entouré par des arbres. Bien pour un séjour détendu. Centre de Frontone avec des magasins, supermarché, pizzeria se trouve à 220m. Vous pouvez prendre le funiculaire à Monte Catria (3 km) à hauteur d'1400m pour des panoramas splendides. Vous pouvez se promener, faire la marche nordique et faire du VTT ici.

A14 Bologna-Ancona sortie Marotta. SP424 dir Pergola-Frontona.

CC € 18 *1/3-15/6 1/9-15/10*

N 43°30'55'' E 12°44'14''

## Monteciccardo, I-61024 / Marche

iD 2714

Camping Podere Sei Poorte
Via Petricci 14
+39 07 21 91 02 86
22/4 - 1/10
info@podereseipoorte.it

6ha 110T(150m²) 6-10A CEE

**1** ACD**G**IJKLMNOPST
**2** CLMNSUWXY
**3** AHIKPSU
**4** (B+Q+S+Y+Z)
**5** **AB**CGHIJKLMNOPRUWXZ
**6** ACEGHJL(N 7km)OV

Région pittoresque. Piscine avec vue panoramique, ambiance familière, emplacements spacieux (150m²). Ferme authentique, menu surprise italien en saison basse. Un brunch ensemble le dimanche. Dégustations d'huile d'olives et de vin.

A14, sortie Pesaro/Urbino, vers Urbino, pas de GPS. Puis S. Angelo à Lizzola; et SP26 panneaux bruns 'Camping P6P'. Entre Monteciccardo et Mombaroccio à Villa Ugolini, prendre Via Petricci. P6P à 1,4 km.

CC € 22 *22/4-9/7 27/8-30/9*

N 43°48'04'' E 12°49'18''

## Numana, I-60026 / Marche

2715

Camping Village Numana Blu****
Via Costaverde 37
+39 07 17 39 09 93
15/4 - 2/10
info@numanablu.it

8,6ha 330T(60-80m²) 6A CEE

**1** BCD**G**HIJKLOPST
**2** AGIJPSUWYZ
**3** CF**G**KM**O**PSUVWY
**4** (A 1/6-14/9)
(B+G 20/5-20/9)KP
(Q+S+T+U+V+W+Y+Z)
**5** **AB**CEFGHIJKLMNOPUVWZ
**6** ACDEGHIK(N 2km)
OQRTUV

Les palmiers et superbes fleurs vous accueillent sur ce camping 4 étoiles bien entretenu. Plage privée à proximité (pas de train). Près de Sirolo, le parc naturel Connero, la ville de pèlerinage Loreto et bien d'autres lieux culturels et naturels. Grande piscine et possibilités de sports. Faire du vélo possible.

A14, prendre la sortie Loreto puis la direction Porto Recanati. Dès que vous voyez la route côtière, direction Sirolo/Numana. Au panneau 'Numana Blu' à gauche.

CC € 22 *15/4-1/6 1/9-2/10*

N 43°28'35'' E 13°38'04''

## Porto Recanati, I-62017 / Marche

iD 2716

Camping Bellamare***
Lungomare Scarfiotti 13
+39 0 71 97 66 28
14/4 - 3/10
info@bellamare.it

5ha 360T(30-60m²) 6A CEE

**1** ACDEHIJKLMOPST
**2** AGIJPSWXY
**3** AC**G**HKMNP**Q**SUWY
**4** (B+G 1/5-20/9)(Q+R)
(T 1/5-30/9)(U)
(V+Y 1/5-30/9)(Z)
**5** **AB**FGIJKMO**P**UV
**6** ABCDEG**K**(N 3km)OTVX

Camping bien entretenu juste au bord de la plage ; piscine (ouverte en fonction du temps) et équipements confortables. Belle vue sur la 'Rivièra de Conero' et près d'Ancona et de nombreux villages avec culture et histoire. Superbe arrière-pays avec villages, collines et verdure.

A14, prendre la sortie Porto Recanati. Après le péage directement à droite au panneau 'P.Rec'. A gauche (centre). Suivre Numana. Suivre la route dans les collines le long de la plage (6 km).

CC € 18 *14/4-1/7 1/9-2/10*

N 43°28'17'' E 13°38'29''

## Porto Recanati, I-62017 / Marche

2717

Camping La Medusa***
Lungomare Scarfiotti
+39 07 17 50 07 25
29/4 - 19/9
info@campinglamedusa.it

5,5ha 100**T**(25-36m²) 5A CEE

**1** ACD**G**HIJKLMNP
**2** AGIPSTUWXYZ
**3** C**G**HIKMNSUWY
**4** (**A** 10/6-7/9)(B 1/6-7/9) (Q+R+T+U+V) (W 15/6-15/9)(Y)
**5** **A**FGIJKLMNOPUVZ
**6** GJ(N 2km)OQRTUV

Camping sur le front de mer, avec piscine (1/6 - 7/9). Equipements pour chiens, entre autre une plage. Près d'Ancona et de nombreux petits villages culturels et historiques. Superbe arrière-pays avec villages, collines et beaucoup de verdure pour y faire des excursions.

A14, sortie Porto Recanati. Après le péage directement à droite 'P.Rec.'. A gauche (centre). Suivre Numana. Suivre par la colline le long de la plage (total 5 km).

CC € 18 *29/4-20/6 29/8-18/9*

N 43°27'59'' E 13°38'44''

## Porto S. Elpidio, I-63018 / Marche

2718

La Risacca Family Camping Village****
Via Europa 100
+39 07 34 99 14 23
19/5 - 19/9
larisaccacampingvillage@clubdelsole.com

8ha 12**T**(40-62m²) 6A CEE

**1** ABCD**G**HIJKLNP
**2** BGIPSWXY
**3** C**G**HKM**O**PSWY
**4** (**B**+G 2/6-6/9)**J**KM (Q+R+S+U+V+W+Y+Z)
**5** **AB**EFGIJKLMNPUV
**6** CEGJM(N 1km)TU

Un grand camping magnifique au bord de la mer avec une plage privée, avec des emplacements ensoleillés et ombragés. Il est équipé de tous les conforts et des cours de sports nautiques et des divertissements variés sont offerts.

E2/A14, sortie Civitanova Marche, puis prendre la SS16 sud. Suivez les panneaux sur la SS16. Au rond-point, retournez 100 m, puis tournez à droite. Immédiatement après le tunnel, tournez à gauche.

CC € 18 *19/5-2/7 1/9-19/9*

N 43°17'08'' E 13°44'35''

## Stacciola/San Costanzo, I-61039 / Marche

2719

Camping Village Mar y Sierra***
Strada San Gervasio, 3
+39 07 21 93 00 44
16/4 - 2/10
info@marysierra.it

4ha 40**T**(45-60m²) 6A CEE

**1** ABCDGIJKLMOPS
**2** IMNSUVXYZ
**3** ACOPSU
**4** (B+G 1/6-2/10)P (Q+U+V+X+Z)
**5** **A**GIJKLMNOPUVXYZ
**6** ACDEGJ(N 3km)OTUV

Camping en terrasses agréable et accueillant, avec une piscine et un excellent restaurant. Bien situé avec vue panoramique. Chemin asphalté vers les terrasses. Etape idéale vers la Grèce : près du ferry d'Ancona (à 45' en voiture).

A14 Rimini-Ancona, sortie Marotta Mondolfo, à droite. Suivre (SP424) sur ± 4 km. A Ponte Rio à droite, vers Stacciola (SP154). Cp sur la droite au sommet de la colline. Suivre les panneaux 'Mar y Sierra'.

CC € 20 *16/4-8/7 27/8-2/10*

N 43°44'44'' E 13°04'56''

## Bolsena, I-01023 / Lazio

2720

BLU International Camping***
Via Cassia km 111,650
+39 07 61 79 88 55
14/4 - 30/9
info@blucamping.it

3ha 230T(50-70m²) 8A CEE

**1** BCD**G**IJKLMNOPQ
**2** AENSUWYZ
**3** ASWZ
**4** (B 22/5-15/9)(Q)
(S 23/5-25/9)(U+V+Y+Z)
**5** **AB**GIJKMOPUZ
**6** CEG**K**(N 1,5km)OTV

Ce camping convient parfaitement aux familles et aux couples. Tous les emplacements sont clairement délimités et ombragés. Le camping est juste au bord du lac et a un restaurant excellent et bien soigné.

A partir de la A1/E6, vers Bolsena par la SS71. Dans le centre, aux feux, direction Montefiascone/Viterbo. Le camping est au bord du lac à 1,4 km après Bolsena.

CC € 18 *14/4-30/6 1/9-30/9*

N 42°37'53'' E 11°59'41''

## Bolsena, I-01023 / Lazio

2721

Lido Camping Village****
Via Cassia km 111
+39 07 61 79 92 58
22/4 - 30/9
info@lidocampingvillage.it

10ha 600T(49-70m²) 3-6A CEE

**1** BCD**F**HIJKLMNOPST
**2** AEJNSTWYZ
**3** AHIKM**O**PSWZ
**4** (**B**+**G** 1/7-31/8)
(Q+S+T+U+V+W+Z)
**5** **AB**EFGI**J**KMNO**P**U
**6** CFG**K**(N 2km)ORTV

Camping étendu avec des emplacements ombragés juste au bord du lac de Bolsena. Il y a tous les équipements et de beaux sanitaires.

A1/E6 par SS71 (Orvieto) aller à Bolsena. Dans le centre, au feu vers Montefiascone/Viterbo. Le camping est au bord du lac à 1,5 km après Bolsena.

CC € 18 *22/4-30/6 2/9-30/9*

N 42°37'38'' E 11°59'39''

## Bracciano, I-00062 / Lazio

2722

Camping Roma Flash***
Via Settevene Palo km 19,8 primo tr
+39 06 99 80 54 58
1/4 - 30/9
info@romaflash.it

7ha 175T(50-120m²) 6-20A CEE

**1** ABCD**G**HIJKLMNO**P**Q
**2** ABEJNOSWXYZ
**3** CHM**O**PS**W**Z
**4** (B+G 1/6-31/8)(Q+R)
(T 15/4-20/9)(U+V+X)
(Z 15/4-20/9)
**5** **AB**EFGIJKLNPUVX
**6** ACEGHKL(N 4km)RTUVW

Le camping est situé à 35 km de Rome et a un bon restaurant/pizzeria. Le bus vers la gare de Bracciano s'arrête 12 fois par jour au camping. Une fois par semaine, le dimanche, il y a une excursion à Pompéi. Wifi payant sur tout le camping.

SS2 Viterbo-Roma, à la hauteur de Sutri à droite di Trevignano. Arrivé au bord du lac, direction Bracciano, le camping est à gauche, bien indiqué.

CC € 18 *1/4-10/7 29/8-30/9 7=6, 14=11*

N 42°07'48'' E 12°10'25''

## Pescia Romana, I-01010 / Lazio

**2723**

Camping Club degli Amici**
Loc. Cavallaro
+39 07 66 83 02 50
22/4 - 18/9
info@
clubdegliamicicampingvillage.com

4ha 175**T**(20-56m²) 6A CEE

**1** BCDGHIJKLMNOS
**2** AGSTWXYZ
**3** AC**O**P**Q**SWY
**4** (A 16/6-8/9)
(Q+S+T+U+V+Y+Z)
**5** **A**GIKMPUVZ
**6** DEG**K**(N 5km)ORT

Ce camping est tranquille, ombragé et quelque peu isolé à peu de distance de la mer. Il est à recommander aux amateurs de sports nautiques. C'est aussi une étape idéale pour les camping-cars.

SS1 'Via Aurelia' Grosseto-Roma. À la borne kilométrique 120, sortie Pescia Romana. Dans le centre du village, suivre les panneaux du camping.

CC € 14 *22/4-18/6 2/9-18/9*

N 42°22'03'' E 11°29'18''

## Roma, I-00125 / Lazio

**2724**

Camping Village Fabulous
Via di Malafede 205
+39 0 65 25 93 54
13/4 - 2/11
fabulous@humancompany.com

25ha 190**T**(tot 100m²) 6A CEE

**1** BCDGIJKLMOPSST
**2** BIJNTUVWZ
**3** CD**O**P**R**SU
**4** (B+G)K
(Q+R+U+V+Y+Z)
**5** **AB**EFGIJKLMNOPUW
**6** ACEGHJM(N 3km)ORTUV

Le camping Fabulous est situé entre Rome, la plage et la mer d'Ostia. Tous conforts et deux superbes grandes piscines magnifiques. Il y a un paradis du karting, un glacier et un bon restaurant. Des excursions sont organisées régulièrement. Il y a aussi un mini club intérieur.

A1 vers Aeroporto Fiumicino sur le périphérique G.R.A. Sortie 27 par Colombo vers Ostia. A km 18, aux feux à droite. Camping sur la droite.

CC € 18 *18/4-2/7 27/8-2/11*

N 41°46'38'' E 12°23'46''

## Roma, I-00132 / Lazio

**2725**

Camping Village Roma Capitol****
Via di Castelfusano 195
+39 06 20 19 07 00
8/4 - 2/11
info@romacapitol.com

27ha 700**T**(50-100m²) 16A

**1** ABCD**G**IJKLMO**PT**
**2** ABSTYZ
**3** ACEKMN**OPQR**
**4** (C+H 15/5-15/9)KP
(Q+R+T+U+V+Y+Z)
**5** **AB**DEFGIJKLMNOPU
**6** AEG**K**(N 1km)STU

Tout nouveau camping quatre étoiles d'au moins 27 ha. Situé près de Rome et de la côte 'Lido di Ostia', donc aussi bien indiqué pour les excursions culturelles que pour aller à la plage. Le camping est situé dans une zone naturelle protégée.

De la G.R.A. prendre Christoforo Colombo, près de Roma Antica. Suivez les panneaux.

CC € 22 *8/4-9/7 2/9-2/11*

N 41°44'37'' E 12°18'48''

## Roma, I-00189 / Lazio

**2726**

Flaminio Village Camping & Bungalow Park****
Via Flaminia Nuova, 821
+39 0 63 33 26 04
3/1 - 23/12
info@villageflaminio.com

8,6ha 180T 6A CEE

**1** BCDGIJKLMOP
**2** IJLSUZ
**3** AM
**4** (B 1/6-15/9)(Q+T 1/1-31/12) (U 1/2-31/12)(V+Y) (Z 1/1-7/1,15/1-31/12)
**5** ABDEFGHIJKLMNOPUWZ
**6** CEGJ(N 0,3km)RTUV

Camping avec emplacements numérotés et libres bien ombragés, situation idéale pour visiter Rome. Arrêt de bus à l'entrée, station de métro de l'autre côté de la route. Bon restaurant. Particularité : musique classique dans les blocs sanitaires. Wifi gratuit. Réduction 14 jours = 11 jours, 3/1 - 15/3.

Sur le G.R.A. (périphérique Rome) sortie 6 Via Flaminia, garder di Flaminio/Centro. A la bifurcation à gauche Flaminio. Attention: entrée du camping assez vite à droite.

CC € 22 3/1-13/4 26/4-29/4 9/5-31/5 5/6-30/6 17/9-23/12

N 41°57'23'' E 12°28'56''

## Roma, I-00123 / Lazio

**2727**

Happy Village & Camping***
Via del Prato della Corte 1915
+39 06 33 62 64 01
1/3 - 5/11
info@happycamping.net

4ha 220T(30-75m²) 6A CEE

**1** BCDGIJKLOPST
**2** IJLMNSUWZ
**3** A
**4** (B 1/5-30/9)(G 15/5-30/9) (Q+R+U+V)(Y 1/3-2/11) (Z)
**5** ABDEFGIJKLMNOPU
**6** ABCEGK(N 3km)RTUV

Idéal pour visiter Rome. Bus gratuit vers la station de métro Prima Porta d'où vous êtes en 20 minutes dans le centre de Rome. Bien aménagé avec bons sanitaires (eau chaude à volonté). 2 piscines. Wifi gratuit. Camping-cars et remorques > 8m : supplément de 6 à 9 euros.

G.R.A. (périphérique de Rome), sortie Cassia Veientana/ Viterbo. Puis 1e sortie, 10m à droite, et monter à gauche. Faites bien attention aux panneaux : c'est bien indiqué.

CC € 18 1/3-30/6 23/8-5/11 7=6

N 42°00'02'' E 12°27'12''

## Roma, I-00189 / Lazio

**2728**

Seven Hills Camping & Village
Via Vittorio Trucchi 10
+39 06 30 36 27 51
1/1 - 31/12
info@sevenhills.it

41ha 70T(60-80m²) 8A CEE

**1** BCDGIJKLMNOP
**2** BIVZ
**3** QV
**4** (B 20/5-30/9) (Q+R+T+U+V+Y+Z)
**5** ABGJKLMNOPUWXYZ
**6** AEGJ(N 2km)TV

Au lieu de camper dans une grande ville comme Rome, vous séjournez dans un jardin sub-tropical magnifiquement aménagé. Eau chaude gratuite toute la journée. Le bus du camping vous amène gratuitement à la station de métro La Giustiniana. Au 'Parco di Veio', vous êtes complètement dans la nature.

Le camping Seven Hills est bien indiqué sur le G.R.A. (Périphérique Rome), sortie 3, vers Bracciano/Viterbo par Cassia. Attention aux panneaux !

CC € 18 1/1-4/7 22/8-31/12 7=6

N 41°59'51'' E 12°25'25''

## Roma/Lido di Ostia, I-00122 / Lazio

**2729**

Camping Internazionale Castelfusano
Via Litoranea 132
+39 0 65 62 33 04
15/3 - 2/11
info@romacampingcastelfusano.it

4,5ha 240T 3A CEE

1 ABCD**G**IJKLMOPR
2 ABGJSTUXYZ
3 AIKPSUWY
4 (B+G 1/6-30/9) (Q+R+S+U+V+Y 1/4-30/10) (Z)
5 **AB**EGIKMNPUW
6 ACGJ(N 4km)ORTUVW

Ce camping se trouve au bord de la mer et il est bien situé pour visiter Rome. Les emplacements sont délimités par la nature. L'énergie provient de nombreux panneaux solaires. Il y a un restaurant accueillant sur le camping. Le Wifi au bar est gratuit.

G.R.A. (périphérique de Rome), sortie 27. Par C. Colombo, Via Litoranea (vers le sud).

CC € 22 *15/3-15/4 20/4-12/6 1/9-2/11*

N 41°42'21'' E 12°20'24''

## Tarquinia, I-01016 / Lazio

**2730**

Camping Europing 2000 srl****
Via Aurelia km 102
+39 07 66 81 40 10
28/4 - 11/9
europing@europing.it

25ha 700T(60-90m²) 3-6A CEE

1 BCD**G**HIJKLMNOPST
2 AGSTWYZ
3 CM**O**P**Q**SU**V**WY
4 (**B** 31/5-12/9)(G 15/5-12/9) (Q+S+T+U+V+W+X+Y+Z)
5 **A**GIKMOPUVWXY
6 CEGK(N 5km)ORTV

Un camping étendu dans un bois de pins. La plage privée est à 200 mètres du camping. Différents sites archéologiques étrusques dans les environs proches.

SS1 'Via Aurelia' Grosseto-Roma. A la borne kilométrique 102 à droite, sortie Riva dei Tarquini. Juste après le pont sur la voie ferrée à droite, suivre les panneaux du camping.

CC € 20 *28/4-3/7 22/8-11/9*

N 42°17'53'' E 11°38'12''

## Cologna/Spiaggia, I-64020 / Abruzzo

**2731**

Stork Family Camping Village****
Via del Mare 11
+39 08 58 93 70 76
18/5 - 18/9
storkcampingvillage@clubdelsole.com

7ha 110T(40-60m²) 6A CEE

1 BCDGHIJKLNO**P**ST
2 AGIJPSWZ
3 ACKMSY
4 (B+**G**)KP (Q+S+T+U+V+Y+Z)
5 **AB**FGIJKLMNOPUVWZ
6 CEGH**K**M(N 1km)ORTUV

Camping familial au bord de la plage. Les emplacements sont complètement à l'ombre de sapins, peupliers etc... Le camping a aussi une belle piscine, un restaurant, un bar, un supermarché et un bazar.

Venant du nord ou du sud E2/A14 sortie Mosciano S. Angelo, puis suivre la SS80 direction Giulianova jusqu'au croisement SS80/SS16. Suivre celle-ci direction Pescara, au 1ier carrefour à gauche. Suivre les panneaux.

CC € 18 *18/5-2/7 30/7-6/8 31/8-18/9*

N 42°44'06'' E 13°58'51''

## Martinsicuro, I-64014 / Abruzzo

2732

Camping Adriático
Taormina, 32
+39 08 61 73 95 42
15/5 - 15/9
info@campingadriatico.eu

1,1ha 109T(50-70m²) 6A

1 ABCDFIJLO**P**T
2 AGIJPSUVWZ
3 ABCKLMU
4 (Q+R+T+U+V+X+Y)
5 **A**CGI**J**K**L**MNO**P**UVZ
6 BEGK(N 3km)ORT

Camping géré par une famille avec une excellente répartition des tâches. Petit, mais très confortable, endroit pour passer une semaine ou deux. Le restaurant est ouvert pendant toute la période d'ouverture du camping.

Dans le village de Martiniscuro suivre les panneaux du camping.

CC € 16 15/5-14/7 1/9-15/9 7=6

N 42°50'40'' E 13°55'42''

## Opi, I-67030 / Abruzzo

2733

Camping Il Vecchio Mulino
SS83 Marsicana km 52
+39 08 63 91 22 32
1/1 - 31/12
vecchiomulino2@tiscali.it

6ha 300T(100-120m²) 6A CEE

1 ACD**F**IJKLMOPS
2 BCJSUWXYZ
3 AEIJKS
4 (Q+R+U+V+Y+Z)
5 **AB**DGIJKLMNOPUVZ
6 CEJ(N 2km)OV

Après une visite culturelle de villes hectiques comme Rome et Naples, ce camping est un endroit fantastique dans le Parc National des Abruzzes. Ici, vous pouvez profiter de la belle nature, des sentiers de randonnée et éventuellement repérer ours, loups etc.

Le camping est sur la SS83 d'Opi à Barrea/Alfedena. Bien indiqué par des panneaux.

CC € 20 1/1-15/7 1/9-31/12

N 41°46'45'' E 13°51'46''

## Pineto, I-64025 / Abruzzo

2734

Pineto Beach Village & Camping***
Via XXV Aprile
+39 08 59 49 27 24
15/4 - 25/9
raffaella@pinetobeach.it

5ha 200T(28-140m²) 6-16A CEE

1 ABCD**G**HIJKLMNO**P**Q
2 AGIJPSUVWYZ
3 ACEHJKMNPSUVWY
4 (B+G 18/5-19/9)P
(Q+S+T+U+V+Y+Z)
5 **AB**CFGHIJKLMNOP**R**UVXYZ
6 ACEGK(N 0,8km)ORTUV

Camping au bord de la mer avec de très nombreux équipements. Près de la piscine, il y a un nouveau restaurant, une pizzeria et un bar, équipé pour tous les types de météo. Wifi et solarium.

E2/A14 direction Bari, sortie Pineto (éteindre le GPS). Suivre 'Pineto Beach' sur la SS16. Tunnel (4,20m de hauteur).

CC € 18 15/4-26/6 27/8-25/9 14=10

N 42°37'26'' E 14°03'21''

## Capaccio/Paestum, I-84047 / Campania — 2735

Camping La Foce dei Tramonti***
Via Foce Sele 2
+39 08 28 86 12 20
1/4 - 31/10
info@lafocedeitramonti.com

1,2ha 30T(75m²) 4-10A CEE

1 ABCDGHIJKLMNOPST
2 ACGJNSUVWXZ
3 CHMPSWY
4 (G 1/6-31/8)(Q+S 15/6-15/9) (T+U+V+X 2/6-15/9) (Z 15/5-15/9)
5 **A**GIJKMNOPUVXYZ
6 CDEGJ(N 5km)OTW

Camping bien situé à l'embouchure d'une rivière. L'endroit idéal pour se reposer juste au bord de la mer, avec la vue sur le coucher du soleil.

Sur la route côtière à ± 7 km au nord de Paestum vers Salerno, à l'embouchure de la Sele.

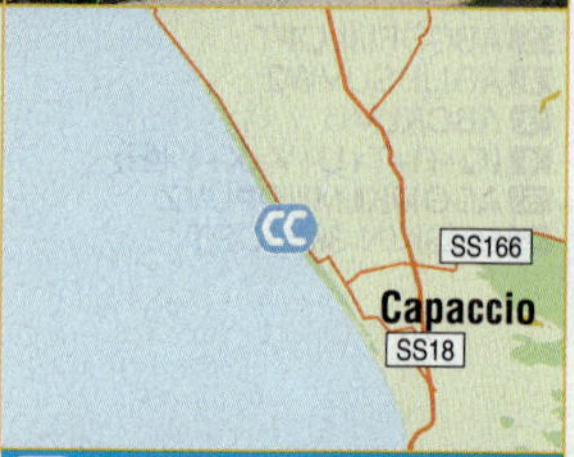


CC € 20 *1/4-10/7 28/8-31/10*

N 40°28'51'' E 14°56'41''

## Massalubrense/Marina d.Cantone, I-80061 / Campania — 2736

Camping Villaggio Nettuno Srl
Via A. Vespucci 39
+39 08 18 08 10 51
31/3 - 31/10
info@villaggionettuno.it

0,5ha 60T(10-40m²) 4A CEE

1 ABDFIJKLMNO**P**S
2 GJLMNPRTUXYZ
3 **I**OSUWY
4 (**A**+R+T+U+V+Y+Z)
5 GIJKLMNOPU
6 EGJ(N 2km)ORV

Entre Positano, Sorrento et Capri, dans la baie de Marina del Cantone, près de la côte Amalfitaine paradisiaque. Au bord de la mer avec accès privé à la plage. Endroit idéal pour passer des vacances détendantes et reposantes. Centre de plongée. Petits emplacements (40 m²).

Corniche vers Sorrento. A Meta di Sorento, vers Positano puis San Agata et Marina del Cantone (au camping, continuer puis retourner). Route difficile pour caravanes et camping-cars de plus de 6m.

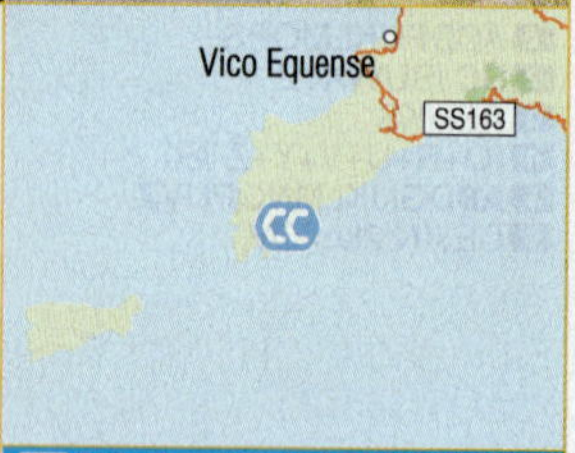


CC € 22 *31/3-14/4 19/4-31/5 19/6-3/7 12/9-31/10*

N 40°35'00'' E 14°21'15''

## Paestum, I-84063 / Campania — 2737

Camping Athena***
Via Ponte di Ferro
+39 08 28 85 11 05
1/4 - 31/10
info@campingathena.com

2,5ha 130T(80-100m²) 9A CEE

1 ACDFHIJKLMOPST
2 AGJNSTXYZ
3 CHMUWY
4 (Q+S 15/5-20/9)(T+V+ X+Z 1/6-31/8)
5 **A**GIKMOPUV
6 CDEGJ(N 2km)RTVW

Beau camping bien entretenu avec (mi-) ombre d'eucalyptus et sapins, situé juste en bordure d'une magnifique plage de sable. Bon sanitaires et excellente pizzeria. A proximité du Paestum antique.

Dans le centre de Paestum, suivre les panneaux de camping. Le camping est juste au bord de la mer.

CC € 20 *1/4-7/7 25/8-31/10* 7=6

N 40°25'43'' E 14°58'55''

## Paestum, I-84063 / Campania

iD 2738

Camping Villaggio dei Pini***
Via Torre di Mare/Via Urano
+39 08 28 81 10 30
1/1 - 31/12
info@campingvillaggiodeipini.com

3ha 158**T**(40-100m²) 6A CEE

**1** ACD**G**HIJKLMOPST
**2** ABGJSUVWYZ
**3** ACHKMOP**R**SWY
**4** (**A**+Q+R )(U+V 1/3-31/10) (Y 1/3-31/12)(Z )
**5** **AB**EGHIJKLMNOPUV
**6** ABCDEGJ(N 0,3km)ORTUV

Camping verdoyant bien situé au bord de la plage, avec des emplacements touristes délimités. Magnifique plage privée avec jeux pour les enfants. Bon restaurant avec des plats régionaux frais, entre autres de la mozzarella de buffle. Près du site archéologique de Paestum avec de belles ruines de temples grecs.

Dans le centre de Paestum, suivre les panneaux de camping. Le camping est juste au bord de la mer.

CC € 18 *1/1-30/6 15/9-30/12*

N 40°24'46'' E 14°59'28''

## Pompei, I-80045 / Campania

iD 2739

Camping Fortuna Village Pompei
Via Plinio 115
+39 08 18 50 84 39
1/1 - 31/12
info@fortunavillagepompei.it

0,5ha 50**T**(30-60m²) 6A CEE

**1** ACDGIJKLO**P**ST
**2** IJNSWXY
**4** (Q+T+U+V+Y+Z 19/3-10/11)
**5** **A**GIJKLMNOPUW
**6** CEGJ(N 1km)R

Camping à 100m de l'entrée des ruines de Pompéi, et excellent point de départ pour visiter Naples, Sorrento et le cratère du Vésuve.

A3 Napoli-Salerno, sortie Pompéi Ovest à gauche. Camping sur la droite à 300 m.

CC € 18 *10/1-15/4 3/5-31/5 6/6-15/7 1/9-22/12*

N 40°44'48'' E 14°29'03''

## Pompei, I-80045 / Campania

iD 2740

Camping Zeus
Villa dei Misteri
+39 08 18 61 53 20
1/1 - 31/12
info@campingzeus.it

2ha 80**T**(40-100m²) 10A CEE

**1** ABCDFIJL**P**ST
**2** IJSTUWXYZ
**4** (Q )(R 1/4-31/10) (T+U+V+X+Y 1/4-30/10) (Z 1/4-15/11)
**5** **AB**GIKMOPU
**6** CEGH**K**(N 1km)ORT

Camping à côté des fameuses fouilles archéologiques de Pompéi, visite en soirée jusqu'à 19h30. Dans un parc avec végétation méditerranéenne au pied du Vésuve. Equipements : bar/restaurant, souvenirshop et point Internet. Situation idéale pour des excursions en transports en commun à Naples, Sorrente, Amalfi, Positano et Capri.

A3 à partir de Napoli ou Salerno, sortie Pompéi Ovest, à gauche. A 200m de nouveau à gauche, puis monter à gauche.

CC € 22 *10/1-10/4 2/5-29/5 6/6-14/7 1/9-30/10 7/11-4/12*

N 40°44'57'' E 14°28'51''

## Pontecagnano Faiano, I-84098 / Campania

2741

Camping Lido di Salerno
Via Lago Trasimeno 1
+39 32 73 66 97 05
1/1 - 31/12
campingsalerno@gmail.com

1,1ha 75**T**(36-70m²) 6-16A CEE

1 ABCD**G**IJKLMOPST
2 AGJNSUWXYZ
3 **G**SUWY
4 (Q )(R+U+
V+X 30/4-31/10)(Z )
5 **AB**EGIMO**P**UVWXY
6 DEGHK(N 5km)OTUVWX

Camping agréable, juste au bord de la mer, avec une plage de sable. Dans les environs de Salerno, Paestum et Pompei, tout près de la côte Amalfite, avec des employés très amicaux et serviables.

Tangenziale de Salerno vers la corniche SP175 vers le sud (± 12 km). Là, cette route côtière s'appelle Via Lago Trasimeno.

CC € 18 *6/1-30/6 1/9-30/11 15=10*

N 40°35'44'' E 14°52'16''

## Sorrento, I-80067 / Campania

2742

Camping Santa Fortunata/
Campogaio****
Via Capo 39
+39 08 18 07 35 79
1/4 - 30/10
info@santafortunata.eu

30ha 350**T**(80-120m²) 6A CEE

1 AFIJKLMOPST
2 GJLMNQRSTUWXYZ
3 ACEHSUVY
4 (A+B+**G**+Q+S+U+V+Y+Z )
5 **AB**GIJKLMNOPUVW
6 CEGH**J**(N 1km)ORTVWX

Camping avec une vue superbe sur la baie de Sorrento. A partir du camping, excursions à Pompéi, au Vésuve, à Naples et en bateau vers la côte Amalfite et Capri. Nombreux équipements : piscine, plage, magasin de camping terrain de jeux et un bar. L'excellent restaurant est un atout supplémentaire.

A3, sortie Castellammare vers Sorrento. A 1 km de Sorrento vers Massalubrense. Après Sorrento suivre les panneaux.

CC € 22 *1/4-1/6 19/6-14/7 1/9-30/10*

N 40°37'39'' E 14°21'27''

## Vico Equense, I-80069 / Campania

2743

Camping Sant'Antonio****
Via Marina d'Equa 21
+39 08 18 02 85 70
15/3 - 31/10
info@campingsantantonio.it

1ha 60**T** 5A CEE

1 ACD**F**HIJKLPS
2 AGJKPSXYZ
3 **W**Y
4 (Q+S+Y+Z )
5 **A**GIKMO**P**U
6 EG**J**(N 1km)OR

Camping tranquille sous les citronniers, oliviers et noyers près d'un petit port pittoresque. Le restaurant sert la cuisine familiale italienne typique. Sanitaires sobres. Excursions en bateau à Capri. Le camping a wifi.

A3, sortie Castellamare vers Sorrento. Prendre le tunnel à gauche vers Sorrento. Après le tunnel et après le pont, à droite. Rouler lentement.

CC € 20 *15/3-10/7 1/9-31/10*

N 40°39'34'' E 14°25'08''

## Bisceglie, I-76011 / Puglia

**2744**

Brezza Tra Gli Ulivi
Via Imbriani Zona 441
+39 34 51 71 94 00
1/4 - 31/10
info@brezzatragliulivi.it

1,5ha 65T(60-100m²) 6-10A CEE

**1** FLQ
**2** BGINPQ
**3** EKMUY
**4** (**A** 🔑)(**B+G** 1/6-15/9) **KP**(Q 🔑)(T 1/4-15/9) (U 1/4-30/10)(V 1/4-15/9) (Y 1/6-15/9)(Z 🔑)
**5** GIJKLMNO**P**UZ
**6** AEGHKTVW

Camping situé dans une belle oliveraie avec des arbres centenaires, près de la mer et d'une nature magnifique. Le camping dispose d'une piscine, d'un restaurant/pizzeria et du wifi gratuit.

En venant du nord sur l'A14, sortie Bisceglia. À Bisceglia, prendre la SS16 Adriatico en direction de Torre Calderino. Voir les panneaux pour le camping.

CC € 18 1/4-14/7 1/9-31/10

N 41°13'38'' E 16°32'08''

## Bisceglie, I-76011 / Puglia

**2745**

Camping La Batteria
Panoramica Umb. Paternostro 16/18
+39 34 07 58 40 19
1/3 - 31/10
labatteriacamping@gmail.com

1,5ha 80T(50-110m²) 6-10A CEE

**1** ABCDFHIJKLMNO**P**RS
**2** GIJNQRUVXYZ
**3** CKSUWY
**4** (**A** 🔑)(B+G 1/6-15/9) (Q+R+T+U+Z 🔑)
**5** **AB**GIKMNOPXZ
**6** EGK(N 2km)OTW

Camping agréable et animé en bordure du front de mer. Nombreuses possibilités pour aller à pied à la petite ville et la découvrir.

Du nord, Bisceglie Nord. Suivre Litoranea, au rond-point 1re à droite, aux feux à gauche. Continuer jusqu'à la mer, à gauche et cp à droite à 200m.

CC € 20 1/3-15/7 1/9-31/10

N 41°15'19'' E 16°28'51''

## Borgagne, I-73026 / Puglia

**2746**

Azienda Agrituristica Malapezza
Prov.le S. Andrea
+39 08 32 81 14 02
1/1 - 31/12
info@agriturismomalapezza.it

6ha 80T(25-40m²) 16A CEE

**1** ABCDGIJKLMOPS
**2** ABJNRSUVXYZ
**3** **G**IKMS
**4** (Q 🔑)(T 1/6-31/8) (X+Y 9/4-30/9)(Z 1/4-30/10)
**5** **A**GIKMOPUZ
**6** EGK(N 3km)TV

Camping douillet avec restaurant et produits locaux, dégustations possibles.

De Lecce vers Melendogno-Borgagne a Sant'Andrea. Camping à 2 km sur la gauche.

CC € 16 1/1-14/7 1/9-31/12

N 40°15'08'' E 18°25'02''

## Gallipoli, I-73014 / Puglia

2747

Agricampeggio & Glamping "Torre Sabea"
Litoranea per Santa Maria al Bagno
+39 08 33 29 82 73
1/1 - 31/12
info@torresabea.it

1,5ha 30T(80-120m²) 3-6A CEE

1 ABGIJKLPS
2 GJRUYZ
3 AMWY
4 (Q+T+Z)
5 **A**GIJKMNOPUZ
6 DEK(N 0,2km)OT

Un camping familial très cordial avec des spécialités de la région dans un environnement particulièrement intéressant.

SS101 Lecce-Gallipoli. Suivez les panneaux.

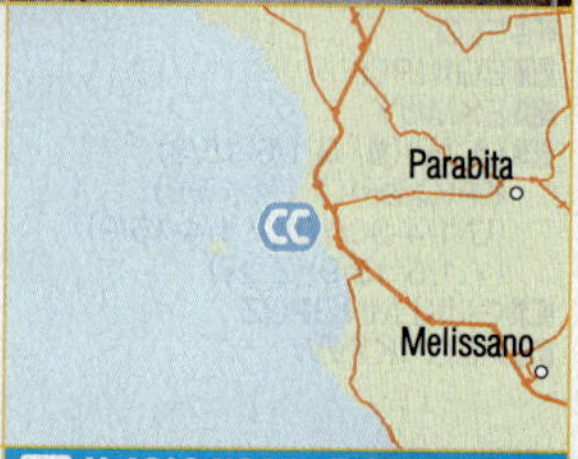


CC € 18 *1/1-14/7 1/9-31/12*

N 40°04'22'' E 18°00'23''

## Gallipoli, I-73014 / Puglia

2748

Baia di Gallipoli Camping Resort****
S.P. 215 km 0,100
+39 08 33 27 32 10
1/4 - 31/10
info@baiadigallipoli.com

25ha 600T(40-120m²) 6-10A CEE

1 ABCD**G**HIJKLMN**P**S
2 AJNQSTYZ
3 ACHIKM**O**P**Q**SUW
4 (A+B 1/5-15/9)(Q) (R 1/4-9/6)(S 10/6-15/9) (T+U+V+W+Y+Z)
5 **AB**FGIKMNOPUV
6 EGJ**K**(N 4km)TUVWX

Un camping tranquille rustique sur une colline, avec de très grands emplacements ombragés. Lors d'un séjour de 7 jours ou plus, vous recevez un produit régional en cadeau.

A partir du sud SS101 Lecce-Gallipoli. Avant Gallipoli SS274 rester sur la gauche direction S. Maria di Leuca. A environ 2 km sortie Lido Pizzo. A environ 5 km, à gauche au bout de la route. Le camping est sur la gauche.

CC € 20 *1/4-30/6 1/9-31/10*

N 39°59'54'' E 18°01'34''

## Lecce/Loc. Torre Rinalda, I-73100 / Puglia

2749

Torre Rinalda Camping Village****
Via Simeone D'Antona 1
+39 08 32 38 21 61
21/5 - 30/9
booking.cv@torrerinalda.it

15,5ha 730T(81m²) 3-6A CEE

1 CD**G**HIJKLMNOP
2 AGIJSUWYZ
3 CHMOPSY
4 (B+Q+R+S+T+U+V+W+Y+Z)
5 **A**FGIKMOPUVZ
6 DEGJ(N 7km)ORTW

Une mer magnifique, de nombreuses possibilités pour faire du sport, tout cela combiné avec une ville intéressante et très artistique. Un endroit très agréable.

SS16 sortie Trepuzzi direzione Squinzano/Trapuzzi. A 200m à gauche, SS100. Continuer sur SP133 San Cataldo/ Casalabate. Suivre les panneaux.

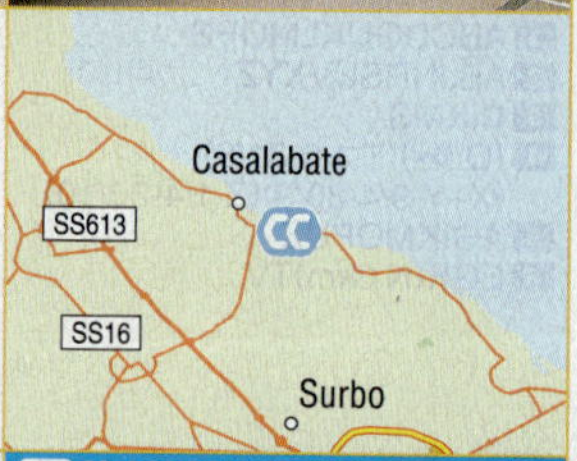


CC € 20 *21/5-14/7 1/9-30/9*

N 40°28'51'' E 18°08'48''

## Manfredonia, I-71043 / Puglia

2750

- Camping Lido Salpi
- SS159, km 6,2 Riviera Sud
- +39 08 84 57 11 60
- 1/1 - 31/12
- info@lidosalpi.it

1ha 52T(50-70m²) 6-16A CEE

1 ABCGHIJKLMPS
2 AGJNUWZ
3 ACHUWY
4 (Q+R+T+V+X+Z)
5 **AB**GHIJKMNOPUVYZ
6 CDEGHKL(N 7km)ORTV

Ouvert toute l'année. Au bord d'une grande plage de sable. Idéal pour de longues promenades sur la plage, juste au bord de la mer. Nouveaux sanitaires, quelques provisions. Bon bar avec une bonne nourriture. Excursions vers Gargano, S. Giovanni Rotondo (Padre Pio), Foresto Umbra, Monte S. Angelo, Vieste. Idéal pour faire étape à partir de la A14.

A14, sortie Foggia, dir. Manfredonia. SS89 sortie Manfredonia Sud. La SS159 6,2 km en dir. du sud jusqu'au panneau du cp à gauche.

N 41°33'18" E 15°53'45"

CC € 14 *1/1-14/7 1/9-31/12*

## Ostuni, I-72017 / Puglia

2751

- Camping Cala dei Ginepri***
- Contrada Montanaro, SS379, km 23,5
- +39 08 31 33 04 02
- 15/5 - 15/9
- info@caladeiginepri.com

10ha 400T(tot 80m²) 5A CEE

1 ACFHIJKLMNPS
2 AGRUVWYZ
3 ADO**Q**S
4 (**B** 1/7-10/9)(Q 15/6-10/9) (S+T+U+V+Y+Z 1/6-10/9)
5 **A**IMPXZ
6 EKT

Bon camping pour les campeurs sportifs. Chaque emplacement a ses propres toilettes, que l'on nettoie bien sûr soi-même pendant le séjour.

Sur la SS379, au kilomètre 23.5. Bien indiqué par des panneaux.

N 40°45'52" E 17°39'01"

CC € 20 *15/5-14/7 1/9-15/9*

## Otranto, I-73028 / Puglia

2752

- Baia dei Micenei***
- Del Porto
- +39 34 54 46 76 29
- 15/4 - 30/10
- info@baiadeimicenei.it

2,2ha 12T(48-64m²)

1 ABCDFHIJKLNOP
2 ABHJMNQVWYZ
3 KL
4 (**A**+Q+R+T+U 1/6-30/9) (Z)
5 **AB**GIJKLMNO**PS**UWXZ
6 ABDEGK(N 0,5km)OTV

Le camping est situé directement au bord de la mer. De nombreuses possibilités de sports nautiques.

Suivre le centre d'Otranto et puis les panneaux de camping.

N 40°08'35" E 18°29'43"

CC € 22 *15/4-1/7 28/8-30/10*

## Peschici (FG), I-71010 / Puglia

**2753**

Camping Internazionale Manacore****
Lit. Pes.-Vieste
+39 08 84 91 10 20
20/5 - 1/10
manacore@grupposaccia.it

22ha 700T(40-60m²) 3-6A CEE

1 ABCFHIJKLMNPS
2 AGJMNSTWZ
3 CHMOPSWY
4 (B+Q+S+T+U+V+W+X+Y+Z)
5 AGIJKLMNOPUVZ
6 CFGHJ(N 9,9km)OQT

Juste au bord de la mer avec magnifique piscine. Bonne région pour surf et plongée en apnée. Une région côtière magnifique dans la zone naturelle de Gargano, à 10 km de Peschini. Excursions à Monte S. Angelo et Foresta Umbra.

A14, sortie Poggio Imperiale, SS693 puis SP144 vers Peschici puis SS89, Vieste jusqu'à Peschici. Puis corniche vers Vieste (Litoranea) SP52 jusqu'à ancienne station-service et prendre le chemin du cp.

CC € 20 *20/5-20/6 27/8-1/10*

N 41°56'14'' E 16°04'12''

## Specchiolla di Carovigno, I-72012 / Puglia

**2754**

Camping Pineta al Mare***
Via di Tamerici 33
+39 08 31 98 78 03
28/5 - 30/9
info@pinetamare.com

5,5ha 135T(49-80m²) 4A CEE

1 ABCDFIJKLMNPS
2 ABGJQSWZ
3 ACKMPSUWY
4 (B+G )JKP (Q+S+T+U+V+Y+Z )
5 AEGIKMOPUV
6 CEGJ(N 0km)ORTV

Camping familial, au bord de la mer et à proximité du village Specchiolla. Emplacements délimités ombragés. Grande partie spécialement aménagée pour les camping-cars. Wifi gratuit, aussi pour les détenteurs de la CampingCard ACSI.

Sur la route côtière SS379, prendre la sortie vers Specchiolla au km 32,5. Suivre les panneaux du camping.

CC € 22 *28/5-30/6 1/9-30/9*

N 40°44'27'' E 17°44'10''

## Vieste del Gargano, I-71019 / Puglia

**2755**

Camping Baia e Cala Campi***
SP53 Litoranea Vieste-Mattinata, km 10
+39 08 84 70 00 00
1/4 - 29/9
info@baiadicampi.it

11ha 416T(80-100m²) 16A CEE

1 ABCFHIJKLMPST
2 GJNPUZ
3 COW
4 (Q+S+V 13/5-16/9) (Y 24/5-16/9)(Z 13/5-16/9)
5 ABGIKMPUVZ
6 EGJ(N 9,9km)RTV

Parfaite destination pour rester en contact avec la nature. Emplacements situés sous des pins d'Aleppo et des oliviers qui offrent fraîcheur et ombre. Il est très agréable de nager dans la baie privée avec plage de petits gravillons propre (plongée possible). Ecole de surf.

A14 sortie Poggio Imperiale, puis suivre jusqu'à Vico del Gargano. Puis direction Rodi Garganico, Peschici et Vieste. De Vieste, suivre la route côtière SP53 vers le sud sur ± 10 km.

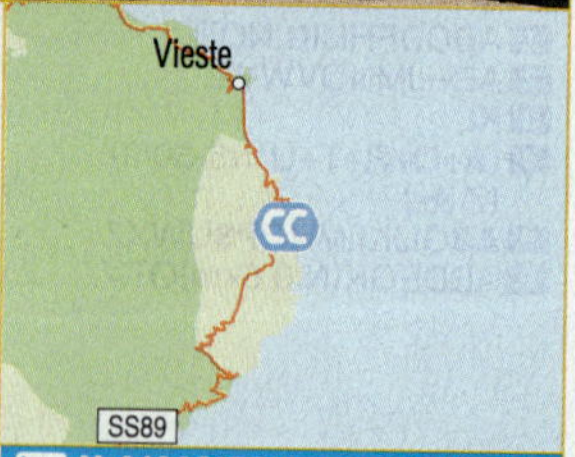


CC € 18 *1/4-30/6 28/8-29/9*

N 41°48'53'' E 16°11'25''

## Vieste del Gargano, I-71019 / Puglia

**2756**

Camping Vill. Baia degli Aranci***
Lungomare Europa 48
+39 08 84 70 65 91
14/4 - 10/10
info@baiadegliaranci.it

11ha 400T(30-40m²) 6A CEE

1 ABGHIJKLMNPS
2 AGJMNSUWYZ
3 CHPSUVWY
4 (B+G 1/5-12/10)P
(Q+S 15/5-10/10)
(T+U 20/5-12/10)
(V 1/6-15/9)(Y 22/4-12/10)
(Z)
5 AGIJKMOPUVZ
6 CFGJ(N 0,7km)ORTV

Village-camping avec des hôtels, à proximité de la petite ville Vieste. Au bord de la plage, accessible par un petit tunnel, avec vue sur Vieste, les rochers, la plage et le port de plaisance à partir des emplacements en hauteur du camping.

A14, sortie Poggio Imperiale, SS89 direction Vieste par l'intérieur des terres. Jusqu'à Vieste et là, à gauche, aller vers la route côtière. Le camping est sur cette route avant le village.

N 41°53'13'' E 16°09'59''

CC € 18 14/4-19/6 27/8-10/10 7=6

## Vieste del Gargano, I-71019 / Puglia

**2757**

Camping Village Baia dei Lombardi***
Lit. Vieste-Peschici km 7
+39 08 84 70 64 80
10/4 - 1/10
info@baialombardi.it

3ha 200T(40-60m²) 5A CEE

1 ABCGHIJKLMNPST
2 AGJSTWYZ
3 CMOWY
4 (Q+S+T+U+V)
(X 1/5-30/9,1/5-30/9)(Z)
5 AEGIJKLMNOPUV
6 EGHHJ(N 7km)ORT

Camping sous de grands pins situé en bordure d'une longue plage. Emplacements délimités, bien entretenus. Idéal pour le surf, le kite ou le snorkeling.

A14, sortie Poggio Imperiale, puis SS693, vers SP 144. Puis SS89 vers Peschici. Après Peschici, SS89 dans l'arrière-pays. Après panneau Forest Umbra à gauche, SP52bis. Au bout à gauche. cf panneaux de cp.

N 41°55'15'' E 16°06'33''

CC € 18 10/4-24/5 18/6-26/6 26/8-1/10

## Vieste del Gargano (Fg), I-71019 / Puglia

**2758**

Camping Village Molinella Vacanze***
Località Molinella nr. 72
+39 08 84 70 75 30
1/4 - 30/10
info@molinellavacanze.com

2ha 100T(30-60m²) 6-10A CEE

1 ABCGIJKLMNPST
2 AGMNRTWY
3 AHMSUVWY
4 (Q+R+S+T+V+X+Z)
5 ACFGIJKLMNOPUVZ
6 ACDEGHK(N 3km)OQRST
VW

Camping tranquille. Idéal pour des excursions. Juste au bord de la mer à 3 km de Vieste. Bar, restaurant, pizzeria sur la plage. Sanitaires modernes. Wifi gratuit, espace fitness et bus vers Vieste.

A14 sortie Poggio Imperiale, SS693, SS89 dir. Peschici. Après Peschici la route à l'intérieur des terres (pas le Littoranea). Après la sortie Foresta Umbra, 1ère route à gauche, au croisement en T à droite jusqu'aux feux, puis à gauche. Voyez les panneaux.

N 41°54'28'' E 16°09'02''

CC € 18 1/4-18/6 27/8-30/10

## Marina di Nicotera, I-89844 / Calabria

**2759**

Villaggio Camping Mimosa***
Mortelletto str. com. S. Ferdinando
+39 0 96 38 13 97
1/1 - 31/12
info@villaggiomimosa.com

3ha 50T 12A CEE

1 ABCDGHIJKLMNO**P**S
2 AGISUVYZ
3 C**G**HKMPSWY
4 (B+G 20/4-31/10)(Q) (R 15/4-30/10)(U 20/4-31/10) (V 15/4-15/9)(Y 20/4-31/10) (Z 15/4-31/10)
5 **AB**GHIKMOPRVXZ
6 EGK(N 2km)ORTW

Un camping confortable avec beaucoup d'amusement pour les jeunes.

A3 Salerno-Reggio Calabria, sortie Rosarno vers San Ferdinando Porto. Sur la Strada Communale S. Ferdinando-Nicotera, suivre les panneaux de camping. Encore ± 7 km.

CC € 18 1/1-8/7 27/8-31/12

N 38°30'27'' E 15°55'36''

## Praia a Mare, I-87028 / Calabria

**2760**

International Camping Village***
Lungomare F. Sirimarco
+39 0 98 57 22 11
1/5 - 26/9
reception@campinginternational.it

5,7ha 360T(30-45m²) 4A CEE

1 ACGHIJKLMNST
2 GNPRSUWZ
3 ACHOPSWY
4 (Q+S 1/5-21/9)(T) (U+V+Y 1/5-21/9)(Z)
5 **A**GIKMOPUVZ
6 CDEGJ(N 0,5km)OT

Camping pour le campeur à la recherche d'une ambiance méridionale et de 100% de chance d'avoir soleil, mer et plage. Pour le voyageur gastronome, le restaurant 'L'Isola' sur ce camping est un must !

A Praia a Mare suivre l'indication 'Lungomare'. Le camping est au bord de Isola di Dino.

CC € 12 1/5-2/7 30/8-26/9 7=6, 14=11

N 39°52'55'' E 15°47'08''

## Sibari/Cosenza, I-87011 / Calabria

**2761**

Camping-Village Pineta di Sibari***
Contrada Fuscolara
+39 0 98 17 41 35
30/4 - 2/10
info@pinetadisibari.it

17ha 500T(100-120m²) 4-6A CEE

1 AC**F**HIJKLMPS
2 ABGNPSTVXYZ
3 ACHKOPSWY
4 (Q)(S 1/6-8/9) (U+V 15/5-8/9)(Y 1/6-10/9) (Z 15/5-11/9)
5 **A**GIKMOPUVZ
6 EG**J**(N 2km)RTV

Grand camping très calme au bord de la mer. De grands pins offrent de l'ombre aux emplacements.

SS106, Reggio di C. Sortie Villapiana Scalo. Dans le village à droite, Sibari. Traverser la voie ferrée après le village. Panneau à gauche. Chemin de sable. Rester sur la droite. Suivre les panneaux du cp. Attention au tunnel (2,50m). Passer la voie ferrée, ± 300m vers village.

CC € 18 30/4-14/7 1/9-2/10 7=6

N 39°46'47'' E 16°28'46''

## Tropea, I-89861 / Calabria

2762

Camping Marina dell'Isola
Lungomare Sorrentino
+39 0 96 36 19 70
1/4 - 31/10
info@campingmarinaisola.it

1,1ha 100**T**(40-60m²) 16A CEE

**1** ABCDGHIJKLMOPS
**2** AGJNRTUVWYZ
**3** Y
**4** (Q ) (T+U+V+Y+Z 1/6-30/9)
**5** **A**GIKMOPUXZ
**6** EGJ(N 0,3km)OTV

Terrain bien aménagé pour toutes les sortes de camping, en bordure de la superbe petite ville de Tropea ; le camping est séparé du centre par un escalier seulement. Sympathique, familial et avec un bon restaurant.

Du N, A3, sortie Pizzo Calabro. SS522, Tropea. Sortie plage/porto. Du S, éviter le centre ! Après Tropea suivre le panneau porto.

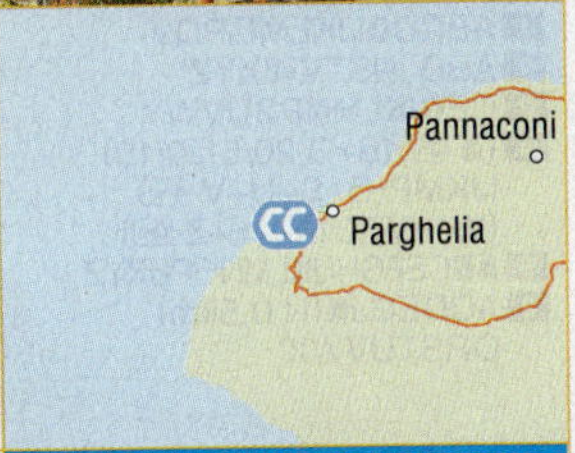


N 38°40'43'' E 15°53'41''

€ 16 *1/4-14/7 1/9-31/10 7=6*

## Aglientu, I-07020 / Sardegna

2763

Camping Village Baia Blu La Tortuga****
Pineta di Vignola Mare
+39 0 79 60 20 60
8/4 - 17/10
info@campinglatortuga.com

17ha 700**T**(40-120m²) 3-6A CEE

**1** ABCD**G**IJKLMOPT
**2** ABHJMSTUWXYZ
**3** CHM**O**PSUWY
**4** (A+B+G )IJKMP (Q+S+T+U+V+W+Y+Z )
**5** **AB**EFGIJKLMNOP**S**UVXZ
**6** ACDEG**K**M(N 9km) ORTVWX

Grand camping situé en partie dans un bois de pins avec beaucoup d'ombre. Directement au bord de la mer avec plage privée. Les emplacements spacieux sont entourés de petits arbres. Confort première classe. On peut pratiquer de nombreux sports nautiques.

SP90 à la sortie vers Aglientu et Vignola, l'entrée du camping est en direction de Vignola Mare.

N 41°07'28'' E 09°04'03''

€ 22 *8/4-4/6 4/9-17/10*

## Alghero, I-07041 / Sardegna

2764

Camping La Mariposa***
Via Lido 22
+39 0 79 95 04 80
23/4 - 11/10
info@lamariposa.it

4ha 130**T**(80-90m²) 6A CEE

**1** BCDGIJKLMNO**P**
**2** AHJLNSTUYZ
**3** KMNUWY
**4** (**A**+Q+S ) (T+U+V 15/6-15/9)(Z )
**5** AGIKMO**P**UW
**6** CEGJ(N 1,5km)ORTVWX

Camping citadin sur terrain légèrement en pente avec des petits champs pour les tentes. Il y a des emplacements plats pour caravanes et camping-cars. En partie ombragé par des arbres, en partie au bord de la plage au soleil. Nombreuses possibilités pour exercer des sports nautiques. Les fouilles archéologiques et Alghero valent certainement une visite.

Le camping se trouve du côté de la mer sur la route Alghero centre-Fertilia et est bien signalé par des panneaux.

N 40°34'46'' E 08°18'45''

€ 22 *23/4-30/6 1/9-11/10*

## Alghero, I-07041 / Sardegna

2765

Camping Village Laguna Blu (Calik)****
SS 127 bis km 41 Fertilia
+39 0 79 93 01 11
8/4 - 2/11
info@campinglagunablu.com

11ha 450**T**(80-140m²) 8-10A CEE

**1** ABCD**G**IJKLMOPQV
**2** ABGJNSTVWXYZ
**3** CE**G**IKLMNPSUVWY
**4** (**A** )(B+G 20/5-20/10) IJKMP(Q+S+U+V ) (W 15/7-31/8)(Y+Z )
**5** **AB**CEFGHIJKLMNOPUXYZ
**6** ACDEGJ**K**(N 0,5km) ORSTUVWX

Grand camping ouvert avec tous les équipements. Une partie se trouve sous les pins, l'autre à ciel ouvert. Sanitaires modernes. A 20m de la mer. Belle piscine avec massage.

De Alghero, direction Fertilia sur la SS127bis au km 41. Vous pouvez également traverser le pont avec un camping-car jusqu'à 3500 kg. Il y a toujours un panneau 'jusqu'à 2500 kg', mais le pont a été amélioré il y a quelque temps.

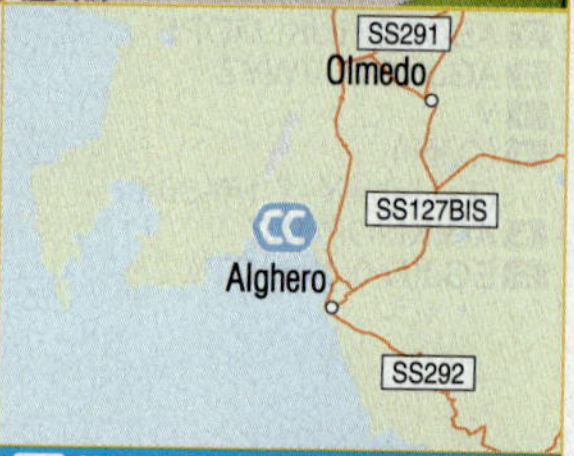


CC € 22 *8/4-1/7 2/9-2/11*

N 40°35'41'' E 08°17'29''

## Arborea, I-09092 / Sardegna

2766

Camping S'Ena Arrubia***
Strada 29 Ovest
+39 07 83 80 90 11
14/5 - 2/10
info@senarrubia.com

12ha 450**T**(50-100m²) 6A CEE

**1** ABCD**G**HIJKLMNO**P**SVT
**2** ABFHLNSTYZ
**3** ACEHKMPSWY
**4** (B+Q+R+U+V+Y+Z )
**5** **A**EGIKMNOPUVXYZ
**6** EGJ(N 4km)TU

Terrain en pente, ombragé par des pins parasols. Jouxtant la plage et un lac avec des oiseaux (flamands roses!). Nouveaux sanitaires, restaurant, bar et marché.

SS131 sortie Arborea. A Arborea-Nord, direction Marina di Arborea. Le camping est là. Le camping est aussi indiqué sur la SP49. Il y a une sortie

CC € 18 *14/5-30/6 29/8-2/10*

N 39°49'02'' E 08°33'22''

## Cabras/Oristano, I-09072 / Sardegna

2767

Camping Is Aruttas***
Località Is Aruttas
+39 0 78 31 92 54 61
25/4 - 30/9
info@campingisaruttas.it

12ha 200**T**(60-100m²) 6A CEE

**1** ABCD**G**IJKLMNOPST
**2** AGJMPUVWYZ
**3** CKMSY
**4** (B+G 15/6-30/9)(Q+R+ T+U )(V 1/6-30/9)(Y+Z )
**5** **AB**GIKMNOPUVZ
**6** EGJOVW

Très grand camping à ± 200m de la mer. Les emplacements spacieux sont protégés du soleil par des arbres. Grand restaurant, pizzeria, bar et magasin. Point de départ idéal pour visiter les fameuses fouilles de Tharros.

Route Oristano-Cabras. Après Cabras vers l'ouest. Le camping est indiqué.

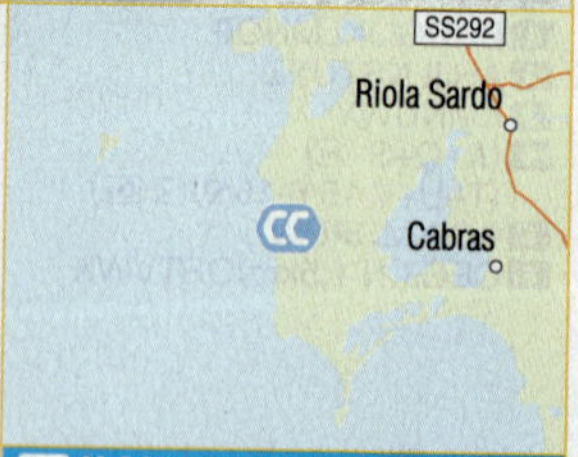


CC € 22 *25/4-30/6 1/9-30/9*

N 39°56'57'' E 08°24'30''

## Cannigione di Arzachena, I-07021 / Sardegna

**2768**

Centro Vacanze Isuledda****
Loc. Isuledda
+39 0 78 98 60 03
8/4 - 2/11
info@isuledda.it

15ha 650T(25-100m²) 4-16A CEE

1 BCDFHIJKLMNO**P**T
2 AGJLMNOPQRTUVWYZ
3 ACMPSU**V**WY
4 **LNP**(Q+R+S+T+U+V+W+Y+Z)
5 **AB**GIJKLMNOP**Q**UVXZ
6 AEG**J**LM(N 2km)OQRTV

Magnifique camping (15 ha) dans une baie avec plage privée. Emplacements ombragés sur un terrain légèrement en pente. Restaurant, bar, magasin, écoles de plongée et de voile et nombreux sports nautiques. Excursions en bateau vers l'archipel de La Maddalena. À proximité immédiate de curiosités archéologiques. Ne manquez pas de visiter Porto Cervo.

Suivre la route 125 Olbia à Paula-Arzachena 20 km direction Cannigione. Le camping est à environ 3 km de Cannigione.

CC € 22 8/4-4/6 4/9-2/11

N 41°07'54'' E 09°26'26''

## Cuglieri, I-09073 / Sardegna

**2769**

Camping Bella Sardinia***
Loc. Torre del Pozzo
+39 0 78 53 80 58
15/4 - 10/10
info@camping-bellasardinia.it

33ha 275T(40-100m²) 6A CEE

1 BCDFIJKLMO**P**
2 ABGJSTUXYZ
3 AC**G**HMNOPRSUWY
4 (**A**+B+G)J (Q+S+U+V+Y+Z)
5 **AB**EFGIJKLMNOPUZ
6 ABCEGHJM(N 7km)OTVWX

Un très grand terrain sur un terrain légèrement en pente, suffisamment ombragé. Quelques emplacements ensoleillés. Choix libre sur des emplacements non délimités. Large plage de sable et possibilité de faire des sports nautiques. Il y a un bar-restaurant avec une grande terrasse et une piscine. Une visite aux fouilles est très recommandée.

Route 292, entre Cuglieri et Riola Sardo. A la sortie de la borne kilométrique 109, le camping est indiqué. Suivez Bella Sardinia.

CC € 18 15/4-14/7 3/9-10/10

N 40°04'15'' E 08°29'40''

## Muravera, I-09043 / Sardegna

**2770**

Camping Torre Salinas***
Loc. Torre Salinas
+39 0 70 99 90 32
1/4 - 31/10
info@campingvillagetorresalinas.it

1,5ha 100T(90-100m²) 4A CEE

1 ABCD**G**IJKLMO**P**
2 ABGRSTVWXYZ
3 ACHM**O**SY
4 (Q+R+T+U+V) (W 1/6-31/8)(Y+Z)
5 **A**EGIJKLMNOPUWXYZ
6 AEGHJM(N 7km)UW

Camping sur terrain légèrement en pente avec des emplacements ombragés séparés par des arbres. A environ 200m de la mer avec une large plage de sable. Le camping est équipé de tous les conforts.

SS125var, sortie San Priamo. Puis suivre les panneaux.

CC € 22 1/4-10/7 1/9-31/10

N 39°22'01'' E 09°35'47''

## Narbolia, I-09070 / Sardegna

**2771**

Is Arenas Camping Village
Loc. Is Arenas, km 109,400
+39 0 78 31 92 62 02
29/4 - 9/10
info@isarenasvillage.com

3,5ha 160T(40-80m²) 6A CEE

1 ABCDFHIJKLMNOP
2 ABHJNSTZ
3 ACGHMNOPWY
4 (A+B+G+Q+R+T+U+V+Y+Z )
5 ABGIJKLMNOPUZ
6 ABCEGJ(N 3km)T

Le camping est situé sur un terrain vallonné avec une forêt et une large plage de sable. Il est équipé de tous les conforts. Visiter les fouilles vaut la peine.

Camping indiqué sur la route 292 entre Cuglieri et Riola Sardo à la sortie avant la borne 109. Suivre les panneaux 'Is Arenas'. Lorsque vous arrivez au camping, restez sur la droite. Belle route large avec des arbres.

CC € 18 29/4-26/6 4/9-9/10

N 40°04'13'' E 08°29'23''

## Palau, I-07020 / Sardegna

**2772**

Camping Village Capo d'Orso***
Via le Saline 1
+39 07 89 70 20 07
8/4 - 17/10
info@capodorso.it

13ha 450T(40-80m²) 3A CEE

1 ABCDFHIJKLMNOPT
2 AGJMNQTUWYZ
3 ACMNOPUWY
4 (Q+R+S+T )(U 22/4-30/9)(V 30/5-15/9)(X+Y+Z )
5 ABFGIJKLMNOPQUYZ
6 ACEGHJL(N 5km)OTVWX

Grand camping en terrasses en partie ombragé au bord de la mer avec plage privée. Idéal aussi pour pratiquer divers sports nautiques ou prendre des cours (surf, plongée). Le camping offre tous les conforts. Une visite à Palau et à l'Archipel Maddalena est tout à fait conseillée! Seuls les petits chiens sont autorisés.

A partir de Santa Teresa, suivre la route panoramique de Palau (indiqué !). A partir de Cannigione, suivre Palau, le camping est indiqué au rond-point.

CC € 22 8/4-1/7 2/9-17/10

N 41°09'41'' E 09°24'10''

## Porto San Paolo, I-07020 / Sardegna

**2773**

Camping Tavolara***
SS125 km 300,3
+39 0 78 94 01 66
22/4 - 14/10
info@camping-tavolara.it

5ha 260T(9-60m²) 3-10A CEE

1 ABCDGHIJKLMNOPS
2 AGJLNQSTUVWXYZ
3 ACGIMNOPSWY
4 (A+Q )(S 15/5-15/9)(T+U+V+Y 1/5-30/9)(Z )
5 AGIJKMOPUV
6 ACDEGJ(N 2km)OTVWX

Un camping verdoyant surtout au printemps, avec beaucoup de fleurs et d'oiseaux. Emplacements entourés de diverses sortes d'arbustes et fleurs avec une vue magnifique. Nous vous recommandons la plage avec vue sur le rocher Tavolara. Promenade de 500 mètres.

Sur la route SS125 à la borne kilométrique 300,3.

CC € 20 22/4-1/7 1/9-14/10

N 40°51'33'' E 09°38'34''

## Pula, I-09050 / Sardegna

iD **2774**

Flumendosa Camping Village***
Via Flumendosa 12
+39 07 04 61 53 32
1/4 - 15/11
info@campingflumendosa.com

6ha 99T(40-60m²) 8A CEE

1 ABCDEHIJKLMNO**P**
2 ABGIJTUVWXYZ
3 C**G**HIKNVWY
4 (**A**+B+G+Q+R+T+U+V+X+Z)
5 **AB**GIJKLMNOPUYZ
6 ABCEGJM(N 3km)OTVW

Sur la plage de Santa Margherita di Pula, à proximité de Chia, à 5 minutes de la ville Fénicienne Nora et à seulement 30 km de Cagliari, camping Flumendosa est entouré de nature sauvage et des odeurs et couleurs méditerranéennes typiques. Dans une oasis de calme et détente vous pouvez profiter de la mer cristalline à quelques mètres du camping. Il y a tous les équipements nécessaires.

Sur la SS195, à la borne kilométrique 33,8 le camping est clairement indiqué.

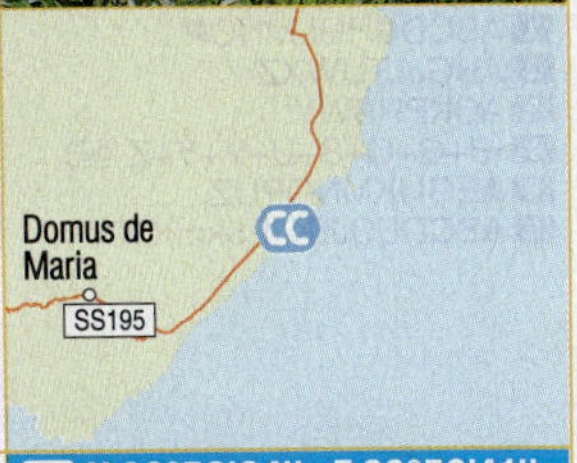


N 38°58'04'' E 08°58'41''

CC € 20 *1/4-13/7 30/8-15/11 7=6*

## Santa Lucia/Siniscola, I-08020 / Sardegna

iD **2775**

Selema Camping***
Thiria Soliana
+39 34 28 14 98 01
15/4 - 15/10
info@selemacamping.com

7,5ha 350T(30-120m²) 6A CEE

1 ABCDGHIJKLMNO**P**SVT
2 ABCGJMNQTVZ
3 ACIKLMOP**Q**SUWY
4 (**A**)(B+G 15/6-15/10)**KP** (Q+R+T+U+V 15/5-15/10) (Y+Z)
5 **A**EFGIJKMNOPUVWZ
6 DEGJ(N 0,3km)OTVWX

Un grand camping en partie plat, en partie en pente, en partie en terrasses, dans un bois de pins au bord de la mer. Même sur la plage, il y a encore des arbres! Il y a des emplacements numérotés. Le camping a tous les conforts. Il y a un village à proximité. La plage de sable est idéale pour les familles avec (petits) enfants.

De la SS125, au km 252 VIII prendre la sortie S. Lucia. Le camping est bien indiqué.

N 40°34'43'' E 09°46'23''

CC € 20 *15/4-30/6 1/9-15/10*

## Santa Teresa di Gallura, I-07028 / Sardegna

iD **2776**

Camping La Liccia***
S.P. 90 per Castelsardo, km 59
+39 07 89 75 51 90
18/5 - 30/9
info@campinglaliccia.com

5ha 145T(40-80m²) 6A CEE

1 ABCDGIJKLMOPS
2 AGJLMNQSTUWYZ
3 ACEIJKLSUWY
4 (B 1/6-30/9) (Q+R+U+V+Y+Z)
5 **A**GIKMOPUV
6 ACDEGHJM(N 5km) OQRTUV

Le camping situé dans les montagnes et bien entretenu. Restaurant, magasin et 10 minutes à pied de la plage. Les emplacements sont tous ombragés. La réception est très sympathique, le personnel explique tout bien. C'est un camping en terrasses, très beau. Bonnes installations sanitaires.

De Santa Teresa, vers le sud par la SP90 et direction Castelsardo au km 59. Camping est bien indiqué.

N 41°10'50'' E 09°10'44''

CC € 18 *18/5-30/6 1/9-29/9*

## Torre Grande, I-09170 / Sardegna

**2777**

Camping Spinnaker****
Strada Torregrande Pontile
+39 0 78 32 20 74
15/4 - 2/10
info@spinnakervacanze.com

3,5ha 120T(40-90m²) 6A CEE

1 ABCDGHIJLMNOP
2 ABGJLTUWXZ
3 ACKPRSWY
4 (B+G+Q+S+U+V+Y+Z)
5 AEGIJKMNOPUZ
6 ABCDEGJ(N 1,5km)OTV

Un camping sous les pins avec des emplacements en partie séparés par des troncs d'arbres couchés sur un terrain légèrement en pente, au bord de la mer avec une plage de sable. Piscine au camping, avec restaurant, bar et marché. Une visite des fouilles et de la réserve ornithologique sont très conseillées!

SS131, sortie Oristano N. Suivre Tharros (petit panneau brun sur le grand panneau bleu). Puis suivre les panneaux Torre Grande. Le camping est indiqué avant Torre Grande.

CC € 20 *15/4-30/6 1/9-2/10*

N 39°54'14'' E 08°31'51''

## Tortolì/Arbatax, I-08048 / Sardegna

**2778**

Camping Village Cigno Bianco***
Loc. Orri
+39 07 82 62 49 27
25/4 - 25/10
info@cignobianco.it

4ha 100T(60-80m²) 4-6A CEE

1 BCDFIJKLMOPV
2 AGJTUVWXYZ
3 ACMSUWY
4 (B+G)P(Q+S+T+U 1/5-30/9)(V 1/6-30/9)(Y 1/5-1/10)(Z)
5 ABGIJKMNOPUVZ
6 ACEGJ(N 3km)OQRTV

Un camping sur terrain plat tout en longueur, 300 mètres sur 80 mètres, ombragé par des arbres hauts, avec des emplacements numérotés mais pas délimités. Les sanitaires sont à une place centrale. Le camping est juste au bord de la mer avec une belle plage de sable.

SS125 sortie Tortolì/Lido di Orri; suivre Lido di Orri (à 500 mètres à droite); suivre les panneaux de camping.

CC € 22 *25/4-30/6 1/9-25/10*

N 39°54'28'' E 09°40'45''

## Tortolì/Arbatax, I-08048 / Sardegna

**2779**

Camping Village Orrì***
Loc. Orri
+39 07 82 62 46 95
1/5 - 2/10
info@campingorri.it

3ha 100T(80m²) 4A CEE

1 BCDFHIJKLNOP
2 AGJSTUVYZ
3 ACKLMPSWY
4 (B+G 1/5-30/9)(Q+R)(U+V 1/6-30/9)(X 1/6-10/9)(Z 20/5-30/9)
5 ABFGHIJKLMNOPUV
6 ACEGJ(N 3km)TV

NOUVEAU

Ce camping se trouve à 4 km du port d'Arbatax sur la côte est de la Sardaigne, au bord d'une grande plage de sable blanc, juste au bord d'une mer transparente comme du cristal. Sur le camping, vous trouvez bar, superette, restaurant, pizzeria et piscine.

SS125 sortie Tortolì/Lido di Orri; suivre Lido di Orri (à 500 mètres à droite); suivre les panneaux de camping.

CC € 18 *1/5-26/6 8/9-2/10*

N 39°54'24'' E 09°40'52''

## Valledoria/Sassari, I-07039 / Sardegna

**2780**

La Foce Village & Camping****
Via Ampurias 110
+39 0 79 58 21 09
22/5 - 30/9
info@foce.it

20ha 400T(100m²) 4A CEE

1 ABCDGIJKLMNO**P**RS
2 ABCGJLNSTWZ
3 C**F**KMN**O**P**Q**SWXY
4 (B+G )JM (Q+S+T+U+V+Y+Z )
5 **AB**GIJKLMNOPUV
6 CEGJ(N 0,8km)ORTV

Camping avec emplacements libres spacieux, piscine avec toboggans (paradis aquatique), terrains de football et de tennis. Douches avec eau chaude. Vous y trouvez aussi un restaurant, un bar et un supermarché bien achalandé. Possibilités pour faire du kitesurf, du vol à voile, du kayak, de la voile et observer les oiseaux. Petit bac gratuit vers la plage.

Le camping est sur la route côtière de Castelsardo à S. Teresa. A Valledoria, indiqué par des panneaux.

CC € 22 *27/5-10/7 1/9-30/9*

N 40°56'01'' E 08°49'01''

## Agrigento (San Leone), I-92100 / Sicilia

**2781**

Camping Internazionale Nettuno***
Via Lacco Ameno 3
+39 09 22 41 62 68
1/2 - 31/12
info@campingnettuno.com

2,6ha 200T 6A CEE

1 ABGIJKLS
2 AHJMTWYZ
3 AWY
4 (Q+R+T+U 1/4-31/10) (V+Y 1/5-20/10)(Z 1/4-31/10)
5 **A**GIKMO**P**U
6 CEGK(N 3km)ORTV

Camping en terrasse directement au bord de la mer avec belle plage de sable. Vous pouvez vous régaler au restaurant. Le camping est situé à 3 km de la Vallée des Temples.

Autour d'Agrigento suivre la direction San Leone. Là, le camping est bien indiqué.

CC € 18 *1/2-10/7 1/9-31/12*

N 37°14'39'' E 13°36'50''

## Agrigento (San Leone), I-92100 / Sicilia

**2782**

Camping Valle dei Templi S.R.L.
Viale Emporium 94
+39 09 22 41 11 15
1/1 - 31/12
info@campingvalledeitempli.com

2ha 180T 6A CEE

1 ABCGIJKLMSV
2 AJMSUWXYZ
3 CM
4 (B 1/6-15/9)(Q+V ) (Z 1/6-1/9)
5 **A**GIJKLMO**P**UZ
6 CFGK(N 0km)T

Beau camping plein de couleurs près de la vallée des Temples. Piscine sobre. Gérants enthousiastes. Excursions accompagnées sur demande, réduction pour les utilisateurs du Guide ACSI. Selfservice-bar avec des boissons chaudes et froides. Terrain avec des oliviers.

Autour de Agrigento direction San Leone. Là, camping bien indiqué (conseil : suivez 'Valle dei Templi').

CC € 18 *1/1-15/7 1/9-31/12* 7=6, 15=12

N 37°16'10'' E 13°34'59''

## Avola, I-96012 / Sicilia

2783

Camping Sabbiadoro***
Via Chiusa di Carlo 45
+39 09 31 82 24 15
1/1 - 31/12
info@campeggiosabbiadoro.it

2,2ha 150T 10A CEE

1 ABGHIJKLNQ
2 AHILMVZ
3 MWY
4 (Q+R)(T 1/5-30/9) (V 15/5-30/9)(X 1/5-30/9) (Z)
5 **A**GIKMNO**P**UVZ
6 CFG**K**(N 4km)TW

Un long chemin d'entrée étroit mène vers ce beau camping situé dans un jardin botanique tropical au bord d'un magnifique golf avec plage de sable. Sanitaires modernes. Ce camping a une situation idéale pour visiter Siracusa et Noto.

Nouvelle autostrada E45/A18 Catania-Gela sortie Avola. Sur la SS115 à 700m à gauche. Voie d'accès étroite sur 500m.

CC € 20 *1/1-30/6 15/9-31/12*

N 36°56'11'' E 15°10'29''

## Capo d'Orlando/Torrenova, I-98070 / Sicilia

2784

Agricampeggio Alessandra
Via del Mare
+39 33 98 78 04 12
1/1 - 31/12
infoagricampeggioalessandra@gmail.com

1ha 43T(90m²) 16A CEE

1 ABCGHIJKLOQ
2 GIPQUWY
3 AIKMY
4 (**A**+Q+U)
5 **A**GIKLMNOPUWXY
6 EGK(N 2km)T

Sur ce nouveau camping en bordure de mer, vous trouverez certainement le repos. Les jeunes gérants sont très soucieux de l'environnement. On peut y acheter des légumes, des fruits et de l'huile. L'auto-enregistrement est possible. Vous pouvez adopter un olivier et Capo Orlando est à proximité et offre de nombreuses possibilités.

A20 sortie Rocca Di Caprileone, SS113. A 300m sur le SS113 Via Stazione- Zappulla jusqu'à Via Del Mare.

CC € 18 *1/1-1/7 1/9-31/12*

N 38°07'00'' E 14°42'02''

## Catania/Ognina, I-95126 / Sicilia

2785

Camping Jonio***
Via Villini a Mare 2
+39 0 95 49 11 39
1/1 - 31/12
info@campingjonio.com

1,2ha 80T 6A CEE

1 ABCGIJKLNRS
2 HIJMNQUXYZ
3 CSU**W**Y
4 (Q+R+T)(U 1/6-30/9) (V+Y+Z)
5 **AB**GI**J**KLMNOPUW
6 ACEG**K**(N 3km)ORTV

Magnifiquement situé en surplomb de la Mer Ionique. On peut nager entre les petites îles volcaniques. Excursions vers Catania, l'Etna, Siracusa et Taormina.

SS114 au nord de Catania, sortie Ognina. Sur le périphérique de Catania, suivre Catania centro (San Gregorio), puis Catania Est. Le camping est clairement indiqué. Avec GPS, entrer 'via Salvatare Quasimodo'.

CC € 22 *1/1-1/7 1/9-31/12 7=6, 14=11, 30=20*

N 37°31'58'' E 15°07'12''

## Cefalù, I-90015 / Sicilia

2786

Camping Costa Ponente***
Ogliastrillo 113
+39 09 21 42 00 85
1/4 - 31/10
info@camping-costaponente.com

3,5ha 120T(70m²) 6A CEE

1 ABC**G**HIJKLMNO**P**Q
2 GIJLMQTUVWXY
3 **O**PWY
4 (B+G 1/4-30/10)(Q )
(R 1/4-31/10)(Z )
5 **AB**GIKMNOPUVXY
6 GJ(N 3km)RT

Camping spacieux et bien organisé. Belle piscine et vue sur mer. Possibilité de faire des excursions à Cefalù, Palerme (en train), Castelbuono et aux Monts Madonia.

A20 Messina-Palermo, sortie Cefalù. A ± 1 km sur la SS113, entre le km 190 et le km 191 vers Cefalù/Messina, panneau de campings.

CC € 20 *1/4-8/7* *1/9-31/10*

N 38°01'37'' E 13°58'59''

## Cefalù, I-90015 / Sicilia

2787

Camping Sanfilippo**
Ogliastrillo SS113
+39 09 21 42 01 84
1/4 - 31/10
info@campingsanfilippo.com

1ha 109T(50-80m²) 4A CEE

1 AB**G**IJLO**P**Q
2 AGIJLMQUWYZ
3 AMNSWY
4 (Q )(R 10/4-10/10)
(S+U+Z )
5 **AB**GIKMO**P**UVZ
6 ADEGK(N 3km)OTVX

Beau camping simple, bien entretenu et ombragé en bordure de mer avec de bonnes installations sanitaires. Ambiance calme et conviviale. Excursions possibles à Cefalù, Palerme (train) et les montagnes de Madonie.

A20 Messina-Palermo, sortie Cefalù. A ± 1 km sur le SS113 vers Cefalù, au km 190,3, vous trouvez le panneau du camping.

CC € 20 *1/4-10/7* *1/9-31/10*

N 38°01'37'' E 13°58'57''

## Finale di Pollina, I-90010 / Sicilia

2788

Camping & Village Rais Gerbi***
SS113 km 172,9
+39 37 03 51 09 06
1/4 - 31/10
camping@raisgerbi.it

4,2ha 216T(60-80m²) 6A CEE

1 ABC**G**HIJKLMO**P**Q
2 GIJMNPQRUVWZ
3 AC**O**P**Q**SUWY
4 (B 1/6-15/9)(Q+S 15/5-30/9)
(U+V+Y+Z )
5 **A**GIKMNOPUZ
6 CDFGK(N 0,7km)OQRTV

Très bien équipé pour recevoir des groupes. Belle piscine gratuite avec une vue unique sur la mer. Diverses excursions possibles. Sanitaires très confortables. Wifi gratuit sur tout le camping.

A20 dir. Messina, sortie Tusa, SS113. A gauche direction Palermo. A partir de la direction Palermo sortie Castelbuono/ Pollina direction SS113 et là à droite. Le camping se trouve sur la SS113 au kilomètre 172,9.

CC € 22 *1/4-14/7* *1/9-31/10*

N 38°01'23'' E 14°09'14''

## Fondachello/Mascali, I-95016 / Sicilia

2789

Camping Mokambo
Via Spiaggia 211
+39 39 28 05 22 22
15/3 - 30/10
mokambo@camping.it

2,8ha 180**T**(40-75m²) 3-6A CEE

**1** ABCGHIJKLMNORS
**2** GIJNPSTWXYZ
**3** CPSUWY
**4** (Q+R)(T+U 1/7-31/8) (V+Y+Z)
**5** AGIKMO**P**UV
**6** CEG**K**(N 1km)ORT

Un camping simple, en bordure de mer. Belle plage de galets. Vue unique sur l'Etna. Joli bar et restaurant/pizzeria. Nombreuses excursions possibles dans la région e.a. Etna, Catania en Taormina.

A20, sortie Giarre. Cp sur route à sens unique longeant la mer. NE PAS traverser Riposto, suivre Mascali/Sant'Anna. La Via Torrente Vallonazzo mène à la Via Spiaggia.

CC € 18 *15/3-14/7 31/8-30/10 7=6, 14=11, 30=20*

N 37°44'58" E 15°12'27"

## Fondo Morte, I-96017 / Sicilia

2790

Camping Sunseabeach***
Via Bove Marino
+39 34 76 53 45 95
8/4 - 9/10
sunseabeach.camping@gmail.com

3ha 120**T** 6A CEE

**1** ABCDGHIJKLMNORS
**2** AGMPSZ
**3** AH**R**SWY
**4** (B 1/4-30/9)(Q) (R+T 1/7-30/9) (V+X 1/6-30/9)(Z)
**5** **A**GIKMO**P**UXZ
**6** CEGJ(N 1,5km)OTV

La piscine centrale entourée de chaises longues procure une ambiance agréable. La jeune direction de ce camping le modernise. Transport gratuit vers la mer.

E45 sortie Noto vers Noto. Sur le SP19, faites 15 km en direction de Pachino, entre les kilomètres 16 et 17, suivre le panneau de camping.

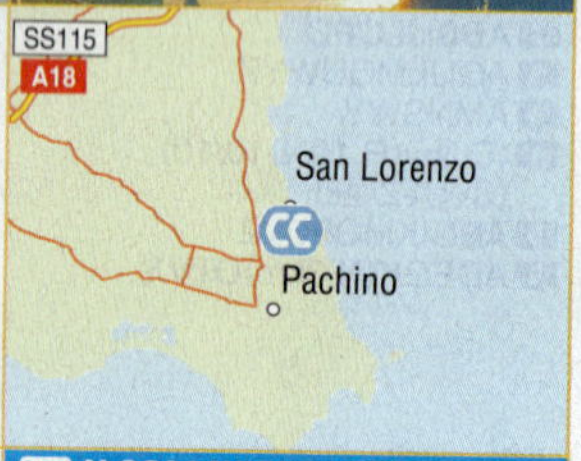


CC € 18 *8/4-30/6 5/9-9/10*

N 36°44'50" E 15°05'58"

## Isola delle Femmine, I-90040 / Sicilia

2791

Camping La Playa**
Viale Marino 55
+39 09 18 67 70 01
21/3 - 15/10
info@laplayacamping.it

2,2ha 80**T**(40-70m²) 6A CEE

**1** ABGHIJKLMO**P**ST
**2** AGIJNQTUWXYZ
**3** CWY
**4** (Q+R+Z 1/4-30/9)
**5** **AB**GIJKLMNO**P**UVZ
**6** ACG**K**(N 0km)QRT

Camping ombragé, de taille moyenne, situé près de la mer, avec des sanitaires bien entretenus. A la réception, vous pouvez obtenir des informations détaillées sur les excursions en soirée. Paiement par carte de crédit pas possible en dessous de 100,- euros. Vous pouvez aller à l'aéroport et à Palerme facilement en train.

A29, sortie Isola delle Femmine. Ne suivez pas le GPS (nombreux sens uniques) mais les panneaux du camping.

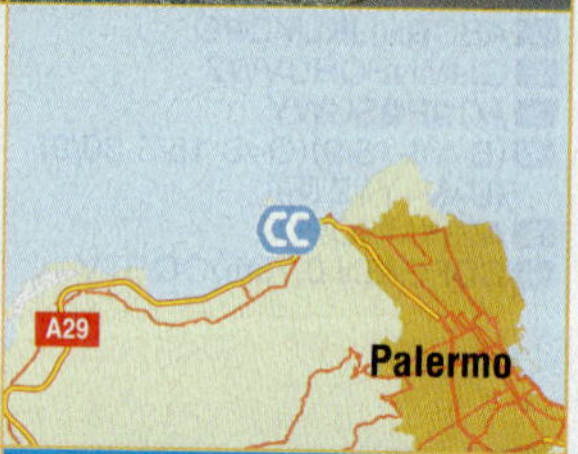


CC € 18 *21/3-1/7 1/9-15/10*

N 38°11'49" E 13°14'39"

## **Marina di Ragusa**, I-97100 / Sicilia

**2792**

Camping Baia del Sole***
Via Maresciallo Scrofani 5
+39 34 78 69 26 75
1/1 - 31/12
campingbaiadelsole@virgilio.it

1,5ha 173T(40-60m²) 3-4A

1 ABCD**G**HIJKLMNO**PQ**
2 AGUWZ
3 UY
4 (Q 🔑)
5 **A**GIKLMOPUZ
6 EFGK(N 0,2km)T

Le Camping Baia del Sole se trouve au cœur de la nature, à 30 mètres de la fabuleuse plage de Marina di Ragusa, juste à côté de la réserve naturelle du fleuve Irminio. À deux pas du camping, vous trouverez une piste cyclable qui mène à Punta Secca, où vous pourrez découvrir la célèbre demeure du commissaire Montalbano.

Suivez la route proche de la mer. Le camping est bien indiqué.

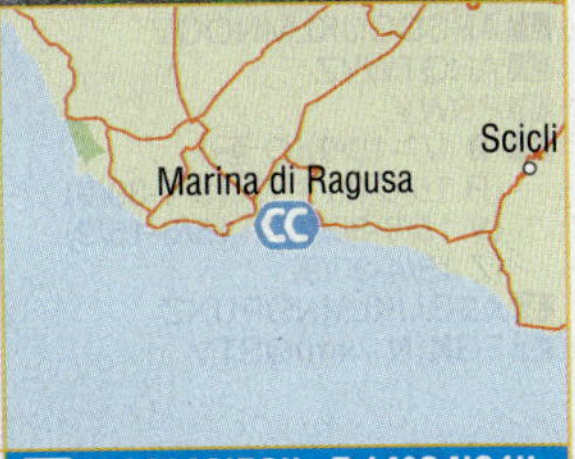


CC € 16 *1/1-15/7 1/9-31/12*

N 36°46'52'' E 14°34'01''

## **Marsala**, I-91025 / Sicilia

**2793**

Camping Lilybeo Village
Contrada Bambina 131 Bbis
+39 09 23 99 83 57
1/1 - 31/12
info@lilybeovillage.it

1ha 40T(50m²) 3-16A CEE

1 ABCD**F**IJKLMORV
2 JUWXYZ
3 AHMPU
4 (B+Q+R+U+Z 🔑)
5 **AB**FGIJKLMNOPUVZ
6 EK(N 0,3km)TV

Petit camping dans un environnement tranquille en dehors de Marsala. L'aéroport de Trapani est à 20 km. Bon point de départ pour visiter les îles. Réduction pour campeurs ACSI. Piscine pleine d'ambiance et grande belle pelouse pour se relaxer. Les plantes et arbres offrent ombre et verdure. Transport gratuit vers la plage.

Sur la SS115 (Mazara-Trapani) au 38,5 sortie au feu : de Mazara à droite, de Trapani à gauche. Au rond-point, à gauche à 200m.

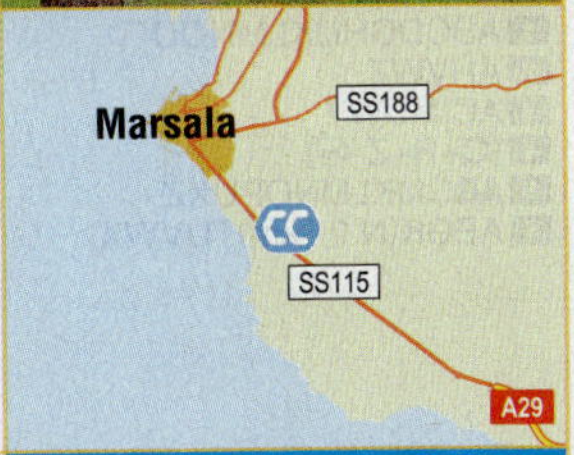


CC € 18 *1/1-15/7 1/9-31/12* *14=12*

N 37°44'52'' E 12°29'46''

## **Noto-Marina**, I-96017 / Sicilia

**2794**

Oasi Park Falconara
Lungomare Jonio 71
+39 33 96 12 11 74
1/1 - 31/12
info@oasiparkfalconara.com

0,5ha 45T(42-100m²) 6A CEE

1 ABGIJKLMO**PQ**
2 AGIJQVWXY
3 ASWY
4 (Q+V+X+Z 🔑)
5 **A**GI**J**KMNOPUXZ
6 CDEGK(N 2km)T

Camping sobre. Les propriétaires enthousiastes veulent rendre le séjour des campeurs aussi agréable que possible. A quelques kilomètres au sud, il y a le parc naturel Vendicari. Navette gratuite du camping à la plage.

A18 sortie Noto, suivre Noto-Marina. Attention : du centre de Noto, indication fausse ; hauteur maximale 3,5m.

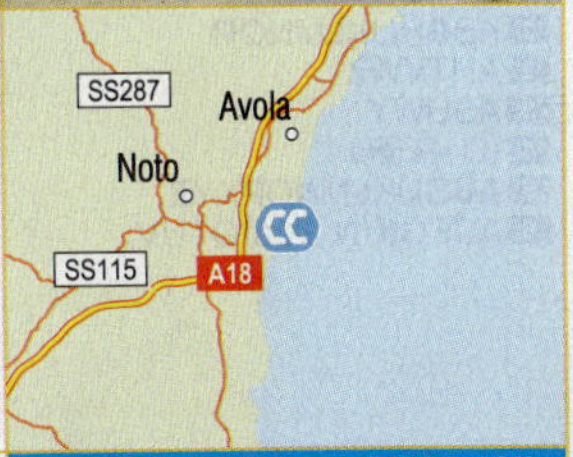


CC € 16 *1/1-15/7 1/9-31/12*

N 36°52'12'' E 15°07'43''

## Punta Braccetto/S. Croce Cam., I-97017 / Sicilia

**2795**

Camping Baia dei Coralli***
Via dei Canalotti 41
+39 09 32 91 81 92
1/1 - 31/12
info@baiadeicoralli.it

1,5ha 120T(40-45m²) 6A CEE

1 ABCDGIJKLMNOQV
2 AHQTWYZ
3 PSWY
4 (**B** 1/7-10/9)(Q)
(R 15/6-30/9)(T 15/4-30/9)
(V 15/6-30/9)(Y 15/6-15/9)
(Z 15/4-30/9)
5 **AB**GIJKLMNOPUXZ
6 FG**K**(N 7km)OSTV

Camping bien situé au bord de la mer avec une superbe plage de sable et disposant d'une piscine. Bien organisé. Emplacements délimités. Pour les emplacements résidentiels, il y a une partie séparée. La Sicile baroque (Scicli) est tout près.

SS115 Agrigento vers Ragusa, sortie Sta. Croce Camerina, puis direction Punta Braccetto.

€ 18 *1/1-1/7 1/9-31/12*

N 36°49'00'' E 14°28'08''

## Punta Braccetto/S. Croce Cam., I-97017 / Sicilia

**2796**

Camping Luminoso***
Viale dei Canalotti 55
+39 33 82 20 20 10
1/1 - 31/12
info@campingluminoso.com

1,5ha 50T(tot 65m²) 6-10A CEE

1 ABCDGHIJKLMNOQ
2 AHVWZ
3 ACIMUWY
4 (Q+R+Z)
5 **AB**GIJKLMNOPUXZ
6 AEGK(N 0,3km)TUVWX

Camping moderne avec plage privée. Spacieusement aménagé et équipé de tous conforts. Idéal pour des vacances en famille et pour les chercheurs de calme. Beaucoup de curiosités touristiques.

De Catania la SS194 vers Ragusa. Puis la SS514 vers Ragusa. A partir de Ragusa sortie S. Croce Camerina SP60. A S. Croce Camerina, continuer par la SP85 puis SR25 vers Punta Bracetto.

€ 18 *1/1-30/6 1/9-31/12* *7=6, 14=11*

N 36°49'02'' E 14°27'57''

## Punta Braccetto/S. Croce Cam., I-97017 / Sicilia

**2797**

Scarabeo Camping**
Via dei Canalotti
+39 09 32 91 80 96
1/1 - 31/12
info@scarabeocamping.it

12ha 50T(50-70m²) 6A CEE

1 AB**G**HIJKLMNOR
2 AHTVWZ
3 ASUWY
4 (Q+R)
5 **AB**GIJKLMNO**P**XYZ
6 ACEG**K**(N 3km)QTUV

Petit camping très bien entretenu avec beaucoup de verdure et de fleurs. Emplacements spacieux et délimités. Belle plage de sable. Toilettes privés pour chaque emplacement. Eclairage plein d'ambiance. Du 1/10 au 31/3, réductions supplémentaires pour un long séjour.

De Comiso à Santa Croce et de là suivre Punta Braccetto (4 km).

€ 18 *1/1-30/6 1/9-31/12*

N 36°49'02'' E 14°28'02''

## Punta Secca/Santa Croce Camer., I-97010 / Sicilia

**2798**

Camping Capo Scalambri
Via Torre di Mezzo, C.da Punta Secc
+39 09 32 91 56 00
1/1 - 31/12
info@caposcalambri.com

5ha 180T(80-100m²) 6A CEE

1 ABCGIJKLMOPRS
2 AHTUVWYZ
3 CHMSWY
4 (Q )
5 **A**GIJKMOPUZ
6 CDEG**J**(N 0,8km)T

Ce camping très sobre se trouve dans un environnement naturel. Plage libre, ombragé par des arbres. Il y a beaucoup d'espace et pas de bruit. Possibilité de visiter les villes baroques de Sicile, par exemple Scicli.

De Comiso vers Santa Croce Camerina, puis suivre 'Punta Secca'. Le camping est bien indiqué.

CC € 14 *1/1-15/7 1/9-31/12*

N 36°47'37" E 14°29'24"

## Ribera/Seccagrande, I-92016 / Sicilia

**2799**

Kamemi Camping Village****
Contrada Cam. Sup.
+39 0 92 56 92 12
1/1 - 31/12
info@kamemivillage.com

4,8ha 50T(40-75m²) 6A CEE

1 ABCGHIJKLMNORVS
2 SUWYZ
3 ACPU
4 (B 26/5-8/9)
(Q )(S 1/5-30/9)
(T+U+V+W+Y 1/6-30/9)
(Z )
5 **A**GIKMO**P**U
6 CEG**J**(N 5km)QTV

Grand camping avec une très belle piscine. Animation pendant l'été. Situé à 1 km de la mer. Excursions dans l'arrière-pays, par exemple au Palazzo Adriano. En 2021, de nouvelles installations sanitaires seront installées et de nouveaux terrains de sport seront construits.

A partir de la SS115 (côte sud) sortir au km 142 (suivez les panneaux) .

CC € 18 *1/1-15/7 1/9-31/12*

N 37°26'21" E 13°14'29"

## San Vito Lo Capo, I-91010 / Sicilia

**2800**

Camping El Bahira****
Contrada Salinella
+39 09 23 97 25 77
1/1 - 31/12
info@elbahira.it

8ha 400T(25-65m²) 6A CEE

1 ABCGIJKLMNOPQV
2 HJNPQRTUVWYZ
3 ACHIKMOPSUY
4 (A )(B+G+Q+S+T+U+V
+W+Y+Z 10/4-1/11)
5 **A**GIKLMNO**P**UVXYZ
6 AEGHJ(N 4km)OQRTV

Très beau grand camping avec, e.a, superbe piscine à l'eau de mer. Près de la réserve naturelle 'Lo Zingaro' et de la station balnéaire San Vito Lo Capo. Grande attention pour nature et coins agréables. Cyclistes bienvenus (service de réparation). En été, animation et folklore.

A partir de Palermo A29 dir. Trapani. Sortie Castellammare del Golfo. Suivre la SS187. Suivre San Vito Lo Capo entre les bornes kilométriques 18 et 17. A 18 km, suivre le panneau du camping.

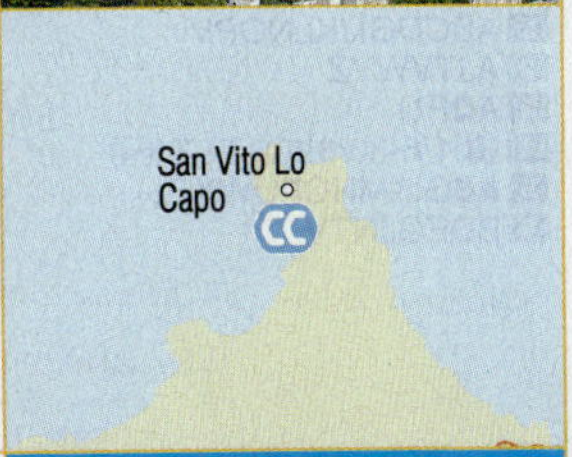


CC € 18 *1/1-15/7 1/9-31/12* *7=6, 15=12*

N 38°09'01" E 12°43'54"

## San Vito Lo Capo, I-91010 / Sicilia

**2801**

Camping La Pineta****
Via del Secco 90
+39 09 23 97 28 18
1/1 - 7/11, 2/12 - 31/12
lapineta@camping.it

3,2ha 200T(56m²) 10A CEE

1 ABCGIJKLMOPRS
2 AGUVWZ
3 CHIMOPSWY
4 (B 1/4-6/11)(G 5/4-1/10)
(Q)(S 15/5-1/10)
(V 1/6-30/9)(Y 1/4-18/10)
(Z)
5 AGIJKLMNOPUWXYZ
6 EGJSTV

Camping plein d'ambiance, ombragé et situé près de la mer, avec deux belles piscines. Bon restaurant. Ce camping a de nombreux équipements.

A29 Palermo direction Trapani. Suivre la sortie Castellammare del Golfo. Suivre la SS187; Suivre San Vito Lo Capo au bornes kilométriques 18-17.

CC € 18 *1/1-15/7 1/9-6/11 3/12-31/12*

N 38°10'26'' E 12°44'53''

## Sant'Alessio Siculo/Taormina, I-98030 / Sicilia

**2802**

Camping La Focetta Sicula**
Contrada Siena 40
+39 32 05 66 08 10
1/1 - 31/12
info@lafocetta.it

1,2ha 120T 6A CEE

1 ABCGHIJLMNO
2 AHIJNPSTYZ
3 APSUWY
4 (A 9/8-23/8)(U)
(Z 1/5-30/9)
5 ABGIJKMOPUV
6 CEGK(N 0,3km)ORT

Petit camping tranquille, bien situé au bord de la mer Ionienne avec une plage de petits galets fins noirs. Equipements sobres tout près de Taormina.

SS114, km 34 sortie Sant'Alessio Siculo. 1e camping au sud de Messina. A18, sortie Roccalumera.

CC € 18 *1/1-30/6 1/9-31/12 14=10, 30=19*

N 37°55'54'' E 15°21'20''

## Scoglitti, I-97019 / Sicilia

**2803**

Kamarina Pit Stop
SP19
+39 39 35 07 68 78
1/1 - 31/12
kamarinapitstop@gmail.com

2ha 47T 6A CEE

1 ABCDGIJKLNOPV
2 AJTVWYZ
3 AOPU
4 (B 1/6-30/6)(Q+T+Z)
5 ABGIKMNOPUWXZ
6 BDEGJNTV

NOUVEAU

Petit camping familial bien entretenu et plein d'ambiance dans le sud de la Sicile à 800m de Scoglitti. Ambiance agréable à la piscine, emplacement barbecue et feu de camp. Grande salle de recréation couverte. Transport gratuit à la plage.

Suivez les panneaux vers Scoglitti à partir de SS115. Camping se trouve à SP19 de Scoglitti-Santa Croce. Le camping est clairement visible. (Google Maps est incorrect, les coordonnées sont correctes)

CC € 12 *1/1-30/6 15/9-31/12*

N 36°53'39'' E 14°26'18''

## Siracusa, I-96100 / Sicilia

**2804**

- Area Attrezzata Claud Car
- Via Per Floridia 43, SS124
- +39 34 05 36 61 19
- 1/1 - 31/12
- @ claudcarsiracusa@alice.it

NOUVEAU

0,8ha 25T 3-6A CEE

1 BCGIJKLMO**P**RS
2 APSUWXY
4 (Q+U+V)
5 **A**IKMOPUXYZ
6 FGJ(N 1km)T

Petit camping ayant l'ambition de croître, près de la ville Siracusa. 2 minibus amènent les campeurs aux villes Siracusa, Noto et à une belle plage.

Autostrade E45 Catania-Siracusa sortie Siracusa (pas Siracusa Nord), continuez dir Siracuasa SS124, premier rond-point à droite retournez à la route parrallèle.

N 37°04'19'' E 15°13'58''

CC € 16 *7/1-14/4 25/4-15/6 15/9-15/12*

## Triscina di Selinunte/Castelv., I-91022 / Sicilia

**2805**

- Helios Camping
- Strada 1 n.271
- +39 0 92 48 43 01
- 15/3 - 30/11
- @ info@campinghelios.it

1,2ha 76T(35-50m²) 5A

1 AB**G**IJKL**P**RS
2 AGITVWYZ
3 CHMSUWY
4 (B 15/6-15/9)(Q) (V 1/6-30/9)(X+Z)
5 **A**IJKLMNO**P**UV
6 CDEG**K**(N 1km)TV

Camping Hélios est situé juste au bord de la mer et a une grande plage de sable. A 5 km du site archéologique de Selinunte. A 120 km du port de Palerme. Enregistrement possible 24 heures sur 24. A votre arrivée, téléphonez au 0924 84301 / 338 7322131.

A29, sortie Castelvetrano vers Selinunte (± 3 km) jusqu'à Campobello di Mazara. Puis vers Triscina. Là, le camping est indiqué.

N 37°34'57'' E 12°46'10''

CC € 18 *15/3-30/6 1/9-30/11*

# Registre nom de l'endroit

## A


Abejar ........................ 543
Abrest/Vichy .................. 280
Agay/St. Raphaël .............. 420
Agde ..................... 377-379
Agen/St. Hilaire-de-Lusignan .. 170
Agliano Terme ................. 580
Aglientu ...................... 659
Agos-Vidalos .................. 347
Agrigento (San Leone) ........ 665
Aguessac ...................... 348
Águilas ....................... 556
Aigueblanche ............. 291,292
Airvault ...................... 145
Aixe-sur-Vienne ............... 272
Albanyà ....................... 478
Albaron/Arles ................. 421
Albarracín/Teruel ............. 526
Albenga ....................... 587
Albert .......................... 41
Albertville ................... 292
Alcalá de los Gazules ......... 547
Alcalà de Xivert .............. 507
Alcossebre (Castellón) ... 507,508
Aléria ........................ 466
Alesso/Trasaghis .............. 615
Alghero .................. 659,660
Allemont ...................... 292
Allevard-les-Bains ............ 293
Almayate (Málaga) ............. 547
Almería ....................... 548
Alquézar ...................... 526
Alsasua ....................... 531
Altea/Alicante ................ 508
Altkirch ...................... 229
Alvor Portimão ................ 563
Ambazac ....................... 273
Ambert ........................ 280
Ambon .......................... 71
Ambrières-les-Vallées ......... 111
Ameglia ....................... 587
Amiens .......................... 42
Amposta ....................... 478
Ancenis ....................... 111
Andelot-Blancheville .......... 215
Andernos-les-Bains ............ 170
Andryes ....................... 250
Anduze ........................ 379
Anfo (BS) ..................... 592
Anneyron ...................... 293
Anse .......................... 294
Antibes ....................... 462
Apt ........................... 421
Aquileia ...................... 615
Aranjuez (Madrid) ............. 545
Arbizu ........................ 531
Arborea ....................... 660
Arco de Baúlhe ................ 563
Arès ..................... 170,171
Argelès-Gazost ................ 348
Argelès-Gazost/Ayzac-Ost ..... 348
Argelès-sur-Mer .......... 380-383
Argentat ................. 273,274
Argenton-sur-Creuse ........... 235
Arles/Pont-de-Crau ............ 422
Armação de Pêra ............... 563
Arnay-le-Duc .................. 251
Arnes ......................... 478
Arradon ......................... 72
Arrigny ....................... 216
Arsiè ......................... 608
Ars-sur-Formans ............... 294
Artemare ...................... 294
Arzano .......................... 72
Assérac ....................... 112
Assisi/Perugia ................ 639
Attuech/Anduze ................ 383
Atur .......................... 171
Aubazine ...................... 274
Auberives-sur-Varèze .......... 295
Aubigny ....................... 113
Aubigny-sur-Nère .............. 236
Audenge ....................... 172
Aups .......................... 422
Autingues ....................... 38
Autun ......................... 251
Auxerre ....................... 251
Avanton ....................... 146
Avignon .................. 422,423
Avola ......................... 666
Ax-les-Thermes ................ 349
Aydat ......................... 280
Aytré/La Rochelle ............. 146
Azay-le-Rideau ................ 236


## B


Baden ........................... 73
Baerenthal .................... 220
Bagnères-de-Bigorre ........... 349
Bagnols-sur-Cèze .............. 384
Balbigny ...................... 295
Balerma/Almería ............... 548
Ballan-Miré ................... 236
Bannay/Cosne-sur-Loire ........ 237
Bannes ........................ 216
Banon ......................... 423
Baños de Fortuna (Murcia) .... 557
Baratier/Embrun ............... 423
Barbâtre ...................... 113
Barberino di Mugello .......... 624
Barbières ..................... 295
Bardolino ..................... 600
Barjac ........................ 384
Barreiros ..................... 538
Bassemberg .................... 230
Batz-sur-Mer .................. 113
Bauduen ....................... 424
Baveno/Oltrefiume ............. 580
Bayas/St. Émilion ............. 172
Bayeux .......................... 59
Beas de Granada ............... 548
Beaulieu-sur-Dordogne ......... 274
Beaumont-de-Lomagne .......... 349
Beaureceuil/Aix-en-Provence .. 424
Beauville ..................... 172
Beauvoir ........................ 59
Bédoin ........................ 425
Belgentier .................... 425
Bellerive-sur-Allier .......... 281
Bellerive-sur-Allier/Vichy ... 281
Belmont-Tramonet .............. 296
Belvedere/Grado ............... 616
Belz ............................ 73
Benasque (Huesca) ............. 526
Benicarlo ..................... 508
Benicasim ..................... 509
Benidorm ...................... 510
Benidorm/Alicante ........ 510,511
Bénodet ................... 73,74
Bergerac ...................... 173
Berny-Rivière ................... 42
Bétera ........................ 511
Beuzec-Cap-Sizun ................ 74
Beynac-et-Cazenac ............. 173
Beynat ........................ 275
Biarritz ...................... 173
Bias .......................... 174
Bidart ........................ 174
Biesheim ...................... 230
Binic ........................... 74
Biscarrosse ................... 175
Biscarrosse-Plage ........ 175,176
Bisceglie ..................... 653
Bizanet ....................... 384
Bize-Minervois ................ 385
Blanes ................... 479,480
Blangy-sur-Bresle ............... 50
Bléré ......................... 237

Blois/Vineuil 237
Blot-L'Église 281
Boisse-Penchot 350
Boisseron/Sommières 385
Boisset-Gaujac/Anduze 385
Bollène 425
Bolnuevo/Mazarrón 557
Bologna 617
Bolsena 645
Boltaña 527
Boltaña (Huesca) 527
Bonansa (Huesca) 527
Bonifacio 466
Bonlieu 265
Bonnac-la-Côte 275
Boô-Silhen 350
Borgagne 653
Bourbon-Lancy 252
Bourbonne-les-Bains 216
Bourcefranc-le-Chapus 146
Bourges 238
Bourg-St-Maurice 296
Boussac 275
Bouzic 176
Boyardville 147
Bozel 296
Bracciano 645
Bracieux 238
Brain-sur-l'Authion 114
Bramans-en-Vanoise 297
Brantôme-en-Périgord 176,177
Bravone 466
Bréhal 60
Bréhémont 238
Brem-sur-Mer 114
Bresles 42
Breteuil-sur-Iton 51
Brétignolles-sur-Mer 114,115
Briare-le-Canal 239
Brighton-les-Pins 43
Brignogan-Plages 75
Brissac-Quincé 115
Brousses-et-Villaret 386
Budens/Vila do Bispo 564
Bugeat 276
Buis-les-Baronnies 297
Bulgnéville 221
Burgos 544
Burnhaupt-le-Haut 230
Burtoncourt 221
Bussang 221
Buzancy 217

# C

Cabo de Gata (Almería) 549
Cabras/Oristano 660
Cabrerizos/Salamanca 544
Cáceres 546
Cagnes-sur-Mer 463
Cahagnolles 60
Calceranica al Lago 596,597
Calella 480
Càlig/Castellon 511
Callas 426
Calonge 480
Calpe/Alicante 512
Calvi 467,468
Cambrils 481
Campagne 177
Campalto/Venezia 609
Campsas 350
Candé-sur-Beuvron 239
Canet de Mar 482
Canet-de-Salars 351
Canet-en-Roussillon 386
Cannigione di Arzachena 661
Cannobio 580,581
Caorle 609
Caorle/Lido Altanea 610
Capaccio/Paestum 650
Capbreton 177
Cap-d'Agde 386,387
Capmany 482
Capo d'Orlando/Torrenova 666
Caraman 351
Caravia/Prado 541
Carbonare di Folgaria 598
Cardet 387
Carnac 75
Carnac/Plouharnel 76
Carnac-Plage 76
Caro 76
Caromb (Vaucluse) 426
Carqueiranne 426
Casal Borsetti 617
Casale Marittimo 625
Casciano di Murlo/Siena 625
Casfreires/Sátão 564
Caspe 528
Cassy-Lanton 178
Castellane 427,428
Castellane/La Garde 428
Castelldefels 482
Castelletto Ticino 581
Castelletto Ticino/Novara 581
Castelló d'Empúries 483
Castelnaud-la-Chapelle 178
Castelnau-Magnoac 351
Castiglione del Lago 639
Castiglione della Pescaia 625,626
Castillon-la-Bataille 178
Castres 352
Castries 387
Catania/Ognina 666
Cauterets 352
Cavaillon 428
Cavalaire-sur-Mer 429
Cavallino 610
Cavallino/Treporti 611
Cavriglia 627
Caylus 352
Cazoulès 179
Cecina Mare 627
Cecina Mare/Livorno 628
Cefalù 667
Celles-sur-Plaine 222
Cénac-et-Saint-Julien 179
Cendras 388
Ceriale/Savona 588
Cernay 231
Cesenatico 617
Cessenon-sur-Orb 388
Ceyreste 430
Chagny 252
Chaillé-les-Marais 115
Chalandray 147
Chalezeule/Besançon 265
Challes-les-Eaux/Chambéry 298
Châlons-en-Champagne 217
Chalon-sur-Saône/St. Marcel 252
Chambretaud 116
Champs-Romain 179
Chaniers 148
Chartres 239
Châteauneuf-de-Gadagne 430
Châteauneuf-de-Galaure 298
Châteauneuf-sur-Isère 298
Châteauneuf-sur-Loire 240
Châteaurenard 430
Châteauroux 240
Châtelaillon-Plage 148,149
Châtel-de-Neuvre 282
Châtillon-en-Diois 299
Châtillon-sur-Seine 253
Chauffailles 253
Chauzon 299
Chef-Boutonne 149
Chemillé-sur-Indrois 240
Cheverny 241
Chindrieux 299
Chinon 241
Chiusa di Pesio 582
Choranche 300
Cisano di Bardolino 600
Città di Castello 640
Clapiers 388
Clisson 116
Clohars-Carnoët/Le Pouldu 77
Cloyes-sur-le-Loir 241
Coëx 116
Cognac 149
Cognac-la-Forêt 276
Cogolin 431
Coimbra 564
Colleville/Surrain 60
Colleville-sur-Mer 61
Collias 389

Collioure ...................... 389
Cologna/Spiaggia ............ 648
Colombiers .................. 389
Coltano ...................... 628
Coma-Ruga/El Vendrell ........ 483
Combreux/Vitry-aux-Loges .... 242
Combrit/Sainte-Marine .......... 77
Concarneau ..................... 78
Confolens .................... 150
Conil de la Frontera ....... 549,550
Conil de la Frontera/Cadiz ..... 550
Conques/Sénergues .......... 353
Corbès/Anduze ............... 390
Corcieux ...................... 222
Cordelle ...................... 300
Cordes-sur-Ciel ............... 353
Cormoranche-sur-Saône ...... 300
Cornillon ..................... 390
Cotignac ..................... 431
Coulon ....................... 150
Courtils ........................ 61
Cozes ........................ 150
Crac'h ......................... 78
Crêches-sur-Saône ............ 253
Créon ........................ 180
Crespian ..................... 390
Crest ......................... 301
Crestet ....................... 431
Creully ........................ 61
Crevillente/Alicante ........... 512
Creysse ...................... 354
Cromac ...................... 276
Cromary ..................... 265
Crozon ......................... 79
Crozon/Anse de Camaret-sur-Mer ... 79
Crux-la-Ville .................. 254
Cubelles ..................... 484
Cublize/Amplepuis ............ 301
Cudillero ................. 541,542
Cuglieri ...................... 661
Cuisiat/Val-Revermont ........ 301
Cullera/Valencia ............... 513
Cupra Marittima .............. 642

# D

Daglan ....................... 180
Dallet ........................ 282
Damgan ........................ 80
Damvix ....................... 117
Darbres ...................... 302
Dauphin/Forcalquier .......... 432
Deauville/St. Arnoult ............ 62
Decize ....................... 254
Déiva Marina .................. 588
Denia ........................ 513
Denneville-Plage/Portbail ....... 62
Desenzano del Garda ......... 600
Détrier ....................... 302
Deyme ....................... 354
Die ........................ 302,303
Digne-les-Bains ............... 432
Digoin ....................... 254
Dinard/St.Lunaire ............... 80
Divonne-les-Bains ............. 304
Dol-de-Bretagne ................ 81
Dole ......................... 266
Dolus-d'Oléron ............... 151
Domme ....................... 181
Dompierre-les-Ormes ......... 255
Dormelletto .............. 582,583
Douarnenez .................... 81
Doucier ...................... 266
Dourdan ..................... 212
Doussard ................. 304,305
Douville ...................... 181
Duingt ....................... 305
Dun-le-Palestel ............... 277
Durtal ....................... 117

# E

Eclassan ..................... 305
Eguisheim .................... 231
El Berro/Alhama de Murcia .... 557
El Campello/Alicante ...... 513,514
El Pont de Suert (Lérida) ....... 484
El Portús/Cartagena .......... 558
El Puerto de Santa Maria ...... 550
El Rocío ...................... 551
El Saler/Valencia .............. 514
Elba/Lacona/Capolíveri ........ 629
Elne/St. Cyprien .............. 391
Embrun ...................... 433
Entre Ambos-os-Rios/P. da Barc 565
Entre-deux-Guiers ............ 306
Entrevaux .................... 433
Éperlecques ..................... 38
Épinal ........................ 223
Equihen-Plage .................. 38
Erdeven .................... 81,82
Erquy ...................... 82,83
Escalles ........................ 39
Esparron-de-Verdon .......... 433
Espelette ..................... 181
Espira-de-Conflent ........... 391
Esponellà (Girona) ............ 484
Estang ....................... 354
Estavar/Cerdagne ............ 391
Estela/Rio Alto ............... 565
Estepona (Málaga) ........... 551
Étang-sur-Arroux ............. 255
Etreham/Bayeux ................ 62
Etroubles .................... 579
Eusa/Oricain/Pamplona ....... 532
Évron ........................ 117
Excenevex-Plage ............. 306
Exideuil-sur-Vienne ........... 151

# F

Fabrègues .................... 392
Falaise ......................... 63
Faverolles-sur-Cher ........... 242
Fayence ...................... 434
Fécamp ........................ 51
Férel ........................... 83
Feriolo di Baveno .......... 583,584
Fermanville ..................... 63
Feuillères ....................... 43
Figline Valdarno .............. 629
Finale di Pollina .............. 667
Fiorenzuola di Focara/Pesaro .. 642
Fitou ......................... 392
Fleurie ....................... 306
Florac ........................ 392
Foix .......................... 355
Fondachello/Mascali .......... 668
Fondo Morte ................. 668
Fondotoce/Verbania .......... 584
Fontès ....................... 393
Fontvieille .................... 434
Forcalquier ................... 434
Forest-Montiers ................. 43
Forges-les-Eaux ................. 51
Fouesnant ..................... 84
Fouesnant/Beg-Meil ............ 84
Fouras ....................... 152
Fourneaux .................... 277
Foz do Arelho ................ 565
Francueil/Chenonceaux ....... 242
Fréjus ........................ 435
Fresnay-sur-Sarthe ........... 118
Frontignan-Plage ............. 393
Frontone ..................... 642
Fuilla ......................... 394
Fumel ........................ 182
Fusina/Venezia ............... 611

# G

Gafanha da Boa Hora/Vagos ... 566
Gala/Figueira da Foz .......... 566
Gallargues-le-Montueux ...... 394
Gallipoli ...................... 654
Gandía (Valencia) ............ 515
Gap .......................... 436
Garbagna .................... 584
Garganvillar .................. 355
Garriguella ................... 485
Gavà (Barcelona) ............. 485
Gavarnie ..................... 355
Gavín ........................ 528
Genac-Bignac ................ 152
Gennes ....................... 118
Gérardmer ................... 223
Géraudot-Plage ............... 217
Gerde ........................ 356
Ghisonaccia ............... 468,469

Giens/Hyères .............. 436,437
Givrand/St.Gilles-Croix-de-Vie . 118
Gluiras ........................ 307
Gondesende/Bragança ........ 566
Goudargues .................. 394
Granada/Otura ................ 551
Grane .......................... 307
Granges-sur-Vologne .......... 223
Grasse ........................ 463
Grau de Gandía ............... 515
Gréoux-les-Bains ............. 437
Grignan ....................... 307
Grillon ........................ 437
Grimaud ...................... 438
Gruissan ...................... 395
Guardamar del Segura/Alicante 515
Guardiola de Berguedà ........ 485
Guémené-Penfao ............. 119
Guérande ................ 119,120
Guéret ........................ 277
Guidel .......................... 85
Guignicourt ..................... 44
Guillestre ..................... 438
Guines .......................... 39

## H

Haro .......................... 530
Haspelschiedt ................. 224
Hautecourt-Romanèche ...... 308
Hauterives .................... 308
Hauteville-Lompnès ........... 308
Hautot-sur-Mer ................. 52
Hendaye ...................... 182
Héric .......................... 120
Herpelmont .................... 224
Hervelinghen .................... 39
Honfleur/Équemauville ......... 63
Honfleur/Fiquefleur ............. 52
Houlgate ........................ 64
Hourtin-Plage ................. 182
Hourtin-Port .................. 183
Humilladero .................. 552

## I

Idro .......................... 592
Imperia ....................... 589
Ingrandes ..................... 152
Iseo ...................... 592,593
Isigny-sur-Mer ................... 64
Isla Cristina ................... 552
Isla Plana/Cartagena .......... 558
Islares ........................ 535
Isola delle Femmine ........... 668
Isolabona ..................... 589
Ispagnac ...................... 395
Ispra .......................... 593
Istres .......................... 438
Itxassou ...................... 183

## J

Jablines ....................... 212
Jard-sur-Mer .................. 120
Jargeau ....................... 243
Jarnac ......................... 153
Jávea/Alicante ................ 516
Jugon-les-Lacs .................. 85
Jumieges ........................ 52
Jumilhac-le-Grand ............ 183
Junas .................... 395,396

## L

La Barre-de-Monts ............ 121
La Bastide-de-Sérou ........... 356
La Baule ....................... 121
La Bernerie-en-Retz ........... 122
La Bourboule ................. 282
La Bourboule/Murat-le-Quaire 283
La Bresse ..................... 224
La Cabrera (Madrid) ........... 546
La Celle-en-Morvan ........... 255
La Chapelle-aux-Filtzméens ..... 86
La Charité-sur-Loire ........... 256
La Colle-sur-Loup ............. 464
La Couarde-sur-Mer ........... 153
La Couronne .................. 439
La Cresse ..................... 356
La Croix-Valmer .............. 439
La Faute-sur-Mer .............. 122
La Ferté-St-Aubin ............. 243
La Ferté-Vidame ............... 243
La Flèche ..................... 122
La Flotte-en-Ré ............... 154
La Forêt-Fouesnant ............. 86
La Grande-Motte .............. 396
La Guingueta d'Àneu .......... 486
La Guyonnière ................ 123
La Haye ......................... 64
La Londe-les-Maures ...... 439,440
La Mollière-d'Aval ............... 44
La Motte-Chalancon .......... 309
La Palme ...................... 396
La Palmyre/Les Mathes ........ 154
La Plaine-sur-Mer ............. 123
La Puebla de Castro ........... 528
La Redondela ................. 553
La Roche-des-Arnauds ........ 440
La Roche-sur-Grane ........... 309
La Rochette .................. 213
La Romieu .................... 357
La Roque-sur-Cèze ............ 397
La Tour-du-Meix .............. 266
La Tranche-sur-Mer ........... 124
La Trinité-sur-Mer ............... 87
La Turballe .................... 125
La Vall de Laguar/Alicante ..... 516
Labaroche .................... 231
Labergement-Ste-Marie ....... 267
Labuerda/Ainsa (Huesca) ...... 529
Lagorce/Ruoms ............... 309
Laigueglia ..................... 589
L'Aiguillon-sur-Mer ............ 125
L'Ametlla de Mar .............. 486
Lamontélarié .................. 357
L'Ampolla ..................... 487
Lancieux ........................ 87
Landéda ......................... 87
Landrellec/Pleumeur-Bodou .... 88
Langogne/Naussac ........... 397
Lanloup/Paimpol ................ 88
Lanobre ....................... 283
Lanslevillard ................... 310
Laon ............................ 44
Lapeyrouse ................... 283
Laragne-Montéglin ........... 440
Laredo ........................ 536
Largentière ................... 310
Larmor-Baden ................... 88
Laroque-des-Albères .......... 397
Lathuile ................... 310,311
Latour-de-France ............. 398
Laurac-en-Vivarais ............ 311
Lavena Ponte Tresa ........... 593
Lazise sul Garda ............... 601
Le Barcarès ................... 398
Le Bar-sur-Loup .............. 464
Le Bec-Hellouin ................. 53
Le Bois-Plage-en-Ré ........... 155
Le Boulou ..................... 399
Le Bourg-d'Oisans ............. 312
Le Bourg-Dun .................... 53
Le Bourget-du-Lac ............ 313
Le Bugue ..................... 184
Le Buisson-de-Cadouin ....... 185
Le Cannet-des-Maures ........ 441
Le Chambon-sur-Lignon ...... 284
Le Château-d'Oléron ...... 155,156
Le Château-d'Olonne ......... 126
Le Crestet ..................... 313
Le Croisic ................ 126,127
Le Crotoy ....................... 45
Le Fouilloux ................... 156
Le Givre ....................... 127
Le Grand-Bornand ............ 313
Le Grand-Serre ................ 314
Le Lavandou .................. 441
Le Mesnil-sous-Jumièges ........ 53
Le Muy ........................ 442
Le Perrier ..................... 127
Le Pradet ..................... 442
Le Puy-en-Velay ............... 284
Le Roc-St-André ................. 89
Le Rozel ........................ 65
Le Rozier ...................... 399
Le Tallud ...................... 156
Le Tholy ...................... 225
Le Tilleul ........................ 54

Le Vernet ........................ 442
Le Vey/Clécy ........................ 65
Le Vigan ........................ 399
Lecce/Loc. Torre Rinalda ........ 654
Ledro/Pieve ........................ 598
Lège-Cap-Ferret ................ 185
Lelin-Lapujolle ................ 357
Lempdes-sur-Allagnon ........ 284
L'Épine ........................ 128
Lépin-le-Lac ........................ 314
Les Abrets ........................ 315
Les Adrets-de-l'Estérel ........ 443
Les Andelys ........................ 54
Les Cases d'Alcanar ............ 487
Les Contamines-Montjoie ...... 315
Les Eyzies-de-Tayac ............ 185
Les Issambres ................ 443
Les Loges ........................ 54
Les Marches/Montmélian ...... 315
Les Mathes ........................ 157
Les Mathes/La Palmyre ........ 157
Les Mazures ........................ 218
Les Moutiers-en-Retz .......... 128
Les Ollières-sur-Eyrieux ........ 316
Les Pieux ........................ 65
Les Ponts-de-Cé ................ 128
Les Portes-en-Ré ................ 158
Les Sables-d'Olonne ............ 129
Les Saintes-Maries-de-la-Mer .. 443
Les Vans ........................ 316
Les Vigneaux ........................ 444
L'Escala ........................ 487
Lesconil ........................ 89
L'Estartit ........................ 488
Lestelle-Bétharram ............ 186
Levier ........................ 267
Lézignan-Corbières ............ 400
L'Hospitalet de l'Infant ........ 488
L'Hospitalet-du-Larzac ........ 358
Licques ........................ 40
Lido degli Scacchi ............ 618
Lido di Dante ................ 618
Lido di Jesolo ............ 611,612
Lido di Pomposa ................ 618
Lido di Spina ................ 619
Limeuil/Alles-sur-Dordogne ... 186
Limone ........................ 601
Lisle ........................ 186
L'Isle-sur-la-Sorgue ............ 444
Lissac-sur-Couze ................ 278
Liverdun ........................ 225
Llanes/Vidiago ................ 542
Lloret de Mar ............ 489,490
Loches ........................ 244
Locmariaquer ........................ 90
Locronan ........................ 90
Loctudy ........................ 91
Lodève ........................ 400
Loix (Île de Ré) ................ 158
Longeville-sur-Mer ............ 129
Lons-le-Saunier ................ 267
Lormes ........................ 256
Los Escullos/Nijar (Almería) .... 553
Loudéac ........................ 91
Loudenvielle ................ 358
Loupian ........................ 401
Lourdes ................ 358,359
Lourmarin ........................ 444
Louro/Muros ................ 538
Louvie-Juzon ................ 187
Louviers ........................ 55
Luchon/Montauban-de-Luchon .. 359
Lugrin ........................ 316
Lumio ........................ 469
Lunel ........................ 401
Lus-la-Croix-Haute ............ 317
Lussas ........................ 317
Luynes ........................ 244
Luzeret ........................ 244
Luz-St-Sauveur ................ 360
Luz-St-Sauveur/Sassis ........ 361
Lyons-la-Forêt ................ 55

## M

Maccagno con Pino e Veddasca ... 594
Maché ........................ 129
Machecoul ........................ 130
Magné ........................ 158
Maisons-Laffitte ................ 213
Malcontenta/Venezia ........ 612
Malgrat de Mar ................ 490
Mallemort ........................ 445
Malpartida de Plasencia ........ 546
Mandelieu-la-Napoule ........ 464
Manerba del Garda ........ 602,603
Manfredonia ................ 655
Manosque ........................ 445
Marans ........................ 159
Marbella ........................ 553
Marbella/Málaga ................ 554
Marcenay ........................ 256
Marchuquera ................ 517
Marciac ........................ 361
Marcillac-la-Croisille ............ 278
Marçon ........................ 130
Marennes ........................ 159
Mareny de Barraquetes/Sueca . 517
Marina di Bibbona ............ 630
Marina di Castagneto ..... 630,631
Marina di Grosseto ............ 631
Marina di Massa ........... 631,632
Marina di Nicotera ............ 658
Marina di Ragusa ................ 669
Marina di Ravenna ............ 619
Marina Romea ................ 620
Marlens (Val de Chaise) ........ 317
Marnay ........................ 268
Marone (Lago di Iseo) ........ 594
Marsala ........................ 669
Marsanne ........................ 318
Marseillan-Plage .......... 401-404
Martiel ........................ 361
Martigny ........................ 55
Martinsicuro ................ 649
Martres-Tolosane ................ 362
Masevaux ........................ 232
Massalubrense/Marina d.Cantone . 650
Massignieu-de-Rives .......... 318
Mataró ........................ 491
Matignon ........................ 91
Matour ........................ 257
Matton-et-Clemency .......... 218
Maupertus-sur-Mer ............ 66
Maureillas-las-Illas ............ 404
Maussane-les-Alpilles ........ 445
Mazan ........................ 446
Méjannes-le-Clap ............ 404
Mendigorria ................ 532
Méolans-Revel ................ 446
Merry-sur-Yonne ............ 257
Mers-les-Bains ................ 45
Meruge/Oliveira do Hospital .. 567
Merville-Franceville-Plage ....... 66
Meschers ........................ 159
Mesnil-St-Père ................ 218
Mesnois/Clairvaux-les-Lacs .... 268
Messanges ................ 187,188
Mestre/Venezia ................ 612
Meursault ........................ 257
Meyras ........................ 318
Meyronne ........................ 362
Milano Marittima/Cervia ...... 620
Milizac ........................ 92
Millau ................ 362-364
Mimizan-Plage-Sud ............ 188
Mirabel-et-Blacons ............ 319
Mirande ........................ 364
Mirmande ........................ 319
Moissac ........................ 364
Moliets-Plage ................ 189
Molsheim ........................ 232
Moncofa ........................ 517
Moncofa/Castellón ............ 518
Mondragon ................ 447
Monfalcone/Marina Julia ...... 616
Moniga del Garda ............ 603
Monnet-la-Ville ................ 268
Montagut ........................ 491
Montalivet ........................ 189
Montauroux ................ 447
Montbard ........................ 258
Montbarrey ................ 269
Montblanc ........................ 405
Montbrison/Moingt ............ 320
Montecatini Terme ............ 632
Monteciccardo ................ 643
Monteriggioni/Trasqua ........ 633

Montescudaio ................ 633
Montferrat .................... 320
Montferrer .................... 491
Montgaillard/Foix ............ 365
Montgeard/Nailloux ........... 365
Montignac .................... 190
Montignac/Lascaux ........... 190
Montignac/Thonac ........... 190
Montigny-le-Roi .............. 219
Montjean-sur-Loire/Mauges ... 130
Montlouis-sur-Loire ........... 245
Montmerle-sur-Saone ......... 320
Montolieu .................... 405
Montopoli .................... 633
Montoulieu ................... 405
Montpon-Ménestérol ......... 191
Montréjeau ................... 365
Montreuil-Bellay ............. 131
Montricoux ................... 366
Mont-roig (Tarragona) ......... 492
Mont-roig del Camp ...... 492,493
Montsauche-les-Settons .. 258,259
Montsoreau ................... 131
Monvalle ..................... 594
Moraira/Alicante ............. 518
Morgex ....................... 579
Morillo de Tou/Ainsa .......... 529
Mostuéjouls .................. 366
Motril/Granada ............... 554
Mougas/Oia .................. 539
Moustajon/Luchon ........... 360
Moustiers-Ste-Marie ....... 447,448
Moyaux ......................... 67
Moyenneville ................... 46
Muides-sur-Loire ............. 245
Muravera .................... 661
Murol ........................ 285
Murs-et-Gélignieux ........... 321

## N

Nancy/Villers-lès-Nancy ....... 225
Nant ......................... 366
Nant-d'Aveyron ............... 367
Nantes ....................... 131
Narbolia ..................... 662
Narbonne-Plage .............. 406
Naucelle ..................... 367
Navajas (Castellón) ............ 518
Navarrete .................... 530
Nazaré ....................... 567
Nesles-la-Vallée .............. 213
Neufchâtel-en-Bray ............. 56
Neuvic-sur-L'Isle ............... 191
Nevers ....................... 259
Névez .......................... 92
Neydens ..................... 321
Niaux/Alliat .................. 367
Noirmoutier-en-l'Île ........... 132
Nonette ...................... 285
Nort-sur-Erdre ................ 132
Noto-Marina .................. 669
Notre-Dame-de-Riez .......... 132
Nouan-le-Fuzelier ............ 245
Noves ........................ 448
Nuévalos (Zaragoza) .......... 529
Numana ...................... 643
Nuvilla ....................... 533
Nyons ........................ 321
Nyons/Venterol/Novézan ..... 322

## O

O Grove ...................... 539
Oberbronn ................... 232
Obernai ...................... 233
Olite ......................... 532
Oliva/Valencia ............ 519,520
Olmeto .................. 469,470
Oloron-Ste-Marie ............ 191
Olot ......................... 493
Olvera ....................... 554
Ondres ....................... 192
Opi .......................... 649
Oraison ...................... 449
Orbetello .................... 634
Orcet ........................ 285
Orgon ....................... 449
Orio ......................... 533
Ornans ....................... 269
Oropesa del Mar (Castellón) ... 520
Orta San Giulio ............... 585
Orvillers/Sorel .................. 46
Ostuni ....................... 655
Ouistreham ..................... 67
Ounans ...................... 270
Ouroux-en-Morvan ........... 259
Outeiro do Louriçal ........... 568

## P

Pacengo di Lazise ............ 604
Padenghe sul Garda ....... 595,604
Paestum ................. 650,651
Palamós ...................... 494
Palamós/Vall-Llòbrega ........ 494
Palau ........................ 662
Palau-del-Vidre ............... 406
Palavas-les-Flots .............. 407
Palomares ................... 555
Pals ......................... 495
Parcey ....................... 270
Parentis-en-Born ............. 192
Passignano sul Trasimeno . 640,641
Passo de la Futa/Firenzuola .... 634
Passy ........................ 322
Paulhiac ..................... 192
Pays de Belvès ............... 193
Peigney ...................... 219
Pejo/Trento .................. 599
Pendé .......................... 46
Pénestin ........................ 93
Peñíscola ................. 520,521
Penmarc'h ...................... 94
Penvénan ....................... 94
Pernes-les-Fontaines .......... 449
Péronne ........................ 47
Perros-Guirec ................... 94
Pers ......................... 286
Peschici (FG) ................. 656
Peschiera del Garda ........... 605
Pescia Romana ............... 646
Petichet/St. Théoffrey ......... 322
Pettenasco ................... 585
Peveragno ................... 586
Peynier ...................... 450
Peyremale-sur-Cèze ........... 407
Pezuls ....................... 193
Pianezza ..................... 586
Piano Porlezza ............... 595
Pierrefitte-sur-Sauldre ......... 246
Pietra Ligure ................. 590
Pilar de la Horadada/Alicante .. 522
Pinarella di Cervia ............ 620
Pineda de Mar ........... 495,496
Pinedo/Valencia .............. 524
Pineto ....................... 649
Pineuilh/Ste Foy-la-Grande .... 193
Pintadinho Nova/Montargil ... 568
Piriac-sur-Mer ................ 133
Plasencia/Cáceres ............ 547
Platja d'Aro .................. 496
Platja d'Aro/Calonge .......... 497
Platja de Pals ............. 497,498
Playa de Puçol ............... 522
Plazac ....................... 194
Pléboulle ....................... 95
Pléneuf-Val-André ............... 95
Ploemel ......................... 95
Ploemeur ....................... 96
Ploërmel/Taupont ........... 96,97
Plombières-les-Bains .......... 226
Plonévez-Porzay ................ 97
Plouézec/Paimpol ............... 98
Plouézoc'h ...................... 98
Plouguerneau ............... 98,99
Plozévet ........................ 99
Poilly-lez-Gien/Gien ........... 246
Poix-de-Picardie ................ 47
Pommeuse ................... 214
Pompei ...................... 651
Pont d'Arros .................. 498
Pontailler-sur-Saône ........... 260
Pontaubault ..................... 67
Pont-Croix ...................... 99
Pont-de-Labeaume ........... 323
Pont-de-Salars ............... 368
Pont-de-Vaux ............. 323,324
Ponte Messa di Pennabilli (RN) 621
Pontecagnano Faiano ......... 652

Pontorson ........................ 68
Pordic ........................ 100
Porlezza ........................ 595
Pornic ........................ 133
Pornichet ........................ 133
Porqueres/Banyoles ........... 498
Port-des-Barques .............. 160
Port-Grimaud ................. 450
Porticcio ........................ 470
Portiragnes-Plage ............. 407
Port-le-Grand/Abbeville ......... 47
Port-Lesney .................. 271
Port-Leucate ................. 408
Porto Côvo ................... 568
Porto Recanati ............ 643,644
Porto S. Elpidio ............... 644
Porto San Paolo ............... 662
Porto Vecchio ................. 470
Portonovo/Sanxenxo .......... 539
Potes ........................ 536
Potes/Turieno ................. 536
Pouilly-en-Auxois ............. 260
Pourville-sur-Mer ................ 56
Prades ........................ 408
Prades (Tarragona) ............ 499
Pradons/Ruoms ........... 324,325
Praia a Mare .................. 658
Praia da Barra ................ 569
Praia de Mira ................. 569
Preci ........................ 641
Predazzo ..................... 599
Préfailles ..................... 134
Principina a Mare ............. 634
Privas ........................ 325
Priziac ........................ 100
Prunières ..................... 450
Puçol/Valencia ................ 522
Puerto de Mazarrón (Murcia) .. 558
Puget-Théniers ............... 465
Puilboreau/La Rochelle ........ 160
Pula ........................ 663
Punta Ala ..................... 635
Punta Braccetto/S. Croce Cam. 670
Punta Marina Terme ........... 621
Punta Secca/Santa Croce Camer. .. 671
Puy-l'Évêque .................. 368
Pyla-sur-Mer .................. 194

# Q

Quend ........................ 48
Quend-Plage-les-Pins ........... 48
Quiberon ................ 100,101
Quingey ...................... 271

# R

Raguénès/Névez .............. 101
Ramales de la Victoria ......... 537
Rambouillet .................. 214
Rang-du-Fliers ................. 40
Ranspach ..................... 233
Rasen/Rasun .................. 599
Rauzan ........................ 194
Ravenoville-Plage ............... 68
Recoubeau-Jansac ............. 325
Remoulins .................... 408
Repubblica San Marino ........ 621
Riaza/Segovia ................. 544
Ribadedeva ................... 542
Ribadesella ................... 543
Ribeira ........................ 540
Ribera de Cabanes ............ 523
Ribera de Cardós ............. 499
Ribera/Seccagrande ........... 671
Riccione ................. 622,623
Rieux-de-Pelleport ............ 368
Riotorto ....................... 635
Rioveggio ..................... 623
Rioz ........................ 271
Riquewihr ..................... 233
Rivières ....................... 369
Rivière-sur-Tarn ............... 369
Rocamadour .................. 370
Rochefort-en-Terre ............ 102
Roma .................... 646,647
Roma/Lido di Ostia ............ 648
Romorantin-Lanthenay ........ 247
Roquebrune-sur-Argens .. 451,452
Roquetas de Mar (Almería) .... 555
Roses .................... 499,500
Rosières ...................... 326
Rouffignac-St-Cernin .......... 195
Rousset/Serre-Ponçon ........ 452
Royan ........................ 160
Royat ........................ 286
Roybon ....................... 326
Roz-sur-Couesnon ............ 102
Rue ........................ 49
Ruiloba ....................... 537
Ruoms ........................ 327
Rustiques ..................... 409
Ruynes-en-Margeride ......... 286

# S

S. Vicente de la Barquera ...... 537
Sablé-sur-Sarthe .............. 134
Sagone ....................... 471
Sailly-le-Sec ..................... 49
Sainte Sigolène ............... 287
Saints-Geosmes/Langres ...... 219
Saissac ....................... 409
Salavas/Vallon-Pont-d'Arc ..... 327
Salies-de-Béarn ............... 195
Salin-de-Giraud ............... 453
Salles ........................ 196
Salles-Curan .................. 370
Samoëns ...................... 328
Sampzon ..................... 328
Sampzon/Ruoms ............. 328
San Benedetto di Lugana/
Peschiera del Garda ........... 606
San Benedetto/Peschiera ...... 606
San Felice del Benaco ..... 606,607
San Mauro Mare .............. 623
San Nicolao ................... 471
San Piero in Bagno ............ 624
San Sebastián ................. 534
San Vicente do Mar ............ 540
San Vito Lo Capo .......... 671,672
Sanary-sur-Mer ................ 453
Sanchey ...................... 226
Sandrans ..................... 329
Sangatte ........................ 40
Sanguinet ..................... 196
Sannes ....................... 454
Sansais ....................... 161
Sant Antoni de Calonge ....... 500
Sant Llorenc de Montgai ...... 500
Sant Pere Pescador ........ 501,502
Santa Lucia/Siniscola .......... 663
Santa Pola/Alicante ........... 524
Santa Teresa di Gallura ........ 663
Sant'Alessio Siculo/Taormina .. 672
Santander .................... 538
Santenay ..................... 260
Santo Domingo de la Calzada . 531
Sao Pedro de Moel ............ 569
Sarlat/Carsac .................. 197
Sarlat/Marcillac ............... 197
Sarlat-la-Canéda .......... 197,198
Sarre ........................ 579
Sartène ...................... 471
Sarzana (SP) .................. 590
Sarzeau .................. 102,103
Saulieu ....................... 261
Saumur ....................... 134
Sauveterre-la-Lémance ........ 198
Savenay ...................... 135
Saverne ...................... 234
Savignac-les-Ormeaux/
Ax-les-Thermes ............... 371
Savigny-lès-Beaune ........... 261
Savonnières ................... 247
Scarlino ...................... 635
Scarperia e San Piero .......... 636
Sciez-sur-Léman .............. 329
Scoglitti ...................... 672
Seillac ........................ 247
Séniergues .................... 371
Septfonds .................... 371
Seraucourt-le-Grand ............ 49
Sérignan ...................... 409
Sérignan-Plage ................ 410
Serres ........................ 454
Servon ........................ 68
Sesto Calende ................. 596
Sestri Levante ................. 591
Seurre/Pouilly-sur-Saône ...... 261

Sévérac-le-Château ........... 372
Sévrier .................... 329,330
Sibari/Cosenza ................ 658
Sibiril ......................... 103
Sigean/Aude .................. 410
Sillé-le-Guillaume ............. 135
Singles ........................ 287
Siracusa ....................... 673
Sirmione ...................... 607
Sisteron ....................... 454
Sistiana ....................... 616
Sitges .......................... 502
Six-Fours-les-Plages ........... 455
Socoa/Urrugne ............... 198
Solaro .......................... 472
Solcio di Lesa ................. 586
Solsona (Lleida) ............... 503
Sommières ................ 410,411
Sorède ......................... 411
Sorgues ........................ 455
Sorrento ...................... 652
Sottomarina .............. 613,614
Souillac ....................... 372
Soulac-sur-Mer ................ 199
Sovicille ....................... 636
Specchiolla di Carovigno ...... 656
St. Alban-Auriolles/Ruoms ..... 331
St. Alban-de-Montbel ......... 331
St. Alban-sur-Limagnole ....... 411
St. Amand-Montrond ......... 248
St. Antoine-de-Breuilh ......... 199
St. Antonin-Noble-Val ......... 372
St. Aubin-des-Préaux ............ 69
St. Aubin-sur-Mer ............... 69
St. Aubin-sur-Scie ............... 56
St. Augustin-sur-Mer .......... 161
St. Avertin .................... 248
St. Avit ........................ 331
St. Aygulf ................. 455,456
St. Benoît-des-Ondes .......... 104
St. Boil ........................ 262
St. Brévin-les-Pins ............. 136
St. Brieuc ..................... 104
St. Cast-le-Guildo ............. 104
St. Chéron ..................... 214
St. Christophe-du-Ligneron ... 136
St. Cirq-Lapopie ............... 373
St. Clair-du-Rhône ............. 332
St. Clément-des-Baleines .. 161,162
St. Coulomb/La Guimorais .... 105
St. Crépin-Carlucet/Sarlat ...... 200
St. Cyprien-Plage .............. 412
St. Cyr ......................... 162
St. Didier-sur-Chalaronne ...... 332
St. Donat-sur-l'Herbasse ....... 332
St. Étienne-du-Bois ............ 333
St. Étienne-du-Grès ........... 456
St. Florentin ................... 262
St. Galmier .................... 333
St. Gaultier .................... 248
St. Genix-sur-Guiers ........... 333
St. Georges-de-Didonne ...... 163
St. Georges-d'Oléron ...... 163-165
St. Georges-lès-Baillargeaux ... 165
St. Germain-du-Bel-Air ........ 373
St. Germain-les-Belles ......... 278
St. Gildas-de-Rhuys ........... 105
St. Girons ..................... 374
St. Girons-Plage ............... 200
St. Hilaire-de-Riez ......... 137,138
St. Hilaire-la-Forêt ............ 138
St. Hilaire-la-Palud ............ 166
St. Hilaire-les-Places ........... 279
St. Hilaire-sous-Romilly ........ 220
St. Hilaire-St-Florent ........... 138
St. Honoré-les-Bains ........... 262
St. Jean-d'Angely .............. 166
St. Jean-de-Chevelu ........... 334
St. Jean-de-Losne ............. 263
St. Jean-de-Luz ........... 201-203
St. Jean-de-Maurienne ........ 334
St. Jean-de-Monts ......... 139-141
St. Jean-de-Muzols/Tournon-s-R ... 334
St. Jean-du-Bruel .............. 374
St. Jean-du-Gard .......... 412,413
St. Jean-le-Centenier .......... 335
St. Jean-Pla-de-Corts .......... 413
St. Jorioz ................. 335,336
St. Jory-de-Chalais ............ 203
St. Julien-de-Lampon ......... 203
St. Julien-des-Landes .......... 141
St. Just-Luzac .................. 166
St. Lary-Soulan ................ 374
St. Laurent-du-Pape ........... 336
St. Laurent-du-Verdon ......... 456
St. Laurent-en-Grandvaux ..... 272
St. Laurent-sur-Sèvre .......... 141
St. Léger-sous-Beuvray ........ 263
St. Léonard ...................... 57
St. Léon-sur-Vézère ........... 204
St. Malo ....................... 105
St. Martin-d'Ardèche ...... 336,337
St. Martin-de-Seignanx ........ 204
St. Martin-en-Campagne ........ 57
St. Martin-Lars-en-Ste-Hermine 142
St. Martin-Valmeroux .......... 287
St. Maurice-de-Gourdans ...... 337
St. Maurice-de-Lignon ........ 288
St. Michel-Chef-Chef .......... 142
St. Mitre-les-Remparts ......... 457
St. Nazaire .................... 414
St. Nazaire-sur-Charente ....... 167
St. Nectaire ............... 288,289
St. Nizier-le-Bouchoux ......... 338
St. Palais ...................... 204
St. Palais-sur-Mer ............. 167
St. Pardoux .................... 279
St. Paul-en-Born .............. 205
St. Paul-en-Forêt .............. 457
St. Paulien ..................... 289
St. Paul-lès-Dax ................ 205
St. Pée-sur-Nivelle ............. 205
St. Philbert-de-Grand-Lieu ..... 142
St. Pierre-d'Albigny ............ 338
St. Pierre-de-Chartreuse ....... 338
St. Pierre-d'Oléron ............ 168
St. Pierre-en-Port ............... 57
St. Pierre-Lafeuille ............ 375
St. Pol-de-Léon ................ 106
St. Pons-de-Thomières ........ 414
St. Privat ...................... 339
St. Quentin-en-Tourmont ........ 50
St. Raphaël .................... 457
St. Remèze .................... 339
St. Rémy-de-Provence ......... 458
St. Rémy-sur-Durolle .......... 289
St. Rome-de-Tarn .............. 375
St. Samson-sur-Rance ......... 106
St. Saturnin-les-Apt ........... 458
St. Sauveur-de-Cruzières ...... 339
St. Sever ...................... 206
St. Vaast-la-Hougue ............. 69
St. Valéry-en-Caux .............. 58
St. Vincent-sur-Jard ........... 143
St. Yrieix-sur-Charente ......... 168
Sta Marta de Tormes/Salamanca .. 545
Stacciola/San Costanzo ....... 644
Ste Eulalie-en-Born ............ 206
Ste Marie-aux-Mines .......... 234
Ste Marie-de-Ré ............... 169
Ste Marie-du-Mont .............. 70
Ste Marie-la-Mer .......... 414,415
Ste Nathalène/Sarlat .......... 206
Ste Reine-de-Bretag./Pontchât. 143
Stes Maries-de-la-Mer ......... 458
Sturzelbronn .................. 226
Sully/St. Père-sur-Loire ........ 249
Suzy ............................ 50

# T

Taden ......................... 107
Tain-l'Hermitage .............. 340
Tallard ........................ 459
Talmont-St-Hilaire ............. 144
Tamarit/Tarragona ............ 503
Tamniès (Dordogne) .......... 207
Taradell/Osona ................ 503
Tarascon-en-Provence ......... 459
Tardets/Abense-de-Haut ...... 207
Tarifa .......................... 555
Tarifa/Cádiz ................... 556
Tarquinia ...................... 648
Tarragona ..................... 504
Tarzo .......................... 614
Tauves ........................ 290
Telgruc-sur-Mer ............... 107
Tence ......................... 290

Terras de Bouro .............. 570
Thégra ........................ 375
Thiézac ....................... 290
Thiviers ...................... 207
Thonnance-les-Moulins ....... 220
Thonon-les-Bains ............. 340
Tinténiac ..................... 108
Torigni-les-Villes ................ 70
Torre del Lago Puccini ..... 636,637
Torre Grande ................. 664
Torredembarra ........... 504,505
Torreilles-Plage ............... 415
Torreira ....................... 570
Torrox-Costa (Málaga) ......... 556
Tortolì/Arbatax ................ 664
Toscolano Maderno (Brescia) .. 607,608
Tossa de Mar ................. 505
Toulouse ...................... 376
Tournon-sur-Rhône ....... 340,341
Tournus ....................... 263
Toutainville/Pont Audemer ...... 58
Touzac ........................ 376
Trédrez ........................ 108
Treffiagat ...................... 108
Trégastel ...................... 109
Trégunc ....................... 109
Treignac-sur-Vézère ........... 279
Trélévern ...................... 110
Trémolat ...................... 208
Trept .......................... 341
Trévières ........................ 70
Trévou-Tréguignec ............ 110
Trévoux ....................... 341
Triscina di Selinunte/Castelv. .. 673
Troghi/Firenze ................ 637
Trogues ....................... 249
Tropea ........................ 659
Tuffé .......................... 144
Tulette ........................ 342
Tuoro sul Trasimeno ........... 641
Turckheim .................... 234

## U

Ucel .......................... 342
Ucel/Aubenas ................. 342
Uchizy ........................ 264
Urrugne ................... 208,209

## V

Vada/Livorno .............. 637,638
Vaison-la-Romaine/Faucon .... 459
Valbonnais .................... 343
Valderrobres .................. 530
Valdoviño ................. 540,541
Vallecrosia ................... 591
Valledoria/Sassari .............. 665
Vallières ...................... 343
Vallon-Pont-d'Arc .......... 343,344
Vallon-Pont-d'Arc/Lagorce ..... 345
Vallon-Pont-d'Arc/Salavas ..... 345
Vallouise ...................... 460
Valras-Plage ................... 416
Valréas ........................ 460
Vannes ........................ 111
Vauvert ....................... 416
Vaux-sur-Mer .................. 169
Veigné ........................ 249
Vence ......................... 465
Vendays-Montalivet .......... 189
Vendôme ...................... 250
Vendrennes ................... 145
Vendres ....................... 417
Veneux-les-Sablons .......... 215
Vercheny ...................... 345
Verdun ........................ 227
Vermenton .................... 264
Verona ........................ 615
Vesoul ........................ 272
Veules-les-Roses ................ 58
Veynes .................... 460,461
Vézac ......................... 209
Vézelin-sur-Loire ............. 346
Viareggio ..................... 638
Vias .......................... 417
Vias-Plage ................ 417,418
Vic-la-Gardiole ................ 419
Vico Equense ................. 652
Vic-sur-Cère .................. 291
Vieille-Brioude ................ 291
Vielle-Saint-Girons ............ 200
Vielle-St-Girons ................ 210
Vierville-sur-Mer ................ 71
Vieste del Gargano ........ 656,657
Vieste del Gargano (Fg) ........ 657
Vila do Conde ................. 570
Vila Nova de Cerveira .......... 571
Vila Nova de Gaia ............. 571
Vila Nova de Milfontes ..... 571,572
Vila Praia de Âncora .......... 572
Vilallonga de Ter .............. 506
Vilanova de Prades ............ 506
Vilanova i la Geltrú ........ 506,507
Villafranca .................... 533
Villajoyosa/Alicante ....... 524,525
Villanañe ...................... 534
Villares de la Reina/Salamanca . 545
Villargordo del Cabriel ......... 525
Villars-les-Dombes ............ 346
Villaviciosa ................... 543
Villedieu-les-Poêles .............. 71
Villefranche-du-Périgord ...... 210
Villefranche-du-Queyran ...... 211
Villemoustaussou ............. 419
Villeneuve-de-Berg ............ 346
Villeneuve-lès-Béziers ........ 419
Villeneuve-lez-Avignon/Avignon .. 420
Villes-sur-Auzon .............. 461
Villey-le-Sec .................. 227
Villiers-sur-Orge ............... 215
Vilsberg ....................... 227
Vincelles ...................... 264
Visan .......................... 462
Viserba di Rimini .............. 624
Vitrac ......................... 211
Vitrac/Sarlat .................. 212
Vittel .......................... 228
Vogüé ......................... 347
Volonne ....................... 462
Vonnas ........................ 347
Vouvray ....................... 250

## W

Wacquinghen ..................... 41
Wattwiller/Cernay ............ 235
Wihr-au-Val .................. 235
Wimereux ........................ 41

## X

Xeraco ........................ 525
Xonrupt-Longemer ....... 228,229

## Y

Yport ............................ 59
Yvré-l'Evêque ................. 145

## Z

Zambujeira do Mar ............ 572
Zarautz ....................... 535
Zumaia ........................ 535

# Campings naturistes

Dans ce guide CampingCard vous trouvez les campings naturistes ou les campings avec une partie réservée aux naturistes. Tenez compte du fait que sur la plupart de ces campings vous devez être membres d'une association de naturistes.

## Campings naturistes

| | | | |
|---|---|---|---|
| **Francia** | **Aquitaine** | **Montalivet /** Centre Helio-Marin (CHM) Montalivet | **189** |
| | | **Paulhiac /** Camping Domaine Laborde | **192** |
| | | **Vielle-St-Girons /** Camping Arnaoutchot (FKK) | **210** |
| | **Centre-Val de Loire** | **Luzeret /** Camping La Petite Brenne | **244** |
| | **Corse** | **Aléria /** Camping Riva Bella Thalasso & Spa Resort | **466** |
| | | **Bravone /** Domaine de Bagheera | **466** |
| | **Ile-de-France** | **St. Chéron /** Camping Héliomonde | **214** |
| | **Languedoc-Roussillon** | **La Palme /** Camping Le Clapotis - Tohapi | **396** |
| | | **Méjannes-le-Clap /** Camping La Genèse | **404** |
| | **Limousin** | **Boussac /** Camping Creuse Nature Naturiste | **275** |
| | **Midi-Pyrénées** | **Caraman /** Camping Naturiste Les Aillos | **351** |
| | | **Castelnau-Magnoac /** Camping l'Eglantière | **351** |
| | **Pays de la Loire** | **St. Martin-Lars-en-Ste-Hermine /** Camping Le Colombier | **142** |
| | **Poitou-Charentes** | **Les Mathes /** Camping Le Petit Dauphin | **157** |
| | **Provence-Alpes-Côte d'Azur** | **Fayence /** La Tuquette | **434** |
| | | **Forcalquier /** Domaine Naturiste des Lauzons | **434** |
| | **Rhône-Alpes** | **Mirabel-et-Blacons /** Camping Val Drôme Soleil | **319** |
| | **Rivièra-Côte d'Azur** | **Puget-Théniers /** Camping Origan | **465** |
| **Espange** | **Andalucía** | **Almayate (Málaga) /** FKK Camping Naturista Almanat | **547** |
| | **Murcia** | **El Portús/Cartagena /** Camping Naturista 'El Portús' | **558** |

## Campings en partie naturistes

| | | | |
|---|---|---|---|
| **Espange** | **Andalucía** | **Conil de la Frontera/Cadiz /** Ohai Conil Outdoor resort | **550** |
| | **Andalucía** | **Palomares /** Camping Cuevas Mar | **555** |
| **Italië** | **Sardenga** | **Narbolia /** Is Arenas Camping Village | **662** |

# Colophon

**2022 • 19e édition**
CampingCard ACSI est une initiative de ACSI.
Ce guide CampingCard ACSI est une édition de ACSI Publishing BV
Geurdeland 9, Andelst, Pays-Bas
Postbus 34, 6670 AA Zetten, Pays-Bas
Tél. +31 (0)488 - 471434
Fax +31 (0)488 - 454210

**Impression**
westermann druck GmbH
Braunschweig, Allemagne

**Plans**
MapCreator BV, 5628 WB Eindhoven
mapcreator.eu/©Here/©Andes

ISBN : 978-94-93182-27-1

**Rédacteur en chef**
Willeke Verbeek

**Rédaction**
Mariska Adriaans, Marja van Baal, Esther Baks, Suzanne Bas, Florian van Beem, Gery Boerboom, Judith Brasser, Sophie Conradi, Peter Dellepoort, Rein Driessens, Dianne Hendriks, Maurice van Meteren, Ria Neutel, Ton Oppers, Marloes van der Plaats, Mariëlle Rouwenhorst-Küper, Thijs Saat, Yvonne Schep, Milou Vlug, Mandy Wagener

**Des questions ou des remarques?**
Pour les campeurs :
*www.campingcard.com/serviceclientele*
Pour les propriétaires de campings:
*www.campingcard.com/sales*

Chaque année, ACSI inspecte près de 10 000 campings européens. Nous garantissons toujours la qualité, et c'est l'une des raisons pour lesquelles notre logo est devenu en quelque sorte un label de qualité. Chez ACSI, nous sommes donc ravis d'entendre votre avis si vous estimez qu'un camping ne correspond pas à la description dans notre guide. Ou, aussi, si le camping dépasse vos attentes. Cependant, ACSI n'est, en aucun cas, impliquée dans la mise en œuvre de la politique sur les campings inspectés. Notre force se trouve vraiment dans notre indépendance. Les propriétaires de camping déterminent eux-mêmes la manière dont leur camping est géré. Pensez, par exemple, au contenu de la restauration, à la qualité des installations ou qui sont vos voisins sur le camping. Cela échappe à l'influence d'ACSI. Avez-vous des suggestions, des points à améliorer ou des plaintes concernant un camping ? Vous devez d'abord contacter le camping lui-même. Ils font souvent tout ce qui est en leur pouvoir pour plaire à leurs clients, ils méritent donc d'avoir la possibilité de résoudre la situation. Les suggestions ou plaintes qui n'ont pas été discutées au préalable avec le camping ne peuvent être traitées par nous.

**Traduction**
Interlex Language Services, Nuenen
www.interlex.eu